LEGES GRAECORVM SACRAE

E TITVLIS COLLECTAE

EDIDERVNT ET EXPLANAVERVNT

IOANNES DE PROTT   LVDOVICVS ZIEHEN

LEGES GRAECORVM SACRAE

E TITVLIS COLLECTAE

EDIDERVNT ET EXPLANAVERVNT

IOANNES DE PROTT LVDOVICVS ZIEHEN

FASTI SACRI

EDIDIT

IOANNES DE PROTT

LEGES GRAECIAE ET INSVLARVM

EDIDIT

LVDOVICVS ZIEHEN

ARES PUBLISHERS, INC.
CHICAGO MCMLXXXVIII

First American
Reprint Edition 1988
With a Prefatory Note
by Al. N. Oikonomides

PROTT (J. VON), ZIEHEN (L.). *Leges Graecorum sacrae e titulis collectae.* Leipzig, 1986-1906. 2 vol.; no index.
I. Fasti sacri, ed. J. von Prott. 60 pp.
II, 1. Leges Graeciae et insularum, ed. L. Ziehen. 372 pp.

For *Addenda et Corrigenda* to the Inscriptions in this collection; New Inscriptions (found after 1905) and updated bibliography, consult:

SOKOLOWSKI (F.). *Lois sacrées de l'Asie Mineure.* Paris, 1955, 215 pp.; index (*École français d'Athènes. Travaux et mémoires des anciens membres étrangers de l'École et de divers savants,* 9).

________, *Lois sacrées des cités grecques. Supplément.* Paris, 1962. 244 pp.; index (*EFA. Travaux et mémoires. . .,* 11).

________, *Lois sacrées des cités grecques.* Paris, 1969. 368 pp.; index (*EFA. Travaux et mémoires. . .,* 18).

Exact Reprint of the edition:
Leipzig, 1896-1906

ARES PUBLISHERS INC.
7020 North Western Avenue
Chicago, Illinois 60645
Printed in the United States of America
International Standard Book Number
ISBN 0-89005-478-9

Preface to the American Reprint Edition of 1988

For the student of ancient Greek religion and mythology, as well as for the student of Greek inscriptions, one of the rarest reference works in academic and research libraries that has yet to be reprinted is the *Leges Graecorum Sacrae* edited by Ioannes de Prott and L. Ziehen (Part I: Leipzig, 1896/Part II: Leipzig, 1906). The few copies of the set preserved in some of the major academic libraries are by now in rather bad condition due to their continuous heavy use by students and faculty and, as if that were not enough, by the natural decay of the bad quality paper used for the original edition.

The *Leg. Sacr.* has been out of print since 1910, and the few copies that became available since then to the second-hand book trade were immediately absorbed by libraries and research scholars. Since 1955 when an additional volume to the *Leg. Sacr.* on the Greek sacred laws of Asia Minor[1] was published by Franciszek Sokolowski, I do not recall even seeing Prott-Ziehen listed in any antiquarian bookseller's catalogue. Things became worse after 1962, when Sokolowski published his Supplement to the *Leg. Sacr.*, clarifying that he did not plan to issue a new edition of the epigraphical texts collected by Prott-Ziehen.[2] Personally speaking, despite my constant efforts to locate a copy of the *Leg. Sacr.* for my reference library, I still do not have one.

Reprinting Prott-Ziehen *Leg. Sacr.* has been in the program of *ARES* for more than ten years. The sole reason that this planned reprint edition has been delayed for so many years is that no public or academic library in the U.S. wanted to make a copy available to us to be used for anastatic reproduction.

Al. N. Oikonomides

Chicago, November 1987

1. F. Sokolowski, *Lois sacrées d'Asie Mineure.* Paris, 1955.
2. "Je publie ici le supplément au recueil de lois sacrées des cités grecques, commencé par I. von Prott (1896) et continué par L. Ziehen (1906) et par moi-même (1955). Il serait peut-être plus utile de préparer une édition nouvelle de Prott-Ziehen, étant donné que plusieurs textes ont été améliorés par les érudits et republiés dans les grandes collections ou dans les périodiques. Mais c'est un travil de longue haleine auquel une vie, comme les faits le prouvent, ne suffirait pas. Avant que le nouveau recueil soit préparé, je crois utile de fournir au large cercle de chercheurs un supplément contenant les textes mis au jour après la publication du recueil Prott-Ziehen." F. Sokolowski, *Lois sacrées des cités qrecques*, Supplement, Paris, 1962.

FRANCISCO BVECHELERO

PER QVINQVE LVSTRA

IN VNIVERSITATE FRIDERICIA GVILELMIA RHENANA

LITTERARVM ANTIQVARVM PROFESSORI

PIENTISSIME CONGRATVLANTVR

IOANNES DE PROTT LVDOVICVS ZIEHEN

PRAEFATIO.

Leges Graecorum sacras, quotquot e titulis Graecis innotuerunt, componi atque inlustrari duabus potissimum de causis utile videtur: primum ut in tanta inscriptionum Graecarum multitudine per varia corpora et ephemerides disiectarum eae quae ad res sacras spectent uno volumine collectae facile possint oculis perlustrari, deinde ut antiquitates Graecorum sacras explanaturis firmum substruatur fundamentum. Quare non sufficit copiam titulorum coacervare, sed aliqua certe opus est enarratione atque interpretatione. Totam materiam ita inter nos convenit dividere, ut ipse fastos sacros, Ludovicus Ziehen leges rituales sacerdotales ceteras suam sibi sumeret provinciam. Atque equidem quicumque tituli sive universae civitatis sive tribus vel pagi sive collegii officia sacra per menses diesque disposita continent, primo loco collocatos secundum regiones ordinavi. Subiunxi fragmenta minora, de quorum natura non plane constat iudicium. Denique cum huius sylloges initium iam anno MDCCCLXXXXIII typis mandatum esset, et corrigenda quaedam in ea erant parte nec titulus Atticus gravissimus nuper editus (n. 26) suo loco inseri iam potuit. Quare et hunc et titulum Pergamenum (n. 27), qui praesertim quamquam forma atque habitu fastis cognatissimus tamen argumento legum potius esset, addendis adnexui.

Fasciculus alter quoniam nondum est absolutus, cum numeris eius uti non liceret, nonnullis locis eae quas in commentario attuli inscriptiones ex editionibus prioribus repetendae erant. Ceterum indice facile illae indagari poterunt. Nonnulla quae in commentario non sine fructu e ceteris inscriptionibus adscribi poterant, de industria omisi, quia in indice omnia invenientur coniuncta. Praeterea ei qui libello usurus est scienda sunt haec: uncis quadratis [ ] circumdedi quae aut evanuerunt in lapide aut perierunt, ⟨ ⟩ quae perperam addita sunt, rotundis ( ) quae aut a quadratario non recte incisa aut in lapide non conservata sunt integra, ut possit dubitatio de litteris oriri. Compendiis praeter notissima usus sum his:

CIGGS	Dittenberger, Corpus inscriptionum Graecarum Graeciae septentrionalis (I 1892).
IGSI	Kaibel, Inscriptiones Graecae Siciliae et Italiae 1890.
IGIMA	Inscriptiones Graecae insularum maris Aegaei (I 1895).
IGA	Roehl, Inscriptiones Graecae antiquissimae 1882.
SIG	Dittenberger, Sylloge inscriptionum Graecarum 1883.
SGDI	Collitz, *Sammlung der griechischen Dialekt-Inschriften.*
BCH	Bulletin de correspondence hellénique.
MAI	*Mittheilungen des Kaiserlich Deutschen archaeologischen Instituts; Athenische Abtheilung.*
Ross IGI	Ross, Inscriptiones Graecae ineditae.

Scribebam Bonnae, mense Decembri anni MDCCCLXXXXVI.

Fasti Graecorum sacri, quorum reliquias colligendas edendas tractandas suscepi, sive *νόμοι πάτριοι* sive *ψηφίσματα* sunt postea illis addita, legum sacrarum partem efficiunt. Nimirum suis quaeque sacra diebus rite fieri non minus sacerdotum quam populi universi intererat.[1]) Quo autem religiosior quaeque erat urbs, eo accuratius cultus legibus obtemperabat.[2]) Per omnes igitur civitates Graecas tales fastos, in quibus totius reipublicae munera sacra perscripta essent, publice collocatos fuisse sumendum est. Quodsi haud ita multa huius monumentorum generis adhuc inventa sunt fragmenta, casui id tribuendum est. Ac vestigia quidem eorum in aliis quoque titulis latent: velut in titulis Pergamenis[3]) *ἱεροὶ νόμοι* commemorantur, quibus nova adscribenda sint sacra, et in titulo Rhodio[4]) dies quo sacrum faciendum sit non dativo quem postulamus casu sed nominativo significatur, ut praeceptum illud rituale quasi excerptum esse ex integra sacrorum serie concludere liceat.

In litteris quantum scio unum tantum huius generis commemoratur monumentum: Solonis *κύρβεις* qui dicuntur. Quibus etiam res sacras stabilitas esse notissimum est.[5]) Plane autem eodem quo in fastis nostris modo singula totius anni sacrificia ibi recensita fuisse e Lysiana contra Nicomachum oratione perspici potest.[6]) E qua simul sacra patria quomodo paulatim additamentis aucta sint, quod etiam Myconi et Pergami factum videmus, optime cognoscimus.

I. Atticae.

1. CIA I 4. „Fragmentum opisthographum marmoris Pentelici, erutum in arce, a. 0,35. l. 0,23. cr. 0,14. Margines superior et sinister secti, fracti reliqui; quae in latere averso scripta erant, consulto videntur erasa esse" Kirchhoff. Titulus *στοιχηδὸν* exaratus est. Edidit Pittakis Eph. arch. 1112; Rhangabé *Ant. hell.* 2252; Lebas *Attique* 396. Contulit Koehler. Nonnullos locos mea causa denuo inspexit Alfredus Koerte, qui marginem sinistrum paene integrum esse testatur.

---

1) De universa hac re compares quae de Numa rege tradit Livius (I 20) 'pontificem deinde Numam Marcium, Marci filium, ex patribus legit eique sacra omnia exscripta exsignataque attribuit, quibus hostiis quibus diebus ad quae templa sacra fierent atque unde in eos sumptus pecunia erogaretur.'

2) cf. Isocr. VII 29.

3) *Inschr. von Perg.* I 246, 61 sq. 248, 3 et 60.

4) cf. infra n. 23.

5) cf. Plut. Sol. 25; Preller Polemonis 90.

6) § 17: *ὡς χρὴ θύειν τὰς θυσίας τὰς ἐκ τῶν κύρβεων καὶ τῶν στηλῶν κατὰ τὰς συγγραφάς.* cf. § 18 sqq. Bekk. anecd. Gr. I 86, 20 sq. Porph. de abst. II 21.

A. — — λ — — — — — — — — —
. . (ο)ιϲ: — — — — — — — — —
. (ε)ον: θάρ[γελοι? — — — Διὶ Μ-
ι]λιχίοι: ε[— — — — — νεφ-
ά](λι)α: Μετρὶ: [ἐν Ἄγρας — — —
. ϲπυριχεια — — — — — — — —
. τοι ἔτει: δι — — — — — — —
. . ον: ʽόταν ʽ— — — — — — —
ο]ῖϲ: γαλαθεν[— — — — — Κο-
ρ]οτρόφοι: ἐμ (π)[όλει — — — χο-
ῖ]ροϲ: ʽέροι: πα[ρὰ — — — — —
(ʽ)ερόινει ἐμ π[εδίοι — — — — —
. ρθια: χοῖροϲ[— — — — — Χά-
ρ]ιϲιν: γαλαθε[ν — — — — — —
ι: Ἀρτέμιδι: Δε(μ) — — — — —
(Γ)αμελιο͂νοϲ: με[νὸϲ — — — ι φθί-
νοντοϲ: Διονύ[ϲοι — — — — —
ἔρι(φ)οϲ: κριτὸϲ: — — — — — —
ει: τράπεζα: ʽερ — — — — — —
ʽέροι: παρὰ γνε[— — — — — Δ-
ιὶ: ʽΕραίοι: χο[ῖροϲ — — — — —
ει: ἀρὲν κριτὸ[ϲ — — — — — τ-
ρ]άπεζα: ʽε — — — — — — —

B. γ(ε)
ν: δ
νοι
ν: δ
ια: α
εον: ι
ν: Διο[νύϲοι?
. α: ο
οιν: ο
αι: ει
εο(ν)

A 3 ΘΑΡ Koehler et Koerte, ΘΑRΓ Pittakis. 5 ΜΕΤΡΙ, Koehler, ΜΕΤΡΙ: Koerte. 10 ΕΜΙ lapis. 17 ΔΙΟΝΥΣ Pittakis. 18 εριθοϲ lapis. 21 /ΙΙ Koehler, ΙΙ Koerte, qui et priorem hastam sub media Η littera versus antecedentis positam esse neque umquam aliud quidquam in lapide fuisse nisi ιι adfirmat.
B 8 /ΙΑ:Ο.

Hunc titulum priore quinti ante Chr. n. saeculi parte, quantum e litteratura iudicari potest, exaratum fastorum publicorum esse fragmentum paene certum puto, quod et in arce erutus est et permulta unius diei sacrificia recensentur. Namque v. 16 sq. diei notam habemus, e qua cum viginti quattuor vel quinque vel sex litterarum singulos versus fuisse appareat, nec ante nec post v. 16 sq. alius diei nota potest intercidisse. Itaque quae servata sunt omnia ad mensis Gamelionis decadem tertiam pertinent. Paulo accuratior dierum definitio e v. 21 elici fortasse potest. Ingentis igitur magnitudinis olim titulus fuit, id quod mirum non videbitur reputanti praeter unum omnibus anni diebus publice Athenis sacra esse facta tradere scholiastam Thucydidis (II 38), isque fragmentum videtur esse eorum fastorum, qui post Persarum excisionem in arce collocati sunt.

Iam videamus singula. — A 4 intercidisse videtur nomen placentae cum numero. Iovis milichii festum publicum Diasia proximi mensis decade item tertia, die vicensimo tertio, celebratur. De nominis forma conferendus est terminus Atticus (Eph. arch. 1889, 51): ῾ιερὸν: Διὸς: Μιλιχίο (Γ)ῆς: Ἀθηναίας. — v. 5: cf. CIA I 273 f 23; 201 e 7. — v. 6: σπυριχεια fortasse placentae nomen. — v. 7 non cum Kirchhoffio [ἐν ῾εκάσ]τοι ἔτει sed potius [τετάρ]τοι vel [τρί]τοι ἔτει suppleverim. Opinari licet similem inter hoc sacrificium mysteriaque minora sequente mense celebrata intercedere rationem atque inter Iovis milichii sacrificium eiusdemque Diasia. — Sequitur v. 10 Κουροτρόφος. Quae etsi non dubito, quin Tellus sit (nam Ceres Κουροτρόφος inferioris videtur esse aetatis: CIA III 372. 373), nolui tamen cum Kirchhoffio restituere [Γῆι Κουρ]οτρόφωι, quoniam solum quoque cognomen in usu fuit: cf. Ar. Thesm. 295 sqq. ClA II 481, 59. Duo erant Γῆς Κουροτρόφου fana alterum in clivo arcis meridionali alterum in arce ipsa situm, de quo Suidas s. v. κουροτρόφος· παιδοτρόφος. κουροτρόφος Γῆ. ταύτῃ δὲ θῦσαί φασι πρῶτον Ἐριχθόνιον ἐν ἀκροπόλει καὶ βωμὸν ἱδρύσασθαι χάριν ἀποδιδόντα τῇ Γῇ τῶν τροφείων. καταστῆσαι δὲ νόμιμον τοὺς θύοντάς τινι θεῷ ταύτῃ προθύειν. Cf. CIA II 481, 58 sq.: (ἔθυσαν) .... τὰ ἐξιτητήρια ἐν ἀκροπόλει τῆι τε Ἀθηνᾶι τῆι Πολιάδι καὶ τῆι Κουρ[οτρό]φωι καὶ τῆι Πανδρόσ[ωι]. Distinctione igitur opus erat distinctumque reapse esse litterae sequentes indicant, quippe quas, cum vel hostias vel placentas sacrificandas significare vix possint, loci continere definitionem perquam sit probabile.

Tres igitur habemus deos inferos agriculturae praesides, Iovem milichium, Matrem, Tellurem. Iam si anni temporis rationem habebimus ac Myconiorum sacra comparabimus, qui duo mense Lenaeone pro frugibus sacrificia alterum deorum inferorum trinitati alterum Iovi ac Telluri faciunt, his quoque Atheniensium sacris similem subesse rationem non sine probabilitate concludemus.

Qui secuntur v. 11 et 12 heros atque herois, non adscriptis nominibus[1]) fortasse tum ipsum ignotis sed locorum indiciis designantur, id quod saepissime factum videmus; cf. e. g. Poll. III 87: ἥρως Ἀθήνησιν ὁ ἐπὶ βλαύτῃ. (Hesych. βλαύτη· τόπος Ἀθήνησιν.) ἐμ π[εδίοι] supplevit Hicksius propter tituli 2 C 6 sqq. Neque enim aut ἐμ π[όλει] aut ἐμ Π[ειραιεῖ] verisimile est. — v. 13—15 audacius supplevisse mihi videtur Kirchhoffius hoc modo: χοῖρος [γαλαθηνὸς ξύν? ο]ἰσὶν γαλαθη[νοῖσιν τέτταρσ?]ι. Nam καὶ οἶες γαλαθηνοὶ τέτταρες aptius videtur sermoni sacro. Equidem cum γαλαθηνὸν saepissime absolute dicatur, antecessisse conieci numina ideoque Gratiarum nomen restitui, quas ipsas quoque frugibus praeesse vel nomina propria comprobant. Quibuscum Diana (v. 15) dea cognatissima[2]) utrum cultus communione iuncta sit necne, incerto deae cognomine diiudicari nequit.

v. 17 sq.: Bacchi sacrificium plerique cum Lenaeis cohaerere statuunt. Quod cum aliis causis quas infra (cf. p. 13 et 19) exponam falsum esse tum ex hoc loco ne minimo quidem iure concludi posse duco, quoniam et cognomen dei[3]) incertum et hostia sollemni illi gravissimo minime apta est.[4])

---

1) v. 11 et 20 Kirchhoffius: Ἥρῳ Παραγνη-

2) cf. Robert de Gratiis Atticis (Comment. in hon. Mommseni) 147.

3) Διονύ[σωι Μελπομένωι?] Kirchhoffius.

4) Reiciendum igitur quod v. 16 supplementum proposuit Adolfus Schmidt chronol. Graec. 288 [ἐνάτηι φθί]νοντος.

Gravior oritur quaestio de v. 21. Ubi cum teste Koertio II:HEPAIOI: esse in lapide certum sit, quin Διὶ Ἑραίοι supplendum sit, dubitari vix potest. Iam paene ultro se praebet Iovis et Iunonis ἱερὸς γάμος, cui hoc sacrificium adsignemus. Quem mense Gamelione celebratum esse e Photio discimus (cf. Et. M. 468, 52): ἱερὸν γάμον· Ἀθηναῖοι ἑορτὴν Διὸς ἄγουσι καὶ Ἥρας ἱερὸν γάμον καλοῦντες, quocum conferenda Hesychii glossa: Γαμηλιών· ὁ τῶν μηνῶν τῆς Ἥρας ἱερός. Novissimae mensis decadi eum rectissime adscripsit Mommsenus (heortol. 343) verbis nisus Procli ad Hesiodi opp. 784: διὸ καὶ Ἀθηναῖοι τὰς πρὸς σύνοδον ἡμέρας ἐξελέγοντο πρὸς γάμους καὶ τὰ θεογάμια ἐτέλουν τότε, φυσικῶς εἶναι πρῶτον οἰόμενοι γάμον τῆς σελήνης ἰούσης (οὔσης cod.) πρὸς ἡλίου σύνοδον. Accuratiori denique temporis definitioni fundamentum substruxit Usenerus (mus. Rhen. XXXIV 428) conlatis Menandri versibus (apud Athen. 243 A):

ἐμὲ γὰρ διέτριψεν ὁ
κομψότατος ἀνδρῶν Χαιρεφῶν ἱερὸν γάμον
φάσκων ποήσειν δευτέρᾳ μετ' εἰκάδας
καθ' αὑτόν, ἵνα τῇ τετράδι δειπνῇ παρ' ἑτέροις·
τὸ τῆς θεοῦ γὰρ πανταχῶς ἔχειν καλῶς.

Quem locum satis obscurum sic intellegendum puto[1]): gloriatur Chaerepho calliditate sua dicens matrimonium Iovis ac Iunonis, quod Gamelionis diei ultimo adtribuisse usum sacrum sumendum est, domi sese die nefasto[2]) antecedente celebraturum esse, ne hospites accedant; at Anthesterionis sollemni Veneris apud alios esse cenaturum. Eodem igitur fere tempore etiam Iovis Iunonii sacrificium factum est. Ac fortasse Iunonis quoque nomen e litteris ἡρ vel ἡ (v. 19 et 23) restituere licet.[3]) Unum addendum est. Plane singularem esse Δία Ἡραῖον ipse fateor.[4]) Non est quod miremur Ἀθηνᾶν Ἡφαιστίαν, Ἀμφιτρίτην Ποσειδωνίαν (schol. Hom. γ 91) aut Ἀπόλλωνα Λατῷον, Διόνυσον Θυωνέα. At deum ab uxore denominari aliud est. Cui cognominandi generi e cultus ritibus sine dubio explicando aliquid fortasse lucis adspergitur conlato more illo sacro, quo in Iovis apud Samios[5]) et apud Coos in Herculis[6]) ἱερῷ γάμῳ ut alterius quisque celebrantium sexus habitum imitetur praescribitur.

v. 22: De ἀρὴν forma Attica vide Bekk. anecd. Graec. I 7, 11. Agnum

---

1) cf. quae de loco disputaverunt Meineke, Menandri et Philem. rel. 109 sq. Unger, Philol. XXXIX 481 sqq. Schmidt chronol. Graec. 523 sqq.

2) Et. M. 131, 13 sqq.: Ἀποφράδες· ἀποφράδας ἔλεγον οἱ Ἀττικοὶ τὰς ἀπηγορευμένας ἡμέρας, ἃς ὑπελάμβανον χείρους εἶναι τῶν ἄλλων· ἃς δὴ καὶ ἐπεικάδας καλοῦσι φθίνοντος τοῦ μηνός, τετράδα τρίτην δευτέραν κτλ. cf. Lysiam apud Athen. 551 F.

3) v. 19 Ἡρ[ακλεῖ τράπεζα?] Kirchhoffius.

4) Non habeo exemplum simile nisi Hesychii glossam Ἥραιον· Ἡρακλέα.

5) Siquidem recte iudico de Athenaei loco 525 EF.

6) Ross IGI 311; cf. Plut. qu. Gr. 58. Similis fortasse ratio subest iis, quae de Venere quadam Attica tradit Philochorus apud Macrob. Saturn. III 8, 3.

hunc esse tenellum docet Istrus apud Eust. ad Odyss. p. 1627, 9 sqq. — B. v. 6 et 11 suppleverim [*τέλ*]*εον*. cf. A 3. — v. 9: [*Ἀνάκ*]*οιν*? [*ϑε*]*οῖν*? Kirchhoffius. Tertium datur [*ʽέρ*]*οιν*.

2. CIA IV 3 p. 5. Edidit Hicks, *Ancient Greek inscript. in the British Museum* I 73: „A block of white marble: height, $8\frac{1}{2}$ in.; breadth, $12\frac{1}{4}$ in.; thickness, 4 in. From the Elgin Collection.“ Latus A ediderunt Boeckh CIG I 72 ex schedis Rosianis; Kirchhoff CIA I 3; Lebas *Attique* 397. Titulus ubi inventus sit non constat. Fractus est a parte superiore et inferiore. Litterae *στοιχηδὸν* dispositae sunt.

A. . . ε . . (ο) . . ι . . . .
(ʽ)εμικοτύλ[ια] οἴ[νο? . . . .
. ι . . ει(ε)ι . ε . . δ . (ν) . κ . .
. . διδόνα[ι . . . .
. Θαρ]γελι[ο͂ν]ο[ς] ʽ[έκτει ʽ
ιςταμέ[ν]ο . . ι . . . .
εςι τέλεο[ν κα]ὶ γ . . οες έ
μιςυ ἒ το͂ι ʽέ[ρ]οι καὶ [φρύ-
γανα. Πλυντερίοιςι Ἀθε-
να]ίαι οἶν. [Σ]κιροφοριο͂ν-
[ος. . . . .]

B. — . (ε) ρε . . —
— . αντυ . —
— . . . . —
— . . . . —
— . . . . —
— . υ . . νγ —
— . αι ἐὰν —
— νδραςι —

C. . :ʽέρ[οι-
ν]: πυρο͂[ν
δύο χοί-
νικε: τρ-
ε͂ς ὀβε[λ-
οί: ʽέρο-
ιν ἐμ πε-
δίοι: τέ-
λεον ʽΕ-
κ](άτει).

D. . κ]αὶ μέ-
λ]ιτος τ-
ρ]ιʽεμι-
κο]τύλ[ι-
ον] . υ . .
. . . ςτο
. ʽ]ιερε-
. .]: τριτ-
. (ι)ατρε
. . (ατ)ει

Valde hunc titulum antecedenti fere aequalem ab eo discrepare vel obiter inspicienti manifestum videbitur. Nam quamquam permulta incerta sunt, hoc tamen certissimum est lateris A v. 5—10 nisi unius mensis Thargelionis sacra non recenseri. Sed de ratione tituli postea videndum erit. Interim examinanda sunt singula.

A 2 Hicksius supplevit *ʽεμικοτύλ*[*εν*] *οἴ*[*νο*], de quo dubito et propter formam *ʽεμικοτύλε*[1]) et quia solet in his inscriptionibus mensura postponi. — v. 3 Rosius legit ΙΗΙΕΡΕΙ, quod non spernendum videtur. Optime enim coeunt *το͂*]*ι* *ʽιε*(*ρ*)*εῖ* — — — — *διδόνα*[*ι*]. — v. 5 sqq.: Prius Thargelionis sacrificium non videtur ad Thargelia spectare. Dissuadent enim quae secuntur *έμισυ* *ἒ* *το͂ι* *ʽέροι*, quibus singulare quoddam sacrum

1) cf. Boeckh *kl. Schr.* IV 410 adn. 1.

designari opinor. Ac ne -εσι (v. 7) quidem terminationem esse nominis dei cuiusdam sed loci potius putaverim.

Ex ultimis denique verbis unum addiscimus idque gravissimum. Quae de tempore Callynteriorum Plynteriorumque traduntur, ita videntur intricata esse, ut expediri vix possint. Habemus testimonium Photii: *Καλλυντήρια καὶ Πλυντήρια ἑορτῶν ὀνόματα· γίνονται μὲν αὗται Θαργηλιῶνος μηνός, ἐνάτῃ μὲν ἐπὶ δέκα Καλλυντήρια, δευτέρᾳ δὲ φθίνοντος τὰ Πλυντήρια κτλ.* Quorum dierum ille quidem Athenis teste Philochoro (apud schol. Hes. opp. 812) et fortasse Olympiae quoque (cf. Paus. V 13, 11) purgationibus lustrationibusque idoneus optime convenit festo illi, quod ab everrendo nomen duxit. Cui respondent decadis tertiae die item paenultimo celebrata Plynteria. Sed obstat huic testimonio primum locus Plutarchi (Alc. 34 cf. Xenoph. Hell. I 4, 12), qui Alcibiadem Plynteriis Athenas reversum esse narrans haec addit: *δρῶσι δὲ τὰ ὄργια Πραξιεργίδαι Θαργηλιῶνος ἕκτῃ φθίνοντος ἀπόρρητα τόν τε κόσμον καθελόντες καὶ τὸ ἕδος κατακαλύψαντες, ὅθεν ἐν ταῖς μάλιστα τῶν ἀποφράδων τὴν ἡμέραν ταύτην ἄπρακτον Ἀθηναῖοι νομίζουσι,* deinde Procli, qui de Bendideis in commentario Timaei Platonici haec tradit p. 9 B: *ὅτι γὰρ τὰ ἐν Πειραιεῖ Βενδίδεια τῇ ἐνάτῃ ἐπὶ δέκα* (codd. *δεκάτῃ*) *Θαργηλιῶνος, ὁμολογοῦσιν οἱ περὶ τῶν ἑορτῶν γράψαντες,* et p. 27 A: *ὅτι γε μὴν τὰ Παναθήναια τοῖς Βενδιδείοις εἵπετο, λέγουσιν οἱ ὑπομνηματισταί, καὶ Ἀριστοτέλης ὁ Ῥόδιος μαρτυρεῖ τὰ μὲν ἐν Πειραιεῖ Βενδίδεια τῇ εἰκάδι τοῦ Θαργηλιῶνος ἐπιτελεῖσθαι, ἕπεσθαι δὲ τὰς περὶ τὴν Ἀθηνᾶν ἑορτάς,* unde conlato loco Platonico (rep. I 327 sq.) per biduum Bendidea celebrata esse recte conclusit Mommsenus (heortol. 425). Praeterea anno 338/37 Thargelionis *δευτέρᾳ φθίνοντος* contionem fuisse scimus (cf. Aesch. III 27), quae nullo modo in ferias illas *ἀποφράδας* potest incidisse.

In tanta vero testimoniorum discrepantia lucem dat, nisi fallor, hic quem tractamus de Plynteriis locus. Nam cum id huiusmodi inscriptionum proprium sit, ut praescripto die enumerentur officia sacra, hoc loco quod pro die festum commemoratur ipsum, nego posse explicari nisi ita, ut variasse statuamus festi tempus. Qua re perspecta etiam ceterorum testimoniorum ratio magis clarescit. Antiquiora tempora spectare videtur Photius, quem nostro titulo et scholio Hesiodeo[1]) conlato ita licebit interpretari, ut finem versus decadis secundae ac tertiae Minervae ferias fuisse ponamus. Postea cum diebus undevicensimo et vicensimo instituerentur Bendidea, ne sacra illa cognatissima dirimerentur, in decadem tertiam delata sunt ac stabilita, si Plutarcho fides, tempora.

In latere C quae servata sunt ad mortuorum cultum spectant. Nam cum heroibus coniunctam invenimus inferorum deam Hecaten. Quorum priores triticum et panes tres a forma veru simili denominatos[2]), poste-

1) *Τὴν ἐννεακαιδεκάτην ὡς καὶ τὴν ὀκτωκαιδεκάτην τὰ πάτρια τῶν Ἀθηναίων καθαρμοῖς ἀποδίδωσι καὶ ἀποτροπαῖς κτλ.*

2) *ὀβελὸς* aliunde non cognitus; sed notissimus *ὀβελίας*. Cf. etiam Suid. s. v. *πέλανοι· πέμματα κτλ. . . . καὶ ὁ τῷ μάντει διδόμενος μισθὸς ὀβολός.* Non recte

riores ovem accipiunt. Atque hi quidem loco addito satis distinguuntur. Erant fortasse e magno illo ἡρώων ἀγνώστων numero per pagos Atticos dispersorum, quales noscimus e Laertio Diogene (I 10, 3) et Pausania (I 1, 4), quibuscum conferendus est Pollux (VIII 118 sq.). Illi cum nullo ornati sint attributo, aut antea commemorati iam erant (sed ne tum quidem attributum omitti potuisse credo), aut quinam intellegendi sint, ex universa tituli ratione elucere necesse est.

Inde igitur quid efficitur? Publicos hunc titulum continere fastos non facile quisquam sibi persuadebit. Nec enim sufficit sacrificiorum multitudo et A 10 utique postulandum esset: Ἀθεναίαι Πολιάδι οἶν. E quo ipso loco sodalitatis alicuius, sive tribus sive phratriae sive gentis, quae in propria Minervae ara Plynteriis deae sacrificaverit, haec sacra esse concludo. Nam tum etiam heroes illi cur accuratiore definitione careant, perspicitur: artissime enim eos cum sodalitate conexos vel fortasse ipsius fuisse ἀρχηγέτας sumendum est.

3. CIA III 77. Edidit Boeckh CIG I 523: „Athenis olim 'in conventu Monachorum prope Poecilen dictum locum', lapis Dawkinsianus Oxonium translatus. Edidit olim, sed vitiosissimas Chishulli schedas Maffeianas secutus Corsinus Inscr. Att. p. I—IX (Prolegg. F. A. T. IV.), minusculis; rectius Chandlerus Marm. Oxon. II 21." Lebas *Attique* 403.

Μεταγιτνιῶνος θεαῖς β. . .
του τῆς παντελείας πόπανον [δωδεκόν-
φαλον χοινικιαῖον ιε´ νηφάλιον.
Βοηδρομιῶνος γι´ Νέφθυϊ καὶ Ὀσίριδ[ι
ἀλεκτρυόνα καρπώσεις σπείρων πυρ[οὺς
καὶ κριθάς, σπένδων μελίκρατον. ζι´ Δήμητρι Κόρῃ δέλφακα ἀνυπερθέτως. ηι´ τρυγ[η-
τὸν Διονύσῳ καὶ τοῖς ἄλλοις θεοῖς ἀν[υπ]ερ[θέτως.
Πυανεψιῶνος Ἀπόλλωνι καὶ Ἀρτέμιδι ζ´ π[ό-
πανον χ[οιν]ικιαῖον ὀρθόνφαλον καὶ καθήμεν[ον
δωδεκόνφαλον.
Μαιμακτηριῶνος Διὶ Γεωργῷ κ´ πόπανον
χοινικιαῖον ὀρθόνφαλον δωδεκόνφαλον,
ναστὸν χοινικιαῖον ἐπιπεπλασμένον,
πανκαρπίαν νηφάλιον.
Ποσιδεῶνος η´ ἱσταμένου πόπανον
χοινικιαῖον δωδεκόνφαλον καθήμε[νον
Ποσιδῶνι Χαμαιζήλῳ νηφάλιον. θι´
Ἀνέμοις πόπανον χοινικιαῖον ὀρθόνφαλον δωδεκόνφαλον νηφάλιον.

2 in fine septem litterarum spatium est.

Hicksius pretium intellegit. Nec quo iure Meisterhansius gramm. inscr. Att. 18, 103 ὀβελὸν esse nomen mensurae adfirmet scio.

Γαμηλιῶνοϲ κιττώϲειϲ Διονύϲουϲ θι΄. Ἀνθεϲτηριῶνοϲ ἱερεῖϲ ἐκ λουτρῶν..... Ἐ]λ[α]φηβολιῶνοϲ ει΄ Κρόνῳ πόπανον δωδεκόμφαλον καθήμενον, ἐπιθύ]ϲειϲ βοῦν χοινικιαῖον ἀνυπε[ρθέτωϲ. Μουνυχιῶνοϲ β΄ ἀπιόντοϲ Ἡρακλεῖ καὶ Θείῳ ἀλέκτοραϲ β΄, πόπανον χοίνικοϲ δωδεκόμφαλ(ον) ὀρθόνφαλο[ν ἀνυπερθέτωϲ.

23 primum Λ e Corsino addidit Boeckhius. 28 ΔΩΔΕΚΟΜΦΑΛΑ.

Index est sacrificiorum primo fere post Chr. n. saeculo, id quod orthographia probatur, lapidi incisus. In initio deest Hecatombaeon, in fine Thargelion cum Scirophorione. Ceterorum mensium unoquoque pauca enumerantur sacrificia eaque maximam partem incruenta. Praecipue offeruntur panes diversarum formarum, de quibus cum amplum apparatum attulerit Oscarus Band in libello qui inscribitur „*Das Attische Demeter-Kore-Fest der Epikleidia*“ p. 4 sqq., brevissima adnotare satius duxi, praesertim cum quid quoque ornamento significare veteres voluerint, nunc indagari non iam possit. — *Πόπανον* igitur *ὀρθόνφαλον* est placenta umbone medio erecto instructa, *δωδεκόνφαλον*, cui unus umbo medius, undecim in margine positi sunt, *δωδεκόνφαλον καθήμενον*, cui spatio medio plano duodecim sunt umbilici marginales, denique *ὀρθόνφαλον δωδεκόνφαλον* est *δωδεκόνφαλον*, cuius umbilicus medius est erectus. De ceteris infra disputabo.

Incipit titulus a sacro dearum, quarum nomina, cum post *θεαῖς* una tantum vox *β... του* sequatur, non videntur fuisse adposita. Hoc modo in titulo Attico non posse significari nisi deas Eleusinias, Bandio (cf. eius libelli p. 13) concedendum est.[1]) Iam si cui festo Attico hoc sacrificium destinetur circumspicimus, dummodo omnino notum sit, adscisci possunt Epiclidia, Anacalypteria, Prochaereteria, Eucharisteria. E quibus Bandius elegit Epiclidia causis ductus mihi ignotis, quippe quas altera illius libelli parte nondum edita prolaturus sit. Quam sententiam quamquam certis argumentis refutare non possum, dubiam tamen puto, quod et Epiclidiorum et Eucharisteriorum utpote feriarum rusticarum, quae in urbe fortasse omnino non erant, variasse tempora veri sit simile. Mihi, ut praeteream Anacalypteria, de quibus ne conici quidem quidquam potest, ad Prochaereteria spectare videtur hoc sacrificium.

Gravissimum enim est, quod dearum inferarum sacrum *νηφάλιον* positum est in die plenilunii. Cui rei singularem subesse causam necesse est. Quid si ideo factum est, quod cum nuptiis Proserpinae hoc sacrificium cohaeret? Nuptiis enim vel maxime convenit tempus plenilunii.[2]) Erat vero festum Atticum Plutonis et Proserpinae matri vale dicentis

1) Pluralis pro duali invenitur e. g. CIA II 315, 376, 628; III 886.

2) cf. Eur. Iph. Aul. 717; Pind. Isth. VII 44; Bluemner, *Privatalt.* 270, 1.

nuptiarum repetens memoriam, cui nomen erat *Προχαιρητήρια*. Nam quamquam plerique viri docti eadem haec esse ac Procharisteria censuerunt, tamen in lexicographorum (Harpocrationis, Photii, Suidae s. v. *Προσχαιρητήρια*[1]) explicatione nihil mutandum est, quod festi nomen verbo *ἀπιέναι* defenditur: *ἑορτὴ παρ' Ἀθηναίοις ἀγομένη, ὅτε δοκεῖ ἀπιέναι ἡ Κόρη*. Iam si quaerimus, quo anni tempore Proserpinae *κάθοδος* concelebrata sit, hymnum Homericum in Cererem (446 sq.) duas anni partes eam in terra, tertiam apud inferos versantem fingere fatendum est.[2]) At discrepat religio ipsa. Duo adsunt testimonia certissima, Diodori (V 4): *τῆς μὲν γὰρ Κόρης τὴν καταγωγὴν ἐποιήσαντο περὶ τὸν καιρὸν ἐν ᾧ τὸν τοῦ σίτου καρπὸν τετελεσιουργῆσθαι συνέβαινε*, et scholiastae Arat. Phaen. 150:

αἵ δέ που ἀσταχύων κενεαὶ φαίνονται ἄρουραι
ἠελίου τὰ πρῶτα συνερχομένοιο Λέοντι.

ἅπτεται δὲ καὶ θεολογίας ἐνταῦθα ὁ Ἄρατος τὴν τῆς Κόρης ἁρπαγὴν δηλῶν καὶ τὸν ἐν Ἅιδου γάμον ἐν τῷ λέγειν κενεαὶ ἄρουραι· αὐτὴν γὰρ εἶναι τοὺς καρποὺς καὶ μητέρα τὴν γῆν. καὶ γὰρ παρ' Αἰγυπτίοις κατὰ τὸν Ἐπιφὶ μῆνα, ὅτε ἐν Λέοντι γίνεται ὁ ἥλιος, ἡ τῆς Κόρης ἁρπαγὴ τελειοῦται. Tempore igitur aestivo[3]) postquam rapta est Proserpina, deinceps Eleusiniis Thesmophoriis ceteris feriis mater celebratur luctuosa.[4])

Accuratius si tempus definituri sumus nuptiarum Proserpinae, scholiastae sane illius testimonio Hecatombaeon mensis prodi videtur. Verum nescio an hac in re subtiliore auctoritas eius non tanta sit, ut utique eum sequi debeamus. Nec enim Atticumne spectet cultum omnino constat nec Aegyptiorum mense *Ἐπιφὶ* leonem a sole percurri recte adfirmat. Pro quo tempore si Metagitnionem Atticum substituimus, naturalis quaedam prodit anni divisio: nam medio fere Anthesterione[5]) postquam surrexit ex inferis Proserpina, post unius semestris decursum ad maritum revertitur. — Initii verba emendare mihi non contigit. Ceterum quin quodammodo ad mysteria Eleusinia referenda sint, non dubito, quippe quae *τριετηρικὴν παντέλειαν* appellet Plutarchus (symp. IV 6, 1).

Sequitur Boedromion. In quo primum locum obtinet sacrum Nephtyi et Osiridi die decimo tertio faciendum. Verba ipsa et Boeckhius (in commentario) et C. O. Muellerus (in Erschii et Gruberi encycl. I 33, 291) parum recte interpretati sunt. Mihi, ne longus sim in re satis ut opinor aperta, certissimum videtur atque cardo interpretationis vocabulum *καρπώσεις*, quod illi substantivum esse rati miro modo quae secuntur participia enuntiato inculcare studuerunt, verbum esse, cui applicanda sunt

---

1) Harpocrationis codex unus *Προχαιρητήρια*, quam formam restituendam puto cum Mommseno (heortol. 44 adn.).

2) Aliter hunc locum interpretatur Prellerus *Demeter u. Persephone* 116 sqq. Ad similem anni divisionem spectat Porphyrius apud Euseb. praep. ev. III 11, 109 C.

3) cf. Preller *Demeter u. Persephone* 121 sqq.

4) cf. Plut. Is. et Os. 69. schol. Lucian. in mus. Rhen. XXV 549. Clem. Alex. protr. II 17.

5) cf. hymn. Hom. in Cer. 401 sqq. Eodem tempore manes ex inferis emergere putabantur.

participia *σπείρων* et *σπένδων*. Significat autem idem fere quod *ὁλοκαυτεῖν* ac proprium est piaculorum inferiarumque.[1]) Ratio huius sacrificii satis aperta est. Osiris atque uxor infernalis (nam Nephtys eodem modo cum Osiride inferorum rege iuncta est quo Isis cum Osiride caelesti) sacrificio placantur Graeco ritu oblato. Quod quin tamquam *πρόθυμα* mysteriorum sit Eleusiniorum, eo minus potest dubitari, quod di Aegyptii cum Eleusiniorum dis Graecis inde ab Herodoti aetate confunduntur.

Proxima enim ad Eleusinia spectare dudum exploratum est. Incepisse ea a die Boedromionis decimo quinto vel sexto (*ἅλαδε μύσται*) et Eleusinem translata esse die vicensimo (*Ἴακχος*) certum est. E Philostrati autem loco (v. Apoll. IV 18): *ἦν μὲν δὴ Ἐπιδαυρίων ἡμέρα, τὰ δὲ Ἐπιδαύρια μετὰ πρόσρησίν τε καὶ ἱερεῖα δεῦρο μυεῖν Ἀθηναίοις πάτριον ἐπὶ θυσίᾳ δευτέρᾳ* fuisse inter initium feriarum et *Ἴακχον* dies quosdam *ἱερεῖα* appellatos atque Epidauria, quae die undevicensimo fuisse videantur, apparet. Itaque *ἱερεῖα* fuisse dies decimum septimum et duodevicensimum veri est simillimum atque hi ipsi in hoc titulo sacrificiis insignes sunt. E quo priorem imprimis Cereri et Proserpinae, posteriorem Baccho et ceteris dis (sc. *οἷς πάτριόν ἐστιν θύειν*) sacrum fuisse potest concludi. Illae solitam hostiam, hic ut est *προτρύγαιος* fructuum accipit farraginem.

Pyanopsionis die septimo Apollini et Dianae placenta offertur in Pyanopsiis. Thargeliis quoque una cum fratre Diana colitur.

Maemacterionis die vicensimo satis ampla munerum copia colitur Iuppiter agricola, qui quamquam cognomina similia velut *ἐπικάρπιος ἔνδενδρος φυτάλμιος* adsunt non pauca, ipse aliunde nondum est cognitus. Praeter *πόπανον* offertur *ναστὸς ἐπιπεπλασμένος*, de quo pane conferendi sunt Athenaeus (111 C, 646 E), schol. Arist. av. 567, Hesych. s. v. *ναστός*. E comicorum versibus colligi potest imprimis melle illitos panes ita esse appellatos.[2]) Denique *παγκαρπία* procul dubio non est placenta sed omnis generis fructuum lanx[3]), qualem accipit Iuppiter *χθόνιος* apud Euripidem (fr. 912):

σοὶ τῷ πάντων μεδέοντι χοὴν
πέλανόν τε φέρω, Ζεὺς εἴτ' Ἀίδης
ὀνομαζόμενος στέργεις· σὺ δέ μοι
θυσίαν ἄπυρον παγκαρπείας
δέξαι πλήρη προχυθεῖσαν,

et Athenaeo teste (473 C) Iuppiter *κτήσιος*. Qui omnes tamquam species sunt summi inferorum dei ab agricolis una cum Cerere in serendo invocati (Hes. opp. 465) illisque cognatissimi Iuppiter *μειλίχιος* et *μαιμάκτης*.

---

1) cf. Hesych. s. v. *καρπωθέντα· τὰ ἐπὶ βωμοῦ καθαγισθέντα*. Suid. s. v. *ἁγίσαι, ἁγιάσαι*. Et. M. 10, 41. Stengel Herm. XXVII 161 sqq. *σπείρειν* est spargere (Herod. VII 107, Eur. Andr. 167).

2) Comparabiles sunt *ὄμπαι* Cereri Furiisque sacrae, quas grammatici tradunt esse *πυροὺς μέλιτι περικεχρισμένους*.

3) cf. Hesych. *παγκαρπία· πανσπερμία*.

Atque et Iovis *μαιμάκτου* et *κτησίου* cultus propriae fuerunt lustrationes illae, in quibus *Διὸς κῳδίῳ*[1]) utebantur. Quae cum praecipue Maemacterionis decade tertia fiant, esse aliquam huius de quo agimus sacrificii cum feriis illis Iovis *μαιμάκτου* adfinitatem recte statuit Boeckhius. Sacrum igitur principale die vicensimo videtur factum esse.

Posideone duo fiunt sacrificia inter se quodammodo cohaerentia. Primum Neptunus *χαμαίζηλος*, i. e. humi serpens, aliunde non notus nisi quod fratrem eius habemus apud Orpheum in Argon. 934 H. (*σῆμα χαμαιζήλοιο Διός*), die octavo, qui sacer eius est constitutus, placatur placenta sine vino offerenda, cui sacro publicum respondisse sollemne non est necessarium, deinde die undevicensimo venti. Utrumque sine dubio ad tempestates permulcendas pertinet, quas huius mensis proprias esse ex Anacreontis fr. 6 (cf. Eust. ad Il. XV 192) discimus.

Paulo difficilior oritur quaestio de Gamelione. Primum ut ipsa verba recte constituamus, non recedendum est a litteris a Chandlero traditis *κιττωσεισδιονυσους*. Boeckhius e Corsini apographo pessimo recepit *Διονύσου* scripsitque *κιττώσεις Διονύσου* ut supra *καρπώσεις*. Equidem vel propter *καρπώσεις* illud nunc rectius, opinor, intellectum *κιττώσεις* verbum esse ratus retinui *κιττώσεις Διονύσους*. Cuinam vero sollemni publico haec statuarum Bacchi coronandarum caerimonia respondet? Boeckhio praeeunte plerique viri docti[2]) ad Lenaea eam pertinere contenderunt, quae circa *εἰκάδας* acta esse sibi persuaserunt. Attamen cautius agendum est. E tituli 4 v. 22 sqq. circa diem duodecimum acta esse Lenaea certum fieri mihi videtur. Iam occurrunt in inscriptione Attica CIA II 834 B II 46 *Ἐπιλήναια Διονύσια*. Festum hoc esse post Lenaea actum apparet, cui quin attribuenda sit illa coronandi caerimonia vix dubium est. Fortasse autem aliquid addi potest. Aliud enim innotuit e titulo ephebico Bacchi festum singulare, cui nomen est *κληματίς*. In CIA II 482, 31 legimus: . . . *τεθυκέναι δὲ μετὰ τῶν ἐφήβων τῇ τε κληματίδι καὶ . . . . . κτλ.*; quod Bacchi esse sollemne perspexit Koehlerus conlato loco Plutarcheo (de cup. div. 8 extr.): *ἡ πάτριος τῶν Διονυσίων ἑορτὴ τὸ παλαιὸν ἐπέμπετο δημοτικῶς καὶ ἱλαρῶς, ἀμφορεὺς οἴνου καὶ κληματίς, εἶτα τράγον τις εἷλκεν, ἄλλος ἰσχάδων ἄῤῥιχον ἠκολούθει κομίζων, ἐπὶ πᾶσι δὲ ὁ φαλλός*. Quod nomen quoniam a ritibus huius festi derivandum est, quid aptius comparari potest quam diei undevicensimi coronae hederaceae?

Lubrica res est de Anthesterione. *λουτρὸν* vocabulum esse cultus sumendum est. Ac mortuorum cultus eum proprium fuisse ritum, ut aqua in terram infusa illi quasi abluerentur, inter omnes constat.[3]) Quam ut significet caerimoniam Sophocles (El. 84 et 434) ipso hoc utitur *λουτρὸν* vocabulo. Recte igitur Boeckhius ad Hydrophoria mense Antheste-

---

1) cf. Suid. s. v. *Διὸς κῴδιον*, ubi sine causa Lobeckius (Agl. 183) *κτήσιος* mutavit in *ἱκέσιος*; Preller Polemonis 141.

2) Boeckh *kl. Schr.* V 81 sq. Bergk *Beitr. z. griech. Monatsk.* 37. Leutsch Philol. I 480. KFHermann *gottesd. Altert.* 58, 5. Schmidt chronol. Graec. 287 sq.

3) cf. Athen. 409 F, 496 A. Lucian. de dea Syr. 13.

rione acta haec pertinere contendisse videtur. Ipsa vero verba quomodo intellegenda sint, non liquet.[1])

Elaphebolion Saturni sacrificio insignis est. Solito pani additur placenta in bovis speciem conformata: cruenta enim sacra Saturnus Atticus repudiasse videtur. Boeckhius v. 24 supplevit ἐπι[πεπλασμένον], verum hoc supplementum fines propositos longe egreditur neque editores quidquam deesse adnotant. *Κρόνια* Athenis et aestiva fuisse et autumnalia scimus[2]); de vernis plane nihil traditur. Sed Romae Dionysius Halicarnassensis (I 38, 2 sq.) Herculem, Saturni cultum Latinum ut mitigaret hominesque ne amplius mactarentur prohiberet, triginta simulacra humana in Tiberim demittere iussisse tradit: *τοῦτο δὲ καὶ μέχρις ἐμοῦ ἔτι διετέλουν Ῥωμαῖοι δρῶντες μικρὸν ὕστερον ἐαρινῆς ἰσημερίας ἐν μηνὶ Μαΐῳ ταῖς καλουμέναις εἰδοῖς, διχομηνίδα βουλόμενοι ταύτην εἶναι τὴν ἡμέραν κτλ.* Haec falsa esse apparet. Vernum enim aequinoctium mensis est Martii. Mensis vero nomen in hac temporis definitione sive corruptum sive falso a scriptore traditum esse, non tempus naturale inde efficitur, quod Elei, a quibus Romanos Saturni cultum accepisse idem tradit Dionysius (I 34), aequinoctio verno sacra ei faciebant teste Pausania (VI 20, 1). Iam cum in nostro titulo sacrum eodem tempore Saturno peragendum inveniamus, ea est Attici cultus cum Romano similitudo, ut huius exemplum illum imitari veri sit simillimum.

Denique Munychione extremo heroum instar coluntur Hercules et *Θεῖος*. Hic quis sit certo definiri vix potest. Boeckhius Eurystheum intellexit Herculis avunculum (*θεῖον*). Sed hoc cum per se incredibile sit, tum a titulorum sacrorum sermone abhorret; nec est reapse ille Herculis avunculus. Mihi *Θεῖος* aut heros ignotus esse aut nomen proprium videtur.[3])

Perquisitis singulis restat de origine tituli quaestio gravissima. Publica sacra eo non recenseri viri docti consentiunt. Quorum plerique quod sacra haec esse rustica pagi cuiusdam Attici contendunt, adsentiri non possum. Nam primum Athenis lapis inventus esse fertur, deinde sacrificia et pauciora minoraque quam decebant pagum Atticum quamvis exiguum, nec rustici potissimum cultus ullo modo propria sunt (veluti desunt Dionysia rustica), denique plerique dei cognominibus sollemnibus carent. Unus quantum scio Prellerus ad sacra privata hunc indicem spectare dubitanter sane coniecit.[4]) Idque verissimum est. Probatur enim vel ipso tituli sermone (*καρπώσεις, κιττώσεις, ἐπιθύσεις*). Sed etiam cetera huic sententiae favent omnia. Veluti exceptis Eleusiniis Atheniensium feriis longe sanctissimis ceterae feriae maiores consulto videntur praetermissae esse. Praeterea cum praeter placentas, pauperum munera[5]), galli tantum,

---

1) Potest aliquis EK litteras diem indicare et *ἱερεῖς* mutandum esse in *ἱερ[ι]εῖς* conicere. Sed haec nimis incerta sunt.

2) Et. M. 321, 4 sqq. Philochorus apud Macrob. Sat. I 10, 22.

3) Nescio an adscisci possint inscriptiones quaedam in Asia minore inventae, quibus dedicatur *Διὶ ὑψίστῳ καὶ θείῳ* vel *καὶ θείῳ ἀγγέλῳ* (BCH V 182. n. 4, XV 418. n. 1; V 182. n. 3. Lebas-Waddington III 515).

4) Pauly *Realencycl.* III 97.

5) cf. Thuc. I 126 cum schol.; Alciphr. epist. III 35; Lucian. de sacrif. 12.

propriae privatorum hostiae, et porculus offerantur, sacra incruenta ita praeferuntur, ut philosophorum illorum religionis nobis iniciatur memoria, qui sacra cruenta condemnabant; veluti de Pythagora Porphyrius (v. Pythag. 36) tradit haec[1]): *θύων τε θεοῖς ἀνεπαχθὴς ἦν, ἀλφίτοις τε καὶ ποπάνῳ καὶ λιβανωτῷ καὶ μυρρίνῃ τοὺς θεοὺς ἐξιλασκόμενος, ἐμψύχοις δ' ἥκιστα, πλὴν εἰ μή ποτε ἀλεκτορίσιν καὶ τῶν χοίρων τοῖς ἁπαλωτάτοις. ἐβουθύτησεν δέ ποτε σταίτινον, ὥς φασὶν <βοῦν> οἱ ἀκριβέστεροι, κτλ.* Itaque quamquam certi quidquam de tituli origine ac ratione statui nequit, tamen a sodalitate quadam, quae sua cuique sodali officia sacra proponenda curaret, eum collocatum esse haud est improbabile.[2])

II. Myconi.

4. Tabula marmoris albi valde detrita a. 1,71 m, l. 0,48 m, cr. 0,13 m, inventa Myconi; nunc exstat Athenis in museo centrali. In altera parte titulus SIG 433, qui prior videtur exaratus esse. Litteras primae esse aetatis Romanae iudicat Kumanudes. Edidit Lebas *Voyage archéol.* II 2058; accuratius Kumanudes *Ἀθηναίου* II 237 sq. litteris minusculis. Inde Dittenberger SIG 373. Denuo exscripsit accuratissime litterisque maiusculis repraesentavit Latyschewius BCH XII 459 sq. Novam locorum quorundam conlationem debeo Alfredo Koerte. In discrepantiis minoribus unius Latyschewii textum expressi.

Θεοὶ τύχηι ἀγαθῆι.

Ἐπ' ἀρχόντων Κρατίνου Πολυζήλου Φιλόφρονος, ὅτε συνωικίσθησαν αἱ πόλεις, τάδε ἔδοξεν Μυκονίοις ἱερ[ὰ θύειν πρὸς τοῖς πρότερον καὶ ἐπηνορθώθη περὶ τῶν προτέρων. — Ποσιδεῶνος δυωδεκάτει Ποσειδῶνι Τεμενίτηι κριὸς καλλιστεύων λευκὸς ἐνόρχης· ὁ κριὸς εἰς πόλιν [ο]ὐκ εἰσάγεται· νῶτογ καὶ πλάτη κόπτεται· ἡ πλάτη σπένδεται· τῶι ἱερεῖ γλῶσσα καὶ βραχίων. τῆι αὐτῆι ἡμέραι Ποσειδῶνι Φυκίωι ἀμνὸς λευκὸς ἐνόρχης· γυναικὶ οὐ θέμις. καὶ ἀπὸ τοῦ τέλους τῶν ἰχθ[ύ]ων βουλὴ πριαμένη ἱερεῖα εἴκοσι δραχμῶν διδότω. τῆι αὐτῆι ἡμέραι Δήμητρι Χλόηι ὕες δύο καλλιστεύουσαι· (ἡ) ἑτέρη ἐγκύμ[ων]· νῶτογ κόπτετα[ι τῆς ἐγκύμονος. τὰς ὗς βο[υλ]ὴ κ[ρινέ]τω· μ...ωι ἄρχοντες διδόντων ὀσφὺν καὶ κωλῆν τῆς ὑὸς τῆς ἑτέρης, ἀλφίτω[ν δύο χοίνικας, οἴνου τρεῖς κοτύλ[α]ς. — Ληναιῶνος δεκάτηι

2 ἱερ[ὰ] omisit Kum. 4 ἐπηνωρθώθη Kum. 12 ἡ ἑτέρα ἐγκύμ[ω]ν Kum. 13 βουλὴ κ... ΤΩΜΗΣΙΟΙ? Kum. — ΒΟ..ΗΚ ////////// Τ·ΜΝ·ΙΩΙ litteras finales certas esse addens Latyschewius; idem variam lectionem adnotat hanc: ΒΟ··ΗΚ ////////// ////////// ΤΩΜ··ΩΙ. — ΒΟ //// //// ΗΚι'/// //// //// //// ΤΩ·····Ι Koerte.

1) Paululum discrepant Laert. Diog. VIII 20 et Iamblich. de vita Pyth. XXVIII 150.

2) Accuratius si hac de re iudicare liceret, *ἀνυπερθέτως* illud, quod ter occurrit, quid potissimum significaret, perspici fortasse posset.

ἐπὶ ὠιδῆι ὑπὲρ καρποῦ Δήμητρι ὗν ἐνκύμονα πρωτοτόκον, Κόρηι κάπρον τέλεον, Διὶ Βουλεῖ χοῖρον. ταῦτα διδόντων ἱεροποιοὶ ἀπὸ τοῦ ἱεροῦ ἀργυρίου καὶ ξύλα διδόντων καὶ ὀλάϲ· ἐπιμελέϲθων δὲ τῶν ἱερῶν ὅπωϲ καλὰ ἧι ἄρχοντεϲ καὶ ἱερεῖϲ· ἐὰν δέ τι δέηι καλλιερεῖν, ἱεροποιοὶ διδόν[τ]ων· εἰϲ δὲ τὴν ἑορτὴν [πελ](αζ)έτω Μυκονιάδων ἡ βουλο[μ]έ[νη κ]αὶ τῶν οἰκουϲῶν ἐμ Μυκό[ν]ωι ὅϲαι ἐπὶ Δήμητρα τετέλ[ε]νται. — ἑνδε[κ](ά)τηι ἐπὶ Τοταπλῆθοϲ Ϲεμέληι ἐτήϲιον· τοῦτο ἐναγεύεται. — δυωδεκάτει Διονύϲωι Ληνεῖ ἐτήϲιον. — ὑπ(ὲ)[ρ κα(ρ)πῶν Διὶ Χθονίωι, Γῆι Χθονίηι δερτὰ μέλανα ἐτήϲι(α)· ξένωι οὐ θέμιϲ· δαινύϲθων αὐτοῦ. — Βακχιῶνοϲ δε(κ)[άτηι ἐν Δειράδ[ι] Διονύϲωι Βακχεῖ χίμαροϲ καλλιϲτεύ(ω)[ν. τὴν τιμὴν ἱεροποιοὶ διδόντων καὶ ϲυνεϲτιάϲθων, δ(α)[ινύϲθων δὲ αὐτοῦ. — Ἑκατομβαιῶνοϲ ἑβδόμηι ἱϲταμένου Ἀπόλλωνι Ἑκατομβίωι ταῦροϲ καὶ δέκα ἄρνεϲ· νῶτον τοῦ ταύρου κόπτεται· τῶι ἱερεῖ τοῦ ταύρου δίδοται γλῶϲϲα καὶ βραχίων· τῶν ἀρ(ν)ῶν ὧν οἱ παῖδεϲ θύουϲιν, ἱερεῖ γλῶ[ϲϲα καὶ τῶι παιδὶ γλῶϲϲα ἑκατέρωι· ὧν οἱ νυμφίοι θύ[ου]ϲιν τῶν ἀρ(ν)ῶν, τῶι ἱερεῖ καὶ τῶι νυμφίωι γλῶϲϲα ἑκατέρωι. [τῆι αὐτῆι ἡμέραι Ἀχελώιωι τέλειον καὶ δέκα [ἄρ]νεϲ· τούτω[ν τρί]α, τέλειον καὶ ἕτερα δύο, πρὸϲ τῶι β[ω](μ)ῶι ϲ[φάττ]ετ[αι], τ(ὰ) [δὲ ἄ]λλα ἐϲ τὸν ποταμόν. ὁ ἐργαζόμεν[οϲ τὸ χωρ]ίον τὸ ἐν Ϲα τοῦ Ἀχελώιου μίϲθωμα ἀποδιδ[ό](τ)ω [αὐτοῦ τῶι] Ἀχ(ε)[λώι]ωι νο? καὶ] τοῦτο καταθυέϲθ(ω) [ε]ἰϲ [τὸν θηϲαυρόν]. πέμπτηι ἐπ[ὶ δέκα] Ἀρχηγέτηι ἐτήϲι(ο)[ν — — — — — — — — — — — — — — — — δαινύϲ[θων — — — — — — — — — — — — — — — β]αϲιλεῖ Ι — ιρρο — / Γ — — — — — — — — —

16 ΕΠΙΟΓΔΗ Kum. 21 ἑορτὴν θυέτω Kum., quod utique falsum esse testantur Lat. et Koerte. //// //// ΛΞΕΤΩ Lat., unde effecit [πελα]ζέτω. Tolerabile hoc esse dicit Koerte; ipse tamen dubitans sane legit ἑορτὴν Γ ////ΟΙΞΕΤΩ. 22 τετέλεϲται Kum. 23 ἐπι ΤΟΤΑΓΛΗ? θοϲ Kum. ΕΠΙΤΟΤ · · ΛΗΘΟΣ Lat. ΕΠΙΤΟΤ //// ΓΑΗΘΟ‾ Koerte, sed ΓΑ certum non esse. 25 καμπων lapis. 27 τηι ἑνδεκάδι Kum. 32 et 34 αρτων lapis. 33 post θύ[ου]ϲιν spatium esse vacuum contra Kumanudem statuit Lat. 35/36 supplevit Dittenberger. 36 [βωμ?]ῶι . . . Γ‾ . Τ . . Kum. /////// ¦ΩΙ /////////// ΞΤ /// ΤΛ //// Lat. Β . . ΩΙΣ ///////////////// ΤΑ Koerte; κατακαίεται, quod proposuit Lat., spatio longius esse adfirmat idem. 37 .λα εἰϲ Kum. Post ΕΝΣΑ unam duasve litteras secutas esse posse dicit Koerte. 38 ἀποδιδότω . . . . . αχΙ . . . ο . . . Kum. ΑΧΜ ////////// ΙΝΟ Lat. ἀποδιδότω . . . . ΑΧΙ //// ///// ///// ///// ΩΙ Koerte. Ille [δρ]αχ(μ) supplendum censet, hic de Μ illa dubitans Αχ(ε)[λώι]ωι. 39 ante τοῦτο trium litterarum spatium exstat teste Koertio. καταθυέϲθω . . ΙΣΙ . . . . Kum. Ω //////// Σ Lat. Ω ///// ΙΣ Koerte; εἰϲ spatio paulo brevius esse. 40 ἐτήϲιο[ν . . . . / ‾ΚΛ‾ΙΙ Kum. —————— Ο ——— ΕΙ ——— Lat. . . . . Τ . . . . . \\///// Κ \\‾ vel \\///// ΙΟϒ Koerte. v. 43 sqq. unus exscripsit Kum.

53 — — ελε — — — — — — — — — — — — — —

— — — ν καὶ cκέ[λ — — — — — — — — — — —

55 οιτ — — — — — — — — — — — — — — — —

ιει — — — — — — — — — — — — — — — — —

ον — — — — — — — — — — — — — — — — —

58 . οι . . . . [Ἀ]πολλωνι . ΛΙ — — — — — — — — — — —

62 . . . . μ . . ουοτ — — — — — — — — — — — — —

Superest spatium versuum circiter triginta.

Enumerantur sacra a Myconiis in oppidorum coniunctione sive nova instituta sive vetera commutata. Plurimum igitur interest, quid novum quid non sit diiudicare. Nec deesse illius *θυσιῶν πατρίων ἐπανορθώσεως* videntur in ipso tituli sermone impressa vestigia. Breviloquentia enim cultus vetusti propria additamentis modo imperativo pronuntiatis, quae non ad sacrificia peragenda sed ad sollemnia constituenda atque administranda pertinent, saepe interrumpitur. Veluti v. 9 quod praeter consuetudinem per *καὶ* particulam inculcatur enuntiatum, legis sacrae antiquioris excerpto adnecti videtur. In recensione igitur et correctione legum sacrarum maximam partem tituli versari crediderim; *θυσίαι ἐπίθετοι* additae videntur haud ita multae (e. g. fortasse sacrum Semelae faciendum). Pleraeque enim antiquitatis prae se ferunt vestigia.

Haec memoria tenenda sunt ei, qui mensium ordinem constituturus est. Menses enim omnes ex ordine percenseri minime est necessarium; nam possunt fuisse, quorum nulla omnino sacra recensenda essent. Ac menses cognomines Athenis Myconique excepto fortasse Hecatombaeone eandem habuisse sedem et Lenaeonem Gamelioni respondisse consentaneum est; Bacchionem in Elaphebolionem Atticum incidisse infra demonstrare conabor. De anni autem initio quaestionem certo expediri non posse Clodio (fasti Ionici 28) concedendum est. At quem Bischoffius (de fastis 395) ponit mensem primum Boedromionem, non bene excogitatus est, quod tituli versus fere quinquaginta in uno mense Metagitnione tum ultimo versari statuendum esset. Itaque interim in Kumanudis sententia a primo tituli mense Posideone annum incepisse statuente acquiescendum est.

Posideon Neptuni feriis insignis est. Cui deo Athenis, ubi eius cultus minoris momenti est, octavus potissimum dies sacer habetur. Sed duodecimo Posideonis die ab Ionibus Neptunia concelebrata esse ex Aristidis loco (or. XXIII p. 274 sq. Dind.) cum nostro comparato concludi potest, e quo Smyrnae illo die eius festum fuisse elucet. Myconiorum *Ποσίδεια* commemorantur in titulo apud Rhangaben Ant. hell. 899, 16. — Cognomen *Τεμενίτης* Iovi quoque est Amorgi (BCH XVI 276, 37); comparabilis est Erythraeorum *Ἑστία Τεμενία* (SIG 370, 9). Ad fanum extra urbem situm pompam sacrificalem non esse ducendam[1]) designatur verbis *ὁ κριὸς εἰς πόλιν οὐκ εἰσάγεται. νῶτογ καὶ πλάτη*[2]) partes sunt

1) cf. e. g. Plut. Aristid. 21. Paus. VIII 38, 8.

2) *πλάτη* idem est quod *ὠμοπλάτη*: Hesych. s. v. *πλάτη*. Poll. II 133. *βραχίων*

hostiae in ara comburendae; sequitur enim ἡ πλάτη σπένδεται. κόπτειν igitur verbo exsecandi inesse notionem necesse est; simili significatu legitur in titulo Attico SIG 379, 18: τὰ δὲ λοιπὰ κατακοπτέτωι ἱερῶι. Cf. Apoll. Rhod. I 433 et Plato Euthyd. 301 C: τὰ μικρὰ κρέα κατακόψαντα ἕψειν. Ceterum cum ter tantum partes concremandae designentur nominatim, insolita deorum haec esse munera elucet, id quod titulis sacris perlustratis comprobatur. — Neptunus Φύκιος, cuius cognomen a φῦκος sine dubio derivandum est, hoc uno loco invenitur. Sacro sollemni cum agnus sufficiat, quae praeterea a senatu e vectigali piscatorio dantur oves epulis sacris destinatae sunt. Similis lex fuit Athenis teste Cratete apud Phot. s. v. Κύνειος.

Denique Neptuniis una cum deo agricolis propitio ideoque albis hostiis honorato etiam Cererem Χλόην Myconios venerari, cui et veris et messis et sementis tempore Athenis sacrificatum esse scimus[1]), mirum non est. Artissime enim Ceres cum Neptuno non modo apud Peloponnesios sed etiam apud Iones[2]) iuncta fuit, cuius rei luculentissima exstant monumenta Haloa Attica Posideone agitata. — v. 13 κρινέτω probabiliter coniecit Haussoullier (*Revue des études gr.* II 195); cf. SIG 348, 14 sq.: δοκιμάζειν δὲ τὰ ἱερεῖα τοὺς προβούλου[ς] καὶ τὸν ταμίαν καὶ τὸγ κήρυκα. Dativo sequente sacrificulum quendam significatum esse certum puto, non id quod Dittenberger coniecit sacerdotem ipsum, cui cur archontes ἱερεώσυνα dare iubeantur, plane non perspicitur.

Quod Lenaeonis primum ponitur sacrum[3]), ex antiquissima Ionum religione repetitum est. Hymno addito pro frugibus renascentibus deorum inferorum trinitati sues[4]) immolantur. Qui ut apud Peloponnesios appellari solent Δαμάτηρ, Κόρα (vel Περσεφόνα), Πλούτων (vel Κλύμενος, Ἅιδης), ita apud Iones sollemnia eorum nomina sunt Δημήτηρ, Κόρη, Ζεὺς Εὐβουλεύς.[5]) Eodem mense ante Lenaea Athenis ἐπαρχὴ fit Δήμητρι καὶ Κόρηι καὶ Πλούτωνι (CIA II 834 B II 46).[6]) Antiquiorem servavit festi habitum Myconus et insularum proprium. Qui id potissimum habet singulare, ut frugum causa institutum festum, quoniam solis feminis aditus patet, Thesmophoriorum[7]) aliquid simile adsumpserit. Quocum optime convenit, quod Pari ubi clarissima fuerunt Cereris Θεσμοφόρου ὄργια[8]) inde Thasum translata (Paus. X 28, 3) Ἥρη, Δημήτηρ Θεσμοφόρος, Κόρη,

---

femur prius videtur esse oppositus τῇ κωλῇ. cf. Hesych. s. v. ῥίμβησις· ἀγκύλη τοῦ ὤμου. οἱ δὲ βραχίονα τοῦ ἱερείου. schol. Arist. Plut. 1128: κωλαῖ τὰ ἐμπρόσθια μέρη τῶν ἱερείων. ἔστι δὲ ἱερὸς Ἑρμοῦ ὁ βραχίων τῶν ἀλόγων ζῴων.

1) Cornut. περὶ θεῶν 28. Schol. Soph. O. C. 1600.

2) cf. Toepffer geneal. Att. 252 sqq.

3) Falso Lenaeis adscribit Roscher in lex. mythol. I 1071.

4) χοῖρος est porcus novellus; cf. Athen. 375 B.

5) MAI I 334 (Amorgi); Ἀθήναιον V 15 (Pari); BCH XIV 505, 4 (Deli).

6) cf. Foucart BCH VII 397 sq.

7) Falso O. Kern MAI XVI 8 Myconiorum mysteria (ὅσαι ἐπὶ Δήμητρα τετέλενται) esse Eleusinia dicit. μυστήρια appellantur etiam Thesmophoria.

8) cf. Herod. VI 134 sq. (ὑποζάκορον τῶν χθονίων θεῶν — τὸ ἕρκος Θεσμοφόρου Δήμητρος — τὰ ἐς ἔρσενα γόνον ἄρρητα ἱρά).

Ζεὺς Εὐβουλεύς, Βαβὼ cultus communione inveniuntur coniuncti. — Athenis duo fuerunt *ἱεροποιῶν* collegia, quorum officia in unum congesta sunt Myconi. Alteri (*τοῖς ἐπὶ τὰ ἐκθύματα*) mandatae erant *καλλιερήσεις*: *τά τε μ[αν]τευτὰ ἱερὰ θύουσιν κἄν τι καλλιερῆσαι δέῃ καλλιεροῦσι μετὰ τῶν μάντεων* (Aristot. *Ἀθην. πολ.* 54, 6). Myconi si non fausta sunt sacrificia, denuo *ἱεροποιοὶ* deos adire, i. e. *καλλιερεῖν* iubentur. Cum v. 19 compares e. g. SIG 348, 14 sqq.: *τοὺς προβούλους καὶ τὸν ταμίαν καὶ τὸγ κήρυκα* — — — — — *τῶν ἱερῶν προΐστασθαι*; Paus. II 35, 5. v. 21 *πελαζέτω* verum videtur; quamquam sollemnis est formula *εἰσιέναι* (*παριέναι, προσιέναι*) *εἰς τὰ ἱερά. αἱ οἰκοῦσαι ἐμ Μυκόνῳ* sunt inquilinae; cf. Demosth. or. 59, 85; SIG 348, 9 sq.: *ἑστιᾶν τούς τε πολίτας καὶ .... καὶ τοὺς μετοίκους καὶ τοὺς ἀπελευθέρους.*

Secuntur Myconiorum Lenaea. Nam cum die undecimo Semela, duodecimo Bacchus *Ληνεὺς* sacris honorentur, feriis quibusdam Bacchicis haec esse attribuenda efficitur. Quae Lenaea esse comparatis Andriorum Dionysiis nonis Ianuariis teste Plinio (N. H. II 103) actis docuit Usenerus (Acta S. Timothei 24 sq.); idque eo minus addubitari potest, quod eodem sui mensis tempore et Dionysia magna agitata sunt Athenis et apud Iones omnes agitata esse Anthesteria auctor est Thucydides (II 15). Semelae ovis annicula immolatur illo ritu qui per *ἐντέμνειν* designari solet inferiarum proprio: hoc enim significare videtur *ἐνατεύειν* ab *ἔνατα* derivandum sicut *προκαυτεύειν* (6, 12) a *καυτός*. — Notatu dignissimum est, quod Lenaeis inferos quoque deos Iovem *χθόνιον* et Tellurem *χθονίαν* Myconii venerantur. Eosdem deos (nisi quod Cererem pro Tellure) in semente invocari Hesiodus (opp 465) iubet. Immolantur oves atri unius anni, quae *δερτὰ* dicuntur. Hoc vocabulum a *δέρειν* derivandum[1]) sicut *καυτὸς* (5, 31) a *κάειν* hostias pelle spoliatas significat. Nimirum cum in sacris deorum inferorum hostiae semper concremarentur totae[2]), si ut nostro loco praeter consuetudinem dapi illae erant[3]), apte hoc genus hostiarum *δερτὰ* dici potuit.

Iam vero quid faciendum sit mense Bacchione quaeritur. Mensis ipse quidem hoc uno loco exstat; sed *Διόνυσος Βακχεὺς* invenitur etiam Naxi (Athen. 78 C) et Erythris (SIG 370) et Ilii (Philol. suppl. II 620). Illud sacrificium facit, ut aliquas Bacchi ferias circa hoc tempus Myconi fuisse credamus. Hae vero Anthesteriisne respondent Atticis an Dionysiis magnis? Anthesteriorum dies principalis apud Iones omnes fuit duodecimus (Thuc. II 15. cf. [Demosth.] c. Neaer. 76). Athenis ceteri dies ita dispositi erant, ut alter praecederet alter insequeretur. Num igitur probabile est quartum addidisse diem Myconios? Praeterea ut Anthesteria ita mensis Anthesterion perinde ac Lenaeon omnium communis Ionum

---

1) cf. Hom. Ψ 169: *δρατὰ σώματα νήει.* Hesych. s. v. *δρατά· δαρτά, ἐκδεδαρμένα θύματα.* Et. M. 287, 9 sqq.

2) Unum sufficiat exemplum e Plut. qu. symp. VI 8, 1 petitum: *θύουσι Βουβρώστει ταῦρον μέλανα καὶ κατακόψαντες αὐτόδορον ὁλοκαυτοῦσιν.* cf. Stengel Herm. XXVII 164 sqq.

3) cf. *δαινύσθων αὐτοῦ*, id quod apud Coos *οὐκ ἀποφορά.*

videtur fuisse. Proinde de mensis sede prorsus adsentiendum est Dittenbergero et Dionysiis magnis has ferias respondere statuendum, quae cur Elaphebolioni potissimum a Pisistrato mandata sint, nunc paulo magis clarescit; Bacchi scilicet apud alios Iones hic quoque mensis sacer erat.

Hecatombaeonis die septimo Apollini Ἑκατομβίῳ immolata hecatomba βουπρῴρῳ quae dicitur (taurus enim cum decem agnis aperte hecatombae instar est[1]) quae de huius dei cultu Attico leguntur in Et. M. 321, 6 sqq. confirmantur: Ἑκατομβαιὼν δὲ ὠνόμασται διὰ τὰς τοῦ Ἀπόλλωνος θυσίας· θύουσι γὰρ αὐτῷ Ἑκατομβαίῳ κτλ. cf. Hesych. s. v. Ἑκατόμβαιος; Bekk. Anecd. Gr. I 247. Sacerdoti quae adsunt duo camillorum genera παῖδες atque νυμφίοι, qua voce adulescentuli videntur significari, optime illustrantur vasculis sacrificantes repraesentantibus, quae saepius diversae aetatis camillos exhibent.[2])

Alia eodem die hecatomba offertur Acheloo, quem unum omnium fluviorum a Graecis universis cultum esse testatur Ephorus fr. 27 apud Macrob. Sat. V 18, 6. Notabilis est sacrificii ritus. Fluvios et ut deos superos victimis honoratos et ut inferos placatos esse constat.[3]) Idem hoc loco factum videmus. Tres hostiae ad aram more solito, cetera in fluvium infuso sanguine immolantur. Ita enim accipiendum est: σ[φάττ]ετ[αι] πρὸς τῶι β[ωμ]ῶι — — — — ἐς τὸν ποταμόν. Quod Latyschewius proposuit [κατακαί]ετ[αι] ne sensui quidem sufficit. Idem enim verbum utrique membro accommodandum est. Praeterea hostias nec in fluvium immergi[4]) nec in ara concremari (ὁλοκαυτεῖσθαι) ullo modo credibile est. — Iis quae secuntur qui fundum Acheloo sacrum conductum habet mercedem ipso festo persolvere iuberi apparet. Sed singula certo vix possunt restitui. Sensum quidem adsecutum me esse imprimis propter καταθυέσθω existimo. Hoc enim sollemniter de decuma consecrata usurpatur (Xenoph. anab. V 3, 36. Diodor. IV 21). Cum vero absolute poni vix possit, ante πέμπτηι mensis nomen scriptum fuisse statuenti Latyschewio non adsentior. Quamquam εἰς τὸν θησαυρὸν mera est coniectura. v. 37 τὸ ἐν Σα locum indicat. Nonnullae litterae aut secutae sunt aut a quadratario omissae.

Eiusdem igitur mensis plenilunio[5]) Ἀρχηγέτην venerantur Myconii. Idque bene congruit cum iis, quae de illo memoriae produntur. Legimus enim apud Stephanum Byz. s. v. Μύκονος· μία τῶν Κυκλάδων ἀπὸ Μυκόνου τοῦ Ἀνίου τοῦ Καρυστοῦ καὶ Ῥοιοῦς τῆς Ζάρηκος. Quae genealogia etsi turbata est[6]), hoc tamen inde addiscimus Myconum perinde ac fratres Thasum Andrumque ab Apolline Delio Anii patre oriundos esse, cui sacer erat Hecatombaeon.

---

1) cf. KFHermann *gottesd. Altert.* 26, 16. Hom. Δ 120. De cognomine dei explicando mihi non persuasit Schmidtius chronol. Graec. 266.

2) cf. e. g. *Compte rendu* 1868 tab. 6.

3) cf. Stengel, *Jahrbb. f. Philol.* 1882, 733 sqq.; *Kultusaltert.* 94.

4) cf. Stengelium l. c. Athen. 261 D. Arrian. Anab. VI 19, 5.

5) Medio mense etiam Protesilaum venerantur Chersonesitae teste Philostrato Heroic. III 6.

6) cf. Oertel in Roscheri lex. mythol. I 352.

III. Coi.

In Co insula quae inventa sunt fastorum publicorum fragmenta, primum edidit Hicksius (*Journal of hellenic studies* IX (1888) 323 sqq.), post eum Paton (*The inscriptions of Cos, Oxford* 1891, n. 37—40). Hos titulos eiusdem monumenti esse partes, quo totius anni sacra publica perscripta fuerint, opus non est multis demonstrari. In editione ea usus sum ratione, ut textum Patonem secutus recenserem variis lectionibus non additis nisi ubi eas utiles nobis fore spes esset, et in commentario quae recte ab editoribus prolata sunt obiter tantum attingerem. Tempus quamquam accurate definiri nequit, tamen e litterarum formis tertio vel adeo quarto saeculo titulos exaratos esse statuunt editores Francogalli (BCH V 217) et adsentitur Hicksius (p. 337).

5. Tabula marmoris a. 1, 19 m, l. 0,60 m, tribus locis perforata et in summa ac media parte valde detrita. Margo dexter sectus, sinister detritus. E Patonis apographo edidit Hicksius *Journal* IX 332 sqq., e nova conlatione et ectypo chartaceo Paton *Inscr. of Cos* 37. Litteras in fine et in initio versuum supplendas Patonis exemplum secutus disposui, quamquam nescio an hac in re Hicksius veriorem tituli imaginem praebeat. Initia enim versuum perinde atque in reliquis fragmentis ad lineam directa fuisse videntur.

— — — — — — απ — — — — — — — — — — — —
— — — — — — — — ιευνο — ν . . ο — η . (τ)ὰ(ν) c(εcα)[μαc-
μέναν?] — — — — ι . . . ἔ(ν)θαπερ τ[οὺc] ἄλλ[ου]c [θ]έ(μ)[εν]οι?
— — ιλ [— — — ἱ]ερεὺc μὲν κ(α)[ὶ τρ]ι(α)[κὰc ἁ?] (μ)ονάρχου
μετὰ] Π[αμφύλων]? ἰόντω, ἱεροποιοὶ δὲ καὶ τοὶ κάρυκεc ἰόντω κ[ατὰ
χ[ιλιαc]τύα[c] ιουc . . . . τιν [ἐ]λ[ᾶντ]ι β[ο]ῦν ἐξ ἐνάταc [ἑ]κά(cτ)[αc
ε . . . . εων καὶ πᾶc ὁ εμιλιαι γρατων και . . . . . ιται . ν ἐc δ(ὲ) [τ-
(ὰ)ν [ἀγορ]ὰν ἐλάντω Πάμφυλοι πρᾶτοι, ἐν ἀγορᾶι δὲ c[υ]μμί[c-
γον](τ)ι. ὁ δὲ ἱερεὺc κα[θ]ήcθω [πὰρ] τ[ὰν] (τ)ράπεζαν ἔχων τὰ[ν
. . . (λ) . ν τὰν ἱεράν, τοὶ δὲ ἱερ[οποιοὶ ἑκατ](έ)ρω τᾶc τραπέζαc. (Π)[άμ-
φυλοι] δὲ ἐπελάντω βο(ῦ)[c τρεῖc τοὺ](c) [κ]αλλί[c]τουc, αἰ μ[έγ κα
το]ύτωγ κριθῆι τιc· αἰ[δὲ μή, Ὑλλεῖc τρ]εῖc ἐλάντω, αἰ μέγ [κα τ-
ο]ύτωγ κριθῆι τιc· αἰ δὲ [μή, Δυμᾶνεc τρε]ῖc τοὺc [λ]οιπούc, α[ἰ μ-
έγ] κα τούτωγ κριθῆι τιc· α[ἰ δὲ μή, ἁτέρουc] (ἐ)λάντω ἐc τὰν ἀγ[ορ-
ὰν καὶ ἐπελάντω κατὰ τ(α)[ὐτά, αἰ μέ](γ) κα τούτωγ κριθῆι τ[ιc·
α]ἰ δὲ μή, τρίτον ἐπελάντω καὶ ἁτ[έρουc·] αἰ δέ κα τούτωγ κρι[θῆι
(μ)ηδείc, ἐπικρίνονται βοῦν ἐκ χι[λιαc]τύοc ἑκάcταc· ἐλά[c-
α]ντεc δὲ τούτουc cυμμίcγον[τι τοῖ]c ἄλλοιc καὶ εὐθύ-
ν]οντι? καὶ εὔχονται καὶ ἀποκαρύ[ccον]τι· ἔπειτα ἐπελάντ[ω
αὖ](τ)ιc κατὰ ταὐτά. θύεται δέ, αἰ μέγ κα ὑποκ[ύψ]ει?, τᾶι Ἱcτίαι· θ(ύ)·

3 θέμενοι dubium est; in ectypo E ante OI legere sibi visus est P. 6 ΙΟΥΣ; inde (β)οῦc P.; an (τ)ούc? ἐλᾶντι βοῦν ἐξ ἐνάταc ἑκάcταc paene certum esse adfirmat P. (Ε/\/\ΤΙ H.). 7 Ex ectypo varias lectiones adnotat P. ΗΟΥ pro ΕΜ et ΤΙΔΑΝ pro ΙΤΑ . Ν. 9 [παρὰ] H., quod spatio longius est, ideoque [ἐπὶ] P. 10 εκατ litterarum vestigia exstare dicit P. 20 ὑπὸ κ[ρίc]ει H.; postea ipse in ectypo ΥΓΟΚΥΨΕΙ legere sibi visus est.

ει δὲ γ]ερεαφόροϲ βαϲιλέων καὶ ἱερὰ παρέχει καὶ ἐπιθύει ἱερὰ ἐξ [ἡμ]ιέκτου, γέρη δὲ λαμβάνει τὸ δέρμα καὶ τὸ ϲκέλοϲ, ἱεροποι[οὶ δ]ὲ [ϲ]κέλοϲ, τὰ δὲ ἄλλα κρέα τᾶϲ πόλιοϲ. τὸν δὲ κριθέντα τ[ῶι Ζηνὶ κάρυκεϲ ἄγοντι ἐϲ ἀγοράν. ἐπεὶ δέ κα ἐν τᾶι ἀγορᾶι ἔω[ντι], ἀγορεύει οὗ κα ἦι ὁ βοῦϲ ἢ ἄλλοϲ ὑπὲρ κήνου ἐνδέξιο[ϲ· Κῴ]ι[ο]ιϲ παρέχω τὸ[μ] βοῦν, Κῶιοι δὲ τιμὰν ἀποδόντω ⟨το⟩ τᾶι Ἱϲτί(α)[ι. τιμώντω δὲ προϲτάται ὀμόϲαντεϲ παραχρῆμα. ἐπεὶ δέ κα τι[μήϲωντ]ι, ἀναγορευέτω ὁ κᾶρυξ ὁπόϲ[ου κα τιμηθ]ῆι. τουτῶ δὲ (ἐ)[λ]άντ[ω παρ]ὰ τὰν Ἱϲτίαν τὰν . Ταμίαν καὶ ὁ [τοῦ Ζηνὸϲ ἱ]ερεὺϲ ϲτέ(π)τει καὶ ἐκ]ϲπένδει κύλικα οἴνου κεκραμένου [π]ρὸ τοῦ [βοό]ϲ· ἔπειτα ἄγοντι τὸ[μ βο]ῦν καὶ τὸγ καυτὸν καὶ [φ]θόιαϲ ἑπτὰ καὶ μέλι καὶ ϲτέμμα, ἐξάγ[οντε]ϲ δὲ καρύϲϲοντι εὐφαμίαν. κην(ε)[ῖ δὲ? —]ίϲαντεϲ τὸμ βοῦν κ(α)θαίρ]ονται θαλλῶι καὶ . . . μαι· τοὶ δὲ [. . . . . . κ]αρπῶντι τὸμ μὲγ χοῖρον] καὶ τὰ ϲπλάγχνα ἐπὶ τοῦ βωμοῦ ἐπι[ϲπένδ]οντεϲ μελίκρατον, ἔ[ντερα δ]ὲ [ἐ]κπλύναντεϲ παρὰ τὸ[μ βωμὸν καρπ](ῶ)ντι. ἐπεὶ δέ κα καρπω[θῆι, ν](α)π[οιὸϲ]? ἐπιϲπενδέτω μελίκ[ρατον, κᾶρυξ δ]ὲ καρυϲϲέτω ἑορτάζ[εν Ζηνὸϲ Π]ο[λιῆ]ο[ϲ] ἐνιαύτια ὡραῖα ἑο[ρτᾶι, ἱερεὺϲ] δὲ τοῖϲ ἐντέροιϲ ἐπιθυέ[τω θ](ύ)η καὶ [τοὺϲ] φθόιαϲ καὶ ϲπονδὰ[ν ἄοινο](ν) καὶ κεκραμέναν καὶ ϲτέ[μμα. μετ]ὰ τοῦτο δὲ ἰόντω πὰρ τοὺϲ ἱαροποι[οὺϲ ἐϲ] τὸ οἴκημα τὸ δαμόϲιον ἱ(α)[ρεὺ]ϲ καὶ κάρυκεϲ, ἱαροποιοὶ δὲ ξενιζό[ντω τὸν ἱ]ερῆ καὶ τὸϲ κάρυκαϲ τ[αύτα](ν) τὰν νύκτα. ἐπεὶ δέ κα ϲπονδὰϲ ποιήϲ[ω]νται, αἱρέϲθω ὁ ἱαρεὺ[ϲ . . ι . η τῶν ἱαροποιῶν βοὸϲ τοῦ θυομένου τῶι Ζηνὶ τῶι Πολιῆι καὶ προ[αγορευ]έτω ἁγνεύεϲθαι γυναικὸϲ καὶ ἄ[ρϲενο]ϲ? ἀντὶ νυκτόϲ, τοὶ δὲ κάρυ[κεϲ αἱρ](ε)ί(ϲ)θω ϲφαγῆ τοῦ βοὸϲ ὅγ κα χρήζωντι ηὑτῶν, καὶ προαγορευέ[τω τῶι αὐ]λητᾶι τῶι αἱρεθέντι κατὰ ταὐτά. τᾶι αὐτᾶι ἁμέραι· Διονύϲωι [Σκυλλίτ]αι χοῖροϲ καὶ ἔριφοϲ· τοῦ χοίρου οὐκ ἀποφορά· θύει δὲ ἱερεὺϲ κ[αὶ ἱερ]ὰ παρέχει· γέρη φέρει δέρμα, ϲκέλοϲ.|ἰκάδι· βοῦϲ ὁ κριθεὶϲ θύεται Ζηνὶ [Πολιῆ]ι καὶ ἔνδορα ἐνδέρεται· ἐφ᾽ ἑϲτίαν θύεται ἀλφίτων ἡμίεκτον, ἄρτο[ι δύ]ο ἐξ ἡμιέκτου, ὁ ἅτεροϲ τυ[ρ]ώδηϲ, καὶ τὰ ἔνδορα καὶ ἐπιϲπένδει ὁ ἱε[ρεὺϲ] τούτοιϲ οἴνου κρατῆραϲ τρεῖϲ. γέρη τοῦ βοὸϲ τῶι ἱερῆι δέρμα κ[αὶ ϲκέ]λοϲ· ἱερὰ ἱαρεὺϲ παρέχει. — . ε — καὶ ἥπατοϲ ἥμιϲυ καὶ κοιλίαϲ ἥμ[ιϲυ, θυαφόρωι δὲ τοῦ ϲκέλεοϲ τοῦ τῶν ἱεροποιῶν [δίδ]οται ἀκρίϲχιον, [νώτου δίκρεαϲ, ὑπώμαια, αἱματίου ὀβελὸϲ τρικώλιοϲ, Νεϲτορίδαι[ϲ ν[ώτ]ου δίκρεαϲ, ἰατροῖϲ κρέαϲ, αὐλητᾶι κρέαϲ, χαλκέων καὶ κερα[μέω]ν ἑκατέροιϲ τὸ κεφάλαιο[ν, τὰ δὲ ἄλλα κρέα τᾶϲ πόλιοϲ. ταῦτα δὲ πάντα] ἀπ[οφέ](ρ)εται ἐκτὸϲ το[ῦ τεμένευϲ. τᾶι] αὐτᾶι ἁμέραι· Ἀθαναίαι Πο[λι-

27 ἐπεὶ δέ κα τι[μῶντ]ι P. H. 29 ὁ[Πολιῆοϲ ἱ]ερεὺϲ P. H. ΣΤΕΓΤΕΙ lapis. 32 κῆν (Ζ)[ηνὸϲ δή]ϲαντεϲ quod spatio brevius est H. (ΚΗΝΞ — ΙΣΑΝΤΕΣ). Idem in ectypo legit ΚΗΝ¯ . . . ΟΙΣ . ΙΣΑΝΤΕΣ; inde κῆν [ϲίτοιϲ? δή]ϲαντεϲ P. 33 ΛΙ¯ΑΙ H. Α . . ΜΑΙ P., sed Μ incertam esse. [δάφν]αι coniecit P. 36 in initio ΛΓ. 37 τοῦ] Πολ[ιῆ]οϲ H. ἑο[ρτὰν] P. H. ΕϹ· ¯ H. LO¯ P. 43 καὶ ἁ[μέρα]ϲ H. καὶ ἁ[μίδο]ϲ conlato Athenaeo (150 A) P. 55 sq. supplevi. ΑΓ . . . ΙΕΤΑΙ P.; litteras v. 56 incertas esse omnes adnotat idem.

ά]δι ὄϊϲ κυέοϲα· θύει δὲ ἱε[ρεὺϲ καὶ] ἱερὰ παρέχει· γέρη λαμβάνει δ[έρμ]α καὶ ϲκέλοϲ.|_ἐνάται με . . . ια· Διονύϲωι Ϲκυλλίται χοῖροϲ [καὶ ἔρ]ιφοϲ· τοῦ χοίρου οὐκ ἀποφορά· θύει ἱερεὺϲ καὶ ἱερὰ παρέχει· γέρ(η) [λαμβάνει δέρμα καὶ ϲκέλοϲ.|_ἑβδόμαι ἀνομέν[ου]· ἐϲ Ϲαλκηΐδαϲ Δ[άμα]τρι ὄϊϲ τέλεωϲ καὶ τελέα κυέοϲα· τούτων οὐκ ἀποφορά· κύλικεϲ καιναὶ] δύο δίδονται· θύει ἱ(ε)ρ(ε)ὺϲ καὶ ἱερὰ παρέχει· γέρη δὲ οὔατα.|_ἕκχτ(α)[ι· Διονύϲωι] Ϲκυλλίτα[ι χοῖροϲ καὶ ἔριφοϲ·] τοῦ χοίρο[υ οὐκ ἀποφορά· θύει ἱ]ε[ρε]ὺϲ κ[αὶ ἱερὰ παρέχει· γέρη λαμβάνει δέρμα καὶ ϲκέλοϲ. — —

58 ΜΕ. / \ΙΑ P.; sed μετ' ἱκάδα suppleri non posse. 60 ἐϲ⟨ϲ⟩ Ἀλκηΐδαϲ P. H.

Hoc fragmentum ad mensem Batromium pertinere, quem primo veri adscribendum esse ex Athenaei p. 360 B elucet, e tituli 6 v. 11 sqq. scimus. Usque ad v. 47 festum Iovis *Πολιέως* quomodo praeparetur describitur, qui una cum Minerva *Πολιάδι* ut per totam Graeciam ita in insulis quoque colebatur. — V. 1—9: de pompa sacrificali. V. 5 sq. si recte suppleti sunt, suus cuique *χιλιαστύι* et *ἱεροποιὸς* et *κᾶρυξ* erat. Iam cum amplius duodecim *ἱεροποιοὶ* nec noti sint[1]) nec multo plures usquam fuisse probabile sit, quoniam respublica Coorum ipsa eiusque membra tripertita aperte fuerunt, non *ἐνάταν* ut putat Paton sed *χιλιαστύα* nonam reipublicae, *ἐνάταν* nonam tribus partem fuisse concludo. Sollemnem tribuum ordinem habemus in titulo 7.

V. 9—20: de hostia eligenda. In forum deducta pompa e viginti septem[2]) bubus, quos *ἐνάται* dederunt (cf. v. 6), novem separantur ac postquam in foro commixti sunt, terni ab una quaque tribu a foro ad mensam anclabrem in fano Iovis positam (cf. v. 23 sq.) adpelluntur. Electio ipsa quomodo a sacerdote facta sit, non liquet. Sciremus fortasse, si de initio v. 10 constaret iudicium. Paton [*φιά*]*λ*[*α*]*ν*[3]) supplet et Dipolia Attica (cf. Porph. de abst. II 30) huic caerimoniae comparabilia censet. At ut haec tantum moneam, et Iovi *Μαχανεῖ* eadem ratione hostia eligitur (cf. 6, 11) nec Athenis *κρίσις* boum fit nec de universa illa Dipoliorum caerimonia quidquam in hoc titulo dictum est. Ne Bechtel quidem, qui hanc esse pristinam *Ταυροκαθαψίων* formam contendit (*Nachr. d. Götting. Ges. d. Wiss.* 1890, 34 sqq.), mihi persuasit.[4]) Ceterum v. 12 *ἐπελάντω* pro *ἐλάντω* et v. 16 solitam formulam *ἐπελάντω κα*(*τ*)*ὰ τ*[*αὐτὰ*] exspectamus. — v. 18 sq. neque Hicksii *εὐθὺ*[*ς θύ*]*οντι* nec Patonis *εὐθὺ*[*ς ἴ*]*οντι* vel *ἀπ*]*ίοντι* placet; Hom. *A* 448 *ἑκατόμβην ἑξείης ἔστησαν*. Novem illos boves adlectos per praeconium vendunt (*ἀποκαρύσσοντι*) divitibus opinor, quorum publicum id videtur fuisse officium, ut si bos quem emissent Iovi electus esset, civibus donarent, quibus ipsis (cf. v. 26) victimae pretium Vestae reddendum erat.

1) Ita Rhodi IGIMA I 705; cf. *Inscr. of Cos* 406.
2) Digni qui notentur sunt numeri; cf. Diels *sibyll. Blätter* 40 sqq.
3) [*ῥάβ*](*δ*)[*ο*]*ν* Hicksius.
4) cf. etiam Paus. VIII 19, 2.

V. 20—30: de caerimoniis ad Vestae cultum spectantibus. Vestae cultum cum Iove artissime cohaerere non est quod moneam (cf. e. g. Paus. V 15, 5). Ὑποκύψει (i. e. ὑποκύψῃ) si verum est, sententia haec videtur esse: si bos electus caput demittit, non Iovi sed Vestae immolatur; an ὑποκάμψει? βασιλέας respondere φυλοβασιλεῦσιν Atticis, de quibus Pollux (VIII 111): οἱ δὲ φυλοβασιλεῖς ἐξ εὐπατριδῶν ὄντες μάλιστα τῶν ἱερῶν ἐπεμελοῦντο συνεδρεύοντες ἐν τῷ βασιλείῳ τῷ παρὰ τὸ βουκολεῖον, recte Paton coniecit conlato Aristotelis loco (Pol. VI 1322 B): ἐχομένη δὲ ταύτης (τῆς ἐπιμελείας) ἡ πρὸς τὰς θυσίας ἀφωρισμένη τὰς κοινὰς πάσας, ὅσας μὴ τοῖς ἱερεῦσιν ἀποδίδωσιν ὁ νόμος, ἀλλ' ἀπὸ τῆς κοινῆς ἑστίας ἔχουσι τὴν τιμήν. καλοῦσι δ' οἳ μὲν ἄρχοντας τούτους, οἳ δὲ βασιλεῖς, οἳ δὲ πρυτάνεις. γερηφόρον habemus etiam Pserimi (BCH XII 282). De ἐπιθύειν cf. Porph. de abst. II 6: ὅθεν ἔτι καὶ νῦν πρὸς τῷ τέλει τῶν θυηλῶν τοῖς ψαισθεῖσι θυλήμασι χρώμεθα. ἱερὰ ἐξ ἡμιέκτου dictum est ut SIG 377 πυρῶν ἐγ μεδίμνου καὶ κριθᾶν ἐγ δύο μεδίμνων; vertendum puto ἡμίεκτον minimum. ἱερὰ igitur hic proprie molam salsam significant. Alias quaecumque praeterea ad sacrificium necessaria erant (veluti σπονδὴ πόπανα ἄρτοι τυρὸς cetera) hoc vocabulo comprehenduntur; 7, 6 sq. κύλικες vel πίναξ non adnumeranda ἱεροῖς. A quibus quomodo differant [θύ?]στρα (6, 24; 8 B 11) aut num omnino differant, ambiguum est. — v. 28 τούτω (i. e. praeco cum eo cui est bos) scripsit Paton. Sed et subiecti membrum alterum longius distat nec ἐλάντω ἄγοντι καρύσσοντι duales sunt. Quorum verborum subiecta sine dubio sunt κάρυκες. Proinde τουτῶ scripsi, id quod Attice est ἐντεῦθεν. Bos infulatus (στέπτειν enim est στέφειν) libatione Vestae facta quasi consecratur, cum qua caerimonia illa lex sacra apte potest comparari, qua et prima et ultima Vestae ut fieret libatio praecipiebatur.[1])

V. 30—38: sequitur Iovis πρόθυμα; cf. 6, 12 sq. In pompa more usitato munera geruntur. Immolatur solitum piaculum porculus[2]) apte καυτὸς[3]) appellatus, quia ὁλοκαυτεῖται. Liborum numerus sacer est (Hesych. v. ὀλοοίτροπα, Suid. v. βοῦς ἕβδομος). De libo ipso cf. Athen. 647 D; Suid. v. ἀνάστατος. — v. 32 κἢν [— δή]σαντες editores scripserunt; sed κἢν num admitti possit dubito. κηνεῖ supplevi glossarum recordatus Hesychii: κηνούει· ἐκεῖ et κηρούει· ἐκεῖ· Κρῆτες. v. 32 sq. καθαίρονται sensui aptius mihi videtur quam editorum καλλύνονται; cf. 6, 23. v. 33 τοὶ δὲ [ἱερεῖς] supplevit Paton; sed hoc non potest non falsum esse; fortasse τοὶ δὲ [βασιλεῖς] vel simile. Ritus piaculi est proprius.[4]) Nam exta seorsum concremantur tamquam παραβώμιον, de qua caerimonia conferas Verg. Aen. XII 215 sq.:

> in flammam iugulant pecudes et viscera vivis
> eripiunt cumulantque oneratis lancibus aras

---

1) cf. Preunerum in Roscheri lex. mythol. I 2614 sqq.
2) Deli datur χοῖρος τὸ ἱερὸν καθᾶραι: BCH VI 22 sqq.
3) Hesych. Phot. v. καυστόν· καρπωτόν, ὃ ἐναγίζεται τοῖς τετελευτηκόσιν.
4) cf. Stengel *Hermes* XXVII 450 sq.

et VI 253 sq.:

> solida imponit taurorum viscera flammis
> pingue superque oleum fundens ardentibus extis,

ad quos Servius: non exta dicit sed carnes, nam viscera sunt quicquid inter ossa et cutem est: unde etiam visceratio dicitur, ut diximus supra. ergo per solida viscera holocaustum significat, quod detractis extis arae superinponebatur. quae nonnumquam abluta et elixa etiam ipsa reddebantur: unde infert fundens ardentibus extis. quamquam alii pro parte totum velint, ut per exta totum animal intellegatur. *ὡραῖα* sunt feriae stato tempore actae[1]) (Rohde *Psyche* 700); cf. Hesych. v. *ὡραῖα· νεκύσια κτλ. τάσσεται . . . καὶ ἐπὶ τῶν καθ' ὥραν συντελουμένων ἱερῶν; ὡραία ἡμέρα· ἡ ἑορτή; ὡραῖον· καίριον. καὶ τὸ ἱερεῖον, τὸ θῦμα τὸ καθ' ὥραν.* Additur sacrum incruentum.[2]) *σπονδὰ[ν ἄκρατον] καὶ κεκραμέναν καὶ στέ[αρ]* editores scribunt. *ἄοινον* recte, opinor, conicit Stengel.[3]) *στέμμα* supplevi e v. 31; *οἰὸς μαλλὸς* deo offertur in Soph. frg. 366 apud Porph. de abst. II 19.[4])

V. 39—45: de sacrificulorum epulo. *τὸ οἴκημα τὸ δαμόσιον* idem est quod alibi *ἑστιατόριον*, de quo cf. Herod. IV 35; Paus. V 15, 12; Strabo 487. Post epulum (*ἐπεί κα σπονδὰς ποιήσωνται*) sacrificuli creantur, qui Athenis *βουτύπος* et *δαιτρὸς* appellantur e gente Cerycum oriundi.[5]) — v. 43: *ἀντὶ νυκτὸς* hanc ipsam noctem; cf. Hesych. v. *ἀντέτους· τοῦ αὐτοῦ ἔτους*; Foucart *Mégaride et Pélop.* 352 ih *ἀντ' ἐνιαυτοῦ*. — v. 44: imperativi secundi *προαγορευέτω* subiectum aperte est *ὁ ἱαρεύς*.

V. 47—58: de sacris Iovi ac Minervae faciendis. Iuppiter praeter sacrificium epulis quibusdam honoratur. Proficiscendum est ab Hesychii glossa: *ἔνδρατα·*[6]) *τὰ ἐνδερόμενα σὺν τῇ κεφαλῇ καὶ τοῖς ποσίν.* Mactato igitur bove *τὰ ἔνδορα* rursus cute involvuntur ac pedibus et capite additis haec omnia cum ceteris esculentis in ara ponuntur. Similia SIG 379, 9 sq. Meni offerri iubentur: *δεξιὸν σκέλος καὶ δορὰν καὶ κεφαλὴν καὶ πόδας καὶ στηθύνιον.*[7]) Haec vero non comburebantur; nam et v. 50 inter *γέρη* est *δέρμα* et 6, 10 quidquam ex illis (ibi sunt *ἔνδορα* et *ἐλατὴρ*) e cella auferri[8]) vetatur. *ἐπισπένδειν* igitur non est *daraufgiefsen,* sed post epulas quasi symposion Iovi (at non uxori) paratur.[9]) Simile aliquid subesse puto versibus Hesiodeis theog. 538 sqq.: Prometheus

---

1) Hoc optime inlustratur solito exordio veterum apud Germanos iudiciorum; cf. Grimm *Deutsche Rechtsalt.* 813; *Weist.* II 631 sqq.

2) cf. Apoll. Arg. IV 702 sqq.

3) cf. *Hermes* XVII 329 sqq. Fleckeis. ann. 1887, 652. Aesch. Eum. 107.

4) cf. Diels *sibyll. Blätter* 69², 121 sq.

5) cf. Apoll. Arg. II 90, IV 468.

6) Hicksius *ἔνδρατα* mutavit in *ἔνδορα*; sed cf. supra p. 17, 1.

7) cf. Hom. hymn. in Merc. 136 sq. *οὐλόποδ' οὐλοκάρηνα.*

8) Ar. Plut. 1139 (*οὐκ ἐκφορά*). Hesych. v. *Ἑστίᾳ θύομεν* (*ἐξενεγκεῖν*) cf. 3 Mos. 10, 12; 24, 9.

9) Tertius crater est Jovis Servatoris.

τοῖς μὲν γὰρ σάρκας τε καὶ ἔγκατα πίονα δημῷ
ἐν ῥινῷ κατέθηκε καλύψας γαστρὶ βοείῃ,
τῷ δ' αὖτ' ὀστέα λευκὰ βοὸς δολίῃ ἐπὶ τέχνῃ
εὐθετίσας κατέθηκε καλύψας ἀργέτι δημῷ;

et 556 sq.:

ἐκ τοῦ δ' ἀθανάτοισιν ἐπὶ χθονὶ φῦλ' ἀνθρώπων
καίουσ' ὀστέα λευκὰ θυηέντων ἐπὶ βωμῶν.

cf. schol. 540: ἐντεῦθεν ἔλαβον ἔθος οἱ Ἕλληνες θύειν ὀστέα λευκὰ κεκαλυμμένα δημῷ ἐν ἐπιβωμίοις ἐσχάραις. Hae ἐσχάραι ἐπιβώμιοι Coorum sunt ἑστίαι, i. e. arae in templo ipso positae (cf. 6, 9).

Quae de distributione carnum secuntur praecepta valde turbata esse conlato titulo 8 B rectissime perspexit Paton. Simillimum ibi descriptum fuit sacrificium, in quo quin iidem eodem ordine enumerati fuerint ministri, propter v. 12 qui certo videtur restitutus esse nequit dubitari. Nostro igitur titulo e frustulo illo accedunt primum ἱαροποιοὶ et κάρυκες, deinde cui dantur ἥπατος ἥμισυ καὶ κοιλίας ἥμισυ, denique post θυαφόρον, in quem nimium congeritur, alius sacrificulus ignotus. Ceterum inde confusio orta videtur, quod illud ἱερὰ ἱαρεὺς παρέχει ministrorum seriei nunc perperam inculcatum suo loco omiserat quadratarius. — v. 53: νώτου δίκρεας e δι et κρέας compositum; recte comparat Paton μερίδα δίκρεων (i. e. δίκρoον; MAI XIII 166) et δεισιάδα κρεῶν (CIA II 631; Hesych. v. δεισιάδα· τὴν μοῖραν· οἱ δὲ διμοιρίαν); vide etiam Athen. 149 E. De ὑπωμαίᾳ cf. Galen. XIX p. 150, 6: ὑπωμείη· τὸ ὑποκείμενον ἂν οὕτω λέγοιτο ἤτοι τῇ ἐπωμίδι, ἢ καὶ τῷ ὤμῳ. ὀβελὸν τρικώλιον idem esse quod τριώβολον[1]) perspexit Hicksius (*Journal* IX 327); αἱμάτιον vero est botulus sanguine refertus.[2]) τὸ κεφάλαιον aliqua capitis pars, fortasse cerebrum (Athen. 147 D, 293 B).

V. 45—47 et 58—64: de Bacchi et Cereris sacris. Bacchi tria illa sacrificia ad festiolum quoddam Bacchicum videntur referenda. Cuius nomen v. 58 in litteris quae diem excipiant latere ac restituenda esse Με[λ](άν)ια a Baccho Nigro dicta coniectat Usener. Cognomen recte a voce σκυλλὶς (i. e. κληματὶς teste Hesychio, de qua cf. p. 11) descendere dixit Paton. v. 62 κύλικες [οἴνου] δύο suppleverunt editores; sed κύλιξ non est mensura; cf. 6, 24 sqq.

5 a. In eiusdem lapidis parte aversa. Edidit Paton *Inscr. of Cos* 37 a. Notae sunt marginales ad aliam tabulam referendae nunc deperditam.

A: exadversum v. 9 sqq.

(τ)ῶν θυομένων
(τ)ᾶι Λευκοθ(έα)[ι?

A 2 ΛΕΥΚΟΘΙ ΙΙ, unde Λευκοθέηι? P.

---

1) cf. Eustath. p. 135, 38.
2) cf. Hom. hymn. in Merc. 121 sqq. Hesych. Et. M. 35, 5: αἱμάτια· ἀλλάντια.

ἀποφορὰ εcιω εαν.

B: exadversum v. 21.

τρεῖc καὶ χύτρα.

A 3 ΕΣΤΩ in lapide legit P., ΕΣΙΩ in ectypo chartaceo; proponit ἐc (δ)ω-[ρ]εάν; quid lateat dubium.

6. Tabula marmoris in ecclesia St. Joannis ante aram sita; pars inferior detrita. Edidit Hicksius *Journal* IX 327 sqq. e Patonis apographo et ectypo chartaceo. Paton *Inscr. of Cos* 38.

— — — — — — — — — — — αιι [— θύει ἱαρεὺc καὶ ἱερὰ παρέ](χ)ει· (γέρη) λαμβάνει δέρμα καὶ cκέλη⁚ τ[ᾶι αὐτ-ᾶι ἁμέραι· Ῥέαι ὄϊc κυεῦcα καὶ ἱερὰ ὅccαπερ τοῦ Πεδαγειτ(ν)[ίο-υ γέγραπται· τούτων οὐκ ἀποφορά· θύει ἱαρεὺc καὶ ἱερὰ παρέχε[ι· γ-έρη λαμβάνει δέρμα.⎸ δεκάται· Ἥραι Ἀργείαι Ἐλείαι Βαcιλείαι δά(μ)-αλιc κριτά, κρινέcθω δὲ μὴ ἐλάccονοc (ἐ)ωνημένα πεν[τ-ήκοντα δραχμᾶν· θύει ἱαρεὺc καὶ ἱερὰ παρέχει· γέρ[η] λαμβ(ά)[νει δέρμα καὶ cκέλοc· ταύταc ἀποφορά· ἔνδορα ἐνδέρεται καὶ θύ[εται ἐπὶ τᾶι ἱcτίαι ἐν τῶι ναῶι τὰ ἔνδορα καὶ ἐλατὴρ ἐξ ἡμιέκτου [cπ-υρῶν· τούτων οὐκ ἐκφορὰ ἐκ τοῦ ναοῦ.⎸ ἑνδεκάται· Ζηνὶ Μαχ(α)-(ν)ῆι βοῦc κρίνεται τὸ ἅτερον ἔτοc ἐφ᾽ οὗ κ(α) ἔων(τ)[ι] Κ[α]ρνεῖαι, κ(α)[θά-π]ερ τοῦ Βατρομίου τῶι Ζηνὶ τῶι Πολιῆι κρίνεται, (κα)[ὶ] (χ)ο[ῖ]ροc προ-καυτεύεται καὶ προκαρύccεται καθάπερ τῶι Πολιῆι.⎸ δυωδε[κ-άται· Ζηνὶ Μαχανῆι ὄιεc τρεῖc τέλεωι κ(α)ὶ βοῦc ὁ κριθεὶc τὸ ἅτερον ἔτοc ἐφ᾽ οὗ κ(α) ἔωντι Καρνεῖαι, τὸ δὲ ἅτερον ἔτοc ὄιεc [τ-ρεῖc τέλεωι· ταῦτ(α) θύει ἱαρεὺc ὁ τῶν δώδεκα θεῶν καὶ ἱερὰ (π)-αρέχει· τούτοιc προθύεται πὰρ τὸγ κο[ιν]ὸν ἃ φέροντι Φυλεο(μ)-α[χ]ίδαι (ἀ)λφίτων ἡμίεκτον οἴνου τετάρταν· γέρη δὲ Φυλεο(μ)-αχίδαιc δίδοται τοῦ βοὸc ὀπλ(ά, ταρc)όc, τῶν δὲ ὀίων τὸ ὦμὸν ἐξ οὗ ἁ θεομοιρία τάμνεται κ(α)[ὶ τὸ cτ](ῆ)θοc· γέρη λαμβάνει ὁ ἱ(α)-ρεὺc cκέλη καὶ δέρματα⁚ τᾶι αὐτᾶι ἁμέραι· Ἀθαν(α)ί[αι] Μαχα[νί-δι δάμαλιc κριτὰ τὸ ἅτερον ἔτοc ἐφ᾽ οὗ κ(α) ἔωντι Καρνεῖα[ι, τ-ὸ δὲ ἅτερον ἔτοc ὄϊc τελέα· θύει ἱαρεὺc καὶ ἀποῤῥαίνεται θ(αλ)-άccαι· τούτων οὐκ ἀποφορά· [θύ?]cτρα δίδοται τᾶι θεῶι ἐλαί[ο-υ] τέτορεc κοτυλέαι, οἴνου τε(τά)ρτα, πρόχοι καιναὶ δύο καὶ κύ(λ)[ι-κεc](κ)αιναὶ τρεῖ(c)⁻Ο . . . . ιc τὰμ πόλιν ὠνεῖcθαι δ(άμ)[αλι-ν μὴ ἐλάccονοc πεντήκοντα δρ](α)χμ[ᾶν? . .]υ . . ⁻/

6 ΛΙ ꞌΩΝΗΜΕΝΑ, (ἐπ)ωνημένα H. Λ ΩΝΗΜΕΝΑ, ante Ω unam litteram erasam esse adnotans P. 11, 15, 22 ΚΛΕΩΝΤΙ lapis; emendavit Ziehen. 19 ΟΠΛΛ⁻ΛΙ ⁻ΟΣ; ὀπλά, ταρcόc, quod coniecit H., lapide denuo conlato confirmatum est. 20 ΚΛ — ΙΙΟΟΣ, ut καὶ τὸ cτῆθοc plane certum non sit. 26 τρεῖ(c), το[. . . . . τρε]ῖc H.

Incipere hoc fragmentum a die nono mensis cuiusdam et Batromio et Pedagitnio posterioris summa cum probabilitate statuit Paton conlatis Nicandri Alex. v. 217 sqq.:

ἢ ἅτε κερνοφόρος ζάκορος βωμίστρια Ῥείης
εἰνάδι λαοφόροισιν ἐνιχρίμπτουσα κελεύθοις
μακρὸν ἐπεμβοάᾳ γλώσσῃ θρόον κτλ.,

et schol.: εἰνάδι δ' ἀντὶ τοῦ ἐνάτῃ τοῦ μηνὸς ἤγουν τῆς σελήνης· τότε γὰρ τὰ μυστήρια αὐτῆς ἐπιτελοῦσιν. ἢ εἰκάδι, τῇ εἰκοστῇ τῆς σελήνης· τότε γὰρ κατὰ τὴν σελήνην ἐμέτρουν τὸν ἐνιαυτόν. — v. 5 nota γέρη solita formula dictum, cum γέρας postulet sententia, nisi forte καὶ σκέλος vel σκέλη omisit quadratarius.

Singularis est Iuno tribus cognominibus insignis, quibus complures cultus formae conexae indicantur. Ἀργεία et Βασίλεια saepius inveniuntur,[1]) Ἐλείαν Cyprii venerabantur (Hesych. v. ἐλεία· ἢ ἕλα· ἡ τοῦ ἡλίου αὐγή· κτλ. καὶ Ἥρα ἐν Κύπρῳ. καὶ Ἄρτεμις ἐν Μεσσήνῃ). De v. 8—10 vide supra p. 23. Improbabilia excogitavit Hicksius nisus Athenaei locis (262 C et 639 E), quibus ad Coorum sacra Iunonia servis aditum non patuisse comprobatur.[2]) Sequitur Iovis Machanei festum trietericum, cuius cultus Dorum communis erat ac proprius.[3]) Iovem ipsum invenimus Argis (Paus. II 22, 2), cum Minerva Ζωστειρίᾳ coniunctum Tanagrae (CIGGS I 548), Minervam Veneremque Machanitidem Megalopoli (Paus. VIII 36, 5; 31, 9); accedit Corcyraeorum Calchedoniorum Byzantiorum mensis Μαχανεὺς[4]) vel Μαχανεῖος (SGDI 3052 a), quem Corinthiis quoque ac Megarensibus adscribere licet. Iam vero hoc mense comparato utrum nostri tituli mensis Cous possit indagari necne, difficillimum est ad diiudicandum. Nimirum nec eodem apud Dores omnes anni tempore hoc festum actum esse utique necessarium nec Machanei sedes explorata est.[5]) Eo autem minus haec quaestio potest absolvi, quo probabilius Paton (*Inscr. of Cos* p. 333) festum Iovis Machanei, quippe ad cuius simulacrum Argivorum principes in bellum Troianum profecturi iusiurandum dedissent (teste Pausania II 22, 2), in diem quo Troia capta putaretur Thargelionis duodecimum (CIG II p. 328 sqq.) incidisse coniectavit. In hac igitur temporum diversitate certi quidquam adhuc statui nequit. Nec enim e verbis ἐφ' οὗ κλέωντι Καρνεῖαι quae de mense conclusit Paton, cum rectius nunc legatur illa formula, defendi iam possunt. Iovis festum alternis annis minore apparatu actum esse manifestum est. Simile aliquid de Carneis statuendum puto. Nec enim civitatem Doricam nisi alternis annis omnino non celebrasse Carnea ullo modo credibile est. Καρνεῖαι igitur (sc. ἡμέραι) et Καρνεῖα minime dicta sunt promiscue. Nam et γυμνοπαιδιῶν nomen huius-

1) Wide *Lakonische Kulte* 29. CIGGS I 3097. IGIMA I 786.

2) cf. 4, 26; Herod. VI 81; SIG 358; Diels *sibyll. Blätter* 97, 1; Plut. qu. Gr. 44.

3) Bergk *Beitr. z. griech. Monatsk.* 17 sqq.

4) Bischoff de fastis 372 sqq.

5) Byzantii si libro glossarum fides habenda est Decembri respondebat. cf. praeter Bischoffium SIG 369[19], Paton *Inscr. of Cos* p. 332.

modi unicum aliter formatum et comparabilis est ἡ ϑεσμοφορία Thesmophoriorum teste Photio (v. Θεσμοφορίων) dies secundus.[1]) Accedit ritus proprium hoc, quod sicut Polieus cum Vesta ita Machaneus cum duodecim deis singulari quodam vinculo iunctus est. Ideoque et illis προϑύεται πὰρ τὸγ κοινὸν (sc. τῶν δώδεκα ϑεῶν βωμὸν) et sacerdos eorum sacra Iovi perficit.

V. 19 sq.: ταρσὸς et στῆϑος humani pedis manusve partes solent dici. ταρσὸς volae, στῆϑος vel pedis vel manus musculo exstantiori respondet; cf. Hesych. v. στῆϑος· . . . καὶ τὸ ὑπὸ τοὺς ποδῶν δακτύλους στηϑύνιον. τὸ ὠμὸν ἐξ οὗ ἁ ϑεομοιρία τάμνεται est ea victimae pars, e qua caro deo concremanda exsecatur. cf. Hom. ξ 435; Hesych. v. ϑευμοριαζέτω· ϑεῷ γέρας ἀναφερέτω et ϑευμορία· ἀπαρχή. ϑυσία. ἢ ὃ λαμβάνουσιν οἱ ἱερεῖς κρέας, ἐπειδὰν ϑύηται. ϑεοῦ μοῖρα, cuius glossae tertium membrum, etiamsi non erravit Hesychius, ad nostrum locum inlustrandum ab Hicksio adhiberi non debuit. — v. 23: de aquae marinae vi lustrali vide IGA 395, 15 cum Roehlii nota. — v. 24: de ϑύστροις cf. p. 22.

7. Tabula marmoris a. 0,30 m, l. 0,45 m. Integri margines dexter et inferior, superior et sinister fracti. Ediderunt Sakkelion Pandorae t. XIX p. 45; Hauvette-Besnault et Dubois BCH V 216 n. 7 (inde Dubois, de Co insula, Lutetiae Paris. 1884 p. 31 n. 11; cf. p. 47 adn. 1); e Patonis apographo Hicksius *Journal* IX 324 (litteris minusculis). Denuo contulit Paton *Inscr. of Cos* 39.

— — — — — — — — — — — — |τ(ε)[τράδι ἐξ] εἰκάδος·
τελευτήσα](ς)ιν ὄϊ[ες τρεῖς] ⟨οιε⟩ τέλεωι [θύ]ονται κατὰ φυλ-
άς, ὁ] (μ)ὲν τῶν Ὑλλέων παρὰ τὸ Ἡρακλεῖον, ὁ δὲ τῶν Δυμά-
νων παρὰ τὰ Ἀναξιλέα, ὁ δὲ τῶν Παμφυλέων ἐν Σιτέαι
παρὰ τὸ Δαμάτριον· [ἐπὶ] τούτων ἑκάστωι ἱερά, οὐλόμετ-
ρον], ἡμίεκτον ἑκατέρων καὶ κύλικες καιναὶ τρεῖς ἑ-
κάς](τ)ωι καὶ πίναξ ἑκάστωι· ταῦτα παρέχοντι τοὶ ἱα-
ροποιοὶ?] καὶ θύοντι.|τρίται ἀνομένου· Ἡρακλεῖ ἐς Κο-
. . . . . . ναψην καυτός: τᾶι αὐτᾶι ἁμέραι· Ἡρακλεῖ
. . . . . . σαλον βοῦς· τοῦτον θύει ὁ ἱαρεύς, τῶι δὲ
θεῶι ἱ]ερὰ δίδοται κριθᾶν τρία ἡμέδιμνα καὶ σπυ-
ρ]ῶν τρεῖς τεταρτῆς καὶ μέλιτος τέτορες κοτυλ-
(έ)αι καὶ τυροὶ ὀίεοι δυώδεκα καὶ ἰπνὸς καινὸς καὶ φρ-

1 |ΤΙ. 2 in initio novem fere, post σινοι sex vel septem, inter τελεωι et ονται duarum litterarum spatium. 5 [καὶ] τούτων . . . H., sed litterarum vestigia non convenire dicit P. 6 in initio tres fere desunt litterae; supplementum incertum; οὐλομέτ[ριον] P. 8 ἱα[ρεῖς] editores. 9 ΝΑΙΗΝ editores Francogalli; ναψην S. H.; ΝΑΨΗΝ P., cui Ψ litterae hasta sinistra casu incisa, dextra circuli Ρ litterae pars esse videtur. 10 [ἰόντι ἐ]ς Ἄλον vel [φέρον / ἄγον] τι Θες]σαλὸν vel [θῦμα Θες]σαλὸν editores Francogalli; [. . . . . Θες]σαλὸν vel [παρὰ τὸν] σάλον H. 11 ἱαρεῖ ἱ]ερὰ P. H.

1) Ita recte opinor cum Fritzschio statuit Rohde mus. Rhen. XXV 551. Sed cf. Robert *Hermes* XX 373 sq., Mommsen Philol. L 130, 44.

υγά]νων ἄχθος καὶ ξυλέων ἄχθος καὶ οἴνου τρία ἡμίχοα. vac.

Hoc fragmentum, quod paulo minoribus cum constet versibus, alius tabulae quam priora pars sit necesse est, mensis ignoti sacra novissima, quarti nempe et tertii a fine diei, i. e. vicensimi octavi et septimi vel septimi et sexti continet. De primi sacrificii natura quamquam consentiunt editores omnes, aliam sententiam proponendam puto. Ut mittam, quae nova Patonis conlatione refutata sunt, haec eorum lectio est ab illo correcta: [*τοῖς ἥρω*](*σ*)*ιν* (tribuum scilicet eponymis) *οἱ* [*ἱαρεῖς*] *ὄϊε τελέω*[⟨*ι*⟩ *ἄγ*]*ονται*. Cui obstant plurima. Nam primum quidem in versus initio spatium non convenit, deinde parum accurate heroes designantur, denique et *οἱ* pro *τοὶ* et *ἄγονται* pro *ἄγοντι* vitiose dicta sunt.

Terminatio illa *-ονται* sine dubio passivi est generis. Scribendum igitur utique *τέλεωι* [*θύ*]*ονται* (cf. 5, 47); nec enim propter loci definitionem *ἄγονται* flagitatur. Iam actum est de supplemento *ἱαρεῖς*: subiectum enuntiati sunt hostiae idque in tres partes dividitur *ὁ μὲν* — *ὁ δὲ* — *ὁ δέ*, quae infra voce *τούτων* comprehenduntur; nam ne hi quidem *ἱαρεῖς* esse possunt, quoniam *ἱερὰ τοὶ ἱαρεῖς παρέχοντι*. Tribus igitur, non duabus opus est hostiis eumque numerum re ipsa flagitatum et adiectivum *τέλεωι* indicat et verbum *θύονται* et pronomen *ἑκάστωι*. Ergo *ὄιε* vitiosum est. Immo cum statim post deorum nomina inferri soleant hostiae, ad has ipsas *οι* illud quod antecedit referendum et *ὄι*[*ες τρεῖς*] *τέλεωι* (cf. 6, 14) esse supplendum conicio. Hoc si verum est, quadratarius errore litteras *οιε* iteravit (cf. 5, 26). Denique si consideramus, quibus potissimum numinibus hoc modo satis miro possint sacra fieri, nisi quid plane singulare lateat, quod ne divinatione quidem assequi possimus, defunctos illos esse putaverim. Soli enim defuncti suis carent templis. Suis vero quamque tribum mortuis sacra facere non est quod miremur. — v. 4: *παρὰ τὰ Ἀναξιλέα* sicut 26 B 49 *παρὰ τὰ Μειδύλου*; *τὰ Ἀναξίλεα* editores[1]). — v. 5 sqq.: solitis *ἱεροῖς* adduntur *οὐλόμετρον*[2]) (novum opinor), *ἡμίεκτον* et hordei et tritici, pocula nova tria, patella. — v. 8: supplementum *ἱα*||[*ρεῖς*] spatio vix sufficit nec quinam hi sint sacerdotes apparet.

Secuntur duo eiusdem diei sacra Herculis. Paton in eodem fano bis deo sacra fieri ratus unam loci definitionem finxit *ἐς Κο*[*νί*]*σαλον* et *αψην* in *ἀρὴν* mutavit. Qua de re valde dubito propterea, quod et diversos ut statuamus dei cultus cum res ipsa tum formula illa *τᾶι αὐτᾶι ἁμέραι* interposita flagitat et *καυτὸς* certum porculi piacularis habet significatum. — v. 11: cf. 6, 24. *τῶι δὲ* [*ἱαρεῖ* (immo *ἱερῆι*) *ἱ*]*ερὰ δίδοται* P. H. Tum vero aut *γέρη* flagitamus, non *ἱερὰ* (cf. Stengel *Kultusaltert.* 30), aut ut sint haec ab urbe data munera a sacerdote deo offerenda, haec ipsa sacrificandi notio desideratur (v. 7 *παρέχοντι καὶ θύοντι*). Praeterea

---

1) De dis tribuum patronis cf. *Inscr. of Cos* p. 341 sq.

2) Idem videtur esse *οὐλοχόϊον* de quo Hesych.: *ἀγγεῖον εἰς ὃ αἱ οὐλαὶ ἐμβάλλονται πρὸς ἀπαρχὰς τῶν θυσιῶν*.

obstat δὲ particula. Cum ἱερῶν serie compares Athen. 148 F; 2 A 8. ἰπνὸς non furnus sed lucerna, cuius satis notus in rebus sacris usus.

8. Fragmentum opisthographum marmoris albi a. 0,30 m, l. 0,15 m. Margo alter integer, alter fractus. Litteraturam simillimam esse titulis antecedentibus testatur Paton. Ediderunt Hauvette-Besnault et Dubois BCH V 221 n. 8 (inde Dubois, de Co insula p. 44 n. 17); Hicksius *Journal* IX 326; Paton *Inscr. of Cos* 40; latus A Sakkelion Pandorae t. XIX p. 43.

A. — — — — — — — — — — — — — — — σκ]έλη κεφαλ(α)
— — — — — — — — — οὐκ ἐξαγ]ωγὰ ἐκ Κῶ, ἀπάγεν δὲ
ἐξῆμεν — — — — τῶι δηλομένωι Κ]ώιων ἢ ξένων τῶι Ἀπόλλωνι — — — — — — — μηδαμ?]ῶς ἄλλο ἢ τᾶι διχομηνία-
ι — — — — — — — — — — ὅι](ν) ἐπιῤῥεζέτω τέλεων
— — — — — — — — — — — — μη ξενικὸν στρατευλ-
— — — — — — — — — — — (λ)α φέρεν ἐπ' Ἀμφιαρηίδ-
ας — — — — — — — — —](ν) ἀμνὰν καὶ ἀμνὸν καὶ
— — — — — — — — — — — — αδι . . Ἰσθμιώταις δίδοται — — — — — — — — θύον?](τ)ι ὑπὲρ τᾶς πόλιος α-
— — — — — — — — — — — — — τὰ]ν ἱαρεωσύναν τ-
— — — — — — — — — — — — — — αἰ δὲ τίς κα μετ-
— — — — — — — — — — — — — τ]ὰμ πόλιν ἐξ ὧμ μ-
— — — — — — — — — — — — — — — θαι ζαμιούντω
— — — — — — — — — — — — τῶν ἱα]ρέων ἢ τᾶν ἱαρε-
ιᾶν — — — — — — — — — — — — — —]ινοη γυναικὸς
— — — — — — — — — — — — — — τ]ριάκοντα ἁμέ-
ρας — — — — — — — — — — — τᾶς ἱαρε]ωσύνας τ-
— — — — — — — — — — — — — — — — τριακ-

B. — ν [— — — — — — — — — — — — — — — ἁ ἱαρε-
ωσύνα τριακαδ — — — — — — — — — — — — — — —
λέξεται ὁ ἱαρεὺς [— — — — — — — — — — — — κ-
αθαίρεται χοίρωι [— — — — — — — — — — — Ἀθαναί-
αι Πολιάδι ὄιν τέ[λεων καὶ τελέαν — — — — — ἱερὰ ἐπὶ τούτοις ἱαρεὺς παρ[έχει· διδόσθω δὲ τῶι ἱερῆι ὑπὸ τᾶς πόλιος τὸ ἀναλωμ-
ένον ἀργύριον ἐς [ταῦτα. τᾶι αὐτᾶι ἁμέραι· Ζηνὶ Πολιῆι βοῦς· ἔνδορα ἐνδέρεται [καὶ θύεται ἐφ' ἑστίαν τὰ ἔνδορα καὶ ἀλφίτων ἡμίεκτον καὶ ἄρτος [ἐξ ἡμιέκτου· — — — — — — — — — —
ς· καὶ ἐπισπένδε[ι ὁ ἱαρεὺς τούτοις οἴνου κρατῆρας τρεῖς· θύ?-
στρα ἁ πόλις πα[ρέχει· γέρη λαμβάνει ὁ ἱαρεὺς δέρμα καὶ σκέλος, ἱαροποιὸς καὶ κᾶ[ρυξ σκέλος . . . . καὶ ἥπατος ἥμισυ
καὶ κοιλίας ἥμ[ισυ· θυαφόρωι δὲ τοῦ σκέλεος τοῦ τοῦ ἱαροποιοῦ δί-

A 7 ΛΑ. 9 ΑΔΙ ΙΣ; ἱερ]ὰ δ[ὲ] P.

B 11 sq. [ἱαρο]|ποιὸς P., quod errore transcriptum videtur. Patonis recepi supplementa maximam partem probabilia, quae quibus locis paululum corrigere conatus sim non adnotavi.

δοται ἀκρίcχ[ιον . . . . . . νώτου δίκρεας, ὑπώμαια, αἱματίου ὀβελὸ-
c τρικώλιος, [Νεcτορίδαιc νώτου δίκρεας, ἰατροῖc κρέας, αὐλητᾶι κρέας, χα[λκέων καὶ κεραμέων ἑκατέροιc τὸ κεφάλαιον· τὰ δὲ ἄλλα κρέα
τ]ᾶc πόλιο[c. ταῦτα δὲ πάντα ἀποφέρεται ἐκτὸc τοῦ τεμένευc. — —
— αι μηδε — — — — — — — — — — — — — — — —
— cατ — — — — — — — — — — — — — — — —

B 14 ΑΚΡΙΣΙ editores Francogalli; ΑΚΡΙΣΧ P.

9. Fragmentum opisthographum cr. 0,081 m. Margines superior et sinister (lateris A) integri, ceteri fracti. Edidit Paton *Inscr. of Cos* 41.

A.	B.
, ιοιcδειε / — — — — — —	— — — — — απε . . γ . .
ἔρcενι ἐπιθα(λ) [— — — κ-	— — — — — — εχων για .
αὶ ἐπιθύει ἀλ[φίτων — — —	— — — — — ταc μιαc δε
ν ἡμίεκτον / — — — — —	— — — — — (ἐ)κπράccεc-
ιc· τούτων ο[ὐκ ἀποφορὰ — —	θαι — — — — πα]ρέχεcθαι c
ι Ἀχαιῶι· ταυ[τ — — τούτ-	— — — — τοὺc δ]ὲ νεμομ-
ων οὐκ ἀπ[οφορὰ — — — —	ένουc? — — — — —] λοcc
. cθυηι κ / — — — — — —	
	αχ

A 2 [καθαίρεται χοίρωι] ἔρcενι? cf. 8 B 4. ἐπὶ θάλ[αccαν P.

Haec fragmenta cum tertio frustulo simili nunc deperdito quin eiusdem monumenti partes sint, vel propter litteraturam dubitari non posse Paton adfirmat ac recte idem fastis publicis adscribit. Nimirum 8 B et 9 A fastorum esse reliquias certum est. Ac titulus 8 B Minervae Poliadis sacra Iovis Poliei feriis respondentia continet. Adnexum est ut ibi Minervae ita hic Iovis sacrum minoris id quidem momenti; unus enim *ἱαροποιὸς* unusque *κᾶρυξ* adsunt. Praecepta singula aut eadem aut certe simillima iis recurrunt, quae in titulo 5 habemus.

Neque aliter de 8 A iudicandum, quamquam ibi intermista quaedam a sacris aliena videntur. Sed non est, cur a ceteris fragmentis hoc seiungamus. Immo accurate de maiore aliquo festo agendo similiter ut in titulo 5 praeceptum esse coniecerim. — v. 5: cf. SIG 357, 29 *καθαιρέτω καὶ ἐπιρεξέτω*. — v. 11 sqq. de sacerdotio aliquo ineundo agi non sine probabilitate statuit Paton. — v. 14 fortasse de multandis iis, qui in pompa sacerdotibus non paruissent, dictum erat. — v. 16 sq. *ἁγνεία* praecipitur. 8 B 4 *καθαίρεται* vel sacerdos (cf. 5, 33; 6, 23) vel templum (cf. p. 22, 2).

10. Fragmentum tabulae marmoris caerulei a. 0,34 m, l. 0,20 m, inventum Kephali. Margo dexter paene integer. Edidit Newton *Ancient Greek inscr. in the British Museum* II 338; Paton *Inscr. of Cos* 401. (Babington *Transactions of the Royal Society of Lit.* N. S. X 123 pessime).

— — — — — — — — — — — — — ω
— — — — — — — — — Ἀc](κ)λαπιῶ-

ι — — — τᾶι αὐτᾶι ἁ](μ)έραι· Ὑγιείαι — — — — — — Ὁ]μονοίαι ὄϊν
— — — — — — Ἑκ]άται ἐμ πόλει
— — — — — — ὄϊν] ἐπίποκον τελε-
— — — — — Ἀ](c)κλ(α)πιῶι ἐν Ἰcθμῶ-
ι — — — — Πα]νάμου νευμηνίαι· (Ἀ)-
πόλλωνι? — —] καὶ Ἱcτίαι Ταμίαι πλ(α)-
κοῦντα? — καὶ ἀλφί](τ)ων ἡμίεκτον κα-
ὶ — — ταῦτα θύε]ται ἐπὶ τᾶc ἱcτία(c).
— — — — Ἀφροδί]ται Πανδάμωι ἔριφον θήλειαν — —] (τ)αύταν θύει ἱερεὺc καὶ ἱερὰ παρέχει? —] δεκά(τ)αι· Ποτειδᾶνι — — χοῖρον?] (ἄρ)cενα. τᾶι αὐτᾶι ἁμέραι — — — ἔρ]ιφον ἄρcενα
— — — — — — — (κ)αιδεκάται· Γ
— — — — — — — — μὴ ἐλά]ccονοc
— — — δραχμᾶν — καιδεκ]άται· [Ἑ]κά-
[ται? — — — — — — — — — —]

5 ΑΓΑΙ N.; ΑΤΑΙ legi posse adnotat P. 15 Ποτει|[δᾶνι ἔριφον] ἄρcενα P. 17 ΑΙΔΕΚ N. ιΑΙΔΕΚ P. 19 ΑΤΑΤ · ΚΑ N. ΝΤΑΙ · ΚΑ P. dubitanter.

11. Fragmentum opisthographum tabulae marmoris caerulei a. 0,17 m, l. 0,22 m, inventum Kephali. Margo dexter (lateris A) paene integer. Edidit Newton *Ancient Greek inscr. in the British Museum* II 339; Paton *Inscr. of Cos* 402. (Babington l. c.).

A. — — — ω — — — — — — — —
— — — (ο)υι — — — — — —
— — ἔριφο]c θήλεια· ταύ(τ)[αν θύει
— ὁ]μόναρχοc τῶι Ἀ[πόλλ]ω(ν)[ι?
— — δεῖ]πνον ὡc λα(μ)πρότατον
— — μο](ν)άρχου. ἰκάδι· Θεῶν Μα-
τρὶ ὄϊc κυέοcα?] τελέα· ταύταν θ[ύ-
ει — — — —]c· φερέτω δὲ ὁ
— — — — — πέλα?]νον ἐγ δύο
ἡμιέκτων — — — — —]εων
— — — — — — — — — — — ‾

B. — — ΜΕ — — — — — — —
— — ∠Γ/ — — — — — —
— Ι Ω — — — — — —
_Ι ΙΛΟ · · ΞΙΓ/ [— — — δυ-
ωδε(κ)[ά]ται Λ [— — — μ-
ὴ ἐλ(άc)[cονοc — δραχμᾶν —
(α)ι(τ)ε τ(ῶι)[Ἀc]κ(λ)[απιῶι —
(ν ἔ)ρc[εν]α — — — — — —
ΑΙΙ · \ΟΙ∠ _ι — — — —
ΔΙΞ Τ / — — — — —
ΟΙΣΛ — — — — — — — —
— ἐνάτ(α)ι — — — — — —
— Ρ — — — — — — —

A 3 ΘΗΛΕΙΑΝΤΑΥ N. 4 Α . . . . ΩΙ N. P. 8 ‾Ϛ N.
B 2 ΓΓ N. 3 Ει \ Ω N. 4 ΕΝΛΘ N. 7 \ΙΤΕ Ι Λ Ω N. 8 N. ΡΣ . . ΛΗΑ N. 9 ΑΡι ΑΘΗ N. 10 ΔΕ/ FΩ N. 12 ΑΙΕΝΛΤΛ N.

12. Kephali in ecclesia exscripsit Newton et edidit *Ancient Greek inscr. in the British Museum* II p. 105; Paton *Inscr. of Cos* 403.

— — — εcεν — — —
— — — ε]cτῶταc — —
— τᾶι αὐτ]ᾶι ἁμέραι — —
— — δειπνεν (sic) — —
— — κα]ρύκων νε — —
— — ἑκά]cτα φυλ[ὰ — —
— — ἐ]πιβαλλε — — —
— — δ]ὲ τὰν cτ — —
— — αc μὴ φρα — —
— — ἐλευ]θέραιc αι — —

Haec frustula ad unum monumentum esse referenda vel propter litteraturam persimile est veri. Illud autem ab eo fastorum publicorum genere, quod ex inscriptionibus antecedentibus cognitum habemus, diversum fuit. Nam primum in pago Coorum inventa sunt haec fragmenta omnia, deinde posterioris ea esse aetatis litterarum formae arguunt, denique ipsa titulorum ratio ac natura aliam indicat originem: minorum enim sacrorum ritus brevissime praescribuntur. Ac possit quispiam Isthmiotarum esse hos fastos conicere. Sed huic sententiae obstat, quod 10, 7 Aesculapium *ἐν Ἰσθμῶι* et 11 A *μόναρχον* invenimus; praeterea Hecate *ἐμ πόλει* et Vesta *Ταμία* publicorum sunt fastorum indicia. Additamenta igitur ad vetus illud exemplar postea facta hi tituli videntur. Paulo breviores versus a v. 13 tituli 10 profectus finxit Paton. Equidem suum cuique deo cognomen fuisse adscriptum pro certo habeo. Igitur e v. 9 et 15 sq. quanta fere versuum fuerit longitudo, coniciendum erit. Accedit formula *μὴ ἐλάσσονος* (*ἐωνημένα?*) — *δραχμᾶν* (10, 18; 11 B 6).

10, 4: cf. *Inscr. of Cos* 61. Compluribus locis Homonoia colebatur (Paus. V 14, 9; Apoll. Arg. II 717). — v. 5: Hecatae fines mensium consecrati erant (schol. Ar. Plut. 594). — v. 6: intonsos immolare oves usitatum non fuisse docet lex Atheniensium apud Athen. 10 C. — v. 7: de Aesculapii fano in Isthmo sito agit Rayet *Extr. des archives des miss. scient.* III (1876) p. 78; cf. *Inscr. of Cos* 406. — v. 8 sq. *Ἀ*|[*σκλαπιῶι*] *καὶ Ἱστίαι* proposuit Newton. Sed supplendum est nomen dei cum Vesta numinis natura coniuncti, cui novilunio potissimum sacra fiunt. Quare Apollinis nomen recte restituisse mihi videor. Quem cum foci dea copulatum habes CIA III 68 et praecipue in hymno Homerico XXIV 1 sqq.:

Ἑστίη, ἥτε ἄνακτος Ἀπόλλωνος ἑκάτοιο
Πυθοῖ ἐν ἠγαθέῃ ἱερὸν δόμον ἀμφιπολεύεις,
αἰεὶ σῶν πλοκάμων ἀπολείβεται ὑγρὸν ἔλαιον.

Vestam Elei quoque primo mense venerabantur (Paus. V 14, 4). — v. 10 potius *πλακοῦντας* cum numerali suppleveris. — v. 12 *τετάρται ἱσταμένου* suppleverim; cf. Procl. ad Hes. opp. 798; Athen. 659 C. — v. 15: *χοῖρος* magis convenit sacro Neptunio quam *ἔριφος*.

13. Tabula marmoris albi a. 0,28 m, l. 0,31 m (col. B 0,12 m). Margines superior et inferior integri, fracti reliqui. Litterae sunt Macedonicae aetatis inferioris. Edidit Sakkelion Pandorae t. XIX p. 42 (cf. XVII p. 430); Paton *Inscr. of Cos* 43.

A.	B.	C.
— — ίου˙	᾿Αρτα]μιτίου˙	
. θυcία] Διὶ καὶ	δ̄. (Π)[οτ]ειδ(ά)νια.	
᾿Αθάν]αι Πο-	ε̄. ἀγωνάριον	(δ̄). [πομπὴ βα-
λιάδι] Νίκαι.	ἡβώντων.	cι(λ)[εῖ — —
. — — δεc	Ϛ̄. πομπὴ Εὐμένει.	ε̄.
— — (λ)ουcιν.	ζ̄. εἰc Κυπάριccον	
. ἀγω]νάριον,	καὶ εἰc τὸ Δωδε-	ζ̄.
προτέ?]λεια	κάθεον θυcία	
ἡβώ]ντων	καὶ ἀγωνάριον	ιβ̄. γ —
καὶ εἰ]c Κυπά-	ἀνήβων.	ν — —
ρι]ccον.	ι̅. Πυθόκλεια Διὶ	
. πο]μπὴ	Σωτῆρι.	
βαcι]λεῖ	ια̅. ἀγωνάριον ἡβώ(ντων).	
Πτολεμ]αίῳ.	ιβ̄. παρὰ Διόνυcο[ν.	
. διαν]ομὰ	ιε̄. ἐπὶ Δάλιον.	
τῶν ἐπι]δό-	ιθ̄. πομπὴ	
cε](ω)ν?	Μουcῶν.	
π]αιcὶ τοῖc	κϚ̄. πομπὴ βα-	
μαθ](η)ταῖc.	cιλεῖ ᾿Αττ[ά]λῳ.	
. ἐπ]ὶ Δάλιον καὶ	κε̄. ἀγωνάριον ἡβώ(ντων).	
εἰc Κ]υπάριccον	Π̊. ἀπόδειξι[c	
καὶ] βουλή.	διδαcκάλων	
	καὶ κεφαλ(α)ὶ γ̄.	

In col. A dierum notas sicut in col. B στοιχηδὸν scriptas fuisse consentaneum est; unde cum illorum versuum qui dies continent initia fere constent, spatiorum habita ratione rectius quam a Patone factum est, ubi novum incipiat membrum, constitui potest.

B 13 et 20 in lapide est $\overset{\Omega}{\text{HB}}$. 23 post ΚΕΦΑΛΛΙΓ vel Ϛ spatium vacuum videri esse adnotat Paton.

Fragmentum hoc esse fastorum gymnasii, id quod dubitanter statuit Paton, adeo mihi certum videtur, ut non egeat demonstratione. Aperte enim quae quoque mense ab ephebis ceterisque gymnasii participibus peragenda sunt officia sive sacra sive profana, enumerantur ita, ut unam quisque mensis tabulae expleat columnam.[1]) In gymnasio ephebos ipsos cum pueris et provectioribus aetate, qui *νέοι* vulgo audiunt, fuisse coniunctos cum ceterorum institutorum ephebicorum similitudo[2]) tum tituli Coi ipsi (108 sqq.) demonstrant. Quodsi A 22 *βουλὴν* invenimus, vel

1) Rayet (*extr. des archives des miss. scient.* III 116) nescio qua causa col. A Dalio adscribit; at ut nunc res est Gerastio potius adscribendam puto.

2) SIG 246, 30 sqq. CIG II 2214; 3085. IGSI 256.

νέων vel *ἐφήβων* vel amborum concilium intellegendum est. Concilium enim habere illis licuisse e Pergamenis maxime titulis[1]) discimus. *Ἀγωνάρια* illa quae quinquies comparent sive puerorum sive alicuius epheborum classis,[2]) quoniam cum feriis publicis *ἀγῶνες* saepe conexi erant, menstrua videntur esse certamina minora, quorum lapides servaverunt memoriam.[3]) Ad musica fortasse spectant certamina, quae A 15 sqq. non sine probabilitate supplevit Paton. Denique Artamitio extremo[4]) fit *ἀπόδειξις διδασκάλων καὶ κεφαλαὶ γ. κεφαλαὶ* quid sit non liquet; *ἀπόδειξις* vero non potest non esse designatio magistrorum anni insequentis.[5])

Ad sacra ut veniamus officia, primum perinde atque Athenis statis diebus dis reipublicae patronis sacra facere et ad loca sanctitate insignia pompas ducere ephebi iubentur. Inter quas creberrime comparet *εἰς Κυπάρισσον* sive pompa ducenda sive sacrificium. Aesculapio ille locus sacer erat; cf. [Hippocr.] ep. 11 init.: *ἔτυχε τότ᾽ ἐοῦσα τῆς ῥάβδου ἡ ἀνάληψις ἐν ἐκείνῃ τῇ ἡμέρῃ καὶ ἐτήσιος ἑορτὴ ὡς ἴστε πανήγυρις ἡμῖν καὶ πομπὴ πολυτελὴς ἐς Κυπάρισσον, ἣν ἔθος ἀνάγειν τοῖς τῷ θεῷ προσήκουσιν.* Similiter Sesti (SIG 246, 67 sqq.) menstrua dis gymnasii patronis sacra peraguntur. *Δάλιον* idem quod *τὸ Δήλιον.* Bacchi Musarumque pompae in dies suo quemque deo sacros incidunt.

Accedunt feriae publicae, in quibus graviores ephebi partes agunt, Neptunia et *Πυθόκλεια* Iovis Servatoris, hae quidem a Pythocle quodam institutae et ludis gymnicis insignes (*Inscr. of Cos* 34) eodemque modo cognominatae ac Delphis *Ἀλκεσίππεια* Apollinis Pythii (cf. SIG 392). Pompas denique in regum honorem institutas publicarum feriarum partes fuisse[6]) et, quoniam ad ephebos potissimum talia pertinebant, in hos fastos relatas opinor. In nominibus notandis vulgaris illa lex servata est, qua regibus superstitibus nomen regium adponitur.[7]) Iam cum Patone iudice post Attali II mortem (138 a. Chr. n.) titulum lapidi incisum putari litterarum formae vetent, hunc ipsum B 19 significari non dissimile est veri. Ptolemaeus tum vel Philometor est vel Euergetes II. Eumenem vero, quod regio nomine careat, priorem eius nominis esse nec potest concludi nec omnino probabile est. Itaque Eumenes II Attali II frater intellegendus est, nisi forte quis ideo, quod *θεῷ* vocabulum additum non est, hominem hunc esse privatum de gymnasio bene meritum censet.

---

1) *Hermes* VII 37 n. 11; 44 n. 14; cf. 43 sq. *Inschr. von Perg.* II 252 cum notis Fraenkelii.

2) sc. *ἡβώντων*; tres enim in classes distribui solebant ephebi; cf. CIG II 2214.

3) *Berichte d. Berl. Akad.* 1859 p. 740 sqq. SIG 246, 35 sqq.; 67 sqq. 348, 24 sq.

4) Compendium illud ΠΤ idem esse quod in lapide Rhodio (IGIMAI 4) ΠΗ vel ΠΤΤ, i. e. *προτριακάδι* probabiliter statuit Paton. cf. Usener mus. Rhen. XXXIV 437.

5) *Hermes* IX 502 v. 7 *ἀποδείκνυσθαι καθ᾽ ἕκαστον ἔτος ἐν ἀρχ[αι]ρεσίαις — — γραμματοδιδασκ[ά]λους τρεῖς.*

6) cf. e. g. *Inschr. von Perg.* I 246, 15 sq. BCH XIV 162 v. 28 sq. *Greek inscr. in the Brit. Mus.* III 401, 21.

7) cf. *Inschr. von Perg.* I 246, 44; CIG II 3067, 3068, 3070 cum Boeckhii notis; SIG 234[4], 246[6]. Beurlier, de divinis honoribus quos acceperunt Alexander et successores eius 104 sq.

Arctiora autem vincula cum saepe inter reges et gymnasia Graeca intercesserint (SIG 246, 35; Joseph. bell. Iud. I 21, 11), inde explicanda est *θυσία Διὶ καὶ Ἀθάναι Πολιάδι Νίκαι* (A 2—4). Etenim Coorum reipublicae Minerva nihil est nisi *Πολιὰς* (5, 56), at Pergamenorum reges multa *Διὶ καὶ Ἀθηνᾶι Νικηφόρωι* dedicant, quae nonnumquam *Ἀθηνᾶ Πολιὰς καὶ Νικηφόρος* (*Inschr. von Perg.* I 33 sqq.; II 489 sqq.) appellatur.

IV. Peloponnesi.

14. Tabula marmoris inventa Spartae a. 0,45 m, l. 0,21 m, cr. 0,09 m. Margines superior et dexter integri, fracti reliqui. Ex ectypo chartaceo a Stamatace confecto ediderunt Kumanudes Ἀθηναίου I 257 (litteris minusculis), Foucart *Mégaride et Pélop.* 162 k, p. 143; e suo apographo Hirschfeld *Bullett. dell' inst.* 1873, 189.

— — — — — — Διὶ Ταλετίτᾳ
— — — — Αὐξη](c)ίᾳ καὶ Δαμοίᾳ
— — — — — ω ἀπὸ τοῦ παρό-
ντος? — — — —]ν μερίδα θεοῦ
— — — — τελ?](έ)ου δὲ οὐδενὸς
— — — — — ἀμ](φ)ιδεκατίᾳ· Φοί-
βῳ? — — — —]δων ἄριςτον τα-
— — — — — τ]ῳ διδαςκάλῳ ἀλ-
φίτων? — — — —]ι νόμος κωλύει
— — — — — — τον ἄρτος ἐννε-
— — — — κόλλυ?]βα, κρέας τρίτον
— — — — — χ]οῖνιξ, τυροῦ τό-
μος? — — — —] (τ)ρώγανα, ταῖς δὲ
— — — — — — ς τριακάδος ποι-
— — — — — — ν δύω ἀλφίτων
— — — — — — (ω)ς τρώγανα ςπον-
δ — — — — Φλ]οιαςίου νουμηνίᾳ·
— — — — — — (δειπν)ειταν καὶ
— — — — — — — χ](οιρία) μο

Litterae ΣΠϹ. 7 et 17 supplevi. 8 —ο διδαςκάλῳ F. 18 δειπ;ν;ειταν K. ΛΕΙΠΙΙΕΙΤΑΝ H. 19 χ]οίρια K. F. ΟΙΙΡ:Α H.

Hunc titulum satis recentem fastorum ritualium esse fragmentum quamquam non certissimum tamen veri est simillimum. Duae enim comparent dierum notae. V. 17 habemus Phliasii novilunium, qui Thargelioni Attico respondebat (Steph. Byz. v. *Φλίους*). *Φλοιάσιος* genuina aperte forma est, quamquam Stephanus *Φλιάσιος*, Hesychius *Φλυήσιος* exhibent. Nimirum ut variant a *φλεῖν* verbo derivata cognomina divina *Φλεὼν Φλεὺς Φλῖος Φλιοῦς Φλυήσιος*, ita pristinam formam servaverunt Ceres et Proserpina *Φλοιὰ* ac Bacchus *Φλοιός*. V. 6 exstat dies vicensimus primus[1]) mensis cuiusdam antecedentis.

1) Hesych. v. *ἀμφιδεκάτη· ἡ μετὰ εἰκάδα ἡμέρα παρὰ Ἀρκάσιν.* Usener mus. Rhen. XXXIV 424 sq.

In initio quod scriptum fuisse putat Foucartius *Διὶ Ταλετίτᾳ* [*καὶ Αὐξη*]*σίᾳ καὶ Δαμοίᾳ* nullo modo admitti potest, quia aperte multo maiores sunt lacunae. Primum igitur sacrificium fit Iovi *Ταλετίτᾳ* Spartanorum proprio, quippe qui a Taygeti montis cacumine *Ταλετὸν* (Paus. III 20, 4) cognominatus sit. Comparabiles sunt Ithomatas Maleates Leucatas. Qui num recte a Foucartio et Widio[1]) conlato Cretensium Iove *Ταλλαίῳ*[2]) et Hesychii glossa *τάλως· ὁ ἥλιος* pro antiquissimorum Peloponnesi incolarum deo solari habitus sit, vel ideo dubito, quod ipsum Solem in illo monte cultum esse Pausanias testatur. — v. 4: cf. 6, 20 cum nota. — v. 6: Phoebaei Spartani mentionem faciunt Herodotus (VI 61) et Pausanias (III 14, 9; 20, 2). — v. 8: an *ἑκάστ*]*ῳ διδασκάλῳ*, gymnasii scilicet? Ephebi enim in Phoebaeo sacrificabant. — v. 9 *πλὴν ὧ*]*ι νόμος κωλύει* vel tale quid dictum erat. — v. 11: *κρέας τρίτον* si coniungenda sunt, nescio an ad epulum sacrum spectent inlustrarique queant iis, quae Xenopho narrat in Cyropaedia II 2, 2 sqq. — v. 13: *τρώγανα* a *τρώγειν* derivanda eadem fere sunt atque *τρωγάλια*, bellaria. — v. 14: cf. 8 B 2.

15. Fragmentum tabulae marmoreae a. 0,52 m (0,28 m litteris impleta), l. 0,37 m, cr. 0,15 m, inventum apud vicum *Mavromati* ad montem Ithomen situm. Edidit Wilhelm MAI XVI (1891) 352. Margo sinister integer, dexter et superior fracti.

— — ΛΙΙΝΙ ι — — — — — — — — — —
— — τ]έccαρεc. Φυλλι[κοῦ? — — — — — —
— ὗν τ]έλεον, χοιρίον ἔρcεν — — — — — —
— ἄ](λ)λον τᾶι προcτατίναι [— — — προcτα?-
τ]ίναι. Μναcτῆροc δυωδε[κάται· — — — — —
κοτύλαc οἴνου, κάρυκι — — — — — — — —
μα. Ἀγριανίου δυωδεκ[άται· — — — — — —
cτιον, ἐλαίω κοτύλα, ἐc[— — — — — χοῖ-
νιξ, ἐλαίω κοτύλα, γληνίc, ι — — — — — —
εραν χοῖρον καὶ ἐκ καδδίχοc θοι[ν — — — — —
τέλεον τῶι Κλαικοφόρωι καὶ ταν ἐκ [— — — δ
προcτάταc τᾶι θοιναρμοcτρίαι εὐ — — — — —
ραν προcτατίναc· εἰ δὲ μή, κυρία ἔ[cτω — — τραπεζῶντι κὰτ τὰ νομιζόμενα, ἀγερ — — — — —
ἁ θοιναρμόcτρια πέντε δραχμ — — — — — —
ἀγερεῖ καὶ τὸμ παλὸν ἀχυρώμεν[ον — — τὰc θοί?-
ναc τὰc ἐγ δαμοcίω καὶ ἐκ τᾶν — — — — —
ποιήτω, ὥc μηδεμία λείπει. vac.

4 ΛΟΝ. 8 ψαι]cτίον editor coniecit, quod carmini potius (Anthol. Pal. V 17) quam sermoni sacro convenit.

---

1) Wide *Lakonische Kulte* 18, 216.
2) cf. Welcker *Gr. Götterl.* II 245.

Μναστὴρ mensis ab Hesychio commemoratus (*μναστήρ· τῶν μηνῶν οὕτω καλεῖταί τις*) plane sui generis est. Unde, cum posteriore aetate Achaeorum mensibus Messenios usos esse titulus Andaniensis doceat, ante annum 191 a. Chr. n., quo in Achaeorum foedus illi recepti sint, nostrum exaratum esse titulum rectissime editor conclusit, qui propter litterarum formas eum anno fere ducentesimo adsignat. — v. 4: *προστατίνα* perinde ac *προστάτας* cultus ministri sunt ac fortasse collegii (cf. CIGGS I 2808). — v. 9: *γληνὶς* idem videtur quod *γλήνη*, quam *κηρίον* esse testantur lexicographi. — v. 10: in initio proposuerim [*κὰτ τὰν αὐτὰν ἀμ*]*έραν*. *ἐκ καδδίχος* i. q. *ἐξ καδδίχους*; placenta est teste Hesychio: *κάδδιχον· ἡμίεκτον, ἢ μέτρον. καὶ οἱ τοῖς θεοῖς θυόμενοι ἄρτοι κάδδιχοι.* *θοινέω* est sacrificare; cf. n. 23. — v. 11: *Κλαικοφόρος* (i. q. Attice *κληδοῦχος*) herois nomen est.[1]) — v. 12: *θοιναρμόστριαι* Spartanae et Messeniae, quibus epulas sacras parandas fuisse nomen ipsum indicat, Cereris ac Proserpinae cultus videntur propriae: cf. SIG 388[20]; CIG I 1435, 1451. — v. 13: *κυρία ἔ*[*στω* sc. *ζαμιοῦν*. De *τραπεζοῦν* verbo cf. Juliani or. V p. 176 D. — v. 14: vel *ἀγερεῖ* vel *ἀγερμὸν*: cf. SIG 371, 26; 391, 3; 393, 10. — v. 16: lutum aceratum mysteriis quibusdam fuisse necessarium e Bekk. anecd. I 293, 18 sq. discimus: *πηλοὶ καὶ πίτυρα· μυστικά εἰσι ταῦτα, ὁ πηλὸς καὶ τὰ πίτυρα.* Inter superstitionis instrumenta *πηλώσεις* enumerat Plutarchus (de superst. III 5); cf. Lobeck Aglaoph. 646. Extremo titulo de epulis statutum erat: *ἐκ τᾶν* [— *δραχμᾶν* — *θοίναν* —] *ποιήτω, ὡς μηδεμία* (sc. *δραχμὰ*) *λείπει*?

16. Edidit Bérard BCH XVII 12 n. 18: magna tabula fracta cum aetomate inventa Tegeae ad templum Apollinis. Nihil legi potuit excepto versu primo.

Νόμοϲ ἱερὸϲ ἰν ἅματα πάντα.

i. e. in omnes dies anni.

V. Pergami.

17. Fragmentum tabulae marmoris albi valde detritae l. 0,445 m, inventum Pergami; margines superior et dexter integri. Edidit Fraenkel *Inschriften von Pergamon* I 247.

— — Γ Ρ Α Μ] Μ Α Τ Ε Υ Σ.

. . . . βαϲιλεὺϲ Ἄτ]ταλοϲ τὴν δευτέραν μάχην . . . .] ἐνίκηϲεν τοὺϲ
Τολιϲτοαγίουϲ κα]ὶ (Ἀ)ντίοχον
— — — — και?]δεκάτη ϲ
— — — — ο . [Γ](α)[λ]άτα[ϲ
— — — — — — — (δ)ύο.

— — — — — — — ου —

ὀκτωκαιδεκάτη·
κατ(ὰ) ψήφιϲμα ἐπὶ Πύῤῥου τοῦ Ἀθηνοδώρου διὰ τὴν γενομένην ὑπὸ
τοῦ Διὸϲ τοῦ Τροπαίου ἐπιφάνειαν,
τοῦ(δ)ὲ Φρατρίου κα(τ')ἐνιαυτόν, ἧι ὀ-
κ(τ)ωκαιδεκάτῃ καὶ γενέθλιοϲ Πύῤῥου τοῦ ⟨του⟩ Ἀθηνοδώρου κατὰ ψή-
φιϲμ[α] ἐπὶ Κρατίππου

V. 1 litterae sunt maiores. B 8 τούτου F. 9 post Κρατίππου spatium vacuum.

1) Kabbadias *Fouilles d' Epidaure* n. 245 p. 107.

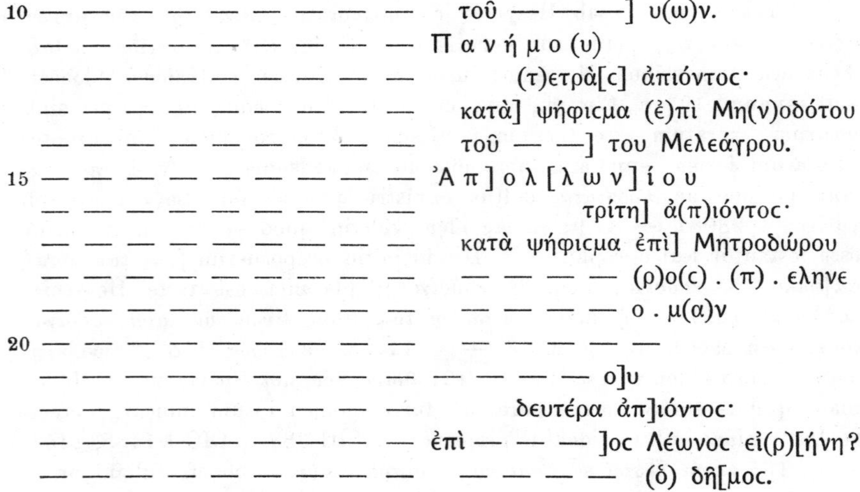
— — — — — — — — — — τοῦ — — —] υ(ω)ν.
— — — — — — — — — — Π α ν ή μ ο (υ)
— — — — — — — — — — (τ)ετρὰ[ς] ἀπιόντος·
— — — — — — — — — — κατὰ] ψήφισμα (ἐ)πὶ Μη(ν)οδότου
— — — — — — — — — — τοῦ — —] του Μελεάγρου.
— — — — — — — — — — Ἀ π] ο λ [λ ω ν] ί ο υ
— — — — — — — — — — τρίτη] ἀ(π)ιόντος·
— — — — — — — — — — κατὰ ψήφισμα ἐπὶ] Μητροδώρου
— — — — — — — — — — — — — — (ρ)ο(ς) . (π) . ελην ε
— — — — — — — — — — — — — — ο . μ(α)ν
— — — — — — — — — — — — — — —
— — — — — — — — — — — — — — ο]υ
— — — — — — — — — — δευτέρα ἀπ]ιόντος·
— — — — — — — — — — ἐπὶ — — —]ος Λέωνος εἰ(ρ)[ήνη?
— — — — — — — — — — — — — — (ὁ) δῆ[μος.

B 11 15 24 litterae sunt maiores. 10 in fine certo aut ων aut ον scriptum fuit, antecessisse videtur vel λυ vel αυ.

De singulis quae optime disseruit Fraenkelius, omnia hic repetere supersedeo. In summa tamen re dissentio. Indicem tenemus dierum feriis quibusdam in rerum hominumque recentioris aetatis memoriam agitatis insignium. Iam ille sua cuique mensi festa esse adscripta ratus cum pauciora ea prae lapidis pristina quattuor minimum columnarum latitudine esse videret, praecessisse festa iam diu inveterata conclusit. Quae festorum divisio per se improbabilis versibus qui servati sunt integri (B 2—10) accurate excussis refellitur. Quos hoc modo interpretatus est editor: *Der achtzehnte (soll gefeiert werden) nach einem während der Prytanie des Pyrros Athenodoros' S. gefafsten Volksbeschlufs wegen der durch den Zeus Tropaios geschehenen Epiphanie; alljährlich aber der achtzehnte des Monats Phratrios, an welchem zugleich der Geburtstag des Pyrros Athenodoros' S. ist, nach einem während der Prytanie des Kratippos gefafsten Volksbeschlufs.* Deinde pergit: *Die Überschrift konnte bei der durch die viel gröfsere Wichtigkeit des Monatsfestes bedingten Fassung des Textes nur auf den Tag, nicht auf den Monat lauten, aber sicher steht der Abschnitt an der Stelle, welche in der Folge der Monate dem Phratrios zukommt.*

Menstrua hoc loco et annua inter se opponi sacra certissimum est. Nec illud negandum ante diei notam (*ὀκτωκαιδεκάτη*) in fine columnae antecedentis positum fuisse mensis nomen minime videri probabile. Sed cur tandem mensium series interposita diei nota interrumpitur? Ac si in fine columnae antecedentis scriptum fuit, ut exemplum ponam, *Δίου τετράς* — —, quo tandem indicio *ὀκτωκαιδεκάτην* quae statim insequitur huius mensis non esse cognosci potuit? Nam unius cuiusque mensis *ὀκτωκαιδεκάτην* intellegendam esse quamquam certum est, in ipsis tamen tituli verbis non inest. Praeterea quam editor fingit causam non sufficit; nec enim anniversario festo gravius fuisse menstruum cuiquam persuadebit. Immo quo die Iuppiter praesens hostes in pugna fugaverat i. e. Phratrii duodevicensimo, is sine dubio primarium obtineat locum oportet. Hae vero difficultates expediuntur omnes, si non mensium sed dierum singulorum recenseri sacra statuimus. Nimirum quae regum Alexandri magni successorum aetate festa instituebantur nova rerum gravissimarum memoriae servandae destinata perinde ac regum dies natales[1]) non anniversariis sed menstruis pleraque sacris concelebrabantur.[2]) Quae secundum dies perscripta in fastos sacros esse recepta non iam mirabimur. Huius autem festorum enumerandorum rationis vestigium in nostro nos deprehendere titulo unum casui tribuendum est; infra enim aperte anniversaria comparent festa ideoque praeponitur mensis. De mensium igitur Pergamenorum ordine nihil ex hoc fragmento addiscimus. Unum de aetate tituli monendum est. Regum tempori extremo rectissime eum adscripsit Fraenkelius, quod in Romanorum dicionem redactos Pergamenos tales fastos regii imperii memoriae destinatos condidisse vix sit credibile. Quae sententia duobus titulis Pergamenis confirmatur. Etenim et Pergami et Elaeae[3]) nova quaedam de rebus sacris decreta recipienda curantur in *νόμους ἱερούς*. Elaeae cum menstrua quoque sacra in regis honorem facienda decernerentur, a fastis sacris haec deesse non debebant. E talibus igitur decretis quae sub regum imperio nova accreverant festa fastis adscripta sunt.

In col. A quae servata sunt ad victoriam de Gallis et Antiocho ab Attalo I reportatam spectant (cf. Fraenkelii titulos 20 sqq.). Editor mensem cum die in columnae antecedentis fine scriptum fuisse ratus hoc modo supplevit: [*Ἐπεὶ βασιλεὺς Ἄτ*]*ταλος τὴν δευ*[*τέραν ἐκεῖ μάχην*] *ἐνίκησεν τοὺς* [*Τολιστοαγίους κα*]*ὶ* [*Ἀ*]*ντίοχον* [*καὶ εὔξατο στῆσαι ἐκ τῆς?*] *δεκάτης* . . . . . Sed et *ἐπεὶ* illud displicet nec praeter mensem diemve nihil antecessisse credibile est. Quae v. 5 supplevit, a tituli ratione mihi videntur aliena; conferendi potius sunt B 6 sq. In col. B initio accuratius perspecta tituli natura rectius mihi videor distinxisse singula membra. Iovis in pugna quadam Phratrii die duodevicensimo commissa *ἐπιφάνεια*[4]) e decreto Pyrrho prytane facto et menstruis et maiore cum apparatu anniversariis[5]) festis celebranda est. Ex alio decreto Pyrrhi dies natalis, qui in anniversarii sacri diem incidat, festus habendus est. Similiter Timoleontis diem natalem, quippe quo maximam quamque victoriam reportaverit, Siculos teste Nepote (Timol. 5) concelebrasse monuit Fraenkelius. Etiam Telmessii divinis hominem a rege Ptolemaeo sibi praefectum honoribus afficiunt (BCH XIV 162 n. 1). Verum tamen rarissimum hoc est. Ideoque quod Fraenkelius etiam in iis quae secuntur hominis diem natalem celebrandum praescribi censet his verbis: [*κατὰ*] *ψήφισμα* [*ἐ*]*πὶ Μη*[*ν*]*οδότου* [*ἡμέρα Βί?*]*του Μελεάγρου*, iusto id mihi videtur

1) SIG 246, 35; Theocr. XVII 126 sq. etc.
2) *Inschr. von Perg.* I 246, 13 sq. Tituli Rosettani v. 47 sq.
3) *Inschr. von Perg.* I 246, 61 sq. 248, 3 et 60.
4) Ita haec intellegenda esse exemplis probavit Fraenkelius.
5) cf. *Inschr. von Perg.* I 246, 13 sqq.

audacius, praesertim cum supra *γενέθλιον* inveniamus. Accedit quod patris nomen paene constanter in titulis Pergamenis additur. Equidem quam ob causam dies festus sit habendus, omnino non additum puto. Fortasse igitur nihil deest scribendumque *ἐπὶ Μηνοδότου τοῦ Μελεάγρου.* — V. 17 sq. temptaverim: [*ἐπὶ*] *Μητροδώρου* [*τοῦ* — — *διὰ τῆς π*]*ρὸς* — — — [*μάχης-*].

VI. Incertae originis.

18. Marmor Choiseulianum a. 0,27 m, l. 0,79 m. Ediderunt Dubois Catal. Choiseul. 204; Clarac Catal. 632, Mus. 282 tab. 153 (inscr. tab. 45); E. Curtius CIG IV 6850 A; Froehner *inscr. gr. du Louvre* 33. Cf. Hermann *Monatskunde* 14. „*Sur un morceau d'architrave en marbre blanc*" Dubois.

— — — — — — — — — — — — —

μηνὸc Δείου δ'. ἡ ἀνάβαcιc τῆc θεοῦ τῇ ζ'.
ἡ ὑδροποcία μηνὸc 'Ιουλαίου νουμηνίᾳ.
ἡ πομπὴ ἐκ πρυτανείου ι'.
τὰ νεώματα μηνὸc 'Απολλωνίου ιε'.
ἡ δύcιc τῆc θεοῦ μηνὸc 'Ηφαιcτίου δ'.
ἡ κατάκληcιc μηνὸc Ποcιδείου ιε'.
κατὰ κέλευcιν τῆc θεοῦ 'Αρίcτιπποc 'Αριcτίππου
ἐπέγραψα.

Lapis ex Asia minore oriundus est. De patria non constat. Curtius causa non sufficiente Lesbo insulae eum adscripsit, falso Foucartius[1]) Cyzico. Sed Aeolicum esse titulum e mensibus elucet.[2]) Cum fastis Graeciae septentrionalis communes habet Dium[3]) et Apollonium, quorum hic quidem etiam Methymnae et Pergami invenitur. Iulaeus comparabilis est cum Iulieo Aphrodisiensi, ad Posidei formam insolitam conferas Myconiorum ferias *Ποσίδεια.*[4]) Denique Hephaestius sui est generis.

Exaratus est titulus imperatorum aetate, id quod praeter litteraturam mensis Iulaeus demonstrat. Collegii cuiusdam sacri feriale hoc esse ab aliquo sodale lapidi incisum manifestum est. Totius igitur anni caerimonias sacras fuisse perscriptas sumere licet. Quam vero deam venerandam collegium illud sibi proposuerat? Mihi quidem plane persuasit Foucartius, qui in commentario decreti *Κοραγῶν* Mantineensium[5]) ad Proserpinae cultum hoc fragmentum pertinere inde conclusit, quod deae *ἀνάβασις* et *δύσις* inter se aperte oppositae eaedem sint quae in Attica Proserpinae *ἄνοδος* et *κάθοδος*. Quocum optime congruit, quod et ante *δύσιν* praecedunt proscissiones (*νεώματα*), modo non ante autumnum Proserpinam ad inferos redire eo loco unde titulus avectus est putatam esse ponamus, et

---

1) *Mégaride et Pélop.* p. 214.

2) cf. Bischoff de fastis 349; *Inschr. von Perg.* I p. 163 sq.

3) Forma *Δεῖος* exstat in titulo Delphico SGDI II 1969.

4) Ross IGI II p. 39.

5) *Annuaire des ét. gr.* IX 336 = *Mégaride et Pélop.* p. 214. Quibus causis Fraenkelius (*Inschr. von Perg.* I p. 161) eo perductus sit, ut Lunae vel Isidis fastos hos esse crederet, nescio.

ante *ἀνάβασιν* (mense puto eodem, qui apud Iones Posideon audit) revocatio deae[1]) hymnis precationibusve opinor facta, qualibus Apollo ex Hyperboreis revocabatur. *Ὑδροποσία* fortasse vini abstinentiam significat; ieiunia quidem in Cereris cultu haud raro invenimus.

VII. Fragmenta dubia.

19. „Hunc titulum Therae in vico Megalochorio prope ecclesiam SS. Anargyrorum ex columna 1,58 m longa, quae in circuitu inferiore 0,99 m, in superiore 0,83 m complectebatur, exscripsit Ross, ex cuius diario eum repetimus. Columna ex marmore Pario facta, duodeviginti striis planis instructa olim tota scriptura tecta fuisse videbatur; sed litterae tantum in parte tertia inferiore legi poterant. Unde columna Megalochorium devenisset, Ross ex incolis comperire non potuit. Versus 1 vicinus est versui 18; v. 9 est evanidus." Roehl IGA 471; cf. add. Roberts *Introduction to Greek epigr.* p. 28 sq.

O . MƎΛΣ	
IOΔAΝ.	(ʽ)ο? δα(μ)[ι]|οργὸς
I·OIΣΘↃꟼΘ	
OΣ:HOKT.	[μὴ ἐλάσσον]ος ἢ ὀκτ[ὸ]?
IΛA II IƎΔΘ.	[ʽ]ο δὲ vel [τ]ὸ δὲ
KAΔΕIOΝ:HOC⊥	κάδειον
OꟼΡΓAO	
ƄO··	
OI ΕF	
IΛIOVΛMΛ⊗Iꟼ..	[κ]ριθ(ᾶ)ν (δ)ύο . . .
FVAΝ..KO	κο|ῖρον?
AMƎꟼ: MOꟼI	
ΓΕΣHΕΝIΓΕΝΓ	
ATꟼTOMIΘ:ΘIT	οἶνο τετα[ρτ-]
HΕVƄV∇ΕVV	ἐαρὰ? δὲ δα-
ꞆCꟼ:IOↃꟼOIM	μιοργοὶ
ΘΝ:ΣΓVFO.	ον cπυρο

Hicksius (*Journal of hell. stud.* IX 324 not. 1) hoc fragmentum antiquissimorum Coi insulae fastorum esse coniecit. — v. 6: cf. Hes. *καδία, κάδδιχον, καδίσκοι.* 12: an *χοῖρον*? 14: *ἢ ἐνὶ πένπτω[ι]* vix recte Roehl; *πενπτίον* fortasse mensurae nomen. 16: cf. Hes. *ἐαρόν· λουτῆρα, ἢ πρόχουν*; (*ν*)*εαρὰ* Roehl. 19: cf. 7, 11; Et. M. 724, 31.

1) Poll. I 29: *κατάκλησις θεῶν, ἀνάκλησις.*

20. Fragmenta quattuor saxorum quadratorum in Apollinis Pythii templo Gortynio inventa; lapides antiquitus decurtati in muros cellae inaedificati sunt. Edidit Comparetti *Monumenti antichi* I 95 sqq. III 19 sqq. A: a. 0,47 m, l. 0,80 m, cr. 0,22 m; margines superior et dexter secti, ceteri fracti. *Mon.* I 95 n. 56. III 22 n. 8. B: a. 0,615 m, l. 0,36 m, cr. 0,24 m; margines superior et sinister secti, ceteri fracti. *Mon.* I 97 n. 57. III 23 n. 9. C: a. 1,20 m, l. 0,35 m; margines secti. *Mon.* I 98 n. 58. III 23 n. 10. D: a. 0,375 m, l. 1,01 m, cr. 0,155 m; margines superior et dexter secti, ceteri fracti. *Mon.* I 95 n. 55. III 24 n. 11. Litterae sinistrorsum insculptae; sed C 6 sqq. bustrophici sunt, quos ab alia manu additos ad aliam inscriptionem pertinere putat C. Singula verba plerumque lineolis interpositis seiunguntur.

A. B. C. D.

— — ἱα]ρ ὰ | τ ε τ ε λ η μ έ[να . . . . .](c) υ ι | τοι[— — — — ϝ]ε λ κ (α) ν ι[— — —]α ι | ἐ ν τᾶ ι π έ ν π τ α[ι —
— — — (ν)|τέλησν|καὶ αἶγα|ε(ν)[. . . . .]ο ι | θ η λ ε[ίαι — —](α)ν | τôι Ἀπ[όλονι —]ε ϙ[οὰ]c | τάϝυρος|εc(α)ν —
— — — τᾶι Ἥραι|ὄιc| [θ]η[λ]ε[ία|τᾶι Δάμ]α τ ρ ι | ὄ ι[c — — ὄι](c) | ἐ π ί τ ε κ[c — — — — — — ʌ — — — — —
— — — α ἱ μ ὲ ν δ ύ ο | θ η λ ε ί[αι|οἱ δὲ δύ]ο ἔρcενε[c — — —]c | κ α ὶ τ ρ[άγοc — — — — — — — — — — — —
— — — — — — — — — — — — — — — — — |(κ)άπ(ρ)ο(c) [— Δικτ]ύ ν α ι | κ (ά)[προc? — — — — — — — — — —
— — — — — — — — — — — — — — — — — αc | ο — — — (ε)ο ϝ τ ο ι ο ¦ — — — — — — — — — — — — — —
— — — — — — — — — — — — — — — — — — — ʌ — — — — —
(α)ι κάπ(ρ)[οc
////// ι ////
////// c ////
///// |αγ ///

In priore editione varias lectiones adnotat C. has: B 1 (τ)υι. 5 απλο. C 1 εϝκανι. A 2 αἶγα ἔν[τοϙον] C. C 7 αἴ κα τα C.

Litteratura antiquissima omnium horum fragmentorum consimilis est. Primus versus (etiam frg. C, ut mihi quidem videtur) et maioribus litteris exaratus est et maiore spatio ab altero distat. Unde cum eum totius monumenti quasi titulum continuisse efficiatur, fragmenta ABC inter se cohaerere editor perspexit. Ipse quomodo A et B coniungenda sint, e v. 3 et 4 conclusi atque addidi D, cuius cum versus alter, ut saepe fit in antiquis titulis Cretensibus, aliquantum a linea directa deflecteret, in sinistra inscriptionis parte sedem fuisse censui. Initium sic fere refingas: [*Θιοί. τάδ' ἔϝαδε τοῖς Γορτυνίοις ϑύεν ἱα*]*ρὰ* τετελημέ[να.[1]) Minus probabiliter Comparetti coniecit: *Τάδε τὰ ἱαρὰ τετελημένα δαμοσνῖ τοῖς ἐν Γόρτυνι Ϝελκανίοις ϙοσμιόντων τῶν σὺν* . . . Nec rationem reddi hoc titulo de sacrificiis festi *Ϝελκανίων*, non merum catalogum esse, quod variet constructio, adfirmanti Comparettio concedo;[2]) nam ne a fastis quidem talia sunt aliena (cf. 2 A 10, C 3). — B 2 fortasse *χοῖρ*]*οι* vel *ἔριφ*]*οι*. C 1 aut festi aut mensis (*Ϝελκανίου*) aut dei nomen (*Ϝελκανίοι*, *Ϝελκανίαι*) latet. Notus ex Hesychio et nummis Phaesti Iuppiter *Ϝελχάνος*. D 2 ϙ[*οὰ*]*ς* i. e. *χοὰς* probabiliter Comparetti; quae tamen ad caerimonias funebres non sunt referendae.

Fortasse ad sacra spectat etiam frg. 7 (*Mon.* III 22); sed cave copules cum antecedentibus:

— — — —
(ε)λεc
μ]ηνὶ |
(τ)ο͂ι (π)
c | vac.

21. Frustulum columnae octo ut videtur laterum a. 0,10 m; nihil restat nisi duorum fragmenta vicinorum, quorum A in dextra parte, B in sinistra integrum. Inventum est Coi; nunc exstat in *Symi* insula. Edidit Paton *Inscr. of Cos* 42.

A.	B.
— — ἑ](κ)ατερ-	_(β)ι(ε)ιει — — — —
— — δρ]αχμαὶ	ἱερῆι κριθᾶν — — — —
— — (c)εξοιτο	εύς, μελιο — — — —
— κ](ᾶ)πον τᾶι Κω-	ξ τετάρτ(α)[ι — — — —
ι — κα]ρύccοντ-	ἀρυcτὴρ κ[αινὸc? — ὄιεc . . . . ?
ι — τ](ὰ)[ν] ἱερὰν	τέλεωι c[— — — — β- ?
	οῦν ἀρ(χ) — — — — —

A 2 maioribus litteris scriptus. 4 supplevi.

Hoc fragmentum nisi ceteri Coorum fasti et litteratura[3]) et argumento consimiles exstarent, nemo fastos continere sed, id quod vel forma lapidis indicare videtur, legem potius sacram fortasse templi Coae heroinae (A 4) crederet. — B 2 sqq. Paton minores procul dubio lacunas statuens supplet: *κριθᾶν* [*ἑκτ*?]*εύς*, *μέλι*, *ο*[*ἴνου* ἑ]*ξ τετάρτα*[*ι*]. B 3 desideratur mensura; fortasse igitur legendum *μελιο*[*ίνου*]. *τετάρται* si diei est nota, fortasse praecessit [*χοῖνι*]*ξ*.

22. Edidit Tocilescu *Archaeol.-epigr. Mittheil. aus Oesterreich* XVII 101 sq. A: tabula marmoris inventa Mangaliae; adservatur in museo Bucarestiano; margines sinistrum et inferiorem fractos dicit editor; at dexter fractus est, a sinistra

1) *τετελημένα* singulari significatu usurpatum; cf. Hes. opp. 798 *τετελεσμένον ἦμαρ*.
2) cf. *Mon.* III 344.
3) Similes esse litteras tituli 9 dicit Paton.

parte cum ad lineam directae sint litterae, nihil deesse puto. B: frustulum undique mutilum; eiusdem esse tabulae videtur; adservatur ibidem.

A.	B.
ἐκ τοῦ cυμμεριcμοῦ τ — — — — — — —	— (ι) γε — —
Διονυcίου δυωδ(ε)κάτ[αι — — — — —	— cτίου (δ) —
cκέλοc ἐπὶ (τρ)άπεζαν — — — — — —	— cατελεc —
(π)υρός, τὰ δ᾽ (ἄ)λ(λ)α κρέα τ[— — τὸ δέρ-	— τ](ρ)άγον πε —
μα cὺν τᾶι κεφαλᾶι καὶ τ[οῖc ποcὶν? — —	— (ν) καὶ διαι(π) —
(ἐ)ν τῶι Δαcυλλιείωι τῶ(ν)[— — — οὔ-	— — ντελ(ε) —
τε νεόβακχοc οὔτε οcμ[— — — — δ-	— — αἶ(γ)[α? —
δοιπορεῖ εἰc τὸ Δαcυλλιε[ῖον — — —	
ταῖc (γ)υναιξὶ τ — — — — — — —	

A 2 δυωδΞκατ, 4 γυροc, 9 πυναιξι lapis.
B 3 —c ἀτελέc[ιν T.; datur etiam cα τέλεc[ιν vel τελεc[θῆναι. 5 διὰ ιπ vel δι᾽ αιπ 6 cυν]τελ[ε . . . T. cf. 3.

Titulus est Callatianus. Aut fastos continet aut legem sacram *τοῦ Δασυλλιείου*, templi *Διονύσου Δασυλλίου*, quem Callatis Heracleotarum colonia[1]) una cum mense Dionysio (Bischoff de fastis 374) a Megarensibus acceperat.[2]) Nonnulla ad mysteria Bacchica videntur spectare. — A 5 cf. supra p. 23. B 2 fortasse mensis nomen latet: *Γεραστίου* vel *Ἀφαιστίου* vel *Θεμιστίου* sive *δεκάται* sive *δυωδεκάται*.

VIII. Excerpta.

23. IGIMA I 905, lapis Rhodius. *Γεννάδι* in fragmento stelae marmoris nigricantis l. 0,27 m, cr. 0,06 m; litteris bonae aetatis. Edidit Martha BCH II 615 n. 1; Dittenberger SIG 375; Cauer Delectus² 188.

Θευδαιcίου ἕκτα
ἱcταμένου· Ποτ-
ειδᾶνι Φυταλμί-
ωι ὗc τέλεοc
θοινῆται.

De mense cf. Mommsen *Bursians Jahresb.* LX 434, de die supra p. 1, 4. *ἕκτα[ι]* scribunt Dittenberger et Hiller, at integer esse titulus videtur. Neptunus *Φυτάλμιος* teste Plutarcho (symp. 675 F) ab omnibus Graecis colebatur. *θοινῆται* est *θύεται*; cf. Larfeld syll. inscr. Boeot. 321 (*ἐθοίναξαν*), BCH XIII 284, 12 (*θοίνη*).

24. IGIMA I 906, lapis Rhodius. *Γεννάδι* in tabula lapidis nigricantis a. 0,22 m, l. 0,30 m, cr. 0,08 m; litteris bonis tertii a Chr. n. saeculi. Edidit Smith *Journal of hell. stud.* IV 352 n. 11 ex ectypo, contulit Hiller de Gaertringen.

---

1) Strabo 319, 542; Scymn. *περιήγ.* 761; Phot. 228 a 37 etc. cf. Ovid. trist. I 10, 39.

2) Paus. I 43, 5. Et. M. 248, 54: *Δασύλλιος· ὁ Διόνυσος· ἀπὸ τοῦ δασύνειν τὰς ἀμπέλους. δασύς· ὑλώδης τόπος καὶ σύνδενδρος.* cf. Arcad. 44, 16.

Ἀ(γ)ριανίου ἐνάται
ἐξ ἰκάδος Διονύ-
σωι ἔριφος.

V. 1 C pro Γ errore exaratum est. Dies est vicensimus alter (cf. IGIMA I 4 Usener mus. Rhen. XXXIV 426 sqq.).

25. Lapis repertus in loco *Deir-Es-Meidj*, qui non procul abest ab urbe Canatha. Exscripsit ediditque Waddington *Inscr. gr. et lat. de la Syrie* 2370. (Porter *Five years in Damaskus* II 89).

Ἡ ἑορτὴ τῶν Σ-
οαδηνῶν ἄγε-
ται τῷ θεῷ Λώου λ'.

Fanum quo Soadeni, quorum oppidi pristinum Dionysias fuisse nomen videtur (Waddington n. 2309), conveniebant, in agro situm erat urbis Canathae, ut editor putat ideo, quod locus aqua arboribusque insignis aptissimus erat. Accedit quod artioribus illa oppida vinculis videntur conexa (Waddington n. 2307). Titulus eiusdem fere generis est ac n. 18

Addenda et Corrigenda.

1. A 12 (p. 3): minime reiciendum Ἑρόινει ἐμ π[όλει]; nam etiam in arce vel iuxta arcem heroa fuerunt (Curtius *Stadtgesch.* L 83 sqq. LII 46 sqq. CIA II 1547). — A 13 sq. (p. 3) [Νύμφε]ισιν proposuit Stengel *Berl. philol. Wochenschr.* 1893 p. 1364. — p. 3: σπυριχεια cum vocibus σπυρὶς σπυρίδιον σπυρίχνιον videtur cohaerere. — Unum fuisse Κουροτρόφου fanum in clivo arcis situm (nam sic quoque interpretari licet ἐν ἀκροπόλει) recte statuit Kern *Wochenschr. f. klass. Philol.* 1893 p. 1308. — p. 4, 4: cum Iove Ἡραίῳ comparandum esse Ianum Iunonium (Macrob. sat. I 9, 15; 15, 19) me monuit Wissowa. — p. 4, 5: rectius Robert mythol. Graec. I 168, 4.

2. A 6 (p. 6) fortasse [τε̃]ι[σι Ἑρόιν]εσι. — p. 6, 2: cf. Benndorf *altgriechisches Brot* (Eranos Vindob.).

3. Contulit lapidem in museo Tayloriano adservatum et humanissime apographum misit H. Williamson. — 1: in fine videtur esse BѠ .... — 5: πυρ(ο)[ύς]. — 6: κρειθας lapis. — 8: αννπερ; superest spatium duarum vel trium litterarum. — 17: δωδεκόμφαλον lapis. — 21: Διονύσους certum est. — 22: post λουτρῶν nihil deest. — 23: Ἐλαφηβολιῶνος lapis. — 24: in fine ΕΠΙ̃ et duarum triumve litterarum spatium. — 25: ⟨ΙΣΕΙΣ (κισεις?), litterae prima et secunda valde detritae; ἐπιθύσεις igitur verum non videtur. — 26: B̄ non B. — 27: ΚΛΕ. ⟨ΑΙΘΕΙΩ; legendum sine dubio θειῷ i. e. θεῷ (cf. p. 12); sed quinam intellegendus sit, ne nunc quidem audeo adfirmare. Numerus ita scriptus est, ut possit esse aut θ' aut β'. — 28: δωδεκομφαλα certum, ορθονφαλα verisimile est. — p. 10: παγκαρπία: cf. Athen. 473 C, Porph. de abst. II 19, Soph. El. 634. — p. 11: de Epilenaeis sententiam mutavi. Nimirum Lenaea, quibus Athenis sollemne nomen erat τὰ ἐπὶ Ληναίῳ Διονύσια, Eleusine, quippe ubi non esset Lenaeum, Ἐπιλήναια Διονύσια [1]) fieri necesse erat. Similiter ἡ ἐπὶ Σκίρῳ θυσία fortasse Ἐπίσκιρα appellata est (Philol. L 110, 7). Κληματὶς quando fuerit ignoratur. Sed praeter Lenaea Ἀμβροσία festum Lenaeoni adscribitur (Et. M. 564, 12; Procl. ad Hes. opp. 504; cf. Mommseni heortol. 340, 2). — p. 11, 3: cf. Blomfield ad Aesch.

---

1) cf. Διόννσος Ἐπιλήναιος, ἐπιλήναιος ὄρχησις; ἱερὰ ληνὸς Eleusinia Ἐφ. ἀρχ. 1883, 120.

Cho. 123, Rohde *Psyche* 222, 1; potest etiam de sacerdotum purgatione dici. — p. 12: Dionysius Halicarnassensis dies Argeis sacros Marti et Mai mensium inter se permutat. De sacro Saturnio e Romanorum cultu vix repetendo cf. Roscheri lex. myth. II 1512. βοῦς procul dubio notus ille est βοῦς ἕβδομος, i. e. πόπανον κέρατα ἔχον quod Lunae quoque sacrificabatur. (Vide p. 59.)

4. De Mycono insula nuper scripsit Sboronos BCH XVII 455 sqq. — v. 13: recte μ[αγίρ]ωι supplevit Wilhelm *Arch.-ep. Mitt. aus Oesterr.* XVII 41; cf. MAI XIX 42 sq. — v. 36: πρὸς τῶι [βωμ]ῶι [σφάττειν] τ[ὰ ἄλλ]α εἰς τὸν ποταμὸν alia lapidis conlatione nisus Stengel in Fleckeis. ann. 1891, 450, 3. — p. 17: De ἐνατεύειν verbi significatu speciosam sagacissimamque protulit coniecturam Stengel *Berl. philol. Wochenschr.* 1893 p. 1365; cf. *Festschrift für Friedländer* 420. Qui novem in partes hostiam divisam esse (cf. Hom. ξ 434 sqq.), quarum una Semelae deae (heroinae enim non placerent nisi holocausta) combusta sit, existimat. Ipse de Delphorum quae dicitur heroide ennaeterica cogitaveram comparanda. — Βακχιῶν invenitur etiam Cei (*Mus. Ital.* I 191); cf. Hesych. v. Βακχεῖα· ἑορτὴ Διονύσου; Maass *Orpheus* 41 sqq.

26. Fragmentum opisthographum marmoris Pentelici erutum in loco Epacriae Atticae qui dicitur *Koukounari*, a. 0,60 m, l. 0,49 m (0,485 m in parte superiore v. 1) cr. 0,06—0,10 m. Margines superior et inferior fracti, dexter praeter magnam superioris partis lacunam (v. 4 deest 0,105 m) paene integer, sinister ipse quidem remansit, nisi quod superficiei pars variae latitudinis rescissa est. Marmor valde inaequaliter in duas divisum est columnas, quarum dextra duplo paene latior quam sinistra. In parte aversa praeter quasdam pretiorum notas nihil discerni potuit nisi οἷς vocabulum. Edidit Richardson *American Journal of Archeol.* X 209 sqq. addita imagine photographica. Ipse Milchhoeferi gratia imaginem photographicam ectypi chartacei acceperam paululum discrepantem. Incertiores locos denuo inspexit Ioannes Schrader concedente humanissime Richardsonio, qui lectiones eius maximam partem probavit. (Vide p. 48 et 49.)

Fragmentum hoc est fastorum tetrapolis Atticae[1]) eiusque pagorum priori utique quarti saeculi parti adscribendum.[2]) In col. B Marathonis sacra (B 2, 23) primum anniversaria (cf. B 54 ὅσα ἔτη; [Xen.] resp. Athen. III 4) deinde trieterica (B 36, 39 sq.) perscripta sunt. Illa in τριμήνους, haec in δραμοσύνας dividuntur, quod vocabulum interpretari licet cursum ordinem seriem.[3]) Secuntur Tricorynthi[4]) sacra annua. Aliam naturam prae se ferunt ea quae in col. A recensentur sacra. Iam cum e titulo Marathonio SIG 304 sollemnis pagorum ordo effici videatur Marathonis Tricorynthi Oenoae Probalinthi, etiam hic post Tricorynthum sacra Oenoae ac Probalinthi perscripta fuisse, antecessisse in col. A, quibus universa tetrapolis suos deos coleret, veri est simillimum. Quae ipsa quoque divisa sunt in anniversaria, quorum finem continere col. A v. 4—12 pro certo habeo,[5]) et quae non quotannis sunt perficienda (A 13 sqq.). Nimirum quattuor illorum locorum, quae A 16—19 commemorantur, tria utique

1) Gurlitt, de tetrapoli Attica.

2) Ita recte e litteratura et orthographia (ο pro ου) tempus definit editor p. 220 sq.

3) Recte a δρᾶν, δρᾶμα derivat editor p. 213, 3; eadem vox est δρησμοσύνη (ἱερῶν hymn. Hom. in Cer. 476), cf. Et. M. et Hesych. v. δρησμοσύνη simil.; CIA III 1310 δρηστοσύνη.

4) De hac genuina nominis forma cf. Gurlitt l. c. 21, 3.

5) Editor v. 4 τρίτης τριμήνο eiusque menses propter v. 20 supplet.

sunt Marathonia. Cynosura enim semper appellatur ἄκρα Μαραθῶνος, Eleusinium vero (cf. B 43, 48) atque Herculis fanum (Herod. VI 116; schol. Pind. ol. IX 134, XIII 148; Paus. I 15, 4; 32, 4), quoniam nihil additum est, eiusdem aperte sunt pagi. Marathone igitur utpote pagorum maximo aut omnes aut certe plurimi totius tetrapolis di sive fana sive aras habuisse per quattuor illa loca dispositas putandi sunt. Iam de temporum ratione agendum est. Primo cuiusque τριμήνου mense (excepto v. 53) sacra fiunt extraordinaria. Iam praescriptiones illae, quae mensem cum τριμήνῳ continent, ter contra ceterorum exemplorum usum in duos distributae sunt versus (A 20, 23, 32),[1]) unde singulorum annorum initia cognoscuntur. Quibus locis utrum annorum numeri praecesserint (πρῶτον, δεύτερον, τρίτον ἔτος) an nihil omnino desit, certo vix potest diiudicari. Sed v. 13 quoniam videtur integer esse, ut in exeuntibus versibus in col. B ita hic ineuntibus vacuo quadratarius spatio videtur usus esse, quo clarius singula membra seriei seiungerentur. Nova vero oritur difficultas v. 39, ubi nihil potest scriptum fuisse nisi δραμοσύνη cum numero. Quod cur factum sit, duobus modis licet explicare. Hoc enim anno praeter primorum cuiusque τριμήνου mensium sacrificia unum alio mense fit (v. 53). Qui si non quartae τριμήνου fuit Thargelion aut Scirophorion sed quilubet alius, ne in tanta temporum varietate dubii quidquam remaneret, quotae omnes essent δραμοσύνης, expresse praescribi utile fuit; ac plane necessarium, si quis annus nullis omnino sacrificiis insignis praetermittendus erat. Contra δραμοσύνη si complures annos complexa pars est sive ennaeteridis sive quantumcumque spatium fuit, alteram a v. 39 incipere δραμοσύνην statuendum. Iam v. 13 sqq. sive suppleveris: τάδε τούτων ἐν[άτου τοῦ ἐ]νιαυτοῦ ἕκαστον [παρὰ τὰ ἱερ]ὰ ἑξῆς ὡς γέγραπται verbis ultimis ad locorum definitiones spectantibus sive ad ipsam sacrorum enumerationem (v. 20 sqq.) relatis: τάδε τούτων ἐν [Μαραθῶνι ἐ]νιαυτοῦ ἕκαστον [τοῦ ..... τ]ὰ ἑξῆς ὡς γέγραπται, illud τούτων ad antecedentia tum referendum quantum video stare nequit. Quare proposuerim: τάδε τοῦ τῶν ἐν[νέα? ...... ἐ]νιαυτοῦ ἕκαστον [παρὰ τὰ ἱερ]ὰ ἑξῆς ὡς γέγραπται. Desunt igitur ante col. A 4 tetrapolis sacrorum anniversariorum τρίμηνοι tres. Secuntur eiusdem sacra non anniversaria, quorum pars cum initio Marathoniorum deest. Ceterorum pagorum officia excepto Tricorynthi initio recensita erant in parte aversa.

Restant quaestiones gravissimae duae. Quattuor illos pagos, quibus pristinae Atticae civitas tetrapolis constituta sit, postea sacrorum modo communione iunctos scimus (SIG 304). Iam vero fasti eorum non in tetrapoli sed in Epacria inventi sunt. Illuc lapidem esse transportatum quis credet? Concludas igitur amplius ibi concilium sacrum fuisse, cui adscripta fuerit tetrapolis. Quod Hecalesium fuisse[2]) sagacissime coniecit Richardson recordatus Plut. Thes. 14: ἔθυον γὰρ Ἑκαλήσιον οἱ πέριξ δῆμοι συνιόντες Ἑκάλῳ Διὶ καὶ τὴν Ἑκάλην ἐτίμων κτλ. Hoc quomodo cumque

---

1) A 37 [πρώτης τριμή?]ν[ο] quod proponit editor verum vix est.

2) Optime congruunt quae disputat Milchhoefer *Demenordnung des Kleisthenes* 21 sq. Adversatur Loeper MAI XVII 384.

A.

— — — — — — — — — — — — — — —
— — — — — — — — — — — — — — —
— — — — — — — — — — — — — — —
τετάρτης τ]ριμήνο·
Μουνιχιῶν]ος·
— — — Π]ρακτηρίωι κριὸς ΔͰͰ.
Θαργηλιῶ]νος·
— — — — παρὰ τὸν πύργον οἶς ΔͰͰ.
Cκιροφοριῶ]νος·
— — — — ἐν ἀγορᾶι κριὸς ΔͰͰ.
τάδε ὁ ἄρχων θύ?]ει· Διὶ Ὁρίωι οἶς ΔͰͰ.
— — — —]ίαι οἶς ΔͰ.
τάδε τοῦ τῶν ἐν
— — — — ἐ]νι[α]υτοῦ ἕκαστον
— — — — α ἑξῆς ὡς γέγραπται·
παρὰ τὸν . . .] τον τὸν ἐν τ . ις
— — — — π]αρὰ τὸ Ἐλευσίνιον
πρὸς τῶι βωμ?]ῶι ἐν Κυνοσούραι
— — — παρὰ] τὸ Ἡρακλεῖον·
τετάρτης
τριμήνο· Μο]υνιχιῶνος·
— — — — — νου οἶς ΔͰͰ.
πρώτης
τριμήνο· Ἑκα]τομβαιῶνος·
— — — — ἱστα]μένου·
Ἀπόλλωνι Ἀπ]οτροπαίωι αἶξ ΔͰͰ.
δευτέρας τρι]μήνο· Πυανοψιῶνος·
— — — — — ων οἶς κυοῦσα ΔΓͰͰ.

B.

— — — ιο [— — — — — — — — — — τάδε ὁ δήμαρχος
ὁ Μα]ραθωνίων θύει ἐ(ν) — — — — — — — — — — —
(η)νται? δέκα ἡμερῶν· ἥρωι [χοῖρος ͰͰͰ, ἡρώινηι
χοῖρος ͰͰͰ. τράπεζα τῶι ἥρ(ω)[ι καὶ τῆι ἡρώινηι Ͱ.
Βοηδρομιῶνος· πρὸ μ[υ]στ[η]ρ[ίων· — — — — — — —
βο͡ῦς ΓΔΔΔΔ, οἶς ΔͰͰ. Κουροτρόφω[ι — — — — — —
δευτέρας τριμήνο· Ποσιδεῶ[νος· — — — — — — —
βοῦς Η/////////////, οἶς ΔͰͰ, ἡρώινηι [οἶς ΔͰ, ἱερώσυνα
ΓͰͰ. Γῆι ἐγ γύαις βοῦς κυο(ῦσ)α ΓΔΔ[ΔΔ, ἱερώσυνα . . .
Τελετῆι σπυδια ΔΔΔΔ.
τρίτης τριμήνο· Γαμηλ[ιῶν]ος·
Δαίραι οἶς κυοῦσα ΔΓͰ, ἱερώσυνα Ͱ.
Γῆι ἐπὶ τῶι μαντείωι οἶς ΔͰ. Διὶ Ὑπ[άτωι — — — —
Ἰόλεωι οἶς ΔͰͰ. Κοροτρόφωι χοῖρο[ς ͰͰͰ, τράπεζα Ͱ, ἱερώσυνα ͰͰΙC. ἥρωι Φηραίωι[οἶς ΔͰͰ,
ἡρώινηι οἶς ΔͰ, ἱερώσυνα ͰͰͰ.
Ἐλαφηβολιῶνος· δεκάτηι ἱσταμένο·[Γῆι ἐπὶ τῶι
μαν[τε]ίωι τράγος παμμέλας ΔΓ, ἱε[ρώσυνα Ͱ.
τετάρτης τριμήνο· Μουνιχιῶνος· Αρ . . . . . .
νεχωι βο͡ῦς ΓΔΔΔΔ, οἶς ΔͰͰ, ἡρώινηι οἶς ΔͰ, ἱε[ρώσυ-
να ΓͰͰ. Νεανίαι βο͡ῦς ΓΔΔΔΔ, οἶς ΔͰͰ, χοῖρο[ς ͰͰͰ,
ἡρώινηι οἶς ΔͰ, ἱερώσυνα ΓͰͰΙC
τάδε ὁ δήμαρχος ὁ Μαραθωνίων θύει· ἥρωι ἐν
. ρασιλείαι οἶς ΔͰͰ, τράπεζα Ͱ, ἡρώινηι οἶς ΔͰ.
ἥρωι παρὰ τὸ Ἑλλώτιον οἶς ΔͰͰ, τράπεζα Ͱ, ἡρώινηι οἶς ΔͰ.
Θαργηλιῶνος· Ἀχαίαι κριὸς ΔͰͰ, θήλ[ε]α ΔͰ,
ἱερώσυνα ͰͰͰ. Μοίραις χοῖρος ͰͰͰ, ἱερώ[σ-

τετάρτης τρι]μήνο·
— — — — — ηι αἶξ Δ⊢⊢.
— — — — — ειον Δ⊢⊢.
τετάρτης
τριμήνο· Μο]υνιχιῶνος·
— — — — — αίωι αἶξ Δ⊢⊢.
— — — — — — — οἶς Δ⊢⊢.
— — — — — νει οἶς Δ⊢.
— — — — — — — —
— — — — — — — —
— — — —δραμ]ος[ύ]νη·
δευτέρας τριμ]ήνο·
— — — — —β]οῦς 𐅄ΔΔΔΔ.
τρίτης τριμή]νο·
— — — — — — δωι ὗς κυοῦσα [ΔΔ].
τετάρτης τριμήνο·]Μουνιχιῶνος·
— — — — — — Νυμφαγέτει αἶξ Δ⊢⊢.
— — — — — — — — — —
— — — — — — — — — ωι κριὸς Δ⊢⊢.
— — — — — — αἶξ Δ⊢⊢.
— — — — — — τηι κριὸς Δ⊢⊢.
— — — — — — —ουβάτωι αἶξ Δ⊢⊢.
— — — — — ο]ἶς Δ⊢⊢.
— — — — — ολει οἶς Δ⊢.
— — — — —ιῶ]νος·
— — — — — οἶς Δ⊢⊢.
Ἀθηναίαι Ἑλλω]τίδι χοῖρος ⊢⊢⊢.
— —

Μουνιχιῶνος· υνα IC.
Σκιροφοριῶνος· πρὸ Σκίρων· Ὑττηνίωι τὰ ὡρα[ῖ-
α οἶς Δ⊢⊢. Κοροτρόφωι χοῖρος ⊢⊢⊢, ἱερώσυνα ⊢⊢I.
Τριτοπατρεῦσι οἶς, ἱερώσυνα ⊢⊢. Ἀκάμασιν
οἶς Δ⊢⊢, ἱερώσυνα ⊢⊢.
τάδε τὸ ἕτερον ἔτος· προτέρα δραμοσύνη· Ἑκα[τ-
ομβαιῶνος· Ἀθηναίαι Ἑλλωτίδι βοῦς 𐅄ΔΔΔΔ,
οἶες τρεῖς ΔΔΔ⊢⊢⊢, χοῖρος ⊢⊢⊢, ἱερώσυνα Γ⊢ . . .,
Κοροτρόφωι οἶς Δ⊢, χοῖρος ⊢⊢⊢, ἱερώσυνα ⊢ . . .,
δαφνηφόροις Γ⊢⊢.
τάδε τὸ ἕτερον ἔτος θύεται μετὰ Εὔβουλον ἄρχ[ο-
ντα Τετραπολεῦσι· ὑστέρα δραμοσύνη·
Ἑκατομβαιῶνος· Ἀθηναίαι Ἑλλωτίδι οἶς Δ[⊢,
Κοροτρόφωι χοῖρος ⊢⊢⊢, ἱερώσυνα ⊢IC.
Μεταγειτνιῶνος· Ἐλευσινίαι βοῦς 𐅄ΔΔΔ(Δ),
Κόρηι κριὸς Δ⊢⊢, χοῖροι τρεῖς Γ⊢⊢⊢⊢, ἱερώ[σ-
υνα Γ⊢IIIIC, ἀλφίτων ἑκτεὺς IIII, οἴνο χο̃[ς . .
Κοροτρόφωι οἶς Δ⊢, ἱερώσυνα ⊢.
Διὶ Ἀνθαλεῖ οἶς Δ⊢⊢, ἱερώσυνα ⊢⊢.
Ἀνθεστηριῶνος· Ἐλευσινίαι ὗς κυοῦσα ΔΔ,
ἱερώσυνα ⊢I. Χλόηι παρὰ τὰ Μειδύλου ὗς κυο̃[σα
ΔΔ, ἱερώσυνα ⊢, ἀλφίτων ἑκτεὺς IIII, οἴνο χ[ο̃ς . .
Σκιροφοριῶνος· πρὸ Σκίρων· Γαλίωι κριὸς Δ[⊢⊢,
ἱερώσυνα ⊢⊢, φρέατος Γ⊢. Τριτοπατρεῦσι
τράπεζα ⊢.
Τρικορυ(νθ)οῖ τάδε ὅσα ἔτη· πρώτης τριμήνο·
Μεταγει(τν)ιῶνος· Ἥρ(αι) β(οῦ)ς 𐅄ΔΔΔΔ, οἶς Δ⊢.
(Κ)ουροτρόφωι

A. 10 spatium pro supplemento satis breve est. 13 19 20 23 32 ante litteras servatas utrum aliquid scriptum fuerit necne, teste S. diiudicari nequit. 15 αεξης R. ////\ εξης S. 16 τον τὸν ἐν τοῖς? R. τ. ις certum dicit S., alteram litteram incertam posse etiam P esse. 22 primam litteram incertam vel N vel X vel K esse putant R. et S. 31 *ειον* ΔΗΗ? R.; certum dicit S.; datur aut ἱερεῖον aut τέλειον. 34 prius A iudicio S. certum non est. 35 ipse ι οῖς legeram; sed primam litteram certo non esse ι adfirmat S. 36 ΔΗΗ R. in editione; sed teste S., cui ipse nunc adsentitur, ΔΗ in lapide videtur esse. 37 et 38 valde detriti. 37 [πρώτης τριμή?]ν[ο] R.; nihil legi posse dicit S. 39 quod inter ος et νη intercedit spatium paulo maius esse quam unius litterae censet S. 43 in fine ΔΔ, tamquam in lapide sit, errore a R. scriptum videtur; postea enim neque ipse aut S. in lapide vidit neque ego legi in imagine. 45 Νύμφᾳ Εὔει R.; Νυμφαγέτει S. idque agnovit R. ac vel in imagine T certum videtur. 46 detritus. 49 ηι R. in editione; ipse legi τηι idque et S. et R. et imago confirmant.

B. 3 ηνται R.; in initio nihil superest nisi hasta I; ν incertum est, ut etiam η legi possit. in fine ipse legere mihi videbar X, quod negat exstare S. 8 H //////// R.; atque hoc certum est; sequi videbatur et mihi et S. Ρ; cetera de industria erasa sunt. 10 σπυλια vel σπυδια R.; ipse legi σπυδια. 17 in fine spatium novem litteris paulo brevius est. 20 νεχωι paene certum est; χ dubium R., S. certum videtur; uterque vero ν et ε litteras diversas a ceteris tamquam cultro incisas esse addit; ε posse quidem pro ρ haberi adnotat S., R. νε postea additum putat; latet herois nomen (Aristomachi?). 27 θήλ[ε]α ΔΗ R., quod ει spatio longius sit; S. et hoc negat et idem legit, quod ipse legeram, θηλ[ ]άδι (ΔΙ). 32 pretium ovis quadratarius omisit. 40 ipse Τετραποαευσι legi. 45 et 50 vini pretium additum non fuisse putat R.; sed superest spatium. 49 κύου[σα R.; ipse legi κυο(ς), at in imagine est κυο.

se habet, qua ratione hi compositi sint fasti, quamquam possit dubium videri, tamen *ἀντίγραφον* id esse eius exemplaris quod in tetrapoli exstabat, veri est simillimum. Nec enim in unius tetrapolis sacris titulum versari quisquam infitiabitur. Quae tamen minime enumerantur cuncta. Veluti desunt Marathoniorum Dionysia agrestia et Marathonomachorum inferiae atque quos Marathone cultos scimus Apollo Hercules Bacchus Pan Marathon Echetlus ceteri. Propterea quid potissimum mutatum sit in sacris vetustis ac novatum, ignoratur. Remansisse autem antiquissimae religionis Atticae vestigia vel heroum numinumque agrestium cultus praeter cetera insignis testatur.

Valde obscura temporum est ratio. Primo cuiusque *τριμήνου* mense cur sacra fiant Tetrapolensium non anniversaria quae est causa? Neglectis dierum notis num singula inter se sacra cohaereant quibusque adscribenda sint festis, perdifficile est cognitu. Quibus diebus singula perficienda essent, aliunde maximam partem notum videtur fuisse. Accurate tempus definitur A 25 B 5, 17, 30, 51. *Πρὸ μυστηρίων* est pridie mysteria.[1]) De Sciris vide CIA III 57. De hostiis earumque pretiis copiose egit Richardson p. 221 sqq. *Βοῦς* modo masculini modo feminini est generis, *οἶς* semper feminini; nam mas dicitur *κριός*. Quas et heroinae et deae accipiunt oves pretii sunt paulo minoris quam deorum heroumque. Pretia accuratissime definiri non est quod miremur, quoniam idem fecerat Solo (Plut. Sol. 23).

---

1) Plut. Thes. 4 *μιᾷ πρότερον ἡμέρᾳ τῶν Θησείων*; cf. Thes. 27, Anton. Lib. 29; CIA II 814 a A 37 *εἰς τὰ προθύματα τῆς ἑορτῆς*.

Ceterum ex hoc quoque titulo partem modo sacrorum exhibente quantam singuli pagi Attici pecuniam in officia sacra erogaverint, cognoscere licet, siquidem Marathoniorum pretia quoad servata sunt drachmas circiter mille ducentas efficiunt (cf. CIA II 570). *Ἱερώσυνα* aut absunt aut variant vel maxime ideo scilicet praeter cetera, quia variabant quae inde ad sacrum rite faciendum additamenta emere sacerdos debebat.

A: Tetrapolensium sacra cum eo potissimum a Marathoniis differant, quod nusquam dantur *ἱερώσυνα*,[1]) ibi hieropoeos (SIG 304) sacrificia publica procurasse apparet. Saepius nomini divino adscriptus est sive locus sive quodcumque id fuit (v. 8, 10, 22, 28, 50? 52?) proinde ut in his: *Χλόη παρὰ τὰ Μειδύλου* (B 49), *Ἡρακλῆς ἐκ Κυνοσάργους* (CIA I 214), *Κουροτρόφου ἐξ Ἀγλαύρου Δήμητρος* (CIA III 372). — v. 6: similes *Τύχη πρακτήριος* (Aesch. Suppl. 532), *Ἀφροδίτη Πρᾶξις, Ἄρτεμις Εὐπραξία.* — v. 8: fortasse idem qui etiamnunc in campo Marathonio *πύργος* audit. — v. 10: nescio an intellegenda sit *ἀγορὰ* Tetrapolensium; *Δία ἀγοραῖον* Marathoniorum commemorat Eur. Heracl. 70. — v. 11: de archonte Tetrapolensium cf. B 39 et SIG 304³; de Iove Terminali Plat. legg. VIII 842E; Demosth. VII 39 sq.; Eur. Heracl. 37 sq. — v. 25 sq. lacunae decem fere exstant litterarum. Itaque minus probabile est *Ἡρακλεῖ Ἀποτροπαίωι*; an *Ἀθηναίαι Ἀποτροπαίωι*? ac plane incertus dies. De Apolline Averrunco Atheniensium vide Arist. av. 61, vesp. 161, Plut. 359, 854; CIG I 464, CIA III 177; Paus. I 3, 4. Cui agitata Hecatombaeone morborum repellendarum causa Paeonia (schol. Ar. Ach. 1213) ex eorumque hecatombis nomen mensi inditum esse Milchhoeferi[2]) est coniectura quamvis incerta tamen non praetermittenda (cf. 4, 29 sqq.). — v. 34: [*Διὶ ἀποτροπ*]*αίωι* Richardson; sed alia quoque dantur cognomina in *αιος* exeuntia; cf. v. 10 cum nota. — v. 45: quoniam septendecim fere litterae desunt, suppleveris [*Νύμφαις καὶ Ἀπόλλωνι* vel *Ποσειδῶνι*] *Νυμφαγέτει*; minus convenit *Πανί.* — v. 52: [*Διὶ Εὐβ*]*ολεῖ* spatio undecim fere litterarum non sufficit, praeterea deam indicat pretium. An [*ἐμ π*]*όλει*?

B: 1—4 aut Metagitnionis sunt aut Hecatombaeonis. — v. 4 et verborum ordine insolito et addito articulo certum fit supplementum. Heroinae cum soleant mensa carere (cf. v. 23 sqq.), hic eadem et heros honoratur et heroina.[3]) Heroes duobus modis diversis designantur. Aut enim nomine proprio appellantur aut locus adscribitur. Sui generis sunt Iolaus Hyttenius Galius, quippe qui careant heroinis. Iam Richardson (p. 219) heroinam unam eandemque ubique esse ratus Hecalen, heroem cognomine carentem (v. 4; at v. 2 ubi coleretur adscriptum erat) Theseum putat. Sed primum Marathonia esse haec numina universa tenendum est, deinde more vetustae religionis cum sua quisque uxore heros est copulatus, sicut Oropi pars arae Amphiarai *ἥρωσι καὶ ἡρώων ἀνεῖτο γυναιξὶ*

1) A 46 [*ἱερώσυνα* — —] non bene editor.

2) *Über den attischen Apollon* 77.

3) Mensa chthoniorum maximeque heroum cultus si non propria at usitata videtur. Neque inutile puto imagines illas herois atque heroinae epulas repraesentantes comparare.

(Paus. I 34, 3). Caveamus igitur ne nomina indagemus.[1]) Cf. p. 7; CIA II 586, 7; 603, 6.

V. 6: de *Κουροτρόφῳ* cf. p. 3, ubi addas CIA III 411, IV 555 c; Ἐφ. ἀρχ. 1884, 194 n. 6; *Δελτ. ἀρχ.* 1889, 130; MAI XX 179. Quae quamquam quolibet aperte anni tempore coli potest, hic tamen artiore vinculo cum Minervae (v. 37, 42) quae ipsa est κουροτρόφος tum dis Eleusiniis adstricta (v. 46) ante mysteria et Scira (v. 31) colitur. — v. 9: Terrae in agris factum sacrum fortasse cum Halois cohaeret, quibus τελετὴν quandam attribuit schol. Lucian. ed. in mus. Rhen. XXV 557. *Τελετὴ* repraesentata est in vasculis et in anaglypho Thyreae reperto (Boetticher *Baumkultus d. Hell.* tab. 47; Friederichs-Wolters *Bausteine* 1847); cf. Paus. IX 30, 3; Nonn. XLVIII 886; σπυδια quid sit nescio. — v. 12: Dairae ferias ante Lenaea fuisse corroboratur titulo CIA II 741 (= SIG 374, 38 sq.). De qua cum nihil fere traditum sit nisi Cereri eam inimicam et a Plutone uxori esse custodem destinatam (Eustath. p. 648, 40), non iam, id quod vel hostia gravida demonstratur, cum Proserpina debet confundi.[2]) In proximis Iuppiter copulandus, opinor, est cum Terra. Athenis *Ζεὺς ὕπατος* in arce sacris et incruentis[3]) et ieiunis ritu colebatur vetustissimo (Paus. I 26, 5; VIII 2, 3) consimilis ille quidem Iovi *Ὀμβρίῳ* (Paus. 1 32, 2), cum quo coniuncta Terra modo inferorum modo superorum numen habita videtur (*Ὀλυμπία* Paus. I 18, 7; cf. 24, 3). Quare quodammodo Ionum fortasse propria Chthonia respondeant Myconi (4, 25) Lenaeone agitata. *Μαντεῖον* vero illud Delium Marathoniorum putaverim, ubi ante theoriam Deliacam sacrificabat ὁ μάντις et ἱεροσκόπει (schol. Soph. O. C. 1047).[4]) — v. 14: Iolaus id quod saepe factum scimus Herculi[5]) sine dubio adnexus erat (Paus. I 19, 3; Plut. de frat. am. 21; schol. Pind. ol. XIII 148). — v. 15 sqq.: heroes sunt ignoti. Cum Iuvene comparabilis *Κόρη* vel *Νύμφη* et Thracum dea *Παρθένος* ac non parva deorum cohors ex aetate cognominatorum. — v. 27: Achaea est *Δημήτηρ Ἀχαία* a Gephyraeis Athenas translata (Herod. V 57).[6]) Hostias[7]) Cereris proprias (cf. 5, 61) dicit

---

1) Quamquam nequit negari sine nomine nonnumquam inveniri qui reapse non caruerint heroes. Saepissime fit, ubi commemoratur *ἀρχηγέτης* (4, 40; CIA II 778 A 6, 1191). *Ἥρῳ ἰατρῷ* fuit *ὄνομα κύριον* Aristomachus (schol. Demosth. XIX 249). Quin etiam diversa iisdem erant nomina (Paus. I 1, 4; Hesych. *ἐπ' Εὐρυγύῃ ἀγών*). Unde hic heroes Marathonios Theseum Marathonem Echetlum Titenium Aristomachum Eurystheum Macariam latere quispiam coniecerit. Sed heroinae adiunctae aliud heroum genus idque antiquissimum indicant.

2) cf. Toepffer geneal. Att. 95 sq.; Rohde *Psyche* 261, 2.

3) Satis dubium igitur editoris supplementum *Διὶ ὑπ[άτῳ οἶς* ΔΗΗ]; an *πέλανος*?

4) Toepffer *Hermes* XXIII 321 sqq. An cum Deliis mense *Ἱερῷ* Anthesterioni respondente agitatis (*Hermes* XXI 161 sqq.) Terrae sacra cohaerent?

5) De Heraclidis cetera ut mittam testimonia compares Eur. Heracl., CIA II 581, 23; 1658; schol. Soph. O. C. 701.

6) cf. Preller-Robert mythol. Graec.[4] I 752, 3.

7) *θήλ[ε]α* si reapse falsum est, tum *θηλ[ ]ὰς* pro sacerdote Cereris habenda; cf. *κουροτρόφος* (Poll. I 35).

Philochorus in schol. Soph. O. C. 1600, quod sic fere opinor scribendum: *Εὐχλόου Δήμητρος ἱερόν ἐστι πρὸς τῇ ἀκροπόλει· καὶ Εὔπολις Μαρικᾷ·*

ἀλλ' εὐθὺ πόλεως εἶμι· θῦσαι γάρ με δεῖ
κριὸν Χλόῃ Δήμητρι.

(*ταῦτα Φιλόχορός φησιν ἐν ϛ',*)[1]) *ἔνθα δηλοῦται ὅτι κριὸς καὶ θήλεια τῇ θεῷ ταύτῃ θύεται. οὕτω δὲ τιμᾶται* (*ἐκ*) *τῆς* ⟨*κατὰ*⟩ *τῶν κήπων* (*καρπῶν* Herm.) *χλόης θύουσί τε Θαργηλιῶνος ἕκτῃ.* Quem in diem Thargeliorum priorem incidisse sacrum videtur Achaeae una cum Parcarum piaculo, quod bene convenit Thargelionis naturae. Nec enim in Thargeliis solum verum etiam in Callynteriis *καθαρμοῖς* utebantur et Plynteriis, quibus interfuisse Parcas constat (CIA I 93).[2]) — v. 30 Hyttenium heroem tetrapolis eponymum invenimus, quae antiquitus appellabatur *Ὑττηνία* (Steph. B. v. *Τετράπολις*) eumque cognatum si quid video Titenio heroi Marathonio (Philoch. fr. 156 ap. Suid. v. *Τιτανίδα γῆν*).[3]) *Τὰ ὡραῖα* quamquam possunt fruges esse, hic tamen quia et *καὶ* deest et pretium, ut 5, 37 *ἐνιαύτια ὡραῖα* dicta puto atque opponi Galii (v. 51) sacro trieterico; cf. Plat. Crit. 116 C: heroibus *κατ' ἐνιαυτὸν ὡραῖα ἱερὰ ἀπετέλουν.* — v. 32: *Ἀκάμαντες* eiusdem procul dubio generis numina ignota ac *Τριτοπατρεῖς*, de quibus egregie disseruit Rohde (*Psyche* 226 sq. 700).

V. 34 sqq.: Minervae Hellotidis sacris quae supra (p. 26) de Coorum Carneis conclusi corroborantur; trietericis enim feriis insignes deos ceteris nulla accepisse munera annis omni caret probabilitate. Hellotidem[4]) et Corinthi et Marathone veneratam testatur schol. Pind. ol. XIII 56 (cf. Et. M. 332, 49; Hom. *η* 80); idem nomen Cretae erat Europae (Athen. 678 A, Hesych. v. *Ἑλλώτια*, Steph. B. v. *Γόρτυν*). Similitudinem indicant cultus qui laurum piacularem circumgestant ministri *δαφνηφόροι* (nam Corinthi quoque *καθαρσίοις* utebantur) ac fortasse lampadophoriae (Boeckh. explic. Pind. 216), quas in Nonni versibus XXVII 317 puto latere:[5])

καὶ σύ, τελεσσιγόνου φιλοπάρθενε νύμφιε Γαίης,
ἠρεμέεις Ἄφαιστε καὶ οὐκ ἀλέγεις Μαραθῶνος
ἧχι θεᾶς ἀγάμου γάμιον σέλας.

---

1) Desunt in cod. cf. schol. Ar. Lys. 835: *Χλόης Δήμητρος ἱερὸν ἐν ἀκροπόλει, ἐν ᾧ οἱ Ἀθηναῖοι θύουσι μηνὸς Θαργηλιῶνος, ὡς Φιλόχορός φησιν ἐν ϛ'.* — *ὅτι καὶ κριὸς θήλεια* cod. — *ἔνθεν δῆλον ὅτι καὶ κριὸς τῇ θεῷ ταύτῃ θύεται, οὐ θήλεια μόνον ὅϊς* Triclinium secutus Brunck; *ἐκ* addidit idem. Aesch. Ag. 1671 *ἀλέκτωρ ὥστε θηλείας πέλας.*

2) Thargeliis cognatissimae Parcis colebantur Horae.

3) Gurlitt de tetr. Att. 23 sqq.

4) De natura deae egerunt Welcker *Griech. Götterl.* I 307; Schwenck mus. Rhen. VI (1838) 279 sqq. (Gurlitt de tetr. Att. 28 sq., qui Minervam Aleam eiusque *Ἀλώτια* comparat).

5) cf. XXXVII 146 sq. Etiam Minerva *Ἡφαιστία* lampadophoriis celebrabatur (Mommsen heortol. 312). Vix igitur casui tribuendum, quod adiuncta est *Κουροτρόφος*. De daphnephoria non unius Apollinis propria cf. Aesch. suppl. 714; de Marathone Corintho in tetrapolim transmigrante Paus. II 1, 1; 3, 10 (Kirchner, Attica et Pelop. 54 sqq.); de Titenio Marathonis Sicyonii fratre Mayer *Giganten u. Titanen* 70, cf. 63.

Tempus festi Panathenaeis accommodatum videtur. — v. 43 sqq.: Metagitnioni et Anthesterioni adscripta numinum Eleusiniorum sacra aliquo modo inter se respondere vel id demonstrat, quod praeter consuetudinem non meram pecuniam sacerdos accipit *ἱερώσυνα*. Qua re quae supra (p. 9) de Proserpinae ad inferos descensu in terramque reditu exposui primo adspectu videntur corroborari. Sed nova est trieteris. Quae a mysteriis, quorum partim trieterica partim penteterica fuerint certamina quaeque a Plutarcho *τριετηρικὴ παντέλεια* nominentur, vix potest seiungi. Denuo igitur universa quae est de Cerealium Atticorum chronologia quaestio est tractanda. Interim moneo a medio Metagitnione mysteriorum incipere *σπονδὰς* (SIG 384, 55 sqq.) et Cereris *Χλόης* quasdam fuisse ferias vernas fortasse *Χλοῖα* appellatas (Cornut. *περὶ ϑεῶν* 28).[1]) *Ἀνϑαλὴς* a *ϑάλλειν* verbo derivatus sicut *Κτήσιος* vel *Εὐβουλεὺς* Iuppiter est infernus contrarius ille quidem Thoricorum *Αὐαντῆρι* (*Δελτ. ἀρχ.* 1890, 144). *Χλόη παρὰ τὰ Μειδύλου* dictum est ut *Ἐφ. ἀρχ.* 1884, 362 *πρὸς τῷ Μύρμηκι* vel *πρὸς τῷ ἀνδροφόνῳ Κώνῳ*; cf. 7, 4. Cum genetivo *φρέατος* compares CIA II 632 *ἐλαίου κοτύλης τρεῖς ὀβελοί*; quamquam quid eo factum sit, non liquet. Iunonis denique cultus, quem satis esse recentem indicat quod cognomen deest, cum Heraclidarum fortasse fabula erat conexus.

27. Ara marmoris caerulei a. 1,045 m, l. 0,605 m, cr. 0,582 m, inventa Pergami. Partes superior et inferior fractae; latera litteris destinata a. 0,740 m, l. 0,525—0,513 in col. A et C, 0,502—0,492 in col. B et D. Edidit Fraenkel *Inschriften von Pergamon* II 374.

A. [Ἀγαθῆι τύχηι.]
Αὐτοκρ](ά)τορι Καίσα(ρι Τρα)[ιανῶι
Ἁδριαν]ῶι Ὀ(λ)υμπίωι, σωτῆρι καὶ
κτί]στηι, ὑμνῳδοὶ θεοῦ
Σεβαστοῦ καὶ θεᾶς Ῥώμης.
Τ. Φλ. Φιλόξενος, Π. Κειντίλιος Μείδων,
Τι. Κλ. Σκρειβώνιος, Τι. Κλαύδιος Μαρκιανός,
Διονύσιος Ἑρμογένους, Τι. Κλ. Ἀσκληπιάδης,
Γ. Σείλιος Ὀτακιλιανός,
Ἀ. Ἰούλ. Ἱπποκράτης Οὐλπιανός, Ἱπποκράτης υἱός,
Γν. Ὀτακίλιος Πωλλίων, Πωλλίων υἱός,
Λ. Ἀνείνιος Φλάκκος, Λ. Στατείλιος Μοσχιανός,
Π. Αἴλιος Διονύσιος, Αἴ. Διονύσιος ἔκγονος,
Τ. Φλ. Ἑρμογένης, Φλ. Κυιντ. Ἑρμογένης ἔγγονος,
Τι. Οὔλπιος Διογένης, Μόσχος Μόσχου ὀλυμπιονείκης
Μ. Ἰού. Οὐλπιανὸς Ἀσκληπιόδωρος,
Ἀ. Καστρίκιος Παῦλος, ////// ΛΟ //////////////
Τι. Κλ. Παυλεῖνος, ////////////////// ΚΛ ////////////////// Μ ////
Τ. Φλ. Ἀλέξανδρος, //////////////////////////////////

1) MAI XVIII 192 sqq.

Ἀ. Ἰούλιοϲ Διονύϲιοϲ, Ἀ. Γέϲϲιοϲ Ἀλέξανδροϲ,
Γ. Ἰούλιοϲ Ἑρμαΐϲκοϲ Βαϲϲιανόϲ,
Μ. Ἀλβείνιοϲ Βάϲϲοϲ Cεμπρωνιανόϲ,
Μένιπποϲ Μενίππου,
Π. Cείλιοϲ Πωλλιανόϲ, Τ. Φλ. Πωλλιανόϲ,
Τ. Φλ. Ἰουλιανόϲ,
Κάεικοϲ Καείκου,
Ἀ. Ἰούλιοϲ Νόητοϲ, Λ. Ἄννιοϲ, Κλ. Φίλητοϲ Ἰ(ο)[υ-
Τ. Φλ. Καικιλιανόϲ, Αἴλιοϲ Τατιανόϲ, λιανὸϲ υἱόϲ,
Τι. Κλαύδιοϲ Προκιλλιανόϲ,
(ἀνα)[θέντω](ν) τ[ὸ]ν βωμὸν ἐκ τῶν ἰδίων Καϲτρικίων
— — — — — — — Καπί]τωνοϲ θεολόγου
— — — — — — — — φων
— — — — — — — — — — ϲ Ἰούλι-
οϲ] — — — — — — — — —

B. Ἀγαθῆι τύχηι.
Ὅϲα τῶι ἐνιαυτῶι παρέχει τῆϲ
ἀρχῆϲ ὁ εὔκοϲμοϲ·
μηνὸϲ Καίϲαροϲ ϲεβ(αϲτῇ), γενεϲίῳ Cεβαϲτοῦ·
μνᾶν.
μηνὸϲ Περειτίου καλ(άνδαιϲ) Ἰανουαρίαιϲ· μνᾶν,
ἄρτον.

μηνὸϲ Πανήμου ϲεβ(αϲτῇ), ῥοδιϲμῷ· //////////
μνᾶν, ἄρτον.
μηνὸϲ Λῴου γʹ, μυϲτηρίοιϲ· οἶνον,
μνᾶν, ἄρτον.
μηνὸϲ Ὑπερβερεταίου προ(τέρᾳ)· μνᾶν, ἄρτον.

παρέξει δὲ ὁ εὔκοϲμοϲ τῇ τοῦ Cεβαϲτοῦ
ἐνμήνῳ γενεϲίῳ καὶ ταῖϲ λοιπαῖϲ γενε-
ϲίοιϲ τῶν αὐτοκρατόρων ϲτεφάνουϲ τοῖϲ
ὑμνῳδοῖϲ καὶ τοῖϲ μυϲτηρίοιϲ ϲτεφάνωϲιν
ἐν τῷ ὑμνῳδείῳ καὶ ϲτεφάνουϲ ὑμνῳδοῖϲ
καὶ τοῖϲ υἱοῖϲ αὐτῶν πάϲηϲ ἡμέραϲ καὶ
πόπανον καὶ λίβανον καὶ λύχνουϲ τῶι
Cεβαϲτῶι.
τοῖϲ δὲ ἀν(α)παυομένοιϲ εἰϲ λίβανον προχρήϲει
ὁ ἄρχων (δηνάρια) ιεʹ, ἃ ἀπολήψεται παρὰ τοῦ εἰϲ τὸν τόπον
αὐτοῦ εἰϲιόντοϲ.
παῖδεϲ δὲ κηδεακοῦ λήψονται εἰϲ λίβανον ἐκ τοῦ κοινοῦ (δηνάρια) ιβʹ.

C. Ἀγαθῆι τύχηι.
Ὅcα τῶι ἐνιαυτῶι παρέχει τῆc ἀρ(χ)[ῆc
ὁ ἱερεύc·
μηνὸc Περειτίου καλάν(δαιc) Ἰανουαρίαιc·
οἶνον, cτρῶcιν, μνᾶν, ἄρτουc γ′.
μηνὸc Πανήμου β′, ῥοδιcμῷ· οἶνον,
cτρῶcιν, μνᾶν, ἄρτουc γ′.
μηνὸc Λῴου β′· οἶνον, μνᾶν, ἄρτουc γ′.
μηνὸc Ὑπερβερεταίου προ(τέρᾳ)· μνᾶν, ἄρτουc γ′.
τοῦ αὐτοῦ μηνὸc λ′· παραβωμίου οἶνον,
cτρῶcιν (δηναρίου) α′.
δώcουcιν δὲ οἱ καθιcτάμενοι ἐξωτικοὶ ὑμνῳδοὶ εἰc εἰκόναc τῶν Cεβαcτῶν (δηνάρια) ν′.

D. Ἀγαθῆι τύχη[ι.
Ὅcα τῷ ἐνιαυτῷ παρέχει τ(ῆ)[c ἀρχῆc
ὁ γραμματεύc·
μηνὸc Ὑπερβερεταίου προ(τέρᾳ), γενεcίῳ C[ε-
βαcτῆc· οἶνον, cτρῶcιν (δηναρίων) β′, μνᾶν.
μηνὸc Περειτίου κα(λ)άνδαιc Ἰανουαρίαιc·
μνᾶν, (δηνάριον) α′, ἀ(ccάρια) θ′ τοῦ λεπτοῦ.
μηνὸc Πανήμου γ′, ῥοδιcμῷ·
//////////////// cτρῶcιν (δηναρίου) α′, μνᾶν, ἄρτον.
μηνὸc Λῴου cεβ(αcτῇ), μυcτηρίοιc· οἶνον, cτρῶcιν,
μνᾶν, ἄρτον. //////////////////////////////
//
ἰcηλυcίου παρέξει ὁ καταcταθεὶc ὑμνῳδὸc
εἰc θυcίαc τοῦ Cεβαcτοῦ καὶ τῆc Ῥώμηc (δηνάρια) ρ′,
ἑκάcτῳ ὑμνῳδῷ (δηνάρια) ιε′, θεοῖc διπλᾶ (δηνάρια) λ′,
οἶνον, ἄρτουc τρεῖc· ὑοῖc ἄρτου, μνᾶc τὰ ἡ-
μίcη. ὁ δὲ πατρῷον διαδεξάμενοc
ὕμνον δώcει θεοῖc (δηνάρια) ιε′, ἑκάcτῳ ὑμνῳδῷ (δηνάρια) ζ′, οἶνον, cτρῶcιν. οἱ δὲ
ἄρχοντεc δώcουcι καὶ υἱοῖc τοῖc τὰ
χ]ορεῖα δεδωκόcι τοῦ λεπτοῦ παντὸc τὰ
ἡμίcη.

Singulae paragraphi saepius etiam varia litterarum magnitudine distinguuntur. — In rasura scripta sunt haec: B 10 litterae finales νον; C 8 μναν; D 3 αμματευc, 4 totus, 5 οινον—β′μ, 10 οινον cτρωcιν, 19 ζ′. Ubicumque rasuram indicavi, de industria erasae sunt litterae. B 8 et D 9 οἶνον erasum esse e spatio efficitur. — Notis usus est quadratarius his: ΣΕΒ vel $\overline{\text{ΣΕΒ}}$ cεβαcτῇ; ΚΑΛ vel ΚΑΛΑΝ καλάνδαιc; ΠΟ, $\overline{\text{ΠΟ}}$, ΠΡΟ· προτέρᾳ; Ӿ δηνάριον; Α ἀccάριον. — A 2 οαυμπιωι lapis. 31 [τῶν ἀναγρα]φῶν [ἐπεμελήθη —] conicit Fraenkel. D 6 καααvδαιc lapis.

Editor cum commentario titulum instruxerit amplissimo, brevem esse licet. Augustus cum anno 29 a. Chr. n. Asiae provinciae permisisset, ut Pergami sibi ac Romae deae templum sisterent sacraque instituerent (Tac. ann. IV 37; Dio LI 20; Mommsen, Res gestae divi Aug.[2] X; *Inschr. v. Perg.* II 269), multae postea Pergamenorum exemplum urbes Asianae imitatae sunt (CIG II 3524, 55 cum Boeckhii nota, III 4039; *Greek inscr. in the Brit. Mus.* IV 894). Atque insignis est hic cultus *θεολόγοις* et *ὑμνῳδοῖς* qui dicuntur, quos et Smyrnae (CIG 3148, 34 sqq.; 3170) et Ephesi (*Greek inscr. in the Brit. Mus.* III 481, 191; 600; 604) invenimus repetendos, opinor, e regum Alexandri successorum veneratione hymnorum plena.[1]) Eodem porro modo quo reges illos *Ἀτταλιστῶν Φιλομητορείων Φιλοβασιλιστῶν* ceterorum venerabantur collegia, imperatoribus colendis sibi dant sodales, qui *ὑμνῳδοὶ φιλοσέβαστοι* Nicopoli (*Arch.-ep. Mitth. aus Oesterr.* XV 219 sq.; *Sitzungsber. d. Berl. Akad.* 1881, 459), Pergami *ὑμνῳδοὶ θεοῦ Σεβαστοῦ καὶ θεᾶς Ῥώμης* appellantur.

De natura sodalicii quae ex hoc titulo enucleare possumus, aliqua ex parte Iobacchorum lege Atheniensium[2]) egregie inlustrantur. Locupletiores fuisse sodales ac nobiliores pecuniis, quas magistratus pendunt satis magnas, demonstratur. Quin etiam numerum eorum certum fuisse ac definitum[3]) cum e D 17 sqq. tum e praecepto de mortuis scripto B 21 sqq. optime conclusit Fraenkelius. Ibi enim praescribitur, ut mortuo sodali is qui in locum eius successerit eandem atque vivis (D 15) pecuniam solvat in thus emendum erogandam et interim a principe collegii suppeditandam. Etiam Iobacchi funeris mortui sodalis participes sunt (v. 158 sqq.). Sodales extraordinarii hymnodorum sunt filii[4]) vel nepotes, quorum ut apud Iobacchos (v. 35 sqq.) *ἰσηλύσιον* dimidium est. Dimidia aut erant aut, id quod similius puto veri, hac demum lege statuebantur (iam enim *δεδώκασιν*) *τὰ χορεῖα* (D 21), quae tributa videntur sive menstrua sive annua.[5]) Magistratus sodalicii annui commemorantur *ὁ ἄρχων* (B 22) quem eundem esse atque *εὔκοσμον* minime Fraenkelio concedo, *ὁ εὔκοσμος* qui etiam Iobacchis est (v. 92, 135), *ὁ γραμματεύς*, quos comprehendi puto voce

1) SIG 234, 10 sqq., ubi nota *παραβώμιον*, quod etiam C 10 commemoratur; tituli ad *Nemroud-Dagh* reperti v. 142 sqq. (Beurlier, de divinis honoribus ... 138); inscriptionis Canopitanae v. 66 sqq.; cf. Lebas *Asie min.* 90, 7; SIG 210[6]. Originem hymnodi e deorum cultu duxerunt (cf. e. g. MAI III 56 n. 2) perinde ac theologi (CIG II 3348), de quibus cf. CIG II 3803; Maass *Orpheus* 26, 114; 54; 120 sqq.

2) MAI XIX 248 sqq.; Maass *Orpheus* 18 sqq.

3) Olim triginta quinque vel sex, tum triginta tres erant sodales. Nam A 17 sq. duo nomina erasa sunt, A 16 autem nihil nisi filii nomen olim scriptum fuisse spatium admittere censet Fraenkelius; quamquam hoc incertum est.

4) cf. MAI XIX 274, 1.

5) In titulis Deliacis (BCH VI 34, 43, 44, 137; XIV 407 sq.) comparent *φιάλη* vel *στέφανος Δηλιάδων χορεῖα τοῦ δεῖνος ἐπιδόντος*. Nostro loco nequeunt significare *Honorar für den Chor* Immo conferas Iobacch. leg. v. 39 cum Maassii nota.

ἄρχοντες (D 20);[1]) nam ne ibi quidem recte ille interpretatus est, tamquam οἱ ἄρχοντες essent οἱ ἀεὶ γραμματεῖς. Quibus accedit sacerdos.

Quae illis in singulas collegii ferias sunt praestanda, in prioribus laterum BCD partibus perscripta sunt. Enumerantur secundum mensium ordinem[2]) officia excepto D 4, ubi cur ultimus primo loco anni mensis sit positus, egregie exposuit editor. Nimirum ut in initio col. A natalicia Augusti ita col. D Liviae[3]) uxoris comparent. Illius natalis regum Alexandri successorum exemplo (cf. supra p. 39) menstruus, ceterorum imperatorum annui ut videtur festi habentur (B 14 sq.). Romae quibus feriis sacrificatum sit, non traditur (D 14). Commemorantur autem festa quattuor diebus Augusti eponymis menstruis excepto altero adnexa omnia; sunt enim haec:

Sept.	21—23	Augusti natalicia anniversaria,
Ian.	1	anni Romani initium,
Mai	24—26	Rosalia,
Iun.	23—25	Mysteria.

Primum incipit a die, quo celebrantur natalicia Augustae. Quae quamquam nata est III kal. Febr.,[4]) tamen ut Aegyptii Phaophi mensis kalendas[5]) (IV kal. Oct.) ita hymnodi Ὑπερβερεταίου προτέραν (XI kal. Oct.) eponymum eius diem reddunt, ut utriusque numinis dies sacri in unum coeant festum. Romae quoque Augusti festum celebratur et natali et sequente die, quo praeter eum Augustae sacrificatur.[6]) Ludi autem Palatini principio erant diebus Ian. 21—23.[7]) Kalendae Ianuariae cum Romanorum usum imitatis hymnodis tum quia vota solebant eo die fieri ob consulatum ab imperatoribus initum sacrae habentur.[8]) Rosalia e religionibus et Romanorum et Christianorum nota variis Mai potissimum mensis diebus, Romae X kal. Iun. erant.[9]) Mysteriis denique imperatores Romanos etiam

---

1) cf. Iobacch. leg. 29: οἱ προεστῶτες.

2) Fasti sunt Asiani; egerunt de iis Usener *Bullett. dell' inst.* 1874, 73 sqq., Mommsen MAI XVI 235 sqq., Bérard BCH XVII 315 sqq. Primus anni dies μηνὸς Καίσαρος vel Καισαρίου σεβαστῇ est natalis Augusti (IX kal. Oct).

3) Exstant nummi Pergameni in quibus scriptum est: Λιβίαν Ἥραν (Mionnet II p. 542, suppl. V p. 429).

4) cf. Henzen, Act. fratr. Arv. p. XXXIV, XLIII, 51 sq. Errat Aschbach *Denkschr. d. Wiener Akad., ph.-hist. Cl.* 1864, 31, 8; 57, 2; 58, 5 titulo Orelliano 7165 non recte intellecto.

5) Letronne *Recueil des inscr.* I, 83; *Recherches* 167 et 171.

6) Henzen, Act. fratr. Arv. p. 51; cf. p. LIX.

7) Marquardt *Staatsverw.* III² 469.

8) Vopisc. Tac. 9, 5: (templum Divorum) in quo essent statuae principum bonorum, ita ut iisdem natalibus suis et Parilibus et kal. Ianuariis et Votis libamina ponerentur. cf. Wilmanns Ex. 104. Etiam Ptolemaei primo cuiusque anni die cum ceteris dis invocabantur.

9) cf. imprimis Goetz corp. Glossar. II p. 429; CIG II 3754; CIL VI 10234, 10239, X 444; Mommsen *Ber. d. sächs. Ges. d. W.* 1850, 67 sq.; Tomaschek

Ephesii venerabantur (SIG 390). Haec vero omnia quomodo ab hymnodis celebrata sint, tributa magistratuum indicant. Sacris hymnisque accedebant epulae[1]) excepto Augusti natali annuo, nisi forte de huius diei epulis priore lege statutum erat.

Magistratuum officiis adnexa praecepta minime, quae est Fraenkelii sententia, artius cum iis cohaerent, sed id quod vel e scribendi apparet ratione, prioris collegii legis sunt additamenta, quorum singula singulis lateribus membra uti spatium convenit distributa sunt. Tota igitur inscriptio nova veteris legis quasi redactio habenda videtur, in qua multa sine dubio sodalicii praecepta omnino praetermissa sunt (veluti deest festum Romae, cf. D 14), facta illa quidem, ut initium docet, cum Hadrianus praesens[2]) praecipuis ab hymnodis honoribus coleretur. — B 18: πάσης ἡμέρας mysteriorum scilicet. — 19 et 21: cf. v. Fritze *Rauchopfer bei d. Griechen*; Buresch mus. Rhen. XLIX 459; Wilmanns Ex. 104. — 24: παῖδες κηδεακοῦ sunt servi libitinarii. — C. 12: cf. legis Iobacchorum v. 54 sqq. cum interpretatione Maassii. — 13: τῶν Σεβαστῶν i. e. Augusti et Liviae. — D 7: τὸ λεπτὸν esse pecuniam a provincia flatam probavit Fraenkelius; sed propterea cur scribamus (δραχμὴν) α' ἀ(σσάρια) ϑ', non video; cf. Mommsen *Zeitschr. für Numism.* XIV 40 sqq.; Marquardt *Staatsverw.* II^2 39. — 15: ϑεοῖς i. e. Augusto et Romae. — 17: suus cuique hymnodo hymnus erat.

28. Frustulum calcis a. 0,44 m, l. 0,82 m, inventum in vico *Zeitünler* inter Clazomenas et Erythras sito. Litterae bonae aetatis στοιχηδὸν dispositae. Edidit Iudeich MAI XVI 287 n. 6.

— — δω(δ)[εκάτηι —
— ια καὶ δ — — —
— — ιωνο — — —
— — ωρ — — —
Πολι]άδι τέ[λειον? —
— ηι ἱστα[μένου —
— λαομ — — —
— η . κα — — —
— ολλ≡ — — —
— ΙΓ ϒ — — —

3. Peropportune accidit, quod etiam W. R. Paton lapidem inspexit et dextram eius partem accuratissime exscripsit. Cuius ex apographo adnotationibusque lucramur haec: margo dexter integer quidem est sed detritus, nisi quod

Sitzungsber. d. Wiener Akad., ph.-hist. Cl. 1868, 379 sqq.; Steuding in Roscheri lex. mythol. II 2322.

1) cf. legis Iobacchorum v. 140. *Στρῶσιν* egregie perspexit editor idem esse quod nos dicimus *Gedeck;* cf. *stratio* inscriptionum Latinarum (CIL X 114; XIV 2112); eodem fortasse spectant Orgeonum *στρώσεις* (Fleckeis. ann. 1880, 423 v. 15), sed cf. CIA II 624, 9 sq.

2) cf. quae editor ad n. 364 inscriptionum Pergamenarum adnotavit.

in finibus versuum 1—3 et 27—28 fracto lapide lacunae exstant. — 1: in fine post Σ littera exstat formae insolitae; sed B voluisse insculpere quadratarius putandus est; O certum non est; superesse videtur octo fere spatium litterarum. — 6: in fine ΔΗΙ; κριθὰς verum puto, quoniam nihil adnotat Paton. — 8: in fine post ΕΡ non amplius una littera deesse videtur. — 9: in fine Z̄Ι. — 12: in fine ποπανο. — 13: in fine δωδεκονφαλ(ο). — 17: δωδεκόμφαλον lapis. — 19: in fine ορθ(ο). — 23: in initio ///ΛΛΦ. — 24 in fine επι, 25 in initio Γ^ΛΣΕΙΣ; i. e. ἐπιπλάσεις. — 26: in fine ΗΡΛ. — 27 in fine ποπα ....., 28 in fine ορθονφα .... — Lacuna si fuerit, antequam Chandler lapidem exscripserit, restituendum censet Paton πόπα[να β′ ἐκ] χοίνικος δωδεκόμφαλα ὀρθόνφα[λα]. (Cf. p. 45.)

LEGES GRAECORVM SACRAE

E TITVLIS COLLECTAE

EDIDERVNT ET EXPLANAVERVNT

IOANNES DE PROTT LVDOVICVS ZIEHEN

LEGES GRAECIAE ET INSVLARVM

EDIDIT

LVDOVICVS ZIEHEN

ARES PUBLISHERS, INC.
CHICAGO MCMLXXXVIII

PRAEFATIO.

Inter Ioannem de Prott et me, cum leges sacras Graecorum e titulis colligendas atque explanandas suscepissemus, convenerat, ut ille fastos sacros et titulos ad cultum Alexandri eiusque successorum pertinentes sumeret, ego leges sacras ceteras. Fastos ille edidit anno 1896, regum divinos honores priusquam ederet, acerbo fato abreptus est. Sane schedis, quas mihi reliquit, continetur etiam *de Alexandri eiusque successorum cultu commentatio epigraphica*, quae tamen non ita perfecta et absoluta est, ut sine longinqua rectractandi et addendi opera edi possit, vel ideo quia commentatio ante annum 1898 scripta videtur neque eorum, quae postea de hac quaestione viri docti disputaverunt, ulla fere ratio habita est, ne eorum quidem, quae ille ipse de cultu Ptolemaeorum (*Rhein. Mus.* LIII 1898 p. 460sqq.) et Attalidarum (*MAI* XXVII 1902 p. 161sqq.) docte et feliciter docuit. Quare non dubito, quin Prott ne ipse quidem commentationem illam ita ut scripta est hodie edi vellet. Deliberabam, nonne meum esset aut eam retractare aut ipsos certe titulos inter meas leges recipere. Sed abstinui cum aliis de causis tum quia interim Guilelmus Dittenberger longe plurimos ac gravissimos eius generis titulos in egregio et utilissimo libro, qui inscribitur *Orientis Graeci Inscriptiones Selectae* collegit, ut facilius haec operis nostri pars desiderari possit.

Iam meam legum sacrarum partem edituro pauca de operis consilio praefanda sunt, praecipue de ratione, quam in eligendis titulis secutus sum. Etenim quid fasti essent, clarum erat, multo incertiores eius quam ego mihi sumpseram provinciae fines. Permulti enim erant tituli ad externam rerum sacrarum partem pertinentes velut de donariis, de supellectile sacra administranda, de sacerdotum anagraphis etc. decreta, quae utrum reciperem necne, dubitari poterat et dubitavi. In universum nimium quam parum praeberi philologis gratius fore iudicabam, unum tamen genus exclusi fere totum, leges dico de pecuniis fundisque templorum administrandis, quia e singulis earum praeceptis nullum fere ipsas res sacras tangebat, cavendum autem erat, ne ambitus operis vel per se ipsum satis magnus nimis augeretur. Illis autem quos modo dixi titulis permultum spatii occupatum esset, si quidem, ut exempla afferam, et tabulas Heracleenses et multos illos de locandis fundis sacris titulos Mylasenses recipere debuissem. Attamen leguntur apud me decretum de fano Nelei locando ac saepiundo n. 13 et de fano Egretae herois locando n. 43 cum exempli gratia tum quia sacra, de quibus ibi agitur, gravissima sunt. Primo etiam legem Amorginam de fano Iovis Temenitae (*Syll.*[2] 531) receperam, praesertim cum lectionem emendatiorem nuperrime edidisset Delamarre (*Rev. de Phil.* XXV 1901 p. 165 sqq.), postremo autem, cum inter ambitum legis et usum non iustam rationem intercedere viderem, hanc quoque omisi. Ceterum si quod praeterea ex aliis eius generis titulis praeceptum notatu dignum videbatur, ad n. 34 et 111 attuli.*)

Porro multi sunt tituli, qui longe maiore ex parte a rebus sacris plane alieni sunt, inserta tamen habent pauca quaedam de sacris faciundis. Sed excerpta congerere nolui titulosque aut integros aut nullos afferre statui, praesertim cum plerosque locos illos in aliarum legum commentario adhibere liceret. Ter tamen ab hac ratione discessi. Non loquor de laterculis nominum aut donariorum hic illic omissis. Sed primum e titulis phratriarum Demotionidarum (n. 17) et Labyadarum (n. 74) eas solum partes recepi, quarum argumentum per se ipsum ad sacra faciunda pertinet, id quod in utroque monumento facile fieri poterat. Difficilior res erat in testamento Epictetae (n. 129), quod et exscribere totum et omittere aeque molestum erat. Quare huius quoque tituli partem modicam selegi quamvis invitus. Sed omnino, quid usus peteret, plus apud me valuisse moneo quam ut omnia ad certam rationis normam derigerem.

Fragmenta, quae haud raro maiori usui sunt quam ampla decreta integra, recepi, dummodo esse sacrarum legum fragmenta aliquatenus certum sit. Prohibui igitur, quae, ut sunt prorsus mutila, incertis solum supplementis editorum acumini indulgentium legum sacrarum speciem prae se ferunt, velut *IG* XII 5 n. 45 (cf. *Hermes* 35 p. 339) et n. 530. Sed libenter concedo hic potissimum fieri potuisse, ut aut nonnulla me fugerent aut iudicium meum erraret. Diu ipse dubitavi de fragmento Attico archaico *IG* I 531 controversia Boeckhii et G. Hermanni notissimo, quod Hicks *Anc. Greek Inscr. in the Brit. Mus.* I n. 74 in legis sacrae tenorem restituere acute conatus est. Receperam primo et in commentario accurate, quot diversis modis inscriptio suppleri et explicari posset, examinaveram. Sed cum longinqua disputatione nihil efficeretur nisi lubricum esse omne restitutionis conamen nec omnino demonstrari posse, quod fuisset genus legis integrae, tot verborum paginarumque me piguit titulumque eieci. Sed quamquam eadem ratione usus plures inscriptiones exclusi, tamen ambitus collectionis opinione maior evenit convenitque inter aedes Teubnerianas et me, ut partem meam bipertitam ederemus ita, ut eo

*) Sero vidi inde quod legem Amorginam illam olim ipsam receperam, errore factum esse, ut huius de pecore prohibendo praeceptum ad n. 111 non exscriberetur; in addendis suo loco afferam.

fasciculo, qui nunc prodit, leges ipsius Graeciae et insularum coniungerentur, altero, quem ante hiemem exactam impressum iri spero, leges Asiae una cum addendis et indicibus sequerentur.

Inscriptiones ipsas isdem versibus ac lapicida antiquus non divisi nisi in minoribus titulis aut ubicunque ad restituendum vel ad interpretandum aliquem eius rei usum fore providebam; ceteroquin versuum lapidis divisionem e more vulgato lineolis interpositis significare satis habui. Compendia, quibus usus sum, notissima sunt aut facile per se intelleguntur, sed de signis in textu inscriptionum adhibitis pauca addere opus est. Neque enim in hac re adhuc inter viros doctos de una certaque ratione convenit, id quod valde dolendum est. Velut uncis fractis ⟨ ⟩ inscriptionum editores vulgo ea, quae a lapicida perperam addita delenda sunt, circumdederunt, contra papyrorum librorumque editores ea, quae a librario omissa addenda sunt. Altera ex parte signa in libris epigraphicis plerumque adhiberi solita non sufficiunt. Velut Dittenberger uncis rotundis ( ) duas res diversissimas inclusit: et quae errore omissa sunt, cum scribi deberent, et quae sive a quadratario non recte incisa sive a primis editoribus non recte lecta sunt; Prott autem isdem uncis rotundis et errores lapicidae et litteras lectionis incertae significavit. Quae cum ita essent, paulo plura signa nec tamen ea ignota adhibui haec:

[quae in lapide fuerunt, nunc deleta] suppleta
⟦quae in lapide omissa sunt⟧ addita
⟨quae perperam a lapicida addita sunt⟩ deleta
(quae sive in lapide incisa falso sive a primis editoribus falso lecta sunt) emendata.

Denique quae litterae incertae sunt, eas exemplum Hilleri Kernii Wilhelmii aliorum secutus punctis suppositis indicavi. Quamquam ne ita quidem rem absolutam esse scio ac moneo. Incertarum enim litterarum duo esse genera possunt, alterum earum, quae omnino obscurae sunt, alterum earum, ubi quae in lapide clare conservantur, e diversis litteris superesse possunt; velut si hasta obliqua / extat, Λ Α Δ, in quibusdam inscriptionibus etiam Μ et Ν in certamen veniunt. Sed nec novum signum aptum facile inveniri poterat et desiderari posse vel ideo videbatur, quia ubicunque maioris momenti res erat, utique accuratiore reliquiarum descriptione opus erat.

In textu titulorum restituendo et supplendo me aliquoties a consuetudine vulgata discessisse sentio. Etenim in gravissimo quoque et difficillimo titulo supplementa quaedam incerta a textu ipso prohibui. Qua ratione vellem etiam saepius et constantius usus essem. Sed ipse paullatim demum intellexi, quam multa supplementa, quae non solum vulgo recipi sed etiam tamquam testimonia in quaestionibus gravissimis adhiberi solent, incerta esse assidue et libere perpendenti appareat. Cuius rei insigni testimonio sunt et antiquissimarum legum Atticarum aliquot loci et n. 28 v. 10 supplementum sive *ἐν τῶι ἀρ[χαίωι νεῶι]* sive *ἐν τῶι Ἀρ[είωι πάγωι]*.

De commentario breviorem esse licet. Sacrarum legum sicut haec est collectio, ita ne in commentario quidem aliis rebus illustrandis atque interpretandis operam dedi nisi sacris, in antiquitatum publicarum et historiae quaestionibus aut dialecti sermonisque difficultatibus tantum moratus, quantum universi argumenti ratio postulabat. Praeterea manuscriptum huius fasciculi leges Graeciae insularumque continentis iam aestate anni 1905 perscriptum et typis exprimi coeptum esse sciendum est. Quidquid igitur librorum aut commentationum post hoc tempus cognovi, respicere non potui. Unde factum esse, ut ne Iudeichii quidem de topographia Attica librum nec titulos Ionicos a Bechtelio apud Collitzium editos suo loco adhiberem, valde doleo. Sed ne etiam atque etiam ea, quae perscripseram, mutarem et rectractarem, aliquando finis statuendus erat. In addendis horum aliorumque rationem habebo.

Restat, ut a compluribus viris doctis me in opere absolvendo adiutum esse grato animo profitear. E quibus duo viri, quorum nomen artissime cum hoc libro coniunctum est, acerba morte erepti sunt: Hermannus Usener praeceptor carissimus, suscipiendi operis auctor susceptique fautor, et Ioannes de Prott sodalis ad opem ferendam, dum vivebat, paratissimus, quibus viris vivis gratias me nec agere nec referre posse vehementer doleo. Praeterea autem sive inscriptionum ectypis vel collationibus missis sive consiliis coniecturisque communicatis me adiuverunt F. W. de Bissing, Alfr. Brückner, Aug. Brinkmann, G. Caro, O. Kern, G. Loeschcke, E. J. Palmer, J. M. Paton, F. Solmsen, O. M. Washburn, C. Watzinger, A. Wilhelm, plagulas mecum legerunt et emendaverunt F. Bölte, H. Schöne, J. Ziehen. Quibus viris omnibus gratias quam maximas ago, inprimis vero Alfredo Brückner et Ottoni Kern, quorum hic ad decreta Magnetum n. 80 et 82, ille ad legem Iliacam n. 194 ectypa et apographa in suum usum confecta mihi utenda liberalissime uterque permisit, nec non Adolpho Wilhelm, qui cum aliarum legum Atticarum ectypa utilissima ac paene necessaria mihi misit, tum legis gravissimae n. 14 fragmentum ineditum in hoc libro adhibendum insigni concessit benevolentia. Decet etiam gratiam habere bibliopolae honestissimo, qui tardum operis progressum aequa tulit patientia. Profecto enim longius temporis spatium in opere absolvendo consumptum est, quam sperabam umquam aut volebam. Absolvi tamen qualicunque modo potui librumque pio et grato animo ei viro, cui olim per quinque lustra in universitate Bonnensi professori hoc opus votum est, nunc tandem reddo eiusdem universitatis per decem lustra doctori, Francisco Buecheler.

Scribebam Francofurti ad Moenum mense Septembri MDCCCCVI.

INDEX LEGUM.

I

Leges Atticae

1. Fragmenta marmoris albi olim per arcem dispersa, nonnulla in infimis arcis stratis anno a. Chr. 480 antiquioribus inventa; litterae eadem manu elegantissime *στοιχηδόν* incisae sunt, nonnullis locis vestigia servantes coloris rubri quo olim tinctae erant. Omnia eiusdem esse monumenti quod olim duabus tabulis, metopis Hecatompedi antiquioris, ẹfficiebatur diligentissima omnium comparatione adhibita cognovit Lolling compositaque edidit *Δελτίον* 1890 p. 92 sqq. et in dissertatione cui inscribitur: *'Εκατόμπεδον. Συμβολαὶ εἰς τὴν ἱστορίαν τῶν ἐπὶ τῆς ἀκροπόλεως ναῶν τῆς Ἀθηνᾶς*, inserta diario philologico *Ἀθηνᾶ* 1890 p. 627 sqq. et separatim edita Athenis a. 1890. Vtramque repetivit Kirchhoff, qui frustula iam prius nota *IG* I 19, suppl. 1b et 19bcdef (p. 58 et 128) coniungenda esse videri primus monuerat, *IG* I suppl. p. 137 sq., inde alteram solam ego in dissertatione p. 1 sqq. G. Körte *Rhein. Mus.* 53 (1898) p. 247 sqq. et 264 sqq., Michel *Recueil d'inscr. grecques* 810, Jahn-Michaelis *Arx Athenarum*[3] p. 99. Cf. praeterea Dittenberger *Hermes* XXVI (1891) p. 472, Doerpfeld *MAI* XV p. 421 et XXII p. 159 sq., Furtwängler *Meisterwerke* p. 165 sqq., Wilhelm *MAI* XXIII (1898) p. 487 sqq. et *Hermes* XXXVIII (1903) p. 153, Michaelis *Archaeol. Jahrbuch* XVII (1902) p. 7 sqq., Wiegand *Poros-Architektur* p. 110. Imaginem photographicam edd. et Wilhelm *MAI* l. c. tab. IX et Wiegand.

Tabulae prioris tam lacerae tantulaeque supersunt reliquiae ut nullius usquam sententiae conexus ac ne verba quidem multa cognoscantur.[1]) Huius igitur fragmenta exscribere supersedi alteraque tantum apud me legitur tabula, cuius non modo multo plura et maiora servata sunt fragmenta, sed etiam versuum litteras fuisse tricenas octonas constat paragraphi nota unius litterae spatium tenente.

. . . . ἐ]μ̣ πόλει ⁝ hόϲοιϲ χρο͂νται ⁝ π[λ]ὲν hόϲα
. . . . ạϲμένοιϲ ⁝ οἰκέμ[αϲι ⁝ ἐ]ᾶμ[2]) παρ' ἕκαϲτ
. . . . κα]τὰ τὲν πόλιν ⁝ γρά[φϲα]ϲθαι ⁝ τὸϲ ταμί-
αϲ ⁝ ⁝ ⁝[3]) . . . .]ϲι ⁝ τὰ hιερὰ ⁝ hοι ἐ . . . ṿ hιε[ρ]οργο͂ντ
. . . . hιϲτ]άναι[4]) χύτραν μεδ[5]) . . . . αν μεδὲ

1) hoc sane apparet multas iis qui legi non oboedirent irrogatas esse (frg. fgh et i et o). Notandum item videtur verbum *ἐφόλκια*, veri similiter illud quidem fr. a *ἐφό]λκια καὶ ὀβελ[όν* restitutum.

2) suppl. Wilh., cf. comm.

3) inde a v. 4 plane diversa res agitur atque in superioribus, ut paragraphi nota in reliquo titulo diligenter scripta requiratur. Sequitur ut verbum illud in *σι* exiens ad sequentia referendum sit. An festi nomen latet?

4) suppl. Kirchh. satis apte, ceterum Α in imagine photogr. non apparet.

5) *'nach μεδ höchstens unten im Bruch d. Rest einer senkrechten Linie, nicht in d. Mitte' W.*

. . . . μεδὲ τὸ πῦρ ⁝ ἀν[άπτ]εν[⁝ ἐὰν δ]έ τις ⁝ τ-
ούτον τι δρᾶι εἰ]δός ⁝ ἐχσε͂ναι θ[οᾶ]ν ⁝ μέχ[ρι τρι]ο͂ν ὀ-
βελο͂ν τοῖσι τ]αμίασι ⁞ τὸς ἱε[ρορ]γο͂ντα[ς ⁝]μ[6]) . . . . .
με[. . . . . τον]εὸ ⁝ καὶ το͂ προ . . . . ο β[ο]μο͂[7]) ⁝ [. . . νοτόθεν ⁝ τ[ο͂ ν]εὸ ⁝ ἐντὸς το͂ κ . . . . α πᾶν[8]) ⁝ τὸ hε-
κατόμπ[εδ]ον ⁝ μεδ' ὄνθο[ν] ἐγλ[9]) . . . . ⁝ ἐὰν δ]έ τις ⁝ τούτο-
ν τι δρᾶ[ι εἰδός ⁝ ἐ]χς[ε͂]ναι θοᾶ[ν μέ]χρι τριο͂ν ⁝ ὀβελο͂-
ν ⁝ τοῖσι ταμ[ίασι ⁞ τὰς] ḥιερέα[ς] τὰς ἐμ πόλει ⁝ καὶ τ-
ὰς ζακόρος [μὲ hέχεν[10]) οἴ]κεμα ταμιεῖον ⁝ ἐμ πόλει ⁝ μ-
εδὲ ḥιπνε[ύεσθαι ⁝ ἐὰν δέ τις τ]ούτον τι δρᾶι ⁝ εὐθύ-
νε[σθαι hεκατὸν] δραχμε͂[σι καὶ] τὸς ταμίας ⁝ ἐὰν ἐο͂-
σ[ι, εὐθύνεσθαι ⁝] hεκατὸν δραχμε͂[σι ⁞] τὰ οἰκέματα
τὰ ἐν το͂ι hεκατ]ομπέδοι ⁝ ἀνοίγεν [τὸς] ταμίας ⁝ μὲ ὄ-
λειζον τρὶς τ]ο͂ μενὸ[ς θ]εᾶσθαι ⁝ τὰ[ς hέν]ας ἐμέ[ρ]ας
τὰς πρὸ τε͂ς νο]μενία[ς καὶ τ]ε͂ι [δεκάτει κα]ὶ τε͂ι εἰκάδι[11]) ⁝ hυπὲρ hέμ]ισυ[12]) ⁝ π[αρό]ντα[ς ⁝ hὸς δ' ἂν λεί]πει ⁝ δυν-
ατὸς ὄν ⁝ ἀποτίνε]ν ⁝ δύο δραχμ[ὰ ἕκαστον[13]) ⁝ ἐσπρ]άττε-
ν . . . . .]ρυ[. . . . ἐὰ]ν δὲ μέ, κα[τὰ τὰ νομιζόμενα][13]) εὐθ-
ύνεσ]θαι ⁝ φα[ί]νεν δὲ ⁝ τοπ . . . . το-
ῖς] ταμίασι ⁝ τὰ ἐν το͂ι λί[θοι
ταῦτ' ἔδοχσεν ⁝ το͂ι δέ[μοι ἐπ]ὶ Φ[ιλοκράτος ἄρχοντος ⁝ τὰ ἐν τοῖν λίθοι[ν τούτ]οιν.[14])

Lex edicta aedilicia continet, quae ad curam arcis ac potissimum, ut quidem videtur, Hecatompedi (v. 10 sq. et 18) pertinent. Tabula cui inscripta erant, cum fragmenta eius inter rudera monumentorum, quae Persae deleverant, inventa sint, anno a. Chr. n. 480 utique antiquior est. Iam Kirchhoff cum in infimo lapide archontis annum scriptum fuisse vidisset,

---

6) '*nach* ἱε[ρορ]γο͂ντα[ς — *der Bruch bewahrt noch von der Spitze an den rechten Schenkel des Gamma — die zweite Hälfte eines My deutlich*' *W.*

7) ΟΡ.ΜΟ Loll., sed B olim, non P scriptum fuisse legendumque esse τ]ο͂ β[ο]μο͂ vidit *W.*

8) '*Z. 10 scheint vor* απαν *ein breiter Buchstabe wie* H *nicht gestanden zu haben*' *W.*, non igitur verum *hάπαν* legendumque potius cum Michaeli ἀν]ὰ πᾶν τ. 'E.

9) *μεδόνθον* L., em. *W.*; deinde post *ἐγ* pro ⱶ etiam B legi posse videtur, vid. comm.

10) suppl. Dittenb. (cf. Meisterhans *Gramm. d. att. Inschr.*[3] p. 87 not. 737), *ποιε͂ν* Kirchh.

11) restitutionem huius praecepti a Körtio iam maxima e parte singulari acumine absolutam egregie perfecit Wilhelm qui in lapide '*unter dem dritt- und zweitletzten Buchstaben des Wortes θεᾶσθαι in Z. 19 deutlich die oberste wagrechte Linie eines Epsilon und darnach die obere Hälfte eines Iota (oder Lambda)*' agnovit.

12) suppl. Wilh. coll. Thuc. I 8 VIII 68. Xen. Cyr. III 3, 47, Plat. Leg. 937 d.

13) enuntiatum restit. Körte.

14) haec debentur Kirchhoffio, qui fragmentum *s* a Lollingio priori tabulae assignatum huc potius referendum esse perspexit.

e nominibus autem eorum archontum, quos ante a. 480 munere functos esse traditum est, unum Philocratis cum reliquiis spatioque lacunae conveniat, huius ipsius nomen supplendum annoque 485/4 haec omnia decreta esse censuit. Cui sententiae cum ego olim Lollingium secutus litteraturam repugnare contendissem incerta typorum auctoritate nimis fretus, Wilhelm antiquae litteraturae Atticae monumentis diligentissime comparatis[15]) inscriptionem huius lapidis non modo in universum cum Philocratis anno probe convenire, sed etiam eiusdem lapicidae manu, cui prius de pugna Marathonia carmen *IG* I 333 debetur, exaratam esse statuit ac litteras ipsas tam egregie conservatas esse monuit, ut vel inde non multo ante annum quo lapis deletus est ie. 480 inscriptae arguantur. Legem igitur Philocratis anno, 485/4, tribuere ne ipse quidem longius dubito.

v. 1—4 de iis quae rei divinae usui erant agi videtur; indicem eorum quaestores facere iuberi Doerpfeld propter verbum *γράψασθαι* coniecit, priorem enuntiati partem Körte ita refingere conatus est: *τὰ ἀγγεῖα τὰ ἐ]μ πόλει π[λ]ὲν hόσα [ἐστὶ ἐν σεσεμ]ασμένοις οἰκέμασι*, quae etsi Michaelis recepit in textum, incerta esse moneo; supplementum *σεσημασμένοις* cum ipsa sententia parum convenit, quoniam iis, quae *ἐν σεσημασμένοις οἰκήμασι* erant, uti non poterant, fuisse autem usui ea quae inerant verborum conexu colligendum est. Etiam structura universi praecepti ambigua est; v. 2 enim quin *ἐᾶμ* cum Wilhelmio legendum sit, vix dubium, id dubium utrum cum verbo *γράψασθαι* enuntiatoque primario an coniungendum sit cum relativo *ὅσα* et haec fere sit structura verborum: *πλὴν ὅσα δοκεῖ ἐν — ασμένοις οἰκήμασι ἐᾶμ παρ' ἑκαστ — κατὰ τὴν πόλιν, γράψασθαι τοὺς ταμίας*. Pro *σεσεμ]ασμένοις* suppleri potest e. g. *ἐστεγ]ασμένοις* vel *κατεσκευ]ασμένοις*.

v. 4—8. Verbum *ἱερουργεῖν* i. e. sacra facere[16]) de sacerdotibus sive eorum ministris solum usurpari non est quod putemus. Immo hoc quidem loco cives dici sacrificantes verba sequentia *ἐὰν δέ τις τούτων τι δρᾶι εἰδώς* produnt. Etenim sacerdotes sacrae legis ignaros non fuisse patet meritoque eo loco, quo de sacerdotibus agitur, v. 15 omissum est illud *εἰδώς*. Iam propter praeceptorum reliquias v. 5 et 6, maxime propter illud *ἱστ]άναι χύτραν* olim caveri conieceram, ne sacrificio peracto in arce apparatus cenae fierent molesti. Quam statim in ipso fano parare saepe homines solebant ac multis locis vel lege cogebantur prohibente carnem victimarum domum asportare ie. domi comedere[17]), et contrarium in arce lege constitui per se optime intellegitur. Attamen nunc an de ritu in consecrandis aris similibusque rebus sollemni sermo sit dubito coll. schol. Arist. Plut. 1199 *ὁπότε μέλλοιεν βωμοὺς ἀφιδρύειν ἢ ἄγαλμα θεῶν ἕψοντες*

15) cf. *MAI* l. c. p. 466 sqq. cum tab. IX et X.

16) ipsum verbum apud posterioris demum aetatis scriptores occurrere videtur, substantivum tamen *ἱερουργία* iam apud Plat. *Leg.* 774 *E ὅσα δὲ προτέλεια γάμων ἤ τις ἄλλη περὶ τὰ τοιαῦτα ἱερουργία*; praeterea in titulo Amorgino III a. Chr. n. saeculi exeuntis (Michel 712 = *Syll.*² 644) collegium *τῶν ἱερουργῶν τῆς Ἀθηνᾶς τῆς Ἰτωνίας* apparet.

17) cf. de hac re etiam n. 48 extr., n. 65 v. 31 sq., n. 125.

ὄσπρια ἀπήρχοντο τοῖς ἀφιδρυμένοις· ὅθεν καὶ ἐν ταῖς Δαναΐσι· Μαρτύρομαι δὲ Ζηνὸς Ἑρκείου χύτρας παρ' αἷς ὁ βωμὸς οὗτος ἱδρύθη ποτέ. Unde fortasse etiam proximum praeceptum μεδὲ τὸ πῦρ ἀν[άπτ]εν explicandum est. Sane de praecepto ne quis ignem in delubro incendat, primo nemo non cogitabit (cf. n. 62 v. 21 et n. 95 in.), sed repugnat articulus, e quo certum quendam ignem velut deae sacrum dici collegeris; fortasse igitur de igne divino in caerimoniis quibusdam adhibendo agitur. Prorsus dubium quid litteris *hoι . . . ν* lateat: οἱ ἐχσόν supplevit Kirchh., οἱ ἐκ τõν Loll., sed hoc et alia quae excogitari possunt supplementa, nisi integram restituas sententiam, irrita sunt.

v. 8—13 ut gravissimi sunt ad arcis topographiam, ita difficillimi ac mea quidem sententia minime expediti, quare consulto nullum fere supplementum in textum recepi. Priorem sententiam negativam esse, quamquam continuum illud καί v. 9 aliquatenus repugnare videtur, μηδέ quod v. 11 legitur, docet. Itaque per se facillimum videtur supplementum μ[ὲ ἄγεν] με[δὲν ἐκ τõ νε]ὸ κτλ., attamen reiciendum est, quia de multo leviore delicto agi trium obolorum poena (v. 12) apparet.[18]) Körte sane ut supplementum illud tueretur, illo ἄγεν non hierosyliam dici, sed id modo interdici coniecit, ne quid e partibus hostiae aliisve donis sacris secum asportarent. Sed non modo id uno verbo ἄγειν nullo modo significari potest, sed etiam si hanc offensionem scribendo μ[ὲ φέρε(μ)] με[δὲν κτλ.[19]) tolli posse Keilio concedas, ipsa sententia cum diligentissima illa quae sequitur locorum definitione et circumscriptione pessime convenit. Multo melius et cum hac et cum illa poena convenit id, quod et Doerpfeldio et Wilhelmio et Michaeli in mentem venit μ[ὲ ὀρε̃ν] coniunctum praesertim cum speciosa sequentium restitutione[20]) a Wilhelmio proposita με[ταχσὺ τõ ν]εὸ ⁝ καὶ τõ πρὸ[ς ἕω μεγάλ]ο β[ο]μõ quamquam ne haec quidem certa esse patet. Lacunam deinde v. 10 Furtwängler eumque secutus Körte expleverunt legendo ἐντὸς τõ κ[ύκλο καὶ κατὰ *h*]άπαν τὸ *h*εκατόμπεδον coll. et Hesych. κύκλος· περίβολος et antiquae de mysteriis Eleusiniis legis (n. 3) C v. 30 sqq. ἐν περιβ]όλο[ι τõι νοτόθ]εν τõ τε̃ς Ἀθεναία[ς ἀρχαίο νε]ὸ ἐμ πόλει. At non modo ante ΑΤΤΑΝ litteram Η fuisse non videri testatur Wilhelm, sed etiam sufficere Hesychii glossam ut in arce peribolum fuisse uno nomine κύκλος designatum credamus, summo iure negavit Michaelis, ac mea quidem sententia e loco illo legis Eleusiniae, si quicquam colligi potest — neque enim certum est supplementum (v. p. 16 sq.) — id colligendum videtur peribolum illum non esse nominatum κύκλον. Michaelis ipse non dubitat quin legendum sit ἐντὸς τõ Κ[εκροπίο[21]) καὶ ἀν]ὰ πᾶν τὸ *h*εκατόμ-

---

18) cf. n. 34, qua lege civis κόπτων ἢ φέρων τι τῶν ἀπειρημένων multatur quinquaginta drachmis.

19) Μ omissum Keil comparat cum scriptura τὸ(μ) πρύτανιν, quam bis v. 23 sq. restituit, sed restitutio non certa est.

20) quae eo magis arrident, quod coniunctio καί ita non iam offendit; quamquam remanet καὶ νοτόθεν ubi potius μηδέ exspectes.

21) situm erat hoc delubrum prope τὴν τῶν κορῶν πρόστασιν (v. *Arx* ad Paus. 27, 13 p. 72 cum tab. XXVII H).

πεδον, id quod artissime cohaeret cum gravissima illius de templis arcis opinione. Michaeli enim ὁ νεώς, qui hoc titulo commemoratur, diversus videtur ab eo templo, quod dicitur hεκατόμπεδον, atque ille quidem (ὁ νεώς) antiquum templum Minervae et Erechthei sacra continens, hεκατόμπεδον autem templum a Persis dirutum ei videtur. Universam de antiquo templo quaestionem difficillimam[22]) suscipere huius loci non est, id solum quod ad ipsam interpretationem verborum pertinet, moneo. Nam quod ille Erechtheum, quamquam praeterea alterum magnum templum in arce fuit, mero nomine νεώς in hac lege significatum esse arbitratur, id hac una condicione fieri potuisse persuasum habeo, ut legem in ipsius Erechthei peribolo collocatam fuisse statuamus. Id quod tamen veri dissimile est. Edicta enim legis etiam ad Hecatompedum totamque arcem pertinent, quare in introitu potius arcis (sic Wiegand l. c.) aut certe in proxima vicinia eius ea proponi oportebat. Nec vero inde quod utrumque nomen et νεώς et Ἑκατόμπεδον in lege usurpatur, de diversis delubris agi colligere licet, immo νεώς ipsum erat templum, τὸ Ἑκατόμπεδον fanum universum a templo centenario denominatum[23]), id quod attributo πᾶν indicari rectissime observavit Keil. Quodsi ὁ νεώς non est antiquum Poliadis et Erechthei templum, sed templum a Persis dirutum hecatompedum, sequitur ut nomen areae, quae νοτόθεν τοῦ νεώ sita erat, a littera κ incipiens Κεκρόπιον fuisse non possit. Itaque de hoc quoque loco amplius videndum erit.

v. 11 ὄνθον pecudis dici fimum, non hominum monuit Keil[24]); actum igitur iam de praecepto stercora humana prohibendi, quod in dissertatione suspicatus eram scripturam ἐγβ[αλε͂ν] quamvis dubitanter proponens[25]), atque aliquantum probabililatis accedit Kirchhoffii supplemento μηδ' ὄνθον ἐγλ[έγεν] quod comprobavit Michaelis. Sed etsi noti sunt κοπρολόγοι Athenienses[26]), tamen etiam nunc verumne sit dubito, maxime propter trium obolorum poenam, quia si fimus asportari vetitus erat, is qui contra legem asportabat furtum committebat poena trium obolorum parum vindicatum; velut e lege n. 34 vel is qui folia in fano colligebat, 50 drachmarum poenam subit. Itaque etiam nunc putaverim latere praeceptum, quo ne area fani inquinaretur, cautum erat; nescio an conferri possit praeceptum antri Nympharum (n. 8) τἄντερ' ἔξω κλύζεν καὶ τὸν ὄνθον ....

---

22) vid. *Arch. Jahrb.* l. c. ubi in adn. 2 qui de hac re scripserunt laudantur; commentationibus ibi allatis adde Milchhoeffer *Über die alten Burgheiligtümer in Athen* Progr. Kiel 1899, Br. Keil *Anonym. Arg.* p. 91 sqq., Doerpfeld *MAI* 1904 p. 101 sqq., Furtwängler *Sitzungsber. d. Münch. Akad.* 1904 p. 370 sqq.

23) Id fieri potuisse negat Körte atque inde τὸ Ἑκατόμπεδον proprium dici fanum a meridie templi a Persis diruti situm arbitratur eo sc. loco, ubi postea ὁ ἑκατόμπεδος νεώς Parthenonis aedificatus est; utut ceteroquin de hac sententia iudicandum est, illud vereor ne nimis anxius negaverit, praesertim qui ipse (l. c. p. 253) nomen oppidi Chaonum Ἑκατόμπεδον et vicum Syracusanum qui vocatur ἡ Ἑκατόμπεδος simili ratione explicaverit.

24) Hesych. s. v. ὄνθος· κόπρος κτηνῶν ἤτοι βόλβιτος; cf. Ψ 775 sqq.

25) idem Wilhelm Michaeli per litteras proposuerat nisi quod aoristi evitandi causa scribebat ἐγβάλεν.

26) Poll. VII 134, Arist. Ἀθ. πολ. 50, 2, Aristoph. Vesp. 1184 (cf. Wilamowitz *Arist. u. Athen* I p. 217); etiam pauperes stercora collegisse agelli causa haud improbabile est.

v. 13—17. Doerpfeld verbis *οἴκημα ταμιεῖον* cellam posteriorem aerariumque templi, quod intrare sacerdotes vetarentur, significari existimavit. Sed rectissime hanc interpretationem — vel propter articulum omissum — reiciendam esse Dittenberger ostendit simileque praeceptum atque in sequentibus (*μηδ' ἰπνεύεσθαι*) latere intellexit, scilicet ne sacerdotes ministraeque earum cellam haberent in arce penariam; *hιπνεύεσθαι* (pro *ἰπνεύεσθαι*) a Lollingio restitutum est et vix quicquam aliud restitui potest. Videtur igitur sacerdotibus interdici, ne furno ad cenam parandam utantur (cf. quae ad v. 5—6 adnotavi).[27])

v. 17. *τὰ οἰκήματα τὰ ἐν τῶι Ἑκατομπέδωι* duo illa conclavia esse quorum fundamenta in ruinis templi inter cellam posteriorem et anteriorem eruta sunt, Doerpfeld iudicavit, ipsius tamen tituli locutio non minus Körtii interpretationi favet qui propria aedificia intellegit. Utique thesaurorum loca dici voce *θεᾶσθαι* apparet; de munere eos aperiendi cf. etiam decr. de quaestoribus reliquorum deorum *IG* I 32 v. 15 sqq.: *οὗτοι δὲ ταμιευόντων ἐμ πόλει ἐν τῶι ὀπισθοδόμωι τὰ τῶν θεῶν χρήματα — — καὶ συνανοιγόντων καὶ συγκλειόντων τὰς θύρας τοῦ ὀπισθοδόμου καὶ συσσημαινόσθων τοῖς τῶν τῆς Ἀθηναίας ταμίαις.*

v. 22 sqq. Körte ita supplevit: *ἐσπρ]άττε[ν δὲ τὸ(μ) π]ρύ[τανιν: ἃ]ν δὲ μέ, κα[τὰ τὰ νομιζόμενα] εὐθ[ύνεσθ]αι· φα[ί]νεν δὲ τὸ(μ) π[ρύτανιν τὰ ἀδικέματα τοῖς] ταμίασι τὰ ἐν τõι λίθοι [γεγραμμένα]*, quorum partem aliquatenus certam recepi; sed supplementum *τὸ(μ) πρύτανιν* quo reliqua pars nititur quamvis acute excogitatum dubitationi valde obnoxium; eiusmodi enim scripturam, etsi in titulis publicis antiquissimis inaudita non est, coniectura tamen inscriptioni ceteroquin talibus liberae inferre lubricum est.

2. Tria fragmenta marmoris Parii candidi, quod olim mensam sacram sustinuisse videtur, eruta Eleusine. Fragmentum principale (a) edd. Pittakis *Eph. Arch.* 1860 n. 3798, Lenormant *Recherches Archéologiques à Eleusis* p. 70 sqq., A. Mommsen *Heortologie* p. 257 sq. (*Feste der Stadt Athen im Altertum* p. 196 sq.), Kirchhoff *IG* I 5 Velseni et Koehleri apographis usus, Roberts *Introduction to Greek epigraphy* n. 65, Michel *Recueil* 670; cf. praeterea quae de lectione mensurisque lapidis adnotaverunt Michaelis *Arch. Zeitung* 1867 p. 9 et O. Rubensohn *Die Mysterienheiligtümer in Eleusis und Samothrake p. 32 sqq. et p. 196 sq.* — Fragmentum b edd. Kirchhoff *IG* I suppl. p. 57 ex apographo Lollingii qui eiusdem esse lapidis viderat, neglecto tamen primo versu, integrum ego in dissertatione p. 7 usus ectypo chartaceo quod mihi a. 1892 misit J. M. Paton Americanus, et coniunxi cum lapide maiore. — Fragmentum tertium (c), quod publici iuris fecerat Skias Ἐφ. Ἀρχ. 1894 p. 169 n. 9, angulum dextrum superiorem lapidis fuisse vidit Johannes de Prott totumque iam titulum lapide accuratissime descripto et delineato repetivit et commentario doctrinae pleno instruxit *MAI* XXIV (1899) p. 241 sqq.

---

27) Stengel in litteris olim ad me datis verbum ad eam substantivi *ἰπνός* significationem rettulit, qua sterquilinium dicitur, sed significationem, quae uno Aristophanis loco (Hes. s. v. — — *Ἀριστοφάνης δὲ ἐν Κωκάλῳ καὶ τὸν κοπρῶνα οὕτως εἶπεν* cf. Poll. V 91) in conexu ceteroquin ignoto occurrit, in legem publicam transferre dubito; tum potius voce *ἰπνός* etiam lucernam vel taedam significari notandum videtur, cf. Arist. Pac. 841 et Ael. N. H. II 8.

῎Εδοχσ]ε̣ν[1]) [⁝τε͂ι βολε͂ι]⁝καὶ [τ]ο͂ι δέμοι⁝hό[τ]ε Παραιβάτε[ς ἐγραμμάτευε[2])].
προτέ]λεια⁝θ̣[ύε]ν[3])⁝τὸς hιεροποιὸς⁝᾿Ελευσινίον⁝καὶ[............ἐ]ν
το͂ι ᾿Ελ]ευσιν[ίοι[4])⁝Γ]ε͂ι[5])⁝Ηερμε͂ι ᾿Εναγονίοι⁝Χάρισιν⁝αἶγα [⁝.............]ον
Ποσειδ]ο͂νι[4])⁝[κριὸ]ν[6])⁝᾿Αρτέμιδι⁝αἶγα⁝Τελεσιδρόμοι⁝Τρι[πτολέμοι[5])⁝κριόν
Πλούτο]νι[4])⁝Δ...χοι[7])⁝Θεοῖν⁝τρίττοαν⁝βόαρχον⁝ἐν τε͂ι⁝ἑορ[τε͂ι.

Marmor quod non ἐσχάρα fuit, sed mensam sacram olim sustinuisse videtur[8]), litteris Atticis antiquioribus (ϟRΘΛ/) magnis, quarum spatium etiam distinctionis notae obtinent, non tamen στοιχηδόν inscriptum est. De pristina longitudine eius et de fragmento *b* cum maiore lapide coniungendo quae olim disputavi, postquam Prott forma mensurisque lapidis denuo diligentissime examinatis et comprobavit et novo fragmento *c* adhibito vel certiore ratione ita ut nihil dubii relinquatur, confirmavit, repetere opus non iam est. Sed ne nunc quidem plane in integrum titulus restitui potest. Decretum praeter hymnum in Cererem Homericum antiquissimum de cultu Eleusinio testimonium est saeculo aut exeunti VI aut ineunti V ascribendum. Nec vero legem ad ipsa mysteriorum sacra, sed ad Eleusiniorum certamina pertinere Prott verissime monuit; id quod cum sacris Ἑρμῇ Ἐναγωνίῳ et Τελεσιδρόμῳ faciundis tum ipsorum Ἐλευσινίων[9]) mentione v. 2 apparet; hoc enim nomine in titulis non mysteria, sed certaminum feriae significari solent.[10]) Iam vero cum ex eiusdem coniectura acutissima et probabilissima v. 2 in. προτέ]λεια[11]) θ̣[ύεν] scriptum fuerit,

1) litterae E reliquias quamquam Prott in lapide esse negat, in ectypo tamen ni vehementer fallor dispicio.

2) optime suppl. Michel, nisi quod πρῶτος addidit propter spatium eiciendum; distinctionis notam, quam post HOI agnoscere sibi visus erat Michaelis et inde ego recepi, re vera non extare testatur Pr.; nomen Παραιβάτης etiam *IG* I 447 et VII 1888.

3) suppl. Pr.; vid. comm. 4) supplevi. 5) suppl. Lenorm.

6) suppl. Pr., ego olim ταῦρον quod spatio minus aptum est.

7) ᾿Ιά]κχοι priores editores, sed vid. comm.

8) cf. Prott l. c. p. 244 sq.; interim G. Caro imaginem mensae sacrae Creticae edidit *Archiv für Religionswissensch.* VII (1904) p. 121, ubi medium statumen, cuius exemplum Prott desiderabat, adest.

9) Ἐλευσινίων masculini generis genetivum esse hieropoeosque dici civitatis Eleusiniae plane veri dissimile est, de publico enim cultu Eleusinio sive mysteriorum sive certaminum agi praescriptum docet; id modo quaeri potest, unde genetivus pendeat utrum ex ἱεροποιούς an ab infinitivo supplendo an a voce, quae in λεια desinit.

10) cf. A. Mommsen *Feste* p. 179 sq.; et R. v. d. Loeff *De ludis Eleusiniis* Diss. Leid. 1903 p. 4 sqq.

11) de significatione cf. Bekk. Anecd. p. 293, 5 προτέλειά ἐστι τὰ θύματα τὰ πρὸ οἵου δήποτε πράγματος θυόμενα, Harpocr. s. v. Λυκοῦργος ἐν τῷ περὶ τῆς ἱερείας· τὰ πρὸ τοῦ τελεσθῆναί τι τῶν εἰς τὸ θεῖον ἀναφερομένων γινόμενα ἢ διδόμενα καλεῖται προτέλεια, Aesch. Ag. 214 ubi Iphigenia προτέλεια ναῶν audit. His, quae iam Pr. attulit, adde Plut. amat. narr. 1 p. 772 b, ubi ipsa vox προτέλεια θύειν de sponsa ante nuptias Nymphis sacrificante dicitur. Ceterum prorsus certum supplementum non est; ipse Pr. illa aetate scribi solere τέλεον monet, sed nec diphthongus falsa est nec ea quae praeterea spatio sufficiunt supple-

sive hinc sive a voce *ἱεροποιούς* genetivum *Ἐλευσινίων* pendere putamus[12]), ea sacra, quae ante certaminum celebrationem fiant, lege constitui veri persimile est; *προτέλεια* tum idem fere valet, quod in ratione epistatarum *IG* II 814 *a* 37 *προθύματα τῆς ἑορτῆς*.

v. 3 in. litteris ΕΥΣΙΝ vocem quae stirpem nominis Eleusinii contineat, latere patet; feriarum nomen iam v. 2 adest, locum autem quo sacra fierent, commemorari oportet. Iam cum supplementum *ἐν Ἐλ]ευσῖν[ι*⋮] lacunae, quae a sinistra hiat, vix sufficiat, scribendum videtur *ἐν τõι Ἐλευσινίοι* ⋮ neque enim fanum Eleusine ipsa situm item *Ἐλευσίνιον* vocatum esse recte negatur.[13])

Deinde di quibus sacra fiant, enumerantur. Quorum duo esse genera vel obiter inspicienti apparet. Di enim proprie mystici non nisi a medio v. 4 occurrunt, antecedunt di deaeque per se a mysteriis alieni, una tamen cum illis in fano culti.

Ac primum quidem *Γ]ε̃ι*, id quod iam Lenormant proposuerat coll. Aristoph. Thesm. 296 sqq. *Εὔχεσθε ταῖν Θεσμοφόροιν τῇ Δήμητρι καὶ τῇ Κόρῃ καὶ τῷ Πλούτῳ καὶ τῇ Καλλιγενείᾳ καὶ τῇ Κουροτρόφῳ ⟨Γῇ⟩ καὶ τῷ Ἑρμῇ καὶ ταῖς Χάρισιν*, esse scribendum ac reiciendam coniecturam *Ἑκάτ]ει*, quam Robert acuta argumentatione defendit[14]), spatium lacunae nunc demum constitutum docet. Nec mira est haec similitudo cultus Eleusinii et Thesmophoriorum, immo facile explicatur origine eorum cognata, de qua egregie disseruit Prott.

v. 3 extr. ego olim *Ἀθηναίαι⋮βοῦν* suppleveram coll. n. 4 v. 40 (vid. paulo infra), sed ita lacuna non expletur; Prott igitur [*Ηιπποθοõντι κρι*]*όν* proposuit, et sacrificari Eleusiniis Hippothoonti filio Neptuni statim post in titulo commemorati, eponymo tribus cui Eleusis ascripta erat, per se satis veri simile est, sed obstat quod, etsi tale sacrificium in rationibus Eleusiniis quarti a. Chr. n. saeculi occurrit[15]), in antiquiore tamen lege (n. 4) inter deos sacrificiis colendos nulla eius mentio fit; altera ex parte

---

menta velut *πρωτόλεια* (Phot. 469, 7 *πρωτόλεια· τὰ ἀπάργματα τῆς λείας ἃ τοῖς θεοῖς ἀνετίθεσαν. ἢ αἱ τῶν καρπῶν ἀπαρχαὶ οἷον πρωτοληΐα*) veri similia sunt.

12) illud Prott, hoc Kirchhoff et A. Mommsen praetulerunt; utrumque posse fieri puto, sed quoniam Athenis diversa fuerunt genera hieropoeorum, nescio an praestet coniungere *τὸς hιεροποιὸς Ἐλευσινίον*, cf. etiam quae de hac re exposui *Rhein. Mus.* LI p. 219 sqq., ubi tamen p. 224 recte monui ne instituta aetatis Pericleae prioribus temporibus temere vindicaremus. Sed *ἱεροποιοὺς Ἐλευσινίων καὶ μυστηρίων*, quos finxit A. Mommsen, unquam fuisse incredibile est.

13) certo ni fallor testimonio sunt rationes Eleusiniae *IG* II 834 c, ubi de operibus Eleusine factis v. 80/81 legitur *ἕτερομ σφόνδυλον ἠρξάμεθα κομίζειν δευτέρᾳ φθί[νοντος — — μισθὸς τοῖς ζ]εύγεσιν — — πάλιν τοῦτον ἀπὸ τοῦ Ἐλευσινίου* et iam desunt reliqua, sed cum locus quo *σφόνδυλος* vectus est, Eleusis sit, verba *πάλιν τοῦτον ἀπὸ τοῦ Ἐλ.* ad fanum Eleusine situm non referri non possunt, cf. n. 4 v. 31. Paulo incertior natura est aliorum testimoniorum: *IG* II 834 b col. I v. 6 (Rubensohn l. c. p. 77 sqq. cum adn. p. 24) et *IG* I suppl. 225 f., *Ἐφ. Ἀρχ.* 1895 p. 99 n. 12 (apud me n. 6), Aristides I p. 421 Dind. (Prott p. 250, 1), cf. etiam Andoc. I 132.

14) *de Gratiis Atticis* in Comment. Mommsen. p. 143 sqq.

15) *IG* II suppl. 834 b II 78 vid. infra p. 24 not. 22.

Minervae ab Atheniensibus nullam rationem habitam esse hac lege equidem invitus crediderim; amplius igitur de hoc loco videndum erit. Contra v. 4 in. *Ποσειδ]ῶνι* certum videtur commendaturque sequenti Dianae mentione: cf. Paus. I, 38, 6: *Ἐλευσινίοις δέ ἐστι μὲν Τριπτολέμου ναός, ἔστι δὲ Προπυλαίας Ἀρτέμιδος καὶ Ποσειδῶνος Πατρός.*

Τρι[πτολέμῳ] et sqq.; de dis Eleusiniis hostiisque iis immolandis alterius quoque tituli testimonium extat gravissimum, decretum de primitiis fructuum Eleusina dedicandis, cuius haec sunt conferenda verba (n. 4 v. 36—46): *θύειν δὲ ἀπὸ μὲν τοῦ πελανοῦ καθότι ἂν Εὐμολπίδαι [ἐξηγῶ]νται, τρίττοιαν δὲ βόαρχον χρυσόκερων τοῖν Θεοῖν ἑκατέραι ·ἀπὸ τῶν κριθῶν καὶ τῶν πυρῶν καὶ τῶι Τριπτολέμωι καὶ τῶι Θεῶι καὶ τῆι Θεᾶι καὶ τῶι Εὐβούλωι ἱερεῖον ἑκάστωι τέλειον καὶ τῆι Ἀθηναίαι βοῦν χρυσόκερων.* Cum his ut nostra lex concinat, primo nemo non efficere temptabit, at diversam prodi seriem deorum mox intelleget. Principale sane sacrificium Cereri et Proserpinae faciundum, *τρίττοια βόαρχος,* utrubique adest atque etiam Triptolemo hic ut illic hostiam decerni litterarum reliquiae clare indicant.[16]) Contra inferos illos deos, Deum Deamque et Eubulum, nostrae legi nullo modo inseri posse cuivis temptanti facile apparebit. Plutonem vero, quem illic frustra requirimus, hic occurrere certum videtur; alius quidem dei nomen aptum, quod initio v. 5 restituatur, inveniri nequit. Maioribus angustiis implicamur lacunam, quae est inter *Πλούτωνι* et *Θεοῖν,* aggredientes. Litteris enim ΧΟΙ ante *Θεοῖν* servatis adducti et A. Mommsen et Lenormant *Ἰάκχῳ* legerunt omnibusque olim comprobaverunt. Iam Iacchi nomine suppleto cum duarum vel trium supersit litterarum spatium post Δ antecedens, nec vero de particula *δέ* cogitari utpote a legis dictione aliena neque hostiae ullius nomen, quo lacuna expleatur, inveniri possit, relinquitur, si modo scripserimus *Ἰάκχῳ,* ut praemittamus *Διί.* Sic autem, sive *Πλούτωνι Διί* sive *Διὶ Ἰάκχῳ* coniunxeris, esse quod magnam dubitationem aut offensionem commoveat, patet.[17]) Itaque cum meminissem nunquam, ne recentiore quidem aetate, Iacchum Eleusine ipsa cultum esse neque in altero illo decreto florentis Iacchi cultus temporibus scripto respici, conclusi huius dei nomen prorsus e nostra lege eliminandum ac litteras δ...χοι unius esse verbi pro certo habui. Ac cognomen quidem Plutonis[18]) latere ipse in dissertatione conieceram et statueram *τρίττοαν* Plutoni Cereri Proserpinae fieri i. e. eidem trinitati, quae primum hymno in Cererem cognoscitur et etiam multis annis post locum suum obtinuit (*IG* II 834b col. II v. 46 *ἐπαρχὴ Δήμητρι καὶ Κόρηι καὶ Πλούτωνι*: 329/8 a. Chr. n.). Assensus est Prott et coniecturam felicem Rubensohnii secutus cognomen *Δόλιχος* fuisse scriptumque *Πλούτο]νι Δ[ολί]χοι* sibi persuasit et quia inter verba Graeca sensu apta nullum aliud lacunam expleret et quia fuisse

---

16) cum Triptolemo hic *Τελεσιδρόμος* heros quidam agonisticus coniungitur, neque enim id cognomen Triptolemi esse Rubensohn l. c. p. 33 optime statuit; Prott recte comparavit *Εὔδρομον,* heroa stadii Delphici nuper cognitum (n. 73).

17) spatium lacunae si artius duo iota collocata sumas, vix obstat.

18) cognomina eius inaudita non sunt: Cnidi *Ἐπίμαχος* audit *Inscr. of the Brit. Mus.* IV 1, 811.

heroem Eleusinium nomine Δόλιχον constaret[19]), cf. Homer. hymn. Cer. 153 sqq.

ἠμὲν Τριπτολέμου πυκιμήδεος ἠδὲ Διόκλου
ἠδὲ Πολυξείνου καὶ ἀγήνορος Εὐμόλποιο
καὶ Δολίχου καὶ πατρὸς ἀμύμονος ἡμετέροιο

et in ignoti poetae versu ap. Herodian. II p. 311 L.:

Εὔμολπος Δόλιχός τε καὶ Ἱπποθόων μεγάθυμος.

insulam denique Δουλίχιον, quae etiam Δολίχα vocabatur, a Dulichio filio Triptolemi nomen duxisse Steph. Byz. s. v. Δουλίχιον testatur. Quibus testimoniis consideratis equidem de cognomine valde dubito[20]) ac, si modo fuit scriptum Δ[ολί]χοι, ipsum potius heroem dici putaverim coniunctum hic cum Plutone sicut supra cum Triptolemo Telesidromum. Cui interpretationi id unum obstat, quod trinitatem illam Plutonis Cereris Proserpinae inviti amittimus, et hac ratione commotum Prottium ipsum nullam eius rationem habuisse suspicor. Digna tamen mihi videtur quae deliberetur, praesertim cum Plutonem ipsum cognomine Δόλιχον cultum esse mea quidem sententia veri non ita simile sit. Utique ut nunc res est, lacunam in textu relinquere satius duxi.

Deorum nominum series hunc in modum restituta ad historiam cultus Eleusinii gravissima est; tres enim illos deos inferos, Θεόν, Θεάν, Εὐβουλέα, qui c. a. 420 in decreto n. 4 cum mysteriorum dis coniunguntur, hac in lege deesse videmus sive quod, ut ego conieceram, tum nondum cum mysteriorum cultu coaluerant sive quia, ut Prott censuit, Eleusiniorum et mysteriorum cultus diversus erat. Sed totam hanc quaestionem difficillimam quae ratio inter Eubuleum et Plutonem, quae fuerit inter Deum Deamque et Plutonem Corenque, non huius loci est explicare, hoc satis habeo statuere: inde quod tres illi di in hac lege una desiderantur, confirmari trinitatem quandam iis constitutam esse[21]) ad unam religionem pertinentem.

De sacrificio denique quod vocatur τρίττοα βόαρχος cf. Eustath.[22]) ad λ 130—131: ἡ τοιαύτη θυσία τρίττυα[23]) λέγεται παρὰ τοῖς παλαιοῖς οἳ τρίττυαν ἔλεγον τὴν ἐκ τριῶν ζῴων θυσίαν οἷον δύο μήλων καὶ βοός, ὡς Ἐπίχαρμος, ἢ βοὸς καὶ αἰγὸς καὶ προβάτου ἢ κάπρου καὶ κριοῦ καὶ ταύρου, qui cum addit: ἡ δὲ τοιαύτη καὶ βούπρῳρος, φασίν, ἐλέγετο διὰ τὸ προηγεῖσθαι αὐτῆς οἷα νηὸς πρῷραν τὸν βοῦν, ab eo eiusmodi τρίττοαν βόαρχον dici et per se patet atque etiam diserte ab Hesychio vox βούπρῳρος illo

19) stadium Eleusine fuisse Pr. recte monuit: *IG* II 834 b I 25.

20) fortasse ne id quidem praetermittendum est, quod inter Πλούτο]νι et Δ . . . χοι distinguitur, cum v. 3 inter nomen Ἑρμῆι et cognomen Ἐναγονίοι distinctio sit nulla.

21) Rohde *Psyche* I 195, 3.

22) plura collegit Lenormant, sed Eustathii testimonium gravissimum est.

23) sic apud Photium quoque scriptum invenitur, apud Suidam autem et schol. in Arist. Plut. 820 τριττύς. Sed Athenis certe legitimam formam τρίττοια fuisse — nam τρίττοα ut ποεῖν pro ποιεῖν — inscriptionibus demonstratur recteque docuit Herodianus (ed. Lentz I p. 281): τρίττοια (sic, non τριττοία) ἡ θυσία ἥτις ἐκ τριῶν ζῴων ἐθύετο.

ipso explicatur verbo *βουάρχης*. Hanc autem formam fuisse Atticam puto, illam communem Graecorum; quae e. g. occurrit in decreto Delphorum anni 192/1: *θυσίαν συνετέλεσαν τῶι θεῶι ἑκατόμβαν βούπρω[ιρον καὶ] δωδεκαΐδα βούπρωιρον τᾶι Ἀθανᾶι* (*Syll.*[2] 281 v. 8 sqq.). Illam autem *τρίττοιαν* quae Eleusine Cereri et Proserpinae fiebat, cum illo altero decreto (n. 4 v. 37) vocetur *χρυσόκερως*, Dittenberger, quia necessario verbum *χρυσόκερως* ad omnia tria animalia referendum esset, bovem arietem hircum optime intellexit. Eodem denique titulo quoniam dicitur *ἑκατέρᾳ*, utrique deae, et Cereri et Proserpinae, eiusmodi sacrificium factum esse apparet, unde sequitur ut Pluto ipse quoque suam acceperit *τρίττοιαν*.

3. Lapis supra fractus a tribus lateribus inscriptus (A et C in latioribus partibus antica et postica, B in angustiore latere dextro) Athenis, ubi eum vidit Chandler, Londinium delatus in museum Britannicum. B edd. Chandler Inscr. II p. 54, Sauppe *Ind. lect. Gotting.* 1861; totum titulum post Boeckhium (e schedis Rosianis) *CIG* 71 Kirchhoffium *IG* I 1 alios omnium accuratissime, ut iam ceterorum virorum doctorum varias lectiones omittere possimus, expressit Hicks *Anc. Greek inscript. in the Brit. Mus.* I 2; inde Kirchhoff *IG* I suppl. p. 3. 4 et Dittenberger *Syll.*[1] 384. — Accessit autem fragmentum ab omnibus partibus decurtatum, quod A. Stschukarew Athenis a venditore quodam rerum antiquarum emit atque huius tituli lateris C esse intellexit. Edd. coniunctum cum lapide Londinensi Novossadsky *MAI* XIV p. 410 sqq., Kirchhoff *IG* I suppl. p. 133. Totum titulum repetiverunt L. Ziehen *Leg. Sacrae* (Diss.) p. 10 sqq., Michel *Recueil* 669, Dittenberger *Syll.*[2] 646. Cf. etiam Wilhelm *Hermes* XXXVIII p. 154 sq., Haussoullier *Rev. Critique* 1900 Vol. 50 p. 26, Foucart *Les Grands Mystères d'Éleusis* p. 59 sq.

A	B
	[τ-
. . . . ρ . ε	ὰ μ]ὲν hακόσι[α
. . . . δρα[χ]με̂ισ-	h]απλε̂ι, τὰ δὲ [h-
ι . . . .]πε . τοσ . .	ε]κόσια διπλ[ε̂-
. . . . με[ν]οσ δι . .	ι· σ]πονδὰσ εἶν-
. . . . το̃ν πόλεο[ν	αι] τοῖσι μύσ(τ)-
. . . . οκεκαναερ .	εσιν] καὶ το[ῖσ
. . . . : ἐάν τισ το̂[ν	ἐπ]όπτεισιν [κ-
. . . . ον ἒ hό[σ]α .	αὶ τ]οῖσ ἀκολ[ο-
. . . . σ . ἐμ . ο . .	ύθ]οισιν καὶ [χ-
. . . . ασ . ινα .	ρέμα]σιν το̂(ν) [ὀ-
. . . . αντ . . . ινσ	θ]ν[ε]ίον καὶ [᾽Αθ-
. . . . το̂]ν πόλ[εον] π . .	ε]ν[α]ίοισιν [hά-
. . . . χρ	πασιν· ἄρχε[ν δ-
. . . . ε . βο	ὲ τὸν χρόνο[ν τ-
. . . . εχθεο . . . χ .	ο̂ν σπονδο̂ν [το̂
. . . . νδ . . . . ο	Μεταγειτνι[ο̂-
. . . . α . . . / . . . κασ	νοσ μενὸσ ἀπ[ὸ
. . . . ο . . . . . . σθ .	διχομενίασ, [κ-
. . . . αν . . . . . ιΛ .	αὶ τὸν Βοεδρ[ο-

. . . . ι . . πε
. . . . ειa . τεν .
. . . . ιΛ . . . .
. . . . \ . . ι . . . . . .
. . . . σεια . . . . . αμ . . .
. . . . π]όλει . α . Λ . νε . . . .
. . . . οτοι . . . . οι· ἐὰν δὲ
. . . . ι, μὲ [χρέσ]θ[ο]· ἐὰν δὲ ἰ
. . . . . . κ]ατὰ ταὐ(τ)ὰ ταῦτα, ἐὰν
. . . . hέκα]στον [κατὰ] τὲν δύνα-
μιν ὀφλε͂ν·] πρᾶχσαι δ' ἔκπραχσ[ι-
ν· ἐὰν δὲ μὲ] ἐγδο͂ι τὸν ὀφλόντα, μ-
ὲ χρε͂σθαι τ]ο͂ι hιερο͂ι: ἐὰν δ[ὲ . .
. . . .]ι, ε[ἰ]λεθε͂ναι ἐμ πό[λε-
ι . . . . τ]ὲν ἐλθο͂σαν ΙΛΙ . . .
. . . . hύστερον h[εμίσ]εα-
ν . . . . ι: το͂ν 'Αθεναίον με
. . . . το]ύτον το͂ν πόλεον μ
. . . . ασθαι, ἐὰν μὲ . . .
. . . . ἐπιχορίαν ε . . πο
. . . . θέντα· hέτις δ' ἂν [τ-
ο͂ν πόλεον] μὲ ἐθέλει δ[ίκα]σ [δ]ι-
δόναι καὶ] δέχεσθαι μ̣[ὲ ε͂]να[ι χ-
ρε͂σθαι τὸ χ]σύ[ν]ολον.

μιο͂να καὶ το͂ [Π-
υανοφσιο͂νος
μέχρι δέκατε-
ς hισταμένο· τ-
ὰς δὲ σπονδὰς
εἶναι ἐν τεῖσ-
ι πόλεσιν ho[ὶ]
ἂν χρο͂νται το͂-
ι hιερο͂ι καὶ 'Α-
θεναίοισιν ἐ-
κεῖ ἐν τεῖσιν
αὐτε͂σι πόλεσ-
ιν· τοῖσι δὲ ὀλ-
είζοσι μυστε-
ρίοισιν τὰς [σ-
πονδὰς εἶνα[ι
το͂ Γαμελιο͂νο-
ς μενὸς ἀπὸ δ[ι-
χ]ομενίας κα[ὶ
τὸν 'Ανθεστε[ρ-
ι]ο͂να καὶ το͂ 'Ελ-
αφεβολιο͂νος
μέχρι δεκάτ(ε)-
ς hισταμένο.

C

. . . . ὀ]βολ[ὸν παρὰ τ-
ο͂ μύστο hεκάστ]ο: hιε(ρ)[οκέρυχ-
ς λαμβανέτο hε]μιοβέ[λιον κα-
θ' ἐμ]έρα[ν παρὰ τ]ο͂ μύστο [hεκάσ
το h]έν· hιε[ροφάν]τεν δὲ μι[σθὸν
λ]αμ[βά]νεν μ[υστε]ρίοις τ[οῖς μ-
ε]ίζοσιν παρ[ὰ το͂ μύ]στο h[εκάσ-
τ]ο ὀβολὸν καὶ [τοῖς ὀλ]είζ[οσιν
μυ]στερίοις [ὀβολὸν παρὰ το͂ μ-
ύσ]το hεκάστο· σ . . . .
. . . τοῖν Θεο[ῖν . . . .
. . . . οχιον ι . . . .
. . . . οδετον h . . . .
. . . . ιον δραχ[μ . . . .
. . ἀν]αλόματα . . . .
. . . . . νεδοτοι . . . .

.......c λαμβάν[εν παρὰ το͂ μ-
ύcτο hεκ]άcτο............
......ενον θελειο........
........τε. με ε..........
........λεν το ἀφ........
....ο· Κέρυκας δὲ μυ[ε͂ν τὸc νέ-
οc μ]ύcταc h[έκ]αcτον [χορίc, hά-
παντ]αc κατὰ τα[ὐ]τά· ἐ[ὰν δὲ κατ-
ὰ] πλε͂θοc, εὐθ[ύ]νεcθα[ι......
.δραχ]με͂cι· μ[υ]ε͂ν δ' εἶ[ναι τοῖc
ὁ͂cι [Κε]ρύκον [καὶ] Εὐ[μολπιδο͂ν.
τ]ο͂ δὲ hιερο͂ ἀργυρί[ο τὸ μὲν ἐκ
θ]εc[αυρο͂ν γενόμ]εν[ον ταμιεύ-
ε]cθαι [ἐν.....]ολο[ι το͂ι....
θ]εν το͂ τε͂c Ἀθεναία[c...... ν-
ε]ὸ ἐμ πόλει· τ[ὸ] δὲ ἀρ[χαῖον τοῖ-
c hιεροποιο[ῖcι] το[ῖν Θεοῖν ἐ-
μ] πόλ̣ει ταμιεύεcθ[αι......
.δ....χεν ἐν το͂ι ḥ[ιερο͂ι?...
.β....εν τὸ[c ὀ]ρφ[ανὸc....
.τὸc ὀρφανὸc.ι..........
μ]ύcταc hεκάcτο μ.........
τὸ]c μύcταc τὸc Ἐλε[υcῖνι μυο-
μέ]νοc ἐν τε͂ι αὐλε͂ι [.....το͂ h-
ι]ερο͂, τὸc δὲ ἐν ἄcτει [μυομένο-
c] ἐν το͂ι Ἐλ[ε]υcινίοι.
Τ]ὸν ἐπὶ το͂ι βομο͂ι ἱερέα καὶ τ[ὸν φαιδυντὲν
τ]ὸν Θεοῖν καὶ τὸν ἱερέα τὸ[ν παναγε͂ μιcθὸν
λ]ανβάνεν ἕκαcτον τότο[ν ἐμιοβέλιον παρὰ
το͂ μ]ύc[το ἐκ]άcτο ν — — —

A v. 30 extr. ΓΡΑΧΙϟ, sed Iϟ unius litterae locum tenet. v. 43 post χ]cύ[ν]ολον septem litterarum spatium vacuum est. B v. 5 ΜΥϟΙ 15 ΔΕΚΑΤΙ in lapide fuisse videtur. C v. 6 med. ΜΕ Hicks, at litterae Ε ne minimum quidem vestigium in ectypo apparere dicit Kirchhoff. 13 ΟΔΕΤΟΝ lapis. 24 ΚΑΤΑΤΑ[Δ]ΕΑ H., sed pro Ε potius Τ legendum esse Wilh. statuit.

Titulus *στοιχηδόν* scriptus est praeter extremos quattuor lateris C versus, quorum litterae multo artius collocatae sunt. Unde Hicks primus recte statuit latere C finem totius inscriptionis contineri. Nam quod illi versus minus quam ceteri diductis litteris scripti sunt atque etiam in his solis aspirationis notae omissae sunt, vix dubitari potest, quin id propter angustias spatii factum sit, quas tamen non nisi in fine inscriptionis a lapicida sentiri potuisse patet.

De ratione tituli primus Sauppe recte iudicavit et perspexit eo neque *ἐκεχειρίαν* contineri i. e. indutias quales ante Eleusinia ab Atheniensibus nuntiari solebant, neque pactum de quo Atheniensibus cum hostibus quibusdam convenisset, sed decretum populi quo feriae Eleusiniae ordinarentur. Nam in mero pacto tam accurate de singulis rebus iisque ut videtur minutissimis praescribi veri dissimillimum est. Anno autem 460 titulum non recentiorem esse litteris Atticis antiquioribus Α≶ΦΒΡ demonstratur, multo antiquiorem putat Kirchhoff nec cur tales constitutiones antiquioribus temporibus sanciri potuisse negemus, causam video ullam.

Latus A pessime conservatum est, id tamen perspicuum poenas eorum, qui leges mysteriorum violassent, sanciri non modo privatorum, sed etiam civitatum, atque hoc ipso nomine titulus gravissimus est, quia iam illa aetate peregrinas quoque civitates usas esse mysteriis certo testatur.[1]) — Versus vicenarum fuerunt litterarum aut ternarum aut quaternarum. Nam quod Dittenberger olim quattuor extremos versus legit: *ἥτις δ' ἂν [τῶν πόλεων κατὰ ταῦτα] μὴ ἐθέληι δ[ίκα]ς [δ]ι[δόναι Ἀθηναίοις καὶ] δέχεσθαι, μ[ὴ εἶ]να[ι χρῆσθαι τῶι ἱερῶι τὸ χ]σύ[ν]ολον*, sensum optime assecutus maiores tamen versus quam licet finxerat. Profecto enim latera A et C latitudine non ita differebant, ut alterius versus tricenas haberent binas litteras, alterius vicenas ternas, immo utriusque lateris versus eundem fere litterarum numerum, vicenas scilicet ternas, habuisse per se veri simillimum est.[2]) Ac prodit hic ipse numerus omissis iis, quae in textu illo non sunt necessaria: *κατὰ ταῦτα*, *Ἀθηναίοις*, *τῶι hιερῶι*; nam ne illud quidem *κατὰ ταῦτα*, etsi additum malis, prorsus necessarium. Quaternae autem vicenae litterae occurrunt nobis v. 30—32, qui aliter atque a me factum est, vereor ne non possint suppleri. Illa enim: *πρᾶχσαι δ' ἔκπραχσ[ιν· ἐὰν δὲ μὴ ἐγδõ]ι τὸν ὀφλόντα* (sc. *ἡ πόλις*), *μ[ὲ χρε̃σθαι τ]õι hιερõι*, ut sensui satisfaciunt, ita ne littera quidem abundant. Statuendum igitur aut in extrema parte lapidem non nisi ternarum vicenarum litterarum capacem fuisse aut tribus illis versibus — hoc autem veri similius — praeter ordinem litteram intrusam esse.[3]) — v. 31 *τὸν ὀφλόντα* pecuniae esse debitorem antecedentia verba *πρᾶξαι δ' ἔκπραξιν* declarant. Inde a v. 33—34 nescio an de dedito debitore sermo sit legendumque: *ἐὰν δὲ αὐτὸν ἐγδõ]ι, ε[ἰ]λεθε̃ναι ἐμ πόλει*. Sed haec incertiora quam quae in textum receperim; quamquam num ullum aliud verbum praeter *εἰληθῆναι*[4]) reliquiis litterarum sese applicet, dubitaverim (prius enim illud *ι* finis coniunctivi ab *ἐὰν* pendentis). Reliqua quoque incerta, velut *ἰδιώτης*, de quo v. 27/28 cogitavi. — v. 26: *μὴ χρέσθ]ω τῶι [hιερ]ῶι?* — v. 28 scribi posse et *ἐάν* et *ἐᾶν* moneo.

---

1) cf. quae de hac re exposui *Ber. d. freien deutsch. Hochst.* 1899 p. 201 sq.

2) cf. n. 9, cuius latera anticum et posticum item eundem fere litterarum numerum habent (A quindecim, C quattuordecim).

3) velut statim in latere C bis accidit v. 5 et 8, ubi quin Kirchhoff recte suppleverit, dubium non est. Pariter n. 4 lapicida et v. 42 et v. 54 litteram praeter ordinem intrusit, altero loco I, altero O.

4) iniuria igitur, si modo id recte supplevi, A. Ludwich (*Jahrb. f. Philol.* 1888 p. 738 sq.) formam Atticam *εἴλλω* fuisse putat, nec solum sequiores minusque veteres Attici, ut videbatur Cobeto (*Var. Lect.* p. 87), sed etiam antiqui *εἰλέω* pro *εἴργειν* dicebant.

Lateris B quantum integrum est totum legi potest. Primis verbis etiam de damnis sarciendis agitur, qua re confirmatur latus A item de poenis scriptum coniungendum esse cum initio lateris B i. e. ordine anteponendum.

v. 5sqq. decernitur quibus hominibus indutiae sacrae dentur; iam pridem restituta sunt nomina *μύσται*, *ἐπόπται*, *ἀκόλουθοι*[5]), nunc autem etiam sequentem lacunam expeditam esse confido. Hicks Rosium et Boeckhium secutus suppleverat *καὶ* [*δούλ*]*οισιν τῶ*(*ν*) [*Ἀθη*]*ν*[*α*]*ίων* ΔΟΛΟΙΣΙΝ scribens.[6]) Sed supplemento *Ἀθηναίων* omnis tituli ratio pessime turbatur. An solis Atheniensium mystis servisque indutiae decernuntur? contrarium, opinor, decernitur, ut omnibus indutiae sint Graecis, quicumque sacro Eleusinio uti velint. Hos ipsos igitur ceteros Graecos dici aut vocem omnes et Athenienses et ceteros Graecos complectentem usurpari certum est, ut si sensum respicias, propius ad verum accesserit Sauppii *τῶν τούτων*, ceteroquin sane non ferendum. Melius per se *δούλοισιν*; naturam enim vocis olim hoc loco scriptae cum reputamus, eo maxime iuvamur quod ei articulus anteisse non potest, cum cetera illa nomina coniuncta sint cum articulo. Inde cum appareat vocem *τοῖς ἀκολούθοισιν* et eam, quae deinde desideratur, artius sensu cohaerere, non prave *δούλοισιν* adici concedo. Sed verba *ἀκολούθοισιν* et *δούλοισιν* idem fere significare nemo negabit. Atqui est, cui praeter homines ante dictos indutias decerni exspectemus, rem dico familiarem, qua homines ad Eleusinia profecti utebantur. Ita Delii decernunt: *ἀτέλεια δὲ ἔστω τοῖς ἐργώναις*] *καὶ ἀσυλία ἐν Δήλῳ καὶ αὐτοῖς καὶ ἐργάταις καὶ σκεύεσι καὶ ὅσα ἂν ἐξάγωσιν ἢ εἰσάγωσιν ἐφ' ἑαυτῶν χρείᾳ* (*Hermes* XVII p. 5), atque in Amphictionum decreto de Ptoiorum indutiis facto illud ipsum *ἀκολούθοις* occurrit subiungiturque *καὶ ἃ ἂν ἔχωσιν* (n. 70 in.). Itaque de significatione utriusque supplementi cum non dubitarem, de ipsis vocabulis restituendis ambigenti subvenit mihi Usener et egregie rem expedivit supplendo *καὶ χρήμα*]*σιν*[7]) *τῶν* [*ὀθ*]*ν*[*ε*]*ίων*. Nec insolitam vocem *χρήμασιν* in hoc conexu esse interim his inveni exemplis: *SGDI* 2517 Amphictiones Argivo cuidam decernunt *προδικίαν καὶ ἀσφάλειαν* — — — — *καὶ αὐτῶι καὶ ἐκγόνοις καὶ χρήμασι τοῖς αὐτοῦ*. *Lebas-Foucart 340c* Tegeatae homini cuidam tribuunt *ἀσφάλειαν*

---

5) cum huius vocis usu iam Boeckh contulit Thuc. IV 111; nunc vid. etiam n. 20 et n. 70 in.

6) ΔΟΛΟΙΣΙΝ scribi non licere, ΔΟΥΛΟΙΣΙΝ autem spatii rationibus refutari olim Kirchh. censuerat, sed neque insolenter litteram praeter ordinem legitimum addi modo vidimus et genuinam quoque diphthongum simplici O exprimi illa aetate lapides satis docuerunt, vid. Meisterhans *Gramm. d. att. Inschr.*[3] p. 62.

7) Haussoullier quod hoc supplementum apographo Chandleri '*qui lisait οισιν*' condemnatum putat (*Rev. crit. l. c.*), vehementer ac mire errat. Re enim vera Chandler ΑΣΙΝ legit ut, cum is primus ac multo ante Hicksium lapidem viderit, supplementum vel huius ipsius auctoritate defendi possit. Confundit ille Chandlerum cum Rosio: is enim sane in apographo ΟΙΣΙΝ dedit, sed quantillum huic lectioni tribui oporteat, luculenter inde apparet, quod neglecto suo apographo supplevit *ταμί*]*ασιν*, Chandleri igitur testimonium ipse secutus est. Unde paene collegeris illud ΟΙΣΙΝ errore in v. 10 e v. 9 ab eo repetitum esse.

καὶ ἐν πολέμοι καὶ ἐν ἰράνει καὶ αὐτõι καὶ ἐκγόνοις καὶ χρήμασι, *MAI* 1896 p. 248 (cf. p. 110) asylia decernitur *Σοταίροι τοῖ Κορινθίοι καὐτοῖ καὶ γένει καὶ Ϝοικιάταις καὶ χρέμασιν*, Coi denique solent proxenis suis *ἔσπλουν καὶ ἔκπλουν καὶ ἐμ πολέμοι καὶ ἐν εἰράναι ἀσυλεὶ καὶ ἀσπονδεὶ καὶ αὐτοῖς καὶ χρήμασιν* decernere (*Paton-Hicks Inscr. of Cos* n. 1 sqq.). De voce *ὀθνεῖος*, quam pro *ἀλλότριος* Atticos dixisse constat e Bekk. Anecd. p. 1095, cf. Isaeus or. VIII 16 *περὶ ἣν μάλιστ' ἐκεῖνος θυσίαν ἐσπούδαζε καὶ οὔτε δούλους προσῆγεν οὔτε ἐλευθέρους ὀθνείους*.

v. 18 *διχομηνίας* quod Sauppe coniectura restituerat, Hicks e lapide ipso confirmavit; interim vox e scriptoribus (Hesych. s. v.) antehac nota denuo in titulis apparuit, Prott *Fasti* 8 v. 4 et *Inschr. v. Magn.* 2 v. 4.

Lateris C initium v. 1—10 novo illo fragmento reperto optime a Kirchhoffio restitutum est, neque obstat quod bis ita ordo scripturae *στοιχηδόν* dispositae turbatur (cf. not. 3). Sequentibus autem item de mercede sacerdotum Eleusiniorum agi e vestigiis v. 17 et 18 apparet, ubi solitam formulam *λαμβάνειν παρὰ τοῦ μύστου ἑκάστου* certo restituisse mihi videor.

v. 12 quod olim conieceram *δαιδ]οχιõν* pravum; ne *κλερ]οχιõν* quidem placet. v. 20 sq. temptaveris *μὲ ἐ̃[ναι μεδὲν λ|αμβάνεν π]λὲν τõ ἀφ[ορισμένο | μισθ]õ*. Deinde v. 20—25 Wilhelm solito acumine summaque cum probabilitate restituit; mirum autem est hoc loco solos Ceryces commemorari, nam minime penes hanc unam gentem potestas initiandi fuit, immo sequentibus verbis diserte praecipitur *μ[υ]ε̃ν δ' εἶ[ναι τοῖς] ὃσι [Κε]ρύκον [καὶ] Εὐ[μολπιδõν]*, si modo haec recte ita Dittenb. supplevit.[8])

v. 28—29 *τ]õ δὲ ἱερõ ἀργυρί[ο τὸ μὲν ἐχ θ]εσ[αυρõν γενό-μ]εν[ον* recte me restituisse confido antiquo capiti (v. 32) *τὰ ἐπέτεια* opponens (cf. *IG* I 32 v. 25 *λόγον διδόντων τῶν τε ὄντων χρημάτων καὶ τῶν προσιόντων τοῖς θεοῖς*). Eodem modo in rationibus Deliacis nuperrime integris editis (*BCH* XXVII 1903 p. 64 v. 4 et 6) pars redituum nomine *ἐχ θησαυρῶν* distinguitur[9]). Deinceps supplementum *ἐν περιβ]όλο[ι τõι νοτόθ]εν* quod primus proposuit Kirchhoff et ab hoc editores omnes receperunt, ego nunc non recepi, eoque magis

8) repugnare videtur glossa Photii *Φιλλεῖδαι· γένος ἐστὶν Ἀθήνησιν· ἐκ δὲ τούτου ἡ ἱέρεια τῆς Δήμητρος καὶ Κόρης ἡ μυοῦσα τοὺς μύστας ἐν Ἐλευσῖνι*; sane hoc testimonium Foucart *BCH* VII p. 396 et Toepffer *Att. Gen.* p. 63 et 93 sq. ad sacra Haloa referendum censuerunt, sed commoti his ipsis tituli verbis a Dttb. restitutis; vereor igitur ne in tali fere circulo, qualem vitiosum dicunt, versemur. Utique voce *τοὺς μύστας ἐν Ἐλευσῖνι* non magnorum mysteriorum mystas dici nemo facile sibi persuadebit, praesertim cum Haloa mysteria feminis solis patuisse videantur (*Rhein. Mus.* XXV p. 557 in schol. ad Lucian.). Duo testimonia A. Mommsen *Feste* p. 272 (similiter iam Nowossadski in comm. Russica, vid. Toepffer l. c. 63) ita conciliare studuit, ut Philleidas ipsorum Cerycum familiam propriam fuisse censeret.

9) displicet sane participium aoristi, pro quo *τὸ — γιγνόμενον* vel *τὸ ἀεὶ — γιγνόμενον* in tali sententia expectamus; ceterum *γενόμενον* iam Dittenberger suppleverat.

prohibendum duxi, quia verba tamquam certa et explorata ad topographiam arcis constituendam adhiberi video. Minime autem sunt certa, immo talis loci definitio parum accurata est, ut recte iam White monuit [10]), atque aedificii potius mentionem quam periboli aperti exspectamus. Sane quod Curtius proposuit *ἐν τε̃ι ϑ]όλο[ι* per se haud improbabile lacunae non sufficit. Ne *νοτόϑ]εν* quidem certum, nec coniectura Doerpfeldii *ὄπισϑ]εν* eo satis reicitur, quod in lege Hecatompedi n. 1 v. 9—10 locus quidam *νο]τόϑεν τõ νεώ* commemoratur. — Multo probabilius *τõ τε̃ς 'Αϑεναία[ς ἀρχαίο νε]ό* a Kirchhoffio restitutum, quamquam ne id quidem prorsus certum. Pertinet autem hic quoque locus ad summam de antiquo templo controversiam. [11]) Illo enim ipso supplemento, unde iam ante a. 460 fuisse in arce *ἀρχαῖον νεών* sequeretur [12]), nonnullis Doerpfeldii de templis arcis sententia refutari videbatur; nam quod ille propter fundamenta Parthenonis antiquioris tum Hecatompedon *ἀρχαῖον ν.* nominatum esse monuit, id fieri potuisse negaverunt. [13]) Sed vereor ne quaestio ita parum recte posita sit. Tenendum enim est hanc inscriptionem non fuisse decretum de re tum semel perficienda, sed legem, qua ordo mysteriorum in perpetuum constitueretur. Neque igitur improbabile duco Athenienses, quippe cum fore ut Parthenon ille nunquam perficeretur, suspicari non possent, cavendum sibi existimasse — nimirum non propter fundamenta iacta, sed propter aedem iam iam futuram — ne ambiguitatem quae brevi molesta foret provisam legi sacri inferrent. Utique hoc loco cautissime utendum est.

v. 34 *τοῖ]ς ἱεροποιο[ῖσι] το[ῖν Θεοῖν*: hoc nomen felicissime restituit Dittenberger; eiusdem generis sunt atque ii, quos olim in plurimis templis fuisse pecuniisque administrandis operam dedisse constat e lege de reliquorum deorum quaestoribus (*IG* I 32 v. 18: *παρὰ δὲ τῶν νῦν ταμιῶν καὶ τῶν ἐπιστατῶν καὶ τῶν ἱεροποιῶν τῶν ἐν τοῖς ἱεροῖς, οἳ νῦν διαχειρίζουσιν*). — v. 36sq. orborum mentio notatu digna, fortasse inde explicanda, quod mercede supra constituta liberati erant. [14])

Deinde v. 38—42 praeceptum ipsum eo pertinuisse quo loco mystae initiarentur, non credo, quia fani aula quamvis magno muro saepta [15]) huic rei vix apta fuit. De conventu potius mystarum, qui primo mysteriorum die [16]) fiebat, vel de sacrificio ab iis peragendo [17]) agi conicio.

10) *Harv. Studies vol.* VI p. 45, 2; cf. etiam Körte *Rhein. Mus.* LIII p. 251, Furtwängler *Meisterwerke* p. 165, 3.

11) primus id monuit rectissime Petersen *MAI* XII p. 65.

12) accedit alterum testimonium schol. Arist. Lys. 273 ex decreto anni a. Chr. n. 506, quod attulit Wilamowitz *Aus Kydathen* p. 69sq., sed cf. Michaelis l. c. p. 10.

13) Doerpfeld *MAI* XXII 168 defendit, negaverunt Milchhoefer *Über d. alten Burgheiligthümer* p. 20sq., Br. Keil *Anon. Argent.* p. 91, Michaelis *Arch. Jahrb.* XVII p. 11.

14) idem Foucart coniecit *l. c.* p. 97.

15) de muro cf. Rubensohn *Mysterienheiligtümer* p. 15sqq., Foucart *Grands Mystères* p. 131sq.

16) Hesych. s. v. *ἀγυρμός· ἐκκλησία. συγκρότησις. ἐστὶ δὲ πᾶν τὸ ἀγειρόμενον. καὶ τῶν μυστηρίων ἡμέρα πρώτη.*

17) (Dem.) adv. Neaer. 116 *ἄλλα τε κατηγορήϑη αὐτοῦ (τοῦ ἱεροφάντου) καὶ*

v. 43—46 aut statim aut postea additos[18]) ad exemplum initii lateris C restituendos esse patet; artius autem hic collocati versus litterarum tricenarum fere quaternarum fuerunt.[19]) v. 44 extr. olim suppleveram τ[ὸς ἱεροποιὸς τ]ο[[ῖ]]ν ϑεοῖν coll. v. 33, ubi eorundem mentio fit, sed nec veri simile est eos mysteriis ipsis interfuisse administrandis, unde merces a mystis iis deberetur, et insuper ita scriptura lapidis T]ON mutanda esset. Neque igitur dubito id, quod Foucart acute coniecit τ[ὸν φαιδυντὲν τ]ὸν Θεοῖν[20]) recipere. — v. 45 extr. ego suppleveram τὸν ἱερέα το[ῖν Θεοῖν], sed ut recte F. contra Boeckhium, qui idem v. 43 restituerat, monuit, ἱερεὺς Θεοῖν nusquam cognoscitur feminamque Philleidis ortam hoc sacerdotio functam esse constat.[21]) Foucart ipse legit τὸν ἱερέα τὸ[ν Θεõ καὶ Θεᾶς[22]) λ]αμβάνεν κτλ., cui coniecturae quamvis speciosae duae res repugnant: primum enim de mysteriorum cultu Cereris Proserpinaeque proprio agitur, quare aliorum deorum Eleusiniorum cultus prohibendus est; accedit quod spatium iam non sufficeret accusativo μισϑὸν supplendo, quem tamen ante verbum λαμβάνεν in hoc praesertim additamento requirimus. Itaque ne hoc quidem supplementum probari potest. Relinquitur ni fallor ut restituamus τὸν ἱερέα τὸ[ν παναγε̃ μισϑὸν | λ]αμβάνεν κτλ., de cuius munere etsi nihil certi constat[23]), antiquitus tamen id institutum fuisse non est cur negemus.

v. 45 non ὀβολόν, sed ἡμιοβέλιον scriptum fuisse spatii rationes ostendunt, neque verisimile est sacerdotes, qui hoc loco commemorantur, eadem mercede usos esse atque ipsum hierophanten (v. 5 sqq.).

ὅτι Σινώπῃ.... τῇ ἑταίρᾳ Ἁλῴοις ἐπὶ τῆς ἐσχάρας τῆς ἐν τῇ αὐλῇ Ἐλευσῖνι προσαγούσῃ ἱερεῖον ϑύσειεν οὐ νομίμου ὄντος ἐν ταύτῃ τῇ ἡμέρᾳ ἱερεῖα ϑύειν οὐδ' ἐκείνου οὔσης τῆς ϑυσίας ἀλλὰ τῆς ἱερείας.

18) e scriptura τότον, quae certo adhuc non nisi in titulis exeuntis saeculi innotuit (cf. Meisterhans l. c. p. 63 adn. 538), collegeris versus item exeunte saeculo quinto additos esse. Sed fieri potuit, ut propter spatii angustias sicut aspirationis nota carent, ita simplex quoque O pro OY scriberetur. Cf. etiam *MAI* XVIII p. 225 sqq. ubi antiquissimae inscriptionis Atticae v. 2 Studniczka haud improbabiliter legendum proposuit: τo͡το δεκα̃ν μιν.

19) integri versus superiores fuerunt vicenarum ternarum litterarum; viginti tres autem, quae extant v. 43, idem spatium ac sedecim superioris versus litterae tenent; unde quot fere litteras v. 43 integer exhibuerit, facile computatur.

20) cf. de eo n. 7 p. 34.

21) vid. de ea Toepffer *Att. Geneal.* p. 94 sqq., Foucart l. c. p. 67 sqq., A. Mommsen *Feste* p. 265.

22) cf. notissimum anaglyphum quod dedicavit Lakrateides ἱερεὺς Θεοῦ καὶ Θεᾶς καὶ Εὐβουλέως (vid. p. 27 cum adn. 35); quem sacerdotem in ipsis mysteriis partes quasdam sustinuisse e repraesentatione anaglyphi audacius collegit Foucart; ceterum Εὐβουλέως nomen ibi addi moneo.

23) occurrit in titulis aetatis imperatoriae (*IG* III 716. 717. 70a, sella κήρυκος παναγοῦς καὶ ἱερέως *ib.* 266), sed antiquior origo vel inde apparet, quod e Cerycum gente creabatur (Toepffer *l. c.* p. 90); et sacerdotem hunc et ἱερείας παναγεῖς (Hesych. s. παναγεῖς) simulacris circumgestandis operam dedisse coniecit Nowossadski coll. Iul. or. V 173 παρὰ Ἀϑηναίοις οἱ τῶν ἀρρήτων ἁπτόμενοι παναγεῖς.

4. Tabula marmorea inventa Eleusine in fundo quodam privato haud procul a mari, Athenas translata in museum nationale. Edd. Eustratiadis *Παλιγγενεσία* 1880 *Φεβρ.* 18 et 28, *Ἀθήναιον* VIII p. 405 sqq., P. Foucart *BCH* IV p. 225 sqq. (tab. IV), Dittenberger *Syll.*[1] 13, Kirchhoff *IG* I suppl. p. 59 n. 27[b] et collatione lapidis usus a Koehlero facta et ectypo chartaceo a Phinticle misso, ego in dissertatione p. 16 sqq., Michel *Recueil* 71, Dittenberger *Syll.*[2] 20. Cf. praeterea quae disseruerunt Lipsius *Leipz. Stud.* III p. 207 sqq. Sauppe *Ind. lect. hib. acad. Gott.* 1880/81 (= *Ausgew. Schriften* p. 729 sqq.). A. Schmidt *Jahrb. f. Philol.* 1885 p. 681 sqq., White *Ἐφ. Ἀρχ.* 1894 p. 35, L. Ziehen *Rhein. Mus.* LI p. 219 sqq. et *Berichte d. Freien Deutschen Hochstiftes zu Frankf.* 1899 p. 212, A. Körte *MAI* XXI (1896) p. 320 sqq., Fr. Groh *Listy filol.* XXV p. 255 sq., v. Prott *Bursians Jahresber.* CII p. 115 sq., Busolt *Griech. Gesch.* III 1, p. 474 sq., Pringsheim *Arch. Beitr. z. Gesch. d. Eleus. Kults* p. 109 sqq. Alterius exemplaris, quod collocatum erat in arce, frustulum invenit Wilhelm et ed. *Oesterr. Jahreshefte* VI 1903 p. 10 sqq.

Τιμο]τέλ[ε]c Ἀχαρνε[ὺc] ἐγραμμάτευε.

Ἔδοχc]εν τε͂ι βολε͂ι καὶ τõι δέμοι, Κεκροπὶc ἐπρυτάνευε, Τιμοτέ|-[λεc ἐ]γραμμάτευε, Κυκνέαc ἐπεcτάτε· Τάδε οἱ χcυγγραφε͂c[1]) χcυνέ|-[γρ]αφcαν· ἀπάρχεcθαι τοῖν Θεοῖ ντõ καρπõ κατὰ τὰ πάτρια καὶ τὲ‖ν μαντείαν τὲν ἐγ Δελφõν Ἀθεναίοc ἀπὸ τõν hεκατὸν μεδίμνον [κ]‖ριθõν μὲ ἔλαττον ἒ hεκτέα, πυρõν δὲ ἀπὸ τõν hεκατὸν μεδίμνον μ|ὲ ἔλαττον ⟦ἒ⟧ hεμιέκτεον· ἐὰν δέ τιc πλείο καρπὸν ποιε͂ι ἒ τ[οcοῦτο]‖ν[2]) ἒ ὀλείζο, κατὰ τὸν αὐτὸν λόγον ἀπάρχεcθαι· ἐγλέγεν δὲ [τὸc δ]εμ|-άρχοc κατὰ τὸc δέμοc καὶ παραδιδόναι τοῖc hιεροποιοῖc τοῖc ‖ Ἐλευ-cινόθεν Ἐλευcινάδε· οἰκοδομε͂cαι δὲ cιρὸc[3]) τρε͂c Ἐλευcῖν|ι κατὰ τὰ πάτρια hόπο ἂν δοκε͂ι τοῖc hιεροποιοῖc καὶ τõι ἀρ[χ]ιτ|έκτονι ἐπιτέδειον ἒναι, ἀπὸ τõ ἀργυρίο τõ τοῖν Θεοῖν, τὸ[ν δὲ κα]‖ρπὸν ἐνθαυθοῖ ἐμ-βάλλεν hὸν ἂν παραλάβοcι παρὰ τõν δεμάρ[χον]· | ἀπάρχεcθαι δὲ καὶ τὸc χcυμμάχοc κατὰ ταὐτά· τὰc δὲ πόλεc [ἐγ]λ[ο]‖γέαc hελέcθαι τõ καρπõ καθότι ἂν δοκε͂ι αὐτε͂cι ἄριcτα ὁ καρπὸ|[c] ἐγλεγέcεcθαι· ἐπειδὰν δὲ ἐγλεχθε͂ι, ἀποπεμφcάντον Ἀθέναζε, | τὸc δὲ ἀγαγόνταc παραδιδόναι τοῖc hιεροποιοῖc τοῖc Ἐλευcι|νόθεν Ἐλευcινάδε· ἐ[ὰ]ν δὲ μὲ παραδέχcονται πέντε ἐμερõν. . . .[4]) | ἐπειδὰν ἐπανγγελε͂ι, παραδιδόντον τõν ἐκ τε͂c πόλεοc hόθεν ἂν [ἒ‖ι] ὁ κα[ρπ]όc, εὐθυνόcθον[5]) hοι hιεροποιοὶ χιλίαιcιν δραχμε͂cι [h|έκαc]τοc· καὶ παρὰ τõν δεμάρχον κατὰ ταὐτὰ παραδέχεcθαι· [κέρ]υ|[κα]c δὲ hελομένε hε βολὲ πεμφcάτο

---

1) de his cf. Foucart l. c. p. 248 sqq., Sauppe l. c. p. 10 sqq., A. Schmidt l. c. p. 668 sq.

2) ET.Σ.... Fouc., ETOΣΠ..O Koehler, v. 8 autem initio in ectypo clare N apparuit; supplevit Kirchhoff.

3) siros maxime frumenti condendi causa effossos esse constat; quomodo effoderentur, accuratius descripsit Philo *Μηχ. Συντ.* V 2 p. 86 ed. R. Schoene.

4) *ὅλον* (= *ὅλων*) suppl. Schm., sed sicut conexus causa inter *πέντε ἡμερῶν* et *ἐπειδὰν ἐπαγγελθῇ* nihil desideratur, ita in altero exemplari nihil fuisse scriptum statuit W. qui litteras ΕΠΕΙ errore bis repetitas priore deinde loco erasas esse coniecit.

5) *εὐθυνέσθον* in altero exemplari.

ἐϲ τὰϲ πόλεϲ ἀ[γ]γέλλον[τ]αϲ [τὰ | νῦν][6]) hεφϲεφιϲμένα το̑ι δέμοι, τὸ μὲν νῦν ε̑ναι hοϲ τάχιϲτα, τὸ δὲ [λ]|οιπὸν hόταν δοκε̑ι αὐτε̑ι· κελευέτο δὲ καὶ hο hιεροφάντεϲ καὶ [ὁ] || δαιδο̑χοϲ μυϲτερίοιϲ ἀπάρχεϲθαι τὸϲ Ηέλλεναϲ το̑ καρπο̑ κατὰ | τὰ πάτρια καὶ τὲν μαντείαν τὲν ἐγ Δελφο̑ν· ἀναγράφϲαντεϲ δὲ ἐ[μ] | πινακίοι τὸ μέτρον το̑ καρπο̑ το̑ τε παρὰ το̑ν δεμάρχον κατὰ τὸ[ν δ|ε̑]μον hέκαϲτον καὶ το̑ παρὰ το̑ν πόλεον κατὰ τὲν πόλιν hεκάϲ[τεν | κ]αταθέντον ἔν τε το̑ι Ἐλευϲινίοι Ἐλευϲι̑νι καὶ ἐν το̑ι βολ[ευτ]ε||[ρ]ίοι· ἐπαγγέλλεν δὲ τὲν βολὲν καὶ τε̑ϲι ἄλλεϲι πόλεϲιν [τ]ε̑[ϲι] Ηε|[λ]λενικε̑ϲιν ἁπάϲεϲι hόποι ἂν δοκε̑ι αὐτε̑ι δυνατὸν ε̑ναι, λ[έγο]ν|ταϲ μὲν κατὰ hὰ Ἀθεναι̑οι ἀπάρχονται καὶ οἱ χϲύμμαχοι, ἐκε[ίνοι|ϲ] δὲ μὲ ἐπιτάττονταϲ, κελεύονταϲ δὲ ἀπάρχεϲθαι ἐὰν βόλονται | [κ]ατὰ τὰ πάτρια καὶ τὲν μαντείαν τὲν ἐγ Δελφο̑ν· παραδέχεϲθαι δ||ὲ καὶ παρὰ τούτον το̑ν πόλεον ἐάν τιϲ ἀπάγει, τὸϲ hιεροποιὸϲ κα|τὰ ταὐτά· θύεν δὲ ἀπὸ μὲν το̑ πελανο̑[7]) καθότι ἂν Εὐμολπίδαι [ἐχϲhε|γο̑]νται, τρίττοιαν δὲ βόαρχον χρυϲόκερον τοι̑ν Θεοι̑ν hεκα[τέρ|αι ἀ]πὸ το̑ν κριθο̑ν καὶ το̑ν πυρο̑ν καὶ το̑ι Τριπτολέμοι καὶ το̑ι [Θε]|ο̑ι καὶ τε̑ι Θεα̑ι καὶ το̑ι Εὐβόλοι hιερει̑ον hεκάϲτοι τέλεον καὶ || τε̑ι Ἀθεναίαι βο̑ν χρυϲόκερον· τὰϲ δὲ ἄλλαϲ κριθὰϲ καὶ πυρὸϲ ἀπ|οδομένοϲ τὸϲ hιεροποιὸϲ μετὰ τε̑ϲ βολε̑ϲ ἀναθέματα ἀνατιθέν|αι τοι̑ν Θεοι̑ν ποιεϲαμένοϲ hάττ' ἂν το̑ι δέμοι το̑ι Ἀθεναίον δοκε̑|ι, καὶ ἐπιγράφεν τοι̑ϲ ἀναθέμαϲιν hότι ἀπὸ το̑ καρπο̑ τε̑ϲ ἀπαρχε̑|ϲ ἀνεθέθε καὶ Ηελλένον το̑ν ἀπαρχομένον· [τοι̑]ϲ δὲ ταυ̑τα ποιο̑ϲι || πολλὰ ἀγαθὰ ε̑ναι καὶ εὐκαρπίαν καὶ πολυκαρπία[ν hοί]τινεϲ ἂν | [μ]ὲ ἀδικο̑ϲι Ἀθεναίοϲ μεδὲ τὲν πόλιν τὲν Ἀθεναίον μεδὲ τὸ Θεό.

| Λ]άμπον εἰ̑πε· τὰ μὲν ἄλλα καθάπερ αἱ χϲυγγραφαὶ τε̑ϲ ἀπαρχε̑ϲ το̑ | καρπο̑ τοι̑ν Θεοι̑ν, τὰϲ δὲ χϲυνγραφὰϲ καὶ τὸ φϲέφιϲμα τόδε ἀναγ|ραφϲάτο hο γραμματεὺϲ hο τε̑ϲ βολε̑ϲ ἐν ϲτέλαιν δυοι̑ν λιθίναι||ν καὶ καταθέτο τὲν μὲν Ἐλευϲι̑νι ἐν το̑ι hιερο̑ι, τὲν δὲ hετέραν [ἐ]|μ πόλει· hοι δὲ πολεταὶ ἀπομιϲθοϲάντον τὸ ϲτέλα, hοι δὲ κολ[ακρ]|έται δόντον τὸ ἀργύριον· ταυ̑τα μὲν πε[ρ]ὶ τε̑ϲ ἀπαρχε̑ϲ το̑ καρ[π]ο̑ [τ]|οι̑ν Θεοι̑ν ἀναγράφϲαι ἐϲ τὸ ϲτέλ[α], με̑να δὲ ⁝⁝⁝ ἐμβάλλεν Ηεκατονβ|αιο̑να τὸν νέον ἄρχοντα· τὸν δὲ βαϲιλέα hορίϲαι τὰ hιερὰ τὰ ἐν τ[ο̑]||ι Πελαργικο̑ι[8]), καὶ τὸ λοιπὸν μὲ ἐνhιδρύεϲθαι βομὸϲ ἐν το̑ι Πελα|ργικο̑ι ἄνευ τε̑ϲ βολε̑ϲ καὶ το̑ δέμο, μεδὲ τὸϲ λίθοϲ τέμνεν ἐκ το̑ [Π]|ελαργικο̑ μεδὲ γε̑ν ἐχϲάγεν μεδὲ λίθοϲ· ἐὰν δέ τιϲ παραβαίνει | τ⁝⁝⁝ούτον τι, ἀποτινέτο πεντακοϲίαϲ δραχμάϲ, ἐϲαγγελλέτο δὲ h|[ο] βαϲιλεὺϲ

---

6) suppl. Usener; in ectypo ante ΕΦΣ certa litterae sive Η sive Ν vestigia cognosci auctor est Kirchh., supplementa igitur *τάδε τὰ ἐψ.* (S.), *κατὰ τὰ ψ.* (F.) una littera longiora sunt.

7) ultimam acui Buecheler monuit ad Herond. mim. IV 91 papyri scriptura nisus et praecepto Herodiani.

8) eadem scriptura Aristoph. Av. 832 et in cod. Laur. Thuc. II 17.

ἐς τὲν βολέν· περὶ δὲ το͂ ἐλαίο τε͂ς ἀπαρχε͂ς χσυγγράφ‖σας Λάμπον ἐπιδειχσάτο τε͂ι βολε͂ι ἐπὶ τε͂ς ἐνάτες πρυτανείας[9]), | hε δὲ βολὲ ἐς τὸν δε͂μον ἐχσενενκέτο ἐπάναγκες.

Decretum de primitiis frumenti Eleusina consecrandis litteris vulgaribus Atticis quales post a. 446 obtinuerunt *στοιχηδὸν* incisum. Quod cum omnes olim sive annis inter indutias triginta annorum et bellum Peloponnesiacum interpositis sive huius belli initiis tribuissemus, primus Alfredus Körte et litteratura et sermonis formis Niciae pacis annos indicari docuit, id quod de alterius exemplaris frustulo nuper Adolfus Wilhelm confirmavit. Iam Körte rationibus Eleusiniis annorum 422/1—419/8, quibus epistatae pecuniam ab hieropoeis *ἀπὸ τοῦ σίτου τῆς ἀπαρχῆς* acceptam referunt (*IG* I suppl. p. 174 n. 225 k)[10]), comparatis post hos annos ac potissimum a. 418 legem rogatam esse censuit: pecunias enim illic recensas tam exiguas esse et tam exiguam primitiarum consecrationem inde computandam, ut illis annis iam hanc legem valuisse incredibile sit. At hac in re manifesto vir doctissimus errat, nullam enim in computatione sua rationem habuit donariorum hieropoeis ex iis quae post hostias coemptas superessent pecuniis comparandorum (v. 40 *τὰς δὲ ἄλλας κριθὰς καὶ πυροὺς ἀποδομένους τοὺς ἱεροποιοὺς μετὰ τῆς βουλῆς ἀναθήματα ἀνατιθέναι τοῖν Θεοῖν*), unde paululum pecuniae remansisse quod hieropoei epistatis traderent par et consentaneum est. Equidem decreto et rationibus illis comparatis contrarium atque ille colligo: per annos enim 431—425[11]) propter Archidami in terram Atticam inruptiones primitiae consecrari necessario desitae erant, annis 422—418 eas esse consecratas rationes testantur; iam cum illius fere aetatis habeamus decretum quo consecrationem *κατὰ τὰ πάτρια καὶ τὴν μαντείαν τὴν ἐγ Δελφῶν* sanciri videmus, num id quattuor demum annis postquam denuo fieri coeperat, latam esse credamus? Immo rationes annorum 422—418 ex hoc iam decreto factas esse veri simillimum est neque id pugnat cum rebus tum gestis; anni enim 423 mense Elaphebolione indutiae ab Atheniensibus cum Lacedaemoniis factae sunt novaque spes pacis animos pervasit[12]); eodem anno fastos valde turbatos esse constat ex Aristoph. Nub. 615 sqq., quocum optime convenit praeceptum de mense intercalando v. 53 sq.; verba denique decreti *ἐπαγγέλλειν δὲ τὴν βουλὴν καὶ τῆσι ἄλλησι πόλεσιν τῆσι Ἑλληνικῆσιν ἁπάσησι ὅποι ἂν δοκῆι αὐτῆι δυνατὸν εἶναι* anno

9) ante nonam igitur prytaniam decretum ipsum factum est.

10) cf. e. g. v. 3 sq. *ἐπὶ τῆς βουλ]ῆς ἧι Πρέπις π[ρῶτος ἐγραμμάτευε ἐπ' Ἀρ]ιστίωνος ἄρχοντος* (421/0) *ἐπ[ιστάται Ἐλευσιν]όθεν, οἷσι Φιλόστρατο[ς Κυδαθηναιεὺς ἐ]γραμμάτευε, παρεδέξαντο [παρ' ἱεροπ]οιῶν Ἐλευσῖνι Θεοξένου Κεφαλῆθ[εν καὶ] ξυναρχόντων [ἀργύρι]ον ἀπὸ τοῦ σίτου τῆς ἀπαρχῆς τοῖν Θ[εοῖ]ν* Γꟷ.

11) sed ne insequente quidem anno agricolas in agros rediisse multos veri simile, quia fore ut Lacedaemonii Atheniensium de captivis minis commoti (Thuc. IV 41) invasione usitata desisterent incertum erat, cf. E. Meyer *Gesch. d. Altertums* IV p. 389.

12) Thucyd. IV 117 sqq.; sane quanta fuerit pacis spes quantaque Atheniensium spes veteris potentiae et auctoritatis recuperandae, hoc demum decreto, si modo recte id huc rettuli, plane cognoscitur.

indutiarum aptissima sunt, quippe quae indutiae in belli regione Thracia patrari non potuerint (Thuc. IV 122 sqq.), ut hinc sane non possent primitiae expectari. Anno igitur 423/22 ac si prytaniae definitioni v. 60 tantum tribuere licet, octava prytania archontis Amyniae Athenienses haec sanxisse persuasum habeo.

Duae autem sunt tituli partes; decreto enim ipsi adnectitur additamentum Lamponis[13]), quod etsi pauca de inscribendo illo addit, praecipue tamen ad res specie alienas, Pelargici curam et mensis intercalationem, pertinet. Quaeritur qua ratione cum decreto coniunctum sit, nam aliqua certe ratione coniunctum sit necesse est. Foucart cum verbis ter recurrentibus *κατὰ τὰ πάτρια καὶ τὴν μαντείαν τὴν ἐγ Δελφῶν* (v. 4/5, 26, 34) adductus legem de primitiis oraculi iussu rogatam existimaret, res a Lampone additas ipsas quoque eiusdem oraculi iussu praecipi coniecit et illud oraculi Pythici *ἀκροτελεύτιον* ʻ*τὸ Πελασγικὸν ἀργὸν ἄμεινον*', quod Thucydides ab Atheniensibus ineunte bello neglectum narrat (II 17), adhibuit. Iam hoc oraculum falso ab eo adhiberi cum aliunde[14]) tum aetate tituli nunc rectius definita arguitur. Sed universum hoc conamen legem et additamentum eius ex oraculi iussu repetendi fundamento caret. Verba enim decreti *κατὰ τὰ πάτρια καὶ τὴν μαντείαν τὴν ἐγ Δελφῶν*, etsi vix est dubium quin re vera antiquum oraculum respiciant[15]), hic tamen unam[16]) potius formulam efficiunt, qua quid et antiquitus et divinitus commendatum praedicetur. Tum vero — atque id gravissimum — in additamento Lamponis nulla omnino oraculi ac ne formulae quidem illius mentio inest. Explicare igitur debemus additamentum e rebus ipsis. Nec tamen A. Schmidt, quod novas aras propter futuras ipsorum Atheniensium dedicationes prohibitas esse eademque de causa cautum coniecit ne lapides humusque i. e. materies donariorum auferrentur, mihi persuasit. Illud licet concedamus, hoc veri plane dissimile videtur. Nam id ipsum, quod non semel[17]) eodem modo de integritate fanorum cavetur, hunc usum sollemnem fuisse declarat et una eademque ratione explicandum, religione terrae sacrae. Itaque nescio an artior quidam Eleusinii et Pelargici conexus sta-

---

13) vates est notissimus qui *ἐξηγητής* vocabatur (schol. Aristoph. Nub. 331, Eupol. II p. 545, 23 M.); *ἐξηγητὴν πυθόχρηστον* eum fuisse coniecit Sauppe et comprobavit Dittenb. propter oraculi mentionem v. 5, quae tamen ratio caduca est, vid. supra.

14) *ἀκροτελεύτιον* quod Thucydides spectat, si modo oraculi est ad ipsum Pelargicum pertinentis, antiqui fuisse oraculi multo ante annum 430 dati, quod in summo rerum discrimine denuo homines recordabantur, verborum Thucydidis tenor ac conexus satis clare ostendit. Nunc autem quid re vera *ἀκροτελεύτιον* illud sibi vellet, felicissimo acumine perspexisse videtur Wolters (apud Kört. l. c. p. 330 not. 3), admonens idem *ἀκροτελεύτιον* una mutata littera, diversissimo sane sensu, legi in celeberrimo de Megaris oraculo (Anth. Pal. XIV 73):

Γαίης μὲν πάσης τὸ Πελασγικὸν Ἄργος ἄμεινον
Ἵπποι Θεσσαλικαὶ Λακεδαιμόνιαί τε γυναῖκες.

15) cf. A. Schmidt l. c. p. 688 sq. — oracula ab Isocrate (Paneg. 31) allata recentiora sunt.

16) alterum *κατά* omissum esse moneo.

17) cf. quae ad n. 34 et 87 attuli.

tuendus sit[18]), curaque Pelargici penes sacerdotes Eleusinios fuerit, qui cum splendori cultus consulerent Eleusinii, illius quoque integritati providebant. Causam autem ipsius curae cave ne inde repetas, quod bello Archidamico illa quoque arcis pars habitationibus occupata erat: verba certe *μηδὲ τὸς λίθος τέμνειν ἐκ τοῦ Πελαργικοῦ κτλ.* ad habitationes illas sine dubio modestissimas referri non possunt, sed ad maiores aedificationes spectant. Iam olim, cum vulgo titulus antiquior existimaretur, Loeschcke Pelargici curam vicinis operibus a Mnesicle a. 437 sub arce coeptis motam coniecit[19]); quae coniectura etsi ipsa propter aetatem obtineri nequit, rationem tamen, quam ille secutus est, verissimam duco ac quicunque fuit rerum Eleusiniarum et Pelargici conexus, quod omnino integritati eius cavebatur, metu tali qualem Loeschcke indicavit, optime explicatur. Rogavitne haec Lampon adversus aedis Minervae *Νίκης* fautores (cf. ad n. 11 p. 47 sq.)?

Multo clarior est praecepti de intercalando[20]) Hecatombaeone altero cum decreto superiore conexus. Id enim quod ante Boedromiona, non ut fieri solebat et debebat, post eum mensis intercalatur, manifesto eo spectat, ut dies primitiarum mysteriis offerendarum proferatur.

Ipsius decreti argumentum Sauppe olim cum iis consiliis Periclis comparavit, de quibus Plut. Pericl. 17: *ἀρχομένων δὲ Λακεδαιμονίων ἄχθεσθαι τῇ αὐξήσει τῶν Ἀθηναίων ἐπαίρων ὁ Περικλῆς τὸν δῆμον ἔτι μᾶλλον μέγα φρονεῖν καὶ μεγάλων αὑτὸν ἀξιοῦν πραγμάτων γράφει ψήφισμα πάντας Ἕλληνας τοὺς ὁπήποτε κατοικοῦντας Εὐρώπης ἢ τῆς Ἀσίας παρακαλεῖν καὶ μικρὰν πόλιν καὶ μεγάλην εἰς σύλλογον πέμπειν Ἀθήναζε τοὺς βουλευσομένους περὶ τῶν Ἑλληνικῶν ἱερῶν, ἃ κατέπρησαν οἱ βάρβαροι, καὶ τῶν θυσιῶν, ἃς ὀφείλουσιν ὑπὲρ τῆς Ἑλλάδος εὐξάμενοι τοῖς θεοῖς, ὅτε πρὸς τοὺς βαρβάρους ἐμάχοντο,* et quamquam Periclem huius decreti auctorem non fuisse nunc constat rerumque ipsarum similitudo satis exigua est, tamen et illud et hoc decretum sane isdem consiliis nata sunt Panhellenicis, quae hic cum religione Eleusinia coniungi, ut iam Körte monuit, notatu dignissimum est. Ex eadem autem hac decreti natura facile intellegitur Graecos haud alacres promptosve fuisse ad has primitias offerendas[21]), id quod apparet cum Isocratis verbis IV 31 *αἱ μὲν γὰρ πλεῖσται τῶν πόλεων ὑπόμνημα τῆς παλαιᾶς εὐεργεσίας ἀπαρχὰς τοῦ σίτου καθ' ἕκαστον τὸν ἐνιαυτὸν ὡς ἡμᾶς ἀποπέμπουσι, ταῖς δ' ἐκλειπούσαις πολλάκις ἡ Πυθία προσέταξεν ἀποφέρειν τὰ μέρη τῶν καρπῶν καὶ ποιεῖν πρὸς τὴν πόλιν τὴν ἡμετέραν τὰ πάτρια,* tum rationibus curatorum quaestorumque fani Eleusinii a. 329/8; in his enim praeter ipsos Athenienses et eas civitates, quae

18) ut iam videbatur Curtio *Sitzungsber. d. Berl. Acad.* 1884, p. 502.

19) *Enneakrunosepisode p. 18 sqq.*

20) non de intercalatione mensis, sed de mora interponenda agi A. Schmidt olim demonstrare studuit atque ipse in dissertatione comprobaveram neglectis iis, quae Keil de temporum ratione disseruit *Hermes* XXIX p. 347. Iam enim constat pro Posideone interdum etiam alios menses duplicatos esse velut Gamelionem *IG* II suppl. 733, 5, Anthesterionem *ibid.* 385 c.

21) cf. quae paulo accuratius de hac re disputavi *Ber. d. freien Deutschen Hochstiftes 1899* p. 211 sqq.

etiamtum Atheniensibus oboediebant, nulla e reliquis Graecis consecratio commemoratur.[22])

Ceteroquin tamen hae rationes quam bene conveniant cum iis, quae de sacris faciundis titulo plus centum annis antiquiore decernuntur, primo aspectu apparet, ut in his morari longum sit.[23]) Nec minus tamen quaedam mutata esse videmus, non dico minora illa, quae aut in decreto tum omissa esse aut gliscente aevo accessisse consentaneum est, sed externa totius rei mutata est administratio. Neque enim iam eaedem partes *ἱεροποιῶν ἐγ βουλῆς* sunt atque priorum illorum quibus successerunt: Periclis aetate hieropoei, qui tum vocabantur *ἱ. Ἐλευσινόθεν* vel *Ἐλευσῖνι*, frumentum accipiebant acceptumque vendebant venditique pretio rem faciebant divinam, *ἐπιστάται* autem Eleusinii in illius aetatis decreto ne nominantur quidem. Anno autem 329/8 *ἐπιστάται* primitias annonae, quod e tenore rationum cognoscere liceat, accipiebant, hi profecto eas vendebant

22) *IG* II 2 p. 516 n. 834 b (= *Syll.*[2] 587) v. 263 sqq. *τῆς ἐπαρχῆς τοῖν Θεοῖν τοῦ σίτου κεφάλαια τῆς φυλῆς ἑκάστης* quantum quaeque tribus aliaeque civitates Atheniensibus subditae contribuerint, praescripto v. 279 pergitur:

Κεφάλαιον κριθῶν μέδιμνοι· ΧΗΓΙΙΙ, *ἡμιεκτεῖα τέτταρα, δύο χοίνικες. Ἀπὸ τούτων εἰς* ‖[280] *[π]ροκώνια τοῖν Θεοῖν μέδιμνος· εἰς τὸν πελανὸν ἱεροποιοῖς ἐγ βουλῆς ἑκκαίδεκα μέδιμνοι τρι|[ῶ]ν χοινίκων ἀπολείποντες. Ἀπεδόμεθα μεδίμνους* ΧΔΔΓΙΙ, *ἑκτέα, πένθ' ἡμιχοινίκια καὶ ἐπίμετρα | ταύταις μέδιμνοι* 𐅄ΔΙΙΙΙ, *ἑκτεύ(ς), πένθ' ἡμιχοινίκια. Κεφάλαιον τιμῆς κριθῶν* ΧΧΧ𐅄ΔΔΔ⊢⊢ΙΙΙ *πρα|θεισῶν ἐκ τριῶν δραχμῶν τὸν μέδιμνον ἕκαστον ὡς ὁ δῆμος ἔταξεν· πυρῶν κεφάλαιον μέδιμν[οι]* 𐅄ΔΔΔ., | *δέκα ἡμιεκτεῖα, χοῖνιξ. Ἀπὸ τούτων ⟦εἰς προκώνια⟧ τοῖν Θεοῖν μέδιμνος καὶ εἰς ⟦τὸν⟧ πελανὸν ἱεροποιοῖς ἐγ βουλῆς* ‖[285] Δ *μέδιμνοι καὶ ἐπιβολὴ πένθ' ἡμιεκτεῖα. Ἀπεδόμεθα μεδίμνους* 𐅄ΔΔΙΙ, *ἑκτεῖα, χοίνικα· ἐπίμετρα | τούτοις μέδιμνοι τρεῖς, χοίνικες τρεῖς. Κεφάλαιον τιμῆς πυρῶν τῶν ἑξήκοντα καὶ δυεῖν μεδίμνων |* ΗΗΗ𐅄ΔΛ⊢⊢⊢C, *πραθέντων ἓξ δραχμῶν τοῦ μεδίμνου ἑκάστου, ὡς ὁ δῆμος ἔταξεν, πλὴν τῶν δέκα μεδίμνω(ν)· | τούτων δὲ τιμὴ* Γ. *Κεφάλαιον ἀργυρίου τῆς ἐπαρχῆς τοῦ σίτου* ΧΧΧ𐅅ΔΙΙΙΙΙC. *Ἀπὸ τούτου [τά]δε ἀνήλω|ται· ἱεροποιοῖς ἐγ βουλῆς ὅσον ὁ δῆμος ἔταξεν τοῦ προβάτου καὶ τῆς αἰγὸς ἑκάστου* ΔΔΔ, ‖[290] *ἱερείων τετταράκοντα τριῶν κεφάλαιον* ΧΗΗ𐅄ΔΔΔΔ. *Τῶν βοῶν ἑκάστου* ΗΗΗΗ, *τριῶν βοῶν* ΧΗΗ. *Ἱπποθῶ[ν]|τος ἱερεῖ πελανὸν* ΔΔΔΔΓ⊢⊢⊢⊢Ι. *Προμετρητεῖ μισθὸς ἀπὸ τῶν ἑκατὸν* ⊢C, *κεφάλαιον* Δ⊢⊢ΙΙΙΙC. | *Σανίδων* ΔΙΙΙΙ *τιμὴ καὶ γραφὴ* 𐅄⊢⊢. *Τοῦ πύργου ἐπισκευὴ τῶι σίτωι* 𐅄ΔΔ. *Μισθωτοῖς τοῖς ἐκφέρουσι | τὸν σῖτον τῶν ἑκατὸν μεδίμνων* ΙΙΙΙ, *κεφα.* Γ⊢⊢⊢. *Εἰς τὰς ἱερὰς οἰκίας ταῖς ἱερείαις θυρώματα* ΔΙΙΙΙ | *καὶ σταθμὰ ταῖς θύραις καὶ ὑπερτόναια· τιμὴ ξύλων καὶ ἥλων καὶ κόλλης καὶ μισθωτοῖς ἐργασαμέν(οις)* ‖[295] ΗΗΗΗ𐅄Δ⊢⊢. *Εἰς τὰ ἐπιθύσιμα* 𐅄ΔΔΔΔ *ἱεροποιοῖς ἐγ βουλῆς. Κεφάλαιον λήμματος* ΧΧΧ𐅅ΔΙΙΙΙΙC· *κεφα. | ἀναλώματος* ΧΧΧΗΗΔΔΔΓC. — *Περίεστιν* ⟨Η⟩Η[Η𐅄Δ]ΔΓΙΙΙΙΙ· *τοῦτο παρεδώκαμεν ἱεροποιοῖς τοῖς ἐγ βουλῆς, καὶ ἐξ Ἴμβρο[υ τ]ῆς ἀπαρχῆς οἱ ὕστερον [ἐ]λθόντες τῆς θυσίας, ἣν ἐκόμισε Χαιρέστρατος Ἀναγυράσιος, πυρῶ[ν] μέδιμνοι* ΔΔΔΓΙ *κτλ.* V. 284 quae in lapide sunt *ἀπὸ τούτων εἰς πελανὸν τοῖν Θεοῖν μέδιμνος καὶ ἱεροποιοῖς ἐγβ.* Δ *μέδιμνοι* manifesto vitiosa ad exemplum v. 279 sq. correxi. Item v. 291 errorem lapicidae latere scribendumque esse *Ἱπποθῶντος ἱερεῖ ⟦εἰς⟧ πελανὸν* ΔΔΔΔΓ⊢⊢⊢⊢Ι probabiliter coniecit Stengel *Berl. Phil. Wochenschr.* 1902 p. 782; *ibid.* p. 783 not. 4 acutam et probabilem attulit interpretationem, quam de hoc numero (49 dr. 2 ob.) Fuhr cum eo communicavit.

23) hoc unum afferam, quod in rationibus trium boum computatur pretium, hoc quoque decreto tres sacrificari iuberi boves, duos Cereri et Proserpinae, unum Minervae. Ceterum pretium illud quadringentarum drachmarum singulare est, cf. quae de hac re dixi *Mus. Rhen.* LI p. 215 sq.

atque hieropoeis pecuniam, unde sacrificia fierent, assignabant et id, quod postremo aliis quibusdam expensis factis supererat, tradebant, videlicet ut inde donaria sollemnia dis dedicarentur.[24]) His autem omnibus res ipsa divina tacta non videtur, quae plus centum annos eadem fere mansit atque ab hieropoeis fieri desita non est.

De singulis pauca addo. v. 31: non est quod cum Dittenbergero coll. n. 7 extr.: *στῆσαι τὴν μὲν ἐν Ἐλευσινίῳ τῷ ὑπὸ [τῇ π]όλει, — — τὴν δὲ ἐν Ἐλευσεῖνι ἐν τῷ ἱερῷ πρὸ τοῦ βουλευτηρίου* lapicidam incidere debuisse censeamus *ἔν τε τῶι Ἐλευσινίωι* (sc. *τῷ ὑπὸ πόλει*) *καὶ Ἐλευσῖνι ἐν τῷ βουλευτηρίωι.* Nec enim iam dubitari potest, quin fanum Eleusine situm ipsum quoque *Ἐλευσίνιον* nominatum sit.[25]) Recte igitur se habet *ἔν τε τῷ Ἐλευσινίῳ Ἐλευσῖνι.* Tum autem sequentia verba *ἐν τῶι βουλευτηρίωι* vix de eiusdem Eleusinii senaculo intellegi possunt. Quod licet iam Periclis aetate fuerit[26]), tamen ipsum quoque in fano, *ἐν τῶι Ἐλευσινίωι* fuisse e n. 7 apparet, ut *ἔν τε τῶι Ἐλευσινίωι Ἐλευσῖνι* et *ἐν τῶι βουλευτηρίωι* tamquam aequa membra coniungi non possent. Urbanum igitur senaculum dicitur, ubi alteram tabulam ut omnibus senatoribus praesto esset, posuerunt. — v. 36 *ἀπὸ μὲν τοῦ πελανοῦ*: recte ab aliis placentis *πελανόν* distinxit auctor schol. in Arist. Plut. 661: *ἰστέον δὲ ὅτι τὸν μὲν πελανὸν ἐν τῷ πυρὶ ἔρριπτον, τὰ δὲ πόπανα καὶ τοὺς πλακοῦντας καὶ τἆλλα ἐν μέρει τοῦ βωμοῦ ἐτίθεσαν.* Ceteri veteres grammatici, ubi de hac re agunt, aut secernenda confundunt aut falsa fingunt. Quamquam rectius iis iudicium suppeditare potuerunt Sannyrionis verba poetae comici (Harpocr. s. v. *πελανός*):

πελανὸν καλοῦμεν ἡμεῖς οἱ θεοί
ἃ καλεῖτε σεμνῶς ἄλφιθ' ὑμεῖς οἱ βροτοί.

Hodie Stengelii[27]) opera constat *πελανὸν* non placentam iustam, sed pultem potius fuisse[28]), cui non male *ἄλφιτα* compararentur[29]), idemque hoc sacrificium pristino victui debitum in inferorum potissimum deorum cultu obtinuisse ostendit nec non qua de causa hic obtinuisset, explicavit. Ipsam autem pultis huius naturam accuratius definire licet. Nam cum in rationibus illis legatur v. 279 *κεφάλαιον κριθῶν μέδιμνοι — — — ἀπὸ τούτων*

24) cf. quae accuratius de tota hac re, praecipue de ratione, quae inter *ἱ. Ἐλευσινόθεν* et *ἱ. ἐγ βουλῆς* intercedebat, exposui *Mus. Rhen.* LI p. 219 sqq.

25) defendit lapidis lectionem recte iam Rubensohn *Mysterienheiligtümer* p. 77 cum adn. p. 24; vid. quae adnotavi p. 8 not. 13.

26) cf. Rubensohn *l. c.* p. 81 sqq.

27) *Hermes* XXIX p. 281 sqq. de alia vocis *πελανός* significatione vid. n. 98 v. 11 et quae ibi adnotavi.

28) certissima testis est frequens apud tragicos huius vocis memoria, cf. locos quos collegit Stengel l. c. p. 284. Adde Suid. Phot. s. v.: *λέγεται δὲ πελανὸς — — — καὶ τὸ περιπεπηγὸς καὶ ἐξηραμμένον ὀπῶδες δάκρυον οἷον λιβανωτός, κόμμι καὶ ὁ τῷ μάντει διδόμενος μισθὸς ὀβολός.* Quae paulo antea apud Suidam leguntur: *πελανοί, — — ὥς αὐτός φησι, καρποὶ μέλιτι δεδευμένοι,* haec fluxerunt e Platonis Legg. VI 782 C: *θύματά τε οὐκ ἦν τοῖς θεοῖσι ζῷα, πελανοὶ δὲ καὶ μέλιτι καρποὶ δεδευμένοι καὶ τοιαῦτα ἄλλα ἁγνὰ θύματα. Αὐτός* igitur est Plato. Cf. etiam R. Herzog *Hermes* XXIX p. 625.

29) cf. Benndorf *Eranos Vindobon.* 378.

εἰς τὸν πελανὸν — — ἑκκαίδεκα μέδιμνοι et v. 283 πυρῶν κεφάλαιον μέδιμνοι — — — ἀπὸ τούτων εἰς πελανὸν — — — Δ μέδιμνοι, unum autem πελανὸν sacrificatum esse decreti verbis ἀπὸ μὲν τοῦ πελανοῦ appareat, hunc certe hordeo et tritico commixtum esse patet. Idem autem aliis testimoniis colligitur. Porphyrius enim cum dicit de abst. II 6: ἀφ' ὧν (κριθῶν ψαιστῶν) ὁρμωμένοις ἡμῖν καὶ τῶν καρπῶν ἀλλὰ καὶ τῶν πυρῶν ἀφθονωτέρων γιγνομένων, προσετίθεντο πελανῶν ἤδη καὶ τῶν λοιπῶν ἁπάντων ἀπαρχαὶ τοῖς θεοῖς εἰς τὰς θυσίας, hoc dicere videtur πελανοὺς tum demum sacrificatos esse, postquam praeter hordeum cum aliorum fructuum tum tritici usus increbruit. De Dipolieis porro haec narrat de abst. II 30: θέντες γὰρ ἐπὶ τῆς χαλκῆς τραπέζης πελανὸν καὶ ψαιστὰ περιελαύνουσι τοὺς κατανεμηθέντας βοῦς ὧν ὁ γευσάμενος κόπτεται (cf. ibid. 10: τῶν Διπολιείων ἀγομένων καὶ παρεσκευασμένων κατὰ τὸ παλαιὸν ἔθος τῶν καρπῶν ὁ βοῦς προσελθὼν ἀπεγεύσατο τοῦ ἱεροῦ πελανοῦ). Eandem autem rem Pausanias describit I 24, 4: τοῦ Διὸς τοῦ Πολιέως κριθὰς καταθέντες ἐπὶ τὸν βωμὸν μεμιγμένας πυροῖς οὐδεμίαν ἔχουσιν φυλακήν. Solebant igitur ut videtur hordeum et triticum, cum πελανὸν parabant, commiscere. Eleusiniis autem unus parabatur πελανὸς sine dubio permagnus, cuius quantum cuique deorum Eleusiniorum libaretur, Eumolpidae docebant.[30]) —

v. 38 τρίττοιαν δὲ βόαρχον (de hoc sacrificii genere v. p. 10 sq.) — — — ἀπὸ τῶν κριθῶν καὶ τῶν πυρῶν scil. ἀπὸ τῆς τιμῆς τ. κρ. καὶ τ. π. Neque enim recte A. Mommsen[31]) verba ita accipi posse negavit placentasque in formas animalium redactas intellegendas esse coniecit, quia e verbis θύειν ἀπὸ μὲν τοῦ πελανοῦ concludendum esset praepositione ἀπό ipsius frumenti usum significari et quia v. 40 verba τὰς δὲ ἄλλας κριθὰς καὶ πυροὺς ἀποδομένους frumentum antea commemoratum non veniisse indicarent. Quarum prior causa nulla est, in falsa interpretatione[32]) posita verborum θύειν δὲ ἀπὸ μὲν τοῦ πελανοῦ. Quibus minime sacrificium aliquod velut placenta e pelano facta dicitur, sed πελανὸς ipse sacrificium est, de cuius natura supra dixi, praepositioque ἀπό vi dicta est partitiva, non ea, qua Mommseno in verbis ἀπὸ τῶν κριθῶν καὶ τῶν πυρῶν usurpata videtur. Eo autem quem hoc loco improbat sensu statim post aperte usurpatur v. 43: ἀπὸ τοῦ καρποῦ τῆς ἀπαρχῆς ἀνεθέθη (sc. τὰ ἀναθήματα). Maiorem dubitationem movent verba τὰς δὲ ἄλλας κριθὰς καὶ πυροὺς ἀποδομένους κτλ., quae Mommseni interpretationi favere videntur. Attamen reicienda est, quippe cui alia omnia repugnent: cum voces τρίττοια βόαρχος et τέλειον minime utpote aptae ad placentas significandas, tum rationum Eleusiniacarum quas supra attuli comparatio, ubi de hostiis agitur, non de placentis. Nam quod Mommsen hoc discrimen maiori parsimoniae Pericleae aetatis tribuit, aliis temporibus sacrificia alio sumptu apparatuque celebrata esse concedo, sed illud quod M. vult discrimen unquam exstitisse

---

30) quae ad cultum Eleusinium pertinebant, ea solis Eumolpidis ἐξηγεῖσθαι licebat (Andoc. de myst. 116); cf. de hoc iure etiam Toepffer *Att. Geneal.* p. 68 sqq.

31) *Burs. Jahresber.* 1889, 3 p. 251 sq. cf. 245.

32) *„Lin. 36* θύειν δὲ ἀπὸ μὲν τοῦ πελάνου — — *ist vom Verbacken des feinsten Mehles die Rede"*.

nego. *Pauperes* sane saepius pro hostiis, quas rite diis debebant, placentas in hostiarum formas redactas sacrificabant, sed nunquam *publice* hoc licebat nisi extremis angustiis[33]), quibus Periclis opinor tempora non coercebantur. Quare aut rite eiusmodi placentae sacrificabantur nefasque erat cruentare aram, nunquam igitur hostiis in hoc sacrificio uti licebat, aut — id quod rationibus illis apparet — fiebant hostiae, nunquam igitur earum locum placentae obtinere poterant. Itaque certissimum mihi videtur hostias, non placentas loco nostro dici atque verba τὰς δὲ ἄλλας κριθὰς καὶ πυροὺς danda potius esse neglegentiae cuidam sermonis inde fortasse ortae, quod frumentum iam antequam veniit, pro triplici usu (πελανόν, hostias, donaria dico) tripertito dividebant. — v. 38 sq. τῶι Θεῶι καὶ τῆι Θεᾶι καὶ τῶι Εὐβούλωι: eadem trinitas etiam in notissimo anaglypho apparuit, quod dedicavit Λακρατείδης Σωστράτου Ἰκαριεὺς ἱερεὺς Θεοῦ καὶ Θεᾶς καὶ Εὐβουλέως[34]); difficillimae de natura horum deorum[35]) quaestioni hoc loco nolo longius insistere, cf. tamen etiam legem antiquam n. 2, ubi quod nulla eorum mentio fit, utcunque explicatur, gravissimum est.

v. 54 sq. verba τὸν δὲ βασιλέα ὁρίσαι τὰ ἱερὰ κτλ. recte Foucart de sacellis limitandis intellexit, cf. n. 13 de fano Codri Nelei Basilae v. 6 καὶ τοὺς ὁριστὰς ἐπιπέμψαι ὁρίσαι τὰ ἱερὰ ταῦτα, ὅπως ἂν ἔχῃ ὡς βέλτιστα καὶ εὐσεβέστατα. Solebant autem ὁρισταὶ hoc munere fungi, cf. Bekk. Anecd. 287, 20: ὁρισταὶ ἀρχή τίς ἐστιν, ἥτις ἀφορίζει τὰ ἴδια καὶ τὰ δημόσια οἰκοδομήματα πρὸς τὰ οἰκεῖα ἑκάστου μέτρα ὥσπερ τινὲς ὄντες γεωμέτραι καὶ ὁριοδεῖκται, atque Heracleensium quidem ὁρισταὶ notissimi sunt (*CIG* 5774 v. 6). Itaque ne hac quidem lege quicquam aliud decernitur nisi ut rex per finitores sacella finienda curet. De cura fanorum regi mandata cf. n. 13 passim et n. 34 v. 12.

5. Marmor Pentelicum olim ut videtur quadratum, cuius unus margo extat, a duobus quae reliqua sunt lateribus στοιχηδὸν inscriptum, erutum Eleusine, ubi nunc in museo. Ed. Kirchhoff ex apographo Lollingii *IG* I suppl. p. 64 n. 35 a. Denuo in meum usum exscripsit J. de Prott.

— — — — — — — — — ι/	ι — —
— — — — — — — — — — \ιδον	c — —
— — — — — — — — ἐπορχεc	δα — —

33) exempla collegit Stengel *Jahrb. f. Phil.* 1881 p. 399.

34) optime nunc apud Heberdey *Festschr. f. Benndorf* p. 111 sqq.

35) de Eubuleo praeter Atticos titulos gravissima sunt insularum testimonia, quae hic congerere e re videtur: Pari *IG* XII 5 n. 227: Ἐρασίππη Θράσωνος Ἥρῃ Δήμητρι Θεσμοφόρῳ καὶ Κόρῃ καὶ Διὶ Εὐβουλεῖ καὶ Βαβοῖ. — Amorgi (*MAI* I 334 n 4): Δήμητρι Κόρηι Διὶ Εὐβουλεῖ Δημοδίκη Σίμωνος ἀνέθηκεν. — Myconi (Prott. *F.* 4 v. 15 sqq.) Ληναιῶνος δεκάτῃ fit Δήμητρι et Κόρηι et Διὶ Βουλεῖ. — Deliacis denique in rationibus legitur (*BCH* 1903 p. 72 v. 69): ὗς ἐγκύμων εἰς θυσίαν τῆι Δήμητρι ΔΓ καὶ ὥστε τῆι Κόρηι ἱερεῖον ΔΔΗΗΗ καὶ Διὶ Εὐβουλεῖ ἱερεῖον ΔΓΗ. Unde Kern *MAI* XVI p. 1 sqq. Eleusine quoque Iovem Eubulum dici coniecit, sed origine sui numinis fuisse deum utique tenendum videtur (Furtwängler *Meisterwerke* p. 562, Usener *Götternamen* p. 220 not. 5, Heberdey l. c. p. 115). Cf. etiam quae nuperrime de Eubuleo diligenter disputavit Pringsheim l. c. p. 67 et 90 sqq.

— — — — — — — χεροῖν αὐ- | το — —
— — — — — — — ος τõ πατρ- | πα — —
— — — — — — φ]έροντες[1]) ἒ χ- | μυ ′ — —
— — — — — — — τ]οῖς hιεροῖς | εκ — —
— — — — — — ῥάζεσθαι[2]) hε- | οι — —
— — — — — — ἐ]ὰν παρέλθει | σΓ — —
hὲ hεορτὲ[1]) — — —]εν μεδένα μ- | υς — —
έτε — — — — — —]εν πρὸς εὐχ- | ον — —
ἐν — — — — — μεδ]ὲ παριέναι | ε — —
— — — — — εἰς τὸ h]ιερὸν ἀλ- | λ — —
— — — — — — — — — ει ^ υ | υ — —

L. V. A. 2 *μιδον* aut *γιδον* aut *αιδον* Prott. 4 ΧΕΡΟΙΝΑΥ prorsus certum affirmat idem. — 8 '*Anf. Rundung, die gleich sehr stark umbiegt, daher ῥάζεσθαι viel wahrscheinlicher als θ]ọάζεσθαι*' P. — 14 ΙΛV L., sed ante Ι superiorem hastam litterae Ε certo agn. P. — B 6 ΜΥ′ non *μυ[στ-* P. — 11 Ο‾ L.. ΟΓ P. — 14 in. reliquiae aut litterae Υ aut V videbantur Pr.

Haec ad curam fani cuiusdam pertinere verisimile est, cf. praecipue v. 12 sqq. v. 3 sive *ἐπορχε̃σ|[θαι* sive *ἐπ' ὀρχέσ|[τρας* notatu utique valde dignum. — v. 4 *χεροῖν* quod ex Prottii lectione prorsus certum videtur, satis mirum; an civibus tantum ligni e fano asportare licuit, quantum ipsis manibus (*χεροῖν αὐτοῖν* vel *αὐτοί*) possent? De lignatione quidem hoc loco agi satis verisimile est atque olim coll. n. 34 v. 5 *μὴ κόπτειν τὸ ἱερὸν τοῦ Ἀπόλλωνος μηδὲ φέρειν ξύλα μηδὲ κοῦρον μηδὲ φρύγανα — — — ἂν δέ τις ληφθεῖ κόπτων ἢ φέρων τι — — — — θοάσει αὐτὸν ὁ ἱερεὺς κτλ.* hanc legem ita fere restituere ausus eram: *hoὶ ἂν — — φρύγανα φ]έροντες ἒ χ[σύλα — — λεφθõσιν], θοάζεσθαι hέ[καστον κτλ.*, nunc autem postquam Prott *ῥαζεσθαι*, non *οάζεσθαι* legendum statuit, nescio an alia sententia lateat, velut v. 8 *ἀγο]ῥάζεσθαι* suppletur facile; et v. 6 legi posse etiam *ἱ]ερὸν τε̃ς* Prott monuit, quamquam ita deinde nullum nisi *Ἠχοῦς* nomen aptum inveniri posse videtur. v. 5 olim scripseram *Ποσειδõν]ος τõ Πατρ[ός*, de cuius delubro Eleusinio Paus. I 38, 6; sed aequo iure suppleri posse *ἀγõν]ος τõ πατρ[ίο* rectissime monuit Prott.

v. 9 sqq. de aditu fani praeceptum videtur similisque ratio decreti de Thesmophorio Piraeensi n. 33 in. *ἐπιμελεῖσθαι — — ὅπως ἂν μηδ]εὶς — — — — μηδὲ πρὸς τοὺς βωμοὺς μηδὲ τὸ μέγαρον προσίωσιν ἄνευ τῆς ἱερείας [ἀλ]λ' ἢ ὅταν ἡ ἑορτὴ τῶν Θεσμοφορίων*, quibus comparatis hic v. 10 *ἐ]ὰν παρέλθει [hε hεορτέ]* certum duco et v. 14 *μεδ]ὲ παριέναι — — εἰς τὸ h]ιερὸν ἀλ[λ' ἒ hόταν hο hιερεὺς παρ]εῖ αὐ[τός* temptaverim; fortasse autem scriptum erat *ἄλ[λον πλὲν τõ hιερέος]*. — v. 11 *πρὸς εὐχ]έν* veri similius quam *προσεύχεσθαι*, cf. *SGDI* I 214 *πάντας πρὸς εὔχαν συνελθεῖν*.

6. Duo fragmenta marmoris albi quae nusquam inter se contingunt, ad eandem tamen, ut editori certum esse videtur, tabulam pertinent, inventa Eleusine; margines sinistri integri, ceteri fracti. A: a. 0.18 m, l. 0.24 m, cr. 0.075 m.

1) supplevi. 2) *θ]οάζεσθαι K.*, sed vid. *L. V.*

B: a. 0.06 m, l. 0.25 m, cr. 0.07 m. Edd. Skias *Ἐφημ. ἀρχ.* 1895 p. 97 n. 12., Dittenberger *Syll.*² 628. Cf. etiam Wilhelm *Ἐφ. Ἀρχ.* 1902 p. 141 et Pringsheim *Arch. Beitr. z. Gesch. d. El. Kults* p. 107 sqq.

A.

. . . . ιν εἰς Ἐλευσίνιο[ν.
πένπτει ἱσταμένου
ἱεροφάντηι καὶ κήρυκι
ẹ[ἰ]ς ἄριστον τὴν ἑορτὴν
προαγορεύουσιν τῶν
ΗΙΙΙ Προηροσίων.
ἑβδόμηι ἱσταμένου
ΔΔ Ἀπόλλωνι Πυθίωι [α]ἶξ
καὶ τὰ ἐφ' ἱεροῖς, πρọγọνον
καὶ τὰ μετὰ το[ύτ]ου·
τράπεζαν κοσμῆσαι
τῶι θεῶι, ἱερεώσυνạ ịẹρεῖ[1])
//
ἱε[ρο]φάντηι καὶ τα[ῖ]ς
ἱερείαις ταῖς [ἐν] Ἐλ̣[ε]υσῖν[ι[2])
ἐν τεῖ πανν[υ]χ[ί]δι
παρέχειν ς. . γδ̣
ψαιστạ̀ κ̣α̣ὶ. τ

ι — — — — —
ΔΔ — — — — — —
ἱε[ρ — — — — —
τελ — — — — —
Ποσ̣[ειδῶνι — — —
πελ(α)[νὸς[3]) — — —
ι. λ̣ε. ς — — — —
ΔΔ — — — — — —

B.

π[ρ]ὸς [τ]ὸ μέγαρον
Δ ẹἰ̣ς ἀ[π]ọ́μετρα[4]) τῆι ἱερείαι
τῆι τοῦ Πλούτωνος ἱερείαι
. . . . . στ. ^. σας τοῖν Θεσμο[φόροιν
. . . .]ι καν̣ọῦν
— — — —ς ξύλα ἐπὶ τὸν βωμὸν καὶ ẹ̆
λαιον? — — —]

Fasti Eleusinii exeuntis IV aut ineuntis III a. Chr. n. saeculi columnis dispositi. Servata est, si quidem utriusque fragmenti sinister margo extat, pars primae columnae sacra mensis Pyanepsionis (vid. ad v. 6 et 8) continens et frustulum secundae. Litterae non *στοιχηδὸν* dispositae satis detritae sunt, ut nonnullis locis lectio difficillima sit.

---

1) ΙΕΟΕΙ, em. Dttb.

2) suppl. Dttb. Post *ταῖς* duas litt. deesse, Ε deinde incertum, tum vel Λ vel Α vel Δ, litteras vero *υσιν* certas quamquam obscuras esse adnotavit Sk.

3) ΓΕΛΛ, em. et suppl. Dttb.

4) restituit Wilh. coll. n. 10 B v. 9; antea Sk. in apographo dedit Γ ι. . adnotans *εισ* fuisse videri; lectione, quam supra posui coll. n. 10 B v. 9 *ἐς ἀπόμετρα*, unius litterae spatium ab illo indicatum non expletur, nec vero fuerunt litterae *στοιχηδὸν* incisae.

A. v. 1 Ἐλευσίνιον: fanum Eleusine situm dici satis certum existimo, quia urbanum cognomine τὸ ἐν ἄστει definiri solet, cf. quae p. 8 not. 13 adnotavi. — v. 3 Προηρόσια eo mense, quo aratio fiebat i. e. Pyanepsione celebrata esse vel ipso nomine efficitur[5]); quinto mensis die celebrata esse hinc addiscimus; cf. etiam quae p. 101 de voce πληροσία disputavi. — v. 4 κήρυκι: sc. ni fallor mysteriorum praeconi, qui etsi in antiqua lege n. 3 (C v. 2) sicut aetate Romana[6]) ἱεροκήρυξ audit, tamen in delatione Alcibiadis simplici nomine κῆρυξ designatur (Plut. Alc. 22, cf. etiam Xen. Hell. II 4, 20). Ceterum hoc testimonium sententiae eorum, qui mysteriorum ipsorum praefationi non modo hierophantam et daduchum, sed etiam hieroceryca interfuisse censent, aperte favet.[7]) — εἰς ἄριστον: cf. Prott *Fasti* n. 14 v. 7, ubi tamen conexus incertus est.

v. 7 sqq. Pyanepsionis fastos recenseri confirmatur, nam huius ipsius mensis septimo die Pyanepsia fiebant[8]), cf. Harp. s. v. *Πυανόψια· Ἀπολλώνιος καὶ σχεδὸν πάντες οἱ περὶ τῶν Ἀθήνησιν ἑορτῶν γεγραφότες Πυανεψιῶνος ἑβδόμῃ Πυανέψια Ἀπόλλωνι ἄγεσθαί φασι.* v. 8 τὰ ἐφ' ἱεροῖς: similiter ac Dittenberger ea fere intellego, quae tamquam ἐπιθύματα praebenda erant, molam vinum oleum, quae alibi velut n. 16 et in fastis Cois brevius voce ἱερά significantur.[9]) Ex hac longiore locutione placentas, quae ἐφίερα appellabantur (n. 49 v. 24), nomen duxisse puto ac confero ψαιστὰ illa et θυλήματα, quae olim nihil nisi molam quam vino aspergebant, postea vero iustas placentas significabant.[10]) — Quod deinde in lapide legitur πρόγονον magnam difficultatem praebet. Dittenb. scribendum proposuit πρό(τ)ονον et coll. Poll. X 191 εἰ δὲ βούλει καὶ ἄλλα τῶν ἱερῶν σκευῶν, ἔστι μὲν ὑφάσματα, καλεῖται δὲ ἱστριανόν, προτόνιον κτλ. linteum, quod in mensa extenditur, intellegens ad ornatum mensae sacrae (v. 11) rettulit. Sed neglexit verba sequentia καὶ τὰ μετὰ τούτου, unde v. 11 novam rem tractari colligendum puto nec omnino apte mentio lectisternii a linteo mensae incipit. Nec magis tamen usitatam vocis πρόγονος vim intellego, in Apollinis praesertim sacris.[11]) An huc adhibere licet, quod Hesych. s. v. πρόγονοι· οἱ πρωτόγονοι ἄρνες, οἱ δὲ μετ' αὐτοὺς μέτασσαι κτλ. de Hom. Od. X 221 (cf. Hermes. ap. Athen. XIII p. 598E) adnotat? Prott in schedis etiam eiusdem glossam προγωνίαν· τῶν ἠπορημένων ἡ λέξις· ἔστι δὲ ὑφασμάτιον ποικίλον ὃ ἐπικαλυψάμενος ὁ μάγειρος θύει ὡς ἐν Δαμασκῷ attulit. Sed hostiae nomen latere commendari mihi videtur verbis insequentibus καὶ τὰ μετὰ τούτου, qui-

---

5) verissime id monet Dttb. contra Augustum Mommsen, qui ipse arationem sementemque Pyanepsione mense post primos imbres autumnales fieri consuevisse statuerat; cf. etiam Plut. Is. et Os. 69.

6) e. g. sella theatri ἱεροκήρυκος inscripta erat (*IG* III 261).

7) cf. Isocr. Paneg. 157, schol. Arist. Ran. 369, Suet. Ner. 34, Foucart *Grands Mystères* p. 108.

8) rectissime igitur Sauppe (*Orat. Att.* II p. 271) Proerosia et Pyanepsia tempore non multum inter se distantia ita ab Atheniensibus conexa esse, ut Pyanepsiis Proerosiorum ab Apolline institutorum memoriam recolerent, iudicavit.

9) cf. quae attuli ad n. 16 A v. 6.

10) vid. v. Wilamowitz *Sitzungsber. d. Berl. Akad.* 1904 p. 16—17.

11) commemoratur στέμμα προγόνιον in lege n. 16 B.

bus intellegenda sunt ni fallor τὰ ἐφ' ἱεροῖς supra dicta. — τράπεζαν κοσμῆσαι sc. pyanopsiis illis [12]), unde festum nomen duxit. — v. 13 litteris erasis novam diei definitionem indicatam fuisse Dittenberger recte statuisse videtur; ea enim, quae proxima sequuntur non iam ad Pyanepsia, sed ad Thesmophoria spectare pannychidis mentione v. 16 probatur. Ex eadem autem colligo eum diem, quo Stenia fiebant, scriptum fuisse ie. nonum Pyanepsionis diem; Stenia enim per noctem pertinuisse constat. [13]) — v. 15 ἱερείαις ταῖς ἐν 'Ελευσῖνι: collegium sacerdotum feminarum occurrit etiam in rationibus epistatarum (Dittenb. *Syll.*^{2} 587 v. 293; supra p. 24 not. 22). — v. 18 ψαιστά: vide quae de significatione vocis supra ad v. 8 attuli.

Fragmentum B. ipsum quoque primae columnae fastos continere inde apparet, quod margo sinister extat. Iam vero cum v. 22 τοῖν Θεσμοφόροιν mentio fiat, praecepta de Thesmophoriis continuari nec multum lapidis inter A et B deesse veri simillimum est.

v. 10 ἀπόμετρα: eadem vox recurrit n. 10 B v. 9, n. 16 A v. 3, n. 16 a v. 3; emolumenta sacerdotis dici manifestum est, sed quid discriminis inter ἀπόμετρα fuerit et ἱερεώσυνα, qua voce ceteroquin in titulis Atticis velut in hoc ipso v. 12 significantur, quaerendum. Iam hoc loco cum ante εἰς ἀπόμετρα in margine praescriptum sit Δ, pecuniam sacerdoti tribuendam dici certum est. [14]) Aeque autem n. 16 A in margine dextro notam numeralem scriptam fuisse veri simillimum; etiam n. 16 a aut nota numeralis Δ a sinistra aut Γ a dextra scripta ad vocem ἀπόμετρα referenda videtur. Denique n. 10 sane editor Graecus ἐς ἀπόμετρα ⋮ δ[ίκρεας λαμβανέτω] supplevit et eo supplemento temere confisus ἀπόμετρον = ἐν προσθήκης μέρει significare ἐπίδομα πρόσθετον contendit. At et supplementum et interpretamentum futile esse patet. Certo locus ille vix potest restitui, attamen e distinctionis nota, quae inter ἀπόμετρα et litteram Δ dispicitur, reliquae inscriptionis n. 10 B consuetudine considerata litteram Δ re vera non esse initium vocabuli ullius, sed notam numeralem decem drachmas significantem aliqua certe cum probabilitate colligi potest. Utique quattuor his locis comparatis voce ἀπόμετρα pecuniam sacerdoti tribuendam dici probabile est. Quamquam ne ita quidem tota quaestio expedita est; nam etiam voce ἱερεώσυνα pecuniae

---

12) e verbis Harpocrationis s. v. Πυανόψια: πύανα γὰρ ἕψουσιν ἐν αὐτοῖς καὶ ἡ εἰρεσιώνη ἄγεται chytras non in pompa portatas, sed lectisternium deo institutum esse Pfuhl *De Atheniensium pompis sacris* p. 47 not. 11 recte collegit et hoc titulo confirmare potuit.

13) Phot. p. 176 Στήνια· ἑορτὴ Ἀθήνησιν ἐν ᾗ ἐδόκει ἡ ἄνοδος γενέσθαι τῆς Δήμητρος· ἐλοιδοροῦντο δ' ἐν αὐτῇ νυκτὸς αἱ γυναῖκες ἀλλήλαις; vid. etiam A. Mommsen *Feste* p. 319 sq. et Pfuhl *l. c.* p. 57 sq.

14) quare ne ea quidem interpretatio, quam nuperrime Stengel *Berl. Philol. Wochenschrift* 1904 p. 913 sq. ipse sane dubitans proposuit, ferri potest; coll. enim legis Milesiae n. 158 v. 37 γίνεται 'Ονιτάδησιν — — θύων τὰ περιγινόμενα κτλ. ei in mentem venit, nonne ἀπόμετρα idem fere significaret ac τὰ περιγινόμενα: '*Sollte* ἀπόμετρα *das Abgestrichene bedeuten, das über das (verbrauchte) Maß Hinausgehende?*' Sed id cum definita summa, quae in hoc titulo dicitur, conciliari nequit.

emolumenta significari constat (cf. e. g. Prott *Fasti* n. 26 passim), ut dubium maneat, cur modo haec modo illa vox adhibeatur.

v. 21 feminam Plutonis sacerdotio functam esse nota. — Postremos versus tantopere mutilatos esse eo magis dolendum, quo rarius in legibus canistri sacri mentio fit.

Alterius columnae reliquiae (A v. 7 sqq.) tantulae sunt, ut nihil fere certi iis elici possit. Id unum certum v. 7 et 14 numerum drachmarum viginti indicari, quibus pretium hostiae velut caprae vel arietis latere veri simile est. V. 10 Dttb. *Ποσ[ειδῶνι* supplevit, sed ne id quidem certum; e. g. etiam Posideonis mensis nomen latere potest. Quamquam suspicione quadam abstinere nequeo: praeceptum primae columnae v. 24 per tantum spatii dextrorsus pertinet, ut hoc loco alteram fastorum columnam a dextra scriptam fuisse specie veri carere mihi videatur. Suspicor igitur stelam magnae altitudinis fuisse partisque inferioris deperditae primam columnam post Pyanepsionem etiam trium aut quattuor mensium fastos exhibuisse, alteram autem columnam solummodo per dimidiam stelae altitudinem descendisse. Quod si recte suspicor, frustulum illud quod in fragm. A. v. 7 sqq. servatum est, e fastis non Posideonis, sed Scirophorionis vel Thargelionis superesse patet.

7. Tabula marmoris Pentelici in complures partes fracta, unam (v. 5—18 partes dextras continentem) ab Elgino Londinium delatam edd. Boeckh *CIG* 118 et Hicks *Anc. Greek Inscr. in the Brit. Mus.* I n. 19; reliqua fragmenta pleraque ed. Kumanudes Φιλίςτωρ II p. 238, cum illo coniunxit Koehleri apographis usus Dittenberger *Hermes* I p. 405 et *IG* III 5 (*Syll.*[1] 387). Idem denique adhibito novo fragmento v. 1—11, quod invenerat Lolling Athenis in museo nationali et cuius ectypum chartaceum Wilhelm ei miserat, universum titulum denuo edidit *Sylloge*[2] 652. Cf. etiam Haussoullier *Rev. crit.* 1900 p. 27.

Ἔδοξεν τ]ῶι[1]) δήμωι· Ἀραβιαν[ὸς ἦρχεν . . . . ἐπρυ|τάνευε]ν, Εὔτυχος ἐγραμ[μάτευεν, ... ἐπε|στάτει· Δ]ρυαντιανὸς ἄρχων [τῶν Εὐμολπιδῶν εἶπεν· | ἐπει]δὴ καὶ διατελοῦμε[ν εὐcεβοῦντες νῦν τε] καὶ ‖ [δι]ὰ τῶν παρῳχημένων [χρόνων ὥcτε[1]) τὰ κατὰ τὰ μυ]cτήρι|α καὶ τὰ πάτρια πρ[οc]τάττ[οντες ἀεὶ μετὰ Εὐμο]λπιδῶν | πεφροντικέν[αι] ὅπωc ἂ[ν ἐν κόcμωι ἀχθ]είη τὰ ἱερὰ | δεῦρό τ' ἐκ τῆc Ἐλευcεῖνο[c καὶ πάλιν ἐξ] ἄcτεωc Ἐ|λευcει[ν]άδε, ἀγαθῆι τύχ[ηι, δεδόχθαι τ]ῶι δήμωι·

προc‖τάξαι τῶι κοcμητῆι τῶν [ἐφήβων κ]ατὰ τὰ ἀρχαῖα νόμι|μα [ἄ](γ)ειν[2]) Ἐλευcινάδε τοὺ[c ἐφήβ]ουc τῆι τρίτηι ἐπὶ δέ‖[κα] τοῦ Βοηδρομιῶνος με[τὰ τ]οῦ εἰθιcμένου cχήμα‖[τοc] τῆc ἅμα ἱεροῖc πομπ[ῆc ἵ]να τῆι τετράδι ἐπὶ δέκα πα‖[ραπέ]μψωcιν τὰ ἱερὰ μέχ[ρι]

1) v. 1—9 ita supplevit Dttb. probe tamen sciens haec non omnia certa esse; maxime displicet illud *ὥστε*, pro quo nescio an praestet supplere *ἐκ τοῦ* vel *διὰ τὸ — πεφροντικέναι*.

2) ΙΤΕΙΝ lapis, em. Dttb., Hauss. maluit *πέμ](π)ειν*, id quod sane propius ad lapidis lectionem accedit, sed neque exemplo v. 20 commendatur nec cum spatio convenire videtur.

τοῦ Ἐλευϲεινίου τοῦ ὑπὸ || [τῆι π]όλει, ὡϲ ἂν κόϲμο[ϲ τ]ε πλείων καὶ φρουρὰ μείζων | [περὶ] τὰ ἱερὰ ὑπάρχοι, ἐπειδὴ καὶ ὁ φαιδυντὴϲ τοῖν Θε|[οῖν] ἀγγέλλει κα(τ)ὰ τὰ πάτρια τῆι ἱερείαι τῆϲ Ἀθηνᾶϲ ὡϲ | [ἥκει τὰ] ἱερὰ κ[αὶ] ἡ παραπέμπουϲα ϲτρατιά· κατὰ τὰ αὐτὰ | [δὲ τῆι] ἐνάτηι ἐπὶ δέκα τοῦ Βοηδρομιῶνοϲ προϲ||[τάξα]ι τῶι κοϲμητῆι τῶν ἐφήβων ἄγειν τοὺϲ ἐφή[βουϲ | πάλιν Ἐ]λευϲεινάδε μετὰ τοῦ αὐτοῦ ϲχήματοϲ π[αραπέμ|πον]ταϲ τὰ ἱερά· μέλειν δὲ τούτου τῶι κατ' ἐν[ιαυτὸν] | κοϲμητῆι, ὅπωϲ μηδέποτε τοῦτο ἐκλε[ιφθείη μη]|δὲ ὀλιγωρηθείη ποτὲ τὰ τῆϲ εὐϲεβείαϲ [τῆϲ πρὸϲ τὼ Θε]|ώ· παραπέμπειν δὲ τοὺϲ ἐφήβουϲ π[άνταϲ, ἔχονταϲ] | τὴν πανοπλίαν, ἐϲτεφανωμέν[ουϲ μυρρίνηϲ ϲτεφά]|νωι, βαδείζονταϲ ἐν τάξει· ἐπ[εὶ] δ[ὲ? — — — — τοῖϲ ἐ]|φήβοιϲ τὴν τοϲαύτην ὁδοι[π]ορῆϲαι — — — — — | καὶ θυϲιῶν καὶ ϲπονδῶν καὶ παιάνων τῶ[ν κατὰ τὴν] || ὁδὸν μεθέξειν ὡϲ ἂν τά τε ἱερὰ μετὰ φρουρᾶ[ϲ ἰϲχυρο]|τέραϲ καὶ πομπῆϲ μακροτέραϲ ἄγοιτο, οἵ τε ἔφ[ηβοι] | παρακολουθοῦντεϲ τῆι περὶ τὸ θεῖον τῆϲ πόλεω[ϲ] | θεραπείαι καὶ ἄνδρεϲ εὐϲεβέϲτεροι γείνοιντο· μεθέ|ξουϲιν δ[ὲ κ]αὶ οἱ ἔφηβοι πάντεϲ τῶν τε ἄλλων ὧν ἂν || παρέχ[ηι τ]οῖϲ Εὐμολπίδαιϲ ὁ ἄρχων τοῦ γένουϲ καὶ τῆ[ϲ] | δι[αν]ομῆϲ· γενέϲθαι δὲ τὴν γνώμην ταύτην φα[νερ]|àν καὶ τῆι ἐξ Ἀρείου πάγου βουλῆι καὶ τῆι βουλ[ῆι] τῶν | φ' καὶ τῶι ἱεροφάντηι καὶ τῶι γένει τῶν Εὐ[μο]λπιδῶν· | ἀναγράψαι δὲ τὸ ψήφιϲμα τοῦτο τὸν [τα]μία[ν τ]οῦ γέ||νουϲ τῶν Εὐμολπιδῶν ἐν τριϲὶν [ϲτή]λαιϲ καὶ ϲτῆϲαι | τὴν μὲν ἐν Ἐλευϲινίωι τῶι ὑπὸ [τ]εῖ [π]όλει, τὴν δὲ ἐν | τῶι Διογενείωι, τὴν δὲ ἐν Ἐλευϲεῖνι ἐν τῶι ἱερῶι πρὸ | τοῦ βου[λ]ευτηρίου.

Titulum quamvis ineunte III post Chr. n. saeculo[3]) inscriptum hoc loco inserui, ut leges ad sacra Eleusinia pertinentes coniunctae legerentur, eoque minus dubitavi, quia hoc decreto nihil nisi antiqua consuetudo instauratur (v. 10 *κατὰ τὰ ἀρχαῖα νόμιμα*).

Agitur de pompa, qua *τὰ ἱερά* ie. antiqua quaedam et arcana signa religionis Eleusiniae[4]) ab ephebis Eleusine Athenas (v. 10—18) rursusque Athenis Eleusina (v. 18—33) ducebantur. Prima de horum sacrorum deductione mentio fit in decreto anni a. Chr. n. 421, cuius verba graviora exscribere iuvat (Michel *Recueil* 574, *Syll.*^{2} 541): *τὸν ῾Ρετὸν*[5]) *τὸμ παρὰ τõ [ἄ]στεος γεφυρõσαι λίθοις χρομέ[ν]ος Ἐλευσιν[ό]θεν τõν καθειρεμέ[ν]ον ἐκ τõ νεὸ τõ ἀρχαίο, hὸς ἔλιπον ἐς τὸ τεῖχος ἀναλίσκοντες, hος ἂν τὰ hιερὰ φέροσιν hαι hιέρεαι ἀσφαλέστατα· πλάτος δὲ ποιόντον [π]εντέποδα*

3) id nominibus Arabiani archontis et Dryantiani Eumolpidae, quorum utrumque in aliis titulis occurrit, probatur, cf. quae Dittenberger in Sylloge adnotavit.

4) summam rei iam Lobeck *Aglaoph.* p. 51 sq. recte perspexit; cf. praeterea Foucart *Grands Mystères* p. 101 sq., Pfuhl *de pompis* p. 36, 1, Pringsheim *Arch. Beitr. zur Gesch. d. eleusin. Kults* Diss. Bonn. 1904 p. 48 sqq., qui sacra illa in cista mystica asservata fuisse probavit.

5) Paus. I 32, 1, Hes. s. v.

hίνα μὲ hάμαχσαι διελαύνονται, ἀλλὰ τοῖς ἴοσιν ἒι βα[δ]ίζεν ἐπὶ τὰ hιερὰ[6]) *κτλ.*, unde illa aetate sacerdotes pedibus euntes sacra manibus portavisse colligendum est, cum III saeculo curru ea vecta esse constet e *IG* II suppl. n. 385 d v. 17: *καὶ τὸ ζεῦγος παρεσκεύασαν* (*οἱ ἐπιμεληταὶ τῶν μυστηρίων*) *ἐκ τῶν ἰδίων εἰς τὴν κομιδὴν τῶν ἱερῶν.*[7]) De epheborum autem parte certiores nos faciunt praeter hoc decretum tituli *IG* II 467—471, quibus ineunte I ante Chr. n. saeculo ephebos sacris illis usque ad Echo locum quendam, in via sacra scilicet situm, obviam ductos, inde ea Athenas prosecutos esse discimus. Id vero ipsum hoc decreto mutatum est et constitutum, ut die XIII ephebi Eleusina proficiscerentur atque iam hinc die XIV sacra per totam viam in Eleusinium urbanum prosequerentur[8]), quam consuetudinem antiquam et genuinam fuisse e verbis illis *κατὰ τὰ ἀρχαῖα νόμιμα* apparet.

v. 16 *ἐπειδὴ καὶ ὁ φαιδυντὴς τοῖν Θεοῖν ἀγγέλλει κτλ.*: nomine *φαιδυντής* magistratus quidam sacer significabatur, de quo Hes. s. v. *φαιδρυντής·*[9]) *ὁ τὸ ἕδος τοῦ θεοῦ θεραπεύων*; de Olympio cf. Paus. V 14 *τῇ Ἐργάνῃ καὶ οἱ ἀπόγονοι Φειδίου, καλούμενοι δὲ φαιδρυνταί, γέρας παρὰ Ἠλείων εἰληφότες τοῦ Διὸς τὸ ἄγαλμα ἀπὸ τῶν προσιζανόντων καθαίρειν, οὗτοι θύουσιν ἐνταῦθα πρὶν ἢ λαμπρύνειν τὸ ἄγαλμα ἄρχωνται.* Eleusinius in hoc decreto occurrit et fortasse in lege n. 3 C v. 43. De officio, cuius hic mentio fit, nihil aliunde constat; sed eum pompam praecessisse et, dum pompa ad Sacram Ficum sub ipsa urbe iter sisteret (Philostr. vit. soph. II 20), in urbem profectum nuntium pertulisse, dein reducem iam urbem intrari posse sacerdotibus indicavisse Pfuhl probabiliter coniecit.

v. 19 *κατὰ τὰ αὐτὰ δὲ τῆι ἐνάτηι ἐπὶ δέκα κτλ.* haud dubie eadem pompa celeberrima dicitur, qua Iacchus Eleusina a mystis ephebis plebe ducebatur.[10]) Sane apud Plut. Phoc. 28 et Cam. 19, schol. Arist. Ran. 324 diei XX pompa haec tribuitur, sed acute et evidenter A. Mommsen testimonia ita conciliavit, ut pompam die XIX ex urbe mane profectam post solis occasum demum, proximo igitur die XX Eleusina advenisse statueret.

v. 27 sqq. restitutio adhuc expedita non est[11]), praecipue infinitivus futuri *μεθέξειν* quo modo structurae enuntiati inserendus sit, non liquet. Summa argumenti tamen perspicua: agitur de caerimoniis in pompa ad

---

6) mos enim erat ut homines sacris obviam irent, cf. Lys. in And. 52.

7) cf. etiam *IG* II suppl. n. 574 e p. 143; ceterum iam exeunte IV vel ineunte III saec. currum adhibitum esse probabile, vid. Pfuhl *l. c.* p. 37, 3.

8) hunc diem nomine *ἱερὰ δεῦρο* significari solitum esse e Philostr. V. Apoll. IV 18 p. 72 K. demonstrare studui *Rhein. Mus.* 1902 p. 498 sqq., sed cf. etiam quae nuperrime contra disputavit Pringsheim *l. c.* p. 42 sqq.

9) ita enim nomen apud scriptores legitur, cum tituli omnes scripturam *φαιδυντής* praebeant, cf. Dittenberger *Hermes* I p. 409 et Solmsen *Rhein. Mus.* LIV p. 495. De munere cf. potissimum Foucart *l. c.* p. 59 sq.

10) cf. de ea A. Mommsen *Feste* p. 222 sqq., Pfuhl *de pompis* p. 39 sqq.

11) initio satis facile suppletur *ἐπ[εὶ] δ[ὲ προήκει τοῖς ἐ]φήβοις* et ita olim Dittenberger, sed quomodo tum proxima lacuna restituenda sit, obscurum; Dttb. ipse nunc in Syll. solum *ἐπ[εὶ] δ[ὲ* retinet, ac ne hoc quidem certum duco.

aras aediculas sepulcra simulacra, quae per viam sacram collocata erant, (Paus. I 36, 3sqq.), faciendis, cf. Plut. Alc. 34 θυσίαι καὶ χορεῖαι καὶ πολλὰ τῶν δρωμένων καθ' ὁδὸν ἱερῶν ὅταν ἐξελαύνωσι τὸν Ἴακχον, ὑπ' ἀνάγκης ἐξελείπετο et quae n. 158 de pompa Didymea praecipiuntur v. 27 sqq.

v. 36 διανομῆς sc. carnium: cf. *IG* II suppl. 597^b (Michel 963, *Syll.*^{2} 651) νέμειν δὲ αὐτῶι καὶ [με]ρίδα ἐγ [μ]υστηρίων τῶν μεγάλων καὶ τῶν πρὸς Ἄγραν ὅσημπερ [Ε]ὐμολπιδῶν ἑκάστωι, ἐπειδὴ σπουδαῖός ἐστι περὶ τὰ ἱερὰ καὶ τὸ γένος τὸ Εὐμο[λπιδῶν.

8. In antro quod prope *Vari* apud veterem Anaphlystum Archedamus Theraeus Nymphis dedicavit; sinistra pars rupis inscriptae per duarum vel trium litterarum spatium laevigata est, reliqua superficies admodum aspera fumoque foedata lectioque difficillima; margo dexter certo definiri nequit. Post complures alios velut Boeckhium *CIG* I 456 ed. Kirchhoff Velseni et Rossii apographis usus *IG* I 431 et, postquam denuo inscriptionem contulit Milchhoefer (*Karten von Attika* III—VI p. 16 not.), *IG* I suppl. p. 155. Nuperrime imaginem diligentissime delineatam edidit Dunham *Amer. Journ. of Arch.* VII 1903 p. 296 n. 15. Cf. praeterea von Wilamowitz-Moellendorff *Deutsche Literaturzeitung* 1904 p. 473sq.

τἄν[τ]ερ' ἔχ-
σο κλύζ̣ε(ν)
καὶ τὸν ὄν-
θον . . . . . .

Ex iis, quae de specie inscriptionis singulisque litteris accuratissime Dunham exposuit, gravissima pauca affero, praesertim cum imaginis exemplum repetendum curaverim. v. 1 in. naturale potius cavum quam litterae notam videri affirmat; quod addit *‘but its position relatively to the* Σ *of the second line would argue for its literal nature’* ratione caret sufficiente. Litterae N quam olim post A legebant, D. vestigia non iam legit certa; *‘following this is room for another letter, which may have read* T *(so CIA l. c.) but this too is now illegible.’* X ultima est versus littera, cavum proximum natura ortum litterarum vestigiis caret. — v. 2 pro T etiam I legi potest. — deinde post E e rupe ruga prodit, quae in v. 3 pertinet; litteras a dextra eius inscriptas omnes praecipue obscuras esse monet: *‘natural and artificial markings are scarcely distinguishable.’* — v. 3 tres primas litteras, de quibus cum Milchh. consentit, certas ducit.

Cum priorum editorum apographis nihil elici posset, pleniorem et accuratiorem lectionem, quam insigni diligentiae editoris Americani debemus, etsi hic ipse intactam reliquerat, Wilamowitz tamen certo acumine interpretatus est ita: τἄντερ' ἔξο κλύζεν καὶ τὸν ὄνθον μὲ[1]) τερεῖν i. e. *‘die Därme draussen spülen und den Mist nicht dran lassen’*, quae omnia certa videntur praeter extremum μὲ τερεῖν, quod neque cum vestigiis litterarum satis convenit nec sententiam dubitatione prorsus liberam efficit. Potest enim ni fallor etiam verbum latere, quo sacrificantes, ne nympharum antrum et proxima loca inquinarentur, τὸν ὄνθον tollere et removere iubebantur.

---

1) quod *Deutsche Literaturzeit.* p. 475 legitur τὸν ὄνθον τερεῖν, manifesto typographi errori debetur.

De intestinis hostiarum luendis cf. fastorum Coorum praeceptum (Prott *Fasti* 5 v. 34 sqq.) *ἔ[ντερα δ]ὲ [ἐ]κπλύναντες παρὰ τὸ[μ βωμὸν καρπ](ῶ)ντι· ἐπεὶ δέ κα καρπω[θῆι, — — ἱαρεὺς] δὲ τοῖς ἐντέροις ἐπιθυέ[τω θ]ύη καὶ [τοὺς] φθόιας καὶ σπονδὰν [ἄοινο](ν) καὶ κεκραμέναν καὶ στέ[μμα].* — fimus praeter hunc locum solummodo in lege Hecatompedi commemoratur (n. 1 v. 11 *μεδ' ὄνθον ἐγλ. . . .*), ubi tamen de supplemento sententiaque non constat.

9. Marmor candidum, quod a superiore parte integrum esse dicitur, in pavimento casae prope Thesei quod vocatur templum repertum, nunc in museo Britannico, a tribus lateribus *στοιχηδὸν* inscriptum (A et C in latioribus duobus lateribus, B in angustiore). Post Boeckhium *CIG* 70, Kirchhoffium *IG* I 2 alios denuo exscripsit Hicks et edidit *Ancient Greek Inscript. in the Brit. Mus.* I 1, unde Kirchhoff *IG* I suppl. p. 4 repetivit; latus C tractavit U. de Wilamowitz-Moellendorff *Hermes* XXII p. 254 sqq. Ectypum chartaceum laterum A et C a viro humanissimo Caecilio Smith Londinensi factum a. 1892 mihi misit E. J. Palmer Oxoniensis.

A.	B.	C.
. . . . μεν : .	. κερυχ[θ-	. . . μι . ⋮ . . . .
. . . . π]ạṿṭελο͂c	ε͂ι : ἐπαγγ-	. ον : τὸν δ . . . .
. . . . ν : νέμεν δ	ελθε͂ι κα-	. ạι τὸc ⋮ h[ιεροποι-
. . . . μ]έχρι hελ-	ὶ τὰ κοιν-	ὸ]c ⋮ το͂ị Λεο͂[ι . . . . τ-
ίο δυcμ]ο͂[ν][1]):[ἐὰν] δὲ μὲ	ὰ] τὰ Cκαμ-	έ]λεον ⋮ λεχ . . . . . .
. . . . ο . . . . . θυ-	βονιδο͂ν	ὀ]βολο͂ν ⋮ hε[κάcτοι
. . . . . . : . ο . . . . . μα	cοο͂ : καὶ ἀ-	C]καμβονι[δο͂ν καὶ
. . . . : . . . . αι	ποδόcο : π-	τ]ὸc μετοί[κοc . . .
. . . . . :[ἐν ἀγ]ορᾶι :[2]) ἀ-	αρὰ τὸν ε-	ε]ν:ἐν ἀ[γ]ορᾶ[ι τε͂ι C-
πο. . cθ. . : [ἀπ]ο[μ]ιcθ-	ὔθυνον : τ-	κ]αμβονιδο͂[ν . . . .
. . . . : . . . . . τα : ταδε	ὸ καθε͂κο-	. οιcι : δρᾶν [τέλεο-
. . . . . :[π]λὲṿ το κομα	ν : ταῦτα ἐ-	ν] : νέμεν δὲ : ἐ. . . . .
. . . οịτο ḍε : τοδεμα	πομνύν[α-	. ạ. τα : ṭοị : c . . . . .
. . . . . . ẹ τὸ δέρμα : δ	ι: τὸc τρ(ε͂)-	. ο. c̣ειον : κạ . . . .
. . . . . οc : hόποι ἂν δ	c θεόc : hό-	. . . οντα : ἐπι . . . .
. . hαρμ]όττεcθαι : δ	τι ἂν το͂[ν	. . εν Χcυνοι[κίοι-
. . . . ιαν : διδόνα-	κοινο͂ν : μ-	c] ἐμ πό[λ]ει ⋮ τέ[λεον
ι Διπολ]ιείοιc[3]) : καὶ	ὲ ἀποδιδ-	τ]ὰ [δ]ὲ κρέα: ἀπο[δόc-
Παναθ]εναίοιc : νέμ-	ο͂cιν παρ-	θαι ὀμά : Ἐπιζε . . .
εν ἐν ἀ]γορᾶι : τε͂ι Cκ-	ὰ τὸν εὔθ-	. ιcι : ἐμ Πυθίο[ι . .
αμβον]ιδο͂ν : hοcαṿ .	υνο[ν π]ρὸ	. ον : τὰ δὲ κρέ[α ἀπο-
. . . . . cεc : h[ε]μίχοα	— — — —	δόcθαι : ὀμά : Ḳ . . . .
. . . . . . ρṭ . . ο ^ . . .		. οι[c κα]τὰ τ[αὐτά.[4])

1) suppl. Hicks. 2) supplevi.

3) suppl. Wackernagel *Mus. Rhen.* XLV 1890 p. 480, ubi *Διπολίεια* veram esse formam demonstravit. Cf. etiam n. 16 A v. 9.

4) suppl. Wilamowitz.

L. V. A v. 2 in. trabes paulum obliqua, deinde reliquiae ni fallor aut litterae Ν aut Λ; H. dedit \.ΊΕΛΟΣ 5 ΔΕΜΕ H., ΕΜΕ ect., antea lapis laesus videtur. 7 distinctio incerta, item v. 9 ubi tamen ΟΡΑΙ satis certum mihi videtur, Ο⊤ΑΙ H. 10 in. Σ ante Θ valde obscurum. 12 : ΛΕΝ H. Ν parum dispicio. 13 in. ΟΙΤΟΔΕ H. de qua lectione valde dubito, secundae quidem litterae vestigia, si modo litterae sunt, Λ aut Σ prodere videntur, deinde pro T etiam E legi potest, tum post O reliquias litterae Ν dispicere mihi videor. 14 in. I H., sed E satis probabile duco. 21 extr. ΗΟΣ:ΑΝΙ H., in ect. post Α lego Λ, quod certo olim non fuisse videtur Λ vel Λ, sed Ν, deinde hasta dispicitur in superiore parte paulum ad sinistram versa; distinctio, quam H. ante A dedit, an laesura lapidis sit, dubito, eodem fere iure post Α distinctionem agnoscas. 22 prius Σ in ect. valde obscurum, mox Η.ΜΙ.Ο/ H., sed X post ΜΙ in ect. certo agnosco. 23 ΡΓΛΟΛ H., Ρ⁻..ΟΛ ect. — B. 14 TRI lapis. — C. 1 ΜΙΛ⁝Ι H., mihi quidem potius Ν quam Λ fuisse videtur. 3 in. Λ in ect. non satis apparet, erat etiam cum B vel R dispicere mihi viderer 4 I ante Λ dubium, lapis hoc loco laesus est. 6 in. ΒΟΛΟΝ H., sed B certum non duco; deinde ΗΕ H. recte, ΜΕ priorum editorum falsum. 11 ΟΙΣ.: H., ΟΙ..⁝ ect. 12 :..ΜΕΝΔΕ:Ε certum 13 Α.ΤΑ: ΤΟΙ:Σ H., ego nihil nisi ⁻Λ:.ΟΙ:Σ certo dispicio. 14 Ο.ΣΕΙΟΝ:Κ/ H., vestigia litterarum, quae inter O et I sunt, plane ambigua mihi videntur. 19 ΕΠΙΞΕ certum. 21 ΤΛΛΕ lapis. 22 in. trabem inferiorem litterae Δ satis certo agnoscere mihi videor, v. extr. K, fortasse etiam R scriptum fuit.

Decretum pagi[5]) Scambonidarum antiquioribus litteris Atticis *στοιχηδὸν* inscriptum[6]); latus B in integrum paene restitui potest, contra latera A et C tantopere partim detrita partim corrosa sunt, ut multis locis lectio plane dubia sit nec usquam fere certus sententiarum conexus constitui possit. Qua de causa cavendum duxi, ne supplementa nisi quae prorsus certa viderentur, reciperem atque hoc loco ea, quae praeterea non sine aliqua veri similitudine conici possunt, addere malui.

Lateris A versus 15 litterarum sunt, cf. v. 20—21. V. 3—5 de carnis vel vini distributione agitur; de temporis definitione cf. n. 94 v. 16 *οἶνον παρέχειν ἀρεστὸν μέχρις ἂν ἥλιος δύῃ*, Lebas-Foucart 120 *τὸ δὲ ἔλαιον θέντ[α] — — ἀδεῶς ἀπὸ πρωΐας ἄχρι ἡλίου δύσεως.* — V. 5 [*ἐὰν*] *δὲ μὲ* si verum est, litteris ΘΥ v. 6 fortasse verbum *εὐθύνεσθαι* vel ipsius euthyni (cf. B 10 et 20) mentio latet. — v. 10 *ἀπομισθ-* satis certum; etiam antea idem supplere proclive est; fortasse v. 9/10 in universum ut et quo loco locatio (epularum? cf. n. 94 v. 3 sq.) fieret, constitutum erat, deinde singulae condiciones eius enumerantur [*ἀπ*]*ο*[*μ*]*ισθ*[*õν δὲ*]**:**[*ἀεὶ κα*]*τὰ*: *τάδε*]. v. 12 Hicks *π*]*λὲν τõ κομά*[*ρχο* legit, sed quid ita fiat litteris deinceps sequentibus sive ΟΙΤΟΔΕ sive ΟΛΤΟΝΕ minime liquet; et ipsa comarchi mentio suspiciosa videtur; idem v. 13—14 *τõ δεμάρ*[*χο ἔνα*]*ι τὸ δέρμα δ*[*ιδόντ*]*ος ὁποίαν δ' [ἂν ἁρμ]όττεσθαι δ*[*έηι θυσ*]*ίαν*, quae incerta esse patet; una demarchi mentio, quam iam Meier restituit *CIG* I *Add.* p. 890, veri similis videtur. — v. 18 sq. manifesto Dipolieis et Panathenaeis una cum

5) utique hoc titulo pagum, non gentem dici cum demarchi nominis supplementum veri simillimum (A v. 13) tum metoecorum mentio certa testatur.

6) latus A tamen non eadem manu incisum videri qua C moneo, illic enim plerumque Α, hic Λ, illic R, hic P scribitur, illic binis, hic in priore certe inscriptionis parte ternis punctis distinguitur; litterae denique lateris A maiores et elegantiores sunt; sigma tamen in utroque Σ.

ceteris Atheniensibus a Scambonidis celebrandis ac praecipue ut videtur distributionibus rite faciundis prospicitur; Panathenaeis quidem carnes pagatim distributas esse constat e n. 29 v. 25 sqq. ἀ[ποδιδόντες] τὰς μερίδας εἰς τὸν δῆμον ἕκαστον κατὰ [τοὺς πέμπον]τας ὁπόσους ἂν παρέχηι ὁ δῆμος ἕκαστος. Quarum distributionum curam demarchus habuisse videtur, cf. *IG* II suppl. 574c νέμειν δὲ αὐτῷ καὶ μερίδα ἐκ τῶν ἱερῶν καθάπερ Ἐλευσινίοις τὸν δήμαρχον τὸν ἀεὶ δημαρχοῦντα, qua cum re superior demarchi mentio v. 13 convenit. — v. 21 legendum aut ὡς ἂν aut ὅσα ν-. v. 22 ἡμίχοα, quae forma Attica est[7]), certum videtur, ἡμίχοα [οἴνο] veri simile, quamquam vox οἴνου postposita paulum offendit; sed litteris ΣΕΣ, ni fallor, nullum latet nomen, quo possit mensura referri; omnino illud ΣΕΣ multa supplementa non admittit; cogitabam de [ℎεχ]σε̄ς, de re cf. decr. Plothensium infra laudati v. 34 sqq. οἶνον παρέχειν ἡδὺν ἐκ τοῦ κοινοῦ ἐς μὲν τἆλλα ἱερὰ μέχρ[ι ἡμίχου ἑ]κάστῳ τοῖς παροῦσι. — v. 23 id quod Wilamowitz restituerat lectione Hicksii nisus: κρέα ὠμά, ectypo meo non confirmatur.

Lateris B initium, etsi restitutio certa videtur, non satis intellego. — v. 9 παρὰ τὸν εὔθυνον: paganus hic magistratus occurrit etiam *IG* II 571 et 578.[8]) — v. 19 τὸς τρε̄ς θεός: mos per trinitatem aliquam divinam iurandi notus est, cuius moris exempla nuper Usener collegit et illustravit.[9]) Athenienses per tres deos iurare Solon iussisse dicitur[10]) nec tamen certum, quosnam intellexerit; diverse enim veteres eos interpretati sunt, cf. Poll. VIII 142 τρεῖς θεοὺς ὀμνύναι κελεύει Σόλων Ἱκέσιον Καθάρσιον Ἐξακεστῆρα, contra Homerica trinitas Iovis Apollinis Minervae Atheniensium propria dicitur schol. *AD* ad B 371, ac testatur eam Dem. Mid. 198; sed etiam Iovis Apollinis Cereris ius iurandum sollemne fuisse constat non paucis testimoniis[11]); certam utique trinitatem lege Scambonidarum dici articulus docet.

Lateris C versus litterarum fuisse quattuordenarum v. 18—19 et v. 21—22 demonstratur. v. 1 Hicks legit τα]μία: unde pago Scambonidarum sicut Plothensium duos fuisse quaestores collegerunt; at ne lectio quidem ΜΙΑ (vid. *L. V.*), nedum supplementum certum est. — v. 2 sqq. Kirchhoff restituit τὸν δ[έμαρχον κ]αὶ τὸς ℎ[ιεροποιὸ]ς τõι Λεõ[ι βοῦν τέ]λεον, eponymi quidem nomen tribus Leontidis, cui Scambonidae ascripti erant, satis certo[12]); etiam demarchi et hieropoeorum supplementum haud improbabile est, contra βοῦν τέλεον utique falsum, melius Wilamowitz δρᾶν τέλεον: cf. ad v. 11. Deinde v. 5—9 Wil. ita refinxit: λε̄χ[σιν δύο ὀ]βολõν ἑ[κάστοι Σ]καμβονι[δõν (*'einen Anteil im Werte von zwei Obolen für jeden Demoten'*)

7) cf. Meisterhans³ p. 127, 12.

8) cf. de eo Haussoullier *Vie municipale* p. 81 sq., Wilamowitz *Arist. u. Athen* II p. 239.

9) *Mus. Rhen.* LVIII (1903) p. 17 sqq.

10) Hesych. τρεῖς θεοί· παρὰ Σόλωνι ἐν τοῖς ἄξοσιν ὅρκῳ τέτακται et Poll. VIII 142, cuius testimonium supra attuli; ceterum iam Draco idem constituisse narratur schol. O 36.

11) collegit ea Usener l. c. p. 19.

12) iam Boeckh eponymi nomen hoc loco restituit, sed ille quidem minus recte initio insequentis versus.

καὶ τ]ὸς μετοί[κος λαχε͂]ν, quae supplementa quamvis ingeniosa tamen in textum recipere dubito, quia ne haec quidem certa sunt; utique metoecos ipsos quoque sacris pagi interfuisse videmus, cf. n. 12 (de Hephaestiis) v. 16 et quae ibi adnotavi. — v. 11 in. aut deorum aut festi nomen latet; sequitur verbum *δρᾶν* haud dubie ea fere vi, de qua Clidemus apud Athen. XIV p. 660a *ὅτι δὲ σεμνὸν ἦν ἡ μαγειρική, μαθεῖν ἐστιν ἐκ τῶν Ἀθήνησι Κηρύκων — — — οἱ παλαιοὶ τὸ θύειν δρᾶν ὠνόμαζον· ἔδρων δ' οἱ Κήρυκες ἄχρι πολλοῦ βουθυτοῦντες, φησί, καὶ σκευάζοντες καὶ μιστύλλοντες, ἔτι δ' οἰνοχοοῦντες*, atque huius legis testimonium eo memorabilius est, quia nullum praeterea quod sciam exemplum apud antiquos scriptores titulosve extat, cum a recentioribus velut Plutarcho frequentissime verbum *δρᾶν* de re sacra faciunda usurpetur.[13]) — v. 14 *Θ[η]σεῖον* legit H., de qua lectione valde dubito. Inde a v. 16 conexus sententiarum integer fere apparet; *Χσυνοι[κίοις]* certum videtur; iterum igitur de publicis sacris a pago concelebrandis agitur, cf. A v. 18—19; his autem feriis in arce sacrificatum esse ut per se veri simile[14]) ita hoc titulo demonstratur; v. 19sq. *Ἐπιζε . . . . σι* nondum expeditum est; Apollinis festum latere propter Pythii mentionem probabiliter coniecit Wilamowitz; ceterum notandum est in sacrificiis hoc loco commemoratis carnes non esse distributas, sed veniisse, cuius moris alterum non novi exemplum.

Restat ut de ratione totius tituli quaeramus. Videmus enim in lateribus A et C de rebus sacris, in latere B de pecuniis pagi a magistratibus quibusdam administrandis praecipi. Aut igitur ampliorem habemus legem, in qua et de pecuniis et de sacris pagi decretum est — et conferri potest decretum Myrrhinusiorum *IG* II 578 — aut — id quod multo veri similius duco — haec omnia ita inter se cohaerent, ut magistratus lateris B ipsi illis sacris laterum A et C praefuerint. Sed quinam hi magistratus fuerunt, qui et pecuniis pagi et sacris pagi administrandis fungerentur? Hieropoeos, quos Boeckh et Kirchhoff intellexerunt, publici aerarii curam sustinuisse veri dissimile est, et hac ex parte rectius cum Hicksio quaestores intellexeris; in Plothensium quidem rationibus[15]) legitur *τα]μίαιν ἐς τὰ δι' ἔτους ἱερὰ* 𐅄. Sed nullum omnino certum magistratum, sed universitatem potius eorum magistratuum, qui pecunias pagi tractabant, in latere B dici putaverim comparoque *τοὺς ἄρχοντας τοῦ ἀργυρίου*, qui in decreto Plothensium[14]) rationibus illis subiuncto commemoran-

---

13) e multis quos collegi locis e. g. affero Plut. Alcib. 34 *ἐδρᾶτο τὰ Πλυντήρια τῇ θεῷ*, Thes. 20 *τὰς δὲ ταύτῃ δρωμένας θυσίας*, Num. 9 *οὐ μόνον τῶν δημοσίᾳ δρωμένων ἐπιμελούμενος, ἀλλὰ καὶ τοὺς ἰδίᾳ θύοντας ἐπισκοπῶν*, Symp. VI 7, 1 *θυσία τις ἔστι πάτριος ἣν ὁ μὲν ἄρχων ἐπὶ τῆς κοινῆς ἑστίας δρᾷ*, Philostrat. Apoll. I 29 p. 17 *τὰ γὰρ ἱερὰ ὑπ' ἐκείνοις δρᾶται* et VII 10 p. 132 *τῷ Ἡλίῳ — — ὁπόσα εἰώθει δράσας*; cf. etiam Athen. VI p. 274b e Posidonio *τεταγμένα — — δρῶμεν ἐν ταῖς ἱερουργίαις*, Polemon. fr. 61 Prell ap. Athen. XI p. 483c *ὃ καὶ νῦν δρᾶται*; quamquam ne his quidem locis reliquisque quos collegi exemplum continetur, ubi e verbo *δρᾶν* accusativus nominis h o s t i a e pendet. — Mysteriorum *δρώμενα*, quippe cum verbum *δρᾶν* hic propriore vi dicatur, ex hac quaestione removere praestat.

14) cf. Mommsen *Feste* p. 39.

15) *IG* II 570, Michel *Recueil* 140.

tur, quo decreto omnino hunc Scambonidarum titulum optime illustrari censeo, cf. enim v. 12 sqq. *τὸς μὲν ἄρχοντας τõ ἀργυρίο ἀ[ξιό]χρεως κυαμεύε|ιν ὅσο ἑκάστη ἡ ἀρχ[ὴ ἄ]ρχει, τούτος δὲ τὸ ἀργύριον σῶν [π‖αρ]έχεν Πλωθεῦσι — — — —. Ἀπὸ δὲ τõ τόκο [τε κ]αὶ τῶμ μισθώσεων — — θύεν τὰ ἱερὰ τά τε ἐς Πλωθει[ᾶς | κ]οινὰ καὶ τὰ ἐς Ἀθηναίος ὑπὲρ Πλ[ωθέ]ων τõ κοινõ καὶ τὰ ἐς τὰς πεντετ[ηρί]δας· καὶ ἐς τἆλλα ἱερὰ ὅποι ἂν δέ[ηι Π]|λωθέας ἅπαντας τελε͂ν ἀργύριο[ν ἐς] ‖ ἱερά, ἢ ἐς Πλωθέας ἢ ἐς Ἐπακρέα[ς ἢ ἐς] | Ἀθηναίος, ἐκ τõ κοινõ τὸς ἄρχο[ντας] | οἳ ἂν ἄρχωσι τõ ἀργυρίο τõ ἐς τὴ[ν ἀτ|έ]λειαν τελε͂ν ὑπὲρ τῶν δημοτῶν· [καὶ | ἐ]ς τὰ ἱερὰ τὰ κοινὰ ἐν ὅσοισιν ἑσ[τι‖ῶ]νται Πλωθῆς οἶνον παρέχεν ἡδὺ[ν ἐ|κ τõ] κοινõ, ἐς μὲν τἆλλα ἱερὰ μέχρ[ι | ἡμίχο*[16]) *ἐ]κάστωι τοῖς παρõσι Πλωθέ[ω|ν, ἐς Διονύσια δὲ]*[17]) *διδασκάλωι κά[δον]*. Quamquam interpretatio huius tituli difficilis neque ex omni parte certa est[18]), similitudo tamen cum Scambonidarum lege ita patet, ut singula afferre opus non sit; itaque nescio an ille titulus vel ad restituendam hanc legem usui esse possit, velut fieri posse puto, ut quis A 15 sqq. fortasse e tit. Ploth. v. 28 sqq. expediat; me ipsum nihil sane certi profecisse fateor doleoque. Denique admoneo non deesse pagorum decreta, quibus diversi magistratus, praecipue demarchus et quaestores, rem aliquam una curare iubeantur, cf. *IG* II 579 *δοῦναι δὲ αὐτοῖς καὶ εἰς θυσίαν τὸν δήμαρχον Δωρό[θε]ον καὶ τοὺς ταμίας Δ δραχμὰς ἀπὸ τῆς προσόδου τῶν δημοτῶν*, item *IG* II 585.

10. Tabula marmoris opisthographa (a. 0.30, cr. 0.073, l. supra 0.10, infra 0.20), alterius lateris margo extat. Inventa est Chalcide Euboeae muro horti inaedificata. Ed. Papabasileios *Ἐφ. Ἀρχ.* 1902 p. 29 sqq. Titulum ex Attica oriundum esse demonstravit Wilhelm *Ἐφ. Ἀρχ.* 1902 p. 135 sqq., frustra oblocutus est Papabasileios *ibid.* 1903 p. 127 sqq., cf. Wilhelm *ibid.* 1904 p. 103 sqq.

A.

. . . . οι σῦ[ν?[1]) — — — — — —
. . . . τει β[οῦν?[2]) — — — — —
. . . . . . ον· Ἔροτ[ι — — — — — —
ἐνστορ]νύναι τρά[πεζαν[3]) — — — —
. . Ηιππ]ολύτοι τõι — — — — — —
. . . . h]εκάστο τõν ἑ — — — — —

---

16) suppl. Wilhelm *Gött. Gel. A.* 1898 p. 222, cf. A v. 22.

17) suppl. Wilamowitz *Aristoteles u. Athen* II p. 154, 23 evidenter, idem deinde *κά[δον* ubi tamen etiam *κα[ὶ* potest suppleri.

18) cf. Sauppe *Rhein. Mus.* IV (1849) p. 289 sq., Szanto *Untersuchungen über d. attische Bürgerrecht* p. 38 sq., Haussoullier *La vie municipale* p. 75, cuius interpretationem tamen rectam non iudico.

1) *Δητ]õι σõ[ν* P., ne *σõν* quidem certum.

2) *Ἀρτέμ]ιδι βοõ[ν* P., ΤΕΙΒ in lapide se agnoscere dicit W., propter proximam Amoris mentionem dubito an *Ἀφροδί]τει* supplendum sit; possis etiam *Ἀρχηγέ]τει* cf. B 7.

3) recte suppl. P.

.....α τριττύι ⁝ Ἀπ[όλλονι? — — — —
....οι Ποσιδέοις τ— — — — — —
Διὶ] Τροπαίοι ἐν Κυνο[σούραι[4]) — — Ηερ-
ακ]λεῖ[5]) ἐν τοῖ ἐλαιεῖ τρ[άπεζαν — — —
Χσ]όθοι ἀμνός·
Γ]λαύκοι ἀμνός·
Ἀ]πόλλονι Πυθίοι τέ[λεον[3]) — — — —
ι ἐνστορνύναι τρά[πεζαν — — — — —
ς μὲν ἄρνα ἀνασχες — — — — — —
Ποσειδο͂νι Πτορθί[οι — — — — —
Νύ]νφ(αι)ς κ(α)ὶ [Ἀχ]ε[λοίοι[6]) — — —

B.

— — — — — — — λαμβανέτ]ο ἀ(π)ὸ το͂ν[7]) δαρτ-
ο͂ν — — — — — — — — ⁝ βοὸς πέντε ho[8])
— — — — — — — — — — ινιστερνοφορ-
— — — — — — — — — ει τὰς μερίδας
— — — — — — — hιερεὺ]ς λαμβανέτο καθ᾽ ἕκ-
αστον τὸ hιερὸν ⁝ ⊢ ⁝ καὶ ἀπὸ το͂ν δαρ]το͂ν τὰ δέρματα· παρέχεν δὲ.................. γλο͂τ]ταν[9]) δὲ τοῖ ἀρχεγέτε-
ι...........................]σαίας καθάπερ το͂ Ἔ-
ροτος[3])...................δίδο]ται ἐς ἀπόμετρα ⁝ Δ
........................Ἀθεναί]ας[9]) hιέρεια λαμβανέτο, ἐὰν μὲν οἶες θύονται, σκέλος[10]) κ]αὶ ⁝ ⊢ ⁝ κατὰ τὸ hιερὸ-
ν hέκαστον................ἐὰ]ν δὲ βο͂ς[10]) θύεται, σάρκας πέντε?............... παρέ]χεν δὲ τὲν hιέρεια-
ν[11])...................ἀπὸ δ]ὲ το͂ν ἰδίον το͂ν δαρτο͂ν δ-
έρμα καὶ σκέλος, το͂ν δὲ μὲ δαρ]το͂ν[12]) σκέλος· Ἀρτέμιδος h-
ιέρεια λαμβανέτο ἀπὸ το͂ν δ]εμοσίον το͂ν δαρτο͂ν δέρμ-
α καὶ σκέλος καὶ ⁝ ⊢ ⁝ κατὰ τὸ hι]ερὸν hέκαστον, ἀπὸ δὲ το͂ν
ἰδίον το͂ν δαρτο͂ν δέρμα καὶ σ]κέλος, το͂ν δὲ μὲ δαρτο͂ν τ-

---

4) suppl. W., vid. comm.

5) suppl. W., *Ἀφροδίτ]ει* P., sed inferiorem trabem obliquam litterae Ⅼ agnovit W.

6) .. ΙΙΦΛΙΣΚΛΙ ..‾, suppl. W.

7) non *ται οιον*, ut volebat P., sed ΟΑΓΟΤΟΝ esse in lapide scriptum testatur W. qui etiam *λαμβανέτ]ο* supplevit.

8) *μο[ίρας* P., sed M verum non esse vel ex imagine apparet, quae aut H aut N praebere mihi videbatur; H esse statuit W.

9) suppl. P.; idem v. 10 Minervae nomen restituit; possis etiam *Ηέρ]ας*.

10) supplevi coll. v. 12, ubi sane P. legit *ἐνδέρος*, sed P minime certum, immo reliquias arcus inferioris litterae B dispicere mihi videor, cf. comm.

11) ita legendum, non *τε͂ι hιερείαι* P., vidit W., etiam in imagine N potius quam I apparet.

12) inde a v. 14—19 supplementa mea sunt, de quorum ratione vid. comm.

ἀ σκέλε? . . . . . hιέρεια λαμβα]νέτο καθάπερ ἑ τε͂ς Ἀρτέμιδος . . . . λα]μβανέτο το͂ν δεμοσίον h-
. . . . καὶ ⁝ ⊢ ⁝] κατὰ τὸ hιερὸν [ἕκ]ας
τον — — — — —

Titulum patriae Atticae Wilhelm certissima restituit ratione, quam paucis ita comprehendere licet: lapis etsi Chalcide inventus est, litteris tamen inscriptus est Atticis, quales per annos 446—401 usui erant, ac speciem quidem earum vel *Ἀττικωτάτην* iudicat ille adeoque similem legis e. g. de primitiis Eleusiniis n. 4, ut ex eadem paene officina provenisse ei videatur. Huius modi lapis, nisi certae gravesque obstant causae, Atticae tribui vel per se debet. Accedit vero quod complures deos, quos hic titulus refert, in Attica esse cultos constat. Itaque res pro explorato habenda est ac ne ad cleruchos quidem Atticos Euboeam incolentes refugere licet. Aetas iis, quae de similitudine inscriptionis Eleusiniae n. 4 circa annum a. Chr. n. 421 ortae Wilhelm adnotavit, accuratius definitur.

Duorum laterum eadem manu *στοιχηδὸν* inscriptorum alterum (A) sacra dis quibusdam faciunda continet, quae tamen in fastorum modum disposita non videntur, alterum (B) sacerdotum emolumenta ex iis opinor sacrificiis, ad quae lateris A praecepta pertinent. Legem non ipsius Atheniensium rei publicae esse, sed partis cuiusdam civitatis per se veri simile est et confirmatur ni fallor voce *τριττύι*, quae A 7 legitur. Quam editor ad sacrificium illud trium hostiarum, de quo p. 10 sq. egi, rettulit, quamquam ipse casum dativum insolitum esse concedit, quem frustra ita defendere conatus est, ut dei nomen nominativo casu positum, animo autem supplendum esse *τιμάσθω* vel simile aliquid contra reliqui tituli exemplum crederet.[13] Nunc vero Attice id sacrificium, illa certe aetate, omnino non *τριττύς*, sed *τρίττοια* vel *τρίττοα* (cf. n. 2 v. 5 et 4 v. 37) dicebatur, *τριττύς* contra pars civitatis est; unius igitur ex his partibus sacra hoc titulo constitui conicio.

Lateris A singulos versus 42 litterarum fuisse sicut lateris B (v. infra) veri simile est nec tamen ullo loco id spatium certo expletur. — v. 4 *ἐνστορνύναι τράπεζαν*: in fastis Atticis substantivum plerumque solum ponitur (Prott *Fasti* n. 1, v. 19 et 23; n. 26 passim). — v. 5 *Ἱππ]ολύτοι τõι*: Wilhelm fortasse *Ἀφροδίτει ἐφ' Ηιππ]ολύτοι* supplendum suspicatur; sed repugnare puto articulum *τõι*; is enim manifesto e loci definitione superest, quae tamen si res Veneri facienda diceretur, ad hanc potius referenda fuit. — v. 8 P. supplevit *Γλαύ]κοι*, etiamsi v. 12 idem occurrat, *Ποσιδέοις* i. e. Neptuni feriis filium una cum patre cultum esse ratus; deinceps cum eodem *τ[ράπεζαν ἐνστορνύναι]* supplere facile nec tamen certum est, praesertim cum et v. 4 et v. 14 inverso ordine haec duo verba

13) ea exempla, quae P. attulit (Hom. *I 38* et *M 310*, Plat. Legg. p. 933 d) nihil ad rem valent: unum, quod possit conferri exemplum, occurrit in tit. Olymp. n. 61, ubi legitur *βοΐ κα θοάδοι*, sed interpretatio incerta est et universa tituli ratio diversa.

pronuntientur. — v. 9 ἐν Κυνο[σούραι] [14]) egregie supplevit Wilhelm eius Iovis sacra intellegens, cui in promunturio Salaminis insulae Cynosura τρόπαιον exstructum esse constat [15]); sed ipse iam admonuit etiam de eiusdem nominis promunturio Marathonio, ubi item Iovem Tropaeum cultum esse dissimile veri certe non est [16]); atque in regionem Tetrapolensium etiam Xuthi mentione (v. 11) duci videmur, cf. infra ad v. 11.

v. 10 Ἡρακ]λεῖ ἐν τῶι ἐλαιεῖ suppl. Wilh. coll. *IG* I 164. 170. 173, ubi in traditionibus rerum sacrarum ter καρχήσιον ἱερὸν τοῦ Ἡρακλέους τοῦ ἐν Ἐλαιεῖ recensetur, et Steph. Byz. Ἐλαιεύς, δῆμος τῆς Ἱπποθωντίδος φυλῆς ὡς Διονύσιος· Διόδωρος δ' Ἐλαιοῦς ἀφ' οὗ ὁ δημότης Ἐλαιούσιος, τὰ τοπικὰ Ἐλαιουντόθεν καὶ Ἐλαιουντάδε καὶ Ἐλαιοῦντι· λέγεται καὶ ἐξ Ἐλαιέως, ac quaestione de situ pagi 'Ἐλαιεύς' a pago 'Ἐλαιοῦς' fortasse discernendi diligenter instituta delubrum Herculis ἐν τῷ ἐλαιεῖ situm suspicatur idem fuisse ac τετράκωμον Ἡράκλειον (Steph. Byz. Ἐχελίδαι), quo communiter utebantur οἱ Ἀθήνησιν τετράκωμοι i. e. Πειραιεῖς Φαληρεῖς Ξυπεταίονες Θυμοιτάδαι (Poll. IV 105). Equidem iterum admoneo notum esse Herculis cultum Tetrapolensem [17]) ac delubrum eius prope Cynosuram Marathoniam, de qua paulo supra commemoravi, fuisse (Prott *Fasti* n. 26 A v. 18 — — — ωι [18]) ἐν Κυνοσούραι | [— — παρὰ] τὸ Ἡρακλεῖον). — De supplemento τρ[άπεζαν ἐνστορνύναι] v. ad v. 8.

v. 11 Ξ]ούθῳ: si quidem titulus Atticus est, Xuthum ab Atheniensibus cultum esse iam certo testimonio constat, ac tradidit Strab. VIII p. 383 Ξοῦθος — τὴν Ἐρεχθέως θυγατέρα γήμας ᾤκισε τὴν τετράπολιν τῆς Ἀττικῆς [19]), id quod gravissimum indicium mihi videtur legem regioni Tetrapolensi esse tribuendam.

v. 12. Glauci cultus Atticus ignotus, unde contra originem Atticam nihil efficitur, rectissimeque Wilhelm, quam multi heroes heroidesque in Attica culti sint aliunde nobis ignoti, exemplo fastorum Tetrapolensium cognitum esse admonuit. Floruit cultus Glauci potissimum apud nautas Boeotos et Euboicos [20]), quae res item origini Tetrapolensi

---

14) Pa. ἐν κυνὸ[ς κεφαλεῖ] proposuerat et eo nomine collem hodie κακοκεφαλή nominatum significari coniecit, quem esse canis capiti similem affirmat; sed hanc rationem plane lubricam esse nec parem certis indiciis, quae Atticam lapidis originem suppeditant, patet.

15) cf. Paus. I 36, 1, Ἐφ. Ἀρχ. 1884 p. 165 v. 33. Διὶ autem Τροπαίῳ ibi sacra fieri solita esse demonstratur ephebroum titulis *IG* II 467 (Dittenb. *Syll.*² 521) et 474, quorum testimonio iusto minus tribuit P. Wilhelmium refutare frustra conans.

16) Paus. I 32, 5 πεποίηται δὲ καὶ τρόπαιον λίθου λευκοῦ; de situ eius incerto v. Hitzig-Blümner Paus. I p. 335.

17) Paus. I 15, 3 et 32, 4.

18) supplementum πρὸς τῶι βωμῶι] veri prorsus dissimile est; quid si scriptum fuit Διὶ τροπαί]ωι ἐν Κυνοσούραι?

19) cf. etiam Wilamowitz *Aristoteles u. Athen* II p. 137, 24.

20) Paus. IX 22, 6, Strab. IX 405; Euboeae filius dicitur Athen. VII p. 296 b. Nimirum hac Glauci et Xuthi mentione Papabasileus maxime nititur, ut Euboeicam tituli originem tueatur, nec tamen illa satis valet contra ratiocinationem Wilhelmii supra a me expositam.

legis favet. — V. 11 et 12 praeceptis de Glauco Xuthoque adscripta est magna littera *A*, cuius rationem non perspicio; ad pretium hostiarum Atticis nummis solvendum ab editore falso referri vix est quod dicam neque omnino ad huius legis argumentum pertinere veri simille est. Contra lineolas, quae a sinistra parte inter v. 12 et 13 atque inter 15 et 16 agnoscuntur, a lapicida de industria ductas esse Wilhelm exemplis similibus (vid. n. 16a) probavit.

v. 15 non intellego; quae P. scripsit *θεοῖς χθονίοι]ς μὲν ἄρνα ἀνασχέσ[εις μέλανα ἐτήσιον* ⊢⊢⊢], fundamento carent. — v. 16 Neptuni cognomen *Πτόρθιος* aliunde ignotum est; merito autem editor notissimum Neptuni cognomen *Φυτάλμιος* comparavit. — v. 17 Nympharum et Acheloi cultum, quem acute hic W. restituit, in Attica floruisse constat: cf. Plat. Phaedr. p. 230b, *IG* I suppl. p. 120 n. 503a et anaglyphum ad Ilissum repertum, in quo praeter Herculem et Mercurium caput barbatum cornigerum repraesentatur, cui adscriptum ΑΧΕΛΩΙΟΣ (Skias *Ἐφ. Ἀρχ.* 1893 p. 137 not. 1).

Inscriptio lateris B praecepta de emolumentis sacerdotum continet, quae simili ratione atque legis n. 24 praecepta disposita sunt. De iis sacrificiis agi, quae lateri A inscripta sunt, et per se veri simile est et Erotis nomine v. 8 probabiliter restituto confirmatur. — Restitutionis fundamentum, de quo a Papabasileo valde dissentio, hoc est: v. 14—16 diversa hostiarum genera, *δημόσια, ἴδια, δαρτά, μὴ δαρτά* inter se et distingui et coniungi certum est; iam cum v. 16 legamus *δ]ημοσίων τῶν δαρτῶν*, v. 18 autem *τῶν δὲ μὴ δαρτῶν*, medio inter loco, quo superest *ἀπὸ δὲ τῶν*, nihil suppleri posse nisi *ἀπὸ δὲ τῶν ἰδίων τῶν δαρτῶν*, sicut scriptum v. 14, necessario colligitur atque id quidem iam ab editore conclusum est. Iam vero *ἱερεῖα δαρτὰ*[21]) haud dubie sunt hostiae quarum pelles detrahi solebant, *μὴ δαρτὰ* hostiae quarum pelles non detrahi debebant aut poterant, velut porci avesque. Emolumenta igitur, ubi ex hoc discrimine constituuntur, eo differre concludo, ut ex illis pellis sacerdoti cedat, ex his non cedat, quocum convenit et v. 16, ubi post *δ]ημοσίων τῶν δαρτῶν* legitur *δέρμ[α*, et v. 14, ubi post *τῶν ἰδίων τῶν δαρτῶν* superest littera *δ* i. e. *δ[έρμα]*, cf. etiam n. 24, ubi simillima ratione emolumenta *ἱερείου εὔστοῦ* a ceteris distinguuntur (vid. p. 80). Sequitur ut etiam v. 18, ubi emolumenta *ἀπὸ τῶν ἰδίων τῶν δαρτῶν* enumerantur, non modo *σ]κέλος*,

---

21) eadem vox occurrit in lege Milesia n. 158 v. 30sq. *ἔρδεται δὲ τῶι πανθύωι ἔτει παρὰ Κεραιίτηι δαρτόν* et in fastis Myconiis (Prott n. 4 = *Syll.*² 615) v. 25 *δερτὰ μέλανα ἐτήσια*, ubi Prott coll. Hes. s. v. *δρατά· δαρτά, ἐκδεδαρμένα θύματα* (Et. M. 287, 9sqq.) *hostias pelle spoliatas* interpretatus erat; at nec sacrificantur tales hostiae nec coloris mentio, ut iam Rohde *Psyche* I p. 206 recte sentiebat, ita apta est. Interpretandum potius *h. pelle spoliandae* Stengel *Hermes* XXXIX p. 611 recte statuit. Sed cur oves potissimum hac voce a veteribus significari solitas esse putemus (Wilamowitz *Sitzungsber. d. Berl. Akad.* 1904 p. 630, Stengel *Hermes* l. c. p. 612sq., cf. tamen quae hic ipse p. 613, 2 adnotat), causam non video idoneam. Immo repugnat Galeni testimonium anat. VII 16 t. II p. 644 Kühn: *εἶναι τὸ ζῷον ἕν τι τῶν δαρτῶν ὀνομαζομένων, οἷον ἢ πρόβατον ἢ βοῦν ἢ αἶγα*, quae verba vereor ne St. paulo artificiosius interpretatus sit. Quae praeterea St. l. c. de vi vocis *δαρτά* ex hoc titulo conclusit, in falsa Papabasilei tituli restitutione posita sunt.

sed etiam δέρμα καὶ σ]κέλος supplere debeamus, unde versus 42 litterarum efficitur. Quocum egregie convenit, quod idem numerus v. 15 et 16 et 17 facile ac paene sponte sua evenit.

De singulis haec adnoto: v. 3 στέρ[νο]φορ[είτω legit P. synonymum intellegens 'τοῦ τὸ στῆθος ἢ στέρνον λαμβάνειν'. Sed res ipsa, quam ille spectat, tam raro invenitur, si modo usquam occurrit[22]), ut eius causa verbum novum et inauditum fingere vix liceat. — v. 5/6 καθ' ἕκ[αστον τὸ hιερὸν κτλ. supplevi, quamquam reliquis locis inverso ordine κατὰ τὸ hιερὸν hέκαστον (v. 11, 17, 21) dici solet; certa utique supplementa non sunt. — v. 7 τῶι ἀρχηγέτει: magistratum intellexit P.; mihi heros potius dici videtur eius sc. partis rei publicae, cui haec lex debetur, etsi mirum esse concedo inter emolumenta sacerdotis partem quandam divinam recenseri; an de capite supra sermo erat sacerdoti vel administro cuidam tribuendo, e quo hic iam lingua excipitur? cf. Arist. Av. 1704 πανταχοῦ τῆς Ἀττικῆς ἡ γλῶττα χωρὶς τέμνεται. — v. 9 ἀπόμετρα: emolumenta sacerdotis quaedam dici certum est; pecuniam ei tribuendam significari demonstrare studui ad n. 6 v. 20 p. 31 ibidemque propter distinctionem hic inter ἀπόμετρα et Δ servatam hac littera summam eius indicari conieci. — v. 12 ἐὰ]ν δὲ βõς θύεται: sane Papabas. in lapide legi voluit ἐ]νδέρος coll. fastorum Coorum loco notissimo (Prott n. 5 = *Syll.*² 616 v. 48) ἔνδορα ἐνδέρεται· ἐφ' ἑστίαν θύεται ἀλφίτων ἡμίεκτον — — καὶ τὰ ἔνδορα, interpretationem tamen nullam addens. Sed ni vehementer fallor, illud ἐνδέρως sive ἔνδερος nihili est: adiectivum certe ἔνδορος dicitur et dicatur oportet. Itaque praesertim cum arcum inferiorem litterae B dispicere mihi videar, lectionem ἐὰ]ν δὲ βõς θύεται certam duco; paulo incertius, quo modo praeceptum superioris versus, quo haec referuntur, restituendum sit. Interim ea, quae proposui, et cum spatii rationibus conveniunt et Minervae quidem rei sacrae, cui oves bovesque praecipue sacrificatas esse constat, aptissima sunt. De discrimine inter boves ceterasque hostias constituto cf. n. 41 v. 5 sq. V. 19 quomodo vox, cuius prima littera v. 18 extat, supplenda sit, dubium. Utique ante λαμβα]νέτω alius sacerdotis nomen scriptum fuisse proxima verba καθάπερ ἑ τε̃ς Ἀρτέ[μιδος demonstrant, quippe cum de hac ipsa v. 15 sqq. sermo fuerit.

11. Stela marmoris Pentelici a fronte (A) et ab aversa parte (B) inscripta, supra et infra fracta, in septentrionali clivo arcis inventa. Ed. cum imagine photographica Kavvadias Ἐφ. Ἀρχ. 1897 p. 176 sqq. tab. XI, inde S. Reinach *Comptes rendus de l'ac. des inscr.* 1897 p. 549 sqq., Michel *Recueil* 671, Dittenberger *Syll.*² 911, Michaelis *Arx Athen.* p. 93. Cf. praeterea v. Wilamowitz-Möllendorff *Deutsche Literaturzeitung* 1898 p. 383, Haussoullier *Rev. de Phil.* XXII (1898) p. 61, Furtwängler *Meisterwerke* p. 207 sqq. et *Sitzungsber. d. Münch. Akad.* 1898 I p. 380 sqq., E. Meyer *Forschungen* II p. 97, 1. 118. 136, Br. Keil *Anon. Argent.* p. 302 sqq. — Apographum mihi misit J. de Prott.

---

22) ap. Prott *Fasti* 6 v. 20 supplendum videtur sane στ](ῆθ)ος, sed rectissime id ille de parte pedis intellexit coll. Hesych. s. v. στῆθος — — καὶ τὸ ὑπὸ τοὺς ποδῶν δακτύλους στηθύνιον, praesertim cum paulo ante antecedat ταρσός. Eodem modo haud dubie στηθύνιον in lege Xanthi Lycii n. 49 v. 10 accipiendum. Restat in lege Sinopea n. 166 v. 8 lectio στ[ῆθος], de qua tamen est quod dubites.

Ἔδοχcεν τε̑ι βολε̑ι καὶ το̑]ι [δέ]μο[ι[1])...|.................. ικος εἶπε· [τε̑ι | Ἀθεναίαι τε̑ι Νίκ]ει[2]) hιέρεαν hὲ ἂ[ν..|......... ..ι[3]), ἐχc Ἀθεναίων hαπά[ντ||ον......]c(θ)αι[4]) καὶ τὸ hιερὸν θυρο̑-cα|ι καθότι ἂν Καλλικράτεc χcυγγράφc|ει, ἀπομιcθο̑cαι δὲ τὸc πολετὰc ἐπὶ τ|ε̑c Λεοντίδοc πρυτανείαc· φέρεν δὲ τ|ὲν hιέρεαν πεντέκοντα δραχμὰc, καὶ || τὰ cκέλε καὶ τὰ δέρματα φέρεν το̑ν δε|μοcίον[5])· νεὸν δὲ οἰκοδομε̑cαι καθότι | ἂν Καλλικράτεc χcυγγράφcει καὶ βο|μὸν λίθινον. | Ηεcτιαῖοc εἶπε· τρε̑c ἄνδραc hελέcθ||αι ἐγ βολε̑c· τούτοc δὲ μετ[ὰ] Καλλικρά||[το]c χcυγγράφcανταc ἐπ[ιδεῖχcαι τε̑|ι βολ]ε̑ι[6]) καθότι ἀπο-μ[ιcθο.........|......]ει τὸc — — — —

B.

Ἔδοχcεν τε̑ι βολε̑ι καὶ το̑ι δέ|μοι· Αἰγεὶc ἐπρυτάνευε· Νεοκ|λείδεc ἐγραμμάτευε· Ἀγνόδε|μοc ἐπεcτάτε· Καλλίαc εἶπε· Τ||ε̑ι hιερέαι τε̑c Ἀθενάαc τε̑c Νί|κεc ≣ πεντήκοντα δραχμὰc τὰ|c γεγραμμέναc ἐν τῆι cτήλ[ηι] | ἀποδιδόναι τὸc κωλακρ[έταc, | οἳ] ἂν κωλακρετῶcι[7]), το̑ Θ[αργηλ||ιῶ]νοc[8]) μηνὸc τῆι ἱερ[έαι τῆc Ἀ|θηνα]ίαc τῆc Νίκη[c — —

Decretum A intra annos 460—446 inscriptum esse litteratura Attica antiquior (Ν≶Υ) docet. Consilium igitur aedificandi templi Minervae Victoriae ante a. 446 captum esse iam constat, ac quoniam id a Periclis consiliis prorsus alienum videtur, Furtwängler anno 450/49, cum Athenis iterum postremumque plurimum poterat Cimo, decretum tribuendum acute coniecit. Nec tamen illo tempore consilium perpetratum est, immo templum utique non ante Propylaea exaedificatum esse artis et constructionis indiciis demonstratur.[9]) Ac Furtwängler propter stilum zophori templi vel ad tempora belli Archidami descendendum putavit annoque victoriae

---

1) legit et suppl. Prott.

2) Ε test. Pr., idem v. 4 in. Ι, v. 5 in. ≶.

3) *hὲ ἂ[ν ἀστὲ ἐχς ἀστõν εἶ* Kavv., Michel, Michaelis, sed cf. comm. ubi *hὲ ἂ[ν διὰ βίο hιερᾶτα]ι* fortasse legendum conieci.

4) Kavv. ceterique legerunt *καταστῆσ]αι*, sed Pr. post Σ agnovit reliquias litterae Θ, ut infinitivus in *σθαι* terminans supplendus sit; ipse mihi proposuerat *hαιρεῖσ]θαι*, sed debebat scribi *hαιρε̃σθαι*; an *ἐχς Ἀθεναίων hαπα[σõ|ν καθίστα]σθαι*?

5) ie. *τῶν δημοσίων*: Kavv., Furtw., Michel; *τὸν δεμόσιον* ie. servum publicum interpretati sunt Wil. et Hauss.

6) suppl. Cavv. coll. n. 4 v. 60.

7) distinxit hoc loco summo iure Dttb., cum Wil. et E. M. *οἳ ἂν κωλακρετῶσι τõ Θ. μηνός* coniunxissent indeque collegissent colacretarum magistratum non annuum fuisse, sed fortasse quaque prytania alios homines eo functos esse.

8) *Ποσειδεῶ]νος* Dttb., sed litterae Θ vestigia testatur Prott, et Thargelionem mensem re ipsa desiderari, quia in nona prytania etiam pensiones templorum fieri solebant (Arist. Ἀθ. Πολ. 47, 4), vidit Keil l. c. p. 315. cf. etiam n. 13 v. 16.

9) Wolters *Bonn. Stud.* p. 92 sqq. Furtwängler l. c. p. 386 sqq. (Nuperrime Furtw. iterum de hac re disputavit *Münch. Sitzungsber.* 1904 p. 381 sq., ubi etsi paululum de tempore remisit annosque initio belli Peloponnesiaci proxime superiores in certamen posse venire concessit, summam tamen sententiae pristinae obtinuit.)

Amphilochiae (425) repetitum consilium et perfectum tribuit. Sed templum quidem ipsum iam aliquot annis ante zophorum perfici potuisse suo iure obiecit Keil Calliaeque qui alterum decretum rogavit nomine ad definiendum annum usus est, quoniam id haud dubie eo anno rogatum est, quo opus eo progressum erat, ut sacra ibi fieri possent; Calliam autem Calliadis fuisse filium existimat eum, qui a. 434 notam de quaestoribus reliquorum deorum rogationem tulit[10]), mortuum a. 432 apud Potidaeam; aedificari igitur coeptum esse Victoriae templum anno fere 435, biennio fere post a Callia decretum rogatum esse. Quae probabiliter disputata sunt nec tamen ab omni offensione tuta. Ac primum quidem Pericle vivo et comprobante potuisse fieri, ut consilium templi Victoriae aedificandi perficeretur, etsi negandum non est, tamen et E. Meyer et Br. Keil et Dittenberger ea, quae Furtwängler de arcta inter publicas et sacras res necessitudine proposuit, magis aequo repudiaverunt.[11]) Deinde vero nomen Neocleidis, scribae prytaniae Aegeidis, non nihil dubitationis movet. Eiusdem enim nominis scriba occurrit *IG* I suppl. p. 20 n. 71, qui titulus intra 420—414 inscriptus est. Sane hic prytaniae nomen lacuna periit nec certo restitui potest[12]), praesertim cum longitudo singulorum versuum nondum explorata sit, attamen Aegeidis nomen supplendo fundamentum haud improbabile restitutionis existere moneo. Eadem autem aetate Calliam Scamboniden fuisse rerum sacrarum studiosum constat. Denique huc aliquatenus mira quaedam alterius inscriptionis B condicio facit: v. 6 enim post ΝΙΚΕΣ lapicida primo litteram Α insculpsit, tum frustra inde Γ efficere conatus erasit; ante hanc rasuram titulus litteris Atticis, quales annis 446—403 usui erant, post alia manu litteris Ionicis (*O* tamen = *ο* et *ου*) latiore ordine dispositis inscriptus est; mutari autem structuram quoque verbis *τῇ ἱερέᾳ τ. Ἀ. Ν.* bis repetitis apparere vidit Keil et collegit litteram Α erasam primam fuisse vocis *ἀποδιδόναι* duoque dicendi exempla concurrere:

a) *τε̃ι hιερέαι τε̃ς Ἀθενάας τε̃ς Νίκες ἀ(ποδιδόναι πεντέκοντα δραχμὰς — — — Θαργελιο̃νος μενός)*

b) *πεντήκοντα δραχμὰς — — — ἀποδιδόναι — — — Θαργηλιῶνος μηνὸς τῆι ἱερέαι τῆς Ἀθηναίας τῆς Νίκης.*

Utramque mutationem autem sagaciter ita explicavit: decretis A et B origine diversis tabulis inscriptis cum recentior tabula aliquo damno affecta esset titulumque renovari et in antiquiorem tabulam transcribi placuisset, primo lapicidam, cui id mandatum erat, exemplari tabulae renovandae usum esse usque ad initium vocis *ἀποδιδόναι*, hoc autem loco, cum lapidis, sive quia fractus erat sive quia litteratura deleta, nullus iam usus esset, re-

10) annum 434 contra Belochium (*Rhein. Mus.* XLIII p. 113 sqq.) denuo defendit E. Meyer *Forschungen* II p. 89 sqq.

11) cf. quae et n. 4 v. 47 sqq. e Lamponis de Pelargico additamento et e decreto de Orgade Eleusinia n. 28 colligenda videntur.

12) e spatiorum rationibus aliam tribum atque Aegeida fuisse perperam collegit Kavvadias, quem non sequi debuit Dttb. Kirchhoff enim, etsi in transcriptione nescio qua de causa lacunam maiorem indicat, ipse tamen antea praemisit versus fuisse videri 44 fere litterarum.

currendum fuisse ad exemplum chartae in tabulis publicis conservatae paulo aliter conceptum litterisque Ionicis ex cotidiano tum fere usu[13]) scriptum, ac cum prior lapicida aliam interea operam suscepisset, novum inscriptionem perfecisse. Quae ut aptissime ad persuadendum disputata sunt, ita ipsa recentiori aetati decreti favere mihi videntur. Keil enim merito in eo nititur, quod cives privati iam aliquot decenniis ante a. 403 litteris Ionicis uti consueverant, et in titulis quidem sepulcralibus hanc consuetudinem iam inde a bello Peloponnesiaco vulgo valuisse constat, sed antequam oratores, cum rogationes suas chartae publice conservandae mandabant, hunc morem sequi non dubitaverunt, aliquantum temporis intercessisse putaverim. Atque etiam aspirationis nota in nomine *Ἀγνόδεμος* omissa — legitur autem nomen in ea parte, quam Keil ipse e lapide antiquo descriptam iudicat — magis consentanea est annis 420—414 quam a. 434. Quae omnia affero non quo alicui ex his annis esse tribuendam Calliae rogationem iam persuasum habeam, sed ut ne Keilii quidem acuta disputatione absolutam esse quaestionem appareat.

A. v. 1—4 *de eligenda sacerdote.* verba deleta aut alteram cui satisfacere deberet condicionem aut quantum temporis munere functura esset indicabant. Hoc quia vix desiderari poterat, veri similius duco ac facile suppletur *hὲ ἂ[ν διὰ βίο hιερᾶτα]ι*; quamquam concedo ita iis, quae de mercede sacerdotis praecipiuntur, aliquid offensionis moveri. Quinquaginta enim drachmarum mercedem annuam fuisse cum per se appareat tum decreto altero, quo ea certo quodam mense solvi iubetur, confirmatur. Iam etsi sacerdoti ad vitae tempus electae quotannis mercedem solvi consentaneum est, tamen id ipsius legis verbis constitui expectamus praeceptoque *πεντήκοντα δραχμὰς φέρειν* addi *κατ' ἔτος* vel simile aliquid; contra si supra annuum muneris tempus constitutum erat, nihil dubii illis verbis inerat. Altera ex parte, si recte sentio, huius modi supplementum minus facile reliquiis lapidis accommodatur. Ceterum decretum quadam dicendi obscuritate prorsus liberum non fuisse praeceptum de ceteris sacerdotis emolumentis v. 9 sq. testatur; neque enim iniuria hoc loco discrimen, quod inter publica et privata sacrificia erat, clarioribus verbis expressum velles. Itaque etiam viri docti diverse verba interpretati sunt: Kavvadias illud *τῶν δημοσίων*[14]) non nisi ad *τὰ δέρματα* referendum esse propter verbum *φέρειν* post hanc vocem repetitum conclusit totumque praeceptum ita intellexit, ut sacerdos *τὰ σκέλη* e sacrificiis et privatis et publicis, e publicis autem insuper *τὰ δέρματα* acciperet, quod discrimen sane satis usitatum est (cf. n. 155), ac ne breviloquentiae quidem similis exemplum deest, cf. tit. Or. n. 65 v. 34 sq. cum adn. Dubium tamen mihi non videtur, quin *τῶν δημοσίων*

---

13) cf. de hac re Koehler *MAI* X p. 378 sq. et v. Wilamowitz-Moellendorff, *Homer. Untersuch.* p. 303 f.

14) *τὰ δημόσια* sc. *ἱερεῖα* non hoc uno loco victimae publice mactatae sunt, cf. praeter n. 65 praecipue n. 10. Quod vero Wil. et Hauss., ut ambiguitatem loci tollerent, legerunt *τὸν δημόσιον*, eo sane tollitur verborum ambiguitas, res tamen efficitur inaudita verique dissimillima, quam ne ipsis quidem auctoribus iam placere confido praesertim post Keilii copiosam refutationem p. 302 sqq.

etiam ad *τὰ σκέλη* referatur non modo quia aliter adversativam exspectamus coniunctionem, ut monuit Dttb., velut *τῶν δὲ δημοσίων τὰ δέρματα*, sed etiam quia, si carebat sacerdos ullis privatae rei sacrae emolumentis, magna 50 drachmarum merces facilius intellegitur. Privata autem emolumenta ideo deesse, quia cultus Victoriae publicus potissimum erat et rarissima sacrificia privata, Keil docuit[15]); idem verbi *φέρειν* repetiti rationem grammaticam eam esse, ut diversa emolumentorum genera, pecunia et partes hostiarum, indicarentur, perspexit gravioremque post *δραχμάς* distinctionem requisivit. Ipsa vox *τὰ σκέλη* offensione non caret, quoniam ut femur usitatissimum sacerdotum emolumentum erat, ita solebat fere ei unum dari femur interdum accuratius definitum velut verbo *δεξιόν*, ac ne huic quidem sacerdoti cuncta hostiae femora concessa esse puto.

v. 4 quae de sacerdotio constituuntur, interrumpuntur praecepto *τὸ ἱερὸν θυρῶσαι κτλ.*, quod haud dubie ea ratione hic inseritur nec cum praecepto de ara et templo aedificando coniungitur, ut eae res, quas statim perfici oporteat, praeponantur. Ceterum hoc testimonio nihil dubii relinquitur, quin iam ante templum aedificatum fanum *Ἀθηναίας Νίκης* fuerit quamvis parvum et modestum — carebat enim ara lapidea[16]) nec foribus claudebatur —, recteque in hoc sacello antiquitus fuisse *ξόανον ἄπτερον ἔχον ἐν μὲν τῇ δεξιᾷ ῥόαν, ἐν δὲ τῇ εὐωνύμῳ κράνος* (Heliod. ap. Harp. s. v. *Νίκη Ἀθηνᾶ*) Kavvadias statuit.

v. 15 sqq. nondum certo suppleti sunt; *ἐπιδεῖξαι τῆι βουλῆι* satis certum videtur[17]); quae deinde Cavv. proposuit *καθότι ἀπο[μισθῶσαι ἂν αὐτοῖς δόχσ]ει, τὸς [δὲ πρυτάνεις ἐς τὸν δῆμον ἐχσενεγκε͂ν]*, ea displicent et propter positionem particulae *ἄν*, ut ipse concessit, insolitam et quia desideratur ni fallor mentio operis collocandi, quoniam supra et de templo et de foribus collocandis mentio erat. Dittenb. scripsit *ἀπομ[ισθόσεται* reliqua intacta relinquens. Utique cognoscimus fuisse Athenis qui, cum rem ex unius Callicratis arbitrio pendere nollent, obtinerent, ut tres senatores una cum illo rei consulerent (cf. quae bene de hac re exposuit Kavv. p. 188 sqq.).

Decretum B tempore posterius esse et argumento demonstratur, quod praecepta illius respicit (v. 6 *πεντήκοντα δραχμὰς τὰς γεγραμμένας ἐν τῆι στήληι*), et litteratura, de cuius mira condicione iam supra egi. — Iis, quae supersunt de mercede sacerdotis, quo mense et a quibus pendi debeat, praecipitur; fortasse etiam de ceteris sportulis, quas priore decreto paulo obscurius tractatas supra vidimus, accuratius actum erat.

12. Fragmenta quattuor marmoris Pentelici inventa Athenis, undique mutila, nisi quod fragmenti *a* margo extat sinister, fragmenti *d* superior; *c* et *d* praeter superficiem deletam inter se contingunt, *b* nunc deperditi unum ectypum chartaceum servatum est, quod Eustratiades confecit. *abc* coniuncta edd. Kuma-

---

15) nullum privatum donarium Minervae Victoriae extare monet; testimonia publici cultus K. congessit p. 314, 2.

16) de aris cespiticiis similibusque cf. Reisch apud *Pauly-Wissowa* I p. 1670 sq.

17) cf. n. 4 v. 60 et Arist. *Ἀθ. πολ.* 49, 3 *ἔκρινεν δέ ποτε (ἡ βουλὴ) καὶ τὰ παραδείγματα καὶ τὸν πέπλον*, quem locum iam pridem optime interpretatus est Wilamowitz *Arist. und Athen* I 213, 50.

nudis Ἐφημ. Ἀρχ. 1883 p. 167 sqq. (minusculis), R. Schöll *Sitzungsber. d. bayer. Ak. d. Wiss.* 1887 p. 1 sqq., Kirchhoff *IG* I suppl. p. 64 n. 35b apographo usus Koehleriano, quod etiam in Schöllii usum descripserat Fabricius. Fragmentum *d*, quod eiusdem lapidis esse vidit Wilhelm, edd. Pittakis *Eph.* 3232 et Kirchhoff Velseni ac Koehleri apographis usus *IG* I 46. Cf. praeterea v. Wilamowitz-Moellendorff *Aristoteles u. Athen* I 229, Wilhelm *Anzeiger d. Wien. Akad. 1897 p. 2 = Jahreshefte d. öst. arch. Inst. I Beibl. p. 43,* Reisch *Jahreshefte d. öst. arch. Inst. I p. 59 sqq.,* v. Prott *MAI* XXIII p. 167 sq., Sauer *Theseion* p. 231 sqq.

Θ] ε [ο ί.
Προκλε͂ς] Ἀτάρβο Ε[ὐονυμεὺς [1])
ἐγραμμάτ]ευε· ἐπὶ Ἀρισ[τίονος ἄρχοντος

Ἔδοχσεν τε͂ι βολε͂ι καὶ το͂ι δ]έμοι· Hιπποθοντὶ[ς ἐπρυτάνευε· Προκλε͂ς ἐγραμμά-
τευε·........ἐπεστάτε· Ἀρισ]τίον ἔ͂ρχε· Hυπε[ρ — — εἶπε· — — — — — — —
..............................ι πεντε(τ)[ερίδι [2]) το͂ν Παναθεναίον.....
..............................υμ μεντε..........................
..............................ιο͂νος τ..........................
..............................ερε..........................
— —
..................ο — — — — — — — — — — — — — — — — — —
..................ν δε — — — — — — — — — — — — — — — — —
..................μεν π — — — — — — — — — — — — — — — —
................ἐ]ν τε͂ι ἀγορ[ᾶι — — — — — — — — — — — — —
................τ]οῖς δεμότεσι ἐ — — — — — — — — — — — — —
..................κ]οντα καὶ [h]εκατὸ[ν— — — — — — — — — — — —
................τ]ε͂ς μοσικ[ε͂]ς καθάπε[ρ — — — — — — — — — — —
...........το͂ [H]ε[φα]ίστο καὶ τε͂ς Ἀθεναίας — — — — — — — — — —
.........Ἀθεναίο[ις] hόθεν χρὲ ἐχσαιρε͂(ν) ἀργ[ύριον — — — — — — —
.......h]ιεροποιὸ[ς δ]ὲ hοίτινες hιεροποιέσοσ[ι τὲν θυσίαν [3]) δέκα ἄνδρας δι-
α]κλε[ρο͂σαι] ἐκ το͂ν δ[ικα]στο͂ν [4]) hένα ἐκ τε͂ς φυλε͂ς ἐκτο [— — — —, hοι δὲ — — — α-
ρ]χοι δ[ιακλ]εροσάντ[ον μ]ετὰ το͂ν τε͂ς βολε͂ς· διακλερο͂σ[αι δὲ .... ἐναντί-
ον [5]) τε͂ς βολ[ε͂]ς· hοι δὲ λ[αχ]όντες μισθοφορόντον καθάπερ [hοι δικασταὶ hέως ἂν ἐ- [6])
πιμέλοντα[ι] τούτον, h[ο]ι δὲ κολακρέται ἀποδιδόντον αὐτο[ῖς τὸ ἀργύριον· δια-
κλεροσάτο δὲ καὶ hε β[ο]λὲ σφο͂ν αὐτο͂ν hιεροπ[ο]ιὸς δέκα ἄνδρ[ας hένα ἐκ τε͂ς φυλ-
ε͂ς hεκάστε[ς]· δο͂ναι δὲ [κ]αὶ τοῖς μετοίκοις τρε͂[ς] βοῦς· τούτον τ [7])..... ...hοι h-

1) supplementa praescriptorum constant ex *IG* I 45.

2) suppl. Wilhelm., *το͂ν Παν.* ego addidi, cf. comm.

3) ita editores; possis nimirum etiam *τὲν ἑορτέν*; accusativus nominis feriarum e verbo *ἱεροποιεῖν* pendens saepius occurrit: *IG* II 872 *τοὺς ἱεροποιοὺς τοὺς τὰ μυστήρια ἱεροποιήσαντας Ἐλευσῖνι* et *Ἀθήναιον* VI p. 381 n. 5 *οἵδε ἱεροποίησαν Ῥωμαῖα κτλ.*

4) etsi sigma non integrum in lapide extat, certa tamen vestigia eius adsunt, ut de supplemento *δικαστο͂ν* iam a Kum. proposito dubitari nequeat, de re cf. praecipue Schöll *l. c.* p. 5—9; de lacuna proxima vid. comm. p. 54.

5) egregie et ni fallor evidenter hoc Wilam. restituit pro *μετὰ τ]ο͂ν τε͂ς β.* quod priores, decepti nimirum superioris versus exemplo, suppleverant; idem universam lacunam ita refinxit: *διακλεροσ[άντον δὲ hοῦτοι ἐναντί]ον τε͂ς βολε͂ς.* An scribendum *διακλερο͂σ[αι δὲ ἐπάναγκες ἐναντί]ον τ. β.*?

6) suppl. Sch. hic tamen *ἐν δικασταῖς*, quod mutavit Wilam.

7) *τούτων τ[ῶν βοῶν, καὶ οἱ ʽ]ιεροπ.* Sch., *τούτον τ[ο͂ν τριο͂ν δε ʽοι ʽ]ιερ.*

ιεροποιοὶ [νε]μόντο[ν α]ὐτοῖc ὀμὰ τὰ κρέα· τε͂c δὲ πονπε͂c hόπος [ἂν hος κάλλιcτα
πενφθε͂ι hο[ι hι]εροπ[οι]οὶ ἐπιμελόcθον καὶ ἄν τις τι ἀκοcμε͂[ι, κύριοι ἔcτον αὐτοὶ μὲν ζεμ[ιο͂ν μέχρι πε]ντέκοντα δραχμο͂ν καὶ ἐκγράφεν ἐκ[8])[........... ἐά-
ν] δέ τις ἄχc[ιος ε͂ι μέζον]ος ζε[μ]ίας, τὰς ἐπιβολὰς ποιό[ντ]ον [hοπόcας ἂν δοκε͂ι κ-
α]ὶ ἐcα(γ)[όντον ἐς τὸ δικαcτέ]ρ[ιο]ν τὸ το͂ ἄρχοντος· τὸς δ[ὲ β]οῦ[c ἐχcε͂ναι αὐτοῖς c-
φ]ίνγος[ιν[9])........πρὸς τ]ὸν βομόν· hοίτιν[ε]c δὲ ἀρο͂νται [τὸς βοῦς......[10]) hοι
hιεροποιο[ὶ hαιρέcθον] διακοσίος ἐχς Ἀθε[να]ίον· τὲν δὲ λ[αμπάδα.....[11]) τε͂ι πε-
ντ]ετερίδι [καὶ τοῖς Ηεφ]αιcτίοις· ποιόντο[ν δ]ὲ [h]οι hιερο[ποιοὶ hούτος hόcτε
τὲν] λαμπαδ[οδρομίαν καὶ] τὸν ἄλλον ἀγο͂να γίγνεcθαι καθά[περ τοῖς Προμεθίοις[12]) τὲ]ν θέα[ν hοι λαμπάδαρχ]οι ποιο͂cι, καὶ τὸ λοιπὸν ἐὰν δοκε͂[ι............
....οcε..............ντον hοι hιεροποιοὶ καὶ το͂ι Ἀπό(λ)λονι.........
.....ν h[οι δὲ γυμναcίαρ]χοι hοι hειρεμένοι ἐς τὰ Προμέθια.............
.......τ.............ος hελόcθον· τὸν δὲ βομὸν το͂ι Ηεφαί[cτοι.........
....................το ποιεcάτο hε βολὲ καθότι ἂν αὐτε͂[ι δοκε͂ι......
....................c]θαι καθ' ἐμέραν ἐν τε͂ι τελευταίαι πε............
....................αν καὶ ἀναγορεύεν καθότι ἂν κριθε͂ι.............
παρόντον[13]) δὲ καὶ hοι hιερ]οπ[οι]οὶ καὶ hοι ἀγονισταί· τὸς δὲ κρ[ιτὰς τὰ ἆθλα δο͂ν-
αι τοῖς ἀεὶ νικο͂cι· ἐπιμέλεcθαι[14])] δὲ το͂ν ἄθλον τε͂ς ἀναγραφε͂ς [τὸς hιεροποιός·[14])
.............εἶπε· τὰ μὲν ἄλλα καθά]περ τε͂ι βολε͂ι· ἀναγρα[φcάτο δὲ τόδε τὸ
φcέφιcμα ἐcτέλει λιθίνει καὶ καταθέτο ἐ]ν το͂ι hιερο͂ι hο γρ[αμματεὺς hο τε͂ς
βολε͂ς· ἐς δὲ τὲν ἀναγραφὲν τε͂ς cτέλες ἀναλο͂cαι ΔΔΔ] δραχ[μάς.[13])

Var. Lect. v. 6 in. litteram quae legebatur ante eam, quae nunc prima est, non fuisse Ε manifestum dicit Vels. 6 extr. Τ P. et V., Γ Koe. v. 7 extr. ΤΙ P. v. 12 ultimam litteram Γ potius quam Ι esse Koe. adnotavit. 18 ΕΧΣΑΙΡΕΣ lapis. 28 littera ultima an Σ fuerit dubitat Koe. 30 in. *ι*) *N*; *ες* ἄ(*ν* Kum., ·ΙΕΣΑΛ Koe. qui secundo loco Ι certum esse testatur. 31 *A*; *ιγγο* Kum., ᑊΙΝΛΟ) Koe. Ceterum inde a v. 34 reliquiae fr. *a* apud Kirchhoffium non iis quibus debebant litterarum columnis subiectae videntur.

Haec anno Aristionis archontis ie. a. a. Chr. n. 421/20 decreta esse, ex quo *IG* I 46 et 35 b eiusdem esse lapidis fragmenta Wilhelm docuit, certum est. Inde vero id, quod antea e Vulcani (v. 17 et 38) et Vulcanalium (v. 33) mentione assequi coniectura poteramus: decretum esse de Vulcanalibus sive tum primum instituendis sive denuo constituendis, commode confirmatur. Illo enim ipso anno curam simulacra perficiendi duo divina, quae Minervae et Vulcani fuisse gravissimis argumentis probavit

Kirchh., neutrum verum videtur; difficultas in eo potissimum posita est, quod *δέ* post *τούτων* exspectamus.

8) *ἐκ τῶν καταλόγων* Kum., *ἐκ τοῦ λευκώματος* Sch., *ἐκ τõν πεμπόντον* Wilam. dubitanter.

9) suppl. Kirchh., deinde *προσάγεν* omnes adhuc editores, sed vid. comm. p. 55.

10) post *τοὺς βοῦς* Sch. interposuit *ἐφήβους* memor sc. titulorum epheborum, sed verborum positio offendit.

11) *τὲν δὲ λ*[*αμπάδα ποιε͂ν τε͂ι πεντετ.* editores, sed in hoc loco quam cautissime agendum duco, vid. comm.; paulo post *hούτος hόστε* Kirchoffio debetur, cum Sch. *ὡς ἄριστα· τὴν δὲ*] *λαμπ.* legisset.

12) suppl. Wilam. 13) suppl. Sch. 14) supplevi.

Reisch[15]), epistatarum cuidam collegio[16]) mandatam esse constat, cuius rei in hoc ipso quoque decreto mentio fieri videtur: cf. v. 38 sq. et quae ibi adnotavi. Sed ne nunc quidem universa tituli ratio ex omni parte perspicua aut certa est. Ac summa quidem difficultatis in voce *πεντετηρίς* v. 6 et 33 occurrente posita est. Quam Schöll de ipsorum Vulcanalium feriis quinquennalibus tum primum institutis accepit. Nec vero hanc interpretationem ferri posse et quia annua et quinquennalia Vulcanalia voce *πεντετηρὶς καὶ Ἡφαίστια* Graece comprehendere non liceret et quia penteteridas ab hieropoeis annuis administratas esse Aristoteles traderet (*Ἀθ. πολ.* 54, 7), hoc vero decreto ea cura hieropoeis peculiaribus ad id ipsum creatis[17]) mandaretur, Prott merito statuit Kirchhoffiique sententiam, qui vocem *πεντετηρίς* ad Panathenaea magna rettulerat, olim paucis[18]) probatam denuo suscepit. Nec mirum est Panathenaeorum in hoc decreto rationem haberi — notus enim qui fuit inter Minervae Vulcanique sacra conexus[19]) et lampas, de qua v. 32 agitur, sicut Promethiis et Vulcanalibus ita Panathenaeis magnis celebrabatur[20]) — id mirum ea in decreto ad *Ἡφαίστια* pertinente mera voce *πεντετηρίς* significari idque hac una condicione ferri posse puto, ut iam in superiore parte tituli deleta ea pleniore nomine *πεντετηρὶς τῶν Παναθηναίων* commemorata fuisse statuamus. Qua de causa v. 6, ubi Wilhelm vocem *πεντετηρίς* haud dubie recte supplevit, genetivum *τῶν Παναθηναίων* addendum duco. Sed ne hac quidem difficultate ita remota res plane absoluta est; praeceptum quidem *τὴν δὲ λ[αμπάδα ποιεῖν τῇ πεν]τετηρίδι [καὶ τοῖς Ἡφ]αιστίοις*, si modo recte ita suppletum est, certa ac definita ratione carere mihi videtur. Age enim tria fieri potuerunt: aut et Panathenaica et Vulcanalium lampas iam ante annum 421 agi solebat: addi aliquid exspectamus velut *καθάπερ πρότερον*; aut illa iam pridem agebatur et haec tum primum instituta est: aequa structura coniungi *τῇ πεντετηρίδι καὶ τοῖς Ἡφαιστίοις* non oportebat; aut denique utraque lampas tum demum instituta est, quamquam id veri dissimile: iam offendit articulus *τὴν δὲ λ.* Quae cum ita sint, etsi difficultatem interpretando posse removeri non ignoro[21]), tamen in re tamquam certa et explorata cautus interpretator non acquiescet.

15) *l. c.* p. 55 sqq; argumenta eius ex ipsius operis rationibus (not. 16) et Paus. I 14, 6 petita cuncta hic repetere longum est, id cui ille minus quam poterat tribuit, repeto: *IG* I 318 eodem loco quo huius tituli fragm. *d* et *IG* I 319 eodem loco quo huius tituli fragm. *abc* inventa esse, quae res casui tribui nequit, immo inde explicanda est, quod lapides una ex ruderibus templi Vulcani asportati sunt.

16) cf. fragmenta rationum ab iis redditarum *IG* I 318 et 319.

17) de his primus nos docuit R. Schöll *l. c.* in commentatione quae inscribitur '*Athenische Festkommissionen*'; cf. etiam quae ipse ad n. 29 attuli.

18) in his Augusto Mommsen *Feste* p. 43, 3.

19) Paus. I 14, 6, cf. praecipue Reisch *l. c.* p. 58 sq. et Sauer *l. c.*

20) Polem. ap. Harpocr. s. v. *λαμπάς*: *τρεῖς ἄγουσιν Ἀθηναῖοι ἑορτὰς λαμπάδας Παναθηναίοις καὶ Ἡφαιστίοις καὶ Προμηθίοις*; cf. de his praecipue Wecklein *Hermes* VII p. 437 sqq. Ceterum lampadis annuis Panathenaeis celebrandae desunt certa testimonia; cf. etiam ad n. 29 v. 32 sq.

21) velut annuis Panathenaeis lampadem fuisse non videri tenendum est (not. 20), unde occasionem quinquennalem premi intellegi potest.

Versus singulos στοιχηδὸν inscriptos unius et sexagenarum litterarum fuisse apparet e v. 24, qui aliter ac Kumanudes fecit nequit suppleri.

v. 8 *Πυανοψσ]ιῶνος τ[ρίτει φθίνοντος* restituendum proposuit Wilh. apud R., ac mensis quidem cuiusdam diem latere optime ille perspexit, sed Vulcanalia aeque ac Chalcea Pyanopsione mense celebrata esse certo demonstrari non potest, quamquam Mommsen persuasum habuit ac iam pro certo vendidit Pfuhl.[22]) Istri enim verbis, ad quae hic denuo provocavit, *ἐν τῇ τῶν Ἀπατουρίων ἑορτῇ Ἀθηναίων οἱ καλλίστας στολὰς ἐνδεδυκότες, λαβόντες ἡμμένας λαμπάδας ἀπὸ τῆς ἑστίας ὑμνοῦσι τὸν Ἥφαιστον θύοντες*[23]) (Harpocr. s. v. *λαμπάς*) non de Vulcanalium lampadedromia, sed de Apaturiorum sacrificio cum hymnis taedisque nocturno agitur, ac ne inde quidem, quod Harpocration mentionem illius verbis de lampadedromiis supra not. 20 allatis subiunxit, quicquam efficitur, dummodo ipsius Harpocrationis glossae conexum ac structuram recte constituamus.[24]) Is enim manifesto id, quod de tribus lampadum certaminibus Atheniensibus tradit, duorum auctorum testimoniis confirmat, Polemonis (*ὥς Πολέμων φησὶν ἐν τῷ περὶ τῶν ἐν τοῖς προπυλαίοις πινάκων*) et Istri (*Ἴστρος δ' ἐν α' τῶν Ἀτθίδων*), addens tamen ex Istro alterum testimonium, quod apud eum paulo supra legerat (*εἰπὼν* — nota tempus aoristum — *ὡς ἐν τῇ τῶν Ἀπατουρίων κτλ.*), unde qui fuerit apud ipsum Istrum conexus, colligi non posse vix est quod dicam. Scholion autem Patmicum[25]), ad quod provocat Mommsen, aperta laborat confusione[26]), ut qui eo nititur in lubrico versetur. Itaque ut nunc res est, de tempore Vulcanalium iudicium retinere satius est.

v. 16 *τ]ε̃ς μοσικε̃ς*: hoc igitur loco de certamine musico Vulcanalium, de quo aliunde satis constat[27]), agitur, sed quod Schöll v. 15 *πεντή]κοντα καὶ ἑκατό[ν* supplendo trium tribuum choros inter se certasse coniecit, incertum, etsi numerum qui ibi latet simili ratione explicandum esse probabile est.

---

22) *de pompis sacris* p. 61.

23) sic enim recte codices; *θέοντες*, quod legitur apud Bekk., temere coniecit Valesius ratus de lampadedromia sermonem esse, quamquam cum ea neque *στολαί* neque *ὕμνοι* conveniunt. Recte et coniecturam et confusionem inde natam iam pridem reiecerunt Wecklein *Hermes* VII p. 444 sq. et Stengel *KA*² p. 205, 5; quocum etiam Mommsen nunc consentit (*l. c.* p. 340).

24) id quod sane per distinctionem vulgo adhibitam non licet; graviore enim distinctione, quam Bekker ante *Ἴστρος* posuit, structura manifesto turbatur subiectumque *Ἴστρος* praedicato destituitur.

25) ad Dem. 57, 43 (*BCH* I p. 11) *γαμηλία· ἡ εἰς τοὺς φράτορας ἐγγραφή· ἔνιοι δὲ τὴν θυσίαν οὕτω φασὶ λέγεσθαι τὴν ὑπὲρ τῶν μελλόντων γαμεῖν γινομένην* (cod. *ἠνωμένην*) *τοῖς ἐν τῷ δήμῳ· καὶ οὗτοι ἤγοντο λαμπαδοδρομίαν τὴν ἑορτὴν τῷ τε Προμηθεῖ καὶ τῷ Ἡφαίστῳ καὶ τῷ Πανὶ τοῦτον τὸν τρόπον· οἱ ἔφηβοι ἀλειψάμενοι κτλ.*

26) optime id iam Lipsius statuit in altera Schömanni antiquitatum editione II p. 576, 4, qui igitur de hac re rectius iudicare videtur quam Bischoff in eodem libro p. 543 sq.

27) cf. *IG* II 553 (Michel 136, Dittenb. *Syll.*² 712) v. 9 sqq. et (Xenoph.) *de rep. Athen.* 3, 4 (*χορηγοῖς διαδικάσαι εἰς Διονύσια καὶ Θαργήλια καὶ Παναθήναια καὶ Προμήθια καὶ Ἡφαίστια ὅσα ἔτη*), quae testimonia olim viri docti plerique falso in dubitationem vocaverant. Ceterum hoc anni 421 decreto, si quidem tum demum certamen musicum Hephaestiorum institutum esse veri simile est, aetas libelli Xenophonti tributi accuratius definiri potest.

v. 17 nescio an sermo fuerit de loco certaminis scribendumque sit ἐν τõι hιεϱõι τõι τõ Ηεφαίστο καὶ τε̃ς Ἀϑεναίας, de quo fano ad Ceramicum sito cf. Paus. I 14, 6. Schöll lectione sane mutila nisus hoc loco de boum emptione et de carnium inter Athenienses distributione mentionem fieri coniecit dativo Ἀϑηναίοις v. 18 eam vocem servatam esse ratus, quo verba v. 25 δοῦναι δὲ καὶ τοῖς μετοίκοις τρεῖς βοῦς referrentur.

Inde a v. 19 universus sententiarum conexus optime a Schöllio restitutus est, singula, de quibus ipse nimirum spondere noluit, non pauca dubia sunt, quorum gravissima breviter exponam. v. 20 et substantivum quod post ἔκτο scriptum erat et nomen magistratuum in αϱ]χοι[28]) desinens dubium est. Hoc utique non demarchorum nomen fuit, si quidem ad decem viros creandos centum quinquaginta homines in urbem rure convocari incredibile suo iure iudicat Wilamowitz, qui ipse, cum phylarchos restituere non audeat[29]), inter ληξίαρχοι et τριττύαρχοι dubius haeret. Sed etiam ἐκ τõ [πίνακος, quod initio lacunae Schöll supplevit, falsum esse spatii rationibus demonstratur. Nam quod ille ut lacunam expleret sequenti praecepto pronomen τούτους addidit (τούτους δ' οἱ δ. διακληρωσάντων), id non modo supervacaneum est, sed ne ferri quidem posse illud δὲ contra consuetudinem reliquae inscriptionis (v. 19. 31. 33) elisum ostendit. Ubi vero τούτους excutimus, sive ληξίαρχοι sive τριττύαρχοι legimus, illud πίνακος lacunam non iam explet. Aliud sane supplementum aliquatenus certum proponere difficillimum. Wilamowitz, ipse tamen dubitanter, proposuit ἐκ τõ[ν προκϱίτον· hοι δὲ λεχσίαϱχοι διακλ. An audendum est ἐκ τõ[ν ἐπιλαχόντον· hοι δὲ . . . α[ϱ]χοι δ.? Certe eos iudices, qui ipso iudicandi munere occupari poterant, excipi exspectamus, quoniam hieropoeorum cura per longius haud dubie dierum spatium pertinebat. — v. 21 μετὰ τõν τε̃ς βολε̃ς: editores intellegere videntur hieropoeos senatus, sed de his demum v. 23 extr. sermo incipit, ut hoc loco eiusmodi breviloquentia permira sit. Num substantivum cum articulo τῶν coniungendum excidit?

v. 25 δοῦναι δὲ καὶ τοῖς μετοίκοις τρεῖς βοῦς: quos boves in pompa a metoecis ipsis deducendos fuisse consentaneum est; num praeterea talia munera praestare debuerint qualia solebant Panathenaeis[30]), incertum. De carnibus iis distributis cf. Scambonidarum leg. n. 9. v. 7 sq.[31]); ibidem v. 22 sq. carnis crudae commemoratur venditio. — v. 27 de potestate ἀκοσμοῦντας multandi cf. cum n. 29 v. 34 tum n. 80 v. 24 sq.

v. 30 lectio σφ]ίνγοσ[ιν satis certa videtur, atque hostias maiores velut boves non solum ipsis cornibus (Hom. γ 439), sed etiam funibus[32])

---

28) nunc facere non possum, quin quaeram nonne praepropere omnes supplementum [αϱ]χοι receperimus.

29) nobis sane adhuc nisi imperio equestri non cogniti sunt (Busolt *Staatsaltert.*² p. 222), sed cur non fieri potuerit, ut praeterea minoribus quibusdam officiis adhiberentur, non intellego.

30) Mommsen *Feste* p. 139, 1 et p. 142, Pfuhl *de pompis* p. 22 sq. et 61.

31) cf. etiam quae de metoecorum condicione disputavit Wilamowitz *Hermes* XXII p. 220 sq.

32) cf. e. g. sacrificii repraesentationem, quam Stengel *KA*² tab. I 4 repetendam curavit.

ad aram duci solitas esse, ut per se veri simile est, ita vasorum picturis confirmatur. Sed verbum σφίγγειν ad id significandum parum aptum est ac graviora significare videtur vincula, quibus constrictas hostias ne reluctarentur impediebant.[33]) Hinc vero sua fere sponte suspicio nascitur verba sequentia οἵτινες δὲ ἀροῦνται de vivis bobus sublevandis, non de prostratorum cervicibus replicandis dici, quamquam hoc ipsum sagaci disputatione et mihi et plerisque opinor aliis Stengel probaverat.[34]) Nunc me dubitare fateor praesertim cum id argumentum, quod fere gravissimum[35]) videbatur, certo fundamento careat: etenim quod huius ipsius tituli verbis προσάγειν πρὸς τὸν βωμόν et αἴρεσθαι ut duas diversas res distingui voluit, προσάγειν supplementum est nec pro certo haberi potest, quid? quod ipsum illud αἴρεσθαι lacunae aptum est Ceterum eidem dubitationi obnoxii sunt δεσμοὶ τοῖς ἱερηΐοισιν, qui in lege cantorum Milesia (n. 158 v. 33) commemorantur.

De v. 32 sqq. vide supra p. 52; v. 34 et καθάπερ τεῖ πεντετερίδι et καθάπερ τοῖς Προμεθίοις suppleri potest, hoc tamen, quod maluit Wilamowitz, multo veri similius est, quia Promethiorum lampas ni fallor antiquissima erat. Utique penteteridis mentio hoc loco restituta aegre convenit cum v. 32 sq. ut vulgo leguntur.

v. 38 sq. Kirchhoff acute ita refinxit τὸν δὲ βωμὸν τῶι Ἡφαί[στωι ἱδρυσάτω καὶ τἄγαλμα τὸ τοῦ Ἡφαίσ]του ποιησάτω ἡ βουλὴ κτλ., quae supplementa etsi universa ratio eorum valde probabilis est, tamen certa non sunt; vel id, quod duo tum simulacra facta esse ex *IG* I 318[36]) constat, dubitationem movet, nonne ipsa verba decreti paulo aliter conscripta fuerint, praesertim cum accedat, ut scripturae τἄγαλμα simile exemplum in reliqua inscriptione non adsit.

v. 41 de renuntiandis victoribus, v. 43 de praemiis inscribendis agitur, interpositum igitur fuisse praeceptum, quo praemia victoribus tradi iuberentur, admodum veri simile duco, quare supplementa mea proxime ad verum accedere confido.

13. Tabula marmoris Pentelici a superiore parte anaglypho ornata nunc valde corrupto, quo repraesentatus fuisse videtur a sinistra homo barbatus sedens et sinistra manu sceptrum tenens, a dextra vir chlamydatus equo insidens. Inventa est in meridionali urbis parte a sinistra viae ferreae, quae Phalerum fert.

33) quantopere veteres veriti sint, ne hostiae invitae aut reluctantes altaribus appropinquarent, constat; cf. Macrob. Sat. III 5, 8 et quae Stengel *KA*² p. 58 attulit. Quamquam haec cura et compedum usus aliquatenus inter se pugnant, vid. quae Plin. N.H. VIII 183 de Romanorum religione tradit (cf. etiam Stengel *Hermes* XXX p. 340).

34) *Hermes* XXX p. 339 sqq., contrarias deinde partes suscepit v. Fritze *Arch. Jahrb.* XVIII p. 59 sqq., iterum suam sententiam defendit Stengel *Arch. Jahrb.* XVIII p. 113 sqq. ac discrimen verborum αὐερύειν et καταστρέφειν utique recte contra illum exposuit; cf. etiam quae ad Theophr. *Char.* 27, 5 in editione societatis philologae Lipsiensis Bechert p. 234 adnotavit. Nummorum Iliacorum memorabilis illa repraesentatio, de qua egerunt et v. Fritze et Brückner *Troia u. Ilion* p. 514 sqq. et 563 sqq., id certe testatur fuisse sacrificia, ubi hostiae constringerentur.

35) velut Dittenberger (ad *Syll.*² 521 not. 7 de elocutione ἤραντο δὲ καὶ τοῖς μυστηρίοις τοὺς βοῦς ἐν Ἐλευσῖνι τῆι θυσίαι e titulis epheborum notissima) eo maxime commotus est.

36) cf. tamen Reisch *l. c.* p. 61, qui et supplementum Kirchhoffii certum iudicat nec discrepantiae illi multum tribui vult.

Edd. Kumanudes *Ἐφ. Ἀρχ.* 1884 p. 161 sqq. tab. 10 (cf. p. 224), Kirchhoff *IG* I suppl. p. 66 n. 53[a] usus collatione Koehleri et ectypo chartaceo quod ei misit Wheeler, inde Michel *Recueil* 77 et Dittenberger *Syll.*[2] 550. Cf. praeterea Curtius *Sitzungsber. d. Berl. Akad.* 1885 p. 437 sqq., v. Wilamowitz-Moellendorff *Lect. epigraph.* 1885 p. 5, J. R. Wheeler *Amer. Journ. of Arch.* III p. 38 sqq., cui et apographum et ectypum Sterrettii praesto erant.

Θ ε ο ί.

Ἔ]δοχcεν τε͂ι βολε͂ι καὶ το͂ι δέμοι· Πανδιονὶc ἐπρυτάνευε, Ἀριcτόχ|c]ενοc ἐγραμμάτευε, Ἀντιοχίδεc ἐπεcτάτει, Ἀντιφο͂ν ἐ͂ρχε· Ἀδόcιο|c ε]ἶπε· ἐ͂ρχcαι τὸ hιερὸν το͂ Κόδρο καὶ το͂ Νελέοc καὶ τε͂c Βαcίλεc κ[α]||ὶ μιcθο͂cαι τὸ τέμενοc κατὰ τὰc cυνγραφάc· οἱ δὲ πολεταὶ τὲν ἐ͂ρχc[ι|ν] ἀπομιcθοcάντον, τὸ δὲ τέμενοc ὁ βαcιλεὺc ἀπομιcθοcάτο κατὰ [τ]||ὰc ⟨c⟩χcυνγραφάc, καὶ τὸc ὁριcτὰc ἐπιπέμφcαι ὁρίcαι τὰ hιερὰ ταῦτα | ὅποc ἂν ἔχει ὁc βέλτιcτα καὶ εὐcεβέcτατα· τὸ δὲ ἀργύριον ἐc τὲν ἐ͂ρχ|cιν ἀπὸ το͂ τεμένοc εἶναι· πρᾶχcαι δὲ ταῦτα πρὶν ἢ [1]) ἐχcιέναι τένδε || τὲν βολὲν ἢ εὐθύνεcθαι χιλίαιcι δραχμε͂cι ἕκαcτον κατὰ τὰ εἰρε|μένα. Ἀδόcιοc εἶπε· τὰ μὲν ἄλλα καθάπερ τε͂ι βολε͂ι, ὁ δὲ βαcιλεὺc μ|[ι]cθοcάτο καὶ οἱ πολεταὶ τὸ τέμενοc το͂ Νελέοc καὶ τε͂c Βαcίλεc κα|[τ]ὰ τὰc χcυνγραφὰc εἴκοcι ἔτε· τὸν δὲ μιcθοcάμενον ἐ͂ρχcαι τὸ hιε|[ρ]ὸν το͂ Κόδρο καὶ το͂ Νελέοc καὶ τε͂c Βαcίλεc τοῖc ἑαυτο͂ τέλεcιν· ὁπ||[ό]cεν δ' ἂν ἄλφει [2]) μίc[θ]οcιν τὸ τέμενοc κατὰ τὸν ἐνιαυτὸν ἕκαcτον, κ|αταβαλλέτο τὸ ἀργύριον ἐπὶ τε͂c ἐνάτεc πρυτανείαc τοῖc ἀποδέκ|ται[c], οἱ δὲ ἀποδέκται τοῖc ταμίαιcι το͂ν ἄλλον θεο͂ν παραδιδόντον | [κ]ατὰ τὸν νόμον· ὁ δὲ βαcιλεύc, ἐὰν μὲ ποιέcει τὰ ἐφcεφιcμένα ἒ ἄλλ|οc τιc οἷc προcτέτακται περὶ τούτον, ἐπὶ τε͂c Αἰγεῖδοc πρυτανεί||αc εὐθυνέcθο μυρίεcι [3]) δραχμε͂cιν· τὸν δὲ ἐονεμένον τὲν ἰλὺν ἐκκο|[μ]ίcαcθαι ἐκ τε͂c τάφρο ἐπὶ τε͂cδε τε͂c βολε͂c ἀποδόντα τὸ ἀργύριον | το͂ι Νελεῖ ὅcο ἐπρίατο· ὁ δὲ βαcιλεὺc ἐχcαλεψάτο [4]) τὸν πριάμενον τ|ὴν ἰλύν, ἐπειδὰν ἀποδο͂ι τὲμ μίcθοcιν· τὸν δὲ μιcθοcάμενον τὸ τέμ|ενοc καὶ ὁπόcο ἂν μιcθόcεται, ἀντενγραφcάτο ὁ βαcιλεὺc ἐc τὸν τ||οῖχον καὶ τὸc ἐγγυετὰc κατὰ τὸν [ν]όμον ὅcπερ κεῖται το͂ν τεμενο͂ν· | τὸ δὲ φcέφιcμα τόδε, ὅποc ἂν ἐ͂ι εἰδέναι το͂[ι] βολο-

---

1) Dittenb. *ἐχσιέναι* scribere mavult, sed aspirationis notam haec inscriptio non nisi in voce *ἱερόν* exhibere videtur et litteratura Ionica lapicida utique statim post utitur v. 10 et 23, idem praeter illius aetatis usum v. 5 *συνγραφάς* scripsit et v. 7 scripturus erat.

2) aoristus ex Homero notus est; in titulis Atticis hac vi solet verbum *εὑρίσκειν* usurpari, nec tamen stirps illa apud Atticos inaudita: Aesch. Eum. 15 *μολόντα δ' αὐτὸν κάρτα τιμαλφεῖ λεώς* (cf. Arist. Pol. 336 b) et Suid. *ἀλφάνει· εὑρίσκει* e Menandro.

3) sic lapicidam, qui iam antiquas formas Atticas ignorabat, pro *μυρίασι* propter vicinum *δραχμεῖσι* incidisse Wilam. vidit; similiter ille v. 10 et 17 *χιλίασι* et *χιλίαις*, *ταμίασι* et *ταμίαις* confudit.

4) Litteram Ionicam Ψ, quam iam Wil. requisiverat, fuisse scriptam, non ΦΣ Wh. et lapide et ectypo diu diligenterque examinato auctor est; cf. not. 1.

μένοι, ἀναγράφcα|c ὁ γραμματεὺc ὁ τε͂c βολε͂c ἐν cτέλει λιθίνει καταθέτο ἐν τõι Νελεί|οι παρὰ τὰ ἴκρια[5])· οἱ δὲ κολακρέται δόντον τὸ ἀργύριον ἐc ταῦτα.

μιcθõν δὲ τὸν βαcιλέα τὸ τέμενοc τõ Νελέοc καὶ τε͂c Βαcιλε͂c κατὰ || τάδε· τὸν μιcθοcάμενον ἑ͂ρχcαι μὲν τὸ hιερὸν τõ Κόδρο καὶ τõ Νελέ|οc καὶ τε͂c Βαcίλεc κατὰ τὰc χcυνγραφὰc ἐπὶ τε͂c βολε͂c τε͂c εἰcιόc|εc, τὸ δὲ τ[έ](μ)ενο[c] τõ Νελέοc καὶ τε͂c Βαcίλεc κατὰ τάδε ἐργάζεcθαι· | φυτεῦcαι φυτευτέρια ἐλαõν μὲ ὄλεζον ἒ διακόcια, πλέονα δὲ ἐὰν β|όλεται, καὶ τε͂c τάφρο καὶ τõ ὕδατοc κρατε͂ν τõ ἐγ Διὸc τὸν μιcθοcά||μενον, ὁπόcον ἐντὸc ῥεῖ τõ Διονυcίο καὶ τõν πυλõν, ἐ͂[[ι]] ἄλαδε ἐ[χ]cελα|ύνοcιν[6]) οἱ μύcται, καὶ ὁπόcον ἐντὸc τε͂c οἰκίαc τε͂c δεμοcίαc καὶ τ|õν πυλõν, αἳ ἐπὶ τὸ Ἰcθμονίκο βαλανεῖον ἐκφέροcι· μιcθõν δὲ κατὰ | εἴκοcι ἐτõν.

Tituli verbis distinguuntur fanum, quod vocatur *τέμενος τοῦ Νηλέως καὶ τῆς Βασίλης* vel simpliciter *Νηλεῖον* (v. 27), et sacellum ipsum in hoc fano situm, quod vocatur *ἱερὸν τοῦ Κόδρου καὶ τοῦ Νηλέως καὶ τῆς Βασίλης*. Quod nisi forte casu factum putas, Codrus fani expers fuit. Unde manifesto apparet fanum sacello illo antiquius fuisse et rectissime Wilamowitz Codrum a genuina Atheniensium memoria alienum postea demum in communionem Nelei et Basilae intrusum esse iudicavit, illo nempe tempore, quo his *ἱερόν* dedicatum est. Iam vero hunc Neleum non fuisse ut omnes putaverant, ortum illum e gente regia Attica interque deos relatum nec *Βασίλην* ipsius regiae potestatis numen, sed fuisse nullos alios origine nisi inferorum regem et reginam anaglypho Athenis reperto[7]), in quo *Ἔχελος* repraesentatur *Βασίλην* curru auferens, acute intellexerunt E. Meyer et C. Robert.[8]) Postea sane ipsos Athenienses propriam numinis utriusque vim oblitos esse e Codri sacris adiunctis Dttb. suo iure collegit.

Iam hoc decretum *στοιχηδὸν* inscriptum archonte Antiphonte a. a. Chr. n. 418/7 de fundo sacro fani locando et de sacello illo saepiundo factum est. Ita autem res acta videtur, ut primum *συγγραφεῖς* ea, quae ad res ipsas pertinebant, conscriberent, sc. quibus condicionibus ager locandus coleretur, sacellum saepiretur. Tum senatus rogante Adusio secundum *συνγραφάς* eorum decrevit (v. 4—5) paucis, quae de publica rei administratione videbantur, additis (v. 5—10). Populus vero senatus consultum ratum non fecit eodemque rogante Adusio et minora quaedam mutavit et, cum senatus aerarii sacri sumptibus sacellum saepiundum censuisset (v. 8 sq.), ipse

5) 'cancelli significari videntur quibus delubrum (*ἱερόν*) a reliqua area (*τέμενος*) separatur.' Dttb.

6) suppl. Wh., *ε[ἰ]σελαύνοσι* Kum. et contra sensum et scripturae tum legem.

7) cf. *Ἐφ. Ἀρχ.* 1893 p. 129 sqq. tab. XI.

8) *Hermes* XXX p. 286; alterum vestigium regis inferorum nomine *Νηλεύς* culti ex iis, quae Homerus de Herculis contra Pylum expeditione tradit Ε 397 et Λ 690 sq., egregio acumine patefecit Usener *Stoff des griech. Epos* (*Sitzungsber. d. Wiener Akad.* 1897) p. 29 sq. *Νηλεύς* in hoc conexu non = *νηλεής*, sed niger deus dicitur, sicut *Νεῖλος* fluvius niger, cf. Gruppe *Griech. Mythol.* p. 153, 1.

magis dei commodo consulens decrevit, ut qui fanum conduxisset, idem suo ipsius sumptu sacellum saepiret, similique ratione, etsi in posterum locatione perpetrata conductori potestatem fossae, quae in fano erat, permisit (v. 34), limum tamen, quo tum ipsum completa erat, separatim venire iussit (v. 20 sq.). Vel inde sequebatur, ut ne *συγγραφαί* quidem intactae manerent et condiciones locationis retractandae essent, quo pertinent v. 29 sqq., nec enim solum statuendum erat, ut qui fanum conduxisset, ipse sacellum saepiundum curaret, sed etiam ea, quae *συγγραφεῖς* illi de colendo fano proposuerant, a populo mutata esse videntur, si modo recte intellego vim adversativam verborum v. 30 *εἶρξαι μὲν — κατὰ τὰς ξυγγραφάς, τὸ δὲ τέμενος — κατὰ τάδε ἐργάζεσθαι.*

v. 7 *ὀριστάς*: cf. de his n. 4 ad v. 54. — v. 12 *εἴκοσι ἔτη*: id igitur, quod Aristoteles (*Ἀθ. Πολ.* 47, 4) tradit *εἰσφέρει δὲ καὶ ὁ βασιλεὺς τὰς μισθώσεις τῶν τεμενῶν — — — ἔστι δὲ καὶ τούτων ἡ μὲν μίσθωσις εἰς ἔτη δέκα, καταβάλλεται δ' ἐπὶ τῆς θ' πρυτανείας* aut non sine exceptione erat aut quinto nondum vigebat saeculo; quarti quidem saeculi exeuntis tituli cum Aristotele conveniunt, cf. e. g. n. 43 (orgeonum).[9]) — v. 20 *τὸν δὲ ἐωνημένον τὴν ἰλὺν κτλ.*: ne quis Athenienses in hac re iusto parciores fuisse putet, adsunt Piraeenses, qui limum e fanis locandis a conductoribus asportari prorsus vetuerunt[10]), cum Athenienses ipsi, si recte verba *τῆς τάφρου κρατεῖν* (v. 34) huc rettuli, non nisi limum tum praesentem conductori futuro detraxerint. — v. 20 *νόμος ὅσπερ κεῖται τῶν τεμενῶν* memorabilis; cf. *τοὺς ἀρχαίους νόμους οἳ κεῖνται* de lignatione n. 33 v. 19. — v. 30 *εἶρξαι — — ἐπὶ τ. βουλῆς τ. εἰσιούσης* sc. quia dies, quam senatus v. 9 sq. constituerat, rebus a plebe mutatis teneri non iam poterat. — v. 35 dicitur dies mysteriorum notissimus, quo mystae ad mare proficiscebantur, sextus decimus Boedromionis.

14. Tria fragmenta steles marmoris Pentelici, quae inter se non contingunt, eruta in arce; frg. *a* margo extat superior, frg. *b* sinister frg. *c* dexter; *a* v. 1—12 litteras exhibet 0,7 cm altas, v. 13 sqq. et *bc* autem 0,9 cm altas. *a* et *b* edd. Pittakis *Eph. Arch.* 2830 et 3432, Kirchhoff Velseni et Koehleri apographis usus *IG* I 93; denuo exscripsit Prott apographumque mihi misit accuratissimum. Tertium fragmentum adhuc ineditum eiusdem lapidis esse vidit Wilhelm, qui mihi insigni benevolentia ectypum et apographum misit atque ut in ho clibello ederem concessit. Idem de mira quadam condicione stelae haec mecum communicavit: '*sie hat nicht gleichmäßige Dicke, sondern ist rückwärts gegen die Seitenflächen zu abgeschrägt, und zwar ist die Begrenzung unten nicht eine gerade Linie.*'

//////////////////

Ἔδοχσεν τε͂ι] βο[λ]ε͂[ι[1]) καὶ τοῖ δέμοι· — — ἐπρυτάνευεν

. . . . c ἐγρ̣α̣μ̣μ̣[άτευεν[1]) — — — — — — —

. . . . . λ̣.ι̣ḥονγ̣εο/ — — — — — — — — — —

9) plura apud Dareste-Haussoullier-Reinach *Recueil des inscr. juridiques grecques* I p. 265—267.

10) *IG* II 1059 (Michel 1351 *Syll.*² 534) v. 9 sqq. *τὴν δὲ ὕλιν* (cf. Et. M. s. v.) *καὶ τὴν γῆν μὴ ἐξέστω ἐξάγειν τοὺς μισθωσαμένους μήτε ἐκ τοῦ Θησείου μήτε ἐκ τῶν ἄλλων τεμενῶν μηδὲ τὴν ὕλην ἄλλοσ' ἢ τῶι χωρίωι.*

1) suppl. Pr.

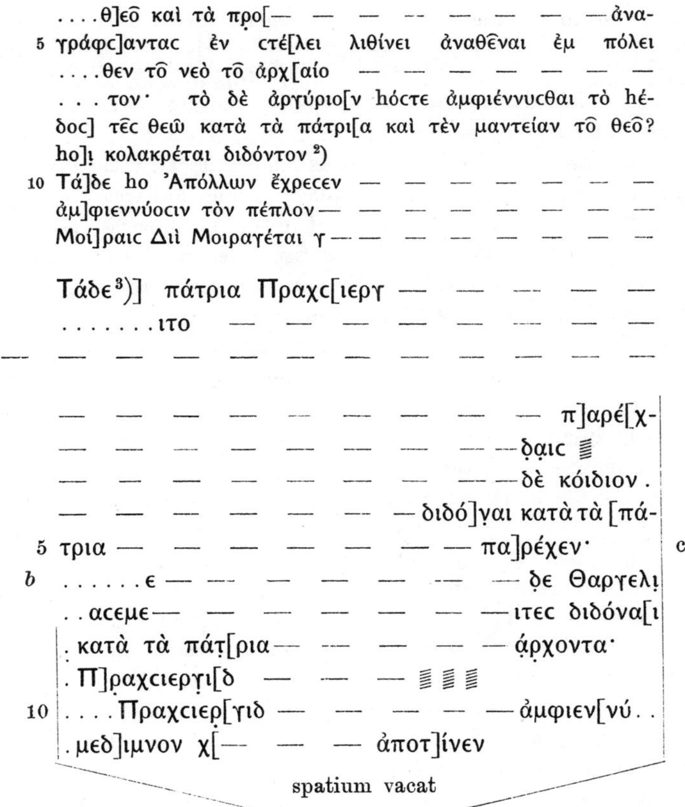

....θ]εõ καὶ τὰ προ[— — — — — — — — ἀνα-
γράφσ]αντας ἐν στέ[λει λιθίνει ἀναθε̃ναι ἐμ πόλει
....θεν το̃ νεὸ το̃ ἀρχ[αίο — — — — — — —
... τον· τὸ δὲ ἀργύριο[ν hόστε ἀμφιέννυσθαι τὸ hέ-
δος] τε̃ς θεω̃ κατὰ τὰ πάτρι[α καὶ τὲν μαντείαν το̃ θεο̃?
ho]ι κολακρέται διδόντον [2])
Τά]δε ho Ἀπόλλων ἔχρεσεν — — — — — — — —
ἀμ]φιεννύοσιν τὸν πέπλον — — — — — — — —
Μοί]ραις Διὶ Μοιραγέται γ — — — — — — — —

Τάδε [3])] πάτρια Πραχσ[ιεργ — — — — —
.......ιτο — — — — — — — —
— — — — — — — — — — — —

— — — — — — — — — π]αρέ[χ-
— — — — — — — — — δαις ≣
— — — — — — — — — δὲ κόιδιον.
— — — — — — — διδό]ναι κατὰ τὰ [πά-
τρια — — — — — — — πα]ρέχεν· c
b ......ε — — — — — — — — δε Θαργελι
..ασεμε — — — — — — — ιτες διδόνα[ι
. κατὰ τὰ πάτ[ρια — — — — — ἄρχοντα·
. Π]ραχσιεργι[δ — — — ≣ ≣ ≣
....Πραχσιερ[γιδ — — — — — ἀμφιεν[νύ..
. μεδ]ιμνον χ[— — — ἀποτ]ίνεν

spatium vacat

L. V. a) 1 ὑω.L P. 3 ıIONΛEO/ K., '*d. erste Zeichen ⸝ (d. h. ⊦) unsicher, ebenso der dann folgende kleine Rest einer senkr. Hasta, darauf e. senkr. Hasta nach d. Stellung* I *oder* T. *Dann e. senkrechte Hasta, die nur* I *oder* H *gewesen sein kann, nach d. Stellung eher* H.' Prott; ego quin quarta littera H fuerit, non dubito; pro Λ (= γ) etiam Δ legi posse mihi videtur. 4 extr. ΓPC K. et P. '*doch ist beim mittleren Buchst. nur d. senkr. Hasta ganz sicher, d. Bogen etwas zweifelhaft, so dass auch* Γ⊦O *denkbar wäre.*' P. 6 obliquam hastam quam ante ΘEN K. indicat, laesuram esse P. statuit. 7 '*nach* '''ΓON *(d. h.* τον*) leerer Raum*' Pr.. 9 *in.* duas parvas hastas obliquas, quibus E agnoscitur, certas non esse P. monet; ex ectypo lapidem hoc loco laesum esse colligo. 10 extr. '*nach* ἔχρεσεν *e. nicht ganz sicheres N.*' de hoc N dubito; lapis hoc loco laesus videtur. 12 *extr.* '*sicher weder* A, *noch* Δ, *sondern* Λ = γ' P. b) 1 E certum iudicat P. 2 '*nach* A *e. Punkt, der von e. Interpunktion herrühren kann, deren oberster Punkt dann weggebrochen sein müßte*' Prott; etiam in ectypo punctum clare apparet. 12 IMNONX certum, unde Koehleri coniectura ἀμνόν removetur; deinde Pr. P scriptum fuisse consuit, id quod tamen valde incertum videtur. c) 2 ıL ıIƨ Wilh. 4 in. 'ΛI Wilh., ante Λ (= α) in ectypo dispicio V quod aut de X aut de N superesse potest; hoc veri similius. 6 I../ΛE Wilh.,

2) supplevi sententiam, non verba ipsa pro certo habens.

3) suppl. Wilhelm: '*Bei dem Stücke a lässt sich links der Beginn der Schräge rückwärts noch erkennen, etwas unter dem* T *von* πάτρια.'

ante E trabem inferiorem litterae Δ dispicere mihi videor. 8 ante X in ect. apparet hastae pars inferior quae quantum e positione et e laesurae genere colligi potest, e P superest; antea reliquiae aut litterae A aut Λ, antea ᵞ dispicitur i. e. Ν.

Titulum, cuius duae sunt partes spatio duorum fere versuum inter se separatae, utraque volgaribus litteris Atticis[4]) (v. 8 et 10 tamen Ω) inscripta, altera tamen maioribus et latius collocatis, ad ritus Plynteriorum pertinere cum Praxiergidarum tum pepli mentione apparet[5]): quo magis dolendum est eum tantopere mutilatum esse, ut paucissima praecepta cognoscantur. Optime de prioris partis interpretatione meritus est Prott in litteris ad me datis et de universa certe ratione, ut rectius iudicemus, effecit. Qui postquam marginem superiorem lapidis extare statuit, initio inscriptionis solita decretorum praescripta restituenda esse conclusit reliquiasque eorum in lapide feliciter detexit; inde vero, cum statim v. 5 de stela inscribenda et collocanda praecipiatur, ipso decreto nihil nisi hanc ipsam rem decerni, reliqua lapidis parte ea, quae populus incidi iussit, patria sc. Praxiergidarum, contineri conclusit. Quae admodum veri similiter disputata sunt una re excepta: quod enim inscriptionis v. 7—9 *τὸ δὲ ἀργύριον — — τῆς θεῶ κατὰ τὰ πάτρια — — κωλακρέται διδόντων*, quamquam de verborum restitutione dubius erat, de pecunia ad stelae inscriptionisque sumptus eroganda intellexit, id fieri non posse persuasum habeo propter imperativum praesentis *διδόντων* ad eiusmodi expensam non aptum. Nec magis sollemne illud *κατὰ τὰ πάτρια* cum tam exigui momenti re convenit, immo inde de sumptibus rei sacrae faciundae sermonem esse apparet; id quod confirmatur spatio unius litterae, quod ante initium illius praecepti vacat. Itaque hoc loco de erogandis sumptibus eius rei, de qua deinde agitur, simulacri sc. vestiendi decerni confido nec verba in hanc fere sententiam suppleta in textum recipere dubitavi versus constituens 40 litterarum coll. v. 5. Nec tamen hic numerus plane certus est, quoniam v. 5 pro *ἀναθεῖναι* etiam *καταθεῖναι* vel *στῆσαι* suppleri potest; solummodo quot litterae a sinistra parte exciderint, propter certum initii supplementum (*ἔδοχσεν κτλ.*) constat. — V. 6 *βορρ[ᾶθεν*, quod olim proposuerant, lectione Prottii non confirmatur neque igitur quicquam obstat, ne *νοτόθεν* aut *ὄπισθεν τõ νεὸ τõ ἀρχαίο* scribamus, cf. n. 1 v. 10 et n. 3 C v. 31, de antiquo templo cf. ad n. 1 p. 4 sq. Deinde plurali *ἀναγράψαντας* apparet non scribam, ut fere solebat, stelam inscribendam suscepisse; ipsine Praxiergidae suscipere debuerunt? Certe insequens lacuna, ubi de sumptu stelae tolerando haud dubie sermo erat, ad solitum praeceptum, de quo primo cogitaveris *τὸ δὲ ἀργύριον οἱ κωλακρέται* vel *οἱ ταμίαι τῆς θεοῦ δόντων* vix sufficit, immo [*αὐτοὶ δόν*]*των* vel [*τέλεσι τοῖς ἑαυ*]*τῶν* scriptum fuisse conicio.

---

4) litteraturam minime *karrikiert* vocari posse nec Koehlerum ipsum fuisse ita vocaturum, si titulos interim in arce repertos iam cognitos habuisset, Wilhelm statuit et cavendum esse, ne aetatem legis definientes propter dat. plur. in -*αις* (v. 12) nimium in alteram V saeculi partem descendamus, monet.

5) Plut. Alk. 34 *ἑδρᾶτο τὰ Πλυντήρια τῇ θεῷ· δρῶσι δὲ τὰ ὄργια Πραξιεργίδαι Θαργηλιῶνος ἕκτῃ φθίνοντος ἀπόρρητα τόν τε κόσμον καθελόντες καὶ τὸ ἕδος κατακαλύψαντες*; Hesych. s. v. *Πραξιεργίδαι· οἱ τὸ ἀρχαῖον ἕδος τῆς Ἀθηνᾶς ἀμφιεννύντες*; plura vid. apud Mommsen *Feste d. Stadt Athen* p. 491 sqq.

Quae vero v. 10—12 leguntur, ea, cum nullo probabili modo cum antecedentibus in unius tituli tenorem coniungi possint, manifesto iam ad inscriptionem infra sequentem spectant, ac, si modo v. 10 in. τά]δε recte supplevi, id quod satis certum duco, praescripta continent, quibus argumentum illius breviter comprehenditur. Iam ex ipsorum v. 11—12 reliquiis id apparet de sacrificiis cum pepli induendi caerimonia coniunctis sermonem esse; quorum genus, ni fallor, vel accuratius definiri potest: sacra enim non ipso caerimoniae tempore, sed ante caerimoniam auspicandi causa facienda dici et per se veri simile est et exemplo confirmari potest: cf. Paus. V 14 *οὗτοι* (*οἱ φαιδρυνταὶ* Olympii) *θύουσιν ἐνταῦθα πρὶν ἢ λαμπρύνειν τὸ ἄγαλμα ἄρχωνται.* Nec tamen hanc *προθύματος* mentionem summam ac primariam sententiam oraculi fuisse ex argumento ipsius tituli, quo v. 10—12 spectant, colligendum mihi videtur. Novo enim fragmento, quod Wilhelm invenit, de summa certe argumenti nunc certiores facti sumus.

Ipsas enim vestitus induendi caerimonias patrias hic perscriptas fuisse nec per se veri simile, quoniam eas publice inscriptas proponere Praxiergidae haud dubie nefas iudicavissent, et quantum e novo fragmento, ubi bis verbum *παρέχειν* legitur, colligi potest, de muneribus potius, quae Praxiergidae *κατὰ τὰ πάτρια* aut ipsi debebant aut — atque id multo veri similius — sibi vindicabant, agitur. Concludo v. 10 post *ἔχρησεν* scriptum fuisse verbum *παρέχειν* vel *διδόναι* vel, si Prott post *ἔχρησεν* vestigia litterae /V recte agnovit, *νόμιμα*, deinde vero *ἀμφιεννύοσιν* non coniunctivum, sed dat. plur. participii esse ad dativum *Πραχσιεργίδαις* v. 10 supplendo referendum, et universum locum ita fere restituendum propono:

Τά]δε ho Ἀπόλλων ἔχρεσεν [ν̣όμιμα Πραχσιεργίδαις
ἀμ]φιεννύοσιν τὸν πέπλον [τὲν θεὸν καὶ προθύοσιν
Μοί]ραις Διὶ Μοιραγέτει γ— — —

Pro *νόμιμα* ipsum verbum *παρέχειν* supplere praefero, sed tum voce *προθύοσιν* non iam versum expleri moneo. An hic quoque *πάτρια* scriptum fuit?

Ipsius tituli alterius conexum, quamquam novum fragmentum accessit, ne nunc quidem restituere possum. Versus singuli, si modo recte superioris inscriptionis versus circa 40 litteras habuisse statui, litteraturae hic latius collocatae ratione habita 33—36 litteras exhibebant. Utique, ut iam Wilhelm monuit, v. 10 inter extremam litteram frg. *b* et primam frg. *c* non minus quinque litteras supplendas esse nomen Praxiergidarum docet. Interpretatio eorum, quae servata sunt, satis ambigua est. Velut statim ratio eius praecepti, e quo superest *τὸ] δὲ κῴδιον* (c v. 3), diversis modis restitui potest. Aut enim de partibus hostiae distribuendis agitur pellisque, quae hic sollemniore nomine *κῴδιον* designatur (cf. n. 150 et 156), vel ipsi genti vel sacerdoti eius vel nescio cui decernitur, aut notissimum illud *Διὸς κῴδιον* dicitur et de lustratione ante caerimoniam induendi perficienda agitur (e. g. *τὸ] δὲ κῴδιον [τὸ εἰς τὸν καθαρμὸν διδό]ναι κατὰ τὰ [πάτρια τὸν δεῖνα, τὰ δὲ ἄλλα τὸ γένος πα]ρέχεν*). — v. 6 quoniam Thargeliorum mentio in hoc conexu vix apta est, mensis nomen supplendum videtur i. e., cum nominativus in certamen non veniat, *Θαργελι[ὸν]α*; relinquitur ut proximis litteris vox *σημεῖον* vel eiusdem stirpis vocabulum lateat; sed de quo signo sermo esse possit, nondum perspicio. Deinde cum litterae ΙΤΕΣ certae videantur, aut *τρ]ίτης* aut *κρ]ιτῆς* potissimum in certamen veniunt, sed diei supplementum mensis mentione proxima commendatur. v. 8 lectio *τὸ]ν ἄρχοντα* satis certa mihi videtur; fortasse non rei publicae, sed gentis *ἄρχων* dicitur. — v. 11 si modo *ἀποτ]ίνεν* recte supplevi, poena proposita erat, sive Praxiergidis cunctis, si caerimonias non rite perfecissent, sive singulis si quis e gente iis defuisset.

15. Fragmentum duobus in lateribus inscriptum, quod nunc periisse videtur. Ed. e schedis Rossii ad Boeckhium missis Kirchhoff *IG* I 533 et 534.

A.	B.
— — — ε B hενι — — —	. . ροδραδι — — — — —
— — ομάτον[1]) λιε — —	. Κηρύ(κ)οιν — — — —
— — ἐφ' ἱεροῖς ἀν — —	ο 'Ελευσιν — — — — —
— — τ]ὰς χσυγγραφὰ[ς — —	Οἰνόησι 'Αρτ[έμιδι? — —
— — τράπεζα σεσε — —	ΙΔΔΔ τρίττοι(α)[ν] β[όαρχον- —
— — ν σκάφες hεκα — —	μειξευ[2]) — — — — — —
— — αιο̣ . υλ . . να — —	ἱερέαι 'Απόλλ[ων- — — —
— — — hο̣ . ναν δ — — —	Δ(ιὶ) Μορίω[ι][3]) τρ — — —
— — — ενε . καιτ — — —	βό(α)ρχο(ν) — — — —
— — — λονειον — — —	'Αθηναίαι οἶ[ν — — — —
— — — τος π — — —	β̣ιτ . . . αη — — — — —
	νο — — — — — — —

Inscriptiones duorum laterum eiusdem tituli partes esse non videntur; litteratura enim lateris A anteeuclidea est, lateris B qualis post Euclidem obtinuit, quamquam etiam huius verba proximis post illum annis incisa esse Kirchhoff acute inde collegit, quod v. 10 forma *'Αθηναία* usurpata est, cuius nullus postmodum usus fuit. B fragmentum esse legis sacrae patet, A ita mutilatum est, ut ne verba quidem nisi paucissima, nedum sententiarum conexus cognosci possit; sed ipsum quoque ad res sacras pertinere voce *τράπεζα* demonstratur. — De *ἐφ' ἱεροῖς* (A 3) cf. n. 6 v. 9 cum p. 30.

B fastorum fragmentum esse Prott coniecit, ac mihi quidem probatur non modo universo tituli tenore, sed etiam externa quadam specie inscriptionis; prima enim cuiusque versus littera eadem columna continetur, in uno v. 5 a sinistra parte litterae aliquot accedunt. Iam a reliqua quoque

1) *μισθ]ομάτον* vel *ἀναλ]ομάτον*?

2) ΜΕΙΞΕΥ in exemplo Rossiano; an Ι legendum est scriptumque fuit *ζεῦ[γος παρέχεν τῆι] ἱερέαι* (cf. *IG* II 834b v. 41 *ἐξηγηταῖς Εὐμολπιδῶν εἰς ζεύγη μυστηρίοις* ΔΔΗΗ.)? nimirum coniungi potest etiam *ἱερέαι 'Απόλλ[ωνος]*, quod praetulit Kirchh.

3) ΔΗΜΟΡΙΩ, emend. Foucart (*BCH* 1880 p. 240); cf. Schol. Oed. Col. 705 *Μόριον Δία εἶπεν τὸν ἐπόπτην τῶν μορίων ἐλαιῶν κτλ.* — deinde aut *τρ[άπεζαν* aut *τρ[ίττοιαν βόαρχον*; cave tamen ne insequentis versus *βόαρχον* huc referas; versus utique maiores sunt.

parte sinistra ut litterae olim scriptae fuerint tum, cum Rossius exscripsit, evanidae, potuit fieri, sed cum litterae illae, quas Ross. v. 5 dat, facile notam numeralem efficiant (ΗΔΔΔ), multo veri similius est ab origine marginem sinistrum vacuum fuisse, in quo pretii hostiarum indicandi causa numeri apponerentur, id quod, cum de rationibus hic cogitari vix possit, fastos indicat.

v. 2 Ceryces Eleusinios nominari coll. v. 3 veri simillimum est, dualis tamen offendit. v. 4 *τῇ Οἰνόησι Ἀρτ[έμιδι*: in pago Oenoensi Dianam cultam esse constat, cf. *IG* III 336, ubi tamen *Ἀ. Οἰναία* audit, quam ob rem, etsi per se illud cognominis genus recte se habet (cf. *IG* III 697 *ἱερασάμενον τῆς Ἀλωπεκῆσι Ἀφροδείτης*), supplementum pro certo haberi vix potest. — De sacrificio quod vocatur *τρίττοια βόαρχος* vid. p. 10 sq.

16. Duo fragmenta marmoris Pentelici, quae a parte postica inter se contingunt [1]) et tabulam undique mutilam 0,30 a. 0,55 l. 0,11 cr. efficiunt. Alterum (a) Athenis in museo societatis archaeologicae exscripsit Koehler, e cuius apographo ed. Kirchhoff *IG* I suppl. p. 54 n. 555a; alterum (b) erutum in clivo meridionali arcis, inscriptum ab antica parte (A) et postica (B) edd. Hauvette-Besnault *BCH* III (1879) p. 69, Koehler *IG* II 844, partem anticam solam repetivit Kirchhoff *IG* I suppl. p. 124 n. 534a. Eiusdem tabulae fragmenta esse monuit Wilhelm *Ἐφ. Ἀρχ.* 1902 p. 140. Idem ectypa humanissime mihi misit.

A.

b.		a.
— — — — — —		▒▒▒▒▒▒ ἀπὸ τε͡ς περιελ ▒▒▒▒▒▒▒▒▒▒▒
— — — κρ]ιθο͡ν μέδιμνος ▒▒▒	. .	▒▒▒▒▒▒ το͡ν hὲχς το͡ν προτε ▒▒▒▒▒▒▒▒
— — — Ἀπ]όλλονι — — — —		hιερέαι ἀπόμετρα ▒▒▒
— — — — — —		το͡ν χοίρον ▒▒▒
— — — — — —		χσύλον ▒▒
— — — — — —		hιερο͡ν ▒▒
— — ερ . . ḍιδ . ονοιν — — — —		▒▒▒▒ Κέρ[υ]χσιν hοὶ Διπολιε[ι- ▒▒▒▒
— — — κριθο͡ν μέδιμνος ▒▒▒		

B.

— — — — ṇ — — — — — —
δ . ηcε — — — — — — —
πέμπτηι
ἐκ τῶν κατὰ μ[ῆ]να ▒ ΓΗ
Ἐρεχθεῖ ἄρνεως ΓΗ
ἐκ τῶν φυλο-
βασιλικῶν ΙC
φ]υλοβασιλ[εῦc]ι //////
— — — — — — — —
— — — — — — — —
— — — — — — — —

1) ubi anticae partes eorum proxime inter se distant velut v. 2, inter marginem dextrum *b* et sinistrum *a* duarum fere litterarum lacuna hiat, quam punctis indicavi.

........ο — — — — — —
..........ọνị — — — —
sequuntur 8 versus prorsus oblitterati
(— — — — — —
I οἰνοπ..ι
ἕκτηι·
ἐκ τῶμ μὴ ῥητῆι
Ἀθηναίαι

κατὰ τὴν Ἀπό]λλωνι
μαντείαν τὴν δι' Ἅ]ρματος [2]) τάδε ἔπ[ε]σθαι [3]) τῶι καν[ῶι
τρίποδα ἐπιτοξίδα σ— —
στέμμα προγόνιο[ν — —
λημν]ίσκον [4]) σφαῖρ[αν —

Inscriptio lateris A litteris Atticis vulgaribus *στοιχηδὸν* incisa est, lateris B litteris Ionicis IV a. Chr. n. saeculi v. 1—18 *στοιχηδόν*, v. 19—23 non *στοιχηδόν*. Inscriptione B fastos contineri certum est: demonstratur cum universa specie (cf. e. g. fastos n. 6) tum dierum (v. 3 et 16) et deorum (v. 5 et 18) nominibus conexis Vel inde probabile fit etiam inscriptione antiquiore A fastos contineri idque confirmant nomen Apollinis casu dativo (v. 3), mensura hordei sacrificandi casu nominativo (v. 2 et 8) enuntiata, vox *ἀπόμετρα*, quae item in fragmento fastorum subiuncto (16b) et in fastis Eleusiniis n. 6 occurrit. Fastos esse tribus Erechtheidis mentione sacrificii Erechtheo faciundi (v. 6) non satis probatur et mentio *τῶν φυλοβασιλικῶν* sc. *χρημάτων* et *φυλοβασιλέων* ni fallor vel aperte repugnat. Fastosne habemus antiquarum tribuum patriciarum, quas sacrorum causa etiam post Clisthenem mansisse constat? Universa ratio eorum non male ni fallor convenit.

Duo fragmenta, quibus pars antica tabulae efficitur, non unam nec continuam exhibent inscriptionem, immo a sinistra utique v. 3—6 frg. a spatium sex fere litterarum vacat. Unde ea quae leguntur e duabus fastorum columnis superesse satis certo colligitur. Columna sinistra maxima e parte deleta est; praeter nomen Apollinis (v. 3) bis legitur *κριθῶν μέδιμνος*, qua voce aut sacrificium ipsum (cf. e. g. Prott *Fasti* n. 2 C in. *ἥρ[οιν] πυρῶν δύο χοίνικε: τρε̃ς ὀβελοί*) aut *ἐπίθυμα* dicitur (cf. Prott n. 5 v. 20 *θύεται δὲ (ὁ βου̃ς) — — τᾶι Ἱστίαι· θύ[ει δὲ γ]ερεαφόρος βασιλέων καὶ ἱερὰ παρέχει καὶ ἐπιθύει ἱερὰ ἐξ ἡμιέκτου*, cf. v. 47 sq.) aut *πρόθυμα* (Prott n. 6 v. 17 *τούτοις προθύεται πὰρ τὸγ κοινὸν ἃ φέροντι Φυλεομαχίδαι, ἀλφίτων ἡμίεκτον κτλ.*). — v. 7 quid lateat, dubium; litterae ΟΝΟΙΝ certae, item ΕΡ et ΙΔ quamvis obscurae; de priore autem Δ dubito valde. — Alterius columnae v. 1 Koehler *ἀπὸ τῆς Πε[ν-*

2) suppl. K.
3) suppl. Hauv., qui legerat ΤΑΔ .Γ.ΣΘΑΙ; Koe. ΤΑΔLE..ΣΘΑΙ, sed etiam Γ satis in ectypo meo apparet.
4) supplevi, cf. n. 49 v. 25; *δίσκον* H.-B., id quod tamen lacunam non explet.

τ]ελ[ῆσι θυσίας supplendum coniecerat, sed id cum vestigiis litterarum parum convenit. Nam nisi vehementer fallor, post ΠΕ arcum litterae P dispicio ac, cum deinde inferior pars hastae rectae extet, περι- satis certum videtur; deinde vero E non plane certum. v. 2 non satis intellego; litterae ΠΡΟΤΕ certae sunt; Koehler coniecit προτε[λείων]. v. 3 emolumenta sacerdotis dicuntur; de voce ἀπόμετρα cf. quae ad n. 6 p. 31 adnotavi. In margine aeque ac n. 6 v. 20 notam numeralem scriptam fuisse veri simile est; v. 4—6 certe quin litterae in margine erasae fuerint notae numerales ad genetivos antea scriptos referendae, dubitari nequit. Expensae igitur quaedam hoc loco constituuntur, quarum cum superioribus conexus is fuisse videtur, ut sacerdoti v. 3 dictae certae summae tribuerentur, unde porcos (delubri sc. lustrandi causa) ligna ἱερά compararet. Voce ἱερά hic sine dubio minora illa, quae ad sacra perficienda opus erant, velut mel mola oleum significantur, quae sacerdos praebere debebat. Ita in fastis Cois passim legitur θύει ὁ ἱερεὺς καὶ ἱερὰ παρέχει (cf. etiam Prott n. 7 v. 10 sqq. τῶι δὲ [θεῶι? ἱ]ερὰ δίδοται κριθᾶν τρία ἡμέδιμνα καὶ σπυ[ρ]ῶν τρεῖς τεταρτῆς καὶ μέλιτος τέτορες κοτυλέαι καὶ τυροὶ ὀίεοι δυώδεκα καὶ ἰπνὸς καινὸς καὶ φρ[υγά]νων ἄχθος καὶ ξυλέων ἄχθος καὶ οἴνου τρία ἡμίχοα) et in rationibus Eleusiniis (*IG* II 834c v. 62) εἰς μύ]ησιν οἷς : ΔΗΗ : εἰς ἱερά : ΗΗΗ :. Sacerdoti ad ea comparanda pecuniam publice dari optime confirmatur exemplo legis n. 24, ubi identidem praeceptum recurrit: ἱερείᾳ ἱερεώσυνα : Π : — — πυρῶν ἡμιέκτεω : ΙΙΙ : μέλιτος κοτύλης : ΙΙΙ : ἐλαίου τριῶν κοτυλῶν : ΙC : φρυγάνων : ΙΙ :.

v. 8 non ἱ]ερ[ε](ῦ)σιν ut Kirchhoff voluerat, sed Κ]έρ[υ]χσιν scribendum esse ego pridem conieceram et quia ἱερεῦσιν ipsum displicebat et quia Κεντριάδας illos et Δαιτρούς, qui Dipolieis una cum Βουτύποις caerimonias Buphoniorum agebant[5]), Ceryces fuisse Toepffer satis probaverat.[6]) Esse scriptum iam ectypum a Wilhelmio confectum certo testatur; clare enim ibi legitur ΚΕΡ.ΥΣΙΝ. Unde summa certe eorum, quae Toepffer e glossa Photii Κεντριάδαι· πατριὰ Κηρύκων (Hesych. Κεντριάδαι· τῶν περὶ τὰ μυστήρια) et e Clidemi testimonio ap. Athen. XIV 660 ὅτι δὲ σεμνὸν ἦν ἡ μαγειρικὴ μαθεῖν ἐστιν ἐκ τῶν Ἀθήνησι Κηρύκων· οἵδε γὰρ μαγείρων καὶ βουτύπων ἐπεῖχον τάξιν collato cum Hes. s. v. δαιτρός· μάγειρος collegerat, iam tituli auctoritate confirmatur nec recte oblocutum esse Prottium, cum Ceryces Atticos removeret et nomina illa de gentibus sacerdotalibus Ionicis intellegeret[7]), apparet. — Eodem autem ectypo nomen feriarum Δι-

---

5) Porph. de abst. II 30 θέντες γὰρ ἐπὶ τῆς χαλκῆς τραπέζης πελανὸν καὶ ψαιστὰ περιελαύνουσι τοὺς κατανεμηθέντας βοῦς ὧν ὁ γευσάμενος κόπτεται· καὶ γένη τῶν ταῦτα δρώντων ἔστιν νῦν· οἱ μὲν ἀπὸ τοῦ πατάξαντος Σωπάτρου Βουτύποι καλούμενοι πάντες, οἱ δ' ἀπὸ τοῦ περιελάσαντος Κεντριάδαι. τοὺς δ' ἀπὸ τοῦ ἐπισφάξαντος Δαιτροὺς ὀνομάζουσιν διὰ τὴν ἐκ τῆς κρεανομίας γενομένην δαῖτα.

6) *Att. Genealogie* p. 149 sqq., cf. praeterea A. Mommsen *Feste d. Stadt Athen* p. 520 sqq., Schömann-Lipsius *Griech. Alt.* II p 529.

7) *Rhein. Mus.* LII p. 195 sqq. In singulas res inquirere huius loci non est. De ipsis feriis cf. praeterea Stengel *Hermes* XXVIII 489 sqq. et *Rhein. Mus.* LII p. 399 sqq. et *Pauly-Wissowa* s. v. Βουφόνια, v. Prott *Burs. Jahresber.* CII p. 121 sq.

πολίεια, non Διπόλια fuisse, id quod Wackernagel primus statuit (cf. n. 9 A v. 18), confirmatur. Quomodo enuntiatum relativum supplendum sit, dubium; cogitavi de hoὶ Διπολιε[ίοισιν τὰ Βουφόνια δρῶσιν].[8]) Sed etiam accusativus Διπολίεια defendi potest.

Partis posticae B fasti eo singulares sunt, quod in iis diversi pecuniarum fundi distinguuntur: τὰ κατὰ μῆνα, τὰ φυλοβασιλικά, unde de natura fastorum supra coniecturam feci, τὰ μὴ ῥητῆι i. e. eae pecuniae, quae non ad certas et statas res divinas seponuntur.

v. 5 Ἐρεχθεῖ Ἀρνέως ut adhuc legebatur, nihili est; nomen victimae latere scribendumque esse ἄρνεως i. e. Atticam formam nominis ἀρνειός egregie intellexit Prott. Cf. quae de Erechthei sacris Homerus tradit: B 550 sq.

ἔνθα δέ μιν ταύροισι καὶ ἀρνειοῖς ἱλάονται
κοῦροι Ἀθηναίων περιτελλομένων ἐνιαυτῶν.

Notandum est pretium sex drachmarum, quae ad id sacrificium erogantur. In arietem adultum (κριός) in eiusdem fere aetatis fastis Marathoniis (Prott n. 26) duodecim drachmae constituuntur, ἀρνειός autem animal iam satis adultum est[9]), non sicut ἀρήν agnus tenellus.

v. 15 Koehler supplevit οἰνόπ[τηι], sed post Γ potius Ε scriptum mihi videtur. Separandum suspicor οἴνο π-.

Post v. 18 per totum lapidem linea caelo ducta est, qua ni fallor divisio quaedam tituli significaretur.[10]) Eiusdem generis lineola minor inter v. 19 et 20 in. esse videtur sicut n. 8 v. 12 et 15 et in frg. subiuncto n. 16 a v. 4 et 6.

Quae hic leguntur, ad theoriam Delphicam spectare demonstratur verbis κατὰ τὴν [μαντείαν τὴν δι' Ἅ]ρματος: cf. Strab. IX 404 τοῦ Ἅρματος τοῦ κατὰ τὴν Ἀττικήν, ὅ ἐστι περὶ Φυλήν, δῆμον τῆς Ἀττικῆς ὅμορον τῇ Τανάγρᾳ, ἐντεῦθεν δὲ ἡ παροιμία τὴν ἀρχὴν ἔσχεν ἡ λέγουσα 'ὁπόταν δι' Ἅρματος ἀστράψῃ', ἀστραπήν τινα σημειουμένων κατὰ χρησμὸν τῶν λεγομένων Πυθαϊστῶν, βλεπόντων ὡς ἐπὶ τὸ Ἅρμα καὶ τότε πεμπόντων τὴν θυσίαν εἰς Δελφούς, ὅταν ἀστράψαντα ἴδωσιν· ἐτήρουν δ' ἐπὶ τρεῖς μῆνας, καθ' ἕκαστον μῆνα ἐπὶ τρεῖς ἡμέρας καὶ νύκτας, ἀπὸ τῆς ἐσχάρας τοῦ Ἀστραπαίου Διός· ἔστι δ' αὕτη ἐν τῷ τείχει μεταξὺ τοῦ Πυθίου καὶ τοῦ Ὀλυμπίου (cf. etiam Hes. s. v. ἀστράπτει δι' ἅρματος et schol. Soph. O. C. 1047). — Iam vero quae de ipsa pompa[11]) praecipiuntur, gravissima sunt. Ignem in tripode sacro a Pythaistis Delphis Athenas transportatum esse constat,

---

8) cf. e. g. Hes. s. v. βούτης· — — καὶ ὁ τοῖς Διπολιείοις τὰ βουφόνια δρῶν.

9) Poll. VII 184 αἱ προβάτων ἡλικίαι· τὸν μὲν ἀπὸ γονῆς εἴποις ἂν μοσχίον, τὸν δ' ἐσθίοντα ἄρνα, εἶτα ἀμνόν, εἶτα ἀρνειὸν ὃς καὶ ἀρὴν παρὰ τοῖς ποιηταῖς καλεῖται, εἶτα λειπογνώμονα; cf. Istr. ap. Eust. ad Od. ι 239 p. 1627.

10) praeterea in parte infra hanc lineam scripta litterae non iam στοιχηδόν dispositae sunt, unde tamen praecepta postea demum addita esse cave colligas; eadem enim manu manifesto ac superiora praecepta inscripta sunt.

11) de pompa agi verbum ἕπεσθαι declarat. Cf. de theoria Delphica nunc praecipue Colin *BCH* XX p. 639 sqq. et XXIII p. 85 sqq., de Pythaistis praeterea Toepffer *Hermes* XXIII p. 322 sqq.; plurimos eorum e patriciis electos esse interim inscriptione *Syll.*² 611 certo cognitum est,

cf. Dittenberger *Syll.*² 665: *Ἀγαθῇ τύχῃ τῆς βουλῆς καὶ τοῦ δήμου τοῦ Ἀθηναίων· ἐπὶ Μέντορος ἄρχοντος ἐν Δελφοῖς, ἐν δὲ Ἀθήναις Ἀργείου* (a. 97/6 aut 96/5 a. Chr. n.), *ἔλαβεν τὸν ἱερὸν τρίποδα ἐκ Δελφῶν καὶ ἀπεκόμισεν καὶ τὴν πυρφόρον ἤγαγεν Ἀμφικράτης Ἐπιστράτου Ἀθηναῖος* et *ibid.* n. 718 *Ἐπεὶ Ἀλ]κίδαμος Εὐφάνους [Ἀθηναῖος] πολίτας, εὐσεβῶς καὶ ὁσίως διακείμενος ποτί τε τὸν θεὸν [καὶ ποτὶ] τὰν πόλιν ἁμῶν, ἀγαγὼν δὲ καὶ τὸν τρίποδα ἐφ' ἅρματος ἀξίως τοῦ τε θεοῦ καὶ τοῦ ὑμετέρου δάμου καὶ ἁμῶν κτλ.* Sed reliqua satis mira sunt: *ἐπιτοξίδα* ni fallor attributum substantivi *τρίποδα*; sed quo spectat *στέμμα* illud *προγόνιον*? ad deum an ad Pythaisten qui tripoda ducebat? Denique quid sibi velint in hoc conexu *σφαῖρα* et sive *λημνίσκος* sive *δίσκος*, parum assequor. Utique haec praecepta notatu perdigna sunt.

16a. Fragmentum stelae marmoris Pentelici undique mutilum, fractum in duas partes, inventum in clivo, qui spectat inter occidentem et septentriones Areopagi. Ed. E. Ziebarth *MAI* XXIII 1898 p. 24 n. 1. Eiusdem lapidis fragmentum esse ac n. 16 Wilhelm per litteras mecum communicavit et ectypa mihi misit.

— — — — — —
ἱερέαι Ἀθηναί-
ας Πολιάδος
Δ ἀπόμετρα Γ
Ἑρμῆι ἐλ Λυκείο I
⊢ ▤ οἶς
▤ II ἱερεώσυνα
ἑ]βδόμηι ἱσταμένο
▤ ἐς ἑβδομαῖον
οἷς λειπο-
▤ ▤ γνώ(μ)ων
Πυθαιστ[α]ῖς θυ
ων.αις — — — —

L. V. v. 3 reliquias litterae Δ satis certo in ectypo dispicio, item v. 7 in. arcus litterae B. v. 11 extr. ΘΥ certum, item v. 12 in. Ω; post N reliquias litterae K dispicere mihi videor, deinde Λ aut A scriptum fuit. — Initio v. 5. 6. 8. 10 litteras deletas videri significavi.

Hoc eiusdem fastorum monumenti fragmentum esse ac n. 16 B Wilhelm, cum et litteraturae et marmoris plane idem genus esse animadvertisset, summa cum probabilitate statuit. Quocum optime convenit etiam res quaedam, quae in hoc fragmento commemoratur: supra enim n. 16 B v. 20 de theoria Delphica et de divinatione, quam *Πυθαϊσταί* Attici instituebant, agi vidimus; iam iidem *Πυθαϊσταί* hic v. 11 commemorantur.

Duarum columnarum reliquias servatas esse, quoniam et a sinistra et a dextra notae numerales leguntur, apparet, sed utrae ad praecepta ipsa referendae sint, dubitari potest. Veri similius tamen duco illas eo pertinere, si quidem v. 4 nota a dextra incisa, utut eam suppleas, ad verba *Ερμῆι ἐλ Λυκεῖο* non apte refertur, cum nota ante *οἷς* v. 5 rectius se habeat, etsi non integra videtur. Nec deest exemplum fastorum, quibus a sinistra parte signa numerorum praescripta sunt, vid. n. 6. Cuiusnam mensis sacra recenseantur, explorari non iam potest; praecepta singula lineis subductis distinguuntur.

v. 3 *ἀπόμετρα*: si supra p. 31 recte disputavi, pecunia sacerdoti tribuenda dicitur, quo aut Δ a dextra aut Γ a sinistra scriptum referendum est; vid. quae paulo supra dixi.

v. 4 *Ἑρμῆι ἐλ Λυκεῖο*: ni fallor gymnasii divino custodi; fortasse de quarto mensis die Mercuri sacro, agitur.[1])

v. 8 *ἐς ἑβδομαῖον*: Apollinis haud dubie sacrum menstruum dicitur[1]); comparari possunt *Ἑβδόμαια* legis Milesiae de cantoribus (n. 158 v. 6). — *οἷς λειπογνώμων* i. e. quae dentem pullinum eiecit; Ziebarth iam attulit Eustath. ad Od. p. 1404 fin. *τὰ τέλεια ἐπὶ πλείστων γενῶν καὶ κατηρτυκότα λειπογνώμονα καλεῖται διὰ τὸ μηκέτι ἔχειν ὀδόντας τοὺς γνώμονας καλουμένους, οἷς ἐπιγινώσκουσιν οἱ ἔμπειροι τοὺς πρωτοβόλους· ὁ δὲ τοῦτο γράψας Ἀριστοφάνης λέγει καὶ Ἀττικήν τινα δωδεκῆδα θύεσθαι λεγομένην λειπογνώμονα οἷον τελείαν.* Cf. etiam legis Ceae praeceptum (n. 94 v. 7) *θύειν δὲ τὸμ μὲν βοῦν βεβληκότα, τὴν δὲ οἶν βεβληκυῖαν* et quae ibi adnotavi.

v. 11 *Πυθαϊσταῖς* quin scriptum fuerit, non dubium. De divinatione igitur, quam ante theoriam Delphicam *δι' Ἅρματος* instituebant, agitur, de qua vid. quae supra ad n. 16 p. 66 attuli. · Eo magis dolendum inscriptionem hoc loco non iam integram esse. Ne eas quidem litteras, quae deinde leguntur, certo interpretari possum; an *θυῶν* (i. e. genetivus substantivi *τὰ θύη*) *καὶ σ.* legendum et mensurae nomen excidit?

17. Tabula marmoris Pentelici ab utraque parte *στοιχηδὸν* inscripta, infra fracta, ad villam regiam *Tatoi*, ubi olim Decelea fuit, reperta, qua nobile phratriae Demotionidarum monumentum continetur; tribus de diadicasia phraterum decretis haec, quae infra exscripsi, in capite lapidis praescripta sunt. Edd. Koehler *IG* II 841b, Kumanudis *Ἐφ. Ἀρχ.* 1883 p. 69sqq., Pantazidis *Ἐφ. Ἀρχ.* 1888 p. 1sqq., Tarbell *Papers of the Am. School at Athens* 1892 p. 170sqq., Michel *Recueil* 961, Dittenberger *Syll.*² 439.

Διὸϲ Φρατρίο.

Ἱερεὺϲ Θεόδωροϲ Εὐφαντίδο ἀν|έγραψε καὶ ἔϲτηϲε τὴν ϲτήλην·
ἱερεώϲυνα τῶι ἱερεῖ διδόναι τ||άδε· ἀπὸ τõ μείο κωλῆν, πλευρόν,
ὂ|ϲ, ἀργυρίο ||| · ἀπὸ τõ κορείο κωλῆ|ν, πλευρόν, ὂϲ, ἐλατῆρα χοινι-
κια|ῖον, οἴνο ἡμίχον, ἀργυρίο ⊦.

1) schol. Arist. Plut. 1126 *ἔξω τῶν ἑορτῶν ἱεραί τινες τοῦ μηνὸς ἡμέραι νομίζονται Ἀθήνησι θεοῖς τισιν οἷον νουμηνία καὶ ἑβδόμη Ἀπόλλωνι, τετρὰς Ἑρμῇ καὶ ὀγδόη Θησεῖ κτλ.*; cf. Hes. Erg. 770. De numero septenario Apollinis sacro uberrime disputavit Roscher *Philologus* LX (1901) p. 360sqq. et *Abhandl. d. K. Sächs. Gesellsch. d. Wiss.* XXIV 1, 1904, p. 4sqq.

Phratriae Demotionidarum sacerdos[1]) hanc legem suis sumptibus, iussu tamen phraterum[2]), qui cum anno 396/5 (*ἐπὶ Φορμίωνος ἄρχοντος Ἀθηναίοις, φρατριαρχõντος δὲ Παντακλέος ἐξ Οἴο*) res phratriae denuo constituerent, etiam emolumentis sacerdoti rite reddendis consuluerunt[3]), lapidi insculpsit, neque igitur dubium est, quin emolumenta non e suo arbitrio, sed e consuetudine phrateribus probata proposuerit.

Agitur de sacrificiis Apaturiorum die tertio, *τῇ Κουρεώτιδι*, a phrateribus pro filiis oblatis. Quae *μεῖον* et *κούρειον* appellata esse iam pridem notum erat, sed quae ratio inter ea intercesserit, id e testimoniis veterum[4]) perspici parum poterat. Hoc titulo invento discussa est caligo: *μεῖον* et *κούρειον* non, ut partim veteres tradiderunt[5]), idem sacrificium, sed diversa sunt. Porro *μεῖον* sacrificium fuisse modestius, ut vox ipsa prodebat[6]), ita nunc eo demonstratur, quod sacerdos minus ex eo accipiebat. Iam Pollux tradit[7]) *κούρειον* hostiam esse a phrateribus, cum adultos inducerent filios, immolatam, quod testimonium eo magis fide dignum est, quia optime convenit cum nomine a verbo *κείρειν* rite derivando.[8]) Perquam igitur probabile est illud *μεῖον* hostiam fuisse pro infantibus immolatam[9]), tum cum primum phrateribus monstrabantur. Improbavit sane nuper Lipsius, causis tamen mea quidem sententia parum firmis[10]), quod vero ipse *κούρειον* pro

1) nimirum *Διὸς Φρατρίου*: cf. decreti v. 22 *ὁ δὲ ἐσαγαγὼν τὸν ἀποδικασθέντα ὀφειλέτω ἑκατὸν δραχμὰς ἱερὰς τῶι Διὶ τῶι Φρατρίωι, ἐσπράττειν δὲ τὸ ἀργύριον τοῦτο τὸν ἱερέα κτλ.*

2) cf. ipsius decreti v. 64 sqq. *τὸ δὲ ψήφισμα τόδε καὶ τὰ ἱερεώσυνα ἀναγράψαι τὸν ἱερέα ἐν στήληι λιθίνηι πρόσθεν τõ βωμõ Δεκελειᾶσιν τέλεσι τοῖς ἑαυτοῦ.*

3) nempe precibus ipsius sacerdotis commoti, qui hac condicione totius inscriptionis sumptus in se recepit.

4) cuncta congessit Mommsen *Feste d. St. Athen* p. 332 sqq.

5) Et. M. s. v. *κούρειον*, schol. Arist. Ran. 798 (*τὸ μεῖον*) *κέκληται κούρειον ἀπὸ τῶν κούρων, ὑπὲρ ὧν ἐθύετο.*

6) ipsius comparativi neutrum (Poll. III 53, Eratosth. ap. Harp. s. v.) non esse genetivus docet, sed quin eiusdem stirpis nomen sit, dubitari nequit.

7) VIII 107 *φράτορες· εἰς τούτους τούς τε κόρους καὶ τὰς κόρας εἰσῆγον, καὶ εἰς ἡλικίαν προελθόντων ἐν τῇ καλουμένῃ κουρεώτιδι ἡμέρᾳ ὑπὲρ μὲν τῶν ἀρρένων τὸ κούρειον, ὑπὲρ δὲ τῶν θηλειῶν τὴν γαμηλίαν*, hanc nimirum non pro filiabus, sed pro phraterum uxoribus ex aliena phratria receptis.

8) contra schol. Aristophanis (adn. 5) monuerunt R. Schöll *Münch. Sitzungsber.* 1889 II p. 7 et Wilamowitz *Arist. u. Athen* II p. 271, 16.

9) ita iam Sauppe *De phratr.* (1890) p. 10, tum Schöll *l. c.*, Wilamowitz *l. c.*, Mommsen *l. c.* p. 332, O. Müller *N. Jahrb. f. Phil. Suppl.* XXV p. 753.

10) *Leipz. Stud.* XVI 1894 p. 163 sq.; quod repugnare putat verba decreti Menexeni (B 57 sqq.) *ὅπως δ' ἂν εἰδῶσι οἱ φράτερες τοὺς μέλλοντας εἰσάγεσθαι, ἀπογράφεσθαι τῶι πρώτωι ἔτει ἢ ὧι ἂν τὸ κούρεον ἄγει, τὸ ὄνομα*, pro *τῷ προτέρῳ ἔτει ἢ* illa aetate *τῷ πρώτῳ ἔτει ἢ* dici potuisse suo iure negavit (cf. Schöll l. c. p. 10, 2), sed quod ipse interpretatur '*primo aetatis anno vel quocumque hostiam obtulerit*' non minus offendit: non modo *aetatis* notio quam agnoscit, aliquo modo indicanda fuit — e conexu enim huius loci aegre suppletur —, sed etiam Lipsius ita secum ipse pugnat, si quidem primo aetatis anno *κούρειον* pro infantibus oblatum existimat, illis autem verbis ex Lipsii interpretatione id potius arbitrio cuiusque permissum erat, quo tamen summa praecepti ratio, certa sc. temporis definitio tollitur. Accedit denique quod verbis *ἢ ᾧ ἂν τὸ κ. ἄγῃ* inesse vim comparativam exemplum v. 27 *τῷ ὑστέρῳ ἔτει ἢ ᾧ ἂν τὸ κ. θύσῃ* commendat. Sane

filiis, *μεῖον* pro filiabus oblatum censet, cives Atticos filium natum pluris fecisse filia, ut sunt homines, negare nolo, at id in ipsa re divina tali discrimine declaratum esse veri dissimile censeo. Contra est, quo altera illa sententia commode ni fallor confirmetur: pro *κουρείου* enim sacrificio sacerdoti drachma penditur, pro *μείου* sacrificio tres oboli i. e. dimidia pars; eadem autem ratione in aliis legibus lactentis et adultae victimae discrimen constituitur, cf. n. 41 v. 4 *τῆι ἱερέαι γαλαθηνοῦ μὲν* :ΙC: — — *τοῦ δὲ τελέου* :ΙΙΙ:, n. 155 v. 30 *ἐπὶ μὲν τῶι τελείωι ὀβολοὺς δύο, ἐπὶ δὲ γαλαθηνῶι ὀβολόν*, n. 132 v. 11 *ἀποδόμεν τοῦ μὲν ἐτέλου ἡμιωβέλιον, τοῦ δὲ τελείου [ὀβελόν]*. Neque igitur dubito, quin item *μεῖον* fuerit *ἱερεῖον γαλαθηνόν*[11]), *κούρειον* autem *τέλειον*. Lactentem autem hostiam pro infante, *τέλειον* pro adulescente offerri aptissimum est. Id tamen facile Stengelio[12]) concedo *μεῖον* quidem non solum pro puero, sed etiam pro puella infante sacrificari solitum esse.

De emolumentis ipsis haec adnoto: *κωλῆ* vel *σκέλος* ea pars victimae est, quae saepissime sacerdoti tribui solebat; *πλευρὸν* bis *ἐπὶ τὴν τράπεζαν* decerni cognoscimus (n. 24 et n. 25), sacerdotis tamen ut videtur commodo, cf. quae ad n. 24 p. 79 sq. exposui. Aures[13]) sacerdos Cereris Cous accipit (Prott *Fasti* n. 5 v. 62). — *ἐλατήρ* placentae genus, de quo Suid. s. v. *πέμμα πλακουντῶδες ἢ ἄρτος πλατὺς ἐν ᾧ ἔτνος ἐτίθεσαν καὶ προσῆγον τῷ βωμῷ*, cf. Aristoph. Ach. 246 *ἀνάδος δεῦρο τὴν ἐτνήρυσιν ἵν' ἔτνος καταχέω τοὐλατῆρος τουτουί*. — *χοινικιαῖον*: saepius placentae mensura definiebatur velut Prott *Fasti* n. 3 passim *πόπανον χοινικιαῖον*, n. 5 v. 48 *ἄρτο[ι δύ]ο ἐξ ἡμιέκτου*, n. 6 v. 9 *ἐλατὴρ ἐξ ἡμιέκτου [σπ]υρῶν* legitur, cf. etiam huius libelli n. 128 v. 8 (Ther.). — *οἴνου ἡμίχουν*: nempe praeter id vinum, quod patres hoc die festo omnibus phrateribus dedicabant (Poll. III 52 *ἡ δὲ ὑπὲρ τῶν εἰς τοὺς φράτορας εἰσαγομένων παίδων οἴνου ἐπίδοσις οἰνιστήρια ἐκαλεῖτο* cf. VI 22).

18. Tabula marmoris Pentelici infra fracta, reperta Piraei '*κατὰ τὴν ἀνατολικὴν παραλίαν Ζέας*', inscripta in quattuor lateribus: in fronte (A), in latere sinistro (B), in superficie (C), in parte aversa (D). Edd. Dragatsis *Ἐφ. Ἀρχ.* 1885 p. 86 et Koehler, qui exscripsit Piraei in museo, *IG* II 1651, inde Michel *Recueil* 672, Dittenberger *Syll.*² 631. Cf. etiam Wilamowitz *Isyllos* p. 100 sqq.

---

locutio illa mira, probabiliter tamen Dittenb. *πρῶτον ἔτος* non priorem annum intellexit, sed proximum, ita ut ante *ἢ* adverbium comparativum (*ὕστερον* opinor, cf. Buermann *Berl. Phil. Wochenschr.* 1889 p. 258) animo supplendum sit. — Iam vero Isaei loco, quo Lipsius nititur VI 22 coll. § 14 et 27, nihil certi efficitur, quia Alcae filii propria erat condicio; infantem enim utique hunc Euctemon non induxit, id solum constat eum ante decimum annum inductum esse; quodsi e. g. octo annos natum induxit, *μεῖον*, si modo id pro infantibus oblatum esse verum est, sacrificare non iam potuit eratque aptius *κούρειον*.

11) Idem fere, incerta tamen ratione A. Mommsen p. 333 inde collegit, quod *τὸ μεῖον* in libra pensitatum esse tradunt (Harpocr. s. v., schol. Aristoph. Ran. 798), id autem solummodo in agnis opus fuisset.

12) *Berl. Phil. Wochenschr.* 1902 p. 786.

13) ex auris mentione A. Körte (*Hermes* XXXVII p. 587 adn.) hostiam Apaturiis sacrificandam porcum fuisse, quoniam non nisi horum aures usui essent, acute et rem ipse expertus coniecit, at victima, cuius aures Cous sacerdos accipit, est ovis, atque etiam Apaturiis oves esse sacrificatas tradunt Suid. II 1 p. 818 *καὶ ὁ τὸ πρόβατον εἰσάγων μειωγαγός ἐκαλεῖτο* et Poll. III 52 *καὶ οἶς φρατὴρ κτλ.*

A.

Θεοί.

κατὰ τάδε προθύεϲθα|ι· Μαλεάτηι πόπανα τρ|ία· Ἀπόλλωνι πόπανα τ||ρία· Ἑρμῆι πόπανα τρί|α· Ἰαϲοῖ πόπανα τρία· Ἀ|κεϲοῖ πόπανα τρία· Πα|νακείαι πόπανα τρία· | Κυϲὶν πόπανα τρία· Κυ||νηγέταιϲ πόπανα τρί(α). Εὐθύδημοϲ | Ἐλευϲίνιοϲ | ἱερεὺϲ Ἀϲκληπιοῦ || τὰϲ ϲτήλαϲ ἀνέθηκ[ε] || τὰϲ πρὸϲ τοῖϲ βωμοῖϲ | ἐν αἷϲ τὰ πόπανα πρῶτοϲ | ἐξηικάϲατο ἃ χρὴ πρ[ο]θύεϲθ[αι — — —

B.

Ἡλίωι | ἀρεϲτῆρ[α] | κηρίον· | Μνημοϲύνηι | ἀρεϲ[τῆ]ρα κηρίο[ν]· | νηφάλ[ι]οι τρε͂ϲ | βωμοί.

C.

Νη]φάλιοι | τρε͂ϲ | βωμοί.

D.

Νηφάλιοι.

Titulus non omnis isdem temporibus inscriptus est, antiquissima pars versus 1—10 lateris A sunt, hi quidem non multo post initium IV a. Chr. n. saeculi exarati, v. 11—18, quos aliam manum ac v. 1—10 prodere Koehler affirmat, manifesto ipse Euthydemus sacerdos nonnullis annis[1]) post addidit, reliquae vero inscriptiones BCD etiam recentiores videntur.

Ad sacra Asclepiei Piraeensis titulum pertinere et loco quo inventus est et sacerdotis dei mentione v. 14 satis constat; legem sacram, quae v. 1—10 continetur, inter titulos propter religionem omnium gravissimos habere non dubito. A v. 1 sqq. sancitur, quid quibusve dis, antequam ipsi Aesculapio res fiat divina, sacrificandum sit.[2]) Ac deorum quidem, quibus *προθύεσθαι* oportet, princeps est Maleates. Notus est *Ἀπόλλων Μαλεάτης*[3]) qui etiam Triccae et Epidauri una cum Aesculapio colebatur, vel eodem *προθύματος* ritu, de quo Isyllus

Πρᾶτος Μᾶλος ἔτευξεν Ἀπόλλωνος Μαλεάτα
βωμὸν καὶ θυσίαις ἠγλάϊσεν τέμενος.
οὐδέ κε Θεσσαλίας ἐν Τρίκκῃ πειραθείης
εἰς ἄδυτον καταβὰς Ἀσκληπιοῦ, εἰ μὴ ἀφ᾿ ἁγνοῦ
πρᾶτον Ἀπόλλωνος βωμοῦ θύσαις Μαλεάτα

memorabilem ritus similitudinem inter diversa haec Asclepiea testans natam nimirum e communi cultus origine. At in lege Piraeensi separati apparent Maleates et Apollon, ut illum proprium olim fuisse deum et

1) certum est, si hic Euthydemus idem fuit atque ille *πάρεδρος τοῦ βασιλέως*, qui propter mysteriorum curam decreto Cerycum altera IV saeculi parte exarato (*IG* II 597, Michel 962, Dittenb. *Syll.*² 648) laudatur.

2) hoc etsi non diserte dicitur, re ipsa efficitur, nam ad incubationem ne praepositionem *προ-* in *προθύεσθαι* referamus, id obstat, quod nulla hic Aesculapii ipsius mentio fit, cui tamen incubaturos non sacrificavisse incredibile est; ceterum de voce *προθύειν* eiusque vi fusius disserui *Rhein. Mus.* LIX 1904 p. 391 sqq.

3) Epidauri in monte Cynortio (Paus. II 27, 7), Spartae (Paus. III 12, 8 *ἔστι δ᾿ ἐπονομαζόμενον Γάσηπτον ἱερὸν Γῆς· Ἀπόλλων δὲ ὑπὲρ αὐτὸ ἵδρυται Μαλεάτης*), in Cynuria (*IAG* 57, cf. *MAI* III 17 tab. I, *BCH* I p. 355) nec separandus *Ἀ. Μαλόεις*, cui *ἔξω τῆς πόλεως* Lesbii ferias agebant (Thucyd. III 3 cum schol.).

postea demum cum Apolline coaluisse videamus. Antiquiorem igitur cultus formam fanum Piraeense, ubi tamen advena erat deus, servavit quam Epidaurium et, si Isylli versibus tantum tribuere licet, ipsum Triccense, fanum illud antiquissimum, unde primum Aesculapii cultum per Graeciam dilatum esse probabile est[4]), qua re singularis quaedam auctoritas legi Piraeensi quasi genuino cultus testimonio accedit. Sed qui erat ille deus? Usener[5]), cum nominis originem a promunturio Malea, de quo Meister cogitaverat, alienam esse persuasum haberet, a voce *μηλέα* s. *μαλέα* nomen derivavit ac cum eo comparavit *Διόνυσον Συκεάτην* vel *Συκίτην* et *Δ. δενδρίτην.*[6]) Sane ne ita quidem satis intellegitur, quanam ratione hic deus, quicunque est, Aesculapio consociatus sit, nec enim eadem fuit Maleatae condicio atque Apollinis, qui deus facile vi et auctoritate numinis cum aliorum tum Aesculapii provinciam invaderet adeo, ut Epidauri vel priorem in amborum mentione locum obtineret.[7]) Quo magis notatu dignum est in hac lege Maleaten priorem, Apollinem secundum locum tenere, unde illi arctiorem quandam cum natura Aesculapii fuisse necessitudinem concluserim. Nec vero persuadere mihi possum inter Maleatae nomen et satis multa locorum nomina similia[8]) nullum fuisse conexum; regio certe Peloponnesi Maleatis vix a Maleata separari potest. Notandum denique id quoque duco deum, qui in monte Cynortio et in Cynuria colebatur, eundem hac lege consociatum esse cum *Κυσί* et *Κυνηγέταις*.

Iam quaeritur qui fuerint illi *Κύνες* et *Κυνηγέται*, qui uno praeterea loco occurrunt, apud Platonem comicum (Athen. X 441e):

εἰ γὰρ Φάωνα δεῖσθ' ἰδεῖν, προτέλεια δεῖ
ὑμᾶς ποιῆσαι πολλὰ πρότερον τοιαδί·
πρῶτα μὲν ἐμοὶ γὰρ Κουροτρόφῳ προθύεται
πλακοῦς ἐνόρχης,

iam inter numina quaedam genitalia velut Orthannen, Celetem commemoratur

πύργης τετάρτης Κυσί τε καὶ Κυνηγέταις

unde hos daemonas satis populares fuisse Furtwängler merito collegit.[9]) Inferos autem daemonas fuisse et hic et eodem tempore Wilamowitz[10]) suo iure statuerunt. Kaibel sane nuper in egregia commentatione, quam de

---

4) Robert-Preller *Gr. M.* p. 517. 5) *Götternamen* p. 146.

6) adde *Ἄρτεμιν Κεδρεᾶτιν* (Paus. VIII 13, 2); cf. etiam quae de eius modi dis adnotavit Kern apud Pauly-Wissowa III p. 157.

7) cf. praecipue n. 54.

8) praeter promunturium celeberrimum inprimis huc facit regio Peloponnesiaca *Μαλεᾶτις*: Xen. Hell. VI 5, 24 *ἦν δὲ καὶ ἐπὶ Λεύκτρῳ ὑπὲρ τῆς Μαλεάτιδος φρουρά* (cf. Thuc. V 54 et Müller *Dorier* II p. 448 et 545), deinde oppidum Arcadiae *Μαλέα* Paus. VIII 27, 4, *Μαλοίτας* flumen Arcadiae *ibid.* 36, 1 (cf. *Ἀπόλλων Μαλόεις*, quem iam Meister cum Maleata contulit et nomen a promunturio Lesbiaco *Μαλόεις* derivavit), item Arcadiae flumen *Μαλοῦς ibid.* 35, 1; commemorandi etiam *Μαλιεῖς* Thessali, quamquam iidem etiam *Μηλιεῖς* audiunt, et oppidum Thessaliae Maloea (Liv. 31, 41 et 36, 10); denique Pelasgi filius *Μάλεως* occurrit Strab. V p. 225 (cf. Wilamowitz *Isyll.* p. 100, 81).

9) *Sammlung Sabouroff Einl. p. 25.*

10) *Isyllos* p. 100; cf. etiam Töpffer *Att. Geneal.* p. 302.

Dactylis Idaeis supremam scripsit, inde quod in Platonis versibus una cum daemonibus priapeis commemorantur, ipsis quoque eandem naturam inesse collegit [11]), ingeniose ille quidem nec tamen ut mihi persuaderet. Etenim duobus locis *Κύνες* et *Κυνηγέται* coniuncti occurrunt, altero inter daemonas priapeos, altero inter Aesculapii *ὁμονάους*; quo iure illinc natura obscoena eorum colligitur, eodem fere hinc medicos quosdam daemonas fuisse quispiam collegerit, nimirum ne id quidem recte, quamquam tuo iure legi sacrae plus tribueris quam versibus poetae comici, qui facile religionem popularium praesertim daemonum in ridiculam et obscoenam partem vertere potuerit. Lubricum igitur huius testimonium est, alterum autem, quo daemonas genitales his nominibus cultos esse appareat, praeterea nullum extat. Contra non ignoramus inferos venatores canesque [12]): Hecaten canesque eius, venatorem Haden ipsum sive Zagreum, venatrices Erinyas; easdem vero Erinyas etiam canum specie imaginari homines solitos esse idque inprimis ipsos Athenienses e poetis tragicis, praecipue ex Aeschylo constat. [13]) Altera autem ex parte etiam ipsas animas defunctorum canum specie imaginabantur [14]), id quod non mirum est, ubi memineris Erinyem origine nihil amplius fuisse nisi animam ipsam hominis necati. [15]) Inferi autem huius generis daemones cum Aesculapio aptissime conexi sunt, quippe cuius cultum Telluris inferorumque religione prorsus imbutum esse cum in universum constet, tum de Piraeensi cultu confirmetur et huius legis praecepto *πόπανα* sacrificandi *τρία*, qui numerus proprius est inferorum [16]),

11) *Nachrichten d. K. Ges. d. Wiss. z. Göttingen (Phil.-Hist. Kl.)* 1901 p. 506 allata lege Piraeensi pergit: '*die Hunde und die Jäger kehren in einem andern Zusammenhang wieder, der über ihre Natur keinen Zweifel läßt. In dem schon früher benutzten Fragment aus Platons Phaon werden Opfer verlangt für Orthannes, Konisalos, Lordon, Kybdasos, Keles und daneben Κυσί τε καὶ Κυνηγέταις. Was ihnen geopfert werden soll, bleibt ungewiß, da die Worte schwer verderbt sind, aber in den gleichen Personenkreis mit den übrigen priapeischen Göttern gehören die Hunde und die Jäger offenbar. Und wenn nun κύων das ἀνδρεῖον μόριον ist (Hesych), so läßt sich erraten, wer die Κυνηγέται sind.*'

12) cf. Dilthey *Rhein. Mus.* XXV (1870) p. 332 sqq. et *Archaeol. Zeit.* 1874 p. 81 sqq., Rhode *Psyche* 374 sq., Roscher *Abhandl. d. Sächs. Gesellsch. d. Wiss.* 1896 XVII fasc. 3 p. 25 sqq., ubi uberrimam fere copiam testimoniorum congestam habes, Wilamowitz *Herakles*² II p. 194 sq., A. Dieterich *Nekyia* p. 55 sqq., O. Gruppe *Gr. Myth.* p. 405 sqq.

13) testimonia gravissima iam pridem Dilthey, Rohde, Roscher collegerunt; ceterum poetas illos ne hanc quidem Erinyum imaginem e suo ingenio, sed ex antiquissima religione populi petivisse certum est recteque monuit Roscher p. 49.

14) cf. de hac re praecipue Roscher l. c.; adde quae Plutarchus de Laribus Romanis narrat Qu. Rom. 51 *διὰ τί τῶν Λαρητῶν οὓς ἰδίως πραιστίτεις καλοῦσι, τούτοις κύων παρέστηκεν, αὐτοὶ δὲ κυνῶν διφθέραις ἀμπέχονται κτλ.*, quae item canum animarumque quendam conexum prodere suspicor (cf. tamen Wissowa *Rel. u. Kult. d. Röm.* p. 153). Porro iuris iurandi illa forma *νὴ τὸν κύνα* nonne ipsa quoque hac e religione orta esse potest?

15) egregie id coniecit Rhode *Psyche* p. 247, demonstravit *Rhein. Mus.* L (1896) p. 6 sqq. (*Kl. Schriften* II p. 229 sqq.).

16) cf. Diels *Sibyll. Blätter* p. 40, 1, testimoniis ab eo collectis praeter hanc legem addas Porph. *de abst.* II 54 (de Cypr. sacrificio humano) *ὁ δὲ σφαγιαζόμενος ὑπὸ τῶν ἐφήβων ἀγόμενος τρὶς περιέθει τὸν βωμόν.*

et multis illis anaglyphis tabulisque votivis, quae in eo fano Iovi *Φιλίῳ* et *Μειλιχίῳ* dedicata erant.[17]) Itaque inferos daemonas *Κύνας* et *Κυνηγέτας* dici persuasum habeo iisque quae supra attuli consideratis, cum hac lege et *Κυσί* et *Κυνηγέταις* separatim *προθύεσθαι* iubeatur, id unum ambiguum est, quaenam numina voce *Κυσί*, quaenam voce *Κυνηγέταις* significari videantur. Ac primo quidem sponte se offerunt venator Hades et *Ἅιδου ἄφυκτοι κύνες*, Erinyes, sed obstat quod in hac lege de pluribus *κυνηγέταις* agitur, ut ii, qui eos colere instituerunt, regem inferorum intellexisse non videantur. Iterum si *κυνηγέτας* Erinyas intellegimus, qui dicantur *κύνες*, obscurum, animae certe defunctorum non intellegi possunt, quoniam Erinyes non agitant animas, immo defuncti potius Erinyas agitant sc. in superstites inimicos, et elucet talis fere opinio, ni fallor, versibus quibusdam tragicis, praesertim Choeph. 917 sq.

> ὅρα, φύλαξαι μητρὸς ἐγκότους κύνας. —
> τὰς τοῦ πατρὸς δὲ πῶς φύγω, παρεὶς τάδε;

ubi loquitur poeta quasi et mater et pater suas uterque canes habeant ultrices, Erinyas nimirum, Orestae ex utraque parte metuendas: nonne hoc loco parentes mortui tamquam *κυνηγέται* finguntur, qui in filium canes agitent?[18]) Quid igitur? si legi nostrae eadem fere religio subest animas mortuorum tamquam *κυνηγέτας* canum inferarum verens? Ac nescio an eadem lateat in notissimis illis anaglyphis epulas mortuorum exhibentibus, in quibus canis heroi assidens repraesentatur.[19]) — Fieri sane posse concedo, ut errem nec recte certa numinum genera ac definita quaeram nominibusque illis *Κυσί* et *Κυνηγέταις* potius incertiores quaedam latiusque patentes opiniones comprehendantur, quales Germani veteres nomine '*die wilde Jagd*' imaginabantur. Quamquam id hac lege, qua utrorumque sacrificium separatur, non commendatur.

Pauca de reliquis dis addo. V. 5 *Ἑρμῇι*: Mercurius chthonius sine dubio dicitur, qui non modo somniorum erat dux[20]), de qua re iam Dittenberger admonuit, sed non nusquam ipse vi medendi praeditus erat[21]) et ea fere natura, quam Cicero intellegit loco celeberrimo ND III 56 *Mercurius — — alter Valentis et Coronidis filius is, qui sub terris habe-*

---

17) *IG* II 1578. 1580—1582, suppl. 1572c, cf. Furtwängler *Münch. Sitzungsber.* 1897 I p. 405 sqq. et Harrison *Prolegomena* p. 17 sqq. et 355 sqq.

18) etiam Euripides cum dicit Orest. 580 sqq.

> εἰ δὲ δὴ τὰ μητέρος
> σιγῶν ἐπῄνουν, τί μ' ἂν ἔδρασ' ὁ κατθανών;
> οὐκ ἄν με μισῶν ἀνεχόρευ' Ἐρινύσιν;
> ἢ μητρὶ μὲν πάρεισι σύμμαχοι θεαί,
> τῷ δ' οὐ πάρεισι μᾶλλον ἠδικημένῳ;

etsi Erinyas ipsas pro canibus affert, ita vel magis perspicue opinionem quam supra conieci prodit.

19) animarum imagines repraesentari iam Rohde coniecit *Psyche* p. 375.

20) Hymn. Hom. III 14 ἡγήτωρ ὀνείρων, Robert-Preller p. 404.

21) Robert-Preller p. 400.

tur idem Trophonius.[22]) Coronis autem eadem Aesculapii mater vulgo credebatur.

v. 6 sqq. divinae comites Aesculapii, quas vulgo filias eius credebant, nominantur: Iaso, Aceso, Panacea; eaedem tres in anaglyphis duobus adsunt (*MAI* XVII 243, *BCH* I 162 n. 27); contra Aristophanes Plut. 770, ubi de ipso Piraeensi fano agitur, Panaceam et Iasonem solas nominat eaedemque duae in antiquo anaglypho Atheniensi deum comitantur.[23]) Sed recordatus ea, quae supra p. 72 de auctoritate huius legis conclusi, hic quoque eam sequens tres antiquitus comites divinas ab Atheniensibus cultas esse[24]), postea autem Acesonem tamquam eandem atque Iasonem sive Panaceam aut saepius neglectam[25]) aut aliis deabus loco cessisse puto. De aliis sane Aesculapii templis quaestio difficilior est; satis habeo monere Epidaurios *Ἄκεσιν* heroem coluisse (Paus. II 11, 7 et *IG* III 170), qui a Piraeensi Acesone separari nequit. — Iaso et Panacea etiam in sacra Amphiarai intraverunt magnaeque arae eius, quam recentioris aetatis fuisse constat[26]), participes erant (Paus. I 34, 3).

Προθύματα omnia sunt *πόπανα*, quorum in sacrificiis frequentissimus erat usus, ac diligentia paene anxia, qua hac lege numerus eorum cuique deo debitus iteratur, commode illustratur verbis Porphyrii *de abst.* II 19 *οἱ δὲ τὰ περὶ τῶν ἱερουργιῶν γεγραφότες καὶ θυσιῶν τὴν περὶ τὰ πόπανα ἀκρίβειαν φυλάττειν παραγγέλλουσιν.* Ac ne formam quidem eorum nullius momenti fuisse Euthydemus sacerdos docet, qui *τὰ πόπανα πρῶτος ἐξηκάσατο ἃ χρὴ προθύεσθαι*, cf. varia genera quae recensentur ap. Prott *Fast.* n. 3.

De lege antiqua hactenus. In latere sinistro adduntur sacra Soli et Memoriae facienda: duae diversi generis placentae — *ἀρεστῆρα* dico (Et. M. s. v. *εἶδος πλακοῦντος τοῖς θεοῖς ἀφιερωμένον ὥσπερ καὶ τὸ πόπανον*) et *κηρίον* (Hesych. s. v. *τὸ τῶν μελισσῶν· καὶ εἶδος πλακοῦντος*), quod igitur idem fere ac *μελιτοῦττα* videtur — et *τρεῖς νηφάλιοι βωμοί.* Qua voce ipsas aras, in quibus sine vino libatur, dici cum priores putavissent, Dittenberger aras, ad quas fit, enumerari posse inter *προθύματα*, quae fiunt, negavit libaque intellexit arae figuram exprimentia collato notissimo more varias figuras placentis exprimendi.[27]) Sed primum illius figurae placentas usitatas fuisse neque ullum testimonium extat nec per se veri simile est, quia eiusmodi placentae earum fere rerum quae sacrificantur locum

22) cf. quae nuper de hoc loco et de universa natura Mercurii chthonii optime exposuit Deubner *de incubatione* p. 20 not. 1.

23) *MAI* X p. 260, cf. de hac re Usener *Götternamen* p. 164 sq.

24) ut hic quoque trinitatem quandam obtinuisse appareat; cf. Usener, *Dreiheit* p. 14.

25) velut Aristophanes Acesonem praetermisit ea aetate, qua eam cultam esse hic titulus testis est certissimus; sed num in ipso cultu umquam neglecta sit, dubito, utique ne posteris quidem temporibus memoria eius deest: cf. paeanem Macedonici *IG* III 171b v. 14 sqq. *τοῦ δ' ἐγένοντο — — ἠδ' Ἰασὼ Ἀκεσώ τε καὶ Αἴγλη καὶ Πανακεία, Ἠπιόνης [θύγατρες] σὺν ἀριπρέπτῳ Ὑγιείᾳ.*

26) *Πρακτικά* 1884 p. 92 *πιν.* E.

27) Stengel *Kultusalt.*[2] p. 90.

tenent.[28]) Deinde ea offensio, qua D. maxime nititur, re vera non adest: ne accusativos quidem *ἀρεστῆρα* et *κηρίον* e verbo *προθύεσθαι* antiquioris legis pendere spoponderim, utique non pendet inde nominativus *τρεῖς νηφάλιοι βωμοί*, immo, si recte sentio, is plane eadem ratione usurpatur, qua in fastis Atticis vox *τράπεζα* (cf. Prott *Fasti* n. 26 passim, e. g. v. 4 *τράπεζα τῶι ἥρωι* et n. 1 v. 19 et 23); ut illic dapes, quae in mensa sacra ponuntur, sic hic libationes *νηφάλιοι*, quae arae infunduntur, dicuntur; *τρεῖς* igitur *νηφ. βωμοί* tres eius modi libationes sunt (cf. Soph. Oed. Col. 479 *τρισσὰς πηγάς* Eumenidis libandas), quamquam adiectivum numerale paulo durius adici concedo. — Ceterum hoc titulo confirmatur Polemonis testimonium (schol. Soph. Oed. Col. 100) *Ἀθηναῖοι — — νηφάλια μὲν ἱερὰ θύουσι Μνημοσύνῃ, Μούσαις, Ἠοῖ, Ἡλίῳ, Σελήνῃ, Νύμφαις, Ἀφροδίτῃ Οὐρανίᾳ*; cf. etiam Phylarchi de Solis sacris testimonium Ath. XV p. 693e.

Cur in latere C verba *νηφάλιοι τρῖς βωμοί* repetantur et in latere D *νηφάλιοι*, non satis assequor.

19. Pars superior cippi marmoris Pentelici, Piraei reperta. Edd. Maletopulos *Ἀθήναιον* X 556, Koehler *IG* II 1662, Michel *Recueil* 676. Cf. etiam Wilamowitz *Isyll.* p. 100, 80.

Μοίραις | ἀρεστῆρας | ⁝ ΙΙΙ ⁝ κηρία ⁝ ΙΙΙ

Praeceptum simillimum iis, quae in superioris tituli lateribus B C D leguntur; in eodem igitur Aesculapii Piraeensis delubro cippum positum fuisse veri simile est. Convenit etiam numerus placentarum; de his vid. supra.

20. Cippus marmoreus Piraei repertus. Edd. Pittakis *Eph.* 2784, Koehler qui exscripsit in museo nationali *IG* II 1661, Michel *Recueil* 675.

Ἀρτέμιδος.
Ἀκόλουθοι | μονόμφαλ[α] | ΙΙΙ
|| . . . οι ⁝ μονό|[μφα]λα ⁝ ΙΙΙ

Litterae *στοιχηδὸν* dispositae sunt; itaque *δοῦλ]οι* quod v. 5 suppleverat Koehler, ferri vix potest, sed fortasse scriptum erat *δõλ]οι*; certe quod aliud vocabulum post *ἀκόλουθοι* aptum sit, nescio. De ratione tituli, qui item Aesculapii fano Piraeensi assignandus videtur, non plane certus sum; genetivum *Ἀρτέμιδος* cum voce *ἀκόλουθοι* coniungendum non esse, sed lapidem Dianae sacrum designari per se veri simile est et exemplo proximi tituli confirmatur. Sed qui tum sunt illi *ἀκόλουθοι* et qua ratione nominativus explicandus? Num supplendum animo *θύσονται* et asseclae dicuntur eorum, qui templum adibant (cf. n. 3B v. 8)? sed ne ita quidem res omnis perspicua est.

μονόμφαλον sc. *πόπανον* placenta est umbone uno ornata, cf. Prott *Fasti* n. 3 ubi identidem occurrit *πόπανον ὀρθόνφαλον δωδεκόνφαλον*, de

28) Selenae sane lunulas semicirculatas fingebant (Poll. VI 76, cf. etiam Stengel *l. c.* p. 90), sed ne eae quidem cum arae figuris comparari possunt.

quo placentarum genere copiose disputavit O. Band *das Attische Demeter-Kore-Fest der Epikleidia* p. 4sqq.

21. Ara quadrata marmoris Pentelici reperta in clivo meridionali arcis. Edd. Kumanudes Ἀθήναιον V (1876) p. 329, Koehler *MAI* II p. 249 et *IG* II 1665, Michel *Recueil* 677.

Ἡρακλέως.
Θύειν τρία μονόνφαλα.

In Aesculapii Atheniensis fano hanc aram olim collocatam fuisse et loco ubi reperta est et exemplis similibus n. 19 et 20 probatur: de Herculis cum dis medicis conexu cf. Usener *Götternamen* p. 155 sqq.

22. Ara quadrata inventa in clivo meridionali arcis. Ed. Koehler *MAI* II p. 250 n. 1 et *IG* II 1666.

— — — — ịο
θύειν τ]ρεῖς ἑβδόμους βοῦς.

Lex eiusdem generis ac superior, collocata haud dubie olim in Asclepieo Atheniensi. V. 1 nomen dei, cuius ara erat, fortasse *Ἡλ]ίο*, scriptum erat. — V. 2 *βοῦς ἕβδομος* placentae genus notissimum; ex acerrima illa controversia, quae de origine et usu vocis inter Stengelium et Roscherum exarsit[1]), id solum ad huius tituli interpretationem pertinet, utrum nomine *βοῦς ἕβδομος* placenta in bovis formam redacta etiam per se sola significari potuerit an ea tantummodo, quae post sex alias placentas[2]) septimo loco offerebatur. Illius rei, quam olim mihi praeceptum tres *β. ἑβδόμους* sacrificandi commendare videbatur, nulla tamen extant certa testimonia, contra hanc diserte testantur Pausanias lexicographus apud Eustath. ad Il. *Σ* 575 p. 1165 *βοῦς παρὰ τοῖς παλαιοῖς ἐλέγετο καί τι πέμματος εἶδος ἀφ' οὗ παροιμία τὸ βοῦς ἕβδομος, ἔχουσα λόγον τοιόνδε· σελῆναι πέμματα ἦσαν πλατέα κυκλοτερῆ, ἐπὶ δὲ ἓξ σελήναις τοιαύταις βοῦν, φασίν, ἕβδομον ἔπεττον κέρατα ἔχοντα κατὰ μίμησιν πρωτοφυοῦς σελήνης. ἔθυον μὲν οὖν καὶ ἐπὶ τέσσαρσι ποπάνοις τοῦτον τὸν βοῦν καὶ ἐκάλουν αὐτὸν πέμπτον βοῦν, μᾶλλον μέντοι ἐπὶ ταῖς ἓξ ἔθυον αὐτόν, ὃς καὶ ἐκαλεῖτο διὰ τοῦτο ἕβδομος βοῦς* et simillimis verbis Suidas s. v. *βοῦς ἕβδομος* et *ἀνάστατοι*.[3]) Idem igitur hac inscriptione praecipi censeo et dubito an v. 1 ante *Ἡλ]ίο* ipsius Selenae nomen supplendum sit, cf. Hesych. s. v. *βοῦς ἕβδομος·* — — *ὅτι δὲ πέμμα ἐστὶ καὶ τῆς Σελήνης ἱερὸν Κλειτόδημος ἐν Ἀτθίδι φησί* et Poll. onom. VI 76

---

1) Cf. Roscher *Archiv für Religionswissenschaft* 1903 p. 64sqq. 1904 p. 419sqq. *Abhandl. d. Sächs. Gesellsch. d. Wiss.* XXIV 1, 1904, p. 104sqq., Stengel *Hermes* XXXVIII p. 567sqq. *Arch. f. Religionswiss.* 1904 p. 437sqq. *BphW* 1905 p. 78.

2) de sacrificio sex animalium et placentae in inscriptione huius parvulae arae non esse sermonem patet; omnino autem talem diversarum victimarum hebdomada, qualem Roscher e quibusdam testimoniis dubiis (praecipue Cod. S Macarii 2, 89, Cod. K Macarii 2, 89) sibi finxit, unquam in cultu sollemnem fuisse demonstrari nequit et hac quidem ex parte recte ei oblocutus est Stengel.

3) horum testimoniorum auctoritatem Roscher contra Stengelium recte defendisse mihi videtur.

πελανοὶ δὲ κοινοὶ πᾶσι θεοῖς, ὡς καὶ σελῆναι τῇ θεῷ· κέκληνται δὲ ἀπὸ τοῦ σχήματος ὥσπερ καὶ ὁ βοῦς· πέμμα γάρ ἐστι κέρατα ἔχον πεπηγμένα, προσφερόμενον Ἀπόλλωνι καὶ Ἀρτέμιδι καὶ Ἑκάτῃ καὶ Σελήνῃ.

22b. Fragmentum arae quadratae in clivo meridionali arcis repertum. Ed. Koehler *IG* II 1668.

— — — νοc ι
βοῦc] ἕβδομοc.

Lex superiori simillima. v. 1 nomen dei, fortasse *Ἀπόλλω]νος* supplendum est.

23. Ara quadrata, inventa in clivo meridionali arcis. Edd. Kumanudes *Ἀθήναιον* V p. 328 et Koehler *IG* II 1667.

◡ \\\\\ ◡
θύειν ἀρεcτῆρα] καὶ κ[η]ρίον.

De genere legis cf. titulos antecedentes n. 19—22; v. 2 supplevi coll. n. 18b et 19.

24. Fragmenta tria tabulae marmoris Hymettii; duo maiora ed. Pittakis anno 1839 *Eph. Arch.* 117 et 118 affirmans se ea *εἰς τὸ μέρος τῆς Ἀττικῆς τὸ νῦν καλούμενον Ἀλικαῖς πλησίον τοῦ ἄκρου Ζωστῆρος καὶ τοῦ δήμου Ἁλαὶ Αἰξωνίδες* repperisse et anno 1830 inde Athenas in arcem transtulisse; eadem iam paulo antea ediderat Boeckh *Ind. Lect. Berol.* 1835 (*Kleine Schriften* IV 404 sqq.) ex apographo Rossii, qui ea in arce eruta esse adnotabat; repetiverunt deinde Rangabé *Ant. Hell.* 816, Koehler, qui exscripsit in arce *IG* II 631, Michel *Recueil* 673. Tertium fragmentum solus exhibet Pittakis, qui anno demum 1855 *Eph. Arch.* 2667 edidit adnotans se id anno 1834 '*Ἰανουαρίου* 3' eodem loco quo n. 117 et 118 repperisse; ad eundem quoque lapidem fragmentum pertinere demonstravi *MAI* XXIV (1899) p. 267 sqq.

— — — — — — — — — — — — ο . . . .
— — — — — πυρῶν ἡμιέκτε]ω : ||| : μέ[λι]τοc [κοτ-
ύληc : ||| : ἐλαίο τριῶν κοτυλ]ῶ[ν : IC : φ]ρυγάνων : || :, ἐπὶ δὲ τ[ὴν
τράπεζα]ν κω[λῆν, πλευρὸν] ἰcχίο, ἡμίκραιραν χορδῆ-
c· Ἡρώ]ινηc[1]) ἱε[ρείαι ἱερε]ώcυνα : Γ :, τὰ δέρματα ἐκ τῶν
. . ιινίων,[2]) ἅπαν[τοc εὔcτο[3]) τ]ελέο : ⊢⊢⊢ :, δειcίαc κρεῶν,
πυρῶν ἡμιέκτεω [: ||| : μέλιτο]c κοτύληc : ||| : ἐλαίο τριῶν κ-
οτυλῶν : IC : φρυγάνω[ν : || : ἐπὶ δὲ] τὴν τράπεζαν κ[ω]λῆν, πλε-
υρὸν ἰcχίο, ἡμίκρα[ιραν χορδῆ]c· Διονύc[ο] . . . . .[4]) ἱε-

1) supplevi nec repugnat, quod cognomen Heroidis deest, si modo pagi vel tribus lex est, cf. fastos Tetrapolitanos (Prott n. 26), ubi passim *Ἡρῴνη* occurrit nullo cognomine designata; Michel suppl. *Εἰρή]νης*.

2) festi nomen latere praepositio *ἐκ* docet; an initio reliquiae litterae Ω supersunt et scribendum est *Ἡρ]ωινίων*?

3) supplevi e v. 12 sq.; Boeckh cum scribit *ἅπαν[τος δέρμα τ]ελέο* : ⊢⊢⊢ : sensum optime divinavit, qui tamen genetivo *δέρματος* necessario exprimendus fuit.

4) in fragm. alterius fine Koe. ΔΙΟΝΥΣ. ΛΝ legit, in fragm. tertio contingente Pitt. legit ΙΑ.ΑΙΕ, prius igitur Ι nisi alter erravit, hasta dextra litterae Ν a K. recognita est; quod cognomen lateat nescio; quod K. suppl. *Διονύσ[ο Ἀ]ν[θίο]*

ρείαι ἱερεώϲυνα : Γ : τ[ὸ δέρμα τῶ τελέ]ο[5]) · [ἐπὶ δ]ὲ τὴν τράπεζαν κωλῆν, πλευρὸν [ἰϲχίο, ἡμίκραιραν] χορδῆϲ · Ἥ-
ραϲ ἱερείαι ἱερεώϲυν[α : Γ : τὸ δέρμα,[6]) ἅπαντ]οϲ εὔϲτõ τ-
ελέο : ⊢⊢⊢ : δειϲίαϲ κρεῶν, [πυρῶν ἡμιέκτεω : ||| :] μέλιτοϲ
κοτύληϲ : ||| : ἐλαίο τριῶν κο[τυλῶν : IC : φρυγάν]ων [: || :] · ἐ[πὶ δὲ
τὴν τράπεζαν κωλῆν, πλευρ[ὸν ἰϲχίο, ἡμίκραιραν χο-
ρδῆϲ · Δήμητροϲ Χλόηϲ ἱερε[ίαι ἱερεώϲυνα : Γ : δειϲί-
αϲ κρεῶν, πυρῶν ἡμιέκτεω : ||| : μέ[λιτοϲ κοτύληϲ : ||| : ἐλαί-
ο τριῶν κοτυλῶν : IC : φρυγάνων : || : ἐ[πὶ δὲ τὴν τράπεζαν κ-
ωλῆν, πλευρὸν ἰϲχίο, ἡμίκραιρα[ν χορδῆϲ · . . . .
αϲ ἱερείαι ἱερέωϲυνα : Γ : τὸ δέρ[μα τõ τελέο, δειϲίαϲ
κρεῶν, πυρῶν ἡμιέκτεω : ||| [: μέλιτοϲ κοτύληϲ : ||| : ἐλαίο τ-
ριῶν κοτυλῶν : IC : φρ[υγάνων : || : ἐπὶ δὲ τὴν τράπεζαν κωλ-
ῆν, πλευρὸν ἰϲ[χίο, ἡμίκραιραν χορδῆϲ · . . . . ἱ-
ερείαι ἱερε[ώϲυνα : Γ : — — — — — — — — —
⊢ : μέλιτοϲ [κοτύληϲ : ||| : — — — — — — —
οἶνο χõ[ν — — — — — — — — — — —
ιτα — — — — — — — — — — — — —

Titulus priore IV a. Chr. saeculi parte *στοιχηδὸν*[7]) inscriptus, quia eadem fere praecepta identidem recurrunt, totus fere certo restitui potest, id quod iam Rangabé duobus quae cognita habebat fragmentis maxima ex parte perfecit. Tertio autem illo fragmento adhibito ea quoque, quae antea dubia remanserant, plerumque explentur.

Summum de ratione legis iudicium ex interpretatione verborum *ἐπὶ δὲ τὴν τράπεζαν* pendet. Quae cum Boeckh de mensa domestica sacerdotum intellexisset, partes illas hostiarum *κωλῆν, πλευρὸν ἰσχίου, ἡμίκραιραν χορδῆς* ipsas quoque sportulas sacerdotum esse censuit cunctasque ita divisit, ut primum pecuniam, deinde partes quasdam non edules (*δεισίας κρεῶν*), postremum edules partes sacerdoti decerni putaret. At ut hanc divisionem e falsa vocis *δεισίας κρεῶν* interpretatione ortam omittam, *τράπεζα* certe mensa est sacra, ubi quae ponebantur, dis offerri solebant. Erat igitur cum hanc fuisse legis rationem, ut priore loco (*ἱερείαι ἱερεώσυνα κτλ.*) emolumenta sacerdotis, altero (*ἐπὶ δὲ τὴν τράπεζαν κτλ.*) carnes dis dedicandae enumerarentur, persuasum haberem. Hodie re iterum atque iterum deliberata vela retrorsum do structura maxime legis commotus, quae cum ea sit, ut in capite unius cuiusque praecepti muneribus illis bipertitis dativus *ἱερείᾳ* cum genetivo nominis divini praescriptum sit, omnia potius quae sequuntur ad sacerdotem referenda videntur. Neque id iis

nec per se valde placet nec cum litteris a Pitt. indicatis convenit; nec vero hic prorsus recte legisse videtur.

5) cf. v. 20.

6) hoc dubium, cf. tamen v. 5.

7) ante dei cuiusque nomen spatium unius litterae vacat, quo singula praecepta distinguantur, id quod v. 19 et 23 nomina divina suppleturo tenendum est.

quae supra de mensa sacra dixi, repugnat; nam certissimis testimoniis, quae iam Stengel collegit[8]), constat carnes ibi positas nonnullis certe locis in usum sacerdotis cessisse, cf. tit. Perg. n. 189 v. 12 *λαμβάνειν* (Aesculapii sacerd.) — — — *σκέλος δεξιὸν καὶ τὰ δέρματα καὶ τἆλλα τραπεζώματα πάντα τὰ παρατιθέμενα*, leg. And. n. 58 v. 86 *καὶ ὅσα κα οἱ θύοντες ποτὶ τᾷ κράνᾳ τραπεζῶντι καὶ τῶν θυμάτων τὰ δέρματα λαμβανέτω Μνασίστρατος* (pristinus sacerdos gentis). Porro quod in titulo Stratoniceae nuperrime edito (*BCH* XXVIII p. 22 v. 7 sqq.) sacerdos quidam laudatur, quia *ἀπέδωκεν πάσῃ τύχῃ τὰ ἀνενεγχθέντα τῷ θεῷ δ[εῖ]πνα καὶ τὰ ἐκ τῶν θυσιῶν γεινόμενα γέρα*, Stengel *δεῖπνα* illa haud dubie recte de dapibus mensae sacrae impositis, quae proprie sacerdotis ipsius erant, ab eo tamen civibus donabantur, intellexit. Alibi pars certe sacerdoti tribuebatur: n. 98 v. 8 sq. *ὁμοίως δὲ καὶ τῶν ἄλλων — — τῆι θεῶι ἐπὶ τὴν τράπεζαν· ἔσ[τω δὲ τὸ μὲν — — μέ]ρος τῆς ἱερείας κτλ.*[9]) Accedit denique quod eadem fere, quae hac lege *ἐπὶ τὴν τράπεζαν* cedunt, *ἱερώσυνα* i. e. sacerdotis emolumenta[10]) vocantur versibus Ameipsiae, quibus iam Boeckh potissimum adductus ad suam sententiam videtur, apud Athen. IX p. 368e:

δίδοται μάλισθ' ἱερώσυνα
κωλῆ, τὸ πλευρόν, ἡμίκραιρ' ἀριστερά.

Legem publicam esse, non collegii, patet, vix tamen populi ipsius, sed pagi potius vel tribus cuiusdam, id quod certissimum est, si modo recte Pittacis de loco, ubi lapides invenisset, rettulit[11]); et confirmatur supplemento [*Ἡρῴ*]*ινης* quod proposui v. 5, si quidem in lege publica cognomen Heroidis vix deesse poterat (cf. Prott *Fasti* n. 1 et 2). Ceterum sacerdotes feminas tantummodo apparere mirum est, nisi forte in superiore parte tabulae deperdita virorum sacerdotum munera praecepta putes.

Emolumenta sacerdotum et pecuniis et portionibus hostiarum efficiuntur neque multum inter se differunt; omnes enim quinque drachmas, operae scilicet mercedem, accipiebant atque praeter unam Dionysi sacerdotem, quae omnino multo minus ceteris accipit, etiam pecuniam, unde minora illa ad rem sacram necessaria, oleum mel lignum [12]) triticum, compararent; iterum omnes praeter eandem illam suas quaeque *δεισίας κρεῶν*, quam vocem

---

8) *Berl. Philol. Wochenschr.* 1904 p. 1503 sq.

9) vel id occurrit, ut qui sacrificavit ipse eorum, quae in mensa posuit, partem sumat, in lege sane aetatis recentioris n. 49 v. 20 *ἐὰν δέ τις τράπεζαν πληρῷ τῷ θεῷ, λαμβανέτω τὸ ἥμισ[υ]*.

10) sane in Bekk. Anecd. p. 144 *ἱερώσυνα· τὰ τοῖς θεοῖς ἐξαιρούμενα μέρη καὶ θυμιώμενα*, sed nisi hic merus error grammatici cuiusdam latet, sollemni certe usitatoque sermonis usu emolumenta sacerdotis ita dici frequenti titulorum memoria satis superque constat, cf. Stengel *Hermes* XXXI p. 640 sqq.

11) nec recte hac in re ei fidem denegaveris, nam ignarus frg. n. 2667 cum n. 117 et 118 unam efficere legem tamen id eodem illo loco repertum esse adnotat vel die mensis, quo repperit, addito, ac consideratis iis, quae in lemmate indicavi, facile fieri potuisse, ut Pitt. fragmenta 117 et 118 in arcem Athenarum secum duceret, Ross autem, cum ea ibi vidisset, in arce ipsa eruta existimaret, nemo non concedet.

12) cf. Paus. V 13, 3 de sacrificulo qui dicitur *ξυλεύς*.

optime Rang. glossa Hesychii *δεισιάδα· τὴν μοῖραν· οἱ δὲ διμοιρίαν* explicavit, cf. praeterea n. 113 *τῷ ἱερεῖ τοῦ Ἡρακλέος — — μερίδα δίκρεων*, Prott *Fasti* 5 v. 52 *θυαφόρῳ — νώτου δίκρεας*, *BCH* IV p. 434 *δίδων αὐτῷ* (chiliastyarcho) *διμοιρίαν*, Herod. VI 57. Pelles porro hic plerisque sacerdotibus conceduntur, atque *Ἡρώ]ινης* quidem sacerdoti vel e sollemnibus quibusdam ut videtur (v. 5/6 *ἐκ τῶν ..ινίων*), id quod notandum est, quia Athenis quidem pelles e feriis in aerarii publici usum veniisse constat et in tanto hostiarum numero consentaneum est. Ceterum in sacrificiis publicis sacerdoti pelles cedere ne Athenis quidem inauditum erat, cf. legem de sacris *Ἀ. Νίκης* n. 11 v. 9 *τὴν ἱέρειαν — καὶ τὰ δέρματα φέρειν τῶν δημοσίων* et quae adnotavi ad tit. Perg. n. 188 et ad. tit. Halic. n. 155.

Cum hac autem pellis concessione verba quae bis in lege leguntur *ἅπαντος εὔστου τελέου*: ⊢⊢⊢ (v. 6. 12) cohaerent. Vox *εὔστόν* in uno praeterea titulo Milesiaco occurrit n. 159 v. 5 *ἐὰν δὲ εὔστὸν θύῃ ἡ πόλις, λάψεται* (*ὁ ἱερεὺς*) *γλῶσσαν, ὀσφὺν δασέαν, ὤρην*; ubi viri docti, quos hoc fragmentum fugerat, de significatione dubitabant; nunc conlatis duobus locis res satis perspicua est: emolumenta, quae lege Milesia in *εὔστου* sacrificio decernuntur, a ceteris eo uno differunt, quod sacerdos pelles non accipit (cf. ad n. 159 v. 7); in hac vero lege, quoniam utroque loco ante *εὔστου* mentionem pellis s. pelles inter *ἱερεώσυνα* sacerdotis recensentur, inde, quod subiungitur praeceptum *ἅπαντος εὔστου τελέου*: ⊢⊢⊢: i. e. ut pro certe quodam hostiae genere tres drachmae sacerdoti pendantur, cum tamen iam in capite emolumentorum ipsa merces constituta sit, paene necessario colligendum est drachmas illas pro pelle pensas esse[13]), id quod iam Boeckh quamvis ignarus vocis *εὔστου* hoc loco scriptae e solo conexu orationis acute concluserat. Nec vero casu factum esse credibile, ut et Attica lex et Milesia hac in re consentirent, immo Eggerum olim nomen *εὔστόν* a verbo *εὔειν* recte derivasse, etsi non prorsus recte interpretatus est[14]), apparet; ea enim victima hac voce significabatur, quae ustularetur, ut nullus iam pellis usus esset, velut suillum potissimum genus atque anseres gallinaeque et si quas alias aves sacrificare fas erat.[15]) Idem igitur fere haec vox valet atque illud *δαρτόν*, quod nuper in altera lege Attica apparuit n. 10, ubi sportulae *τῶν δαρτῶν* et *τῶν μὴ δαρτῶν* (sc. *ἱερείων*) distinguuntur.

Partes, quae in mensa sacra seponuntur, eaedem semper sunt: perna (*κωλῆ*), usitatissima sacerdotis sportula, pars costae (*πλευρὸν ἰσχίου*), cf. n. 17, denique *ἡμίκραιρα χορδῆς* i. e. pars maxillae farcimine completa, qualis etiam n. 25 dici videtur.

---

13) pretium aptum videtur

14) *'un sacrifice, dans lequel les chairs de la victime sont grillées'*; *ὁλοκαύτημα* intellexerat Dttb., nec tamen recte, quoniam Mileti sacerdos carnes e tali hostia accipiebat neque igitur haec prorsus cremabatur.

15) paulo pluribus totam hanc quaestionem exposui *MAI* l. c., ubi tamen alterum genus victimae ustulandae, aves, praetermittere non debui, praesertim cum aperte propter hoc genus non usurpata sit vox suillum genus ipsum significans velut n. 94 v. 9 *ἂν δέ τι καὶ ὑαμινὸν θύῃ*.

25. Fragmentum marginis sinistri stelae marmoris Pentelici, dextra, infra, supra fractum, erutum in arce, nunc in museo nationali; in litteris 0,9 cm altis rubri coloris vestigia; inferior pars lapidis litteris vacat, inscriptionis igitur finis extat. Edd. Beulé *L'acropole* II p. 325, Pittakis *Eph.* 1433, Rangabé *Ant. Hell.* 2336, Koehler *IG* II 632. In meum usum denuo contulit apographumque accuratissimum misit Prott.

τ̣ων κατ̣αρχ̣[ὴν? [1]) — — — — — — — —
ἱερειώϲυνα τάδε [2]) — — — — — — — —
ματα, ϲκέλοϲ τῆϲ ἡ— — — — — — — —
α ϲάρκαϲ ἑκάϲτηϲ τ- — — — — — — — —
ν ἀμνῶν ϲκέλοϲ ἑκαϲ[τ- — — — — — — —
ἐπὶ τράπεζαν καταρχὴ[ν — — — τελείου: ||| : [3]) γαλα-
θηνοῦ : IC : διδόναι δὲ καὶ το[ῦ vel το[ῖϲ— — —
ϲκέλοϲ, πλευρόν, ἡ̣μίκραιρα[ν χορδῆϲ — — — —
τὴν καταρχήν. spatium vacat.

De lectione Pr. haec adnotat: '*Z. 1 Anf.:* γων *möglich, aber schon d. Kürze des Querstriches deutet auf* τ̣ων. — *Über dem* I, *das Koehler noch als* T *gibt, der Stein jetzt etwas bestoßen. — Ende: Rest des* X. — *Z. 2 Anf.:* I *deutlich erkennbar. — Z. 4 Ende: nach* T *folgte vermutlich e. schräge, keine senkrechte Hasta. — Z. 6* καταρχHI *und Z. 7—8 stehen auf Rasur. — Z. 7 Ende:* TO *nicht* YO,' id quod K. legerat; T propter rasuram deformatum esse.

Titulus non *στοιχηδὸν* incisus, proximo n. 24 aliquanto recentior, ratione autem persimili, nam quod discrimen ibi fit inter *ἱερεώσυνα* et ea, quae *ἐπὶ τὴν τράπεζαν* ponuntur, idem hoc fragmento fieri verba v. 12 *ἱερειώσυνα* et v. 6 *ἐπὶ τράπεζαν* docent, atque etiam hic *σκέλος*, *πλευρόν*, *ἡμίκραιρα* nempe *χορδῆς* occurrunt. Veri simile igitur est hic quoque ea, quae in mensa sacra poni iubentur, re vera sacerdoti cessisse nec repugnat, quod sic etiam merces lactentis maiorisque hostiae sacrificandae sacerdoti cedit, cf. n. 41 v. 4 *διδόναι τῆι ἱερέαι γαλαθηνοῦ μὲν* IC — — *τοῦ δὲ τελέου* ||| et similiter de sacrificiis phratriae n. 17. Ceterum satis mirum est nummos in mensa sacra poni, sed dubitari posse non videtur, quin illud *γαλαθηνοῦ* : IC : ad *ἐπὶ τράπεζαν* referendum sit.

Dubium est quid significet *καταρχή* v. 6 et 9 (fortasse v. 1); earum rerum, quae verbo *κατάρχεσθαι* comprehendi solent[4]), nullam huic loco aptam esse patet, itaque nescio an v. 6 vox *καταρχὴν* coniungenda sit cum sequentibus [*τελέου* |||, *γάλα*]*θηνοῦ* IC eodemque sensu atque *ἀπαρχή* sive *ἐπαρχή* usurpata sit, quamquam exemplum praesto mihi non

---

1) KAIAI ᴧ, spatium inter alterum A et reliquias litterae X a Pr. indicatas maius est quam ut nihil nisi hastam quae extat i. e. iota interpositum fuisse credas; supplere ideo conatus sum *καταρχήν* coll. v. 6 et 9.

2) ita legendum esse satis certum, nam *τὰ δέ*[*ρματα* quod per se aequo iure restitui potest (cf. n. 24 v. 5), in extremo demum versu et v. 3 in. scriptum fuisse videtur.

3) supplevi; cf. quae de pecuniarum ratione ad n. 17 p. 70 dixi.

4) cf. Dittenberger *Ind. schol. Hal.* 1889/90 et L. Ziehen *Rhein. Mus.* LIX p. 402 sq.

est; nec silentio praetermittam ad verba Thucyd. I 25, 4 *Κορινθίῳ ἀνδρὶ προκαταρχόμενοι τῶν ἱερῶν* scholion extare *διδόντες τὰς καταρχάς*, id quod Dittenberger repudiavit nec sine causa: quid enim hac explicatione sibi velit scholiasta, adhuc obscurum est; interim huius fragmenti testimonio considerato nescio an satius sit iudicium cohibere. Ceterum quaecunque res v. 6 dicitur, de ea v. 8—9 aliquid additum esse apparet articulo v. 9 (*τὴν καταρχήν*) adiuncto.

26. Fragmentum marginis sinistri stelae marmoris Pentelici, inventum in arce, litterae 0.7 cm altae; nunc in museo nationali. Edd. Pittakis *Eph.* 87, Rangabé *Ant. Hell.* 817, Koehler *IG* II 560. Apographum mihi misit Prott.

. . . . . ΙΕΙ — — — — — —
. . . ε. αεξεμ — — — — — —
. . cτου οἰὸc τ[— — — — c-
κ]έλοc δεξιὸν — — — — — —
. ιτοῦ οἰὸc τῶ[ν — — — — —
μάτων θυομένω[ν — — — —
οὗ ἂμ βόληται ο[ἰὸc — — — —
με]ρίδα κρεῶν τ — — — — —
. τοὺ]c ἐπιμελη[τὰc — — — — —

'*Z. 1:* ιετ *oder* ιεγ *oder* ιει. — *Z. 2:* ΕΞ_ *sicher, dann e. schräge Hasta, wie Koehler angibt, die aber nicht zu* Α *oder* Λ *gehören kann, da an der Stelle, wo das untere Ende der zweiten Hasta sein würde, in der erhaltenen Oberfläche keine Spur sichtbar ist.* Μ *daher wohl sicher, obwohl der kleine, im richtigen Abstand für* Μ *stehende Rest einer anderen Hasta, den ich gezeichnet habe, nicht als ganz sicher gelten darf. — Z. 6 Anf.:* ΛΑ *möglich, aber* Μ *viel wahrscheinlicher,* ΔΑ *ausgeschlossen.* — Z. 7: ΒΟΛΗΤΑΙ. — Z. 8: ΡΙΔΑ *(Rest des* Ρ*).*'

Titulus priore ut videtur IV a. Chr. saeculi parte (cf. v. 7 *βόληται*) *στοιχηδὸν* inscriptus.

De sportulis sacerdotalibus agi veri simillimum est nec tamen conexus sententiarum restitui potest. Id unum proferre audeo: v. 6 separari potest — — *μα τῶν θυομένων*, sed *δέρ]μα τῶν θυομένων* vel tale aliquid propter singularem ferri vix potest; praestat igitur coniungere — *μάτων θυομένων*, ubi primo substantivum id, cui *θυομένων* attributum est, quaeres, vix tamen aptum inveniri potest, *θυ]μάτων* utique non ferendum. Suspicor igitur scriptum fuisse *τῶν ἀπὸ μισθω]μάτων*[1]) *θυομένων*, nec fieri non potest ut *τῶ[ν]* illud v. 5 servatum huc pertineat; v. 3 fortasse post *οἰὸς* alterum genus sacrorum legebatur.

27. Stela marmoris candidi a dextra et infra fracta, in arce reperta. Edd. Foucart *BCH* XII p. 330, Lolling *Δελτίον* 1888 p. 166 n. 1 minusculis, Koehler Lollingii apographo usus *IG* II suppl. 556c.

---

1) Harp. s. v. *ἀπὸ μισθωμάτων· Δίδυμός φησιν ὁ γραμματικὸς ἀντὶ τοῦ ἐκ τῶν τεμενικῶν προσόδων. ἑκάστῳ γὰρ θεῷ πλέθρα γῆς ἀπένεμον, ἐξ ὧν μισθουμένων αἱ εἰς τὰς θυσίας ἐγίνοντο δαπάναι.*

Θεοί.

Φίλτων εἶπεν· ι̣[— — — τῶι Ποσειδῶ-[1]
νι καὶ τῶι Ἐρε[χθεῖ — — — — —
λαχόντα τύ(χ)[ηι ἀγαθῆι — — — —
τοῦ δήμο το[ῦ Ἀθηναίων καὶ — — —
τῆς Ἐρεχθηΐ[δος φυλῆς — — κατὰ τὰ
πάτρια καὶ κα — — — — — —
ε ταῦρον καὶ τ — — — — — —
γίγνεται ἐκ τ — — — — — —
δὲ καὶ τὸν ὑπε[ρ — — — — —
ἐ]ν τῆι ἐπιθέτω[ι θυσίαι — — — —
. . . ἐπιμελη[τ — — — — — —
. . . . κατα — — — — —

Titulus, cuius litterae parvae parumque aequabiles bonae tamen aetatis sunt, priori IV a. Chr. saeculi parti tribuendus videtur, infra medium illud saeculum descendere vetamur scriptura *δήμο* v. 5. De summa argumenti constat: decretum tribus Erechtheidis est (cf. v. 6 et 12/13) de sacris Neptuno et Erechtheo faciundis; singula tamen valde dubia sunt; ea quidem supplementa, quae Foucart proposuit, quamquam plurima Koehler recepit, paucis exceptis aut incerta aut falsa sunt. Velut statim id, quod ille initio lacunae v. 2 supplevit *θῦσαι*, ut alia omittam, eo refellitur, quod Lolling post N reliquias hastae verticalis agnovit. Varia pro Foucarti supplementis proponi possunt ac ne in sententia quidem ab illo constituta haerendum est. E. g. hic fere conexus fuisse potest:

Φίλτων εἶπεν· ἱ[ερᾶσθαι τῶι Ποσειδῶ-
νι καὶ τῶι Ἐρεχ[θεῖ τὸν ἱερέα τὸν ἀεὶ
λαχόντα τύχ[ηι ἀγαθῆι τῆς βουλῆς καὶ
τοῦ δήμο το[ῦ Ἀθηναίων καὶ σωτηρίαι
τῆς Ἐρεχθηΐ[δος φυλῆς· θύεν δὲ κατὰ τὰ
πάτρια κτλ.

in quibus tamen *σωτηρίαι* illud additum displicere concedo. Utique de munere sacerdotis agitur, nec vero in hoc tribus decreto publicum sacerdotem Neptuni Erechtheique ex Eteobutadis creatum, sed herois eponymi sacerdotem a tribu creatum dici Toepffer (*Att. Geneal.* p. 125) rectissime statuit neque hoc ex titulo de illius sacerdotii adipiscendi more quicquam colligi posse monuit.

In altera tituli parte v. 6 sqq. sententiarum conexus etiam magis dubius est; id solum certum videtur sacrificia antiquitus sollemnia, ad quae v. 7 *πάτρια* pertinet, *ἐπιθέτωι* cuidam *θυσίαι* vel *ἑορτῆι* opponi. *Ἐπιθέτους*

1) supplevit Fouc. coll. Paus. I 26, 5: *ἔστι δὲ καὶ οἴκημα Ἐρέχθειον καλούμενον. — — εἰσελθοῦσι δέ εἰσι βωμοί, Ποσειδῶνος ἐφ' οὗ καὶ Ἐρεχθεῖ θύουσιν ἐκ τοῦ μαντεύματος κτλ.*

enim *ἑορτάς* Athenienses vocabant *τὰς μὴ πατρίους, ἄλλως δ' ἐπιψηφισθείσας* (Harp. s. v.), notissimas illas quidem Isocratis verbis (VII 29): *οὐδ' ὁπότε μὲν δόξειεν αὐτοῖς, τριακοσίους βοῦς ἔπεμπον, ὁπότε δὲ τύχοιεν, τὰς πατρίους θυσίας ἐξέλειπον· οὐδὲ τὰς μὲν ἐπιθέτους ἑορτάς, αἷς ἑστίασίς τις προσείη, μεγαλοπρεπῶς ἦγον, ἐν δὲ τοῖς ἁγιωτάτοις τῶν ἱερῶν ἀπὸ μισθωμάτων ἔθυον.* Uno hoc titulo eiusmodi feriae appositiciae nominantur eoque magis dolendum conexum esse deletum.

v. 7 Fouc. collatis videlicet Pausaniae verbis, quae not. 1 attuli, suppl. *κα[τὰ τὴν μαντείαν,* quod per se placet, sed quid tum in reliqua parte lacunae supplendum sit ante Ε proximi versus, quaeritur. Koehler temptavit *τὸν δ]|ὲ ταῦρον,* sed neque articulus aptus videtur et reliqui versus inscriptionis ab integris syllabis incipiunt, atque in hac ipsa re summa huius loci difficultas posita est; quae ne illis quidem, quae olim Prott coniecerat *καὶ κα[θὰ ὁ θεὸς ἔχρησ]|ε,* quamquam haec divisio minus offendit quam illa, tollitur. Simili tamen ratione lacunam esse supplendam iam ipse mihi persuasi et latere tempus praeteritum verbi alicuius in *εύω* vel *ύω* desinentis suspicor. — v. 9 *γίγνεται ἐκ τ-* de pecunia, unde impensae in sacra fierent, dictum fuisse F. et K. censent; an ita fere scribendum v. 8 *ταῦρον καὶ τ[ἄλλα συντελεῖν πάντα ἃ] γίγνεται ἐκ τ[οῦ μαντεύματος?* et pergendum *θύειν] δὲ καὶ τὸν ὑπὲ[ρ?* — v. 12 F. suppl. *τὸς] ἐπιμελη[τὰς τῆς Ἐρεχθηίδος φυλῆς,* ne id quidem certo.

28. Tabula marmoris Pentelici, cuius margo superior deest, in quattuor partes fracta, inventa *Eleusine*. Edd. Philios *Ἐφ. Ἀρχ.* 1888 p. 25 sqq., Foucart *BCH* XIII (1889) p. 433 sqq., Koehler ex Lollingii apographo *IG* II suppl. p. 30 n. 104 a (Michel *Recueil* 674, Dittenberger *Syll.*² 789). Cf. etiam Tsuntas *Ἐφ. Ἀρχ.* 1888 p. 113 sqq.

— — — — — ε| — — — — — — — \ι επ| —

— — — — οντες π| — — — — — — \εων τῶν κα||[.

. . . . ἑλέσθαι τὸν δῆμ]ον δέκα ἄνδρα|[ς ἐξ Ἀθηναίων ἁπάντων αὐτίκα μάλα, πέντε δὲ] [1]) ἐκ τῆς βουλῆς· | [τοὺς δὲ αἱρεθέντας δικάζειν ἐν τῶι Ἐλευσι]νίωι τῶι ἐν ἄστ|[ει περὶ τῶν ὅρων τῶν ἀμφισβητουμένων] τῆς ἱερᾶς ὀργάδος, ὀ|[μόσαντας τὸν νόμιμον ὅρκον ἦ μὴν] μήτε χάριτος ἕνεκα μήτ' ἔ [χθρας ψηφιεῖσθαι, ἀλλὰ ὡς δικ]αιότατα καὶ εὐσεβέστατα· τὰ|[ς δ' ἕδρας ποεῖν συνεχῶς ἀ]πὸ τῆς ἕκτης ἐπὶ δέκα τοῦ Ποσιδεῶ|[νος ἕως ἂν διαδικασθῆι] ἐπὶ Ἀριστοδήμου ἄρχοντος· παρεῖν|[αι δὲ καὶ τὸν βασιλέ]α καὶ τὸν ἱεροφάντην καὶ τὸν δαιδοῦχο|[ν καὶ Κήρυκας καὶ] Εὐμολπίδας καὶ τῶν ἄλλων Ἀθηναίων τὸν β||[ουλόμενον ὅπως] ἂν [ὡ]ς εὐσεβέστατα καὶ δικαιότατα τοὺς ὅρ|[ους θῶσιν· ἐπι]μελεῖσθαι [δ]ὲ τῆς ἱερᾶς ὀργάδος καὶ τῶν ἄλλω|[ν ἱερῶν ἁπάν]ṭων [2]) τῶν Ἀθήνησιν ἀπὸ τῆσδε τῆς

---

1) suppl. K., *δέκα ἄνδρα[ς, ... μὲν ἐξ Ἀρεοπαγιτῶν . . . . . δὲ] ἐκ τῆς βουλῆς* F., sed plus decem homines creati sunt: v. 74—81.

2) supplevi; ΙΩΝ Loll., ΤΩΝ Phil., ΙΩΝ F.; *τῶ[ν ἄλλων ἱερῶν πατρ]ίων* (F.) cum sermonis lege pugnat, iterum *τῶ[ν ἄλλων ἱερῶν τεμεν]ῶν* (Tsuntas quem se-

ἡμέραc εἰc τὸν | [ἀεὶ χρόνον οὕ]c τε ὁ νόμοc κελεύει περὶ ἑκάcτου αὐτῶν καὶ τ|[ὴν βουλὴν τὴν] ἐ[ξ] Ἀρείου πάγου καὶ τὸν cτρατηγὸν τὸν ἐπὶ τὴ||[ν φυλ]ακὴ[ν τῆc χ]ώραc κεχειροτονημένον καὶ τοὺc περιπολά|[ρχ]ουc καὶ το[ὺ]c [δη]μάρ[χ]ουc καὶ τὴν βουλὴν τὴν ἀεὶ βουλεύου|[cαν] καὶ τῶν [ἄ]λλ[ων Ἀθη]ναίων τὸμ βουλόμενον τρόπωι ὅτωι ἂν | [ἐπ]ίcτω[ν]ται.

γρ[άψαι δὲ τὸν] γραμματέα τῆc βουλῆc εἰc δύο κα|[ττ]ιτέρω ἴcω καὶ [ὁμοίω, εἰc μὲν τ]ὸν ἕτερον· εἰ λῶιον καὶ ἄμε[ι||νό]ν ἐcτι τῶι δήμ[ωι τῶι Ἀθηναίων μιc]θοῦν τὸμ βαcιλέα τ[ὰ] νῦ|[ν ἐ](π)ειρ[γ]αcμ[έ]να[3]) [τῆc ἱερᾶc ὀργάδοc τὰ ἐν]τὸc τῶν ὅρων εἰc οἰ|[κ]οδομίαν το[ῦ] προ[cτώιου[4]) καὶ ἐπιcκευὴν το]ῦ ἱεροῦ τοῖν Θεο|ῖν· εἰc [δ]ὲ τὸν ἕτερον [κα]ττ[ίτερον· εἰ λῶιον καὶ ἄμει]νόν ἐcτι | τῶι δήμωι τῶι Ἀθηναίων τὰ ν[ῦν ἐντὸc τῶ]ν ὅ[ρων ἐπ]ειρ[γαc]μέν||α τῆc ἱερᾶc ὀργάδοc ἐᾶν ἄνετ[α τοῖν Θ]εοῖν· ἐπειδὰν δὲ ὁ γραν|ματεὺc γράψηι, λαβὼν ὁ ἐ[π]ιcτά[τ]ηc ὁ ἐκ τῶν προέδρων[5]) cυνειλ|ιξ[άτ]ω [τ]ὸν καττί[τε]ρον ἑ[κάτ]ερον καὶ κατειλίξαc ἐρίοιc εἰ|c ὑδρ[ία]ν [ἐμ]β[αλέ]τω [χαλ]κ[ῆν] ἐναντίον τοῦ δήμου· παραcκευαc|άντων [δ]ὲ [τ]αῦ[τα] οἱ π[ρυ]τάνειc· οἱ δὲ ταμίαι τῆc Θεοῦ κατενεν||[κόν]των ὑ[δ]ρία[ν] χ[ρ]υ[cῆ]ν καὶ ἀργυρᾶν αὐτ[ί]κα μάλ[α] εἰc τὸν δῆμ|ον· ὁ δ' ἐπ[ι]c[τ]ά[τη]c [ἀναc]είcαc τὴν ὑδρίαν τὴν χαλκῆν ἑλκέτω τ|ὸν καττ[ί]τ[ε]ρον ἑκάτερον ἐμ μέρει καὶ τὸμ μὲμ πρότερον εἰc | τὴν [ὑδ]ρ[ίαν τὴν] χρυcῆν ἐμβαλέτω, τὸ[ν δὲ] ὕcτερον εἰc τὴν ἀργ|υρᾶν καὶ [κα]τα[δ]ηc[ά]τω· ὁ δὲ ἐπιcτάτηc [τῶ]μ πρυτάνεων[5]) καταcη||μη[νά]cθω [τῆι δημ]οcίαι cφραγῖδι, παραcημηνάcθω δὲ καὶ τῶν | [ἄ]λλ[ων Ἀ]θ[ηναί]ω[ν] ὁ βου[λ]όμενοc· ἐπει[δὰν] δὲ καταcημανθῶcιν, | ἀνεν[εγ]κ[όντ]ω[ν] οἱ [ταμ]ίαι τὰc ὑ[δρ]ίαc εἰc ἀκρόπολιν· ἑλέcθω | δὲ ὁ δ[ῆμ]οc [τρ]εῖc [ἄ]νδραc ἕν[α μὲ]ν ἐκ τῆc βουλῆc, δύο δὲ ἐξ Ἀθην|αίω[ν ἁ]πάντων οἵτ[ιν]εc εἰ[c Δ]ελφοὺc ἀφικόμενοι τὸν θεὸν ἐπ||ερ[ήc]ο[ν]τ[α]ι [κα]θ' ὁ[π]ότερα τ[ὰ] γρ[άμ]ματα ποιῶ[c]ιν Ἀθηναῖοι περ|ὶ τῆ[c ἱ]ερ[ᾶ]c ὀρ[γάδ]οc, [εἴ]τ[ε] τ[ὰ] ἐκ τῆc [χ]ρυcῆc ὑδρίαc εἴτε τὰ ἐκ | τῆ[c ἀ]ρ[γ]υρ[ᾶc· ἐπειδὰ]ν [δ]ὲ

---

cuti sunt Koehler Michel Dittenb.) molestum efficit pleonasmum, cf. v. 53 ubi de eadem re dicitur *περὶ τῶν ἄλλων ἱερῶν τῶν Ἀϑ[ήνησιν]*; contra *ἁπάντων* altero loco adiectum altero omissum nihil habet offensionis.

3) litteram Ν ante *ειργασμένα* certam dicit Fouc.; correxi; *ἐνειργασμένα* Fouc., *μ(ὴ) εἰργασμένα* Koehler, vid. de hoc loco comment. p. 89.

4) porticum dici F. optime intellexit; sane Vitruvius (VII praef. 12) eam Demetrii Phalerei demum aetate a Philone exstructam dicit, sed hic non de peracta aedificatione, sed de consilio agitur aedificandi, eo praesertim, cuius condiciones ab Apolline improbatas esse admodum probabile est. Pro *προ[στύλου]*, quod Fouc. olim Vitruvium secutus receperat, *προ[στώιου]* Koe. restituit ex *IG* II suppl. 1054e *τὰ ἐπίκρανα τῶν κιόνων τῶν εἰς τὸ προστῷιον τὸ Ἐλευσῖνι.* Cf. etiam Foucart *Les grands myst. d'Eleusis* p. 139—141.

5) cf. Aristot. *Ἀϑ. Πολ.* c. 44, ubi epistaten prytanum sigillum publicum servavisse (v. 39 sqq.) confirmatur.

[ἥκ]ωcιν παρὰ τοῦ θεοῦ, καθελόντωcα|ν τὰ[c] ὑδ[ρί]α[c καὶ] ἀ[ν]α[γν]ωcθ[ήτ]ω τῶι δήμωι ἥ τε μαντεία καὶ τὰ | [ἐ]κ τῶ[ν κα]ττ[ι]τέρων γρ[ά]μματα· καθ' ὁπότερα δ' ἂν τὰ γράμματα ὁ ‖ [θ]εὸ[c] ἀ[νέληι] λῶιον [καὶ ἄμειν]ο[ν] εἶναι τῶι δήμωι τῶι Ἀθηναί|ω[ν, κ]α[τὰ ταῦτα π]οι[εῖν, ὅπ]ω[c] ἂ[ν] ὡc εὐcεβέcτατα ἔχει τὰ πρὸc τ|ὼ Θεὼ [καὶ μηδέποτ' εἰc τὸν λοιπ]ὸ[ν] χρόνον μη[δ]ὲν ἀcεβὲc γίγν|ητ[αι περὶ τῆc ἱερᾶc] ὀ[ργάδοc καὶ] περὶ τῶν ἄλλων ἱερῶν τῶν Ἀ|θ[ήνηcιν.

Νῦν δὲ ἀν]α[γ]ράψα[ι τόδ[ε] τὸ ψ[ήφ]ιcμα καὶ τὸ πρότερον τὸ Φι[λ]ο[κ]ράτο[υc τὸ περὶ τῶν] ἱ[ερῶν] τὸν γραμματέα τῆc βουλῆc ἐ|ν cτ[ήλαιν λιθίναιν καὶ cτῆcαι τὴν] μὲν Ἐλευcῖνι πρὸc τῶι π|ρο[πύλωι τοῦ ἱεροῦ[6]), τὴν δὲ ἐν τῶι Ἐλε]υcινίωι τῶι ἐν ἄcτει· θῦ|[cαι δὲ καὶ ἀρεcτήριον] το[ῖν Θεοῖν] τὸν ἱ[ε]ροφάντην καὶ τὴν ἱέ|[ρειαν τῆc Δήμητροc, δοῦναι δ' αὐτοῖc] τὸν ταμίαν τοῦ δήμου τὸ ‖ [ἀργύριον . . . ., δ]οῦ[ν]αι [δ]ὲ καὶ εἰc τὴν ἀναγρα|φ[ὴν τοῖν cτήλαιν . . . . δραχμὰc εἰc] ἑκ[α]τέραν ἐκ τῶν κατὰ ψη|φ[ίcματα ἀναλιcκομένων τῶι δή]μωι· [δ]οῦ[ν]αι δὲ καὶ τ(ῶ)ν αἱρεθ|έ[ντων εἰc Δελφοὺc ἑκάcτωι . . .] δρ[α]χμὰc εἰc ἐφόδια· δοῦναι δὲ κα[ὶ | τ]ο[ῖc αἱρεθεῖcιν ἐπὶ τὴν ἱερ]ὰν ὀργάδα : Γ : δραχμὰc: ἑκάcτ‖[ωι ἐκ τῶν εἰc τὰ κατὰ ψηφίcματ]α ἀναλιcκομένων τῶι δήμωι· π‖[αραcχεῖν δὲ cτήλαc λιθίναc,] ὁπόcων ἂν προcδέηι, τοὺc πωλη‖[τὰc ποιήcανταc μετὰ τῆc] βουλῆ[c μ]ίcθωμα, τούc τε προέδροc | [τῆc βουλῆc μετὰ τῶν πωλητῶν cυ]γγράψαι καθ' ὅτι ἐξεργαcθήc|[ονται, ἐπιμελεῖcθαι δ' ὅπωc ἐπι]cταθήcονται τῆc ἱερᾶc ὀργ‖[άδοc οἱ ὅροι, καθ' ἃ δείξου]cιν οἱ αἱρεθέντεc· τὸ δὲ ἀργύριον | [εἰc τὸ cημαίνε]c(θ)[αι] [7]) λίθ[ο]ιc τοὺc ὅρουc δοῦναι τὸ|[ν ταμίαν τοῦ δήμου] ἐκ τῶν κατὰ [ψ]ηφί[c]ματα ἀναλιcκομένων [τ|ῶι δήμωι].

[Οἵδε ἡιρέθηcαν ἐπὶ τὴν ἱερὰν] ὀργά[δ]α ἀντὶ τῶν ἐκπεπτωκό[τ|ων νέουc ὅρουc θεῖναι· ἐκ τῆc β]ο[υλῆ]c: Ἀρκεφῶν: Λαμπ[[τρ]]εύc ‖ — — — — — — — — — ηc: Θριά[c]ιοc | — — — — — — — Ἁγνούcιοc· | [ἐξ ἰδιωτῶν· — — — — — —] ιοc [:] Ἱπποκράτηc: ἐκ Κερ[α|μέων, — — — — — — —]οc [: Χαιρ]ε[φ]ῶ[ν :] ἐκ [Κ]ηδῶν: Ἐμμενίδηc: ἐ[κ. | — — — — — — Σ]ουν[ιεὺc: Ἀ]ριcτείδηc: Οἰῆθεν, ‖ — — — — — — — ιοc: Γλαύκων: Περιθοΐδηc: Φαῖδροc | [— — — — — ἐπὶ τὸ μαν]τεῖον εἰc Δελφούc: ἐξ ἰδιωτῶν· | — — — — — — — εύc: Εὐδίδακτοc: Λαμπτρεύc· | [ἐκ τῆc βουλῆc· — — —]οc: Λαμπτρεύc:

[Τ]ά[δ]ε ἐπαν[ο]ρθοῦται· | [ἐάν του προcδέηι τόδ]ε τὸ ψήφιcμα, τὴν βουλὴν κυρίαν εἶνα‖[ι ψηφίζεcθαι ὅτι ἂν αὐτῆι δ]οκῆι ἄριcτον εἶναι.

---

6) propylaea Eleusinia iam IV a. Chr. saeculo fuisse F. demonstravit titulo Eleusinio (*IG* II suppl. 574c, Dittenb. *Syll.*² 518), quo commemorantur *τὰ προπύλαια τῆς Δήμητρος καὶ τῆς Κόρης*. Sed quod suppl. *πρὸς τῷ προ[πυλαίωι, τὴν δὲ ἑτέραν ἐν τῶι Ἐλε]υσινίωι*, vox *προπύλαιον* definitione carere nequit, melius igitur Koehler ut supra.

7) .Β.ΩΛΙΟ... Philios, .Ο..ΛΙΟ..Σ Fouc., ΣΟ..ΛιΟ.ΙΣ Koehler; e.g. supplevi; utique litterae ΣΟ, quas K. dedit, ex infinitivi terminatione -*σθαι* supersunt.

Psephisma de orgade sacra archonte Aristodemo (v. 13) i. e. a. 352/1 a. Chr. factum, *στοιχηδὸν* inscriptum. Lapis misere mutilatus est, sed paucis quae suo loco adnotavi exceptis Foucart titulum tam insigni et felici acumine restituit, ut pleraque se ipsa tueantur nobisque missa longinqua singulorum versuum inquisitione iam rem ipsam illustrare liceat Foucartum plerumque secutis.

Ὀργάς cum omnis terra dei sacra quae inculta iacebat tum terra quaedam appellabatur in confinio Atheniensium et Megarensium sita deabus Eleusiniis consecrata.[8]) Nec tamen tutam ab hostium et finitimorum iniuriis eam fuisse iam e scriptoribus notum erat: vastavisse eam dicebatur Cleomenes I Lacedaemonius[9]), coluisse ante bellum Peloponnesiacum Megarenses[10]) novasque aliquas horum iniurias Demosthenes commemorat.[11]) Hoc denique titulo anno 352 de orgade actum esse discimus.[12]) Termini enim, quos exeunte V saeculo collocatos esse veri simile est[13]), aut fraude aut incuria evanuerant (v. 73 *ἀντὶ τῶν ἐκπεπτωκότων* sc. *ὅρων*); inde cum damnum fecisse terram dearum sacram sacerdotes Eleusinii questi essent, populus rogante Philocrate[12]) priore huius decreti parte (v. 1—23) XV viros creavit cippis terminalibus restituendis litibusque inde futuris dirimendis[14]) atque in posterum tempus diligenter et ipsius orgadis et omnium delubrorum, quae sunt *Ἀθήνησιν* i. e. in Attica[15]), curam haberi

8) Harpocr. s. v. *ὀργάς· Δημοσθένης ἐν τῷ περὶ συντάξεως. ὀργὰς καλεῖται τὰ λοχμώδη καὶ ὀρεινὰ χωρία καὶ οὐκ ἐπεργαζόμενα, ὅθεν καὶ ἡ Μεγαρικὴ ὀργὰς προσωνομάσθη τοιαύτη τις οὖσα, περὶ ἧς ἐπολέμησαν Ἀθηναῖοι Μεγαρεῦσιν.* Bekk. Anecd. I p. 287, 14 *ὀργὰς τὰ ἱερὰ χωρία καλεῖται τὰ ἀφιερωμένα τοῖς θεοῖς.* Alio fonte orta est glossa Photii *ὀργάς· χωρίον οἷον ἄλσος μέγα καὶ ὀργεῶνες οἱ εἰς τοῦτο συνάγοντες καὶ τοῖς ἐνταῦθα θεοῖς ὀργιάζοντες*; sed cf. etiam Herond. Mim. IV 46 cum adnot. Buecheleri.

9) Paus. III 4, 2, cf. Herod. VI 75 ubi tamen orgadis nomen deest.

10) Thuc. I 139 *ἐπικαλοῦντες ἐπεργασίαν Μεγαρεῦσι τῆς γῆς τῆς ἱερᾶς καὶ τῆς ἀορίστου*, Plut. Pericl. 30 *φανερὰν ποιησάμενος αἰτίαν κατ' αὐτῶν ἀποτέμνεσθαι τὴν ἱερὰν ὀργάδα.*

11) Dem. XIII 32 *ἃ πρὸς τοὺς καταράτους Μεγαρέας ἐψηφίσασθε ἀποτεμνομένους τὴν ὀργάδα, ἐξιέναι κωλύειν, μὴ ἐπιτρέπειν.*

12) de eadem re nuper testimonium accessit Androtionis (*Didym. de Demosth. comm.* 14), qui causam breviter ita adumbravit: *ὡρίσαντο δὲ καὶ Ἀθηναῖοι πρὸς Μεγαρέας τὴν ὀργάδα διὰ τοῖν Θεοῖν *ὅπως βούλοιντο· συνεχώρησαν γὰρ οἱ Μεγαρεῖς ὁριστὰς γενέσθαι τὸν ἱεροφάντην Λακαρτείδην καὶ τὸν δαιδοῦχον Ἱεροκλείδην, καὶ ὡς οὗτοι ὥρισαν, ἐνέμειναν· καὶ τὰς ἐσχατιάς, ὅσαι ἦσαν πρὸς τῆι ὀργάδι καθιέρωσαν διαμαντευσάμενοι καὶ ἀνελόντος τοῦ θεοῦ λώιον καὶ ἄμεινον εἶναι μὴ ἐργαζομένοις· καὶ στήλαις ὡρίσθη κύκλῳ λιθίναις Φιλοκράτους εἰπόντος.*

13) Thuc. *l. c.* terram *ἀόριστον* dicit, sed post bellum hanc rem constitutam esse veri simile videtur; utique aliquanto ante a. 352 terminos collocatos fuisse v. 73 apparet.

14) ‘ut nos diceremus *auf d. Wege der Verwaltungsgerichtsbarkeit.* Lites enim si ex more legitimo ante dicasterium heliastarum actae forent, verendum erat ne restitutio cipporum protraheretur.’ Koehler.

15) cum de orgade apud populum ageretur, etiam de ceteris fanis mentionem questusque extitisse non mirum nec alienum ab ea consuetudine, qua nos cotidie paene nullam posse rem publice deliberari videmus, quin res eiusdem generis — saepe plus merito — proferantur. Voce *Ἀθήνησι* autem (v. 17) non urbis solius, sed universae Atticae indicari delubra Koe. recte contra Foucartum statuisse

iussit. Iam hac ex parte cum merito Athenienses dis subvenissent, simul tamen ab iis, qui terram fertilem iacere incultam improbarent, id rogatum est, quod ipsam orgadis religionem tangeret vel adeo submoveret: locandam enim censuerunt aut universam orgadem aut partes quasdam, id quod inter viros doctos ambigitur. Agitur de supplendis v. 24/25 τ[ὰ] νῦ[ν .]νειργασμένα. Foucart eam viam ingressus est, ut postquam statuit tradita nihil admittere nisi aut ἀνειργασμένα aut ἐνειργασμένα, quoniam verbum ἀνεργάζομαι eiusdem significationis atque adiectivum ἀνέργαστος non extaret, scribendum τὰ νῦ[ν ἐ]νειργασμένα concluderet. Contra reliqui omnes, cum de universa orgade locanda agi persuasum haberent, aut proponere conati sunt inauditum illud ἀνειργασμένα — ita Tsuntas et Michel — aut lapicidam N pro H incidisse rati τ[ὰ] νῦ[ν μ](ὴ) εἰργασμένα scripserunt — ita Koehler quem sequitur Dittenberger. At Koehleri rationi verborum ipsorum dictionem repugnare censeo. His enim, quidquid supplebis, partes quasdam orgadis (τὰ — τῆς ὀργάδος) dici nemo opinor negabit. Iam vero qui fuit tum rerum status? inculta iacebat ea terra, quam omnes dearum sacram esse concedebant, alios autem praeterea agros, quos sublatis terminis privati homines vicini sive Attici sive Megarenses sive utrique[16]) ut suos occupaverant, re vera orgadis esse partes sacerdotes contendebant. Partitiva igitur illa dictione τὰ — τῆς ὀργάδος has partes a privatis occupatas dici veri similius, quam partem alteram sine dubio longe maiorem ac continentem, quae rectius ipsa voce ὀργάς significari poterat. Accedit quod si scribimus τὰ νῦν μὴ εἰργασμένα, si dicuntur agri ab occupatione privatorum integri, desideratur quid illis fieri placuerit, quos contra fas occupaverant et coluerant. Itaque cum Foucarto eos agros dici, qui a privatis occupati culturam passi erant, censeo[17]), sed quoniam verbum ἐνεργάζεσθαι nusquam quantum video de agro colendo usurpatur, ipse quoque quamvis invitus lectionem traditam mutandam duco scribendumque τὰ νῦ[ν ἐ](π)ειργασμένα; verbum enim ἐπεργάζεσθαι de hac re sollemne est.[18])

Ita publica rei gestae ratio vel veri similior existit. Eos enim, qui antiquam orgadis religionem sterilem improbabant[19]), sicut non publicas res, sed ipsarum dearum delubra pecuniis redituris ornari prudenter iubebant, ita non statim totam terram, sed partes quasdam locandas rogavisse optime in-

---

mihi videtur; vel eo apparet, quod cura eorum etiam ad τὸν στρατηγὸν τὸν ἐπὶ τὴν φυλακὴν τῆς χώρας (Ar. Ἀθ. Πολ. 61) et ad τοὺς περιπολάρχους defertur.

16) solum enim Megarensium commodo terminos sublatos esse nec per se veri simile est neque ullum in ipso titulo extat indicium, immo notandum est de Megarensibus nullam fieri mentionem et rem ita agi, quasi unice ad cives pertineat.

17) interim haec sententia verbis Androtionis (not. 12) confirmata est; neque enim totam orgadem, sed τὰς ἐσχατιὰς ὅσαι ἦσαν πρὸς τῆι ὀργάδι ab Atheniensibus auctore Apolline consecratas esse dicit.

18) cf. testimonia not. 8 et 10. Ceterum apographum Koehleri v. 29 exhibet ΙΕΙΡΙ.ΊΜΕΝ in quibus hastam tenuem primo loco significatam e littera Π superesse conicias; sane Fouc. eodem loco \ΕΙΡ legit, ut illius lectione niti non possimus.

19) Eubulum consilii auctorem fuisse Fouc. suo iure coniecit, quippe cum illum maxime operam dedisse, ut novos rei publicae reditus compararet, constet.

tellegitur; ab altera parte sacerdotes Eleusinios omnesque antiquae religioni deditos, ut principiis obstarent, acerrime rogationi repugnasse consentaneum est neque alienum ab ea ratione, qua c. a. 420 Pelargici antiquum statum defenderant. Illi tamen nescio an eo quoque commoti sint, quod privatos, qui agros illos, sine fraude fortasse, occupaverant aut — id autem gravissimum — eos, qui emptione iis successerant, fructu operae et pecuniae consumptae prorsus privari nolebant eaque de causa rogatione sua et publico et privato commodo prospiciebant.

Id utut se habet, populus rem oraculo Apollinis diiudicandam mandavit et singulari quadam diligentia artificiisque insolitis — aliter enim de iis decernere opus non erat — ne qua fraus responso dei interveniret, providit, ut hinc quoque eluceat, quanto studio partium res acta sit.

Publicam ut ita dicam rationem artificiosae consultationis optime iam Foucart explicavit ac, quantopere in ea appareret democratiae' Athenis tum vigentis natura suspicionis in magistratus plena et potestati populi adeo indulgens, ut quemlibet civem sigillis publice imprimendis interesse (v. 40 *παρασημανάσϑω δὲ καὶ τῶν ἄλλων Ἀϑηναίων ὁ βουλόμενος*) sineret, monuit. De iis, quae ad ipsam rem sacram pertinent, pauca addo. Memorabile enim discrimen extat, ni fallor, inter hanc oraculi consulendi rationem et eam, qua illis temporibus Graeci solebant fere uti. Solebant enim aut voce ipsa[20]) aut litteris traditis[21]) deum sacerdotesque de rebus suis consulere, deus per prophetam oraculum reddebat. Athenienses autem tum interrogaverunt sane Apollinem per legationem Delphos missam nec tamen ipsam rem quam spectabant aperte pronuntiaverunt, sed laminis implicatis urnisque illis usi per ambages sacerdotibus Delphicis aeque ac civibus munitas oraculum consuluerunt confisi scilicet deum pro divina sua vi ac potestate etiam abdita oculisque mortalibus occulta cernere atque intellegere. Nolo longius in hac re ad cognoscendam Graecorum de oraculis opinionem gravissima insistere, id unum admoneo eandem fere opinionem prodire iis, quae recentioribus sane temporibus de Mopsi et Apollinis Clarii oraculis traduntur. Mopsi quidem oraculum consultantes, postquam quaestiones in tabellis obsignatis inscriptas prophetae dederunt, noctu in templo incubuisse posteroque die tabellas integras recepisse coll. Lucian. Philopseud. 38 et Plut. de def. or. 45 colligo ac similiter in oraculo Apollinis Coropaei rem actam esse suspicor, cf. quae ad n. 80 exposui, ubi etiam Luciani et Plutarchi testimonia attuli. Clarii vero oraculi sacerdos 'numerum modo consultantium et nomina audit; tum in specum degressus hausta fontis arcani aqua, ignarus plerumque litterarum et carminum edit responsa versibus compositis super rebus quas quis mente concepit' (Tac. ann. II 54).

---

20) ita quinto certe a. Chr. saeculo Delphis consultabant, cf. e. g. Eur. Androm. 1102 *ἧμεν ἐσχάραις τ' ἐφέσταμεν σὺν προξένοισι μάντεσίν τε Πυϑικοῖς· καί τις τότ' εἶπεν· ὦ νεανία, τί σοι ϑεῷ κατευξώμεσϑα; τίνος ἥκεις χάριν.*

21) velut Dodonae et Olympiae, ut apparet laminis ibi repertis; cf. Lipsius-Schoemann *Griech. Altert.* II p. 336 sq.

Tabulae, quibus Athenienses quaestiones inscripserunt, e plumbo albo erant, Dodonae et Olympiae quae repertae sunt laminae plumbeae sunt, sed plumbi albi usus in re sacra minime inauditus, immo exemplum memorabilis similitudinis affert Paus. IV 26, 3 instaurationem mysteriorum Andaniae enarrans: Epitelem Argivum ex somnio *ὑδρίαν χαλκῆν* effodisse et Epaminondae tradidisse, *ὁ δὲ* — — *ἤνοιγε τὴν ὑδρίαν, ἀνοίξας δὲ εὗρε κασσίτερον ἐληλασμένον ἐς τὸ λεπτότατον· ἐπείλικτο δὲ ὥσπερ τὰ βιβλία.*

Apollinem eam urnam responso suo significavisse, quae litteris inclusis culturam agrorum illorum prohiberet, Foucart olim inde acute collegit, quod in rationibus epistularum Eleusiniorum anni 329/8 campi Rarii locati reditus recensentur, orgadis non item, nunc Androtionis testimonio supra (not. 12) allato confirmatum est.

v. 57sq. de sacrificio, quod dicitur *ἀρεστήριον*, vid. quae ad n. 32 attuli; tum offerri debuit, quia termini deabus consecrati loco moti erant.

29. Tabula marmoris Pentelici a dextra integra, eruta in arce. Edd. Pittakis *Eph.* 1064, Rangabé *Ant. Hell.* 814, Ussing *Inscr. ined.* 54, Lebas 401, Koehler e suo Velsenique apographo *IG* II 163, Michel *Recueil* 679, Dittenberger *Syll.*[2] 634 (380[1]), Jahn-Michaelis *Arx Athenarum*[3] p. 110 n. 34. Cf. quae praeterea de titulo exposuerunt Michaelis *Parthenon* p. 332, L. Ziehen *Rhein. Mus.* LI p. 212 sqq., Aug. Mommsen *Feste d. Stadt Athen* p. 118 sqq., Pfuhl *De pompis sacris* p. 18 sqq.

— — ὅπως ἂν εὐ]ς[εβ]ῶς κα|[ὶ ....
....] κατ᾽ ἐνιαυτὸν κ||[αὶ πέμπηται ἡ πομπὴ π]αρεσκε[υασμέ]νη ὡς ἄριστα τῆι ᾿Α||[θηνᾶι καθ᾽ ἕκαστο]ν 1) τὸν ἐνιαυτὸν ὑπὲρ τοῦ δήμου τοῦ ᾿Α||[θηναίων καὶ τἆλ]λα ὅσα δεῖ διοικῆται περὶ τὴν ἑορτὴ||[ν τὴν ἀγομένην τ]ῆι θεῶι καλῶς ὑπὸ τῶν ἱεροποιῶν εἰς | [τὸν ἀεὶ χρόνον, ἐ]ψηφίσθαι τῶι δήμωι· τὰ μὲν ἄλλα καθά||[περ τῆι βουλῆι, θ]ύειν δὲ τοὺς ἱεροποιοὺς τὰς μὲν δύο | [θυσίας τήν τε τῆι] 2) ᾿Αθηνᾶι τῆι ῾Υγιείαι καὶ τὴν ἐν τῶι ἀρ||[......... 3) θυο]μένην καθάπερ πρότερον, καὶ νείμαντ||[ας τοῖς πρυτάν]εσιν 4) πέντε μερίδας καὶ τοῖς ἐννέα ἄρ||[χουσιν τρεῖς] 5) καὶ ταμίαις τῆς θεοῦ μίαν καὶ τοῖς ἱερ||[οποιοῖς μίαν] καὶ τοῖς στ[ρατ]ηγοῖς καὶ τοῖς ταξιάρχ||[οις ..... καὶ τ]οῖς πομπ[εῦσι]ν τοῖς ᾿Αθηναίοις καὶ τα||[ῖς κανηφόροι]ς κατὰ ⟦τὰ⟧

1) conexum v. 1—4 certo restituit Koehler, quo restituto decretum ad minora Panathenaea annua pertinere evicit. V. 3 *πέμπηται* pro *τελεσθῆι*, quod K. ceterique legerunt, recte restituit Haussoullier *Rev. crit.* L 1900 p. 25.

2) sic Rang. ceterique omnes, quamquam id ordinem *στοιχηδὸν* dispositum quadragenas binas litteras continentem una littera superat; sed *τὰς μὲν δύο [βοῦς καὶ τὴν τῆι] ᾿Α. τ. ῾Υ. καὶ τὴν κτλ.* displicet et litteram I semel extra ordinem additam fuisse facile conceditur; velut in inscriptione superiore n. 28 quinquies addita est (v. 53 et 57 et ter in uno v. 62).

3) *τὴν ἐν τῶι ᾿Αρ[είωι πάγωι θυο]μένην* Rang. quem sequuntur Michaelis et Dittenberger, *ἐν τῶι ἀρ[χαίωι νεῶι θυο]μένην* Ussing, quem Doerpfeld, Mommsen, Michel sequuntur; cf. comm. p. 93, ubi *ἐν τῶν ἀρ[χαίωι ἱερῶι* supplendum proposui.

4) suppl. Koehler, cum Rang. perperam *μάντ]εσιν* proposuisset, vid. etiam not. 16.

5) suppl. Rang., *πέντε* Michel, vid. comm.

εἰω[θότα]· τὰ δὲ ἄλλα κρέα Ἀθηναίο|[ις μερίζειν· ἀ]πὸ δὲ τῶν τε[τταρ]άκοντα μνῶν καὶ τῆς μι|[ᾶς τῶν ἐκ τῆς μ]ισθώσεως τῆς νέας βοωνήσαντες οἱ ἱερ|[οποιοὶ μετὰ τ]ῶν βοωνῶν πέμψαντες τὴν πομπὴν τῆι θε|[ῶι θυόντων τα]ύτας τὰς βοῦς ἁπάσας ἐπὶ τῶι βωμῶι τῆς ‖]Ἀθηνᾶς τῶι με]γάλωι, μίαν δὲ ἐπὶ τῶι τῆς Νίκης, προκρί|[ναντες ἐκ τῶν] καλλιστευουσῶν βοῶν, καὶ θύσαντες τῆ|[ι Ἀθηνᾶι τῆι] Πολιάδι καὶ τῆι Ἀθηνᾶι τῆι Νίκηι ἁπασῶ|[ν τῶν βοῶν τῶ]ν ἀπὸ τῶν τετταράκοντα μνῶν καὶ μιᾶς ἐω|[νημένων νεμ]όντων τὰ κρέα τῶι δήμωι τῶι Ἀθηναίων ἐν ‖ [Κεραμεικῶ]ι καθάπερ ἐν ταῖς ἄλλαις κρεανομίαις ἀ[π|οδιδόντες] τὰς μερίδας εἰς τὸν δῆμον ἕκαστον κατὰ [τ|οὺς πέμπον]τας [6]) ὁπόσους ἂν παρέχηι ὁ δῆμος ἕκαστος· [ε|ἰς δὲ τὰ μι]σθώματα τῆς πομπῆς καὶ τὸ μαγειρικὸν κα[ὶ | κόσμησιν] τοῦ βωμοῦ τοῦ μεγάλου καὶ τἆλλα ὅσα προσ[ή||κει προν]ο̣εῖσθαι [7]) περὶ τὴν ἑορτὴν καὶ εἰς παννυχίδα | [διδόναι] : 𐅅 : [8]) δραχμάς· τοὺς δὲ ἱεροποιοὺς τοὺς διοι[κ|οῦντας τ]ὰ Παναθήναια τὰ κατ' ἐνιαυτὸν ποεῖν τὴν πα[ν|νυχίδα] ὡς καλλίστην τῆι θεῶι καὶ τὴν πομπὴν πέμπε[ι|ν ἅμα ἡ]λίωι ἀνιόντι, ζημιοῦντας τὸν μὴ πειθαρχο[ῦντ||α ταῖς ἐκ] τῶν νόμων ζημίαι[ς]· ἑλέσθαι δὲ τὸν δῆμ[ον . . .|. . . . . ἄ]ν[δ]ρας ἐξ Ἀθηναίων ἀπ[άντων . | — — — —

Decretum de Panathenaeis minoribus (v. 2—4) administrandis scripturae genere titulis, qui sunt ex administratione Lycurgi Butadae, simillimum.

Administrandi curam hieropoei sustinebant, minime tamen, ut omnes olim putabant, *οἱ κατ' ἐνιαυτόν* qui vocantur.[9]) Primum enim Aristoteles de his annuis hieropoeis testatur *Ἀθ. Πολ.* 54: *θυσίας τέ τινας θύουσι καὶ τὰς πεντετηρίδας ἁπάσας διοικοῦσιν πλὴν Παναθηναίων*, id quod etsi ad magna potissimum Panathenaea spectat, tamen nullo modo ita pronuntiari potuit, si idem illi minora curavissent, deinde vero — id autem omnem dubitationem tollere mihi videtur — hieropoei, qui in hoc ipso titulo occurrunt, nusquam nomine illorum proprio *κατ' ἐνιαυτόν*, immo uno loco (v. 31) vel satis molesta circumlocutione *τ. ἱ. τοὺς διοικοῦντας τὰ Παναθήναια* appellantur. Iam Rudolphus Schoell peculiare fuisse docuit[10]) genus hieropoeorum, qui in singulas ferias ad has solas curandas creabantur velut ad Hephaestia (cf. n. 12), Dionysia, Asclepiea, Bendidea, Thesea. Eius modi igitur hieropoei manifesto etiam Panathenaea minora curabant atque hi sane vix alia appellatione distingui poterant nisi illa, qua hic

6) sic optime Blass contra priorum *κατὰ [ἄ|νδρας νέμον]τας*.

7) suppl. Dttb., priores *προσ[δ|εῖ ἐπιτελ]εῖσθαι*, quod iam Koehl. missum fecit, cum ante ΕΙ litteram Ω dispicere sibi videretur.

8) hanc notam numeralem ceteroquin raram in titulis administrationis Lycurgeae redire monuit K.

9) pluribus de hac re egi *Rhein. Mus. l. c.;* pristinam sententiam A. Mommsen *l. c.* p. 126 sq. nescio qua de causa — nec enim affert — retinuit.

10) *Sitzungsberichte d. bayer. Ak. d. Wiss.* 1887 p. 1 sqq.

titulus utitur: οἱ ἱ. οἱ τὰ Παναθήναια διοικοῦντες. Nec vero dubium, quin tali hieropoeorum collegio iam ante Lycurgum haec cura mandata fuerit, nec de ea re novi quicquam hoc decreto institutum esse videtur, quod potius ad ipsorum sacrorum ordinem pertinet. Clare enim a duobus sacrificiis, quae καθάπερ πρότερον facienda sunt (v. 8 sqq.), distinguitur magnum sacrificium ad magnam aram Minervae aramque Victoriae celebrandum (v. 16 sqq.), de quo populum nova quaedam decrevisse sequitur.

Illorum alterum fit Minervae Ὑγιείαι, alterius autem haec supersunt τὴν ἐν τῶι ἀρ . . . . μένην, de quibus supplendis etiam nunc viri docti dissentiunt (not. 3) nec ipse plane certus sum. Utique ii, qui supplementum ἐν τῶι ἀρ[χαίωι νεῶι brevi manu[11]) propter praepositionem ἐν reiecerunt Rangabemque secuti ἐν τῶι Ἀρ[είωι πάγωι legerunt, quantis difficultatibus sua ipsorum lectio obnoxia esset, iusto magis neglexerunt. Fuit sane in Areopago ara Ἀθηνᾶς Ἀρείας, quam Orestes absolutus dedicasse dicitur (Paus. I 28, 5), sed cur Panathenaeis in hac ara sacrificium oblatum putemus, causam non video idoneam. Immo suo iure A. Mommsen carnem ex ara Areopagi Furiarum sacri sollemnibus, quorum hae prorsus erant expertes, distribui potuisse veri dissimile iudicavit, recte Doerpfeld, quoniam de feriis deae arcis sacris ageretur, de sacrificio in arce ipsa facto cogitandum censuit. Porro inde, quod duo diversa sacrificia una tamen carnium distributio sequebatur, illa propinquis locis i. e. utrumque in arce facta esse apparere mihi videtur. Iam vero est, quo supplementum ἐν τῶι ἀρχαίωι νεῶι commendetur; rectissime enim Mommsen observavit Erechthei Minervaeque in antiquo templo cultum, nisi hoc loco respiceretur, omnino in titulo non commemorari nec tamen veri simile esse caerimoniam illius propriam Panathenaeis minoribus defuisse. Attamen supplemento illi unum obstat et repugnat, cui Dittenberger suo iure insistit: in ara ante templum sita, non in templo sacrificabatur[12]) neque adhuc liberior in hac re sermonis usus certis exemplis confirmari potuit. Itaque ne hoc quidem supplementum verum esse potest.[13]) Relinquitur ni fallor ut scribamus ἐν τῶι ἀρ[χαίωι ἱερῶι; nam etsi huius vocis exemplum proferre nequeo, tamen sicut ἀρχαῖος νεώς, ἀρχαῖον ἄγαλμα dicebatur, etiam ἀρχαῖον ἱερόν dici potuisse non video cur negemus. Sane ita semel litteram I extra ordinem additum fuisse concedendum est, sed in versu quidem proxime antecedente id accidisse omnes consentiunt neque omnino id raro accidit (not. 2). Utique lacunam in textu relinquere satius duxi.

Iis, quae v. 10 sqq. de distributione carnium populus decrevit, auctoritatem singulorum magistratuum publicam metiri quo proclivius est, eo

---

11) e. g. Michaelis *Jahrbuch d. Arch. Inst.* XVII p. 23 not. 61.

12) praeceptum velut Fastorum Coorum (Prott 6 v. 8 sq.) θύ[εται] ἐπὶ τᾶι ἱστίαι ἐν τῶι ναῶι τὰ ἔνδορα καὶ ἑλατὴρ κτλ., quoniam non de ipsa hostia agitur, parum valet.

13) alterum quod proposuerat Ussing ἐν τῶι Ἀρ[τεμισίωι γενο]μένην ferri nequire iam Dittenberger optime ostendit, ut verbis parcere liceat.

cautius agendum, ne incerta pro certis proponamus. Ac primum quidem statuendum, quid voce μερίς hic significetur. Nonnullis locis ubi viris insignibus velut regibus Lacedaemoniorum διμοιρίαν[14]) concessam videmus, partem quam ceteri cives obtinent duplicem sine dubitatione intellegimus. At hoc loco res ita esse nequit. Quis enim credet e prytanibus unum quemque quinque abstulisse partes vulgares, quaestores hieropoeosve singulos unam i. e. eandem quam ceteros cives? In aperto est portiones illas universis decerni collegiis. Sequitur, ut μερίς hic non virilem partem, sed maiorem quandam portionem significet, id fere quod nos '*Portion*' vel '*Schüssel*' dicimus.[15]) Iam vides re vera quinquaginta prytanes et denos hieropoeos quaestoresque denos ἰσομοίρους fuisse[16]), Michel autem novem archontibus, quod πέντε μερίδας tribuit, nimium tribuisse arguitur; supplendum potius videtur v. 12 τρεῖς, ut ne sic quidem archontes maiore honore caruerint. Incertius est, qui numerus post ταξιάρχ[οις scriptus fuerit; μίαν, quod supplevit Rang., nec lacunam explet — quinque enim litterae requiruntur — nec satis rectam efficit rationem, si quidem et decem strategis et decem taxiarchis[17]) una portio vix sufficiebat. Scribendum igitur videtur cum Michaeli τρεῖς, quamquam ita ordo numerorum ceteroquin decrescentium turbatur (5 3 1 1 3). Nomen numerale utique supplendum duco nec licere scribendo τοῖς στρατηγοῖς καὶ τοῖς ταξιάρχ[οις καὶ πᾶσιν τ]οῖς πομπεῦσιν (Michel) militiae duces a ceteris magistratibus separatos aequare cum πομπέων genere. Πομπεῖς autem haud dubie iuvenes boves in pompa ducentes dicuntur[18]), quorum munus ordinis bonique ominis causa satis grave fuit.[19]) Merito igitur suas separatim a reliqua plebe portiones accipiebant aeque ac puellae canephorae[20]); huius sane distributionis quae fuerit illa consuetudo, ad quam titulus provocat (κατὰ τὰ εἰωθότα v. 15), accuratius definiri nequit.

---

14) Herod. VI 57 et Xen. *de rep. Lac.* 15, 4; cf. etiam *SGDI* 276 ἁ χελληστὺς στεφανοῖ Πραξικλῆν — — διμοιρίᾳ καὶ σαρκὶ βοείᾳ πεντα[μ]ναίῳ.

15) inde componunt μερίδα δίκρεων (n. 113 v. 4/5).

16) hac ipsa quae ita evenit ratione supplementum πρυτάν]εσιν commode confirmari patet. Ceterum alterum de partibus prytanum testimonium, quod cum hoc non plane convenit, affert schol. Arist. Eq. 301 ἔθος γὰρ εἶχον τὰς δεκάτας τῶν θυομένων τοῖς πρυτάνεσιν οἱ μάγειροι διδόναι.

17) duces equitum omitti mirum, Demosthenes quidem loco illo celeberrimo (IV 26): οὐκ ἐχειροτονεῖτε δ' ἐξ ὑμῶν αὐτῶν δέκα ταξιάρχους καὶ στρατηγοὺς καὶ φυλάρχους καὶ ἱππάρχους δύο; τί οὖν οὗτοι ποιοῦσιν; πλὴν ἑνὸς ἀνδρὸς ὃν ἂν ἐκπέμψητε ἐπὶ τὸν πόλεμον οἱ λοιποὶ τὰς πομπὰς πέμπουσιν μετὰ τῶν ἱεροποιῶν. Etiam in Parthenonis zophoro non paucos equites sculptos esse nemo nescit (cf. e. g. Michaelis *Parthenon* tab. 10—11, VII–XXIII). Num discrimen minorum et maiorum feriarum huc valebat? aliter Mommsen l. c. p. 121 not. 4.

18) recte id statuerunt et A. Mommsen p. 121 sq. et Pfuhl *De pompis* p. 19 not. 118.

19) M. recte comparavit Athen. XIII p. 565f ἐν Ἤλιδι δὲ καὶ κρίσις γίνεται κάλλους καὶ τῷ πρώτῳ τὰ τῆς θεοῦ φέρειν τεύχη δίδοται, τῷ δὲ δευτέρῳ τὸν βοῦν ἄγειν. Idem attributum Ἀθηναίοις, quod sane mirum est, inde explicare acute studuit, quod nonnulli πομπεῖς ad boves regendos servorum opera utebantur.

20) de his vid. Mommsen p. 122 sqq., Pfuhl *l. c.* 20 sqq.

V. 16 sqq. de magno sacrificio agitur, cui certi terrae sacrae locatae reditus[21]) designantur. Quod ad hecatombam spectare Koehler ceterique omnes statuerunt ac ne ego quidem, etsi pretio 41 drachmarum illa aetate aegre quinquaginta boves emi poterant[22]), diutius obloquar. Vel id concedam, ut si lubet comparetur hoc sacrificium cum hecatomba, quam quaestores Minervae anni 410/9 rationibus insertam habent[23]), dum modo quantum fuerit discriminis teneatur. Nec enim solum illa hecatomba magnis Panathenaeis ab hieropoeis annuis oblata est, hoc minorum feriarum sacrificium ab hieropoeis peculiaribus, sed etiam illius expensae pensione aerarii Minervae tolerantur, hoc sacrificium certo cuiusdam agri reditu sustinetur. Nec vero ea discrimina hoc ipso decreto instituta existimaveris, cuius rei nullum in verbis tituli extat indicium. Ipsorum sacrorum ordo, ut iam supra monui, mutatus esse videtur: vel ea, quae de bubus sacrificandis v. 19—22 praecipiuntur, novi aliquid continere videntur. Utique vero id praeceptum, quod generalem de carnium distributione normam (*νεμόντων τὰ κρέα — — καθάπερ ἐν ταῖς ἄλλαις κρεανομίαις*) subsequitur: *ἀποδιδόντες τὰς μερίδας εἰς τὸν δῆμον ἕκαστον κατὰ τοὺς πέμποντας κτλ.* novum erat hac manifesto ratione additum, ne postmodo homines, qui pompae defuissent, epularum tamen commodo uterentur.

v. 30 *παννυχίδα*: hanc spectare videtur Eur. Heraclid. 781 sqq. *ἀνεμόεντι δ' ἐπ' ὄχθῳ ὀλολύγματα παννυχίοις ὑπὸ παρθένων ἰαχεῖ ποδῶν κρότοισιν.* Quam noctem minoribus quoque Panathenaeis lampade insignem fuisse recte Mommsen negavit, quia nullum eius rei extat testimonium; sed accedit, quod quinquaginta drachmae, quae hoc decreto cum ad alias res tum ad pannychida destinantur, lampadedromiae expensis non sufficiebant.

30. Tabula marmoris Pentelici, inventa in Piraeo, nunc Athenis in museo. Edd. Kumanudis *Παλιγγενεσία* 10 *Σεπτ.* 1870, Foucart *Associations relig.* p. 187, Koehler *IG* II 168, Dittenberger *Syll.*[2] 551, Michel *Recueil* 104. Cf. etiam E. Maass *Orpheus* p. 73 sqq., Hartel *Att. Staatsrecht* p. 79 et 213 sqq., Lenz *Das Synedrion der Bundesgenossen im zweiten ath. Bunde. Diss.* 1880 p. 46 sqq.

[Θ] ε ο ί.

Ἐπὶ Νικοκράτους ἄρχοντ|ος ἐπὶ τῆς Αἰγεῖδος πρώτ|ης πρυτανείας, τῶν προέδ||ρων ἐπεψήφιζεν Θεόφιλο|ς Φηγούσιος· ἔδοξεν τῆι β|ουλεῖ· Ἀντί[δ]οτος Ἀπολλο|δώρου Συπαλήττιος εἶπε|ν· περὶ ὧν λέγουσιν οἱ Κιτ||ιεῖς περὶ τῆς ἱδρύσεως |

---

21) Isocr. VII 29 *ἐν δὲ τοῖς ἁγιωτάτοις τῶν ἱερῶν ἀπὸ μισθωμάτων ἔθυον*, cf. Harp. s. v. *ἀπὸ μισθωμάτων*· (vid. p. 83 not. 1).

22) cf. quae de hac re disputavi *Rhein. Mus.* l. c. p. 215 sq. Recte tamen Prott *Bursians Jahresber.* CII 1899 p. 71 obiecit hecatombas non nunquam pleno numero minores fuisse, cuius moris gravissimum ac maxime mirum exemplum nunc innotuit lege Milesiaca n. 158 v. 18 *ὅταν στεφανηφόροι ἴωσιν ἐς Δίδυμα, ἡ πόλις διδοῖ ἑκατόνβην τρία ἱερήια τέλεια.*

23) *IG* I 188 (*Syll.*[2] 51) v. 5: *ἀθλοθέταις παρεδόθη ἐς Παναθήναια τὰ μεγάλα — — — Ἀθηναίας Πολιάδος* ⁝ 𐅅Χ ⁝ *ἱεροποιοῖς κατ' ἐνιαυτὸν — — — ἐς τὴν ἑκατόμβην* 𐅅ΗΔ⊢⊢⊢⊢. Difficultates, quas hoc testimonium propter temporum rationem praebere videbatur, sustulit Br. Keil *Hermes* XXIX p. 39 sq.

τῆι Ἀφροδίτηι τοῦ ἱεροῦ, ἐψηφίcθαι τεῖ βουλεῖ, το|ὺc προέδρουc οἳ ἂν λάχω[c]|ι προεδρεύειν εἰc τὴν πρ||ώτην ἐκκληcίαν προcαγα|γεῖν αὐτοὺc καὶ χρηματί|cαι, γνώμην δὲ ξυνβάλλεc|θαι τῆc βουλῆc εἰc τὸν δῆ|μον, ὅτι δοκεῖ τῆι βουλεῖ || ἀκούcαντα τὸν δῆμον τῶν | Κιτιείων περὶ τῆc ἱδρύc|εωc τοῦ ἱεροῦ καὶ ἄλλου Ἀθηναίων τοῦ βουλομένο|υ βουλεύcαcθαι ὅτι ἂν αὐ||τῶι δοκεῖ ἄριcτον εἶναι.

Ἐπὶ Νικοκράτουc ἄρχοντ|οc ἐπὶ τῆc Πανδιονίδοc δ|ευτέραc πρυτανείαc, τῶν | προέδρων ἐπεψήφιζεν Φα||νόcτρατοc Φιλαΐδηc· ἔδο|ξεν τῶι δήμωι· Λυκõργοc Λ|υκόφρονοc Βουτάδηc εἶπ|εν· περὶ ὧν οἱ ἔνποροι οἱ Κ|ιτιεῖc ἔδοξαν ἔννομα ἱκ||ετεύειν αἰτοῦντεc τὸν δ|ῆμον χωρίου ἔνκτηcιν ἐ[ν] | ὧι ἱδρύcονται ἱερὸν Ἀφρ|οδίτηc, δεδόχθαι τῶι δήμ|ωι, δοῦναι τοῖc ἐμπόροιc || τῶν Κιτιέων ἔνκτηcιν χ[ω]|ρίου ἐν ὧι ἱδρύcονται τὸ | ἱερὸν τῆc Ἀφροδίτηc, καθ|άπερ καὶ οἱ Αἰγύπτιοι τὸ | τῆc Ἴcιδοc ἱερὸν ἵδρυντ||αι.

Anno Nicocratis archontis ineunte i. e. 333 a. Chr. cum mercatores Citienses loci alicuius *ἔγκτησιν* petissent, quo Veneris sacellum conderent, senatus, quid ipse sentiret, in medio reliquit remque integram ad populum reiecit. A quo illi et adiutorem nacti Lycurgum Butaden, virum cura rerum sacrarum insignem, et ad Aegyptiorum exemplum provocantes Isidis cultorum, quibus idem prius concessum erat[1]), id quod petiverant impetraverunt; nec vero solum plebiscitum, sed etiam probuleuma senatus lapidi incidendum curaverunt, hoc sc. consilio ut senatum antea sicut debebat consultum esse cognosceretur.[2])

Sacellum illo ipso tempore aedificatum esse non est quod negemus. Negat sane Maass, cum thiasotas Veneris Syriae etiam III a. Chr. saeculo Magnae matris orgeonum fano usos esse e titulis quibusdam collegerit. Sed thiasotas eos, qui c. a. 280 Soterichum Troezenium laudant, quod *ὑπὲρ τοῦ οἴκου ἐπιμεμέληται τῆς οἰκοδομίας* (*IG* II 614), quibus sane cum Matris sacris necessitudo quaedam fuit, Veneris Syriae sodales fuisse sumpsit ille, non demonstravit; deinde quod orgeones quidam sacerdotem Veneris Syriae propter sacra sua causa facta laudant (*IG* II 627), neque Matris orgeones fuisse constat[3]) nec si vel maxime fuerunt, inde Syros Venerem colentes tum proprio delubro caruisse colligi potest. Titulo denique dedicatorio *IG* II 1588 *Ἀριστοκλέα ⋮ Κιτιὰς ⋮ Ἀφροδίτηι Οὐρανίαι ⋮ εὐξαμένη ⋮ ἀνέθηκεν*, etsi in

---

1) aetate Lycurgi eius, qui fuit oratoris avus paternus, si modo recte coniecit Koehler (*Hermes* V p. 352) convicia poetarum comicorum (Arist. Av. 1296 cum schol.) eo pertinere, quod illo fautore Aegyptii sacellum Isidis condiderunt.

2) vid. Lenz *l. c.*; privato autem consilio ab ipsis Citiensibus, non publice titulum inscriptum esse, non modo inde quod nomina scribarum omissa sunt (Koehler l. c. p. 352), sed etiam inde quod nihil omnino de inscribendo decernitur, apparet (Lenz p. 47).

3) non licet omnes titulos orgeonum uni illi Magnae Matris collegio tribuere; errori locus erat, quo anno Foucart librum de collegiis sacris scribebat, quamquam vel is proprios Veneris Syriae orgeones fuisse hoc de sacerdote eius decreto colligi posse concesserat. nunc utique et Bendidis (n. 41) et Dionysi (n. 45) praeter Matris orgeones fuisse constat.

ruinis Metroi Piraeensis videtur esse repertus, tamen nihil efficitur, quia plebiscito Citiensium gratia facto eum recentiorem esse nullo modo demonstrari potest, immo antiquiorem esse litteratura probat.[4])

31. Tabula marmoris Pentelici repertum prope Oropum in fano Amphiarai. Edd. Leonardos *Ἐφ. Ἀρχ.* 1891 p. 79, Dittenberger *IG* VII 4252, Michel *Recueil* 106.

Θεοί.

Ἐπὶ Νικήτου ἄρχοντος, ἐπὶ τῆς Ἐρε|χθηΐδος ἐνάτης πρυτανέας ἧι Ἀρι|στόνους Ἀριστόνου Ἀναγυράσιος || ἐγραμμάτευεν, ⟦Θαργηλιῶνος⟧ ἐνδεκάτηι, τρίτηι | καὶ εἰκοστῆι τῆς πρυτανείας· ἐκκ|λησία κυρία· τῶν προέδρων ἐπεψήφ|ιζεν Ἐπιχάρης Ἁγνούσιος· ἔδοξεν | τῶι δήμωι· Φανόδημος Διύλλου Θυμ||αιτάδης εἶπεν·

ἀγαθῆι τύχηι τοῦ δ|ήμου τοῦ Ἀθηναίων· ἐπειδὴ ὁ θειὸς | καλῶς ἐπιμελεῖται τῶν ἀφικνουμ|ένων Ἀθηναίων καὶ τῶν ἄλλων εἰς τ|ὸ ἱερὸν ἐφ' ὑγιείαι καὶ σωτηρίαι π||άντων τῶν ἐν τῆι χώραι, στεφανῶσα|ι τὸν Ἀμφιάραον χρυσῶι στεφάνωι | ἀπὸ : Χ : δραχμῶν καὶ ἀνειπεῖν τὸν | κήρυκα τοῦ δήμου ὅτι στεφανοῖ ὁ δ|ῆμος ὁ Ἀθηναίων τὸν Ἀμφιάραον χρ||υσῶι στεφάνωι ἀπὸ : Χ : δραχμῶν· τὸ | δὲ ἀργύριον τὸ εἰς τὸν στέφανον δ|οῦναι τὸν ταμίαν τῶν στρατιωτικ|ῶν καὶ παραδοῦναι τὸν στέφανον π|οησάμενον τοῖς ἐπιμεληταῖς ἀνα||θεῖναι εἰς τὸ ἱερόν· τοὺς δὲ ἐπιμε|λητὰς ἀνειπόντας τὰ ἐψηφισμένα | τῶι δήμωι, ἐν τῶι ἱερῶι ἀναθεῖναι | τὸν στέφανον τῶι θεῶι ἐφ' ὑγιείαι | καὶ σωτηρίαι τοῦ δήμου τοῦ Ἀθηνα||ίων καὶ παίδων καὶ γυναικῶν καὶ τ|ῶν ἐν τῆι χώραι πάντων· ἀναγράψαι | δὲ τόδε τὸ ψήφισμα ἐν στήληι λιθί|νει καὶ στῆσαι ἐν τῶι ἱερῶι τὸν κα|τὰ πρυτανείαν γραμματέα· εἰς δὲ τ⟦ή⟧||ν ἀναγραφὴν τῆς στήλης δοῦναι τὸ|ν ταμίαν τοῦ δήμου : ΔΔ : δραχμὰς ἐ|κ τῶν κατὰ ψηφί[σ]ματα ἀναλισκομέ|νων τῶι δήμωι.

Decretum de Amphiarao corona aurea mille drachmarum donando a. a. Chr. n. 331 a Phanodemo rogatum. Eodem die alterum decretum rogatum est, quo hic ipse Phanodemus propter alia in Amphiarai sacra merita, praecipue propter ferias quinquennales ei institutas laudatur.[1]) Anni autem a. Chr. n. 329 decretum extat honorarium in decemviros, qui certamina quinquennalia utpote tum primum acta curaverant, quorum

---

4) initio IV a. Chr. saeculi tribuit Michel *Recueil* 1056.

1) *IG* VII 4253 (Michel 107, *Syll.*² 638) v. 10 sqq. *ἐπειδὴ Φανόδημος Θυμαιτάδης καλῶς καὶ φιλοτίμως νενομοθέτηκεν περὶ τὸ ἱερὸν τοῦ Ἀμφιαράου ὅπως ἂν ἥ τε πεντετηρὶς ὡς καλλίστη γίγνηται καὶ αἱ ἄλλαι θυσίαι τοῖς θεοῖς τοῖς ἐν τ||ῶι ἱερῶι τοῦ Ἀμφιαράου καὶ πόρους πεπόρικεν εἰς ταῦτα καὶ εἰς τὴν κατασκευὴν τοῦ ἱεροῦ, δεδόχθαι τῆι βουλῆι — — — ἐπαινέσαι Φανόδημον Διύλλου Θυμαιτάδην φιλοτιμίας ἕνεκα τῆς πρὸς τὸν θεὸν καὶ τὸ ἱερὸν τοῦ Ἀμφιαράου καὶ στεφανῶσαι χρυσῶι στεφάνωι ἀπὸ* : Χ : *δραχμῶν* (eiusdem igitur pretii ac deum ipsum!) *ἀναγράψαι δὲ κτλ.*

principem locum rursus Phanodemus Diylli f. tenet.[2]) Illo igitur tempore Athenienses, postquam iam a. 338 Oropios denuo in dicionem receperunt, diligentiorem quandam curam sacris Amphiarai adhibuisse videmus auctore Phanodemo illo, quem fuisse ipsum Atthidographum notissimum summa cum probabilitate coniecit Wilhelm (*Gött. Gel. Anz.* 1898 p. 221).

Verba tituli interpretationi difficultatem praebent nullam, argumentum autem notatu dignum non tam re ipsa — nihil enim usitatius donariis sacris sive publicis sive privatis — quam forma dicendi et decernendi adhibita, qua, si recte sentio, Amphiaraum ab Atheniensibus tamen non plane eodem loco ac ceteros deos habitum esse apparet. Ac meminisse iuvat Sullae aetate, utrum deus sit necne, vel publice esse disceptatum.[3])

32. Fragmenta duo marmoris Pentelici reperta Athenis in arce, alterum maius (*a*) ed. Koehler *Hermes* XXVI p. 43sqq. et *IG* II suppl. p. 62 n. 198c, Dittenberger *Syll.*² 136 (cf. praeterea Behr *Hermes* XXX p. 447sqq.); alterum frustulum, quod Koehler *IG* II suppl. p. 130 n. 513e edidit, eiusdem lapidis esse a parte inferiore sinistra attingens Wilhelm cum Dittenbergero communicavit (*Syll.*² II Add. p. 812).

A.

— — — — — — ιϲ.... | — — — — — αυ.... | — — — — — ϲ [τ]ῶν [προέδ|ρων ἐπεψήφιζε[1]).......]ϲ ἐκ Κε[ρ]α-μέ[ων·........]ϲ [Λα]κιάδηϲ [εἶ]πε[ν· | περὶ ὧν οἱ ἡιρημ]ένοι ὑπὸ τοῦ δήμ[ο]υ λ[έ|γουϲιν ἐπὶ τὴν][2]) ἐπιϲκευὴν τοῦ ἀγά[λ]μα|[τοϲ τῆϲ Ἀθηνᾶ]ϲ τῆϲ Νίκηϲ ἣν ἀνέ[θ]εϲαν | [Ἀθηναῖοι ἀπὸ] Ἀμβρακιωτῶν κα[ὶ τῆ]ϲ ἐν ‖ [Ὄλπαιϲ ϲτρατ]ιᾶϲ καὶ τῶν ἐπαν[αϲτ]ά̣ν̣τ|[ων τῶι δήμωι[3]) τ]ῶι Κερκυραίων [καὶ ἀπ'] Ἀν|[ακτοριῶν, δεδ]όχθαι : τῆι βο[υλῆι] ⁝ | [.... προϲ]α[γα]γεῖν αὐτοὺϲ εἰϲ [τὸν δῆ]μο[ν | ....] ε[ἰ]ϲ τὴν πρώτην ἐκ[κληϲί]αν [κ|αὶ χρηματί]ϲαι, γνώμην

2) *IG* VII 4254 (Michel 108, *Syll.*² 639) v. 11sqq. *ἐπειδὴ οἱ χειροτονηθέντες ὑπὸ τοῦ δήμου ἐπὶ τὴν ἐπιμέλειαν τοῦ ἀγῶνος καὶ τῶν ἄλλων τῶν περὶ τὴν ἑορτὴν τοῦ Ἀμφιαράου καλῶς καὶ ‖ φιλοτίμως ἐπεμελήθησαν τῆς τε πομπῆς τῶι Ἀμφιαράωι καὶ τοῦ ἀγῶνος τοῦ γυμνικοῦ καὶ ἱππικοῦ καὶ τῆς ἀποβάσεως καὶ τῶν ἄλλων πάντων τῶν περὶ τὴν πανήγυριν ὧν αὐτοῖ‖ς προσέταξεν ὁ δῆμος, δεδόχθαι τῶι δήμωι· ἐπαινέσαι τοὺς αἱρεθέντας, Φανόδημον Διύλλου Θυμαιτάδην, Λυκοῦργον Λυκόφρονος Βουτάδην: Δημάδην Δημέου Παιανιέα κτλ.*

3) in nobilissima illa Oropiorum cum publicanis lite, de qua senatus consultum extat Romanum lapidi incisum (*IG* VII 413, Syll.² 334) Ciceroque mentionem facit *de nat. deor.* III 49: *an Amphiaraus erit deus et Trophonius? Nostri quidem publicani, cum essent agri in Boeotia excepti lege censoria, negabant immortales esse ullos qui aliquando homines fuissent.*

1) suppl. Koe., eidem omnia ea debentur supplementa, de quibus nihil adnotavi.

2) suppl. Behr, et vix aliter suppleri potest, etsi verba miro modo posita sunt.

3) v. 10 extr. ΑΜΤ an ΑΝΤ legeret, K. dubius erat; optime et evidenter suppl. Behr docta disputatione res gestas, quae hic spectantur, interpretatus.

δὲ ξυ[νβάλ]λεϲ[θ|αι τῆϲ βουλ]ῆϲ εἰϲ τὸν δῆμον, [ὅτι δ]οκε[ῖ | τῆι βουλῆι πε]ρί τε τῆϲ θυϲία[ϲ τῆ]ι θε[ῶι | θῦϲαι τὴν ἱέρε]ιαν τῆϲ Ἀθηνᾶϲ τὸ ἀρε[ϲ|τήριον ὑπὲρ τοῦ δ]ήμου [ἐ]πειδὴ ὁ ἐξη[γη||τὴϲ . . . .]ϲ ἀργύριον τοῦ [. . .|. . . . . δ]ή[μ]ου δοῦ[ναι ἐ|κ τῶν κατὰ ψηφίϲματα ἀν]αλιϲκομένων — —

b.

— — οι — — — — — | — — το — — — — — | — — αι — — — — — — | - εγ.ιδ — — — — — — || — ạμψη/ . . . . ο — — — | — — αν — — — | — — χμ . . . . . ϲọν — — | — αγευ̣ . . . ι πρὸ τọ — — | — ανε.ηι π . . . ϲεl/ — — || — Ἀθηναίων (vel Ἀθηνᾶι ὧν) ̣ιạπ — — | — δὲ τὸν ἀνδριά[ντα — — | [κιβ]ώτιον? ὅτι . Λ — — — | — — τῆϲ πόλẹ[ω]ϲ — — — | — — οεντ — — —

Cum monumentum Victoriae, quod Athenienses post aestatem anni a. Chr. n. 425 dedicaverant, gliscente aevo labem fecisset, altera IV a. Chr. n. saeculi parte[4]) a populo homines creati sunt qui id reficerent. Qui cum de ea re ad senatum rettulissent, is ea, quae hoc titulo nunc misere mutilato continebantur, decrevit. Unum etiam nunc certo cognosci potest: placuit *ἀρεστήριον θῦσαι*. Vocem[5]) iam Koehler coll. Hes. s. v. *ἀρέσασθαι· ἱλάσασθαι, ἀρεστὸν ποιῆσαι· ἀρεστήριον· ἱερεῖον καὶ θῦμα* et mentione, quae eiusdem rei fit in duobus aliis titulis (vid. n. 28 v. 56 et n. 38 v. 45 sq.), optime interpretatus est. Etenim si quid in delubris rebusque ibi consecratis mutatum erat, sacrificio id expiandum erat, ne dei ira excitaretur. Eius modi autem sacrificio opus fuisse, cum signum Victoriae reficerent, facile vel ideo intellegitur, quia haud dubie partes fractas vel collisas conflandas curaverunt. Sacrificium e consilio exegetae oblatum esse e v. 19 sq. apparet.

Alterius fragmenti conexum nullo loco me restituere potuisse confiteor; de simulacro viri cuiusdam agitur v. 11; an de statua ducis victoris? Deinde v. 12 si recte supplevi *κιβ]ώτιον*, de rationibus negotii reddendis[6]) sermo erat. V. 4 supplere possis *ἐγ[δ]ιδ[όναι]*, sed infinitivus praesentis in hoc argumento displicet.

33. Tabula marmoris Pentelici a parte superiore fracta, inventa Piraei. Exscripsit in museo Piraeensi et ed. Koehler *IG* II p. 421 n. 573b, inde Michel *Recueil* 144. Cf. etiam Haussoullier *La vie municipale* p. 144.

---

4) intra annos 350—320 titulum incisum statuit K.

5) in rationibus Eleusiniis pro *ἀρεστήριον* nomen *ἀρεστηρία* usurpatur (Dittenberger *Syll.*² 587 v. 223 et 302). Ab eadem stirpe derivatum videtur placentae nomen *ἀρεστήρ* quod habes n. 18B et 19.

6) complures locos, ubi *κιβωτός* vel *κιβώτιον* in tali conexu occurrit, collegit Wilhelm *BCH* XXV p. 99 sq.

— — ἐπιμελεῖϲθαι — — -- τὸν δήμαρχον | μετὰ] τῆϲ ἱερείαϲ [τ]ὸ[ν ἀεὶ δημαρχ|οῦ]ντα[1]) τοῦ Θεϲμοφορίου, [ὅπωϲ ἂν μ|ηδ]εὶϲ ἀφέτουϲ ἀφιεῖ μηδὲ θιά[ϲο|υϲ] ϲυνάγει μηδὲ ἱερὰ ἐνιδρεύω[ν||τα]ι[2]) μηδὲ καθαρμοὺϲ ποιῶϲιν μηδ|[ὲ] πρὸϲ τοὺϲ βωμοὺϲ μηδὲ τὸ μέγαρ|ον προϲίωϲιν ἄνευ τῆϲ ἱερέαϲ [ἀλ]|λ' ἢ ὅταν ἡ ἑορτὴ τῶν Θεϲμοφορίων | καὶ πληροϲίαι καὶ Καλαμαίοιϲ[3]) κ||αὶ τὰ Cκίρα καὶ εἴ τινα ἄλλην ἡμέ|ραν ϲυνέρχονται αἱ γυναῖκεϲ κα|τὰ τὰ πάτρια, ἐψηφίϲθαι Πειραι|εῦϲιν, εἰάν τίϲ τι τούτων παρὰ τα|ῦτα ποεῖ, ἐπιβολὴν ἐπ[ι]βαλόντα τ||ὸν δήμαρχον εἰϲάγει[ν] εἰϲϲτὸ δι|καϲτήριον χρώμενον τοῖϲ νόμοι|ϲ οἳ κεῖνται περὶ τούτων· περὶ δ|ὲ τῆϲ ὑλαϲίαϲ τ[ῶ]ν ἱερῶν εἰάν τιϲ | ὑλάζηται, κυρίουϲ εἶναι τοὺϲ ἀρ||χαίουϲ νόμουϲ οἳ κεῖ(ν)ται[4]) περὶ το|ύτων· ἀναγ[ρά]ψαι δὲ τόδε τὸ ψήφιϲ|μα τοὺϲ ὁριϲτὰϲ μετὰ τοῦ δημάρχ|ου καὶ ϲτῆϲαι πρὸϲ τῆι ἀναβάϲει | τοῦ Θεϲμοφορίου.

Piraeensium de utendo Thesmophorio decretum altera IV a. Chr. n. saeculi parte *στοιχηδὸν* inscriptum.

Liber Thesmophorii usus non nisi diebus festis permittebatur; ceteroquin praeterquam quod in nemore sacro (cf. v. 18 sq.) ambulare, ut quidem videtur, licebat, nullam rem sacram sine sacerdote[5]) facere fas erat, id quod priore tituli parte accuratius singillatim definitur. V. 3 *ὅπως ἂν μηδ]εὶς ἀφέτους ἀφιεῖ*: Graecos in templis servos manu mittere consuevisse nemo nescit; sacerdotes plerumque testes adhibitos esse titulis apparet. — *μηδὲ θιά[σους] συνάγει*: non tam de ipsa sodalicii institutione quam de sodalibus ad epulas sacras convocandis dici mihi videtur, cf. etiam n. 49 v. 21 *τοὺς βουλομένους ἔρανον συνάγειν Μηνὶ Τυράννῳ, ἐπ' ἀγαθῇ τύχῃ κτλ.* — v. 4 *μηδὲ ἱερὰ ἐνιδρεύωνται*: intra maiorum deorum fana etiam alienorum deorum delubra condita esse constat (cf. e. g. tit. n. 122 totum de hac re scriptum), at hic potius de aris statuisque consecrandis cogitabimus (cf. n. 4 v. 55), qua in re sollemnibus caerimoniis opus erat minime ut videtur tritis, cf. praeter schol. Aristoph. Plut. 1197, quod attuli

1) suppl. K.; initio decreti scriptum fuit *ἐπειδὴ πάτριόν ἐστιν* vel tale aliquid.

2) ita lapicida pro *ἐνιδρύωνται* exaravit; de verbo cf. n. 4 v. 55.

3) similiter a structura in enumerandis festis recedit lex a Dem. XXI 10 allata *ὅταν ἡ πομπὴ ᾖ τῷ Διονύσῳ ἐν Πειραιεῖ καὶ οἱ κωμῳδοὶ καὶ οἱ τραγῳδοί, καὶ ἡ ἐπὶ Ληναίῳ πομπὴ καὶ οἱ τρ. καὶ οἱ κ., καὶ τοῖς ἐν ἄστει Διονυσίοις ἡ πομπὴ καὶ οἱ παῖδες καὶ ὁ κῶμος καὶ οἱ κωμῳδοὶ καὶ οἱ τρ. καὶ Θαργηλίων τῇ πομπῇ καὶ τῷ ἀγῶνι, μὴ ἐξεῖναι κτλ.*, quamquam in nostro titulo interruptio durior est.

4) KEITAI.

5) vocem enim *ἄνευ τῆς ἱερέας* ad totum enuntiatum finale referre malo quam ad solum illud *μηδὲ πρὸς τοὺς βωμοὺς μηδὲ τὸ μέγαρον προσίωσιν*, si quidem servorum quoque manumissionibus, lustrationibus, consecrationibus sacerdotem interesse merito postulatur, idque solum dubitari potest, quid sibi voluerit praesentia eius in sollemnibus sodalium, quippe qui suos haberent sacerdotes. Sed nescio an ordinem fani melius sacerdote publica praesente servatum iri putaverint.

p. 3/4, ea, quae apud Athen. XI 473c Ἀντικλείδης ἐν τῷ Ἐξηγητικῷ docet: ʻΔιὸς κτησίου σημεῖα ἱδρύεσθαι χρὴ ὧδε· καδίσκον καινὸν δίωτον ἐπιθηματοῦντα στέψαι τὰ ὦτα ἐρίῳ λευκῷ καὶ ἐκ τοῦ ὤμου τοῦ δεξιοῦ καὶ ἐκ τοῦ μετώπου .... τοῦ κροκίου καὶ ἐσθεῖναι ὅτι ἂν εὕρῃς καὶ εἰσχέαι ἀμβροσίαν· ἡ δ' ἀμβροσία ὕδωρ ἀκραιφνές, ἔλαιον, παγκαρπία· ἅπερ ἔμβαλε.'[6]) — v. 5. μηδὲ καθαρμοὺς ποιῶσιν: sc. non aquae lustrationes, quarum causa fanum adire opus non erat, sed maiores illas et difficiliores, quales describit Dorotheus ex Eupatridarum libris (Ath. IX 410b) περὶ τῆς τῶν ἱκετῶν καθάρσεως· ʻἔπειτα ἀπονιψάμενος αὐτὸς καὶ οἱ ἄλλοι οἱ σπλαγχνεύοντες ὕδωρ λαβὼν κάθαιρε, ἀπόνιζε τὸ αἷμα τοῦ καθαιρομένου καὶ μετὰ τὸ ἀπόνιμμα ἀνακινήσας εἰς ταὐτὸ ἔγχεε.' — Denique μηδὲ πρὸς τοὺς βωμοὺς μηδὲ τὸ μέγαρον προσίωσιν: sc. ne quis sine sacerdote sacrificaret (cf. n. 41 παραβώμια δὲ μὴ θύειν), quamquam negare nolo tum quoque sicut hodie cavendum fuisse, ne hominum socordia aut nequitia aedificia sacra damnum facerent. Ceterum ne hoc et cetera praecepta severiora existimes, tenendum est nonnulla deorum templa plerumque omnino clausa fuisse certisque solum diebus vel adeo uno totius anni die patuisse.[7])

v. 9 πληροσία occurrit praeter hunc locum in decr. Myrrhinusio (*IG* II 578 = Michel 150) v. 32 sqq. τῆι [δὲ πέμπτ]ει θυέτω τὴν πληροσίαν ὁ δήμαρχος τῶι Διὶ ἀπό: 𐅅[δραχμῶν κ]αὶ νεμέτω τὰ κρέα τεῖ ἑβδόμει ἱσταμένου τοῖς π[ωληταῖς κ]αὶ συναγοράζουσιν καὶ συνενεχυρά(ζ)ουσιν α....... ...μι· τῆι δὲ ἐνάτει ἐπὶ δέκα τοῦ Ποσιδεῶν[ος] μ(η)ν[ὸς χρηματίζε]ιν πε[ρὶ Διον]υσίων κτλ. Iam Kumanudes ita ʻκατὰ τραυλισμόν τινα' pro eo quod dici debebat προηροσία dictum esse coniecerat. Id quod nuper Solmsen probavit[8]) coll. glossa Hesychii πρηροσίαν· θυσίαν τινὰ Ἀθήνησιν, ubi mediam inter utrumque formam servari censet exempla vocalis ο ante η elisae afferens πρηγορεύων (προαγορευτὴς ἢ δημοκόπος Hesych. s. v.) et πρηγορών (ʻ*Kropf der Vögel*')[9]), πληροσία autem e πρηροσία sicut ναύκλαρος e ναύκραρος dissimilatione quadam ortum statuens. Sunt sane quae huic sententiae repugnare videantur; neque enim alibi Proerosia adhuc innotuerunt nisi Eleusine[10]) et eadem sollemnia eiusdem praesertim populi eodem nomine appellari expectaveris. Porro — et id maioris momenti est — temporum rationes non satis convenire videntur: in tit. Myrrh. eo ipso loco, quo plerosiae mentio fit, mensis nomen deest; aut igitur, quoniam ne antecedit quidem mensis mentio, omnino non certi cuiusdam mensis sacrificium, sed menstruum dicitur, id quod tamen 500 drachm. pretio non com-

---

6) cf. quae de hac re bene exposuit Lipsius-Schömann *Gr. Alt.*[2] II p. 191 sq.

7) cf. e. g. n. 1 v. 19, praeterea Paus. VIII 41, 5, IX 16, 6 et 25, 3, X 35, 7; notissimum est exemplum fani Dionysi ἐν Λίμναις (in Neaer. 76).

8) *Rhein. Mus.* LIII (1898) p. 153.

9) B. Keil *Anon. Argent.* p. 221[3] addit cognomen Νημονίδης (*IG* II suppl. 877[b]) e Νοημονίδης ortum; cf. etiam mensem Epidaurium Πραραίτιος, quem idem Keil (*MAI* XX p. 79 adn. et p. 425) Προηρόσιον interpretatur.

10) A. Mommsen *Feste d. St. Athen* p. 192 sq. (praecipue adn. 4); sed satis infirma haec ratio est, nam arationem sacris auspicari antiquitus sollemne fuisse nemo negabit, Romanorum praesertim indigitamentorum memor (Usener *Götternamen* p. 76).

mendatur, aut supplendum videtur e v. 36 Posideonis nomen, Proerosia autem Pyanepsione celebrata esse constat. Itaque ego olim in hoc decr. Piraeensi numerum pluralem πληροσίαι, in illo Myrrhin. decr. τῆι [δ' ἀεὶ ἕκτ]ει legendum ratus de menstruo quodam sacrificio lunari cogitaveram, temere ut nunc mihi videor: iam enim recte Solmsen monuit a verbo πληρόω derivari πληρωσίαν, non πληροσίαν, qua ipsa ratione grammatica vehementer commendatur, ut vocem πρηροσία sive πληροσία a stirpe verbi ἀρόω ducamus. Accedit denique, quod πρόρρησιν quidem Proerosiorum Eleusiniorum quinto mensis die factam esse fastis Eleusiniis (n. 6) constat.[11])

Καλάμαια ab Eleusiniis quoque fiebant (*IG* II suppl. n. 477c)[12]), ubi tamen non solum mulieres, sed tota civitas sacris intererat; atque etiam Iones haec sollemnia egisse videntur, quoniam mensis apud eos erat Καλαμαιών, qui cum apud Cyzicenos Scirophorioni Attico, apud Milesios vero Munichioni respondisse videatur[13]), et de tempore et de natura feriarum Atticarum certum iudicium ferri nequit.[14])

v. 15 τὰ Σκίρα[15]) diversa esse a Thesmophoriis[16]) hic titulus, fasti Tetrapolitenses (Prott n. 26 v. 31 et 51 Σκιροφοριῶνος· πρὸ Σκίρων) mense Scirophorione celebrata esse testantur; non igitur separari possunt ab ea pompa, quam Scirophorionis die XII sub umbella Minervae Neptuni Erechthei Solis sacerdotes ducebant (Harpocr. s. v. σκίρον, schol. Ar. Eccl. 18), quam pompam etiam Σκιροφόρια appellabant[17]), unde mensis nomen traxit. Haec

---

11) de hac re monuit Prott *Burs. Jahresber.* 1899 III p. 120.

12) v. 6 ὑπὲρ ὧν ἀπαγγέλλει ὁ δήμαρχος ὁ Ἐλευσινίων ὑπὲρ τῶν θυσιῶν ὧν ἔθυσεν τοῖς τε Ἁλώιοις καὶ τοῖς Χλοίοις τεῖ τε Δήμητρι καὶ τεῖ Κόρει καὶ τοῖς ἄλλοις θεοῖς οἷς πάτριον ἦν, συνετέλεσεν δὲ καὶ τὴν τῶν Καλαμαίων θυσίαν καὶ τὴν πομπὴν ἔστειλεν κατὰ τὰ πάτρια μετὰ τοῦ ἱεροφάντου κτλ.

13) Bischoff *de fastis antiquioribus* p. 396.

14) quod Pfuhl *de Athen. pompis sacris* p. 100 ut e nomine ita e tempore (Munichion-Scirophorion) Calamaeorum naturam principalem cognosci dicit (‘*messe finita stipulae restant urendae*’), rationem eius non assequor, nam Munichione quidem messis nondum erat finita.

15) res difficultatis plena varie et identidem tractata est: cf. Robert *Hermes* XX p. 349sqq., Rohde *ibid.* XXI (1886) p. 116sqq. (= *Kleine Schriften* II p. 370sqq.), Preller-Robert *G. M.* p. 205, 2 et 780, 3, A. Mommsen *Philologus* L p. 108 sqq., v. Prott *Burs. Jahresber.* 1899 III p. 120, A. Mommsen *Feste d. Stadt Athen* p. 308 sqq. et 504 sqq., Pfuhl *De Athen. pompis sacris* p. 92 sqq.; supra posui, quae ex his disputationibus inter se collatis effici mihi videntur.

16) contra ea etiam nunc Mommseno videtur, qui et aestate et autumno Σκίρα fuisse censet, cf. *Feste* p. 309; sed abstinentiam Sciris mulieribus servandam (Phot. II p. 228 s. v. τροπηλίς e Philochoro ἐν δὲ τοῖς Σκίροις τῇ ἑορτῇ ἤσθιον σκόροδα ἕνεκα τοῦ ἀπέχεσθαι Ἀφροδισίων) et Thesmophoriorum abstinentiam nulla idonea causa confundit, mulieres enim sua celebrasse sollemnia Scirophorione utique constat, quo Philochori verba referre nihil obstat. Verbis autem scholiastae Luciani θεσμοφορία ἑορτὴ Ἑλλήνων μυστήρια περιέχουσα, τὰ δὲ αὐτὰ καὶ σκιρροφορία καλεῖται nimium tribuit, cf. Robert *l. c.*

17) ita Suidas s. v. Διὸς κῴδιον; sed moneo ceteroquin, quod videam, nomen Σκίρα usurpari.

sane pompa Minervae Sciradi ut videtur ducebatur, sollemnia contra, quae quidem hoc Piraeensium decreto spectantur, Cereri a mulieribus agebantur (cf. v. 11); quae anceps Scirorum natura etiam in veterum grammaticorum testimoniis existit, cf. e. g. Schol. Arist. Eccl. 18 *Σκίρα ἑορτή ἐστι τῆς Σκιράδος Ἀθηνᾶς, Σκιροφοριῶνος ιβ', οἱ δὲ Δήμητρος καὶ Κόρης, ἐν ᾗ ὁ ἱερεὺς τοῦ Ἐρεχθέως φέρει σκιάδειον λευκόν, ὃ λέγεται σκίρον* et Steph. Byz. s. v. *Σκῖρος· Σκίρα δὲ κέκληται, τινὲς μὲν ὅτι ἐπὶ Σκίρῳ Ἀθήνῃσι θύεται, ἄλλοι δὲ ἀπὸ τῶν γενομένων ἱερῶν Δήμητρι καὶ Κόρῃ ἐν τῇ ἑορτῇ ταύτῃ ἅπερ σκίρα* (Rob., *ἀπεσκίρα* cod.) *κέκληται.*. Distinguenda igitur publica feriarum pars, quo pompa illa urbana pertinebat, et arcanae quaedam caerimoniae a mulieribus celebratae, quo scholion ad Lucian. dial. meretr. 2, 1 ab Erwino Rohde editum (*Rhein. Mus.* XXV 1870 p. 548 sqq. = *Kleine Schriften* II p. 355 sqq.) pertinet.

v. 17 sqq. *περὶ δὲ τῆς ὑλασίας τῶν ἱερῶν κτλ.*: de lignatione prohibita cf. quae ad proximum titulum n. 34 attuli. Ad antiquas de hac re leges hoc titulo provocari notatu dignissimum est. — De horistarum munere cf. ad n. 4 v. 54.

34. Tabula marmoris Pentelici in praedio suburbano regio quod nunc *Πύργος*, olim *Δραγόμανον* vocabatur, reperta, nunc in museo urbis. Edd. Pittakis *Eph.* 3139, Koehler qui exscripsit in praedio illo *IG* II 841, Michel *Recueil* 686, Dittenberger *Syll.*² 568 (359¹). Cf. praeterea Wilhelm *Jahreshefte d. Oest. Inst.* VIII p. 11.

Θεοί.

Ὁ ἱερεὺϲ τοῦ Ἀπόλλωνοϲ τοῦ Ἐριθαϲέου π[ρ]|οαγορεύει καὶ ἀπαγορεύει ὑπέρ τε ἑαυτ[οῦ] | καὶ τῶν δημ[ο]τῶν καὶ τοῦ δήμου τοῦ Ἀθηνα[ί]||ων μὴ κόπτειν τὸ ἱερὸν τοῦ Ἀπόλλωνοϲ μηδὲ [φ]|έρει⟦ν⟧ ξύλα μηδὲ κοῦρον μηδὲ φρύγανα μηδ[ὲ] | φυλλό[β]ολα ἐκ τοῦ ἱεροῦ· ἂν δέ τιϲ ληφθεῖ [κ]όπτων ἢ φέρων τι τῶν ἀ[π]ειρημένων ἐκ τοῦ [ἱ]|εροῦ, ἂν μὲν δοῦλοϲ εἶ ὁ λη[φ]θείϲ, μαϲτιγώ[ϲ]||εται πεντήκοντα πληγὰϲ καὶ παραδώϲει [α]|ὐτὸν καὶ τοῦ δεϲπότου τοὔνομα ὁ ἱερεὺϲ [τ]|ῶι βαϲιλεῖ καὶ τεῖ βουλεῖ κατὰ τὸ ψήφιϲ[μ]|α τῆϲ βουλῆϲ καὶ τοῦ δήμου τοῦ Ἀθηναίων· | ἂν δὲ ἐλεύθεροϲ ἐ͂ι, θ(ω)άϲει[1]) αὐτὸν ὁ ἱερεὺ[ϲ] || μετὰ τοῦ δημάρχου πεντήκοντα δραχμαῖϲ | καὶ παραδώϲει τοὔνομα αὐτοῦ τῶι βαϲιλ[εῖ] | καὶ τε͂ι βουλε͂ι κατὰ τὸ ψήφιϲμα τῆϲ βου[λ]|ῆϲ καὶ τοῦ δήμου τοῦ Ἀθηναίων.

Titulus, qui exeunte IV a. Chr. n. saeculo non multo recentior Koehlero videbatur, edictum sacerdotis Apollinis Erithasei continet, quo is publica scilicet et populi et pagi autoritate nisus (v. 3—4) ullam in fano lignationem fieri vetat. Eiusdem curae, ut erat gravissima, plura extant exempla: legis Andaniae n. 58 § 15 (*περὶ τῶν κοπτόντων ἐν τῶι ἱερῶι*), lex fani Apollinis Coropaei n. 81, titulus Euboeicus n. 87, Parius n. 107, Cretensis n. 153, fortasse etiam fragmentum Atticum n. 5; cf. praeterea

1) ΘΟΑΞΕΙ Pitt., ΘΟΑΣΕΙ Koehl., em. Dttb.

tit. Piraeensis n. 33, quo ad antiquas de hac re leges provocatur, et Dittenberger *Syll.*² 929 v. 80 sqq. *νόμοις γὰρ ἱεροῖς καὶ ἀραῖς καὶ ἐπιτίμοις ἄνωθεν διεκεκώλυτο ἵνα μηθεὶς ἐν τῶι ἱερῶι τοῦ Διὸς τοῦ Δικταίου μήτε ἐννέμηι μήτε ἐναυλοστατῆι μήτε σπείρηι μήτε ξυλεύηι* et tab. Heracl. (Solmsen Inscr. Gr. dial. 18) v. 128: *αἰ δέ τίς κα ἐπιβῆι ἢ νέμει ἢ φέρει τι τῶν ἐν τᾶι hιαρᾶι γᾶι ἢ τῶν δενδρέων τι κόπτηι ἢ θραύηι ἢ πριῶι ἢ ἄλλο τι σίνηται, hο μεμισθωμένος ἐγδικάξηται hως πολίστων καὶ hότι κα λάβει, αὐτὸς hέξει.*[2]) Ac ne scriptorum quidem testimonia desunt: cf. praeter auctores fabulae Triopeiae (Callim. in Cer. 31 sqq., Lycophr. 1393 et schol., Ovid. Metam. VIII 739 sqq.) praecipue Paus. II 28, 7 de Hyrnethus heroo: *ἐπὶ τοῖς πεφυκόσιν ἐλαίοις καὶ εἰ δή τι ἄλλο δένδρον ἔσω, καθέστηκε νόμος τὰ θραυόμενα μηδένα ἐς οἶκον φέρεσθαι μηδὲ χρᾶσθαί σφισιν ἐς μηδέν, κατὰ χώραν δ' αὐτοῦ λείπουσιν ἱερὰ εἶναι τῆς Ὑρνηθοῦς.* Ceterum edictum huius sacerdotis, qui vel folia arida asportari vetat, singulari quadam severitate excellit praesertim si comparatur legis Cretensis usus liberalior.

Apollinis cognomen *Ἐριθάσεος*[3]) incremento stirpis formali derivatum videtur ab eiusdem dei cognomine *Ἐρίθιος* (Ptol. Chenn. ap. Phot. p. 153 a 15 Bekk.), quod falso olim coniectura temptatum ad substantivum *ἔριθος* referendum esse ara *Ἀρτέμιδος Ἐρείθου* nuper Athenis reperta ostendit.[4]) Diversis autem significationibus etsi *ἔριθος* dicebatur, merito tamen Schrader usui Homerico insistens cognomina illa Apollini Dianaeque ut operae agrestis custodibus tribui statuit.

v. 6 *κοῦρον*: vocabulum ceteroquin ignotum cum a verbo *κείρειν* descendere Dittenberger recte statuisset nec tamen, quid potissimum significaret cerneret, Wilhelm acute rem ita explicavit '*φυλλόβολα sind abgefallene Blätter, φρύγανα dürre Äste, ξύλα das frische Holz der Stämme, somit kann κοῦρος nur abgenommene Äste und Reiser bedeuten.*' Sed etiam flores et folia hoc nomine comprehendi, omnia sc. quae quis e viva arbore *κείρειν* possit, suspicor. Ipsum verbum *κείρειν* praebet tit. Euboeus 87 et Pollucis VIII 101 de Pelargico Atheniensi testimonium, quod ibi attuli.

35. Tabula marmoris Pentelici, cuius a sinistra parte margo extat. Edd. Pittakis *Eph.* 1973, Rangabé *Ant. Hell.* 510, Koehler e suo et Velseni apographo *IG* II 586.

---

2) e titulis Latinis huc pertinet lex luci Spoletini (Bruns *Fontes*⁴ p. 241), quam comparare e re videtur: *honce loucom ne qu(i)s violatod neque exvehito neque exferto quod louci siet neque cedito* (i. e. *caedito*) *nesei quo die res deina anua fiet; eod die quod rei dinai causa [f]iat, sine dolo cedere [l]icetod etc.* Exceptionis, quae hic rei divinae causa fit, Graecum exemplum non inveni, id quod tamen mero casu factum esse potest.

3) idem latet glossa Hesychii *Ἐρισαθεύς· Ἀπόλλων ἐν τῇ Ἀττικῇ*, sive *Ἐριθασεύς* sive ipsum *Ἐριθάσεος* restituendum est.

4) vid. H. Schrader *MAI* XXI (1896) p. 270. Olim Apollo *Ἐρυθίβιος* i. e. robiginis depulsor subesse videbatur (cf. Preller-Robert *G. M.* I p. 260, 4), quare Usener *Götternamen* p. 263 etiam hunc *Ἐριθάσεον* eo rettulit.

... ἐν] cτήλῃι [λιθίνῃι................ τὸν γ-
ραμματέα τὸν [κατὰ πρυτανείαν καὶ cτῆcαι ἐν ἀκροπόλει, εἰc δὲ τὴ[ν ἀναγραφὴν δοῦναι τὸν ταμίαν τ-
οῦ δήμου ≣. δραχμ[ὰc ἐκ τῶν κατὰ ψηφίcματα ἀναλι-
cκομένων τῶι δή[μωι.

Εὐκαδμίδηc εἶπε[ν· ἐπειδὴ ....
ν καὶ τοῖc ἥρωcιν '/ — — — — — —
τὰ δόξαντα (θ)υcίαν[1]) — — — — — —
υμένων τῶν ἀ(γ)αθῶν[2]) [...............ἀγαθῆι τύχηι δεδόχθαι Κολλυ[τεῦcιν — — — — —
ι τὸν δήμαρχον τοῖ[c — — — — — —
πό]πανα καὶ πελανὸ[ν — — — — — —
...κ]οντα[3])· τὰc δὲ πρ— — — — — —
.....ιν ἀγαθῆι τύ[χηι — — — — — —
......ιων XX δ[ραχμῶν — — — — —
........ων δαν I' — — — — — — —
.........? OΣC — — — — — — —
..........Λ — — — — — — — —

Inscriptionis *στοιχηδὸν* incisae duae sunt partes: v. 1—5 clausulam plebisciti continent, cuius formulae alteram IV a. Chr. n. saeculi partem indicant, v. 6 sqq. decretum pagi Collytensium de sacris quibusdam faciundis. Argumentum plebisciti incertum est, etsi aliquam ei rationem cum pagi decreto subscripto fuisse satis probabile videtur, velut facile fieri potuit, ut pagus ea, quae populus in universum sanxerat, peculiari decreto confirmaret et conficeret (*κατὰ τὰ δόξαντα* v. 7/8). Sed utut haec res se habet, verba ipsa clausulae illius ad interpretationem decreti pagi eo certe pertinent, quod inde non modo aetatis quandam definitionem lucramur, sed etiam singulos versus undequadragenas litteras habuisse computari potest. Certo tamen ne uno quidem loco conexus decreti restitui potest, id modo certum sacrificia quaedam, *πόπανα* et *πελανὸ[ν* vel *πελανο[ὺς*[4]) heroibus, iis sc. qui in pago colebantur, decerni, nec ignoramus, quantae fuerint in sacris publicis partes cultus heroum.[5]) Ceterum dubito, num mares solummodo heroes hoc decreto nominati fuerint, quare v. 7 *τοῖς ἥρωσιν κ[αὶ ταῖς ἡρωίναις* legendum suspicor idemque v. 11, ubi sane *τοῖ[ς ἥρωσι* ne ipsum quidem certum est; moneo tamen scribendo *τοῖς τε ἥρωσι καὶ ταῖς ἡρωίναις* lacunam huius

1) ΟΥΣΙΑΝ.

2) ΑΤΑΘΩΝ unde Rang. *ἀτάφων*; em. K.

3) supplevi; cf. comm.

4) hoc praetulit K., sed facile fieri potuit, ut unus magnus *πελανὸς* conficeretur, unde heroibus sua cuique pars demeretur, cf. n. 4 v. 36 et quae ibi adnotavi; accedit quod fortasse in lacuna proxima *ἑκάστωι* supplendum est. De ipso sacrificii genere vid. p. 25 sq.

5) commode cognoscitur fastis Atticis cum omnibus tum Tetrapolitanis (Prott *Fasti* cum n. 1 et 2 tum n. 26).

versus expleri. — V. 13 illud *οντα* e nomine numerali superesse satis persuasum habeo et potest e. g. lacuna proxima ita suppleri *πόπανα καὶ πελανὸ[ν ἑκάστωι αὐτῶν ἀπὸ δραχμῶν τ|ριάκ]οντα.* — V. 16 forma verbi *δανείζειν* latere videtur et fortasse ad summam 2000 drachmarum, quae superiore versu commemorari videtur, spectat. — V. 15 *ἔμπ]ροσθ[εν* ni fallor legendum.

36. Tabula marmoris Hymettii inventa in clivo occidentali a r c i s Athenarum. Edd. Lolling *Δελτίον* 1888 p. 187, Foucart *BCH* XIII (1889) p. 162 n. 3, Koehler apographo Lollingii usus *IG* II suppl. p. 86 n. 314c, Michel *Recueil* 682, Dittenberger *Syll.*[2] 556.

Ἐπὶ ἱερείας Ἡγησιπύλης.

Ἐπ' Εὐθίου ἄρχοντος· ἐπὶ τῆς | Αἰαντίδος δωδεκάτης πρυ|τανείας ἧι Ναυσιμένης || Ναυσικύδου Χολαργεὺς | ἐγραμμάτευεν· Σκιροφοριῶ|νος ἕνηι καὶ νέαι· Καλλίας Λ[υ]|σιμάχου Ἕρμειος εἶπεν·

ὅπ[ω]|ς ἂν οἱ ἀστυνόμοι οἱ ἀεὶ λανχ[ά]||νοντες ἐπιμέλειαν ποιῶντα[ι] | τοῦ ἱεροῦ τῆς Ἀφροδίτης τῆς | Πανδήμου κατὰ τὰ πάτρια·

τύ|χηι ἀγαθεῖ, δεδόχθαι τῆι βου|λῆι· τοὺς προέδρους, οἳ ἂν λάχω||σιν προεδρεύειν εἰς τὴν ἐπιο[ῦ]|σαν ἐκκλησίαν, προσαγαγεῖν τὸν | [ο]ἰκεῖον τῆς ἱερείας καὶ χρηματίσαι | περὶ τούτων, γνώμην δὲ ξυνβάλλε|[σ]θαι τῆς βουλῆς εἰς τὸν δῆμον ὅ||[τ]ι δοκεῖ τῆι βουλῆι·

τοὺς ἀστυνό|μους τοὺς ἀεὶ λαχόντας, ὅταν ἦι | ἡ πομπὴ τῆι Ἀφροδίτηι τεῖ Πανδή|μωι, παρασκευάζειν εἰς κάθαρσι[ν | τ]οῦ ἱεροῦ περιστερὰν καὶ περιαλε[ῖ]||ψα]ι τοὺς βωμοὺς καὶ πιττῶσαι τὰς [ὀ|ροφὰς] [1]) καὶ λοῦσαι τὰ ἕδη, παρασκευ|[άσαι δὲ κα]ὶ πορφύραν ὁλκὴν ⊢⊢ — — | — — — — — — — τὰ ἐπὶ τ — — — —

Senatus consultum de *Ἀφροδίτης Πανδήμου*[2]) delubro pompae causa lustrando et praeparando Euthio archonte i. e. anno a. Chr. n. 284/3 factum.

Ἀφροδίτης Πανδήμου cultus perantiquus[3]) lateque per Graeciam propagatus erat; praeter cultum Atheniensem et ipsum antiquum notissimum erat simulacrum, quod Eleis fecit Scopas: dea in capro sedens chitone longo induta et himatio, quod a capite tergoque sicut flammeum defluebat[4]); quae repraesentatio severa et pudica Athenis quoque sollemnis erat.[5])

1) suppl. Fouc. vid. comm.

2) hanc fuisse etiam sollemnem deae in cultu epiclesin hoc titulo certo demonstratur, erraverunt igitur qui eandem fuisse ac Venerem, quae *ἐφ' Ἱππολύτῳ* vocatur, existimabant (vid. Bluemner ad Paus. I 22, 3).

3) *ξόανα* tria antiquissima *Πανδήμου, Οὐρανίας, Ἀποστροφίας* Thebana commemorat Paus. IX 16, 3 (*οὕτω ἀρχαῖα ὥστε καὶ ἀναθήματα Ἁρμονίας εἶναί φασιν*); Athenis extat donarium eius exeunte VI vel ineunte V a. Chr. saeculo inscriptum (*IG* I suppl. p. 185 n. 422[13]).

4) Paus. VI 25, 2; accedunt numismata Elea imperatorum aetatis, quae statuam Scopae imitantur: Imhoof-Blumer et Gardner *Numism. comment. on Paus.* p. 72 pl. P. XXIV; cf. Weil *Hist.-phil. Aufs. E. Curtius gewidm.* 1884 p. 134 sq.

5) v. Duhn *Arch. Zeit.* 1877 p. 159 n. 58, Böhm *Arch. Jahrb.* IV p. 208 sqq.

Naturam nomenque deae iam antiqui diversissime interpretati sunt, hodie tamen eam neque a veneris vulgivagae tutela [6]) neque publica ulla e ratione nomen duxisse [7]) exploratum est; lucis deae esse nomen a stirpe *djev*- derivandum idemque valere ac nomina *Πασιφάεσσα*, *Πασιφάη* primus egregia divinatione perspexit Usener [8]), egregie deinde confirmavit Furtwängler [9]) cum aliis artis monumentis tum parva terrae coctae statua Thebana, in qua dea capro (vel potius capra) per caelum stellatum vehens expressa est caerulo himatio et radiato diademate ornata. [10])

Altera est quaestio, nonne ipsis Athenis gliscente aevo consueverint meretrices hanc potissimum Venerem colere, fortasse quia frequentes in huius delubri vicinitate habitabant [11]), unde commode illae de natura deae impudica opiniones [12]) explicarentur aliter satis mirae. Ac dubito an huc pertineat cura delubri astynomis v. 9 sqq. delata, quae utique explicationem desiderat. Dittenberger sane ullam necessitudinem cum Veneris sacris iis intercessisse negat eosque in universum aedificia publica, inter quae et templa publica habenda sint, curavisse censet, qua sane cura Veneris *Πανδήμου* templum tum prae aliis opus habuisse videatur. Quae sententia primum non confirmatur verbis tituli, quibus, praesertim cum nulla ceterorum templorum mentio fiat, cura Veneris *Πανδήμου* tamquam

---

6) notum illud Veneris Uraniae et Vulgivagae discrimen (Plat. Symp. 180 d) philosophorum, fortasse ipsius Platonis, commentum (cf. Preller-Robert *G. M.* I 355).

7) Harpocr. s. v. *Πάνδημος· Ἀπολλόδωρος ἐν τῷ περὶ θεῶν Πάνδημόν φησιν Ἀθήνησι κληθῆναι τὴν ἀφιδρυθεῖσαν περὶ τὴν ἀρχαίαν ἀγορὰν διὰ τὸ ἐνταῦθα πάντα τὸν δῆμον συνάγεσθαι τὸ παλαιὸν ἐν ταῖς ἐκκλησίαις, ἃς ἐκάλουν ἀγοράς. Νίκανδρος ἐν ς' Κολοφωνιακῶν Σόλωνά φησι σώματα ἀγοράσαντα εὐπρεπῆ ἐπὶ στέγης στῆσαι διὰ τοὺς νέους καὶ ἐκ τῶν περιγενομένων χρημάτων ἱδρύσασθαι Ἀφροδίτης Πανδήμου ἱερόν.* Nicandri auctor fuisse videtur Philemon: Athen. XIII p. 569 d; cf. etiam Paus. I 22, 3.

8) *Götternamen* p. 65.

9) *Münch. Sitzungsber. Phil.-Hist. Cl.* 1899 II p. 590 sqq., ubi totam quaestionem optime exposuit.

10) exscribo quae ad rem maxime pertinent (l. c. p. 594 sq.): '*die Göttin, die sich in schwebender Haltung an dem Tiere hält, hat nackten Oberkörper, doch einen großen himmelblau bemalten Mantel, der nicht nur den Unterkörper verdeckt, sondern als Schleier über den Hinterkopf gezogen ist — — — — Auf dem Oberkopfe aber ruht ein hohes grün bemaltes Diadem, auf dem sechs goldgelbe, stark plastische Strahlen sich befinden. Das Tier schreitet nicht auf der Erde einher, sondern durch die Luft, die weiß gelassen ist. Zwei kleine Zicklein — — — laufen in gleicher emporspringender Bewegung mit durch die Luft* (ἔριφοι caeli, cf. p. 597 sq.). *Auf dieser aber sind, um anzudeuten, daß das Ganze sich am Sternenhimmel bewegt, nicht weniger als vierzehn Sterne mit rotbrauner Farbe aufgemalt.*'

11) de situ delubri cf. Doerpfeld *MAI* XX (1895) p. 511, qui e loco, ubi hic lapis inventus est, nihil colligi posse monuit; utique *ἀρχαία ἀγορά* (Apollod. apud Harp., vid. adn. 7) meretricibus apta erat.

12) praeter testimonia not. 7 adlata cf. Xenoph. Symp. 8, 9 *ἑκατέρᾳ βωμοί τε καὶ ναοί εἰσι καὶ θυσίαι, τῇ μὲν Πανδήμῳ ῥᾳδιουργότεραι, τῇ δὲ Οὐρανίᾳ ἁγνότεραι.*

antiquitus (v. 12 *κατὰ τὰ πάτρια*)[13]) astynomorum propria designetur. Deinde vero astynomos curam aedificiorum publicorum habuisse non rectum est (cf. Arist. *Ἀθ. Πολ.* 50), sed viarum curam habebant, unde cura delubri Veneris derivari nequit. Iam praeterea etiam custodiam in *τάς τε αὐλητρίδας καὶ τὰς ψαλτρίας καὶ τὰς κιθαριστρίας* exercebant *ὅπως μὴ πλείονος ἢ δυεῖν δραχμαῖν μισθωθήσονται κἂν πλείους τὴν αὐτὴν σπουδάσωσι λαβεῖν, οὗτοι διακληροῦσι καὶ τῷ λαχόντι μισθοῦσιν*, unde coll. Diogen. Laert. VI 90 paullatim morum quandam censuram evenisse iam Oehler (*Pauly-Wissowa* II p. 1870) collegit. Curam igitur Veneris *Πανδήμου* delubri ad eos delatum esse probe intellegitur, si sacra illius fuisse *ῥαδιουργότερα* Xenophon recte dixit illaque aetate meretrices iis praecipue operam dederunt.

v. 22 de pompa Veneri *Πανδήμῳ* ducenda nihil aliunde constat, de cultus postea natura si recte modo statui, meretrices pompae interfuisse conieceris, cf. Athen. XIII p. 573c de Corinthiorum hetaeris ad sacra Veneris adhibitis. V. 24 *περιστεράν*: porco solet lustrari, sed quia id animal Veneri parum gratum habebatur, ideo columbam, avem deae gratissimam, pro porco sacrificari Foucart statuit; sed ipsum columbae sacrificium notatu dignum est.

v. 24 *περιαλεῖψαι τοὺς βωμοὺς κτλ.*: de aris simulacrisque linendis lavandis ornandis e Deliacis potissimum rationibus docemur.[14])

37. Tabula marmoris Pentelici ab inferiore parte fracta, in Asclepieo Athenensi inventa. Ed. Koehler *CIA* II p. 426 n. 352b, Michel *Recueil* 685; cf. praeterea Girard *L'Asclépieion d'Athènes* p. 85, Koerte *MAI* XVIII p. 237, A. Walton *Cult of Asclepios* (Boston 1894) p. 69.

Ἐπὶ Διογείτονοϲ ἄρχοντοϲ· ἐπὶ τῆϲ Δη|μητριάδοϲ δωδεκάτηϲ πρυτανείαϲ, ἧι | Θεόδοτοϲ Θεοφίλου Κειριάδηϲ ἐγραμ|μάτευεν· Σκιροφοριῶνοϲ ὀγδόει μετ' ε|ἰκάδαϲ· ἐκκληϲία κυρία· τῶν προέδρων | ἐπεψήφιζεν Διόδωροϲ Ἐπιχάρου Κόπρ|ειοϲ καὶ ϲυμπρόεδ[ρ]οι· ἔδοξεν τῶι δή|μωι· Ἀκρότιμοϲ Αἰϲχίου Ἰκαριεὺϲ εἶ|πεν·

---

13) ceterum id officium eorum hoc ipso demum decreto denuo constitutum esse suspicor, nam post bellum Lamiense officia eorum ad agoranomos translata esse constat e *Syll.*² 500.

14) optime de ea re egit Homolle *BCH* XIV p. 496sqq., unde ea certe, quae ad simulacra pertinent, exscribere e re videtur: '*Elle (κόσμησις ἀγαλμάτων) consiste dans un lavage à l'eau mélangée de nitre, avec des éponges, puis dans une friction à l'huile et à la cire; on y ajoute pour parfumer le marbre en même temps qu'on le nettoie et l'embellit, un onguent à la rose. Voici d'après les achats de fournitures la nature et la proportion des substances employées: Κόσμησις de la statue de Héra, éponges (σφόγγοι)* . . . . . . 1 Dr. —
parfum (μύρον ῥόδινον) . . . 3 „ 3 ob.
autres fournitures . . . . . 6 „
10 Dr. 3 ob.

cf. praeterea e. g. v. 92 inscriptionis anni 279: *τοῦ Ἀρτεμισίου εἰς κόσμησιν νίτρον* IIII, *σφόγγοι* ⊢⊢, *ἔλαιον χοῦς ἡμίχουν* ⊢⊢⊢III, *λίνογ καὶ κηρὸς* IIII *μύρον ῥόδινον παρὰ Κωμῳδίας* F. Cf. etiam Vitruv. VII 9, 3 et Plin. N. H. 33, 122.

ἐπειδὴ πάτριόν ἐστιν τοῖς ἰατρο||ῖς ὅσοι δημοσιεύουσιν θύειν τῶι Ἀσκ|ληπιῶι καὶ τεῖ Ὑγιείαι δὶς τοῦ ἐνιαυ|τοῦ ὑπέρ τε αὑτῶν καὶ τῶν σωμάτων ὧν ἕ|καστοι ἰάσαντο·

ἀγαθεῖ τύχει δεδόχ|θαι τεῖ βουλεῖ· τοὺς προέδρους οἳ ἂν || λάχωσιν εἰς τὴν ἐπιοῦσαν ἐκκλησίαν | χρηματίσαι περὶ τούτων ἐν ἱεροῖς, γν|ώμην δὲ ξυμβάλλεσθαι τῆς βουλῆς εἰς | [τὸν δῆ]μο[ν ὅ]τι δοκεῖ τεῖ βουλεῖ·

τὸν [ἱερέα τὸν ἀεὶ λα]νχάνοντ[α . . .]νγι —

Lapis ineunte III a. Chr. n. saeculo inscriptus, etsi de ipso decreto nihil fere servavit, tamen de memorabili sacrificio patrio bis quotannis a medicis Atticis facto certiores nos facit. Voce *ὅσοι δημοσιεύουσιν* sine dubio ii, qui publice instituti publicum ferebant stipendium, dicuntur; aliis quoque locis eius generis medicos fuisse velut Delphis, Coi, Tei constat. [1]) Athenis autem aeque ac Coi hos medicos collegio coniunctos fuisse per se veri simillimum et communi sacrificio, quod hic titulus testatur, confirmatur, ut iam Ziebarth monuit. Fastis Cois (Prott n. 5 v. 54) medicis partem ex hostiae carne decerni idem recte observavit.

38a. Basis marmoris Hymettii ter fracta, Athenis inventa. Edd. Hirschfeld *Hermes* VIII (1873) p. 350 sqq., Kumanudes *Ἀθήναιον* III (1874) p. 262 sqq., Koehler *IG* II 403, Michel *Recueil* 687. Cf. etiam S. Reinach *Traité d'Epigr.* p. 71 sq., Girard *L'Asclépieion d'Ath.* p. 59 sq., Sybel *Hermes* XX (1885) p. 41 sq., Miller *de decretis atticis* p. 85.

Ἥρωι Ἰατρῶι | Εὐκλῆς Εὐνόμου | Κεφαλῆθεν | ἀνέθηκεν. ||

Θεο[ί]. | Ἐπὶ Θρασυφῶντος ἄρχοντος· [ἐπὶ τῆς Πανδι]|ονίδος ἕκτης πρυτανείας ἧι [— — — — —]|του Παιανιεὺς ἐγραμμάτε[υεν· δήμου ψη]|φίσματα [1])· Μαιμακτηριῶνος [2]) — — — — —, || ἕκτει καὶ δεκάτει τῆς πρυτ[ανείας· ἐκκλη]|σία κυρία ἐν τῶι θεάτ[ρ]ωι· τ[ῶν προέδρων] | ἐπεψήφιζεν Κλεόμαχος Λα — — — —|σιος καὶ συμπρόεδροι· | ἔδοξεν τε͂ι βουλ[ε͂ι]· || Ἐμπεδίων Εὐμήλου Εὐων[υ]μεὺς εἶπεν]· |

ὑπὲρ ὧν τὴν πρόσοδον πε[ποίηται ὁ ἱερεὺς] | τοῦ Ἥρωος τοῦ Ἰατροῦ Οἰο[[3]) — — ὅπως ἂν ἐ]|κ τῶν τύπων τῶν ἀνακει[μένων ἐν τῶι ἱερῶι] | καὶ τοῦ ἀργυρίου κατασ[κευασθῆι ἀνά]||θ[η]μα τῶι θεῶι (ο)ἰνοχό[η ὡς ἂν καλλίστη· |

ἀγα]θεῖ τύχει δεδό[χθαι τεῖ βουλεῖ τοὺς | λαχ]όντας προέδ[ρους εἰς τὴν ἐπιοῦσαν | ἐκκ]λησίαν χρημα[τίσαι περὶ τούτων, γνώ|μην] δὲ ξυμβάλλεσ[θαι τῆς βουλῆς εἰς τὸν δ||ῆμον] ὅτι δο[κ]εῖ τ[ῆι βουλῆι·

---

1) cf. quae de hac re congesserunt cum Vercoutre *Rev. arch.* 39 (1880) p. 241, Töpffer *MAI* XVI p. 429, Ziebarth *Griech. Vereinswesen* p. 96 s., tum R. Pohl *De Graecorum medicis publicis* Diss. Berol. 1905.

1) de hac voce cf. Hartel *Att. Staatsrecht* p. 53 et 79 sq.

2) sexta prytania in mensem Maimacterionem incidere non potuit nisi tempora valde disturbata erant.

3) nomen sacerdotis hic latere suspicantur editores; an scriptum erat *οἰό[μενος δεῖν ἐ]κ τῶν κτλ.* et deinde *κατασκευάσασθαι*? sed ita versus non expletur.

ἑλέcθαι τὸν | δῆ]μον [δύ]ο μὲ[ν ἄνδραc ἐξ Ἀρεοπαγιτῶν, | τ]ρεῖc δὲ ἐξ ἑαυτῶ[ν, οἵτινεc μετά τε τοῦ | ἱ]ερέωc καὶ τοῦ cτρατηγ[οῦ τοῦ ἐπὶ τὴν | π]αραcκευὴν καὶ τοῦ ἀρχιτέκτονο[c] τοῦ [ἐπὶ || τ]ὰ ἱερὰ καθελόντεc τοὺc τύπουc καὶ εἴ τ[ι | ἄ]λλο ἐcτὶν ἀργυροῦν ἢ χρυcοῦν καὶ τὸ | [ἀ]ργύριον τὸ ἀνακείμενον cτήcαντεc | [κ]αταcκευάcουcι τῶι θεῶι ἀνάθημα ὡc | ἂν δύνωνται κάλλιcτον καί ἀναθήcου||cιν ἐπιγράψαντεc· Ἡ βουλὴ ἡ ἐπὶ Θραcυφῶ[ν|τ]οc ἄρχοντοc ἀπὸ τῶν ἀναθημάτων Ἥρω[ι] | Ἰατρῶι· ἀναγραψάτωcαν δὲ οἱ αἱρεθέ[ν]|τεc τὰ ὀνόματα τῶν ἀνατεθηκότων ἐ[ν] | τῶι ἱερῶι καὶ cταθμὸν εἰc cτήλην λιθί||νην καὶ cτηcάτωcαν ἐν τῶι ἱερῶι, ἃ δὲ ἂν | οἰκονομήcωcιν, λόγον καταβαλέcθαι αὐ|τούc· ἑλέcθα[ι] δὲ καὶ δημόcιον τὸν ἀντι|γραψόμενον ὅπωc ἂν τούτων γενομένων | ἔχει καλῶc καὶ εὐcεβῶc τεῖ βουλεῖ καὶ τῶ[ι] || δήμωι τὰ πρὸc τοὺc θεούc· θῦcαι δὲ τῶι θε|ῶι ἀρεcτήριον ἀπὸ πέντε καὶ δέκα δρα|χμῶν. Sequuntur usque ad v. 53 nomina virorum ἐπὶ τὴν καταcκευὴν τῆc οἰνοχόηc τῶι Ἥρωι τῶι Ἰατρῶι creatorum, v. 54—79 donaria et nomina donatorum (cf. v. 37), v. 80 usque ad finem rationes rei peractae (cf. v. 40 sq.).

Senatus consultum de oenochoa ex veteribus donariis Heroi Medico conficiendae, Thrasyphonte archonte i. e. a. Chr. n. 221/0 [4]) factum; inscriptum esse non publico iussu ac sumptu, sed Euclis, privati cuiusdam [5]), sumptu et dedicatione superscripta et decreti verbis apparet, quippe quae donariorum laterculum, non ipsum decretum incidi iubeant.

Ἥρως Ἰατρὸς iam aliunde notus erat; delubrum eius occurrit Dem. XIX 249 *διδάσκων δ' ὁ πατὴρ γράμματα πρὸς τῷ τοῦ Ἥρω τοῦ Ἰατροῦ* et Hesychius s. v. *ἰατρός* antiquum Athenis heroem eum fuisse tradit. Hoc autem et insequenti titulo etiam multo post Aesculapium Athenis receptum (a. 421/0) cultores eius fuisse discimus. Diversus hic erat ab Heroe Medico Marathonio, de quo Bekk. Anecd. I 262, 16 *ἥρως ἰατρός· ὁ Ἀριστόμαχος ὃς ἐτάφη ἐν Μαραθῶνι παρὰ τὸ Διονύσιον καὶ τιμᾶται ὑπὸ τῶν ἐγχωρίων*, quo spectat cognomen insequenti titulo huic heroi tributum v. 4 *ἥρωος τοῦ Ἰατροῦ τοῦ ἐν ἄστει*. Sed etiam multis aliis locis hunc Medicum cultum esse e nominibus *Ἰατροκλῆς*, *Ἰατρόδωρος*, quae passim in Graecia occurrunt, acute collegit Usener [6]) et insigne exemplum herois pristino honore divino destituti iudicat.

---

4) demonstratur titulo Magnesio de Leucophryenis instituendis *Inschr. v. Magn.* n. 16.

5) idem sine dubio, qui in donatorum laterculo postremo loco nominatur *Εὐκλῆς*, qui *τυπία δύο ἀνέθηκεν* (v. 79); eximiam igitur gratiam dei expertus esse videtur. Moneo tamen numerum eorum, quos donatorum laterculus exhibet, non ita magnum esse: recensentur 21 nomina, quae sane partim plus semel occurrunt; inprimis *Καλλίστιον* quaedam studiosa dei fuisse videtur, quae octies *τύπον* dedicavit. Ceterum ne Amyni quidem sacra omissa esse constat, cf. Koerte *MAI* XXI p. 309.

6) *Götternamen* p. 149—151.

Quae hoc et insequenti titulo de veteribus donariis vel reficiendis vel in usum novorum conflandis praecipiuntur, ea ad rem pertinent in templis praesertim celebribus haud raro necessariam, unde etiam v. 31, quamquam nihil adfuisse aurei laterculus donariorum subiunctus ostendit, sollemni tamen formula *εἴ τι ἄλλο ἐστὶν ἀργυροῦν ἢ χρυσοῦν* dicitur, ut optime monuit Hirschfeld. Notissimum de hac re decretum rogavit Androtion, de quo Demosthenes XXII 70 *φήσας δ' ἀπορρεῖν τὰ φύλλα τῶν στεφάνων καὶ σαπροὺς εἶναι διὰ τὸν χρόνον ὥσπερ ἴων ἢ ῥόδων ὄντας, ἀλλ' οὐ χρυσίου, συγχωνεύειν ἔπεισεν κτλ.* Amplissimum autem et accuratissimum eius generis exemplum idemque his duobus titulis simillimum est Oropiorum de Amphiaraio decretum n. 67. Ceterum eodem fere tempore, quo haec de Herois Medici donariis decreta sunt, etiam de Asclepieo Atheniensi simillimum decretum factum esse rationes, quae solae ex hac quidem re supersunt, ostendunt *CIA* II 839 (Michel 823) *ἐπὶ Διοκλέους ἄρχοντος· Σκιροφοριῶνος· λόγος τῶν αἱρεθέντων ὑπὸ τοῦ δήμου ἐπὶ τὴν καθαίρεσιν καὶ τὴν κατασκευὴν τῶν ἐν τῶι Ἀσκληπιείωι· τάδε καθειρέθη παρόντος τοῦ ἱερέως τοῦ Ἀσκληπιοῦ Εὐστράτου Οἰναίου καὶ τῶν εἰρημένων ἐπὶ τὴν καθαίρεσιν καὶ τὴν κατασκευὴν κατὰ τὸ ψήφισμα ὃ Τελεσῖνος Ἐρχιεὺς εἶπε· [ἐκ] τοῦ δήμου Νικομάχου Παιανιέως, Γλαύκου Ῥαμνουσίου, Εὐ — — ου Οἰναίου· ἐξ Ἀρεοπαγιτῶν Ὀπάωνος Φαληρέως, Θεόγνιδο[ς Κυδαθη]ν[α]ιέως καὶ στρατηγοῦ τοῦ ἐπὶ τὴν παρασκευὴν Ἀριστ[— — Ἐλευ]σινίου καὶ δημοσίου τοῦ ἀντιγραφομένου Δημ[ητρίου τοῦ νεωτ]έρου· τάδε καθειρέθη κτλ.* Denique extant aliquot fragmenta Attica haud dubie eodem spectantia (*CIA* II 405. 837—840), quae tamen exscribere operae non est pretium.

v. 17 *ἐ]κ τῶν τύπων*: in donariorum laterculo membra a sanatis dedicata velut *χείρ, ὀφθαλμοί* ab illis discernuntur, iterum in rationibus cum scriptum sit v. 80 *ἀργυρίου δραχμὰς* ΔΠΗΗ· *τύπων ὁλκὴ* ΗΔΠΗ *φιάλη ὁλκή* Η· *κεφάλαιον·* ΗΗΔΔΔΗΗΗ, illud *τύπων* pondus etiam manus, oculos etc. comprehendit, simul singuli *τύποι* satis parvo pondere fuisse arguuntur. Non igitur iusta membra, sed laminas argenteas figuris membrorum potissimum impressas dici veri simile est.

v. 25 *ἑλέσθαι — — δύο μὲν ἄνδρας ἐξ Ἀρεοπ., τρεῖς δὲ ἐξ ἑαυτῶν οἵτινες μετά τε τοῦ ἱερέως καὶ τοῦ στρατηγοῦ κτλ.*: cf. tit. inseq. v. 9 sqq.; simillime Oropi praeter magistratus sacros qui *ἱεράρχαι* vocantur donariis reficiendis conflandisve et tres cives et *πολέμαρχος·* et *κατόπται* intersunt, nec mirum est negotium invidiae et suspicionis plenum non sacerdotibus solum, sed compluribus viris probatae famae et auctoritatis commissum esse. Atque etiam eadem ex ratione *δημόσιον τὸν ἀντιγραψόμενον* creatum esse collatis iis, quae Demosthenes de Androtione queritur, Hirschfeld monet.

v. 46 *ἀρεστήριον*: de hoc sacrificii genere vide quae ad n. 32 attuli.

38b. Tabula marmoris Pentelici supra fracta, una cum titulo superiore inventa. Edd. Hirschfeld *Hermes* VIII p. 359, accuratius et plenius Kumanudes *Ἀθήναιον* 1874 p. 264 sqq., Koehler *IG* II 404 apographo et ectypo usus parum accurato.

..ο — — — — — — — — | ..ηϲ ζω............δ....ν[. ....ἐπειδὴ | πρόϲ]οδον ποιη[ϲ]άμενοϲ πρὸϲ τὴν βουλ[ὴν ὁ ἱερεὺϲ] | τοῦ Ἥρωοϲ [το]ῦ Ἰατροῦ τοῦ ἐν ἄϲτει Διο[νύϲιοϲ Ἀ]‖πολλωνίου [Κηφι]ϲιεὺϲ (*spatium vacat*) | [ἐ]μφανίζε[ι] ὑπάρχειν τῶι θεῶι κανοῦν κα[ὶ] οἰν[ο]|χ[ό]ην κα[ὶ π]οτήρια δύο καὶ λιβανωτίδα καὶ [φιά|λην] [1]) καὶ τα[ῦ]τα γεγονέναι ἄχρηϲτα διὰ τὸν χρό‖[νον] καὶ διὰ [τ]αῦτα παρακαλεῖ τὴμ βουλὴν ἑλέϲ‖[θαι ἐ]ξ ἑαυτῆϲ τρεῖϲ ἄνδραϲ, ὁμοίωϲ δὲ καὶ δημ[ό|ϲιο]ν τ[ὸν λ]ειτουργήϲοντα αὐτοῖϲ, οἵτινεϲ μ[ετά | τε] το[ῦ ἱερ]έωϲ καὶ τοῦ ἐπὶ τὴν παραϲκευὴν [ϲτρα|τηγοῦ] καὶ τοῦ ἀρχιτέκτονοϲ τοῦ ἐπὶ τὰ ἱερ[ὰ | μετακατ]αϲκευῶϲιν τῶι θεῶι κανοῦν κα[ὶ οἰνο‖χόην κ]αὶ ποτήρια δύο καὶ λιβανωτίδα καὶ φιά[λην | κα]θελόντεϲ καὶ τὰ ἀνακείμενα τυ[πία | ἐν τῶι ἱ]ερῶι ἃ καὶ ἐπιγράψαντεϲ ἀναθήϲ[ουϲιν | τῶι θ]εῶι· ἀγαθεῖ τύχει δεδόχθαι τεῖ β[ουλεῖ· |

χειρο]τονῆϲαι τὴν βουλὴν ἐξ ἑαυτ[ῆϲ ἄν‖δραϲ τρ]ε[ῖ]ϲ, ὁμοίωϲ δὲ καὶ δημόϲιον οἵτιν[εϲ | μετά] τε τοῦ ἱερέωϲ καὶ τοῦ ϲτρατηγοῦ | [τοῦ] ἐπὶ τὴν παραϲκευὴν καὶ τοῦ ἀρχιτ[έκ|το]νοϲ τοῦ ἐπὶ τὰ ἱερὰ ποιήϲονται [τὴν] | μετακαταϲκευὴν τῶν προειρημένων [καὶ ‖ κατ]αβαλοῦνται λόγον εἰϲ τὸ μητρῶιο[ν | ὧ]ν ἂν οἰκονομήϲωϲιν, ἀναγράψου[ϲιν | δὲ] καὶ εἰϲ τὸ ἱερὸν τὰ μετακατα[ϲκευα|ϲθ]έντα καὶ καθαιρεθέντα ἵνα το[ύτων | ϲυν]τελουμένων εὐϲεβῶϲ ἔχη[ι τῆι ‖ βου]λῆι καὶ τῶι δήμωι τὰ πρὸϲ τοὺϲ | [θε]ούϲ.

Μετακαταϲκευάϲοντεϲ οἵδε | [κε]χειροτόνηνται· sequuntur nomina, deinde v. 38 [τ]άδε μετακατεϲκευάϲθη· | [πο]τήριον οὗ ὁλκὴ ΓΔ, ‖ [ἕτερον] ποτήριον οὗ ὁλκή ΓΔ, | [φι]άλη ἧϲ ὁλκή... | λιβανωτὶϲ ἧϲ ὁλκή... | [κα]νοῦν οὗ ὁλκή ΗΗΗΗ | [οἰ]νοχόη ἧϲ ὁλκή ΗΔΔ.

Ἐπὶ ἱερέωϲ Διονυϲίου τοῦ Ἀπολλωνίου ‖ Κηφιϲιέωϲ, | ζακορεύοντοϲ Ζωβίου Μιληϲίου.

Hoc senatus consultum exeunte II a. Chr. n. saeculo exaratum esse litteratura arguit, auctor exarandi lapidis sine dubio fuit sacerdos, qui etiam nomen suum subscripsit.

De heroe Medico et de argumenti genere cf. quae ad tit. superiorem adnotavi. — *οἰνοχόη*, quae hic commemoratur, ea opinor fuit, quam centum annis ante confectam illo titulo cognovimus; nam quod extat discrimen 32 drachmarum, id labe contracta explicatur. — *ζάκορον* sacelli illa aetate Milesium fuisse notatu dignum est.

39. Tabula marmoris Pentelici undique fracta; reperta esse dicitur in arce. Edd. Pittakis *Eph. Arch.* 372 (inde Rangabé *Ant. Hell.* 777, Curtius *Inscr. Att. duodecim* p. 17), Benndorf *Griech. u. sicil. Vasenbilder* p. 14 apographo Koehleri usus, Koehler ipse, qui in arce exscripsit, *IG* II 639, Wilhelm *Festschrift für Benndorf* p. 243 sqq. De origine tituli cf. Koehler *MAI* II p. 254.

1) cf. v. 15.

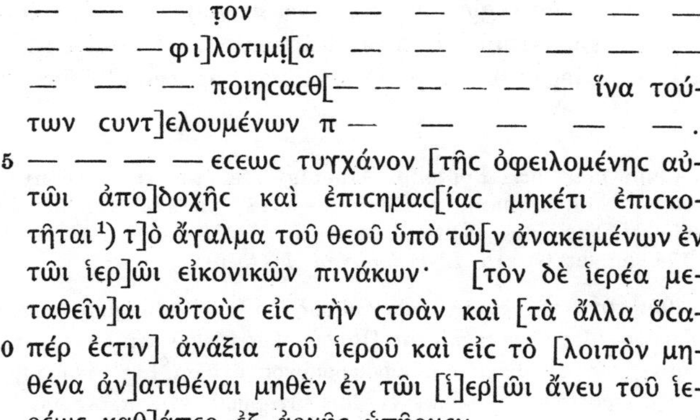
— — — τ̣ον — — — — — — —
— — — φι]λοτιμί̣[α — — — — — —
— — — ποιηcαcθ[— — — — — — ἵνα τούτων cυντ]ελουμένων π — — — — —.
— — — — εcεωc τυγχάνον [τῆc ὀφειλομένηc αὐτῶι ἀπο]δοχῆc καὶ ἐπιcημαc[ίαc μηκέτι ἐπιcκο-
τῆται[1]) τ]ὸ ἄγαλμα τοῦ θεοῦ ὑπὸ τῶ[ν ἀνακειμένων ἐν
τῶι ἱερ]ῶι εἰκονικῶν πινάκων· [τὸν δὲ ἱερέα με-
ταθεῖν]αι αὐτοὺc εἰc τὴν cτοὰν καὶ [τὰ ἄλλα ὅcα-
πέρ ἐcτιν] ἀνάξια τοῦ ἱεροῦ καὶ εἰc τὸ [λοιπὸν μηθένα ἀν]ατιθέναι μηθὲν ἐν τῶι [ἱ]ερ[ῶι ἄνευ τοῦ ἱε-
ρέωc καθ]άπερ ἐξ ἀρχῆc ὑπῆρχεν.

Decretum de tabulis votivis e cella templi cuiusdam in porticum removendis II a. Chr. n. saeculo inscriptum.

Conexum sententiarum primus egregio acumine restituit Wilhelm; nimirum ipsa verba ubique eum assecutum esse certum non est, nec tamen dubitavi supplementa eius veri utpote simillima recipere excepto uno loco. V. 11 enim ille ipse incertus erat, suppleretne *ἀν*]*ατιϑέναι* an *μετ*]*ατιϑέναι*; *μετατιϑέναι* per se rectum, nam bene fieri potuit ut Athenienses, etsi tabulas pictas e cella removebant, tamen alteram posthac e porticu translationem prohibere vellent. At tum haec duo enuntiata coniungi oportebat particula adversativa velut *ἀλλά* vel *δέ*, non *καί*. Scribendum igitur videtur *ἀν*]*ατιϑέναι*. At altera ex parte Athenienses ullam abhinc eius generis dedicationem fieri vetuisse vix credibile est, quapropter illud *μηδένα ἀν*]*ατιϑέναι μηϑέν* accuratius condicione aliqua definitum fuisse censeo, quam *ἄνευ τοῦ ἱερέως* fuisse conieci coll. n. 33 v. 3 sqq. Unde porro sequitur ut aut verba *καϑάπερ ἐξ ἀρχῆς ὑπῆρχεν* subiungamus praecepto illi *μηϑένα ἀνατιϑέναι κτλ.* aut, si id displicet et opus est verbis *ἐὰν πάντα* vel simili voce, versus ut constituamus paulo maiores.

Idem Wilhelm Benndorfii vestigia secutus piam ac tamen molestam consuetudinem, unde hoc decretum fluxit, optime illustravit. Usitatissimum enim quippe quia vilissimum genus votivorum erant *πίνακες εἰκονικοί*[2]), fictiles saepe[3]), quos cum in cella vel adeo ex ipso dei simulacro suspenderent[4]), crescente copia facile dignitas atque ordo templi turbari poterat, cui rei publice subveniri par erat. Nec raro nostra quoque aetate ecclesias catholicas eius generis votivorum copia abundare nemo nescit. Quid?

1) qui supplevit W. contulit Dem. 21, 158 et *Inschr. v. Hierap.* 339.

2) hae sunt *memores tabellae* Ovidii, *voti argumenta potentis* (Metam. VIII 744 sq.), cf. Ov. fast. III 268 *posita est meritae multa tabella deae* et Aen. Tact. 31, 15 Herch. *πινάκιον ἡρωϊκόν*; vid. etiam Herond. IV 19 et quae de hoc loco disputavit Wünsch *Archiv f. Religionswiss.* VII (1904) p. 107 sq.

3) velut magnus eorum numerus in Neptuni fano Corinthiaco inventus nunc extat in museo Berolinensi (Pernice *Arch. Jahrb.* XII p. 9 sqq.).

4) similiter Paus. III 26 *αὐτὸ δὲ τὸ ἐν τῷ ναῷ* (*ἄγαλμα*) *σαφῶς μὲν οὐκ ἦν ἰδεῖν ὑπὸ στεφανωμάτων*.

quod forte fortuna cum regionem Kissingensem nuper perlustrarem, edictum clericum huius ipsius tituli Attici simillimum, quo tabellae ac reliqua votiva in porticum delegantur, in porta ecclesiae rusticae affixum ut invenirem contigit.[5])

40. Tabula marmoris Pentelici Athenis inter theatrum Dionysi et odeum Herodis inventa. Edd. Kumanudes *Ἀθήναιον* V 1876 p. 104, Koehler *IG* II p. 419 n. 489^{b}, Michel *Recueil* 690, Dittenberger *Syll.*^{2} 558 (356^{1}). Cf. etiam Koehler *MAI* II p. 174 sqq. et Girard *L'Asclépieion d'Athènes* p. 6 sq.

Ἀγαθῆι τύχῃ τῆς βουλῆς καὶ τοῦ δήμου τοῦ Ἀθηναίων· ἐπὶ Λυ|σάνδρου τοῦ Ἀπολήξιδος ἄρχοντος· ἐπὶ τῆς Πανδιονίδος | δωδεκάτης πρυτανείας ἧ Γάϊος Γαΐου Ἁλαιεὺς ἐγρανμά|τευεν, Σκιροφοριῶνος ὀγδόηι μετ' ἰκάδας, τρίτηι καὶ εἰκοστῆ || τῆς πρυτανείας· βουλὴ ἐν βουλευτηρίωι· τῶν προέδρων | ἐπεψήφιζεν Θεάνγελος Θεανγέλου Αἰθαλίδης καὶ συν|πρόεδροι· ἔδοξεν τῇ βουλῇ· Μενίσκος Φιλοκλέους Κολωι|νῆθεν εἶπεν·

ἐπειδὴ πρόσοδον ποιησάμενος πρὸς τὴν | βουλὴν ὁ εἰληχὼς ἱερεὺς Ἀσκληπιοῦ καὶ Ὑγιείας εἰς τὸν με||τὰ Λύσανδρον ἄρχοντα ἐνιαυτὸν Διοκλῆς Διοκλέους Κηφι|σιεὺς νεώτερος ἐνφανίζει τὰ θυρώματα διεφθάρθαι τῆς πρό|τερον οὔσης εἰς τὸ ἱερὸν εἰσόδου, ὁμοίως δὲ καὶ τ(ὴ)ν ὀπίσω | τοῦ προπύλου στέγην, ἔτι δὲ καὶ τὸν ναὸν τοῦ ἀρχαίου ⟨ου⟩ ἀφι|δρύματος τοῦ τε Ἀσκληπιοῦ καὶ τῆς Ὑγιείας, καὶ διὰ τοῦτο παρα||καλεῖ τὴν βουλὴν ἐπιχωρῆσαι ἑατῶι κατασκευάσαντι ἐκ τῶν | ἰδίων θυρῶσαι τὸ ἀρχαῖον πρόπυλον, στεγάσαι δὲ καὶ τοῦ | προπύλου τὸ ὀπίσωι μέρος καὶ τὸν ναὸν τὸν ἀπέναντι τῆ[ς] | εἰσόδου, χά[ρ]ιν τοῦ τὴν ἀρχαίαν ἀποδοθῆναι τῶι ἱερῶι τάξιν· ἀγαθῇ | τύχῃ, δεδόχθαι τῇ βουλῆι· ἐπικεχωρῆσθαι Διοκλῆι Διοκλέους Κηφι||σιεῖ

---

5) Sita est prope vicum *Arnshausen* et vocatur '*Datzenbrunnkapell*' ab incolis eius regionis aegrotis frequentata. Edictum non una de causa dignum videtur quod oblivioni eripiatur; haec enim clericus sapiens idemque strenuus chartae inscripsit:

Bekanntmachung.

Nunmehr dürfen in der restaurierten Kapelle keine Bilder und Votivgegenstände mehr aufgehängt werden, sondern nur in der Vorhalle. Pferde und Kühe mit der Unterschrift: „Ich bin erhört worden", gar nicht mehr, weil solches unsere hl. Religion lächerlich macht. Trotz dieses Verbots angebrachte Thierbilder werden auf Nimmerwiedersehen entfernt.

Rathsam ist es: auf dem Brette: „Gebetsempfehlung" einen Zettel anzuheften mit der Notiz: „In schwerem Anliegen bittet um 1 Vaterunser etc." und auf dem Brette „Gebetserhörung" einen Zettel anzuheften mit der Eröffnung: „Durch die Fürbitte der Mutter Gottes oder des heiligen Antonius oder des heiligen Wendelin bin ich erhört worden," darunter Ortsnamen und Unterschrift und das Dankopfer nicht den Bilderhändlern oder Malern, sondern zur Ehre Gottes der Datzenbrunnkapelle in den Opferstock zu legen.

Wozu diese leiterfuhrgroße Bildergalerie?

Wozu diese dumme Verschwendung?

Arnshausen, den 18. Dezember 1896.

Das Pfarramt.

. . . . ., Pfr.

νεωτέρωι ποιήcαcθαι τὴν ἀνάθεcιν τῶν θυρωμάτων | καὶ cτεγάcαι τοῦ προπύλου τὸ ὀπίcωι μέροc, καταcκευάcα[ι] | δὲ καὶ τὸν ἀρχαῖον ⟦ναὸν⟧ καθάπερ παρακαλεῖ, καὶ ποιήcαcθαι τὴν ἐπ[ι]|γραφὴν ἐπὶ μὲν τῶν θυρῶν καὶ τῆc cτέγηc τήνδε· ʽΔιοκλῆ[c] | Διοκλέουc Κηφιcιεὺc νεώτεροc, ἱερεὺc γενόμενοc ἐν τῶι ἐ||πὶ Λυcιάδου ἄρχοντοc ἐνιαυτῶι, τὰ θυρώματα καὶ τὴν ὀπίcωι | τοῦ προπύλου cτέγην Ἀcκληπιῶι καὶ Ὑγιείᾳ καὶ τῶι δήμωι | ἀνέθηκεν,ʼ ἐπὶ δὲ τοῦ ναοῦ ὁμοίωc· ʽΔιοκλῆc Διοκλέουc Κη|φιcιεὺc νεώτεροc, ἱερεὺc γενόμενοc ἐν τῶι ἐπὶ Λυcιάδου | ἄρχοντοc ἐνιαυτῶι, τὸν ναὸν καταcκευάcαc ἐκ τῶν ἰδί||ων Ἀcκληπιῶι καὶ Ὑγιείᾳ καὶ τῶι ⟦δήμωι⟧ ἀνέθηκενʼ, ἵνα τούτων cυν|τελουμένων εὐcεβῶc μ(ὲ)ν (τ)ῇ βουλῇ τὰ πρὸc τὸ θεῖον ἔχη[ι], | γίνωνται δὲ καὶ ἕτεροι ζηλωταὶ τῶν ὁμοίων.

v. 12 ΤΟΝΟΠΙΣΩ 31 ΜΝΕΗΒΟΥΛΗΙ.

Certus Lysandri archontis vel eius qui successit Lysiadis annus nescitur, altera tamen primi a. Chr. saeculi parte munere eos functos esse veri simile[1]), non post Augusti aetatem functos esse certum est, quia inde ab hac sacerdotes Aesculapii, quos hic titulus annuos exhibet, ad vitae tempus creari coepti sunt. Ruinam autem, cui Diocles sacerdos tum suo sumptu mederi instituit et quae Pelope archonte i. e. medio II a. Chr. n. saeculo[2]) nondum fuit[3]), miseris Sullanae expugnationis temporibus evenisse puto.[4])

Fanum ipsum partesque eius sat bene hoc titulo cognoscimus; erant autem ut duo templa (v. 22 *τὸν ἀρχαῖον ναόν*) ita duae portae, quarum sane altera non iam utebantur (*τῆς πρότερον οὔσης εἰς τὸ ἱερὸν εἰσόδου* v. 12).[5])

V. 13/14 notanda est vox *τοῦ ἀρχαίου ἀφιδρύματος*, qua non templum, sed simulacrum Aesculapii dici certum, Epidauriam eius originem[6]) indicari probabile duco. *Ἀφίδρυμα* enim, etsi de quovis simulacro a recentioribus vulgo usurpari videtur, proprie tamen imaginem ad alius antiquioris habitum et formam expressam significat: cf. Diodor. XV 49, 1 *χρησμοὺς ἔλαβον*

---

1) propter iota mutum modo omissum modo falso additum, id quod Athenis primum in decreto *IG* II 482 inter annos 39 et 32 inscripto occurrere Koehler monuit.

2) cf. Homolle *BCH* XVII (1893) p. 162 sq. qui Pelopis archontatum annis 161 et 151 circumscripsit.

3) cf. *CIA* II 477^{b} (Michel 689), quo decreto Aesculapii sacerdos quidam laudatur nec ulla ruinae mentio fit, immo v. 10 dicitur *ἐπιμεμέληται δὲ καὶ τῆς [τοῦ να]οῦ εὐκοσμίας*.

4) quocum bene convenit testimonium tituli alterius (*Ἀθήναιον* V p. 527 sq.) *Σωκράτης Σαραπίωνος Κηφισιεὺς Ἀσκληπιῶι καὶ Ὑγιείαι τὴν κρήνην καὶ τὴν εἴσοδον [κατεσκεύασ]εν καὶ ἐθύρωσεν*, is enim Socrates sacerdos fuit a. 64/63, cf. *IG* II 958 cum *IG* III 1015. — De expugnatione Sullana cf. etiam Maass *Orpheus* p. 59 sq

5) cf. etiam Koehler l. c p. 236 sq. et 253.

6) tituli notissimi de hac re verba nunc certo a Dragumi (*Ἐφ. Ἀρχ.* 1901 p. 98 sqq.) ita constituta sunt: *ἀ]νελθὼν Ζεόθ[ε μυστηρ]ίοις τοῖς μεγά[λοις κατ]ήγετο ἐς τὸ Ἐλ[ευσίνι]ον καὶ οἴκοθεν [μεταπεμ]ψάμενος διά[κονον ἤγ]αγεν δεῦρε ἐφ' ἅ[ρματ]ος Τηλεμάχο [ἀπ]α[ντήσαντ]ος· ἅμα ἦλθεν Ὑγ[ίεια κα]ὶ οὕτως ἱδρύθη [τὸ ἱερὸ]ν τόδε ἅπαν ἐπὶ [Ἀστυφί]λο ἄρχοντος Κυ[δαντίδ]ο.*

(οἱ Ἴωνες) ἀφιδρύματα λαβεῖν ἀπὸ τῶν ἀρχαίων καὶ προγονικῶν αὐτοῖς βωμῶν ἐξ Ἑλίκης κτλ. et de eadem re Strab. VIII 385 cuius verba vel clariora sunt: τοὺς γὰρ ἐκ τῆς Ἑλίκης ἐκπεσόντας Ἴωνας αἰτεῖν πέμψαντας παρὰ τῶν Ἑλικέων μάλιστα μὲν τὸ βρέτας τοῦ Ποσειδῶνος, εἰ δὲ μή, τοῦ γε ἱεροῦ τὴν ἀφίδρυσιν κτλ.).[7]) Similiter de universo sacello Strab. VIII 360 δείκνυται δ' ἐν τῇ Γερηνίᾳ Τρικκαίου ἱερὸν Ἀσκληπιοῦ, ἀφίδρυμα τοῦ ἐν τῇ Θετταλικῇ Τρίκκῃ et IX 403 de templo Apollinis Boeotico quod Δήλιον vocatur: τὸ ἱερὸν τοῦ Ἀπόλλωνος ἐκ Δήλου ἀφιδρυμένον. Sine illa imitationis vel translationis ratione dicitur e. g. Plut. Stoic. rep. 22 (e Chrysippo) ἔτι δὲ μᾶλλον ἀφεκτέον εἶναι τοῦ πρὸς βωμὸν οὐρεῖν ἢ ἀφίδρυμα θεοῦ, similiter Diod. V 55, Plut. de mus. 14, Michel 856 (de simulacro illo Dionysi in platano Magnesiae invento).

41. Tabula marmoris Pentelici supra et infra fracta, reperta Piraei. Edd. Kumanudes *Ἀθήναιον* I p. 64 (litteris minusculis), Foucart *Associations religieuses* p. 189 (cf. p. 12 et 20 sq.) ectypo et apographo Kumanudis usus, Koehler *IG* II 610 ex apographo Velseni, Michel *Recueil* 979. Cf. etiam Ziebarth *Griech. Vereinswesen* p. 36, Wilhelm *Jahreshefte d. Oe. Arch. Inst.* V p. 132, A. Mommsen *Feste d. Stadt Athen* p. 489 sq.

— — — ιε. . . . . χ̣ε̣ναικε. . . . . ιε. . . . . ας ὁπόσοι ἐν τῇ[ι στή]λ|ηι ἐγ[γεγρα]μμένοι εἰσὶν ἢ το[ὺς τ]ούτων ἐκγόνους· ἐὰν δέ τις θύηι | τῆι θεῶι τῶν ὀργεώνων οἷς μέτεστιν τοῦ ἱεροῦ ἀτελεῖς αὐτοὺς θύειν· | [ἐ]ὰν δὲ ἰδιώτης τις θύηι τῆι θεῶι διδόναι τῆι ἱερέαι γαλαθηνοῦ μὲν :IC: ‖ [κ]αὶ τὸ δέρμα καὶ κωλῆν διανε[κ]ῆ δεξιάν, τοῦ δὲ τελέου :III: καὶ δέρμα καὶ | [κ]ωλῆν κατὰ ταὐτά, βοὸς δὲ :IC:[1]) καὶ τὸ δέρμα· διδόναι δὲ τὰ ἱερεώσυνα[2]) τῶ|[ν μὲ]ν θηλ[ε]ιῶν τῆι ἱερέαι, τῶν δὲ ἀρρένων τῶι ἱερεῖ· παραβώμια δὲ μὴ | [θύ]ειν [μ]ηδέ[ν]α ἐν τῶι ἱερῶ[ι ἢ] ὀφείλε[ι]ν :𐅃: δραχμάς· ὅπως δ' ἂν ἡ οἰκία καὶ | [τ]ὸ ἱερὸν ἐπισκε[υ]άζηται, τὸ ἐν[οίκιον τῆ]ς οἰ[κίας] καὶ τὸ ὕδωρ ὅσου ἂμ πραθῆι ε‖[ἰς τὴν ἐ]πισκευὴν τοῦ ἱεροῦ [καὶ τῆς] οἰκίας, εἰς ἄλλο δὲ μηδὲν ἀναλίσκειν, ἕ|[ω]ς ἂν τ[ὸ ἱερὸ]ν ἐπισκευ[ασ]θῆι κ[αὶ ἡ οἰκία], ἐὰν μή τι ἄλλο ψηφίσωνται οἱ ὀργεῶνε[ς] | . . ασε. . . . ν[3]) εἰς τὸ ἱερόν· ὑπολι[μπά]νειν δὲ ὕδωρ τῶι ἐνοικοῦντι ὥστε χρῆσθ[αι· | ἐὰ]ν δ[έ τι]ς [ε]ἴπ[ηι][4]) ἢ ἐπιψηφίσηι παρὰ τόνδε τὸν νόμον, ὀφειλέτω :𐅃: δραχμὰς τῆι | θεῶι ὅ τ[ε εἰπὼν καὶ][5]) ὁ ἐπιψηφίσας καὶ μὴ μετέστω αὐτῶι τῶν κοινῶν· ἀναγράφειν δὲ ‖

7) cf. de usu vocis Wesseling ad Diod. XV 49, de more Lobeck *Aglaoph.* p. 274 sq.

1) :IC: F., :I: Kum., :I/: Koe., Foucarti lectio re ipsa commendatur.
2) ita, non *ἱερώσυνα* in lapide scriptum esse testatur Ziebarth *MAI* XXIII p. 25
3) ΔΑΠΑ.Α.ΕΙΣ F. *δαπα[ν]ᾶν* supplens, . . . ΣΕ. . *ν εἰς* Kum., . . ΛϟL. . . . Ν Koe.
4) suppl. Koe. agnoscens in lapide . . ΝΔ. . . Σ.Ι˥. . Η, cum F. et Kum. legissent *ἐὰν δέ [τις] ποιεῖ.*
5) *θεῶ)ι ὁ γ(ράψα)ς* Kum., ΘΕΩΙΟΓΡΑΨΑΣ F., . . . ΟΤ. . . . . Koe. qui supplevit.

[αὐτὸν ὀφείλο]ντα τῆι θεῶι τοῦτο τὸ ἀργύριον εἰc τὴν cτήλην τοὺc ἐπιμελητά[c]· | ἀγορὰν [δὲ] καὶ ξύ[λλ]ογον ποεῖν τοὺc ἐπιμελητὰc καὶ τοὺc ἱεροποιοὺc ἐν τῶι ἱερ||[ῶ]ι πε[ρὶ τῶ]ν κοινῶν τῆι δευτέραι ἱcταμένου τοῦ μηνὸc ἑκάcτου· διδόναι δὲ | [τοῖc ἱ]εροποιοῖc εἰc τὴν θυcίαν :ꜰꜰ: δραχμὰc ἕκαcτον τῶν ὀργεώνων οἷc μέτεcτι | [το]ῦ [ἱ]εροῦ τοῦ Θαργηλιῶνοc πρὸ τῆc ἕκτηc ἐπὶ δέκα, ὃc δ' ἂν ἐπιδημῶν Ἀθήνη||[c]ι καὶ ὑγιαίνων μὴ cυνβάλληται, ὀφειλέτω :ꜰꜰ: ἱερὰc τῆι θε[ῶι]· ὅπωc δ' ἂν ὠ|[c πλ]εῖcτοι ὦcιν ὀργεῶνεc τοῦ ἱεροῦ ἐξεῖναι τῶ, βουλομένωι εἰcενέγκαντι | [. . . . δρ]αχμὰc μετεῖναι αὐτῶι τοῦ ἱεροῦ καὶ εἰc τὴν cτήλην ἐγγράφεcθαι· τ[οὺc | δ' ἐγγεγραμ]μένουc εἰc τὴν cτήλην δο[κι]μ[ά]ζειν τοὺc ὀργεῶναc καὶ παρ[α — | — — — — — — — — — — — το]ῦ Θαρ[γηλι||ῶνοc — — — — — —

Hac lege altera ut videtur IV a. Chr. n. saeculi parte inscripta aut primum institutum aut denuo instauratum est collegium orgeonum deam quandam (v. 3. 4. 13. 15) colentium. Ad matrem deorum cum Foucart[6]) et ceteros orgeonum Piraeensium titulos et hanc legem rettulisset, Bendin[7]), Dianam Thracum, dici Koehler inde collegit, quod orgeones ante diem XVI Thargelionis mensis pecuniam ad sacra faciunda solvere iubentur (v. 17 sqq.), eiusdem autem mensis die XIX Bendidea celebrata esse constat.[8]) Quae ratio, quamquam alio mense sacra fieri, alio stipem conferri inauditum non est[9]), tamen valde commendatur et praepositione *πρό*, quae diem ultimam constituere videtur, et mentione Thargelionis mensis iterata v. 24, quam ad concilium sollemne tum faciendum pertinere veri simillimum est. Confirmari porro Koehleri rationem duabus aliis causis vidit Wilhelm: altero enim mensis die, quo contiones orgeonum hac lege fieri iubentur (v. 16), factum est decretum collegii Bendidis sacri *IG* II 620[10]), et in titulo proximo n. 42, quod est decretum Thracum Bendin colentium, aeque atque in hac lege *ἱερεύς* et *ἱέρεια* commemorantur, ille sc. sacerdos dei qui nomine *Δηλόπτης* una cum Bendide colebatur.[11]) Iam

6) quem secuti sunt Wachsmuth *Stadt Athen* II 140 (aliter sane p. 158) et Ziebarth *l. c.*, Koehlero assensus est A. Mommsen *l. c.*

7) cf. de hac dea nunc potissimum Rapp in Roscheri Lex. I p. 779 sqq., Hartwig *Bendis* 1897, Trendelenburg *Bendis* 1898, Foucart *Mélanges Perrot* p. 95 sqq

8) schol. Plat. Polit. p. 327 A *ταῦτα δὲ (τὰ Βενδίδεια) ἐτελεῖτο Θαργηλιῶνος ἐνάτῃ ἐπὶ δέκα*, atque ita etiam Procl. ad Tim. p. 9 B, qui tamen p. 27 A vicesimum eius mensis diem tradit, cf. de hac re Mommsen *Feste* p. 488.

9) velut Epicteta testamento constituit, ut ad sacra altera parte mensis Delphinii facienda pecunia solveretur mense Eleusinio, Diomedon Cous (n. 144), ut Theudaesio mense ad sacra mensis Petagitnyi medii.

10) *ἐπὶ Λυ[σ]ιθείδου ἄρ[χ]οντος Σ[κιρ]οφορι[ῶ]νο[ς] δευτέρα[ι κτλ.* ex tertio a. Chr. n. saeculo exeunte. sane hic sodales decernentes *θιασῶται* vocantur, sed eosdem et orgeones et thiasotas dici posse post Schöllium (*Münch. Sitzungsber.* 1889 p. 16) contra Foucartum (*BCH* VII p. 74) et Ziebarthium (*l. c.*) iterum monuit Wilhelm *l. c.* p. 132 coll. *IG* II suppl. 620 b. Ac Bendidis quidem sodales utique et orgeones et thiasotas se appellasse apparet titulis *IG* II 610 et *BCH* 1899 p. 370 comparatis.

11) vid. decretum *BCH* 1899 p. 370 quo quidam laudatur *τῆς τε πρὸς τὴν Βένδιν καὶ τὸν Δηλόπτην καὶ τοὺς ἄλλους θεοὺς εὐσεβείας ἕνεκεν*; is igitur deus

vero duo collegia Piraeensia Bendidis sacra coluisse alterum indigenarum Atticorum alterum Thracum, id quod vel e Platonis verbis colligi poterat[12]), Wilhelm acute eo probavit, quod decretum *IG* II 620 altero mensis die factum est, duo autem Thracum decreta, quorum alterum huic titulo subiunxi, alterum adhuc ineditum est, octavo mensis die, nec tamen veri simile est diem contionum eiusdem collegii, praesertim haud ita magno temporis spatio, mutatam esse. Sequitur ut haec lex, quae altero cuiusque mensis die contiones fieri praecipiat, orgeonibus indigenis tribuenda sit, atque etiam praeceptum de novis sodalibus recipiendis (v. 20 sqq.), maxime verba *ὅπως δ' ἂν ὡ[ς πλ]εῖστοι ὦσιν ὀργεῶνες τοῦ ἱεροῦ* de ceteris Piraeensibus aptiora sunt meliusque intellegi possunt quam de ipsis Thracibus, quippe quos sponte ubi quisque Piraeum transmigraverat collegium introisse veri simile sit.

Quo anno primum Bendis in Atticam pervenerit, non certo constat[13]), sed anno 429/8 sacra eius vel publice recepta fuisse certum est.[14]) Eodem igitur tempore iam sacellum deae collegiumque orgeonum institutum fuisse consentaneum est. Ac si cippus quidam terminalis in clivo collis Munichiae inventus *hόρος τõ hιερõ* ad sacellum Bendidis pertinet[15]), id iam medio fere saeculo quinto fuisse litteratura (ϟ et R) prodit. Unde de collegio orgeonum indigenarum, ad quod haec lex pertinet, nimirum nihil colligi potest, immo eos non nisi aliquanto temporis post exemplum illorum secutos esse consentaneum est. Tamen altera demum IV a. Chr. saeculi parte primum hac lege collegium eorum institutum esse nec per se veri simile mihi videtur et id, quod v. 1—2 nomina orgeonum in stela e s s e inscripta dicuntur, ni fallor instaurari collegium iam prius institutum probat. Ac dubito an sit institutum eodem fere tempore, quo Plato Socratem de republica disputantem facit. Splendidiores quidem ferias, quas tum primum et ab indigenis et a Thracibus celebratas esse ille tradit, cum collegio orgeonum ab indigenis recens instituto cohaerere suspicor. Utique Platonem verbis *ἡ τῶν ἐπιχωρίων πομπή* non quamlibet Piraeensium civium frequentiam, sed orgeones potissimum indigenas dicere persuasum habeo.

---

est Aesculapii consimilis, qui in anaglypho celeberrimo Hauniensi iuxta deam repraesentatus est (Hartwig *l. c.* tab. I fig. 1); cf. etiam *MAI* 1900 p. 172 ubi Wiegand anaglyphum Samium edidit inscriptum *Ἥρως Δηλόπτης*. Nomen a somniis incubantium derivavit Perdrizet *Rev. d. études anc.* 1901 p. 267, contra linguae Thraciae tribuit Foucart *Mélanges Perrot* p. 97 atque nomen *Δηλόπτιχον* quo duo Byzantii utuntur (*CIG* 2108 g et *IG* VII 2418) a nomine divino derivatum esse id utique recte monuit.

12) de rep. I p. 327 A *κατέβην χθὲς εἰς Πειραιᾶ — — — προσευξόμενός τε τῇ θεῷ καὶ ἅμα τὴν ἑορτὴν βουλόμενος θεάσασθαι, τίνα τρόπον ποιήσουσιν ἅτε νῦν πρῶτον ἄγοντες· καλὴ μὲν οὖν μοι καὶ ἡ τῶν ἐπιχωρίων πομπὴ ἔδοξεν εἶναι, οὐ μέντοι ἧττον ἐφαίνετο πρέπειν ἣν οἱ Θρᾷκες ἔπεμπον.* Bendidea dici fine libri primi p. 354 A apparet.

13) cf. Bergk *Com. Att. rel.* p. 90, K. F. Hermann de rei publ. Plat. temp. p. 12, Meineke Fragm. P. Com. II 61.

14) vid. *IG* I 210 fr. k traditionum anni 429/8.

15) cf. Dragatsis *Ἐφ. Ἀρχ.* 1884 p. 220 et Wilhelm *Jahreshefte* V p. 135.

V. 1 ante *ὁπόσοι* fortasse *ἱερωσύνας* scriptum erat isque cum sequentibus conexus, ut iis solummodo, quorum nomina in stela catalogum sc. orgeonum continente inscripta erant, posterisque eorum sacerdotia Bendidis Deloptaeque petere liceret. Potest tamen ea quoque sententia latere, ut ii solum sacris interesse dicantur, quorum nomina in stela illa inscripta sint (cf. n. 130), id quod certo scire sacerdotis potissimum intererat propter proxima de emolumentis praecepta; ab orgeonibus enim ipsis nihil exigere debebat. Emolumenta e ceterorum sacrificiis constituta pro aetate et magnitudine hostiarum differunt, ac sacerdotem, cum bovis accipiat pellem, minus pecuniae, nullam accipere pernam aequum est. Pro maiore hostia duplex pretium ac pro lactente solvi vulgatum fuisse videtur, cf. n. 17.

V. 9 *παραβώμια δὲ μὴ θύειν*: sacrificia dici quae homines procul ab aris nec rite facerent ne legitimas sportulas dare cogerentur[16]), iam Kumanudes vidit, cf. n. 33 v. 6 et n. 160 et decreti Demotionidarum (*Syll.*² 439) v. 51 sqq. Aliis locis hymni ad aram canendi dicuntur, e. g. Michel *Recueil* 499 v. 8 *ᾆσαι τοὺς ἐλευθέρους παῖδας παραβώμιον*; cf. etiam Soph. Oed. R. 184.

V. 8 sq. quod distinguuntur *ἡ οἰκία* et *τὸ ἱερόν*, duo diversa aedificia dici videntur, cum sacellum orgeonum *Ἐγρέτου* (n. 43) in ipsa domo olim privata fuerit, quam ipsi quoque locabant. — v. 21 de introitus mercede et de docimasia cf. Iobacchor. leg. (n. 46) v. 32 sqq.

42. Stela marmoris candidi, a dextra et ab inferiore parte fracta, inventa Piraei '*ἔν τινι δεξαμενῇ πρὸ τοῦ Ζαννείου νοσοκομείου*', nunc in museo Piraeensi. Ed. A. Wilhelm *Jahreshefte d. Oest. Arch. Inst.* V 1902 p. 127 sqq. cum imagine photographica et commentario bonae frugis pleno. Cf. praeterea Foucart *Mélanges Perrot* p. 95 sqq.

Θεοί.

Ἐπὶ Πολυστράτου ἄρχοντος, μηνὸς Ἑκατομβαιῶνος ὀγδόη|ι ἱσταμένου· ἀγορᾶι κυρίαι· Σωσίας Ἱπποκράτου εἶπεν· | ἐπειδὴ τοῦ δήμου τοῦ Ἀθηναίων δεδωκότος τοῖς Θραιξὶ μ||όνοις τῶν ἄλλων ἐθνῶν τὴν ἔγκτησιν καὶ τὴν ἵδρυσιν τοῦ | ἱεροῦ κατὰ τὴν μ[α]ντείαν τὴν ἐγ Δωδώνης καὶ τὴν πονπὴν π|ένπειν ἀπὸ τῆς ἑστίας τῆς ἐκκ τοῦ πρυτανείου καὶ νῦν οἱ | ἡι[ρη]μένοι ἐν τῶι ἄστει κατασκευάσασθαι ἱερὸν οἴοντα|ι δεῖν οἰκείως διακεῖ[σθ]αι πρὸς ἀλλήλους· ὅπως ἂν οὖν φα||[ίν]ωνται καὶ οἱ ὀργεῶνες τῶι τε τῆς πόλεως

16) contra non satis intellego, quid sibi velit vox in titulo Patmico (Ross. inscr. ined. II p. 73 n. 190):

αὕτη παρθενικὴ Ἐλαφηβόλος ἀρήτειραν
θήκατο Κυδ[ίππ]ην Γλαυκίεω θύγατρα
ὑδροφόρον ἣν [ἐ]ν Πάτν[ῳ] παραβ[ώ]μια ῥέξαι
σπαιρόντων αἰγῶν ἔμβρυα καλλιθύτων.

Diversa fuisse *ἀποβώμια* rituque in quibusdam sacris praescripta moneo: Eustath. p. 727, 18 et p. 1728, 28 *ἀποβώμια ἱερά· τὰ μὴ ἐπὶ βωμοῦ, ἀλλ' ἐπὶ ἐδάφους καθαγιζόμενα*, cf. de hac re Stengel *Hermes* XXVII (1892) p. 163.

νόμωι πειθαρ|χοῦντες ὃς κελεύει τοὺς Θρᾶικας πέμπειν τὴμ πομπὴν εἰ|[ς Π]ε[ι]ραιᾶ καὶ πρὸς τοὺς ἐν τῶι ἄστει ὀργεῶνας οἰκείως [δ]|ιακείμενοι· ἀγαθεῖ τύχει δεδόχθαι τοῖς ὀργεῶσιν·

[τὴ|ν μὲ]ν πονπὴ[ν [1]) ὡ]ς ἂν [ἕ]λωνται οἱ ἐν τῶι ἄστει συνκαθι[στάνα]‖ι τὴμ πομπὴν καὶ τήνδε ⟦ο⟧ὖν [2]) ἐκ τοῦ πρυτανείου εἰς Πει[ραιᾶ] | πορεύεσθαι ἐν τῶι αὐτῶι τοῖς ἐκ τοῦ Πειραιέως· τ[οὺς δὲ ἐ]|ν τῶι Πειραιεῖ ἐπιμελητὰς ὑποδέχεσθαι τούτου[ς παρέ]|χοντας ἔν τε τῶι Νυμφαίωι σφ⟦ό⟧γγους καὶ λεκάνας κ[αὶ ὕδωρ] | καὶ στεφάνους καὶ ἐν τῶι ἱερῶι ἄριστον καθάπερ [καὶ ἑαυ]‖τοῖς παρασκευάζουσιν· ὅταν δὲ ὦσιν αἱ θυσίαι, εὔ[χεσθαι] | τὸν ἱερέα καὶ τὴν ἱέρειαν πρὸς ταῖς εὐχαῖς ἃς εὔ[χονται] | καὶ τοῖς ὀργεῶσιν τοῖς ἐν τῶι ἄστει κατὰ ταὐτά, ὅπ[ως ἂν τού]|των γενομένων καὶ ὁμονοοῦντος παντὸς τοῦ ἔθ[νους αἵ τ]|ε θυσίαι γίνωνται τοῖς θεοῖς καὶ τὰ ἄλλα ὅσα πρ[οσήκει] ‖ κατά τε τὰ πάτρια τῶν Θραικῶν καὶ τοὺς τῆς πόλ[εως νόμου]|ς καὶ ἔχει καλῶς καὶ εὐσεβῶς παντὶ τῶι ἔθν[ει τὰ πρὸς τοὺ]|ς θεούς· εἶναι δ᾿ αὐτοῖς καὶ ἐὰν περὶ ἄλλο[υ τινὸς βούλωντ]|αι προσιέναι πρὸς τοὺς ὀργεῶνας πρ[όσοδον ἀεὶ πρώτοις] | μετὰ τὰ ἱερὰ καὶ ἐάν τινε[ς βούλωνται [3]) . . τῶν ἐν τῶι ἄστει] | ὀργεώνων ἐπεισιέ[ναι εἰς τοὺς ὀργεῶνας ἐξεῖναι αὐτοῖ]‖ς [4]) εἰσιέναι κ[αὶ . . . . λαμβάνειν διὰ] | βίου τὸ μέρ[ος — —

Polystrati archontis annus ignotus est, propter litteraturam titulum *στοιχηδὸν* incisum priori III a. Chr. n. saeculi parti tribuit Wilhelm. Decretum est orgeonum Piraeensium de pompa una cum Thracibus urbanis Bendidi [5]) ducenda atque illis deinceps in sacello Piraeensi hospitio recipiendis. E duobus orgeonum collegiis, quae Piraei Bendidis sacris operam dedisse supra p. 118 Wilhelmium secutus statui, hic non orgeones indigenas haberi ut in superiore titulo, sed Thraces ipsos manifestum est (cf. e. g. v. 12 et 25). Iam archonte Polystrato etiam Thraces urbanos Bendidi sacellum collegiumque constituisse cognoscitur.

V. 4 sqq. dubitari potest de verbis *τοῦ δήμου τ. Ἀ. δεδωκότος τοῖς Θραιξὶ μόνοις κτλ.* utrum ad potestatem tum a Thracibus urbanis impetra-

---

1) suppl. Wilhelm: '*der Buchstabe vor πομπη, an sehr beschädigter Stelle, scheint je nach der Beleuchtung* N *oder* M; *dadurch ist περὶ τῆς πομπῆς ausgeschlossen, und in der That ist auch der letzte Buchstabe des Wortes eher Ny als Sigma.*'

2) ΤΗΝΔΕΥΝ lapis; corr. Wilh., qui aut litteram O a lapicida sicut in *σφόγγους* v. 18 praetermissam aut contractionem ceteroquin sane inauditam agnoscendam statuit; de lectione Foucarti *τὴν δὲ ὗν κτλ.* vid. comm.

3) suppl. Wilh. atque id, cum pars litterae Y in imagine appareat, certo, etsi duarum litterarum lacuna ita non expletur. Scriptumne fuit *τῶν ἐκκ* (cf. v. 7) *τοῦ ἄστεως*] *ὁ.*?

4) suppl. Wilh. qui sequentem lacunam ita fere refingendam censuit: *κ[αὶ μὴ τελεῖν τὸ εἰσόδιον καὶ λαμβάνειν* vel potius *κ[αὶ λαμβάνειν καὶ μὴ τελοῦντας τὴν φορὰν διὰ] βίον.* utique de portionibus e sacrificiis accipiendis agitur.

5) Bendidis sacra spectari vel una Thracum mentio declarat, quorum illa dea erat patria (cf. v. 25 *κατά τε τὰ πάτρια τῶν Θρ.*).

tam an ad Piraeense sacellum iam pridem V. a. Chr. n. saeculo conditum referenda sint. Illud eo commendatur, quod urbanis Thracibus auctoritate plebisciti opus fuisse exspectamus (cf. n. 30), plura tamen ni fallor alteri sententiae favent: cum universae gentis Thraciae mentio v. 4 tum coniunctio illa *καὶ νῦν* et mentio pompae *ἀπὸ τῆς ἑστίας τῆς ἐκ τοῦ πρυτανείου* ducendae, quae ita iam pridem a Piraeensibus ducta esse videtur.[6]) Deinde explicationem desiderat illud *μόνοις τῶν ἄλλων ἐθνῶν*, nam etiam Aegyptios et Citienses eadem potestate usos esse constat; relinquitur ut *μόνοις* arte coniungamus cum verbis *κατὰ τὴν μαντείαν τὴν ἐγ Δωδώνης* et Athenienses unis Thracibus ex oraculi iussu sacelli condendi potestatem fecisse statuamus. Quo titulo illi non sine causa gloriati sunt, id enim quod ita impetraverant, ab arbitrio aurae popularis multo tutius fuisse, quam id quod Aegyptii et Citienses benevolentiae plebis debebant, optime monuit Foucart. — De pompa ipsa cf. Plat. *de rep.* p. 327 a et 328 a.

V. 13 sqq. lectionem Wilhelmii secutus sum, quamquam ita et structura negligentior evenit et error lapicidae statuendus est. Quo ab errore Foucart eum tueri studuit et locum ita legendum proposuit: *τὴ|ν μὲν] πονπὴ[ν ὥ]ς ἂν [ἕ]λωνται οἱ ἐν τῶι ἄστει συνκαθισ[τάντ||ας κοινῆι πέμψ]αι· τὴν δὲ ὗν ἐκ τοῦ πρυτανείου εἰς Πει[ραιᾶ] | πορεύεσθαι ἐν τῶι αὐτῶι τοῖς ἐκ τοῦ Πειραιέως* quae ita explicat: orgeones Piraei non recusare, quin una cum urbanis pompam ducant, '*mais il se réservent un privilège qui était la marque de leurs droits plus anciens; la truie qui était la victime essentielle offerte à la déesse, devait marcher dans leurs rangs.*' Quae primo aspectu arrident, sed non modo quae priore v. 15 parte supplevit, cum litteris a Wilhelmio ibi lectis non conveniunt[7]), sed ne praeceptum quidem ipsum illud *τὴν δὲ ὗν κτλ.* offensione caret: primum viae definitio *ἐκ τοῦ πρυτανείου εἰς Πειρ.* in mentione peculiaris partis pompae parum apta est, deinde illud *πορεύεσθαι ἐν τῷ αὐτῷ τοῖς Π.* de hominibus eadem pompa consociatis optime dicitur, non item de hostia, de qua *σὺν* vel *μετὰ τ. Π.* dicere satis erat, porro quod in proximo enuntiato legitur *τούτους* ita parum habet quo referatur. Res denique ipsa, qua potissimum nonnullis lectionem Foucarti probatum iri suspicor, valde dubia est; victimam enim Bendidis propriam suem fuisse ille sumpsit, non demonstravit; ea quidem, quae e superiore titulo (v. 4 sqq.) de ea re colligi possunt, vel repugnant, iam vero Piraeenses et Thraces non suam utrosque hostiam duxisse et sacrificavisse incredibile est, ut tota illa Piraeensium cautio irrita sit. Quare, ut nunc certe res est, praestat illa Wilhelmii lectio, et in orgeonum titulis eiusmodi neglegentias structurae minime inauditas esse exemplis satis probavit Wilhelm.

V. 16 sqq. verba *παρέ]χοντας ἔν τε τῶι Νυμφαίωι σφ[ό]γγους κτλ.* ad mactationem porcae illius in Nymphaeo faciendam arcanasque quasdam

6) '*Dass der Festzug von dem Herde des Prytaneions ausgeht, um von dieser heiligen Stätte Feuer zu entnehmen, sei im Hinblick auf das durch Platon bekannte Nachtfest der ἀφιππολαμπάς angedeutet.*' Wilhelm.

7) nonnullae eorum vel in imagine photographica certo discernantur, praecipue ΜΠΗΝ.

caerimonias cruentas rettulit Foucart. Non credo. Immo orgeones postquam longam per viam aestivo tempore[8]) pompam duxerunt, aestu et pulvere defessi merito non statim prandium, sed lavacrum prius desiderabant, quod benigne Piraeenses urbanis aeque ac sibi ipsis praebendum curabant. Nymphaeum igitur nihil aliud fuisse persuasum habeo nisi balneum, quod Nymphis nimirum orgeones dedicaverant, proxime sacellum Bendidis ipsum situm, unde reconditiorem quandam inter Bendidis et Nympharum cultum conexum cave colligas. — De prandio cf. n. 6 in.

V. 20 sqq. quod *ὁ ἱερεύς* (sc. *Δηλόπτου*, cf. supra p. 117 not. 11) et *ἡ ἱέρεια* (sc. Bendidis) in sollemnibus sacrorum precibus etiam orgeonum urbanorum mentionem facere iubentur, Wilhelm conferri iussit Herod. VIII 111 *ἀπὸ ταύτης σφι τῆς μάχης Ἀθηναίων θυσίας ἀναγόντων ἐς τὰς πανηγύριας τὰς ἐν τῇσι πεντετηρίσι γενομένας κατεύχεται ὁ κῆρυξ ὁ Ἀθηναῖος ἅμα τε Ἀθηναίοισι λέγων γίνεσθαι τὰ ἀγαθὰ καὶ Πλαταιεῦσι* et Theopompi de Atheniensibus Chiisque testimonium (schol. Arist. Av. 878): *τὰς εὐχὰς κοινὰς καὶ περὶ ἐκείνων καὶ σφῷν αὐτῶν ἐποιοῦντο καὶ σπένδοντες ἐπὶ ταῖς θυσίαις ταῖς δημοτελέσιν ὁμοίως ηὔχοντο τοῖς θεοῖς Χίοις διδόναι τἀγαθὰ καὶ σφίσιν αὐτοῖς.*

V. 30 *ἐπεισιέναι*: de orgeonum urbanorum in collegium Piraeense introitu agi W. vidit coll. *IG* II suppl. 618 b *ἀναγράφειν δὲ καὶ τῶν ἐπεισιόντων συνθιασωτῶν τὰ ὀνόματα ἐπὰν καταβάλωσιν τὸ ἐπιβάλλον αὐτοῖς τοῦ ὑπάρχοντος ἀργυρίου*, illis vero ut aliquo privilegio uterentur, immunem concessum esse introitum rectissime statuit eiusque immunitatis exemplum attulit titulum Deliacum (*BCH* XIII p. 239 n. 11 v. 16) *προσλαβέσθαι δὲ αὐτοὺς εἰς τὴν σύνοδον ἄνευ τοῦ καθήκοντος εἰσοδίου*; cf. de hac mercedis introitu etiam Iobacch. leg. (n. 46) v. 32 sqq.

43. Stela marmoris Pentelici Athenis sub colle Nympharum inventa, nunc ibidem in schola Americana. Edd. G. D. Lord *American Journal of Arch.* III 1899 p. 44 tab. I, Michel *Recueil* 1356, Dittenberger *Syll.* 937.

Θε]οί.

[Ο]ἱ ὀργεῶνες ἐμίσθωσαν τὸ ἱερὸν το|[ῦ] Ἐγρέτου Διογνήτωι Ἀρκεσίλου Με|λιτεῖ εἰς δέκα ἔτη :ΗΗ: δραχμῶν τοῦ ἐ‖⟨ε⟩νιαυτοῦ ἑκάστου, χρῆσθαι[1]) τῶι ἱ|ερῶι καὶ ταῖς οἰκία⟦ι⟧ς[2]) ταῖς ἐνωικοδ|ομημέναις ὡς ἱερῶι· περιαλείψει δ|ὲ Διόγνητος καὶ τῶν τοίχων τοὺς δε|ομένους, ἐνοικοδομήσει δὲ καὶ κατ‖ασκευᾶι καὶ ἄλλ' ὅ(τ)αν[3]) τι

8) de quo Plat. *de rep.* 350 D *ὡμολόγησε μὲν πάντα ταῦτα οὐχ ὡς ἐγὼ νῦν ῥᾳδίως λέγω, ἀλλ' ἑλκόμενος καὶ μόγις, μετὰ ἱδρῶτος θαυμαστοῦ ἅτε καὶ θέρους ὄντος.*

1) inter Η et Σ duarum litterarum spatium vacuum reliquit lapicida. quem si recte Dttb. suspicatur ambiguum fuisse utrum *χρῆσθαι* an *χρήσασθαι* an *χρήσεσθαι* incideret, eundem *χρῆσθαι* si falsum cognovisset, correcturum postea fuisse existimo. Itaque non video cur cum D. scribamus *χρή[σα]σθαι.*

2) ΟΙΚΙΑΣ lapis.

3) ΟΣΑΝΤΙ lapis, emend. Wilhelm apud L.

βούληται | Διόγνητος· ὅταν δὲ ὁ χρόνος ἐξίηι | αὐτῶι τῆς δεκαετίας, ἄπειςιν ἔχων | τὰ ξύλα καὶ τὸν κέραμον καὶ τὰ θυρώ|[μ]ατα, τῶν δ' ἄλλων κινήςει οὐθέν· ἐπι||[μ]ελήςεται δὲ καὶ τῶν δένδρων τῶν | ἐν τῶι ἱερῶι πεφυκότων, καὶ ἄν τι ἐγ|λείπει ἀντεμβαλεῖ καὶ παραδώςει | τὸν αὐτὸν ἀριθμόν· τὴν δὲ μίςθωςιν | ἀποδώςει Διόγνητος τῶι ἀεὶ ταμιε||ύοντι τῶν ὀργεώνων ἑκάςτου τοῦ ἐν|ιαυτοῦ, τὴμ μὲν ἡμίςεαν τὰς :Η: δραχμὰ[ς] | τοῦ Βοηδρομιῶνος τῆι νουμηνίαι, | τὴν δὲ λοιπὴν τὰς :Η: δραχμὰς τοῦ Ἐλα|φηβολιῶνος τῆι νουμ(η)νίαι· ὅταν δὲ || θύωςιν οἱ ὀργεῶνες τῶι ἥρωι τοῦ Βο|ηδρομιῶνος, παρέχειν Διόγνητον τ|ὴν οἰκίαν, οὗ τὸ ἱερόν ἐςτιν, ἀνεωιγ|μένην καὶ ςτέγην καὶ τὸ ὀπτάνιον | καὶ κλίνας καὶ τραπέζας εἰς δύο τρ||ίκλινα· ἐὰν δὲ μὴ ἀποδιδῶι τὴμ μίςθ|ωςιν Διόγνητος ἐν τοῖς χρόνοις τοῖς | γεγραμμένοις ἢ τἆλλα μὴ ποεῖ τὰ ἐν | τῆι μιςθώςει γεγραμμένα, ἄκυρος | ἔςτω αὐτῶι ἡ μίςθωςις καὶ ςτερέςθ[ω] || τῶν ξύλων καὶ τοῦ κεράμου καὶ τῶν | θυρωμάτων, καὶ ἐξέςτω τοῖς ὀργεῶςι | μιςθοῦν ὅτωι ἂν βούλωνται· ἐὰν δέ τις | εἰςφορὰ γίνηται, ἀπὸ τοῦ τιμήματος | τοῖς ὀργεῶςιν εἶναι· ἀναγράψαι δὲ || τὴμ μίςθωςιν τήνδε Διόγνητον εἰς | τὴν ςτήλην τὴν ὑπάρχουςαν ἐν τῶι ἱ|ερῶι· χρόνος ἄρχει τῆς μιςθώςεως | ἄρχων ὁ μετὰ Κόροιβον ἄρχοντα.

Non legem proprie sacram, sed condiciones habemus, quibus Coroebo archonte i. e. 306/5 a. Chr. n. orgeones *τὸ ἱερὸν τοῦ Ἐγρέτου*, eiusdem sc. qui v. 25 *ἥρως* audit, locaverunt. Recepi titulum, quia praecepta eius partim tamen ad rem sacram pertinent. Nomen herois editor Americanus a verbo *ἐγείρειν* recte derivavit, sed quod cum Apolline ei similitudinem intercedere coniecit, argumentis nisus est infirmis, quae iam Dittenberger satis refutavit ipse coniectura abstinens. Atque irritum est similitudinem magnorum alicuius deorum sectari, immo *Ἐγρέτης* hic aeque atque *Ὑποδέκτης*, qui occurrit in simili titulo *IG* II 1061, unus fuit de multis illis heroibus, quibus antiqua Graecorum religio abundabat et quorum cultum etiam publice floruisse fasti tetrapoleos Atticae nuper inventi[4]) insigni sunt testimonio. Hic vero non de publico cultu agitur, sed de sacris orgeonum, quos tamen plane diversos fuisse ab illis peregrinorum numinum velut Bendidis et Matris Deorum orgeonibus vix est quod dicam. Aut igitur quilibet civium privatorum circulus ad hunc heroem colendum collegium orgeonum constituit comparandique sunt Dionysi orgeones Piraeenses (n. 45) aut, quo animum inclinare fateor, orgeones *Ἐγρέτου* eius generis fuerunt, quod spectat Clisthenes in lege notissima *τοὺς δὲ φρατέρας ἐπάναγκες δέχεσθαι καὶ τοὺς ὀργεῶνας καὶ τοὺς ὁμογάλακτας οὓς γεννήτας καλοῦμεν* (Philochor. ap. Phot. s. v. *ὀργεῶνες*), phrateres dico plebeios, quos ipsos quoque suum habuisse cultum constat.[5]) Sacellum autem eorum in

4) Prott *Fasti* n. 26 p. 46 sqq.

5) cf. Wilamowitz *Aristot. u. Athen* II p. 269 et 272 sqq., Busolt *Staats- u. Rechtsalt.*² p. 207 cum adnot. Utique non repugnat parvus horum orgeonum

domo privata fuisse notandum est. Nam quod v. 6 sermo est de *ἱερῷ* et *οἰκίαις ἐνῳκοδομημέναις*, v. 26 autem legitur *οἰκία οὗ τὸ ἱερόν ἐστιν*, priore loco voce *ἱερῷ* aream sacram, in qua omnia aedificia erant, significari, altero cellam dici, in qua simulacrum erat herois, id quidem optime Dittenberger statuit, sed nondum ita explicatum est, curnam orgeones cellam dicentes circumlocutione tam molesta usi sint. Nec potest opinor explicari, nisi domum illam olim privatam profanamque fuisse concedimus, unde id quoque statim intellegitur v. 5 tam anxie caveri: *χρῆσθαι τῶι ἱερῶι καὶ ταῖς οἰκίαις ταῖς ἐνῳκ. ὡς ἱερῷ.* Quodsi supra de phrateribus plebeis recte coniecturam feci, sacra eorum origine in domo privata fuerant, quae videlicet alicuius ex orgeonibus erat, tum vero sive donatione sive emptione totus fundus orgeonum factus heroique consecratus est, ac ne priorem statum inauditum phrateribusque indignum iudices, Clytidarum quoque Chiorum sacra gentilicia origine in domibus privatis asservata ac postea demum *οἶκον* communem, quo transferrentur, conditum esse moneo (n. 112). Ceterum orgeones nostri profanum fundi illius usum non omnem sustulerunt, sed modestiore ratione usi eum una cum aedificiis locaverunt ea nimirum condicione, ut cellam herois ab omni iniuria ac profanatione tuerentur ac potestatem sacra rite et commode faciendi obtinerent (v. 25 sqq. *ὅταν δὲ θύωσιν ὀργεῶνες κτλ.*), de qua re cf etiam n. 144 C v. 32 sqq.

V. 28 *παρέχειν — — στέγην*: de aedificio ligneo ad tempus erecto ut similem usum per ferias praeberet ac tentoria (cf. n. 79) acute interpretatus est Dttb., quia si de perpetua aedificiorum locatorum parte diceretur. articulo hic non magis careri posset quam in *τὴν οἰκίαν* et *τὸ ὀπτάνιον.* — De ceteris ipsius locationis condicionibus cf. e. g. notissimum decretum Piraeense anni 321/0 (*IG* II 1059, Michel 1351, *Syll.*[2] 534) et quae Dareste-Haussoullier-Reinach *Inscr. jurid. Grecques* I p. 248 sqq. contulerunt.

44. Tabula magna marmoris Pentelici reperta Piraei, supra fracta, a. 1,06 m, l. 0,95 m, cr. 0,10 m; pars sinistra (0,45 m) vacua relicta est. Edd. Pittakis *Eph. Arch.* n. s. 198, Foucart *Des Assoc. religieuses* p. 191 n. 4 ex ectypo chartaceo, melius Koehler *IG* II 624 qui exscripsit. In meum usum Prott denuo lapidem contulit et lectiones suas mihi misit utilissimas.

Ἐπ]ὶ [Ἑ]ρ[μογ]έν[ο]υ ἄρχοντος· Μουνιχιῶνος ἀγορᾶι κυρίαι· Σίμων Σίμωνος Πόριος εἶ[πεν] [1])·

ἐπειδὴ συμβαίνει π̣[λ]ε[ίω ἀ]νηλώματα γείνεσθαι καὶ διὰ τ̣αῦ[τα ἀξιοῦσιν] [2]) | αἱ ἀεὶ λανχάνουσαι ἱέρειαι διάταξίν τινα ἑα[υταῖς] γενέσθαι [ε]ὐσχήμονα̣ | καθ̣ʼ ἣν λει[το]υργήσου[σι]ν [3]) μηδεμι[ᾶ]ς [α]ὐ[τ]α̣[ῖ]ς

---

numerus qui duorum tricliniorum mentione v. 29/30 apparet; numerum enim phraterum minorem quam sane exspectabamus fuisse catalogo phratriae nuper invento didicimus vid. A. Koerte *Hermes* XXXVII p. 582 sq.

1) v. 1 in. ⁝⁝Ι⁝ΡΛ, extr. ΕΙ⁝⁝⁝ Pr., nomen archontis suppl. K.

2) post ΑΥ spatium duodecim litterarum Prott indicavit et suppl.

3) ΚΑΘΗΝΛΕΙ⁝⁝ΥΡΓΗΣΟΥ⁝⁝Ν P., unde de priorum commentis actum est.

επ.ε... δαπάνης[4]) ἐπικειμένη[ς], ‖ ἀ[γαθ]ε͂ι τύχει δεδόχθαι τοῖς ὀργεῶσιν· τὴν λαχοῦσαν ἱέρειαν εἰς [τὸν] μετὰ [Ἑρ]|μογένην ἄρχοντα ἐνιαυτόν, κατὰ ταὐτὰ δὲ καὶ τὰς λοιπὰς [σ]τ[ρω]ννύειν | θρόνους δύο [ὡς] καλλίστους, περιτιθέναι δὲ ταῖς φιαληφόροις καὶ τ[α]ῖ[ς πε]|ρὶ τὴν θεὸν οὔσαις ἐν τῶι ἀγερμ[ῶ]ι κόσμον ἀρ[γυροῦ]ν[5])· [ἐὰ]ν [δ]ὲ παρὰ ταῦ|τα ποιεῖ, κύριοι ἔ[σ]τωσαν οἱ ὀργεῶνες ζημιοῦντε[ς τὴ]ν [π]α[ρ]αβαίνουσά[ν] ‖ τι τῶν γεγραμμένων μέχρι δραχμῶν π[εν]τήκον[τα κα]ὶ εἰσπραττ[όν]|των τρόπωι ὅτωι ἂν [δύνωνται[6])· μ]ὴ ἐξεῖναι δὲ μηθενὶ μηδ' ἐπι(ψη)φίσαι | τὸν εἰθισμένον ἔπαινον αὐταῖς· κύριοι δ' ἔστωσαν καὶ τὸ φύλλον ..α.κα.[7]) | ὑπὲρ τῆς ἀπειθούσης· καθιστάτω δὲ ἡ ἀεὶ λανχάνουσα ἱέρε[ια ζάκο]|ρον ἐκ τῶν ἱερειῶν [τ]ῶν γεγενε:ῶν[8]) π[ρ]ότερον· δ[ὶ]ς δὲ τὴν α[ὐτὴν μὴ ἐξεῖ]‖ναι καταστῆσαι ἕωσς ἂν ἅπασαι[9]) διέλθωσιν, εἰ δ[ὲ μή], ἔν[οχ]ος ἔ[στω] | ἡ ἱέρεια τοῖς αὐτοῖς ἐπιτιμίοις· ἀναγράψαι δὲ τόδε τὸ ψήφισμα τ[ὸν] | γραμματέα εἰς στήλην λιθίνην καὶ στῆσαι ἐν τῶι ἱερῶι.

B.

Ἐπὶ Σωνίκου ἄρχοντος Μουνιχιῶνος ἀγορᾶι κυρίαι· | ἔδοξεν τοῖς ὀργεῶσιν· Κλεΐππος Αἰξωνεὺς εἶπεν.

ἐπειδὴ Μητροδώρα ἀξιωθεῖσα ὑπὸ τῆς ἱερείας Ἀριστο|δίκης τῆς γενομένης ΕΠΙΙΠΑΝΟΥ[10]) ἄρχοντος ὥστε ζακο‖ρεῦσαι καὶ συνδιεξαγαγεῖν μετ' αὐτῆς τὸν ἐνιαυτὸν ἐπέ|δωκεν αὑτὴν καὶ συνδιεξήγαγεν καλῶς καὶ εὐσχημόνως | καὶ εὐσεβῶς τὰ πρὸς τὴν θεὸν καὶ ἀνέγκλητον αὑτὴν παρε|σκεύασεν ταῖς τε ἱερείαις καὶ τοῖς ὀργεῶσιν, κατὰ ταὐτὰ δὲ [κ]αὶ | ἐπὶ Σωνίκου ἄ[ρχο]ντ[ο]ς γενομένης ἱερείας Σιμάλ(η)ς[11]) καὶ ἀξι‖ωσά[σης] ἐπιχωρῆσαι ἑαυτῆι τοὺς ὀργεῶνας ὥστε καταστ[ῆ]|σαι ζάκορον Μητροδώραν καὶ ἐπιχωρησάντων αὐτῆι καὶ ταύ|τηι συνδιεξήγαγεν τὴν ἱερεωσύνην καλῶς καὶ εὐσχημό|νως καὶ

4) ΜΗΔΕΜΙ⁝Σ⁝Υ⁝Α⁝ΣΕΠΙΙΕΙ ΔΑΠ· legit P. adnotans: '1 *missgestaltetes* Γ, *sollte es nicht* Γ *sein, so wäre nur ein* Ο *möglich* 2 *sicher nicht nur einfaches* Ι, *sondern Raum für 2 Striche, der erste sicher, der zweite fast sicher*, Η *oder* ΡΙ *möglich. Zwischen* Ε *und* δαπ *Raum für 2—3 B.* ἐπὶ ἱερ[ὰ] *möglich*' sed vid. comm. p. 128.

5) coniecturam Koehleri confirmavit Pr. in lapide esse testans *κόσμον* ΑΓ.....Ν: '*das* Α, *das Koehler vor* Ν *angiebt, ist Verletzung des Steins*'.

6) suppl. Pr. '*passt genau in den Raum*'. — mox ΕΠΙΙΗΦΙΣΑΙ.

7) ΚΑΙΤΟΦΥΛΛΟΝ⁝⁝Α ΛΚΑ⁝ '*nach* ΚΑ *höchstens noch für ein* Ι *Raum*'. vid. comm.

8) ΓΕΓΕΝΕ:ΩΝ '*die beiden Punkte wohl Reste des* Ι'.

9) sic in lapide esse scriptum test. Pr.

10) ita legit Pr., ΕΠΙΠΑΣΙΟΥ Fouc., Koehler primo ΕΠΙΙΠΑΙΙΟΥ, deinde *IG* II suppl. p. 170 *ἐπὶ* [*Ἱ*]*ππάκου ἄρχοντος* restituendum esse lapide denuo examinato se sibi persuasisse adnotat.

11) '*ἱερει* ΑΣΣΙΜ· *so!* nicht Ξ' Pr.

εὐcεβῶc τά τε πρὸc τὴν θεὸν καὶ τὰc ἱερέαc καὶ τ[ο]ὺc[12]) | δ.οιϲι[13]) φιλοτειμοῦνται αἱ ἱέρειαι τοῦ καταcταθῆναι αὐτὴ[ν] ‖ διὰ βίου ζάκορον τεῖ θεῶι· ὅπωc ἂν οὖν φαίνωνται π[λ]είcτ[ην] | πρόνοιαν ποιούμενοι τῆc θεοῦ καὶ ἔχηι αὐτ[οῖc] καλῶc καὶ εὐc[ε|βῶc τὰ κατὰ τ]ὴν θεόν, ἀγαθεῖ τύχει δεδόχθαι τοῖc ὀργεῶcιν· |

τ]ὰ μὲν ἄλλα πάντα π[ράττ]ειν κατὰ τὸ ψήφιcμα ὃ Cίμων Πόριοc | εἶπεν[14]), καταcτῆcαι [δ]ὲ τοὺc ὀργεῶναc ζάκορον τεῖ θεῶι διὰ [βίου] ‖ Μητροδώραν καὶ λειτουργεῖν αὐτ[ὴν] ἀεὶ ταῖc γινομέναιc | ἱερείαιc παρεχομένην τὴν χρείαν καλῶc καὶ εὐcχημόνωc | καὶ φροντίζουcαν ὅπωc εὐcεβῶc ἔχηι τὰ κατὰ τὴν θεὸν κα[θὼc] | ἡ μήτηρ αὐτῆc Εὔα[ξ]ιc διετέλεcεν τοῦτο πράττουcα· ἀναγράψαι | δὲ τόδε τὸ ψήφιcμα τὸν γραμματέα εἰc τὴν cτήλην τῶν ὀργεών[ων].

Orgeonum Piraeensium duo decreta alterum archonte Hermogene i. e. circa annum a. Chr. n. 180, alterum Sonico i. e. circa annum 170 rogatum.[15]) Deam quam orgeones colebant (A v. 8 B v. 7 *τὴν θεόν*) Magnam Matrem Deorum Phrygiam[16]) fuisse veri simillimum est. Neque enim solum qui prius decretum rogavit *Σίμων Σίμωνος Πόριος* inter curatores huius collegii commemoratur[17]), sed ipsum Metrodorae illius nomen idem indicat, ni vehementer fallor; nec enim matrem eius Euaxim, praesertim quae ipsa quoque eximia pietate inter orgeones versata esset *ζακόρου* ut videtur munere fungens (B extr.), filiam nomine alius numinis nisi eius, cuius sacra colebat, appellavisse veri est simile. Confirmatur ea sententia et eo, quod horum orgeonum *ἀγορὰ κυρία* aeque ac Magnae Matris mense Munichione erat[18]) et iis, quae A v. 10 de cultu ipso cognoscuntur, de quibus vid. infra.

De summa ratione decreti A, postquam Prott priorum versuum lectionem acute et feliciter expedivit, dubitari non iam potest: sumptus sacerdotibus faciendi paulatim ita aucti erant, ut orgeones sibi certam expensarum normam (*διάταξιν*) constituere iuberent, nec frustra ut hoc decretum testatur. Quo tamen sumptuosam tum orgeonum consuetudinem minime prorsus sublatam esse alio quod opportune aetatem tulit decreto apparet: Sonico enim archonte i. e. eodem anno, quo alterum huius lapidis decretum de Metrodora (B) factum est, *Χαιρέας* quidam laudatus est cum aliis de causis

12) ΙΕΡΕΙΑΣΑΛΥ F. ΙΕΡΕΑΣ<...ΥΣ K. '*καὶ τὰς ἱερέας* (so!) *καὶ* ΙΤ[illegible]ΥΣ' Pr.

13) v. 14 in. ΔΙΟΙΑΙΦ F., ΔΙΟΝΦ Pitt., ΑΙΟΙΙΣ[illegible]ΛΟΤΕΙΜ· K., ΔΙΙΟΙ[illegible]ΙΦΙΛΟ Pr. *ἀλύ[πως]* | *δι' ὃ* [*κ*]*αὶ φιλοτειμοῦνται* F. in transcriptione.

14) egregie universi huius loci lectionem expedivit Prott; v. 18 in. [illegible]ΛΙ ΙΕΝΛΛΛ ΛΠΝΛΤΑΠ[illegible] ΛΕΙΝ in lapide esse testatur.

15) cf. Ferguson *The Athen. archonts* p. 58 et 59.

16) ei nihil fuisse cum Matre Deorum publice culta vix est quod dicam.

17) in decreto *IG* II 621 (Michel 984), quod curatores collocare iubentur *ἐν τῷ Μητρῴῳ*; mirum sane passim in hoc decreto deorum, non dearum mentionem fieri; sed etiam dies *ἀγορᾶς κυρίας* Matris cultores indicat, cf. not. 18.

18) demonstratur decreto *IG* II 622 (Michel 982), quod *Μουνιχιῶνος ἀγορᾷ κυρίᾳ* factum Matris orgeonibus propter Attideorum mentionem tribuendum est; cf. etiam *IG* II 619 (Michel 981) et 623.

tum quia *εἰσήνεγκεν δὲ καὶ ψηφίσματα ἐπὶ τῶι συνφέροντι ἵνα συνσταλῶσιν αἱ λίαν ἄκαιροι δαπάναι, ἐφρόντισεν δὲ τοῦ καὶ τοὺς δημοτικοὺς μετέχειν τῶν δεδομένων ὑπὸ τῶν ὀργεώνων φιλανθρώπων, διατετέλεκεν δὲ καὶ συνλειτουργῶν ἐν τοῖς ἀγερμοῖς καὶ ταῖς στρώσεσιν ταῖς ἱερήαις κτλ.* (*IG* II suppl. 624b). Ac quibus duabus in rebus Chaereas ille sacerdotes adiuvit, de iisdem ipsis hoc priore decreto normam constitui videmus v. 6 sq.: *στρωννύειν θρόνους δύο* — —, *περιτιθέναι δὲ ταῖς φιαληφόροις* — — — *ἐν τῶι ἀγερμῶι κόσμον ἀργυροῦν*. Quaeritur quae sollemnia dicantur. *Στρωννύειν* et similes voces in re sacra solent de lectisterniis usurpari, quare facile in mentem venit decreto *IG* II 622 (Michel 982) sacerdotem orgeonum *Κράτειαν* laudari *ἐπειδὴ* — — *ἔστρωσεν δὲ καὶ κλίνην εἰς ἀμφότερα τὰ Ἀττίδεια*. Hic tamen quoniam non *κλίνην*, sed *θρόνους δύο* sternere iubentur, nescio an sellae dicantur, quarum alteri Mater ipsa, alteri Attis insideret cum in pompa sollemni ducebantur.[19]) Ad eandem pompam non dubito quin illa de *ἀγερμῷ* praecepta pertineant; *ἀγερμὸς* mendicatio sacra est[20]) ac notissima quidem ipsorum Magnae Deae ministrorum. Hic tamen menstruas[21]) mendicationes illas, ubi *μητραγύρται* sua magis quam deae gratia stipem colligere solebant, non dici patet; immo sollemnis ea mendicatio dicitur, quae ubi Deam pompa celebri et multisona per urbem ducebant, fiebat; hac enim occasione ipsa quoque stipem collectam esse constat, cf. e. g. Ovid. ex Pont. I 1 v. 39:

ante deum Matrem cornu tibicen adunco
cum canit, exiguae quis stipis aera negat?

Atque etiam *φιαληφόρων*[22]) mentio, etsi accurate, quo pertinuerint illae phialae, dici nequit[23]), cum pompa tamen optime convenit; suspicor eas currum deae praecessisse, cum aliae puellae circa incederent (*αἱ περὶ τὴν θεὸν οὖσαι*). His utrisque autem quod *κόσμον ἀργυροῦν* praebere debent sacerdotes, premendam puto vocem *ἀργυροῦν* et in hac ipsa re maiorem sumptum extenuatum esse sc. ne aurei expensam facerent, qua-

---

19) Deae simulacrum in pompa metragyrtarum ductum esse constat, cf. e. g. Ov. fast. IV 185 *ipsa sedens molli comitum cervice feretur urbis per medias exululata vias.* Plura testimonia attulit Wissowa *Relig. u. Kultus d. Römer* p. 264 sq.

20) cf. quae exposui ad n. 116 et n. 161; non recte confundit A. Mommsen *Feste d. St. Athen* p. 214 *ἀγερμόν* et *ἀγυρμόν*, de quo Hesych. s. v. *ἐκκλησία* — — — *καὶ τῶν μυστηρίων ἡμέρα πρώτη.*

21) unde *μηναγύρται*, cf. Lobeck *Aglaoph.* p. 645.

22) commemoratur praeterea apud Locros puella *φιαληφόρος*, de qua Polyb. XII 5, 9 *ὑπὲρ τῆς φιαληφόρου παρ' αὐτοῖς λεγομένης τοιαύτη τις ἱστορία παραδέδοτο διότι καθ' ὃν καιρὸν τοὺς Σικελοὺς ἐκβάλοιεν* — — — *ὧν καὶ ταῖς θυσίαις προηγεῖτο τῶν ἐνδοξοτάτων καὶ τῶν εὐγενεστάτων ὑπάρχων παῖς, αὐτοὶ* — — — *καὶ τοῦτο διαφυλάττοιεν ἀπ' ἐκείνων, αὐτὸ δὲ τοῦτο διορθώσαιντο τὸ μὴ παῖδα ποιεῖν ἐξ αὐτῶν φιαληφόρον, ἀλλὰ παρθένον.*

23) phialae in pompis non raro occurrunt, e. g. Athen. V p. 198d *φιάλαι δύο χρυσαῖ κασσίας μεσταὶ καὶ κρόκου* (cf. etiam 197f. *ἐπηκολούθουν δ' αὐτῷ* (*βωμῷ*) *παῖδες ἐν χιτῶσι πορφυροῖς, λιβανωτὸν καὶ σμύρναν, ἔτι δὲ κρόκον ἐπὶ χρυσῶν μαζονόμων φέροντες*); sed nescio an phialae, quae hoc loco spectantur, artius cum Deae cultu cohaereant; cf. etiam n. 175.

lem e. g. profuse exhibebat illa quidem regia pompa Ptolemaei II descripta ab Ath. V 196 a sqq. Nota autem ipsius deae *κόσμον* non sacerdotibus mandatum esse; cf. etiam Michel 537 *τὰς συντελούσας τοὺς κόσμους παρὰ τῇ Μητρὶ τῇ Πλακιανῇ καὶ τὰς ἱεροποιοὺς τὰς προσαγορευομένας θαλασσίας καὶ τὰς συνούσας μετ' αὐτῶν ἱερείας κτλ.*

Ceterum etiam alterum decreti praeceptum v. 16 sqq. de *ζακόρῳ* instituenda e summa illa decreti ratione explicandum videtur: non id cavetur, ne quis hoc honore alterius gratia excludatur, sed id ne quis saepius quam reliquae onus huius honoris subire debeat.

Duobus locis lectio dubia est; v. 4 tamen (*μηδεμιᾶς αὐταῖς ἐπ..ε.. δαπάνης ἐπικειμένης*) rationi quam supra indicavi eius modi supplementum aptissimum videtur, quo nullum *ultra normam decreti* sumptum imponi efficiatur; quare cogitavi de lectione *ἔτι πέρα*; utique displicet *ἐπὶ ἱερά*. Etiam difficilior v. 12 extr.; Koehler non sine veri specie actionem talem, qualis voce *ἐκφυλλοφορῆσαι* significatur, latere censuit, sed quomodo id litteris traditis eliciendum sit, parum video. Num v. 4 extr. infinitivus *ἐν*](*ἐ*)*νκαι* latet?

Decreto B aliquot annis post facto praeceptum, de quo modo egi, ne quis antequam omnes reliquae munere functae essent, iterum *ζακόρος* crearetur, sublatum et Metrodora ad vitae tempus hac dignitate affecta est, nimirum quia huius munificentia sumptum rerum sacrarum sublevari confidebant. Quae res insigni documento est, qui sit factum, ut paullatim per Graeciam sacerdotia similesque dignitates perpetuae dari inciperent. Et notatu dignum orgeones hosce nondum eo progredi, ut ipsum sacerdotium ad vitae tempus darent, sed ea grassari, ut divitem mulierem ministram sacerdotis perpetuam crearent.

V. 13/14 post *τούς* expectamus *ὀργεῶνας*; sed vestigia servata convenire non videntur. An excidit *ὀργεῶνας* et reliquiis illis latet *διοικεῖ*?

45. Tabula marmoris Pentelici in quattuor partes fracta, reperta inter Piraei et Zeae portus in ruderibus aedificii antiqui. Edd. Dragatsis *Ἐφ. Ἀρχ.* 1884 p. 45, Koehler *MAI* IX (1884) p. 290 sqq. et *IG* II suppl. p. 169 n. 623 c, Michel *Recueil* 986, Dittenberger *Syll.*^{2} 729. Cf. etiam Dörpfeld *MAI* IX p. 279 sqq.

Θεοί.

Ἀγαθεῖ τύχει· ἐπὶ Ἱππάκου ἄρχοντος· Ποσιδεῶ|νος ἀγορᾶι κυρίαι· Σόλων Ἑρμογένου Χολαργεὺς | εἶπεν· ἐπειδὴ συμβέβηκεν Διονυσίωι μεταλλά||ξαι τὸν βίον ἀποδεδειγμένωι ἐμ πολλοῖς ἣν ἔ|χων εὔνοιαν διετέλει πρὸς ἅπαντας τοὺς τὴν | σύνοδον φέροντας τῶι θεῶι, αἰεί τινος ἀγαθοῦ πει|[ρ]ώμενος παραίτιος γίνεσθαι καὶ ἰδίαι καὶ κοινεῖ | [φ]ιλάγαθος ὢ[ν] ἐμ παντὶ καιρῶι· ὃς γοῦν προτι||μηθεὶς ὑπὸ τῶν Διονυσιαστῶν καὶ λαβὼν τὴν ἱε|ρεωσύνην τοῦ θεοῦ καὶ κατασταθεὶς ταμίας τάς | τε κοινὰς προσόδους ἐπηύξησεν ἐκ τῶν ἰδίων | ἐπιδοὺς αὐτοῖς ἀργυρίου χιλίας δραχμὰς καὶ τό|πον[1]) μετὰ τῆς ἄλλης χορη-

1) post *τόπον* verbum *παρεσκεύασε* excidisse coniecerat K. comprobante Michelio; non opus esse recte statuit Dttb.

γίαϲ πάϲηϲ εἰϲ ὃν ϲυν||ιόντεϲ θύϲο[υ]ϲιν κατὰ μῆνα ἕκαϲτον τῶι θεῶι κα|τὰ τὰ πάτρια, ἐπέδωκεν δὲ καὶ ἄλλαϲ ἀργυρίου | πεντακοϲίαϲ δραχμάϲ, ἀφ' ὧν κατεϲκευάϲατο τὸ | ἄγαλμα τοῦ Διονύϲου τοῖϲ ὀργεῶϲιν καὶ προϲιδρύ|ϲατο κατὰ τὴν μαντείαν τοῦ θεοῦ, καὶ περὶ ἁπάντων || τούτων ὑπά[ρ]χουϲιν αἱ ἀποδείξειϲ ὑπὲρ τἀνδ.ὸϲ ϲα|φεῖϲ διὰ τῶν χρηματιϲμῶν [2]) εἰϲ τὸν ἅπαντα χρόνον· | ἀνθ' ὧν ἐπιγνόντεϲ οἱ Διονυϲιαϲταὶ ἐτίμηϲαν | αὐτὸν ἄξιο[ν] ὄντα καὶ ἐϲτεφάνωϲαν κατὰ τὸν | νόμον· ἵνα ο[ὖ]ν φαίνωνται οἱ τὴν ϲύνοδον φέρον||τεϲ μεμνη[μ]ένοι αὐτοῦ καὶ ζῶντοϲ καὶ μετηλλα|χό[τ]οϲ τὸν β[ίο]ν τῆϲ πρὸϲ αὐτοὺϲ μεγαλοψυχίαϲ | καὶ εὐ[νοίαϲ κα]ὶ ἀντὶ τούτων φανεροὶ ὦϲιν τιμῶν|τεϲ τοὺϲ ἐξ [ἐκ]είνου γεγονόταϲ, ἐπειδὴ ϲυμβαί|νει διαδόχουϲ [αὐτ]ὸν [κα]ταλελοιπέναι πάντων || τῶν ἐν δόξ[ε]ι καὶ τιμεῖ αὐτῶι ὑ[πα]ρχόντων, περὶ ὧν | καὶ ὁ νόμοϲ τῶν ὀργεώνων καλεῖ πρῶτ[ον ἐ]πὶ [ταῦ]|τα [3]) τὸν πρεϲβύτατον τῶν ὑῶν, καθὼϲ καὶ προειϲ[ῆ]|κται ἐπὶ τὴν χώραν τἀδελφοῦ Καλλικράτου ζῶν|τοϲ τοῦ πατρόϲ· δεδόχθαι τοῖϲ ὀργεῶϲιν· τὴν ἱερεω||[ϲύ]νην τοῦ Δ[ι]ονύϲου δεδόϲθαι Ἀγαθοκλεῖ Διονυϲίου | [Μα]ραθωνίωι καὶ ὑπάρχειν αὐτῶι διὰ βίου ἐπὶ ταῖϲ | [τιμ]αῖϲ ταῖϲ αὐταῖϲ αἷϲ ἐτετίμητο καὶ ὁ πατὴρ αὐ|[τοῦ], ἐπειδὴ ὑπομεμένηκεν τὴν ταμιείαν εἰϲ τὸν | [με]τὰ ταῦτα χρόνον διεξάξειν καὶ ἐπαυ[ξ]ήϲειν τὴν || [ϲύνο]δον διδοὺϲ εἰϲ ταῦτα ἑαυτὸν ἀπ[ροφ]αϲίϲτωϲ, | [βουλ]όμενοϲ [ἀ]ποδείκνυϲθαι τὴν ἑαυτοῦ εὔνοιαν | [καὶ] καλοκἀγ[α]θίαν πρὸϲ ἅπανταϲ τοὺϲ Διονυϲιαϲτά[ϲ, | εἰϲή]γαγεν [δ]ὲ καὶ τὸν ἀδελφὸν αὐτοῦ Διονύϲιον Διο|νυϲίου Μαρα[θ]ώνιον εἰϲ τὴν ϲύνοδον ἐπὶ τὰ τοῦ πατ[ρὸϲ] || ὑπάρχοντα [μ]εθέξοντα τῶν κοινῶν κατὰ τὸν νόμο[ν]· | φροντίϲαι δὲ τοὺϲ ὀργεῶναϲ, ὅπωϲ ἀφηρωιϲθεῖ Δι[ο]|νύϲιοϲ καὶ ἀ[ν]ατεθεῖ ἐν τῶι ἱερῶι παρὰ τὸν θεόν, ὅπου κα[ὶ] | ὁ πατὴρ αὐτοῦ, ἵνα ὑπάρχει κάλλιϲτον ὑπόμνημα αὐτοῦ | εἰϲ τὸν ἅπαντα χρόνον· ἀναγράψαι δὲ τόδε τὸ ψήφιϲμα ἐ[ν] || ϲτήλει λιθίνει καὶ ϲτῆϲαι παρὰ τὸν νεὼ τοῦ θεοῦ· τὸ δὲ | γενόμενον ἀνάλωμα εἰϲ τὴν ϲτήλην καὶ τὴν ἀνάθεϲιν | μερίϲαι τὸν [τ]αμίαν· ταῦτα Ϲόλων εἶπεν.

Decretum Dionysiastarum Piraeensium de sacerdotio ad Agathoclem Marathonium deferendo et honoribus heroicis Dionysio patri eius defuncto tribuendis priore parte II a. Chr. n. saeculi [4]) rogatum. Una cum hoc titulo et carmen dedicatorium Dionysii patris [5]) et decretum in eum hono-

---

2) ·litterae de his rebus in tabulario orgeonum ab eo depositae dicuntur.

3) suppl. K.; vide de hoc loco comm.

4) ad annum 176/5 Hippacum archontem satis probabiliter refert Ferguson *The Athenian Archonts* p. 59.

5) *IG* II 1336:

τόνδε νεώ σοι, ἄναξ, Διονύσιος εἵσατο τῇδε
καὶ τέμενος θυόεν καὶ ξόαν' εἴκελά σοι,

rarium [6]) inventum est, quibus hoc decretum commode illustratur. Ac primum quidem sodales illius collegii vel ut se ipsi vocabant orgeones [7]) omnes cives fuisse Athenienses, honesto ut videntur loco natos, qua re a plerisque ceteris Piraei sodaliciis valde differebant, laterculo nominum [8]), quod decreto illi honorario praescriptum est, demonstratur. Principem laterculi locum tenet ille *Διονύσιος Ἀγαθοκλέους Μαραθώνιος*, idem opibus et dignitate princeps, nobili fortasse loco natus; huius munificentia sacellum exornatum, simulacrum dei dedicatum (v. 16—19), locus ubi menstruas ferias agerent, paratus est (v. 13—16), hic collegii quaestor complures per annos (*IG* l. c. 623d v. 20 *πλείω ἔτη*), deinde sacerdos usque ad vitae finem erat. At cavendum puto ne nimium ei tribuamus. Koehler enim et Dittenberger sacerdotium vel hereditario quodam iure, licet suffragiis sodalium confirmari debuerit, penes familiam eius fuisse censent permoti maxime v. 29 sqq. *ἐπειδὴ συμβαίνει διαδόχους [αὐτ]ὸν καταλελοιπέναι πάντων τῶν ἐν δόξει καὶ τιμεῖ αὐτῶι ὑ[πα]ρχόντων περὶ ὧν καὶ ὁ νόμος τῶν ὀργεώνων καλεῖ πρῶτ[ον ἐ]πὶ [ταῦ]τα τὸν πρεσβύτατον τῶν ὑῶν*; nam quod sacerdotium patris plebiscito ad filium defertur, id quidem non magis favere quam repugnare illis apertum. Illa vero verba quo magis ambigue et inerter dicta sunt, eo cautiorem interpretationem requirunt. Parum igitur recte illi voce *ἐ]πὶ [ταῦ]τα* sacerdotium significari contendunt; *ἐπὶ ταῦτα* enim si modo recte suppletum est, grammatice non nisi ad verba superiora *πάντων τῶν ἐν δόξει καὶ τιμεῖ αὐτῶι ὑπαρχόντων* [9]) referri possunt; eorum autem vis tam late patet, ut inde certam notionem eximere non liceat. Iam vero commode accidit, quod eadem fere elocutio recurrit v. 43 *εἰσήγαγεν δὲ* (Agathocles filius) *καὶ τὸν ἀδελφὸν αὐτοῦ Δ. Δ. Μ. εἰς*

καὶ πάντ' οὐ πλοῦτον κρίνας πολυάργυρον αὔξειν
ἐν δόμῳ ὡς τὸ σέβειν, Βάκχε, τὰ σοὶ νόμιμα.
ἀ]νθ' ὧν, ὦ Διόνυσ', ὧν ἵλαος οἶκον ἅμ' αὐτοῦ
καὶ γενεὴν σώζοις πάντα τε σὸν θίασον.

6) *IG* II suppl. 623d, Michel 987, *Syll.*² 728; argumenta eius in titulo nostro inde a v. 11 maxima e parte repetuntur.

7) passim in utroque decreto, ac tamen Dionysius in carmine idem hoc collegium *θίασον* vocat; gravissimum huius rei exemplum decretum orgeonum *IG* II suppl. 620b, cui adduntur coronarum inscriptiones: *οἱ θιασῶται Ἀγάθωνα κτλ.* (cf. p. 117 not. 10).

8) praeter Dionysium filiumque nominantur *Σόλων Ἑρμογένου Χολαργεύς, Ἐπιχάρης Κράτωνος Σκαμβωνίδης, Ἰσοκράτης Σατύρου Κυδαθηναιεύς, Ἄνδρων Σωσάνδρου Ἁμαξαντεύς, Διονυσογένης Διονυσίου Παιανιεύς* (*IG* II 983 I 133), *Σίμων Σίμωνος Πόριος* (cf. n. 44 in.), *Φιλόστρατος Διονυσίου Πόριος, Λέων Σίμου Ἐλαιούσιος, Θεόδοτος Τιμησίωνος Φλυεύς, Δίων Ἀντιλόχου Λαμπτρεύς, Ἡρακλείδης Θεοδώρου Παιονίδης, Καλλικράτης Τιμησίωνος Κηφισιεύς, Ἀπολλόδωρος Ἀπολλωνίου Λαμπτρεύς*; quindecim igitur omnino fuerunt sodales, cum quorum nominibus, ut discrimen eluceat, compares velim e. g. nomina Sabaziastarum *IG* II suppl. 626b (Michel 972). De Dionysii familia vid. Koehlerum l. c.

9) non dici *πασῶν τῶν αὐτῶι ὑπαρχουσῶν τιμῶν* haud neglegendum; noli igitur interpretari '*omnium quae ei sunt honorum*' sed ita fere '*omnium quae ei honoris et dignitatis plena praesto sunt*'.

τὴν σύνοδον ἐπὶ τὰ τοῦ πατρὸς ὑπάρχοντα, quo loco quia post mortem patris Agathocles ipse sacerdos factus est, non dici sacerdotium sed in universum iura sodalicia patris certum est. Iam vero quo verba illa περὶ ὧν καὶ ὁ νόμος τῶν ὀργεώνων καλεῖ κτλ. spectent, ipse decreti auctor indicat cum addit καθὼς καὶ προεισ[ῆ]κται ἐπὶ τὴν χώραν τἀδελφοῦ Καλλικράτου ζῶντος τοῦ πατρός exemplum videlicet afferens eorum, quae ex illa lege orgeonum fieri oporteat. Ergo ne his quidem verbis de sacerdotio hereditario, sed de fratre fratris loco in collegium recipiendo agitur[10]), et voce illa ἐπὶ τὴν χώραν proprie ad album sodalicii pertinente res ipsa ni fallor declaratur: Dionysiastae ut erant cives honesti aut nobiles, ita certum solummodo ac definitum numerum orgeonum admisisse videntur, ita ut tum demum cum quis e sodalibus mortuus erat, novus sodalis in eius locum (ἐπὶ τὴν χώραν) succederet eiusque loco in albo inscriberetur ac ʽπρῶτον᾽ quidem ὁ πρεσβύτατος τῶν υἱῶν si erat et volebat. Dionysii autem Marathonii familiae nobili cum loci concessi essent duo, alterum locum iam vivo patre a filio natu maximo obtineri consequens erat. Sic olim una cum Dionysio patre Callicrates, qui origine πρεσβύτατος τῶν ὑῶν erat, in collegio erat (v. 33). Quo praemature mortuo Agathocles, qui natu erat proximus, legitime in eius locum successit. Atque ita res erat cum laterculus ille nominum, quem supra commemoravi, inscriptus est. Deinde vero ipso Dionysio patre defuncto, Agathocles huius locum obtinuit, in Agathoclis locum qui familiae Dionysii vacabat (inde ἐπὶ τὰ τοῦ πατρός ὑπάρχοντα) successit Dionysius minor, Agathoclis frater.

Utcumque autem haec res se habet, fuisse hereditarium sacerdotium ex hoc loco colligi nequit, contra non fuisse inde confirmatur, quod neque illo altero decreto honorario, ubi de sacerdotio patri delato refertur, ne obiter quidem iuris hereditarii mentio fit, quae tamen ipso conexu sponte fere offerebatur. At quo haec omnia? Totne verbis digna res est? Nimirum non id solum agitur, ut condicionem sacerdotii Agathoclis, rem sane per se ipsam levem, accuratius definiamus aut interpretationem versuum 29—34 difficilem expediamus, sed res altius pertinet. Hereditaria enim sacerdotia illis certe temporibus apud cetera sodalicia inaudita erant et abhorrent ab iis, quae de institutis moribusque eorum ceteroquin cognovimus. Miram igitur exceptionem illi statuunt. Contra si ego recte supra

10) hoc quidem Koehler rectius quam Dttb., sed idem cum de subiecto enuntiati erraret, de personis non recte iudicavit. Ratio sane grammatica, cum antea de uno Dionysio patre sermo fuerit ac ne nominis quidem Agathoclis filii mentio facta sit, suadere videtur ut cum Koehlero Dionysium subiectum verbi προεισῆκται habeamus. Attamen non modo inde K. cogitur verba ἐπὶ τὴν χώραν τἀδελφοῦ audacissime ita interpretari ʽin eum locum quem postea Callicrates frater natu minor (Dionysii patris) nactus est᾽ id quod nullo modo fieri potest, sed Agathoclem dici cum verba ζῶντος τοῦ πατρός, quae manifesto Dionysio patri mortuo opponuntur, tum tempus verbi perfectum προεισῆκται (non προεισῆκτο), quod unice de vivo sodali dici potuit, ostendunt. Itaque cum Dittenbergero Agathoclem intellego et per neglegentiam quandam sermonis hunc, qui voce proxime antecedente τὸν πρεσβύτατον τῶν ὑῶν latet, verbo προεισῆκται subiectum esse pro explorato habeo.

disputavi, ne Dionysiastae quidem, nobilissimum fere orgeonum collegium, diversa lege usi sunt neque in contrariam partem hoc titulo uti licet. Eodem tamen titulo id sane ante oculos proponitur, quomodo fieri coeptum sit, ut sodales rebus civilibus magis magisque labentibus, cum copia eorum qui sumptus tolerarent, deficeret, ad eos potissimum, quorum munificentia experta carere non poterant, refugerent cum alios honores tum sacerdotium deferendo atque inde ius quoddam hereditarium eveniret; cf. de simili publici cultus condicione n. 44B et n. 56.

De singulis perpauca addo. V. 6 τὴν σύνοδον φέροντας (cf. v. 24 et *IG* II 475 v. 14): φέρειν de stipe conferenda usurpari solet (inde φορά n. 46 v. 47) neque igitur legitime obiectum σύνοδον regit, si quidem hac voce pecuniam ab uno quoque sodali solvendam significari potuisse, ut voluit Koehler, nullo exemplo confirmatur. Verum dicitur legitime τὸν ἔρανον φέρειν, quoniam ἔρανος et stipem sodalium et collegium ipsum significat. Unde ad alia vocabula similis significationis usum verbi φέρειν manasse Dittenb. suo iure collegit. — V. 13 τόπον κτλ.: haec optime illustrantur reliquiis aedificiorum una cum hoc lapide erutis, cf. de iis *MAI* l. c. p. 280 sqq. et 296 sqq. Etiam pars simulacri Bacchi (v. 18) eruta est. Koehler quod iam antea fuisse simulacrum dei alterumque a Dionysio insuper dedicatum esse putat, deceptus videtur composito προσιδρύσατο v. 18; unum enim fuisse simulacrum post mortem Dionysii verba παρὰ τὸν θεόν v. 47 ostendunt, composito autem illo 'nihil significatur nisi accessisse huius statuae dedicationem ad ea, quae modo dictum erat a D. donata esse.' (Dttb.)

V. 46 ὅπως ἀφηρωισθεῖ: heroicorum honorum, qui homini privato a privato collegio decernuntur, in Attica hoc primum innotuit exemplum, sed publice iam aliquanto antea Athenienses tales honores decrevisse testantur Διογένεια sollemnia a. a. Chr. n. 229 in honorem Diogenis phrurarchi, cum praesidium Macedonicum Athenis deduxisset, instituta. Nec neglegenda puto ea verba tituli, quibus iam patrem Dionysii simulacro παρὰ τὸν θεὸν collocato honoratum fuisse cognoscimus, unde iam illi honores quosdam heroicos habitos esse aliquo certe iure colligas, cf. n. 52 et quae ibi adnotavi.

46. Lapis inventus Athenis inter Pnycem et Areopagum. Ed. S. Wide *MAI* XIX (1894) p. 248 sqq. de lapide haec adnotans: '*Die Inschrift, die sehr gut erhalten ist, steht auf einer Säulentrommel, welche zu dem grossen Versammlungssaal der Iobacchen gehörte; sie ist in zwei Kolumnen geteilt und oben mit einem Giebel in flachem Relief bekrönt. Das Ganze hatte also etwa das Aussehen einer auf der Säule angebrachten Stele. In dem Giebelfeld ist in der Mitte ein Krater und darüber ein Bukranion dargestellt; an jeder Seite befindet sich ein Panther und darüber eine Weinrebe mit Trauben.*' Repetiverunt titulum E. **Maass** *Orpheus* p. 18 sqq. cum versione Germanica et commentario copioso et Dittenberger *Syll.*² 737. Cf. praeterea Wilhelm *Arch.-Epigr. Mitteil. aus Oest.* XX p. 68 not. 18, Ziebarth *D. griech. Vereinswesen* p. 141, Rohde *Neue Heidelb. Jahrb.* VI p. 1 sqq. (= *Kleine Schriften* II p. 293), Br. Keil *MAI* XX p. 446 adn. 1, Drerup *Neue Jahrb. f. Philol.* 1899 p. 356 sqq.

'Αγαθῇ τύχῃ. | 'Επὶ ἄρχοντοϲ 'Αρ.[1]) 'Επαφροδείτου, μηνὸϲ | 'Ελαφηβολιῶνοϲ η' ἱϲταμένου, ἀγορὰν | ϲυνήγαγεν πρώτωϲ ὁ ἀποδειχθεὶϲ || ἱερεὺϲ ὑπὸ Αὐρ. Νεικομάχου τοῦ ἀνθι|εραϲαμένου ἔτη ιζ' καὶ ἱεραϲαμένου | ἔτη κγ' καὶ παραχωρήϲαντοϲ ζῶντοϲ | εἰϲ κόϲμον καὶ δόξαν τοῦ Βακχείου | τῷ κρατίϲτῳ Κλα. 'Ηρώδῃ, ὑφ' οὗ ἀνθιερεὺϲ || ἀποδειχθεὶϲ[2]) [ἀν]έγνω δόγματα τῶν | ἱεραϲαμένων Χρυϲίππου καὶ Διονυϲίου, | καὶ ἐπαινέϲαντοϲ τοῦ ἱερέωϲ καὶ τοῦ ἀρ|χιβάχχου καὶ τοῦ προϲτάτου (ἐξ.[3]) τούτοιϲ | ἀεὶ χρώμεθα! καλῶϲ ὁ ἱερεύϲ! ἀνάκτηϲαι || [τ]ὰ δόγματα! ϲοὶ πρέπει! εὐϲτάθειαν τῷ | Βακχείῳ καὶ εὐκοϲμίαν! ἐν ϲτήλῃ τὰ δό|γματα! ἐπερώτα!) ὁ ἱερεὺϲ εἶπεν· ἐπεὶ καὶ | ἐμοὶ καὶ τοῖϲ ϲυνιερεῦϲί μο[υ] καὶ ὑ|μεῖν πᾶϲιν ἀρέϲκει, ὡϲ ἀξιοῦ(τ)ε[4]), ἐπε||ρωτήϲομεν· καὶ ἐπηρώτηϲεν ὁ πρό|εδροϲ 'Ροῦφοϲ 'Αφροδειϲίου· ὅτῳ δοκεῖ | κύρια εἶναι τὰ ἀνεγνωϲμένα δόγμα|τα καὶ ἐν ϲτήλῃ ἀναγραφῆναι, ἀράτω | τὴν χεῖρα· πάντεϲ ἐπῆραν (ἐξ. πολλοῖϲ || ἔτεϲι τὸν κράτιϲτον ἱερέα 'Ηρώδην! | νῦν εὐτυχεῖϲ, νῦν πάντων πρῶτοι | τῶν Βακχείων! καλῶϲ ὁ ἀνθιερεύϲ! ἡ ϲτή|λη γενέϲτω!)· ὁ ἀνθιερεὺϲ εἶπε· ἔϲται ἡ | ϲτήλη ἐπὶ τοῦ κείονοϲ[5]), καὶ ἀναγραφή||ϲονται, εὐτονήϲουϲι γὰρ οἱ προεϲτῶ|τεϲ τοῦ μηδὲν αὐτῶν λυθῆναι.

Μηδενὶ ἐξέϲτω 'Ιόβακχον εἶναι, ἐὰν μὴ | πρῶτον ἀπογράψηται παρὰ τῷ ἱερεῖ | τὴν νενομιϲμένην ἀπογραφὴν καὶ || δοκιμαϲθῇ ὑπὸ τῶν 'Ιοβάκχων ψή|φῳ, εἰ ἄξιοϲ φαίνοιτο καὶ ἐπιτήδειοϲ | τῷ Βακχείῳ· ἔϲτω δὲ τὸ ἰϲηλύϲιον[6]) | τῷ μὴ ἀπὸ πατρὸϲ ∗ν' καὶ ϲπονδή· | ὁμοίωϲ[7]) καὶ οἱ ἀπὸ πατρὸϲ ἀπογραφέ||ϲθωϲαν ἐπὶ ∗ κε', διδόντεϲ ἡμιφόριον | μέχριϲ ὅτου πρὸϲ γυναῖκαϲ ὦϲιν.[8]) | Συνίτωϲαν δὲ οἱ 'Ιόβακχοι τάϲ τε ἐνά|ταϲ καὶ τὰϲ ἀμφιετηρίδαϲ καὶ Βακχεῖ|α καὶ εἴ τιϲ πρόϲκαιροϲ ἑορτὴ τοῦ θεοῦ, || ἕκαϲτοϲ ἢ λέγων ἢ ποιῶν ἢ φιλοτει|μούμενοϲ,

---

1) *'Αρ(ίστωνος)* Wide, sed nullum nisi nomen gentile Romanum sub compendio latere posse patet; de nomine *Αὐρήλιος* cogitavit M., sed id compendio *Αὐρ.*, ut statim infra, indicandum erat; Dttb. *'Αρ(ρίου)* scripsit.

2) sc. Aurelius Nicomachus; neque enim cum Widio de altero homine ab Herode electo cogitari potest cum propter articulum omissum (M.), tum quia huius unius hominis nomen proprium silentio praetermitti incredibile est (Dttb.).

3) i. e. *ἐξεβόησαν*, ut iam W. evidenter interpretatus est, similia exclamationum exempla afferens (cf. etiam Maass l. c. p. 18 not. 3). Uncis exclamationes inclusi Antonium Elter secutus.

4) ΑΞΙΟΥΓΕ *ἀξίου γε* W., emend. M.

5) cf. quae in lemmate de specie tituli externa attuli.

6) Hesych s. v. *εἰσηλούσιον· τίμημα εἰσόδου, τέλος* et *CIG* 3173 (Smyrnae) *οἱ πεπληρωκότες τὰ ἰσηλύσια Σουλπίκιος Φίρμος, 'Αρτεμίδωρος πατρομύστης κτλ.* attulit M.

7) *καὶ σπονδὴ ὁμοίως, καὶ οἱ ἀπὸ κτλ.* distinxerunt W. M. Dr., emend. Dittenb.

8) verba de impuberibus M. recte accepisse videtur, sed quod vertit '*solange sie in der Frauenabteilung sind*', merito Dttb. improbavit: sic enim *πρός* c. Acc. permirum videri et tale mulierum collegium in Baccheo fuisse nec usquam dici nec per se probabile esse; quare *μέχρις ὅτου* non *quamdiu,* sed *usque ad id tempus quo* valere et *πρὸς γυναῖκας εἶναι* de ea aetate, qua quis uxorem ducere vel omnino cum femina rem habere possit, dici censet; ipse sane concedit adiectivum, unde *πρὸς γυν.* pendeat, desiderari. Omnino adultam aetatem ita, non annis vel statu civili definiri mirum puto; etiam contra sermonem ceteroquin observatum post *μέχρις* omissum esse *ἄν* moneo.

καταβάλλων μηνιαίαν | τὴν ὁριcθεῖcαν εἰc τὸν οἶνον φοράν· | ἐὰν δὲ μὴ πληροῖ, εἰργέcθω τῆc cτιβά|δοc, καὶ εὐτονείτωcαν οἱ τῷ ψηφίcμα‖τι ἐνγεγραμμένοι χωρὶc ἢ ἀποδημίαc | ἢ πένθουc ἢ νόcου ἢ ⟦εἰ⟧[9]) cφόδρα ἀνανκαῖόc | τιc ἦν ὁ προcδεχθηcόμενοc ἰc τὴν cτιβά|δα κρεινάντων τῶν ἱερέων· ἐὰν δὲ Ἰοβάκ|χου ἀδελφὸc ἰcέρχηται ψήφῳ δοκιμαcθείc, ‖ διδότω ∗ν′· ἐὰν δὲ ἱερὸc παῖc ἐξωτικὸc καθεc|θεὶc ἀναλώcῃ τὰ πρὸc τοὺc θεοὺc καὶ τὸ Βακχεῖον, | ἔcτω μετὰ τοῦ πατρὸc Ἰόβακχοc ἐπὶ μιᾷ | cπονδῇ τοῦ πατρόc. Τῷ δὲ ἀπογραψαμένῳ | καὶ ψηφοφορηθέντι διδότω ὁ ἱερεὺc ἐπιc‖τολὴν ὅτι ἐcτὶν Ἰόβακχοc, ἐὰν πρῶτον | δοῖ τῷ ἱερεῖ τὸ ἰcηλύcιον, ἐνγραφομένου | τῇ ἐπιcτολῇ τὰ χωρήcαντα εἰc τόδε τι.[10])

Οὐδενὶ δὲ ἐξέcται ἐν τῇ cτιβάδι οὔτε ᾆcαι | οὔτε θορυβῆcαι οὔτε κροτῆcαι, μετὰ δὲ ‖ πάcηc εὐκοcμίαc καὶ ἡcυχίαc τοὺc μεριc|μοὺc λέγειν καὶ ποιεῖν προcτάccοντοc | τοῦ ἱερέωc ἢ τοῦ ἀρχιβάκχου. Μηδενὶ | ἐξέcτω τῶν Ἰοβάκχων τῶν μὴ cυντελε|cάντων εἴc τε τὰc ἐνάταc καὶ ἀμφιετηρί‖δαc εἰcέρχεcθαι ἰc τὴν cτιβάδα, μέχριc ἂν | ἐπικριθῇ αὐτῷ ὑπὸ τῶν ἱερέων ἢ ἀπο|δοῦναι αὐτὸν ἢ ἰcέρχεcθαι.[11]) Μάχηc δὲ | ἐάν τιc ἄρξηται ἢ εὑρεθῇ τιc ἀκοcμῶν ἢ | ἐπ᾽ ἀλλοτρίαν κλιcίαν ἐρχόμενοc ἢ ὑβρί‖ζων ἢ λοιδορῶν τινα, ὁ μὲν λοιδορη|θεὶc ἢ ὑβριcθεὶc παραcτανέτω δύο ἐκ | τῶν Ἰοβάκχων ἐνόρκουc, ὅτι ἤκου|cαν ὑβριζόμενον ἢ λοιδορούμενον | καὶ ὁ ὑβρίcαc ἢ λοιδορήcαc ἀποτιν[νύ]‖τω τῷ κοινῷ λεπτοῦ δρ.[12]) κε′ ἢ ὁ αἴτιοc | γενόμενοc τῆc μάχηc ἀποτιννύτω | τὰc αὐτὰc δρ. κε′ ἢ μὴ cυνίτωcαν ἰc τοὺc | Ἰοβάκχουc, μέχριc ἂν ἀποδῶcιν.

| Ἐὰν[13]) δέ τιc ἄχρι πληγῶν ἔλθῃ, ἀπογραφέcτω ‖ ὁ πληγεὶc πρὸc τὸν ἱερέα ἢ τὸν ἀνθιερέα· | ὁ δὲ ἐπάνανκεc ἀγορὰν ἀγέτω καὶ ψή|φῳ οἱ Ἰόβακχοι κρεινέτωcαν προηγου|μένου τοῦ ἱερέωc, καὶ προcτειμάcθω | πρὸc χρόνον μὴ εἰcελθεῖν, ὅcον ἂν δό‖ξῃ καὶ ἀργυρίου

9) suppl. Dittenb. haud dubie recte; de universo loco cf. comm. p. 143.

10) sententiam Wide ita recte assecutus esse videtur: '*Hier wird gesagt, dass der Priester in dem Diplom eine Quittung ausstellen soll über die für «das und das» eingezogenen Eintrittsgelder, d. h. die Summen, die für die eine oder andere Kategorie der Eintretenden eingezahlt worden sind. Wir müssen uns also denken, dass in dem Diplom die eingezahlte Summe verzeichnet und daneben bemerkt wurde, ob das neue Mitglied der Sohn eines Iobacchen oder gewesener ἱερός παῖς oder schlechthin ein Eintretender ohne Ermässigung war.*' coll. simili alius thiasi praecepto *IG* II suppl. 618b v. 20sqq.; locutio ipsa tamen mira est neque universa enuntiati structura integra.

11) *ἢ (μὴ) ἰσέρχεσθαι* M. comprobante Dttb., sed v. comm. p. 143.

12) olim denarius et drachma Attica idem fere valebant, sed Hadriani aetate a Romanis denarius in sex drachmas leviores divisus est, quae nihil iam ab antiquis obolis differebant (Th. Mommsen *Herm.* V 136); quod in hac lege occurrit nomen *λεπτοῦ (ἀργυρίου) δραχμή*, id pristinae drachmae memoria recenti ortum esse Wide statuit.

13) hinc incipit altera tituli columna.

μέχρι * κε΄. Ἔστω δὲ | τὰ αὐτὰ ἐπιτείμια καὶ τῷ δαρέντι καὶ | μὴ ἐπεξελθόντι παρὰ τῷ ἱερεῖ ἢ τῷ | ἀρχιβάκχῳ, ἀλλὰ δημοσίᾳ ἐνκαλέσαν|τι· ἐπιτείμια δὲ ἔστω τὰ αὐτὰ τῷ εὐκόσ|μῳ μὴ ἐκβαλόντι τοὺς μαχομένους.

| Εἰ δέ τις τῶν Ἰοβάκχων εἰδὼς ἐπὶ τοῦ|το ἀγορὰν ὀφείλουσαν ἀχθῆναι μὴ ἀ|παντήσῃ, ἀποτεισάτω τῷ κοινῷ λε|πτοῦ δρ. ν΄, ἐὰν δὲ ἀπειθῇ πρασσόμε|νος, ἐξέστω τῷ ταμίᾳ κωλῦσαι αὐτὸν | τῆς εἰσόδου τῆς εἰς τὸ Βακχεῖον μέ|χρις ἂν ἀποδοῖ. Ἐὰν δέ τις τῶν | εἰσερχομένων τὸ ἰσηλύσιον μὴ | διδοῖ τῷ ἱερεῖ ἢ τῷ ἀνθιερεῖ, εἰργέσ‖θω τῆς ἑστιάσεως, μέχρις ἂν ἀπο|δοῖ, καὶ πρασσέσθω ὅτῳ ἂν τρόπῳ | ὁ ἱερεὺς κελεύσῃ. Μηδεὶς δ᾽ ἔπος | φωνείτω[14]) μὴ ἐπιτρέψαντος τοῦ ἱε|ρέως ἢ τοῦ ἀνθιερέως ἢ ὑπεύθυνος ‖ ἔστω τῷ κοινῷ λεπτοῦ δρ. λ΄.

| Ὁ ἱερεὺς δὲ ἐπιτελείτω τὰς ἐθίμους | λιτουργίας στιβάδος καὶ ἀμφιετη|ρίδος εὐπρεπῶς καὶ τιθέτω τὴν | τῶν Καταγωγίων σπονδὴν στι‖βάδι μίαν καὶ θεολογίαν, ἣν ἤρ|ξατο ἐκ φιλοτειμίας ποιεῖν ὁ ἱε|ρασάμενος Νεικόμαχος. Ὁ δὲ ἀρχί|βακχος θυέτω τὴν θυσίαν τῷ | θεῷ καὶ τὴν σπονδὴν τιθέτω ‖ κατὰ δεκάτην τοῦ Ἐλαφηβολι|ῶνος μηνός. Μερῶν δὲ γεινομέ|νων αἱρέτω ἱερεύς, ἀνθιερεύς, | ἀρχίβακχος, ταμίας βουκολικός, | Διόνυσος, Κόρη, Παλαίμων, Ἀφρο|δείτη, Πρωτεύρυθμος· τὰ δὲ ὀνό|ματα αὐτῶν συνκληρούσθω | πᾶσι. Ὃς δ᾽ ἂν τῶν Ἰοβάκχων λάχῃ κλῆ|ρον ἢ τειμὴν ἢ τάξιν, τιθέτω τοῖς Ἰο|βάκχοις σπονδὴν ἀξίαν τῆς τάξεως, ‖ γάμων, γεννήσεως, Χοῶν, ἐφηβείας, | πολειτείας, ῥαβδοφορίας, βουλείας, ἀ|θλοθεσίας, Πανέλληνος, γερουσίας, | θεσμοθεσίας, ἀρχῆς ἧς δήποτε οὖν, | συνθυσίας, εἰρηναρχίας, ἱερονείκου ‖ καὶ εἴ τίς τι ἐπὶ τὸ κρεῖσσον Ἰόβακχος ὢν | τύχοιτο. Εὔκοσμος δὲ κληρούσθω ἢ καθισ|τάσθω ὑπὸ τοῦ ἱερέως ἐπιφέρων τῷ ἀκοσ|μοῦντι ἢ θορυβοῦντι τὸν θύρσον τοῦ θε|οῦ· ᾧ δὲ ἂν παρατεθῇ ὁ θύρσος ἐπικρεί|ναντος τοῦ ἱερέως ἢ τοῦ ἀρχιβάκχου, | ἐξερχέσθω τοῦ ἑστιατορείου· ἐὰν δὲ ἀ|πειθῇ, αἱρέτωσαν αὐτὸν ἔξω τοῦ πυλῶ|νος οἱ κατασταθησόμενοι ὑπὸ τῶν | ἱερέων ἵπποι, καὶ ἔστω ὑπεύθυνος ‖ τοῖς περὶ τῶν μαχομένων προστεί|μοις. Ταμίαν δὲ αἱρείσθωσαν οἱ Ἰόβακ|χοι ψήφῳ εἰς διετίαν, καὶ παραλαμβα|νέτω πρὸς ἀναγραφὴν τὰ τοῦ Βακχεί|ου πάντα καὶ παραδώσει ὁμοίως τῷ ‖ μετ᾽ αὐτὸν ἐσομένῳ ταμίᾳ. παρεχέτω | δὲ οἴκοθεν[15]) τὸ θερμόλυχνον[16])

---

14) *μηδεὶς δὲ π(ρ)οσφωνείτω* priores omnes; lapidis lectionem egregie vindicavit Augustus Brinkmann: silentium observandum est, nisi sacerdos vel vicarius eius colloquium permiserit.

15) i. e. suis sumptibus: Dittenberger *Hermes* XX p. 27.

16) vocabulo ceteroquin ut videtur ignoto oleum ad lucernas, quibus cenaculum illustratur, significari M. et D. censent, sed *λύχνον* certe, quod in titulo Xanthi Lycii (n. 49) occurrit a M. et a D. adlato ad usum sacrum sive arae sive simulacri destinatum videtur.

τάϲ τε ἐ|νάταϲ καὶ ἀμφιετηρίδα καὶ ϲτιβάδα | καὶ ὅϲαι ἔθιμοι τοῦ θεοῦ ἡμέραι καὶ | τὰϲ ἀπὸ κλήρων ἢ τειμῶν ἢ τάξε‖ων ἡμέραϲ. Αἱρείϲθω δὲ γραμμα|τέα, ἐὰν βούληται, τῷ ἰδίῳ κινδύνῳ, | ϲυνκεχωρήϲθω δὲ αὐτῷ ἡ ταμιευ|τικὴ ϲπονδὴ καὶ ἔϲτω ἀνείϲφοροϲ | τὴν διετίαν. Ἐὰν δέ τιϲ τελευτή‖ϲῃ Ἰόβακχοϲ, γεινέϲθω ϲτέφανοϲ αὐ|τῷ μέχ⟦ρ⟧ι ∗ ε΄, καὶ τοῖϲ ἐπιταφήϲαϲι τι|θέϲθω οἴνου κεράμιον ἕν, ὁ δὲ μὴ | ἐπιταφήϲαϲ εἰργέϲθω τοῦ οἴνου.

Lex collegii Iobacchorum[17]) (*τὸ Βακχεῖον* v. 8, 16, 27, 37, 56, 101, 148) archonte Epaphrodito inscripta; archontis annus incertus (cf. etiam *IG* III 1070), litteratura vel II vel III post Chr. n. saeculum indicat[18]); quodsi Claudius Herodes sacerdos (v. 9, 25) idem fuit ac clarus sophista Herodes Atticus[19]), id quod Maass acute probavit, titulus post a. 161, quo domus Aureliana imperium obtinuit (cf. v. 5 *Αὐρ[ηλίου] Νεικομάχου*), et ante mortem Herodis i. e. circiter a. 178 inscriptus est.

Quo Iobacchi imperatorum aetate conveniebant, ibi antiquioribus temporibus fanum magnum fuit, cuius ruinas eruit Doerpfeld. Dionysi peribolum sacrum fuisse torculi quae adhuc extant reliquiae produnt, ac celeberrimum quidem *Διονύσιον ἐν Λίμναις* fuisse Doerpfeld gravissimis causis probavit[20]), licet non prorsus certum atque exploratum videatur.[21]) Eo magis ea, quae tamen sunt certa, notanda duco: Fuit igitur hoc loco olim fanum quoddam Bacchi, unde sacra eius collegii, quod postea Bacchum ibidem colebat, aliqua necessitudine cum antiquo loci cultu coniuncta fuisse, dum non certa obstruuntur argumenta, paene necessario concludendum est. Neque enim quicquam obstat[22]), quominus etsi haec lex II demum post Chr. n. saeculo conscripta videtur, ipsum tamen collegium multo prius institu-

---

17) *Ἰόβακχος* ipse Dionysus audit (Hesych. s. v.), inde thiasotae eius *Ἰόβακχοι* sicut Bacchi cultores *Βάκχοι*, cf. tit. Cnid. n. 157.

18) ΑΔЄΘΛΜΞϹω, frequenter supra I, semel (v. 79) supra Y bina puncta diacritica; iota mutum nusquam scriptum; singula praecepta plerumque spatio 2 aut 3 litterarum vacuo divisa, ter (v. 62, 95, 110) capita diversa lineola initio versus subducta indicantur, bis (v. 56 a sinistra, v. 98 a dextra) magnum Z adscriptum est.

19) de Herodis Attici nepote, qui anno 209 ephebus fuisse videtur (*IG* III 1169), W. cogitaverat, sed hic sacerdos vir fuit magna auctoritate (cf. v. 9 et 25), qualis fuit sophista, non fuisse videtur ille nepos; cf. Maass p. 36 sqq.

20) *MAI* XIX p. 507, XX p. 361 sqq. cum tab. IV et p. 368 sqq.

21) de hac quaestione difficillima singulorumque v. doctorum sententiis singillatim exponere ab opere instituto alienum est; praeter Doerpfeldii commentationem supra laudatam cf. potissimum Stahl *Rhein. Mus.* L (1895) p. 566 sqq., Milchhoefer *Philol.* LV (1896) p. 171 sqq., C. Wachsmuth *Abhandl. d. sächs. Ges. d. Wiss.* XVIII (1897) p. 33 sqq., Groh *Listy filol.* XVIII (1897) Jan. et Apr., A. Körte *Rhein. Mus.* LII (1897) p. 168 sqq., v. Prott *MAI* XXIII (1898) p. 205 sqq. et *Bursians Jahresber.* III (1899) p. 109 sq., Wachsmuth apud *Pauly-Wissowa* Supplem. I p. 213 sqq.

22) de aetate sacerdotum Chrysippi et Dionysii (v. 11), ad quos auctores haec *δόγματα* referuntur, nihil constat; ceterum diversam singulorum praeceptorum aetatem contextu legis prodi monuit Drerup; cf. infra p. 142 sq.

tum existimemus; interim per longiora annorum spatia sacra eius aut prorsus intermissa aut neglecta esse non modo facile concedo, sed veri simile duco; solet enim talium collegiorum haec esse natura, ut modo floreant modo iaceant. Iam vero *Ἰοβάκχεια*, quae Athenis antiquitus celebrata esse constat[23]), ab his Iobacchis non facile separaveris; nam quod *Ἰοβάκχεια* sicut *Θεοίνια* origine gentilicia fuisse videntur[24]), recentioribus temporibus thiasotas privatos gentibus successisse nihil habet miri[25]), modo ne quis antiquorum sacrorum religionem formamve plane immutatam usque in II post Chr. n. saeculum obtinuisse exspectet memor praesertim, quantopere prisca festorum Bacchi natura postmodo nova temporum luxuria obruta sit.[26]) E lege ipsa de sacris Iobacchorum haec fere colligi possunt:

Συνίτωσαν, inquit, *τάς τε ἐνάτας* — menstrui dicuntur conventus — *καὶ τὰς ἀμφιετηρίδας* — anniversaria sacra eius diei, quo Baccheum institutum erat, dici perspexit Wide — *καὶ Βακχεῖα καὶ εἴ τις πρόσκαιρος ἑορτὴ τοῦ ϑεοῦ*. Quaeritur, quae dicantur *Βακχεῖα*. Universas Bacchi ferias quin recte Wide, falso Maass quamvis comprobante Dittenbergero nomen feriarum quarundam proprium intellexerit, non iam dubium mihi videtur, postquam Wilhelm verba *εἴ τις πρόσκαιρος ἑορτὴ τοῦ ϑεοῦ* rectius interpretatus est. Quae cum M. vertisset: *wenn irgend ein (öffentliches) Fest (des Gottes) sonst günstig ist* et e. g. etiam sollemnem quae fiebat decimo Elaphebolionis die libationem (v. 120) eo traxisset, Wilhelm illa voce statis sollemnibusque sacris extraordinaria, quae semel propter singularem occasionem fiunt (*πρὸς καιρόν*), opponi docuit. Itaque nisi forte quis strenuos illos convivas cum aliorum tum Dionysiorum urbanorum occasiones[27]) omisisse putat, hae omnes voce *Βακχεῖα* comprehendantur necesse est. Deinde quaeritur de voce *στιβάς*, quae compluribus locis ita usurpatur, ut nequeas discernere utrum l o c u s, quo conventus quidam fiebat, an c o n v e n t u s ipse dicatur (v. 48 *εἰργέσϑω τῆς στιβάδος*, 52 *ὁ προσδεχϑησόμενος ἰς τὴν στιβάδα*, 63 *ἐν τῇ στιβάδι ᾆσαι*, 70 *εἰσέρχεσϑαι ἰς τὴν στιβάδα*), bis autem haud dubie ipsam quandam caerimoniam vel caerimoniae diem signi-

---

23) (Dem.) *in Neaer.* 78 in iure iurando, quo Anthesteriis *γεραραί*, quae vocantur, obstringuntur: *καὶ τὰ Θεοίνια καὶ τὰ Ἰοβάκχεια γεραρῶ τῷ Διονύσῳ κατὰ τὰ πάτρια κτλ.*

24) Toepffer *Att. Geneal.* p. 12 et 105.

25) ad hanc rem, in qua hoc loco nolo longius insistere, totam illam de gentium et phratriarum commutatione, de orgeonibus thiasisque phratriarum quaestionem pertinere patet, cf. potissimum Toepffer p. 9 sqq., v. Wilamowitz-Moellendorf *Arist. u. Athen* II p. 272 sqq.

26) Plut. de cup. div. 8 p. 527 d *ἡ πάτριος τῶν Διονυσίων ἑορτὴ τὸ παλαιὸν ἐπέμπετο δημοτικῶς καὶ ἱλαρῶς, ἀμφορεὺς οἴνου καὶ κληματὶς κτλ., ἀλλὰ νῦν ταῦτα παρορᾶται καὶ ἠφάνισται χρυσωμάτων περιφερομένων καὶ ἱματίων πολυτελῶν καὶ ζευγῶν ἐλαυνομένων καὶ προσωπείων.*

27) praeter Dionysia etiam Lenaea III post Chr. n. saeculo acta esse Wide demonstravit catalogo ephebórum *IG* III 1160: *βασιλεύς· — — ἐπετέλεσεν τὸν ἀγῶνα τῶν Ληναίων — — — ἀγορανόμοι — — ἐπετέλεσαν τοὺς Κύϑρους*; postrema voce cum *Χύτροι* dici videantur, Anthesteria quoque celebrata esse apparet, id quod confirmavit e Philostrat. Her. 13 (p. 187 K) Maass; de agrestibus Dionysiis cf. Plutarchi testimonium supra not. 26 allatum.

ficat (v. 111 ὁ ἱερεὺς δὲ ἐπιτελείτω τὰς ἐθίμους λιτουργίας στιβάδος καὶ ἀμφιετηρίδος et v. 150 παρεχέτω — — — τὸ θερμόλυχνον τάς τε ἐνάτας καὶ ἀμφιετηρίδα καὶ στιβάδα), denique vi dubia v. 113 τιθέτω τὴν τῶν Καταγωγίων σπονδὴν στιβάδι. De qua re eo cautius agendum puto, quanto audacius Maass hac voce antiquissimi cuiusdam ac vel Indogermanici ritus vestigia detexisse sibi videtur. Is enim cum Theoxenia ab Iobacchis acta esse sibi persuasisset, de qua re infra videbimus, inde mentionem στιβάδος (*Opferstreu*) explicare studuit: *sic gehört nach Oldenbergs Ausführungen schon zum indogermanischen Ritual der Theoxenien oder Lectisternien und war bestimmt, den einkehrenden Göttern als Sitzstätte zu dienen,* provocans etiam ad sacra Persarum, quos hostias dissecuisse, dissectas partes coxisse et in herba quam tenuissima posuisse Herodotus I 132 testatur.[28]) Equidem, sic ut Wide iam recte instituit, a Graecis testimoniis sermonisque usu proficiscendum duco. Στιβάς proprie est cubile foliis vel arundine stratum, quali deficiente alio uti solebant velut militiae (Aristoph. Pac. 348, Xen. Hell. VII 1, 16; 2, 22, Polyb. V 48, 4), neque aliter explicandus est Aristoph. Plut. 663 ἡμῶν δ' ἕκαστος στιβάδα παρεκαττύετο, ubi de stratis agitur, quae Chremes et Carion quam vilissime sibi comparabant. Neque igitur mirum est, ubi feriae epulaeque sub divo habebantur, eiusdem generis cubilia usitata fuisse, cf. de more τοῦ παρὰ Λάκωσι καλουμένου δείπνου κοπίδος Athen. IV 138 f. ἐπὴν δὲ κοπίζωσι, πρῶτον μὲν δὴ σκηνὰς ποιοῦνται παρὰ τὸν θεόν, ἐν δὲ ταύταις στιβάδας ἐξ ὕλης, ἐπὶ δὲ τούτων δαπίδας ὑποστρωννύουσιν, ἐφ' αἷς τοὺς κατακλιθέντας εὐωχοῦσιν; ne hic quidem stibades recondita quadam religione, sed epulis sub divo faciendis explicari debere patet. Iam vero de ipsis Dionysiis et de ipso Herode Attico, quem Iobacchorum sacerdotem fuisse Maass probavit, Philostratus haec narrat: αἱ διαθῆκαι — — — μεγαλοφροσύνην κατηγοροῦσι τοῦ ἀνδρός, ᾗ καὶ ἐς τἆλλα ἐχρῆτο, ἑκατὸν μὲν βοῦς τ. θ. θύων — — —, ὁπότε δὲ ἥκοι Διονύσια καὶ κατίοι ἐς Ἀκαδημίαν τὸ τοῦ Διονύσου ἕδος, ἐν Κεραμεικῷ ποτίζων ἀστοὺς ὁμοίως καὶ ξένους κατακειμένους ἐπὶ στιβάδων κιττοῦ (Vit. Soph. II 3), qua re fortasse Herodes antiquum morem imitatus est, hunc ipsum tamen sine ullo dubio ex occasione sub divo epulandi ortum. Quibus omnibus comparatis ab Iobacchis ipsis quoque voce στιβάς proprie nihil amplius dici nisi κισσοῦ stratum, in quo diebus festis potantes cubabant, certissimum duco atque ipsos quoque similiter ac publicis feriis[29]) cives tentoriis separatos discubuisse apparet e v. 73 ἐάν τις — — εὑρεθῇ — — ἐπ' ἀλλοτρίαν κλισίαν ἐρχόμενος, unde iam Dittenberger nonnullos certe ex conventibus Iobacchorum sub divo haberi solitos esse non sine veri specie collegit, quamquam eos

28) ἐπεὰν δὲ διαμιστύλας κατὰ μέρεα τὸ ἱρήιον ἑψήσῃ τὰ κρέα, ὑποπάσας ποίην ὡς ἁπαλωτάτην, μάλιστα δὲ τὸ τρίφυλλον, ἐπὶ ταύτης ἔθηκε ὦν πάντα τὰ κρέα· διαθέντος δὲ αὐτοῦ μάγος ἀνὴρ παρεστεὼς ἐπαείδει θεογονίην κτλ.

29) κοπίδας Laconicas supra attuli; aptissime etiam Carneorum casas frondeas (Athen. IV p. 141 e) comparavit Maass; omnino autem Graecos publicis feriis tentoriis usos esse et consentaneum est et constat; cf. etiam quae de hac re dixi ad n. 79.

morem illum sub tecto imitari potuisse non negaverim. Ne id quidem spoponderim stibades, quibus utebantur, in ipsa humo stratas esse, immo eos antiquam consuetudinem ac commoditatem recentem ita coniunxisse, ut triclinia hederae fronde exornarent et operirent probabile duco, praesertim cum nomine *stibadium* apud Romanos haud raro triclinium significari Wide monuerit. Utique proprie *στιβάς* de cubilibus hedera stratis ab Iobacchis quoque accipiebatur, unde facile munus haec cubilia sternendi *λιτουργία στιβάδος* (v. 112) dici iterumque facili translatione et totum cenaculum ita exornatum *στιβὰς* dici poterat et dies, quocumque *στιβάδες* sternebantur, velut v. 150 *παρεχέτω τὸ θερμόλυχνον τάς τε ἐνάτας καὶ ἀμφιετηρίδα καὶ στιβάδα.* Hoc vero loco praeterea apparet non uno quoque conventu, sed certis modo diebus, maioribus sc. sollemnibus velut Dionysiis magnis Iobacchos hoc more cubuisse, unde porro colligo cenaculum eorum aut conventus non nisi iis diebus, quibus sollemnis ille cubilium apparatus fiebat, voce *στιβάς* significari potuisse, id quod confirmatur v. 63 *οὐδενὶ ἐξέσται ἐν τῇ στιβάδι οὔτε ᾆσαι κτλ.*: menstrua enim convivia ita a sodalibus acta esse, ut ne canere quidem liceret quis credat? Ac verbis proximis *μετὰ δὲ πάσης εὐκοσμίας καὶ ἡσυχίας τοὺς μερισμοὺς λέγειν καὶ ποιεῖν*, quae ad partes in scaena agendas pertinere W. perspexit, apparet esse de sollemniore quodam conventu sermonem, si quidem uno quoque conventu spectacula facta esse probabile non est. Quare vocabula *τὸ Βακχεῖον* aut *ἑστιατόριον* non cum illo plane synonyma habenda sunt, et quod e. g. v. 48 *εἰργέσθω τῆς στιβάδος* et v. 52 *ὁ προσδεχθησόμενος ἰς τὴν στ.* dicitur, id mea quidem sententia non licet interpretari, quasi scriptum sit *τοῦ Βακχεῖου* vel *εἰς τὸ Β.*, praesertim cum v. 101 hoc ipsum nomen legatur (*κωλῦσαι αὐτὸν τῆς εἰσόδου τῆς εἰς τὸ Βακχεῖον*). Id tamen concedo fortasse cenaculum certum fuisse, ubi apparatus *στιβάδος* fieret, et hoc ipsum semper eo nomine insigne fuisse.

Haec sunt, quae simplici et cauta interpretatione ipsius legis aliorumque testimoniorum colligi videntur, illius autem quem Maass voluit ritus Indogermanici apud Graecos nullum indicium dispicere possum et miror eum verba attulisse Herodoti, quippe qui illas Persarum caerimonias manifesto ac diserte ut alienas a Graecis protulerit.[30]) Ac ne Theoxenia quidem ab Iobacchis acta esse ille demonstravit. Agitur de verbis v. 121 sqq. *μερῶν δὲ γεινομένων αἱρέτω ἱερεύς, ἀνθιερεύς, ἀρχίβακχος, ταμίας βουκολικός, Διόνυσος, Κόρη, Παλαίμων, Ἀφροδείτη, Πρωτεύρυθμος, τὰ δὲ ὀνόματα αὐτῶν συνκληρούσθω πᾶσι.* Widium, qui verba *μερῶν γεινομένων* de carnibus hostiarum distribuendis, non de partibus in scaena agendis acceperat, secutus Maass non tamen de volgaribus inter Iobacchos *κρεανομίαις* agi, sed *Μέρη* certorum quorundam sacrorum nomen (*Portionenfest*) esse coniecit comparans nomina *Χόες* et *Χύτροι* ac, quoniam inter eos, qui portiones accipiunt, Dionysi aliaque nomina divina legantur, antiquissi-

---

30) cf. praecipue exordium loci illius: *θυσίη δὲ τοῖσι Πέρσῃσι περὶ τοὺς εἰρημένους θεοὺς ἥδε καθέστηκε· οὔτε βωμοὺς ποιεῦνται οὔτε πῦρ ἀνακαίουσι μέλλοντες θύειν, οὐ σπονδῇ χρέωνται, οὐκὶ αὐλῷ, οὐ στέμμασι, οὐκὶ οὐλῇσι, τῶν δὲ κτλ.* quibus verbis Graecas caerimonias Persicis aperte opponit.

mum lateque propagatum ritum Theoxeniorum hoc loco dici eumque ita ab Iobacchis actum esse, ut aliquot sodales sorte ducti personas deorum induerent et ad mensam sacram eorum vice accubarent, pro certo habet atque id quidem vel Dittenbergero persuasisse videtur. At primum quidem nomen illud *Μέρη* ferri nequit: non quaero, curnam Iobacchi lectisternia sua non sollemni huius rei nomine sive *Θεοξένια* sive *Ξένια* appellaverint, id dico nomen per se ipsum propter notionem indefinitam et a sacris ipsis prorsus alienam minime aptum esse, nec recte ab illo *Χόες* et *Χύτροι* comparantur, quoniam utrumque hoc nomen pertinet ad ipsa sacra. Tum vero ac praecipue Maass nova quaedam et inaudita lectisternia finxit. Quae enim cognita sunt testimoniis, ita fiebant ut variis cibis in mensa sacra collocatis heros deusve precibus ad epulandum invitaretur, plerumque praeterea lectus sterneretur tapetibus pulvinisque exornatus imposito symbolo sive simulacro dei.[31]) Homines vero personas deorum induisse eorumque vice in lectisterniis epulatos esse ut antiquae religioni repugnat, ita nullo probatur testimonio.[32]) Itaque etsi Bacchus quoque lectisterniis honoratus est, licetque ipsi Iobacchi eum ita honoraverint, id quod nec negari nec affirmari potest, utique his legis verbis sermo de iis non est. Immo verba *μερῶν δὲ γεινομένων αἱρέτω — Διόνυσος Κόρη Παλαίμων Ἀφροδίτη Πρωτεύρυθμος* haud dubie ad eos pertinent, qui in dramate sacro[33]) deorum partes agebant, ut iam Wide collegit e v. 65 sq. *τοὺς μερισμοὺς λέγειν καὶ ποιεῖν.* Minus recte idem eos, qui illo loco priorem ordinem efficiunt: *ἱερεύς, ἀνθιερεύς, ταμίας βουκολικός*[34]), sodales

31) cf Deneken *De Theoxeniis* p. 1 sq., Wissowa *Relig. u. Kultus der Römer* p. 355 sqq.

32) Suetonii Aug. 70 de Augusti cenis secretis, quibus convivae deorum dearumque habitu discubabant, narrationem M. non debuit huc trahere; quae cenae si pertinuissent ad antiquum ritum, qui tandem fieri potuit, ut cum alii tum Antonius *amarissime* eas exprobraret epistulis?

33) in v. 113 sqq. *τιθέτω (ὁ ἱερεὺς) τὴν τῶν Καταγωγίων σπονδὴν στιβάδι μίαν καὶ θεολογίαν, ἣν ἤρξατο ἐκ φιλοτειμίας ποιεῖν ὁ ἱερασάμενος Νεικόμαχος* vocem *θεολογίαν* ad hoc drama pertinere suspicor; sollemnem dei laudationem intellexit Maass, sed cum hac significatione verbum *τιθέτω* parum convenire Drerup recte sensit, cui tamen quod *der übliche Götterzauber (Z. 121 f.)* dici videtur, vereor ne Indogermanico illo ritu captus sit. Theologi id quoque officium fuisse, ut ad agendum drama sacrum verba conscriberet, Maass ipse p. 121 not. 168 ad Lucian. Pseudom. 20 optime monuit; quidni hic quoque *θεολογίαν* illam propric verba fabulae, deinde universum spectaculum significare putemus, quod exornandum et instruendum verbo *τιθέτω* sacerdoti mandatur?

34) ita lego, reliqui distinxerunt *ταμίας, βουκολικός* hac voce peculiarem quendam magistratum vel sacrificulum significari rati, ac Maass quidem *Βουκόλου* sacerdotem esse voluit, *Βουκόλον* vero eundem esse atque Orpheum, quem iterum latere postremo nomine *Πρωτεύρυθμος* censet, quae tamen omnia ulla probabilitate carere omnes opinor hodie consentiunt; sententia illius vel hoc uno evertitur, quod Orpheum ab isdem Iobacchis in uno praesertim dramate duobus diversis nominibus significatum esse incredibile est. Sed ne ceteri quidem, quinam ille *βουκολικός* fuerit, enuntiant; praestat igitur mea quidem sententia vocabulum *βουκολικός* pro adiectivo, sicut est, ita habere et cum substantivo *ταμίας* coniungere. In scaenam autem quaestor boucolorum nescio an eo consilio productus sit, ut deo ipso fortasse adhortante Iobacchi qui spectabant de nummis probe

ipsos, qui his muneribus fungebantur, intellexit. Immo his quoque nominibus sodales in scaena eas partes agentes dici Br. Keil rectissime, ni fallor, monuit, hic quidem sermonis indiciis nisus: aliter enim articulos desiderari nec verba *τὰ δὲ ὀνόματα αὐτῶν συνκληρούσθω πᾶσιν* ad proxima deorum solum nomina referri posse, deberi potius ad omnia, quae antea leguntur. Accedit, quod si modo *μερῶν γινομένων* de epularum portionibus cum Maassio et Widío intellegimus, cur non nisi quattuor illis magistratibus portiones decernantur et e. g. *ταμίας* particeps fuerit, *προέδρος* non item, minime intellegitur. Contra in dramate sacro ut praeter deos ipsos sacerdotes potissimum in scaenam prodirent — de quaestore vide not. 34 — facile fieri potuit. Quodsi universa illa nomina de partibus in scaena agendis accipienda sunt, eo proclivius videtur vocem *μερῶν γινομένων* ad has partes distribuendas referre, sed structuram grammaticam ita vix explicari posse Widio concedo[35]); quare ipse quoque haec verba de portionibus inter eos sodales, qui gravissimas dramatis personas induerant, distribuendis intellego ac cum carnis portiones plerumque *μερίδες*, non *μέρη* soleant dici[36]), fortasse vini eius, quod archibacchus decimo Elaphebolionis die dare debuit, in lege statim infra v. 119 commemorati portiones dicuntur, quocum verbum *αἴρειν* commode convenit.[37])

De dramatis argumento pauca possunt colligi, deorum praecipue mentione v. 124 sq. Athenis sicut alibi *Κόρην* saepius cultu cum Dionyso consociatum esse constat; quod in Iobacchorum dramate coniuncti apparent, sive is conexus e publicis quibusdam sacris[38]) sive Orpheis[39]) fluxit, id

---

solvendis admonerentur; utique bucolos, notissimum illud mystarum Bacchi genus, chorum dramatis egisse, contra Bucolii Atheniensis memoriam ab hoc loco removendam esse puto.

35) quae difficultas Drerupium fugisse videtur; nam quod dicit (p. 367) '*die Erklärung von αἱρέτω, scil. μέρος = eine Rolle übernehmen, ergiebt sich von selbst, indem wir die folgende Reihe einheitlich fassen,*' rationem grammaticam eius non intellego, neque enim Dionysus personam *αἴρει*, sed sodalis quispiam Dionysi; iterum quod monet a ceteris non satis rationem habitam esse eius difficultatis '*die in der sinnwidrigen Zusammenfassung von Verordnungen über die Verteilung von Opferstücken und einer Vorschrift über die Zulosung der Rollen liegen würde,*' ipse nec Widii nec Maassi interpretationem prorsus assecutus videtur.

36) cf. ad n. 29 p. 94.

37) medium sane expectaveris, sed cf. e. g. Antiphanis comici fr. ap. Athen. XV p. 692 f.

38) Eleusinii cultus et Lenaeorum quendam conexum et quia in rationibus Eleusiniis v. 182 *ἐπιστάταις ἐπὶ Λήναια εἰς Διονύσια θῦσαι*: Δ Δ (Dittenb. *Syll.*² 587 cum adn.) legitur et quia rex in Lenaeis administrandis ab epimeletis mysteriorum adiuvatur (Ar. *Ἀθ. Πολ.* 57 et *IG* II 741 A v. 10) Wide merito statuit, contra Anthesteriis uxorem archontis regis, quae in bucolio nuptias faciebat cum Baccho, *Κόρης* vice functam esse (O. Müller *Allgem. Enc. s. v. Eleusinien* p. 290 not. 59, Gerhard *Abhandl. d. Berl. Akad.* 1858 p. 158 cum not. 40 p. 197) valde incertum est (Maass p. 58 et Preller-Robert *Gr. Myth.* p. 672). Rectius Wide attulit Hephaest. 94 *οἷον τὸ ἐν τοῖς ἀναφερομένοις εἰς Ἀρχίλοχον Ἰοβάκχοις· Δήμητρος ἁγνῆς καὶ Κόρης τὴν πανήγυριν σέβων.*

39) Maass p. 69; ceterum si vel maxime inde Iobacchi receperunt, id magnae auctoritati doctrinae Orphicae tribuere sat est, non ideo omnino sacra eorum Orphica habenda sunt.

utique ad nuptias eorum spectat. Iam vero quomodo Venus et Palaemon in hanc communionem intraverint, quaesiverunt. Equidem cavendum puto, ne recondita quaedam religionis necessitudo necessario repetenda videatur; velut fieri potuit, ut Venus nulla alia de causa in scaenam prodiret nisi ut nuptiis adesset. Palaemon, cuius cultus in Isthmo praecipue florebat[40]), deus marinus erat Neptuno consociatus, nec tamen a Bacchi religione prorsus alienus, quoniam Ino mater eius Bacchum infantem aluit et ipse inde in hymn. Orph. (75 A.) *σύντροφε βακχεχόροιο Διωνύσου* audit. Difficillimus denique ille *Πρωτεύρυθμος*, praesertim cum utrum numinis an hominis, magistri sc. saltandi, nomen fuerit, ambiguum sit. Magistrum esse saltandi quamquam defendere suscepit Rohde[41]), tamen Wide negavisse mihi videtur recte, quia deorum, non hominum ordini ascriptum est nomen. Iam cum Wide daemonem e cosmogonia Orphica repetitum intellexisset, Maass Orphea ipsum hoc nomine latere Iobacchorumque sacra omnino orphica esse demonstrare conatus est. Cuius argumentationem audaciae plenam solido fundamento carere Rohde satis superque demonstravit, ut singula refutare non iam opus sit. Equidem ut nunc res est, potissimum daemonem quendam Bacchi ministrum intellegendum esse cum Widio putaverim[42]), de Orphica tamen quam hic coniecit origine dubitans.

Quoniam duorum pristinorum sacerdotum *δόγματα* (v. 10 sq.) hanc legem efficiunt, haec ipsa tamen non planē immutata recepta esse mentione theologiae, quam fecit Nicomachus (v. 115), elucet, vestigia quaedam huius duplicis vel triplicis originis apparere mirum non est. Quae Drerup summa diligentia investigare studuit, nec frustra; id potissimum recte observavit, quibus praeceptis *ἱερεύς* et *ἀνθιερεύς* ac quibus *ἱερεύς* et *ἀρχίβακχος* una nominantur, ea non eadem aetate orta esse videri.[43]) Ceterum ordo praeceptorum huius legis tantopere perturbatus non est, quantopere

---

40) vid. Preller-Robert *GM* p. 601 sqq., Gruppe *GM* I p. 135.

41) verba eius haec sunt (*Kleine Schriften* II p. 294 sq.): '*dieser Ausdruck* (sc. *Πρωτεύρυθμος*) *lässt an einen ἐξάρχων, einen praesul bei Processionen und Tänzen denken, der als erster die rhythmischen Bewegungen ausführt und die anderen zu solchen anleitet, oder, wenn εὔρυθμος einen Meister im ῥυθμός bezeichnet (dergleichen das Collegium mehrere haben konnte [gleichwie z. B. ein Pergamenisches Coll. auf 17 βουκόλοι zwei ὑμνοδιδάσκαλοι hatte: Hermes 7, 40], ohne darum wie Maass spottet, ganz aus Tanzmeistern zu bestehen), den obersten dieser Meister. Hinter den vier Göttern, als den Hauptfiguranten, mag dieser Mann als der Anführer der dann noch folgenden Schaaren der Tanzenden passend seine Stelle finden.*'

42) W. *Πρωτόγονον* daemonem, qui in papyro Parisino invocatur (Dieterich *Abraxas* p. 132) contulit et *Πρωτεύρυθμον* eum, qui mundo rythmum dedit, interpretatus est.

43) cf. v. 85 cum v. 92 sq., v. 67 et 140 cum v. 108 sq. Auctoritatem *ἀνθιερέως* postea auctam, archibacchi deminutam esse Dr. probavit, quamquam inde, quod in narratione de conventu praemissa *ἀνθιερεὺς* plus momenti habere videtur quam archibacchus, nihil colligi debet, quia haec sine dubio ipse *ἀνθιερεὺς* conscripsit.

illi visum est, dummodo qua ratione et quo consilio singula deinceps praecepta contineantur, recte assequamur.

Ac primum quidem v. 32—62 munera sodali inde ab introitu subeunda constituuntur, quibus satis apte praeceptum de conventibus (v. 42 *συνίτωσαν κτλ.*) insertum est, quippe quibus sodales interesse deberent. Difficultatem maxime praebent verba v. 48 sqq. *ἐὰν δὲ μὴ πληροῖ, εἰργέσθω τῆς στιβάδος καὶ εὐτονείτωσαν οἱ τῷ ψηφίσματι ἐνγεγραμμένοι χωρὶς ἢ ἀποδημίας ἢ πένθους ἢ νόσου ἢ* [[*εἰ*]] *σφόδρα ἀνανκαῖός τις ἦν ὁ προσδεχθησόμενος ἰς τὴν στιβάδα κρεινάντων τῶν ἱερέων.* Summa sententiae, si quidem verba *ἐὰν δὲ μὴ πληροῖ* ad proxima *τὴν ὁρισθεῖσαν εἰς τὸν οἶνον φοράν* necessario referenda sunt, certa est: is, qui menstruam stipem non solvit, *στιβάδος* i. e., si modo recte supra statui, a maioribus sollemnibus hoc nomine insignibus vel loco, ubi ea fiebant, excluditur, nisi excusationis causae valebant, e quibus facile intelleguntur aliisque exemplis confirmantur[44]) morbus, iter, funus; dubitationem movet postremum [*εἰ*] *σφόδρα ἀναγκαῖός τις ἦν κτλ.* Wide vertens '*wenn er — — sonst etwas sehr Dringendes vorhatte*' sensum efficit aptum, nec tamen is verbis illis inesse potest; Maassii interpretatio '*wenn der in den Opferraum Aufzunehmende ein ganz naher Verwandter war*' primo speciosa videtur et Dittenbergero quidem placuit, sed, ni vehementer fallor, cum antecedentibus *ἐὰν μὴ πληροῖ* sc. *τὴν φοράν* conciliari nequit, quia talis excusatio in eum solum, qui in conventu deerat, quadrat.[45]) Etiam *σφόδρα* illud de propinquitatis gradu dictum displicet. Itaque aliud subesse suspicor: fieri poterat, ut quis stipem ferre neglegeret, idem tamen arte aliqua velut in scaena agendi excelleret, ideoque sodales, ne opera eius egerent, eum admittere mallent *κρεινάντων* sc. *τῶν ἱερέων.* Atque aliquid certe valet, quod hac interpretatione lapidis lectionem v. 71 sq. *ἢ ἀποδοῦναι αὐτὸν ἢ ἰσέρχεσθαι* tueri posse videmur. Quo loco Maass sententiam requirere *ἢ μὴ ἰσέρχεσθαι* iudicavit adsentiente Dittenbergero. Sed si modo recte statui, admisit interdum sacerdos etiam eos, qui stipem non tulerant, ut recte se habeat *ἢ ἰσέρχεσθαι* neque opus sit confugere ad mutationem illam, praesertim quae cum recta dicendi ratione parum conveniat. — Dubium denique, qui dicantur *οἱ ἐν τῷ ψηφίσματι ἐγγεγραμμένοι.* M. et Dttb. uterque *ψήφισμα* priorem partem tituli (v. 1—31) intellegunt, cui ille in exemplari manuscripto nomina sodalium subscripta fuisse putat, cum hic curam a conventu arcendi rectius iis, qui muneribus funguntur, quam universitati sodalium mandari moneat eosque, qui passim in titulo commemorantur Bacchei magistros hac locutione comprehendi coniciat. Sed dubito, num

44) cf. n. 41 v. 19 sq.

45) hac ipsa de causa, quia verba *ὁ προσδεχθησόμενος ἰς τὴν στιβάδα* de recipiendo novo sodali accipit, Drerup obiectum verbi *πληροῖ* non *τὴν ὁρ. εἰς τ. ὁ. φοράν*, sed *τὸ εἰσηλύσιον* esse vult (p. 365), sed hoc nullo modo ferri posse persuasum habeo, quia vox *εἰσηλύσιον* multo antea v. 37 i. e. in diverso legis capite occurrerat. Contraria via proficiscendum est: obiectum verbi *πληροῖ* e proximo conexu certa ac simplici ratione supplendum atque inde iam illa verba *ὁ προσδεχθησόμενος κτλ.* interpretanda.

v. 1—31 actorum instar conscripti *ψήφισμα* appellari possint; aut legem, qua pristina *δόγματα* repeti titulus testatur (v. 10 sq.), aut unum ex his ipsis dici vocemque ex eo translatam esse puto.

V. 55 *ἱερὸς παῖς ἐξωτικὸς καθεσθείς*: verba nondum certo expedita sunt. Wide *ἱερὸν παῖδα* intellexit puerum, qui hymnis aliisque caerimoniis sacris interest, atque id quidem probabiliter, sed quod vocem *ἐξωτικὸς καθεσθείς* de eo interpretatur, qui *nach aussen versetzt wird, d. h. aufhört, ein ἱερὸς παῖς zu sein*[46]), audacius egit. Maass et Dittenb. *ἱερὸν παῖδα* nihil amplius nisi Iobacchi filium esse putant, voce *ἐξωτικὸς καθεσθείς* ille eum, qui peregre habitabat, hic eum, qui domicilium non iam apud patrem habebat, sed seorsim habitabat, dici ratus. Sed neutrum Graece ita dici veri simile, neque intellegitur, curnam filiorum ii potissimum, qui sive peregre sive Athenis seorsim habitabant, condicione illa commodissima v. 55 sqq. usi sint. Quam difficultatem Dttb. ita removere conatus est: qui supra v. 39 *οἱ ἀπὸ πατρός* vocantur, eos patribus defunctis eorum locum in collegio obtinuisse, contra quorum patres superstites erant, eos *ἱεροὺς παῖδας* vocatos esse neque Iobacchos fuisse praeter illos seorsim habitantes. Quae omnia ut acute excogitata, ita artificiosa et prorsus incerta esse patet. Ipse facere non poteram, quin etiam atque etiam haererem in verbis *ἔστω μετὰ τοῦ πατρὸς Ἰόβακχος ἐπὶ μιᾷ σπονδῇ τοῦ πατρός*, quorum illi parum rationem habuisse mihi videntur. Nam illud *μιᾷ* num additum esset nisi proprie duae *σπονδαί*, sc. et a patre et a filio, dandae fuissent? Quomodo autem a patre *σπονδή* postulari poterat, si is iam antea sodalis fuerat suamque iam pridem dederat? Concludo eos pueros sacros, de quibus hoc loco agitur, filios sodalium non fuisse, et dubitans sane hanc interpretationem propono: Iobacchi hymnis ceterisque sacris, quibus *ἱεροὶ παῖδες* intererant, non modo suos filios, sed etiam alienos voce vel alia arte insignes adhibebant, qui officiis rite peractis cum suo quisque patre aequissima condicione recipi poterant, *ἐξωτικὸς* igitur *καθεσθεὶς* is *ἱερὸς παῖς* fuit, qui cum pater eius sodalis non esset, tamquam extrinsecus in collegii sacra adhibitus erat. Ac certe uno loco, quo praeterea similis locutio occurrit, in fastis hymnodorum Pergamenis[47]), talis sensus satis bene quadrat.

V. 63—110 *de ordine thiasi servando* agitur. Qua potissimum in parte vestigia additamentorum posteriorum Drerup deprendere sibi visus est: praeceptum enim v. 84—90 una cum v. 96—102 postea additum esse, ut vis sodali illata acrius vindicaretur. Ac v. 85 verberatum querimoniam deferre iuberi *πρὸς τὸν ἱερέα ἢ τὸν ἀνθιερέα*, v. 93 *παρὰ τῷ ἱερεῖ ἢ τῷ ἀρχιβάκχῳ* recte observavit (cf. not. 43). Reliqua, quae attulit, aut incerta aut ne offensione quidem carere puto; velut quod praeceptum, ne quis publica iudicia adiret (v. 90 sqq.), ad omnes iniurias potius quam ad solam vim pertinere debuisse ideoque olim versui 83 subiunctum fuisse coniecit, per se ipsum speciosum est, sed obstat vox *δαρέντι* v. 91, cuius vim hoc

46) similiter Drerup: *wenn er aus dem Knabenalter herausgetreten ist.*

47) *Inschr. v. Perg.* II 374 = Prott *Fasti* 27 C v. 12 sq. *δώσουσιν δὲ οἱ καθιστάμενοι ἐξωτικοὶ ὑμνῳδοὶ εἰς εἰκόνας τῶν Σεβαστῶν δην. ν'.*

loco latius patere non facile cuiquam persuadebit. Itaque etsi acuta disputatio illius notatu digna est, demonstratum esse mihi videtur id unum v. 85 *ἀνθιερέα* pro archibaccho intrusum esse.

V. 63 *οὐδενὶ δὲ ἐξέσται ἐν τῇ στιβάδι κτλ.* non ad quemlibet, sed ad gravissimum quemque conventum pertinere supra p. 139 monui. — v. 67 sqq. id, quod iam v. 46 sqq. praeceptum erat, repetitur, quoniam *μηνιαία* illa *φορά* a stipe *εἰς τὰς ἐνάτας* ferenda vix est diversa. Sed praeterquam quod *ἀμφιετηρίδων* mentio accedit, tanti momenti praeceptum in hac quoque parte legis repeti intellegi potest. — de lectione *ἢ ἰσέρχεσθαι* v. supra p. 143. — v. 102 sqq. qui mercedem introitus non solvit, non modo *τῆς στιβάδος* (cf. v. 70), sed *τῆς ἑστιάσεως* i. e. omni epulo prohibetur.

In priore parte legis (v. 32—62) cum unius cuiusque sodalis adversus thiasum officia constituta sint, in postrema parte v. 111 sqq. cum extraordinaria quaedam (v. 127—136 et 159 sqq.) tum magistrorum thiasi munera sollemnia recensentur, ac primum quidem sacerdotis v. 111—117; de *στιβάδος* et *ἀμφιετηρίδος* caerimonia v. supra; *ἡ τῶν Καταγωγίων σπονδή* non cum W.[48]) ad Proserpinae *κάθοδον* referenda est: *Καταγώγια* enim sollemnia dei fuisse in urbem suam devertentis constat[49]) meritoque igitur festivitatem, qua Bacchi Athenas adventum Iobacchi sumptu sacerdotis celebrarent, ita nominatam esse Maass iudicavit. Quo die celebrata sit, incertum est.

V. 117—127 de re sacra ab archibaccho die X Elaphebolionis i. e. magnis Dionysiis facienda, quo die in scaena Iobacchos egisse subiuncto illo de quo supra dixi praecepto *μερῶν γεινομένων αἱρέτω κτλ.* apparet. — v. 127—136 quibus quisque occasionibus *σπονδήν* extraordinariam dare debuerit; v. 131 *Χοῶν*: Choum ferias intellexit W., quem Wolters admonuit de epigrammate sepulcrali (*Kaibel* 157, *IG* III 1342) *ἡλικίης Χοϊκῶν, ὁ δὲ δαί[μων] ἔφθασε τοὺς Χοῦς*, ubi de puero agi, antequam per aetatem Choibus admitteretur, mortuo Kaibel coniecit.[50]) Sane de more liberos certa demum aetate Choibus adhibendi nihil amplius constat qui fortasse recentioribus temporibus ortus est; utique non recte Drerup, quia

48) p. 281 not., ubi Diod. V 4, 5 contulit et, sicut Choibus una cum deae ascensu *ἄνοδος τῶν τελευτησάντων* celebrata sit (Phot. s. v. *μιαρὰ ἡμέρα*), ita una cum descensu eius *καταγώγια* mortuis celebrata esse coniecit, ipse tamen dubitanter.

49) cf. Veneris Erycinae *Ἀναγώγια* et *Καταγώγια* Athen. IX 394 f., Ael. n. a. IV 2. Ad Bacchi *Καταγώγια* ea, quae de Antonio ab Ephesiis urbe recepto Plut. Ant. 24 narrat, Maass acute rettulit eodemque *Καταγώγια* caerimoniis memorabilibus Ephesi celebrata ea, quae in *Actis S. Timothei* (p. 11 Usener) commemorantur; quae cum Lobeck *Aglaoph.* p. 177 Dianae tribuisset, Usener (p. 25) propter temporum difficultatem Dianae *Καταγώγια* cum feriis alius mensis aliusque dei ritu similibus a scriptore confusa esse censuit, Bacchi sacra fuisse item propter diem diffisus. Caerimonias tamen, quae ibi describuntur, Baccho valde aptas esse concedendum mihi videtur.

50) de interpretatione diversa Wilamowitzii (*Comm. gramm.* II p. 17) vid. Dittenberger *IG* III 2 Add. p. 300 et Wide p. 265.

mortuos epulis funestis honorare soliti essent, χοάς (*die Trauerfeierlichkeiten bei Sterbefällen*) interpretatus est; nam ut hoc loco non nisi festivas occasiones respici videri omittam, id quod ille voluit, voce χοαί parum idonee significatur. — ῥαβδοφορίας: qui in theatro ordini publice prospiciunt (Schol. Arist. Pac. 733). — ἀθλοθεσίας de decemviris Panathenaicis dici Dttb. negavit et in universum de quorumlibet ludorum regimine accepit, non sufficiente causa; nec enim recte negat fuisse, quod ex ingenti magistratuum numero hoc unum officium nominatim afferretur; ἀθλοθεσία inter nobilissima munera sine dubio habebatur (cf. Arist. Ἀθ. Πολ. 60). — θεσμοθεσίας: totum novem archontum collegium ex illius aetatis usu (*IG* III 716, 3) dici monuit Dttb. — συνθυσίας: collegium virorum publice peregre missorum ut sacrificiis alienae civitatis interessent, coll. Asinaeorum synthytis (*Syll.*² 654, 15) Maass probabiliter intellexit, etsi Athenienses hac voce ita usos esse non constat.[51]) — V. 136—146 de magistro ad ordinem in conventibus servandum constituto; εὔκοσμος etiam apud hymnodos audit Pergamenos (Prott *Fasti* n. 27 v. 13); cf. praeterea epheborum κοσμητήν, Creticos κόσμους. — v. 138 thyrsum apponere iubetur τῷ ἀκοσμοῦντι ἢ θορυβοῦντι, ut hoc symbolo quasi coram notetur.[52]) — v. 144 οἱ κατασταθησόμενοι ὑπὸ τῶν ἱερέων ἵπποι aperte ministri sunt e sodalibus minoribus natu electi; nomini eandem translationem subesse, qua dicuntur puellae Dianae Brauroniae ἄρκτοι, Cereris Laconicae sacerdotes πῶλοι (*CIG* 1449), pueri sacri Neptuni Ephesii ταῦροι (Athen. X 425c), mystae Dionysi modo βόες modo τράγοι, Mithrae mystae λέοντες vel λέαιναι ministrique eorum κόρακες (Dieterich *De hymnis Orph.* p. 5), originemque horum nominum e natura dei repetendam esse optime perspexit Wide idemque, etiamsi de Baccho ipso equi specie culto nihil constaret, comites tamen eius Silenos in arte vascularia cauda ungulis auribus equorum repraesentari scite monuit.[53]) Ac qui in collegio Bacchi Pergameno Σειληνοί audiunt (*Syll.*² 743 v. 29), eosdem esse atque Iobacchorum ἵππους Maass iure statuit; denique ἵππον etiam orgeonibus Piraei fuisse (*IG* III 1280a) Preuner monuit.

V. 146—159 *de quaestoris officiis.* Quantum sodales ei muneri tribuerint cum inde, quod in biennium creatur, tum immunitate eius apparet; praeterea conceditur ei ἡ ταμιευτικὴ σπονδή (v. 157 sq.), quam vertens *Kassierertrunk* quaestoris sportulam intellegit Maass; contra Drerup hanc σπονδὴν cum iis comparat, quas sacerdos et archibacchus dare debebant (v. 114 et 119), et olim quaestori quoque hoc munus impositum fuisse,

---

51) Dttb. maluit sodales collegii sacrorum causa instituti (e. g. *Syll.*² 745, 3) intellegere: si quis Iobacchus in alienam sodalitatem introisset, Iobacchis stipem dare debuisse; sed hoc loco non nisi honores magistratusque recensentur.

52) thyrsum ipsius dei vice fungi contendit Maass provocans ad Deneken *De Theoxeniis* p. 1, 2¹, ubi tamen huius rei exempla non dispicio; sceptri Agamemnonis a Chaeronensibus adorati (Paus. IX 40, 11) ratio longe diversa mihi videtur.

53) praeterea Ἵππος, Ἱππαῖος satyrorum nomina in vasis esse, Bacchi Tmolensis nutrici in hymn. Orph. 48 et 49 nomen Ἵππα esse attulit M.

postea vero consideratis reliquis officiis eius remissum esse acute conclusit, nec talis verbi *συγχωρεῖν* usus exempla desunt, cf. Diog. L. I 45 et Dem. LVI 22.

V. 159 sqq. de *funeribus* sodalium adduntur; de corona cf. Kaibel *Epigr.* 153 *στέμμα δέ* [*μοι πλέξαντο*] *Διωνύσου θιασῶται* (Athenienses).[54])

47. Lapis quem exscripsit Fourmont Alopecae in ecclesia infra montem Hymettum, nunc periisse videtur. Ed. Boeckh e Fourmontii schedis *CIG* 126, inde Foucart *Associations religieuses* p. 202 n. 20 (v. 30 usque ad finem), Dittenberger *IG* III 23, Wilhelm *Serta Harteliana* p. 231 sqq. Cf. etiam Lüders *Dionys. Künstler* p. 151 n. 1, Maass *Orpheus* p. 49, Ziebarth *Gr. Vereinswesen* p. 37. Poematis, quod priore parte apographi continetur, non nisi tres postremos versus temporis definitionem exhibentes exscribo.

Ἄρχων μὲν Ταυ(ρ)ίcκος, ἀτὰρ μὴν Μο(υ)νιχιὼν ἦν
ὀκτ[ω]καιδεκάτῃ δ' ἔρανον cύναγον φίλοι ἄνδρες
καὶ κοινῇ βουλῇ θεcμὸν φιλίηc ὑπέγραψαν.

Νόμος ἐραν(ιc)τῶν

Μη]δενὶ ἐξέcτω ἰc[ιέν]αι (ἰc) τὴν cεμνοτά[τ]ην | cύνοδον τῶν
ἐρα(ν)ιcτῶν π(ρὶ)ν ἂν δοκι|μαcθῇ εἴ ἐcτι ἅ[γν]ὸc[1]) καὶ εὐcεβὴc καὶ
ἀ(γ|αθ)ό(c)· δοκιμα[ζέ]τω δὲ ὁ προcτάτηc [καὶ ‖ ὁ] ἀρχ⟨ι⟩ερα(ν)ι-
(c)τὴc[2]) καὶ ὁ γ[ρ]αμματεὺc καὶ | [οἱ] ταμίαι καὶ cύνδικοι· ἔcτωcαν
δὲ ο[ὗ|τ]οι κληρωτοὶ κατὰ ἔ[το]c χωρὶc π⟨ριcπ⟩ροcτάτ[ου·][3]) | ὁμο-
λείτωρ δὲ ἔ⟨ι⟩cτω δ[ιὰ] βίου αὐτο[ῦ] | ὁ ἐπὶ ἡρῴου καταλιφθείc·
αὐξανέτω δ[ὲ] ‖ ὁ ἔρανος ἐπὶ φιλοτε[ι]μίαιc· εἰ δέ τι(c) μά|χαc ἢ
44 θορύ(β)ουc κεινῶν φαίνοιτο | ἐκβαλλέcθω τοῦ ἐράνου (ζ)ημιού|μενοc[4])
43 ⟨ε⟩ Ἀττ[ι]καῖc κε' ἢ πληγαῖc αἰκ⟨αικ⟩ιζ[ό]|μενοc ταῖc διπλαῖc
ΠΕΤΡΑ κρίcεωc

Eranistas, qui aetate imperatoria[5]) hanc legem sibi sanxerunt, collegii funeraticii fuisse Wilhelm coll. mentione *ἡρῴου* v. 39 et poematis praescripti v. 19 *εἰς*?] *μνήμην φθιμένοις καὶ ἀλλήλους* (*ἀλλήλοις*?) *ἀνέθηκαν* et exemplis similibus velut *IG* II 630, quo titulo *ἡρωισταὶ* Attici, vel *IG* VII 2725, quo *ἡρωιασταὶ* Acraephienses cognoscuntur, probavit.

---

54) optime attulit Maass; minus recte Varronis Sat. Men. fr. 303 comparavit, ubi de silicernio agitur, de quo tamen hic sermo non est.

1) suppl. F.; *ἅ*[*γι*]*ος* B.

2) *ἀρχιερανιστής* editores, quam formam a lapidibus alienam esse statuit W.

3) em. Wilh. evidenter, ut priorum conamina repetere opus non sit.

4) v. 43 et 44 inverso ordine a Fourmontio per errorem exscriptos esse intellexit Wilh. totumque locum in integrum restituit praeter illud ΠΕΤΡΑ quod adhuc nondum expeditum est; nam tale supplementum, quale sensui aptum est velut *δίχα, ἄνευ, χωρίς* a traditis litteris nimium recedere W. statuit; *μετά* autem, quod proposuit Fränkel, mihi quidem sensui aptum non videtnr.

5) demonstratur itacismi vestigiis; annus archontis Taurisci ignotus.

V. 31 sqq. de introitu collegii: cf. Iobacch. leg. v. 32 sqq., in hoc tamen titulo nec merces introitus nec stips menstrua commemoratur. — v. 37 *χωρὶς προστάτου*: hic ipse quomodo et ad quantum temporis creandus sit, non additur. — v. 38 *ὁμολείτωρ*: hanc lectionem a Fourmontio traditam, cum ceteri editores in dubium vocassent, egregie vindicavit Wilhelm glossis Hesychii *λείτειραι· ἱέρειαι, λείτορες· ἱέρειαι, λητῆρες· ἱεροὶ στεφανηφόροι· Ἀθμᾶνες, λήτειραι· ἱέρειαι τῶν σεμνῶν θεῶν* (Callim. fr. 123) monens verbum *λειτορεύω* in titulis Thessalicis nec non in titulo Boeotico (*CIG* 1681) occurrere, substantivum autem *λείτωρ* vel in ipsius Atticae titulo (*MAI* XII p. 282) legi: *ὁμολείτωρ* igitur idem fere valere ac *συλλειτουργός*; quo nomine apte designatur *ὁ ἐπὶ ἡρῴου καταλιφθείς* (= *καταλειφθείς*) i. e. ex eiusdem Wilhelmii interpretatione veri simillima is, cui cura heroi sepulcrorumque delata erat.

De v. 40 *εἰ δέ τις μάχας κτλ.* cf. Iobacch. leg. n. 46 v. 72 sqq.

48. Tabula marmoris albi optime conservata, angulus solum uterque lateris dextri mutilatus est; nunc Athenis in domo privata; accuratius quo loco inventa sit, non constat. Edd. Latyschew *BCH* V (1881) p. 262 n. 2, Dittenberger *Syll.*[2] 632 (378[1]), Michel *Recueil* 691.

Ἱερὸν τὸ τέμενο[ϲ] | τοῦ Ἀϲκληπιοῦ καὶ | τῆϲ Ὑγιείαϲ·
θύειν τοὺϲ γεωργοὺϲ ‖ καὶ τοὺϲ προϲχώρουϲ | τοῖν θεοῖν ἧι
θέμιϲ | καὶ τὰϲ μοίραϲ νέμειν | τῶι τε εἱϲαμένωι καὶ | τῶι θεηκο-
λοῦντι· ‖ τῶν δὲ κρεῶν μὴ | φέρεϲθαι.

Titulum litteris aetatis Romanae diligenter incisum, etsi origo lapidis incerta est, ad rusticum pertinere cultum e v. 4 et 5, ad privatum e v. 8 apparet. Non modo ministro sacro, sed etiam ei, qui sacellum instituerat, e sacrificio portiones deberi notatu dignum est, cf. simile praeceptum Xanthi Lycii, qui *Μηνὸς Τυράννου* cultum instituerat, n. 49 v. 9 cum comm. Praeceptum de carnibus non auferendis isdem fere verbis sancitur n. 65 v. 31 sq. et n. 125, Prott *Fasti* n. 5 v. 59. 61 et n. 6 v. 4. 8. 10. Sed res eadem dicitur praeceptis *δαινύσθων* fastorum Myconi (Prott n. 4 v. 26 et 28), *θοινῆται* tituli Rhodii (Prott n. 23) eademque, si modo recte legem Elateam n. 79 interpretatus sum, huius praecepto *σκανε͂ν* et tit. Coi n. 137 *σκανοπαγείσθω*. Cf. quae de ratione talis praecepti ad n. 79 disserui.

49. Lapis prope Sunium inventus. Edd. Kumanudes *Παλιγγενεσία* 1868 *Σεπτ.* 23 n. 1, Foucart *Associations religieuses* p. 219 n. 38, Dittenberger Luedersii apographo usus *IG* III 74 et *Syll.*[2] 633 (379[1]), Michel *Recueil* 988; alterum tituli exemplar eodem loco inventum est; hoc prius ab ipso Xantho incisum esse, tum vero, cum intellexisset et res neglegenter dispositas esse et sermonem vitiis scatere, eadem emendatiora et plenioraelioremque in ordinem digesta transcribenda eum curavisse Dittenb. vidit. Quod ipsum quoque exscribere operae pretium non videtur, praesertim cum omnia, quae in eo sunt, etiam in hoc altero extent una re excepta, quam suo afferam loco.

Ξάνθος Λύκιος Γαΐου (Ὀ)ρβίου καθειδρύcατο ἱερ[ὸν Μηνὸc] | Τυράννου, αἱρετίcαντος (το)ῦ (θ)εοῦ, ἐπ' ἀγαθῇ τύχῃ· καὶ [μηθένα] | ἀκάθαρτον προcάγειν· καθαριζέcθω δὲ ἀπὸ c(κ)όρδων[1]) κα[ὶ χοιρέων][2]) | κα[ὶ γ]υναικόc· λουcαμένουc δὲ κατακέφαλα αὐθημερὸν εἰ[cπορεύ]||εcθα⟦ι⟧· καί ἐκ τῶν γυναικέων διὰ ἑπτὰ ἡμερῶν λουcαμένην κ[ατα]|κέφαλα εἰcπορεύεcθαι αὐθημερόν· καὶ ἀπὸ νεκροῦ διὰ ἡμερῶν δ[έκα][3]) καὶ ἀπὸ φθορᾶc ἡμερῶν τετταράκοντα· καὶ μηθένα θυcιάζειν ἄνε[υ] | τοῦ καθειδρυcαμένου τὸ ἱερόν· ἐὰν δέ τιc βιάcηται, ἀπρόcδεκτοc | ἡ θυcία παρὰ τοῦ θεοῦ· παρέχειν δὲ καὶ τῷ θεῷ τὸ καθῆκον, δεξιὸν || cκέλοc καὶ δορὰν καὶ κεφαλὴν καὶ πόδαc καὶ cτηθύνιον[4]) καὶ ἔλαιον | ἐπὶ βωμὸν καὶ λύχνον καὶ cχίζαc καὶ cπονδήν, καὶ εὐείλατοc | γένοι(τ)ο[5]) ὁ θεὸc τοῖc θεραπεύουcιν ἁπλῇ τῇ ψυχῇ· ἐὰν δέ τινα | ἀνθρώπινα πάcχῃ ἢ ἀcθενήcῃ ἢ ἀποδημήcῃ που, μηθένα ἀνθρώ|πων ἐξουcίαν ἔχειν, ἐὰν μὴ ὧι ἂν αὐτὸc παραδῶι· ὃc ἂν δὲ πολυ||πραγμονήcῃ τὰ τοῦ θεοῦ ἢ περιεργάcηται, ἁμαρτίαν ὀφιλέτω Μηνὶ | Τυράννῳ ἣν οὐ μὴ δύνηται ἐξειλάcαcθαι· ὁ δὲ θυcιάζων τῇ ἑβδόμῃ | τὰ καθήκοντα πάντα ποιείτωι τῶι θεῶι· λαμβανέτωι δὲ τῆc θυcίαc ἧc | ἂν φέρῃ cκέλοc καὶ ὦμον, τὰ δὲ λοιπὰ κατακοπτέ(τ)ωι ⟦ἐν τῶι⟧ ἱερῶι· εἰ δέ τιc | ⟨εἰ δέ τιc⟩ προcφέρει θυcίαν τῶι θεῶι, ἐγ νουμηνίαc μέχρι πεντεκαι||δεκάτηc· ἐὰν δέ τιc τράπεζαν πληρῶι τῶι θεῷι, λαμβανέτωι τὸ ἥμιc[υ]· | τοὺc δὲ βουλομένουc ἔρανον cυνάγειν Μηνὶ Τυράννωι ἐπ' ἀγαθῆι τύ[χῃ]· | ὁμοίωc δὲ παρέ(ξ)ουcιν οἱ ἐρανιcταὶ τὰ καθήκοντα τῶι θεῶι, δε[ξιὸν] | cκέλοc καὶ δορὰν καὶ κοτύλην ἐλαίου καὶ χοῦν οἴνου καὶ νό[μιcμα οὐγ]|κιαῖον[6]) καὶ ἐφίερα[7]) τρί⟨ι⟩α καὶ κολλύβων[8]) χοίνικεc δύο καὶ

1) CNOPΔΩN lapis, sed prius exemplar recte hic *σκόρδων* exhibet, breviorem sc. formam verbi *σκορόδων* (cf. Lobeck Pathol. I p. 301 et nomina *Σκορδοσφράντης* et *Σκορδολέπισος* Alciphr. III 61 et 62).

2) habet alterum exemplar hoc loco integrum.

3) *καὶ ἀπὸ νεκροῦ καθαρίσζεσθαι δεκάταν* in altero exemplari.

4) Dittenb. attulit Phryn. p. 384 L. *στηθύνιον ὀρνιθίου λέγουσί τινες οὐχ ὑγιῶς* et Poll. II 162 *τὸ δὲ στηθῶν μέσον στηθύνιον*, sed multo veri similius est hoc certe loco partem pedis dici, de qua Hes. s. v. *στῆθος· — — καὶ τὸ ὑπὸ τοὺς ποδῶν δακτύλους στηθύνιον*, atque ita iam Prott hunc locum cepisse videtur *Fasti* p. 23 not. 7 conferens Hymn. in Merc. 136 sq. *οὐλόποδ' οὐλοκάρηνα*; cf. etiam, quae idem p. 27 ad n. 6 v. 19 adnotavit.

5) ΓΕΝΟΙΞΟ, mox ΚΟΠΤΕΙΞΩΙ.

6) suppl. Dttb., Fouc. v. 23 extr. cum legisset NA suppl. *ναστόν*, *κιαῖον* tamen intactum relinquens; quamquam id facile e *χοινικιαῖον* superesse potuit (Prott *Fasti* n. 3 passim); at cum Dttb. NO scriptum testatur, in huius supplemento acquiescendum videtur.

7) eadem aperte placenta, quam Poll. VI 76 *ἐφίερος* dicit; vid. p. 30 ad n. 6 v. 9.

8) hic crustula, non nummos dici patet: cf. schol. Aristoph. Plut. 768 *κατὰ τῆς κεφαλῆς (τῶν νεωνήτων δούλων) κατέχεον κόλλυβα καὶ ἰσχάδας καὶ φοίνικας καὶ τρωγάλια καὶ ἄλλα τραγήματα.*

ἀκρό[αμα[9]) ἐ]||ὰν κατακλιθῶϲιν οἱ ἐρανιϲταί, καὶ ϲτέφανον καὶ λημνίϲ[κον]· | καὶ εὐείλατοϲ γένοιτο τοῖϲ ἁπλῶϲ προϲπορευομένοι[ϲ].

Non videri titulum II post Chr. n. saeculo exeunte vel III ineunte priorem Dittenberger quibusdam scripturae indiciis olim collegit, utique imperatorum Romanorum aetate non esse antiquiorem nuper confirmavit. *Μὴν* antiquissimis olim temporibus haud dubie ab omnibus Graecis deus habitus[10]) servavit cultum cum in tota fere Asia minore Thraciaque tum in Phrygiae Lydiae Pisidiae urbibus[11]), unde iterum recentiore aetate in Graeciam pervenit, in Atticam iam III ante Chr. n. saeculo[12]), ubi tamen semper privata haec sacra mansisse servorum potissimum Asianorum Dittenb. recte monuit. Xanthum hunc Lycium servum fuisse a domino Romano in metallis Lauricis collocatum iam Foucart vidit.

V. 2—7 *praecepta lustralia.* v. 3 *ἀπὸ σκόρδων καὶ χοιρέων*: cibos quosdam impuros habere alienum erat, ni vehementer fallor, a genuina Graecorum religione[13]), et talia praecepta aut philosophorum doctrinae auctoritatem aut peregrinos cultus maxime orientales produnt, velut haec homo Lycius praecepit; cf. etiam n. 91. 92. 148. Allium etiam cultoribus Matris Deorum vitandum fuit, cf. lepidam de Stilpone narrationem (Athen. X 422 d) quam Foucart iam attulit omnino de hac parte inscriptionis illustranda optime meritus. Porcorum vero carnem plurimas gentes orientales impuram habuisse nemo nescit.[14])

V. 4 *ἀπὸ γυναικός*: iam Hesiodus Erg. 731:

μηδ' αἰδοῖα γονῇ πεπαλαγμένος ἔνδοθι οἴκου
ἱστίῃ ἐμπελαδὸν παραφαινέμεν, ἀλλ' ἀλέασθαι

---

9) supplevi, cf. tit. Magnes. n. 185 v. 45 *παρεχέτω δὲ καὶ ἀκροάματα αὐλητὴν συριστὴν κιθαριστήν.* Fouc. proposuerat *ἀκρο[κώλια]*, Dttb. dubitanter *ἀκρο[θίνιον καὶ ἐ]ὰν κτλ.*

10) Foucart *l. c.* p. 120, Usener *Göttern.* p. 36.

11) accuratius de hac re egerunt Waddington ad Lebasii inscr. p. 215 n. 668, Drexler in Roscheri Lex. II 2 p. 2687 sqq., Perdrizet *BCH* 1896 p. 55 sqq.

12) *IG* II 1587 *Διονύσιος καὶ Βαβυλία τῶι Μηνὶ τὸ ἱερὸν ἀνέθεσαν* et 1593 *Μιτραδάτης καὶ ἡ γυνὴ Μηνί.*

13) diversa nimirum fuit sacerdotum condicio, quorum non paucos debuisse cibis quibusdam abstinere cum de carne in universum praedicat Porph. *De abstin.* IV 5 (*τοῖς τοίνυν ἱερεῦσι τοῖς μὲν τῶν ζῴων πάντων, τοῖς δέ τινων πάντως προστέτακται ἀπέχεσθαι βορᾶς, ἄν τε Ἑλληνικὸν ἔθος σκοπῇς ἄν τε βάρβαρον*) tum certis quibusdam testimoniis confirmatur (Stengel *KA*[2] p. 35). At abstinere debuisse ideo, ne impuri fierent, nullo testimonio constat nec credibile est, velut quod sacerdoti Minervae Poliadis Atheniensi caseo Attico vesci nefas erat, peregrino fas (Strab. IX 395, cf. Athen. IX 375 c), causa non fuit opinor ea, ut sacerdotem Attico impuram fieri, peregrino non item arbitrarentur. Magis ad rem pertinent mysteriorum nota illa de ciborum quorundam abstinentia praecepta, sed in his potissimum ambiguum, quid antiquae religioni Graecae debeatur, quid Orphei Pythagoraeque doctrina invectum sit; vid. quae de hac quaestione egregie collegit et illustravit Lobeck *Aglaoph.* p. 189 sqq.

14) cf. e. g., ut taceam de Judaeis, Diodor. V 62 de sacris Hemitheae in Chersoneso cultae, Strab. XII 575 de Anaitidis delubro in Ponto sito, Lucian. *De dea Syr.* 54, Dittenberger *Or. Graeci Inscr.* 210.

idemque fere omnes de hac re leges praecipiunt: cf. n. 91. 92. 117. 148. 192.

λουσαμένους δὲ κατακέφαλα: sollemnis is ritus fuisse videtur, cf. Porphyr. *de philos. ex orac. haur. ed. Wolff* p. 116

εὖτε δ' ἐπὶ ψαμάθοισιν ἴῃς, γλαυκὴν ἅλα χεύας
κὰκ κεφαλῆς θυσίαζε

et Theophrasti charactera δεισιδαιμονίας describentis c. 16 τοιοῦτός τις οἷος — — — ἐπὶ ταῖς τριόδοις ἀπελθὼν κατὰ κεφαλῆς λούσασθαι.

V. 5 γυναικεῖα: menstrua hic sicut plerumque dici septem dies lustrales indicant, cf. Phil. leg. alleg. I 4 p. 45 ed. Mangey: καὶ γυναιξὶ δὲ αἱ καταμήνιοι καθάρσεις ἄχρις ἑβδομάδος παρατείνουσι (cf. id. de mundi opif. 41 p. 29 et Macrob. in somn. Scip. I 6, 62). Contra puerperae quadraginta dies impurae habebantur (Cens. de die nat. 11, 7 et tit. Eres. n. 117). Qui dierum numerus cum infra ἀπὸ φθορᾶς observari iubeatur, non dubium est, quin φθορὰ hic non de corruptela virginis, sed de abortu intellegenda sit[15]); cf. n. 148 v. 12 ἀπὸ φθορείων μ΄.

V. 6 ἀπὸ νεκροῦ: vulgatissimum erat, cf. praeter n. 117 et 148 et quae ibi attuli, etiam Eurip. Iph. Taur. 373 sqq.

ἥτις (dea) βροτῶν μὲν ἤν τις ἅψηται φόνου
ἢ καὶ λοχείας ἢ νεκροῦ θίγῃ χεροῖν
βωμῶν ἀπείργει, μυσαρὸν ὣς ἡγουμένη.

Notandum est denique hoc: in altero illo exemplo, quod Xanthus prius inciderat, reliquis praeceptis lustralibus inserta[16]) legimus verba ἀνδροφόνον μηδὲ περὶ τὸν τόπον, quae desunt in hoc altero, quamquam ceteroquin hoc longe accuratius et copiosius illo est, quare non casu, sed de industria verba illa omissa esse veri simile est, praesertim ubi memineris in nulla omnino alia huius generis lege sacra caedis mentionem fieri. Cuius rei duae causae ni fallor fuisse videntur: et quia de hac re ita inter homines constabat, ut de ea diserte monere supervacaneum videretur, et quia legis sacrae erat numerum dierum praecipere hominibus aliqua re inquinatis servandum, donec purgatis fanum intrare liceret, homini autem caede obstricto nulli omnino dies sufficiebant, quapropter etiam Xanthus ad arcendum ἀνδροφόνον olim verbis illis acerrimis μηδὲ περὶ τὸν τόπον usus erat.

V. 7 μηδένα θυσιάζειν ἄνευ τοῦ καθειδρυσαμένου τὸ ἱερόν: idem fere valent verba legis orgeonum n. 41 v. 7 παραβώμια δὲ μὴ θύειν; cf. etiam n. 33 v. 5 sqq. et n. 65 v. 26. Proximo loco verba παρέχειν δὲ καὶ τῷ

---

15) hac in re falsus erat Fouc. morbum contagiosum intellegens, quem fugit in altero exemplo legi τετταρακονταίαν, unde φθοράν in mulieres solas cadere apparet. Rectae interpretationis mihi iam pridem auctor fuit Usener; nuper eandem pronuntiavit E. Maass *Orpheus* p. 311 not. 37 coll. loco Apocalypsis Pseudopaul. p. 60 αὗταί εἰσιν αἱ φθείρασαι ἑαυτὰς καὶ τὰ βρέφη αὐτῶν ἀποκτείνασαι; alibi abortus ἐκτρωσμός dicitur velut in tit. Aegypt. n. 201.

16) *IG* III 37 v. 19—23 sic currunt: ἀπὸ νεκροῦ καθαρίζεσθαι δεκάταν, ἀπὸ γυναικέων ἑβδομαία[ν] — ἀνδροφόνον μηδὲ περὶ τὸν τόπον — ἀπὸ δὲ φθορᾶς τετταρακοσταίαν.

θεῷ τὸ καθῆκον κτλ. primo de iis, quae deo in ara ponuntur, nemo non intelleget. Tamen Stengel[17]) re vera sacerdotem Xanthum, non deum Μῆνα dici iudicavit verba sic interpretans: '*Die Opfernden haben zu liefern zu Gunsten des Heiligtums*', non sine causa; neque enim solum pellis et femur, sed etiam caput et pedes in sportulis sacerdotum inveniuntur[18]); reliqua autem illa, oleum, lucerna, faces, vinum, ad sacrificandum sacerdoti necessaria erant, quae alibi voce ἱερά comprehenduntur.[19]) Accedit quod aliter nullo loco Xanthus de suis sportulis cavit, cum ceteroquin tam anxie providerit, ne quis sibi quicquam detraheret, cf. praeter v. 7 sq. etiam v. 12—17 ἐὰν δέ τινα ἀνθρώπινα πάσχῃ ἢ ἀσθενήσῃ ἢ ἀποδημήσῃ που, μηθένα ἀνθρώπων ἐξουσίαν ἔχειν[20]) κτλ. Recte igitur Stengelium iudicasse puto vocem illam τῷ θεῷ παρέχειν latiore vi accipi debere servumque callidum sua commoda sollerter dei nomine texisse.

V. 18 τὰ δὲ λοιπὰ κατακοπτέ(τ)ωι ἱερῶι in lapide sunt, quae retinuit Foucart et interpretatus est '*le reste était pour le temple*'. At ita nec verbum κατακόπτειν bene stat nec articulus deesse potest, recte igitur Dttb. errorem lapicidae statuens κατακοπτέτω⟨ι⟩ (ἐν τῶι) ἱερῶι scripsit et recte contulit aliarum legum praeceptum τῶν δὲ κρεῶν μὴ φέρεσθαι vel similia ac fastorum Myconiorum δαινύσθων αὐτοῦ (Prott *Fasti* 4 v. 26 et 28).[21]) V. 19 et 20 nisi maiorem orationis hiatum neglegentia lapicidae ortum statuere velis, post εἰ δέ τις προσφέρει θυσίαν τῷ θεῷ distinguendum et deinceps ad temporis definitionem ἐγ νουμηνίας μέχρι πεντεκαιδεκάτης animo verbum προσφερέτω supplendum est. Id quod per se facile est (cf. v. 21); etiam praecepti quod ita existit ratio sat commode intellegitur, si quidem Μηνὶ Τυράννῳ solum per crescentis lunae spatium sacrificari fas esse ex ipsius dei natura explicari potest.[22]) Desideratur tamen praeceptum de carnibus victimae; supra enim v. 16 sqq. solummodo de sacrificio τῇ ἑβδόμῃ oblato sermo erat, cui iam v. 19 sq. sacrificium ἐγ νουμ. μέχρι πεντεκαιδεκάτης oblatum opponi non temere quispiam collegerit. Itaque hunc locum a lapicida integrum exaratum esse non spondeo.

V. 20 lectisternia in cultu Μηνὸς Τυράννου solita videntur fuisse, si quidem iam in tribus anaglyphis votivis huius dei τραπέζα cum donis sacris apparuit.[23])

---

17) olim *Quaest. Sacrific.* p. 19 et nuperrime *Hermes* XXXVI p. 331 sq.

18) n. 156 (Halicarnassi), n. 162 (Iasi), n. 180 (Cariae).

19) v. p. 65; ceterum haec meliore iure τῷ θεῷ παρέχειν iubere potuit: cf. Fast. Coor. (Prott n. 7, *Syll.*² 618) v. 11 τῶι δὲ [θεῶι ἱ]ερὰ δίδοται κριθᾶν τρία ἡμέδιμνα — — — καὶ φρ[υγά]νων ἄχθος καὶ ξυλέων ἄχθος καὶ οἴνου τρία ἡμίχοα, ubi sane Paton-Hicks n. 39 et Bechtel *SGDI* 3638 ἱαρεῖ suppleverunt; cf. nunc de ea re Stengel *Hermes* l. c. p. 332.

20) eadem voce utuntur Gythenses duos Romanos sacerdotio Apollinis donantes n. 56 v. 29: ἔχειν αὐτοὺς τὰν ἐξουσίαν τοῦ τε ἱεροῦ καὶ τοῦ θεοῦ καὶ τῶν ἀπὸ τοῦ ἱεροῦ πάντων, quae iam Fouc. ad Lebasii Inscr. 243 cum hoc loco contulit.

21) κατακόπτειν igitur hic idem fere valet atque ἀναλίσκειν (cf. n. 185 v. 7), de quo verbo recte disseruit Stengel *Hermes* XXXIX p. 616.

22) cf. etiam Roscher *Abhandl. d. Sächs. Gesellsch. d. Wiss.* XXIV n. 1 p. 22.

23) vid. P. Wolters *Festschr. f. Bendorf* p. 126—128, qui iam ad huius tituli verba provocavit, et Perdrizet *BCH* XX (1896) p. 81 sqq. cum tab. 14 et 15.

V. 21 non temere Xanthus de sodalicio futuro providit, peregrinorum enim duorum cultores solebant sodalicium constituere. Iterum autem hoc loco, quae deus et quae ipse acciperet, confudisse arguitur eo, quod inter res a sodalibus *τῶι ϑεῶι* praebendas *στέφανον καὶ λημνίσκον* profert, quibus rebus manifesto se ipsum ornari vult, cf. id quod thiasotae quidam Attici decernunt *στεφανῶσαι τὸν ἀρχερανιστὴν Σώφρονα ϑαλλοῦ στεφάνῳ καὶ λημνίσκῳ*[24]) et *IG* XII 1 n. 155 ubi item archeranistes *στέφανον καὶ διλήμνιον* accipere iubetur.

II

Leges Peloponnesi

50. Lapis porus fuscus repertus in domo vici qui dicitur *Ἅγιος Βασίλειος*, prope antiquam sedem Cleonarum, unde eum oriundum esse incola quidam narravit; nunc in museo Atheniensi. Lapis, cuius partes sinistra et posterior fractae sunt, a tribus lateribus inscriptus est: A et C sunt in lateribus oppositis latioribus, A in latere superiore, C in inferiore; B in latere angustiore antico. 'Margines igitur inferior lateris A et superior lateris B eidem sunt, non minus inferior lateris B et superior lateris C.' In lateris cuiusque parte dextra spatium l. 0,101 vacuum est a scriptura, in C scripturae finis notatus est linea insculpta. Litterae inter lineas collocatae a. 0,032—0,035, ⊕ et Θ a. 0,02. Ed. Dickermann *Amer. Journ. of Archeol.* 1903 p. 147 sqq. addita lateris cuiusque inscripti et imagine photographica et delineatione et iam paulo antea Fränkel *IG* IV 1607 imaginibus illis ab inventore lapidis benigne missis usus.

— — — — —

2 3 . τ̣α τ̣ὸλ̣ατήριο|ν ⁝ ἀπόβαμα ξε̣ — — — —

4 5 οϲ εἶμεν ⁝ αἰνη[τ]|ὸν Ϝρέξαντα ⁝ α— — — —

6 7 μὴ μιαρ[ὸ]ν̣ [ε]ἶμε|[ν] αἰ ἄ[νθρ]οπον hα— —

8 9 αντα χρῆμα μηθ|ὲν ⁝ μιαρὸν εἶμεν — — — —

10 11 ατον μηθὲν π̣(vel ḥ). .|. μ̣ον εἶμεν ⁝ αἰ — — —

12 13 ἀνθ]ρόποι μιαρο͂ι ⁝ κά|θαρϲιν δὲ εἶμεν h— — —

14 15 ἀ]ποθάνοι καθαρά|μενον ⁝ κατὰ νόμ[ον — — —

16 17 . . . ḥι̣αρο͂ δαμο|τ̣ε̣[λέοϲ — — — — — —

V. 2 et primam et tertiam litteram T fuisse spatio ab iis occupato apparere monuit D. — e quinta littera nihil nisi hasta verticalis superest; '*its closeness to the* ο *which precedes and its distance from the* α *which follows shows that the rest of the letter was to the right of this stroke. It was probably* λ *of the Corinthian form* Γ.' V. 6 et 7 '*the restorations are certain from the remains of the stone.*'

Legem, quae litteratura antiqua Cleonarum propria *βουστροφηδόν* incisa est (ℶ = *β*, ꟓ = *η*, ꟓ = *ε*), praecepta lustralia continere adiectivo *μιαρός* ter (v. 6. 9. 12) iterato et vocabulis *κάϑαρσις* ac *καϑαίρεσϑαι* (v. 13 sq.) certo demonstratur. Singula tamen praecepta valde dubia sunt ac ne unum quidem, quod equidem videam, in integrum restitui potest.

---

24) attulit e decreto inedito Wilhelm *Jahreshefte d. Oe. Arch. Inst.* V (1902) p. 137.

V. 2 et 3 iam editor Americanus optime interpretatus est; ἀπόβαμα enim i. e. ἀπόβαμμα quo spectet, recte illustravit cum ritu, quem Circe ut Iasonem et Medeam lustraret adhibuisse narratur Apoll. Arg. IV 702 sqq.[1]), tum coll. Athen. IX p. 410 a: ἐν τοῖς τῶν Εὐπατριδῶν πατρίοις τάδε γεγράφθαι περὶ τῆς τῶν ἱκετῶν καθάρσεως· 'ἔπειτα ἀπονιψάμενος αὐτὸς καὶ οἱ ἄλλοι οἱ σπλαγχνεύοντες ὕδωρ λαβὼν κάθαιρε. ἀπόνιζε τὸ αἷμα τοῦ καθαιρομένου καὶ μετὰ [τοῦτο] τὸ ἀπόνιμμα ἀνακινήσας εἰς ταὐτὸ ἔγχεε.' Adiectivum autem ἐλατήριον, quod v. 2 e litterarum reliquiis acute enucleavit, ad vim lustrandi, quae saepius verbo ἐλαύνειν inesse solet (Thuc. I 126 et 127, Aesch. Eum. 283, Soph. O. R. 98), referendum esse vidit, et usurpatur ita ipsum quoque adiectivum Aesch. Choeph. 965.[2])

Minus certum eiusdem supplementum v. 10 et 11 ḥ[ιλασ]μ̣όν, quo nomine expiationem homicidii a lustratione distinguendam dici constat[3]), sed etsi Μ satis certum est, primae litterae reliquiae pari iure in Γ quo in Ε suppleri possunt. Ceterum nihilo minus hanc legem vel eam certe partem, quae extat, ad homicidium potissimum lustrandum pertinere probabile est. Itaque quod v. 6 legitur μὴ μιαρὸν εἶμεν, v. 9 μιαρόν εἶμεν, fortasse discrimen iustae et iniustae necis constituitur, unde etiam mira illa vox αἰνητὸν Ϝρέξαντα commode potest explicari. Adiectivum μιαρός sane sicut verbum μιαίνεσθαι etiam de familia funesta dicitur (cf. n. 93 v. 35). Potest igitur etiam fieri, ut de hac lustranda agatur. Sed illud ἐλατήριον ἀπόβαμμα magis cum necis lustratione convenit.

51. 'Argis in ecclesia D. Ioannis τοῦ Προδρόμου' exscripsit Fourmont, e cuius schedis ed. Boeckh *CIG* 1119; repetivit Fränkel qui frustra in ecclesia illa lapidem quaesivit *IG* IV 557. Cf. praeterea Wilhelm *Arch.-epigr. Mitt. aus Oesterr.* XX (1897) p. 88 n. 18.

Θεοῖς.

'Αλιαίαι ἔ]δοξε τελεί(αι)[1])· ἐ— — — —
— — — — μη(δ') ἱππεύεσθαι [μηδὲ —

---

1) afferre ipsa verba e re videtur:

πρῶτα μὲν ἀτρέπτοιο λυτήριον ἧγε φόνοιο
τειναμένη καθύπερθε συὸς τέκος, ἧς ἔτι μαζοὶ
πλήμυρον λοχίης ἐκ νηδύος, αἵματι χεῖρας
τέγγεν, ἐπιτμήγουσα δέρην· αὖτις δὲ καὶ ἄλλοις
μείλισσεν χύτλοισι, καθάρσιον ἀγκαλέουσα
Ζῆνα, παλαμναίων τιμήορον ἱκεσιάων·
καὶ τὰ μὲν ἀθρόα πάντα δόμων ἐκ λύματ' ἔνεικαν
νηιάδες πρόπολοι κτλ.

2) ὅταν ἀφ' ἑστίας
μύσος πᾶν ἐλαθῇ
καθαρμοῖσιν ἀτᾶν ἐλατηρίοις (cod.: ἅπαν ἐλατήριον).

3) cf. praeter K. O. Müller *Aesch. Eum.* p. 138 sqq. nunc potissimum Rohde *Psyche* I² p. 271 sqq., Lipsius-Schömann *Gr. Altertümer* II p. 363.

1) ΤΕΛΕΙΜΕ Fourm., praescripti formulam sollemnem latere vidit W.;

— — — — νεύεϲθαι μηδ[ὲ — — —
— — —ι ἐργαϲτήριον αι— — — —
— — —ν μηδὲ κόπρον ἐϲ[άγειν[2]) — —
— — μ]ηδὲ κορχορετρανρ — — — —
— — — ἀμφὶ τὸ τοῦ Λυκεί[ου — — —
— — ϲτρατ]αγοὶ Κρίτω[ν[3]) — — — —

Decretum de fano Apollinis Lycei (v. 8), quod Argivis *τῶν ἐν τῇ πόλει ἐπιφανέστατον* fuit (Paus. II 19, 3), ab usu privato tuendo; cf. n. 111 et quae ibi attuli.

V. 3 Wilh. coll. arcis Athenarum praecepto *τὰς ζακόρος* [*μὲ hέχεν οἴ*]*κεμα ταμιεῖον ἐμ πόλει μεδὲ hιπνεύεσθαι* (n. 1 v. 14sq.) item hoc loco pro *ἱππεύεσθαι* scribendum *ἰπ(ν)εύεσθαι* censuit; mutatio nimirum per se facilis, sed ipsum quoque *ἱππεύεσθαι* aptum sensum efficit. Quid igitur, si v. 3 hoc tenemus, v. 4 autem, ubi W. de *φρυγανεύεσθαι* vel *σκαπανεύεσθαι* (*Syll.*[2] 2) cogitaverat, *ἰπ*]*νεύεσθαι* supplemus?

V. 5 ne officina in delubro exstrueretur, interdici perspexit Wilhelm. — v. 6 sequitur frequentissimum de stercore prohibendo praeceptum, quo universi tituli ratio detegitur. — v. 7 Fränkel ita restituendum proposuit: *μ*]*ηδὲ κόρχορ*[*ον ἢ*] *ἑτ*[*έ*]*ραν* [*βοτάναν*], excludi a sacelli finibus herbas viles ratus; sed praeterquam quod tale praeceptum inauditum nec per se ipsum probabile est, mutatio illa violentior est, non modo quia Fourmont tantos errores non solebat admittere[4]), sed quia ita litterarum numerus collatis ceterorum versuum reliquiis iusto maior evenit; ceteri enim versus omissis primo et ultimo 12—14 litteras quisque continent, quo cum numero v. 7 ex Fourmonti apographo 15 litteras continens satis convenit, ex illius mutatione 19 litteras continens non item. Id potius fieri potuisse duco, ut Fourmont aeque atque e. g. in tit. n. 47 v. 37 aliquot litteras sive errore sive consulto prioris lectionis corrigendae causa iteraret, velut hoc loco possis suspicari illud *χορ* nihil esse nisi *κορ* antecedens emendatum. Sed ne hac quidem ratione locum me expedire posse fateor.

52. Lapis curvatus inventus in insula Calauria, nunc Aeginae. Ex Virleti apographo pessimo (Keil *Rhein. Mus.* XVIII p. 264) ed. Lebas *Inscr. rec. par la Comm. de Morée* n. 286, unde Rangabé *Ant. Hell.* 821b, deinde ipse exscripsit Lebas *Voyage archéol.* II 1754, unde Cauer *Del.*[1] 19, Prellwitz *SGDI* 3380, Dareste-Haussoullier-Reinach *Inscr. Jur. Gr.* II p. 102, Michel *Recueil* 1344; Aeginae denuo exscripsit Fränkel et ed. *IG* IV 840. Cf. praeterea Schulze *Kuhns Zeitschr.* 33 p. 130, Schulin *Griech. Test.* p. 43, Wide et Kjellberg *MAI* XX p. 289sq., v. Wilamowitz-Moellendorff *Gött. Nachr.* 1896 p. 162.

---

deinde *ἐ*[*ν τῶι τοῦ Λυκείου τεμένει*] Fr. coll. v. 8 addidit, quod si fuit scriptum vel quod malim *ἐ*[*ν τῶι Λυκείωι*], ad sequentia potius praecepta pertinere duco.

2) suppl. iam Boeckh; possis etiam *ἐσβάλλειν*.

3) suppl. W., decreto strategorum qui tum erant nomina ex more subscripta erant.

4) cf. cautum Wilhelmii de hac re iudicium *Serta Harteliana* p. 235.

Θεοί· τύχαι ἀγαθᾶι. Ἐπὶ τοῖcδε ἀνέθηκε Ἀ[γ]ακίγρατις[1]) | [Τε]ι-cία⟨ι⟩ τῶι Ποcειδᾶνι ἀργυρίου δραχμὰc τριακοcίαc ὑ|πέρ τε [α]ὑcαυτᾶc καὶ τοῦ ἀνδρὸc Cωφάνεοc καὶ τοῦ υἱ|οῦ Cωcιφάνεοc [κ]αὶ τᾶν θυγα-τέρων Νικαγόραc καὶ Ἀριc||το[κ]λείαc, ὥcτε θύειν τῶι Ποcειδᾶνι ἀπὸ τοῦ διαφόρου⟨c⟩ | ἱερεῖον τέλειον καὶ τῶι Διὶ τῶι Cωτῆρι ἱερεῖον τέλειον, | βω[μ]ὸν ἑccαμένουc[2]) παρὰ τὰν εἰκόνα τοῦ ἀνδρὸc αὐ|τᾶc Cωφάνεοc καὶ τὸ λοιπὸν τοῦ διαφόρου καταχρῆc|θαι· θύειν δὲ διὰ τριῶν ἐτέων ἐν τῶι Ἀρτεμιτίωι || μηνὶ ἑβδόμαι ἱcταμένου· τοὺc δὲ ἐπιμελητὰc τ[οὺ]|c αἱρεθένταc τά τε λοιπὰ ἐπιμελεῖcθαι ὡc ὅτι χα|-ριέcτατα καὶ ὅκα κα ἁ θυcία ἦι, τάc τε[3]) εἰκόναc καθαρὰc | ποιεῖν τὰc ἐπὶ τᾶc ἐξέδραc[4]) καὶ τὰν ἐν τῶι ναῶι τὰν Ἀ|γαcιγράτιοc καὶ cτεφανοῦν[5]) ὡc ὅτι χαριέcτατα· καὶ ἐπεί || κα τὸν λόγον ἀποδῶντι τοῦ ἀναλώματοc, ποτομόcαι εἶ | μὰν[6]) ὀρθῶc καὶ δικαίωc ἐπι-μεμελῆcθαι. |

Agasigratis Tisiae filia pro Sophane, marito mortuo, liberisque 300 drachmas Neptuno, deo insulae Calauriae principi[7]), dedicavit, unde a curatoribus creandis tertio quoque anno d. VII mensis Artemitii Neptuno Iovique Salvatori maior hostia utrique fieret et simulacra quaedam familiae ornarentur. Ad simillimam eiusdemque ut videtur familiae donationem titulus proximus n. 53 pertinet.

V. 5 *ἀπὸ τοῦ διαφόρου*: usuram drachmarum trecentarum recte intellegit Fr.; quae ex centesima tum fere sollemni computata quotannis 36 i. e. tertio quoque anno 72 drachmas efficit, quibus commode duae maiores hostiae — excepto nimirum genere bovillo — coronaeque comparari poterant.[8])

V. 7 *βω[μ]ὸν ἑσσαμένους*: neutrius igitur hostiae sacrificium in Iovis aut Neptuni ara publice consecrata fit; iam cum accedat, ut haec nova ara *παρὰ τὰν εἰκόνα τοῦ ἀνδρὸς αὐτᾶς Σωφάνεος* constituatur et cum deorum cultu cura simulacrorum familiae coniungatur, quamquam non modo ipsa donatio deo consecratur, sed etiam victimae dis immolantur, tamen summam et veram donationis rationem eam esse, ut familiae quidam cultus instituatur, suspicor. Sane inter huius modi cultum et inter cultum ab Epicteta institutum, quo sociis familiae defunctis ipsis divini honores impertirentur, aliquantum intererat. Sed rem hinc illuc progressam esse facile

1) ita, non littera Κ nomen in lapide scriptum esse Fr. testatur.

2) haec, quae W. et Kj. iam e titulo proximo restituerant, nunc in ipso lapide apparuerunt.

3) ΤΑΣΔΕ Lebas; vera demum quam Fränkel statuit lectione totius enuntiati structuram recte currere patet.

4) hoc esse in lapide testatur Fr.; Lebas miro et singulari errore *ἐν ἐπιφανεστάτωι* legerat.

5) falsam Lebasii lectionem ΕΠΙΦΑΝΟΥΝ emend. iam pridem Keil et huius ignarus Wilamowitz.

6) .ΑΝ Leb., verum primus vidit Schulze.

7) Strab. VII p. 373, de templo eruto *MAI* XX p. 268 sqq.

8) cf. e. g. pretia quae in titulis Cois n. 131 et n. 138 eiusdem fere aetatis occurrunt.

intellegitur. Atque hic et proximus titulus hoc ipso memorabiles sunt, quod eius moris, unde *ἀφηρωϊσμὸς* natus est, priorem et modestiorem quandam praebent condicionem, quacum III a. Chr. n. saeculum, cui propter litteraturam tituli tribuuntur, optime convenit.

53. Stela marmoris caerulei, quae basi inmissa reperta est a. 1894 in insula Calaurea in porticu templi Neptuni, nunc *Pori* in schola. Edd. S. Wide et L. Kjellberg *MAI* XX (1895) p. 287 n. 2 et Fränkel *IG* IV 841; alteram inscriptionis partem, quae hoc decretum continet, repetiverunt Michel *Recueil* 178 et Dittenberger *Syll.*[2] 578.

Ἐπὶ ταμία Ϲωφάνεοϲ τοῦ Πολι[— — μη]|νὸϲ Γεραιϲτίου, ἔδοξε τοῖϲ πολί[ταιϲ περὶ[1]) τ]|οῦ ἀργυρίου καὶ τοῦ χωρίου, οὗ ἀνέθη[καν Ἀ]|γαϲικλῆϲ[2]) καὶ Νικαγόρα τῶι Ποϲειδᾶνι· ἐ[πιμε]||λητὰϲ καταϲτᾶϲαι δύο οἵτινεϲ τό τε ἀργύ|ριον ἐκδανειϲοῦντι κατὰ δραχμὰϲ τριάκο|ντα ἐπ' ἐνγύοιϲ ἢ ὑποθήκαιϲ ἀρεϲτοῖϲ τοῖ[ϲ] | ἐπιμεληταῖϲ καὶ τὸ χωρίον ἐκδωϲοῦντι δωτ|ίναϲ μετὰ τᾶϲ ἐκκληϲίαϲ κατὰ ϲυνγραφάν, || καὶ πράξαντεϲ τὸ διάφορον τοῦ ἀργυρίου καὶ τὰ|ν δωτίναν τὰν ἐκ τοῦ χωρίου θυϲοῦντι τῶι Π|οϲειδᾶνι ἱερεῖον τέλειον καὶ τῶι Διὶ τῶι Ϲωτῆ|ρι ἱερεῖον τέλειον, βωμὸν ἑϲϲάμενοι πρὸ τᾶν ε|ἰκόνων αὐτῶν τᾶν ποὶ [τ]ῶι [β]ουλευτηρίωι· τὰν || δὲ θυϲίαν ποιηϲοῦντι καθὼϲ ἐν τᾶι ϲτάλαι γέγ|ραπται κατ' ἐνιαυτὸν καὶ τὰ λοιπὰ ἐπιμεληϲοῦν|ται ὡϲ ὅτι χαριέϲτατα, καὶ εὐθύνουϲ εἰϲοιϲοῦν|τι τᾶι πράται ἁμέραι ἐπὶ ταῖϲ ϲπονδαῖϲ καὶ λόγ|ον ἀποδωϲοῦντι τοῖϲ αἱρεθεῖϲιν εὐθύνοιϲ τᾶι || ἐπεχὲϲ ἁμέραι καὶ ποτομοϲοῦνται τὸν Δία τὸν Ϲ|ωτῆρα, εἶ μὰν μηθὲν νοϲφίζεϲθαι· ἐπὶ δὲ τᾶν ϲπ|ονδᾶν αἱρείϲθωϲαν τοὺϲ ἐπιμελητὰϲ εἰϲ τὸν ἐ|πεχὲϲ ἐνιαυτὸν τᾶι πράται ἁμέραι.

Decretum civium de donatione, quam fecerunt Neptuno Agasicles et Nicagora, ut inde quotannis Neptuno et Iovi Salvatori maior utrique hostia fieret, ab epimeletis binis administranda. Argumentum igitur inscriptionis simillimum est tituli proxime antecedentis singulis praesertim praeceptis comparatis nec dubium, quin altera donatio ad alterius exemplum conscripta sit. Ac vel familiae eiusdem donatores esse nominibus manifesto apparet, quoniam non modo *Νικαγόρα* in utroque titulo redit, sed etiam nomina *Ἀγασίγρατις* et *Ἀγασικλῆς* similiter composita sunt et in alio titulo Agasicles quidam filius nominatur Sosiphanis (cf. not. 2), idem autem hoc nomen filio Agasigratidis est. Attamen Nicagoram huius tituli ipsam filiam Agasigratidis illius habere dubito; nam est, quod hunc titulum superiore antiquiorem esse indicare videatur: in huius versibus dividendis ratio syllabarum integrarum habita est nulla, cum n. 52 non nisi uno loco (v. 10/11) haec ratio desit. Certum sane hoc indicium non est et stemma vel facilius

1) spatii replendi causa *περί* inseruit F., ut ipsum decretum v. 4 extr. ab *ἐπιμελητάς* incipiat.

2) suppl. W. et K. coll. altero titulo Calauriae (*IG* IV 846): *Ἀγασικλῆ Σωσιφάνεος ἁ πόλις ἀνέθηκε ἀρετᾶς ἕνεκεν κτλ.*

altera ratione confici potest. Utique hic quoque titulus III a. Chr. n. saeculi esse videtur.

V. 6 *κατὰ δραχμὰς τριάκοντα* i. e. 'per singulas summas tricenarum drachmarum' Dttb. — v. 8 et v. 11 *δωτίνα* nihil nisi pretium a fundi conductoribus solvendum significare potest, *διάφορον* usura est pecuniae donatae, cf. n. 52 v. 5.

V. 8 *βωμὸν ἑσσάμενοι κτλ.*: idem praeceptum redit in superiore titulo; quid inde colligendum sit, vid. supra p. 156 sq. — *πρὸ τᾶν εἰκόνων αὐτῶν* i. e. ut rectissime monuit Dittenb., Agasiclis et Nicagorae; ceterum hic et n. 52 v. 12 eadem fere simulacra dici patet. — v. 15 *ἐν τᾶι στάλαι*: haec ipsa stela, in qua hoc decretum postmodo incisum est, dicitur; prius enim in capite eius exemplum ipsius donationis inscriptum erat, de quo tamen tam pauca supersunt, ut ea describere supersederim. — v. 130 *εἰσοισοῦντι*: *εἰσφέρειν* hic nihil aliud significare posse nisi '*ferre ad senatum populumve de euthynis constituendis*' Dttb. optime exposuit. — *ἐπὶ ταῖς σπονδαῖς*: convivium publicum cum sacrificio coniunctum intellegunt W. et K., et similiter certe vox *σπονδαί* in titulo Iobacchorum n. 46 usurpatur, nec si de sodalibus collegii ageretur, haec convivandi et agendi coniunctio offenderet, sed publice rem ita agi mirum; itaque dubito, an aliquid aliud lateat.

54. Stela lapidis calcarii albi, supra et infra fracta, reperta Epidauri in muro novicio a templo Aesculapii ad meridiem versus. Edd. Kavvadias *Ἐφ. Ἀρχ.* 1899 p. 1 sqq. cum imagine photographica, Dittenberger *Syll.*² 938, Fränkel *IG* IV 914, Solmsen *Inscr. Gr. ad inl. dial. sel.* 23. Cf. praeterea quae disseruit Meister *Ber. d. Sächs. Gesellsch. d. Wiss.* 1899 p. 150 sqq.

Τἀπόλλονι θύεν βο͂ν ἔρc|ενα καὶ hομονάοιc βο͂ν ἔ|ρcενα, ἐπὶ τ]ο[ῦ] β[ωμοῦ[1]) τοῦ] | Ἀπόλλο[νο]c τα[ῦτα] θ[ύεν κ]||αὶ καλαΐδα τᾶι Λατοῖ κα|ὶ τἀρτάμιτι ἄλλαν, φερν|ὰν το͂ι θιο͂ι κριθᾶν μέδι|μμνον, cπυρο͂ν[2]) hεμίδιμμ|νον, οἴνου hεμίτειαν κα|ὶ τὸ cκέλος τοῦ βοὸc το|ῦ πράτου, τὸ δ' ἅτερον cκέ|λος τοὶ ἰαρομμνάμονες | φερόcθο, τοῦ δευτέρου β|οὸc τοῖc ἀοιδοῖc δόντο || τὸ cκέλος, τὸ δ' ἅτερον cκ|έλος τοῖc φρουροῖc δόν|το καὶ τἐνδοcθίδια.

Το͂ι Ἀcκλαπιο͂ι θύεν βο͂|ν ἔρcενα καὶ hομονάοιc || βο͂ν ἔρcενα καὶ hομονάα|ιc βο͂ν θέλειαν, ἐπὶ τοῦ β|ομοῦ τοῦ Ἀcκλαπιοῦ θύε|ν ταῦτα καὶ καλαΐδα· ἀνθ|έντο το͂ι Ἀcκλαπιο͂ι φερ||νὰν κριθᾶν μέδιμμνον, c|πυρο͂ν hεμίδιμμνον, οἴν|ου hεμίτειαν· cκέλος το͂ | πράτου βοὸc παρθέντο τ|[ο͂ι] θιο͂ι, τὸ δ' ἅτερον τοὶ ἰ||[αρο]μνάμονες φ[ε]ρόcθο, τ|[οῦ δε]υτέρο τοῖc ἀοιδοῖ|[c δόντο], τὸ δ' ἅτερον το[ῖ]c | [φρουροῖc δόντο καὶ τἐν|δοcθίδια].

---

1) Ο.Γ in apographo dedit Fr., solum tamen Ο certum dicit; secundam igitur litteram re vera esse Β non temere conicio. De universa initii restitutione vid. comm.

2) *κριθᾶν μέδιμμνον* Σ, *πυρῶν κτλ.* Kavv. partem medimni nota Σ significari ratus; emend. Meister coll. Prott *Fasti* n. 7 v. 11, *IG* XII 3 n. 450 a, Hesych. *σπυρούς. πυρ⟨ρ⟩ούς*, Et. Magn. p. 724, 32.

Lex sacra Asclepiei Epidaurii exeunte V a. Chr. n. saeculo, quantum e litteratura[3]) apparet, *στοιχηδὸν* incisa.

Duae sunt partes tituli: prior Apollinis et *ὁμονάων*, altera Aesculapii et *ὁμονάων* sacra continet, praecepta ipsa, quae in utraque servata sunt, ad verbum paene conveniunt. Quare initium quoque prioris partis deperditum ad exemplum alterius (v. 18 sqq.) restituendum esse suo iure Kavvadias conclusit; iterum ea, quae ille hanc rationem secutus supplevit, ad vestigia in lapide servata non quadrare recte statuit Fränkel, quoniam quo loco ille I supplevit, legitur in lapide O. Nec tamen in hac sententia mere negativa acquiescendum est, praesertim cum si pro scriptura *τõ βομοῦ τõ*, quae ne exemplo quidem alterius partis confirmatur, vulgarem scripturam *τοῦ β. τοῦ* restituimus, hanc cum reliquiis illis litterarum probe convenire appareat. Deinde vero plurima eorum, quae Kavvadias initio scripsit, desiderari omnino non possunt: necessarium enim et Apollinis nomen et verbum *θύεν* et duorum boum mentio (cf. v. 11 et 13). Dubitari solummodo potest de voce *ὁμονάοις* et iis, quae inde pendent. Iam deas feminas templi participes hoc loco dici veri dissimile est, quia paulo infra Dianae Latonaeque mentio fit, de supplemento igitur *ὁμονάαις* et deinceps de *βõν θέλειαν* actum esse videtur. Quodsi *ὁμονάοις* scribimus, id spatium lacunae, quod necessariis illis verbis suppletis restat, duabus litteris superat. Duo igitur fieri possunt: aut *ὁμονάοις* est falsum et pro eo certum nomen divinum restituendum est, aut — neque id praeferre dubitavi quippe multo facilius et veri similius — pro *τõι Ἀπόλλονι* scriptum erat *τἀπόλλονι*, sicut *τἀρτάμιτι* est scriptum pro *τᾶι Ἀρτάμιτι* v. 6 et in inscriptione Epidauri archaïca (*IG* IV 1203) *Ταἰσκλαπιεῖ*.[4])

V. 5 *καλαΐδα*: notum est nomen *κάλαϊς* (vel *κάλλαϊς*), quo gemma quaedam saphira purpureo colore imitans significatur, unde adiectivum *καλλάϊνος* derivatum videtur, quod de pennarum galli colore usurpatur, atque etiam vox *κάλλαιον* (Hes. s. v. *οἱ τῶν ἀλεκτρυόνων πώγωνες*). In hoc titulo victima, ut quidem videtur[5]), dicitur, quae v. 5 Latonae et Dianae, infra autem v. 23 Aesculapio sacrificari iubetur. Atque ob hoc ipsum, quoniam gallos huic deo sacrificari solitos esse constat, in hac quoque lege gallum sive gallinam ita nominari plerique editores consentiunt. Sane quod Kavvadias *καλαΐς* proprie idem valere ac *κάλλαιον* i. e. *πώγωνα* galli, deinde autem etiam animal ipsum significare putat, ferri nequit. Multo probabilius Meister nomen ab eodem adiectivo *κέλαϝος* '*hallend*', quod in verbis Laconicis *μῶα κελαύα* latere suspicatus erat, acute

---

3) Ionica est, servavit tamen praeter spiritus asperi notam ⊟ etiam litterae ρ formam ᑭ nec ω aut η usquam distinguit ab ο et ε; bis (v. 27 et 31) *O* = *ου* est.

4) de hoc exemplo Solmsen per litteras me monuit lectionem Kavvadiae *Ταἰσκλαπιεῖ* rectissime defendens contra Fränkelii lectionem *Αἰσκλαπιεῖ*.

5) erat, cum de placentae potius genere cogitarem, quia v. 10 sqq., ubi de carnium distributione agitur, boum duorum mentio fit, *καλαΐδος* non item. Quae tamen causa non sufficit. Potest enim *ὁλοκαύτημα* dici (cf. Prott *Fasti* n. 3 v. 5 *ἀλεκτρυόνα καρπώσεις*); accedit, quod ea, quae praeter victimas offeruntur, deinceps nomine *φερνάν* adduntur.

derivavit gallum ut *avem canoram* ita vocari et inde demum voces illas καλάϊνος, κάλαϊς, κάλλαιον nomen duxisse ratus; etiam nomen filii Boreae et Orithyiae ad eandem stirpem pertinere putat. Certa tamen res haberi nequit.[6])

φερνάν: ipso nomine id, quod deo fertur, hic tamen propriore vi dicitur; nam ut θευμορία vel θεομοιρία carnis potissimum portionem significat[7]), sic ea, quae praeter carnem deo offeruntur, hordeum triticum vinum voce φερνά comprehendi et a carne distingui cum particula καί v. 9/10, qua haud dubie obiecta φερνάν et τὸ σκέλος coniunguntur, tum altera legis parte, ubi utrumque obiectum suum habet verbum, apparet. Confero Latinum *fertum*: origine item id, quod deo oblatum est[8]), deinde vero libae genus ex Arvalium actis notissimum. Ceterum frumentum vino vel oleo vel melle imbutum antiquissimum fere sacrificiorum incruentorum genus fuisse, unde paullatim demum placentae iustae evenirent, certum videtur. Quae hic φερνάν efficiunt, alibi nomine πελανός significantur, cf. quae de hac re attuli p. 25sq. — v. 9 *h*εμίτειαν (sc. μοῖραν) substantive eadem vi ac neutrum ἥμισυ usurpari, quo ἡμίεκτον breviter significari solitum esse Hesychius testatur, Meister vidit.

V. 14 τοῖς ἀοιδοῖς: dubium, utrum hi cantores unius Aesculapii sacris operam dederint an universis publicis; illius generis erant οἱ παιανισταὶ τοῦ Ἀσκληπιοῦ τοῦ Μουνυχίου (*BCH* 1890 p. 649), quos Kavvadias attulit, huius μολποί Milesii (n. 158) et Euneidae Attici. Cf. etiam collegium tibicinum Romanum e Liv. IX 30sqq. notissimum. — v. 16 τοῖς φρουροῖς: altero titulo Epidaurio (*IG* IV 1547 v. 8) duos ναυφύλακας commemorari Kavv. monuit. Ceterum nullum fanum maius custodibus caruisse consentaneum est, cf. Cic. Verr. IV 94 (sed vid. etiam 93) et 96.

Universa tituli ratio ex omni parte aperta non est. De maiore enim sacrificio publico agi clarum, sed quod editor id ad magnas ferias Asclepieorum, quas certe inde a Pindaro celebratas esse constat, rettulit, mihi quidem non persuasit. Vel eo offendor, quod numerus hostiarum pro summis Epidauriorum feriis satis exiguus videtur. Tum vero cum illa sententia aegre conciliari possunt praecepta de distributione carnium, quibus nemini adhuc ullam dubitationem motam esse miror. Hac enim in distributione aoedi, custodes, hieromnemones portiones accipiunt, contra nulla sacerdotis ipsius, nulla aliorum sacrificulorum ac magistratuum mentio fit. Quocum conferas e. g. Coorum de principali quodam sacrificio (Prott *Fasti* n. 5 = Dittenberger *Syll.*[2] 616 v. 50sqq.) aut Atheniensium de Panathenaeis minoribus praecepta (n. 29) ac, quantum sit discriminis, apparebit. Denique dubitari nequit, quin feriae illae cum epulis publicis

---

6) Fr., quod animal diceretur, fortasse explicatum fuisse Hesychii glossa corrupta καλλαῖς· γένος ἰθαγενῶν putat.

7) cf. Prott *Fasti* 6 (*Syll.*[2] 617) v. 19 γέρη δὲ Φυλεομαχίδαις δίδοται τοῦ βοὸς ὀπλά, ταρσός, τῶν δὲ οἴων τὸ ὠμὸν, ἐξ οὗ ἁ θεομοιρία τάμνεται. Cf. etiam Stengel *Hermes* XXXI p. 642sqq.

8) si quidem non est quod hoc nomen a verbo *farcire* derivemus, ut *fertum* pro *ferctum* dictum sit; nullum extare testimonium scripturae *ferctum* auctor mihi est Buecheler.

coniunctae fuerint, cuius rei mentionem aegre desideramus. Sane quod aliud sacrificium dicatur, difficile dictu est; olim in capite lapidis praescriptum fuisse conicio.

55. Inscriptio prope Gythium in clivo montis Larysii ad mare spectantis rupi incisa. [1]) Primus exscripsit Leake et edidit *Travels in the Morea* I 248 T. 28, a quo etiam Boeckh apographum accepit (*CIG* 1469), deinde edd. Ross *Inscr. gr. ined.* I n. 52, Lebas cum aliis locis tum *Voyage arch.* n. 238, Weil *MAI* I p. 154, Roehl *IAG* 72 e Lollingii apographo addens tamen etiam priorum apographa, accuratissime Skias *'Εφ. Ἀρχ.* 1892 p. 185 sqq. n. 1 cum imagine inscriptionis delineata et cum utilissimis de singulis litteris adnotationibus, Meister *SGDI* 4564. Cf. etiam Buecheler *Rhein. Mus.* XLI p. 1 sq., Roberts *Introd. to Greek epigr.* 260.

ΜΕΔΕΝΑ	μεδένα s. μεδὲν ἀ-
ΠΟΣΤΡΥΘΕΣΤΑΙ	ποςτρύθεςται· [αἰ
ΔΕ ΚΑΑΠΟ.. ΤΡΥ	δέ κα ἀποςτρυθ-
ΕΤΑΙ ΑϜΑ.ΑΤ.	εται, ἀϜα(τ)ᾶτα[ι?[2])
.ΕΗΟΔΟΛΟΣ .	ε hο δο̂λος· .ο.
ΡΑΙΔΕ Η ΟΠΕ	ραι [3]) δὲ hόπε
Ν.ΟΜΟΣ	νόμος
Π.ΟΣΤΑΤΟ	ποςτάτο? [4])

L. V. 1 post Α nulla littera incisa erat. 2 extr. post Ι Leake Σ legit, Weil idem dubitans tamen, Skias: 'τὸ Ι σαφέστατον, τὸ δὲ μετ' αὐτὸ γράμμα ἀμφιβολώτατον.' 3 Σ Leb. et W., pauca vestigia agnovit Sk., v. extr. ⊕ Leb., Ο Leake et W., vestigia, quae conspiciuntur, laesurae fortuitae rupis tribuit Sk. 4 in. Ε et med. Ϝ utrumque certum dicit Sk., contra quae deinde post Α sequitur littera dubia est: Τ Leake, Κ Leb., Ι W. et Sk. 5 'τὸ ἐν ἀρχῇ Ε ἀμυδρότατον, ἀλλ' ἀσφαλές' Sk.; post Σ Leb. dedit .ΜΕ, Sk. dispexit 'ἀμυδρόν τι καὶ ὄχι ἱκανῶς βέβαιον Ο', ceteri nihil agnoverunt. 6 et Ρ in. et Η certum dicit Sk. 7 ΟΥ. Ο. ΛΟΣ Leake, ΝΟΜΟΣ et ΔΡΟΜΟΣ Leb., ΛΥΟΜΟΣ Ross, ΥΟΜΟΣ Weil, 'τὸ ἐν ἀρχῇ Ν ἱκανῶς βέβαιον, μετ' αὐτὸ ὁ λίθος ἦτο ἤδη ἐν τῇ ἀρχαιότητι ἐφθαρμένος ὥστε τὸ ἑπόμενον Ο ἐδέησε νὰ γραφῇ ἀπωτέρω.' 8 'πρὸ τοῦ Ο ὁ λίθος ἦτο ἤδη ἐν τῇ ἀρχαιότητι ἐφθαρμένος καὶ οὐδὲν γράμμα ἔκειτο ἐπ' αὐτοῦ· ὁ *Ross* σημειοῖ δύο γράμματα ὡς ἐλλείποντα, ὁ δὲ *Le Bas* — — ἀναγράφει Π καὶ εἶτα ἕτερον γράμμα ὡς ἐλλεῖπον. Τὰ ΟΣΤΑΤΟ βέβαια.' — Infra

1) quae Leake de sella ibi in vivo saxo sculpta et scamno supposito narravit, ea locorum confusioni tribuenda videntur (cf. quae Skias *l. c.* p. 59 in commentatione de topographia Gythei scripta exposuit); quare id, quod Buecheler coll. senario in sedili lapideo templi Ferroniae Terracinensis inciso '*bene meriti servi sedeant: surgunt liberi*', de summa argumenti acute coniecit, stare nequit.

2) i. e. ζημιοῦται: Buecheler; substantivum ἀϜάτα = ἄτα e lege Gortynia notum agnovit Sk., ἀϜάταται i. e. perf. pass. verbi ἀϜατάω maluit M. (cf. not. 6); utique haec stirps subesse videtur.

3) μ]ο[ί]ραι suppl. M. fanum intellegens coll. propinqua rupis inscriptione *Μοῖρα Διὸς Τεραστίου*; de infinitivo aoristi verbi in -ρω desinentis cogitavit Sk.

4) ita M. ποτ-στάτω interpretans; *hὸς* τὰ τῶν Sk.

v. 8 Ross duos praeterea versus evanidos indicat, et agnovisse sibi videtur Lebas v. 9 Μ⁝ΛΟΝ...., v. 10 ΠΟΔ......, sed et W. et Sk. nihil ibi scriptum fuisse censent.

Legem esse sacram veri simillimum videtur, fortasse eiusdem fani, quo verba pertinent a ducentis metris rupi incisa: *Μοῖρα Διὸς Τεραστί[ου]*.[5]) Interpretationem tamen inscriptionis, quae pendet e verbo *ἀποστρύθεσθαι*, nemo adhuc proposuit certam. Roehl, quid de hac voce sentiret, etsi non clare enuntiavit, significavit tamen provocando ad glossam Hesychii *κρείττονας· τοὺς ἥρωας οὕτω λέγουσιν· δοκοῦσι δὲ κακωτικοί τινες εἶναι· διὰ τοῦτο καὶ οἱ παριόντες τὰ ἡρῷα σιγὴν ἔχουσι μή τι βλαβῶσι.* Atque huius ipsius generis praeceptum restituit Meister *ἀποστρύθεσθαι* interpretans *strepitum facere* coll. Suid. *στρουθίζων· τρίζων* totumque titulum ita legit: *Μηδένα ἀποστρυθῆσται· [αἰ] | δέ κα ἀποστρυθ|ῆται, ἀϝάτατα[ι]*[6]) || *hὼ*[7]) *δῶλος· [μ]ο[ί]|ραι δὲ hόπη | νόμος | ποστάτω* i. e. '*Niemand soll Geräusch machen. Wenn aber einer Geräusch macht, wird er bestraft wie ein Sklave. Dem heiligen Bezirke aber soll man wie es Recht ist sich nähern.*' Ac cetera quidem etsi minime certa, attamen ferenda duco, sed de significatione verbi *ἀποστρύθεσθαι* ab illo proposita vehementer dubito, cum quia praepositio *ἀπο-* ita parum explicari mihi videtur, tum quia ipsa praecepti illius ratio parum apta est. Requirimus talem potius notionem, qualem Skias suspicatur '*οἷον τὸ λιθοτομεῖν ἤ τι τοιοῦτον*'. Nec vero neglegenda coniectura Buecheleri, qui substantivum *στόρθυγξ* et adiectivum *εὐστόρθυγξ* de Priapo usurpatum ad eandem stirpem rettulit, nam etiamsi interpretatio, quam inde ipse primi editoris de loco inscriptionis testimonio fretus protulit, stare posse non videtur (v. not. 1), de stirpe nihilo minus coniectura eius recta esse potest. Quamquam equidem nihil profeci. Summa autem legis cum dubia sit, in iis, quae de singulis excogitari possunt, morari nolo.

56. Lapis Gythei inventus. Edd. Lebas *Rev. arch.* 1845 p. 207, inde Keil *Zwei griech. Inschr. aus Sparta u. Gytheion* p. 23, ectypo denuo collato Lebas-Foucart *Inscr. du Pelop.* 243, Müllensiefen *De titul. Lacon dial.* (*Diss. Argent.*) n. 50, Meister *SGDI* 4567, Michel *Recueil* 185.

Ἐπειδὴ Φιλήμων Θεοξένου καὶ Θεόξε|νος Φιλήμονος οἱ πολῖται ἁμῶν πόθο|δον ἐπ]οιήσαντο ποτί τε τοὺς ἐφόρο[υς | καὶ τ]ὸν δᾶμον, ὅπως ἐπισκευάσωσιν [ἐκ | τ]ῶν ἰδίων βίων τὸ ἱερὸν τὸ τοῦ Ἀπόλλω|[ν]ος τοῦ ποτὶ τᾶι ἀγορᾶι, ὃ καὶ ἦν ἐκ παλαιῶν || [χρ]όνων κατηρειμμένον καὶ ἐπισκευάζο[υ|σι]ν δαπάναν καὶ ἔξοδον μεγάλαν ποιού|μενοι ἐκ τῶν ἰδίων βίων ἕνεκα τοῦ καὶ τὰ | πρὸς τοὺς θεοὺς τηρεῖν δίκαια καὶ τὰν ἰδίαν | πατρίδα, ἐφ' ὅσον ἐν δυνατῶι, συναύξειν,

---

5) in eodem fano fuisse lapidem qui *Ζεὺς Καππώτας* vocabatur (Paus. III 22, 1) ut per se veri simile est (cf. nunc Usener *Rhein. Mus.* LX 1904 p. 12 sq.) ita locorum ratio non facile admittit (Weil *MAI l. c.* p. 153, Skias *l. c.* p. 58, cf. tamen Wide *Lakon. Kulte* p. 371).

6) *das Perfectum von der mit Sicherheit vorausgesagten Folge* coll. tab. Heracl. I 171.

7) dorice hic pro *ὡς* dici censet coll. Apoll. *π. ἀντων.* 61 B.

δί‖καιον δέ ἐcτιν καὶ τὸν ἁμέτερον δᾶμον τὰ|ν τῶν προγεγραμμένων ἀνδρῶν προαίρε|cιν cυναύξειν χάριτι τὰν προθυμίαν αὐτῶν | ἀμειβομένους, ἅτις ἔcται κεχαριcμένα | καὶ τοῖc διδοῦcι καὶ τοῖc λαμβάνουcι, ἐν ‖ πολλοῖc δὲ καὶ ἑτέροις καιροῖc καὶ μέρες[ι] | τοῦ βίου ἑαυτοὺc ἐπιδέδωκαν εἰc τὸ παν|τὶ τρόπωι τάν τε πόλιν καὶ τοὺc πολίτας ἐ[υ]|εργετεῖν οὐθένα καιρὸν ὑπερτιθέμενοι πρ|ὸc τὸ διὰ παντὸc ἀγαθοῦ παραίτιοι γείνεcθαι ‖ τοῖc ἅπαcιν· δι' ἃ ἔδοξε τῶι δάμωι ἐν ταῖc | μεγάλαιc ἀπελλαῖc· εἶναι τὸ ἱερὸν τὸ τοῦ Ἀ|πόλλωνος Φιλήμονος τοῦ Θεοξένου καὶ Θεοξέ|νου τοῦ Φιλήμονος τῶν πολιτᾶν ἁμῶν καὶ εἶ|ναι αὐτοὺc ἱερεῖc τοῦ Ἀπόλλωνος καὶ ἐκγόνο‖υc αὐτῶν ἀεὶ διὰ βίου καὶ εἶναι παραδόcιμον τὸ | προγεγραμμένον ἱερὸν τοῖc ἐγγόνοιc αὐτῶν | ἀεὶ διὰ βίου καὶ εἶναι αὐτοῖc τὰ τίμια καὶ φιλάν|θρωπα πάντα ὅcα καὶ τοῖc ἄλλοιc ἱερεῦcιν τοῖc | κατὰ γένος ὑπάρχει καὶ ἔχειν αὐτοὺc τὰν ἐ‖ξουcίαν τοῦ τε ἱεροῦ καὶ τοῦ θεοῦ καὶ τῶν ἀ|πὸ τοῦ ἱεροῦ πάντων, προcταcίαν ποιουμέ|νους καὶ ἐπιμέλειαν καθὼc ἂν αὐτοὶ προαι|ρ[ῶ]νται· οἱ δὲ ἔφοροι ἐπὶ Κλεάνορος τούτου | τοῦ νόμου ἀντίγραφον εἰcτάλαν λιθίναν γρά‖ψαντες ἀνατέθωcαν εἰc τὸ ἱερὸν τὸ τοῦ Ἀ|πόλλωνος· ἁ δὲ δαπάνα ἐκ τᾶc πόλεος ἔcτω.

Decretum Gytheatarum de Apollinis sacerdotio ad familiam Philemonis filiique eius deferendo hereditario, ineunte I a. Chr. n. saeculo, utique ante tempora Sullae, ut vidit Foucart, factum. Templum enim Apollinis, quod ante munificentiam Philemonis *ἐκ παλαιῶν χρόνων* dirutum fuit (v. 4 sq.), iam a. 87 aut 86 restitutum fuisse sacerdotesque ei praefuisse maiore quadam potestate constat decreto de Cloatiis illis famosis facto (*Syll.*² 330), ubi v. 54 sq. legitur *ἀναθέτωσαν* (*τὰν στάλαν*) *εἰς τὸ ἱερὸν τοῦ Ἀπόλλωνος ἐν ὧι ἂν τόπωι α[ὐ]τοῖς οἱ ἱερεῖς συνχωρήσωσιν*[1]), ac ne id quidem idem Foucart improbabiliter coniecit, quod illic non sacerdos, sed *οἱ ἱερεῖς* commemorantur, ipsum Philemonem filiumque eius, quibus hoc decreto sacerdotium defertur (v. 23 sq. *εἶναι αὐτοὺς ἱερεῖς τοῦ Ἀ.*), dici, unde non multo ante a. 87 vel 86 haec decreta esse sequeretur.

Argumentum tituli, qui interpretationi nullas praebet difficultates, ut brevissimum et simplex, ita gravissimum est. Ut enim olim florentibus Graecorum rebus publicis saepissime privatum vel gentilicium cultum videmus publicum factum[2]) atque etiam sacerdotium hereditarium sublatum[3]), ita auctoritate opibusque publicis deletis accidisse, ut sacerdotium olim publicum fieret hereditarium atque ipsum delubrum quodammodo proprium

---

1) quae potestas optime illustratur huius decreti v. 29 sq. *ἔχειν αὐτοὺς τὰν ἐξουσίαν τοῦ τε ἱεροῦ κτλ.*, quae eadem locutio legitur n. 49 v. 13 sq.: absente vel mortuo Xantho *μηδένα ἀνθρώπων ἐξουσίαν ἔχειν ἐὰν μὴ ὧι ἂν αὐτὸς παραδῶι.*

2) de hac re sacerdotiis Eleusiniis notissima cf. decreta Clytidarum (n. 112); vid. etiam Toepffer *Att. Geneal.* p. 19 sq. et passim, Stengel *KA*² p. 40 sq., Schömann-Lipsius *Gr. Alt.* II p. 435.

3) velut Andaniae (v. p. 176); cf. etiam n. 84 et quae adnotavi.

familiae privatae[4]) (v. 29 *ἔχειν αὐτοὺς τὰν ἐξουσίαν τοῦ τε ἱεροῦ*) hic titulus testis est memorabilis. Gytheatae autem, quantis angustiis laboraverint, illo de Cloatiis decreto, de quo supra commemoravi, satis superque constat.

57. Lapis inventus '*Misithris, hoc est Misoae*'. Ex schedis Fourmontii ed. Boeckh *CIG* 1464, inde Müllensiefen *De tit. lac. dial.* p. 30 sq., Sam Wide *Lakonische Kulte* p. 171, Meister *SGDI* 4495. Cf. R. van der Loeff *De ludis Eleusiniis* p. 20 sq.

. . . . . ΑΓΙΔΟ . . . . . ΤΑΤΗΧΙ . . . . . .
ΑΙ . ΩΝΕΝΙ\ΛΘΕΙΤΡΥΦΟΧΩ . C¯ΩΝ
ΑΓΩΝΕΑCΤΕΦΑΝΟΥΜΕΝ¯ΛΓΟΝΤΕ
Ι/ΙΟΤΑ . Ɯ∂ΝΑΠΟΟΟΔΟΥCL\ . . ΙΞ\\
ΟΥΝΙΙΙ∂ΝΟC ὡc προγέγραπται Τ∂
CΕΝΕΛΕϟΟΥΝΙΑCΘΑΝΝΙ∂ΝΙΟΥ¯∂
γνα καὶ τὰ ΑΚΟΥΘΑΕΝΕΛΕ . . . /ΙΙΙ
Δ]άματρι (θ)ύcει[1]) ΚΟΙΡΙΔΙ . ΑΙΟΝ . . . ΛΙΤΑ
ΙΑ ἄρcεν, ἄρτον διὰ caάμων ὃν ἁ παιδε
δαπανώcει, ἄρcηc δὲ οὐδεὶ(c παρ)έ[c]ται[2])
Δεc(c)ποίνᾳ[3])⟨ρ⟩ χοῖρον ἄρcενα, ἄρτον διὰ
caάμων Πλούτωνι χοῖρον ἄρcενα
ἄρτον προχαρέα, (Π)ερcεφόνᾳ[4]) χοῖρον
ἄρcενα, ἄρτον, Α٦ΥΧΛ χοῖρον ἄρcενα
ἄρτον· ταῦτα ΑΥΤΟ . CΤΕΦΑΝΟΥΗΙΕΝΑΙ
Τ\ . ٦Α αἱρέτωcαν χω(ρ)ὶc τὰ(c)[5]) δεξιὰc
. . \ΕΑΓ . . . . ΑΠΙCΗΝΑΤΑΙΜΙΙ . . .
. . . . . ΙCΓ . . . . ʻΥˆ . . ˆΙΙΙ

Lex de cultu inferorum Spartana, quam uno apographo Fourmontii cognitam esse dolendum est, quippe quod vitiis, initio praesertim abundare videatur. Quare cavendum puto, ne praepropere coniecturis specie probabilibus indulgeamus. Velut, ut statim exemplum gravissimum proferam, v. 6 et 7 varie temptati sunt. Boeckh et v. 6 et 7 *ἐν Ἐλευσῖνι*

---

4) longe igitur diversum exemplum Telinae Gelensis (Herod. VII 153), quocum hunc titulum comparavit Lipsius (*Schoemann GA*² p. 435 not. 1), cultus enim, cuius hierophantiam hereditariam accepit Telines, origine ipsius familiae proprius erat. Etiam sacerdotium Aesculapii Pergameni hereditarium factum aliter explicandum videtur: cf. n. 189.

1) ΑΜΑΤΡΙ ΟΥCΕΙ in schedis, em. Boeckh satis certo.

2) ΟΥΔΕΙΕ.ΑΥΕ.ΤΑΙ, em. Meister.

3) ΔΕCΕΠΟΙΝΑ; B. *Δεσποίνᾳ* nisi *Δεσσποίνᾳ* malis; parvum P, quod deinceps legitur, tollendum existimat; an iota dativi latet?

4) ΜΕΡCΕΦΟΝΑ.

5) ΧΩΓΙCΤΑΙ, em. B. coll. oraculo Dodonaeo ap. Dem. Mid. p. 531 *καὶ στεφανηφορεῖν καττὰ πάτρια θεοῖς Ὀλυμπίοις πάντεσσι καὶ πάσαις ἰδίας δεξιὰς καὶ ἀριστερὰς ἀνίσχοντας.*

restituere ausus est, neque id temere contemnendum est, si quidem fuisse, qui sua sacra ad exemplum cultus Eleusinii constituerent, constat.[6]) Sed apud ipsos Lacedaemonios dea Cereris persimilis erat, quae *Ἐλευσία* vel *Ἐλευθία* vocabatur[7]), feriaeque ei celebrabantur nomine *Ἐλευσίνια*.[8]) Itaque de his maluit sermonem esse Meister et comparans *Ἐλευhύνια* stelae Damononis scripsit v. 6 *Ἐλε[υσ]ύνια* et v. 7 *ἐν Ἐλε[υσυν]ί[οις]*, ubi tamen praepositionis usus displicet. Ipsius quoque deae nomen potest restitui. Tenendum tamen est infra v. 8 sqq., ubi sacra dis faciunda enumerantur, nomen *Ἐλευθίας* non legi. Itaque equidem multo probabilius duco nomen m e n s i s *Ἐλευσυνίου*, quo Lacedaemonios aeque ac Theraeos, colonos eorum, et Cretenses usos esse veri simillimum est[9]), ipsum sc. a deae nomine derivatum litteris v. 6 et 7. traditis latere, quoniam aptissime praecepta de sacris faciundis v. 8 sqq. a mensis mentione initium capere patet atque etiam sacra ipsa mensi Eleusiae deae sacro apta sunt. Concedo tamen in stirpe huius nominis non necessario haerendum et fortasse lectionem Fourmontii ratione plane diversa interpretandam esse. Quamquam v. d. Loeff, quod legendum *ἐν ἕλει* acute coniecit provocans ad *Κόραν καὶ Τεμένιον τοὺς ἐν τῷ ἕλει*, quorum *ἱέρειαν κατὰ γένος* commemorant tituli tres inter urbem Spartam et Taygetum montem inventi (*CIG* 1446, *Ἐφ. Ἀρχ.* 1892 p. 26 n. 8 et p. 20 n. 2), non mihi persuasit, quia in proximis litteris nihil, quo illud *ἐν τῷ ἕλει* referri possit, discerno. Quae cum ita sint, litteras traditas non mutavi nisi ubi facile ac certo emendari possunt ceterisque locis, ubi Fourmontii lectio sana non videtur, ipsius apographi maiuscula lectoribus subicere malui, de singulis hic pauca addens:

V. 2 nomen *Τρυφό(δ)ω[ρ]ο[ς]* latere coniecit Meister. — v. 3 verbi *στεφανοῦν* forma scripta fuisse videtur. — v. 4 *πο(θ)όδους* Boeckh probabiliter restituit; antecedentibus *-μῶνα* et v. 5 *-ιῶνος* mensium nomina latere ego suspicor. — de v. 6 in. v. supra. — v. 7 *ἁ]γνὰ καὶ τὰ ἀκ[όλ]ουθα ἐν Ἐλευσῖνι* Boeckh. — Inde a v. 8 conexus cognosci potest: enumerantur sacra dis inferis faciunda; primum sane sacrificium statim incertum; nam priorum lectioni *(χ)οιρίδιον* vel *(χ)οιρίδια* id obstat, quod deinde semper *χοῖρος* dicitur, proximae autem neutrius *ἄρσεν* lectioni cave ne nimium tribuas, quia facili errore fieri poterat, ut F. e litteris ΑΡΣΕΝΑΑΡΤΟΝ, quae erant scriptae, alterum Α neglegeret. — *ἄρσης δὲ οὐδεὶς κτλ.*: a quibusdam Cereris sollemnibus velut Thesmophoriis viros exclusos esse notis-

6) cf. quae de mysteriis Andaniis exposui p. 176 sq.; cf. etiam Paus. VIII 15.

7) cf. praeter Toepffer *Att. Geneal.* p. 221, S. Wide *Lak. Kulte* p. 175 sq., Pfuhl *De pompis sacris* p. 59 sq. nunc potissimum, quae R. v. d. Loeff *De ludis Eleusiniis* p. 13 sqq. egregie de hac re exposuit. Ipse titulos afferre satis habeo: donarium Sparta ipsa inventum *SGDI* 4431 *Syll.*² 252 *Μαχανίδας ἀνέθηκε τᾶι Ἐλευσίαι*, alterum prope Gytheum inventum (*Rev. arch.* I 216), inscriptum e Loeffii supplemento probabilissimo *ἡ δεῖν]α Ἐλευσί[ᾳ]*, *SGDI* 4584 *Δαμασ[σι]λὶς Ἐλευθίαι ἀνέθηκε*; eandem denique deam a Cretensibus nomine *Ἐλευσίνα* vel *Ἐλεύθυια* cultam esse v. d. L. monuit coll. titulis cum aliis tum *CIG* 2554 v. 76 sqq.

8) v. stelam Damononis *SGDI* 4416 et Hesych. s. v. *Ἐλευσίνια· ἀγὼν θυμελικὸς ἀγόμενος Δήμητρι παρὰ Λάκωσι* (cf. Wide l. c. p. 119 sq.).

9) Bischof *Leipz. Stud.* VII p. 366 et 385.

simum, cf. n. 59 et 175. — v. 9 Boeckh *σαάμων* dorice pro *σησάμων* dictum esse eundemque panem significari, qui apud Athenaeum *ἄρτος σησαμίτης* vel *σησαμοῦς* appellatur, vidit. Qui cum non haberet, quo structuram *ἄρτον διὰ σ.* confirmaret, unum vocabulum efficit *διασαάμων*. Nec tamen hac via, quae ipsi illi non placebat, opus est: cf. Athen. III 111a *βρωμάτιον διὰ μέλιτος καὶ λίνου* et schol. Arist. Av. 1032 *ζωμὸν διὰ μέλιτος*. — v. 9 extr. Meister coniecit *ὃν ἁ παῖ(ς) ἐ[γ]δαπανώσει*. — v. 13 *ἄρτον προχαρέα* nemo adhuc explicavit; Boeckh fortasse coniungendum coniecit *προχαρέα Περσεφόνᾳ*, ut *προχαρέα* sint, quae offerantur ut *προχαριστήρια*, cui tamen coniecturae vel ordo verborum ceteroquin adhibitus vehementer obstat. — v. 14 Boeckh et ceteri omnes littera Α sublata *Τύχᾳ* scripserunt; iterum speciosa est coniectura, non certa. — v. 15 *ταῦτα αὐτ(α)[ὶ] στεφανού(μ)εναι* Boeckh, ac postremum quidem admodum probabile, cf. v. 3 et oraculum Dodon. not. 5 adlatum.

Cultus inferorum, qui hoc titulo prodit, eo maxime memorabilis ac singularis est, quod iuxta *Δέσποιναν* colitur *Περσεφόνα*, id quod antiquae tribuere religioni Spartanae valde dubito, immo indicium duco recentioris tituli aetatis, quae eandem fere esse utriusque deae naturam non iam sentiebat. Etiam litteratura a Fourmontio in apographo adhibita, etsi nimirum inde nihil certi colligi potest, recentiori aetati favet, si quidem sigma forma Ϲ, omega ∂ significari solet. Accedit denique, quod genuina nominis Proserpinae forma Laconica *Περσεφόνα* fuisse non videtur, cf. Hesych. s. v. *Πηρεφόνεια· Περσεφόνεια Λάκωνες*. Atque etiam de ipso genere et ratione universa tituli, utrum e. g. publicus an privatus sit[10]), ambigi potest. Qua tamen in re nolo insistere, neque enim despero fore, ut lapis ipse denuo reperiatur idque, quod nunc non nisi coniecturis temptare licet, integriore lectione declaretur.

58. Tabula lapidea in duas partes fracta, inventa in ecclesia vici *Konstantinoi* prope vetustam Andaniam; v. 1—116 in fronte, reliqui in latere dextro inscripti sunt. Post Kumanudem (*Φιλόπατρις* 1859) ed. huius apographo usus doctissimoque commentario instruxit Sauppe *Die Mysterieninschrift von Andania. Gött.* 1860 (= *Ausgew. Schriften* p. 261 sqq.), deinde lapide denuo examinato et ectypis chartaceis confectis Foucart ad Lebasii *Voyage arch.* II n. 326a, inde repetiverunt Cauer *Del.* 47, Dittenberger *Syll.*² 653 (388¹), Meister *SGDI* 4689, Michel *Recueil* 694.

Περὶ ἱ]ερῶν καὶ ἱερᾶν· ὁ γραμματεὺϲ τῶν ϲυνέδρων[1]) § 1
τοὺϲ γενηθένταϲ ἱεροὺϲ ὁρκιξάτω παραχρῆμα, ἂμ μή τιϲ ἀρ-

10) incommode accidit, quod de cultu delubrisque dearum inferarum Spartanis Pausanias tam brevis est: III 13, 2 templum *Κόρης Σωτείρας* commemorat, quod alii ab Orpheo, alii ab Abari conditum dicant, deinde c. 14, 5 dicit *Δήμητρα δὲ Χθονίαν Λακεδαιμόνιοι μὲν σέβειν φασὶ παραδόντος σφίσιν Ὀρφέως, δόξῃ δὲ ἐμῇ διὰ τὸ ἱερὸν τὸ ἐν Ἑρμιόνῃ κατέστη καὶ τούτοις Χθονίαν νομίζειν Δήμητρα*, nihil praeterea, ne templum quidem huius Cereris *Χθονίας* commemorans. An *Κόρη* illa et haec *Δημήτηρ* re vera in uno illo templo colebantur ab Orpheo condito? Porro ubi *Ἐλευσία* illa, cuius donarium extat (not. 7), colebatur?

1) senatores dici cum aliis multis locis tum Liv. 45, 32, 2 demonstravit S.; aliter sane Fouc., qui synedros a senatoribus distinguendos censet.

ρως[τεῖ, | ἱερῶ]ν καιομένων, αἷμα καὶ οἶνον σπένδοντας, τὸν
ὅρκον τὸν ὑπογεγραμμένον· Ὀμνύω τοὺς θεοὺς οἷς τὰ μυστήρια
ἐπιτ[ε|λε]ῖται, ἐπιμέλειαν ἕξειν, ὅπως γίνηται τὰ κατὰ τὰν τελε-
τὰν θεοπρεπῶς καὶ ἀπὸ παντὸς τοῦ δικαίου, καὶ μήτε αὐ|[τ]ὸς
μηθὲν ἄσχημον μηδὲ ἄδικον ποιήσειν ἐπὶ καταλύσει τῶν μυστηρίων
μηδὲ ἄλλωι ἐπιτρέψειν, ἀλλὰ κατακολου||θήσειν τοῖς γεγραμμέ-
νοις, ἐξορκίσειν δὲ καὶ τὰς ἱερὰς καὶ τὸν ἱερῆ κατὰ τὸ διάγραμμα·
εὐορκοῦντι μέν μοι εἴη ἃ τοῖς εὐ|σεβέοις, ἐφιορκοῦντι δὲ τἀναν-
τία· ἂν δέ τις μὴ θέλει ὀμνύειν, ζαμιούτω δραχμαῖς χιλίαις καὶ
ἄλλον ἀντὶ τούτου κλαρωσά|τω ἐκ τᾶς αὐτᾶς φυλᾶς· τὰς δὲ ἱερὰς
ὁρκιζέτω ὁ ἱερεὺς καὶ οἱ ἱεροὶ ἐν τῶι ἱερῶι τοῦ Καρνείου τᾶι
πρότερον ἁμέραι τῶν μυστη|ρίων τὸν αὐτὸν ὅρκον, καὶ ποτεξ-
ορκιζόντω· ‘πεποίημαι δὲ καὶ ποτὶ τὸν ἄνδρα τὰν συμβίωσιν
ὁσίως καὶ δικαίως’· τὰν δὲ μ[ὴ] | θέλουσαν ὀμνύειν ζαμιούντω οἱ
ἱεροὶ δραχμαῖς χιλίαις καὶ μὴ ἐπιτρεπόντω ἐπιτελεῖν τὰ κατὰ
τὰς θυσίας μηδὲ μετ[έ]||χειν τῶν μυστηρίων, αἱ δὲ ὀμόσασαι ἐπι-
τελούντω· οἱ δὲ γεγενημένοι ἱεροὶ καὶ ἱεραὶ ἐν τῶι πέμπτωι καὶ
πεντηκοστῶι | ἔτει ὁμοσάντω τὸν αὐτὸν ὅρκον ἐν τῶι ἑνδεκάτωι
μηνὶ πρὸ τῶν μυστηρίων. Παραδόσιος· τὰν δὲ κάμπτραν[2]) καὶ § 2
τὰ | βιβλία, ἃ δέδωκε Μνασίστρατος, παραδιδόντω οἱ ἱεροὶ τοῖς
ἐπικατασταθέντοις[3]), παραδιδόντω δὲ καὶ τὰ λοιπὰ ὅσα | ἂν
κατασκευασθεῖ χάριν τῶν μυστηρίων. Στεφάνων· στεφάνους § 3
δὲ ἐχόντω οἱ μὲν ἱεροὶ καὶ αἱ ἱεραὶ πῖλον[4]) λευκόν,′| τῶν δὲ
τελουμένων οἱ πρωτομύσται στλεγγίδα[5])· ὅταν δὲ οἱ ἱεροὶ παρ-
αγγείλωντι, τὰμ μὲν στλεγγίδα ἀποθέσθωσαν, || στεφανούσθωσαν
δὲ πάντες δάφναι. Εἱματισμοῦ· οἱ τελούμενοι τὰ μυστήρια § 4
ἀνυπόδετοι ἔστωσαν καὶ ἐχόντω τὸν | εἱματισμὸν λευκόν, αἱ δὲ
γυναῖκες μὴ διαφανῆ[6]) μηδὲ τὰ σαμεῖα[7]) ἐν τοῖς εἱματίοις πλα-

2) capsam esse, qua libri sacri asserventur, statuit S. coll. gloss. Philox. p. 96 *κάμπτρα· campsa arca, καμτροποιός· campsarius* et Heind. ad Hor. sat. I 4, 22; hic autem urnam aeneam dici, in qua olim lamina stannea in librorum modum convoluta inventa erat (Paus. IV 26, 8), Meister suo iure statuit.

3) i. e. insequentis cuiusque anni *ἱεροῖς*.

4) *πῖλον* hoc loco idem fere ac *ταινία wollene Binde* Sauppio significare videbatur, sed recte id opus esse negavit Meister solitosque pileos intellegit de pileatis Dioscuris (in anaglyphis et Paus. IV 27, 2) admonens.

5) ‘*der Kopfschmuck bestand aus einer diademartigen dünnen Metallplatte, die mit Leder gefüttert* (Poll. VII 179 *στλεγγὶς δέρμα κεχρυσωμένον ὃ περὶ τῇ κεφαλῇ φοροῦσιν*) *oder auf Holz befestigt war* (*[στλεγ]γί[δ]ες ἐπί[τη]κτοι ἐ[ν] ξύλωι IG* II 824 v. 10. 11),’ Meister. Lacedaemonii ea *ἐν τῇ τῶν Προμαχείων ἑορτῇ* utebantur (Sosib. ap. Athen. XV p. 674b); cf. etiam Hermann-Blümner *Privataltert.* p. 195 not. 4.

6) Hor. sat. I 2, 101, Poll. VII 76, Sen. de benef. VII 9 contulit S.

7) gloss. Philox. *σημεῖα· clavi,* Poll. IV 118 *χιτὼν λευκὸς ἄσημος*, Hes. s. v. *καλάσιρις· χιτὼν πλατύσημος* contulit S.; ‘*tribunus laticlavius* in titulis constanter *χιλίαρχος πλατύσημος* est’ Dttb.

τύτερα ἡμιδακτυλίου, καὶ αἱ | μὲν ἰδιώτιες ἐχόντω χιτῶνα λίνεον
καὶ εἱμάτιον μὴ πλείονος ἄξια δραχμᾶν ἑκατόν, αἱ δὲ παῖδες
καλάσηριν[8]) ἢ σιν|δονίταν καὶ εἱμάτιον μὴ πλείονος ἄξια μνᾶς,
αἱ δὲ δοῦλαι καλάσηριν ἢ σινδονίταν καὶ εἱμάτιον μὴ πλείονος
ἄξια δρα|χμᾶν πεντήκοντα· αἱ δὲ ἱεραὶ αἱ μὲν γυναῖκες καλάσηριν
ἢ ὑπόδυμα μὴ ἔχον σκιὰς[9]) καὶ εἱμάτιον μὴ πλέονος ἄξια δύο ‖
μνᾶν, αἱ δὲ [παῖδε]ς καλάσηριν ἢ εἱμάτιον μὴ πλείονος ἄξια
δραχμᾶν ἑκατόν· ἐν δὲ τᾶι πομπᾶι αἱ μὲν ἱεραὶ γυναῖκες ὑπο-
δύ|ταν καὶ εἱμάτιον γυναικεῖον οὖλον, σαμεῖα ἔχον μὴ πλατύτερα
ἡμιδακτυλίου, αἱ δὲ παῖδες καλάσηριν καὶ εἱμάτιον μὴ δια|φανές·
μὴ ἐχέτω δὲ μηδεμία χρυσία μηδὲ φῦκος μηδὲ ψιμίθιον μηδὲ
ἀνάδεμα μηδὲ τὰς τρίχας ἀνπεπλεγμένας μήτε ὑπο|δήματα εἰ μὴ
πίλινα ἢ δερμάτινα ἱερόθυτα· δίφρους δὲ ἐχόντω αἱ ἱεραὶ εὐσυΐ-
νους[10]) στρογγύλους καὶ ἐπ' [αὐ]τῶν ποτικεφάλαια | ἢ σπῖραν[11])
λευκά, μὴ ἔχοντα μήτε σκιὰν μήτε πορφύραν· ὅσα⟦ς⟧[12]) δὲ δεῖ
διασκευάζεσθαι εἰς θεῶν διάθεσιν, ἐχόντω τὸν εἱματισμὸν ‖ καθ'
ὃ ἂν οἱ ἱεροὶ διατάξωντι· ἂν δέ τις ἄλλ(ω)ς ἔχει τὸν εἱματισμὸν παρὰ τὸ διάγραμμα ἢ ἄλλο τι τῶν κεκωλυμένων, μὴ ἐπι-
τρεπέ|τω ὁ γυναικονόμος καὶ ἐξουσίαν ἐχέτω λυμαίνεσθαι[13]), καὶ
ἔστω ἱερὰ τῶν θεῶν. Ὅρκος γυναικονόμου· οἱ δὲ ἱεροὶ § 5
ὅταν καὶ αὐτοὶ ὀμό|σωντι, ὁρκιζόντω τὸν γυναικονόμον ἐπὶ τῶν
αὐτῶν ἱερῶν· εἶ μὰν ἕξειν ἐπιμέλειαν περί τε τοῦ εἱματισμοῦ
καὶ τῶν λοιπῶν τῶν | ἐπιτεταγμένων μοι ἐν τῶι διαγράμματι.
Πομπᾶς· ἐν δὲ τᾶι πομπᾶι ἀγείσθω Μνασίστρατος, ἔπειτεν ὁ § 6
ἱερεὺς τῶν θεῶν οἷς | τὰ μυστήρια γίνεται μετὰ τᾶς ἱερέας,
ἔπειτα ἀγωνοθέτας, ἱεροθύται, οἱ αὐληταί· μετὰ δὲ ταῦτα αἱ
παρθένοι αἱ ἱεραὶ καθὼς ἂν λά‖χωντι, ἄγουσαι τὰ ἅρματα ἐπι-
κείμενα⟨ς⟩[14]) κίστας ἐχούσας ἱερὰ μυστικά· εἶτεν ἁ θοιναρμόστρια
ἁ εἰς Δάματρος καὶ αἱ ὑποθοιναρ|μόστριαι αἱ ἐμβεβακυῖαι[15]),

---

8) genus tunicae (*χιτών* sive *ἔνδυμα*) Aegyptiacum, postea etiam Corinthi fabricatum: Herod. II 81, Poll. VII 71, Athen. XII p. 525d; vid. Meister l. c. p. 135.

9) '*einen bunten Saum oder Besatz*' S. coll. versu Menandri *FCAtt.* p. 244 ed. Meineke.

10) *[οἰ]συΐνους* Meineke, recte si sensum spectas, formam tamen cum S. et Meistero intactam reliqui.

11) *σπ(ε)ῖραν* S. et Dttb., cf. Poll. VII 78 *σπεῖρα γὰρ οὐ τὰ ῥάκη μόνον, ἀλλὰ καὶ τὰς ἀμείνους ἔνιοι καλεῖν ἠξίουν ἐσθῆτας*; plura attulit S.

12) ΟΣΑ; emend. S., vid. not. 67.

13) nimirum non vestimenta, quae templi sacra fiant, sed mulieres ipsas.

14) recte S. emendavisse videtur de structura provocans ad Markl. ad Eur. Suppl. 715 et L. Dindorf ad Steph. Thes. s. v. p. 1625. An genetivus absolutus agnoscendus est?

15) eas, quae non modo electae sunt, sed re vera munus inierunt, intellegit S. caveri ratus, ne qua mulier modo honoris causa id munus petat, nullo

εἶτεν ἁ ἱέρεα τᾶς Δάματρος τᾶς ἐφ' ἱπποδρόμωι, εἶτεν ἁ τᾶς
ἐν Αἰγίλᾳ· ἔπειτεν αἱ ἱεραὶ κατὰ μίαν κα|θώς κα λάχωντι, ἔπει-
τεν οἱ ἱεροὶ καθώς κα οἱ δέκα διατάξωντι· ὁ δὲ γυναικονό-
μος κλαρούτω τάς τε ἱερὰς καὶ παρθένους καὶ ἐπιμέλειαν | ἐχέ-
τω ὅπως πομπεύωντι καθώς κα λάχωντι· ἀγέσθω δὲ ἐν τᾶι
πομπᾶι καὶ τὰ θύματα, καὶ θυσάντω τᾶι μὲν Δάματρι σῦν ἐπί-
τοκα, Ἑρμᾶ|νι κριόν, Μεγάλοις Θεοῖς δάμαλιν σῦν, Ἀπόλλωνι
Καρνείωι κάπρον, Ἅγναι οἶν. Σκανᾶν· σκανὰν δὲ μὴ ἐπιτρε- § 7
πόντω οἱ ἱεροὶ μηθένα ἔχειν ἐν ‖ τετραγώνωι μείζω ποδῶν τριάκοντα, μηδὲ περιτιθέμεν ταῖς σκαναῖς μήτε δέρρεις[16] μήτε
αὐλείας[17], μηδὲ ἐν ὧι ἂν τόπωι περιστεμ|ματώσωντι οἱ ἱεροὶ
μηθένα τῶν μὴ ὄντων ἱερῶν ἔχειν σκανάν· μηδὲ παρερπέτω
μηθεὶς ἀμύητος εἰς τὸν τόπον ὅν κα περιστεμμα|τώσωντι· χωρα-
ξάντω δὲ καὶ ὑδράνας[18]· ἀναγραψάντω δὲ καὶ ἀφ' ὧν δεῖ καθαρίζειν καὶ ἃ μὴ δεῖ ἔχοντας εἰσπορεύεσθαι. Ἃ [μ]ὴ δεῖ ἔχειν § 8
| ἐν ταῖς σκαναῖς· μηθεὶς κλίνας ἐχέτω ἐν τᾶι σκανᾶι μηδὲ
ἀργυρώματα πλείονος ἄξια δραχμᾶν τριακοσιᾶν· εἰ δὲ μή, μὴ
ἐπιτρεπόν|τω οἱ ἱεροί, καὶ τὰ πλειονάζοντα ἱερὰ ἔστω τῶν θεῶν.
Ἀκοσμούντων· ὅταν δὲ αἱ θυσίαι καὶ τὰ μυστήρια συντελεῖται, § 9
εὐφαμεῖν πάν|τας καὶ ἀκούειν τῶν παραγγελλομένων· τὸν δὲ
ἀπειθοῦντα ἢ ἀπρεπῶς ἀναστρεφόμενον εἰς τὸ θεῖον μαστιγούντω
οἱ ἱεροὶ | καὶ ἀποκωλυόντω τῶν μυστηρίων. Ῥαβδοφόρων· § 10
ῥαβδοφόροι δὲ ἔστωσαν ἐκ τῶ ἱερῶν εἴκοσι, καὶ πειθαρχούντω
τοῖς ἐπιτελούν|τοις τὰ μυστήρια[19], καὶ ἐπιμέλειαν ἐχόντω ὅπως
εὐσχημόνως καὶ εὐτάκτως ὑπὸ τῶν παραγεγενημένων πάντα
γίνηται, καθὼς ἂν | παραγγέλλωντι οἱ ἐπὶ τούτων τεταγμένοι·
τοὺς δὲ ἀπειθοῦντας ἢ ἀπρεπῶς ἀναστρεφομένους μαστιγούντω·
ἂν δέ τις τῶν ῥα|βδοφόρων μὴ ποιεῖ καθὼς γέγραπται ἢ ἄλλο
τι ἀδικοῖ ἢ ποιοῖ ἐπὶ καταλύσει τῶν μυστηρίων, κριθεὶς ἐπὶ τῶν
ἱερῶν ἂν κατακριθεῖ μὴ ‖ μετεχέτω τῶν μυστηρίων. Περὶ τῶν § 11
διαφόρων[20]· τὰ δὲ πίπτοντα διάφορα ἐκ τῶν μυστηρίων
ἐγλεγόντω οἱ κατασταθέντες ὑπὸ | τοῦ δάμου πέντε· εἰσφερόν-
τω[21] δὲ οἱ ἄρχοντες ἀνάνκαι πάντες[22], μὴ δὶς τοὺς αὐτούς,

---

vero officio fungatur. Meister interpretatur '*die (bei dieser Feier) im Amt befindlichen*' comparans vocem *οἱ ἐνεστακότες κόσμοι* titulorum Cretensium munusque annuum fuisse putans. Cf. etiam comm. p. 182/3.

16) Hesych. *δέρρεις· τὸ παχὺ ὕφασμα, ᾧ εἰς παραπέτασμα ἐχρῶντο* S. coll. etiam Thuc. II 75 et Hes. s. v. *δερριδόγομφοι πύλαι*.

17) apud scriptores semper *αὐλαία* legitur, unde Latinum *aulaeum*.

18) idem fere ac *περιρραντήρια* esse S. vidit; Hes. *ὑδρανός· ὁ ἀγνιστὴς τῶν Ἐλευσινίων* attulit Fouc.

19) decemviros dici statuit S. coll. v. 167.

20) vim huius vocis et reditus et expensa significantis optime illustravit S.

21) *εἰσφέρειν* hic idem esse ac *προβάλλειν* Atticum iam Kuman. monuit.

22) 'magistratus omnes in unum collegium coniuncti nominant homines,

τίμαμα ἔχοντα ἕκαϲτον μὴ ἔλαϲϲον ταλάν|του, καὶ τῶν καταϲταθέντων παραγραψάτω ἁ γερουϲία τὸ τίμαμα, ὡϲαύτωϲ δὲ καὶ τὸ τῶν εἰϲενεγκάντων· τοῖϲ δὲ ἐγλογευόντοιϲ | τὰ διάφορα λειτουργείτω ὁ ἀργυροϲκόποϲ· ὅταν δὲ ἐπιτελεϲθεῖ τὰ μυϲτήρια, ἀπολογιϲάϲθωϲαν ἐμ πάντοιϲ ἐν τᾶι πρώται ϲυν|νόμωι ϲυναγωγᾶι τῶν ϲυνέδρων, καὶ γραφὰν ἀποδόντω τῶι ἐπιμελητᾶι [23]) παραχρῆμα γράφοντεϲ ἐπ' ὀνόματοϲ τὰ πεπτωκότα δι[ά]||φορα ἀπὸ τοῦ καθαρμοῦ, καὶ ἀπὸ τῶν πρωτομυϲτᾶν τὸ ὑποϲτατικὸν [24]) καὶ ἄν τι ἄλλο πέϲει, καὶ τὴν γεγενημέναν ἔξοδον καὶ τί ἂν εἶ | λοιπόν, καὶ ἀριθμηϲάντω παραχρῆμα τῶι ταμίαι καὶ ἔϲτωϲαν ὑπόμαϲτροι [25]), ἄν τι εὑρίϲκωνται ἀδικοῦντεϲ, διπλαϲίου καὶ ἐπιτιμίου | [δραχ]μᾶν χ[ι]λιᾶν, καὶ οἱ δικαϲτ[αὶ μ]ὴ ἀφαιρούντω μηθέν· οἱ δ' ἐν τῶι πέμπτωι καὶ πεντηκοϲτῶι ἔτει κατεϲταμένοι ἐξοδιαϲάντω καὶ Μνα||[ϲιϲ]τράτωι τὸ διδόμενο[ν αὐτῶι] διάφορον εἰϲ τὸν ϲτέφανον ὑπὸ τῆϲ [πό]λεοϲ, δραχμὰϲ ἑξακιϲχιλίαϲ· ἀποδόντω δὲ τῶι ταμίαι καὶ ὅϲα κα εἶ | [πρ]οεξωδιαϲμένα διάφορα [ὑπ]ὸ τοῦ ταμίου ἐ[ν τῶι πέμπτωι καὶ πεντηκοϲτῶι] ἔτε[ι εἰϲ τὰ] κ[α]ταϲκευαζό[μενα] ἐν [τῶ]ι Καρνει||αϲίωι ἢ δαπανούμενα χάριν τῶν μυϲτηρίων· τὸ δὲ [λοιπὸν ἐκ τῶν διαφόρων τούτου τοῦ ἔτουϲ] ἐξοδιαζόντ[ω οἱ πέντε εἰϲ τὰ] ἐπιϲκε[υα]|ζόμενα ἐν τῶι Καρνειαϲίωι [26]), καὶ ἄν τινοϲ ἔτι χρεία εἶ [παρὰ ταύταϲ τὰϲ] ποθόδουϲ, φερόντω γράφοντεϲ ῥη[τῶϲ εἰϲ] [27]) ὃ ἂν χρεία εἶ, καὶ οἱ ἄρχον|τεϲ καὶ οἱ ϲύνεδροι δογματοποιείϲθωϲαν ὅτι δεῖ τὸν ταμίαν [διδόμ]εν [28]) τὰ διάφορα· ἀπὸ δὲ τῶν πιπτόντων ἐκ τῶν μυϲτηρίων ἀποκαθι|ϲτάϲθω τῶι ταμίαι τὰ διάφορα, καὶ ἀποδόντω γραφὰν τῶι ἐπιμελητᾶι περὶ ὧν κα διοικήϲωντι, καὶ ἔϲτωϲαν ὑπόμαϲτροι ἄν τι ἀδικήϲωντι, κα|θὼϲ ἐπάνω γέγραπται· ὁ δὲ ταμίαϲ ὅϲον κα παραλάβει διάφορον λοιπὸν ἐκ τούτων, γραφέτω ἐν ὑπεχθέματι [29]) εἰϲ τὰν ἐπιϲκευὰν τῶν ἐν τῶι || Καρνειαϲίωι, καὶ μὴ ἀναχρηϲάϲθω [30]) εἰϲ ἄλλο μηθέν, μέχρι ἂν ἐπιτελεϲθεῖ

---

quorum ex numero quinque populi suffragiis eliguntur.' Dttb; *συναρχίαι* Messeniae commemorantur a Polybio: vid. not. 50.

23) magistratus summam pecuniarum publicarum custodiam habens, dissimilis epimeletarum Eleusiniorum dicitur (S.).

24) vid. p. 184.

25) etiam *κατάμαστρος* = *ὑπεύθυνος* dicitur, cf. Dittenberger ad *Syll.*² 306 v. 21.

26) huius enuntiati recta restitutio debetur Foucarto. 27) suppl. S.

28) suppl. evidenter Blass pro priorum [*δόμεν*] *ἐν* vel [*ἐγδόμ*]*εν*.

29) '*eine der Hauptrechnung untergeordnete beigelegte Separatübersicht*' S. provocans ad Lobeck. Phryn. p. 249 et Polyb. 31, 10, 1.

30) pro *κατα-* vel *ἀποχρησάσθω* errore incisum censuit S., defendit M. coll. Bekk. Anecd. I 399, 17.

ὅσων χρεία ἐστὶ ποτὶ τὰν τῶν μυστηρίων συντέλειαν· μηδὲ γρα|-
ψάτω μηθεὶς δόγμα, ὅτι δεῖ ταῦτα τὰ διάφορα εἰς ἄλλο τι
καταχρήσασθαι· εἰ δὲ μή, τό τε γραφὲν ἀτελὲς ἔστω καὶ ὁ γρά-
ψας ἀποτεισάτω δρα|χμὰς δισχιλίας, ὁμοίως δὲ καὶ ὁ ταμίας ὅ
τι κα ἐξοδιάσει διπλοῦν καὶ δραχμὰς δισχιλίας, καὶ οἱ δικασταὶ
μὴ ἀφαιρούντω μηθέν, καὶ τὰ πίπτοντα | ἐκ ταυτᾶν τᾶν κρισίων
διάφορα ὑπαρχέτω εἰς τὰν ἐπισκευὰν τῶν ἐν τῶι Καρνειασίωι·
ὅταν δὲ ἐπι⟨σ⟩τελεσθεῖ ὅσων χρεία ἐστὶ ποτὶ τὸ συν|τελεῖν τὰ
μυστήρια, ὑπαρχέτω τὰ πίπτοντα διάφορα τῶν μυστηρίων εἰς
τὰς τᾶς πόλεος ἐσόδους. Θυμάτων παροχᾶς· οἱ ἱεροὶ μετὰ § 12
τὸ κα||τασταθῆμεν προκαρύξαντες ἐγδόντω τὰν παροχὰν τῶν θυ-
μάτων, ὧν δεῖ θύεσθαι καὶ παρίστασθαι ἐν τοῖς μυστηρίοις, καὶ
τὰ εἰς τοὺς | καθαρμούς, ἐγδιδόντες ἄν τε δοκεῖ συνφέρον εἶμεν
ἐ[πὶ][31] τὸ αὐτὸ πάντα τὰ θύματα, ἄν τε κατὰ μέρος, τῶι τὸ
ἐλάχιστον ὑφισταμένωι | λάμψεσθαι διάφορον· ἔστι δὲ ἃ δεῖ
παρέχειν πρὸ τοῦ ἄρχεσθαι τῶν μυστηρίων· ἄρνας δύο λευκούς,
ἐπὶ τοῦ καθαρμοῦ κριὸν εὔχρουν, καὶ ὅταν | ἐν τῶι θεάτρωι
καθαίρει, χοιρίσκους τρεῖς, ὑπὲρ τοὺς πρωτομύστας[32] ἄρνας ἑκα-
τόν, ἐν δὲ τᾶι πομπᾶι Δάματρι σῦν ἐπίτοκα, τοῖς δὲ Μεγάλοις |
Θεοῖς δάμαλιν διετῆ σῦν, Ἑρμᾶνι κριόν, Ἀπόλλωνι Καρνείωι κάπρον, Ἅγναι οἶν· ὁ δὲ ἐγδεξάμενος κατεγγυεύσας ποτὶ τοὺς
ἱεροὺς λα||βέτω τὰ διάφορα καὶ παριστάτω τὰ θύματα εὐίερα
καθαρὰ ὁλόκλαρα, καὶ ἐπιδειξάτω τοῖς ἱεροῖς πρὸ ἁμερᾶν δέκα
τῶν μυστηρίων· τοῖς | δὲ δοκιμασθέντοις σαμεῖον ἐπιβαλόντω οἱ
ἱεροί, καὶ τὰ σαμειωθέντα παριστάτω ὁ ἐγδεξάμενος· ἂν δὲ μὴ
παριστᾶι ἐπὶ τὰν δοκιμασί|αν, πρασσόντω οἱ ἱεροὶ τοὺς ἐγγύους
αὐτὸ καὶ τὸ ἥμισυ, τὰ δὲ θύματα αὐτοὶ παρεχόντω καὶ ἀπὸ τῶν
πραχθέντων διαφόρων κομισάσθωσαν | τὰν γενομέναν δαπάναν εἰς
τὰ θύματα. Τεχνιτᾶν εἰς τὰς χορ⟨ιτ⟩είας·[33] οἱ ἱεροὶ προ- § 13
γραφόντω κατ' ἐνιαυτὸν τοὺς λειτουργήσοντας ἔν | τε ταῖς θυσίαις
καὶ μυστηρίοις αὐλητὰς καὶ κιθαριστάς, ὅσους κα εὑρίσκωντι
εὐθέτους ὑπάρχοντας, καὶ οἱ προγραφέντες λειτουργούντω || τοῖς
θεοῖς. Ἀδικημάτων· ἂν δέ τις ἐν ταῖς ἁμέραις, ἐν αἷς αἵ τε § 14
θυσίαι καὶ τὰ μυστήρια γίνονται, ἁλῶι εἴτε κεκλεβὼς εἴτε ἄλλο
τι ἀδίκη|μα πεποιηκώς, ἀγέσθω ἐπὶ τοὺς ἱεροὺς καὶ ὁ μὲν ἐλεύ-
θερος ἂν κατακριθεῖ ἀποτινέτω διπλοῦν, ὁ δὲ δοῦλος μαστιγού-
σθω καὶ ἀποτεισάτω δι|πλοῦν τὸ κλέμμα, τῶν δὲ ἄλλων ἀδικη-
μάτων ἐπιτίμιον δραχμὰς εἴκοσι· ἂν δὲ μὴ ἐκτίνει παραχρῆμα,

31) suppl. Blass, ε[ἰς] *τὸ αὐτὸ* (*auf einmal* Meister) ceteri.

32) de hoc accusativi pro genetivo usu vid. Dittenb. *Syll.*² 466 not. 5.

33) ΧΟΡΙΤΕΙΑΣ lapis, emend. S. coll. v. 98 et errorem e superiore *τεχνιτᾶν* natum existimans; *χοριτείας* retinuit Dttb.

παραδότω ὁ κύριος τὸν οἰκέταν τῶι ἀ|δικηθέντι εἰς ἀπεργασίαν,
εἰ δὲ μή, ὑπόδικος ἔστω ποτὶ διπλοῦν. Περὶ τῶν κοπτόντων § 15
ἐν τῶι ἱερῶι· μηδεὶς κοπτέτω ἐκ τοῦ ἱεροῦ τόπου· | ἂν δέ τις
ἁλῶι, ὁ μὲν δοῦλος μαστιγούσθω ὑπὸ τῶν ἱερῶν, ὁ δὲ ἐλεύθερος
ἀποτεισάτω ὅσον κα οἱ ἱεροὶ ἐπικρίνωντι· ὁ δὲ ἐπιτυχὼν ἀγέτω ||
αὐτοὺς ἐπὶ τοὺς ἱεροὺς καὶ λαμβανέτω τὸ ἥμισυ. Φύγιμον § 16
εἶμεν τοῖς δούλοις· τοῖς δούλοις φύγιμον ἔστω τὸ ἱερόν,
καθὼς ἂν οἱ ἱεροὶ | ἀποδείξωντι τὸν τόπον, καὶ μηθεὶς ὑπο-
δεχέσθω τοὺς δραπέτας μηδὲ σιτοδοτείτω μηδὲ ἔργα παρεχέτω·
ὁ δὲ ποιῶν παρὰ τὰ γεγραμ|μένα ὑπόδικος ἔστω τῶι κυρίωι τᾶς
τοῦ σώματος ἀξίας διπλασίας καὶ ἐπιτιμίου δραχμᾶν πεντακοσιᾶν,
ὁ δὲ ἱερεὺς ἐπικρινέ|τω περὶ τῶν δραπετικῶν ὅσοι κα ἧνται[34])
ἐκ τᾶς ἁμετέρας πόλεος, καὶ ὅσους κα κατακρίνει, παραδότω
τοῖς κυρίοις· ἂν δὲ μὴ παραδιδῶι, ἐξ[ές]|τω τῶι κυρίωι ἀπο-
τρέχειν ἔχοντι. Περὶ τᾶς κράνας· τᾶς δὲ κράνας τᾶς ὠνο⟨ι⟩- § 17
μασμένας διὰ τῶν ἀρχαίων ἐγγράφων Ἅγνας καὶ τοῦ γε[γε]||νη-
μένου ποτὶ τᾶι κράναι ἀγάλματος τὰν ἐπιμέλειαν ἐχέτω Μνασίστρατος ἕως ἂν ζεῖ καὶ μετεχέτω μετὰ τῶν ἱερῶν τᾶν τε
θυσι|ᾶν καὶ τῶν μυστηρίων, καὶ ὅσα κα οἱ θύοντες ποτὶ τᾶι
κράναι τραπεζῶντι καὶ τῶν θυμάτων τὰ δέρματα λαμβανέτω
Μνασίστρατος· | τῶν τε διαφόρων, ὅσα κα οἱ θύοντες ποτὶ τᾶι
κράναι προτιθῆντι ἢ εἰς τὸν θησαυρόν, ὅταν κατασκευασθεῖ, ἐμ-
βάλωντι, λαμβανέτω Μνα|σίστρατος τὸ τρίτον μέρος· τὰ δὲ δύο
μέρη καὶ ἄν τι ἀνάθεμα ὑπὸ τῶν θυσιαζόντων ἀνατιθῆται, ἱερὰ
ἔστω τῶν θεῶν· ὁ δὲ ἱερεὺς καὶ οἱ ἱε|ροὶ ἐπιμέλειαν ἐχόντω,
ὅπως ἀπὸ τῶν διαφόρων ἀναθέματα κατασκευάζηται τοῖς θεοῖς,
ἃ ἂν τοῖς συνέδροις δόξει. Θησαυρῶν κατασκευ||[ᾶ]ς· οἱ § 18
ἱεροὶ οἱ κατεσταμένοι ἐν τῶι πέμπτωι καὶ πεντηκοστῶι ἔτει ἐπι-
μέλειαν ἐχόντω μετὰ τοῦ ἀρχιτέκτονος, ὅπως κατασκευας|[θ]ῆντι
θησαυροὶ λίθινοι δύο κλαικτοί, καὶ χωραξάντω τὸν μὲν ἕνα εἰς
τὸν ναὸν τῶν Μεγάλων Θεῶν, τὸν δ᾽ ἄλλον ποτὶ τᾶι κράναι
ἐν ὧι ἂν τόπ|ωι δοκεῖ αὐτοῖς ἀσφαλῶς ἕξειν· καὶ ἐπιθέντω κλᾶι-
κας καὶ τοῦ μὲν παρὰ τᾶι κράναι ἐχέτω τὰν ἁτέραν κλᾶικα
Μνασίστρατος, τὰν δὲ ἄλ|[λ]αν οἱ ἱεροί, τοῦ δὲ ἐν τῶι ναῶι
ἐχόντω τὰν κλᾶικα οἱ ἱεροὶ καὶ ἀνοιγόντω κατ᾽ ἐνιαυτὸν τοῖς
μυστηρίοις καὶ τὸ ἐξαριθμηθὲν διάφορον ἐ[ξ] | ἑκατέρου τοῦ θη-
σαυροῦ χωρὶς γράψαντες ἀνενεγκάντω· ἀποδόντω δὲ καὶ Μνα-
σιστράτωι τὸ γινόμενον αὐ[τῶι] διάφορον, καθὼς ἐν [τῶι] || δια-
γράμματι γέγραπται. Ἱεροῦ δείπνου· οἱ ἱεροὶ ἀπὸ τῶν θυμάτων § 19
τῶν ἀγομένων ἐν τᾶι πομπᾶι ἀφελόντες ἀφ᾽ ἑκάστου τὰ νό-

---

34) *ἧνται* Kum., em. S. coniunctivum verbi *ἧμαι* esse statuens.

μ[ιμα] | τοῖς θεοῖς [τὰ λοι]πὰ κρέα καταχρησάσθωσαν εἰς τὸ ἱερὸν
δεῖπνον μετὰ τᾶν ἱερᾶν καὶ παρθένων καὶ παραλαβόντω τόν τε
ἱερῆ | ⟨[καὶ τὰν] ἱέρεαν⟩[35] κ[αὶ τὰ]ν ἱέρεαν τοῦ Καρνείου καὶ Μνα-
σίστρατον καὶ τὰν γυναῖκά τε καὶ τὰς γενεὰς αὐτοῦ καὶ τῶν τεχνι-
τᾶν τοὺς λει|[τουργή]σαντας [ἐν τα]ῖς χορείαις καὶ τᾶν ὑπηρεσιᾶν
τοὺς λειτουργοῦντας αὐτοῖς· καὶ εἰς τὰ λοιπὰ δαπανάματα μὴ
πλεῖον ἀνάλωμα | [π]οιοῦ[ν]τες δραχμᾶν . . . . [36]
Ἀγορᾶς· οἱ ἱεροὶ τόπον ἀποδειξάντω ἐν ὧι πραθήσεται πάντα· § 20
ὁ δὲ ἀγορανόμος ὁ ἐπὶ πόλεος ⟨επι⟩ ‖ [ἐ]πιμέλειαν ἐχέτω, ὅπως
οἱ πωλοῦντες ἄδολα καὶ καθαρὰ πωλοῦντι καὶ χρῶνται σταθμοῖς
καὶ μέτροις συμφώνοις ποτὶ τὰ δαμόσια, καὶ | [μ]ὴ τασσέτω
[μ]ή[τε][37] πόσου δεῖ πωλεῖν, μηδὲ καιρὸν τασσέτω μηδὲ πρασ-
σέτω μηθεὶς τοὺς πωλοῦντας τοῦ τόπου μηθέν· τοὺς δὲ μὴ
πω|λοῦντας καθὼς γέγραπται, τοὺς μὲν δούλους μαστιγούτω,
τοὺς δὲ ἐλευθέρους ζαμιούτω εἴκοσι δραχμαῖς, καὶ τὸ κρίμα ἔστω
ἐπὶ τῶν ἱε|[ρῶν]. Ὕδατος· ἐχέτω δὲ ἐπιμέλειαν ὁ ἀγορανόμος § 21
καὶ περὶ τοῦ ὕδατος, ὅπως κατὰ τὸν τᾶς παναγύριος χρόνον
μηθεὶς κακοποιεῖ μήτε | [τὸ] πλῆμα[38] μήτε τοὺς ὀχετοὺς μήτε
ἄν τι ἄλλο κατασκευασθεῖ ἐν τῶι ἱερῶι χάριν τοῦ ὕδατος, καὶ
ὅπως, καθὼς ἂν μερισθεῖ, ῥεῖ τὸ ὕδωρ καὶ μ[η]‖θεὶς ἀ]ποκωλύει
τοὺς χρωμένους· ἂν δέ τινα λαμβάνει ποιοῦντά τι τῶν κεκωλυ-
μένων, τὸν μὲν δοῦλον μαστιγούτω, τὸν δὲ ἐλεύθερ[ον | ζαμιού-
τω] εἴκοσι δραχμαῖς, καὶ τὸ κρίμα ἔστω ἐπὶ τῶν ἱερῶν. Ἀλείμ- § 22
ματος καὶ λουτροῦ· ὁ ἀγορανόμος ἐπιμέλειαν ἐχέτω, ὅπως οἱ
θέλοντες | [βαλανεύε]ιν ἐν τῶι ἱερῶι μὴ πλεῖον πράσσωντι τοὺς
λουομένους δύο χαλκῶν καὶ παρέχωντι πῦρ καὶ μάκραν[39] εὔκρα-
τον καὶ τοῖς κατακλυ|[ζομένοις ὕ]δωρ εὔκρατον, καὶ ὅπως ὁ ἐγ-
δεξάμενος τῶν ξύλων τὰν παροχὰν εἰς τὸ ἀλειπτήριον παρέχει
ξύλα ξηρὰ καὶ ἱκανὰ τοῖς ἀλει|[φομένοις] κατ' ἁμέραν ἀπὸ τε-
τάρτας ὥρας ἕως ἑβδόμας· δοῦλος δὲ μηθεὶς ἀλειφέσθω· οἱ δὲ
ἱεροὶ ἐγδιδό⟨ι⟩ντω τὰν παροχὰν τῶν ξύλ[ω]ν ‖ [εἰς τὸ] ἀλειπτή-

---

35) vid. comment. p. 181.

36) post *δραχμᾶν* spatium 12—13 litterarum vacuum, quod numquam inscriptum fuisse testatur Foucart: '*le chiffre de la dépense n'avait probablement pas encore fixé au moment où l'on grava l'inscription.*'

37) suppl. Dttb., [*μ*]*η*[*δὲ*] F. contra sermonis legem.

38) ita legit Kuman, ΗΛΗΜΑ F. Hoc tamen intellegi nequit et frustra Meister defendere conatus est scriptum putans pro *εἴλημα* = *Gewölbe* (*über d. Wasser* coll. Ioh. Mal. p. 339, 8); contra extat *πλῆμα* (Hesych. *πλῆμα· πλήρωμα* et Atticas *πλημοχόας* contulit S.), quod probabiliter E. Curtius *Über griech. Quell- u. Brunneninschr.* p. 19 receptaculum aquae, unde in *ὀχετοὺς* diffflueret, intellexit. Neque igitur dubitavi cum Dttb. *πλῆμα* intactum relinquere.

39) Poll. VII 168: *καὶ τὴν πύελον τὴν ἐν τῷ βαλανείῳ μάκτραν ὠνόμασεν* (Eupolis) *ὡς οἱ νῦν· λέγει γοῦν κτλ.* Recentior forma *μάκρα* et in manuscriptis et in titulis invenitur, cf. nunc de ea Meister p. 139.

ριον· ἂν δέ τις τῶν ἐγδεξαμένων ἢ τῶν βαλανέων μὴ ποιεῖ
καθὼς γέγραπται, τὸν μὲν δοῦλον μαστιγούτω ὁ ἀγορ[α]νό|[μος,
τ]ὸν δὲ ἐλεύθ⟦ε⟧ρον ζαμιούτω καθ' ἕκαστον ἀδίκημα εἴκοσι
δραχμαῖς, καὶ τὸ κρίμα ἔστω ἐπὶ τῶν ἱερῶν. Συνέσιος ἀνα- § 23
φορᾶς· οἱ ἱε|[ροὶ ὅσ]α κα διοικήσωντι ἐν τᾶι παναγύρει ἢ κατα-
κρίνωντί τινας, σύνεσιν ἀνενεγκάντω εἰς τὸ πρυτανεῖον· ἀναγρα-
ψάντω δὲ καὶ | [εἰς τ]ὸν οἶκον τὸν ἐν τῶι ἱερῶι οὓς ἂν κατα-
κρίνωντι καὶ ἐπὶ ποίωι ἀδικήματι. Ἀντίγραφον ἔχειν τοῦ § 24
διαγράμματος· οἱ κατεσταμέ|[νοι ὥ]στε γράψαι τὸ διάγραμμα
καθὼς ἂν δοκιμασθεῖ δόντω τοῖς νομοδείκταις[40]) ἀντίγραφον· οἱ
δὲ λαβόντες ἐπιδεικνυόντω τῶι ‖ [χρεί]αν ἔχοντι· καὶ ἐν τοῖς
μυστηρίοις συνλειτουργούντω τοῖς ἱεροῖς καὶ ὁ κᾶρυξ καὶ αὐλη-
τὰς καὶ μάντις καὶ ἀρχιτέκτων. | [Τᾶς κατα]στάσιος τῶν § 25
δέκα· οἱ δαμιοργοὶ[41]) τοῦ ἕκτου μηνὸς τᾶι δωδεκάται πρὸ τοῦ
τὸν καιρὸν τῶν ἱερῶν | [κ]αὶ τᾶν ἱερᾶν γί|νεσθαι ἀποδόντ[ω] |
τῶι δάμωι χειροτο‖νίαν ὅπως καταστά|σει ἐκ πάντων τῶν |
πολιτᾶν δέκα μὴ | νεωτέρους ἐτῶν | τεσσαράκοντα μη‖[δ]ὲ δὶς
τοὺς αὐτοὺς τ|. ΝΓΙΟΝ ἐνιαυτόν·[42]) π[ο|τ]εισφερόντω δὲ οἵ τε |
ἄρχοντες καὶ τῶν | ἄλλων ὁ θέλων, εἰς‖φέροντες ἐξ ὧν γέ|γρα-
πται τοὺς ἱεροὺς | κλαροῦσθαι· τοὺς δὲ | κατασταθέντας ὁ[ρ]|κι-
ξάτω ὁ γραμματεὺς ‖ τῶν συνέδρων τὸν | ὅρκον ὃν οἱ ἱεροὶ
ὀμν[ύ]|οντι· ἐχόντω δὲ οἱ κα|τασταθέντες ἐπι|μέλειαν περὶ
πάν‖των ὧν δεῖ ἐν τοῖς μυσ|τηρίοις συντελεῖσ|θαι, καὶ φροντι-
ζόντω | ὅσων χρεία ἐστὶ εἰς | τὸ ἐπιτελεῖσθαι τὰ ‖ μυστήρια·
προγρα|φόντω δὲ ἐκ τῶν ἱε|ρῶν καὶ ῥαβδοφόρους | τοὺς εὐθε-
τωτάτους, | ὁμοίως δὲ καὶ μυστα‖γωγούς· τοὺς δὲ συν|λειτουρ-
γήσοντας | μετὰ Μνασιστρά|[τ]ου προγραφόντω, ἂν | [τ]ινας

40) ʻnomen indicat eorum officii fuisse civibus, qui legem aliquam inspicere vellent, eam monstrare.' Dttb. monens eosdem esse, qui alibi *νομοφύλακες* vocantur; nomen ipsum verbis *οἱ δὲ λαβόντες ἐπιδεικνυόντω κτλ.* illustratur.

41) summum rei publicae magistratum fuisse sicut in omnibus civitatibus foederis Achaici demonstravit Foucart; S. eos intellegens, qui senatui ad tempus praeessent sicut prytanes Attici, eo praecipue falsus erat, quod *τοῦ ἕκτου μηνός* ad *δαμιοργοί* referendum putavit; immo cum sequentibus coniungendum esse F. statuit evidenter.

42) locus adhuc mea quidem sententia non expeditus. Cum S. et Kum. [*τὸ*]*ν* [*αὐτ*]*ὸν ἐνιαυτὸν* scripsissent, F. in lapide id, quod supra posui, agnovit, unde etsi emendatione eget, proficisci decet. F. ipse se explicare posse negavit, Dttb. dubitans sane proposuit *τ*|[*ὸ*]*ν* [*νέ*]*ον ἐνιαυτόν*: ʻcum aut dici posset, non licere (omnino) *bis* eosdem fieri aut non licere *iterum* eosdem fieri *insequente anno*, hae duae locutiones confusae videntur.' Meister *τ*|[*ό*]*ν γ' ἰὸν ἐνιαυτόν* proposuit, adiectivum numerale ex Homero et dialecto Lesbiaca Thessalicaque notum intellegens et interpretatione artificiosissima usus, quam apud ipsum recognoscas. Vel Dittenbergeri explicatio satis artificiosa mihi videtur et accusativus *τὸν νέον ἐνιαυτόν*, ni fallor, offendit. Mihi neglegendum non videtur, lectionem *τ*|[*ὸ*]*ν* repugnare consuetudini lapicidae syllabas integras dividentis.

εὑρίϲκωντι εὐ‖θέτουϲ ὑπάρχονταϲ | καὶ τῶν μὴ ὄντων ἱε|ρῶν· καὶ οἱ προγραφέν|τεϲ πειθαρχούντω | καὶ ἐπιτελούντω ὃ ἂν ‖ προγραφῆντι· τὸν δὲ | μὴ ποιοῦντα κατακρι|νάντω εἴκοϲι δρα|[χ]μαῖϲ καὶ ἐγγραψάν|τω εἰϲ τοὺϲ πολεμάρ‖χουϲ· οἱ δὲ ῥαβδοφόροι | μαϲτιγούντω οὕϲ κα | οἱ δέκα κελεύωντι· | οἱ δὲ καταϲταθέν|τεϲ δέκα κρινόντω ‖ [τ]ὰ κ[ρίμα]τα [πάντα].[43])

Ἄ[ν δὲ χρεία εἶ πε]|ρί[44]) τινοϲ διαβούλιον [γί]|νεϲθαι, ϲυναγόντω | οἱ δέκα πάντεϲ[45]) τοὺϲ ἱ‖εροὺϲ, καὶ καθὼϲ τοῖϲ | πλειόνοιϲ δόξαι, ἐπιτε|λείϲθω· φορούντω δὲ οἱ | δέκα ἐν τοῖϲ μυϲτηρί|οιϲ ϲτρόφιον πορφύριον. ‖

§ 26 Ἀγράφων· εἰ δέ τινα | ἄγραφά ἐϲτι ἐν τῶι δι|αγράμματι ποτὶ τὰν | τῶν μυϲτηρίων καὶ | τᾶν θυϲιᾶν ϲυντέλει‖αν, βουλευέϲθωϲαν οἱ | ϲύνεδροι, μὴ μετακι|νοῦντεϲ ἐπὶ καταλ[ύ]|ϲει τῶν μυϲτηρίων μ[η]|θὲν τῶν κατὰ τὸ διά‖γραμμα· εἰ δὲ μή, τὸ | γραφὲν ἀτελὲϲ ἔϲτω· τὸ δὲ διάγραμμα κύρι|ον ἔϲτω εἰϲ πάντα τὸν | χρόνον.

Edictum[46]) de mysteriis publice administrandis et celebrandis *ἐν τῷ πέμπτῳ καὶ πεντηκοστῷ ἔτει* (v. 10) aerae sc. Macedonicae vel Achaicae i. e. anno a. Chr. n. 94 vel 92 vel 91 inscriptum.[47]) Andanienses ipsos haec edixisse primo nemo non putabit. Sed quae hoc titulo cognoscitur res publica tot et tam variis magistratibus[48]), tanta multitudine civium[49]) insignis est, ut de civitate Andaniae, quod *parvum oppidum* Livius, Strabo *πολίχνιον* vocat, merito dubites. Quare iam Sauppe de ipsa potius urbe Messene cogitavit, et dubitationes, quibus commotus hic sententia destiterat, facile removeri posse Seeliger et Meister docuerunt.[50]) Res diiudicatur ni

43) suppl. F. 44) suppl. S.

45) hoc, non *πάντας* inscriptum testatur F. nec vero recte de omnibus X viris accipit, immo nominativi in *ες* pro accusativo in *ας* usum aliunde notum etiam hic recte agnovit Dttb.

46) *διάγραμμα* titulus dicitur v. 5. 25. 28. 95. 113. 114. 182. 189. 192; Plut. Marc. 24 *τὰ διαγράμματα τῶν ἀρχόντων Ἕλληνες μὲν διατάγματα, Ῥωμαῖοι δὲ ἔδικτα προσαγορεύουσιν* et complures quibus id confirmatur titulos attulit S.

47) prout aera Achaica inde a deleta Corintho (S.) aut a provincia Achaica a. 145 constituta (Fouc.) aut ab Andronico a. 148 victo coepisse existimatur; vid. Kästner *De aeris quae ab imperio Caesaris Octaviani initium duxerint* p. 71.

48) commemorantur *σύνεδροι* (v. 1), *δαμιοργοί* (v. 116), *πολέμαρχοι* (v. 164), *ὁ ἀγορανόμος ἐπὶ πόλεως* (v. 99), *ταμίας* (v. 45 sqq.), *ὁ ἀργυροσκόπος* (v. 48), *νομοδείκται* (114), *ἐπιμελητής* (49).

49) vid. quae infra de *ἱεροῖς* disputavi p. 179 sq.

50) Seeliger *Messenien u. d. achaeische Bund. Zitt. Progr.* p. 27 cum not. 33; quod ephori, quos Messeniis praeesse Polyb. IV 4, 3 et 31, 2 tradit, hic non inveniuntur, facile fieri potuit, ut postquam civitas foederi Achaeico se applicavit, pro ephoris *δαμιοργοί* crearentur (cf. adn. 41); porro quod Sauppe *συναρχίας* a Polybio commemoratas requirit, nomen deest, adest res v. 46; denique quod novam civitatem ita umquam constitutam fuisse, ut totus ager Messeniacus unius rei publicae ordine contineretur, negavit, de fano Carneasio, non de omnibus Messeniae oppidis agi iam Seeliger recte obiecit, iis vero, quae infra de restitutione mysteriorum admonebo, hanc dubitationem prorsus tolli confido.

fallor eo, quod quinque illi viri, qui pecuniae administrandae praeficiuntur, *τίμαμα μὴ ἔλασσον ταλάντου* habere debent (v. 45 sqq.). An in parvo oppido, illa praesertim aetate, complures cives fuisse tanti census, e quibus quinque eligerentur, credibile est? Equidem igitur Messenios mysteria administrasse atque huius legis auctores fuisse pro certo habeo, praesertim cum id historia mysteriorum egregie confirmetur. Mysteriorum enim, etsi antiquissima fuisse nec umquam prorsus extincta esse veri simillimum est, maior tamen et celebrior sollemnium ordo, qualis hoc titulo quoque prodit, artissime conexus est cum urbe Messene condita. Quo enim tempore libertatem Messeniis restituit urbemque Messenem condidit Epaminondas, hoc ipso mysteria cum sacerdotum gentiliciorum tum Methapi Lycomidae opera adhibita instauravit[51]) eo manifesto consilio, ut nova urbe dignas conderet ferias.

Ineunte I a. Chr. n. saeculo ordinem mysteriorum iterum instauratum esse, sive quia inter bella publicasque miserias prorsus intermissa sive quia non iam rite celebrata erant, hic titulus testificatur. Cuius praecepta quantopere ab ordine aetatis Epaminondae differant, explorari nequit praeter unam rem, quam mutatam esse satis elucet: sacerdotium gentilicium abolitum publicumque factum est. Nam quod Mnasistratus ille a populo cum aliis honoribus[52]) ac privilegiis affectus est, tum eo, ut tamquam sacerdos e sacrificiis quibusdam emolumenta ferret (v. 86 sq.), id Sauppe evidenter eo explicavit, ut illum sive sua sponte sive hortante populo sacerdotio hereditario se abdicasse librosque patrios, qui ritus sacrorum continebant, civibus condonasse (v. 12) statueret.[53])

De cultu deorum his mysteriis coniunctorum, quo testimonium ad historiam antiquissimam religionis Peloponnesiacae gravissimum tenetur, hoc loco ea solum, quae ad interpretationem tituli ipsius necessaria videntur, afferam. Colebantur una temporibus tituli *Δαμάτηρ, Μεγάλοι Θεοί, Ἑρμάν, Ἀπόλλων Καρνεῖος, Ἅγνα.*[54]) Mysteria ipsa autem antiquitus Cereris Hagnaeque propria fuisse et per se veri simile est et Pausanias testatur.[55]) Sane difficultas quaedam eo praebetur, quod Pausanias cum lapidis testimonio non plane convenit. Ille enim Cererem et *Ἅγναν*, quam eandem ac *Κόρην* dicit, nomine Magnarum Dearum comprehendere solet, Magnorum Deorum nullam faciens mentionem, contra in lapide *Μεγάλοι Θεοί* commemorantur, nec vero Ceres et Hagna nomine *Μεγάλαι Θεαὶ* comprehenduntur. Qua re commoti Sauppe et Foucart Pausaniam rem confudisse, Deos Magnos i. e. Cabiros pro Deabus Magnis vendidisse censent. Quam

---

51) Pausan. IV 26, 6 sqq. De hac re et de universa cultus Andanii historia propediem pluribus alio loco me disputare posse spero.

52) pompae principem locum tenet (v. 28), curam fontis et simulacri *Ἅγνας* sustinet (v. 84 sqq.), clavem alterum alterius thesauri conservat (v. 92), ad epulas sacras una cum uxore natisque vocatur (v. 97), ad coronam 6000 drachmas ab urbe accipit (v. 52 sq. et 94 sq.).

53) cf. quae ad n. 84 adnotavi.

54) ita § 12, § 6 ordine paulo mutato enumerantur: *Δαμάτηρ, Ἑρμάν, Μεγάλοι Θεοί, Ἀπόλλων Καρνεῖος, Ἅγνα.*

55) Paus. IV 1, 5 sqq. et IV 33, 4.

coniecturam primo fortasse speciosam Toepffer optimo iure reiecit.[56]) Reicienda est vel propter versus Methapi Lycomidae a Pausania allatos:

ἥγνισα δ' Ἑρμείαο δόμους ⟦σεμνῆς⟧ τε κέλευθα
Δάματρος καὶ πρωτογόνου Κούρας ὅθι φασὶ
Μεσσήνην θεῖναι Μεγάλαισι Θεαῖσιν ἀγῶνα κτλ.

ubi illud *Μεγάλαισι Θεαῖσι* certo ad superiorem *Δάματρος* et *Κούρας* mentionem refertur. Nec omnino credibile est Pausaniam vel auctorem eius, cum in horum mysteriorum historiam accuratius inquireret — id quod eum fecisse fatendum est — tam caecum fuisse, ut talis error eum fugeret, praesertim qui Dearum Magnarum non obiter mentionem fecerit, sed etiam expressis verbis alio loco Cererem Proserpinamque ita dici exemplo Andaniae confirmaverit (VIII 31, 1). Nihil autem obstat, ne Messenios, etsi utrique deae seorsim sacrificari lex iubebat, in sermone tamen ambo numina uno nomine comprehendere solitos esse putemus.[57]) Vereor ne magis mirum sit *Δάματρος* et *Ἅγνας* nomina utroque loco, ubi in titulo leguntur, ceteris interpositis seiungi. Hinc profectus Foucart iam totam Pausaniae sententiam evertens haec potius statuenda censuit: *Ἅγναν* non esse eandem deam ac *Κόρην*, nympham esse fontis, quem iuxta simulacrum eius fuisse Pausanias et titulus consentiunt, mysteria autem origine solis *Μεγάλοις Θεοῖς*, quos Cabiros intellegit, acta esse nec Cererem ulla alia de causa una cum iis in fano cultam esse, nisi quia tutelam Messeniae gereret.[58]) At adversatur non modo disertum Pausaniae testimonium (IV 33, 4 *ἡ δὲ Ἅγνη Κόρης τῆς Δήμητρός ἐστιν ἐπίκλησις*), quod ita nihili facere non licet, sed etiam et fabula de Andaniae mysteriis ex Eleusine repetitis (Paus. IV 1), quae ex illius sententia intellegi nequeat, et Methapi carmen. Nec fons necessario nymphae sacra indicat, si quidem Cereris et Proserpinae fana iis non minus carebant quam cetera[59]), nomen autem ipsum *Ἅγνα* Proserpinae aptissimum est, cf. λ 385 et hymn. in Cer. v. 439 ac dedicationes Sicilienses *Ἁγναῖς Θεαῖς* factas (*IG* XIV 204 et 231).

Sed qui fuerunt *Μεγάλοι Θεοί*? Dioscuri an Cabiri — utrosque enim ita vocatos esse constat[60]) — an plane diversum genus deorum? Sauppe non dubitavit, quin hic, ubi de mysteriis recentioris aetatis ageretur, Cabiros intellegere deberemus, ac cum Methapum orgia Samothracia instituisse et

56) *Att. Geneal.* p. 220 sq.

57) deas quoque Eleusinias ita appellatas esse moneo: Soph. Oed. Col. 683 *νάρκισσος Μεγάλαιν Θεαῖν ἀρχαῖον στεφάνωμα*; cf. Paus. VIII 29, 1.

58) id inde collegit, quod in nummis hanc deam repraesentatam videmus; id quod ipsum facilius intellegimus, si summa sollemnia illius sacra fuerunt; alterum ab altero separari nequit.

59) cf. e. g. quamquam vix exemplis opus est, Paus. VIII 29, 1 *Βάθος ἐστὶν ὀνομαζόμενον, ἔνθα ἄγουσι τελετὴν διὰ ἔτους τρίτου Θεαῖς Μεγάλαις· καὶ πηγή τε αὐτόθι ἐστὶν Ὀλυμπίας* (*Ὀλυμπιάς* vulgo) *καλουμένη κτλ.* et *ibid.* 42, 12 de antro *Δήμητρος Μελαίνης* Phigaleo.

60) de Cabiris testimoniis opus non est, de Dioscuris cf. Paus. I 31, 1, VIII 21, 4 et Lobeck *Aglaoph.* p. 1230.

cum priscis Cereris sacris coniunxisse constet[61]), eundem Andaniae mysteriis Cabirorum sacra adiunxisse existimat. Idem fere Foucart censet. Contra Toepffer Dioscuros intellegit: iam incolas praedoricos Peloponnesi eos coluisse, ipsos Messenios secundum Pausaniam cultum eorum tamquam suum, non Lacedaemoniorum sibi vindicasse[62]) et sacrificavisse iis, cum fundamenta novae urbis anno 369 iacerent[63]); etiam in urbe Messene Dioscuros cum Cerere coniunctos esse (Paus. IV 31, 9) itemque Mantineae (Paus. VIII 9, 2), Spartae denique et Argi similem inter Dioscuros et Ilithyiam conexum inveniri (Paus. II 22, 6 et III 14, 6). Concedit tamen Toepffer ipse fieri potuisse, ut Cabiri temporibus Hellenisticis magis magisque cum Dioscuris confusi[64]) Andaniam quoque pervenirent ibique Castores antiquitus cultos removerent, Methapumque id effecisse comprobat. Quae maxima certe e parte probabiliter disputata sunt[65]), atque id utique tenendum videtur Magnos Deos aeque ac Magnas Deas iam antiquissimae religioni deberi, neque in nomine Dioscurorum aut Cabirorum necessario haerendum mihi videtur. De Mercurio et Apolline titulus et Pausanias conveniunt: illum ab origine cum Cerere et Proserpina consociatum fuisse veri simile duco, huic a Doribus victoribus fanum totum consecratum esse[66]) paene certum.

De mysteriis ipsis etsi nimirum in hac lege nihil enuntiatur — *ἄρρητα* enim erant — colligi tamen pauca possunt. Certum est spectaculum fuisse mysticum, in quibus mulieres deorum personas induerent, cf. v. 68 *ὅταν ἐν τῶι θεάτρωι καθαίρει* et v. 24 *ὅσα⟦ς⟧ δὲ δεῖ διασκευάζεσθαι εἰς θεῶν διάθεσιν*[67]) ac sacram quidem historiam, *τὰ πάθη*[68]) praecipue Cereris et Proserpinae sicut Eleusine acta esse iam Sauppe merito statuit. Quod spectaculum cantu tibiarum citharaeque non caruit (v. 73 et 115); etiam chororum (§ 13) pars certe ad mysteria et drama sacrum referenda videtur. Porro vero huc faciunt *ἱερὰ* illa *μυστικά*, quae virgines in pompa

---

61) Paus. IV 1, 7 et IX 25, 5.

62) Paus. III 26, 3 *τοὺς Διοσκούρους μᾶλλόν τι αὑτοῖς καὶ οὐ Λακεδαιμονίοις προσήκειν νομίζουσιν*, cf. IV 31, 9.

63) Paus. IV 27, 6 *ὡς δὲ ἐγεγόνει τὰ πάντα ἐν ἑτοίμῳ, τὸ ἐντεῦθεν — ἱερεῖα γὰρ παρεῖχον οἱ Ἀρκάδες — αὐτὸς μὲν Ἐπαμεινώνδας καὶ οἱ Θηβαῖοι Διονύσῳ καὶ Ἀπόλλωνι ἔθυον Ἰσμηνίῳ — — — Μεσσήνιοι δὲ Διί τε Ἰθωμάτᾳ καὶ Διοσκούροις, οἱ δέ σφισιν ἱερεῖς Θεαῖς ταῖς Μεγάλαις καὶ Καύκωνι.* Dioscuris sane ideo potissimum sacrificatum est, quia *τὸ μήνιμα ἤδη σφίσι πέπαυται τὸ Διοσκούρων* (*ibid.* c. 26, 6 et 27, 3).

64) Lobeck *Aglaoph.* p. 1230 sqq.; luculentissimum fere exemplum praebet Deliacus sacerdos *Θεῶν Μεγάλων Διοσκούρων Καβείρων* (*BCH* VII 339 n. 4 sqq.).

65) assensus est e. g. Robert *Griech. Myth.* p. 749, 5.

66) unde temporibus historicis *Καρνειάσιον ἄλσος* (cf. v. 63 et Paus. IV 33, 4) appellabatur.

67) '*diejenigen, welche zur Darstellung von Göttern ausgestattet werden müssen*' Sauppe hunc vocis *διάθεσις* usum exemplis confirmans; rectius Dittenb. *habitum* intellegit, ut *διασκευάζονται εἰς θεῶν διάθεσιν* idem sit ac *διασκευάζονται ὥστε διακεῖσθαι ὡς θεαί* coll. Strab. IV 1, 5 p. 180.

68) Athenag. Legat. c. 32 p. 32 *τὰ πάθη τῶν θεῶν δεικνύουσι μυστήρια*, cf. etiam Clem. Cohort. p. 12 (Lobeck *Agl.* p. 688).

gestabant (v. 30): signa sc. dearum ac vasa sacra aliaque priscae religionis monimenta[69]), quae ab hierophanta in conspectum mystarum proferrentur.[70]) Dubius sum de libris, quos Mnasistratus tradidit (§ 2), quae *βιβλία* haud dubie eadem sunt atque *ἀρχαῖα* illa *ἔγγραφα* (§ 17) nec non ii libri, in quos *τῶν Μεγάλων Θεῶν ἡ τελετὴ* e voluminibus stanneis transcripta esse a Pausania narratur (IV 26, 8). Potuit enim fieri, ut in iis praecepta de sacris faciundis perscripta essent[71]) ad sacerdotum eorumque, qui mysteria administrabant, usum destinata, potuit tamen etiam, ut hymni iis continerentur et carmina sacra, quae in mysteriis recitarentur, cf. Paus. VIII 15, 2 de Pheneatis: *ἄγοντες δὲ παρὰ ἔτος ἥντινα τελετὴν μείζονα ὀνομάζουσι, τοὺς λίθους τούτους τηνικαῦτα ἀνοίγουσι καὶ λαβόντες γράμματα ἐξ αὐτῶν ἔχοντα τὰ ἐς τὴν τελετὴν καὶ ἀ ν α γ ν ό ν τ ε ς ἐς ἐπήκοον τῶν μυστῶν κατέθεντο ἐν νυκτὶ αὖθις τῇ αὐτῇ.* Utique et *τὰ δρώμενα* et *τὰ λεγόμενα*, quae Eleusine mysteria efficiebant, Andaniae quoque cognoscuntur. Denique aeque atque Eleusine diversos fuisse initiorum gradus testes sunt *πρωτομύσται* Andanii (v. 14), qua voce manifesto ii, qui primum mysteriis intersunt primumque initiorum gradum adeunt, dicuntur[72]); quomodo ceteri appellati sint, non iam apparet, cf. etiam quae ad § 3 dixi.

Iam de administratione sollemnium et de sacerdotibus aliisque ministris sacris pauca comprehendam. Praecipuam igitur curam administrandi sustinebant una cum decemviris (cf. § 25 [*τᾶς κατα*]*στάσιος τῶν δέκα*) ii, qui audiebant *ἱεροί*: ad anni tempus (v. 10) tributim sorte eligebantur (v. 6 et 132); nec vero omnes tribules sortitioni interfuisse apparet e v. 130 sqq., ubi decemviri creari iubentur *ἐξ ὧν γέγραπται τοὺς ἱεροὺς κλαροῦσθαι.* Huiusmodi praeceptum cum in lapide nostro desit, coniecturis locus est. Sauppe, utrum certa re familiari an nobilitate generis opus fuisset, dubius erat, nobiliores electos esse sumit Dittenb. Fortasse etiam id unum cautum erat, ut initiati eligerentur, initiatos enim esse debuisse *τοὺς ἱερούς* certissimum est.[73]) Quamquam circumlocutio illa v. 130 condicionem non

---

69) de vocis *ἱερά* vi et de cistis sacris cf. Lobeck *Aglaoph.* p. 51 sqq. et Pringsheim *Arch. Beitr.* p. 48 sqq. Ceterum ossa quoque Euryti herois, quae in Carneasio asservabantur, inter illa *ἱερὰ* fuisse suspicor; utique partes quasdam eorum fuisse in mysteriis Sauppe acute inde collegit, quod Paus. de iis narrare nefas putavit.

70) cf. Lobeck *l. c.*

71) de hac quoque re cf. potissimum Lobeck p. 193 sq. Quae schol. Theocr. IV 25 tradit de virginibus quae *κατὰ τὴν ἡμέραν τῆς τελετῆς τὰς νομίμους βίβλους καὶ ἱερὰς ὑπὲρ τῶν κορυφῶν* (l. *κεφαλῶν*) *αὐτῶν ἀνετίθεσαν καὶ ὡσανεὶ λιτανεύουσαι ἀπήρχοντο εἰς Ἐλευσῖνα*, iis, utut de Eleusine se habet, non tamen omnis fides neganda videtur ut fecit Preller *Demeter* p. 340 et 352; cautius iudicavit Hermann *Gottesd. Alt.*² § 56, 20.

72) Sauppe contrario superioris gradus mystas (*die Erzgeweihten*) intellexit, Foucart vel in complura agmina divisos fuisse mystas, quorum principes *πρωτομύσται* vocarentur, sibi persuasit. Mirum utriusque errorem primus correxit Meister, hic quidem coll. Achill. Tat. III 22 *νόμος ἡμῖν, ἔφη, τοὺς πρωτομύστας τῆς ἱερουργίας ἄρχεσθαι, μάλισθ' ὅταν ἄνθρωπον καταθύειν δέῃ.* Sed etiam sacrificium centum agnorum pro illis faciendum solum condicioni eorum, qui primum initiantur, apta videtur.

73) aliter enim mysteriis rite ut fierent prospicere non potuerunt; cf. etiam

tam simplicem indicare videtur, sed potius rei familiaris definitionem (cf. etiam § 11 de V viris eligendis). Numerus eorum satis magnus fuit, si quidem ex iis vel ῥαβδοφόροι viginti et praeterea mystagogi aliquot eligebantur (§ 10 et v. 145 sqq.). Quibus rebus interfuerint, singilatim exponere longum est; excepta re pecuniaria omnia fere, quae ad externum feriarum ordinem pertinebant, aut soli aut una cum magistratibus publicis velut aedilibus (§ 20 et 21) curabant et idcirco etiam potestate iuridica utebantur haud exigua[74]), unde fit eos simul concilii de administrandis sacris deliberantis et decernentis et iudicii, quod poenis afficit eos, qui aliquid deliquerunt, vices sustinere.[75]) Notatu id quoque dignum est libros sacros (§ 2) et clavem thesauri utriusque (§ 18) ab iis asservari.

Iam cum ἱεροῖς certorum officiorum cura obtingeret, penes decemviros universa potius omnium rerum cura summa erat, qua de causa ut omnes mystae facile eos cognoscere et adire possent, purpurea vitta sicut fere nostri quoque '*Festordner*' ornati erant (v. 179). Creabantur non sorte, sed civium suffragiis (v. 119—120) ἐκ πάντων τῶν πολιτῶν i. e., quoniam v. 130 quaedam civium genera exclusa esse indicat, non tributim sicut ἱεροί, sed ex universo populo. Quodsi quae ratio inter decemviros et τοὺς ἱεροὺς intercesserit quaeras, illorum sine dubio maior erat potestas nec tamen absoluta, sed ut Sauppe optime distinxit '*sie stehen nur an der Spitze der ἱεροί, die teils wie ein Rat, teils wie ausführende Gehilfen ihnen beigegeben sind. Nach Z. 173 müssen die Zehnmänner bei allen Dingen, über die eine Beratung nötig ist, die also nicht für immer feststehen, eine Versammlung der Hieroi berufen, und die Mehrheit derselben entscheidet.*' Qua in re haec mysteria valde differebant ab Eleusiniis, quorum epimeletas merito cum his decemviris comparavit Foucart, ubi tamen magistratus vel senatus ἱερῶν Andaniorum similis deest. Contra Olympiae fuit praeter hellanodicas etiam senatus (Paus. VI 3, 7), cuius tamen non tantae partes fuisse videntur quantae τῶν ἱερῶν; iterum hellanodicorum potestas maior erat quam decemvirum Andaniae.[76])

Una cum ἱεροῖς commemorantur ἱεραί. Has quoque sorte electas esse tam matronas (v. 8 et 19) quam virgines (v. 20) ut Sauppe existimavit — ceteri, quid sentirent, parum aperte pronuntiaverunt — equidem persuadere mihi nequeo. Neque id e v. 10 (οἱ δὲ γεγενημένοι ἱεροὶ καὶ ἱεραὶ κτλ.) aut v. 117 (πρὸ τοῦ τὸν καιρὸν τῶν ἱερῶν καὶ τᾶν ἱερᾶν γίνε-

---

v. 26 de loco ubi tentoria eorum sunt: παρερπέτω μηθεὶς ἀμύητος; nec v. 13 στεφάνους δὲ ἐχόντω οἱ μὲν ἱεροὶ — — — τῶν δὲ τελουμένων οἱ πρωτομύσται κτλ. in contrariam partem valere posse iam monuit S.

74) cf. § 14—16 et § 20—23; communiter autem ius dicebant, unde v. 44 κριθεὶς ἐπὶ τῶν ἱερῶν et in extremis § 20—22 τὸ κρίμα ἔστω ἐπὶ τῶν ἱερῶν.

75) ita Dttb. ad v. 44, ubi rectissime comparat senatum Olympicum (Paus. VI 3, 7). Adde quod titulus ipse § 23 eodem modo distinguit ὅσα κα διοικήσωντι ἐν τᾷ παναγύρει ἢ κατακρίνωντί τινας.

76) cf. Stengel *KA*² p. 174, Schömann-Lipsius *Griech. Alt.* II p. 64 sq. Ceterum instituta Olympia aeque atque Eleusinia, cum feriae Andaniae ab Epaminonda instaurarentur, exemplo fuisse verisimile est.

σθαι) colligi potest: nam ne verbo quidem sortitio significatur. Uxores potius et filias eorum, qui *ἱεροί* creati erant, *ἱερᾶν* vices egisse certum habeo[77]), unde id quoque commode explicatur, quod v. 6 pro viro ius iurandum recusante alius ex eadem tribu sorte duci iubetur, contra de mulieribus v. 9 sq. idem non cavetur. Neque ulla earum erant officia nec nimirum ulla potestas, immo *γυναικονόμος* erat, qui praecipue ne contra legem vestirentur neu in pompa contra ordinem sorte constitutum incederent (v. 32) — de hac re ut hodie sic tum certari vides — prohibere deberet.

Pecuniarum administratio, de qua diligentissime ac paene anxie praecipitur (§ 11), ad V viros defertur e ditissimis civibus creatos, qui mysteriis peractis omnium et quae acceperunt et quae expenderunt rationem accuratissimam debebant, poenam, si quam culpam admisissent, gravissimam (*διπλασίου καὶ ἐπιτιμίου* [*δραχ*]*μᾶν χιλιᾶν*) subituri. Cf. etiam quae infra ad § 11 dixi.

Sacerdotum bis mentio fit: § 6 pompam ducere post Mnasistratum iubetur *ὁ ἱερεὺς τῶν θεῶν οἷς τὰ μυστήρια γίνεται μετὰ τᾶς ἱερέας*, § 19 ad epulas sacras vocari legimus *τόν τε ἱερῆ* [*καὶ τὰν*] *ἱέρεαν κ*[*αὶ τὰ*]*ν ἱέρεαν τοῦ Καρνείου*. Kumanudes sacerdotem feminam, quae § 6 et priore loco § 19 dicitur, Magnarum Dearum intellexerat nullo utpote attributo egentem, at sacerdotem Carnei, quae vel epulis sacris interesset, pompa excludi potuisse, id quod ex illius sententia sequitur, Sauppe rectissime negavit ac § 19 alterum illud *καὶ τὰν ἱέρεαν* errore a lapicida repetitum esse certissimo, ut mihi quidem videtur[78]), conclusit. Unus igitur erat *ἱερεύς* unaque *ἱέρεια* et, cum haec Apollinis fuerit, sequitur, ut ille reliqua sacra omnia unus curaverit i. e. Cereris Hagnae Mercurii Magnorum Deorum, quos fuisse artius conexos iam supra apparuit. Unde colligo Apollinem inter deos *οἷς τὰ μυστήρια γίνεται* ne tum quidem proprie habitum esse. Historia cultus, quam supra tetigi (p. 178), si quid video, non repugnat; et inde fortasse explicandum est, quod *ὁ ἱερεύς* iure iurando obstringendus est, *ἡ ἱέρεια* non item, si modo fides est verbis v. 5. — Quae praeterea pompae (non epulis) intersunt sacerdotes *τᾶς Δάματρος τᾶς ἐφ' Ἱπποδρόμῳ* et *τᾶς ἐν Αἰγίλῃ* (v. 31), hospitum numero erant. Aegilam in confiniis Laconiae et Messeniae sitam fuisse mulieresque ibi sollemnia nocturna[79]) Cereri celebrasse apparet e Paus. IV 17, 1 feminamque sacerdotio functam esse inde confirmatur. Minus de fano Cereris *τᾶς ἐφ' Ἱπποδρόμῳ* constat. Andaniensem hippodromum dici propter subsequentem Aegilae mentionem Sauppe improbabile censuit hippodromumque illum in Lycaeo monte situm (Paus. VIII 38, 5, Curtius

---

77) virorum honores honores uxorum efficere inauditum non erat; ut de uxore regis Atheniensis taceam (Stengel *KA*² p. 208), cf. n. 155 v. 15 sqq. Vid. etiam Heller *De Cariae Lydiaeque sacerdotibus* p. 221 sq.

78) qua causa commoti nec Dttb. nec M. ullam sententiae Sauppianae rationem habuerint lectionemque lapidis nullo addito verbo retinuerint, nescio.

79) Paus. l. c. *τὸν δὲ Ἀριστομένην τύπτουσαι ταῖς δᾳσὶ ζῶντα αἱροῦσιν· ἀνεσώθη δὲ ὅμως τῆς αὐτῆς ἐκείνης νυκτός*; haec sacra similia fuisse Andaniorum S. et Dttb. coniciunt, nec tamen demonstrari potest.

Peloponn. I p. 301) intellexit, id quod et Dittenb. et Robert comprobaverunt; contra Kern (*Pauly-Wissowa* IV p. 2727) sacerdotem *Δήμητρος Χαμύνης* intellexit, cuius delubrum prope Olympiae hippodromum erat (Paus. VI 21, 1). Neutra sententia offensione caret: fanum enim Lycaeum *Δεσποίνης* potius erat, ut huius sacerdotem nominari exspectes; Ceres autem Olympia illa suo potius cognomine sollemni non sine patriae mentione appellanda erat. Equidem Messenienses auctores legis fuisse memor hippodromum Messenium huiusque urbis Cererem[80]) intellego.

Sacerdotes in pompa sequuntur *ἀγωνοθέτα, ἱεροθύται, οἱ αὐληταί.* Agonotheta, publicus haud dubie magistratus[81]) respondens athlothetae Attico, nescio an solum honoris causa pompae interfuerit, si quidem de certaminibus mysteria excipientibus sermo est nullus. Contra tibicinum usus non modo erat in sacrificiis ipsis, quae fere solebant tibiis fieri, sed etiam in mysteriis, cf. § 13 v. 73 sq. V. 115 autem, quod *αὐλητάς*, numero singulari posito, *τοὺς ἱεροὺς* adiuvare iubetur, perpetuum magistratum publicum dici, cui praeterea feriarum temporibus pro maiore earum splendore musici artifices adsciscebantur, Sauppe recte statuit. — De hierothytis, quod fuerit proprium eorum munus, non ita, ut par est, constat.[82]) Utique Sauppe quod iis, qui hic occurrunt, eximiam quandam publicam auctoritatem et summam sacrorum custodiam tribuit[83]), errare mihi videtur. Aliis enim in civitatibus etsi maiore fuisse videntur auctoritate, ita ut vel annis nomen darent[84]), apud ipsos tamen Messenios eos modestiore condicione tamquam sacerdotum administros usos esse testatur *CIG* 1297; cf. de Cereris Phigalensis sacris Paus. VIII 42, 12 *ἱέρεια δέ σφισίν ἐστιν ἡ δρῶσα, σὺν δὲ αὐτῇ καὶ τῶν ἱεροθυτῶν καλουμένων ὁ νεώτατος· οἱ δέ εἰσι τῶν ἀστῶν τρεῖς ἀριθμόν.* Mactandis autem hostiis potissimum eos operam dedisse ex ipso nomine colligo et confero *θύτην* qui vocatur Magnesium (n. 186 v. 18). — Denique commemorantur *ἡ θοιναρμόστρια* et ministrae eius *ὑποθοιναρμόστριαι.* Quas epulas sacras paravisse nomen indicat, ac Spartae quidem, ubi praeter Messenen solum adhuc innotuerunt[85]), nobilissimae feminae hoc munere fungebantur. Gravissimum de hoc munere testimonium nunc tenetur titulo proximo n. 59 item Messenio nuperrime invento; etiam in fragmento fastorum Messeniorum (Prott n. 15 v. 12) mentio eius fit. Ipsa autem *ἁ θοιναρμόστρια* publice ni fallor creata erat, cum

---

80) Paus. IV 31, 9 *καὶ Δήμητρος ἱερὸν Μεσσηνίοις ἅγιον καὶ Διοσκούρων ἀγάλματα φέροντες τὰς Λευκίππου.*

81) in titulo ipsius Messenes occurrit *CIG* 1297; cf. Moer. *ἀθλοθέτης Ἀττικοί, ἀγωνοθέτης Ἕλληνες* (S.).

82) cf. Stengel *KA*² p. 46; Schömann-Lipsius *Griech. Alt.* II p. 426.

83) officium eorum esse '*teils im Namen des Staates als eines Ganzen zu opfern, teils die dem Staate als dem Ganzen zukommende Oberaufsicht über die bei den öffentlichen Festen vorkommenden Opfer auszuüben*' (p. 292).

84) velut in oppidis Siciliae (*IG* XIV 952 et 953) et Euboeae (*Syll.*² 494, *MAI* VIII p. 18), apud Lindios *σίτησις ἐν ἱεροθυτείῳ* praemio tribuebatur sicut Athenis *ἐν πρυτανείῳ.*

85) *CIG* 1435. 1436. 1439.

ministrarum operam ad ipsum mysteriorum tempus conductam esse idque voce *ἐμβεβακυῖαι* v. 31 significari suspicer.

Restat, ut ad singula tituli capita nonnulla addam. § 1 [*ἱερῶ*]*ν καιομένων αἷμα καὶ οἶνον σπένδοντας*: ubi quis sollemniore iure iurando obstringebatur, vini libationes non fere sufficiebant, sed opus erat victima, cuius partes manu vel pedibus tangere solebant[86]), id quod hic omittitur, cum ceteris locis ipsius sanguinis libatio non commemoretur; cf. tamen *Δ* 158 *οὐ μέν πως ἅλιον πέλει ὅρκιον αἷμά τε ἀρνῶν σπονδαί τ' ἄκρητοι καὶ δεξιαὶ ᾗς ἐπέπιθμεν.* — § 3 S. et Dittenb. eo offendi videntur, quod primum de *ἱεροῖς* praeceptum cum secundo particula *δέ* adversativa coniungitur; adnotant enim ad v. 14 etiam *τοὺς ἱεροὺς* initiatos fuisse ac D. *τῶν τελουμένων* vel ita interpretatur: *reliquorum qui initiantur,* nec tamen recte mea quidem sententia. *Ἱεροὶ* enim illi non erant *τελούμενοι*, sed iam pridem *τετελεσμένοι* et cuncta potius administrantes, ut *οἱ τελούμενοι* recte iis opponantur.[87]) Nec vero integra est sententia: commemorantur *πρωτομύσται*, primi i. e. infimi gradus mystae, desiderantur *τῶν τελουμένων* reliqua pars, ii sc., qui alterum superioremque gradum adepturi erant. Id, quod neglegentiae non quadratarii, sed eius, qui legem conscripsit, tribuo; qui tamen illos quoque meminisse videtur, cum dicit *στεφανούσθωσαν δὲ πάντες δάφναι.* — § 4 praecepta *περὶ εἱματισμοῦ* ratione partim sacra, partim publica explicanda sunt: ad illam pertinet, quod mystae veste candida, nudis pedibus esse iubentur, ad hanc, quod nimiae mulierum luxuriae certis pro dignitate et aetate pretiis modus constituitur.[88]) Quare dubitari vix potest, quin praeceptum v. 22 *μὴ ἐχέτω δὲ μηδεμία χρυσία μηδὲ φῦκος κτλ.* eadem ratione natum sit, quamquam aliquid etiam severam de qua agitur religionem valuisse facile concedo, praesertim cum lex *Δεσποίνας* Lycosurensis deae cognatae inter alia de adeundo fano praecepta item *χρυσία, ὑποδήματα, τὰς τρίχας ἀμπεπλεγμένας* haberi vetet. — *Ὑποδήματα δερμάτινα ἱερόθυτα* i. e. fabricata e pellibus victimarum: hoc quoque praecepto luxuriam prohiberi puto, sed cf. etiam ad n. 117 v. 17sq. — § 7 *σκανᾶν*: Carneorum *σκιάδας* comparavit Sauppe, sed mos tentoria, ubi post sacrificium epularentur, faciendi multo latius patebat, cf. quae de hac re dixi ad n. 79 et p. 138 ad n. 46. Quaeritur, quid sibi voluerit *τόπος* ille ab *ἱεροῖς* metatus. Minime id tantum consilii fuisse, ut his locus reservaretur, immo usum eius ad religionem et mysteria pertinuisse eo demonstratur, quod nec *ἀμύητος* quisquam intrare poterat et praecepta lustralia de eo velut de fano[89]) valebant (v. 37 *χωρα-*

86) vid. quae de hoc sacrorum genere docte et diligenter exposuit Stengel *Jahrb. f. Phil.* 1883 p. 376sqq. et *KA*² p. 121sqq. E titulorum testimoniis cf. e. g. *Syll.*² 929 v. 26sq. *ἀναβάντες ἐπὶ τὸν βωμὸν τῆς Ἀρτέμιδος τῆς Λευκοφρυηνῆς σφαγιασθέντος ἱερείου ὠμόσαμεν καθ' ἱερῶν*, *ibid.* 462 v. 2sqq. *τάδε ὤμοσαν τοὶ Ἰτάνιοι — — — καθ' ἱερῶν νεοκαύτων*, Michel *Recueil* 19 v. 48 *ὁρκισάτωσαν* [*αὐ*]*τοὺς οἱ ἐξετασταὶ ἐπὶ τοῦ Μητρῴου ἱεροῖς νεοκαύτοις.*

87) noli obicere § 4 in., ubi sane non diserte *οἱ ἱεροί* nominantur, sed de his idem valere per se ipsum intellegitur.

88) cf. quae de praeceptis funeralibus cognoscuntur n. 74 et 93.

89) cf. n. 49. 90—92. 117. 145. 148. 192.

ξάντω δὲ καὶ ὑδράνας, ἀναγραψάντω δὲ καὶ ἀφ' ὧν δεῖ καθαρίζειν). — § 8 iterum luxuriae prohibendae cavetur sicut § 3. — § 9 et 10: de rhabdophoris verberibusque cf. quae p. 242 ad n. 80 v. 24sq. adnotavi. — § 11 duplex genus pecuniarum, quae a mystis redibant, distinguitur: alterum ἀπὸ τοῦ καθαρμοῦ, quod omnes solvere debuisse videntur, alterum ἀπὸ τῶν πρωτομυστῶν τὸ ὑποστατικόν, sc. pretium, quod homines ut ad mysteria admitterentur, in se suscipiebant.[90]) Utrumque genus pecuniae aerario sacro cedebat nec de ulla sacerdotum mercede mentio fit, cum hierophanta ceterique sacerdotes Eleusinii suum quisque obolum acceperint (n. 3 C in. et extr.). Quam mercedem Andaniae abolitam esse suspicor, cum sacerdotium publicum fieret, quocum optime convenit, quod is, qui iure gentilicio abdicaverat, Mnasistratus unus aliquot accipiebat pecunias e thesauro apud fontem Hagnae posito (§ 17 v. 87).

§ 12 de victimis: arietes ad piacula, ad lustrationes porci adhiberi solebant.[91]) Quare verba ἐπὶ τοῦ καθαρμοῦ κριὸν εὔχρουν de sacrificio proprie piaculari accipio, quo universa mystarum contio πρὸ τοῦ ἄρχεσθαι τῶν μυστηρίων expiabatur.[92]) Expiandi enim ritus ut artissime cum lustrationibus cohaerebant, ita persaepe etiam vocabulis καθαίρειν, καθαρμός significabantur.[93]) Iam vero sacrificium centum agnorum sive piandi sive lustrandi[94]) gratia ὑπὲρ τοὺς πρωτομύστας oblatum notatu valde dignum est; e magno enim hostiarum numero, nisi fallor, colligendum est mystas singulos fere caerimoniam illam subisse, quam ipsam μύησιν fuisse suspicor[95]); cf. praeceptum legis Eleusiniae (n. 3 C v. 22 sqq.) Wilhelmii acumine restitutum: *Κήρυκας δὲ μυ[εῖν τοὺς νέους μ]ύστας h[έκ]αστον [χωρίς, hάπαντ]ας κατὰ ταὐτά· ἐ[ὰν δὲ κατὰ] πλῆθος, εὐθύνεσθαι κτλ.* — De theatro lustrando cf. praecipue Harp. s. v. καθάρσιον· ἔθος ἦν Ἀθήνησι καθαίρειν τὴν ἐκκλησίαν καὶ τὰ θέατρα καὶ ὅλως τὰς τοῦ δήμου συνόδους μικροῖς πάνυ χοιριδίοις, ἅπερ ὠνόμαζον καθάρσια. τοῦτο δ' ἐποίουν οἱ λεγόμενοι περιστίαρχοι, οἵπερ ὠνομάσθησαν οὕτως ἤτοι ἀπὸ τοῦ περιστείχειν ἢ ἀπὸ τῆς ἑστίας (cf. Poll. VIII 104 et Istros ap. Phot. περιέρχονται χοιροφοροῦντες). — σῦν ἐπίτοκα[96]):

---

90) cf. simile praeceptum tituli Amorgini n. 98 v. 10 et quae p. 279 sq. adnotavi.

91) Stengel *KA*² p. 145 sq., Schömann-Lipsius *Gr. Alt.* II p. 370 sq. Ad theatri lustrationem hic quoque χοιρίσκους τρεῖς sacrificari v. 68 legimus.

92) mysteriis Eleusiniis id factum esse Lobeck *Aglaoph.* p. 183 sqq. ex Hesych. s. v. Διὸς κῴδιον collegerat coniciens daduchum Δῖον suum prae manibus tulisse ac mystarum contionem, ut in sollemnibus populi conventibus mos erat (vid. verba Harpocrationis s. v. καθάρσιον paulo infra adlata), lustrandi causa circumivisse, sed Hesychii interpretatio ambigua est, cf. cum Foucart *Grands Mystères* p. 51 tum Pringsheim *Arch. Beitr. z. Gesch. d. eleus. Kults* p. 25 sq.

93) velut in Hesychii glossa not. 92 laudata: χρῶνται δὲ (*Iovio*) — — ὁ δᾳδοῦχος ἐν Ἐλευσῖνι καὶ ἄλλοι τινὲς πρὸς τοὺς καθαρμοὺς ὑποστρωννύοντες αὐτὰ τοῖς ποσὶ τῶν ἐναγῶν. Cf. etiam Wissowa *Relig. u. Kultus d. Römer* p. 329 not. 2.

94) cf. Eur. Iph. Taur. 1223 (Stengel *KA*² p. 145).

95) id eo veri similius est, si μύησις pars ipsorum mysteriorum sollemnium non fuit: cf. quae nuperrime de hac re docte et sagaciter disseruit Pringsheim l. c. p. 38 sqq.

96) formam e confusione accusativorum ἐπίτεκα ab ἐπίτεξ et ἐπίτοκον ab ἐπίτοκος ortam putabat S., sed potius in nominativo ε, in casibus obliquis ο

Cereris hostia propria sus plena erat, cf. Prott *Fasti* n. 4 v. 11. — *δάμαλιν διετῆ σῦν* (cf. v. 34 *δάμαλιν σῦν*): vox *δάμαλις* solet de iuvencis usurpari (velut in fastis Cois Prott n. 6 v. 5 et 22); quodsi hoc loco ad *σῦν* tamquam adiectivum accessit, suem dici ferendo apro idoneam, id quod voce *διετῆ* confirmaretur, Sauppe (coll. G. Hermanno ad Eur. Bacch. 730) statuit. — Apollini aprum sacrificari inauditum non est, cf. Paus. VIII 38, 8. — De probandis victimis cf. n. 94 v. 14 sqq.

§ 15 de lignatione prohibita cf. quae ad n. 34 congessi. — § 17 de voce *τραπεζοῦν* mensisque sacris cf. quae dixi ad n. 24 p. 79 sq. De nummis illud *ποτὶ τᾷ κράνᾳ προτιθῶντι* quomodo intellegas, dubitari potest; suspicor tamen nos hic reliquias antiquissimi illius moris tenere, quo nummos in fontes sacros quasi donaria iniciebant[97]), velut in fano Amphiarai homini incubationis ritu sanato *καθέστηκεν ἄργυρον ἀφεῖναι ἢ χρυσὸν ἐπίσημον ἐς τὴν πηγήν· ταύτῃ γὰρ ἀνελθεῖν τὸν Ἀμφιάραον λέγουσιν ἤδη θεόν* (Paus. I 34, 4). — § 18 de *thesauris* instituendis et aperiendis cf. praeter n. 67 v. 34 sq. potissimum n. 155 v. 29 sqq. Ceterum eiusmodi thesaurus lapideus ab Hillero de Gärtringen Therae inventus (*IG* XII 3 n. 443) in maiore quem de insula edidit libro imaginibus additis describitur hisce verbis, quae repetere e re videtur: '*Der Thesaurus besteht jetzt aus zwei Steinen — — — der obere abnehmbare, seinerseits übrigens ohne Zweifel durch einen Deckel (von Metall) zuzudeckende Stein enthielt in der Mitte ein rundes Loch, durch welches die frommen Besucher des Heiligtums ihre Geldbeiträge einwarfen; durch eine Verengung dieses Loches bis auf 0,039 war verhindert, dass jemand einen verwegenen Griff hineintun konnte. Der untere Stein ist an der entsprechenden Stelle halbkugelförmig ausgehöhlt und konnte eine nicht unbeträchtliche Summe Geldes fassen. Über die Art des Verschlusses ist leider nichts zu ermitteln; sicherlich hat das Loch, das in der Vertiefung des Randes auf der einen Schmalseite sichtbar ist, damit in Verbindung gestanden.*' — § 19: magistratus publicos epulis sacris non interfuisse notandum est. — § 20 de foro cf. n. 62 v. 26 sq. — § 21 de aquae probae cura cf. etiam n. 72.

59. Stela candida, a superiore parte fracta, inventa in vico *Remoustapha* in pago *Αἴπεια*; a. 0,26 m, l. 0,28 m. Ed. Marcus Niebuhr Tod *Journal of Hellenic Studies* XXV (1905) p. 49 n. 10.

— — — — οcμιαν — — — — —
— — — — δεῖπνον ἑρψεῖ δ — — —
— — — εἰ (δ)έ [1]) τίc κα ποεῖ πὰρ τ[ὸν νόμον, ζ]αμιούcθω ὑπὸ τᾶc θοιναρμοc[τρί-

---

antiquum et legitimum fuisse probabiliter Dttb. coniecit; nominativus *ἐπίτεξ* tenetur fastis Gortyniis (Prott n. 20 v. 3).

97) cf. quae de hac re exposuit Lenormant *La Monnaie dans l'Antiquité* I p. 29 sq., ubi praeter aquas Apollinares Romanas cum alios fontes Gallicos tum Sequanam fluvium huius moris exempla praebere statuit.

1) ΕΙΑΕ lapis, mox v. 5 ΟΗΡΗΤΩ

αϲ ΗΗ (δρ.)[2]) ἱεραῖϲ τᾶϲ Δάματροϲ· (θ)ηρήτω [δὲ ἁ θοιναρμόϲτρια καὶ ταὶ ἱεραὶ καὶ τᾶν ἄ[λλαν ἁ ἐπιτυχῶϲα· εἰ δέ κα ἁ θοιναρμόϲτρια ποθιῆι πὰρ τὸν νόμον τινὰ ποιῆν ἢ αὐτὰ παρνομεῖ, ἀποτειϲάτω ΗΗ (δρ.) ἱερὰϲ τὰϲ Δ[άματροϲ· τοὶ δὲ βίδυοι πράξαντεϲ τὸ ἐπιζάμιον τὰν θοιναρμόϲτριαν ἀποδόντω τᾶι θεῶι· τὰν δὲ ῥήτραν ταύταν γράψαντεϲ ἐν ϲτάλαν λιθίναν ἀνθέντω τοὶ βίδυοι ὑπὸ τὸν ναὸν τᾶϲ Δάματροϲ.

Fragmentum legis de sacris Cereris (v. 5 et 14) secundum litteraturam posteriore parte tertii aut priore alterius a. Chr. n. saeculi inscriptae. Superior et sine dubio longe maior pars periit; quae servata est, eam ad ordinem epularum sacrarum pertinere et voce *δεῖπνον* v. 2 et munere thoinarmostriae[3]) demonstratur. De sacris a feminis solis celebrandis agi eo apparet, quod cura ordinis servandi solum feminis mandatur (v. 5 sq.). Thesmophoria igitur vel similia Cereris mysteria dicuntur. Quocum optime convenit mentio feminarum, quae *ἱεραί* vocantur. Has enim in lege Andania n. 58 de mysteriis Cereri et Hagnae celebrandis cognovimus, ubi tamen pro natura illorum et viris et feminis patentium non modo *ἱεραί*, sed etiam *ἱεροί* commemorantur; atque Andaniae quidem viri, ut par erat, administrandi et iudicandi officiis fungebantur (v. p. 179 sq.), hic easdem partes feminis sacris mandari videmus.

V. 1 *εὐκ*]*οσμίαν* editor supplevit, id quod si sensum spectas, admodum probabile est, sed reliquiae eius litterae, quae in imagine ante O indicantur, dubitationem movent. — v. 2 de viris contra fas ad epulas feminarum appropinquantibus sermonem esse existimo: cf. n. 121 v. 10 et n. 175 v. 8 sqq. — v. 5 verbum *ϑηρᾶν* notatu valde dignum est; quod Wilamowitz apud editorem vertit '*nachjagen (verfolgen)*' et editor ipse comparat '*the pursuer*' legis Scoticae. Nec vero facere possum, praesertim si supra de viris a fano prohibendis agi recte statui, quin verbo illo memoriam certe ritus alicuius antiqui latere suspicer. — v. 10 *βίδυιοι* Messenii ampliore potestate quam Spartani fuisse videntur.

60. Lamina aënea eruta Olympiae ante templi Iovis angulum, qui spectat inter septentrionem et orientem, fracta a dextro margine, sed initium inscriptionis docet olim priorem partem tituli in altera tabula a sinistra adiunctam fuisse, e qua fragmentum fortasse adest *Inschr. v. Olymp.* n. 6. Edd. M. Fränkel *Arch.*

---

2) in lapide significatur compendio Ͱ inter superiorem partem notae numeralis H inscripto, quod cum nota Attica ⊢ editor comparat.

3) de munere eius cf. p. 182; titulos, in quibus occurrit, omnes ad Cereris et Proserpinae sacra pertinere videri recte monuit M. N. Tod. Cf. etiam v. Prott *Fasti* p. 37 ad n. 15 v. 12 et *MAI* XXIX p. 7 sqq., ubi *templum* illud *Apollinis,* in quo Fourmont titulos *CIG* 1435. 1436. 1439 se exscripsisse ait, potius *Ἐλευσίνιον* a Paus. III 20, 7 commemoratum fuisse monuit.

Zeit. XXXV (1877) p. 48 n. 56 tab. IV 2 (inde Roehl *IGA* n. 115), Comparetti *Accad. dei Lincei. Mem. della classe di scienze morali* Ser. III 6 p. 78 sqq., nova deinde Purgoldii collatione usus Roehl *IGA Add.* p. 179 (*Imagines* n. 12), unde repetiverunt Daniel *Bezz. Beitr.* VI p. 256 n. 7, Blass *SGDI* 1158, denique Dittenberger-Purgold *Inschr. v. Olympia* n. 5. Cf. etiam R. Meister *Griech. Dial.* II p. 26 et Furtwängler *Broncen von Ol.* p. 83 post n. 591.

ὀ δέ κα ξένος ἐπεὶ μ(ό)λοι [1]) ἐν τὶα[ρὸν — — —
ιχος καθ(θ)ύσας ἐπὶ τοῖ βομοῖ ταπ̣ [2]) — — — —
ι ἀποδὸς ἐνεβεοι ὀ ξένος· αἰ δ[ὲ — — — δαρχμὰς ἀποτίνοι τοῖ Δὶ Ὀλυν[πίοι — — —
οαδοοντα δεκυαιυσε βοΐ κα̣ — — — — — —
κατ(τ)ὰ [3]) πάτρια.

Hoc fragmentum ad peregrinos Iovis templum adeuntes pertinere voce *ξένος* v. 1 et 3 scripta demonstratur, reliqua fere omnia magis minusve incerta sunt. Satis certum videtur, si quidem coniectura *μ(ό)λοι* v. 1 veri simillima est, v. 1—3 praecipi, quonam sacrificio peracto peregrinum in fano versari liceat. Minus certum ipsius sacrificii supplementum: *Ϝαρ̣]ί-χος* Roehl coll. Hesych. s. v. *βάριχοι· ἄρνες* et *ἄριχα· ἄρρεν πρόβατον* proposuit, in quo tamen pluralis offendit; ipse *καδδ]ίχος* potius supplendum propono coll. Hes. s. v. *κάδδιχον· ἡμίεκτον, ἢ μέτρον· καὶ οἱ τοῖς θεοῖς θυόμενοι ἄρτοι κάδδιχοι*; occurrit id sacrificii genus in fastis Messeniis Prott n. 15 v. 10. — V. 3 *ἐνηβέοι* legit Blass eamque formam verbi *ἐνηβεῖν* pro *ἐνηβᾶν* *sich darin vergnügen* esse voluit; id quod mihi quidem minime probabile videtur; cf. etiam n. 61 v. 1, ubi similis litterarum series ΕΒΕΝΕΟΙ legitur. Ceterum hic potest etiam separari *ἀποδόσεν* (= *ἀποδώσην*) *ἐβέοι*.

Quae v. 5 leguntur, valde obscura sunt nec dubium videtur, quin aliqua mutatione litterarum, quae in tabula extant, opus sit nec tamen multum coniecturis lucramur, nisi quis non modo probabilem, sed etiam integram nobis totius versus lectionem eamque quam lenissima mutatione restituat. Neutrum cadit in ea, quae Meister duplici mutatione effecit: *α(ἰ) δὲ κυ(ο)ῖ ὗς ἢ βοΐκα*, hostias praegnantes prohiberi ratus et *βοΐκα* vocem esse a *βοῦς* derivatam sumens. Aliquanto probabiliora coniecit Dittenberger, initio *θ*]*ωάδ(δ)ων* restituens et ad superiora referens, deinde novum incipiens enuntiatum (*τὰ δὲ* — —) et v. extr. vocem *βοΐ* agnoscens supplensque coll. n. 61 v. 1 *ἢ βοΐ κα* [*θωάδδοι ἢ* — —); sed ne hic quidem litteras ΚΥΑΙΥΣ interpretatus est.

---

1) aoristum II verbi *βλώσκειν* primus agnovit Daniel dubitans, utrum prius O errore lapicidae omissum sit an genuina dialecti Eleae consuetudine elisum; errorem lapicidae cum ceteris sumo.

2) '*am rechten Rande sind Z. 2—4 möglicherweise noch die Reste vertikaler Hasten zu erkennen; ein an dieselben ansetzender oberer Horizontalstrich in Z. 2 ist jedoch keineswegs sicher.*' D.-P.; Weil reliquias litterae Γ agnoscere sibi visus erat.

3) ΚΑΤΙΑ.

61. Magna lamina aeris reperta Olympiae a Leonidaeo ad orientem versus; prope superiorem marginem quattuor, prope inferiorem octo foramina parva incisa sunt quibus scilicet aliae laminae clavis affigerentur; unde etiam explicatur, cur scriba cum in supremo versu titulum incidere coepisset, duabus litteris ΚΑ exaratis desineret spatiumque supremum vacuum relinqueret. Litterae diligenter scriptae et alte incisae sunt. Edd. Kirchhoff ex Purgoldii apographo *Arch. Zeit.* XXXIX (1881) p. 82 n. 383, Comparetti *Journ. of Hell. Stud.* II (1881) p. 373, Roehl *IGA* add. p. 178 n. 113c (*Imagines* p. 31 n. 8), Cauer *Del.*² 259, Blass *SGDI* 1156, Roberts *Introduction to Greek Epigr.* I n. 296 p. 290—3 et p. 369 sqq., Dittenberger-Purgold *Inschr. v. Olympia* 6. Cf. praeterea Brand *Hermes* XXI p. 312, Buecheler *Rhein. Mus.* XXXVI p. 621 sq., Meister *Griech. Dial.* II 22.

⟨κα⟩ — — — — — — — —|κα θεαρὸς εἴε· αἰ δὲ βενέοι ἐν τἰαροῖ, βοΐ κα θοάδοι καὶ κοθάρσι τελείαι καὶ τὸν θεαρὸν ἐν τ|α(ὐ)τᾶι [1]· αἰ δέ τις πὰρ τὸ γράφος δικάδοι, ἀτελές κ᾽ εἴε ἀ δίκα, ἀ δέ κα Ϝράτρα ἀ δαμοσία τελεία εἴ|ε δικάδοσα· το͂ν δέ κα γραφέον ὄτι δοκέοι καλιτέρος [2]) ἔχεν ποτὸν θ(ε)όν, ἐξαγρέον κα(ὶ) ἐ|νποιο͂ν σὺν βολᾶι (π)εντακατίον ἀϜλανέος καὶ δάμοι πλεθύοντι δινάκοι· ⟦δινά⟧κοι [3]) δέ κα (ἐ)ν τρίτ||ον αἴ τι ἐνποιοῖ αἴτ᾽ ἐξαγρέοι.

Ipsa legis praecepta sacra cum lamina olim supra affixa praeter unum perierunt, ac ne huius quidem interpretatio ex omni parte certa est. Structura grammatica v. 1 particula *κά*, qua utique opus est, declaratur: protasis est: *αἰ δὲ βενέοι ἐν τἰαρῶι*, apodosis: *βοΐ κα θωάδοι κτλ.* Qua apodosi poenam pronuntiari verbo *θωάδοι* apparet, quod ad eandem stirpem atque Atticum *θωάω* et Delphicum *θωέω* redire veri simillimum est.[4]) Hic sane verbum intransitive dici videtur; an magistratus poenam imponens subiecti vice fungitur et in superioribus verbis deletis nomen eius iam occurrerat, ut hic facile animo suppleretur? Neque enim neglegendum est de eo quoque, qui poenam dat, iam supra mentionem fuisse, quoniam non dicitur *αἰ δέ τις βενέοι*, sed *αἰ δὲ βενέοι.* Iam vero his verbis quod delictum significatur? Cum plerique editores litteris *εβενεοι* idem subesse ac litteris *ενεβεοι* superioris tituli coniecissent nec tamen quicquam effecissent, primus Brand nihil mutans verbum *βινεῖν* agnovit provocans ad Herod. II 64 *καὶ τὸ μὴ μίσγεσθαι γυναιξὶ ἐν ἱροῖσι οὗτοί εἰσιν* (*Aegyptii*) *οἱ πρῶτοι θρησκεύσαντες.* Sunt sane, quae huic interpretationi[5])

---

1) Τ|ΑΥΤΑΙ em. Blass, sed vid. etiam comm.

2) i. e. *καλλιτέρως* Kirchh., *κάλιτηρῶς* Meister.

3) ΔΙΝΑΚΟΙΚΟΙ, errorem manifestum lapicidae em. Kirchhoff; aliorum coniecturas recte refutavit Dttb., verbo notionem mutandi inesse conexus declarat.

4) ex hac interpretatione, quam Comp. primus proposuit, sequi moneo, ut bos hic non hostia, sed poena sit. Atque hoc priscum poenae genus in re sacra aliquanto diutius obtinuisse facile intellegitur; fortasse etiam id, quod Poll. IX 61 e Draconis legibus affert, hac ratione explicari debet, sed cf. Wilamowitz *Arist. u. Athen* I p. 81.

5) eandem fere ratione diversissima assecutus erat Meister l. c. p. 22, verbum *βενέω* ad stirpem Eliacam vocis *γυνή* a se propositam referens.

repugnent; ac primum quidem βινεῖν vulgari magis quam legis sermoni aptum videtur, etsi et dialecto et antiquitati tituli aliquid concedere decet. Dubitationem mea quidem sententia multo graviorem res ipsa movet. Merito enim quaesiveris, num eius modi praeceptum publica lege diserte sancire opus fuerit. Sed altera ex parte tenendum est nos hic Olympiae versari Iovisque ibi fani propriam fuisse condicionem; facile enim frequens ille hominum concursus, qui Olympiam cum omni tum certaminum tempore fiebat, maiori licentiae locum dabat, cui diserte occurrere et prospicere par erat. Ad talem autem occasionem hunc ipsum titulum pertinere vocabulo ϑεαρός, quod bis occurrit, de monstratur. Itaque coniecturam Brandii si non certam attamen veri similem existimo.

V. 1/2 ἐν τ|α(υ)τᾶι: in lamina ΤΑΥΤΑΙ. Varia viri docti temptaverunt, Comp. ἐντάχται pro ἐντετάχϑαι, Meister τῶν ϑεαρῶν ἐντάχται, quod substantivo κοϑάρσι attributum voluit et interpretatus est '*durch die verordnete Reinigung der ϑεαροί*', uterque haud feliciter. Contra quod Buecheler coniecit ἐν ταχταῖ pro ἐν τακτῇ dici i. e. *sede vel die statuta,* per se sensui egregie satisfacit, sed, ni fallor, ita καί illud, quod ante ϑεαρόν est, parum intellegitur. Itaque Blassium cum Dittenbergero secutus facillima mutatione unius litterae scribo ἐν τα(υ)τᾶι, ut animo supplendum sit aut τὸν ϑεαρὸν ἐν ταὐτᾶι ϝράτραι vel ζαμίαι εἶναι, ut Blass voluit aut, si ϑοάδοι transitive dicitur, ἐν ταὐτᾶι ζαμίαι ἔχετω. Unde sane sequitur in priore parte enuntiati subiectum verbi βενέοι non esse ipsum ϑεαρόν, sed potius servum eius.

V. 3 ἁ δέ κα ϝράτρα ἁ δαμοσία non idem esse atque γράφος antecedens, sed peculiare de iudicio contra hanc legem facto plebiscitum recte monuit Roberts.

v. 4 ἀϝλανέως: etsi glossas Hesychii ἀλανές· ἀληϑές — ἀλανέως· ὁλοσχερῶς· Ταραντῖνοι — ἀλλαινής· ἀσφαλής· Λάκωνες huc pertinere certum videtur, tamen quid potissimum hoc loco adverbium velit, dubium est. De senatu pleno acceperat Roehl, id quod tamen adverbii usu reici videtur[6]); Buecheler e genuina vi *sine dolo malo* similiter atque apud nos significationem *ungefähr* ortam esse acute coniecit: '*für die Giltigkeit des Verfahrens verschlägt die vorgenannte Zahl der Ratsherren nichts, wird nicht wie in anderen Fällen ein bestimmtes Maximum von Anwesenden erfordert.*' Ipsam vim genuinam praetulit Meister et adverbium ad δινάκοι referendum duxit: '*sicher (d. i. ungefährdet) ändern*', sed id positione vocis parum commendatur.

62. Tabula marmoris albi ab inferiore parte fracta, inventa in agro Tegeatico ad vicum Piali proxime ruinas veteris templi Minervae. Edd. Bérard *BCH* XIII (1889) p. 281 sqq., Meister *Ber. d. sächs. Ges. d. Wiss.* 1889 p. 71 sqq., Danielsson *Epigraphica* (Upsal. 1890) p. 28 sqq., Hoffmann *Griech. Dial.* I p. 23, Roehl *Imag.*[2] p. 33 n. 9, Michel *Recueil* 695, Solmsen *Inscr. Gr. dial. sel.* n. 1. Cf. praeterea Bérard *BCH* XVII (1893) p. 1 sqq., Solmsen *Kuhns Ztschr.* 34 p. 437 sqq., Immerwahr *Kulte u. Myth. Ark.* I p. 47 sq., Frazer *Pausan.* IV p. 426.

6) cf. tamen Solmsen *Untersuch. z. griech. Laut- u. Verslehre* p. 286 not. 3.

Τὸν hιερὲν πέντε καὶ εἴκοσι οἶc νέμεν καὶ ζεῦγο|c καὶ αἶγα· § 1
εἰ δ᾽ ἂν καταλλάccε, ἰνφορβιcμὸν ἦναι· τ|ὸν hιερομνάμονα ἰν-
φορβίεν· εἰ δ᾽ ἂν λευτον μὲ ἰνφ|ορβίε, hεκοτὸν δαρχμὰc ὀφλὲν
ἰν δᾶμον [1]) καὶ κάταρ||Fον ἦναι ⁝ Τὸν hιεροθύταν νέμεν ἰν Ἀλέαι § 2
ὅτι ἂν ἀ|cκεθὲc ἐ̃· τὰ δ᾽ ἀναcκεθέα ἰνφορβίεν· μεδ᾽ ἐcπερᾶcα|ι,
πὰρ ἂν λέγε hιεροθυτέc· εἰ δ᾽ ἂν ἐcπεράcε, δυόδεκ|ο δαρχμὰc
ὀφλὲν ἰν δᾶμον ⁝ Τᾶc τριπαναγόρcιοc τ|ὰc ὑcτέραc τρῖc ἀμέ- § 3
ραc νέμεν ὅ τι ⟨h⟩ἂν βόλετοι, ὃc ‖ μὲ ἰν τοῖ περιχόροι· εἰ δ᾽
ἂν ἰν τοῖ περιχόροι, ἰνφο|ρβίεν ⁝ Ἰν Ἀλέαι μὲ νέμεν μέτε § 4
ξένον μέτε Fαcτὸν | εἰ μὲ ἐπὶ θοίναν hίκοντα· τοῖ δὲ ξένοι
καταγομέν|οι ἐξε̃ναι ἀμέραν καὶ νύκτα νέμεν ἐπιζύγιον· εἰ δ᾽ |
ἂν πὰρ τάνυ νέμε, τὸ μὲν μέζον πρόβατον δαρχμὰν ὀ||φλέν, τὸ
δὲ μεῖον ἰνφορβίεν ⁝ Τὰ hιερὰ πρόβατα μὲ | νέμεν ἰν Ἀλέαι § 5
πλοc ἀμέραc καὶ νυκτόc, εἴ κ᾽ ἂν διε|λαυνόμενα τύχε· εἰ δ᾽ ἂν
νέμε, δαρχμὰν ὀφλὲν τὸ πρό|βατον Fέκαcτον τὸ μέζον, το͂ν δὲ
μειόνον προβάτο|ν ὀδελὸν Fέκαcτον, τᾶν cυο͂ν δαρχμὰν Fεκάcταυ,
ε[ἰ] ‖ μὲ παρhεταξάμενοc τὸc πεντέκοντα ἒ τὸc τριακα|cίοc ⁝ Εἴ § 6
κ᾽ ἐπὶ δο͂μα πῦρ ἐποῖcε, δυόδεκο δαρχμὰc | ὀφλέν, τὸ μὲν ἕμιcυ
ταῖ θεοῖ, τὸ δ᾽ ἕμιcυ τοῖc hιερο|μνάμονcι ⁝ Εἴ κ᾽ ἂν παρα- § 7
μαξεύε θύcθεν τᾶc κελε[ύθ]|ο τᾶc κακειμέναυ κὰτ Ἀλέαν, τρὶc
ὀδελὸc ὀφλὲ[ν ἀν]||τὶ Fεκάcταυ, τὸ μὲν hέμιcυ ταῖ θεοῖ, τὸ δ᾽
ἕμιc[υ τοῖ]|c hιερομνάμονcι ⁝ Ταῖ παναγόρcι τὸc hιερ[ομνά- § 8
μ]||οναc ἀρτύεν τὰ ἰν ταῖc ἰνπολαῖc πάντα [. . . . . . . τ]|ὸc δα- § 9
μιοργό[c] [2]) τὸν κόπρον τὸν ἀπυδόcμ[ιον [3])]. . . . .|.] ταῖ hεβδόμαι
το͂ Λεcχαναcίο μενόc· [εἰ δὲ μέ, δαρχ||μὰ]ν [4]) ὀφλέν ⁝ Τὸν § 10
Παναγόρcιον με̃να το. . . . .|. . . .ζεν τοῖc ξένοιc, εἰ κατάγοι
ται. . . . .|. . . . εἰ δ᾽ ἀπιόντα ει. . . . .
. .|. . . . . .ν δάμοι ἐφαπ. . . . .|. . . . .
αιτοcι. . . . .|. . . . . .νον — — —
— —

Lex de fano Athenae Aleae [5]) administrando, *στοιχηδὸν* incisa, distinctionis notis divisa, litteraturam priore IV. a. Chr. n. saeculi parte utique non recentiorem [6]) exhibens. Legem non esse foederis Arcadici, ut plerique cen-

1) *ἴνδαμον* Ber. pro *ἴνζαμον* dictum voluerat, quia aliter *ἰν τὸν δᾶμον* dicendum fuisset, sed illud dialecti ratione reici (cf. *ζεῦγος*, *μέζον*) iam omnes consentiunt, articulum omissum Dan. coll. *SGDI* 488 v. 111 et 143 defendit et sensum *ἰν δᾶμον* flagitare rectissime statuit (cf. v. 22).

2) post *δαμιοργός* ceteri ed. distinguunt, ut a *τὸν κόπρον* novum incipiat caput; cf. tamen comm.

3) supplevi. 4) suppl. Solmsen.

5) origine *Ἀλέα* non Minervae cognomen fuisse, sed ipsius deae nomen proprium inscriptio — —*ιος Ηαλέαι μ' ἀνέ*[*θηκε* Tegeae nuper inventa iam certo testatur (*BCH* XXV p. 267 n. 2).

6) litterae volgares sunt, nisi quod vocalium longarum signa Ionica desunt,

suerunt, sed ipsorum Tegeatarum demonstratur verbis v. 11 ἰν Ἀλέαι μὲ νέμεν μέτε ξένον μέτε ϝαστόν: tali enim urbanorum et peregrinorum discrimine is, qui apud Arcadum commune concilium legem rogabat, uti nullo modo poterat, poterat unus, qui apud cives Tegeae rogabat.[7]) Quid? quod illud foedus omnino nondum fuisse inde colligendum puto, si quidem Tegeatas sociorum novorum adeo nullam rationem habuisse, ut eos eodem loco ac peregrinos ceteros haberent, veri dissimillimum est. Itaque ante annum a. Chr. n. 371/70, quo anno foedus constitutum est, legem factam esse existimo. Iterum terminum *post quem* Danielsson e praecepto v. 21, ne quis ignem templo afferret, probabiliter collegit. Quod praeceptum, etsi per se intellegi potest omnibusque locis ac temporibus aptum erat sicut invenitur alibi[8]), tamen cum a. 395/4 vetus Athenae Aleae templum deflagrasse novumque a Scopa extrui coeptum esse meminerimus, Tegeatas hac recenti memoria impulsos praecepisse facile Danielssoni concedemus.

Locus, quo fanum situm erat, compluribus locis (v. 5. 11. 16. 24) Ἀλέα nominatur. Quo nomine tribum Tegeatarum dici atque eam quidem, quae alias ἐπ' Ἀθαναίαν audit[9]), Berard censuit nec tamen mihi persuasit, non modo quia diversa sunt nomina, sed etiam quia ipso nomine ἐπ' Ἀθαναίαν vicus indicari videtur non circa templum situs, sed templum versus, sc. unde via illo pertinebat. Accedit, quod praeceptum illud ἰν Ἀλέαι μὲ νέμεν (v. 11) ne ad partem quidem urbis a civibus habitatam aptum est. Itaque templum extra muros Tegeae situm fuisse ipsique fano et qui circa erat agro nomen Ἀλέα fuisse[10]) conseo, ut inter Aleam et Tegeam similis ratio intercesserit, quae inter Miletum et Branchidas, sedem Apollinis Didymei atque inter Colophontem et Clarum, fanum Apollinis Clarii, quibus omnibus locis homines quoque privatos habitavisse consentaneum est.[11]) Comprehendi autem nomine Ἀλέα praeter ipsum fanum agrum quoque, qui circa erat, apparet § 3, ubi haud dubie inter delubrum peribolo saeptum (περίχωρος) et maiorem circa aream distinguitur.

Singulorum legis praeceptorum interpretatio praecipue pendet e voce identidem recurrente ἰνφορβίεν vel ἰνφορβισμός. Quam cum liberae pascendi facultati opponi recte sensisset Berard, coll. verbo φορβειά, quo capistrum iumentorum significari solet, ἰνφορβίεν interpretatus est *saisir,* ἰνφορβισμός *saisie;* quae interpretatio, ut ceteris locis sufficiat, ferri nequit § 4, nisi omnem rationem, quae inter poenas de maioribus et de minoribus pecori-

---

spiritus asper plerumque indicatur (⊟), ϝ adest et rho antiquiore forma R scribitur. Cf. Kirchhoff *Alph.*[4] p. 158sq.

7) pluribus de hac re egi *Rhein. Mus.* LX p. 468sqq. ubi etiam contra ea, quibus freti foederi Arcadico legem tribuere conati sunt, disputavi.

8) cf. n. 95 et n. 108 v. 3; n. 1 v. 6 conexus certus non est.

9) *SGDI* 1231; eadem tribus a Paus. VIII 53, 6 Ἀθαναιᾶτις dici videtur; cf. etiam nomen tribus Mantineae ἐπ' Ἀλέαν.

10) idem, ni fallor, apparet inde, quod sacerdoti licuit νέμεν — ζεῦγος (v. 1), nempe quo veheretur in urbem (cf. sacerdotum Eleusiniorum ζεύγη *Syll*[2] 587 v. 41), nec non vox ἰκόντα v. 12 in., quam ad ϝαστόν referri posse Meister et Hoffm. acutius quam verius negaverunt, illa ratione optime explicatur.

11) cf. etiam Buresch Ἀπόλλων Κλάριος p. 30, Schuchhardt *MAI* XI p. 429.

bus ibi constitutas intercedit, tollere velis: pro maiore enim pecore velut iumento unius drachmae multam irrogari, ovem vero, quae facile decem drachmas valebat, adimi quis credet? Eadem ratione coniectura Meisteri, qui ἰνφορβίεν cum verbo φέρβειν comparatum *auffüttern* vertit, ne per se ipsa quidem veri similis refutatur. Danielsson rursus ad vocabulum φορβειά *capistrum* refugiens ἰνφορβίεν interpretatur '*pecus capistro ita alligare, ut pastu arceatur*', quod duplici modo fieri potuisse '*aut ita, ut os et caput pecudis camo s. fiscella obduceretur nec tamen ipsa libere vagari prohiberetur, aut ita ut capistro eiusque funiculo alicubi deligaretur.*' At uterque modus vindicandi satis irritus mihi videtur. Age enim, peregrini ovem contra legem pascentem adligavit utrovis modo hieromnemon. Quid tum? num abibit tamquam re bene gesta? ovis, ni peregrinus stultus est, paulo post denuo libere vagabitur ac pascetur. An remanebit ipse vel servum relinquet, ne quis capistrum tollat? Nimium negotii miselli pecoris causa. Hac e parte sine dubio melius Hoffmann ἰνφορβίεν vertens *ans Futterhalfter legen* sc. in stabula sacra; at verissime monuit Solmsen, ut huic significationi sensus idoneus eliciatur, summam rei, quam ille vult, supplendam esse animo: '*das Kleinvieh wird festgelegt und der Preis für sein Futter wird dementsprechend in jedem einzelnen Falle besonders abgeschätzt.*' Solmsen ipse rem egregie expedivit a glossa Hesychii ἐμφόρβιον[12]· τελώνημα, quam iam Danielson commemoraverat nec tamen usui esse censuerat, profectus. Hesychius enim, cum ἐμφόρβιον interpretatur τελώνημα, scripturam manifesto intellegit, quocum cetera nomina similiter composita ἐννόμιον, ἐνοίκιον, ἐλλιμένιον conveniunt[13]), ac sicut ab ἐλλιμένιον derivatum est ἐλλιμενίζειν et ἐλλιμενισταί, ita ab ἐμφόρβιον derivari potuit ἐμφορβίζειν sive aeolice ἰνφορβίεν *scripturam exigere* et inde porro ἰνφορβισμός. Quam interpretationem unoquoque loco, quo ἰνφορβίεν vel ἰνφορβισμός occurrit, etiam sententiae optime satisfacere singulis deinceps capitibus legis examinatis demonstrabo.

§ 1: sacerdoti conceditur, ut certum numerum pecorum pascat; pro iis, quae ultra hunc numerum pascet (εἰ δ' ἂν καταλλάσσῃ)[14]), hieromnemon scripturam exigito aut ipse poenam merebit.[15])

---

12) cod. ἐμφόρβων; sed ἐμφόρβιον certissima emendatio.

13) testimonia, quorum gravissimum Hesych. s. v. ἐνλιμενίζειν· τελωνίζειν τὰ ἀπὸ λιμένων καὶ θαλάσσης, attulit S.; de illimenistis cf. Boeckh *Staatshaush.* I³ p. 388.

14) sensum verbi καταλλάσσειν in universum iam perspexit Dan. vertens *si quid demutabit,* rationem grammaticam explicavit Solmsen verbum καταλλάσσειν, quod apud scriptores non nisi transitiva vi occurrit, hoc loco intransitive usurpari statuens, praesertim cum alia eiusdem verbi composita dicantur utraque vi, cf. *l. c.* p. 443 sqq. Nec minus haec sententia vera videtur, etsi titulus Mantineus, cuius exemplo S. usus est (*BCH* XVI p. 569 sq.) re vera aliter legendus sit, cf. Fougères *Mantinée* p. 524.

15) quid λευτον sibi velit, sive nominativus participii ad subiectum referendus sive accusativus nominis substantivi vel adiectivi latet, adhuc expeditum non est. Quae Meister et Hoffm. coniecerunt, cum eorum interpretatione vocis ἰνφορβίεν corruunt. Daniels. varia temptavit et id quidem satis probabiliter statuit, si participium λεύτων lateat, vix aliam notionem ei tribui posse nisi

§ 2 ab hierothyta[16]) eorum pecorum scriptura exigitur, quae *ἀνασκηθέα* sunt i. e. vitiosa, non *ὁλόκληρα*. Ratio perspicua mihi videtur: civitas cum integras hostias semper praesto esse magni interesset, tamquam praemium proponit iis alendis immunitate scripturae concessa. Alteram capitis partem interpretantes sane statim haeremus in duabus formis *ἐσπερασαι* et *ἐσπεράσῃ*, quae derivari possunt aut ab *ἐκπεράω*, *ἐκπερᾶσαι transire, permeare* aut ab *ἐκπεράζω*, *ἐκπεράσαι alio transportare vendendi causa, vendere* aut ab *ἐκπειράω* s. *ἐκπειράζω experiri*. Berard primam videlicet significationem subesse ratus vertit '*défense à l'hierothyte de dépasser le nombre qu'il aura déclaré*'. At hic non iam de numero, sed de qualitate pecorum agitur. Danielsson alteram praetulit: '*penes hierothytam solum esse, quae quotque pecudes sui gregis* (*tamquam sacris faciendis non necessariae*) *in alium locum velut in publica pascua transferendae sint — aut potius: sine hierothytae auctoritate ex pecore ei publice attributo nihil a quoquam, ne ab hieromnemone quidem, abalienari vel divendi oportere.*' Sed commodam sententiam ita effici non concedo, immo nova res ita infertur a ratione capitis huius, si recte sentio, aliena; lex enim hic vitiosa pecora non vendere, sed *ἰνφορβίεν* iubet et ad hanc rem etiam alteram partem capitis pertinere oportet; aliter scribendum fuit e. g. *ἰνφορβίεν καὶ* vel *ἢ ἐσπεράεν*, *μηδ' ἐσπερᾶσαι κτλ.* Quaerens, quid potissimum post summam praecepti, quae priore parte continetur, desideretur, de pecorum examine cogitavi, in quo inter hieromnemonem et hierothytam, quae pecora essent vitiosa, ambigi potuit, legemque id conieci instituisse, ut hieromnemon eadem norma uteretur, qua ille *ἱεροθυτές* i. e. *ἱεροθυτέων*: quales hostias ipse hierothyta re sacra fungens repudiabat, tales ne in suo quidem grege tamquam corpore integras pascere ei licebat. Verbum igitur *ἐκπειράω* subesse puto. Sed ne hanc quidem interpretationem dubitatione liberam esse non ignoro neque explicare possum, ut unum afferam, infinitivum aoristi *ἐκπερᾶσαι*, quam difficultatem ceteri non tetigerunt; *μηδέ* quoque illud pro *καὶ μή* offendit.

§ 3 si *ἰνφορβίεν* interpretamur *scripturam exigere*, omnia recte se habent, modo ne hierothytam, ut quidam voluerunt, sed quemlibet homi-

---

sciens ac prudens vel *dolo malo* vel simile aliquid, de stirpe autem et origine eius quaerens, cum verbum *λεύσσειν* notione hoc quidem aptum dialecti ratione reici statuisset, comparari iussit stirpem Germanici *liederlich, lotter*, slav. *lytati, lutati (vagari)*. Quam coniecturam secutus Solmsen vertit '*wenn er, d. hieromnemon, aus liederlichkeit, aus lottrigkeit, d. i. aus leichtfertiger unachtsamkeit die weidegebühr nicht eintreibt*' atque etiam fieri potuisse putat, ut inde ipsa significatio *dolo malo* eveniret. Haec ille a. 1897 l. c., nuperrime tamen idem in litteris ad me datis se ipsum iam, rectene tunc iudicavisset, dubitare dixit atque eiusdem stirpis alterum vestigium superesse coniecit in nomine Laconico *Λευτυχίδας* (Herod. VI 65 sqq. saepiusque et Timokr. fr. 1 *Bergk*[4]), quod viri docti falso cum nomine *Λεωτυχίδας* confudissent, si quidem Herodotus nomina a stirpe *Λεω*-derivata hac ipsa semper forma scripsisset: nomen *Λευτυχίδας* dirimendum esse in *Λευτ-υχ-ίδας* suffixo *υχ* (cf. *Πράνχος*) a stirpe *Λευτ*- derivatum. Quae si recte Solmsen statuit, aliam significationem ac *lottrig* vel *dolo malo* latere verisimilius est.

16) de hoc sacerdotum genere cf. p. 182.

nem enuntiato subiectum esse statuamus.[17]) Etenim festis illis diebus τριπαναγόρσιος[18]) Tegeatae, nisi homines consulto prohibere volebant, a multitudine celebrantium, quae undique Aleam convenerat, scripturam exigere non potuerunt. Itaque maiorem partem agri Aleae omnibus liberam concesserunt, ipsius vero templi fanique aream peribolo saeptam (ἰν τοῖ περιχώροι) non nisi iis permiserunt, qui aditum scriptura solvenda emissent, ut haec tamquam eius pecuniae vice fungeretur, quam nos vocamus *Eintrittsgeld, Entrée.* Cf. etiam Xenoph. anab. V 3, 11.

§ 4 e communi fere Graecorum more[19]) pecora privata a terra deae sacra prohibentur excepto, ut par est, si quis sive civis sive peregrinus sacrificatum Aleam veniebat; peregrino tamen, ne hac facultate abutatur specieque sacrificandi epulasque sacras habendi[20]) diutius quam opus est cum iumentis in delubro versetur, certum temporis spatium constituitur. Qui contra haec praecepta pascebat, pro minoribus pecoribus scripturam, pro maioribus drachmam — iam recta evenit ratio — solvere debebat. Legislator enim in his sollemni scriptura non contentus maius pretium tamquam multam exigebat spectans opinor potissimum iumenta peregrinorum.

Locos habemus, quibus ἰνφορβίεν occurrit — nam in capite quinto, etsi ipsum quoque ad pecorum pastionem pertinet, ἰνφορβισμός tamen non commemoratur, sed hic qui contra praeceptum pascit ut pro maioribus drachmam ita pro minoribus obolum solvere debet[21]) — omnibusque significationem *scripturam exigere* aptissimam esse demonstravisse mihi videor. Restat ut de ceteris capitibus pauca afferam.

Iam ipsum caput quintum, quo τὰ ἱερὰ πρόβατα plus die noctuque Aleae pasci vetantur, plenum est difficultatis, quae vereor ne adeo ad totius tituli rationem pertineat. Nulla esset, si non Aleae, sed aliorum deorum greges sacri dicerentur, at hoc refugio non licet uti, quoniam id aliquo modo indicari debuit, ratione praesertim habita articuli τά. Curnam autem ipsius Minervae Aleae pecora sacra pascuis Aleae — ἰν Ἀλέαι enim dici, non ἰν τοῖ περιχώροι moneo — prohibita sint, nemo adhuc docuit neque ego satis perspicio. Sacerdotibus non nisi certum numerum pecorum pascendi potestatem fuisse intellegitur nec non cives peregrinosve praeter sollemnes occasiones scripturam solvere debuisse consentaneum est, at deae domicilium deae gregibus non semper libere patuisse mirum. An solum

---

17) indicatur subiectum indefinitum in hoc titulo persona tertia numeri singularis e. g. § 6 εἴ κ' ἐπὶ δῶμα πῦρ ἐποίση.

18) vim syllabae τρι- parum me intellegere fateor.

19) cf. n. 111 et quae ibi attuli.

20) unde ἐπὶ θοίνην ἰκόντα; θοίνη enim minime idem atque θυσία est, sed epulas sacras significat; hoc autem loco ἐπὶ θοίνην, non ἐπὶ θυσίαν idcirco dicitur, ut statim appareat licere non solum ipsius rei sacrae, sed etiam epularum deinceps sacrarum causa in fano cum iumentis morari.

21) obolum ipsius scripturae pretium fuisse non temere ex hoc praecepto colligas, nam cum de maioribus pecoribus cum superiore conveniat — utrobique drachma exigitur —, etiam id, quod pro minoribus exigitur — hic obolus, illic scriptura —, idem valere putaveris. Sed oboli scriptura pro uno quoque pecore iusto maior est.

fanum saeptum deae erat, ager circa non erat? et populus id egit, ne damnum faceret aerarium publicum? unde non modo discrimen, sed etiam simultatem quandam inter aerarii sacri et aerarii publici curatores fuisse consequeretur. Qua tamen via quippe admodum lubrica pergere nolo satisque habeo difficultatem adhuc iusto magis neglectam notare.

§ 6 de praecepto ne quis ignem aedi[22]) admoveat, vid. supra p. 191 cum adn. 8.

§ 7 Quoniam verba εἴ κ' ἂν παραμαξεύη[23]) et τᾶς κελεύθου τᾶς κακειμέναν κατ' Ἀλέαν sua sponte coniunguntur, summa argumenti huius capitis dubitationem non admittit: qui curru per Aleam vehetur, via ibi strata utitor.[24]) At quid latet litteris ΘΥΣΘΕΝ? Primo de verbo θύειν nemo non cogitabit, quippe cuius stirps sigma aucta velut in θύσθλα extet; tum autem vix alia forma subesse potest nisi part. aor. pass. neutrius generis.[25]) Ac cepit ita Danielsson et explicavit: '*interdicitur, ne quis profanam s. humano usui destinatam victimae partem per Aleam domum vehens alia atque legitima via utatur.*' At vereor ne ita summum argumentum miram ac molestam moderationem subeat. Enimvero non solum eos, qui sacrificaverant, sed quicunque per Aleam commeabant, cunctos legitima via uti oportebat. Equidem verbum θύειν removendum esse et prorsus aliam rem latere suspicor, quam tamen ipse cernere nequeo. V. 25 in poenae sanctione legitur ἀντὶ ϝεκάσταν, quod ad nomen femininum refertur, sed id ex illo θυσθεν qui possit elici, non video, quare ἀντὶ ϝεκάσταν per ellipsim dici pro ἀντὶ ϝεκάσταν τᾶς παραμαξεύσιος Danielsson fortasse recte statuit, quamquam invitus concedo. — θύσθεν, si audacius agere liceat, pro praepositione accipi posse F. Bölte nunc me monet coll. Hesychii glossa θύρδα· ἔξω· Ἀρκάδες, ut θύσθεν significet ἔξωθεν.

Inde ab octavo capite lapis integer non est et, quamquam non ita multa desunt, certa supplementa proferri vix possunt. § 8 ea, quae extant, facile intelleguntur; maioribus enim sollemnibus mercatores convenisse notissimum est et iam Berard recte legem Andaniam contulit, qua diligenter leges ἀγορᾶς (§ 20) proponuntur. Lacunam autem v. 27 extr. Danielsson, postquam spatium unius litterae, quod post δαμιοργό[ς] restat, solummodo distinctionis notam recipere, damiorgorum igitur mentionem cum superiore enuntiato coniungendam esse statuit, inserendo τὰ δ' ἄλλα supplevit, ut totus locus ita legendus sit: ταῖ παναγόρσι τὸς ἱερ[ομνάμ]ονας ἀρτύεν τὰ ἰν ταῖς ἰνπολαῖς πάντα, [τὰ δ' ἄλλα τ]ὸς δαμιοργό[ς ⁝]. Ille, quo spectet τὰ δ' ἄλλα, non dicit, sed videtur reliqua dicere publica officia, iurgiorum potissimum et iniuriarum

---

22) vocabulo δῶμα ipsius deae aedem, non cuiusvis generis aedificium dici patet, quamquam nisi apud poetas alterum huius usus exemplum non inveni.

23) compositum παραμαξεύειν alibi non invenitur, inveniuntur ἐπαμαξεύειν et καθαμαξεύειν, utrumque vi transitiva; simplex et transitive et intransitive dicitur; cum παραμαξεύειν τᾶς κελεύθου cf. παραχωρεῖν τῆς ὁδοῦ.

24) huius rei apud veteres aeque atque apud nos propria monumenta fuisse admoneo: cf. *IGA* 360 (Aeginae) μὴ ἐκ τᾶς ὁδοῦ· τόνδ' Ἄβων λίθον [ἔ]στασες σκοπὸν ἀγ[ροῦ], Ἐφ. Ἀρχ. 1892 p. 173 de via Chalcide Eretriam ferente μὴ ἐκβαίνειν εἰς τὰ χωρία.

25) Meister sane infinitivum agnovit.

vindicationem. Quae potestatis dispertitio aliquantum scrupuli mihi movet, contrariam enim a me exspectari fateor. Nam si omnino talis dispertitio fiebat, eum, qui ordinem sacrorum fanique quacunque iniuria laeserat, a sacris potius magistratibus, hieromnemonibus, vindicari par erat, velut Andaniae haec *οἱ ἱεροί*, illa ad mercaturam pertinentia *ἀγορανόμος* publicus curabat; cf. etiam infra, quae ad vocem *δαμιοργός* adnotavi.

§ 9 e certae diei mentione hoc statim apparet de stercore a fano prohibendo non agi, immo si quidem litteris *ἀπυδοσ* stirpem verbi *ἀποδίδωμι, ἀποδίδοσθαι* latere veri simillimum est, de stercore certa anni die vendendo sive per locationem egerendo agi videtur. Unde Danielsson profectus supplevit: *τὸν κόπρον τὸν ἀπυδοσ[άμενον ἄγεν] τᾶι ἑβδόμαι τῶ Λεσχανασίω μηνός, [εἰ δὲ μή, δαρχμὰ]ν ὀφλέν.* De postremis dubito, quia mihi quidem drachmae poena iusto minor videtur. Sed summa rei pendet e voce *ἀπυδοσ[άμενον*, quam Danielson hunc in modum intellegi vult: *qui se vendidit, locavit ad vehendum, qui certa mercede rem faciendam in se recepit.* Licet formam verbi similibus exemplis satis ille defenderit, significatio, quam ei tribuit, valde offendit. Illius enim interpretationi re vera nullam nisi *emendi* notionem aptam esse manifestum est et ipse fatetur, cum adnotat: '*fortasse id quoque cogitari potest τὸν ἀπυδοσάμενον arcadice eum esse, qui quid sibi reddendum curaverit i. e. emerit*'. At *ἀποδίδοσθαι vendere* est nec licet artificiosa interpretatione contrariam ei vim inculcare. Accedit vero, quod in apographo Berardi post *ἀπυδοσ-* litterae M prior pars legitur. Quam lectionem traditam si servare merito conamur, nihil aliud posse latere video nisi *ἀπυδοσμός* vel adiectivum inde derivatum *ἀπυδόσμιος*; *ἀπυδοσμός* sane novum est, cf. tamen *θεσμός, ἑσμός, δασμός, δεσμός, ἀφεσμός, ἀποδασμός* et adiectiva *ἀποδάσμιος, προθέσμιος*. Si substantivum *ἀπυδοσμόν* supplemus, haec efficitur sententia: stercoris venditionem septimo Leschanasii mensis die faciunto (*ποεῖσθαι*?). Sed pluralis *κόπρων*, qui tum apparet, valde displicet. Adiectivum igitur *ἀπυδόσμιον* restituendum esse[26]) et e. g. verbum *ἐξάγεν* secutum esse multo probabilius est. Ceterum, utut de hoc loco iudicas, una difficultas restat: desideratur enuntiati nomen subiectum, quod in hoc conexu vel propter poenam solvendam (v. 30 *ὀφλέν*) definiendum erat. Quare suspicor vocem illam *τὸς δαμιοργός* cum hoc potius capite coniungendam esse et locum subiecti tenere. Repugnare videtur unius litterae spatium, quod ita post *δαμιοργός* relinquitur, sed etiam v. 21 in medio enuntiato ante *δυόδεκο* spatium unius litterae vacuum est, ut hac ratione nihil certi effici possit. Nolo tamen longius in incertis morari et id unum addo alteram capitis partem ita quoque refingi posse [*ἒ τὰν ἴσαν τιμὰ*]*ν ὀφλέν* vel [*ἒ αὐτὸν ἰν δᾶμο*]*ν ὀφλέν* sc. venditionis pretium.

§ 10 nihil certi restitui potest; id tamen Danielsson acute nec improbabiliter coniecit de iure inter hospites dicundo agi (v. 30/31 *τὸ[ς δαμιοργὸς δικά]ξεν τοῖς ξένοις*?). Quae praeterea coniecit: *κατάγοι* de hospite in ius adducendo, *ἐφάπ[τοιτο* vel *-[τοιντο]* de eo comprehendendo dici, incerta esse patet; pro *κατάγειν* utique *ὑπάγειν* exspectamus.

---

26) comprobavit hoc etiam Solmsen.

63. Stela *ἀσβεστόλιθος* ter fracta, ab inferiore parte mutila, inventa in loco qui vocatur *'ς τὰ Σελά* prope Lycosuram Arcadiae. Edd. Leonardos *'Εφ. Ἀρχ.* 1898 p. 249 sqq. tab. XV, inde Dittenberger *Syll.*² 939. Cf. etiam Meister *Ber. d. sächs. Gesellsch. d. Wiss.* 1899 p. 147 sqq.

Δεσποίνας

..................[1]) Μὴ ἐξέστω | παρέρπην ἔχοντας ἐν τὸ ἱερὸν τᾶς | Δεσποίνας μὴ χρ[υσ]ία[2]) ὅσα μὴ ἰ[ν ἀνά]||θεμα μηδὲ πορφυρέ[ο]ν εἱματισμὸν | μηδὲ ἀν[θι]νὸν μηδὲ [μέλα]να μηδὲ ὑπο|δήματα μηδὲ (δ)ακτύλιον· εἰ δ' ἄν τις | παρένθη ἔχων [τ]ι τῶν ἁ στάλα [κ]ωλύει, | ἀναθέτω ἐν τὸ ἱερόν· μηδὲ τὰς [τρί]||χας ἀμπεπλεγμένας μηδὲ κεκαλυ[μ]||μένος μηδὲ ἄνθεα παρφέρην μηδὲ | μύεσθαι ....[3]) κύενσαν μηδὲ θη|λαζομέναν· τὸς δὲ θύοντας [π]ὸ[ς] θύ[η]||σ[ι]ṿ χρέεσθαι ἐλαίαι, μύρτοι, κηρίο[ι], || ὁλοαῖς α[ἰρ]ολ[ο]γημέναις, ἀγάλμα[τι], | μάκων[σ]ι λευκαῖς, λυχνίοις, θυμιά|μασιν, [ζ]μύρναι, ἀρώμασιν· τὸς δὲ θ[ύ]||οντας τᾶι Δε[σ]ποίναι θύματα θύ[ην] | θήλεα ....σ καὶ — — — —

Titulus volgaribus litteris Ionicis III fere a. Chr. n. saeculi *στοιχηδὸν*[4]) inscriptus legem sacram continet fani *Δεσποίνας* Lycosurensis celeberrimi, quod Paus. VIII 37 accurate descripsit.

V. 1—13 condiciones fani adeundi continent, quibuscum iam Leonardos legis Andaniae *περὶ εἱματισμοῦ* praecepta (n. 58 § 4, praecipue v. 15 sq. et v. 22) recte comparavit. Quorum similitudo ad plures et graviores res pertinet, quam ut fortuito cuidam consensui tribui possit, immo cognatae origini sacrorum Andaniae et Lycosurae debetur, quae utraque ad antiquissimam religionem chthonicam Peloponnesiorum pertinent.

De singulis pauca addo. V. 6 *μηδὲ ἀνθινόν*: idem de Cereris et Proserpinae sacris tradit schol. Oed. Col. 681 *τὰς θεὰς ἀνθινοῖς μὴ κεχρῆσθαι, ἀλλὰ καὶ ταῖς θεσμοφοριαζούσας τὴν τῶν ἀνθινῶν στεφάνων ἀπειρῆσθαι χρῆσιν* (cf. etiam ad v. 684); neque igitur est, quod potissimum meretrices hic spectari putemus eiusmodi sane vestimentis indui solitas. Cf. etiam n. 90. — *μηδὲ ὑπόδημα*: hoc praeceptum multo latius patuisse constat; cf. tamen praeter n. 58 v. 15, n. 91 v. 15, n. 117 v. 17 etiam Callim. in Cer. 124:

ὡς δ' ἀπεδίλωτοι καὶ ἀνάμπυκες ἄστυ πατεῦμες,
ὣς πόδας, ὣς κεφαλὰς παναπηρέας ἕξομες αἰεί.

V. 9 sq. memorabili breviloquentia insignes sunt; verba enim idem valere

---

1) rasura septendecim litterarum; Leonardos lapicidam cum primo *μὴ παρέρπην ἔχοντας* imperativo *ἐξέστω* omisso scripsisset, haec delevisse et novum initium fecisse coniecit, id quod ne veri simile quidem duco et quia verbo *ἐξέστω* omnino non opus erat et quia utique *ἔχοντας* eradere satis erat.

2) hoc et reliqua supplementa Leonardi sunt.

3) *μύεσθαι* errore iteratum a lapicida deletum esse L. coniecit, id quidem probabiliter.

4) praeter v. 1 maioribus litteris spatiisque praescriptum.

ac μηδὲ (παρέρπην γυναῖκας) τὰς τρίχας ἀμπεπλεγμένας[5]) μηδὲ (ἄνδρας τὰς κεφαλὰς) κεκαλυμμένος Meister optime statuit. De crinibus cf. praeter legem Andaniam Athen. XII p. 525c τὴν ἑορτὴν ἄγοντες τῶν Ἡραίων ἐβάδιζον (*Samii*) κατεκτενισμένοι τὰς κόμας ἐπὶ τὸ μετάφρενον καὶ τοὺς ὤμους· τὸ δὲ νόμιμον τοῦτο μαρτυρεῖσθαι καὶ ὑπὸ παροιμίας τῆσδε: βαδίζειν εἰς Ἡραῖον ἐμπεπλεγμένον κτλ. — Capite autem aperto Graecos orare debuisse moneo (Macrob. Sat. I 8, 2).

V. 12 sq. de mysteriis deae cf. praecipue Paus. VIII 37, 8 παρὰ δὲ τὸν ναὸν τῆς Δεσποίνης ὀλίγον ἐπαναβάντι ἐν δεξιᾷ Μέγαρόν ἐστι καλούμενον καὶ τελετήν τε δρῶσιν ἐνταῦθα καὶ τῇ Δεσποίνῃ θύουσιν ἱερεῖα οἱ Ἀρκάδες πολλά τε καὶ ἄφθονα et § 9 τῆς δὲ Δεσποίνης τὸ ὄνομα ἔδεισα εἰς τοὺς ἀτελέστους γράφειν, unde mysteria eius non a feminis solis celebrata esse apparet. Gravidae autem feminae aut lactantes Eleusiniis mysteriis non excludebantur neque ullum aliud testimonium de feminis talibus impuris habendis legisse me memini.

V. 13 altera pars legis incipit de ipsis sacris faciundis. Integra extant ea, quae de turibus[6]) praecipiuntur; nam v. 13 extr. πὸς θύησιν vel θύωσιν sine dubio recte suppletum est omnesque fere res, quae deinceps enumerantur, Graecos odoris flammaeque suscitandae causa in aram coniecisse confirmari potest. ἐλαίαι: cf. Paus. V 15, 10 de vetere quodam sacrificandi ritu Olympiae λιβανωτὸν γὰρ ὁμοῦ πυροῖς μεμαγμένοις μέλιτι θυμιῶσιν ἐπὶ τῶν βωμῶν· τιθέασι δὲ καὶ κλῶνας ἐλαίας ἐπ' αὐτῶν, quem locum iam Leon. attulit. — μύρτοι: cf. Arist. Thesmoph. 37 ἐξέρχεται θεράπων τις αὐτοῦ πῦρ ἔχων καὶ μυρρίνας προθυσόμενος et Porph. Pyth. 36 θύων τε θεοῖς ἀνεπαχθὴς ἦν ἀλφίτοις τε καὶ ποπάνῳ καὶ λιβανωτῷ καὶ μυρρίνῃ τοὺς θεοὺς ἱλασκόμενος. — κηρίοι: cf. Paus. VIII 42, 11 de sacris Cereris Phigaliae μελισσῶν τε κηρία — — — τιθέασιν ἐπὶ τὸν βωμόν. — v. 15 ὀλοαῖς α[ἰ]ρολογημέναις i. e. *hordeo expurgato*[7]): molam salsam, qua victimas auspicabantur, priores intellexerunt, at quoniam ὀλοαί hic inter res turiferas recensentur, talem ipsarum quoque usum dici censeo; solebant enim et hordeum et triticum in ignem conicere, in fine praesertim caerimoniae sacrae, cf. praecipue Porph. de abst. II 6 ὅθεν ἔτι καὶ νῦν πρὸς τῷ τέλει τῶν θυσιῶν[8]) τοῖς ψαισθεῖσι θυλήμασι χρώμεθα et *ibid.* 16 τιμᾶν (*numina domestica*) λιβανωτοῖς καὶ ψαιστοῖς καὶ ποπάνοις; ψαιστά autem sunt ἄλφιτα ἐλαίῳ καὶ οἴνῳ δεδευμένα — — ἅπερ ἐπεθυμίων τοῖς θεοῖς, ut recte scholiasta, etsi vini et olei admixtio vix antiquo mori

---

5) cf. Paus. X 25, 10 Πολυξένη δὲ κατὰ τὰ εἰθισμένα παρθένοις ἀναπέπλεκται τὰς ἐν τῇ κεφαλῇ τρίχας.

6) in universum cf. de his v. Fritze *Die Rauchopfer der Griechen* 1894.

7) scite vocem explicavit Leon.: αἶρα lolium est, quod diligenter ex hordeo ante usum eius humanum (Theophr. h. pl. VIII 4, 6 σῖτοι καθαροὶ αἰρῶν) aut sacrum seligendum est; similiter derivatum est καρπολογεῖν, cf. Theophr. de caus. pl. I 15, 1 δένδρα καρπολογούμενα.

8) ita Reiske, cod. θυηλῶν, quod tamen ferri non posse etiam Wilamowitz nuperrime monuit (vid. not. 9); defendere conatus est Stengel *Hermes* XXXIX p. 615.

respondet.[9]) Cf. praeterea Paus. V *l. c.* *λιβανωτὸν ὁμοῦ πυροῖς — — — θυμιῶσιν* et Soph. ap. Porph. de abst. II 19 de sacrificio dis grato *ἐνῆν δὲ παγκάρπεια συμμιγὴς ὀλαῖς κτλ.*

Proximum *ἀγάλμα[τι]* non satis intellego[10]) nec papaveris usum (*μάκωνσι λευκαῖς*) exemplis confirmare possum, contra lucernae usus notus: Paus. VII 22, 3 *ὁ τῷ θεῷ χρώμενος λιβανωτόν τε ἐπὶ τῆς ἑστίας θυμιᾷ καὶ ἐμπλήσας τοὺς λύχνους ἐλαίου καὶ ἐξάψας κτλ.*

De victimis nihil superest nisi *θύματα θύ[ην] θήλεα*; quod deinceps editores suppleverunt *λευκά*, solido fundamento caret. Sexus femininus sacris *Δεσποίνας* aptissimus videtur, sed cf. n. 57 v. 11, ubi eidem *Δεσποίνᾳ χοῖρον ἄρσενα* sacrificandum legimus. De ipsa sacrificandi caerimonia Pausanias rem memorabilem affert VIII 37, 8: *θύει μὲν δὴ αὐτῶν ἕκαστος ὅτι κέκτηται· τῶν ἱερείων δὲ οὐ τὰς φάρυγγας ἀποτέμνει ὥσπερ ἐπὶ ταῖς ἄλλαις θυσίαις, κῶλον δὲ ὅτι ἂν τύχῃ, τοῦτο ἕκαστος ἀπέκοψε τοῦ θύματος.*

III

Leges Graeciae Septentrionalis

64. Megaris in domo privata exscripsit Foucart et ed. ad *Lebas Inscr.* II 25a, unde repetivit Dittenberger *IG* VII 43. Lapis, in quo etiam decretum proxeniae *IG* VII 10, perisse videtur.

Ἀγαθῆι τύχηι. | Ἀνατίθηcιν Ἀρέτη Ἀριcτάνδρου Ποcει|δωνίωι καὶ τῶι κοινῶι τῶν Αἰγοcθενιτῶν | τοῦ κήπου τὸ ἥμυcυ, ἀγοράcαcα παρὰ ‖ τῶν Αἰγοcθενιτῶν δραχμῶν χιλίων, | τὸ πρὸc θάλαccαν, καὶ ποεῖ τέμενοc | Ποcειδώνιον· τοῦ δὲ τεμένουc τούτου | [τὸν γιγνόμενον] φόρο[ν] λ[αμβά]νον[τε]c οἱ | Αἰγοcθενῖται προcτιθέτωcαν πρὸc τὸ ‖ ἀ[ρ]γύ[ρ]ιο[ν τ]ὸ εἰc τὴν θυcίαν [ἀ]ναλιcκό|μενον, ἥ[ν α](ὐ)τοὶ ἐψηφιcμένοι εἰcὶν | θύειν Ποcειδωνίῳ καὶ πρὸc τὸν ἀγῶνα | τὸν τιθέμενον ἐν τῆι θυcίαι τῆι Ποcει|δωνίου, καὶ ποιούντ[ωc]αν τήν τε θυcίαν ‖ καὶ τὸν ἀγῶνα λαμπρότερον.

Hic titulus, quo Arete Aristandri f. fundi cuiusdam reditus Aegosthenitis ad sacra faciunda donavit, mira quadam difficultate laborat. Nominatur enim id quod consecrat fanum *Ποσειδώνιον*, tamquam Neptuni sacrum sit, dedicatur autem fiuntque inde sacra minime *Ποσειδῶνι*, sed *Ποσειδωνίωι*. Iam Neptunum ipsum aut heroem eius similem unquam ita appellatum esse incredibile est; immo iam Foucart recte *Ποσειδώνιον* hominem interpretatur de Aegosthenitis optime meritum, cui cives divinos honores de-

9) idem fere vox *θυλήματα* valet; cf. de hac re nunc potissimum v. Wilamowitz-Möllendorff *Sitzungsber. d. Berl. Akad.* 1904 p. 16sq. et Stengel l. c., sed quod schol. BT ad *I* 270 *θυλήματα* interpretatur *θυμιάματα*, cur id falsum putemus, non video, cf. schol. ad Porphyr. l. c.

10) Perdrizet *Rev. des études anciennes* II p. 268 et *BCH* 1899 p. 635 permultas statuas parvulas terrae coctae deas capite agnino vel bubulo repraesentantes, quae in fano *Δεσποίνας* inventae sunt, huc rettulit, at hoc loco de turibus agitur.

creverunt. Non persuasit Dittenbergero, qui exempla a Foucarto adlata plurima sane non satis idonea recte iudicavit.[1]) Unum tamen extat exemplum insigne et certum, quod ne ille quidem prorsus repudiavit, cultum dico, quem Athenienses anno 229 Diogeni phrurarcho Macedonico libertatem per eum adepti instituerunt. At huic singulare beneficium civitas acceptum rettulit singulari honore! Sane, sed non constat, quo beneficio Posidonius cives suos obstrinxerit. Nimirum non primos Aegosthenitas eiusmodi honores decrevisse, sed ipsum illud Atheniensium exemplum eos imitari veri simile est. Quodsi coniecturis locum dare licet, nescio an similis occasio fuerit Posidoniusque ille de Aegosthenitarum a Boeotis ad Achaeos transitu (anno a. Chr. n. 192) bene meritus sit.[2]) Tali fere ratione etiam ipsius Aretae donatio melius intellegitur. Nullo enim haec sanguinis aut affinitatis vinculo cum Posidonio coniuncta fuisse videtur, quia id haud dubie in dedicatione indicasset. Amore igitur patriae commota operam dedit, ut honores augerentur civis patriae amantis.

Quod denique fanum appellavit *Ποσειδώνιον*, primum fortasse neglegenda non est difficultas quaedam a nomine derivato *Ποσειδώνιος* iterum adiectivum possessivum aptum derivandi. Deinde vero facile fieri potuisse puto, ut illa de industria ambiguum nomen deligeret, quo sacra ac numina hominis et dei quodammodo confunderet. Cuius consilii nescio an id quoque vestigium sit, quod eam partem horti, quae *πρὸς ϑάλασσαν* sita erat, dedicavit.

65. Tabula marmoris albi inventa in ruinis Amphiaraei Oropii fracta in tres partes, quarum in superiore hic titulus, in media paucae litterae, in inferiore nullae dispiciuntur. Edd. Leonardos *Ἐφ. Ἀρχ.* 1885 p. 93sqq., Bechtel *Inschriften d. Jon. Dial.* p. 10 n. 18, Dittenberger Lollingii collatione et ectypo chartaceo versuum 1—12 usus *IG* VII 235, Hoffmann *Griech. Dial.* III p. 16 n. 25, Michel *Recueil* 698, Dittenberger *Syll.*² 589, Solmsen *Inscr. Gr. ad inlustr. dialectos sel.* n. 50. Cf. praeterea v. Wilamowitz-Moellendorff *Hermes* XXI p. 91sqq., Dürrbach *De Oropo et Amphiarai sacro* p. 117sqq., Dittenberger *De sacris Amphiarai Thebanis et Oropiis. Ind. Hal.* 1889, Keil *Anonymus Argent.* p. 304 et 309.

Θεοί.

Τὸν ἱερέα τοῦ Ἀμφιαράου φοιτᾶν εἰϲ τὸ ἱερό|ν, ἐπειδὰν χειμὼν παρέλθει, μέχρι ἀρότου ὥρ|ηϲ μὴ πλέον διαλείποντα ἢ τρεῖϲ ἡμέραϲ καὶ || μένειν ἐν τοῖ ἱεροῖ μὴ ἔλαττον ἢ δέκα ἡμέρα|ϲ τοῦ μηνὸϲ

---

1) velut quod sollemnia quaedam honoris hominis cuiusdam causa celebrantur eiusque nomine significantur (cf. n. 78 et 131), inde non statim sequi illi homini ipsi sacra facta esse Dttb. monuit; etiam testamenta Epictetae, Diomedontis et si qui similes sunt tituli, removenda sunt, quia in his de sacris privatis, non publicis agitur.

2) tertio sane a. Chr. saeculo propter litteraturam titulus tribuitur, sed vereor ne parum inter duos diversos titulos, qui in hoc lapide leguntur, discernatur. Decretum proxeniae in capite lapidis inscriptum esse III. saeculi auctor est Fouc., et ob id ipsum hic titulus eiusdem aetatis esse nequit, nam priusquam homo privatus eundem lapidem in suum usum converteret, non paucos annos intercessisse patet.

ἑκ[ά]cτο : καὶ ἐπαναγκάζειν τὸν ν|εωκόρον τοῦ τε ἱεροῦ ἐπιμελεῖcθαι κατὰ τὸ|ν νόμον καὶ τῶν ἀφικνε[[ο]]μένων[1]) εἰc τὸ ἱερόν· | Ἂν δέ τιc ἀδικεῖ ἐν τοῖ ἱεροῖ ἢ ξένοc ἢ δημότ||ηc, ζημιούτω ὁ ἱερεὺc μέχρι πέντε δραχμέων | κυρίωc καὶ ἐνέχυρα λαμβανέτω τοῦ ἐζημιωμ|ένου· ἂν δ᾽ ἐκτίνει τὸ ἀργύριον, παρέοντοc τõ | ἱερέοc ἐμβαλ[[λ]]έτω[2]) εἰc τὸν θηcαυρόν ⁝ Δικάζει|ν δὲ τὸν ἱερέα, ἄν τιc ἰδίει ἀδικηθεῖ ἢ τῶν ξέ||νων ἢ τῶν δημοτέων ἐν τοῖ ἱεροῖ, μέχρι τριῶν | δραχμέων· τὰ δὲ μέζονα, ἡχοῖ ἑκάcτοιc αἱ δίκ|αι ἐν τοῖc νόμοιc εἴρηται, ἐντõθα γινέcθων· | προcκαλεῖcθαι δὲ καὶ αὐθημερὸν περὶ τῶν ἐ|ν τοῖ ἱεροῖ ἀδικίων[3]), ἂν δὲ ὁ ἀντίδικοc μὴ cυνχ||ωρεῖ, εἰc τὴν ὑcτέρην ἡ δίκη τελείcθω ⁝ Ἐπαρ|χὴν δὲ διδοῦν τὸμ μέλλοντα θεραπεύεcθαι ὑ|πὸ τοῦ θεοῦ μὴ ἔλαττον ἐννεοβόλου δοκίμου[4]) ἀργ|υρίου καὶ ἐμβάλλειν εἰc τὸν θηcαυρὸν παρε|όντοc τοῦ νεωκόρου ....||. ....[5]) κατεύχεcθαι δὲ τῶν ἱερῶν καὶ ἐπ|ὶ τὸν βωμὸν ἐπιτιθεῖν, ὅταν παρεῖ, τὸν ἱερέα, | ὅταν δὲ μὴ παρεῖ, τὸν θύοντα, καὶ τεῖ θυcίει α|ὐτὸν ἑαυτοῖ κατεύχεcθαι ἕκαcτον, τῶν δὲ δη|μορίων τὸν ἱερέα· τῶν δὲ θυομένων ἐν τοῖ ἱε||ροῖ πάντων τὸ δέρμα ....[6]) θύειν δὲ ἐξ|εῖν ἅπαν ὅ τι ἂν βόληται ἕκαcτοc, τῶν δὲ κρεῶ|ν μὴ εἶναι ἐκφορὴν ἔξω τοῦ τεμένεοc. Τοῖ δὲ | ἱερεῖ διδοῦν τὸc θύονταc ἀπὸ τοῦ ἱερήου ἑκ|άcτο τὸν ὦμον, πλὴν ὅταν ἡ ἑορτὴ εἶ· τότε δὲ ἀπ||ὸ τῶν δημορίων λαμβανέτω ὦμον ἀφ᾽ ἑκάcτου | τοῦ ἱερήου. Ἐγκαθεύδειν δὲ τὸν δειόμενο|ν .... | ụạụ ....πειθόμ|ενον τοῖc νόμοιc· τὸ ὄνομα τοῦ ἐγκαθεύδον||τοc, ὅταν ἐμβάλλει τὸ ἀργύριον, γράφεcθαι τ|ὸν νεωκόρον καὶ αὐτοῦ καὶ τῆc πόλεοc καὶ ἐκ|τιθεῖν ἐν τοῖ ἱεροῖ γράφοντα ἐν πετεύροι c|κοπεῖν (τ)οῖ βολομένοι· ἐν δὲ τοῖ κοιμητηρίο|ι καθεύδειν χωρὶc μὲν τὸc ἄνδραc χωρὶc || δὲ τὰc γυναῖκαc, τοὺc μὲν ἄνδραc ἐν τοῖ πρὸ ἠ|õc τοῦ βωμοῦ, τὰc δὲ γυναῖκαc ἐν τοῖ πρὸ hεcπέ|[ρηc[7]) .... τὸ κοι]μητήριον τοὺc ἐν|[καθεύδονταc .... λ]όγον |

---

1) sic Leon. et reliqui; *ἀφικνεμένων* Dttb. defendere conatur scriptum ratus pro *ἀφικνειμένων*, quod ipsum contractione natum sit ex *εεμένων*.

2) ΕΜΒΑΛΕΤΩ, em. Wil.

3) sic Dttb. in Syll. quem cum Solmsenio sequor, *ἀδικιῶν* ceteri; quae contractio etsi defendi potest, tamen ille recte monuit hoc loco vocem *ἀδικία* non esse idoneam, esse Ionicum *ἀδίκιον*, quod respondet Attico *ἀδίκημα*; occurrit Herod. V 89 atque etiam apud Atticos in sollemni actionis nomine *ἀδικίου δίκη*.

4) litterae *εννεοβολου δοκι* in rasura a manu altera scriptae sunt loco undecim litterarum ordinis *στοιχηδὸν* scripti, unde Wilamowitz, quoniam litterae *δοκι* nulla alia causa nisi ut artius scriberentur, deletae sunt, verbum septem litterarum erasum *δραχμῆς* fuisse sagaciter conclusit. Aucta igitur est quodam tempore merces dimidia parte.

5) duodetriginta litterae erasae sunt.

6) enuntiati praedicatum erasum est.

7) ΗΣΠΕ lapis, de hoc scripturae genere cf. Wilamowitz l. c.

Fragmentum b undecim versus prorsus fere oblitteratos continet; solummodo initio eorum et ter in fine paucae cognoscuntur litterae hae: οε — | ρηϲ — | καθ — | . γκ — θ | . εξ — θ|ορο — | ἡμέ[ρηϲ] — ε. | ροω — | ιλμ — | ιου — |νβο —

Lex sacra Amphiaraei Oropii ea aetate conscripta, qua Oropii sui erant iuris, i. e. scripturae et sermonis ratione habita intra annos aut 411—402 aut 386—377; illos praeferebat Wilamowitz, hos propter scripturae quaedam indicia satis tamen incerta Dittenberger.

Modesta utique et rustica quadam condicione [8]) tum erat sacellum nec nimia cultorum frequentia celebratum, id quod cum universo legis tenore tum statim initio eius arguitur: videmus enim sacerdotem non in fano ipso, sed in oppido, quod aliquantum aberat, habitavisse, ita ut hieme in fano adesse omnino non deberet ac ne aestate quidem amplius quarto quoque die ad delubrum ire deberet.[9]) Id sane ei cavendum erat, ut aedituus, dum ipse abesset, curam fani et peregrinorum sustineret; is igitur in fano habitabat.[10])

V. 9 sqq. De sacerdotis potestate multas irrogandi cf. n. 34 v. 14.

V. 20 *ἐπαρχὴν — — — ἐννεοβόλου*: pecunia deo solvenda hic *ἐπαρχή* dicitur sicut *IG* II 834b v. 46 (*Syll.*² 587, 182) *ἐπαρχὴ Δήμητρι καὶ Κόρηι παὶ Πλούτωνι* : 𐅃 : [11]), cf. etiam *IG* II 588. Pretium curae divinae olim drachmam fuisse Wilamowitz vidit; quod pretium sine dubio modestum est, ut dimidia postea parte id auctum esse facile intellegatur, ac ne ita quidem modum excedit. Tenendum sane est legem iubere *μὴ ἔλαττον διδόναι*, et hoc minimum pretii multi opinor veriti sunt *παρεόντος τοῦ νεωκόρου* pendere, praesertim cum id non post sed ante curam exactam pendere deberent (*τὸμ μέλλοντα θεραπεύεσθαι*). De more Epidaurio quod nihil traditum inveni, doleo. De thesauro sacro cf. quae ad n. 58 p. 185 attuli.

V. 25 *κατεύχεσθαι δὲ τῶν ἱερῶν κτλ.*: absente sacerdote aedituus, etsi curam templi et peregrinorum sustinebat, tamen ut erat humilis in ipsa Graecia condicio aedituorum [12]) ipsis sacerdotis officiis non fungebatur, immo qui tum deum adibant, ipsi sacerdotis vice fungentes ea, quae deo debebant, in ara ponebant precesque nuncupabant. Difficultate tamen

8) optime et facete hanc rem illustravit Wilamowitz l. c.

9) verba *μὴ πλέον διαλείποντα ἢ τρεῖς ἡμέρας* W. ita intellexerat, ut sacerdotem non plus triduo inter hiemem exactam i. e. Arcturi ortum (Hes. op. 364) et primum ad fanum iter intermittere debuisse putaret; sed rectius Dttb. id interdici statuit, ne unquam per aestatem plus quam tres continuos dies intermitteret, quin in Amphiaraeum veniret; unde et decem dies unius cuiusque mensis, qui v. 5 constituuntur.

10) etiam fractam supellectilem sacram apud se domi servabat: *IG* VII 3498.

11) contra v. 263. 288. 297 in isdem rationibus *ἐπαρχή* pro *ἀπαρχὴ* (*τοῦ σίτου*) dicitur.

12) longe aliter res se habebat apud Graecos Asiae (cf. tit. Magnes. n. 187) et insularum quarundam, velut in Asclepieo Coo aedituus re divina fungitur (Herond. mim. IV 82 sqq.). Universam quaestionem Buechner *de neocoria* (diss.) *Giessen 1888* p. 2—21 docte et copiose tractavit; de Deliacis neocoris cf. nunc praecipue Homolle *BCH* XIV p. 485 sq.

quadam hoc praeceptum laborat. Verba enim καὶ τεῖ θυσίει ἑαυτοῖ κατεύχεσθαι ἕκαστον si coniungas cum superiore sententia, ut apodosin efficiant verborum ὅταν δὲ μὴ παρεῖ, supervacanea et paene molesta sunt; sin ab illis separes tamquam novum propriumque praeceptum primo certe aspectu adversa fronte cum superiore (κατεύχεσθαι — — ὅταν παρεῖ, τὸν ἱερέα) pugnant. Itaque Dittenberger voce τεῖ θυσίει sacrificium sollemne publicum dici coniecit: per feriarum tempus praeceptum illud, ne quis praesente sacerdote ipse rem faceret sacram, teneri non potuisse cum quia ille publicis sacris occupatus esset, tum quia per illos dies longe maior hominum privatorum turba quam umquam alias cum victimis suis in delubrum confluxisset. Offendit sane ita ipsa vox θυσίει; vix enim causa idonea erat, cur hoc loco non aeque ac v. 34 ἑορτή usurparetur, praesertim cum vocem θυσίει molesta illa ambiguitas sequeretur. Nec vero quae praeterea excogitari possunt, offensione liberiora sunt et illum in modum certe res ipsa optime evenit; etiam quod die festo sacerdos nihil ex privatis sacrificiis accipit (v. 34sq.), optime cum Dittenbergeri interpretatione convenit. Ceterum apud Herondam mulieres Aesculapio sacrificantes non ipsae preces nuncupant, sed aedituus (cf. adn. 12).

V. 30 post δέρμα rasura est decem litterarum. Dttb. λαμβάνειν suppleverat subiectum esse τὸν ἱερέα arbitratus. Sed neque spatium ita expleri et de emolumentis sacerdotis demum v. 33 agi Keil verissime monuit ac sagacissime scriptum fuisse τõ θεõ ἶναι coniecit pellem saepe deo cessisse exemplis recte confirmans.[13]) Sane hoc praeceptum Oropi non intactum mansisse rasura indicat.

V. 31 arbitrium quamcunque hostiam sacrificandi ita in altera lege non recurrit, nam n. 109 et n. 119, etsi eadem fere formula atque ἅπαν ὅτι ἂν βόληται adest, exceptiones tamen fiunt gravissimae. Nec vero dubito, quin in minoribus certe sacellis hoc arbitrium usitatum fuerit. De carnibus hostiarum in fano ipso comedendis cf. n. 48 et quae ibi attuli.

V. 33 sportulae sacerdotis modestae sunt, nihil enim nisi umeros hostiarum accipit ac sollemnium die ne hos quidem omnes, sed δημοσίων modo, cuius rei causam iam supra ad v. 27 tetigi. Umerum praeterea bis in fastis Myconiis (Prott n. 4 v. 8 et 32) sacerdoti tribui legimus, illic tamen una cum linguis. Ceterum mentione τῆς ἑορτῆς demonstratur, id quod per se ipsum consentaneum est, non demum altera IV a. Chr. n. saeculi parte ferias Amphiarao celebratas esse, licet tum demum, Atheniensibus denuo re publica Oropia tradita, maiore splendore constitutae sint.[14])

Inde a v. 36 de condicionibus ritibusque incubandi agebatur vehementerque dolendum est maiorem partem temporum iniquitate deletam esse.

---

13) etiam arietis quem ante incubationem ipsam sacrificabant pellem, ut ea substrata dormirent (Paus. I 34, 5), inde dei propriam factam esse consentaneum est.

14) cf. n. 31 et duo quae ibi attuli decreta (p. 97sq. not. 1 et 2). Etiam certamina iam ante annum 338 ab Oropiis habita esse Dittenb. coll. *IG* VII 414 statuit (*Syll.*² 639).

De nominibus incubantium in *πετεύρῳ* i. e. in tabula quadrata lignea inscribendis publiceque proponendis cf. simile praeceptum decreti de oraculo Apollinis Coropaei n. 80 v. 32 sqq.; etiam mystarum Eleusiniorum catalogi tabulis ligneis inscribebantur.[15]) — v. 43 sqq. viri et feminae in eodem cubiculo, diversis tamen in partibus incubabant[16]); in Asclepieo Piraeensi viros feminasque vel promiscue incubuisse apparet ex Aristoph. Plut. 672 sqq.

V. 47 in. manifesto praedicatum deest, cui subiectum *τοὺς ἐν[καθ-εύδοντας]*, obiectum *[τὸ κοιμ]ητήριον*; itaque nescio an *παριέναι δὲ εἰς] τὸ κοιμητήριον τοὺς ἐν[καθεύδοντας* scriptum fuerit et deinde praeceptum, quibus condicionibus cubiculum sacrum intrare liceret, quales Pausanias affert I 34, 5: *καὶ πρῶτον μὲν καθήρασθαι νομίζουσιν ὅστις ἦλθεν Ἀμφιαράῳ χρησόμενος· ἔστι δὲ καθάρσιον τῷ θεῷ θύειν· θύουσι δὲ καὶ αὐτῷ καὶ πᾶσιν, ὅσοις ἐστὶν ἐπὶ τῷ βωμῷ τὰ ὀνόματα· προεξειργασμένων δὲ τούτων κριὸν θύσαντες καὶ τὸ δέρμα ὑποστρωσάμενοι καθεύδουσιν ἀναμένοντες δήλωσιν ὀνείρατος* et Philostr. Apoll. Tyan. II 37 *λαβόντες οἱ ἱερεῖς τὸν χρησόμενον σίτου τε εἴργουσι μίαν ἡμέραν καὶ οἴνου τρεῖς.*

66. Lapis infra in angulum acutum desinens, qua parte olim haud dubie in terram inmissus erat, inventus in Amphiarai fano Oropio. Edd. Girard *BCH* III (1879) p. 437, Dittenberger Lollingii apographo usus *IG* VII 422 et *Syll.*² 572 (361¹), Michel *Recueil* 763.

Ὅρος· μὴ τοιχοδομε͂ν
ἐντὸς τῶν ὅρων ἰδιώ-
την.

Terminus terrae sacrae Amphiarai, priore parte IV a. Chr. n. saeculi inscriptus. Simillime cum lege sacra coniunctus est terminus Heracleae Ponticae (n. 199) *ὅρρος τõ ἱερõ τότο· ἐνδὸς μὴ θάπτειν.*

67. Tabula marmoris in duas partes fracta, inventa in vico *Kalamo* prope Oropum, nunc in museo Britannico. Edd. Boeckh *CIG* 1570, Lebas-Foucart 467, Newton *Greek Inscr. in the Br. Mus.* II n. 140, Dittenberger *IG* VII 303, Michel *Recueil* 827. Cf. etiam S. Reinach *Traité d'Epigr.* p. 69 sq., Swoboda *Wien. Stud.* X p. 300 sq., Newton *Essays on Art and Archaeology* p. 138 sqq.

A.

Ἄρχοντος ἐν κοινῶι Βοιωτῶν Cτράτωνος, ἱερέως δὲ τοῦ Ἀμφιαρά|ου Ἐπικράτου· Πίργης Ἀρχιππίδου εἶπεν ὑπὲρ ἱερῶν· προ|βεβουλευμένον αὐτῶι εἶναι πρὸς τὴν βουλὴν καὶ τὸν δῆ|μον, ἐπειδὴ συμβαίνει τινὰ τῶν ἐπὶ τῆς τραπέζης τοῦ Ἀμ||φιαράου ἀργυρωμάτων ἀχρεῖα γεγονέναι, τινὰ δὲ ἐπισκευ|ῆς χρείαν ἔχειν, εἶναι δὲ καὶ τῶν πρὸς τοῖς τοίχοις ἀνακει|μένων πεπτωκότα τινά, νόμισμά τε ἐπίσημον χρυσοῦν | καὶ ἀργυροῦν καὶ ἕτερα ἄσημα ἃ ἐμ παραδοσίμοις

15) *IG* I n. 225 c A Col. II et n. 225 e fr. B: ΔΙ *σανίδια, ἐν οἷς τοὺς μύστας κ[ατεγ]ράφο[μεν].* A. Mommsen *Feste* p. 209 adn. 1.

16) *λουτρῶνες* erant IV certe saeculo utrisque diversi: cf. decretum de canali lapideo *ἐκ τοῦ λουτρῶνος τοῦ ἀνδρείου* faciendo *IG* VII 4255 (*Syll.*² 542, Michel 586).

ἔχου|ϲιν οἱ ἱεράρχαι, πεπονηκέναι δὲ καὶ τὴν φιάλην τὴν χρυϲῆν ∥ τὴν ἐπὶ τῆϲ τραπέζηϲ, ἧι ϲπονδοποεῖται ὁ ἱερεύϲ, καὶ εἶναι ἀχρεί|αν· δεδόχθαι τῆι βουλῆι καὶ τῶι δήμωι, ὡϲ ἂν κυρωθῆι τὸ | ψήφιϲμα· ἑλέϲθαι τρεῖϲ ἄνδραϲ ἐκ πάντων τῶν πολιτῶν· | τοῖϲ δὲ αἱρεθεῖϲιν οἱ ἱεράρχαι παραδότωϲαν τό τε νόμιϲ|μα τὸ ἐκπεπτωκὸϲ ἀριθμῶι, καὶ τῶν ἀργυρωμάτων ὅϲα ∥ ἐϲτὶν ἀχρεῖα, πυρώϲαντεϲ[1]) καὶ ἀποξύϲαντεϲ τὸν καττί|τερον· ὡϲαύτωϲ δὲ καὶ τὰ χρυϲία τὰ ἄϲημα ἃ παρειλήφα|ϲιν, καὶ τὴν φιάλην τὴν χρυϲῆν· ταῦτα δὲ παραδότωϲαν | οἱ ἱεράρχαι τῆι ἀρχῆι ἀπεψήϲαντεϲ[2]) καὶ ποιήϲαντεϲ | τῶι κάλλει πρὸϲ τὸ ἐπίϲημον, καὶ οὕτωϲ ἀποϲτηϲάτω∥ϲαν· παραδότωϲαν δὲ πάντα ταῦτα ϲταθμῶι μετὰ | πολεμάρχων καὶ κατοπτῶν, καὶ ἀπολογιϲάϲθωϲαν | τὰ παραδοθέντα πρὸϲ κατόπταϲ· οἱ δὲ παραλαβόντεϲ, | ὅϲα μὲν ἂν δοκῆι ἐπιϲκευῆϲ προϲδεῖϲθαι, ἐπιϲκευ|αϲάτωϲαν, ἐγ δὲ τῶν λοιπῶν ποιηϲάτωϲαν ἀργυρώ∥ματα τῶι θεῶι βουλευόμενοι περὶ τῆϲ καταϲκευῆϲ με|[τ]ὰ πολεμάρχων καὶ ἱεραρχῶν καὶ ϲυνηγόρων τῆϲ πό|λεωϲ τὰϲ ἐγδόϲειϲ ποιούμενοι τῆϲ τε ἐργαϲίαϲ καὶ | [τ]ῆϲ ἐπιϲκευῆϲ παρὰ κατόπταϲ· ἐγδότω δὲ ἡ ἀρχὴ | [κ]αὶ ἐξ οὗ ἂν παραλάβηι χρυϲίου ἀϲήμου καὶ ἐπιϲή∥μου καταϲκευάϲαι τῶι θεῶι φιάλην χρυϲῆν, | καταλιπομένη δοκιμεῖον[3]), ὡϲ δ᾽ ἂν ϲυντελεϲθῆι πα|ραδότωϲαν τοῖϲ ἱεράρχαιϲ καὶ ἀποϲτηϲάτωϲαν με|[τ]ὰ πολεμάρχων καὶ κατοπτῶν· ὁ δὲ ϲυλλογεὺϲ ἀνοί∥[ξαϲ] τὸν θηϲαυρόν, ὡϲ νομίζεται, ἐξελέτω τὸ γινό∥[μενον] ἀνάλωμα καὶ διδότω τὰϲ δόϲειϲ τῶι ἐργώνη[ι | πάϲαϲ κα]τ[ὰ τὰ]ϲ προ[ρ]ρήϲειϲ, ἐὰν δὲ μὴ ἦι ἐν τῶι θη|ϲαυρῶι τὸ [κεφάλαιον τοῦ ἀ]ναλώματοϲ, προϲθέτω ὁ τα|μίαϲ ὁ προάρχων τὸ ẹ[λλεῖπ]ον καὶ ἀπολογιϲάϲθω πṛ[ὸϲ] | κατόπταϲ· ἵνα δὲ ṭ[οῖϲ ἀναθεῖϲ]ιν ὑπομν[ήματα ἦι τῶν] ∥ ἀναθεμάτων ὅϲα μ[έλλ]ει καταϲ[κευαϲθῆναι, τοὺϲ] | ἱεράρχαϲ ϲτήϲανταϲ ἕκαϲτον τὸ ἀνάθε[μα ἀναγρά]|ψαι εἰϲ ϲτήλην λιθίνην τό τε ὄνομα τοῦ ἀνα[θ]έντοϲ | καὶ τὴν πόλιν ἐξ ἧϲ ἂν ἦι καὶ τὴν ὁλκὴν τοῦ ἀναθέ|ματοϲ καὶ τοῦ νομίϲματοϲ τὸ πλῆθοϲ· ἀναγραψάτω∥ϲαν δὲ καὶ τὸ ψήφιϲμα τὸ κυρωθὲν περὶ τούτων | εἰϲ τὴν ϲτήλην καὶ ἀναθέτωϲαν οὗ ἂν δοκῆι ἐν | καλλίϲτωι εἶναι, καὶ τὸ γενόμενον ἀνάλωμα ἀπο|λογιϲάϲθωϲαν· ἐὰν δέ

---

1) hunc locum ad explicanda verba Theophr. Char. 18, 7 *ὅταν ἥκῃ τις αἰτησόμενος ἐκπώματα, μάλιστα μὲν μὴ δοῦναι, ἂν δ᾽ ἄρα τις οἰκεῖος ᾖ καὶ ἀναγκαῖος, μόνον οὐ πυρώσας καὶ στήσας* adhibenda esse monuit Wilhelm *Festschrift f. Benndorf* p. 246.

2) verbum hic non de fundendo auro dici, quia ita vasa ipsa essent abolita solumque superesset aurum rude, cum de isdem praeciperetur *ταῦτα παραδότωσαν*, sed de vasis in tinctura quadam coquendis, ut species eorum par fieret pulchritudini auri signati (*πρὸς τὸ ἐπίσημον*), statuit Boeckh.

3) de massa auri ad phialam conficiendam dati relinquendum esse specimen, ex quo quale aurum fuisset, cognosci experiendo posset, vidit Boeckh et instrumenta experiendi et probandi saporis, quae *δοκιμεῖα* vocantur (Plat. Tim. p. 65 C) contulit.

τι μὴ ποιήcηι ἡ ἀρχὴ ἡ αἱρε|θεῖcα τῶν γεγραμμένων ἐν τῶι ψηφίcματι ἢ οἱ ἱε||ράρχαι ἢ ὁ cυλλογεὺc ἢ ὁ ταμίαc, ἔνοχοι ἔcτωcαν | τῶι κατὰ τὸν τῆc οἰκονομίαc νόμωι ὡc κατεβλαφό|τεc τὰc προcόδουc τοῦ θεοῦ.

B.

Τάδε cυνεκόπη τῶν ἀναθημάτων | κατὰ τὸ ψήφιcμα ὃ ἔγραψε Πίργηc· | Λυcάνδραc κανοῦν, ὁλκὴ Η𐅃ΔΔΔ⊢⊢⊢· | et iam sequuntur donaria nominatim perscripta.

Argumentum decreti III a. Chr. n. saeculo inscripti persimile est Attici de Herois Medici vasis corruptis decreti n. 38, nisi quod hic etiam maiore diligentia de singulis rebus cavetur. Summa autem eius haec est: labem fecerant Amphiarai nonnulla donaria argentea et phiala aurea, qua sacerdos libabat, praeterea deciderant[4]) nummi aliaque ornamenta aurea et argentea, quae donariis ad parietem collocatis affixa fuerant.[5]) Quae cum ita essent, Oropii tres viros (*ἀρχή*: v. 18. 28. 48) creaverunt, qui opere locato e vasis argenteis ea, quae refici poterant, reficienda, reliqua una cum ceteris ornamentis argenteis conflanda novaque vasa conficienda itemque e vetere phiala reliquoque auro novam phialam auream conflandam curarent[6]); impensas autem rei ex aerario sacro ac, si id deficeret, etiam e publico solvi[7]), nomina denique eorum, qui olim donaria illa dedicassent, memoriae causa in stela incidi iusserunt. Nec tamen eam rem tres viri soli curaverunt; quorundam magistratuum opera carere omnino non poterant: *οἱ ἱεράρχαι*[8]), cum curam donariorum haberent, vasa et *ἄσημα* illa, quae asservabant (v. 8. 16), tradere tabulamque donariorum conficere debuerunt; aerario sacro praeerat *ὁ συλλογεύς*, qui thesaurum aperuit et inde pecuniam prompsit; aerario publico, quo illo deficiente recurrendum erat, *ὁ ταμίας*.

4) inde quod v. 14 sqq. *τὸ νόμισμα τὸ ἐκπεπτωκὸς* et *τὰ χρυσία τὸ ἄσημα* separantur, *ἄσημα* illa, quae v. 8 et 16 commemorantur, inter *τὰ πεπτωκότα* habenda non esse cave colligas: repugnat particula *τέ*, qua v. 7 *νόμισμα* ipsum superioribus *πεπτωκότα τινά* appositum coniungitur cum sequentibus *καὶ ἕτερα ἄσημα*; et mutati ordinis v. 14 causa aperta est; hic enim ea, quae *ἀριθμῷ* et quae *σταθμῷ* tradenda sunt, separantur, numerari autem solum numismata poterant, non *ἄσημα*, quae examinanda erant.

5) quem morem Newton optime illustravit coll. Lucian. Philopseud. 48 *πολλοὶ ἔκειντο ὀβολοὶ πρὸ τοῖν ποδοῖν αὐτοῦ* (*τοῦ ἀνδριάντος*) *καὶ ἄλλα νομίσματα, ἔνια ἀργυρᾶ, πρὸς τὸν μηρὸν κηρῷ κεκολλημένα, καὶ πέταλα ἐξ ἀργύρου, εὐχαί τινος ἢ μισθὸς ἐπὶ τῇ ἰάσει.* Eundem morem hodie quoque vigere notum est.

6) ne tale quidem hodie inauditum est, velut Newton Lesbi in vico *Ayasso* ecclesiam S. Virginis cognovit donariis et votivis divitem: '*these are periodically melted down; and out of the proceeds the priests of the church receive a share, the rest being employed in some public work for the benefit of the community. The aqueduct, with which the village of Ayasso is supplied, was, I was told, built with the founds thus obtained* (*Essays* p. 142).' Cf. etiam Lenormant *La Monnaie dans l'Antiquité* p. 28 sqq.

7) v. 33—39 ita intellegendos esse docuit Newton.

8) hi magistratus, Boeotorum ut videtur proprii, raro occurrunt, velut Thespiis (*Syll.*^{2} 752); etiam catoptae Boeotorum proprii videntur.

Praeterea autem Oropii eadem cauta prudentia qua Athenienses usi alios quosdam magistratus, polemarchos (sicut Athenienses *τὸν στρατηγὸν τὸν ἐπὶ τὴν παρασκευήν*) et catoptas rei consulere iusserunt eo sc. consilio, ut ceteros custodirent, ac catoptarum quidem id munus proprium fuisse nomen ipsum indicat.

Iis, quae v. 13 sqq. de tradendis vasis etc. praecipiuntur, in universum id agi, ut hierarchae ea purgata tradant, patet, sed accuratius quaerendum, quid sibi velit praeceptum *ἀποξύσαντες τὸ καττίτερον*. Boeckh plumbum album, quo ferrumine numismata et alia ornamenta in vasis munita fuisse coniecit, hierarchis abradendum fuisse, ne quid in argento aurove liquefaciendo admisceretur plumbi albi, iudicavit, quia eo admisto aurum et argentum vitiaretur rigidumque fieret atque insuper pondus vasorum non foret integrum. Et abradendi quidem rationem optime explicavit, causam unde plumbum album vasis adhaesisset, non item. Numismata enim et alia ornamenta ferrumine in vasis munita fuisse veri dissimile est, velut cero affixa Lucianus (not. 5) dicit. Itaque ego verba illa de ferrumine, quo partes fractas vasorum ferruminaverant, accipio.

68. In basi marmoris albi inventa in Amphiaraeo Oropiorum cum multi alii tituli tum hoc decretum scriptum est. Edd. Dittenberger *IG* VII 351 et plenius Leonardos *Ἐφ. Ἀρχ.* 1892 p. 42 n. 70, unde Michel *Recueil* 699.

Ἐπικράτης Ἀρχίππου εἶπεν ὑπὲρ ἱερῶν· ἐπειδὴ συμβαίνει τὴμ | πόλιν Ἀκραιφιέων ἀποστεῖλαι πρεσβευτὰς τρεῖς ἄνδρας τοὺς δια|λεξομένους μετὰ τοῦ ἱερέως καὶ τοῦ προφήτου πρὸς τὰς πόλεις | τὰς ἐν τῆι Βοιωτίαι καὶ παραγενόμενοι εἰς τὴν ἐκκλησίαν τό τε ψήφισ‖μα ἀνέγνωσαν τὸ παρὰ τῶν Ἀκραιφιείων καὶ παρεκαλοῦσαν τὸν | δῆμον συναύξειν τὴν θυσίαν τῶι Ἀπόλλωνι τῶι Πτωίωι καθάπερ καὶ τὸ | κοινὸν Βοιωτῶν καὶ ἡ πόλις τῶν Ἀκραιφιείων· ὅπως ἂν οὖν φαίνηται ἡ πόλις | τῶν Ὠρωπίων καθάπερ αὐτεῖ προσήκει, εὐσεβῶς καὶ ἐνδόξως τὰ πρὸς | τοὺς θεοὺς συντελοῦσα καὶ εὐχαριστοῦσα τεῖ πόλει Ἀκραιφιείων· ‖ δεδόχθαι τεῖ βουλεῖ καὶ τῶι δήμωι· τὸν ἄρχοντα καὶ τοὺς πολεμάρχους | τοὺς ἀεὶ γινομένους καὶ τὸγ γραμματέα πέμπειν βοῦν ἀπὸ τῆς πόλεως | εἰς τὰ Πτώια καὶ αὐτοὺς συμπομπεύειν καὶ τἆλλα πάντα πράττειν καθά|περ καὶ ἐν ταῖς λοιπαῖς θυσίαις γέγραπται αἷς ἡ πόλις θύει ἐν τῶι κοινῶι | Βοιωτῶν· ἀναγράψαι δὲ τοὺς πολεμάρχους· τόδε τὸ ψήφισμα ἐν τῶι ‖ ἱερῶι τοῦ Ἀμφιαράου οὗ ἂν αὐτοῖς φαίνηται ἐγ καλλίστωι εἶναι, τὸ δὲ | ἄλωμα τὸ γενόμενον εἰς τὴν ἀναγραφὴν τοῦ ψηφίσματος δοῦναι | τὸν ταμίαν τὸν προάρχοντα τὴν δευτέραν τετράμηνον.

E multis titulis, quibus civitates Graecorum exeunte III a. Chr. n. saeculo Acraephiensium de feriis Ptoiis concelebrandis adhortationibus satis fecerunt, Oropiorum exemplum elegi et quia haec una fere civitas decreto suo etiam, quomodo ferias illas concelebratura esset, sanxit, ut titulus quodammodo legis sacrae vice fungatur, et quia v. 12—13 diserte omnia pariter fieri iubentur atque in ceteris communibus Boeotorum sacrificiis, ut etiam huius rei exemplum hoc titulo contineatur.

Hostia igitur, qua ferias communes concelebrabant, bos erat ex more ut videtur vulgato: cf. cum decretum Asinaeorum *Syll.*[2] 654, quo feriis Cereris Chthoniae una cum Hermionensibus *συμπομπεύειν καὶ ἄγειν βοῦν* constituerunt, tum schol. Aristoph. Nub. 386 *ἐν τοῖς Παναθηναίοις πᾶσαι αἱ ὑπὸ τῶν Ἀθηναίων ἀποικισθεῖσαι πόλεις βοῦν τυθησόμενον ἔπεμπον*, quocum convenit decretum de colonia Bream deducenda *IG* I 31 *Syll.*[2] 19 v. 11 sq. *βοῦν δὲ καὶ [πανhοπλίαν*[1]) *ἀπά]γεν ἐς Παναθήναια.* — Deinde vero e v. 10 sq. summos civitatis magistratus, archonta polemarchos scribam, pompae interesse bovemque ducere debuisse apparet.

69. Stela marmoris albi ab utraque parte inscripta, olim Tanagrae, nunc Parisiis; mutila non est nisi in medio latere altero, sed inferior pars humiditate valde corrosa, ut lectione sit difficillima. Continet praeter decreta duo, quae sola hic repeto, catalogum feminarum stipem conferentium et catalogum donariorum item a feminis oblatorum. Totum titulum ed. cum imagine photographica Th. Reinach *Rev. des Et. Grecques* XI (1899) p. 58 sqq. et XII (1900) p. 126. Cf. etiam Wilhelm *MAI* XXIV p. 347 et *BCH* XXV (1901) p. 99 not. 2.

Κ̣αφιcίαο ἄρχοντος τῶ τρίτω, ψαφίςματα μεινὸς Θηλουθίω[1]) οὔςτε|ρ̣ο̣μεινίη[2])· ἐπεψάφιδδε Cιμώνδας Θιομνάςτω· Τελεςίας Θαρςουμάχω | [ἔ]λεξ̣ε περὶ ἱαρῶ, προβεβωλευμένον εἶμεν αὐτῦ πὸτ τὸν δᾶμον·

Ἐπιδὴ | μ̣αντευομένας τᾶς πόλιος οὑπὲρ τῶ ἱαρῶ τᾶς Δάματρος κὴ τᾶς Κόρας, πό‖τερα κὴ[3]) αὐτῖ[4]) ἰαόντυς[4]) Ταναγρήυς καθὰ κὴ νιοῦν ἐπὶ τὸ βέλτιον ἔςςετη | ἢ μεταφερόντυς ἐν τὸν τόπον τὸν τᾶς Εὐαμερίας εἶ ἐν πόλιν· ὁ Ἀπόλ|λων ἔχρειςε ʽθιὰς προϝαςτίδας ςτεφάνυ δέκεςθη ἐπ' ἀγαθῦ θάλλον|τας κὴ οὕτο ποῖμεν εὐχομένως αὐτῆς τῆς θιῆς'· ὅπως ὦν καταςκευ|αςθείη τὸ ἱαρὸν τᾶς Δάματρος ἐν πόλι ὅτι κάλλιςτον ἐν τῦ τόπυ ἐν ὗκα ‖ φήνητη τῦς πολεμάρχυς κὴ τῦς ςουνδίκυς κὴ τῆ ἀρχῆ τῆ ἡρεθείςη· | δεδόχθη τῦ δάμυ, ἐπί κα τὸ ψάφιςμα κουρωθείει, ἀρχὰν ἑλέςθη τὸν δᾶ̣|μον ἐν Ϝέτια τρία, τρῖς ἄνδρας μὴ νιωτέρως τριάκοντα Ϝετίων· τ̣ὰν | δὲ ἡρεθεῖςαν καταςκευάττη τὸ ἱαρὸν ἐν πόλι, βωλευομένως πεδὰ | τῶν πολεμάρχων κὴ τῶ ἀρχιτέκτονος· ἠ δέ κά τινος τόπος ἦ Ϝυκία χρή‖ςιμος ἴει πὸτ τὰν καταςκευὰν τῶ ἱαρῶ, τὺ πολέμαρχυ ςουνκαλέ|ς̣αντες τὸν δᾶμον

1) suppl. Prott (Wilhelm *Gött. Gel. Anz.* 1903 p. 774).

1) mensis sextus aut septimus anni.

2) ultimum mensis diem esse recte statuit R., vocem etiam in decreto Larisaeo (*MAI* VII p. 66 = Michel *Recueil* 41) v. 40 recurrere monuit W.; conferenda vox *νεομηνία* et *διχομηνία.*

3) *κή*, de quo R. dubitat, rectum mihi videtur et haec fere Tanagraeis in animo fuisse indicat: *'etiamne si operae transferendi sacelli parcemus, deae nobis propitiae erunt?'*

4) *αὐτῖ = αὐτεῖ, ἰαόντυς = ἐαόντεσσι* esse vidit R.

cταcάνθω τιματὰc ἕνδεκα ἄνδραc κὰτ τὸν νόμοṿ | τὸν κυνὸν Βοιωτῶν· ὅπωc δὲ κὴ χρημάτων πόροc γένειτη κὴ καταcκευ|αcθείει τὸ ἱαρὸν κὴ ὁ ναὸc ὅτι τάχιcτα, ἐccεῖμεν[5]) τῆ βηλομένη τᾶν | γουνηκῶν ἐπανγείλαcθη μὴ πλῖον πέντε δραχμὰc κὴ δόμεν τῆ ἀρχῆ τῆ || [ἡρ]ẹθείcη ἐν ἁμέρηc Ϝίκατι, τὰν δὲ ἀρχὰν λαβῶcαν οὗτα τὰ χρείματα ἀνα|[τιθεῖμ]ẹν[6]) ἐν τὰν καταcκευὰν τῶ ἱαρῶ κὴ ἐν τὰν ἀγόραccιν ὧν κα δε|[ίη, βωλευο]μένωc πεδὰ τῶν πολεμάρχων, ὅπη κα φήνειτη αὐτῦc λουcι|[τελέcτατον εἶ]μεν κ̣ὴ ἀπολογίτταcθη τὸ λᾶμμα κὴ τὸ ἅλωμα πὸτ τὼc | [κατόπταc· ἡ δ]ẹ́ κα μὴ ἐκποιίωνθι τὰ χρείματα ἐκ τᾶν ἐπανγελιάων || [τὸν ταμίαν τὸν] ἐπὶ τῶν καθιαρωμένων τὸν ἠὶ ἄρχοντα διδόμεν ὁ|[πόττων κα δ]είη[6]) χρημάτων κὴ τὸ ἅλωμα ἀπολογίτταcθη πὸτ τὼ[c | κατόπταc· ὅπω]c δὲ κὴ φανερὴ ἴωνθι τὴ ἐπανγελμένη κὴ δεδωῶcη | [γουνῆκεc, ἀπο](γράψ)αcθη[7]) τὸ ὄνουμα κὴ ἐπιπατρόφιον κὴ ὁπόττον κα ἑ|[κάcτα ἴη δεδωῶ]cα, πρίαcθη δὲ κὴ cτάλαν κὴ ἀνγράψη τὰ ὀνούματα || [κὴ ἐπιπατρόφια τᾶν γ]ουνηκῶν κὴ ὁπόττον κα ἑκά[c]τα δεδωῶcα ἴη κὴ ἀνθε[ῖ|μεν[6]) ἐν τῦ ἱαρῦ τᾶc Δά]ματροc κὴ τᾶc Κόραc, μὴ πλῖον ἀναλίcκονταc δραχμ̣|[ὰc — — — κὴ] τὸ ἅλωμα ἀπολογίτταcθαι πὸτ τὼc κατόπταc· ἡ δέ κ̣[α | τι οὑπεργένειτη] ἀργούριον ἀπὸ τᾶν ἐπανγελιάων, τὰν ἀρχὰν ἀπολ[ο|γίτταcθη κὴ δόμε]ν τῦ ταμίη τῦ ἐπὶ τῶν καθιαρωμένων, τὸν δὲ τα||[μίαν ἀνγράψη . . .]υτ'[8]) ἐπ' αὐτῶ ' ἱαρὸν τᾶc Δάματροc κὴ τᾶ[c] Κ̣όρα[c' . . . | . . . .]ον. . .μιṿ· ἡ δέ κά [τ]ι ἐπιcκευ[ᾶc] δείẹι̣ τῶν ἐν | [τῦ ἱαρῦ λαμβάνεμεν τὸν ἠὶ ταμ]ίαν ἀφ' οὕτων τῶν χρειμάτων κὴ ἀπολογίτ|[ταcθη τὸ ἅλωμα πὸτ τ]ὼc κατόπταc. Ἀρχὰ ἡρέθει Τελεcίαc Θαρc̣ọυ̣|[μάχω . . . .]c Θιοτίμω Cιμώνδαc Θιομνάcτω· Τελ̣εcίαc || [Θαρcουμάχω ἔλεξε] προβεβωλευμένον εἶμεν αὐτοῖ, ἐν ἀνγραφῆ εἶ[με]ν | [τὸ ψάφιcμα ὃ ἔγραψ]ε [ο]ὑ̣π̣ὲρ̣ τᾶc κα[τ]αcκευᾶc τῶ ἱαρῶ τᾶc [Δά]μạ[τροc | κὴ τᾶc Κόραc κὴ π]άντα τὰ [ὀνούματα τᾶν] γουνηκ[ῶν] τ̣ὴ ἐδώκαcαν [ἐπὶ] τὰν κα|[ταcκευὰν τῶ ἱαρῶ τᾶ]c Δάμ[ατροc] <τ̣ᾶ̣c̣ Δ̣[άματροc]> κὴ τᾶc Κόραc κὰτ τὸ ψά|φιcμα· iam sequitur catalogus feminarum, quae stipem contulerunt.

---

5) non infin. fut., sed idem esse atque *ἐξεῖμεν* Bréal *Rev. des études gr.* l. c. p. 244 monuit.

6) e v. 34 certo suppl. Rein.; pecuniae publicae diversis aerariis quaestoribusque distributae erant; similiter Chaeroneae occurrit *ταμίας ἐπὶ τῶν ἱερῶν* (*IG* VII 3303).

7) ΓΙΤΤΑΣΘΗ i. e. *ἀπολο]γίττασθη* lapis et R., manifestum errorem lapicidae, cui verbum *ἀπολογίτταςθαι* paulo supra bis (v. 23 et 27) deinceps iteratum in animo haerebat, emendavit Wilhelm (vid. *BCH* l. c.).

8) R. *ἀνγράψη ο]ὖτ' ἐπ' αὐτῷ* ipse dubitanter, sed nec spatium ita suppletur et o]ὖτ' illud quippe supervacaneum valde displicet.

Tanagrae extra muros sacellum erat Cereris et Proserpinae. Id num alio transferrent, cives quacunque causa [9]) commoti Apollinem [10]) consuluerunt. Qui cum quamvis artificiosa lingua summam tamen rei satis clare significavisset (v. 7—8), tres viros (*ἀρχά*) [11]) creari placuit, qui una cum polemarchis, syndicis, architectone sacellum intra oppidum extruendum curarent (v. 9—14) atque, si opus esset, vel expropriandi potestatem [12]) in privatos exercerent (14—17); expensas autem ita tolerari placuit ut quaecunque vellent mulieres stipem conferrent (v. 17—24), et solummodo, si haec pecunia deficeret, publicae pecuniae adhiberentur (24—27), atque inscribi nomina earum, quae stipem contulissent (27—32), denique si quid pecuniae superesset e stipe collata, tradi quaestori, ut inde quae opus forent sacello expenderet (v. 33—38).

V. 4. Constat Gephyraeos, quos e regione Tanagrensi ortos putabant (Herod. V 57), sacra Cereris *Ἀχαίας* coluisse, quae dea a Tanagrensibus ipsis nomine *Γεφυραία* culta esse traditur. [13]) Quaeritur, num eadem Ceres hoc titulo dicatur. Iam cultum, de quo hic agitur, mulierum proprium fuisse sicut Thesmophoria Attica e v. 17—24 apparet et cum his ipsis Thesmophoriis sacra Cereris Achaiae a Plutarcho comparantur [14]), neque iusta causa Reinach dubitare videtur, num haec etiam post discessum Gephyraeorum obtinuerint. Tamen ne ipse quidem Achaiam Cererem hoc titulo dici puto, si quidem ipsum cognomen *Ἀχαία* sive *Γεφυραία* desideratur.

V. 6 non dubito quin voce *Εὐαμερίας* nomen divinum contineatur totumque illud *ἐν τὸν τόπον τὸν τᾶς Εὐ.* facili breviloquentia dictum sit pro *τὸν τόπον ἐν ᾧ τὸ ἱερὸν τᾶς Εὐ.*, qualem pleniorem locutionem e. g. habemus n. 122 v. 12 *τὸν δὲ τόπον ὅπει ὁ βωμὸς τοῦ Κτησίου καὶ τὸ ξόανον.* Rectissime autem iam Th. Reinach Sicyonium Euamerionem comparavit, deum illum medicum, quem Pausanias eundem atque *Ἄκεσιν* Epidaurium interpretatur (Paus. II 11, 7). [15]) Novum igitur et insigne exemplum

9) vetustate labefactum fuisse R. manifestum ducit, ego non duco; titulus quidem nullum huius rei vestigium praebet et talis labes causa erat restituendi, non transferendi. Nescio an civibus situs delubri parum tutus visus sit.

10) Ptoium sine dubio, ut iam recte R. statuit, et dei prophetae ipsi, non scribae Tanagrensi dialectum Boeoticam oraculi tribuo.

11) cf. decretum Oropium n. 67, quo item tres viri sacris administrandis creari iubentur, illic tamen sine temporis circumscriptione.

12) raro eam apud Graecos occurrere monet R., notissimum exemplum praebetur Atheniensium pacto anni 403: Arist. *Ἀθ. Πολ.* 39 *ἐὰν δέ τινες τῶν ἀπιόντων οἰκίαν λαμβάνωσιν Ἐλευσῖνι, συμπείθειν τὸν κεκτημένον· ἐὰν δὲ μὴ συμβαίνωσιν ἀλλήλοις, τιμητὰς ἑλέσθαι τρεῖς ἑκάτερον καὶ ἥντιν' ἂν οὗτοι τάξωσιν τιμὴν λαμβάνειν.*

13) cf. Preller-Robert *Griech. Myth.* p. 752, Toepffer *Att. Geneal.* p. 296 sq.

14) videntur certe comparari, ut cautius dicam quam Toeffer et Reinach; dicit enim Plut. Is. et Os. 69: quo tempore Aegyptii tristia Isidi sacra faciant, eo multa similia apud Graecos agi: *καὶ γὰρ Ἀθήνησι νηστεύουσιν αἱ γυναῖκες ἐν Θεσμοφορίοις χαμαὶ καθήμεναι· καὶ Βοιωτοὶ τὰ τῆς Ἀχαίας μέγαρα κινοῦσιν, ἐπαχθῆ τὴν ἑορτὴν ἐκείνην ὀνομάζοντες ὡς διὰ τὴν τῆς Κόρης κάθοδον ἐν ἄχει τῆς Δήμητρος οὔσης.*

15) cf. de hoc deo v. Wilamowitz *Isyll.* p. 55, Preller-Robert *G. M.* p. 521 not. 4, Usener *Götternamen* p. 170.

tenemus eiusdem notionis divinae nomine et masculino et feminino designatae, quae res praecipue in dis medicis viguisse videtur, velut iuxta Acesin illum dea erat Aceso, Iaso iuxta Iasonem.[16])

V. 8 *στεφάνυ δέκεσϑαι* de deabus moenium corona recipiendis dici manifestum est et ita Tanagrenses intellexisse decretum testatur. Ambigua autem verba *ἐπ' ἀγαϑῦ ϑάλλοντας*; haec enim structura coniungenda esse nec *ἐπ' ἀγαϑῦ* referendum ad *στεφάνυ* veri certe simile est. *ἐπ' ἀγαϑῦ* idem valere atque *ἀγαϑῇ τύχῃ* putaveris; *ϑάλλοντας* autem pro *ϑαλληφοροῦντας*, id quod sane potissimum exspectamus, accipi posse recte negavit Reinach, sed quod Henricum Weil *ϑάλλοντας* pro *ϑαλιάζοντας banquetant* accipientem laudat, pompa *δέχεσϑαι* oportebat deas, non epulis. Fortasse hic simili translatione atque Hesiod. Erg. 234 verbum usurpatur.

V. 9 *μὴ πλῖον πέντε δραχμάς*: similia praecepta populari quadam ratione nata saepius occurrunt, cf. *IG* II 334 v. 19 *μὴ ἐξέστω δὲ μηϑενὶ ἐπιδοῦνα[ι πλέον* HH *δραχμῶν] μηδ' ἔλαττον* 𐅄.

70. Tabula marmoris caerulei fracta a superiore et ab inferiore parte, inventa in colle iuxta fontem *Perdikovrysi*, qui est prope templum Apollinis Ptoi Acraephiense. Edd. Holleaux *BCH* XIV (1890) p. 19 n. 10, Dittenberger *IG* VII 4135 et *Syll.*² 557, Michel *Recueil* 700.

A.

— — — — ἀcφάλειαν εἶναι τοῖ]c πορευομέ[νοιc εἰc τὰ Πτώϊα[1]) — — | . . . .]ίαc καὶ ὡc ἂν ἡ πανήγυ[ριc — — — | αὐτοῖc τε[1]) καὶ] ἀκολούθοιc καὶ ἃ ἂν ἔχωcι . . . . . .| . . . . ἐὰν δέ τιc [παρὰ] ταῦτα ἄγηι τινὰ ἢ ῥυ[cιάζηι, ‖ ὑπ]όδικοc ἔcτω ἐν Ἀμφικτύοcιν· εἶναι δὲ καὶ ἄcυ|λον τὸ ἱερὸν τοῦ Ἀπόλλωνοc τοῦ Πτωΐου τὸ ἐν Ἀκραιφίοιc, ὡc ἂν | αἱ cτῆλαι ὁρίζωcι καθάπερ τὸ ἐν Δελφοῖc· τὴν δὲ λοιπὴν χώ|ραν τὴν ἱερὰν τοῦ Ἀπόλλωνοc τοῦ Πτωΐου μὴ ἀδικεῖν μηδένα· | ἐὰν δέ τιc ἀδικῆι, ὑπόδικοc ἔcτω ἐν Ἀμφικτύοcιν· τῆc δὲ ‖ ἐκεχειρίαc καὶ τῆc ἀcφαλείαc ἄρχειν τὴν πεντεκαιδεκά|την τοῦ Ἱπποδρομίου μηνὸc κατὰ θεόν, ὡc Βοιωτοὶ ἄγουcιν, | ὡc δὲ [Δ]ελφοὶ Ἀπελλαίου[2])· κυρίουc δ' εἶναι οἰκονομοῦνταc | τὰ κατὰ τὸ ἱερὸν τόν τε προφήτην καὶ τὸν ἱερέα τοῦ Ἀπόλλω|νοc τοῦ Πτωΐου καὶ τὴν πόλιν τῶν Ἀκραιφιέων καὶ τὸ κοινὸν ‖ τῶν Βοιωτῶν καθὼc καὶ ἔνπροcθεν καὶ τὸν ἀγωνοθέτην | τὸν εἰρημένον ἐπὶ τὸν ἀγῶνα τῶν Πτωΐων· ἀναγράψαι δὲ τὸ ψή|φιcμα ἐν cτήλαιc Πτωϊοκλῆν Ποταμοδώρου καὶ ἀναθεῖναι | τὴμ μὲν ἐν Δελφοῖc ἐν τῶι ἱερῶι τοῦ Ἀπόλλωνοc, τὴν δ' ἐν Ἀ|κραιφίοιc ἐν τῶι ἱερῶι τοῦ Πτωΐου, τὴν δὲ ἐμ Πυλαίαι· ἀναθεῖ‖ναι δὲ καὶ τῶν ἄλλων ἱερῶν ὅπου ἂν δοκῆι

16) Usener l. c. p. 35 sqq. et p. 156 sqq.

1) supplevi ut conexum indicarem, vid. comm.

2) *Ἱπποδρόμιος* septimus mensis est Boeotorum, respondens fere Iulio Romanorum, *Ἀπελλαῖος* primus Delphorum.

ἐν καλλίστωι εἶν|αι· ἐὰν δέ τι γίνηται ἀδίκημα παρὰ τὸ δόγμα τῶν Ἀμφικτυ|όνων, ἀποτεισάτω ὁ ἀδικῶν δισχιλίους στατῆρας καὶ ὃ | ἂν καταβλάψηι, τὰ δὲ καταδικασθέντα χρήματα ἱερὰ ἔσ|τω τοῦ Ἀπόλλωνος τοῦ Πτωΐου· ἀνενενκεῖν δὲ τὸ δόγμα τοὺς ‖ ἱερομνήμονας ἐπὶ τὰς πόλεις καὶ τὰ ἔθνη τὰ ἴδια ὅπως εἰδῶ|σιν πάντες τὰ δεδογμένα τοῖς Ἀμφικτίοσιν.

| Καλλικλίδας Λοκρὸς ἐσς Ὀπόεντος καταβὰς ἐν Τρεφώ|νιον ἀνάνγειλε Λεπάδειαν τοῖ Δὶ τοῖ Βασιλεῖι ἀνθέμεν | κὴ τοῖ Τρεφωνίοι, κὴ Ἀκρήφια τοῖ Ἀπόλλωνι τοῖ Πτωΐυ, κὴ μεὶ ‖ ἀδικῖμεν μειδένα οὕτως[3])· οὕτως [δ]ὲ ἀγιρέμεν ἀμφοτέ|ρως τὰ ἱαρὰ χρείματα κυνῆ ἐφ᾽ ουγίη κατὰ πᾶσαν χώ|ραν, κὴ τὸν ἀγῶνα ἱαρὸν καταγγελλέμεν· ὅστις δέ κα τῶ | Διὸς τῶ Βασιλεῖος ἐπιμελειθείει τῶ ναῶ, τὸν στέφανον | ὕσẹṭη.

Antiquum erat prope Acraephias (Herod. VIII 135) oraculum Apollinis Ptoii, propter responsum, quod bello Persarum barbara lingua dedit, iam inde ab Herodoto famosum. Iam cum locum illum Francogalli anno 1889 eruerent, non modo reliquias templi feliciter effoderunt, sed etiam multas invenerunt inscriptiones, quibus plurimum ad splendorem cultus posteriorem attulisse *ἀσυλίαν* delubro et *ἐκεχειρίαν* certaminibus Ptoiis ab Amphictionibus decretam apparet, ac feliciter accidit, ut ipsius huius decreti exemplum altera fere II a. Chr. n. saeculi parte *στοιχηδὸν* inscriptum hoc lapide conservatum sit. Initium sane et ea pars, quae ad certamina et indutias sacras spectabat, non iam extat praeter paucas reliquias, quarum conexum hunc fuisse, ut *ἀσφάλεια* peregrinis civibus eorumque asseclis ludos frequentaturis tribueretur, concludo voce *ἀκολούθοις καὶ ἃ ἂν ἔχωσιν* coll. simili formula cum aliorum titulorum[4]) tum legis antiquae Eleusiniae (n. 3 B 4) *σπονδὰς εἶν[αι] τοῖσι μύστ[ησιν] καὶ το[ῖς ἐπ]όπτῃσιν καὶ τοῖς ἀκολ[ούθ]οισιν καὶ [χρήμα]σιν τῶν [ὀθ]ν[ε]ίων*. Nec quo spectet v. 1 verbum *πορεύεσθαι* latet: dicuntur ii, qui ad Ptoia concelebranda iter faciunt.[5]) Contra de v. 2 supplendo etiam nunc dubito, utrum temporis definitio lateat velut *πάντα τὸν χρόνον τῆς ἐκεχειρ]ίας* an ita fere sententia restituenda sit: *ὡς δὲ ἂν ὡς πλεῖστοι μετέχωσι τῆς ἐκεχειρ]ίας καὶ ὡς ἂν ἡ πανήγυρις [ὡς λαμπρότατα συντελῆται]*.

V. 5 ius asyliae non universae terrae dei sacrae, sed parti eius terminis significatae tribuitur, sed etiam reliquam partem, fundos sc. sacros, Amphictiones ab iniuriis vindicare videmus.

V. 15 sqq. Antiquitus haud dubie propheta[6]) sacerdosque ac civitas

3) cave adverbium intellegas, ut voluit Dttb. referens ad *ἀνθέμεν*, ut sit *ὡς ἀνακειμένων τῶν πόλεων τοῖς θεοῖς*, immo sine dubio Boeotica forma est pro *τούτους*, ut iam Holleaux vidit.

4) contuli ad n. 3 p. 15 sq.

5) cf. *BCH* VIII p. 450 n. 17 (*Syll.*² 642) cum v. 9 *πορεύεσθαι εἰς τὰ Ἰτώνια ἀσυμβόλους Ἀρκεσινεῖς* tum 27 *[εἶ]ναι δὲ αὐτῶι ἀτέλειαν καὶ γυναικὶ καὶ ἐκγόνοις πασῶν τῶν συμβολῶν πορευομένοις εἰς τὰ Ἰτώνια*.

Acraephiensium ipsa res templi administraverant, Boeotorum deinde re publica communi constituta huius auctoritas accesserat, quam ad sacra quoque singularum civitatum pertinuisse decreto de vasis Amphiarai n. 67 confirmatur. Hoc denique decreto accessit agonotheta Ptoiorum, unde tum primum haec certamina instituta esse Dittenberger collegit, sed potest etiam res aliter explicari: olim sicut ipsorum ludorum ita agonothetae condicio modesta erat, tum vero splendore ludorum aucto suo iure is, qui iis praeerat, postulavit, ut universis rebus sacris administrandis interesset.[7])

V. 17 *Πτωϊοκλῆν Ποταμοδώρου* legatum fuisse, qui ab Amphictionibus hoc decretum impetraret, recte observavit Dittenberger, quoniam si certo magistratu publico functus esset, significatio eius nomini addita esset, vel potius, ni fallor, nomine proprio omisso solum magistratus, qui decreta publica inscribebat, significatus esset.

V. 19 *ἐν τῶι ἱερῶι τοῦ Πτωΐου*: nomen Apollinis non casu omissum est, cf. duas quae inscriptionibus servatae sunt dedicationes *Εἵρωι Πτωΐοι* factas (*MAI* IX p. 7 et *BCH* XXII [1898] p. 243 n. 1).[8]) Id igitur, quod iam pridem Usener *Götternamen* p. 133 e nominibus humanis *Πτῳόδωρος Πτῳοκλῆς* etc. collegerat: *Πτώιος* origine nomen dei per se culti proprium fuisse et postmodo demum cognomen Apollinis factum esse iam satis titulorum auctoritate confirmatur.

B. Decreto Amphictionum oraculum Trephonii Lebadensis subiunctum est.[9]) Et ratio huius conexus perspicua est; oraculo enim ipso quoque sicut Lebadea Iovi et Trephonio, ita Acraephia Apollini consecrari iubentur et violari vetantur (cf. A v. 5—9), atque etiam verba *κὴ τὸν ἀγῶνα ἱαρὸν καταγγελλέμεν*, quamquam Apollo Ptoius non nominatur nec spondere ausim, utrum ipse Trophonius certamen Lebadense (*Βασίλεια*) an Acraephiense dixerit, poterant tamen utique ad Ptoïa referri Veri simillimum igitur est Acraephienses, cum id agerent ut fano ludisque suis tutelam dei Delphici et *ἐκεχειρίαν* compararent, oraculo hoc usos id, quod ab Amphictionibus impetrare studebant, auctoritate Trephonii commendasse nec dubito, quin ipsi Amphictiones initio decreti deleto, ubi quibus rebus commoti haec decrevissent, exponendum erat, etiam oraculi mentionem fecerint. Sed hoc mirum est oraculum neque Lebadensi neque Acraephiensi homini,

6) et in titulis et apud scriptores frequens eius memoria; apud Herod. VIII 135 idem *πρόμαντις* vocatur.

7) quod *IG* VII 4138 etc. legimus *τὸν ἀγῶνα τῶν Πτωΐων ὃν τιθέασιν Ἀκραιφιεῖς πεντέτειρον τῷ Ἀπόλλωνι τ. Πτ. στεφανίτην θυμελικόν*, verbum *τιθέασιν* sane institui certamen indicat, sed ni fallor, certum genus eius verbis deinceps *πεντέτειρον - στεφανίτην - θυμελικόν* designatum.

8) auctoritas earum non minus valet, licet eas non e fano celeberrimo, sed e sacello peculiari herois Ptoii in ipso oppido Acraephiensium sito oriundas esse Perdrizet *BCH* l. c. recte coniecerit.

9) cf. de hoc cum Philostrat. Apoll. Tyan. VIII 19, schol. Aristoph. Nub. 508 tum Paus. IX 39 (Deubner *De incubatione* passim). Sub terra habitare credebatur sicut Amphiaraus, unde in hoc titulo legitur *καταβὰς ἐν Τρεφώνιον*; cf. de eodem oraculo n. 71 v. 5 et de oraculo Apollinis Clarii titulum Colophonium *Rev. de Phil.* 1898 p. 259 n. 2 *θεοπρόποι — — οἵτινες μυηθέντες ἐνεβάτευσαν* sc. in specum, de quo Tac. ann. II 54.

sed privato peregrino Opuntio datum esse. Holleaux paucos homines ad deum illum descendere ausos esse ac, cum Locrus ille descensurus esset, Acraephienses occasione et homine usos esse coniecit. Ac sane Mys, legatus ille Mardonii, ipse non descendit, sed *μισθῷ ἄνδρα ἐπιχώριον καταβῆναι* commovit (Herod. VIII 134), verum inter cives Acraephienses et Lebadenses — nam ad hos non minus oraculum pertinet — tum ne unum quidem repertum esse, qui ultro aut pretio rem susciperet, persuadere mihi non possum. Itaque nescio an res e singulari oraculi Trephonii natura explicanda sit: neque enim ibi certas quaestiones deo per sacerdotes ponere nec responsa per prophetam ferre solebant, sed descendebant cum deo ipso quodammodo congressuri et, quaecunque ille vellet, audituri sive spectaturi.[10]) Qua re ni fallor callide Acraephienses usi sunt: idcirco non ipsos oraculum adisse puto, quia si deus ipse tamquam sua sponte cuilibet homini privato et peregrino praesertim, quid sibi de Acraephiis et de ludis placeret, mandavisset, fore ut multo magis homines moverentur, merito confidebant. Quem ad finem nihil iis opus erat nisi ut aut quem peregrinum aut ipsos sacerdotes ea, quae quisque infra viderat atque audiverat, interpretari solitos[11]) sibi conciliarent.

71. Lebadeae in impluvio templi cuiusdam Turcici. Primus male ed. Pococke *Inscr. ant.* P. I c. 5 s. 5 p. 61, unde repetivit Boeckh *CIG* 1571. Denuo exscripsit et edidit Leake *Travels in Northern Greece* II p. 130 tab. VII n. 32; sed tum lapis ita detritus erat, ut multa non iam legi possent, qua de causa ne Pocockii quidem apographum plane neglegi potest. Utrumque separatim repetiverunt K. Keil *Syll. Inscr. Boeot.* p. 37 sqq., Lebas *Inscr.* II 761, Meister *Bezzenb. Beitr.* VI p. 4 n. 13, et *SGDI* 413 (Add. p. 393), Larfeld *Syll. Inscr. Boeot.* n. 65, Dittenberger *IG* VII 3055. Cf. etiam Koehler *Hermes* XXIV p. 640 sqq. — Laterculum donatorum decreto subiunctum non exscripsi.

— — — — — ἔδ]οξε τῆ πόλι Λεβαδει[ήων — —
. . . αν . ο . . . . . το . . [Τ]ρεφω[νιο- — — — — —
. . . . ρο — — — — — ν̣ό̣μ̣ι̣ϲ̣μα̣ ἀ̣ρ̣[γουρίω κὴ
δέκα δραχμά̣ω̣ν̣ ε̣(ἰλ)ύ[τ]αϲ δέκα κ — — — —
κὴ ὅϲτιϲ [μ]εὶ καταβεβάων ἀντίθε[ιτι — — — —
ον δέκα δραχμάων εἰλύταϲ δέκα — — — — —
μεν αὐτῶ . ἐν τρία τάλαντα (sequitur donatorum laterculus).

Decretum Lebadensium de oraculo Trephonii[1]) consulendo medio fere IV a. Chr. saeculo inscriptum[2]), quod tam mutilum ad nos pervenisse valde dolendum est.

Dittenberger duobus apographis separatim propositis continuum inde et integrum textum solito acumine efficere conatus est, sed vereor, ne

---

10) cf. praecipue Pausan. l. c. § 11—14. 11) Paus. l. c. § 13.

1) cf. de eo n. 70 not. 9.

2) donatorum enim primus *Ἀμύντας Π[ερ]δί[κ]κα [Μα]κεδόνων βασιλεύ[ς]* recensetur i. e. Philippi fratris filius, qui patre mortuo regnum sub tutela Philippi patrui adeptus est; vid. quae Dittenb. l. c. de hac re exposuit.

multis locis fallacibus Pocockii lectionibus plus merito tribuerit. Pro meo proposito optimum videbatur in textum ea solummodo recipere, quae Leakii auctoritate confirmantur, unamque praeterea Pocockii lectionem, quae eo probatur, quod integram vocem efficit, et hoc loco iam pauca addere. V. 2 Poc. ‾ʒ‾‾ΟΙΙΙΣΦΩΙΟΙΚΑΤΑΡΟ, unde Dittenb. v. 1/2 ita refinxit: *ὅς κα ἐν τὸ | ἄντρον καταβᾶ, τοὶ Τρεφωνίοι κατιαρῶ[μεν ἐν τὸν θησαυ]ρό[ν,* quae quamvis acute excogitata duabus tamen dubitationibus obnoxia sunt. Ac primum quidem supplementum *ἐν τὸ ἄντρον* cum sermonis usu de Trephonio consulendo sollemni convenire non videtur, cf. n. 70 v. 27 *καταβὰς ἐν Τρεφώνιον*, deinde vero verbum *κατιαρῶμεν* ne cum ipsius quidem tituli usu convenit, si quidem v. 5 de lectione *καταβαβάων ἀντίθε[ιτι* vix dubitandum est.

V. 3 *νόμισμα ἀρ[γουρίω* nititur uno Pocockii apographo hic tamen fide digno; Leake in extr. v. ΡΙΩΝΟ habet, ubi inverso ordine *ἀργου]ρίω νό[μισμα]* latere dixeris. Ceterum fuisse consecrandam pecuniam donariis infra subiunctis confirmatur.

V. 4 *ειλύτας* e v. 6 facile restituitur, ac vel Pocockii lectione ΕΚΑΥΙΑΣ verum elucet; *ειλύται* autem huius tituli haud dubie idem sunt atque *ἐλλύται* testamenti Epictetae, quo epimenii iubentur sacrificare *ἐλλύτας ἐκ πυρῶν χοινίκων πέντε*. Placentae igitur genus vocabulo significari videtur. — Deinde post *δέκα* Poc. dedit ΚΑΤΑΑΥΤ unde Dttb. *κατὰ αὐτόν*, quod etiamsi L. primum solum Κ legit, satis tamen probabile est.

V. 5 extr. Po. ΑΝΤΕΘΕΙΚΙΠΑ, idem v. 6 extr. post *δέκα* ΙΓΡΑΦΕ et v. 7 in. ΡΙΕΙΙ, unde Dttb. v. 5—7 ita restituit: *κὴ ὅστις [μ]εὶ καταβεβάων ἀντίθειτι κα[τὰ αὐτ]ὸν δέκα δραχμάων ειλύτας δέκα, γραφέμεν αὐτὸν ἐν τρία τάλαντα.* Ac sane, si v. 4 extr. *κατὰ αὐτόν* comprobatur, proclive est eandem vocem postea restituere, attamen esse, quod repugnet moneo; nummus enim argenteus, qui supra postulabatur, ita omittitur. Veri similius deinde *γραφέμεν*. Poena si recte se habet, immani quadam magnitudine memorabilis.

72. Lapis olim Orchomeni in ruderibus aedificii ex lapidibus vetustis extructi, nunc periit. Primus ed. Clarkius *Itin.* P. II S. III p. 169, deinde post Boeckhium *CIG* 1568 aliosque Larfeld *Syll. Inscr. Boeot.* 36, Meister *SGDI* 495 (cf. add. p. 394), Dittenberger *IG* VII 3169 et *Syll.*² 579, Michel *Recueil* 701. Cf. praeterea Keil *Syll. Inscr. Boeot.* p. 31 et Dittenberger *Ind. Hal. aest.* 1888 p. 3sq.

Δαμοτ(θ)ίδαο ἄρχοντος· | ἱαρειάδδοντος | Ἀντιχαρίδαο Ἀ[θα]νο|δώρω· (ἁ π)όλις Δὶ Μειλί[χυ][1]· ‖ Ἀντιχαρίδας Ἀθανοδώρω ἔλ[ε]|ξε· δεδόχθη τῦ δάμυ· ὅπω[ς] ἔχω(ν)|θι τῶν πολιτάων τὺ

---

1) ΜΕΙΛΙΑ; *Μειλι(χ)[ίν]* legerunt Boeckh et Keil, quia v. 9 hanc cognominis formam suspicati sunt scribentes *(τῦ Δὶ τ)ῦ Μειλιχίν*; sed v. 9 scriptum fuisse *ἐ[ν] (τ)ῦ Μειλιχίν* i. e. in delubro Iovis Milichi Dittenb. vidit, unde suo iure altero loco breviorem formam in Boeotia usitatam (*IG* VII 1814) restituit.

θύ(ο)ν(τ)εc ἐ[ν] | (τ)ῦ Μειλιχίυ ο(ὕ)δατι χρειεῖcθη π[ο]|τίμυ, κατα-cκευάττη κ(ρ)[άναν] ‖ ἐν τῦ ἱαρῦ εἰ πὰρ τὸ (ἱ)αρ[όν[2]), εἶ κα] | δοκῖ ἐ(ν) καλλίcτο[ι εἶμεν.

Argumentum tituli Dittenberger emendatione egregia detexit; traditam enim lectionem v. 8 ΟΧΛΑΤΙ, cum priores editores varie nec tamen feliciter temptassent, ille ΟΥΔΑΤΙ genuinam fuisse scripturam perspexit et inde etiam v. 9 extr. reliquias ΚΕ emendavit et supplevit. Decretum igitur est Orchomeniorum, quo ut aquae bonae limpidae in fano Iovis Milichii inopiae mederentur, fontem ibi instituendum curaverunt. Cui rei quantum in fanis tribui solitum sit, Dttb. pluribus exemplis illustravit, quorum gravissimum est decretum Carthaeense *IG* XII 5 n. 569 *τὸν ἐπιμελητὴν — — — ἐπιμελεῖσθαι — — ὅπως ἂν μήτε [λό]ωνται μήτε πλύ(ν)ωσιν ἐ[ν ταῖς κρήναις, ἀ]λλὰ κα[θα]ρὸν τὸ ὕδωρ εἴσεισιν ἐς τὸ ἱερὸν τῆς Δήμητρος· ἐὰν δέ τις ἢ λ[ό]ηι ἢ [π]λύνηι τ[ι] ἐν ταῖς κρήναις, κύριος ἔστω ὁ ἐπιμελητὴς κτλ.*[3]) Nec tamen solum ad bibendum fontibus puris opus fuisse, sed etiam ad ipsam rem sacram moneo: Thukyd. IV 97 de Delio *ὕδωρ τε ὃ ἦν ἄψαυστον σφίσι πλὴν πρὸς τὰ ἱερὰ χέρνιβι χρῆσθαι* et Paus. II 17, 1 de Heraeo ad Mycenas sito *ῥεῖ δὲ κατὰ τὴν ὁδὸν ὕδωρ Ἐλευθέριον καλούμενον· χρῶνται δὲ αὐτῷ πρὸς καθάρσια αἱ περὶ τὸ ἱερὸν καὶ τῶν θυσιῶν εἰς τὰς ἀπορρήτους*; cf. etiam Paus. I 34, 4 *ἔστι δὲ Ὠρωπίοις πηγὴ πλησίον τοῦ ναοῦ, ἣν Ἀμφιαράου καλοῦσιν, οὔτε θύοντες οὐδὲν ἐς αὐτὴν οὔτ᾽ ἐπὶ καθαρσίοις ἢ χέρνιβι χρῆσθαι νομίζοντες* et legis Andaniae *περὶ ὕδατος* paragraphum (n. 58 v. 103 sqq.).

73. Delphis in lapide muri, qui sustinet stadium. Ed. Homolle *BCH* XXIII (1899) p. 611 sq. haec de situ et specie adnotans: '*pierre de la troisième assise au dessous du couronnement, brêche du Parnasse, dégrossie seulement sur les bords et ravalée dans la partie qui porte l'inscription — — elle n'y a pas été apportée d'ailleurs et encastré comme un vieux souvenir; elle est contemporaine de la construction.*'

Τὸν Fοῖνον μὲ φάρεν ἐc τὸ [Ε]ὐδρ-
όμου· αἰ δέ κα φάρει, hιλαξάcτο
τὸν θεὸν hõι κα κεραίεται καὶ
μεταθυcάτο κἀποτειcάτο πέντε δραχμάc· τούτου δὲ τοῖ κατα-
γορέcαντι τὸ hέμιccον.

2) ΕΙΠΑΡΤΟΛΛΡ..., emend. Ahrens *de dial.* I p. 184 n. 6.

3) cf. praeterea cum Vitruv. I 7, 20, *IG* IV 3099, *BCH* XX p. 720 tum *IG* VII 3499 decretum Atticum notissimum in Pytheae honorem, quia *αἱρεθεὶς ἐπὶ τὰς κρήνας τῶν τε ἄλλων τῶν ἐν τῇ ἀρχῇ ἐπιμελεῖται — — — καὶ νῦν τήν τε πρὸς τῷ τοῦ Ἄμμωνος ἱερῷ κρήνηγ καινὴν ἐξῳκοδόμηκεν καὶ τὴν ἐν Ἀμφιαράου κρήνην κατεσκεύακεν.*

Lex de vino ab Eudromi fano prohibendo, litteris archaicis[1]) inscripta, recentior tamen a. 457, quoniam usque ad hunc certe annum universa certamina in planitie Cirrhae fiebant nec Delphis ipsis stadium exstructum esse videtur.[2])

Eudromos heros agonisticus aliunde adhuc non cognitus optime comparatur cum Telesidromo Eleusinio (n. 2). Fanum eius partem stadii fuisse patet et esse inventas prope murum, cuius hic lapis est, reliquias murorum polygonalium, quae peribolum efficere videntur, Homolle testatur.

Vini exclusio natura herois facile explicatur; athletas quidem vino abstinere debuisse et per se consentaneum est et confirmat Galenus de salubr. vict. rat. 12 XV p. 194 K.

μεταθυσάτω: verbum valde memorabile, quod alibi inveniri non videtur, sed sensum eius Homolle haud dubie recte ita interpretatus est: *il recommencera son sacrifice.*

74. Cippus fere quadratus lapidis calcarii supra fractus ab omnibus lateribus inscriptus, repertus a. 1895 Delphis prope porticum Atheniensium. Edd. Homolle *BCH* XIX p. 5 sqq. tab. XXI—XXIV, Baunack *SGDI* 2561, Michel *Recueil* 995, Dittenberger *Syll.*² 438 (cf. Add. p. 819 sq.), Solmsen *Inscr. Graecae ad inlustr. dial. sel.* n. 36, Dareste-Haussoullier-Reinach *Rec. des Inscr. Juridiques Grecques* II n. 28 p. 179 sqq. Praeterea cf. Dragumis *BCH* XIX p. 295 sqq. et 549, B. Keil *Hermes* XXXI p. 508 sqq., Pomtow *Neue Jahrb. f. Philol.* 66 p. 553 sq., Fournier *BCH* XXII (1898) p. 271, Th. Reinach *Rev. des études grecques* X p. 88 et XI p. 522, Perdrizet *ibid.* XI p. 245 et 419 et XII p. 40, Bechtel *Bezz. Beitr.* XXII p. 279 sqq.

Ego alteram modo partem lapidis ad res sacras pertinentem, lateris C v. 19 sqq. et latus D, exscripsi.

C.

Ηόδ' ὁ τεθμὸϲ πὲρ τῶ|ν ἐντοφήιων[1])· μὴ πλέον πέν|τε καὶ τριάκοντα δραχμ[ᾶ]|ν ἐνθέμεν μήτε πριάμενο||[ν] μήτε Ϝοίκω· τὰν δὲ παχεῖ|[α]ν χλαῖναν φαωτὰν εἶμεν· | αἰ δέ τι τούτων παρβάλλο|ιτο, ἀποτειϲάτω πεντήκο|ντα δραχμάϲ, αἴ κα μὴ ἐξομ||όϲηι ἐπὶ τῶι ϲάματι μὴ πλ|έον ἐνθέμεν· ϲτρῶμα δὲ hὲ|ν hυποβαλέτω καὶ ποικεφ|άλαιον hὲν ποτθέτω· τὸν δ|ὲ νεκρὸν κεκαλυμμένον φ||ερέτω ϲιγᾶι, κὴν ταῖϲ ϲτρ|οφαῖϲ μὴ καττιθέντων μη|[δ]αμεῖ, μηδ' ὀτοτυζόντων ἐ|[χ]θὸϲ τᾶϲ Ϝοικίαϲ πρίγ κ' ἐ|πὶ τὸ ϲᾶμα hίκωντι, τηνεῖ ‖ δ⟦ὲ μηδ⟧ὲν ἄγοϲ[2]) ἔϲτω, hέντε κα hα | θιγάνα[3]) ποτθεθῆι· τῶν δὲ π|ρόϲτα τεθνακότων ἐν τοῖϲ |

---

1) Λ et A, ᐅ = δ, F, H = *h*, ⊕, + = ξ, R, ≮, V, Φ, ↓ = χ. Litteratura igitur antiquior est lege Labyadarum n. 74, sed paulo recentior, ut quidem videtur, inscriptione eorundem rupi incisa, ubi ≯ et ⊮ legitur (*SGDI* 1683).

2) cf. Homolle l. c. p. 612 sq. et A. Mommsen *Delphica* p. 202 sq.

1) ΕΝΤΟΘΗΚΩΝ Homolle, verum vidit Dragumis; de vocalismo vid. Bechtel l. c.

2) ΕΝΑΓΟΣ Hom., ΕΝΑΤΟΣ Drag. et Perdr., vid. comm.

3) *hέντε κα hα*|[*σ*]*ιγ' ἀναποτθέθηι* Hom., *hέντε κα hα*⟦*θέκαπ*⟧*ὶ γᾶν ἀποτθεθῆι* Keil, *hέντε κα hα*|*οῖ* (= *ἡοῖ*) *γᾶι ἀναποτθεθῆι* Drag. acute, sed iam Fourn. statuit re vera v. 39 in. ΘΙΓΑΝΑ scriptum esse.

ϲαμάτεϲϲι μὴ θρηνεῖν μη|δ' ὀτοτύζεν, ἀλλ' ἀπίμεν Ϝο||ίκαδε ἕκαϲτον ἔχθω hομε|ϲτίων καὶ πατραδελφεῶν | καὶ πενθερῶν κἠγγόνων [κ]|αὶ γαμβρῶν· μηδὲ τᾶι hυϲ[τ]|εραία[[ι]], μηδ' ἐν ταῖϲ δεκάτ[α]||ιϲ, μηδ' ἐν τοῖϲ ἐνιαυτοῖ[ϲ, | μ]ήτ' οἰμώζεν μήτ' ὀτοτύ[ζε|ν]· αἰ δέ τι τούτων παρβ|άλλοιτο τῶν γεγραμ|μένων — — — —

D.

— — — — — | ....αχα...δ...|....... Θοῖναι δὲ [τ]αίδ|[ε νόμιμ]οι[4])· Ἀπέλλαι καὶ Β|[ουκά]τια, Ηηραῖα, Δαιδαφ||[όρια], Ποιτρόπια, Βυϲίου | [μην]ὸϲ τὰν hεβδέμαν καὶ | [τ]ὰν hενάταν, κηὔκλει[α, κ]|αρταμίτια, καὶ Λάφρι[α, κ]|αὶ Θεοξένια, καὶ Τραχίν||ια, καὶ Διοϲκουρήϊα, Μεγ|αλάρτια καὶ Ηηράκλεια, | καἴ κ' αὐτὸϲ θύηι hιαρήϊ|ον, καἴ κα λεκχοῖ παρῆι, [κ]|αἴ κα ξένοι Ϝοι παρέωντ||ι hιαρήϊα θύοντεϲ, καἴ κ|α πενταμαριτεύων τύχη|ι· αἰ δέ τι τούτων παρβάλ|λοιτο τῶν γεγραμμένων, | θωεόντων τοί τε δαμιορ||γοὶ καὶ τοὶ ἄλλοι πάντε|ϲ Λαβυάδαι, πραϲϲόντων | δὲ τοὶ πεντεκα̣ίδεκα· αἰ | δέ κα ἀμφιλλέγηι τᾶϲ θω|ιάϲιοϲ, ἐξομόϲαϲ τὸν νό||[μιμ]ον hόρκον λελύϲθω· α|[ἰ δ' ἀ]λίαν ποιόντων ἄρχω|[ν ἀ]πείη, ἀποτειϲάτω ὀδε|λόν, καὶ ϲυγχέοι, ἀποτει|ϲάτω ὀδελόν· τοῖα δὲ κῆμ̣ || Φανατεῖ γέγραπται ἐν [τ]|ᾶι πέτραι ἔνδω· [h]ὰ[5]) δὲ [Φ]ά[ν]|οτοϲ[6]) ἐπέδωκε τᾶι θυγατ|ρὶ Βουζύγαι, τὰ hεμιρρ[ή]|νια κἠκ τᾶϲ δυωδεκαΐδο||ϲ χίμαιραν καὶ τῆμιρ[η]ν|αιᾶν δάρματα καὶ τὰ τῶι | Λυκείωι δάρματα, καὶ τὰ|ν ἀγαίαν μόϲχομ, πάντων | καὶ Ϝιδίων καὶ δαμοϲίω||ν τὸμ προθύοντα καὶ προ|μαντευόμενον παρέχεν | τὰ γεγραμμένα Λαβυάδα|ιϲ· τᾶι δὲ θυϲίαι Λαβυαδ|ᾶν τὠπελλαίου μηνὸϲ τῶ||ι Διονύϲωι, Βουκατίοιϲ | τῶι Δὶ πατρώιωι καὶ τὠπ|όλλωνι τὰ ḥακρόθινα[7]), κα|ὶ ϲυμπιπίϲκεν[8]) hαμεῖ το|ὺϲ Λαβυάδαϲ· τὰϲ δ' ἄλλαϲ || θοίναϲ κὰ[τ] τὰν hώραν ἀπ̣|άγεϲθαι.

Labyadarum de funeribus et epulis sacris leges, quae celeberrimo illius phratriae monumento continentur, *στοιχηδὸν* inscriptae c. a. a. Chr. n. 400 (F, Β = *h*, Η = *η*, Ο = *ο*, Ω = *ω*).

C. *ἐντοφήια*, cum sine dubio idem valeat atque *ἐντάφια*, proprie ea significat, quae mortuo in sepulcrum consecrantur, velut apud Soph. El. 326 *ἐντάφια χεροῖν φέρουσαν οἷα τοῖς κάτω νομίζεται* [9]) (cf. Eur. Iph. Taur. 632

---

4) suppl. Hom. 5) suppl. Baun., vid. comm.

6) v. 31 extr. in lapide ΙΛΙ extare videtur; Baun. primae litterae reliquias propius ad Γ quam ad Φ accedere ratus *Πάνοτος* legit provocans ad Homericum *Πανοπεύς*, sed in ipsa Phocide nullum eius scripturae vestigium occurrere obiecit Dttb.; rectius fortasse ille *κημ*, non *κην* in lapide fuisse coniecit.

7) *τὰν ἀκρόθινα* Hom., sed tertiam litteram Β esse Drag. statuit, iterum Perdr. Ν legit.

8) ΣΥΜΠΡΗΙΣΚΕΝ Hom., verum vidit Fournier.

9) non igitur solum vestimenta, id quod tradere videtur Hesych. *ταφήϊα· ἐντάφια, εἰς ταφὴν ἔνθετα ἱμάτια*; sed ne Hesychium quidem ita scribentem sensum vocis *ἐντάφια* tam arte definire voluisse puto, sed exempli gratia unum

et Hel. 1404); hic tamen vis verbi latius patet, ut omnia, quae mortui gratia in funere fiunt, dicantur.[10]) Labyadarum autem praecepta ex communi antiquitatis ratione ad minuendum sumptum funebrem et lamentationem pertinent. Ac primum quidem pretio rerum in sepulcro conditarum modus constituitur; verbis enim *μὴ πλέον πέντε καὶ τριάκοντα δραχμᾶν* non nummos ipsos, sed res hoc pretio venales[11]) dici sequentibus *μήτε πριάμενον μήτε Ϝοίκω*[12]) demonstratur. Deinde vestimentorum sumptus extenuatur: *χλαῖνα* autem illa *παχεῖα*[13]), de cuius colore leucophaeo v. 6 praecipitur, locum tenere videtur et tunicae et tegumenti lintei, quod Homerus *φᾶρος* (Σ 353, Ω 588), Iulenses (n. 93) *ἐπίβλημα* vocabant. Cuius mentio certe deest, nam quod v. 14 defunctus *κεκαλυμμένος* efferri iubetur, distinguendum puto longum vestimentum, quo mortui corpus praeter caput plerumque implicabatur, a linteo, quo totum lectum in pompa funebri operiebant.[14]) Neque inauditum erat corpora sine epiblemate illo sepeliri, si quidem in vasculis ad Dipylon inventis mortui plerumque nudi videntur, unde eos tunica caruisse non sequitur, epiblemate sequitur.[15]) Ceterum huius legis rationem non tam eam esse moneo, ut legitima vestimenta enumerentur, quam eam, ne Labyadae amplius singula cuiusque generis adhibeant (*ἓν στρῶμα, ἓν ποικεφάλαιον*).[16]) Pulvinum in lege Iulensi n. 93 non commemoratur, sed usum eius in funeribus vulgatum fuisse, ut per se consentaneum est, ita cum Lysias (XII 18) tum artis vasculariae monumenta[17]) testantur, inter quae ne binorum quidem pulvinorum exempla desunt.[18])

V. 13 sqq. nimia lamentatio funebris tollitur (cf. quae ad n. 93 p. 261 sqq. attuli). V. 14 quaeritur, quid sit *ἐν ταῖς στροφαῖς*. Hom. quod cantica alternis vocibus recitata dici existimaverat, utique erravit, quoniam silentio *ἐκφορὰ* fiebat. Baunack interpretatur: *während der Ablösungen, der Abwechslungen der Träger,* id quod tamen nullo modo voci *στροφαί* inesse

---

ἐνταφίων genus affert respiciens aperte Hom. β 99, ubi *ταφήϊον* vestem esse Baun. recte monuit. Pecunia funeraticia ita dici videtur Plut. Arist. 27 in.

10) similiter Plut. Aem. Paul 39 *τοῖς ἀρίστοις καὶ μακαριωτάτοις ἐνταφίοις· ταῦτα δ' ἦν οὐ χρυσὸς οὐδ' ἐλέφας οὐδ' ἡ λοιπὴ φιλοτιμία καὶ πολυτέλεια τῆς παρασκευῆς κτλ.*

11) vestimentorum solum pretium dici putat Lipsius-Schoemann *Griech. Alt.* II p. 595 not. 1, vix recte.

12) ablativum Graecum hac forma teneri acute statuit Solmsen *Rhein. Mus.* LI p. 303.

13) i. e. *crassa,* ut recte Helbig *Homer. Bestattungsgebräuche* (*Sitzungsber. d. Bayer. Ak.* 1900) p. 213 interpretatus est; quo iure Baun. hoc adiectivo mediocrem ac vilem vestem significari putet, nescio.

14) cf. quae p. 262/3 ad n. 93 attuli.

15) cf. Helbig l. c. p. 211.

16) ne id quidem neglegendum *χλαῖναν* separatim tractari a stragulo et pulvino; primum enim praeceptum, in quo *χλαῖνα* occurrit, finitur verbo *ἐνθέμεν* v. 11.

17) e. g. sex inter novem lecythos, quos collegit Pottier *Étude sur les lécythes blancs attiques* 1888 p. 1—22.

18) vid. Pottier l. c. n. 1 et 4, Furtwängler *Beschr. d. Berl. Vasensamml.* n. 1887 p. 372.

potest nec debuit ab eo conferri Homericum τράπετο νόος. Keil denique flexus viae ac potissimum trivia intellexit ut praecipue idonea, quo vulgus concurreret, pompam moraretur, silentium turbaret. Sed licet id periculum in triviis maius quam alibi fuerit, erat certe per totam urbem, ut Labyadas, si id prohibere voluissent, in universum lectum deponi vetituros fuisse exspectemus. Accedit, quod στροφαί flexus viae significare facile concedimus[19]), trivia non item, quippe quae concursu, non flexu viarum efficiantur. Itaque naturam loci recordatus flexus viae montem ascendentis dici confido, in quibus ne lecticam qui portabant ascensu fessi interdum deponerent, erat periculum. — v. 19 sq. τηνεῖ δ[ὲ μηδ]ὲν ἄγος ἔστω: quod in lapide scriptum extat ΕΝΑΓΟΣ sive ΕΝΑΤΟΣ aptam sententiam non efficit. Ipsum enim ἔναγος[20]) s. ἔνατος[21]) nihili est; quod vero Keil particulam δὲ vi intensiva capiens legit τηνεῖ δ' ἐν ἄγος ἔστω *es soll zu Frevel gereichen*, nulla est idonea causa, cur post μηδ' ὀτοτυζόντων formula interdicendi tam sollemniter iteretur. Immo proficiscendum est ab adversativa vi illius δέ, qua facile is conexus existit: *non licet prius lamentari, quam ad tumulum ventum est, hic vero licet quoad etc.* Quam sententiam commode restitui posse scribendo τηνεῖ δ[ὲ μηδ]ὲν ἄγος ἔστω[22]) acute vidit Blass; facile enim fieri potuit, ut lapicida in transscribendis litteris a priore ΔΕ ad alterum errore laberetur; quare non dubitavi coniecturam eius cum Dittenbergero in textum recipere. Enuntiati, quod ab *h*έντε κα incipit, interpretatio ne post Fournieri quidem lectionem certa est. In lapide ΘΙΓΑΝΑ esse is docuit, sed quid hoc sibi velit, dubium; substantivum θιγάνα eiusdem cum θιγγάνω et cum Latino *fingo* originis, quod F. agnovit et imaginem aut ornamentum velut vas vel stelam significare coniecit, fundamento caret solido et de tali re compositum ἐπιτεθῇ, non ποτθετῇ usurpandum fuisse Dittenberger recte monuit. Nam hoc ipsum ποτθεθῆι utique tamquam fundamentum interpretationis tenendum videtur, quoniam qui ἀποτθεθῆι legunt, statim errorem lapicidae[23]) admittere coguntur. Verbum προστιθέναι hic ut alibi de imponendo eo, quo sepulcrum clauditur, dici substantivumque latere *operculum* significans Dittenb. coniecit atque id quidem si sententiam spectas, probabiliter, sed quomodo ea

---

19) huius usus alterum exemplum prorsus simile sane nescio, conferri tamen potest Soph. Trach. 131 ἄρκτου στροφάδες κέλευθοι.

20) olim cogitabam de substantivo eiusdem fere significationis, quae est verbo ἐναγίζειν, quia Graecos mortuis ἐναγίζειν consuevisse notum est, idemque editoribus inscr. iur. in mentem venisse nunc video; sed significatio illa solummodo iis vocabulis inesse videtur, quae ab ipsa stirpe ἐναγιδ- derivata sunt.

21) sane id legerunt Drag. et Perdr. nec tamen explicaverunt; certe quod Dr. vertit '*et là on recommence les lamentations sur le corps*' provocans ad Suid. s. v. ἀτυζομένη, Hesych. s. v. ἀνατί, ἄνατος, ἀτίζει etc., rationem eius non intellego.

22) minus feliciter eandem sententiam Baun. efficere studuit legendo τηνεῖ δ' ἐν ἄτος ἔστω substantivum eiusdem stirpis atque adiectivum ἄτος et Latinum *sat, satis* agnoscens et interpretans *usque ad satietatem* sc. *lamentari liceto.* At ut hoc novum substantivum ei concedamus, tamen id ipsum a simplici legis sermone vehementer abhorret.

23) defendere sane studuit Keil l. c. p. 517.

litteris ΘΙΓΑΝΑ elici possit, non video.[24]) Iam nuperrime editores inscr. iurid. glossam Hesychii *θισάνα* (*sic*)· *χῶμα σωροειδές* attulerunt, id quod speciosum videtur, si modo de ipso tumulo verbum *προστιθέναι* aptius dicitur. Sed ne hoc quidem prorsus certum duco.

V. 21 sqq. funere ipso peracto nemini nisi propinquis remanere licet; *ὁμέστιοι* i. e. ii, qui in eadem domo habitant, natu proximi sunt: parentes, liberi, fratres, sorores. — v. 46 sqq. inferias postridie funeris, decimo die post, diebus anniversariis[25]) factas esse discimus; tricesimus igitur dies, quo Athenis sacra quaedam fiebant[26]), more tum quidem Delphorum celebratus non esse videtur, cf. legem Iulensem, ubi diserte *τριηκόστια ποιεν* vetatur (n. 93 v. 20).

D. Initio lateris deleto non statim liquet, a quo epulae diebus festis deinceps enumeratis habeantur, utrum ab universa phratria an a singulis phrateribus. Sed subvenit nobis, ni fallor, ratio quaedam grammatica; nam inde quod v. 12 pronomen masculinum *αὐτός* usurpatur, antea de nomine item masculino velut *ἕκαστος τῶν Λαβυαδῶν* sermonem fuisse colligo. Dittenbergero idem res ipsa evincere visa est: non posse credi, quandocunque aliquis e Labyadis victimam caedebat (v. 12) aut cum hospitibus sacrificabat (v. 14 sq.), ei necesse fuisse epulis invitare totam phratriam. Sed id ipsum quaeritur, utrum necessitas illas epulas habendi an potestas solum hac lege sanciatur; adiectivo enim *νόμιμος*, ni fallor, utrumque significari potest. Rationem autem superioris partis tituli, qua sumptus funebris extenuatur, recordatus eandem in hac parte subesse numerumque occasionum, quibus cuique Labyadae epulas habere liceat, definiri conicio. Iis vero, quae inde a v. 12 leguntur, non novae praeter ferias publicas occasiones privatae continentur, sed appositionis vice ea funguntur artiusque occasiones definiunt: ne feriis quidem illis epulae legitimae erant nisi certis condicionibus, quarum duae facile intelleguntur, sc. si Labyada quidam ipse aut una cum eo hospites sacra fecerant. Sed accedunt duae aliae difficiliores, ac primum quidem v. 13 *καἴ κα λεκχοῖ παρῆι*: ita enim legendum esse cum plerisque confido. Nam Homollii lectio *καἴ κα λεκχ' οἷ παρῆι* et propter elisionem inauditam et propter *οἷ*, quod fuit scribendum *Ϝοι*, utique reicienda est. Nec minus id, quod Keil proposuit *καἴ κ' ἀλεκχοῖ παρῆι* (a *παρίημι*, non a *πάρειμι*) '*wenn er es seiner Frau überlassen hat*' gravissimis quas ipse sensit difficultatibus obnoxium est; nam et substantivum *ἀλεκχώ*[27]) inauditum est neque in hac sententia articulus deesse potuit; accedit, quod verbum *παρεῖναι*, cum in proximo versu certum sit,

---

24) an de *οἰγάνα* recte cogitavit Solmsen?

25) de genuina vi vocis *ἐνιαυτός* vid. Türk *Hermes* XXXI p. 647 sq., Wilhelm *ibid.* XXXII p. 317 et *Wien. Sitzungsber.* 1900 IV; in lege Iulensi sollemnia illa *ἐνιαύσια* vocantur (B v. 5).

26) Harpocr. s. v. *τριακάς*, Poll. I 66, Bekk. Anecd. p. 268, 19, Rhode *Psyche* p. 214, 2 et 215, 1.

27) ipsum *λεχώ* enim nusquam mulierem aut uxorem, sed semper puerperam significare rectissime monuit Dttb.; pro *χ* in hoc antiquo titulo *κχ* scribi sane mirum, sed haec difficultas, utcunque legitur, remanet.

hic quoque subesse probabile est. Relinquitur ea quam recepi lectio, quam Dittenb. et Fournier uterque commode ita fere interpretati sunt: mulierem si e puerperio sacra faciebat, ut dis gratiam referret, adiuvare debebat coniunx, qui si defunctus erat aut peregre versabatur, alius vir, genere sc. vel familiaritate proximus, eo negotio fungebatur, unde recte lex non dicit τᾷ (ἑαυτοῦ) γυναικὶ τεκούσᾳ, sed indefinite λεχοῖ i. e. *puerperae*. — v. 15 denique καἴ κα πενταμαριτεύων τύχῃ additur; munus, quo quisque per quinque dies fungebatur, dici longe veri simillimum est[28]), etsi de tali nihil amplius constat. Ad res sacras negotia pertinuisse iam Keil recte ex hoc praeceptorum conexu collegit, sed ad administrationem potius quam ad ipsa sacra faciunda pertinuisse existimo.

De feriis ipsis, quas ex ordine temporum enumerari menses ex iis appellati ostendunt[29]), pauca adnoto haec: Ἀπέλλαι sollemnia ea erant, quibus pro pueris in phratriam recipiendis parentes victimas, τὰ ἀπελλαῖα, adducebant[30]); similia igitur erant Apaturiis Atticis, Dionyso sacra fuisse apparet e v. 43 sqq. — Βουκάτια, quae ante diem X mensis Bucatii acta esse Dittenberger coll. lateris A v. 20 et 41 sq. probavit, τῷ Δὶ τῷ πατρῴῳ καὶ τὠπόλλωνι fiebant, cf. D v. 45—47. Comparanda esse Βουφόνια Attica et Βουκόπια Rhodia (*IG* XII 1 n. 791) patet. Notatu autem dignum est Pythia, quae eodem mense quinto quoque anno agebantur, hic non commemorari. — Ἡραῖα: de his nihil aliunde traditur. — Δᾳδαφόρια ad nocturna Bacchi orgia coll. Plut. de Is. et Os. p. 364 E Homolle probabiliter rettulit.[31]) — Ποιτρόπια idem Neptuno tribuit, quia mensis Ποιτρόπιος Delphorum Ποσιδεὼν Atheniensium et Ionum est, sed ea ratio parum firma est. — V. 6 sq. ordo nominum festorum intermittitur sequunturque dies duo mensis Bysii numeris definiti, quibus tamen item dies festos latere veri simillimum est. Ac septimus quidem Βυσίου dies natalis Apollinis habebatur (Plut. Qu. Gr. 9 p. 292 F). Iam vero A. Mommsen[32]) eodem die Θεοφάνια (Herod. I 51) acta esse iam pridem coniecit, cui coniecturae satis probabili hic titulus videtur repugnare, quia si erant die VII illius mensis Θεοφάνια, has quoque ferias aeque ac ceteras nominatim dici exspectamus. Quae difficultas nescio an ita removenda sit, ut Theophania per triduum, dies VII—IX, pertinuisse mediumque octavum quadam de causa epulis prohibitum esse[33]) statuamus, qua ratione simul τᾶς ἐνάτας

---

28) vid. quae optime de ea voce exposuit Keil p. 511; Dttb. apte comparavit e *Syll.*² 510 v. 9 διαιρετὰς τῶν κτημάτων Ephesios καθ' ἑκάστην πενθημερὸν denuo creandos.

29) hoc enim ordine menses Delphorum se excipiebant: 1. Ἀπελλαῖος, 2. Βουκάτιος, 3. Βοάθοος, 4. Ἡραῖος, 5. Δᾳδοφόριος, 6. Ποιτρόπιος, 7. Ἀμάλιος, 8. Βύσιος, 9. Θεοξένιος, 10. Ἐνδυσποιτρόπιος, 11. Ἡρακλεῖος, 12. Ἰλαῖος.

30) constat priore lapidis parte; cf. e. g. A 31 τὰ δὲ ἀπελλαῖα ἄγεν Ἀπέλλαις καὶ μήτε ἄλλαι ἀμέραι κτλ.

31) ceterum mensis nomen iam pridem eodem rettulerat Thiersch *Abhandl. d. Bayer. Ak.* 1840 p. 63.

32) *Delphica* p. 280 sq.

33) nescio an conferri possint Hyacinthia Laconica, quorum primus et tertius dies luctu, medius hilaritate insignis erat (Athen. IV 139 d—f).

mentio explicatur. — *Κηΰκλεια κἀρταμίτια καὶ Λάφρια*: nota et *Εὔκλεια* Diana[34]) et Diana *Λαφρία*[35]), sed, ni fallor, ipso nomine *Ἀρταμίτια* praeterea Dianae feriae Delphis celebrari non poterant, nisi origine ibi *Εὔκλεια* et *Λαφρία* deae proprii et sui numinis erant, id quod cum aliis testimoniis[36]) optime convenit. Ceterum haec tria festa aut mense Bysio post diem IX aut proximi mensis Theoxenii parte Theoxeniorum ferias antecedente haberi solita esse ex ordine temporum hic servato statuit Dittenb. — *Θεοξένια* notissima lectisternia Apollini celebrata. — Deinde aut *Τραχίνια* aut *Τελχίνια* legi posse concedens Homolle illud praetulit propter arctissimam Delphorum cum regione Oetaea necessitudine. — *Διοσκουρήια* Delphica alibi non occurrunt. — *Μεγαλάρτια*: cognomine *Μεγάλαρτος* Cererem et in Thessalia[37]) et in Boeotia[38]), regionibus Delphorum vicinis, cultam esse constat, Delphica igitur *Μεγαλάρτια* ipsa quoque Cereris sacra fuisse particulamque *καί* inter nomina *Διοσκουρήια* et *Μεγαλάρτια* errore a lapicida esse omissam certum videtur. Nomen festi a panibus deae oblatis ductum est.[39]) Ceterum *Τραχίνια* vel *Τελχίνια* illa, *Διοσκουρήια*, *Μεγαλάρτια* aut mense Theoxenio post Theoxenia aut mense Endyspoetropio aut Heracleo ante Heraclea acta esse Dttb. monuit. — *Ἡράκλεια* Delphica, unde mensis paenultimus nomen cepit, occurrunt item ap. Wescher - Foucart n. 8, 4.

V. 29 locus sequitur longe difficillimus nec singula solum, sed summa structura dubia est; dubitant enim utrum v. 29 *τοῖα δὲ* an *τοιάδε*[40]) legendum sit, v. 32 in. utrum [*h*]*ὰ δὲ κτλ.* an [*τ*]*άδε*, dubitant quomodo enuntiatum *πάντων καὶ Ϝιδίων καὶ δαμοσίων κτλ.* cum superiore coniungendum sit. Attamen structuram tolerabilem quidem apteque conexam una efficere mihi videtur ea quam supra recepi lectio Baunackii, qui *τοῖα δέ* ad ante-

---

34) cf. praecipue Plut. Arist. 20 *τὴν δ' Εὔκλειαν οἱ μὲν πολλοὶ καὶ καλοῦσι καὶ νομίζουσιν Ἄρτεμιν, ἔνιοι δέ φασιν Ἡρακλέους μὲν θυγατέρα καὶ Μυρτοῦς γενέσθαι — — τελευτήσασαν δὲ παρθένον ἔχειν παρά τε Βοιωτοῖς καὶ Λοκροῖς τιμάς· βωμὸς γὰρ αὐτῇ καὶ ἄγαλμα κατὰ πᾶσαν ἀγορὰν ἵδρυται καὶ προθύουσιν αἵ τε γαμούμεναι καὶ οἱ γαμοῦντες.* Plura apud Preller-Robert *Griech. Myth.* p. 315, 2, Gruppe *Gr. Myth.* p. 617, 1 et 1282.

35) Paus. IV 31, 7 VII 18, 8—13; Preller-Robert p. 310, 3, Gruppe p. 348 et 1292, 4.

36) Athenis templum erat *Εὐκλείας* (Paus. I 14, 5) et in theatro sella sacerdotis *Εὐκλείας καὶ Εὐνομίας* (*IG* III 277), idem Plutarchi verbis (not. 34) satis elucet, cf. Usener *Götternamen* p. 369; Laphriam ipsam deam fuisse vel ideo veri simile est, quia heros erat Delphicus *Λάφριος* (Paus. VII 18, 9, schol. Eur. Or. 1094).

37) praeter titulum Pheraeum (Pridik *Inscr. Thessal.* p. 5 n. 4 *Ἀντιπάτρα Ἐπικράτο*[*υς Δάμα*]*τρι Μεγαλ*[*άρ*]*τῳ ἱε*[*ρατεύσ*]*ασα*) fasti Thessalici mensem *Μεγαλάρτιον* exhibentes (Bischoff *De fastis Gr.* p. 327 cum not. 2) probant (Dttb.).

38) Athen. III p. 109 b (X 416 c).

39) cf. Athen. III p. 109 f. de Deliorum feriis: *ἀχαΐνας· τούτου τοῦ ἄρτου μνημονεύει Σῆμος ἐν η' Δηλιάδος λέγων ταῖς Θεσμοφόροις γίνεσθαι· εἰσὶ δὲ ἄρτοι μεγάλοι καὶ ἑορτὴ καλεῖται Μεγαλάρτια ἐπιλεγόντων τῶν φερόντων· ἀχαΐνην στέατος ἔμπλεων τράγον.*

40) *τοῖα δέ* Hom., at in hoc titulo scribitur *τοῦτα* (B 21); Dittenbergeri autem coniectura, qua *τότα* pro *τόσα* scriptum fuisse idque hic pro relativo usurpari sumit, vel inaudita forma offendit.

cedentia referri, enuntiato autem relativo ἃ δὲ Πάνοτος ἐπέδωκε — — — μόσχον apodosin respondere πάντων καὶ ϝιδίων κτλ. censet. Quae Keil[41]) comprobavit et acuta interpretatione firmare studuit, cuius ipsa verba afferre oportet: '*Mit* πάντων καὶ ϝιδίων καὶ δαμοσίων *[D 38] beginnt der Nachsatz; in späterer Zeit würde dies durch den Zusatz eines das Relativ aufnehmenden Demonstrativs deutlicher gemacht sein:* πάντων τούτων. *Also ist 176 [D 31] nur [h]*ὰ δὲ, *nicht [τ]*άδε, *was Dittenb. vorzog, möglich. Richtig liest und bezieht zum Vorhergehenden den Satz* τοῖα δὲ κῆμ Φανατεῖ γέγραπται ἐν [τ]ᾶι πέτραι ἔνδω *Baunack. Das heißt: was vorherging, sind alte Bestimmungen, die auf der Wand jener Grotte aufgezeichnet stehen, und diese haben wir beibehalten. Dazu der Gegensatz: [h]*ὰ δὲ *[Π]*ά*[ν]*οτος ἐπέδωκε — — —, πάντων *(*τούτων*)* — — παρέχεν — — τοῖς Λαβυάδαις. *Hier ist also eine neue Bestimmung getroffen oder richtiger eine Änderung eines alten Kultreglements; sie bestand eben darin, daß das Koinon die* γέρα *für sich nimmt, welche Panotos* τᾶι θυγατρὶ *und* τῶι Λυκείωι *bestimmt hatte.*' Speciosa haec sunt nec tamen gravissima dubitatione libera. Nam quod ille ea, quae Phanotus filiae adiudicavit, γέρα interpretatur, id cadere potest in δάρματα illa, non vero cadit in hostias illas τὰ hεμιρρ[ή]νια[42]) κὴκ τᾶς δυωδεκαΐδος χίμαιραν — — — καὶ τὰν ἀγαίαν μόσχον. Neque enim ea γέρα sunt, sed hostiae, quae ut olim Buzygae sic non Labyadis poterant sacrificari. Permirum omnino est id, quod deae olim debebatur, sibi ipsos vindicasse Labyadas. Difficultatem plane solvere non possum, hinc tamen interpretationem petendam duco: verbum παρέχειν etsi de emolumentis quoque usurpari potest, frequentissime tamen in rebus sacris de hostiis aliisque rebus ad sacra faciunda praebendis usurpatur[43]); eandem igitur significationem hoc loco subesse duco illudque παρέχειν de hostiis ad sacrificium Buzygae praebendis intellego. Nec dativus ille Λαβυάδαις — si modo is pendet e verbo παρέχειν et non a γεγραμμένα (vid. not. 46) — repugnat, immo ut apud Coos dominus bovis Iovi Polieo electi dicebat Κώιοις παρέχω τὸμ βοῦν (*Fasti* n. 5 v. 26), ita de hostiis, quas Labyadae sacrificaturi erant, παρέχειν Λαβυάδαις dici poterat. Quos homines illas praebere oporteat, indicatur verbis τὸμ προθύοντα καὶ προμαντευόμενον, quae tamen non significant '*eum qui alius (peregrini) vice victimam consecrat aliusque causa oraculum adit*'; etenim ut alibi demonstravisse

41) *Anonym. Argent.* p. 309, 1. Interpretatio, quam ipse Baun. proposuit: *Was — nach der Steinüberlieferung in Phanoteus — der Stadtheros der Buzyga überlassen hatte, nämlich* ⟨*vom Opfer*⟩ τὰ hεμιρρήνια — μόσχομ, *diese dort aufgezeichneten Stücke bringe man in Delphi für die Phratrie der Labyaden auf: diese Stücke sollen als Gebühren schulden die Mitglieder der Patrie bz. Phratrie, die für Fremde, für Gemeinwesen und Einzelpersonen opfern oder das Orakel befragen,* non ex omni parte perspicua est.

42) hac enim voce nomen hostiae a ῥήν eadem ratione atque ἡμίονος ab ὄνος fictum latere vidit Homolle; mediam inter agnos et oves adultas aetatem significari Dttb. censet.

43) exempla multa collegit Dittenberger in indice Sylloges (III p. 378) atque ipse in meo subiungam; sollemnem hunc usum esse rectissime iam statuit Wilhelm *Jahreshefte* V p. 138.

mihi videor, προθύειν cum genetivo coniunctum non nisi de sacrificio ante aliquam rem peragendo usurpatur[44]); coniungendum igitur est τὸμ προθύοντα cum genetivo πάντων καὶ Ϝιδίων καὶ δημοσίων totumque ita interpretandum: '*is qui ante sive privatam sive publicam causam i. e. sive privatim sive publice sacra facit et oraculum adit.*'[45]) Id quod comparatum cum iis, quae de verbo παρέχειν statui, rem ita fere fuisse probat: quandocunque Labyada aliquis sive publice sive privatim oraculum adibat ibique Apollini sacrificabat — participia προθύοντα καὶ προμαντευόμενον ad eandem occasionem referri vel articulus altero loco omissus ostendit —, Buzygae quoque, Labyadarum patronae, sacra quaedam offerri fas erat, quae idem Labyada ille praebere debebat; ac quoniam pristina praecepta rupi incisa hac lege aliqua ex parte mutata esse videntur (τοῖα δὲ κῆμ Φ. — — ἃ δὲ κτλ.), origine, cum publice Labyada aliquis velut magistratus sacrificabat, sacra Buzygae debita publico sumptu comparata esse, postea ipsum illum magistratum ea phrateribus praebere debuisse conicio, unde etiam positio insignis verborum πάντων καὶ Ϝιδίων καὶ δαμοσίων et duplex illud καί commode intellegitur. Hactenus omnia inter se satis convenire puto[46]), difficultatibus implicamur, ubi in sacra Buzygae offerenda inquirimus. Velut si phratria δυωδεκαΐδα Apollini sacrificabat, ex ea capram Buzygae seligi solitam esse facile intellegimus, sed quomodo a privato homine, qui unam opinor hostiam sacrificare solebat, ἡμιρρήνιον potuerit postulari, non item. Sed tenendum existimo sacrorum illa nomina omnia cum articulo coniungi (τὰ ἡμιρρ. κὴκ τᾶς δυωδ. χ. — — καὶ τὰν ἀγ. μ.), unde de certis quibusdam et statis sacrificiis agi colligo, id quod etiam τᾶς δυωδεκαΐδος mentione probatur; de eodem enim stato sacrificio hic agi atque in titulis in thesauro Atheniensium Delphico repertis veri simile est, cf. *BCH* XX p. 709 ἐπὶ ἄρχοντος ἐν Δελφοῖς Ἀντιγένου — — — οἵδε ἤγαγον τὴν δωδεκῆιδα et p. 715 ἐ]πὶ Αὐτοκράτορος Καίσαρο[ς Σεβ]αστοῦ Δ[ομι]τιανοῦ — — — οἵδε ἦλθον [θ]ύσοντες τὴν δωδεκῆδα βούπρῳρον, ubi sacrificium quibusque Pythiis Delphis faciendum Dittenberger ad *Syll.*² 281[47]) suo iure intellexit. Sed cetera quo pertineant dubium. Baunack τὰν ἀγαίαν μόσχον ad eandem δωδεκαΐδα, quae antea commemoratur, rettulit: '*Was beim großen Opfer der* βοῦς ἡγεμών *ist, der den Zug der Opfertiere gleichsam anführt, ist bei der* δωδεκαΐς, *die einer Göttin*

44) *Rhein. Museum* LIX p. 391 sqq.

45) primus ita Legrand *Rev. des Etudes Grecques* XIII (1900) p. 290—293, qui caute et feliciter de his verbis disputavit; ceterum quod Dttb. πάντων καὶ Ϝιδίων καὶ δ. e τὰ γεγραμμένα pendere censuit, id ipsa verborum positio valde dissuadet.

46) quamquam haud dubie melior conexus constitui potest errorem lapicidae admittendo et scribendo ⟦κὰτ⟧ τὰ γεγραμμένα Λαβυάδαις, nec commode merum illum accusativum τὰ γεγραμμένα ad enuntiatum relativum ἃ δὲ κτλ. referri concedendum esse mihi videtur.

47) in ipso tamen tit. *Syll.*² 281 quae dicitur δωδεκαΐς diversa est; fit enim Minervae nec de stato sacrificio agitur, sed de extraordinario, quare etiam articulus deest (v. 8 θυσίαν συνετέλεσαν τῶι θεῶι ἑκατόμβαν βούπρω[ιρον καὶ] δωδεκαίδα βούπρωιρον τᾶι Ἀθάναι κτλ.).

dargebracht wird, ἁ ἀγαία μόσχος; ich leite also ἀγαῖος von der Wurzel in ἄγω ab: sie führt den Zug der Opfertiere an.' Quae coniectura quamvis acuta priorumque commentis[48]) utique praeferenda, ex omni tamen parte tuta non est. Nam praeterquam quod, si ego supra recte disputavi, ἁ δυωδεκαΐς ipsa Apollini, non Buzygae sacrificanda erat, vitulam agmen hostiarum duxisse omnino veri est dissimile; ducere solebat bos, id quod exemplis ab ipso Baun. allatis apparet.[49]) Sed prorsus illius coniecturam non abiecerim. Quid enim, si inter duodecim hostias praeter bovem, qui universum agmen ducebat, aliasque victimas etiam aliquot fuisse vitulas statuimus, quarum in pompa princeps vocabatur ἁ ἀγαία μόσχος? — v. 36 τὰ τῶι Λυκείωι δάρματα: schol. Apoll. Rhod. I 185 Buzyga Λύκου filia dicitur; in hac lege filia est Phanoti, aliquam tamen necessitudinem ei cum Lyco fuisse ex hoc praecepto apparet, quoniam sacellum Lyci herois dici, cui ut propinquo Buzygae e quibusdam sacris pelles offerendae erant, certum duco. Quaenam sane sacra ea fuerint, nescio. Ceterum quod antiqua illa praecepta ἐμ Φανατεῖ ἐν τᾶι πέτραι ἔνδω inscripta dicuntur, cum ceteri oppidum Phocense in confiniis Boeotiae situm intellexissent, Pomtow[50]) apud ipsos potius Delphos idem nomen fuisse rupibus saxisque ab oriente oraculi imminentibus, ubi antiquior Labyadarum titulus rupii ncisus[51]) extat, coniecit, etsi Labyadas ex oppido illo Phanoteo ortas esse negari non vult.

V. 47 τὰ hακρόθινα sc. παρέχεν: primitiae fructuum dicuntur, quae Apellaeo et Bucatio mensibus, qui fere Iulio et Augusto fastorum nostrorum respondent, reddi merito iubentur. — v. 48 συμπιπίσκειν: paucis quibus legitur locis verbum πιπίσκειν significat *potum alicui praebere*. Λαβυάδας igitur hic accusativus obiecti, subiectum autem animo supplendum est: magistratus sc. quidam phratriae, qui ἁμεῖ i. e. communi sumptu phrateribus convivium parare debent. Id autem ipsum, quod non nominantur, ταγοὺς dici indicat, ad quod prior lapidis pars pertinebat.[52]) Nec inaudita est talis liturgia, cf. e. g. praecepta Iobacchorum n. 46 v. 117 sqq. — v. 50 ἀπάγεσθαι, non ἀγαγέσθαι verum videtur, aoristum enim ferri non posse Dragumi concedendum est; sed quid illud ἀπάγεσθαι sibi velit, non assequor; omnino postremi praecepti rationem parum perspicio. Epulae enim Apellaei et Bucatii num κὰτ τὰν ὥραν i. e. suo tempore non habebantur?

75. Tabula marmoris ex insula Aegina, quo sine dubio Athenis transportata erat, a Fauvelio Parisios missa, ubi nunc in museo publico (Clarac *Musée de sculpture* n. 453, *inscriptions pl. 44. 45 Add. pl. LXVI*); fracta est a dextra parte.

---

48) *la belle génisse* Hom., Drag. ἀγατάν i. e. ἀγαστάν legit; Brunoni Keil, qui recte de certo quodam sacrificio agi sensit, '*ein individualisierender Götter- oder sonstiger Kultname in ταν ἀγαιαν oder ταναγαιαν*' latere videtur; articulus τάν collatis ceteris enuntiati membris utique retinendus videtur.

49) cf. cum tit. not. 47 allatum, tum tit. in thesauro Atheniensium repertos.

50) ap. Hiller de Gärtringen *Geschichte von Delphi* p. 10 (Pauly-Wissowa IV p. 2557 sq.).

51) *SGDI* 1683.

52) summam sententiae recte iam Fournier assecutus est (*il fournira les frais du banquet commun de tous les Labyades*), subiectum rectius supplevit Dttb.

Edd. Boeckh *CIG* 1688, Ahrens *Dial.* II p. 484 sqq., Froehner *Inscriptions grecques du Louvre* n. 32, Koehler ectypo Kirchhoffii usus *IG* II 545, Cauer *Del.*[2] 204, Baunack collatione Blassii diligentissime adhibita *SGDI* 2501, Michel *Recueil* 702, cuius gratia Laurent denuo lapidem contulit, Michon ectypum fecit. Cf. praeterea Bürgel *Die pylaeisch-delphische Amphiktyonie* 1877 p. 142 sqq. et 176 sq., A. Mommsen *Delphica* passim, Danielsson *Indog. Forsch.* IV p. 164—168, L. Ziehen *Rhein. Mus.* LVI p. 173 sqq.

Ἐπὶ Π]υθέο ἄρχοντος, ἐ[π]ὶ τῆς Ἱπ[π]οθ[ων]τίδος τρίτης [πρυ-
τανείας, ἧι — — ἐγραμμάτευε]·
Ὅρ]κο[ς — —]·[1])
Δικα[ξέω τ]ὰς δίκας ὥς κα δ[ικ]αιο[τ]άτα[ι γ]νώμαι [τὰ § 1
μ]ὲγ γε[γρ]ạṃṃ[ένα κατὰ τὸς νόμος· περὶ ὧν δὲ μὴ γέ]|γ[ρ]α-
[πται, κ]ατὰ γνώμαν τὰν αὐτ[οῦ] καὶ ἔγχ̣ερα[2]) ἀγ̣ạ̀ τὰν δ[ίκ]αν
οὐ [δεξέομαι — — — — — οὐδέ]||ποκα· [κα]ὶ τὰ κατα-
δικασθέντα ἐκπραξέω ἐν δ[ύ]νασιν κ[α]ὶ τὰ ẹ̀ṿ— — — — — |
ΤΑΙΓ.ΟΝΤ. οὐδὲ τῶν χρημάτων τῶν Ἀμφικτιονικῶν. ὑπο-
β[αλέομαι οὐδὲν — — — —] | ἐμịγγα οὐδ᾿ ἄλλωι δωσ[έω]
τῶγ κοινῶν χρημάτων ụ̔[ποβάλλ]ε[σθαι ....
οὕτως ποὶ] | τô Ἀπόλλω[ν]ος τοῦ Π[υ]θίου καὶ τᾶς Λατôς καὶ
τᾶς Ἀρτάμ[ιτος ὑπίσχομαι καὶ εὐορκέοντι μέμ μοι πολ]λὰ καὶ
τἀγαθά, αἰ δ᾿ ἐφιορκέ(οιμι), τὰ κακὰ ἀντὶ τῶν ἀγαθῶν [δόμεν:
Ὅρκος γραμματέος[3])· ὑπίσχομαι τῶγ γ]||εγραμμένων μὴ ἀπο- § 2
γραψ[ε̂]ν, ἀλλ᾿ ὧν κατὰ τοὶ ἱερομνάμονες κε[λευσέοντι ......
.............] | κ[α]τ̣ὰν ἀξίαν μηδὲ δῶρα δεξεῖσθαι μηδέ-
πọκ̣[α]· οὕτ[ω]ς ὑπ[ί]σχ[ο]μα[ι ποὶ τô Ἀπόλλωνος τô Πυθίου
καὶ τᾶς Λα]|τô(ς) καὶ τᾶς Ἀρτάμιτος, καὶ εὐ̣ọ[ρ]κέοντι μέμ
μ[ο]ι πολλὰ καὶ ἀγαθά, [αἰ δ᾿ ἐφιορκέοιμι, κακὰ δόμεν[4])· τὸς
δὲ] | ἱερομνάμονας ὁρκιξέω καὶ τὸς κά[ρ]υκας τὸν αὐτὸν ὅρκον[:]
Π[.................. ἐκπρασσόντων] | τὸμ φόρον καὶ τὰ § 3
ἱερήϊα ἁθρόα συναγόντων τὸς ὄνος τôν δοκιμ[ασθέντων ἀπο-
δόντες, ὁ δὲ ἐπὶ τὰν ἑκ]||ατόμβαν ὅ[ρ]κον ὀμόσας εἶπερ τοὶ
ἱερομνάμονες δοκιμαζέτω: Π[έροδος[5]) γᾶς ἱαρᾶς· αἴ τις τὰν § 4
γᾶν ἐπιερ]|γάζ[ο]ιτ[ο] ἃν Ἀμφικτίονες ἱάρωσαν, ἐπεί κ[α] ἁ
πέροδος γίνηται, ἀποτ[εισάτω τῶι ἱαρῶι ....] | στατῆ-

---

1) v. 2 non nisi initio inscriptus erat; ▤ ⟨O ▤ lapis, *ὅρκος* Baun., *ὅρκοι* Koehl.; fortasse *ὅρ]κο[ς ἱερομναμόνων]*· legendum.

2) *καὶ [τὰ] ἱερὰ ἄνω* Fr., K/ [I]..ΕΡΛΛ.. Koe., ΚΑΙΕΓ: ΕΡΑΑΝΑ Blass, cuius lectio *ἔγχερα — οὐ δεξέομαι* cum largitionem aptissime significet, certa mihi videtur, etsi vox *ἔγχερα* alibi non invenitur. Reliquum enuntiatum coll. v. 7 ita fere suppleverim *οὐδ᾿ ἄλλωι τινὶ δωσέω οὐδέ]ποκα.*

3) suppl. Baunack, cf. v. 2.

4) de universo hoc loco, unde restitutio legis pendet, cf. quae *Rhein. Mus.* l. c. disputavi.

5) ita editores adhuc omnes, sed cf. etiam not. 17.

ρας Αἰγιναῖος κὰτ τ[ὸ] πέλεθρον ἕκαστον, τοὶ δὲ ἱερομνάμ[ονες
περιιόντων ἀεὶ τὰν ἱερὰν γᾶν] | καὶ π[ρας]σόντων τὸν ἐπιεργα-
ζόμενον· αἰ δὲ μὴ περιιεῖεν ἢ μὴ πρ[άσσοιεν, ἀποτεισάτω ὁ μὴ
περιιὼν] | μηδ' ἐ[κπ]ράσσων[6]) τριάκοντα στατῆρας· αἰ δέ κα μὴ
ἀποτίνηι ὁ [ὀφείλων, ἁ πόλις, ἐξ ἇς κ' εἶ ὁ ἱερομνάμων][7]) ||
εἰλέσ[θω] ṭοῦ ἱαροῦ καὶ στρατευόντων ἐπ' αὐτὸς Ἀνφικτ[ίονες
κατά κα τοὶ ἱερομνάμονες ἐπαγγέλ]|λωντι· [ἐκ][8]) τᾶς ἱερᾶς γᾶς
κόπρον μὴ ἄγεν μηδεμίαν[:] Οἰκήσιος· ἐπὶ .... § 5
..........|εν (Ϝ)ιδία[ν][9]) ἐπὶ θαλάσσαι, τὰς δὲ παστάδας κοινὰς
εἶμεν πάντεσσι [τοῖς ἱερομναμόνεσσι? .....μι]|σθὸν μ[ηδ]ένα
φέρεν μηδενί, μηδ' ἐνοικε͂ν τὸν αὐτὸν πλέον τριάκ[οντα .....
ἀμερᾶν μηδὲ γυναῖκα][10]) | ἐνοικε[ῖν μ]ηδεμίαν μηδὲ μύλαν
ἐνεῖμεν μηδὲ ὅλμον· αἰ δέ τις ṭ[ὸς νόμους τούτους παρβαίνοι,
τοὶ ἱ]||αρομν[άμ]ονες ζαμιόντων ὅτινί κα δικαίωι σφ[ι]ν δοκῆι
εἶμεν ἐπ[ιζαμίωι, ... δὲ τοὶ θέλοντες] | κἀξαγ[γε]ḷλόντων[11])
ποὶ τὸς ἱαρομνάμονας: Λῶτις· ἁ λῶτις τᾶς Ἀμφ[ικτιον .... § 6
...... στατῆρες] | Αἰγινα[ῖο]ι· τὸ δ' ἀμπέχονον πεντήκοντα καὶ
ἑκατὸν στατῆ[ρες Αἰγιναῖοι, τῶν δ' ἐπὶ τούτωι πορπαμά]|των
ἑκατὸν στατῆρες Αἰγιναῖοι· τᾶς στεφάνας ἑκατὸν στατ[ῆρες Αἰγι-
ναῖοι· .... πεντεκαί]|δεκα στατῆρες Αἰγιναῖοι· τᾶς ἀσπί-
δος διακάτιοι στατῆρες Ạἰγι[ναῖοι· .... στα]||-
τῆρες Αἰγιναῖοι· λόφου πεντεκαίδεκα στατῆρες Αἰγιναῖοι· δόρα-
τ[ος .... στατῆρε]|ς Αἰγιναῖοι· καὶ τὰ πορ(π)άματα
καὶ ἁ στεφάνα χρύσεα ἐόντων· πι ....
.... | ἐνέστω· [τ]οῦ βοὸς τιμὰ τοῦ ἥρωος ἑκατὸν
στατῆρες Αἰγιναῖοι τας .... |
ὀφειλέτω· χρηστήριον αἴ τίς κα μὴ παρέχηι, ἑκατὸν στατῆρας
ὀφε[ιλέτω .... ἐ]|ς ἔφοδον θύεν ἐν
Ἀνεμαίαις τρικτε[ύ]αν κηῦαν, τῶι ṭρικτεύαν κηῦạṿ [......
............: Ἀκέσ]||ιος[12])· τὸν ναὸν τοῦ Ἀπόλλωνος § 7
τοῦ Πυθίου καὶ τὰν αὐλὰν καὶ τὸν τᾶς Ἀ[θαναίας τᾶς Προ-
ναίας[13]) ναὸν καὶ τὸν] | δρόμον καὶ τὰν κράναν τὰν ἐμ πεδίωι

---

6) supplevi. ΡΑΣΣΑΝ Clar., ΡΑΣΣΩΝ Koehl. restituens *οὗ μὴ περιήισαν] μηδὲ [ἔπ]ρασσ(ο)ν*, quod ceteri receperunt, sed Ω esse in lapide etiam Michon confirmat, et convenit haec lectio optime cum lacunae spatio a me constituto.

7) suppl. Boeckh.

8) supplevi, *ἐπὶ* ceteri, vid. comm.

9) ΕΙΔΙΑ. lapis, em. Boeckh.

10) supplevi dubitans, vid. comm.

11) *τὸ δ' ἥμισυ τοῦ ἐπιζαμίου ἔστω τῶν] κα(τ)αγ[γελ]λόντων* priores, quamquam et Koehler et Blass et Michon v. 26 tertio loco Ξ, non Τ, quod solus habet Fröhner, scriptum testantur; quae lectio ratione, quam in textu secutus sum, teneri posse mihi videtur; verbo *ἐπιμελείσθων* ante *τοὶ θέλοντες* lacuna non sufficit

12) supplevi. 13) supplevit Danielsson, *Ἀ[ρτάμιτος* ceteri.

τοὶ ἱαρομνάμονες τοὶ Ἀμφι[κτιονικοὶ κατὰ τὰν Πυθιάδα ἑκά]|-
σταν ἐφακείςθων πρὸ Πυθ[ί]ων ὅτινός κα δέωνται· αἴ κα μὴ τοὶ
ἱαρομ[νάμονες τοὶ Ἀμφικτιονικοὶ] | ἐν τᾶι ⟨τᾶι⟩ Πυθιάδι[14]) τᾶ⟦ι⟧
ἱαρᾶι ἐπικοςμήςωντι, ὅτινός κα δέωνται, ἀπο[τειςάτω ἕκαςτος
.........] | στατῆρας Αἰγιναῖος· αἴ κα μὴ ἀποτίνηι τ[οῖ]ς
ἱερομναμόνεςςι το[ῖς Ἀμφικτιονικοῖς, εἰλέςθω τοῦ ἱ]||αροῦ ἁ πό-
λις ἐξ ἇς κ' ἦι ὁ ἱαρομνάμων, ἔντε κα ἀποτείςηι: Ὀδῶν· τὰ § 8
κ[......................... καὶ τ]|ὰς γεφύρας ἐφακεῖςθαι
Ἀμφικτίονας κὰτ τὰν αὐτõ ἕκαςτον, [ἐπιμελεῖςθαι δὲ καὶ ἐς τὸ
λοιπὸν ὅπως][15]) | μὴ ςίνηται· καὶ τοῦ δρόμου τοὺς ἱαρομνά-
μονας τοὺς Ἀμφικτι[ονικοὺς ἐπιμελεῖςθαι, ὅτινός κα δ]|έηται,
καὶ ζαμιούντων τοὶ ἱαρομνάμονες κῆπὶ τοῖς ποταμοῖς [......
.............: Ἱερομηνί]|α Πυθιάς: ἐνιαυτία ἁ ἱερομηνία ἁ § 9
Πυθιὰς ἴςα πάντεςςι ἐκ τᾶς ἠ............................||
Πύθια δ' ἁ(γ)όντων τοῦ Βου[κ]ατίου μηνὸς τοῦ ἐν Δελφοῖς,
τὸς δὲ Π[................ πεμπόντων[16]) οἱ Δ]|ελφοὶ τοῦ
Βυςίου μηνός· α[ἰ] δέ κα μὴ πέ[μ]πωντι, ἀποτειςάντω[ν .....
... στατῆρας Αἰγιναῖος —] | πὸτ τὸν θεὸν κὰτ τὰ πάτρ[ι]α
διδόντων τοῖς Δελφοῖς· αἰ δέ κα [μὴ διδῶντι ....
.... μηδὲ | δέ]κωνται τὰν ἐκεχηρίαν, εἰλέςθων τοῦ ἱαροῦ π[...
....|... τὰν ἐ]κεχη-
ρίαν ἱερομηνίας ...ν...ον — — —

E permagno lectionum variarum numero praeter eas, quas iam ad textum adnotavi, has affero: v. 5 extr. τὰ ἐν Fr. et Bl., ΤΑΣΛ K. v. 6 in. τῷ ἐνόντι Fr., ΤΟΙΕ.ΟΝΤ. K., ΤΑΙΓ▒ΟΝΤ Bl. (*'das Zeichen nach dem zweiten* Τ *nicht* α, ω; *möglich* Ο, *doch eher* Ι, Ε'; post Ἀμφικτιονικῶν unius litterae spatium vacat, lapicidam Atticum origine ΗΥΠΟΒ° inscripsisse suspicatur Baun. 7 ἐμίνγα Fr., ΕΜΙΙΙ.Α K., '*Reste von* νγ *da*' Bl., deinde post χρημάτων Froehner τῶν ....ετ, nihil Koehler dedit, Bl. Υ......Ε legit et ὑ[ποβάλλ]ε[ςθαι supplevit. 9 ΟΡΚΕΜΙΟΙ lapis. 11 ΔΕΞΕΙΣΘΑΙ esse in lapide Bl. et Michon confirmant; deinde ὑπίςχομα[ι] Fr., ΥΠ.ΣΧ.[Μ] K. supplens ὑπ[ι]ςχ[ό]μ[ενος ὀμνύω]; Bl. lectionem Fröhneri confirmavit: ΥΠ.ΣΧ.Μ/ . 12 ΤΟΥΚΑΙ lapis. 16 [ἐπι-ερ]|γάζηται ἂν Fr., ΓΑΙ.Τ..ΑΝ K., ΓΑΙ ΊΤ.ΑΝ Bl. 21 ΛΩΝΤΙ ΤΑΣ Bl. confirmat, lacunam aegre tribus litteris sufficere adnotans. 22 '*ἐνειδια.επι sicher*' Bl. 26 ΛΩΤΙΣ '*beide Male unzweifelhaft*' Bl. 31 ΠΟΡΝΑΜΑΤΑ lapis. 34 extr. κηῦα[ν] Fr., ΚΗΥ. K., ΚΗΥΜ Michon et Blass, hic tamen adnotans: 'Μ *eher als* ΑΝ, *doch kann dieser Anschein leicht täuschen.*' 44 extr. post τᾶς Fr. legit ν, K. Ι, Bl. Ͱ ('*also τᾶς ἠ*'). 45 ΑΕΟΝΤΩΝ lapis. 48 in. ἔ]χωνται Fr., ΩΝΤΑΙ K., ΄ΩΝΤΑΙ '*also δέχωνται*' Bl., recte tamen Baun. δέκωνται praeferre videtur, id quod pariter cum illius lectione convenit. 49 ἱερομ[νάμονες Fr., ΙΕΡΟ[Μ] K., ἱερομηνίας Bl., idem deinde Λ‾ΛΝΙΝ‾ΟΝ '*für* Ι *auch* Γ *möglich*'; [ἱε]ρόν Fr., ἱα[ρ]όν Baun.

---

14) an *ἐν* ⟦*ἑκάσ*⟧*ται τᾶι Π.*?

15) supplevi e. g.; post *ἕκαστον* sane K. in lapide Υ legisse sibi videtur; quod hic addidit *χώραν*, recte reiecit Baun.

16) supplevi, vid. de universo loco comm.

Lex est Amphictionum Delphorum, nec tamen ipsum exemplum Delphicum, sed id quod Athenis a. a. Chr. n. 380 archonte Pythea exaratum esse praescripta v. 1 docent. Titulus *στοιχηδὸν* incisus non est, singula capita distinctionis notis (v. 15. 26. 40) divisa erant. Olim autem cum certum restitutioni fundamentum deesset, quia quotnam litterae a dextra parte periissent, exploratum non erat, nuper argumentis ut mihi quidem videor firmissimis, quae hic repetere longum est, singulos versus 75—79 litterarum fuisse demonstravi.

V. 2—7 ius iurandum hieromnemonum, quorum propria fuisse munera iudicandi et multas exigendi diserte dicitur *SGDI* 2520 = *Syll.*² 249 extr. *τοὺς δὲ ἱερομνάμονας — — καὶ καταδικάζοντας καὶ πράσσοντας κυρίους εἶμεν.* Formulam iuris iurandi paene eandem, etiam illud *ὑπίσχομαι*, lex Labyadarum A v. 14 sqq. exhibet.

V. 14 sq. de hostiis agitur, veri igitur simile post verba *τὸν αὐτὸν ὅρκον* inde a littera Γ, etsi distinctionis nota deest, novum caput incipere. Imperativo *συναγόντων* praecones subiectos esse Ahrens acute coniecit, initio autem *Π[υθίοις* supplendum esse Baun. mihi non persuasit; neque enim ipsis demum diebus Pythiorum hostias comparare et probare decebat nec solummodo de Pythiorum hostiis caveri probabile est. Accedit, quod novi capitis praescriptum exspectamus, e. g. propono: *π[ερὶ*[17]) *ἱερηΐων· οἱ κάρυκες ἐκπρασσόντων]*[18]) *τὸμ φόρον.* Mox non de asinis (*ὄνους*), sed, ut egregie perspexit Ahrens, de pretiis (*ὤνους*) hostiarum probatarum agitur. Nomen magistratus, qui probandi munere fungitur, secundum ea, quae de longitudine versuum statui, vix aliud fuisse potest nisi *ὁ ἐπὶ τὰν ἑκατόμβαν*, et comparari potest *ὁ ἐπὶ τῷ βωμῷ* Eleusinius.

V. 15 sqq. hoc caput iam paene integrum evenit; praescriptum erat aut *π[ἔροδος γᾶς ἱαρᾶς]* aut *π[ερὶ γᾶς ἱαρᾶς]*, cf. not 17. De terra sacra Cirrhaea sermonem esse nemo non intellegit, cf. Aesch. in Ctes. 107 sqq. et Dem. de cor. 149 sqq., ubi bis a Demosthene circuitionis terrae mentio fit. Notatu autem dignum *τὸν ἐπεργαζόμενον* hic minime statim execratione, sed multa puniri. — v. 21 omnes adhuc editores *[ἐπὶ] τᾶς ἱερᾶς γᾶς κόπρον μὴ ἄγεν* legebant, et tale praeceptum per se defendi posse libenter concedo (cf. n. 51. 110. 111). Nunc autem Blass lacunam inter ΛΩΝΤΙ et ΤΑΣ tribus litteris aegre sufficere statuit, unde non *ἐπί*, sed *ἐκ* fuisse scriptum colligo, quocum genetivus *τᾶς ἱ. γᾶς* vel melius convenit, et praeceptum *ἐπὶ τ. ἱ. γᾶς κόπρον μὴ ἄγεν* in fano illud quidem aptissimum minus aptum in terra Cirrhaea est, contra provisum esse, ne stercora pecorum templi late in terra sacra pascentium privati auferrent, facile intellegitur.

---

17) praepositio *περί* eo non refellitur, quod bis (v. 26 et 44) praescriptum casu nominativo, bis (v. 21 et 35) genetivo legitur, neque enim constans in hac re consuetudo titulorum, velut in lege Andania n. 58 plerumque genetivus ponitur, quater tamen ipsum *περί*. Quare item de proximo capite dubitari potest, utrum *π[ἔροδος γᾶς ἱαρᾶς* an *π[ερὶ γᾶς ἱαρᾶς* scriptum fuerit; alterum versum 79 litterarum, alterum 76 efficit, atque ille quidem numerus rarius occurrit.

18) de hoc verbo, quod Baunackio debetur, non spondeo, quia *ἐκπράσσειν* vix praeconum erat.

Post μηδεμίαν unius litterae spatium vacat, veri simile igitur est genetivum οἰκήσιος non esse coniungendum cum structura subsequentis enuntiati, sed novi esse capitis praescriptum.[19]) Utique v. 22—26 de iure in terra sacra habitandi agitur et, etsi de verbis v. 21 supplendis dubito, summa praecepti certa videtur. V. 22 in. enim ΕΝΕΙΔΙ. quod in lapide legitur, aperte vitio laborat; quare cum sequatur enuntiatum adversativum τὰς δὲ παστάδας κοινὰς εἶμεν, iam Boeckh statuit litteris illis adiectivum Ϝιδίαν latere, cuius digamma lapicida Atticus falso scribendo Ε expressit, id autem discriminis praecepto constitui, ut aedificia ἐπὶ θαλάσσαι sita[20]) liceret privata habere, sc. hieromnemonibus, porticus vero omnibus communiter absque mercede praesto essent. Quas porticus illis non solum ad id destinatas fuisse, ut ibi interdiu versarentur[21]), sed etiam ad habitandum ipsum e conexu universo colligo; cf. etiam Paus. X 34, 7 de fano Minervae Κραναίας: στοαὶ δέ εἰσι καὶ οἰκήσεις διὰ τῶν στοῶν, ἔνθα οἰκοῦσιν οἷς τὴν θεὸν θεραπεύειν καθέστηκεν. Ratio igitur praecepti haec erat, ut hieromnemones pro sua quisque voluntate et facultate aut privatim suoque sumptu aut gratis, communiter sane cum aliis habitarent. — v. 23 μηδ' ἐνοικεῖν τὸν αὐτὸν πλέον κτλ.: nimirum ut plures commodo illo uti possint. — In proxima lacuna γυναῖκα supplevi propter μηδεμίαν insequentis versus; hoc enim ad obiectum feminini generis pertinere, quod ex ἐνοικεῖν pendeat velut certum aedificii genus, veri dissimile puto. — v. 24 μηδὲ μύλαν ἐνεῖμεν κτλ. ad religionem terrae sacrae, unde vel instrumenta frumentaria prohibenda erant, refero. Infinitivum ἐνεῖμεν a verbo ἐνίημι, non ab ἐνεῖναι ducere praestat.

Caput sequens (v. 26—32) difficultates praebet magnas; statim illud λωτις, quod esse in lapide iam constat[22]), interpretationem ex omni parte tutam non invenit. Kretschmer[23]) vocabulum ad stirpem λη- *velle* referens interpretatus est *Wille, Beschluß*, sed praeterquam quod Amphictionum decreta δόγματα vocari soleant, cur hoc potissimum caput ita appelletur, cum universus titulus decretum sit, non intellegi Danielsson recte obiecit, qui ipse acute et diligenter universo conexu considerato haec proposuit: quoniam in parte capitis conservata de vestitu ornatuque sermo sit, enuntiato, quod incipit ἁ λωτις τᾶς Ἀμφ-, praeceptum eodem pertinens latere; unde sequi, ut λωτις aut ipsum simulacrum aut pars ornatus sit; iam cum inter vestimenta, quae commemorantur, tunica desit eamque ante τὸ ἀμ-

---

19) potest sane eadem ratione explicari, qua Baunack spatium vacuum ante ὑποβαλέομαι v. 6 explicavit; nam ante οἰκήσιος in exemplari Delphico haud dubie digamma erat, quod lapicida aut statim omisisse aut primo transcriptum postea erasisse potest. Velim lapis inspiciatur, num et hoc loco et v. 6 rasurae vestigia exhibeat.

20) de terra Cirrhaea ad mare sita cf. Paus. X 37, 6.

21) cf. Paus. VI 24, 2 de porticu meridionali fori Elei: διαιροῦσι δὲ αὐτὴν ἐς μοίρας τρεῖς οἱ κίονες· ἐν ταύτῃ διημερεύουσι τὰ πολλὰ οἱ Ἑλλανοδίκαι; ipsae tamen habitationes iis erant in aedificio, quod vocabatur Ἑλλανοδικεών.

22) ΔΩΤΙΣ scribendum esse censebant Boeckh et Ahrens, quos secutus est A. Mommsen.

23) *Kuhns Zeitschr.* XXX 578 sq., cf. Danielsson l. c.

πέχονον i. e. amictum nominatam esse veri simile sit, collato adiectivo ἀσύλλωτος (Callim. Hymn. III 213) glossisque aliquot Hesychii, unde stirps quaedam λω- *'verweben, verknüpfen'* evadat, λωτίς ipsam tunicam significasse censet. Cui tamen interpretationi, ut ipse sensit ac monuit, id valde repugnat, quod praescriptum ita nimis artum est. Sensum si respicias, commodissima videtur interpretatio Baunackii *'Sinn: Geldbewilligung für, Aufwand (ἀνάλωμα) für ⟨das Kultbild⟩'*, sed explicatio etymologica desideratur. Etiam quomodo supplendum sit ἁ λωτις τᾶς Ἀμφ- dubium.[24]) Suppleverunt sane inde ab Ahrensio omnes τᾶς Ἀμφ[ικτίονος εἰκόνος] heroemque Amphictionem Anthelae cultum intellegunt[25]) coll. praecipue v. 32 τοῦ βοὸς τιμὰ τοῦ ἥρωος. Sed suo iure Danielsson oblocutus est: simulacrum enim dei sive herois sacrum ἕδος vel ἄγαλμα, non εἰκών est, accedit vero quod positio verborum offendit, quoniam expectamus τᾶς εἰκόνος τᾶς Ἀμφικτίονος. Itaque dubito de supplemento εἰκόνος atque interdum ne id quidem pro certo habeo Ἀμφικτίονος vel eiusdem stirpis vocabulum esse verum. Quae deinceps enumerantur arma memoriam excitant τᾶς πανοπλίας ἂν οἱ Ἀμφικτίονες ἀνατίθεντι (Michel 289). Verba deinde τοῦ βοὸς τιμὰ τοῦ ἥρωος ἑκατὸν στατῆρες[26]) dubitationem iterum movent. Boeckh olim genetivum τοῦ ἥρωος voci βοός non attributo possessivo, sed appositioni esse putabat et talem bovem intellegebat, qualis ap. Xenoph. Hell. VI 4, 29, ubi hecatomba Iasonis Pheraei describitur, βοῦς ἡγεμών audit. Hanc sententiam Ahrens ceterique merito reiecerunt, sed quod plerique bovem heroi cuidam s a c r i f i c a n d u m intellegunt, id ne ipsum quidem offensione caret; insolita certe breviloquentia id, quod illi volunt, mero casu genetivo ἥρωος enuntiatur, velut in fastis Cois bos Iovi sacrificandus vocari solet vel βοῦς κριθεὶς τῷ Ζηνί vel βοῦς θυόμενος τῷ Ζηνί, nusquam βοῦς τοῦ Ζηνός. Quare longe diversam rem hoc genetivo dici suspicor[27]) reputans praesertim posse huius capitis praecepta ad pompam pertinere. Bosne qui currum vehebat herois dicitur?

V. 34 ἐ]ς[28]) ἔφοδον θύεν: sc. τοὺς ἱερομνάμονας antequam fines Del-

---

24) Boeckh: ἁ δῶτις τᾶς Ἀμφ[ικτιονικᾶς πομπᾶς ἅδε ἔστω]; atque hoc caput aliquatenus ad pompam spectare id quidem minime improbabile est; cf. infra.

25) unus A. Mommsen p. 226 sq. Neoptolemum hoc loco dici existimat, cuius in cultu Delphorum Amphictionumque eximias quasdam partes fuisse censet (cf. Usener *Arch. f. Religionswiss.* VII p. 329 sqq.); sed tota eius de hac re disputatio incertissimis fundamentis nititur, id quod hic demonstrare longum est.

26) qui tum Delphis 200 drachmas valebant (cf. Br. Keil *Hermes* XXXII [1897] p. 403, 2 et Th. Reinach *BCH* XX [1896] p. 251 sqq. et 385 sq.), pretium magnum nec tamen in bobus selectis inauditum, cf. *Rhein. Mus.* LI p. 216.

27) diverse etiam Fr. interpretatus erat: *d'après cette phrase, le héros Amphiction aurait été représenté en hoplite sacrifiant un taureau.*

28) ἔφοδον θύεν, sine praepositione, scripsit Baun. comparans ὅρκια θύειν, γάμον ἑστιᾶν, quae tamen exempla, prius praesertim, satis diversa mihi videntur. Ceterum ita sententia ipsa non mutatur. Longe diversa de hoc loco proposuit A. Mommsen *Delph.* p. 178. 182 sq. 218 ἔφοδον eam caerimoniam intellegens, de qua Plut. de def. or. 15 in describendis Septerii quod vocatur sollemnibus: ἥ τε μετὰ σιγῆς ἐπ' αὐτὴν (τὴν καλιάδα) διὰ τῆς ὀνομαζομένης Δολωνίας ἔφοδος ᾗ αἱ Ὀλεῖαι τὸν ἀμφιθαλῆ κόρον ἡμμέναις δᾳσὶν ἄγουσι (cf. Usener l. c.). Coniectura

phorum ingrediebantur; *Ἀνέμαιαι* igitur ni fallor locus dicebatur[29]) in finibus Delphorum situs. — *τρίκτευαν κηῦαν*: *τρίκτευα* haud dubie idem atque Atticum *τρίττοια*, de quo sacrificii genere vid. p. 10 sq.; *κηῦαν* Baun. ad eandem stirpem, quae in *ἔκηϝα*, *κηϝώδης* *κήϊον* est, refert, ut proprie sit *Brandopfer*. Sacrificium lustrale dici iam Boeckh coll. Hes. s. v. *κήϊον· καθάρματα* statuit et eiusmodi sacrificium in introitu terrae sacrae fieri par est. Quod deinde in lapide est *τῶι τρίκτευαν κηῦ(αν)* non expedio; tueri acute temptavit Baun. scribendo *τῶι τρίκτευαν κ. [μὴ θύσαντι]* poenam neglecti sacrificii sanciri ratus, sed nec solet poenae sanctio hunc in modum adiungi (cf. v. 18. 19. 24. 37. 46), nec spatium tali supplemento sufficere videtur. Itaque quamvis invitus Boeckhii rationem praetulerim, qui post *τῶι* dei nomen, Apollinis sc., errore lapicidae excidisse, alterum deinde nomen lacuna perisse coniecit.[30])

Inde a v. 35 sine dubio in novo capite versamur, cuius praescriptum supplere debemus, ac ni fallor ipsas reliquias eius tenemus v. 35 in. litteris *ιος* genetivum aliquem terminantibus: *ἀκέσ]ιος* supplendum esse e praedicato capitis *ἐφακείσθων* collegi.[31])

V. 35 deae nomen, quod ab A incipit, non *Ἀρτάμιτος* fuisse, sed *Ἀθαναίας Προναίας* re ipsa probaverat Danielsson, quoniam celeberrimum huius deae templum[32]) deesse credibile non est, et spatio lacunae a me constituto optime confirmatur. — *δρόμον*: cf. n. 76 v. 24. — v. 36. 37. 39. 42 ceteri genetivum *Ἀμφικτιόνων* restituerunt, sed lacuna non nisi adiectivo *Ἀμφικτιονικός* scripto expleri posse videtur, cf. v. 6 *τῶν χρημάτων τῶν Ἀμφικτιονικῶν*.

V. 40 *ὁδῶν* Ahrens et Froehner uterque cum sequentibus eadem structura iunxerunt, ille *ὁδῶν τὰ[ς ἐπὶ Δελφοὺς ἀγούσας]*, hic *ὁδῶν τὰ κ[ακώμενα* temptans, eandemque rationem sequitur Baunack. Ac sane quae sequuntur ipsa quoque ad curam fani terraeque sacrae pertinent, ut per se praescripto superiori *[ἀκέσ]ιος* v. 35 commode subiungi possint. Sed ante *ὁδῶν* distinctionis nota est, quae in hac inscriptione legi non solet nisi ante novum caput (v. 15. 26). Quare hinc quoque novum incipere caput existimo eiusque praescriptum *ὁδῶν* esse. Sequitur ut vox *ὁδός* in sequentibus repetenda sit[33]) nec tamen certam coniecturam proferre possum.

V. 43 sqq. postremum de feriis indutiisque caput gravissimas difficultates praebet. V. 44 extr. *ἐκ τᾶς ἠ[πείρου καὶ ἐκ τᾶν νάσων* ausim. In proxima lacuna, quoniam deinde v. 46 *αἰ δέ κα μὴ πέμπωντι* sequitur, utique restituendum videtur *πεμπόντων*, cui manifesto subiectum est *Δελφοί*. Non

---

admodum infirma est: neque e Plutarcho vocabulum *ἔφοδος* tamquam nomen caerimoniae proprium fuisse colligi potest neque ad Amphictionas eam attinuisse ullum extat testimonium.

29) simile loci nomen occurrit Paus. VIII 35, 9: *Ἀνεμῶσά τέ ἐστι χωρίον*.

30) A. Mommsen l. c. p. 178 sq. duplex *τρικτεύας* sacrificium Iovi et Apollini *Μοιραγέταις* (Paus. X 24, 4) oblatum putat.

31) idem vocabulum in rationibus templi Delphorum aedificati occurrit: *SGDI* 2502 v. 62 *Καλλιτέλει τοῦ μαχανώματος ἀκέσιος στατῆρες τρεῖς κτλ.*

32) cf. Danielsson l. c. p. 167 et Preller-Robert *G. M.* p. 195.

33) cf. v. 26 *Λῶτις· ἁ λῶτις τᾶς κτλ.*

igitur de theoris a civitatibus Amphictionicis mittendis atque a Delphis accipiendis, quos Boeckh intellexerat, sed de iis theoris agitur, quos Delphi ipsi ad nuntianda Pythia in singulas civitates mittere debebant.[34]) Unde tale fere supplementum se offerre videtur *τὸς δὲ Π[υθίων θεαρὸς παντόσε πεμπόντων Δ]ελφοὶ τοῦ Βυσίου μηνός.* Sed vereor ne in tali sententia articulus ante *Πυθίων* aegre desideretur. Itaque moneo posse cogitari etiam de tali supplemento: *τὸς δ' ἐπ[αγγέλλοντας τὰ Πύθια πεμπόντων Δ.* Iam vero quid proximo praecepto fiet, de quo supersunt *πὸτ τὸν θεὸν κὰτ τὰ πάτρια διδόντων τοῖς Δελφοῖς*? Subiectum esse nomen, quo civitates a Delphis invitatae significantur, cum universo conexu tum reliquiis v. 48 *δέ]κ̣ωνται τὰν ἐκεχηρίαν* apparet. Sed nec quomodo ad tale nomen supplendum lacuna v. 46 sufficiat, nec illud *πὸτ τὸν θεόν* quo pertineat, assequor.

Ceterum quamvis multa dubia sint in hoc capite, res tamen una gravissima inde certo confirmatur: certamina Pythia mense Bucatio acta esse[35]); quod praeterea A. Mommsen p. 152 e verbis *ἐνιαυτία ἁ ἱερομηνία*[36]) *ἁ Πυθιάς* non solum penteterica, sed etiam annua fuisse Pythiorum quaedam sollemnia collegit, id pro certo tradere dubito.

76. Delphis in muro substructionum templi; in eodem lapide supra et dextra alii tituli. Quinque primos versus edd. Wescher - Foucart *Inscr. rec. à Delphes* n. 459, totum titulum Foucart *BCH* VII p. 427 n. 6 ex Haussoullieri apographo; deinde v. 1—20 denuo exscripsit et ed. Pomtow *Jahrb. für Phil.* 1894 p. 663 n. 3 et p. 838; totum titulum iterum Michel *Recueil* 256, Baunack *SGDI* 2536, Dittenberger *Syll.*^{2} 293.

Ἄρχοντος ἐν Δελφοῖς Πραξία· Πυθίοις· ἔδοξε
τοῖς ἱερομνημόνοις Δελφῶν Ξενοκράτει
Πραόχου κτλ. *Sequitur longa series nominum ceterorum hieromnemonum, quam hic repetere opus non est; deinde v. 19 med. post trium fere litterarum spatium vacuum ipsum decretum hunc in modum:*
τᾶς ἱερᾶς χώρας ὑπάρχειν τόπον
ταῖς ἱεραῖς βόοις καὶ ἵπποις καταλελειμμένον ἀπὸ τᾶς ὁ-
δοῦ τᾶς ἐπὶ τὸ Ἄστυρον ἀγούσας, ἇι ἁ ὁδὸς ἄγει ἐπὶ τὸν Παι-
παλίδαν καὶ ἐν τὸ Λακωνικόν· ἀπὸ τοῦ Λακωνικοῦ ἐν σκαι-[1])
ὰν ἐν τὰν νάπαν τὰν ἐν Ἱεραπέτειαν [ἄγουσαν καὶ ἇι[2]) ἁ] ὁδὸς ἄ-

---

34) nonnulla de his congessit Baun. *Philol.* 54 p. 51 sqq. et *SGDI* ad n. 2580. Gravissima testimonia praebent plebiscitum Chiorum *Syll.*^{2} 206 et tit. ineditus Delphicus, e quo Haussoullier *BCH* V p. 313 verba affert haec: *ἐπειδὴ ἐπανελθόντες θεωροὶ οἱ ἀποσταλέντες ἐπὶ τὴν ἐπαγγελίαν τῶν Πυθίων.*

35) pluribus de hac re disseruerunt Boeckh ad *CIG* 1688, Kirchhoff *Monatsber. d. Berl. Akad.* 1864 p. 129 sqq.; cf. etiam Koehler ad *IG* II 1 p. 319.

36) schol. Pind. Nem. III 1 *ἱερομηνίαι δὲ λέγονται αἱ ἐν τῷ μηνὶ ἱεραὶ ἡμέραι οἱαιδήποτε θεοῖς ἀνειμέναι*; sed cf. etiam ad n. 169.

1) id ipsum Pomt. e lapide dedit, ΣΚΛΓ|ΑΝ Fouc.

2) suppl. Baun. cf. v. 21, minus probabiliter F. et Dttb. *τὰν ἐν Ἱεραπετείαι [ποτ' ὀρθόν, ὡς ἁ ὁδὸς ἄ]γει*; °ΠΕΤΕΙΑΝ, non °ΠΕΤΕΙΑΙ scriptum testatur Pomt.

γει ἁ ἐξ ἱπποδρόμου ἁ ξενὶc ἁ[3]) ἐπὶ τὸ Λ[4]) — — — ṿα
ταῖc ἱεραῖc βόοιc καὶ ἵπποιc ἔcτω ποτ— — —
ποτάγειν τὰ ἰδιωτικὰ θρέμματα [ἐν τὰν κράναν?
τὰν ποτὶ τᾶι Κεραμείαι οὖcαν το— —[5])
Ἑλλανίκου ἡρώιου· εἰ δέ τις ἐπὶ ξεν— —
.... τόπωι, ἐξουcίαν ε[ἶμεν τῶι
θέλοντι· ἀναγρά-
ψαι δὲ τὸ δόγμα τοὺc
ἄρχονταc τῶν Δελφῶν
ἐν τῶι ἱερῶι.

Decretum Amphictionum anni archontis Praxiae i. e. a. Chr. n. 178/7. Summa argumenti, quae v. 19—24 continetur, aperta est: pars quaedam terrae sacrae accurate definita bobus equisque sacris ad pascendum reservatur. De eo quod additur praecepto v. 26—29 dubitari potest. V. 26 quoniam *τὰ ἰδιωτικὰ θρ.* legitur et locorum mentio subsequitur, facile conicitur praecipi, qua privata pecora agere fas sit, et talem fere in modum hoc praeceptum cum superiore coniungendum esse: *καὶ μὴ ἐνταῦθα] ποτάγειν τὰ ἰδιωτικὰ θρέμματα [πλὴν ἐπὶ τὰν —] τὰν ποτὶ τ. κ. οὖσαν.* Sed diversa suspicio mihi movetur hoc ipso participio *οὖσαν*, quod ad substantivum *ὁδόν* referri nequit, quia in hoc titulo *ὁδὸς ἄγουσα* dicitur. Ac ne saltus (*νάπα*) quidem, de quo olim cogitavi, verbis *τὰν ποτὶ τᾷ κεραμείᾳ οὖσαν* apte definitur. Contra aptissime fons ita vel puteus definitur, quare supplendum suspicor *ἐν τὰν κράναν] τὰν ποτὶ τ. κ. οὖσαν* et hanc esse rationem praecepti, ut de aqua pecori utenda caveatur. Inde duobus modis conexus restitui potest: aut v. 26 et 27 is fons significatus erat, quo privata pecora adducere liceret, et supra v. 24 extr. et 25 fons bobus equisque sacris reservandus, aut demum v. 26 sq. de tali fonte agitur et scribendum est *καὶ μὴ ἐνταῦθα] ποτάγειν τὰ ἰδιωτικὰ θρ. [μηδ' ἐν τὰν κράναν] τὰν ποτὶ κτλ.* Illud nescio an ipsis reliquiis lapidis commendetur; nam v. 24 extr. in lapide agnoscitur ΙΙΑ, id quod de *να* potius quam de *ηα* superesse videtur. Quid igitur, si hic *κρά]να* vel [*ἐκ τᾶς κρά]να[ς]* scriptum fuit et v. 25 minime praepositio *ποτί*, sed *ποτ[ίστρα* vel simile eiusdem stirpis vocabulum latet? Nimirum coniectura satis incerta est et positio verbi *ἔστω* vel paululum repugnat, res ipsa tamen titulo eius generis aptissima est, cf. n. 117 v. 21 cum comm.

V. 28 sq. de peregrinorum vel privilegio vel poena praeceptum videtur, cf. n. 62 v. 11 sq. et n. 96.

---

3) ΑΞΕΝΙΣΑ lapis secundum F.; Baun. *ἄ(ρξα)σα* legit mutatione parum probabili; Dttb. litteras traditas servans *ἁ ξενὶς ἁ* legit, id quod confirmari potest exemplo tituli Halaesini *IG* XIV 352 v. 15 *ἀπὸ τᾶς ὁδοῦ τᾶς ξενίδος* (cf. v. 18).

4) *ἐπὶ τὸ Ἄ[στυρον* haud improbabiliter Baun.

5) licetne pergere lacuna brevissima constituta *το[ῦ] | Ἑλλανίκου ἡρώιου*? Postremam partem inscriptionis versibus tertia fere parte brevioribus inscriptam esse Pomtow indicat in conspectu muri delineato, sed a quo potissimum versu haec pars incipiat, parum constat, cf. quae de hac re disputavit Baun. p. 717.

77. Tabula lapidis Parnassii rectangula, inscripta in fronte et in latere dextro (B), inventa Delphis ante porticum Atheniensium. Edd. Haussoullier *BCH* V p. 157sqq.. Dittenberger *Syll.*² 306 (233¹), Michel *Recueil* 263, Baunack duobus ectypis chartaceis v. 5—50 usus *SGDI* 2642. — Ipse titulum, cum magna e parte a proposito meo prorsus alienus sit, non totum exscripsi, sed solum lateris inscriptionem, quae ad res sacras pertinet, universum argumentum in commentario breviter adumbrans.

. . . . ἀπὸ δὲ] τᾶν [τριcχιλιᾶν δραχμᾶν | τὰς τιμὰς καὶ τὰς θυςίας ἐν] τῶι Ἡρα[κλείωι μηνὶ ἀεὶ | συντελούντων[1]) καὶ λ]όγον ἀποδόντω [τᾶι πόλει ἐν τῶι | . . . .] μηνί· εἰ δὲ μή, οἱ μάςτροι Ι/— — — || καταγορε]υόντω[2]) κατ' αὐτῶν κλοπᾶς κατὰ τὸμ μ[ας|τρικὸν νόμ]ον· θυόντω δὲ οἱ ἐπιμεληταὶ βοῦς τελεί|-[ους τρ]εῖς, οὕς κα οἱ πολῖται δῶντι, τῶι Ἀπόλλωνι καὶ τᾶι Λ[α|το]ῖ καὶ τᾶι Ἀρτέμιτι καὶ τὰ ἄλλα ἱερεῖα [καθ]ὼς διατέτακ[ται | ὑπ]ὲρ τὸν βασιλέα Ἄτταλον, ποταγ[ορ]εύοντες τὰν θυς[ί]||αν Ἀττάλεια· καταχρείςθωςαν δὲ τὰ τέλεα τᾶν δαμοθ[οι]|νιᾶν καὶ οἴνου μετρητὰς τετταράκοντα· τᾶι δὲ δωδεκάτ[αι] | τοῦ Ἡρακλείου μηνὸς ἐχέτωςαν τὰ ἱερεῖα ἕτοιμα, τᾶι δὲ | τρειςκαιδεκάται πομπευόντω οἵ τε ἱερεῖς τοῦ Ἀπόλλωνο[ς] | καὶ τῶν ἄλλων θεῶν καὶ πρυτάνεις καὶ ἄρχοντες καὶ οἱ || παῖδες ἐςτεφανωμένοι· πομπευόντω δὲ ἐκ τᾶς ἅλωος | ἐν τὸν ναόν· ἐπεὶ δέ κα πομπεύςωντι, οἱ ἱερεῖς τοῦ Ἀπόλλω|νος κατ(ευ)χέςτων[3]), ποταγορεύοντες τὰν θυςίαν Ἀττά|λεια, καθὼς εἴθιςται· ὅπως δὲ καὶ ἐμφανῆ ᾖ τὰ ἐψηφιςμ[έ]|να, ἀναγράψαι τὸ ψάφιςμα ἐπὶ τὰν εἰκόνα τοῦ βαςιλέως Ἀττά||λου. *(Sequuntur de pecuniis ab epimeletis exigendis praecepta.)*

Delphi cum ab Attalo II Philadelpho (159—138) precibus impetravissent, ut sibi 18 000 dr.[4]) ad erudiendos pueros et ad sacra faciunda 3000 donaret, hoc decreto a. a. Chr. n. 159/8 [5]) administrationem usumque earum pecuniarum diligenter constituerunt. Ac priore quidem parte, quam ego omisi, praecipue de donatione regia consecranda et ab alieno usu tuenda (v. 18—24), de pecuniis tuto collocandis (v. 26—36), de eligendis curatoribus tribus pecunias administraturis et de ipsa hac administratione (v. 38sqq.) praecipitur, ea denique parte lateris B quam exscripsi de sacris

---

1) supplevi coll. frontis tit. v. 40 *ἀπὸ δὲ τᾶν τρισχιλιᾶν αἱ τιμαὶ καὶ αἱ θυσίαι ὑπὸ τῶν ἐπιμελητᾶν τῶν Ἀτταλείων γινέσθω κατὰ τάδε*; conexu autem huius modi enuntiatum requiritur, quia ante praecepta de sacrificiis sequentia pecunias ad ea destinatas denuo indicari oportet.

2) suppl. Baun. dubitans sane, quia lectione *καταγορευόντω κατ' αὐτῶν κλοπᾶς* duae structurae confunduntur. Ceterum quot litterae lacunis a dextra hiantibus perierint, definite dici nequit, quia versus hac ex parte longitudine differre v. 6sqq. ostendunt, ut monuit Baun.

3) supplevi; ΚΑΤΛΧΕΣΤΩΝ Hauss., id quod utique emendatione eget; *καταρχέστων* scripsit Dttb., sed vid. comm.

4) sc. Alexandreas (A v. 13) i. e. Atticas (Dttb.).

5) *ἐπὶ τᾶς Ἀμφιστράτου ἀρχᾶς* (A v. 28), de qua cf. indicem archontum, quem Pomtow apud Pauly-Wissowa IV confecit, p. 2637.

faciundis. Iam 3000 illae drachmae ad ea destinatae ex usura constituta (A v. 28 *τόκου πεντεκαιδεκάτου* = c. 7 %), 210 dr. quotannis efficiunt, quibus non modo non universae sacrorum quae commemorantur expensae, sed ne tres quidem illi boves comparari poterant.[6]) Partem igitur sumptus ipsos cives sustinuisse sequitur, quo referenda sunt verba v. 6 sq. *βοῦς τελεί[ους τρ]εῖς οὕς κα οἱ πολῖται δῶντι*: boves re vera a civibus praebendi erant et solummodo reliqua *ἱερεῖα* (v. 8) vinumque et quae praeterea ad pompam epulasque necessaria erant, 210 illis drachmis comparabantur. Quare hoc decreto omnino non plane nova sacra instituta esse, sed antiquitus die XIII Heraclei mensis stata fuisse sollemnia suspicor, quae tum munificentia regis aucta et iam in regis honorem *Ἀττάλεια* appellata sunt. Cf. etiam post vocem *τὰ ἄλλα ἱερεῖα* v. 8 verba *καθὼς διατέτακται*, quae in hoc decreto vix habent, quo referantur.

Quae de ipsa sollemnium celebratione decernuntur, et re et verbis mirum in modum cum iis conveniunt, quae titulo proximo n. 78 Alcesippus quidam sanxit, ut alter titulus ad alterius exemplum necessario conscriptus sit. Publicum titulum homini privato exemplo fuisse per se intellegi videtur, nec quisquam aliter iudicasset, nisi *Δαμοσθένους ἄρχοντος* nomen, quod Alcesippi titulo praescriptum est, in catalogo proxenorum (*Syll.*² 268 = *SGDI* 2581) annus 182/1 exhiberet. At interim cognitum est anno quoque fere 143/2 eiusdem nominis archontem fuisse[7]), ut iam omnis haec difficultas expedita sit: publicum exemplum est antiquius.

De singulis haec addo: v. 4 in. mensis nomen lacuna excidit; sacrorum mense Heracleo factorum rationem reddi exspectes proximo mense Ilaeo, sed lacuna, etiamsi *τῶι* e v. 4 extr. huc transferas, non expletur. — v. 65 Dittenberger scripsit *κατα(ρ)χέστων*, sed nullam video causam, cur hic pro verbo universum sacrificium significante verbum initia sacrificii significans usurpetur neque in ullo alio titulo pro ipso *θύειν* illud *κατάρχεσθαι* dicitur. Quare malui scribere *κατ(ευ)χέστων* et quia id verbum optime cum sequentibus *ποταγορεύοντες τὰν θυσίαν Ἀττάλεια* convenit et quia usus eius exemplis confirmatur, cf. n. 65 v. 20 et n. 186 v. 21 sq. Quamquam *κατευχέστων* a lectione tradita paulo plus secedere concedo.

78. Delphis in muro substructionum templi. Edd. Conze et Michaelis *Ann. dell' Instit.* XXXIII (1861) p. 69 sq., Conze *Philologus* XIX p. 178, K. Keil *Rhein. Mus.* XVIII p. 262 sqq., Wescher-Foucart *Inscr. rec. à Delphes* n. 436, Baunack *SGDI* 2101, Dareste-Haussoullier-Reinach *Rec. des Inscr. iur.* p. 62. Cf. etiam A. Mommsen *Delphica* p. 248. Posteriorem partem tituli, qua manumissio continetur (v. 9 sqq.), omitto.

Ἄρχοντος Δαμοσθένεος μηνὸς Ποιτροπίου, ἐπὶ τοῖσδε ἀνέθηκε Ἀλκέσιππος | Βουθήρα Καλυδώνιος τῶι θεῶι καὶ τᾶι πόλει τᾶι Δελφῶν χρυσοῦς ἑκατὸν τρι|άκοντα καὶ ἀργυρίου μνᾶς εἴκοσι δύο στατῆρας τριά-

6) cf. quae de pretiis boum statui *Rhein. Mus.* LI p. 216.

7) vid. Pomtow *Beitr. z. Topogr. v. Delphi* p. 39, 1 et apud *Pauly-Wissowa* l. c. p. 2641 (cf. *BCH* XVII p. 358 n. 33 sqq.).

κοντα, εἴ τί κα πάθῃ | Ἀλκέcιππος, ὥςτε θυςίαν καὶ δαμοθοινίαν cυντελεῖν τὰν πόλιν τῶν Δελφῶν ‖ τῶι Ἀπόλλωνι τῶι Πυθίωι κατ' ἐνιαυτὸν ποτονομάζοντας Ἀλκεςίππεια ἀπὸ | τῶν τόκων τοῦ τε χρυςίου καὶ ἀργυρίου, cυντελεῖν δὲ τὰν θυςίαν ἐν τῶι Ἡραίωι | μηνί, πονπεύειν δὲ ἐκ τᾶς ἅλωος τοὺς ἱερεῖς τοῦ Ἀπόλλωνος καὶ τὸν ἄρχοντα | καὶ τοὺς πρυτάνεις καὶ τοὺς ἄλλους πολίτας πάντας· ἀναγραψάντω δὲ οἱ ἄρ|χοντες ἐν τῶι ἱερῶι καὶ ἁ ἀνάθεςις κυρία ἔςτω.

Hoc titulo Alcesippus homo quidam privatus pecunias Delphis donavit, unde post mortem suam quotannis mense Heraeo sacra Apollini Pythio fierent nomine *Ἀλκεσίππεια*, de quibus aliunde nihil cognitum est. Imitatus est in constituendo sacrorum ordine populi de Attaleis decretum anni 159/8 (cf. n. 77 v. 10 sqq.). Archon enim nomine Damosthenes Delphis non solum anno a. Chr. n. 182/1, sed etiam 143/2 fuit. Vid. quae de hac re ad n. 77 adnotavi.

79. Lapis non laevigatus inventus in vico *Sfaka* prope Elateam, nunc in museo vici *Drachmani*. Edd. Foucart *BCH* VII (1884) p. 216 ex ectypo chartaceo, quod fecerat Bilco, F. Bechtel *SGDI* 1531, Roberts *Introd. to Greek Epigr.* I p. 232 n. 229 *bis*, Dittenberger apographo Lollingii usus *IG* IX 1 n. 129 et *Syll.*² 562, Michel *Recueil* 703. Cf. etiam Paris *Élatée* p. 34 et Roehl *Imagines*² p. 21.

Ἐν τõι Ϝα|νακείοι | θύοντα | cκανε̃ν·
γυναῖκα | μὲ παρίμε[ν].

Titulus non multo ante finem V a. Chr. saeculi inscriptus[1]) haud dubie tamquam *πρόγραμμα* in introitu sacelli collocatus erat.

Ipsum autem *τὸ Ϝανακεῖον* aut a voce *Ϝάνακες* nomen traxit sacrumque erat Dioscurorum aut a voce *Ϝάναξ* et Cabiri erat.[2]) Apud scriptores nec huius nec illorum cultus Elatensis traditur, ad Cabiri tamen sacra praeceptum illud de mulieribus prohibendis aptius mihi videtur.

V. 4 *σκανε̃ν*: de tentoriis in re sacra adhibitis Toepffer ad legis Coae verba *θυόντω καὶ σκανοπαγείσθων* (n. 137) egit[3]) et exempla quidem, quibus iam olim Foucart[4]) hunc morem apud Graecos vulgatum fuisse[5]) docuit, optime auxit, sed quod rem ipsam ita definivit, ut diceret Graecos tentoria illa feriis, panegyricis praesertim, extruere consuevisse, ut ibi caerimonias quasdam facerent[6]), mihi non persuasit. Neque enim de eiusmodi reconditioribus caerimoniis quicquam traditur neque id cum ipsis huius

1) litteratura nondum Ionica est (ΝΡV, sed ΘΣ).

2) cf. Kern *Beitr. zur Gesch. d. Griech. Philos. u. Relig.* 1895 p. 114 sq.

3) *MAI* XVI (1891) p. 413—416.

4) ad legis Andaniae de hac re praecepta in comm. ad *Lebas-Inscr.* II 326 a.

5) cf. praeter tit. Coum n. 137 et Andan. n. 58 § 7 Dittenb. *Syll.*¹ 189 v. 11; *Syll.*² 177 in., 581 v. 2, *BCH* XI p. 380 v. 20.

6) '*um in denselben während der Feier bestimmte Kulthandlungen vorzunehmen.*'

tituli verbis convenit, quippe cum participium θύοντα subordinatum verbo σκανεῖν haud dubie ad sacra palam faciunda spectet. Ac ne id quidem neglegendum est infinitivo σκανε͂ν aeque atque imperativo σκανοπαγείσθω legis Coae tentorii non dari potestatem, sed imponi necessitatem atque eam unicuique sacrificanti. Quo hanc necessitatem? Ni fallor, tenendum est duo fuisse genera carnes victimarum consumendi: aut enim erat ἀποφορά aut non erat[7]); si erat, ii qui sacrificaverant, postquam deus et sacerdotes suas quisque partes acceperant, reliqua domum secum asportabant; si minus, in ipso fano cena instituta carnes comedebant, id quod manifesto sacerdoti commodo erat. Ubi autem hic mos valebat sive privatis sive publicis in sacrificiis, tentoria vulgo facta esse puto, ubi cenarent. Nobilissimum fere exemplum extat in Euripidis Ione, ubi Xuthus sacrificio peracto amicis epulas parari et tentoria extrui iubet (cf. potissimum v. 804—807 et 1122 sqq.)., Ion autem permagna extruit ὡς πάντα Δελφῶν λαὸν ἐς θοίνην καλῶν (v. 1167). Eodem nomine memorabilis Ὀρέστου quae vocatur σκηνή, de qua Paus. II 31, 8. Quo more nec non consuetudine militiae evenit, ut σκηνεῖν paene eodem sensu ac θοινᾶσθαι et σύσκανος pro conviva diceretur: sic schol. Arist. Ran. 624 vocabulum συσκηνήτρια ipsa voce φίλη συνδίαιτος explicat; frequentissimus autem apud Xenophontem[8]) is sermonis usus est, ita ut σκηνεῖν apud eum prorsus fere idem quod *epulari* valeat, σκηνή quod *epulae*; velut cum dicit *Anab.* V 3, 9 θυσίαν ἐποίει τῇ θεῷ καὶ πάντες — — — μετεῖχον τῆς ἑορτῆς· παρεῖχε δὲ ἡ θεὸς τοῖς σκηνοῦσιν ἄλφιτα, ἄρτους, οἶνον, τραγήματα, manifesto epulantes dicit; cf. praeterea *de rep. Lac.* 5, 2, *Cyrop.* II 3, 1 (τὴν σκηνὴν εἰς κοίτην διέλυον); 3, 22 (ὅταν τέλος ἡ σκηνὴ ἔχῃ); III 2, 25 (συνδείπνους ἔλαβεν ἀμφοτέρους πρὸς ἑαυτὸν ὡς φίλους ἤδη· συσκηνούντων δὲ εἶπέ τις κτλ.), IV 5, 8 etc. Eadem igitur vi in titulo Elateo σκανε͂ν usurpatum esse censeo et rationem legis ita interpretor: si quis sacrifaverit, carnes ne domum asportato, sed tentorium facito, sc. ubi epulans illas comedat. Quod si recte statui, proxime ad hanc locutionem accedit δανύσθων fastorum Myconiorum[9]) et θοινῆται tituli Rhodii (Prott *Fasti* n. 23).

γυναῖκα μὴ παρίμεν: ut nonnullis sacris viros, sic, quamquam rarius occurrere videtur, quibusdam mulieres exclusas esse constat; exempla collegit Lobeck *Aglaoph.* p. 1096, cf. etiam n. 105.

80. Fragmenta duo marmoris candidi, quorum alterum ipsum quoque in duas partes fractum est, inventa in colle *Petralono* inter *Kalanera* et *Palaeopyrgos* ad sinum Pagasaeum, ubi olim Korope fuit, anno 1899 auctore Kernio in gymnasium Volense transportata; infra hunc titulum n. 81. Edd. Lolling *MAI* VII (1882) p. 69 sqq., Michel *Recueil* 842, Dittenberger *Syll.*² 790. Lapides purgatos denuo contulit Kern (*Festschrift zu O. Hirschfelds 60. Geburtstage 1903* p. 322 sqq.) cuius lectiones emendatiores plerasque tacitus recepi; idem ectypum

7) cf. n. 48 et quae ibi attuli.

8) apud hunc nimirum consuetudo militiae valebat.

9) Prott n. 4 v. 25 Διὶ Χθονίωι Γῆι Χθονίηι δερτὰ μέλανα ἐτήσια· ξένωι οὐ θέμις· δαινύσθων αὐτοῦ, item v. 28.

v. 13—26 utendum benigne mihi permisit. Cf. praeterea Reichl *Der Bundesstaat der Magneten und das Orakel des Apollon Koropaios.* Prag 1891 p. 28 sqq., Wilhelm *MAI* XV p. 287 not. 3, Holleaux *Rev. des ét. anc.* III p. 117.

Ἱερέως Κρίνωνος τοῦ Παρμενίωνος· μηνὸς Ἀρείου δεκάτηι· | Κρίνων Παρμενίωνος Ὁμολιεὺς ὁ ἱερεὺς τοῦ Διὸς τοῦ Ἀκραί|ου καὶ Διονυσόδωρος Εὐφραίου Αἰολεὺς ὁ στρατηγὸς τῶν Μα|γνήτων καὶ οἱ στρατηγοὶ Αἰτωλίων Δημητρίου Παγασίτης, Κλεο‖γένης Ἀμύντου Ἁλεύς, Μένης Ἱππίου Αἰολεὺς καὶ οἱ νομοφύλα|κες Μενέλαος Φιλίππου Ἰώλκιος, Αἰνίας Νικασιβούλου, Ἀλέξαν|δρος Μενίσκου Σπαλαυθρεῖς καὶ Μένανδρος Νικίου Κοροπαῖος | εἶπαν· ἐπεὶ τῆς πόλεως ἡμῶν καὶ πρὸς τοὺς ἄλλους μὲν θεοὺς | εὐσεβῶς διακειμένης, οὐχ ἥκιστα δὲ καὶ πρὸς τὸν Ἀπόλλωνα ‖ τὸν Κοροπαῖον καὶ τιμώσης ταῖς ἐπιφανεστάταις τιμαῖς διὰ τὰς | εὐεργεσίας τὰς ὑπὸ τοῦ θεοῦ προδηλοῦντος διὰ τοῦ μα[ν]|τείου καὶ κατὰ κοινὸν καὶ κατ᾽ ἰδίαν ἑκάστῳ περὶ τῶν πρὸς ὑγίεια[ν] | καὶ σωτηρίαν ἀνηκόντων, δίκαιον δέ ἐστιν καὶ καλῶς ἔχον ὄν|τος ἀρχαίου τοῦ μαντείου καὶ προτετιμημένου διὰ προγό‖νων, παραγινομένων δὲ καὶ ξένων πλειόνων ἐπὶ τὸ χρηστή|ριον, ποιήσασθαί τινα πρόνοιαν ἐπιμελεστέραν τὴν πόλιν | περὶ τῆς κατὰ τὸ μαντῆον εὐκοσμίας· δεδόχθαι τῇ βουλῇ καὶ | τῶι δήμωι· ὅταν συντελῆται τὸ μαντῆον, πορεύεσθαι τόν | τε[1]) ἱερέα τοῦ Ἀπόλλωνος τὸν εἱρημένον ὑπὸ τῆς πόλεως ‖ καὶ τῶν στρατηγῶν καὶ νομοφυλάκων ἀφ᾽ ἑκατέρας ἀρχῆς | ἕνα καὶ πρύτανιν ἕνα καὶ ταμίαν καὶ τὸν γραμματέα τοῦ | θεοῦ καὶ τὸν προφήτην· ἐὰν δέ τις τῶν προγεγραμμένων ἀρρωσ|τῇ ἢ[2]) ἐγδημῇ, ἕτερον πεμψάτω· καταγραψάτωσαν δὲ οἱ στρα|τηγοὶ καὶ οἱ νομοφύλακες καὶ ῥαβδούχους ἐκ τῶν πολιτῶν ἄν‖δρας τρεῖς, ⟦μὴ⟧[3]) νεωτέρους ἐτῶν τριάκοντα, οἳ καὶ ἐχέτωσαν ἐξου|σίαν κωλύειν τὸν ἀκοσμοῦντα· διδόσθω δὲ τῷ ῥαβδούχωι ἐκ τῶν | λογευθησομένων χρημάτων ὀψώνιον ἡμερῶν δύο, τῆς ἡμέρας | ἑκάστης δραχμὴν α΄[4])· ἐὰν δέ τις ⟦τῶν⟧ καταγραφέντων ε[ἰ]δὼς μὴ | παραγένηται, ἀποτεισάτω τῆι πόλει δραχμὰς 𐅄, παραγραψάν‖των αὐτὸν τῶν στρατηγῶν καὶ νομοφυλάκων· ὅταν δὲ παρα|γένωνται οἱ προειρημένοι ἐπὶ τὸ μαντεῖον καὶ τὴν θυσίαν ἐπι|τελέσωσι κατὰ τὰ πάτρια καὶ καλλιερήσωσιν, ὁ γραμματεὺς | τοῦ θεοῦ ἀποδεξάσθω ἐ[ξ] αὐτῆς τὰς ἀπογραφὰς τῶν βουλομένων | χρηστηριασθῆναι καὶ πάντα⟨ς⟩[5]) ἀναγράψας τὰ ὀνόματα εἰς λεύκωμα, ‖

---

1) *τὸν ἀεὶ ἱερέα* priores, sed examinato ectypo *τε* pro *ἀεί* certum duco.

2) hoc scribi debuisse certum est, sed lapicida utrum scripserit ita an ΣΤΗΗΙΕΓΔ° an ΣΤΗΕΙΕΓΔ°, incertum.

3) manifestum ut mihi quidem videtur errorem lapicidae emendavi; etiam v. 28 vocabulum ille omisit; de re cf. n. 29 v. 34 sq.

4) *δραχμὴ μ[ί]α* priores, sed clare legi posse *δραχμὴν α΄* testatur K.; lapicida igitur vel scriba publicus accusativum pro nominativo falso posuit.

5) T.NT.. Loll., unde hic ipse *τούτων*, Dttb. *πάντων* effecit; *πάντας* contra sermonis legem in lapide scriptum testatur K.

παραχρῆμα προθέτω τὸ λεύκωμα πρὸ τοῦ ναοῦ καὶ εἰςαγέτω κατὰ | τὸ ἑξῆς ἑκάςτης ἀναγραφῆς ἀνακαλούμενος, εἰ μή τιςιν ςυγ|κεχώρηται πρώτοις εἰςιέναι· ἐὰν δὲ ὁ ἀνακληθεὶς μὴ παρῇ, τὸν | ἐχόμενον εἰςαγέτω, ἕως ἂν παραγένηται ὁ ἀνακληθείς· καθήςθ[ω]|ςαν δὲ οἱ προγεγ⟦ρ⟧αμμένοι ἐν τῶι ἱερῶι κοςμίως ἐν ἐςθῆςιν λαμ‖πραῖς, ἐςτεφανωμένοι ςτεφάνοις δαφνίνοις, ἁγνεύοντες | καὶ νήφοντες καὶ ἀποδεχόμενοι τὰ πινάκια παρὰ τῶν μαν|τευομένων· ὅταν δὲ ςυντελεςθῇ τὸ μαντεῖον, ἐμβαλόν|τες εἰς ἀγγεῖον καταςφραγιςάςθωςαν τῇ τε τῶν ςτρα|τηγῶν καὶ νομοφυλάκων ςφραγῖδι, ὁμοίως δὲ καὶ τῆι ‖ τοῦ ἱερέως καὶ ἐάτωςαν μένειν ἐν τῶι ἱερῶι· ἅμα δὲ τῆι ἡ|μέρᾳ ὁ γραμματεὺς τοῦ θεοῦ προςενέγκας τὸ ἀγγεῖον καὶ ἐ|πιδείξας τοῖς προειρημένοις τὰς ςφαγῖδας ἀνοιξάτω καὶ ἐ|κ τῆς ἀναγραφῆς ἀνακαλῶν ἑκάςτοις ἀποδιδότω τὰ πινάκ|[ια — — — — — — — — — — — — — — — — τοὺ]ς χρηςμούς — — — —

B.

— — — — — οἱ ῥαβδοῦ]|χοι προνοείςθωςαν τῆς εὐκοςμίας· ὅταν δὲ ᾖ ἔν[νομος[6]) ἐκκλη]|ςία ἐν τῶι Ἀφροδιςιῶνι μηνί, πάντων πρῶτον οἱ ἐξεταςταὶ ὁρκιζ[έτω]|ςαν ἐναντίον τοῦ δήμου τοὺς προειρημένους ἄνδρας τὸ[ν ὑπογε]‖γραμμένον ὅρκον· Ὀμνύω Δία Ἀκραῖον καὶ τὸν Ἀπόλλω[να] | τὸν Κοροπαῖον καὶ τὴν Ἄρτεμιν τὴν Ἰωλκίαν καὶ τοὺς ἄλ[λους] θε|οὺς πάντας καὶ πάςας, ἐπιτετελεκέναι ἕκαςτα, καθά[περ] ἐν | τῶι ψηφίςματι διαςαφεῖται τῶι κεκ[υ]ρωμ[έ]νωι περὶ το[ῦ μαν]τεί|ου ἐφ’ ἱερέως Κρίνωνος τοῦ Παρμενίωνος· καὶ ἐὰν ὀμό[ςω]ςιν, ἔςτω‖ςαν ἀθῶιοι· ἐὰν δέ τις μὴ ὀμόςηι, ὑπόδικος ἔς[τ]ω τοῖς ἐξε⟦ταc⟧|ταῖς[7]) καὶ ἄλλωι τῶι βουλομένῳ τῶν πολιτῶν [π]ẹρὶ τούτου ⟦τοῦ⟧[8]) ἀ|δικήματος· καὶ ἐὰν οἱ ἐξεταςταὶ δὲ μὴ ποιή[ςωςί]ν τι τῶν προγε|γραμμένων, ὑπεύθυνοι ἔςτωςαν τοῖς μετ[ὰ τ]αῦτα ἐξετας|ταῖς καὶ ἄλλωι τῶι βουλομένωι· ἵνα δὲ ἐπιτελῆται διὰ παντὸς ‖ τὰ δεδογμένα, διαπαραδιδόναι τόδε τὸ ψή[φ]ιςμα τοὺς δέκα | [κα]τ’ ἐνιαυτὸν αἱρουμένους ςτρατηγοὺς κ[αὶ] ⟦τοὺς⟧ νομοφύλακας τοῖ[ς] | μετὰ ταῦτα καταςταθηςομένοις ἄρχ[ου]ςιν, ἀναγραφῆναι δὲ | καὶ τοῦ ψηφίςματος τὸ ἀντίγραφον εἰς [κι]ọνα λιθίνην γενομέ|νης τῆς ἐγδόςεως διὰ τῶν τειχο[ποιῶ]ν, ἣν καὶ ἀνατεθῆναι ‖ ἐν τῶι ἱερῶι τοῦ Ἀπόλλωνος τοῦ [Κ]οροπαίου.

---

6) ita cum Reichlio et Mauritio Holleaux legendum esse statuit K., *ὅταν δέῃ· ἐ(ν) δ[ὲ τῇ ἐκκλη]σίᾳ* ex Lollingii lectione v. 2 extr. ΔΕΗΕΝ∠ et v. 3 in. ΣΙΑ proposuerat Dttb.

7) ΤΑΣ numquam in lapide scriptum fuisse affirmat K.

8) suppl. K., ΝΤΟΥΤΟΥ L., sed ΡΙ pro Ν certum dicit K., quare ne Dittenbergeri quidem coniectura [*ἑκά*](*σ*)*τον* vera esse potest; tertium ΤΟΥ omissum esse facile intellegitur.

Decretum Demetriensium[9]) de oraculo Apollinis Coropaei, quod praeter Demetriensium ipsorum praetores nomophylacesque etiam communes Magnetum magistratus, praetor Magnetum communis et sacerdos Iovis Acraei rogaverunt, nec, si quidem Demetrias non modo caput fuit terrae Magnesiae, sed etiam plurima oppida Magnetica, cum Demetrias conderetur, pagi urbis novae facta esse videntur[10]), summos Magnetum magistratus ipsos quoque rebus sacris gravioribus Demetriensium consuluisse mirabimur. Boeotorum quoque commune rebus sacris singularum civitatum prospiciebat velut administrando delubro et Amphiarai (n. 67) et Apollinis Ptoii Acraephiensis (n. 70).

De oraculo Apollinis Coropaei unius Nicandri[11]) extat testimonium. Vel inde apparet auctoritatem eius antiquam non fuisse et hoc ipso titulo, qui videtur non ante I a. Chr. saeculum inscriptus, tum demum maiore cura et splendore rem institutam esse confirmatur. In colle delubrum situm fuisse et ex ipso nomine *Κοροπαῖος*, quod sine dubio eadem origine ac substantivum *κορυφή* est, et inde apparet, quod hic titulus in colle quodam inventus est.

V. 25 *ῥαβδούχους*: apud Graecos aeque atque apud nos custodes ordinis sollemnium celebriorum erant saepius ad id ipsum electi, qui *ῥαβδοῦχοι* vel *ῥαβδοφόροι* vocabantur, sc. ut quibus verbere uti liceret, cf. leg. Andan. (n. 58) v. 41 *ῥαβδοφόροι δὲ ἔστωσαν — εἴκοσι — — — τοὺς δὲ ἀπειθοῦντας ἢ ἀπρεπῶς ἀναστρεφομένους μαστιγούντω* et decr. de Panathenaeis Iliensibus (n. 194) v. 27, ubi custodibus ordinis potestas fit [*ἀτακτ*]*οῦντας τῆι ῥάβδωι κολάζειν.*[12]) Eiusmodi potestatem nostra memoria iudicioque inauditam ne Graeci quidem omnes semperque concesserunt, Athenis certe hieropoei Hephaestiorum, penes quos cura ordinis pompae erat, pecunia solummodo multare poterant, cf. n. 12 v. 26 sqq.[13]) Neque in hoc titulo Demetriensi casu factum puto, ut verbum *μαστιγοῦν* vel simile vitaretur et ambigua quadam vi *κωλύειν* diceretur.

V. 33 sqq. qui oraculum consultaturi erant, suum quisque nomen ad scribam dei deferre, is quo ordine acceperat[14]), in albo inscribere eodem-

---

9) cf. vox *πόλις* v. 8. 16. 19. 29 usurpata; vid. de hac re Wilhelm *MAI* XV 1890 p. 287 sqq.

10) ethnica enim *Παγασίτης*, *Ἰώλκιος* etc. inde ab urbe Demetriade condita pagos eius significare Dttb. pluribus probavit *Syll.* l. c. not. 3.

11) Ther. 612: *καὶ μυρίκης λάζοιο νέον πανακαρπέα θάμνον*
μάντιν ἐν αἰζηοῖσι γεράσμιον· ᾗ ἐν Ἀπόλλων
μαντοσύνας Κοροπαῖος ἐθήκατο καὶ θέμιν ἀνδρῶν.

12) cf. etiam Herod. VIII 59 *ἐν τοῖσι ἀγῶσι οἱ προεξανιστάμενοι ῥαπίζονται*, de Olympiis Thuk. V 50 *Λίχας ὁ Ἀρκεσιλάου Λακεδαιμόνιος ἐν τῷ ἀγῶνι ὑπὸ τῶν ῥαβδούχων πληγὰς ἔλαβεν*, de Pythiis Luc. adv. iud. 9 *τοὺς ἀθλοθέτας δὲ ἀγανακτήσαντας — μαστιγώσαντας αὐτὸν ἐκβαλεῖν τοῦ θεάτρου.*

13) olim Atheniensibus quoque mos asperior fuisse videtur: schol. Arist. Pac. 733 *ἦσαν δὲ ἐπὶ τῆς θυμέλης ῥαβδοφόροι τινές, οἳ τῆς εὐκοσμίας ἐπεμέλοντο τῶν θεατῶν*, qui num Aristophanis aetate re vera verberibus usi sint, dubito.

14) qui fuerit ordo, incertum. Delphis ordinem sortiebantur (Aesch. Eum. 31); sed cum hoc decreto nulla eius rei mentio fiat, nescio an is fuerit mos, ut qui priores venissent iidem nomina priores deferrent.

que, nisi quis iure *προμαντείας* fruebatur[15]), evocare illos debebat, sc. ut sacellum introirent; nam *πρὸ τοῦ ναοῦ* (v. 35) haec omnia fiebant. Iam quid intra factum est? *πινάκια* i. e. tabulas, in quibus quaestiones inscripserant, eos magistratibus sacris tradidisse constat e v. 41. At idne solum fecerint an praeterea statim oraculi responsum tulerint, quaeritur. Ac Reichl quidem, si recte eum intellego, verba *ὅταν δὲ συντελεσθῇ τὸ μαντεῖον* ad oracula edita rettulit tabellisque, priusquam *εἰς ἀγγεῖον* inicerentur, responsa dei inscripta putavit. Quod si verum est, cur tandem illa obsignatio facta sit aut cur omnino tabellae responsis inscriptae non statim consultantibus redditae sint noxque intercesserit, causam idoneam non video. Nec vero hoc uno loco de usu tabellarum obsignandique more audimus: Lucianus de Alexandro Pseudomanti Amphilochi Mallii oraculum imitato haec narrat c. 19: *ἐκέλευσε δὲ ἕκαστον οὗ δέοιτ' ἂν καὶ ὃ μάλιστα μαθεῖν ἐθέλοι, ἐς βιβλίον ἐγγράψαντα καταρράψαι τε καὶ κατασημήνασθαι κηρῷ ἢ πηλῷ ἢ ἄλλῳ τοιούτῳ· αὐτὸς δὲ λαβὼν τὰ βιβλία καὶ ἐς τὸ ἄδυτον κατελθὼν — — καλέσειν ἔμελλε κατὰ τάξιν τοὺς δεδωκότας ὑπὸ κήρυκι καὶ θεολόγῳ καὶ παρὰ τοῦ θεοῦ ἀκούων ἕκαστα τὸ μὲν βιβλίον ἀποδώσειν σεσημασμένον ὡς εἶχε, τὴν δὲ πρὸς αὐτὸ ἀπόκρισιν ὑπογεγραμμένην κτλ.* ac iam fraudem, qua ille sigilla solverit, castigat. Et haec quidem fraus responsa sigillo soluto suscribendi Alexandri propria erat, ceteris autem aliquatenus certe oraculum Mallium imitabatur. De quo ipso Lucian. Philopseud. 38 *ἀκούων τὸ ἐν Μαλλῷ τοῦτο μαντεῖον ἐπιφανέστατόν τε καὶ ἀληθέστατον εἶναι καὶ χρᾶν ἐναργῶς πρὸς ἔπος ἀποκρινόμενον, οἷς ἂν ἐγγράψας τις εἰς τὸ γραμματεῖον παραδῷ τῷ προφήτῃ κτλ.* Hic sane nihil de obsignando, sed subvenit Plut. de def. or. 45: *ἤκμαζεν ἐμοῦ παρόντος καὶ τὸ Μόψου καὶ τὸ Ἀμφιλόχου μαντεῖον· ἔχω δ' εἰπεῖν τῷ Μόψου παραγενόμενος πρᾶγμα θαυμασιώτατον· ὁ γὰρ ἡγεμὼν τῆς Κιλικίας — — εἰσέπεμψεν ἀπελεύθερον οἷον εἰς πολεμίων κατάσκοπον ἐνσκευάσας, ἔχοντα κατεσφραγισμένην δέλτον, ἐν ᾗ τὸ ἐρώτημα ἦν ἐγγεγραμμένον οὐδενὸς εἰδότος· ἐννυχεύσας οὖν ὁ ἄνθρωπος ὥσπερ ἔθος ἐστί, τῷ σηκῷ καὶ κατακοιμηθεὶς ἀπήγγειλε μεθ' ἡμέραν ἐνύπνιον τοῦτον· ἄνθρωπον ἔδοξεν αὐτῷ κτλ.* Hoc igitur oraculum ita institutum fuisse videtur, ut consultantes quaestiones in tabellis obsignatis inscriptas prophetae darent, noctu deinde in templo responsi causa incubarent, postero die tabellas integras reciperent. Non dico plane eodem modo universam rem apud Apollinem Coropaeum factam esse, nox tamen illa intermissa suspicionem incubationis facit, nec plane inauditam incubationem in cultu Apollinis fuisse cum papyri quidam magici tum Suetonii de cultu Apollinis Romano testimonium (Aug. 94) ostendunt.[16])

In lacuna v. 49 sqq. etiam de reponsis oraculi sermonem fuisse vox *χρησμούς* ostendit. — Fragmento B diligentius de perficiendo decreto prospicitur.

Aetas tituli plane certa non est. Primo a. Chr. n. saeculo sane Lolling (*MAI* VII p. 340, 1) et Kern eum tribuunt, sed argumentum ipsum cum auctoritate oraculorum tum iacente parum convenire mihi videtur.

---

15) de hoc iure cf. nunc potissimum Legrand *Rev. des ét. gr.* XIII (1900) p. 281 sqq.
16) cf. de hac re Deubner *De incubatione* p. 32 sq.

81. In fragmento B superioris tituli. Edd. Lolling *MAI* VII p. 73, Michel *Recueil* 842, Dittenberger *Syll.*[2] 790 II. Cf. praeterea Reichl *Der Bundesstaat d. Magneten u. d. Orakel d. Apollon Κοροπαῖος*. Prag 1891, Holleaux *Rev. de Phil.* XXI p. 181 sqq., Wilhelm *MAI* XV p. 287 not., Kern, qui denuo diligentissime contulit, *Festschrift für O. Hirschfeld* p. 325.

Ἱερέως Κρίνωνος τοῦ Παρμενίωνο[ς], μηνὸς Ἀρτεμισιῶνος δεκάτηι· | Κρίνων Παρμενίωνος Ὁμολιεὺς ὁ ἱερεὺς τοῦ Διὸς τοῦ Ἀκραίου καὶ | Διονυσόδωρος Εὐφραίου Αἰολεὺς ὁ κοινὸς στρατηγὸς καὶ οἱ στρατη|γοὶ καὶ οἱ νομοφύλακες εἶπαν· ἐπεὶ τὰ ὑπάρχοντα [δ]ένδρα ἐν τῶι ἱε||ρῶι τοῦ Ἀπόλλωνος τοῦ Κο[ρ]οπαίου εἰσὶν κατεφθαρμένα, ὑπολαμ|βάνομεν δὲ ἀναγκαῖ[ον] εἶναι καὶ συμφέρον γενέσθαι τινὰ πε|ρὶ τούτων ἐπιστροφήν, [ὥστε] συναυξηθέντος[1]) τοῦ τεμένου ἐ|πιφανεστέραν γίν[εσθαι[2]) τὴν τοῦ τό]που μεγαλομέρειαν, διὸ καὶ δε|δόχθαι τῆι βουλῆι [καὶ τῶι δήμωι· τὸν] καθεσταμένον νεωκορεῖν || ποιεῖν συμφανὲ[ς πᾶσιν τοῖς ἀεὶ π]αραγενομένοις εἰς τὸ ⟦ἱερὸν τὸ⟧[3]) μηθενὶ | ἐξεῖναι τῶν π[ολιτῶν μηδὲ τῶν ἐν]οικούντων[4]) μηδὲ τῶν ἐνδη|μούντων ξένων [δένδρα κόπτειν[5]) ἐν τῶ]ι διασαφουμένωι τόπωι μηδὲ κο|λούειν, ὁμοίω[ς δὲ καὶ μὴ εἰσβάλλειν θρέ]μματα[6]) νομῆς ἕνεκεν μηδὲ | στάσε[ω]ς· εἰ [δέ τις κόπτοι, ἀποτίνειν τῆ]ι πόλει δραχμὰς 𐅅, τῶι δὲ προ||σαγγείλα[ντι δίδοσθαι τοῦ εἰσπραχθέ]ντος τὸ ἥμισυ παραχρῆμα παρὰ | τῶν ταμι[ῶν· εἰ δέ τις ἐννέμοι, μαστ]ιγοῦσθαι[7]) ὑπὸ τῶν στρατηγῶν καὶ νο|μοφυλάκ[ων τὸν δοῦλον? πλ]ηγὰς ἑκατόν, τοῦ δὲ θρέμματος ἀποτί|νειν ἑκά[στου ὀβελόν· ποιήσασθ]αι δὲ τὰς προσαγγελίας τούτων πρὸς τοὺ[ς] | διασαφουμένου[ς ἄρχοντας[8])· ἀν]αγραφῆναι δὲ καὶ τοῦ ψηφίσματος τὸ ἀν||τίγραφ[ον ἐπὶ λιθίνου πυ]λῶνος[9])⌉, ὃ καὶ προτεθῆναι πρὸ τῆς εἰσόδου | τοῦ

1) hoc clare scriptum extare in lapide testatur Kern; Lolling: καταφυτευθέντος, Holleaux: κατασπαρτηθέντος.

2) suppl. Kern, priores εἶν[αι.

3) vocem a lapicida omissam Holl. recte restituit erroremque duplici illo τό commode explicat; quamquam Dttb. ut structura rectius se habeat, alterum τό tollendum existimat.

4) suppl. H., Dttb. παρ]οικούντων vel μετ]οικούντων vel συν]οικούντων praefert.

5) suppl. Holl.

6) suppl. Lolling.

7) legit et suppl. Kern; ceteri ζημιο]ῦσθαι; idem paulo post non ΧΜΑΣ (Loll.), sed ⁝ΙΓΑΣ i. e. [πλ]ηγάς in lapide scriptum esse statuit.

8) enuntiatum ita restituit Dttb., cum Holl. scripsisset ἀναγραφῆν]αι δὲ τὰς προσαγγελίας τούτων πρὸ⟨σ⟩ τοῦ | διασαφουμένου ⌈τόπου], sed ut ille verissime monuit, non delationes (προσαγγελίας) lapidibus incisas, sed multas a magistratibus irrogatas publice proponi expectamus, atque id potius agitur, ut si quis cuius nomen deferre velit, is magistratus *paulo supra dictos*, praetores et nomophylaces, adire iubeatur; similiter participium διασαφούμενος v. 12 usurpatur.

9) inde ab hoc loco longe plurima Holl. restituit; etiam supplementum eius οἱ ἐμβάντες v. 22, pro quo Wilhelm ἅπαντες requisiverat, lectione Kernii ΙΡΑΝΤΕΣ confirmari videtur; v. 20 tamen lapidis lectionem ὃ retinui, quod ad ἀντίγραφον referri potest; ceteri ὃν καὶ προτεθῆναι. — v. 24 ΤΑΣΙΝ lapis.

ἱε[ροῦ, γενομένηϲ τῆϲ ἐγδόϲ]εωϲ ὑπὸ τῶν τειχοποιῶν, ὅπωϲ πα[ρ]|ακ[ολουθῶϲι οἱ ἐ]μ̣β̣άντεϲ τὰ δεδογμένα· διαπαραδιδόϲ|[θ]ω [δὲ καὶ τοῖϲ] αἱρεθηϲομένοιϲ μετὰ ταῦτα ϲτρατηγοῖϲ | [καὶ νομοφύ]λαξιν νομοθεϲίαϲ τά(ξ)ιν ἔχον· ἔδοξεν ‖ [τῆι βουλῆι] καὶ τῆι ἐκκληϲίαι.

Decretum Demetriensium de arborum in fano Apollinis Coropaei cura ab isdem hominibus eodemque anno rogatum atque antecedens de oraculo decretum. Ac primum quidem interdicitur, ne arbores caedantur (*κόπτειν*) aut — id quod hic diserte additur — violentur (*κολούειν*). Deinde vero cavetur, ne pecora damno sint sive pastorum (*νομῆς*) sive peregrinantium (*στάσεως*). Mandatur cura aedituo (v. 9), cf. n. 107. De lignatione cf. n. 34 et quae ibi attuli, de pastione n. 87 et 111.

v. 16 *μαστ]ιγοῦσθαι* — *πληγάς* legendum esse Kernii testimonio constat; quaeritur, quid inter *νομοφυλάκ[ων* et *πλ]ηγάς* supplendum sit; id quod vulgo scribitur *τοῦ ἀδικήματος*, ne antea quidem aptum, nunc utique ferri non potest. Iam saepius id discriminis fit, ut ingenuus multa, servus verberibus puniatur velut in simili titulo n. 34, de quo Kern admonuit. Tali sane supplemento spatium non sufficit, dominum tamen ipsum verberari incredibile puto; supplendum igitur puto *τὸν μὲν δοῦλον* vel simile aliquid; cf. tit. Thas. n. 110 v. 4 sqq.

82. Tabula marmoris in duas partes fracta, ad sinum Pagasaeum prope vicum *Bupha* inventa; pars dextra nunc in vico *Μηλιές* in domo privata, ubi eam exscripsit et ectypa confecit Kern, altera nuper demum perisse videtur. Infima pars tabulae nunc detritae lectuque difficillimae litteris vacat. Edd. Mézières *Arch. des Miss. scientif.* III (1854) p. 266 n. 4 (inde Bursian *De tit. Magnesiis* 1864 p. 15 et Lolling *MAI* VII p. 72 n. Ia), paulo plenius Nikolaos J. Magnes *Περιήγησις τῆς Θεσσαλίας* 1860 p. 102. Cf. praeterea Wilhelm *MAI* XV p. 287 not. 3, Holleaux *Rev. de phil.* XXI p. 186 sq., Kern *Festschrift f. Hirschfeld* p. 324. Ectypa sua et apographa humanissime mihi misit Kern.

— — — παριϲτάναι τὰ θύμα]τα λευκὰ ὁλόκληρα [καθαρά, ἃ δεῖ θύ]εϲθαι τῷ θεῷ καὶ τὰ ἄλλα τὰ ἐθιζόμενα καθὼϲ [καὶ πρὶν ἐ]γίνετο· τὰϲ δὲ τούτων δοράϲ πωλεῖϲθαι ἀπὸ τοῦ [νῦν χρόνου κα]τ' ἐνιαυτὸν ὑπὸ κήρυκα τῇ ἕκτῃ ἐπὶ δέκα τοῦ Ἀρτεμιϲι[ῶνοϲ μηνὸϲ πρὸ τῆϲ ἐκκληϲίαϲ γινομένηϲ ἐννόμου ἀπὸ τοῦ . . . . . [1] ρίου ὑπὸ τῶν προγεγραμμένων ἀρχόντων, ϲυμπαρόντων καὶ τ[οῦ ἱερέωϲ τοῦ Διὸϲ τοῦ Ἀκραίου καὶ τῶν ἐ[ξετ]αϲτῶν καὶ τὸ ἐκ τούτων γενόμενον [διάφορον ἱερὸν εἶναι] τοῦ Διὸϲ τοῦ Ἀκραίου . . . . . νου τᾶϲ ἀγορᾶϲ . . . . αμα τῷι θεῶι ϲυναχθεὶϲ η — — —

(sequuntur octo versus hodie paene prorsus oblitterati)

---

1) Lolling temporis definitionem desiderabat, contra Holl. *ἀπὸ τοῦ [συνεδ]ρίου* proposuit: '*d'après les ordres et sur l'initiative du συνέδριον*', id quod tamen vel propter subsequens *ὑπὸ τ. πρ. ἀρχ.* displicet. De loco, unde venditio fiebat, cogitavi.

Repetivi lectionem Mezierii cum supplementis Lollingii; Nicol. Magnes plura praeterea aut diversa legit haec: v. 1 ΑΝΙ ΕΙΣΕΡΕΙΑ ΕΛΕΙΑ *λευκὰ κτλ.*, quibus vox *ἱερεῖα* latere videtur. 3 *ἐ]γένετο.* 5 *πρός.* 6 in. *μου ὑπὸ κτλ.* 6 extr. *τοῦ ἱερέ[ως]* 7/8 *τὸ ἐκ τούτου [συν]αγόμενον διαφ.... παρὰ τῷ ἱερεῖ τοῦ Διὸς κτλ.* v. 8 ΥΤ...ΣΑΓΟΡΑΣ.... *.τον τὸ ἄγαλμα τῷ θεῷ συναχθείση.* Sequentes versus paulo integriores tum fuisse videntur; lectionibus eius, e quibus affero *φέροντος ἀεὶ* — *ἐξεταστὰς ἐὰν δὲ* — *τούτωι* — *τῆι ἐκκλησίαι* — *[π]ατρῶιον* — *ἰδίας ἀφε* — *ρας με*, partim certe ectypa et apographum Kernii favent.

Fragmentum legis de sacris Iovis Acraei[2]), de quo Pseudodicaearchus (*Geogr. min.* I p. 107): *ἐπ' ἄκρας δὲ τῆς τοῦ ὄρους (τοῦ Πηλίου) κορυφῆς σπήλαιόν ἐστι τὸ καλούμενον Χειρώνιον καὶ Διὸς Ἀκραίου ἱερόν, ἐφ' ὃ κατὰ κυνὸς ἀνατολὴν κατὰ τὸ ἀκμαιότατον καῦμα ἀναβαίνουσι τῶν πολιτῶν οἱ ἐπιφανέστατοι καὶ ταῖς ἡλικίαις ἀκμάζοντες ἐπιλεχθέντες ὑπὸ τοῦ ἱερέως, ἐνεζωσμένοι κῴδια τρίποκα καινά· τοιοῦτον συμβαίνει ἐπὶ τοῦ ὄρους τὸ ψῦχος εἶναι.* Sacerdos eius magistratus fuit Magnetum eponymus (n. 80 et 81 in.).

Hostiarum color albus naturae dei in summo monte culti aptissimus est. — V. 3 sqq. accurate de pellium venditione providetur, unde supra de feriis quibusdam sermonem fuisse colligo. In privatis certe sacrificiis pelles aut sacerdoti aut ipsis sacrificantibus cedere solebant, cum Athenienses quidem pelles hostiarum publicis feriis sacrificatarum vendidisse e *δερματικοῦ* rationibus notissimum sit. — V. 9 lectionem Magnetis *τὸ ἄγαλμα* veram esse satis probabile puto.

83. Cippus cum aëtomate ex Ithaka insula anno 1758 in museum Nanianum translatus, nunc Paduae. Post alios edd. Boeckh *CIG* 1926 et Dittenberger *IG* IX 1 n. 654. Denuo lapidem contulit Ziebarth *Rhein. Mus.* 1898 p. 635.

Ἱερὸς ὁ χῶρος τῆς | Ἀρτέμιδος· τὸν ἔ|χοντα καὶ καρπού|μενον τὴν μ[[ἐν]] δε||κάτην κα[τ]αθύειν ἑ|κάστου ἔτους· ἐκ δὲ τοῦ | περιττοῦ τὸν ναὸν ἐ|πισκευά[ζ]ειν· ἐὰν δέ τις | μὴ ποιῇ ταῦτα, τῆι || θεῶι μελήσει.

v. 4 in lapide esse ΜΕΝΟΝΤΗΝΜΔΕ testatur Z. v. 7 ΤΟΝΝΑΟΝ idem.

Ne verbo quidem haec ab eo titulo differunt, quem Xenophon Anab. V 3, 13 se in Artemisio suo Scilluntio locasse narrat. Iam vero cum huius inscriptionis litteratura lapicidam II p. Chr. n. saeculi exeuntis indicet[1]), hominem Ithacensem, aemulatorem utpote et studiosum Xenophontis, lapidem ad exemplum tituli Xenophontei incidendum curavisse sequitur. Quod ab eo non ornamenti causa factum esse, sed esse etiam consecratum Dianae sacellum recte iam statuit Boeckh.

---

2) Lolling olim fragmentum legis de oraculo Apollinis Coropaei n. 80 putavit inserendum lacunae v. 49 subsequenti, id quod argumento collato iam Holl. recte improbaverat, lapide ipso collato prorsus refutavit Kern l. c. p. 325.

1) titulum, quem egregie exaratum dicit Ziebarth, spurium esse quod putemus, idonea causa non est.

84. Marmor candidum a sinistra parte fractum, Tomis, ut videtur, inventum, nunc Bukaresti in museo hominis cuiusdam privati. Brevi commentario a Gompertzio instructum ed. Tocilescu *Arch.-epigr. Mitt. aus Oest.* VI (1883) p. 8sq. lapidem Callatensem existimans (cf. tamen quae ipse p. 1 not. 1 concedit). Dextram columnam inde repetiverunt Herbrecht *De sacerdotii apud Graecos emptione venditione* p. 45, qui primus titulum non esse Callatensem vidit Tomisque tribuit (p. 8), et Michel *Recueil* 704. Praeterea apographum editum est *Μουσεῖον καὶ Βιβλιοθήκη τ. Εὐαγγ. Σχολῆς ἐν Σμύρνῃ* 1885 p. 47, illud quidem mendosum, sed cum lemmate gravissimo: *ἐπὶ μαρμάρου — — μετενεχθέντος ἐκ Τόμεως εἰς Βουκαρέστιον.* Cf. Lehmann *Quaestiones sacerdotales* p. 17.

— — — — — — — —
— — — — — — ̣γβ....
— — — — — ν ἐπιπ...
— — — εἰκόνα χαλ]κῆν[2]) ἐν τῷ ἱ-
ερῷ τοῦ[3]) — — ὅπου ἂ]ν ὁ δῆμοϲ
ϲυγχωρήϲῃ[4]) — —]νοϲ ϲτεφα-
ν- — — —]ων καθ' ἑκάϲ-
την θυϲίαν — —]ει καὶ μεταλ-
λάξαντι τὸν βίον —]τε Διαγόραϲ
— — — — — — ἑαυτῷ ἱ-
— — — — — — — —

τύχῃ ἀγαθ]ῆ·[1]) ὁ πριάμενοϲ τὴν ἱερωϲύνην τῶ]ν μυϲτῶν θεῶν τῶν ἐν
Ϲαμοθρά]κῃ[2]) ἱερήϲεται διὰ βίο[υ καὶ
Ἀπατου]ρεῶνοϲ ἑβδόμῃ παρ[έξει
......]α ϲχίξαϲ καὶ ἐγχέει[....
... τοῖ]ϲ μύϲταιϲ καὶ πομπε[υθήϲε-
ται πα]ρ' αὐτοῦ· ϲτεφανωθήϲεται δὲ
παρὰ] τῶν μυϲτῶν φιλοτιμίαϲ ἕνε-
κε]ν τῆϲ εἰϲ ἑαυτούϲ, ἐν ῇ ἱερᾶται ἡμέ-
ρᾳ· ϲυνθύϲει δὲ καὶ τοὺϲ λιβάνουϲ ἐμ
πάϲαιϲ ταῖϲ ϲυνόδοιϲ μετὰ τοῦ προ-
υπάρχοντοϲ ἱέρεω[5]) τῶν μυϲτῶν καὶ
οἷϲ ἐπιβάλλει ἐκ τοῦ νόμου· ὑπάρχειν
δὲ αὐτῷ τὸν ϲτέφανον εἰϲ τὸ κατ....
ον· ἐπρίατο τὴν ἱερωϲύνην Τίμ[αιοϲ
Ϲτράτωνοϲ χρυϲῶν ἑπτά, χαλ[κῶν
ἑξήκοντα οὓϲ ἔδωκε παραχρ[ῆμα.

Inscriptio duabus disposita est columnis, quae primo aspectu titulos plane diversi argumenti continent: dextra enim a collegio mystarum (v. 6. 8. 12, cf. etiam verba *ἐμ πάσαις ταῖς συνόδοις* v. 10sq.) deos Samothracios colentium condiciones sacerdotii emendi proponuntur, sinistra Diagorae cuidam (v. 15) honores decernuntur. Quaeritur, qui inter duos titulos fuerit conexus; fuisse enim aliquem necesse est. Lucem afferri puto verbis col. dextrae v. 10sq. *συνθύσει — — μετὰ τοῦ προϋπάρχοντος ἱέρεω.* Quae, cum initio tituli dictum sit *ἱερήσεται διὰ βίου*, hac una ratione explicari posse videntur, ut sacerdotium tum primum venale factum esse,

1) supplevi.

2) suppl. Gompertz, eidem deinde ea de quibus nihil adnotavi supplementa debentur.

3) *ἐν τῶι* G., sed iota mutum in hoc titulo scribi non videtur.

4) supplevi e. g., cf. Wilhelm *Festschr. f. Benndorf* p. 246sq.; collegii, non populi scitum esse tenendum est.

5) ita lapis, priores: *ἱερέω(ς)*, sed ut nominativus *ἱέρεως*, ita genetivus *ἱέρεω* Mileti et in coloniis eius sollemnis erat, cf. Hoffmann *Griech. Dial.* III p. 523 et Dittenb. *Syll.*[2] 226 not. 7.

6) *εἰς τὸ κατ[άλοιπ]ον* coniecit G. ipse tamen lacunam vix sufficere monens.

ei autem, qui antea aliquo iure sacerdotium tenuerat, etiam commutato ordine, ut sacris quibusdam interesset, datum esse statuamus. Quem hominem, ne longus sim, ipsum Diagoram fuisse censeo idemque fere hic factum esse atque Andaniae, ubi Mnasistratus sacerdotio mysteriorum, quod hereditarium acceperat, sua sponte cessit eiusque potestatem civibus permisit, ita tamen, ut ipsi, dum viveret, honores et commoda quaedam servarentur (v. p. 176). Quod si recte conieci, columna sinistra decretum honorarium, quod sodales grati Diagorae causa, cum dignitate cessisset, fecerunt, dextra novi ordinis condiciones tenemus. Neque incredibile puto Diagoram ipsum Tomis mysteria Samothracia instituisse. Quae inde a diadochorum temporibus per civitates Graecas propagari coepta esse constat [7]), ut ne Tomos quidem ea prius pervenisse ulla sit probabilitas. Nec vero multo recentiorem hac aetate titulum esse, etsi editor de ea re nihil dixit neque exemplari ab eo expresso multum colligere licet, vestigia tamen dialecti Ionicae v. 3 et 12 (*ἱερήσεται, ἱέρεω*) servata prodere videntur.

Ipsarum caerimoniarum mysticarum mentionem verbis v. 5 *σχίξας καὶ ἐγχέει* latere collatis iis, quae de aliis mysteriis traduntur, velut notissimo illo '*ἐκ τυμπάνου ἔφαγον*' et '*ἐκ κυμβάλου ἔπιον*' acute Gompertz coniecit et legendum proposuit *παρ[έξει | τὸ πέμμ]α σχίξας καὶ ἐγχέει [τὸ ποτὸν τοῖ]ς μύσταις*. Sed ipse iam monuit posse etiam de ligno, quo ad sacra opus erat, et de libatione quadam cogitari coll. praecepto Xanthi Lycii (n. 49 v. 9 sq.) *παρέχειν δὲ καὶ τῶι θεῶι — — σχίζας καὶ σπονδήν*, et mihi quidem omnino satis improbabile videtur de illis caerimoniis in tali titulo mentionem fieri; accedit, quod de pane non *σχίξας*, sed *κλάσας* dici expectamus, verbum autem *παρέχειν* de munere aliquo praebendo, non de ritu perficiendo usurpari solet (cf. p. 224), et verbum *ἐγχέει*, etsi id non male cum illius sententia convenire concedo, potest tamen satis commode de vino mystis ad quamcunque rem praebendo intellegi. Utique lacunam intactam relinquere praestat.

De ipsis verbis columnae sinistrae desperandum esse videtur. V. 12 sqq. sententiam Gompertz ita restituere conatus est: *ἔπαι]νος, στεφά[νωσις τῶν γραπτῶν εἰκόν]ων καθ' ἑκάσ[την θυσίαν ἃ αὐτῷ ὑπάρξ]ει καὶ μεταλ[λάξαντι τὸν βίον*, sed neque illud *ἔπαι]νος* probabile est et coronari aut hominem ipsum aut statuam eius supra dictam exspectamus. Facilibus sed irritis coniecturis abstineo.

85. Tabula marmoris candidi in Olbiae parietinis inventa, hodie Mosquae in museo historico. Edd. Th. Struve *Act. soc. Odess.* VI (1867) p. 2 (inde Müllenhoff *Hermes* III 442) et *Rhein. Mus.* XXIV p. 559, Latyschew *Inscr. or. sept. Pont. Eux.* I p. 77 n. 46 et Add. p. 221, Michel *Recueil* 705, Dittenberger *Syll.*[2] 629.

Ἑπταδεύϲαντεϲ | ἐπεμελήθηϲαν τοῦ | θηϲαυροῦ· Ἡρόδοτοϲ Παντακλέουϲ ‖ Ἐπιχάρηϲ Διονυϲοφάνουϲ | Ποϲειδώνιοϲ Εὐκράτουϲ | Ἀδείμαντοϲ Ἀπα[τ]ουρίου | Ἱϲτικ[ῶ]ν Μητροδώρου | Λεοντομ[έ]νηϲ Ἡροϲῶντοϲ ‖ Ἡρακλείδηϲ Εὐβίου·

7) vid. Preller-Robert *Gr. Myth.* p. 863; Cabirorum cultum Olbiensem II a. Chr. n. saeculi titulus testatur *Journ. of Hell. Stud.* 1903 p. 44.

τοὺϲ θύονταϲ ἀπάρχεϲθαι | [ε]ἰϲ τὸν θηϲαυρόν·
βοὸϲ μὲν χιλίουϲ διακοϲίουϲ
ἱερείου[1]) δὲ καὶ αἰγὸϲ τριακοϲίουϲ
.ε..ουϲ[2]) δὲ ἑξήκοντα.

III ante Chr. n. saeculo titulum exaratum esse veri simile est, si quidem *Λεοντομένης Ἡροσῶντος* (v. 9) frater esse videtur illius Protogenis Herosontis f., cuius eximia de re publica laborante merita notissimo Olbiae decreto enumerantur (Michel 337, *Syll.*² 226). Dei nomen non dicitur, sed de Iovis Olbii sacris agi probabile est. Struvii sane ratio, qui id inde concluserat, quod tabula una cum Iovis capite inventa erat, per se satis lubrica est. Sed accedit mentio illa septemvirorum. Nam qui appellantur *ἐπταδεύσαντες*, haud dubie iidem sunt atque *οἱ ἑπτά*, qui decretum modo commemoratum una cum archontibus rogaverunt. Quos nullas nisi sacras res curavisse nec ipsum nomen commendat nec hoc titulo colligi potest, quoniam magistratus publicos, non sacerdotes curam thesaurorum sacrorum exercuisse inauditum non est.[3]) Facillime tamen id intellegitur, si de sacris dei principalis agebatur. Is autem erat *Ζεὺς Ὄλβιος*: Latyschew *Inscr.* I n. 24 v. 17 *ἱερεὺς γενόμενος τοῦ προεστῶτος τῆς πόλεως ἡμῶν θεοῦ Διὸς Ὀλβίου.*

Pecuniam ut sacrificantes thesauro solverent, non hac una lege constitutum est, cf. n. 118. 132. 155. 192 v. 10 sqq. Sed pretia hac lege constituta, etsi vilissimum nummorum genus velut *χαλκοῦς* dici statuimus, tamen tanta sunt, ut cum exemplis illis comparari non possint. Itaque suspicione abstinere non possum huius legis rationem diversam esse a ceteris illis praeceptis et ad facultatem victimas ipsas in fano emendi pertinere. Pretia certe illa, dummodo oboli intellegantur, non repugnant; nam etsi paulo maiora sunt iis, quae ceteroquin illa aetate valuisse videntur[4]), laborasse tum Olbiopolitanos magna rerum inopia et caritate decretum de Protogene factum luculentissime testatur.[5]) Id tamen ipse dubito, num cum ea quam proposui interpretatione verbum *ἀπάρχεσθαι* commode conciliari possit.

V. 15 nondum certo suppletus mihi videtur. Nauck pretium hic constitutum prae ceteris tam parvum esse censuit ut de ulla victima cogitari non possit, sed solummodo de minoribus illis, quibus sacrificantes utebantur velut ture vel placentis. Sed non modo neque ipsius supplementum *θύους* neque *τέρφους*, quod Iernstedt apud Latysch. coniecit, litterarum reliquiis respondet, sed etiam ratio, quam ille secutus est ceterisque pla-

---

1) ovem dici Struve intellexit, qui plura de ea re attulit. Simile in voce *πρόβατον* accidisse, quae ipsa quoque gliscente demum aevo vulgatam significationem nacta est, nemo nescit.

2) ΓΕΙ▒ΟΥΣ Struve, ▒Ε^▒'▒ΟΥΣ Latysch., cf. comm.

3) cf. n. 67 v. 33 et n. 155 v. 32.

4) cf. e. g. pretia, quae in titulo Coo n. 131 occurrunt, et quae attuli *Rhein. Mus.* LI p. 215 sq.

5) commemoratur ibi sola frumenti inopia, sed universa quin fuerit, dubitari nullo modo potest.

cuisse miror, minime recta est. Porcus enim facile 4 drachmis comparari poterat (*BCH* VI p. 23 sq.), ergo cum ovis vel capra tum 15—20 drachmis stare soleret, inter *ἑξήκοντα* et *τριακοσίους* nummos, quicunque hoc titulo dicuntur, eadem fere ratio quae inter porci et ovis pretium intercedebat. Quare v. 15 de porci sacrificio agi satis persuasum habeo, quamquam nomen eius victimae reliquiis litterarum adhuc quidem lectis aptum nescio.

86. Tria fragmenta tabulae marmoris candidi a dextra integra, inventa prope Phanagoriam hodiernam, nunc in museo Kertschiensi. Edd. Stephani *Compte-rendu* 1872 p. 173 et Latyschew, qui denuo exscripsit *Inscr. or. sept. Ponti Euxini* II p. 167 sq. n. 342.

— — — — — — — — — Δκα ◡ιιω....
— — — — — — — — — λύχνοις ἐχ....
— — — — — — ὁ δὲ ἱερεὺ]ς[1]) θυέτω ἐπὶ τ[οῦ
βωμοῦ[2]) — — — — — —ς]θω ἐν τῷ νεωκο[ρεί-
ῳ[2]) — — — — — — λιβα]νωτίσας[3]) θυέτω ἐπ[ὶ
τοῦ βωμοῦ[2]) — — — —] ε̣ἰς ὁλοκαύστησιν μηρ[όν
— — — — — — — κάλυψιν τὸ ἀρκοῦν κεφ[α-
λῆς[4]) — — — — — γλῶς]σα[2]) καὶ ἡ δορά· ὁμοίως
— — — — — — — τῷ βωμῷ ἄνευ τοῦ μηροῦ
— — — — — — — — σπόνγους πλὴν ὃς τα
— — — — — — — — ον τῆς θεᾶς ἀλεύρου
— — — — — — — — οἰ]νομέλιτος[2])· ξέσ· γ̄
— — — — — — — — — ους ἐλαίου· κοτ· δ̄
— — — — — — — — δ̣ώσει ἄλλας κοτ· δ̄
— — — — — — — ιον συν φυρτῇ καὶ στεφα-
— — — — — — — β]ωμῷ καὶ οὕτως εἰσφε-
ρέτω[2]) — — — — —]οις· β̄· καὶ λαμπροῖς καθότι — — — — — — —] ὁμοίως δὲ καὶ τῷ δωδε-
— — — — — — — — ι ἐπὶ τὸ δεῖπνον προς-
— — — — — — — ος· ὁ ἐπὶ τ[ῆς] αὐλῆς ἐπι-
— — — — — — — — ωρος· σαρῶται· β̄· καὶ
— — — — — — — — τριῶν καὶ τοῦ προεστῶτος[2]) — — — — — —]ι τ(ῆ)ς θεᾶς· δειπνι-
— — — — — — — ἐ]πιτελείσθω τὰ μυστήρια — — — — — — —]θωσαν ἐν τῷ νεω[κο-
ρείῳ — — — — — — — δεῖ]πνον κωλεὸν....
— — — — — — — ⁄ΟΟΟ‾ — — — —

L. V. v. 1 nihil nisi ΔΚΑ, v. 26 extr. *ων*..., v. 27 unam litteram O dedit Steph., v. 23 ΙΤΙΣ lapis.

1) supplevi e. g., potest nimirum etiam de alio magistratu sacro agi.
2) supplevit Lat. 3) supplevi.
4) suppl. Steph., casus tamen dubius.

Valde dolendum est hunc titulum, cuius litterae bene conservatae I aut II post Chr. n. saeculo tribuendae sunt, adeo mutilatum esse. Minime enim trita praecepta eo contineri primo obtutu apparet, sed vereor ne ob id ipsum tam pauca restitui possint, conexus sententiarum nullus. Legem ad mysteria celebranda pertinere Stephani recte e v. 24 sq. conclusit, sed quod idem Eleusinia mysteria dici sibi persuasit, id ipsa illa mentione *τῆς ϑεᾶς*, ad quam ille provocavit, certo refutatur. Neque enim *ϑεᾷ*, sed *ϑεοῖν* Eleusinia celebrabantur. De Bendidis vel Isidis sacris agi suspicor.

V. 10 *σπόγγους*[5]): quo spectet, valde dubium; una praeterea in lege sacra spongi commemorantur, ac ne in ea quidem de ritu quodam sacro, sed de lavatione post pompam praebenda agitur: vid. n. 42 v. 18. — v. 15 *συν φυρτῇ* non intellego. — v. 18 *τῷ δωδε[κάτῳ* supplevit Lat. diem videlicet intellegens, sed offendit forma masculina; arane duodecim deorum dicitur? — v. 19 sq. supplendum duco *κα]ὶ ἐπὶ τὸ δεῖπνον προσ[καλείσϑω* vel simile aliquod verbum: agitur hoc et proximo loco de magistratibus sacrificulisque, qui epulis sacris intersunt.

87. Lapis a superiore parte fractus repertus Euboeae in vico *Aliveri*, nunc perisse videtur. Edd. Rangabé *Ant. Hellén.* 957, deinde adhibito apographo quod olim fecit Schaubert et in schedis reliquit, Wilhelm *Jahreshefte* VIII p. 6 sqq., qui lapidem ipsum frustra quaesiverat.

— — — πεντήκ]οντα δραχμὰς [ἱερὰ|ς τõ Ἀπ]όλλωνος· ὁ δὲ δήμ[αρχ|ος εἰ]ὰμ μὴ ὁρκώ(ρ)ει (ἢ μὴ) ἐ[νε|⟨νε⟩χ]υρ(ά)ρει[1]) τοὺς (μ)ὴ ὀμόρα[ν‖τα]ς, πεντα[κο]ρ[ί]ας δ(ρ)αχμὰς | [ἀ]ποτινέτω· ἐκπρηττόντων | δὲ οἱ ἱεροπ(ο)οὶ ἢ αὐτο(ὶ) ὀφε|λόντων διπλε[ῖ]· ἀποτίνειν δὲ ἐὰμ μὲν κείρω[ν] ‖ ἢ φέρων ἁλοῖ, ἑκατὸν δραχμ|άς· ἐὰν δὲ βόσκων ἢ εἰρελῶν, στερέσθω τοῦ βοσκήματος.

L. V. gravissimae hae sunt: v. 2 extr. ΟΔΕΔΣΝ Sch., ΟΔΕΛΗΛ R. 3 ..ΜΜΗΟΡΚΣΓΕΙ.ΛΙΕ Sch., ΛΜΝΝΟΡΚΩΚΕΙΝΙΕ R. v. 4 ΥΡΛΡΕΙΤΟΥΣ.ΟΜΟ ΡΑΣ Sch., ΥΡΔΡΕΙΤΟΥΔΗ..ΟΡΛ R. v. 8 extr. post **Ε** altiore et maiore ductu **Ω** incisum est posteriore, ut R. dicit, aetate. v. 11 extr. ΕΙΡΕΑΩΝ Sch., ΣΙΦΕΛΩΝ R.

Restitutio et interpretatio tituli rhotacismum Eretriensem exhibentis debetur Wilhelmio, qui, cum Rangabeio litterae pulchre et diligenter *στοιχηδὸν* incisae V a. Chr. n. saeculi finem prodere viderentur, cautius eum primis IV saeculi decenniis tribuere maluit.

Duae sunt partes inscriptionis. E priore nihil nisi poenae quaedam sanctiones restant, unde argumentum praecepti non iam certo explorari

---

5) primus editor litteras diviserat *σπόγγου σπληνὸς τα— —*, haud probabiliter.

1) haec Wilhelmii lectio, quamquam lapicidae errorem parvum tribuit, certa videtur; de re conferri iussit ille Plat. leg. XII 949 C sq., legem sacram Oropi (n. 65 v. 9 sq.), legem astynomorum Pergamenam (*MAI* XXVII p. 47 sqq., col I 7 et II 56).

potest. De re sacra Apollinis[2]) agi inde apparet, quod multa ei cedit (v. 2). Iam cum altera pars ad curam fani pertineat, v. 4 sq. autem de iure iurando exigendo sermo sit, nescio an de aedituo Apollinis muneribusque eius agatur, cf. e. g. n. 107 v. 6 sqq. *τὸν δὲ ν[εωκ]όρον ἐξορκόντων ϑεορ[οὶ] ἥν τινα ἴδηι κόπτοντα κτλ.*; sed cf. etiam n. 100 v. 4 sq.

Eorum, quae de cura fani praecipiuntur, iterum duae partes distingui possunt: verba *κείρειν* et *φέρειν* potissimum ad lucum sacrum violandum lignumque et similia auferenda pertinent, cf. n. 34 et quae ibi attuli exempla. Ad huius tituli verba proxime Latinae legis de luco Spoletino initium accedit: *honce loucom ne quis violatod neque exvehito neque exferto quod louci siet neque cedito etc.* In titulis ceteris verbum *κόπτειν* pro *κείρειν*, quod ni fallor paulo latius patet, usurpari solet, occurrit tamen hoc apud Poll. VIII 101: *οὗτοι* (sc. magistratus quidam, quorum nomen periit) *παρεφύλαττον μή τις ἐντὸς τοῦ Πελασγικοῦ κείρει ἢ κατὰ πλέον ἐξορύττει καὶ τῷ ἄρχοντι παρεδίδοσαν· τὸ δὲ τίμημα ἦν τρεῖς δραχμαὶ καὶ ἁπλοῦν τὸ βλάβος.* — Verbum *φέρειν* eadem vi dicitur n. 34 et n. 107, si modo recte litterarum reliquias v. 1 interpretatus sum, fortasse etiam in frg. n. 5 v. 6.

Deinde de pecore prohibendo cavetur, cuius rei exempla ad titulum Chium n. 111 congessi. Lectionem *εἰρελῶν* i. e. participium *εἰσελῶν* a verbo *εἰσελάω* derivatum Wilhelm sagacissime duobus apographis comparatis elicuit[3]): '*Bestraft wird der Hirt nicht nur, wenn er Tiere im heiligen Bezirk weiden lässt, sondern schon, wenn er beim Hineintreiben ertappt wird.*' Adde, quia ubi solum *βόσκειν* vetitum erat, facillime locus erat excusationibus eorum, qui pecus a se per fanum actum esse concederent, pastum esse negarent.

88. Stela marmoris a. 1,10, l. 0,45, cr. 0,10 aetomate ornata inventa *ἐν Βαρυπομπίῳ τοῦ δήμου Αὐλῶνος ἐντετοιχισμένη ἐλαιοτριβείῳ νῦν ἠρειπωμένῳ*, inde Chalcidem in museum translata. Ed. G. A. Papabasileios *Ἐφ. Ἀρχ.* 1902 p. 97 sqq., cf. praeterea Wilhelm *ibid.* 1904 p. 89 sqq. et *Jahreshefte* VIII p. 13 sq.

Θ] ε ο [ί.

Ἐξήκεστος Διοδώρου εἶπεν· ὅπωρ ἂν τὰ Ἀρ|τεμίρια ὡς κάλλιστα ἄγωμεν καὶ θύωριν ὡς π|λεῖστοι[1]), ἔδοξεν τεῖ βουλεῖ καὶ τοῖ δήμοι· | ≣ ≣ τιθεῖν τὴμ πόλιν ἀγῶνα μουσικῆς ἀπὸ χιλίων ‖ δραχμῶν τεῖ Μεταξὺ καὶ τεῖ Φυλάκει καὶ παρέχει|ν[2]) ἄρνας τεῖ πρὸ τῶν Ἀρτεμιρίων πέντε ἡμέρας[3]), τ|ούτων δὲ δύο ἐγκρίτους εἶναι· ἄρχειν δὲ τῆς μο|υσικῆς τετράδα φθίνοντος τοῦ Ἀνθεστηρι|ῶνος μηνός, τὴν δὲ

---

2) qui Apollo dicatur, certum non est. Sed quoniam *Aliveri* prope Tamynas antiquas situm esse videtur, Apollinem illic cultum, cui *Ταμύνεια* celebrabantur (Michel 897), dici probabiliter coniecit Wilh.

3) Rang. *ἤ τι ἀφελών* coniecerat.

1) haec in lapide scripta esse statuit W., ut in lectione editoris morari opus non sit. Idem W. ante *τιθεῖν* duas litteras erasas esse dicit.

2) sic legit editor, Wilh. post Γ '*ἐλάχιστα μόνον ἴχνη γραμμάτων*' discernit.

3) sic, non *ἡμέραις* in lapide esse statuit W.

μουϲικὴν τιθεῖν ῥαψωιδοῖϲ, || αὐλωιδοῖϲ, κιθαριϲταῖϲ, κιθαρωιδοῖϲ, παρωιδοῖϲ, | τοὺϲ δὲ τὴμ μουϲικὴν ἀγωνιζομένουϲ πάντα[ϲ] | ἀγωνίζεϲθαι προϲόδιον τεῖ θυϲίει ἐν τεῖ αὐλεῖ ἔ|[χο]νταϲ τὴν ϲκευήν, ἥμπερ ἐν τοῖ ἀγῶνι ἔχουρ[ι[4])· | τὰ δ]ὲ ἆθλα δίδοϲθαι κατὰ τάδε· ῥαψωιδοῖ ἑκατὸν εἴ||κοϲι, δευτέροι πεντήκοντα, τρίτοι εἴκοϲι· αὐλωιδοῖ παιδὶ πε|ντήκοντα, δευτέροι τριήκοντα, τρίτοι εἴκοϲι· ἀνδρὶ κιθαριϲ|τεῖ ἑκατὸν δέκα, δευτέροι ἑβδομήκοντα, τρίτοι πεντή|κοντα πέντε· κιθαρωιδοῖ διηκόϲιαι, δευτέροι ἑκατὸν | πεντήκοντα, τρίτοι ἑκατόν· παρωιδοῖ πεντήκοντα, δευ||τέροι δέκα· ϲιτηρέϲιον δὲ δίδοϲθαι τοῖϲ ἀγωνιϲταῖϲ | τοῖϲ παραγενομένοιϲ δραχμὴν τῆϲ ἡμέρηϲ ἑκάϲτοι ἀρ|ξαμένοιϲ μὴ πλέον τριϲὶν ἡμέραιϲ πρὸ τοῦ προάγωνοϲ, μέ|χρι οὗ ἂν ὁ ἀγὼν γένηται· τὸν δὲ ἀγῶνα τιθόντων οἱ δήμ|αρχοι ὡϲ ἂν δύνωνται δικαιότατα καὶ ζημιούντων || τὸν ἀτακτέοντα κατὰ τὸν νόμον· παρέχειν δὲ καὶ τοὺϲ | χώρουϲ ἱερέα κριτά, βοῦϲ, πάντα τὰ ἔτη, ϲυντελεῖν δὲ | τοὺϲ χώρουϲ εἰϲ τὰ κριτὰ καθάπερ Ἡράοιϲ· τὰ δὲ δέ|ρματα λαμβάνειν τῶν ἱερείων τοὺϲ τὰ κριτὰ παρέχ|ονταϲ· τοὺϲ δὲ τῶν ἱερῶν ἐπιϲτάταϲ κρίνειν τὰ ἱερέα || κατὰ τὸν νόμον καὶ ἐπιμιϲθοῦν, ἅν τιϲ μὴ παρέχει τ|ῶγ[5]) χώρων· πωλεῖν δὲ ἐν τοῖ ἱεροῖ τὸμ βολόμενον ὅτι | ἆμ βόληται ἀτελέα μὴ τιθέντα[6]) τέλοϲ μηδὲν, μηδὲ πρ|[ή]ττεϲθαι τοὺϲ ἱεροποιοὺϲ μηδὲν τοὺϲ πωλέοντ|αϲ· τὴν δὲ πομπὴν καθιϲτᾶν τοὺϲ δημάρχουϲ ἐν τεῖ ἀ||γορεῖ, ὅποι τὰ ἱερεῖα πωλεῖται, πρῶτομ μὲν τὰ δ|ημόϲια καὶ τὸ καλλιϲτεῖον, ἔπειτα τὰ κριτά, ἔπειτα | τῶν ἰδιωτῶν, ἐάν τιϲ βόληται ϲυμπομπεύειν· ϲυμπο|μπευόντων δὲ καὶ οἱ τῆϲ μουϲικῆϲ ἀγωνιϲταὶ πάντ|εϲ, ὅπωϲ ἂν ὡϲ καλλίϲτη ἡ πομπὴ καὶ ἡ θυϲίη γίνηται· || ἀναγράψαι δὲ τὸ ψήφιϲμα ἐϲτήλει λιθίνηι καὶ ϲτῆϲ|αι ἐν τοῖ ἱεροῖ τῆϲ Ἀρτέμιδοϲ, ὅπωϲ ἂν κατὰ τοῦτα γί|νηται[7]) ἡ θυϲίη καὶ ἡ μουϲικὴ τεῖ Ἀρτέμιδι εἰϲ τὸν ἀεὶ [χρ|ό]νον, ἐλευθέρων ὄντων Ἐρετριέων καὶ εὖ πρηττόν|των καὶ αὐτοκρατόρων.

Decretum Eretriense de Artemisiorum feriis certamine musico augendis.[8]) Quod cum propter litteraturae et sermonis genus medio fere IV a. Chr. n. saeculo tribuendum esse statuisset Wilhelm, vel accuratius definiri posse rebus gestis illius aetatis acute vidit; verba enim tituli extrema *ἐλευθέρων ὄντων Ἐρετριέων κτλ.* ad libertatem a Macedonibus a. 343 ereptam, paulo

---

4) leg. et suppl. W.

5) *τῶγ* totum in v. 31 posuit P., sed T in extr. v. 30 agnovit W., qui idem v. 12/13, 34/35, 42/43 divisionem versuum rectam constituit.

6) lapidis lectionem temere a P. in *τιθέντας* mutatam vindicavit W.

7) *κατὰ τοῦτ' ἀγινῆται* P., em. W. coll. e. g. *IG* XIV 871 *hυπὺ τε̃ι κλίνει τούτει.*

8) certamina gymnica iam antea sollemnia fuisse editor recte titulo altero victorum indicem continente (*Ἐφ. Ἀρχ. l. c.* p. 108 n. 3) demonstravit; idem recte adnotavit Artemisia quoque Ephesia certaminibus et gymnicis et musicis celebrata esse (Dion. Hal. *A. R.* IV 25).

post tamen (a. 341/40) recuperatam (Didym. de Dem. *ed. Diels* 1,18sqq.) referenda esse intellexit.

Verba tituli difficultatibus non carent. Statim quo spectent casus dativi *τεῖ Μεταξὺ καὶ τεῖ Φυλακεῖ* obscurum est. Locos dici putat editor, sed locorum definitiones nudo dativo poni non oportebat; dies potius significari putaverim coll. praesertim proximo dativo *τεῖ πρὸ τῶν Ἀρτεμιρίων*, qui ad diem Artemisiis superiorem non referri non potest, nec diebus festis Artemisiorum singulis sua fuisse nomina improbabile, at talia qualia illa fuisse nemo facile credet. — Deinde vero quaeritur de vocabulis *πέντε ἡμέρας*, quae *quinque dies* interpretari vel numero singulari vocis *τεῖ πρὸ τῶν Ἀρτεμιρίων*, si modo recte hanc de die intellexi, prohibemur. Immo insequens praeceptum *τούτων δὲ δύο ἐγκρίτους εἶναι* ni fallor ostendit illud *πέντε* ipsum quoque ad substantivum *ἄρνας* referendum esse. Sed tum quid sibi vult *ἡμέρας*? An adiectivum *ἥμερος* subest formamque femininam eius adhibebant Eretrienses? Dummodo talis agnorum definitio aptior esset.

V. 9. Ex iis musicorum generibus, quae plerumque feriis agonisticis certare solebant (*ῥαψῳδοί, αὐληταί, αὐλῳδοί, κιθαρισταί, κιθαρῳδοί*) desunt *αὐληταί*, pro quibus hic adsunt *παρῳδοί*, qua voce cur editor parodiarum poetas dici neget, parum assequor, praesertim cum ii, quos ipse intellegit, *οἱ ᾄδοντες παρ' ἄλλῳ ᾄδοντι ὡς βοηθοί* vel ideo ab hoc loco removendi sint, quia artifices illi pro se quisque solus cantare solebant.[9]) — Ordo, quo in titulis agonisticis certamina singula se excipiunt, variat[10]), etsi rhapsodi semper fere agmen ducere solent. Aeque atque in hoc titulo *αὐλῳδός* antecedit *κιθαριστεῖ*, *κιθαριστής* autem *κιθαρῳδῷ* in tit. Thespiaeo (Michel *Recueil* 892). Sed ex hoc ordine ipsam cuiusque generis musici existimationem minime pendere[11]) praemia in hoc titulo constituta manifesto testimonio sunt, quoniam citharoedus et v. 10 et v. 18 quarto loco nominatur, eidem tamen longe summum (200 dr.) praemium proponitur.

V. 12 *προσόδιον* carmen erat, quod dicebatur *ἀπὸ τοῦ ᾄδεσθαι ἐν τῷ προσιέναι*[12]) *τοῖς βωμοῖς ἢ ναοῖς* (Procl. chrest. p. 244). Iam cum praecipiatur *τοὺς τὴμ μουσικὴν ἀγωνιζομένους πάντας ἀγωνίζεσθαι προσόδιον*, primo hanc fuisse praecepti rationem putes, ut artifices inter se certarent, quis eorum carmen illud in sacrificio caneret. Sed a puerorum potius puellarumve choris *προσόδια* cantari solita esse nonnullis testimoniis colligendum videtur; id enim, quod traditur Cram. Anecd. Ox. IV p. 314 s. v.: *ποίημα ὑπὸ ἀρρένων ἢ παρθένων χοροῦ ἐν τῇ προσόδῳ τῇ πρὸς τὸν θεὸν ᾀδόμενον* (cf. etiam Xen. Anab. VI 1, 11) confirmatur et titulo Delphico (Michel 259 *Syll.*² 662) *ἐπειδὴ Κλε[οχά]ρης Βίωνος Ἀθηναῖος — — ποιητὴς μελῶν ἐπιδαμήσας εἰς τὰν πόλιν γέγραφε τῶι θεῶι ποθόδιόν τε καὶ*

9) cf. quae de hac re contra Bergkium *Litteraturgesch.* II 500sq. monuerunt Reisch *De mus. Graec. certam.* p. 20 et A. Mommsen *Feste* p. 66 cum not. 2.

10) cf. nunc potissimum A. Mommsen *Feste* p. 66sqq.

11) vel Mommsen *l. c.* p. 64, 3 nimium huic ordini tribuit.

12) *πρόσοδος* sacra non raro commemoratur: e. g. Xen. An. VI 1, 11; Aristoph. Nub. 307, Pac. 396.

παιᾶνα καὶ ὕμνον, ὅπως ἄιδωντι οἱ παῖδες τᾶι θυσίαι τῶν Θεοξενίων, ἀγ. τύχαι δεδόχθαι τᾶι πόλει· τὸμ μὲν χοροδιδάσκαλον τὸν κατ' ἐνιαυτὸν γινόμενον διδάσκειν τοὺς παῖδας τό τε ποθόδιον καὶ τὸμ παιᾶνα καὶ τὸν ὕμνον καὶ εἰσάγειν τοῖς Θεοξενίοις κτλ. et Deliaco (Michel 162 *Syll.*² 721) ἐπειδὴ Ἀμφικλῆς, μουσικὸς καὶ μελῶν ποητής, ἀκροάσεις καὶ πλείους ἐποήσατο καὶ προσόδιον γράψας ἐμμελὲς εἰς τὴν πόλιν τούς τε θεοὺς τοὺς τὴν νῆσον κατέχοντας καὶ τὸν δῆμον τὸν Ἀθηναίων ὕμνησεν, ἐδίδαξεν δὲ καὶ τοὺς τῶν πολιτῶν παῖδας πρὸς λύραν τὸ μέλος ἄιδειν κτλ. Unde concludo ἀγωνίζεσθαι προσόδιον eo pertinuisse, ut artifices tum ipsi poetarum vice fungi deberent et inter se certarent, cuiusnam ποίημα in sacrificio a pueris vel puellis caneretur. Atque in Thespiaeo quidem titulo (Michel 892) inter victores certaminum principem locum tenet ποιητὴς προσοδίου. Unum illud πάντας verbo ἀγωνίζεσθαι attributum scrupulum movet, nam omnes mehercle, qui in certamine musico existere solebant, eosdem poetas fuisse consentaneum non est. Ac potest fortasse in contrariam partem adhiberi schol. Arist. Av. 853 προσόδια τὰ εἰς πανηγύρεις τῶν θεῶν ποιήματα παρὰ τῶν λυρικῶν λεγόμενα.

V. 14sqq. de pretiis agitur, quae omnia e sola pecunia constare notandum est. Ceterum singulorum summa 1035 drachmas, non 1000 efficit, quae supra v. 4 extr. constituuntur.

V. 22 ecce certum extra Athenas προάγωνος exemplum habemus. Nec vero recte editor contendit certamen dici ad partem concertantium musicorum eliminandam institutum, immo ut Athenis in tragicorum certamine sic Eretriae quoque rationem προάγωνος eam fuisse, ut artifices se civibus publico monstrarent et quo opere certaturi forent, pronuntiarent[13]), certum videtur.

V. 23sq. de ordine certaminis a demarchis servando cf. similem hieropoeorum Atticorum potestatem (n. 12 v. 26 et n. 29 v. 31sqq.).

Quae v. 25—31 et v. 34—37 de hostiis et pompa praecipiuntur, ea ita fere intellegenda duco: τὰ ἱερεῖα partim ipsa res publica praebebat, τὰ δημόσια v. 36, quae in pompa praecedebant, inter ea τὸ καλλιστεῖον[14]), hostiam sc. prae omnibus pulchritudine insignem. Sed praeterea etiam οἱ χῶροι, partes haud dubie quaedam civitatis[15]), ἱερεῖα praebere debebant, quae ita comparabantur, ut singuli χῶροι certa quadam ratione ex Heraeis nota (v. 27) certum quisque numerum adducerent adductorumque examine[16]) instituto οἱ τῶν ἱερῶν ἐπιστάται[17]) optima eligerent: τὰ

13) Rohde *Rhein. Mus.* XXXVIII (1883) p. 251 sqq. (*Kleine Schriften* II p. 381 sqq.).

14) hoc substantivum in ceteris legibus non occurrit, occurrit verbum καλλιστεύειν, vid. indicem s. v.

15) pagos Eretrienses ita dici speciosa est Wilhelmii coniectura confirmata duobus Asiae exemplis (Wadd.-Lebas 1745 et *Arch.-Epigr. Mitt.* XX p. 73), sed repugnat ni fallor nomen δήμαρχοι, in eodem titulo usurpatum.

16) commode accidit, quod in fastis Cois accuratissima similis electionis descriptio legitur: Prott n. 5 (*Syll.*² 615) v. 1 sqq.

17) perpetuusne magistratus an extraordinarius ad singulas ferias creandus dicatur dubito; de voce ipsa cf. n. 94 v. 16 τῶν ἱερῶν προΐστασθαι.

κριτά (v. 26 et 36) quae in pompa post publica *ἱερεῖα* ducebantur; iidem epistatae, si qui *χῶρος* officio deerat, hostias ab eo debitas comparandas locabant illius nimirum sumptibus. Pelles tamen *τῶν κριτῶν* non sacerdoti nec deae nec rei publicae, sed *χώροις* singulis, qui ea praebuerant, reddebantur. Denique privata quoque *ἱερεῖα* in pompa ducere licebat.[18]) Publica aeque ac *τὰ κριτά*, quae *χῶροι* illi praebebant, boves fuisse e v. 26, ubi *βοῦς* haud dubie appositionis vice fungitur, colligo, privatis liberiorem fuisse potestatem suspicor.

Verba *πάντα τὰ ἔτη* v. 27 pro *καθ' ἕκαστον ἔτος* dicta videntur.

V. 32—34 praeceptum interponitur, quo homines in fano merces venditantes omni vectigali liberantur augendae nimirum celebritatis feriarum causa. De vectigalis genere Wilh. optime provocavit ad Michel *Recueil* 511 v. 12 sqq. *καὶ ὅττι κέ τις πρίαται παρὰ Φιλ[ίσκω τῶ] Φιληράτω ἢ τῶν ἐκγόνων τῶμ Φιλίσ[κω ἢ] ἀποπεράσσει πρὸς τούτων τινά, ἀτελ[ὲς] ἔμμεναι τῶ περὶ τούτων τέλεος.* Maiores autem ferias Graecorum veras *πανηγύρεις* fuisse, quo variis studiis homines concurrerent, mercatusque et quaestus haud exiguas in iis partes fuisse notissimum est[19]) ac consentaneum. Facile igitur intellegitur etiam legibus sacris eius rei rationem haberi velut cum leg. Teg. n. 62 § 8 tum Andan. n. 58 § 20. Immunitatis hoc decreto concessae plura exempla extant, cf. praeter n. 58 decretum Cyzicen. de Antonia Tryphaena (*MAI* VI p. 55 *BCH* VI p. 613, cf. Ἐφ. Ἀρχ. 1890 p. 157) v. 6 *ἐν τῇ πέρυσιν ἀγομένῃ ἀτελείᾳ τῶν Παναθηναίων* et v. 13 *οἱ ἀφειγμένοι εἰς τὴν πανήγυριν καὶ ἀτέλειαν τὴν ἀγομένην ἐν Κυζίκῳ*[20]) et *CIG* 4474 (Dittenberger *IO* 262) v. 12 sqq. *ἄγωνται δὲ καὶ κατὰ μῆνα πανηγύρεις ἀτελεῖς τῇ πεντεκαιδεκάτῃ καὶ τριακάδι κτλ.*

89. Marmor candidum infra et supra fractum, in insula Euboea, olim '*ἐν Ἁγ. Λουκᾷ* $1^1/_4$ *ὥρ. μακρὰν τοῦ Ἀλιβερίου*' ubi exscripsit Baumeister decem versus mutilos, quos edidit *Jahrb. für Philol.* 75 p. 352; diu frustra quaesitum iterum invenit A. Wilhelm '*ἐν τῷ ἐκκλησιδίῳ Ἁγ. Τριάς*' et ed. Ἐφ. Ἀρχ. 1892 p. 162 sqq. n. 61, sed superior pars lapidis interim perisse videtur, si quidem versus, quos Baum. e medio ut ait lapide exscripsit, nunc sunt v. 2—11.

---

18) de privatis sacrificiis feriarum occasione oblatis cf. e. g. tit. Orop. n. 65 v. 27 sq. et quae ibi adnotavi.

19) cf. praecipue Cic. Tusc. V 9 de Olympiis: '*Pythagoram respondisse simimilem sibi videri vitam hominum et mercatum eum, qui haberetur maximo ludorum apparatu totius Graeciae celebritate; nam ut illic alii corporibus exercitatis gloriam et nobilitatem coronae peterent, alii emendi aut vendendi quaestu et lucro ducerentur, esset autem quoddam genus eorum, idque vel maxime ingenuum, qui nec plausum nec lucrum quaererent sed visendi causa venirent etc.*' qui de hac re locus fere classicus est. Notum etiam Strabonis illud de feriis Deliacis *ἥ τε πανήγυρις ἐμπορικόν τι πρᾶγμά ἐστι* (X 486). Cf. etiam *CIG* 4474 in textu laudatum. Pluribus de vocis usu egit R. v. d. Loeff *De ludis Eleusiniis* p. 85 sq.

20) attulit Wilhelm. Diversam esse immunitatem Itoniorum Amorgi, de qua sermo est *Syll.*² 642—44 moneo.

— — — ẹ. ανον — — — — — | . . . . λλον καὶ cυνκατε — — — — — — — | . . . ἐξέcτω δὲ καὶ ἄλλω[ι — — — — | . . ιων πένπειν τὴν θυ[γα]τέρα ἢ — — — — ‖ τὴμ πομπήν· ἐξέcτω δὲ πένπειν κα[ὶ — — το]|ὺc νεωτέρουc τῶν ἑ[π]τὰ ἐτῶν· cυμ[πένπειν δὲ καὶ τοὺc[1]) ἱ]|ππεῖc τὴμ πομπὴν ἐν ἐcθῆτι ποικί[λη]ι ὅ[πωc ὡc κάλλιcτα] | ἡ θυcία καὶ ἡ πομπὴ γίνηται τῶι Ἀcκληπιῶ[ι . . . . . . τὰc] | παῖδαc ἢ τοὺc παῖδαc . . . . . . ν καταγραψα . . . . ‖ ὅπωc δὲ εἰδῶc[ιν οἱ ἀεὶ γιν]όμενοι ἱεροποιοὶ τὰc . . . .| . ούcαc καὶ τ[οὺc . . . .]ότας τῶμ παίδω[ν, ἀπογρά|ψ]αι τὰ ὀνό[ματα . . . . ἐν] λευκώματι τοὺc ει. . . . . .|. . . ουc τ[. . . . . ἐ]ν τῶι ἱερῶι τοῦ Ἀcκληπιο[ῦ. . . | . . . .] πεντ — — — ̣cόντων οἱ ἱεροποιοὶ . . ‖ — — c — — — — [ἐν τ]ῶι [ἱ]ερῶι κα[ὶ] ἄν τιc μὴ παρ[ῆι]| — — α — — — — τω. καὶ μὴ cυμπένπ|[ηι. .] ον — — — — ι. . . οἱ ἱεροποιοί.

Inde ab hoc versu usque ad v. 33 nihil nisi singula verba cognoscuntur: v. 20 εἴκοcι δραχμάc — 21 τὴ[ν] πομπὴν, τὰc δὲ | — 22 τῳν οἱ ἱεροποιοὶ τῶι | — 25 ἀπὸ τοῦ ἀργ]υρίου τούτου — — (β)ωμό[ν?][2]) — 29 οἱ ἱεροποι[οί — — κατὰ τὰ γεγ]ραμμέν[α — 30 ἀποτίνειν ἕ]καcτον πεντ[α]κοcίαc δρ[α]χμ[ὰc] ἱερὰc τ[ῶι Ἀcκληπιῶι[3]) — 32 χι]λί(α)c δρα[χμάc] — *Iam inde a. v. 33 conexus restitui potest:* ἀναγράψαι δ̣ὲ τ̣ό̣δ̣ε̣ τ̣[ὸ ψ]ήφιcμα ἐν c[τήληι | λιθίνηι ἐν τ]ῶι ἱερῶι ἔμπροcθε τ[ο]ῦ νεοῦ, ὅπωc εἰδ[ῶcιν.‖ . . . . ουc ἐπιμελ̣ε̣[ῖc]θαι τῆc θυcίαc̣ καὶ τ[ῆc πομπῆc· | ἐγδόντω[4]) δὲ? οἱ] πωληταὶ οἱ [μ]ε[τὰ] Τιμοκρίτ[ου] ἐ[ν τῶι — | — — —]ι μηνί· τὸ δὲ ἀνάλωμα δ[οῦναι τὸν ταμίαν].

Lapidis superficies ita detrita est, ut maior pars tituli paene prorsus deleta sit. Solummodo v. 3—12 et 33—37 marmor melius conservatum est, ut his locis, praesertim cum neque a sinistra neque a dextra multum desit[5]), conexus aliquatenus restitui possit. Unde apparet ad sacrificium et pompam Aesculapio faciendam curamque eius hieropoeis deferendam decretum pertinere. Nec tamen qui auctores decreti fuerint nec cuius Aesculapii sacra dicantur, liquet, quoniam quo loco lapis primum inventus sit, non constat. Litteraturam aut IV a. Chr. saeculo aut fortasse ineunti tertio convenire Wilhelm statuit.

V. 5 *ἐξέστω δὲ πένπειν καὶ — — τοὺς νεωτέρους κτλ.*: colligo pueros septimum annum superantes debuisse pompae interesse; liberos una cum

1) suppl. Wilhelm, cui etiam cetera supplementa omnia fere debentur.

2) ΞΩΜΟΙ, supplere conatus sum id ratus praecipi, ut *ex hac pecunia* sc. ea, quae e multis redeat, ara Aesculapii sive reparetur sive exornetur sive nova extruatur.

3) suppl. W. egregie conexum perspiciens: *si hieropoei contra ea, quae perscripta sunt, facient, multam unus quisque 500 dr. debeto.*

4) supplevi.

5) computari potest, quia et sinistri et dextri marginis pars extat.

civibus in pompa incedere inauditum non est, cf. n. 77 v. 15. — v. 7 *ἐν ἐσθῆτι ποικίλῃ* i. e. veste militari, id quod nos dicimus '*in Uniform*' vel laxiore sermone item '*im bunten Rock*', ceteri cives candida potissimum veste incessisse videntur, cf. n. 58 v. 15 et Lucian. Nigr. 14.

V. 10 sqq. de nominibus eorum liberorum, qui pompae intererunt vel interfuerant inscribendis agitur eo sc. consilio, ut hieropoei, quantus eorum numerus exspectandus sit, sciant. Itaque sua fere sponte se offert supplementum *τὰς [ἀεὶ συμπεν|ψ]ούσας καὶ τ[οὺς ἀεὶ συμπένψ]οντας*, quocum sane lectio *οτας* non convenit. Civium ipsorum nomina inscribenda non esse consentaneum est, quia de his catalogus civium publicus hieropoeis praesto erat. — v. 14 sqq. poenae in eos, qui pompae concelebrandae desunt, sanciri videntur. — v. 28 posse suppleri *πέν]θ̣ο[υς] οἰκε[ίου* atque hanc fuisse sententiam, ut is, qui propter luctum domesticum defuisset, iusta causa excusaretur, Wilh. acute observavit exempla afferens cum n. 41 v. 20 tum n. 184 (Stratoniceae) v. 30 sq. Quamquam huius modi praeceptum supra potius post illud *ἄν τις μὴ παρῇ* exspectamus. — v. 35 Wilh. supplevit *[τοὺς ᾑρημέν]ους ἐπιμελεῖσθαι τ. θυσίας καὶ τ. πομπῆς*, sed hoc quidem loco tale praeceptum recte non stare mihi videtur conexumque turbare. Ni fallor, verba cum superioribus uno enuntiato coniungenda sunt, ut haec fere sententia prodeat: decretum proponendum esse, ut omnes sciant, quomodo hieropoeos *ἐπιμελεῖσθαι τῆς θυσίας κ. τ. πομπῆς* oporteat.

III

Leges insularum

90. Lapis Deli inventus. Edd. Hauvette-Besnault *BCH* VI (1882) p. 350 n. 79, Michel *Recueil* 785, Dittenberger *Syll.*² 564.

Ἀπ' οἴνου μὴ προσιέναι
μηδὲ ἐν ἀνθινοῖς.

Lex de fano quodam adeundo II vel I a. Chr. n. saeculo inscripta. Ad fanum Isidis, cuius illa aetate Deli permultos cultores fuisse constat, rettulit editor coll. Plut. *de Is. et Os.* 6.[1]) Cui testimonio nimium tribuendum non puto, praesertim cum ea, quae Plutarchus de vestitu illorum tradit (c. 3—4), plane ab hac lege differant; illi enim lana uti vetantur, lino iubentur. Equidem de Cereris potissimum sacello cogitaverim, quia huic deae *τὰ ἀνθινὰ* fuisse ingrata constat: schol. Soph. Oed. Col. 684 *τοῖς γὰρ ἀνθινοῖς οὐ πάνυ φασὶν ἥδεσθαι τὴν Δήμητρα* et *ibid.* 681 *καὶ ταῖς θεσμοφοριαζούσαις τὴν τῶν ἀνθινῶν στεφάνων ἀπειρῆσθαι χρῆσιν*, cf. etiam legem fani *Δεσποίνας* Lycosurensis n. 63: *μὴ ἐξέστω παρέρπην ἔχοντας — — μηδὲ πορφυρέ[ο]ν εἱματισμὸν μηδὲ ἀν[θι]νὸν* et v. 11 *μηδὲ ἄνθεα παρφέρην*.

1) *οἶνον δ' οἱ μὲν ἐν Ἡλίου πόλει θεραπεύοντες τὸν θεὸν οὐκ εἰσφέρουσι τὸ παράπαν εἰς τὸ ἱερόν — — οἱ δ' ἄλλοι χρῶνται μέν, ὀλίγῳ δέ· πολλὰς δ' ἀοίνους ἁγνείας ἔχουσιν, ἐν αἷς φιλοσοφοῦντες καὶ μανθάνοντες καὶ διδάσκοντες τὰ θεῖα διατελοῦσιν* (NB. *οἱ ἱερεῖς*).

Dittenberger, cum meretrices *ἀνθινὰ φορεῖν* solitae esse tradantur[2]), has ipsas praecepto *μηδὲ ἐν ἀνθινοῖς* spectari coniecit, vix recte; etenim meretrices si lex arcere volebat, tale praeceptum, quod facillime eludi posset, aptum non erat.

91. Lapis Deli inventus. Ed. Kumanudes *Ἀθήναιον* IV p. 456 n. 3. Cf. etiam Wilhelm *Gött. Gel. Anz.* 1900 p. 100.

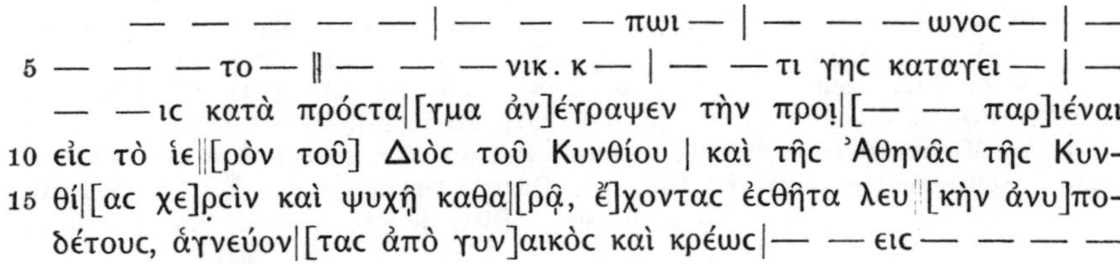

— — — — — | — — — πωι — | — — — ωνος — | —
— — — το — ‖ — — — νικ. κ — | — — τι γης καταγει — | —
— — ις κατὰ πρόστα|[γμα ἀν]έγραψεν τὴν προι̣|[— — παρ]ιέναι
εἰς τὸ ἱε‖[ρὸν τοῦ] Διὸς τοῦ Κυνθίου | καὶ τῆς Ἀθηνᾶς τῆς Κυν-
θί|[ας χε]ρ̣σὶν καὶ ψυχῇ καθα|[ρᾷ, ἔ]χοντας ἐσθῆτα λευ‖[κὴν ἀνυ]πο-
δέτους, ἁγνεύον|[τας ἀπὸ γυν]αικὸς καὶ κρέως| — — εις — — — —

Lex de fano Iovis Cynthii Minervaeque Cynthiae adeundo, quam homo quidam privatus sive sacerdos iussu divino[1]) prioribus temporibus Romanis[2]) inscripsit. Vel inde suspicio oritur cultum non esse publice antiquitusque, sed privatim institutum, de qua re nescio an priore tituli parte mutilata sermo fuerit. Porro quod v. 16 abstinentia carnis postulatur, recentiori aetati tribuendum est, qua mores orientales et sententiae philosophorum in cultum Graecum irrepserant, vid. de hac re p. 150. Etiam illud *χε]ρσὶν καὶ ψυχῇ καθα[ρᾷ* philosophorum doctrinam sapit (vid. ad n. 148 in.). Reliqua praecepta etiam genuina Graecorum religio praebet, cf. de veste candida legis Andaniae (n. 58) caput *περὶ εἱματισμοῦ* et n. 63 de *Δεσποίνας* fano, de nudis pedibus n. 58 v. 15, n. 63 v. 6 sq., n. 117 v. 17, n. 145 v. 25, de re Venerea n. 49 v. 4 et quae ibi attuli.

92. Tabula marmoris subcaerulei a sinistra parte fracta, Deli reperta. Ed. Fougères *BCH* XI p. 257 n. 9. Duo postremi versus minoribus litteris exarati sunt.

— — — — ᴗ Κλεοστράτη
ὑπὲρ τῶν] παιδίων Κλεωσ-
— — — — ς Κλεοστράτης
— — — — Ἀρ]τέμιδι.
παριέναι ἁγν]ὸν ἀπὸ γυναικὸς
— — — κ]αὶ ταρίχου.

Rationem tituli hanc esse puto: Cleostrate quaedam delubrum Dianae dedicavit (v. 1—4), dedicationi subiunxit pauca de adeundo delubro prae-

2) cf. Suid. s. v. *ἑταιρῶν* et *Ζάλευκος*.

1) eo enim haud dubie *πρόσταγμα* illud v. 7 referendum est; similiter Xanthus Lycius in Attica sacellum *Μηνὸς Τυράννου* instituit *αἱρετίσαντος τοῦ θεοῦ* (n. 49 v. 2).

2) editor quidem litteraturam lapidis ita definivit.

cepta. Duorum, quae extant, prius vulgatum est (cf. ad n. 49 v. 4) alterum recentiorem aetatem prodit, qua et orientalium gentium et philosophorum de cibis impuris sententiae in religionem Graecam manaverant, vid. de hac re p. 150.

93. Stela marmoris albi superne cymatio ornata, infra fracta, inscripta in antico postico dextro latere. Inventa est in insula Ceo Iulide (*Tzia*), ubi in muro ecclesiae inaedificata erat; nunc extat Athenis in museo nationali. Edd. Pittakis *'Εφ. 'Αρχ.* 1859 n. 3527—29, Koehler *MAI* I 1876 p. 139 sqq. [AB] (cf. Roehl et Koehler *ibid.* p. 225 sq.); repetiverunt Roehl *IGA* 395 [ABC] et *Imag.*[2] p. 65, Cauer *Del.*[2] 530 [AB], Dittenberger *Syll.*[2] 877. 878 (468. 469[1]) [AB], Roberts *Introduction* I 32, Bechtel *Inschr. d. ion. Dial.* 43 [A], Dareste-Haussoullier-Reinach *Inscr. juridiques grecques* I p. 10 sqq. n. 2 [AB], Hoffmann *Griech. Dial.* III p. 22 sq. n. 42 [A], Michel *Recueil* 398 [AB], Solmsen *Inscr. Gr. ad inl. dial. sel.* n. 47 [A]. Denuo accuratissime exscripsit Hiller de Gärtringen et ed. *IG* XII 5 n. 593. Cf. etiam Bergk *Rhein. Mus.* 1860 p. 467 sqq., Dittenberger *Hermes* XV p. 225 sqq. (de litteratura lapidis), Dragumis *MAI* X p. 172 sq., Pottier *Études sur les lécythes blancs* p. 13, Pridik *De Cei insulae rebus* p. 157, 34.

A.

Οἵδε νọ́μọι περὶ τῶγ κατ[α]φθιṃ[έ]νω[ν· κατὰ | τ]άδε θά[πτ]εν τὸν θανόντα· ἐν ἑμ[α]τίο[ιc τρ|ι]cὶ λευκοῖc, cτρώματι καὶ ἐνδύματι [καὶ | ἐ]πιβλέματι — ἐξε͂ναι δὲ καὶ ἐν ἐλάc[c]οc[ι — μ||ὲ] πλέονοc ἀξίοιc τοῖc τριcὶ ἑκατὸν δ[ρα|χ]μέων· ἐχφέρεν δὲ ἐγ κλίνηι cφ̣[η]νọ́π̣ọ[δ]ι[1]) [κ|α]ὶ μὲ καλύπτεν τ̣ὰ δολ[ο]c[χ]ερ[έ]α[2]) τοῖ[c ἑματ]|ίοιc· φέρεν δὲ οἶνον ἐπὶ τὸ cῆμα [μ]ὲ [πλέον] | τριῶν χῶν καὶ ἔλαιον μὲ πλέο[ν] ἑ[ν]ό[c, τὰ δὲ || ἀ]γ̣γεῖα ἀποφέρεcθαι· τὸν θανό[ν]τα [φέρεν | κ]ατακεκαλυμμένον cιωπῆι μέχρι [ἐπὶ τὸ | c]ῆμα· προcφαγίωι [χ]ρε͂cθαι [κ]ατὰ (τ)ὰ π[άτρι|α· τ]ὴγ̣ κλίνην ἀπὸ το[ῦ] c[ήμ]ατο[c] κ(α)ὶ τ[ὰ] c[τρώ|μ]ατα ἐcφέρεν ἐνδόcε· τῆι δὲ ὑcτεραί[ηι ἀ||π]ọραίνεν τὴν οἰκίην [ἐ]λεύθερον θαλά[ccη|ι] πρῶτον, ἔπειτα δ̣[ὲ] ὑ̣cώ̣π̣ῳι̣[3]) ọ[ἰκη]τή[ρ]ι[α[4]) ἅπ|α]ντα· ἐπὴν δὲ διαρανθῆι, καθαρὴν ε͂ναι τὴν οἰκίην καὶ θύη θύεν ἐφί[cτι|α]·[5])

τὰc γυναῖκαc τὰc [ἰ]ούc[α]c [ἐ]πὶ τὸ κ̣ῆδ[οc μὲ[6]) | ἀ]πιέ[ν]αι προτέραc τῶν ⟨αν⟩ ἀνδρῶν ἀπὸ [τοῦ] || cήμ̣ατοc·

1) coniectura Koehler l. c. p. 256 restituit, confirmavit lectione Hiller.

2) ΔΟΛ.ΣΧϹΡ.. Koehler, ΔΟΛ⁝Σ⁝ϹΡΙΛ Hiller, *τὰ δ' ὀλ[ο]σχερ[έα]* Roehl, Cauer, Dittenb., *τάδ' ὀλ[ο]σχερ[έα]* Pottier, editores inscr. iurid., Michel, utrumque evidenter refutavit Hoffm. et coll. Hesych. s. v. *δόλος· πάσσαλος* auctor restitutionis extitit.

3) Λ.ΥΣΩΤ.. Koe., inde *[ἀλ]υ[κ]ωτ[ῶι] ὅ[ξε]ι* Roehl, *[δὲ] ὑ[σ]ώπωι* Dragumis, *λ[ε]υ[κ]ωπῶι* Hoffm., Hilleri lectione Λ¯ΥΣΩΠΩΙ Dragumis supplementum confirmatur.

4) Ο..ΙΤΗ..... Koe., Ο..ιΤΗ.Ι.., ceteri cum varia temptassent, verum felici acumine invenit Hoffm.

5) 'quadratarius nonnulla omiserat, quae ut adderet, versum erasit et denuo omnia, quae debebat, angustioribus spatiis divisa incidit' Hiller.

6) suppl. Hiller: 'post ΚΗΔ est trium litterarum spatium; *κῆδ[ος]* igitur

ἐπὶ τῶι θανόντι τριηκός[τια μὲ | π]οιε͂ν· μὲ ὑποτιθέναι κύλικα ὑπὸ τὴ[γ κλί|ν]ην μεδὲ τὸ ὕδωρ ἐκχε͂ν μεδὲ τὰ καλλύ[cμα]||τα φέρ̣εν ἐπὶ τὸ cῆμα·

ὅπου ἂν θάνηι, ἐ[π]ὴ[ν ἐ]|ξενιχθε͂ι, μὲ ἰ̣έναι γυναῖκας π[ρὸ]c τ[ὴν οἰ]||κίην ἄλλας ἒ τὰς μιαινομένας· μ̣ια[ίνεcθ|α]ι δὲ μητέρα καὶ γυναῖκα καὶ ἀδε[λφεὰc κ|α]ὶ θυγατέρας· πρὸc δὲ ταύταις μὲ π[λέον π|έ]ντε γυναικῶν· π̇αῖδας δὲ τ[ῶν θ]υγ[ατρῶν[7]) κ|ἀ]νεψιῶν· ἄλλον [δ]ὲ μ[ε]δέν(α)· τοὺς μια[ινομέ||νους] λουσαμένου̣[c] π/ ρη̣l/.ıı.\llo[8])... | [ὕδατ]ος [χ]ύσι κα[θαρ]οὺς ἒναι εωl....... | ....η.νυ....... τ...ΓΓΙΛ..... | — — — —τ— — — — —

Lex Cea de funeribus posteriore V a. Chr. n. saeculi parte inscripta, cuius universa ratio Graecorum civitatibus communis erat. Immodico enim sumptui funebri ac lamentationi iam sat antiquis temporibus eos mederi studuisse constat, ac fere nobilissimus quisque legum lator id egisse traditur cum Lycurgus (Plut. Lyc. 27), Charondas (Stob. Flor. 44, 40), Pittacus (Cic. de leg. II 66), Diocles Syracusanus[9]), tum Solo, cuius legem decemviri Romani in XII tabulas transtulerunt, aemulusque eius Demetrius Phalereus[10]), horumque exemplum philosophi, cum de legibus scriberent, secuti sunt (Plat. Leg. XII p. 958 D sqq., Cic. de leg. II 22 et 55 sqq.). Eiusdem vero rationis, quae ad cognoscendam naturam rei publicae Graecae non paulum valet, gravissimos testes tenemus titulos tres: cum legem Labyadarum Delphicam n. 74 et decretum Gambriense n. 193 tum hunc lapidem Iulensem.

Praescripta desunt, unde Koehler assentiente Dittenbergero non novam legem rogari, sed quae iam pridem fuerat, eam lapidi incidi et publice proponi collegit. Sed eodem fere iure decretum de inscribenda et promulganda lege praescriptum requiras.[11]) Sane praecepta huius legis

---

non sufficit, qua re *κῆδ[ος μέ]* proposui, quamvis una littera plenius, id quod facilius probatur.' *κήδ[εον]* Cauer, *κήδ[ημα?]* Hoffm., vid. comm.

7) suppl. Hoffm. quamvis una Koehleri lectione ΛϹ....ΥΓ nisus; *παῖδας δ]ὲ [δύο ϑ]υγ[ατέρας ἀ]νεψιῶν* Dttb., Hoffmanni coniectura lectione Hilleri ΔϹΤ....ΥΓ commendatur.

8) vestigia haec ab Hillero cognita cum supplemento Roehlii *περὶ πάντα τὸν χρῶτα* parum conveniunt.

9) huic enim, legis latori Syracusarum celeberrimo (Diodor. XIII 33—35 qui tamen eum confudit cum Diocle demagogo, cf. Holm *Gesch. Siciliens* II 78), tribuere non dubito, quae tradit Diodor. XI 38 *τῶν δὲ Συρακοσίων τὰς μὲν πολυτελεῖς ἐκφορὰς νόμῳ καταλελυκότων καὶ τὰς εἰωϑυίας δαπάνας εἰς τοὺς τελευτῶντας γίνεσϑαι περιῃρηκότων κτλ.*

10) ut de universa hac quaestione ita de Solone Demetrio Phalereo decemviris gravissimus auctor est Cicero de leg. II 59 sqq., ubi ipsa XII tabularum praecepta e Solonis lege translata affert non pauca; cf. praeterea Plut. Sol. 21 et Dem. in Macart. 62 p. 1071. Singula suo afferam loco.

11) velut habemus praescriptum legi Draconis *IG* I 61 (Dittenberger *Syll.*^{2} 52).

non omnia V demum exeunte saeculo excogitata vel divino quodam instinctu inventa esse patet. Sed nihil obstat, ne Iulietas illa aetate antiquas de funeribus leges, quae tum sive iam pridem scriptae sive non scriptae consuetudine apud eos valebant, recognovisse, recognitas et aliquatenus temperatas lapidi incidisse putemus. Id quod confirmatur uno certe loco ipsis tituli verbis; etenim quod v. 12 sancitur *προσφαγίωι* [χ]ρε͂σθαι *κατὰ τὰ π*[*άτρια*], inde cetera praecepta magna quidem ex parte *κατὰ τὰ πάτρια* non fuisse necessario, ni fallor, colligitur. Koehler sane ideo, quia alibi talibus sacrificiis interdictum erat, definite ea lege Iulensi concedi putat[12]), at Iulietas cum leges scriberent aliarum civitatum ita rationem habituros fuisse, nisi apud ipsos fuissent, qui idem rogarent, veri dissimillimum duco. Immo ita rem evenisse puto, ut cum ceteroquin ii, qui sumptum minuendum censebant, vicissent, in hac re pristinae consuetudinis fautores superiores discederent, huiusque certaminis recenti memoriae verba illa deberi.[13]) Inde nimirum non concludo reliqua praecepta omnia a patrio more recedere: et multa erant, quae mutare nemini in mentem veniret, neque omnem sumptum mori tribuere licet patrio: velut vestimentorum et sepulcrorum luxuria vix erat patria, erat vero lamentatio. Adsunt tamen etiam in singulis praeceptis certa vestigia moris patrii hac lege sublati.

V. 1—6 *ἐν ἑματίοις τρισὶ κτλ.*: praepositio *ἐν* ad verbum proxime antecedens *θάπτεν* referenda est, unde tamen illud *ἐν ἑματίοις τρισί* de ipsa humatione sive crematione[14]) praecipi non statim sequitur, quoniam cum omnino vis verbi *θάπτειν* latius patere possit, tum illa verba *κατὰ τάδε θάπτεν τὸν θανόντα* universae legi praescripta ad universum potius funus pertinent. Ordine igitur funeris considerato primum legis lator *πρόθεσιν* in animo habuisse existimandus est; recte tamen verbo *προτιθέναι* abstinuit, quia mortui corpus efferebatur certe isdem vestimentis. Iam vero pertinere ad ipsam quoque sepulturam illud *ἐν τρισὶ ἑματίοις κτλ.* per se ipsum veri simile ac paene consentaneum videtur. Sed difficultas existit v. 13 sq. *τὴγ κλίνην ἀπὸ τοῦ σήματος καὶ τὰ στρώματα ἐσφέρεν ἐνδόσε.* Quae enim *στρώματα* hic intellegenda sunt? Supra nominantur *στρῶμα, ἔνδυμα, ἐπίβλημα*, quorum primum ac tertium nomine *στρώματα* comprehendi posse negari nequit. Concludemus igitur mortuos sola tunica vestitos sepultos esse? Valde dubito[15]) et possunt certe ea *στρώματα*, quae v. 14 commemo-

---

12) comparant Plut. Sol. 21 *ἐναγίζειν δὲ βοῦν οὐκ εἴασεν*, parum apte. Minime enim hoc praecepto Solo omnino hostias ullas mactari vetuit, sed boves inferiis prohibuit.

13) cf. quae de Draconis legis latione disserui *Rhein. Mus.* LIV p. 341 sq.

14) *θάπτειν* enim etiam de cremando corpore dici vix est quod admoneam (Hom. *Ψ* 71, vid. etiam Lipsius-Schoemann *Gr. Alt.* II p. 596 not. 7). Uter mos apud Ceos valuerit, dubium; mores Graecorum in hac re secundum loca ac tempora valde variasse constat, velut Clazomenii humationem praetulisse videntur (Böhlau *Aus ion. u. ital. Nekropolen* p. 12—13), Theraei cremationem (Pfuhl *MAI* XXVIII [1903] p. 281 sq.). Ceterum moneo ipsos quoque cineres vestimentis conditos esse, cf. Hom. *Ω* 795 sqq., Pfuhl *MAI l. c.* p. 259.

15) quamquam vestigium moris, quo mortui corpus, antequam humaretur vel cremaretur, velamento explicabatur, nescio an deprendamus comparantes Hom.

rantur, aliter explicari. Debebant enim mortuum κατακεκαλυμμένον efferre (v. 11), id quod solum ἐπίβλημα non efficiebat; vasa quidem, in quibus prothesis picta est, reliquum corpus implicatum exhibent, apertum autem ipsum caput. Mortuos igitur cum efferebant, aliis praeterea linteis velari opus erat et haec ipsa v. 14 στρώματα dici veri simile duco. Quod si recte statui, nihil iam obstat, ne mortuum tribus illis vestimentis in sepulchro ab Iulietis conditum esse putemus.

Triplex autem vestitus[16]) ille ut fere erat secundum naturam, ita inde ab Homeri aetate (cf. Ω 580 κὰδ δ' ἔλιπον δύο φάρε' ἐύννητόν τε χιτῶνα ὄφρα νέκυν πυκάσας δοίη οἶκόνδε φέρεσθαι) sollemnis fuisse videtur. Solo ipse quoque συντιθέναι πλέον ἱματίων τριῶν vetuit, a Labyadis autem si non idem, at certe simile praecipitur, cf. n. 74 et quae ibi p. 219 adnotavi. — De colore candido cf. Artemidor. II 3 διὰ τὸ τοὺς ἀποθανόντας ἐν λευκοῖς ἐκφέρεσθαι; Messenios candida veste sepultos esse Paus. IV 13, 3 testatur, nec multum differt color leucophaeus legis Labyadarum. Nec tamen desunt exempla diversi moris: non modo Lacedaemonii mortuos purpurea veste i. e. veste qua utebantur militari induebant (Plut. Lyk. 27), sed id quod magis mirum est, vasa Attica morem prorsus diversum exhibent.[17]) — De pretii definitione cf. Labyadarum praeceptum n. 74 C v. 2 sqq.

V. 6 ἐγ κλίνηι σφηνόποδι: pedes lecti cuneiformes esse iubentur, prohibentur igitur artificiosi et varie ornati pedes, quales in monumentis frequentissime inveniuntur.[18]) — τὰ δολ[ο]σ[χ]ερ[έ]α: lectio certa videtur, interpretatio non item; Hiller intellegit '*feretrum cuius ligna clavis continentur,*' sed plurali τὰ δολοσχερέα ipsum feretrum significari displicet, immo partes quaedam lecti, fortasse etiam pedum, dici puto (cf. etiam vasis descriptionem ap. Furtwängler *Berl. Vasens.* n. 2684).

V. 8 φέρεν δὲ οἶνον κτλ.: etiam in ipso funere Graeci libamina vini olei mellisve ferebant.[19]) Celeberrimum est exemplum funeris Patrocli, in quo Achilles amphoras olei mellisque ad lectum illius ponit et totam per noctem animam eius advocans vinum in terram effuse libat (Ψ 170 sq. et 218 sq.); deinde Iphigenia Oresti pollicetur ξανθῷ τ' ἐλαίῳ σῶμα σὸν κατασβέσω κτλ. (Eur. Iph. Taur. 633 sq.); manifestissima autem testimonia sunt permulta illa fragmenta vasorum in antiquis sepulchris inventa. Relinquere enim solebant plurimi certe Graeci amphoras lecythosque, quibus vinum oleumve apportaverant, fractas.[20]) Is vere patrius erat mos, velut

---

Σ 352 sq. cum Ψ 152 (ὣς εἰπὼν ἐν χερσὶ κόμην ἑτάροιο φίλοιο θῆκεν), ubi manus poeta non opertas fingit.

16) vid. de eo nunc potissimum W. Helbig *Zu den homer. Bestattungsgebräuchen* (*Ber. d. Bayer. Ak. d. Wiss.* 1900 II) p. 208—215.

17) Benndorf *Griech.-Sicil. Vasenbilder* p. 8, Pottier l. c. passim.

18) velut *Monum. dell' Inst.* III 60, Furtwängler *Beschreib. d. Berliner Vasensamml.* n. 1811.

19) omnes Graecos hoc more usos esse nuper Barth probavit *Neue Jahrbücher f. Philol.* 1900 p. 177 sqq. hodierna quoque consuetudine Graecorum merito usus.

20) cf. Helbig *l. c.* p. 247—251.

fragmenta vasorum in dromo tholi Menidensis inventa inde ab aetate Mycenia deinceps usque ad exiens V a. Chr. n. saeculum pertinent.[21]) Contra ea Iulietae hac lege non modo vini et olei libationes extenuabant, sed etiam morem vasa relinquendi expressis verbis *τὰ δὲ ἀγγεῖα ἀποφέρεσθαι* tollebant[22]) eadem illa haud dubie ratione commoti.

V. 11 *τὸν δὲ θανόντα φέρεν κατακεκαλυμμένον*: Koehler Solonis praeceptum comparavit *ἐκφέρειν δὲ τὸν ἀποθανόντα τῇ ὑστεραίᾳ ᾗ ἂν προθῶνται πρὶν ἥλιον ἐξέχειν* et utrumque eadem ratione explicavit; e communi enim fere virorum doctorum sententia id, ne aspectu corporis mortui lux solis inquinaretur, cautum esse censuit. Sed non huic uni rationi tale praeceptum debetur. An ut unum afferam, signa deorum, quibus urbes passim ornatae erant, a tali aspectu tueri non decebat? Equidem Graecos, ut dicam quod sentio, de templis signisque deorum, de se ipsis domibusque suis, de tota denique urbe potius cogitavisse quam de solis luce censeo.[23]) Atque ipsum illud Platonis *πρὸ ἡμέρας ἔξω τῆς πόλεως εἶναι*, dummodo totum huius loci conexum consideremus, contrarium atque illi volunt efficit. Haec enim integra eius verba (Leg. XII 960a): *θρηνεῖν δὲ καὶ ἔξω τῆς οἰκίας φωνὴν ἐξαγγέλλειν ἀπαγορεύειν καὶ τὸν νεκρὸν εἰς τὸ φανερὸν προάγειν τῶν ὁδῶν κωλύειν καὶ ἐν ταῖς ὁδοῖς πορευόμενον φθέγγεσθαι καὶ πρὸ ἡμέρας ἔξω τῆς πόλεως εἶναι*: vias incolasque hoc loco Plato tuetur, non Solem. Accedebat, quod mortuo aperto facilius lamentatio excitabatur[24]), de qua coercenda omnis Graecorum legis latio consentiebat, cf. praeter Platonis verba modo adlata Plut. Sol. 21 *ἀμυχὰς δὲ κοπτομένων καὶ τὸ θρηνεῖν πεποιημένα καὶ τὸ κωκύειν ἄλλον ἐν ταφαῖς ἑτέρων ἀφεῖλεν* et leg. Labyad. C v. 13sqq. — Sed lamentationem ut intra domum funestam[25]) sic ad ipsum sepulcrum concessam fuisse inde colligo, quod definite dicitur *σιωπῆι μέχρι [ἐπὶ τὸ σ]ῆμα*, cf. leg. Labyad. v. 17sqq. *μηδ' ὀτοτυζόντων ἐ[χ]θὸς τᾶς Ϝοικίας πρίγ κ' ἐπὶ τὸ σᾶμα ἵκωντι.*

V. 12 *προσφαγίῳ δὲ χρῆσθαι κτλ.*: quid his verbis de origine legis colligi posset, supra p. 262 statui, sed ipsum sacrificium notatu dignum est. *Προ-σφάγιον* enim in cultu mortuorum haud dubie idem est ac *πρόθυμα* in superorum cultu i. e. sacrificium, quod ante aliquam rem fit, quae res hoc tituli loco nulla nisi ipsa corporis sepultura intellegi posse vide-

---

21) cf. *Das Kuppelgrab von Menidi, herausgeg. v. Arch. Inst.* p. 5—10, p. 48—50, et Wolters *Arch. Jahrb.* XIV p. 135.

22) paulo aliter nuperrime Pfuhl verba cepit (*l. c.* p. 272) interpretans '*dass es zwar üblich, aber keineswegs Pflicht war, die beim Totenopfer verwendeten Gefässe dem Gebrauch der Lebenden zu entziehen.*' Sed quin infinitivus hic imperativi vice fungatur, mihi dubium non est.

23) cf. Wachsmuth *Das alte Griechenland im neuen* p. 120: '*auch sind sämtliche Häuser und Läden, an denen der Leichenzug vorbeigeht, aus demselben Grunde* (inquinationis vitandae causa) *geschlossen.*'

24) quare non dubito, quin Athenienses ipsi quoque corpora operta efferre debuerint; quod Demosthenes in Macart. 62 eius rei mentionem non facit, ab illo leges minime integras referri constat.

25) praeter praeceptum Labyadarum paulo infra adlatum testimonio sunt vasa, in quibus prothesis picta est, ubi frequentissime mulieres lamentantes repraesentantur.

tur.[26]) De eiusmodi sacrificiis, quae igitur post pompam funebrem fiebant, antequam corpus sepulcro conderetur, scriptores nihil certi tradunt, sed et Therae et Eleusine sepulcra aperta sunt, in quibus hostias combustas esse, antequam corpus conderetur, ossibus urnisque super cinerem hostiarum collocatis apparet.[27]) Idem mos, ni fallor, iam hac lege confirmatur.

V. 13 sq. τὴν κλίνην ἀπὸ τοῦ σήματος κτλ.: id quoque minuendi sumptus causa praecipi patet; idem autem opinionem de mortuis a superstitione iam liberiorem prodit. — Quae στρώματα hoc loco dicantur, supra statui.

V. 14—18 de lustratione domi funestae. Nota est et aquae marinae et sulfuris vis lustralis; de illa satis habeo afferre Euripidis illud θάλασσα κλύζει πάντα τἀνθρώπων κακά, sulfure iam Homerus Ulixem post necem procerorum utentem inducit Achillemque calicem libationis causa purgantem; cf. praeterea Theocr. 24, 96, Porph. de abst. IV 6, Zosim. II 5.

V. 18—20 ante Hillerum omnes τὰς γυναῖκας — — ἀπιέναι προτέρας τῶν ἀνδρῶν legebant et Solonis legem βαδίζειν δὲ τοὺς ἄνδρας πρόσθεν, ὅταν ἐκφέρωνται, τὰς δὲ γυναῖκας ὄπισθεν (Demosth. in Mac. l. c.) et vasa, in quibus viri a mulieribus separati sunt, comparantes. Nec tamen recte comparaverunt, quia προτέρας, quod in hac lege dicitur, non de loco intellegi debet, sed de tempore, de quo illa testimonia nihil indicant. Rem autem per se ipsam si spectamus, praeceptum esse ut mulieres una cum viris domum redirent, multo veri similius existimo. Neque igitur supplementum Hilleri in textum recipere dubitavi, rem optime sic interpretati '*mulieres ne solae abeant et gemitu urbem impleant cavetur.*'

V. 20 τριηκόσ[τια μὲ π]οιε͂ν: faciebant igitur ante hanc legem latam velut Athenienses faciebant, cf. cum Poll. I 66 et Harp. s. v. τριακάς tum Bekk. anecd. p. 268, 19 τῇ τριακοστῇ γὰρ ἡμέρᾳ τοῦ ἀποθανόντος οἱ προσήκοντες ἅπαντες καὶ ἀναγκαῖοι συνελθόντες κοινῇ ἐδείπνουν ἐπὶ τῷ ἀποθανόντι καὶ τοῦτο καθέδρα ἐκαλεῖτο, atque has ipsas epulas nescio an legis lator Iulensis voluerit tollere. Ceterum ne Labyadae quidem τριηκόστια egisse videntur, cf. n. 74 C v. 28 sqq. Tertio autem et nono die Iulietae sine dubio aeque atque Athenienses inferias ferebant, quas non commemorari ex universa legis ratione, de qua supra egi, explico.

V. 21 sqq. superstitiosas quasdam dici caerimonias sive ante sive post

---

26) ad sacrificium ante ἐκφοράν peragendum rettulit Lipsius (Schoemann *Griech. Alt.*⁴ II p. 600 sq. not. 5) coll. Plat. Min. p. 315 C de priscorum Atheniensium more: ἱερεῖα προσσφάττοντες πρὸ τῆς ἐκφορᾶς τοῦ νεκροῦ. Quae sententia quamvis speciosa sit, reicienda mihi videtur, quia legis lator Ceus ceteroquin utique usque ad v. 20 manifesto ipsius funeris ordinem praeceptis suis sequitur. Recte tamen illum verba Platonis contra Schoemannum defendisse puto.

27) Skias Ἐφ. Ἀρχ. 1898 p. 94, Pfuhl *l. c.* 275 sq. et p. 84, unde haec exscribere e re videtur: '— — *auf dem Boden des Grabes lagen die Reste des Totenopfers, eine starke Aschenschicht mit Knochen von Kleinvieh und Kaninchen mit einer protokorinthischen Lekythos, Scherben eines korinthischen Skyphos und einer jonischen Schale. Darauf verpackt lag die grosse theräische Amphora A 32 mit der durch eine Steinplatte verschlossenen Mündung gegen die kleine Südmauer; sie enthielt unverbrannte Kinderknochen.*'

sepulturam[28]) fieri solitas Koehler optime intellexit. Quas quod ceteroquin ignotas dicit, antiqua sane testimonia certa extare videntur nulla[29]), sed et illud ὑποτιθέναι κύλικα ὑπὸ τ[ὴγ κλίν]ην et τὸ ὕδωρ ἐκχεῖν iis, quae de hodierna superstitione Graecorum traduntur, aliquatenus illustrari existimo. Wachsmuth enim haec narrat l. c. p. 118 sq.: '*Wird dann der auf solche Weise ausgestattete Tote zu dem feierlichen Begräbnis abgeholt, so schüttet man in dem Augenblick, wo die Leiche zu dem Hause herausgetragen wird, einen Krug mit Wasser aus, zerbricht auch wohl den Krug selbst. Als Grund für diese Spende wird von dem gemeinen Manne selbst angeführt, daß dadurch der Seele des Verstorbenen eine Erfrischung geboten werden solle. — — — Und auf eine verwandte Anschauung führt noch der Gebrauch, vierzig Tage lang nach dem Tode in dem Sterbezimmer außer einer immerbrennenden Lampe ein Gefäß mit Wasser hinzustellen.*' Ac similia apud nostrates valere constat: '*Man stellt der abgeschiedenen Seele einen Eimer Wasser ans Bett (Meckl.), ein Glas Wasser, ein Handtuch und ein brennendes Licht hin, damit sie sich waschen könne, bevor sie vor den ewigen Richter tritt (Bö.) — — — oder schüttet das im Sterbehause befindliche Wasser aus, weil die Seele ihren Weg durch dieses genommen habe.*' '*Das Wasser, mit welchem die Leiche gewaschen worden, darf nicht auf die Erde gegossen werden, denn das erste Lebendige, welches diese Stelle überschreitet, muß alsbald dem Toten nachfolgen; man gießt daher das Wasser am Giebel des Hauses in die Höhe (Ostpr.) oder in ein im Garten gegrabenes Loch (Schl.), oder man gießt es hinter der Bahre oder dem Leichenwagen aus; wenn da der Tote wiederkommt, kann er nicht hinüber (Ostpr.).*' [30]) Difficilius dictu quid sibi velit τὰ καλλύσματα ἐπὶ τὸ σῆμα φέρειν. Sed quoniam Hesychius voce καλλύσματα ad interpretationem vocis σάρματα utitur, unde Koehler hoc loco restituit, iterum, ni fallor, huc pertinent ea, quae de nostratium quibusdam moribus narrantur: '*In der Sterbestube macht man drei Häufchen Salz, kehrt sie aus und wirft das Kehricht und den Besen auf den Gottesacker oder aufs Feld, damit der Tote nicht wiederkehre (Vgtl., Laus.); es soll das Haus von allem gereinigt werden, was von dem Toten etwas an sich haben könnte; das Auskehren der Stube hinter dem Sarge her ist zur Verhütung des Wiederkommens sehr verbreitet (N.- u. M.-dtl.).* [31])

V. 23 sqq. finis familiae funestae quantum ad mulieres pertinet, constituitur. Congruit fere Solonis lex (Dem. 43, 62) *γυναῖκα δὲ μὴ ἐξεῖναι εἰσιέναι εἰς τὰ τοῦ ἀποθανόντος μηδ' ἀκολουθεῖν ἀποθανόντι, ὅταν εἰς τὰ σήματα ἄγηται, ἐντὸς ἑξήκοντ' ἐτῶν γεγονυῖαν πλὴν ὅσαι ἐντὸς ἀνεψιαδῶν*

---

28) propter feretri mentionem ad πρόθεσιν eas referre opus non esse recte monuit K., quia id reportari v. 13 iuberetur; praeterea si ad prothesin pertinerent, eas alienissimo loco insertas esse Dittenberger suo iure observavit; quamquam legis lator post v. 19 in ipso funeris ordine insistere non iam videtur, si quidem aliter praeceptum de triecostiis posteriore demum loco afferre debuit.

29) ne ea quidem, quae de lavacro mortuorum traduntur (Aesch. Choeph. 130, Soph. El. 84 et 434, Zenob. VI 45, vid. Wolters *Arch. Jahrb.* XIV p. 132 sqq.), huc pertinere puto.

30) Wuttke *Der deutsche Volksaberglaube der Gegenwart*³ p. 458 et 459.

31) Wuttke *l. c.* p. 465.

εἰσι· μηδ' εἰς τὰ τοῦ ἀποθανόντος εἰσιέναι, ἐπειδὰν ἐξενεχθῇ ὁ νέκυς, γυναῖκα μηδεμίαν πλὴν ὅσαι ἐντὸς ἀνεψιαδῶν εἰσιν, nisi quod lex Iulensis severior praeter matrem uxorem sorores filias e proximis gradibus certum modo numerum mulierum admittit; cf. etiam n. 74 C v. 25 sqq. Proximis autem verbis *παῖδας δὲ τῶν θυγατρῶν κτλ.* id ni fallor cavetur, ne homines non consanguinitate, sed sola affinitate cum mortuo conexi velut mariti filiarum, *μιαινόμενοι* habeantur. Sane inde summam huius capitis rationem, quae ad feminas solas spectabat, neglectam esse sequitur, sed confirmatur id verbis *ἄλλον δὲ μεδένα*, in quibus genus maculinum aliter permirum esset.

V. 29 sqq. de lustratione familiae funestae agi certum est, sed pauca verba restitui possunt. Ne illud quidem *ὕδατ]ος [χ]ύσι* prorsus certum putaverim. De Atheniensium more cf. schol. Arist. Nub. 838 *ἔθος ἦν μετὰ τὸ ἐκκομισθῆναι τὸ σῶμα καθαρμοῦ χάριν ἀπολούεσθαι τοὺς οἰκείους τοῦ τεθνεῶτος*, praeterea cf. etiam n. 49 v. 6.

B.

Ἔδο]ξεν τῆι
β]ουλῆι καὶ
τῶ]ι δήμωι·
τῆ]ι τρίτηι
κα]ὶ[1] τοῖϲ ἐνι-
αυ]ϲίοιϲ κα-
θ]αροὺϲ εἶ-
ν]αι τοὺϲ ποι-
οῦ]νταϲ — ἐϲ ἱ-
ερὸν δὲ μὴ ἰ-
έναι — καὶ τὴν
ο]ἰ[κ]ίαν καθα-
ρ]ὴν[2] εἶναι μι
. . (α)ν ἐκ τοῦ
ϲ]ήματοϲ ἐλ.[3]
. . . .

Decretum senatus populique aliquanto recentius, *στοιχηδὸν* tamen incisum nec liberum dialecto Ionica (v. 13). De cultu mortuorum agi apertum est vel propter vocem *ἐνιαύσια*, qua haud dubie sacra die anniversario sive mortis sive funeris facienda significantur, cf. n. 74 C v. 28. Sed de restitutione et interpretatione tituli minime consentio cum prioribus editoribus nec me rationem eorum, quae illi Dittenbergerum omnes secuti legerunt: *τῆ]ι τρίτηι [ἐπ]ὶ τοῖς ἐνι[αυ]σίοις καθαροὺς εἶναι τοὺς ποιοῦντας, ἐς ἱερὸν δὲ μὴ ἰέναι κτλ.* intellegere fateor. Qui enim fiebat, ut cognati, qui ipso funeris die, postquam loti sunt, puri iudicantur (A 30), iidem cum sacra anniversaria faciebant, tertio demum die post puri essent? An his sacris magis quam funere inquinabantur? Quid? quod si illorum lectioni fides est, ne tum quidem fanum intrare iis licebat? Ac quid denique sibi vult illud *καὶ τὴν οἰκίαν καθαρὴν εἶναι μέχρι ἂν ἐκ τοῦ σήματος ἔλθωσιν* quod si ita ut scriptum est interpretamur, domum, cum ipsa *ἐνιαύσια* faciebant,

---

1) supplevi; *ἐπ]ὶ τοῖς ἐ.* priores; vid. comm.

2) hanc Pittakis lectionem confirmavit Hiller; iniuria igitur hoc loco K. et Dttb. fidem illi negaverunt scribentes *καθα[ρ]άν*.

3) v. 13 extr. in lapide cognoscitur MI, v. 15 extr. Pitt. dedit ΕΛΕΥ, id quod una littera spatium ordinis *στοιχηδὸν* dispositi superare moneo. Temptaverunt Roehl: *μι|[αρί]αν ἐκ τοῦ | [σ]ήματος ἐλευ — —*, Dttb. *μ(έ)|[χρι] ἂν ἐκ τοῦ ‖ σήματος ἔλ[θ|ωσιν]*; vid. etiam comm.

puram, cum vero iis peractis redierant, impuram habitam esse sequitur. Id quod recta praecipiendi ratione carere censeo et Dittenberger ipse sensit, cum supplementum obscuritate laborare adnotaret. Iam universam harum de funeribus inferiisque legum rationem eam esse recordatus, ut sumptuosae ac superstitiosae caerimoniae tollantur, hoc ipso quoque decreto nimiam inferiarum religionem extenuari persuasum habeo: ne longus sim, supplendum duco *κα]ὶ* pro *ἐπί* illud *τῆι τρίτηι* de tertio post funus die, quo Athenienses quidem sacra mortuis fecisse constat, intellegens[4]) et praeceptum *ἐς ἱερὸν δὲ μὴ ἰέναι* parentheseos loco interpositum habeo: ii, qui sepulcra tertio die vel diebus anniversariis inferiis ornabant, cum antea inde impuri fieri existimati essent, ex hoc decreto iam hac religione liberabantur[5]), hoc uno tamen excepto ne illis diebus fana intrarent, id quidem parum consequenter, sed concedebant id pristini moris fautoribus, ut solent fere eae res, quae concedentibus utrisque eveniunt, hoc vitio laborare. — Commode haec deinde excipit praeceptum *καὶ τὴν οἰκίαν καθαρὴν εἶναι*; contra quae sequuntur v. 13—16, eorum conexum nondum restituere possum; sed illud *μ(έ)[χρι] ἂν ἔλ[θωσιν* quamvis speciosum reiciendum puto; v. 15 extr. coll. A v. 15 vocem *ἐλε[ύθερον* latere conicio.

C.

Inscriptio lateris postici recentissima est, non στοιχηδὸν exarata. Adeo autem iniquitate temporum mutilata est, ut praeter praescripti formulam ἔδ]οξεν τῆι βουλῆι καὶ τῆι ἐκκλ[ησίαι nullum enuntiatum integrum aut ita, ut sensus appareat, restitui possit. Cognoscuntur haec: v. 2 εἶπε[ν]? — 3 τέσσα[ρ]α. — 8 ἔ(ξ)ω τῶ[ν. — 9 δεδόχθ[αι] — — ẹἰσφέρειν εἰς τὰς [ἁμαξ]ιτάς? — 20/21 περιφέ[ρειν. — 21 το]ὺς ποιοῦντ[α]ς (inferiarum opinor ritus, cf. B 8sq.) πρῶτ[ον μὲν? — 23 [ἀρ]γύριον. — 25 θυγα[τέ]ρας. — 29/30 π]έμπτης ἐπ[ὶ δέκα. — 32 τ]οῦ θανόντος. V. 9 fortasse de pompa funebri sermo erat, v. 25 de familia funesta.

94. Stela marmoris albi Iulide (*Tzia*) in insula Ceo inventa et a Fauvelio exscripta, cuius schedis usus est Boeckh *CIG* 2360. Postea lapidem Athenas translatum exscripserunt et ediderunt Rangabé *Ant. Hellén.* 821, melius Lebas *Inscr.* II 1775 (inde Dittenberger *Syll.*² 522 [348], Michel *Recueil* 402), Hiller de Gärtringen *IG* XII 5 n. 647. Mea causa Prott denuo lapidem contulit et apographum accuratissimum versuum 1—4 mihi misit. Cf. etiam quae exposuit Pridik *De Cei insulae rebus* p. 137sqq.

4) Is. II 37 *ὡς ἔθαψά τ' ἐγὼ αὐτὸν καὶ τὰ τρίτα καὶ τὰ ἔνατα ἐποίησα καὶ τἆλλα τὰ περὶ τὴν ταφὴν κτλ.*, Aristoph. Lys. 612sq. cum schol. *ἐπειδὴ τῇ τρίτῃ τὸ τῶν νεκρῶν ἄριστον ἐκφέρεται.* Singularis *τῇ τρίτῃ* cum plurali *ἐνιαύσια* bene convenit; caerimonia enim tertii diei semel fiebat, *ἐνιαύσια* quotannis repetebantur.

5) hoc unum dubitationem movere posse concedo, quod sacra novemdialia (*τὰ ἔνατα* vid. not. 4) non respiciuntur, quae etiam Iulide fieri solita esse non est cur negemus, sed praeterquam quod illorum lectio non minus hac dubitatione laborat, fortasse in parte tituli deperdita de illis sermo erat.

Vacat.

. ṃ . . . . εις εἰϲịν[1])· τὸν δὲ νόμο[ν . . . . ο . . . . παληϲ Πολυπείθηϲ· τοὺϲ [δὲ προβούλ]ουϲ[2]) τ[οὺϲ ἀεὶ ὄντας ἐγ]διδόναι[2]) ἐν τῶι Μαιμακτηρ̣ι[ῶνι μηνὶ τὴμ ΜΗΣ̣Ε̣[[3]). . . . ἐν]άτηι ἀπιόντοϲ καὶ διδόναι τῶι ἐγλαβό[ν-[4])τι εἰϲ ἱερεῖα Η𐅄 δραχμάϲ· τὸν δ' ἐγλαβόντα ἔγγυον καταϲτ[ῆ̣ϲαι, ὃν ἂν δέχωνται οἱ πρόβουλοι, ἑϲτιάϲειν κατὰ τὸν νόμον· θύειν δὲ τὸμ μὲμ βοῦν βεβληκότα, τὴν δὲ οἶν βεβληκυῖαν· ἂν δέ τι καὶ ὑαμινὸν θύηι, μὴ πρεϲβύτερον ἐνιαυϲίου καὶ ἐγμ[ήνου· ἑϲτιᾶν δὲ τούϲ τε πολίταϲ καὶ οὓϲ ἡ πόλιϲ κέκληκεν καὶ τοὺϲ μετοίκουϲ καὶ τοὺϲ ἀπελευθέρουϲ ὅϲοι τὰ τέλη φέρουϲιν εἰϲ Κορηϲίαν· παρέχειν δὲ καὶ δεῖπνον καὶ οἶνον καὶ τρωγάλια καὶ τἆλλα πάντα καλῶϲ καὶ κρεῶν ϲταθ[μ]ὸν κατὰ τὸν ἄνδρα ὠμὰ ἱϲτάντα μὴ ἔλαττον : ΜΜ καὶ ἐκ τῶν ἐγκοιλίων ὅϲα ἂν ἔχηι τὰ ἱερεῖα· δοκιμάζειν δὲ τὰ ἱερεῖα τοὺϲ προβούλουϲ καὶ τὸν ταμίαν καὶ τὸγ κήρυκα καὶ ἀφίϲταϲθαι τὰ κρέα καὶ τῶν ἱερῶν προΐϲταϲθαι· ἀποδιδόναι δὲ τὸ δεῖπνον δέκα ποδῶν καὶ οἶνο[ν παρέχειν ἀρεϲτὸν μέχριϲ ἂν ἥλιοϲ δύηι· ἐὰν δὲ δοκιμαϲθῆι ἡ ἑ[ϲτίαϲιϲ, ἀποδοῦναι τῆι ὑϲτεραίαι τὸ ἀργύριον τὸ λοιπὸν τὸν ταμίαν οὗ ἂν ἐγλάβηι· ἂν δὲ μή, ἀπεῖναι αὐτῶι τῆϲ ἐγλαβῆϲ τὸ πέμπτομ μέροϲ· τιθέναι δὲ καὶ ἀγῶνα τῆι ἑορτῆι τοὺϲ προβούλουϲ ἀπ[ὸ δραχμῶν 𐅄ΔΓ· αἱρεῖϲθαι δὲ καὶ γυμναϲίαρχον ἅμα ταῖϲ ἄλλαιϲ ἀρχαῖϲ μὴ νεώτερον τριάκοντα ἐτῶν· τοῦτον δὲ ποιεῖν λαμπάδα τῶν νεωτέρων τῆι ἑορτῆι καὶ τἆλλα ἐπιμέλεϲθαι τὰ κατὰ τὸ γυμνάϲιον καὶ ἐξάγειν εἰϲ μελέτην ἀκοντιϲμοῦ καὶ τοξικῆϲ καὶ καταπαλταφεϲίαϲ τρὶϲ τοῦ μηνόϲ· ὃϲ δ' ἂμ μὴ παρῆι τῶν νεωτέρων δυνατὸϲ ὤν, κύριοϲ ἔϲτω αὐτὸν ζημιῶν μέχρι δραχμῆϲ· διδόναι δὲ τοὺϲ προβούλουϲ τοῖϲ νικῶϲιν τοξότηι ἀνδρὶ τόξον, φαρέτραν τοξευμάτων, ΔΓ· δευτερεῖον τόξον Γ⊢⊢· ἀκοντιϲτῆι ἀνδρὶ λόγχαϲ τρεῖϲ, περικεφαλαίαν, Γ⊢⊢⊢· δευτερεῖον λόγχαϲ τρεῖϲ, ⊢ΙΙΙΙ· καταπαλταφέτηι ἀνδρὶ περικεφαλαίαν, κόντον, Γ⊢⊢⊢· τῶι δευτέρωι κόντο(ν), ⊢⊢· λαμπαδάρχωι τῶι νικῶντι ἀϲπίδα, ΔΔ· τιθέναι δὲ καὶ παίδων ἀγῶνα καὶ διδόναι ἆθλα παιδὶ τοξότηι κρεῶν μερίδα· ἀκοντιϲτῆι παιδὶ μερίδα· τὰ δὲ ὅπλα παραϲκευάζειν τοὺϲ προβούλουϲ τοὺϲ ἐξιόνταϲ καὶ παραδιδόναι τοῖϲ ἐφιϲταμένοιϲ, τὸν δὲ ταμίαν τὴν τιμὴν διδόναι· διδόναι δὲ καὶ ῥαψωιδῶι κρεῶν μερίδα· καταλείπειν δὲ καὶ καταπάλτην τοὺϲ

---

1) *εισεισαν* Rang. et Leb., sed I pro A et H. et Pr. testantur.

2) suppl. Prott; idem v. 1 in. reliquias litterae M agnovit.

3) ΜΗΔ R. et Leb., ΜΗΣΙΙ H., Prott post ΜΗ agnovit ∠, quod potius e Σ quam e Δ superesse ei videbatur, deinde partem litterae Ε inferiorem. Hiller ΜΗΣ certum iudicat. Vid. comm.

4) ΕΓΛ H., ΑΒC praeterea Pr.

προβούλους τοὺς ἀεὶ ὄντας καὶ βέλη τριακόσια, ἄχρις ἂν ἐπίκαιρον δοκῆι εἶναι τῆι βουλῆι· μὴ ἐξεῖναι δὲ ἀποδόσθαι τὰ ἆθλα ἃ ἂν λάβηι, τοὺς δὲ στρατηγοὺς ἐν τῆι ἐξοπλασίαι ἐξετάζειν· ἀναγράφειν δὲ εἰς λεύκωμα ἑξῆς τοὺς ἀεὶ νικῶντας τὸγ γρα[μματέα· ἂν δὲ δόξει ὁ νόμος, ἀναγράψαι εἰς στήλην καὶ στῆσαι εἰς τὸ τέμενος.

Titulus, cuius litterae parvae malleolis exiguis ornatae, olim minio distinctae iniens fere III a. Chr. n. saeculum indicant, legem[5]) continet de epulis ludisque festo quodam die (v. 20) celebrandis et administrandis. Iulietarum legem esse Boeckh et quia inventa est Iulide et quia aetate inscriptionis Coressus non iam civitas propria fuisset, sed illorum portus, conclusit. Contra Rangabé inde, quod v. 11 de libertinis *ὅσοι τὰ τέλη φέρουσιν εἰς Κορησίαν* sermo est, Coresiorum legem esse statuit, quem ceteri merito secuti sunt.

Cuiusnam dei dicantur sollemnia, difficillima est quaestio, praesertim cum ne uno quidem loco vox aut *θεός* aut *θεά* occurrat. Varia igitur temptata sunt, non tamen prospero successu, si quid video. Boeckh Minervae Nedusiae (Strab. VIII 360), quae prope Poiessam colebatur, sacra fuisse coniecit ideo, quia ludi illi militares potissimum sunt. Quam rationem prorsus incertam esse patet. Bergk[6]) iterum de *Διὸς Γεωργοῦ* et *Μαιμάκτου* sollemnibus cogitavit diem hic commemoratam (v. 4 [*ἐν*]*άτηι ἀπιόντος* sc. *Μαιμακτηριῶνος*) comparans cum Atheniensium sacris hoc tempore factis.[7]) Sed praeterquam quod *ἐνάτηι ἀπιόντος* non sacrificium, sed *ἔγδοσις* fieri iubetur[8]), nulla omnino similitudo inter huius legis sollemnia et cultum chthonicum ac lustralem illum[9]) deprenditur. Nec tamen meliore iure Pridik, qui pluribus de hac re disputavit, *Ἡφαίστια* fuisse propter lampadis mentionem (v. 22 sq.) sibi persuasit[10]), quasi non aliis quoque dis lampades habitae sint. Ac quod diem festum, de quo agitur, inter maxima sollemnia numeranda esse censuit, ne illud quidem, si modo maxima intellegit gravissima antiquitate et auctoritate, mihi pro-

---

5) bis *νόμος* dicitur v. 1 et 41.

6) *Beiträge z. griech. Monatsk.* p. 33 sq.

7) Prott *Fasti* n. 3 v. 12 *Μαιμακτηριῶνος Διὶ Γεωργῷ κʹ πόπανον χοινικιαῖον κτλ.*, cf. etiam Harp. s. v. *Μαιμακτηριών*, Eustath. p. 1935, 8, Plut. *De coh. ira* 9 p. 458 C.

8) id quidem recte Pridik; minus recte oves immolandas (v. 7) repugnare confidit Iovi non nisi victimas masculas immolatas esse ratus. Lubricum enim est e victimarum sexu de dis coniecturam facere, quapropter huius rei infra rationem non habui; de varia Graecorum in hac re consuetudine diligenter multa collegit Stengel *KA*² p. 135 sq.

9) Prott *l. c.* p. 10 sq., Preller-Robert *G. M.* p. 131 sq. et 144.

10) praeterea *Ἡφαίστια* Atheniensium eodem fere tempore celebrata esse censet, sed id sumpsit, non demonstravit (cf. quae supra p. 53 disserui). Denique Atheniensium de Hephaestiis decretum et hanc legem simillima continere non debuit proferre; similia enim ea insunt, quae omnibus fere eius modi feriis communia esse solebant, metoeci vero quod utrobique admittuntur, nihil profecto ad religionem attinet.

bavit. Cena enim publica ludisque nihil demonstratur illa praesertim aetate, qua talia haud raro munificentiae privatorum debebantur. Atque eum quidem ordinem, qui hac lege constituitur esse novum cum totius legis tenore tum e v. 41 apparet. Immo de principis alicuius dei sacris non agi colligo inde, quod v. 14 sq. in verbis *δοκιμάζειν δὲ τὰ ἱερεῖα τοὺς προβούλους καὶ τὸν ταμίαν καὶ τὸγ κήρυκα καὶ ἀφίστασθαι τὰ κρέα καὶ τῶν ἱερῶν προΐστασθαι* sacerdotis nullius mentio fit; victimis enim probandis sacrisque curandis sacerdotem dei eius, de cuius cultu agitur, non interesse utique mirum est, in cultu antiquitate et auctoritate insigni vix credibile. Ut nunc res est, quaestionem diiudicari non posse puto, nisi quis lacunas initii tituli, ubi nomen divinum latere necessario statuendum est [11]), restituit. Sed qui fiat, quamquam Hiller de Gärtringen et Prott certum restitutionis fundamentum iecerunt, nescio.

V. 1 quoniam supra eum lapis inscriptus non est, initium totius tituli continet; incipiebat autem, si quidem lectio ΕΙΣΙΝ certa videtur, a brevi quodam enuntiato primario, quod desinebat in *εἰσίν* et praescripti haud dubie locum tenebat.[12]) Deinde sermonem fuisse de legis auctoribus Prott vidit, scribendum igitur *τὸν δὲ νόμο[ν εἰσήνεγκαν* vel *συνέγραψαν* vel tale aliquid. Probulorum deinde nomen ab eodem optime et evidenter restitutum est, cf. paulo infra *τὸν δ' ἐγλαβόντα ἔγγυον καταστῆσαι ὃν ἂν δέχωνται οἱ πρόβουλοι κτλ.* Minus certum primo videtur proximae lacunae supplementum quod ille proposuit *τ[οὺς ἀεὶ ὄντας*; neque enim temere iam hoc loco obiectum verbi *ἐγδιδόναι* exspectaveris velut *τ[ὸ δεῖπνον* vel *τ[ὴν ἑστίασιν ἐγ]διδόναι*, sed frustra tum quaeritur, quid fiat accusativo v. 4 *τὴμ* [13]) *μησε....*, quare hunc potius obiecti vice fungi statuendum est. Ipso autem hoc loco iam in summam tituli difficultatem incidimus, nam quid litteris illis sive *μηδε* sive *μησε̣* legendis lateat, prorsus adhuc obscurum est.[14]) Vocem sermonis sacri adhuc ignotam latere coniecit Prott, sed ne stirpem quidem video ullam, quae ex hac sententia apta sit. Quare ego vocem a nomine proprio derivatam quaesivi. Varia temptavi, nihil tamen, quod quidem veri speciem praebeat, profeci.

De structura in temporis definitione adhibita *ἐν Μαιμακτηριῶνι — ἀπιόντος* cf. n. 52 v. 9 sq. *ἐν τῶι Ἀρτεμισίωι μηνὶ ἑβδόμαι ἱσταμένου*; de mensis nomine a die separato cf. Thuc. II 15.[15])

---

11) v. postremo dicitur *στῆσαι εἰς τὸ τέμενος*: dictus igitur iam erat is, cuius *τὸ τέμενος* erat.

12) cf. e. g. legis Ceae n. 93 initium *οἵδε νόμοι περὶ τῶγ καταφθιμένων.*

13) Prott etiam *ἐν τῶι Μαιμακτηρι[ῶνι...] | νίτημ μησε̣[.... ἐν]άτηι κτλ.* coniungi posse statuit, qua tamen lectione res vel magis implicatur.

14) Br. Keil apud Hillerum lectione tradita mutata legendum proposuit *μ[ι]σ[τύλην]*: '*nam in carnis divisione summa rei posita erat.*' Sed quamvis multum Graeci carnibus rite distribuendis providerint, summa tamen res non in divisione, sed in ipsis epulis (cf. v. 17 *ἂν δὲ δοκιμασθῇ ἡ ἑστίασις*) posita erat; deinde vero verbum *ἐγδιδόναι* de epulis vel de universis sollemnibus aptissimum de una divisione, si quid video, pessime dicitur.

15) de utroque exemplo monuit me Prott; cf. etiam quae hic de Thucydidis loco adnotavit *MAI* XXIII p. 229 cum not.

V. 7 τὸμ μὲν βοῦν βεβληκότα sc. τοὺς πρώτους ὀδόντας: idem dici atque latine voce *bidens* perspicuum fit iis, quae Nehring[16]) vir rei rusticae peritissimus de ea disputavit, e quibus haec afferre iuvat: '*Bidens ovis oder bos ist ein Schaf oder Rind, welches das mittelste Paar der Schneidezähne schon gewechselt und somit ein ungefähres Alter von* $1^1/_2$*—2 Jahren erreicht hat.*[17]) — — — *Schaf oder Rind von* $1^1/_2$*—2 Jahren sind weder zu jung noch zu alt zum Genuß; ihr Fleisch ist zart und wohlschmeckend, so daß es sowohl den Göttern als auch namentlich den Priestern gefallen konnte;* — — — *um sich zu vergewissern, daß ihnen keine alten, zähen Individuen zum Opfern gebracht wurden, machten sie es gerade so, wie man es in der landwirtschaftlichen Praxis noch heute macht, d. h. sie untersuchten die Schneidezähne der zu opfernden Schafe und Rinder und nahmen nur solche, die bidentes waren, also im Alter von* $1^1/_2$*—2 Jahren standen.*' Cf. etiam vocem οἶς λειπογνώμων n. 16a. Ceterum eandem rem in porcis non facile statui posse idem Nehring monuit, quare hic v. 8sqq. horum aetas aliter definitur.

V. 8 ἂν δέ τι καὶ ὑαμινὸν θύηι: similiter genus suillum voce ὕειον comprehenditur n. 145 · v. 26; cf. etiam quae p. 81 de voce εὐστόν exposui. — v. 10 de metoecis adhibitis cf. n. 9 C v. 8 et n. 12 v. 25. — v. 12 τρωγάλια *bellaria*, cf. Prott *Fasti* n. 14 v. 16 τρώγανα et Xen. An. V 3, 9. — v. 12 κρεῶν σταθμόν: litteris igitur MM duae minae carnis sc. crudae significantur, cf. Herod. II 168 (*satellitibus regis*) ἐδίδοτο ἐπ' ἡμέρῃ ἑκάστῃ ὀπτοῦ σίτου σταθμὸς πέντε μνέαι ἑκάστῳ, κρεῶν βοέων δύο μνέαι et *CIG* 2906 ἐπηνγείλατο — — δώσειν ἑκάστῳ βοείου κρέως μνᾶν Εὐβοϊκήν. — Post ἐγ τῶν ἐγκοιλίων animo supplendum esse παρέχειν δεῖπνον, summam autem praecepti vim in pronomine ὅσα positam esse Dittenb. vidit: carnis postquam singulis viris binae minae distributae erant, si quid reliquum erat, id redemptori cedebat, contra intestinis victimarum ad epulas apparandas idem uti debebat omnibus. — v. 15sq. τῶν ἱερῶν προίστασθαι: cf. τοὺς τῶν ἱερῶν ἐπιστάτας Euboicos (n. 88 v. 29), Athen. XIV p. 659 d προίσταντο γοῦν (οἱ παλαίτεροι μάγειροι) καὶ γάμων καὶ θυσιῶν.

V. 16 ἀποδιδόναι τὸ δεῖπνον δέκα ποδῶν: horam diei indicari vidit iam Boeckh (Poll. VI 44 τῇ σκιᾷ δ' ἐτεκμαίροντο τὸν καιρὸν τῆς ἐπὶ δεῖπνον ὁδοῦ, ἣν καὶ στοιχεῖον ἐκάλουν· καὶ ἔδει σπεύδειν, εἰ δεκάπουν τὸ στοιχεῖον εἴη, cf. Arist. Eccl. 652). Ceterum de omnibus legibus haec una Ceorum accuratam horae definitionem praebet, et lepide accidit, quod de isdem Ceis Hesychius tradit s. v. ἐν Κέῳ τίς ἡμέρα· παροιμία ἐπὶ τῶν οὐκ εὐγνώστων. Οὐδεὶς γὰρ οἶδεν ἐν Κέῳ τίς ἡμέρα, ὅτι οὐχ ἑστᾶσιν αἱ ἡμέραι, ἀλλ' ὡς ἕκαστοι θέλουσιν, ἄγουσιν.[18]) — v. 19 τῆς ἐγλαβῆς: pretium dicitur, quo redemptor sacra faciunda et epulas instruendas conduxit; rationem

16) *Jahrbücher f. Philol.* 1893 p. 65sqq.

17) cf. Iulium Hyginum ap. Gell. XVI 6, 14, Isid. or. XII 1, 9, Serv. ad Verg. Aen. IV 57; Festi (p. 4, 17 M) interpretationem, quam Georges repetivit, falsam esse N. monuit.

18) attulit iam Boeckh.

praecepti Rangabé primus perspexit: pars *ἐγλαβῆς* redemptori in antecessum ex aerario datur; id quod restat, postridie epulas, si probatae sunt, ei persolvitur; si minus, quinta totius summae pars retinetur.

V. 20 altera pars tituli incipit de certaminibus instituendis gymnicis et militaribus; num mentio carnis rhapsodo tributae (v. 35 sq.) ad iustum certamen referendum sit, dubito.

95. Stela marmoris caerulei in duas partes fracta, inventa inter rudera Arcesines Amorgi, tres titulos continens, quorum hic est supremus, medius n. 96. Huius tituli lectionem difficillimam, quam olim haud prospero successu temptaverant Baumeister *Philol.* IX p. 389 n. 4, Weil *MAI* I p. 342 n. 10a, Homolle apographo Radeti usus *BCH* XV (1891) p. 592 n. 12, sollerter absolvit Delamarre *Rev. des Et. Grecques* XVI (1903) p. 154 sqq. de lapidis condicione haec adnotans '*Les deux moitiés se raccordent exactement à la partie postérieure; mais, par devant, des éclats ont sauté, laissant une brèche de 0,06 à 0,17 de large. Le bord droit est légèrement écorné. La surface du marbre est très usée et la lecture présente de grandes difficultés.*'

Ἔδοξε[ν τῆι βουλῆι[1]) κ]αὶ τῶι δήμωι· Ὀρθ[
σίλεως [εἶπεν]·[2]) πῦρ μηδένα καίεν [ἐ-
ν] τῶι Ἡρα[ίωι πρὸ]ς[3]) τô καινô οἴκο τῆς γω[ν-
ίας καὶ τô νẹ[ὼ μηδὲ πρ]ὸς τô Λυκείο· ἐὰν δέ [τι
ς καίηι, ἀποτι[νέτω δέκ]α δρα[χ]μὰς [ἱερὰς]
τῆ]ι Ἥρηι.

Decretum de ignis usu in Heraeo coercendo propter antiquiorem litterarum speciem V a. Chr. saeculo exeunti ut videtur tribuendum; de argumento cf. potissimum[4]) n. 62 v. 21 *εἴ κ' ἐπὶ δõμα πῦρ ἐποίσε, δυόδεκο δαρχμὰς ὀφλέν.* Hic de duabus quibusdam partibus aulae templi agitur; ac priore quidem loco angulus, qui templo et *nova domo* efficiebatur, dici videtur, quamquam locutio paulum offensionis praebet cum positione verborum[5]) tum usu et praepositionis *πρός* et substantivi *γωνία*; cave tamen ne suppleas [*ἐντό*]*ς*; defenditur enim illa proximo praecepto, ubi rectissime praepositione *πρός* ea pars aulae significatur, quae a Lyceo[6]) est,

---

1) *βολῆι* Del., sed spatium lacunae *βουλῆι* facile admittit.

2) *ἐπὶ βα*]|*σιλέως Μ*[*αυσσώλου*] ausus erat Weil, cum post *σιλεως* litterae Μ initium agnoscere sibi videretur; oratoris nomen latere iam Homolle coniecit et confirmatur lectione Delamarri, qui ΟΡΟΙ v. 1 extr. in lapide agnovit et *Ὀρϑ*[*ε*]*σίλεως* supplevit inter *Ὀρϑόλαος* et *Ὀρϑεσίλεως* eandem rationem intercedere ratus atque inter *Πρωτόλαος* et *Πρωτεσίλαος*. Idem post *σιλεως* inferiorem partem hastae verticalis agnovit et suo iure *εἶπεν*, non *ἐπεστάτει* restituendum esse statuit. Sane illud lacunam non explet, sed post praescripta paululum spatii vacare nihil habet offensionis.

3) hoc et reliqua suppl. D., nisi quod v. 4 *μηδὲ* pro *καὶ πρὸς κτλ.* posui.

4) in lege Hecatompedi n. 1 v. 5 sqq. num eadem res spectetur, dubium, vid. p. 4.

5) recte tamen Del. contulit Herod. I 51 *ἐπὶ τοῦ προνηΐου τῆς γωνίης.*

6) Lyceum Amorginum aliunde cognitum non est.

neque omnino *ἐντός* ferri potest; utroque autem loco idem supplendum esse veri simillimum.

Voce *ὁ καινὸς οἶκος*[7]) hic non ipsam cellam deae dici patet; de thesauro recenter aedificato[8]), ni fallor, aut de aedificio ad usum sacerdotis destinato sermo est.

96. In medio lapide eo, in cuius capite n. 95; sinistram partem edd. Ross *Inscr. ined.* II p. 36 n. 136 et paulo plenius Baumeister *Philol.* IX p. 389 n. 4, totum titulum Weil *MAI* I p. 342 n. 10b, inde Michel *Recueil* 711, Dittenberger *Syll.*^{2} 565 (^{1}358); cf. etiam *BCH* XV p. 592sq. et quae ipse exposui *Rhein. Mus.* LIX p. 399sqq.

Θεοί.

Ἔδοξεν τῆι βο[υλ]ῆι καὶ τῶι δήμωι· Ἀγήνω[ρ][1]) | εἶπε· Μελίτων ἐ[πεστ]άτει·

μὴ ἐξεῖναι κα[τέ]|χεσθαι[2]) εἰς τὸ Ἡραῖ[ον] ξένωι μηδενί, ἐπιμελε[ῖ|σ]θαι δὲ τὸν νεωκ[όρο]ν καὶ ἐξείργειν· ἐὰν δὲ ‖ μὴ ἐξείργῃ, ἀποτ[ίνει]ν αὐτὸν τῆς ἡμέρας | ἑκάστης δέκα δρα[χ]μὰς ἱερὰς τῆι Ἥραι· ἀνα|γράψαι δὲ τόδε τ[ὸ ψή]φισμα πρὸ τῶν θυ|[ρῶν], ἐπιμεληθῆ[ναι] δὲ τοὺς νεωποίας.

Decretum ut inscriptum in eodem lapide ac titulus superior ita ad eadem sacra Iunonis Amorginae pertinet, aliquanto tamen illo recentius III a. Chr. n. ut videtur saeculi. Argumentum pendet e verbo v. 2 post *μὴ ἐξεῖναι* supplendo: Weil, quem reliqui secuti sunt, coll. Herod. VI 81 *οὐκ ὅσιον εἶναι ξείνῳ αὐτόθι θύειν* suppleverat *κα[τάρ]χεσθαι*; at sive id proprie sive pro verbo *θύειν* dictum esse existimatur, *κατάρχεσθαι εἰς τὸ Ἡραῖον* neminem umquam Graecorum locutum esse persuasum habeo. Coniunguntur sane etiam verba sacrificandi cum praepositione *εἰς*, ea tamen vi, ut sanguis hostiae aliquo velut in mare flumenve aut in clipeum effundi dicatur[3]); contra de re sacra, quae in aliquo loco fit, necessario *ἐν* cum dativo usurpatur. Accedit, quod v. 6sq. aedituo multa proponitur *τῆς ἡμέρας ἑκάστης* i. e. pro uno quoque die, quo peregrinum non arcebit, id quod cum sacrificio una hora aut die confecto non convenit. Ne longus sim, id sanciri persuasum habeo, ne quis peregrinus in Heraeum devertatur, de qua re non uno loco cautum videmus, cf. n. 62 v. 11sqq. *τοῖ δὲ ξένοι καταγομέν|οι ἐξῆναι ἀμέραν καὶ νύκτα νέμεν ἐπιζύγιον· εἰ δ' ἂν πὰρ τάνυ νέμε, τὸ μὲν μῆζον πρόβατον δαρχμὰν ὀφλὲν κτλ.* et n. 99: ξένο[ς *πρό*]*βατα μὴ νεμέτ*[*ω πλέ*]*ον πένθ' ἡμερέ*[*ων· ἢν δ*]*ὲ νέμηι, ὀφε*[*λέτω ἡμέρη*]*ν*

7) de vi et usu vocis *οἶκος* cf. Conze *Untersuchungen auf Samothrake* I p. 41, ubi primus locos contulit, Köhler *MAI* VII p. 373sq., Kern u. Wendland *Beitr.* p. 90 et 114, Furtwängler *Sitzungsber. d. Münch. Akad.* 1901 p. 363sq., Fränkel *Rhein. Mus.* LVII p. 153.

8) velut noti sunt Deliaci eius generis *οἶκοι*: *Syll.*^{2} 588 v. 155. 220. 230.

1) hoc nomen in lapide esse apographo Radeti constat; *Ἄγ[νων]* W.

2) supplevi: *κατάρχεσθαι* ceteri; vid. comm.

3) exempla collegit Stengel *Arch. Jahrb.* XVIII (1903) p. 119.

ἑκάσ[την κτλ. Amorgi insulae lege vix homo curru iumentisque peregrinans spectari potest, de navigantibus potius peregrinis Amorgumque appellentibus cavendum erat. Quare supplendum duco aut κα[τέρ]χεσθαι aut, si quidem hoc verbum alia solet vi usurpari, κα[τέ]χεσθαι, cf. Herod. VIII 117 οἱ δὲ Πέρσαι — — τὸν Ἑλλήσποντον τῇσι νηυσὶ διέβησαν ἐς Ἄβυδον· — — ἐνθαῦτα δὲ κατεχόμενοι σιτία τε πλέω ἢ κατ' ὁδὸν ἐλάγχανον. An lectio litterae X v. 3 in. errori debetur et legendum est κατάγεσθαι?

De cura inscribendi neopoeis mandata cf. n. 130 et quae ibi attuli.

97. Lapis infra fractus inventus Amorgi. Edd. Homolle apographo usus, quod fecit Radet, *BCH* XV (1891) p. 593 n. 14, lapide denuo collato et ectypo facto Delamarre cum imagine delineata *Rev. des Et. Grecques* 1903 p. 165 sqq.

Θ ε] ο [ί.
Ἔδοξεν τῆι βουλῆι καὶ τ[ῶι δή]μωι
Κυ . . . . [εἶ]πεν· Ἀπολλώνιος ἐπε-
στάτει· ἐπειδὴ ἡ ἱέρεα τῆς Δήμητρος
τῆς δ[η]μοτε[λ]οῦς εἰσαγγέλλει πρὸ[ς
τοὺς πρ[υ]τάν[ει]ς περὶ τὸ ἱερὸν τῆς Δή-
μ]ητρος ὅτι α[ἱ γ]υναῖκες εἰσιοῦσαι.
. . . α . ṭ . . . . . ἐν τῶι ἱερῶι καὶ ὅτι.
. . . . . το . τ . . γένοιτο ἐν τῶι ἱερῶι
. . . . ọν . . . Ἀρκεσινεῦσιν ἀσεβ̣ . .
. . . . πρ]ὸς τοὺς θεοὺς . . . . .
. . . . εου . . . . . .

Lect. var. v. 5 ΤΗΣΑΜΟΡΓΕΙΟΥΣ litteris tamen plerumque punctatis Rad. v. 6—7 ΤΟΥΣΠΡ.ΤΩΝ...ΕΠΙΤΟΙ..ΟΝΤΙ...ΔΙ|..ΤΡΩ R. 9 .Σ.ΤΟΝΤ..ΕΝ R., litterarum Σ et N nullum vestigium se discernere potuisse affirmat D. 10 ..ANIONI R., nihil nisi ny primum agnovit D. 11 ΤΟΣΤΟΥΚΟΠΟΥΕΜΕ R.

Litterae a quadratario olim diligenter incisae et formas IV a. Chr. n. saeculo non posteriores exhibentes[1]), umiditate ita corrosae sunt laesurisque marmoris implicatae, ut lectio sit difficillima. Quam Delamarre usque eo certe sollerter perfecit, ut appareat decretum esse Arcesinensium de delictis quibusdam mulierum fanum Cereris adeuntium, quae sacerdos eius ad prytanes detulerat, rogatum. Quamquam ne nunc quidem quid illae peccaverint liquet, quia verbum, quo summa enuntiati continetur, v. 8 in. periit. Radet sane ibi legere sibi videbatur ..ΜΑΝΤΩ, sed hanc lectionem excepto Α et fortasse Τ[2]) prorsus incertam esse statuit Delamarre. Hic Piraeensium de Thesmophorio praecepta (n. 33 ἐπιμελεῖσθαι — — τὸν

1) litteras Ϛ Π Μ optimae esse aetatis Del. dicit adnotans '*c'est par erreur que M. Radet a noté sur sa copie le my à jambages verticaux et le pi à hastes égales.*'

2) '*le tau m'a paru, sur la pierre, d'apparence plus consistante; sur l'estampage cependant, je crois distinguer en bas, à gauche de la haste, un petit trait horizontal qui ferait prendre la lettre pour un zéta; mais à l'envers la haste disparaît et on a l'illusion d'un epsilon.*'

δήμαρχον ὅπως ἂν μηδεὶς ἀφέτους ἀφιεῖ μηδὲ θιάσους συνάγει μηδὲ ἱερὰ ἐνιδρεύωνται μηδὲ καθαρμοὺς ποιῶσιν κτλ.) comparavit, si forte inde hunc locum restituere posset, frustra ut ipse variis temptatis concessit. Ac postremo quod coniecit generalem aliquam vocem scriptam fuisse velut *καταλύουσιν* vel *συναγείρονται*, mihi non persuasit, immo peculiarem aliquam rem, quae lege non provisa erat et quam provideri non decebat, a sacerdote deferri veri similius existimo. Multa excogitari possunt; si quid participio praesentis tribuendum est, delictum dicitur, quod mulieres non, postquam ingressae ad aedem venerant, sed ipso intrando committebant, velut fieri poterat, ut neque iusto loco intrare nec viis per fanum stratis uti consuevissent. Potest tamen *εἰσιοῦσαι* etiam maiore vi dici eoque pertinere, quod mulieres fanum profanae alicuius rei causa intrare solebant.

V. 9 sqq. Delam. acute ita restituit *καὶ ὅτι | [εἰ ἔτι] το[ῦ]τ[ο] γένοιτο ἐν τῶι ἱερῶι | [δεινὰ ἂ]ν [εἴη] Ἀρκεσινεῦσιν ἀσε[βοῦ|σιν ..... πρ]ὸς τοὺς θεούς*, atque id quidem ex optativo *γένοιτο* recte collegit non iam de iis, quae facta erant, sed de iis, quae fore denuntiabat sacerdos, sermonem esse. Sed verba ipsa non modo ea, quae v. 10 proposuit, incerta sunt[3]), ut ipse concessit, sed ne ea quidem, quae v. 9 supplevit, offensione carent. Nam ante *γένοιτο,* si modo apographo illius fides est, duarum, non unius litterae lacuna est, ut *το[ύ]τ[ων* potius quam *το[ῦ]τ[ο* supplendum videatur. Etiam lacunae v. 8 extr. rationem ille non habuit. Scriptumne erat: *καὶ ὅτι [εἴ | τι ἔτι] το[ύ]τ[ων] γένοιτο?*

Ceres *δημοτελής* aliunde cognita non est, sed notus *Διόνυσος δημοτελής* Carystiorum; publicus cultus a privato eo cognomine distinguitur.[4])

98. Marmor supra et infra fractum, inventum Minoae in insula Amorgo, nunc Syri in museo. Edd. Delamarre *Rev. archéol.* XXIX (1896) II p. 77 n. 2, Michel *Recueil* 713, Dittenberger *Syll.*² 645. Cf. etiam Stengel *Berliner Philol. Wochenschrift* 1902 p. 781 sq. et 1904 p. 1503 sq.

— — — — — — — — | οἵ] ἐπιμ[ήνιοι — — — — — — — — | .]ωσαν εἰ — — — — — — — — — — | .αν ἐν τῶι ἱερῶ[ι — — — — — — | .]έναι τὸν λόγον [— — — — — — πα]||ραχρῆμα ἐγδανεισ[— — — — — — — παρατιθέτω]|σαν δὲ καὶ [ἐπ]ὶ τὴν τρά[πεζαν τοῦ μὲν βοὸσ τοῦ θυομένου?] | γλῶσσαν καὶ σάρκασ τρε[ῖ]σ .... | ὁμοίωσ δὲ καὶ τῶν ἄλλων [ἱερείων· τῶν δὲ παρατιθεμένων][1]) | τῆι θεῶι ἐπὶ τὴν τράπεζαν ἔστ[ω τὸ μὲν .... μέ]||ροσ τῆσ ἱερείασ, τὰ δὲ λοιπὰ τῶν επα[2])............· | ἐπὰν δὲ τελετὴν ποιῇ ἡ ἱέρεια,

3) ipse ante N in apogr. litterae O reliquias indicavit.
4) Dittenberger *Hermes* XXVI (1891) p. 474.

1) supplere conatus sum; de totius huius loci restitutione cf. comment.
2) Stengel *τῶν ἐπα[ναφερόντων]* vel *ἐπα[νατιθέντων]* supplendum coniecit eos intellegens, qui carnes in mensam dedicavissent, sed de his idem potius quod supra v. 6 legitur verbum *παρατιθέναι* exspectamus.

ὁ πελαν[ὸc ὁ ἀποδι]|δόμενοc[3]) ὑπὸ τῶν τεθυμένων ἱε[ρὸ]c ἔcτω· [ἔcτω δὲ ὁ[4]) πε]||λανὸc ἑκάcτου δραχμὴ καὶ ἐγδανειcθήτω π[αραχρῆ]||μα[5])· τὸν δὲ τόκον λογευέτωcαν καὶ τοῦτον ο[ἱ ἐπιμή]||νιοι καὶ καθιcτιάτωcαν, τὰ δὲ ἄλλα ἔcτω τῆc ἱε[ρείαc] | κατὰ τὰ ἔθιμα, ἡ δὲ αἱρουμέν[η] ἱέρεια παρεχέ[τω ἑαυ]|τῆ[6]) τὰ τέλεcτρα ἰδίαι καὶ ἱεραζέτω ἔτη δέκα ἐὰν βο[ύλη]|ται· οἱ δὲ πρυτάνειc τῆι δεύτερον ἡμέραι μετὰ [τὰc] | cπονδὰc ποιείτωcαν διαχειροτονίαν τοῖc πα[ροῦ]||cιν ὅτῳ δοκεῖ καλῶc καὶ φιλοτίμωc τοὺc ἐπιμηνίο[υc] | ἐπιμεμελῆcθαι τῆc τε θυcίαc καὶ τῶν παρόντων [καὶ] | ὅτῳ μή, καὶ ἐὰν νικᾶν δοκῇ cτεφανωcάτωcαν αὐτοὺc | θαλλ(οῦ) cτεφάνωι καὶ ἀναγγειλάτω ὁ κῆρυξ ὅτι ὁ δῆμοc | cτεφανοῖ αὐτοὺc ἀρετῆc ἕνεκα καὶ φιλοτιμίαc τῆc ‖ εἰc ἑαυτόν· ἐπιμεληθήτωcαν δὲ οἱ ἐπιμήνιοι τῆι | πρώτηι ἡμέραι με[τ]ὰ τὰc cπονδάc, ὅπωc cιωπὴν κα|τακηρύξαc ὁ κῆρυξ ἀναγγείλῃ ὅτι cτεφανοῖ ὁ δῆ|μοc ὁ Cαμ[ίω]ν ὁ κατοικῶν ἐν Μινώιαι Ἡγηcαρέτη⟦ν⟧ Αἰνη|cικράτου, γυναῖκα δὲ Ἑρμοκράτου τοῦ Παγκρίτου εὐ||cεβείαc ἕνεκεν τῆc πρὸc τοὺc θεοὺc καὶ ἀρετῆc ἕνε|κεν καὶ εὐνοίαc τῆc εἰc ἑαυτόν· ἀναγγελλέτωcαν | δὲ [κ]αὶ οἱ ἀγωνοθέται τοῖc Ἑκατομβ⟦ί⟧οιc[7]) ἐν τῶι θεάτρωι | [κ]αθ' ἕκαcτον ἐνιαυτὸν τὸν cτέφανον τοῦτον· ἐὰν | δέ τιc τ[ῶ]ν ὀφειλόντων τὸ ἀργύριον τῆι θεῶι βούλη||ται ἀποδοῦναι τὸ ἀρ[χ]αῖον, καταβαλλέτω τοῦ μη|νὸc τοῦ Κρονιῶνοc[8]), ἐν κυρίαι ἐκκληcίαι, τὸ μὲν ἀρ|χαῖον τοῖc ἐξεταcταῖc, τὸν δὲ τόκον τοῦ μηνὸc | τοῦ Πανήμου τοῖc ἐπιμηνίοιc· οἱ δὲ ἐξεταcταὶ | λαβόντεc παραχρῆμα ἐγδανει[c]άτωcαν καὶ ἀνα||γραψάντων εἰc τὴν φλιὰν[9]) τὸ ὄνομα τοῦ δανειcαμέ|νου πατρόθεν καὶ τὸ ἐνέχυρον ὃ ἂν ὑποθῇ καὶ ἐὰν ἐγ|γυητὴν καταcτήcῃ· τὸ δὲ τοῦ ἀποδόντοc τὸ ἀργύ|<γυ>ριον ὄνομα καὶ τοῦ ἐγγυητοῦ καὶ τὸ ἐνέχυρον τ[ὸ] | ὑποτεθὲν ἐκκολαψάντων ἐκ τῆc φλιᾶc· προc[λο]||γευέτωcαν δὲ οἱ ἐπιμήνιοι καὶ ἐάν τιc γένητα[ι] | μεὶc ἐμβόλιμοc τὸ δωδεκατημόριον, καὶ κατιc[τι]|άτωcαν·[10]) ὑπαρχέτω δὲ τῆι θεῶι τὰ χρήματα | ἐπὶ τοῖc κτήμαcιν ἑκάcτων τῶν δεδανειcμέ|νων, καὶ ἡ κομιδὴ ἔcτω πρώτη τῆι θεῶι καὶ τῶν τό||κων

---

3) *ὁ διδόμενος* ceteri, sed ita versus iusto minor evenit, si quidem versus singuli inter 39—43 litteras variare solent. Ne id quidem quod supra posui spatium explet.

4) suppl. Dttb, *διδόσθω δὲ πε*]*λανός* priores.

5) ante *τόν* spatium vacat trium fere litterarum, item v. 25 et 47 locis indicatis et in fine v. 48. 50. 52. 53.

6) *αὐτῇ* Del., emend. Dttb.

7) ita Dttb. coll. Prott F. 4 (*Syll.*² 615) v. 30 *Ἀπόλλωνι Ἑκατομβίωι*; °TOM BOIΣ lapis, *Ἑκατομβ(αί)οις* Del. — Amorginae feriae quin ipsae quoque Apollinis sacrae fuerint, non dubium.

8) Samiorum est mensis ut *Πάνημος* v. 38, ille Scirophorioni, hic Thargelioni Attico respondens.

9) vocabulo *φλιά* aeque ac voce *παραστάς* antam portae cum proxima parietis parte dici monuit Delam. coll. Polyb. XII 11, 2 et *CIG* 2483 v. 24

10) suppl. Dttb., *κατισ*[*τ*]|*άτωσαν* Del., cf. v. 15 et not. 14.

καὶ τῶν ἀρχαίων, καὶ πρακτοὶ ἔcτωcαν ἀεὶ οἱ ἔ|χοντεc καὶ νεμόμενοι τὰ ἐνέχυρα τὰ ὑποκείμενα | τῆι θεῶι καὶ ἀναγεγραμμένα ἐν τῆι φλιᾶι· ὁ δὲ | δῆμοc αἱρείcθω ἀεὶ ἐν ταῖc ἀρχαιρεcίαιc ἐπι|μηνίουc εἰc Μητρῶια ἄνδραc δύο τῶν πολιτῶν ‖ τίμημα ἔχονταc μὴ ἔλαccον δραχμῶν διακοcί|ων· οἱ δὲ ὀφείλοντεc τὰ χρήματα τῆι θεῶι κατα|βαλλέτωcαν τοὺc τόκουc τοὺc γινομένουc τοῖc | ἐπιμηνίοιc καθ' ἕκαcτον ἐνιαυτὸν ἐν τῶι μηνὶ τῶι | Πανήμωι καὶ ἀποcφάγιcμα ποιείτωcαν τῆc [ἀποδό]‖cεωc ἐπὶ τοὺc ἐξεταcτάc· ἐὰν δέ τιc τῶν [ὀφει|λόντων] μὴ ἀποδῷ τοὺc τ[όκουc — — —.

Decrevit haec I ut videtur a. Chr. n. saeculo[11]) *ὁ δῆμος ὁ Σαμίων ὁ κατοικῶν ἐν Μινῴᾳ*, quos Samios nec peculiarem rem publicam extra Minoetarum civitatem nec partem huius populi effecisse, sed remotis antiquis civibus ipsos fuisse Minoetas illius aetatis satis demonstravit Delamarre coll. tit. *Ann. dell' inst. arch. R. 36, 96.*

Pertinet decretum ad cultum Matris deorum (v. 54 *Μητρῷα* et passim *τῇ θεῷ*) ac praecipue ad pecunias eius sacras administrandas. Iam cum eodem hoc decreto v. 25sqq. de corona Hegesaretae Aenesicratis f. quotannis pronuntianda sanciatur, non dubito, quin ea ipsa pecunias illas civitati donaverit[12]), unde Matris Deorum feriae amplificarentur.[13]) In his autem principem locum tenuisse epulas sacras apparet voce *καθιστιάτωσαν* (v. 15 et 46)[14]), quam de usuris ad dapes, quae festo die in *ἱστιατορίῳ* (cf. n. 145 v. 16) fiebant, impendendis Dittenb. optime intellexit.

De singulis haec adnoto. Cum inde a v. 6 iam de mensa sacra carnibus[15]) ornanda agi certum sit, de hostiis et comparandis et sacrificandis in parte superiore lapidis deleta sermonem fuisse sequitur. Quae v. 4 et 5 de re pecuniaria interponuntur (*ἐγδανεισ[άντων* vel *-θήτω]*) nescio an eo referenda sint, ut epimenii id quod hostiis coemptis sacrificioque peracto supererat pecuniae ratione reddita (*[μετὰ δεδω|κ]ἐναι τὸν λόγον*) statim col-

---

11) litterae apicibus ornatae sunt vix tamen indicatis nec ulla littera inferioris aetatis adest.

12) quantum donaverit, haud dubie in parte marmoris perdita scriptum erat; nescio autem an aliquatenus huic damno suppleat praeceptum v. 55, quo epimenii *τίμημα μὴ ἔλασσον διακοσίων δραχμῶν* habere iubentur; id de reditu annuo, non de capite rei familiaris recte accepit Delam., quia aliter summa iusto minor est; reditum autem ab illis postulatum esse, qui usuris pecuniae donatae fere responderet, veri simillimum est.

13) novas enim tum deae institutas esse cum aliis de causis veri dissimile est tum collatis iis, quae v. 16 de condicionibus sacerdotii fungendi praecipiuntur, quae tam exigua sunt, ut non de sacerdotio tum primum instituto, sed de condicionibus iam pridem instituti partim mutandis agi eluceat.

14) mutavit sane lapidis lectionem Delam. scripsitquae *καθιστ⟨ι⟩άτωσαν* idemque v. 46 supplevit; at Dttb. et verbo *καθιστάναι* in hoc negotio locum esse iure negavit et v. 46 *καθισ[τ]|άτωσαν* vel ideo displicere, quia reliqui inscriptionis versus omnes ab integris syllabis inciperent, rectissime observavit.

15) de linguis cf. ad 113 p. 297; de voce *σάρκας τρεῖς* cf. n. 10B v. 12extr., n. 25 v. 4, *IG* XII 2 n. 498 v. 14 *δίδων αὐτῷ — — σάρκα πενταμναῖον ἀπὸ τῶ βοὸς τῶ θυομένω.*

locare iubeantur. — v. 8—10 Dittenberger conexum paulo aliter atque ego supra feci restituit ita: ὁμοίως δὲ καὶ τῶν ἄλλων [παρατιθέτωσαν — — — — —] | τῆι θεῶι ἐπὶ τὴν τράπεζαν· ἔσ[τω δὲ — — — — — μέ]ρος τῆς ἱερείας, quae eo laborant, quod genetivo, quo substantivum μέρος definiri oportet, spatium antecedentis lacunae numero ordinali utique occupatum non sufficit.[16]) Itaque vestigia Michelii secutus ὁμοίως δὲ καὶ τῶν ἄλλων sc. ἱερείων ad superiora rettuli et verba τῆι θεῶι ἐπὶ τὴν τράπεζαν cum sequentibus uno enuntiato ita, ut genetivus ille prodiret, coniunxi. Utique partem τῶν τραπεζωμάτων sacerdoti tribui iuberi certum est, cf. quae de hac re dixi p. 79sq.

V. 11 integra marmoris pars incipit a mysteriis a sacerdote celebrandis. Nec vero opus est, ut v. 12 cum Dittenbergero ὑπὸ τῶν τεθυμένων soloece dictum putemus pro ἀπὸ τ. τεθυμένων formamque eam passive intellegamus. Errat enim ille, quod medium hoc loco propter notionem stare posse negat; res ita explicanda est: quicunque mysteriis interesse volebant, antea sicut Epidauri incubaturi Aesculapio, hic Matri Deorum sacrificium peragere debebant. Quae ipsa ratio sacrificandi e sermonis usu[17]) optime medio verbi genere et hoc loco significatur et in titulo Epidaurio[18]) de puero vocis experte fanum ingresso ὡς δὲ προεθύσατο καὶ [ἐπόησε τὰ] νομιζόμενα, μετὰ τοῦτο κτλ. Nec minus tempus perfectum recte stat, admittebantur enim ad mysteria non nisi τεθυμένοι.[19]) Iidem tamen insuper drachmae pretium solvere debebant, sicut etiam mystae Eleusinii pecuniam solvebant[20]), eo sane discrimine ut illic stipes mystarum sacerdotibus, hic aerario sacro cederent. Iam cum illud drachmae pretium πελανός appelletur, propriam huius vocis vim, qua pultem quandam significabant[21]), apud Amorginos certe non remansisse[22]) videmus. Quae res, unde etiam apud Suid. et Phot. s. v. πελανός· ὁ τῷ μάντει διδόμενος μισθὸς ὀβολός non placentam, sed nummum significari optimo iure Stengel collegit, commodissime ita explicari mihi videtur, ut colligamus olim re vera mystas e suo quemque frumento pultem attulisse, ac postea demum pro ea, obtinente tamen rei nomine, donum pecuniarium constitutum esse. Aliter sane Stengel nuper rem explicare studuit[23]) ratus '*daß das Wort im Volksmund neben der eigentlichen die Bedeutung „fromme Spende" oder, wenn man will, „Kuchen-*

16) hac de causa ne σπλάγχνων quidem ante μέρος suppleri potest, de quo coll. n. 155 v. 11sqq. et n. 162 v. 3 non temere cogitaveris.

17) cf. de hac re Stengel *Hermes* XXXI p. 640 et *Berl. Philol. Wochenschr.* 1902 p. 781.

18) Dittenberger *Syll.*² 802 v. 41 sq.

19) participium τεθυμένος media vi usurpatum raro occurrit, occurrit tamen velut Xen. Hell. V 1, 18: ὁ δὲ τεθυμένος ἐτύγχανε.

20) n. 3C v. 1sqq. et 43sqq.

21) cf. Stengel *Hermes* XXIX p. 281sqq. et quae ipse supra p. 25sq. exposui.

22) idem apparet tituli Amorgini *Syll.*² 644 (Michel 712) v. 9 τοὺς μὲν τόκους τοὺς γινομένους αὐτῶι ἀπὸ τοῦ ὑπάρχοντος πελανοῦ. Nuperrime etiam in titulo Argivo haec significatio apparuit: *BCH* XXVII p. 271 θησαυρὸν ἐν τῶι μαντήωι κατεσκεύασσαν τοῖς πελανοῖς κλαικτόν (cf. Stengel *Berl. Phil. Wochenschr.* 1904 p. 1504).

23) *Berl. Phil. Wochenschr.* 1902 p. 782.

geld" gehabt hat, ähnlich wie bei uns noch heute in vielen Gegenden die Geldsumme, die z. B. bei Trauungen dem Geistlichen — — — von allen an der Feier Teilnehmenden gespendet wird, „das Opfer" heißt. Wie diese Gebühren, auch wenn sie ursprünglich nicht dem Beamten, sondern der Kirche selbst zugefallen sein mögen, nie ein wirkliches Opfer abgelöst haben, so werden wir auch wohl in der Inschrift von Amorgos die Bezeichnung der Drachme als πελανός nicht erst davon herzuleiten haben, daß früher in der Tat ein solcher dargebracht wurde.' At mihi quidem inter rem Amorginam et exemplum e nostra aetate petitum aliquantum interesse videtur, quia vocabulo *πελανός* origine certum quoddam cibi sacrificiique genus significatur, vernaculo '*das Opfer*' vis quaedam generalis inest, cui facile pecunia quoque oblata subordinari possit.

V. 14 *τὸν δὲ τόκον λογευέτωσαν καὶ τοῦτον* sc. aeque atque usuras pecuniae ab Hegesareta donatae. — v. 15 *τὰ δὲ ἄλλα ἔστω τῆς ἱερείας* i. e. ni fallor ea, quae ultra drachmam a singulis mystis solvebantur. — v. 16 — 18 duae de sacerdotio condiciones adduntur. *τέλεστρα* Delam. ad impensas inaugurandae sacerdotis recte rettulit[24]); inaugurationis mos praeterea e Chalcedone (n. 196 v. 22 et n. 197 v. 12) et ex insula Co (n. 133 v. 20, 134 v. 6) nota est, in his tamen civitatibus publico sumptu fiebat. — *δέκα ἔτη*: rarissima talis temporis definitio, aut enim annua aut ad vitae tempus sacerdotia esse solebant.

Reliqua pars tituli de epimeniorum et exetastarum officiis, iis praecipue quae ad pecunias administrandas pertineant, scripta est. Ipsa nimirum sacrorum cura ab exetastarum potestate, quae omnis in custodia pecuniae publicae versatur[25]), aliena penes epimenios est, qui ad ipsa illa creantur; contra pecuniae donatae administratio inter utrosque ita partita est, ut exetastae caput pecuniae ipsum administrandum ac collocandum[26]) curent (v. 35—37 et 39 sqq.), epimenii usuras computatas die statuta a debitoribus accipiant, qui tamen etiam exetastis testimonium pensionis effectae[27]) deferre iubentur (v. 56 sqq.).

De epimeniis cf. etiam n. 115.

99. Tabula marmoris albi, praeter marginem dextrum undique mutila, inventa in insula Io '*πρὸ τῆς εἰσόδου τῆς πόλεως παρὰ τὸ ἀρχαῖον τεῖχος πλησίον τῆς ἐκκλησίας Εὐαγγελισμός.*' Exscripsit et edidit una cum imagine delineata Hiller de Gärtringen, usus etiam Schiffii apographo *IG* XII 5 n. 1.

---

24) pecuniae enim ad mysteria celebranda expensae *τελεστήρια* dicuntur, cf. e. g. *BCH* XXIII (1899) p. 588; vocem *τέλεστρα* ex hoc titulo feliciter restituit Paton in titulis Cois (n. 133 v. 59 et 134).

25) Busolt Griech. *Staats- u. Rechtsalt.*² p. 49—50.

26) pecunias sacras non nisi primae ut nos dicimus hypothecae loco mutuas dari (v. 47 sqq.) nota; ceterum de diversis hypothecarum generibus cf. Dareste-Haussoullier-Reinach *Inscr. iurid. grecques* I p. 108 – 142.

27) hoc enim sibi velle v. 59 *ἀποσφράγισμα* (= *ἀπόγραφον ἐσφραγισμένον*) *τῆς ἀποδόσεως* Del. statuit.

. . . . . α]κοσίας δ[ρα|χμὰς] ὀφελέτω· ξένο|[ς πρό]βατα μὴ νεμέτ|[ω πλέ]ον πένθ' ἡμερέ‖[ων· ἢν δ]ὲ νέμηι, ὀφε|[λέτω ἡμέρη]ν[1]) ἑκάς[τ|ην προβάτο] ἑκάστ[ο | δραχμὰς. . . . . . .
— — — —

Titulus, cuius litteras elegantes *στοιχηδὸν* dispositas IV si non V a. Chr. n. saeculo inscriptas Hiller iudicat, fragmentum videtur legis sacrae, qua potestas in fano quodam pascendi certis finibus circumscribitur. Cf. n. 96 et n. 62 v. 12sq.

100. Lapis oblongus marmoris albi, qui in muro fuerat, a dextra mutilus. inventus in insula Io, nunc in oppido apud scholarcham. Edd. Ross *Inscr. graec, ined.* II (1842) n. 94 (inde Rangabé *Ant. Hell.* II 752) et Hiller de Gärtringen, qui ipse denuo exscripsit, *IG* XII 5 n. 2. Cf. etiam Ziebarth *Hermes* XXXII (1897) p. 614.

. . . κράτης ΙΙμ. . . . . .τ. .ε — — | . .ḳαταθε͂ναι Λ. . .οϲ. . . . . . . .ντας ὁπόσων νέμει ἕκαϲ[τος, κηρῦξαι] | δὲ τοὺς ἱεροποι[ὸ]ς ἅ[παντας[1]) το]ὺς νέμοντας ἱερὰ καῦσαι [πάντα ἢ | μ]ὴ̣ ν̣έ̣μ̣ε̣ν̣ ὀ̣μ̣ό̣ϲ̣α[ι δὲ καὶ ἄλλ]ο μὴ νεμε͂ν· ὅστις δ' ἂμ μὴ ὀμό[σηι ἐντὸς — — —] ‖ ἡμερῶν [προ]ḳηρυ[ξάντων τῶν] ἱεροποιῶν, ὀφειλέτω ἑκατὸν δραχ[μὰς τῶι] | δημοσίωι· φαίνεν [δὲ τὸμ βουλό]μενον π[ρ]ὸϲ τ̣οὺς ἱεροποιὸς [ἐπὶ τῶι][2]) | ἡμίσει· ε͂ναι δὲ τῆς ἐ. . .τη.σοι. . .αεκεισεχεων[3]) ἐστιν δ. .α. . . . . . .

Titulus IV a. Chr. n. saeculo inscriptus. Conexus verborum, qui olim satis obscurus erat, opera Hilleri, quem Br. Keil et Wilamowitz adiuverunt, maxima e parte restitutus est. Argumentum a similibus titulis memorabilem in modum, si recte sentio, differt. Certum est praecipi, qua condicione pascuis quibusdam uti liceat. Nec vero agitur de privatis sive civium sive peregrinorum gregibus; coniungitur enim cum participio *νέμοντας* obiectum *ἱερά* (v. 3), id quod in hoc conexu non nisi de gregibus sacris intellegi potest. Difficilior quaestio, quinam homines illi *νέμοντες ἱερά* fuerint. Ni fallor, per se dici possunt aut magistratus sacri aut redemptores, quibus illi pecora pascenda locaverant; nam pastores ipsi sive ab illis sive ab his conducti vel ideo removendi sunt, quia multa centum

---

1) ita H. v. 5 extr. unius litterae spatium vacuum statuens; Wilamowitz: *ὀφέ[λε|ν καθ' ἡμέρη]ν* v. 5 extr. litteram extra ordinem additam statuens.

1) suppl. H.; quamquam cum iis quae in lapide legit ΑΙ. . . .Ι. non plane convenit.

2) enuntiatum suppl. Zieb.

3) v. 7 lectio ne nunc quidem expedita est, litteras quas in lapide agnovit secutus H. temptavit *ἃ ἐκεῖσ' ε[ἶ]χε ὧν ἔστιν δ* ipse tamen dubitans. Ross legerat ΤΗ.ΣΟΙ. . .ΛΕΚΕΥΣΕΧΩΝΕΣΤΙΝΔ. Ceterum hunc extremum tituli versum esse moneo: sequitur initium decreti proxeniae.

drachmarum (v. 5) talium hominum condicionem superat. Ratio igitur decreti haec fuisse videtur: in saltibus quibusdam greges sacri pasci solebant; iam acciderat, ut privatorum quoque pecora pastoribus sive insciis sive pretio corruptis tamquam sacra immiscerentur liberoque pastu fruerentur. Qua re commotus populus pecoribus sacris signum sive dei sive quodcunque imburi (v. 3 *καῦσαι*) iussit, ut iam esset facillimum abusum privatum prohibere. Nec veri dissimile duco populum non tam quoslibet cives quam magistratus sacros ipsos spectasse, qui vereor ne saepius plus aequo suo commodo consuluerint. Tota res, si recte iudicavi, optime illustratur lege templi Aleae, quae accurate, quot pecora pascere sacerdoti liceret, praecepit (n. 62 v. 1 sqq.).

V. 1 quoniam lapis supra integer est, praescripta continebat; initio igitur nomen oratoris vel magistratus cuiusdam in *κρατης* desinens scriptum fuit. — v. 2 indicem pecorum *ὁπόσων νέμει ἕκαστος* fieri et alicubi deponi iuberi suspicor et supplendum conicio *τ]ὸς [ἱερὰ νέμο]ντας*.

101. Marmor candidum in duas partes fractum, supra integrum, inventum in insula Io. Ed. P. Graindor *BCH* XXVIII (1904) p. 320 n. 6a.

— — αρχοντ̣ων κα . ν̣ε̣α \\. ̣γο̣νι̣ι — — — — — —
— — όνωι, τὰ δὲ ἄ[λλα] διδόναι το[ῖ]ϲ ἱε̣ρ[οποιοῖϲ? —
— — τον θύηται τ— — — — — — — — — —
— — τοῖϲ νόμοι[ϲ] βοῦ̣ν θύειν βα[ϲιλέ]α̣ — — — —
— — ἐ]νάτει ἱϲταμέ[ν]ου το[ῦ μ]ηνὸϲ το[ῦ — — —
— το]ὺϲ πατρίουϲ τῶι [δ]ή̣μω̣ι [κα]ὶ — — — — —
— — — —ω. . . .κ̣ν — — — — — — — — —

Fragmentum legis sacrae fortasse in fastorum modum dispositae (v. 5), nuperrime inventum, e qua tam pauca servata esse valde dolendum est.

V. 2 in. *βουφ]όνωι* supplendum censuit editor aliud nomen magistratus sacri in *ονος* desinens non extare ratus. Supplementum quamvis speciosum in textum non recepi, quia potest etiam suppleri *διακ]όνωι*. — V. 4 extr. *βα[σιλέ]α* evidenter restituit Gr., sed cur *φυλοβασιλέα* potissimum intellegendum putet, nescio; dicitur ni fallor rex sacrificulus, quem ut apud alios Iones sic etiam apud Ietas fuisse hinc addiscimus, cf. n. 111.

V. 6 *θύειν κατὰ τοὺς νόμους το]ὺς πατρίους τῶι [δ]ήμωι καὶ*. . . supplere conatus est Gr. Sed sacrificium Populo oblatum supplemento incerto restituere nolo, praesertim cum conexus possit etiam aliter refingi.

102. Marmor candidum, undique integrum, inventum in insula Io in ecclesia Taxiarchorum. Ed. P. Graindor *BCH* XXVIII (1904) p. 328 n. 12.

. . . . .‿INE.\\. .I. . . . . .ιι ἀ̣ε̣ὶ [εὐ]ϲεβ̣(?). . . . .
. . . .Ξ θεοῖϲ οἷϲ ἂν θύηι τὰ ἱερά· ἐὰν δέ τιϲ ἱερεῖα πλείω τῶ[ν
γεγρα]μμένων ἐν τῶι (ν)όμωι προϲτάϲϲηι τοῖϲ ἰδιώταιϲ ἢ
ἐὰν ἰ]διωτῶν τιϲ ποιῆι παρὰ τὰ γεγραμμένα, ὑπόδικοϲ
ἔϲτω] καὶ ἰδίαι κ[αὶ δη]μοϲίαι.

Argumentum legis posteriore parte II a. Chr. n. saeculi inscriptae, quantum cognoscitur, singulare ac satis mirum est: numerus enim hostiarum, quas homines privati praebere deberent, definitus erat. Id quod nullo modo de ipsis privatorum sacrificiis accipi posse puto; solebant enim opinor cives, cum privata sacra faciebant, unam hostiam offerre. Concludo igitur re vera de publicis quibusdam sacrificiis agi et sic rem explico: multas illas hostias, quibus maioribus feriis Jetarum opus erat, non emptione hieropoei vel similes magistratus comparabant, sed ipsi cives certum pro suis quisque opibus numerum praebebant[1] e norma hac lege constituta, quam normam ii, qui ferias administrabant hostiasque exigebant, excedere non debebant. Quod si recte statui, ex hoc titulo memorabile vectigalis genus cognoscitur. Ceterum quoniam praeceptis decreti ipsis spatium v. 1—2 utique non sufficit, si modo recte editor lapidem undique integrum dixit, hac tabula altera, quae priorem partem decreti exhibebat, continuatur.

103. Stela marmoris albi a sinistra integra, effossa Pari in Aesculapii fano paucos passus infra aram magnam '*neben der untersten Schicht der großen nördlichen Abschlußmauer, in einer Tiefe, in die sie nur bei deren Bau im Altertum geraten sein kann.*' Edd. O. Rubensohn *MAI* XXVII (1902) p. 220 et cum imagine photographica Hiller de Gärtringen *IG* XII 5 n. 150.

— — — —
. ι ≶ ι ι .
ἔcω τῶ-
ν] λίθ-
ωv.

Lapis *βουστροφηδὸν* atque etiam fere *στοιχηδὸν* inscriptus est litteris optime exaratis, inter quas forma ≶ apud Parios non nisi in hoc monumento occurrit. Fani autem alicuius terminus fuisse videtur, quo homines fanum sive omnino intrare sive intra eius fines nescio quid facere vetabantur, cf. n. 66 *ὅρος· μὴ τοιχοδομε͂ν ἐντὸς τῶν ὅρων ἰδιώτην* et n. 199 *ὅρρος τõ ἱερõ τόπο· ἐνδὸς μὴ θάπτειν.*

Lapis etsi inter rudera Asclepiei inventus est, tamen quia aetate inscriptionis Aesculapius Parum haud dubie nondum venerat, non ad recentius delubrum, quod Aesculapii fuit, sed ad alterum illud antiquius pertinet, cuius fundamenta eodem loco Hiller et Rubensohn eruerunt.[1] Quod illi partem fuisse putant fani Apollinis Pythii, cuius templum in superiore clivo erat[2], atque hunc ipsum olim ibi deum medicum cultum et postea demum ab Aesculapio remotum esse suspicantur. Sed nescio an hic non ipsum Apollinem, sed heroem quendam medicum, quales permulti in Graecia colebantur, removerit.

1) conferri possunt ea, quae in fastis Cois de comparando bove delecto praecipiuntur (*Prott* n. 5 = *Syll.*^{2} 616 in.); cf. etiam n. 88 v. 25 sqq.

1) vid. *MAI* l. c. p. 200 sqq.
2) vid. *ibid.* p. 190 sqq. et 235 sq.; de Apolline deo medico cf. Preller-Robert *GM* p. 277 sq.

104. Stela marmoris albi infra fracta, a parte postica rudis, effossa Pari in agro qui *Θόλος* vocatur prope Paroeciam, nunc in museo Pario. Ed. Hiller de Gärtringen *IG* XII 5 n. 107 et imaginem photographicam et solitas maiusculas praebens. Cf. etiam O. Rubensohn *MAI* XXVI (1901) p. 204 sq.

῝Oc ἂν βάλ|λ̣ηι τὰ ἐκ|[α]θάρματ|[α] ἄνωθεν
|| τῆc ὁδô, μ|ίαν καὶ π|εντήκον|τα δραχμ|[ὰ]c
ὀφελέ||[τ]ω τῶι θέ|[λ]οντι πρ|[ῆ]χ[cαι — — — —

Litterae bene incisae, *στοιχηδὸν* dispositae priorem V a. Chr. n. saeculi partem indicant. Recepi, quamquam legem esse sacram prorsus certum non est. Id solum magna 51 drachmarum poena apparet locum, cuius tuendi causa haec lex sancita est, eximia auctoritate et religione fuisse[1]), quanta potest sane etiam locus publicus velut forum fuisse. *ἐκαθάρματα* i. e. *ἐκκαθάρματα* de stercore aliaque spurcitie Rubensohn accepit. Sed nescio an vox hic idem valeat atque *ἀποκαθάρματα*, qua voce aeque ac simplici *καθάρματα* vel *καθάρσια* *lustramina* vel *purgamina* significabantur i. e. eae res, quibus homines impuri lustrabantur, velut aqua, sanguis, suffimenta et quas lustrati abluebant ablutasque abiciebant vel infodiebant[2]); cf. Eustath. p. 1935, 8 *Δῖον ἐκάλουν κῴδιον ἱερείου τυθέντος Διὶ Μειλιχίῳ* — — —, *ὅτε ἤγετο τὰ πομπαῖα καὶ καθαρμῶν ἐκβολαὶ εἰς τὰς τριόδους ἐγένοντο* et Didym. ap. Harpocr. s. v. *ὀξυθύμια τὰ καθάρματα λέγεται καὶ ἀπολύματα· ταῦτα γοῦν ἀποφέρεσθαι εἰς τὰς τριόδους, ὅταν τὰς οἰκίας καθαίρωσιν.* Cf. etiam, quae attuli ad n. 50. Magna quidem poena, ni fallor, melius cum hac re convenit.

Numerum drachmarum R. inde acute explicavit, quod delatori tertia pars cessura erat. Idem ipsum delatorem multam exigere iuberi monuit morisque huius atrocis exempla attulit.

105. Stela marmoris albi in duas partes fracta, inventa Pari in ecclesia Prophetae Eliae, nunc in museo Pario. Ed. cum imagine, quam Luebke delineavit, Hiller de Gärtringen *IG* XII 5 n. 183.

῞Ο]ροc Ὑπάτο· ἀτ[ε-
λ]έcτοι οὐ θέμ-
ι]c οὐδὲ γυναι-
κ]ί

In monte *Κοννάδος*, qui a Pari portu unam fere horam distat, tria erant sacella[1]): paulo infra cacumen montis septentriones inter et eurum versus Ilithyiae cum antro sacellum, in iugulo occidentali Veneris ut videtur templum, summum autem montem occupavit, ut hic cippus terminalis

---

1) rectissime id observavit R. exempla similium multarum afferens, cf. praeter huius libelli n. 34 v. 15 et n. 111 etiam *IG* XII 5 n. 108, ubi is qui puteum fano aquam praebentem turbavit vel spurcavit, 10 dr. multatur.

2) vid. Lobeck *Aglaoph.* p. 183 sqq., Rohde *Psyche* p. 367, 1.

1) cf. Rubensohn *MAI* XXVI (1901) p. 215.

V a. Chr. n. saeculo inscriptus testatur, fanum Ὑπάτου, quem si Iovem interpretamur, vereor ne priscam montis religionem alieno colore imbuamus, nec Parios quicquam aliud eo nomine spectasse existimo, nisi ut summi montis numen significarent.[2])

ἀτ[ελ]έστοι[3]): vocem egregie Wilamowitz restituit nec rei exempla desunt, cf. Paus. IX 25, 5 de luco Δήμητρος Καβειρίας καὶ Κόρης Thebano: ἐσελθεῖν δὲ τοῖς τελεσθεῖσιν ἔστι. Conferri potest etiam Eleusinium praeceptum, de quo Procl. in Alc. I p. 287 Cous. ὡς γὰρ τοῖς εἰς τὸ τῶν Ἐλευσινίων τέμενος εἰσιοῦσιν ἐδηλοῦτο τῶι προγράμματι μὴ χωρεῖν εἴσω τῶν ἀδύτων ἀμυήτοις καὶ ἀτελέστοις, οὕτω κτλ., quamquam illic de adyto, hic de universo fano agitur. Atque erat, cum in hac ipsa re difficultas quaedam inesse mihi videretur, quia homines ἀτέλεστοι adyto possent prohiberi, iidem tamen τετελεσμένοι fieri non possent nisi terminos fani transgressi, unde hac inscriptione omnino non Ὑπάτου, sed aliorum deorum velut Cabirorum mysteria dici collegeram.[4]) Sed nunc id cum simplici verborum interpretatione parum convenire mihi videtur.

De feminarum exclusione cf. n. 79.

106. Spondylus columnae marmoris albi, qui alii spondylo impositus fuit, Pari apud S. Nicolai ecclesiam inventus et post varias iniurias in museo Pario Hilleri et Rubensohnii opera depositus. Edd. de Ridder *BCH* 1897 p. 16sq. n. 1 adhibito M. Krispi apographo et Hiller de Gärtringen *IG* XII 5 n. 225 cum imagine diligentissime delineata. Cf. etiam Homolle *BCH l. c.* p. 148sq. et O. Rubensohn *MAI* XXVI (1901) p. 212sq.

— — — — χϲένωι Δωριῆι οὐ θέμι[ϲ . .
— — — — οὔτε δ. . ωια[1]) κο(ύ)ρηι ἀϲτῶι ε.

Lex sacra fani alicuius litteris bonis medio fere V a. Chr. n. saeculo vel paulo post incisa (ΧΣ = ξ, Ω = ο, Ο = ω, sed ΩΥ = ου).

V. 1: de peregrinis apud Graecos non omnibus locis aut temporibus nec in omnibus sacrorum generibus eadem valebant. Praecipue distinguendum inter publica[2]) sacra et privata. Antiquissimis temporibus ad illa nullum peregrinis aditum fuisse certum videtur[3]), ac posteà quoque, etsi quo magis Graeci in unam nominis et sermonis societatem coaluerunt, de

2) cf. etiam Usener *Götternamen* p. 50.

3) lapicida ΩΙ pro ΟΙ incidit.

4) etiam in Pausaniae verbis de Δήμητρος Καβειρίας luco supra allatis voce τοῖς τελεσθεῖσιν homines non Cereri, sed Cabiris initiatos dici proclivis est suspicio, quoniam Paus. statim de ipsis Cabiris mysteriisque eorum narrare pergit.

1) ΩΥΤΕΔ..ΟΙΑ de Ridd. litteris Υ et Δ e Krispio sumptis, qui lapidem paulo integriorem vidit, sed Hiller easdem litteras satis certo agnovisse videtur, ut imagine ab eo addita apparet.

2) de gentiliciis cf. n. 130 et n. 179.

3) optime et de hac re et de universa quaestione disseruit Lobeck *Aglaoph.* p. 270sqq.

hac severitate remissum est[4]), tamen multis locis eandem legem obtinuisse satis constat.[5]) Qua in re sine dubio ne id quidem nullius erat momenti rem divinam coniunctam fuisse cum epulis[6]); qua ratione commotos vel eos, quibus religionem antiquam tueri parum cordi erat, peregrinis admittundis adversatos esse intellegitur. Iterum ad privata sacrificia peregrinis plurima templa sine ullo dubio patebant, licet ea condicione sicut Delphis (*Syll.*² 484) ut civis alicuius operam adhiberent. Nec omnino pro certo affirmaverim templa, quae adire omnes omnino peregrini vetarentur, ulla fuisse[7]); contra fuisse, unde certae gentes Graecorum arcerentur, non hac primum lege Paria cognovimus. Nobilissimum fere exemplum idemque huius legis simillimum, quod iam Homolle attulit, verbis praebetur, quibus Cleomenem arcem Athenarum sacrificandi causa ingressum prohibet sacerdos (Herod. V 72) ὦ ξεῖνε Λακεδαιμόνιε, πάλιν χώρει μηδὲ ἔσιϑι ἐς τὸ ἱρόν· οὐ γὰρ ϑεμιτὸν Δωριεῦσι παριέναι ἐνϑαῦτα ad quae ille ‘ὦ γύναι, ἀλλ᾽ οὐ Δωριεύς εἰμι, ἀλλ᾽ Ἀχαιός.’ Deinde idem Herodotus de Amphiaraio Oropio tradit VIII 134 ‘Θηβαίων οὐδενὶ ἔξεστι μαντεύεσϑαι αὐτόϑι’, id quod sine dubio antiquitus sanctum erat. Antiquam item religionem redolere mihi videtur Plut. Quae. Rom. 16 ἐν Χαιρωνείᾳ πρὸ τοῦ σηκοῦ τῆς Λευκοϑέας ὁ νεωκόρος λαβὼν μάστιγα κηρύσσει· μὴ δοῦλον εἰσιέναι, μὴ δούλαν, μὴ Αἰτωλὸν, μὴ Αἰτωλάν.’ Paulum alius generis sunt duo reliqua exempla, eodem tamen pertinent: VII a. Chr. saeculo Elei Isthmiis exclusi sunt[8]), Lampsaceni VI saeculo eo agone, quem Chersonesitae in honorem Miltiadis maioris mortui instituerant (Herod. VI 38). Plura exempla adhuc non inno-

---

4) neglegendum non est fastorum Myconiorum de ea re testimonium (Prott n. 4, *Syll.*² 615): hic inter decem sacrificia, quorum ordo constituitur, non nisi de uno praecipitur ξένῳ οὐ ϑέμις (v. 26); nec vero sunt antiqui fasti, immo III exeunte vel II ineunte saeculo inscripti sacra continent sive nova instituta sive vetusta commutata (vid. v. 3—5 cum comment. Prottii). Cf. etiam (Dem.) LIX 85 οὐκ ἔξεστιν αὐτῇ (*adulterae*) ἐλϑεῖν εἰς οὐδὲν τῶν ἱερῶν τῶν δημοτελῶν, εἰς ἃ καὶ τὴν ξένην καὶ τὴν δούλην ἐλϑεῖν ἐξουσίαν ἔδοσαν οἱ νόμοι καὶ ϑεασομένην καὶ ἱκετεύσουσαν εἰσιέναι et de Itoniis Amorginis decreta III saeculi Dittenberger *Syll.*² 642 sq. (Michel 378).

5) praecipue decretis honorariis apparet, quibus exceptiones sanciuntur. Etiam cum legimus apud Batonem Sinopeum (Ath. XIV p. 640 a) de Thessalis ϑύοντας Διὶ Πελωρίῳ — — οὕτως φιλάνϑρωπον τὴν πανήγυριν συντελεῖν ὥστε καὶ τοὺς ξένους ἅπαντας ἐπὶ τὴν ϑοίνην παραλαμβάνειν, hanc liberalitatem notatu dignam videri sentimus.

6) inde fit, ut populus cum quem peregrinum admitti iubet, portionem ex epulis ei tribui diserte iubeat.

7) caute testimoniis utendum est, velut si quis e notissima de Cleomene narratione (Herod. VI 81 ἤιε ἐς τὸ Ἡραῖον ϑύσων· βουλόμενον δὲ αὐτὸν ϑύειν ἐπὶ τοῦ βωμοῦ ὁ ἱρεὺς ἀπηγόρευε φὰς οὐκ ὅσιον εἶναι ξείνῳ αὐτόϑι ϑύειν) collegerit ad Heraeum nullum peregrinis aditum fuisse, vereor ne nimium colligat; etenim sacerdos sacrificando, non intrando regem prohibuit, eoque spectare potuit ne quis peregrinus ipse sine civis adiumento rem sacram faceret.

8) Plut. de Pyth. or. 13; nimirum Elei ipsi se sua sponte Isthmia concelebrare recusavisse dicebant (Paus. V 2, 2).

tuerunt certa[9]), nec vero dubium est, quin fuerint multo plura templa eiusmodi legibus munita, quam nobis casu cognita sunt. Iam ut has recentioris aetatis exclusiones Eleorum et Lampsacenorum simultatibus publicis deberi e scriptoribus facile statui potest, ita etiam in illis reconditioris antiquitatis et religionis legibus memoriam pristinorum certaminum, quae gentibus Graecorum adventiciis potissimum cum indigenis erant, servari persuasum habeo, velut ut de Doribus taceam, Amphiaraum, antiquum terrae Oropiae dominum divinum, Thebanis oracula recusare ita optime explicari potest.[10])

V. 2 interpretatio et restitutio adhuc expedita non est. Unum, quod certum videtur et quasi fundamentum interpretationis habendum, illud *ἀστῷ* est, quippe quod nemo ad vocem superiorem *ξένῳ Δωριῆι* non referat. Contra illo ΚΩΡΗΙ, licet Ω hic litteris *ου* transcribendum esse concedamus, tamen utrum *Κούρης* divinae nomen lateat an virgines Pariae dicantur, incertum esse iam Wilamowitz apud Hillerum monuit et e. g. duo diversissima supplementa proposuit: aut [-*οὔτε* *ferias aliquas* *κο(ύ)ρωι*] | *οὔτε Δ..ωια κο(ύ)ρηι ἀστῶι ἔ*[*χσεστι* — —] aut [-*οὔτε* *ferias deae alicui*] | *οὔτε Δ..ῶια Κο(ύ)ρηι ἀστῶι ἔ*[*χσεστι*; *sequitur* *συντελεῖν* *vel simile verbum.* Wilamowitz enim aeque atque Hiller ipse litteris *δ..ωια* feriarum nomen latere existimat[11]), sed vel id, quamvis sit veri simile, scrupulum mihi movet propter casum accusativum; nam *συντελεῖν* vel simile verbum, quod secutum esse illis necessario statuendum est, cum brevissima talium legum elocutione parum convenire mihi videtur. Utique ut nunc res est, hanc fuisse legem Thesmophorii celeberrimi[12]) Pariorum colligere non licet.

107. Stela a sinistra et superiore parte fracta, inventa Pari apud vicum *Μάρμαρα*, nunc in vico *Κηπίδι* in limine casae. Edd. Loewy *Arch.-epigr. Mitt. a. Oest.* XI (1887) p. 185 sqq. n. 2, Hoffmann *Griech. Dial.* III p. 33 n. 65, Dittenberger *Syll.*² 569, Hiller de Gärtringen ectypo usus Rubensohni *IG* XII 5 n. 108. Cf. praeterea Szanto *MAI* XV p. 75 adn. 1 et Wilhelm *Arch.-epigr. Mitt. a. Oest.* XV p. 11 sq. et p. 110.

---

9) Lobeck ne Achaeos quidem Helicen incolentes Ionibus, ut suo Neptuno Heliconio sacrificarent, concessisse e Diod. XV 49 collegit, sed cf. Paus. VII 24, 5 et *Strab.* VIII 7, 2, qui de sacrificio nihil dicunt.

10) vel in iis, quae Herodotus explicandi causa affert, etsi ceteroquin veteres, cum ipsi causas rerum sacrarum tangunt, fabulis eas implicant potius quam explicant, vestigia veri quaedam deprendere mihi videor; dicit enim ille VIII 134 Amphiaraum Thebanis permisisse *ἑωυτῷ ἢ ἅτε μάντι χρᾶσθαι ἢ ἅτε συμμάχῳ τοῦ ἑτέρου ἀπεχομένους· οἱ δὲ σύμμαχόν μιν εἵλοντο εἶναι.*

11) *Ἁλῶια*, de quo H. cogitaverat, verum non esse ipse nunc sibi persuasit, *Δ*[*ημ*]*ῶια* autem a *Δημώ* dicta aliunde certe nondum innotuisse concedit.

12) ceterum praeter hoc, quod ante urbem fuit, etiam in urbe ipsa *Κόρης* sacellum fuisse R. recte monuit coll. *IG* XII 5 n. 134 v. 10 *Κόρης τῆς ἐ*[*ν ἄστει* vel *τῆς ἐ*[*μ πόλει*.

...............ος ἐχ[φ]έρ[εν[1])
.... μὴ ἐξε͂]ναι[2]) κόπτεν ὅτ-
..........ς τὸ ἱερὸν ορ[3])...
...· ἢν δέ τ]ίς τι τούτων παρίη[ι[4])
φηνάτ]ω[5]) ὁ θέλων πρὸς θεορ-
ὸς καὶ] ςχέτω τὸ ἥμιcυ· τὸν δὲ ν-
εωκ]όρον ἐξορκ(ό)ντων[6]) θεορ-
οὶ ἤ]ν[7]) τινα ἴδηι κόπτοντα πὰρ τ-
ὰ] ἐκγινόμενα, κατερε͂ν πρὸς τ-
ὸ]ς θεορόσ.

Legem litteris bonis exeuntis fere V a. Chr. n. saeculi incisam ad curam fani alicuius pertinere verbo *κόπτειν* (v. 2 et 8) ad lignationem spectante demonstratur, cf. n. 34 et quae ibi attuli.

Θεωροί hic nimirum non sunt legati ad sacra peregre missi[8]) sed magistratus comparandi cum notissimis Thasiorum theoris, quorum catalogi servati sunt (cf. Jacobs *Thasiaca* c. II et *MAI* XXII [1897] p. 113 sqq.). Hoc magistratus nomen non ita rarum fuisse ex Harpocrationis verbis (not. 8) elucet.

V. 1 *ἐχ[φ]έρ[εν]* si recte supplevi, ne ligna et similia e luco asportentur, praecipitur, cf. n. 34 v. 5 sqq. *μηδὲ φέρειν ξύλα μηδὲ κοῦρον μηδὲ φρύγανα μηδὲ φυλλόβολα ἐκ τοῦ ἱεροῦ.* Litterae ος igitur nescio an supersint de voce *ἐκ τõ τεμένε]ος*, cf. etiam n. 111 v. 22 sq. v. 9 *πὰρ τὰ ἐκγινόμενα*: verbum *ἐκγίνεται* pro *ἔξεστι* dici summa cum probabilitate statuit Wilh.

108. Lapis oblongus marmoris albi olim muro inaedificatus, a dextra et ab inferiore parte fractus, Pari in Aesculapii fano effossus, nunc in museo Pario. Ed. Hiller de Gärtringen *IG* XII 5 n. 126. Cf. etiam Rubensohn *MAI* XXVII p. 223 sq.

---

1) supplevi; ᴗ<ΛΑΙΕΡ Loewy in lapide agnovit, H. sane in ectypo non recognovit.

2) ΙΑΙ, suppl. Sz.

3) ΟΡ L., ΟΙ in ectypo vidit H.

4) ita Dttb. pro vocabulo de hac re sollemni *παραβαίνειν* hic synonymum a verbo *ἱέναι* derivatum usurpari acute ratus, *παριῆι* ceteri.

5) *ἀποφηνάτ]ω* Sz.; quod cum spatium superet, Wilhelm simplex restituit.

6) ΚΩΝΤΩΝ lapicida, qui in harum vocalium scriptura sibi non constitit et veterem ac recentem morem confudit; em. Wilh.

7) \N L.; H. cum in ect. illud .\ non vidisset, pro *ἐάν* quod ceteri habent, *ἤν* restituit.

8) Harp. s. v. *θεωρικά· — — — θεωροὶ μέντοι λέγονται οὐ μόνον οἱ θεαταὶ ἀλλὰ καὶ οἱ εἰς θεοὺς πεμπόμενοι, καὶ ὅλως τοὺς τὰ θεῖα φυλάττοντας ἢ τῶν θείων φροντίζοντας οὕτως ὠνόμαζον* et schol. Arist. Pac. 342 *θεωροὺς δὲ ἐκάλουν τοὺς ἀπὸ τῶν πόλεων δημοσίαι ἐκπεμπομένους συνθύσοντας καὶ συμπανηγυρίσοντας.*

— — — — — —αι— — — — — — — — —ους ἐπιμέλ[ε]ιάν τινα ἐμφ[ανῆ][1]) κατ[— — — ἐν τῶι οἰκήματι τῶι] Ζεφυρίωι μὴ κάειν πῦρ μηδ[ὲ π]ρὸς τ— — — — — — — ἄνθρ]ακας[1]) ὀψοποΐας ἕνεκεν μηδ' ἐν τῶι ρ— — — — — — — λιευόντων μηδὲ πῦρ καόντων μηδ[ὲ — — — — — ὅπως μὴ τὸ ἱ]ερ[ὸ]ν[2]) κινδυνεύει μηδὲ τὰ ἀναθήματα βλ[άπτηται[2])· ἐὰν δέ τις τῶν ἰδι]ωτῶν[3]) ποῆι παρ[ὰ τὰ] γ[εγραμ]μένα, ὁ μὲν νεωκ[όρος ζημιούτω αὐτὸν δραχμαῖς — — — — — — —]¯˅...ρηιυς — — — — —

v. 2 in. θε]ωρούς Rubens.

Lex litteris bonis II a. Chr. n. saeculi inscripta haud dubie ad curam templi Aesculapii Parii, ubi inventa est, pertinet; cf. praecipue legem de arce Athenarum n. 1 et de Heraeo Amorgino n. 95.

V. 3 *ζεφυρίωι*: cf. n. 65 (de Amphiaraio Oropio) v. 44 *ἐν δὲ τοῖ κοιμητηρίοι — — — ἐν τοῖ πρὸ ἠõς τοῦ βωμοῦ — — ἐν τοῖ πρὸ hεσπέρης*. Fortasse hic quoque de incubatoriis sermo erat, *οἰκήματι* e. g. scripsi Hillerum secutus. — De igni prohibendo cf. n. 1 v. 6, n. 62 v. 21, n. 95. — v. 4 Hilleri commentum *μηδ' ἐν τῶι ῥ[εύματι — — ἁ]λιευόντων* probabile non puto vel ideo, quia praeceptum proximum *μηδὲ πῦρ καόντων* ita non habet, quo apte referatur. V. 4 extr. requiritur, ni valde fallor, nomen, quo alterum aedificium *τῷ ζεφυρίῳ* oppositum significatur. Deinde v. 5 in. fortasse *ἱπνευόντων*, quod Rubensohn coniecit, verum, cf. n. 1 v. 14—15.

V. 7 Hiller dubitans sane *ἀρρώ]στων* supplendum proposuit, quod quamvis acute excogitatum sit, veri simile tamen mihi non videtur. Neque enim solum aegrotis, qui in Asclepieo versabantur, sed omnibus, qui quacunque de causa deum adibant, velut mulieribus de prole deum consultantibus talis lex observanda erat. Unde vocem latius patentem scriptam fuisse conclusi et confidenter scripsi *ἰδι]ωτῶν*: Σ ante Τ incertum esse Hiller ipse typo punctato adhibito indicat, reliquiis autem litterae Ω speciem litterae Σ effici posse nequaquam improbabile est. Vox ipsa commendatur exemplo legis n. 102 v. 4 *ἐὰν ἰδ]ιωτῶν τις ποιῆι παρὰ τὰ γεγραμμένα.*

109. Tres tabulae anaglyphis ornatae Thasi inventae, nunc Parisiis in museo nationali, quas olim latum anticum et posticum arae porta scrobeque instructae effecisse veri simile est; maior (a. 0,93 m, l. 2,08 m, cr. 0,45 m) Apollinem, quem femina coronat, et tres nymphas repraesentans inscriptionem A continet, duarum minorum (a. 0,93 m, l. 0,94 m, cr. 0,37 m) altera Hermen et deam, fortasse Hecaten, repraesentans inscriptionem B continet, altera Gratias repraesentans sine titulo est. (Vid. de forma ac condicione monumenti nunc potissimum Studniczka *Jahreshefte d. Oest. Arch. Inst.* VI p. 159sqq.) Inscriptiones ediderunt Miller *Rev. archéol.* 1865 II p. 439sq. et 1866 I p. 419sq., Michaelis *Arch. Zeit.* 1867 p. 1sqq. tab. 217, Roehl *IGA* 379 (*Imag.*² p. 62 n. 2), Cauer *Del.*² 525, Bechtel *Inschr. d. Ion. Dial.* 68, Roberts *Introduction to Greek Epigr.* I p. 58 n. 22, Hoffmann *Griech. Dial.* III p. 35 n. 69, Michel *Recueil* 706, Dittenberger *Syll.*² 624.

1) suppl H. 2) suppl. Wilamowitz. 3) supplevi, vid. comm.

A.

Νύμφηιϲιν κἀπόλλωνι Νυμφηγέτηι θῆλυ καὶ ἄρ-
ϲεν, ἃμ[1]) βόληι, προϲέρδεν· οἶν οὐ θέμιϲ οὐδὲ χοῖρον·
οὐ παιωνίζεται.

B.

Χάριϲιν αἶγα οὐ θέμιϲ οὐδὲ χοῖρον.

Lex Sacra Nymphaei Thasiorum antiquis litteris Pariorum (Ω = ο et ου, O = ω) V a. Chr. n. saeculo incisa.

Numina, quae in hoc fano colebantur, non omnia in titulo nominantur; nam ut cum nymphis Apollinem[2]) ita cum Gratiis Mercurium cultu coniunctum fuisse et per se veri simile est et figuris anaglyphi B confirmatur, quarum altera haud dubie Mercurium repraesentat; de altera minus certum est iudicium; Hecaten esse Robert collato cultu Propylaeorum Atheniensium coniecit.[3]) Denique femina divina, quae in anaglypho A una cum Apolline conspicitur, Dianam, ipsam quoque ducem nympharum notissimam, repraesentari veri simile est.[4])

Cultum chthonium fuisse, si modo recte Studniczka haec anaglypha partes olim arae porta ac scrobe instructae fuisse iudicavit, certum est. Quae res ad hanc quoque legem intellegendam nonnihil valet. Iam enim apparet praeceptum v. 3 *οὐ παιωνίζεται* huic sacrorum naturae deberi per se ipsum cum in Nympharum tum in Apollinis cultu[5]) permirum. Nunc autem cum paucissimis quae praeterea de paeane prohibendo exstant testimoniis commode convenit: quae enim extant ipsa quoque religionem inferorum spectant. Ac primum quidem huc referri potest Aeschyli frg. 167

μόνος θεῶν γὰρ θάνατος οὐ δώρων ἐρᾷ
οὐδ᾽ ἄν τι θύων οὐδ᾽ ἐπισπένδων ἄνοις
οὐδ᾽ ἔστι βωμὸς οὐδὲ παιωνίζεται.

---

1) i. e. ὃ ἄμ aut ἃ ἄμ, cf. Fick *Gött. Gel. Anz.* 1883 p. 126.

2) Apollinis cognomen *Νυμφηγέτης* praeterea non nisi apud Samios innotuit (*BCH* IV p. 335), sed Apollinis cum Nymphis coniunctio facilis frequensque est velut in antro Nympharum Anaphlystio (*Vari*) *Ἀπόλλων Ἕρσης* (*IG* I 430) colebatur (plura collegit Wernicke ap. *Pauly-Wissowa* II p. 9 et 38). Tamen eam hic non genuinam existimo, immo natura huius cultus, de qua in commentario egi, considerata facere non possum, quin Apollinem postea demum in antiquioris dei locum intrusum esse suspicer. Qui fortasse simplici nomine *Νυμφηγέτης* cultus erat. Valde dolendum est in fastis Tetrapoleos Atticae (Prott n. 26) v. 45 in. lapidem fractum esse, ut non iam appareat, utrum sacrum simpliciter *Νυμφαγέτει* vel *ἥρωι] Νυμφαγέτει* an *Ἀπόλλωνι]* vel *Ποσειδῶνι] Νυμφαγέτει* fieri iubeatur. *Ποσειδῶν νυμφαγέτης* occurrit apud Cornut. *περὶ θεῶν* 22.

3) *Comment. in hon. Momms.* p. 147; comprobaverunt Harrison *Mythol. and Monum. of Athens* p. 544 et Studniczka *l. c.* p. 170.

4) Harrison *l. c.* comprobante Studniczka.

5) paeanes enim Apollinis potissimum proprii erant: Poll. On. I 38 *αἱ δὲ εἰς θεοὺς ᾠδαὶ κοινῶς μὲν παιᾶνες, ὕμνοι· ἰδίως δὲ Ἀρτέμιδος ὕμνος οὔπιγγος, Ἀπόλλωνος ὁ παιὰν κτλ.* Cf. de hac re nunc potissimum Fairbanks *A study of the Greek Paean* 1900 (*Cornell Studies in Class. Philol.* XII) p. 25 sqq.

Quamquam caute hoc testimonio [6]) utendum est. Nec enim his verbis poeta certum Mortis cultum describit, immo eam rationem sequitur, ut nulla omnino Morti fieri sacra significet. Quare id potius inde apparet, quam proprium rei sacrae *παιωνίζεσθαι* poetae visum sit.[7]) Contra certum paeanis prohibiti exemplum praebetur Hyacinthiorum Laconicorum sollemnibus: Athen. IV p. 139 d *Πολυκράτης ἐν τοῖς Λακωνικοῖς ἱστορεῖ ὅτι τὴν μὲν τῶν Ὑακινθίων θυσίαν οἱ Λάκωνες ἐπὶ τρεῖς ἡμέρας συντελοῦσι καὶ διὰ τὸ πένθος τὸ γενόμενον περὶ τὸν Ὑάκινθον οὔτε στεφανοῦνται ἐπὶ τοῖς δείπνοις οὔτε ἄρτον εἰσφέρουσιν οὔτε ἄλλα πέμματα καὶ τὰ τούτοις ἀκόλουθα διδόασι καὶ τὸν εἰς τὸν θεὸν παιᾶνα οὐκ ᾄδουσιν οὐδ' ἄλλο τι τοιοῦτον οὐδὲν καθάπερ ἐν ταῖς ἄλλαις θυσίαις ποιοῦσιν*; cultum autem ipsius Hyacinthi chthonium fuisse certissimum est [8]) araeque eius Amyclaeae haec Nymphaei Thasiaci ara simillima fuisse videtur.[9]) Denique huc pertinet, quod Apollodorus de cultu Gratiarum Pario tradit (III 15, 7): *ἔτι καὶ δεῦρο χωρὶς αὐλῶν καὶ στεφάνων ἐν Πάρῳ θύουσι ταῖς Χάρισι*, si quidem paeanum non minus quam tibiarum cantum ibi prohibitum fuisse sponte patet, Gratiarum autem cultum ipsum quoque religione chthonia imbutam fuisse satis constat.[10]) Quem cultum Parium eundem esse atque eum, qui hac lege Thasiaca cognoscitur, utpote a colonis Pariis olim domo Thasum translatum manifestum est [11]), ut iam eodem, unde profecti sumus, redeamus.

V. 1 *θῆλυ καὶ ἄρσεν ἂμ βόλῃ*: verba ipsa comparari possunt cum n. 65 v. 30 *θύειν δὲ ἐξεῖν ἅπαν ὅτι ἂν βόληται ἕκαστος* et n. 119 *θυέτω ἱρήιον ὅττι κε θέλῃ καὶ ἔρσεν καὶ θῆλυ πλ[ὰ]γ χοί[ρω]*, re autem Oropiae legis liberalitas multo maior, maior etiam Mytilenaeae; hac enim Thasiaca duo vulgatissima fere victimarum genera, oves ac porci, excipiuntur. — *προσέρδεν*: de verbi *ἔρδειν* pro *θύειν* apud Iones usu constat; cf. nunc etiam legis Milesiae n. 158 v. 15. Compositum *προσέρδειν* notatu dignum.

V. 4 *Χάρισιν αἶγα οὐ θέμις*: contra lex Eleusinia n. 2 praecipit *Ἑρμῇ Ἐναγωνίῳ Χάρισιν αἶγα*, unde quantum leges de isdem sacris inter se discrepuerint, elucet.

---

6) cf. de hoc loco etiam Fairbanks *l. c.* p. 43, ubi is etiam locos difficillimos Aesch. Sept. 867, Eur. Alc. 423, Iph. Taur. 179 sqq. tractavit nec tamen ex omni parte expedivit; huius tituli testimonium eum fugisse videtur ac ne Hyacinthiorum quidem exemplum huc adhibuit.

7) idem apparet Aristid. Or. I 505 *τῷ μὲν Διονύσῳ — — καὶ τοῖς ἄλλοις ἅπασι θεοῖς σπένδοντας καὶ θύοντας καὶ παιωνίζοντας καὶ στεφανηφοροῦντας*, cf. etiam verba extrema Athenaei de Hyacinthiis testimonii, quod in commentario paulo infra afferam.

8) demonstratur vel uno verbo *ἐναγίζειν*, quo utitur Pausan. III 19, 3: *Ὑακινθίοις πρὸ τῆς τοῦ Ἀπόλλωνος θυσίας ἐς τοῦτον Ὑακίνθῳ τὸν βωμὸν διὰ θύρας χαλκῆς ἐναγίζουσιν.* Rem egregie explanavit Rohde *Psyche*² I 137 sqq.

9) c. Studniczka *l. c.* p. 123—125 et p. 171 sqq.

10) unde frequens Nympharum et Mercurii coniunctio, cf. Escher apud *Pauly-Wissowa* III 2160 sq.

11) primus id statuit Prott in dissertationis sent. controv. 4.

110. Marmor una cum duobus anaglyphis, quorum alterum Herculem, alterum Dionysum ac tres mulieres repraesentabat, Thasi inventum, nunc ut videtur perditum. Ed. ex apographo, quod Christidis medicus Conzio per litteras miserat, Bergmann *Hermes* III (1869) p. 236 sqq., unde repetiverunt Cauer *Del.*² 527, Bechtel *Jon. Inschr.* n. 71, Hoffmann *Griech. Dial.* III p. 35 n. 71, Michel *Recueil* 1361. Nuperrime pristinam formam monumenti, cuius partes olim anaglypha titulusque efficiebant, ad exemplum monumenti Nympharum (n. 109) restituere conatus est Studniczka *Jahreshefte* VI p. 180 sqq. Utique quinque primi versus per totam marmoris latitudinem pertinebant, cum reliquos angulus portae a dextra imminens in brevius coegerit. De anaglyphis cf. praeter Studniczka l. c. etiam *Rev. arch.* 1866 II p. 389 et 1885 I p. 71 sq.

Ἐπὶ Λυϲιϲτράτου [τοῦ Α]ἴϲχρωνοϲ ἄρχοντοϲ — — — — — — | ἐπὶ τοῖϲδε ἐκδέδοται [ὁ κῆποϲ] Ἡρακλεõϲ ὁ πρὸϲ [τῶι χωρίωι τοῦ Ἀϲκληπιοῦ[1]]· ὁ ἀνε]|ραιρημένοϲ[2]) τὸν κῆ[πον τὸ χωρί]ον καθαρὸν παρέξει . . . . | πύλαϲ ὅπου ἡ κόπροϲ [ἐξεβάλλ]ετο· ἢν δέ τιϲ ἐγβάλλη[ι τῶν δούλων κόπρον εἰϲ[3])] ‖ τὸ χωρίον, εἶναι τὸ ἄγγοϲ τοῦ ἀναιρερημένου τὸν κῆπο[ν καὶ τὸν ἰδόντα[4]) τὸν] | δοῦλον μαϲτιγώϲαντα ἀθώιον εἶναι· ὅπωϲ δὲ τὸ χωρίον καθ[αρὸν] | παρέχηι, ἐπιμέλεϲθαι τὸν ἀγορηνόμον καὶ τὸν ἱερέα τοῦ | Ἀϲκληπιοῦ τοὺϲ ἑκάϲτοτε ἐόνταϲ· ἢν δὲ μὴ ἐπιμέλωνται, | ὀφείλεν αὐτοὺϲ τῆϲ ἡμέρηϲ ἑκάϲτηϲ ἡμίεκτον ἱρὸν τῶι ‖ Ἀϲκληπιῶι· δικάζεϲθαι δὲ τοὺϲ ἀπολόγουϲ ἢ αὐτοὺϲ ὀφείλεν· | τὸν δὲ ἀναιρερημένον τῶ(ι ἱ)ρεῖ[5]) καὶ τῶι ἀγορηνόμωι ἕκτην[6]) ὀφείλεν | τῆϲ ἡμέρηϲ.

Decretum Thasiorum IV a. Chr. n. ut videtur saeculo[7]) inscriptum. Summam eius rationem Bergmann recte enucleavit: fundus quidam Aesculapii sacer (v. 8 et 10) stercore inmisso inquinari solebat; fano ut subvenirent, Thasii callide non proprium fundi custodem creaverunt, sed hortum Herculis vicinum (v. 2. 3. 5) ea condicione locaverunt, ut conductor horti etiam fundum illum purum conservaret, i. e. curam fundi Aesculapii quasi servitutem horto Herculis locando imposuerunt.

---

1) supplevit Bergm. coll. v. 3. 6. 7. 10.

2) sic Blass, quem sequitur Hoffm., *ἀναιραιρημένος* parum recte Bergm., *ἀνα]ραιρημένος* Bechtel, Herodoti consuetudinem sequens.

3) supplevi, *ὥστε* ceteri; vid. comm.

4) supplevi (cf. n. 111 v. 7); *τοῦτον μὲν τὸν ληφθέντα] δοῦλον μαστιγώσαντα ἀθ. εἶναι* Bergm., melius Hoffm. *τὸν μὲν βουλόμενον τὸν] δοῦλον μαστ. ἀθ. εἶναι*, quod cum paulo superare videatur lacunae spatium, utique *τὸν θέλοντα* (n. 107 v. 5) restituere praestat. An propius ad Bergmanni sententiam accedendum et scribendum *καὶ τὸν ληφθέντα] δοῦλον μαστιγώσαντα ἀθῶιον εἶναι* (sc. *conductorem modo dictum*)?

5) ΤΩΗΡΕΙ lapis, emend. Bergm.

6) *ἕκτη* pars sexta, *ἡμίεκτον* pars duodecima stateris aurei ponderis Phocaici, cf. Hultsch *Griech. u. Röm. Metrologie*² p. 174. 187. 226.

7) contra Bergm., qui aetati Macedonicae tribuit, recte id statuerunt Cauer et Bechtel, vid. v. 9. 10. 11, ubi in verbo *ὀφείλειν* *ει* spurium simplici Ε significatur.

V. 3—4 extr. adhuc intactos reliquerunt, sed sententia ipsa quidem satis probabiliter restitui potest. Portarum enim mentio collata cum usu verbi *ἐγβάλλειν* indicare mihi videtur in fundum sacrum fores aedificii hortive privati alicuius spectavisse, unde stercus servi eicere consueverant. Intererat igitur eas fores clausas teneri sive quacunque ratione obstrui. Scriptum igitur fuisse hoc fere conicio: *τὸ χωρίον καθαρὸν παρέξει καὶ κεκλειμένας τὰς πύλας.*

V. 4 sqq. *ἢν δέ τις κτλ.*: de hoc loco perperam iudicavit Bergmann, quem ceteros secutos esse miror. Legit enim *ἢν δέ τις ἐγβάλλη[ι τῶν δούλων κόπρον ὥστε] τὸ χωρίον εἶναι τὸ ἄγγος τοῦ ἀναιρερημένου κτλ.* et interpretatus est: '*wirft einer der Sklaven Unrat hinaus, so daß der Tempel gleichsam das Schmutzgefäß des Pächters ist etc.*' Sed quamvis molesta et artificiosa abundantia tituli recentiores cum alii tum honorarii laborent, talia qualia ille vult, in hoc praesertim argumento umquam dici potuisse incredibile est. Etiam ratio grammatica vehementissime illi repugnat, quae nomen praedicativum articulo carere iubeat subiectumque esse *τὸ ἄγγος* tantum non clamet. Inde profectus legem id sibi voluisse, ut conductor horti, si servum stercus contra legem egerentem deprendisset, vas quo ille usus erat sibi sumeret, ipsum impune verberaret, iam pridem persuasum habebam, etsi exemplum simile desiderabam, nunc ne id quidem iam deest, cf. legem astynomorum Pergamenam[8]), ubi de fontibus puris conservandis praecipitur (col. IV 11 sqq.): *μηθενὶ δὲ ἐξουσία ἔστω ἐπὶ τῶν δημοσίων κρηνῶν μήτε κτῆνος ποτίζειν μήτε ἱμάτια πλύνειν μήτε σκεῦος μήτε ἄλλο ἁπλῶς μηθέν· ὁ δὲ τούτων τι ποιήσας, ἐὰν μὲν ἐλεύθερος ᾖ, τῶν τε κτηνῶν καὶ ἱματίων καὶ τῶν σκευῶν στερείσθω — — ἐὰν δὲ οἰκέτης ἐὰν μὲν μετὰ τῆς τοῦ κυρίου γνώμης ποιήσῃ τι τούτων, ὁμοίως στερέσθω καὶ αὐτὸς μαστιγούσθω κτλ.* De potestate servum verberandi cf. etiam n. 34 v. 9 sq. et n. 58 § 15.

Custodiam fundi praeter aedilem ipsum sacerdotem Aesculapii suscipere consentaneum est. — *ἀπόλογοι* haud dubie iidem fere magistratus ac logistae Atheniensium vel *ἐξετασταί* et *κατόπται* aliarum civitatum.[9])

111. Lapis inventus Chii in loco *Ναός* unam horam septentrionem versus a vico *Cardamyla* sito. Cum Boeckh e Neograeci libello pauca verba paucorum versuum cognovisset (*CIG* II p. 1030 n. 2214 c), totum titulum primus edidit Zolotas gymnasiarcha Chius in ephemeride quadam Atheniensi a. 1889, unde repetiverunt S. Reinach *Chroniques d'Orient* I p. 638, Haussoullier *Rev. des études grecques* III (1890) p. 211, O. Hoffmann *Griech. Dial.* III p. 42 n. 81, Michel *Recueil* 707, Dittenberger *Syll.*² 570.

Ἐπὶ Τ]έλλ[ι]οϲ πρ[υτάν]|εοϲ, βολῆϲ γνώμ[η· ἐν τ]|οῖϲ ἄλϲεϲιν μ[ὴ ποιμ]|αίνεν μηδὲ κοπρ[εόε]‖ν· ἢν δὲ ποιμαίνηι [ἢ ὑ]|φορβῆι ἢ βοκολῆι, [ὁ ἰ]|δὼν κατειπάτω πρ[ὸϲ] | τὸϲ βαϲιλέαϲ ἁγ[νῶϲ] | πρὸϲ

8) *MAI* XXVII (1902) p. 47 sqq.

9) Arist. Pol. 1322 b; de catoptis, quos hic non affert, cf. n. 67.

τõ θεõ[1])· τῶι δὲ [πο]||ιμαίνοντι ἢ ὑφορβέ|οντι ἢ βοκολέοντι ἡ|μίεκτον ἴθυνα ἔϲτω | κατὰ κτῆνοϲ ἕκαϲτο|ν· ἢν δὲ κοπρεόων ἁλ[ί]||ϲκηται, πέντε ϲτατῆ|ραϲ ὀφειλέτω ἁγνῶϲ | πρὸϲ τõ θεõ[1])· ἢν δὲ ὁ ἰδ|ὼν μὴ κατείπει, πέντ|ε ϲτατῆραϲ ὀφειλ[έτ]||ω [ἱ]ερὸϲ τῶι θεῶι ...|.λωρανα ἐν τοῖϲ[2]) ...|.ϲ..ικευα[3]) ἐκ τοῦ ἱε|[ρõ] μ[ὴ ᾽χφ]έρεν τὰ ἱερά· | [ἢν δ᾽] ἐ[χ]φέρη[ι], ἀρεϲτα||.........ν..ωνδε

Senatus consultum Chium de nemoribus sacris ab usu et iniuriis privatorum tuendis V aut IV a. Chr. n. saeculo *στοιχηδὸν* inscriptum. — Priore parte (v. 1—20) de duabus rebus cavetur, ad quas non paucae aliae leges pertinent: ne quis pecora ibi pascat (cf. n. 62. 76. 87. 96. 99. 145) et ne quis stercus iniciat (cf. n. 51. 110).[4]) Quae pars ita disposita est, ut summa utriusque praecepti praemittatur, dein utrumque pro se accuratius tractetur. V. 7 *πρὸς τὸς βασιλέας*: apud Chios igitur collegium regum erat sicut apud Coos (Prott *Fasti* n. 5 v. 21 *θύ[ει δὲ γ]ερεαφόρος βασιλέων*), Cymaeos (Plut. Qu. gr. 2), Eleos (*IGA* 112), Mytilenaeos, quibus aeque ac Chiis et *πρύτανις* et *βασιλεῖς* erant (*SGDI* 213—215); cf. etiam Arist. Pol. VI 1322b. Athenis quoque penes regem curam fanorum fuisse cognovimus e n. 4 extr., n. 13, n. 34 v. 11 sqq. — v. 8 *πρὸς τõ θεõ*: eius sc. cuius quisque numen pascendo laeserat. — v. 12 *ἡμίεκτον*: duodecima pars stateris, cf. n. 110 not. 6.

Inde a v. 22 novum praeceptum additur, eo ut quidem videtur pertinens, ne quis res sacras e delubro[5]) auferat; vasa sacra commemorari (*σκεύεα*) not. 3 conieci. — v. 24 extr. nomen sacrificii, quod ab Atheniensibus *ἀρεστεῖον* sive *ἀρεστηρία* dicebatur, supplendum esse suspicor. Eiusmodi certe sacrificium hoc loco, si modo de condicione supellectilis sacrae mutata agitur, aptissimum est, cf. quae ad n. 32 dixi.

112. Marmor leucophaeum in insula Chio inventum. Edd. Surias *MAI* III (1878) p. 203 sqq., Haussoullier *BCH* III (1879) p. 47 sqq., Dittenberger *Syll.*[2] 571 (360[1]), Michel *Recueil* 997; cf. quae exposuit R. Schöll in *Satura H. Sauppio oblata* p. 168 sqq.

— — — εϲωτ[.................... Κλ|υ]τίδαιϲ ἐ[.... ἐν τῶ]ι τεμένει [τῶν Κ|λ]υτιδῶν [ο]ἶκον τεμένιον ἱερὸν οἰ[κ|ο]δομήϲαϲθαι καὶ τὰ ἱερὰ τὰ κοινὰ [ἐ||κ] τῶν ἰδιωτικῶν οἰκιῶν εἰϲ τὸν κο[ι|ν]ὸν

---

1) aliter culpam apud deum merebit, cf. v. 16 sq.

2) *φρύγ)ανα ἐν τοῖς [ἄλσε]σ[ιν* scriptum fuisse coniecit Haussoullier, id quod tamen nimis a lectione tradita recedit.

3) haec lectio num vera sit, valde dubito; nescio an scriptum fuerit *σκεύεα*, cf. n. 173 v. 2 *μηδὲ σκεῦος τῶν τῆς θεοῦ λυμαίνεσθαι μηδὲ [ἐ]κφέρειν ἐκ τοῦ ἱεροῦ*.

4) exemplum Latinum lex luci Lucerini (*CIL* IX 782) praebet: *in hoce loucarid stircus ne quis fundatid neve cadaver proiecitad etc.*

5) in voce *ἐκ τοῦ ἱερõ* articulum nota; qui hic aegre eadem ratione ac v. 9. 17. 20 in voce *τõ θεõ* vel *τῶι θεῶι* explicari potest.

οἶκον ἐνεγκεῖν· θυϲαμένοιϲ ἐ[κ|α]λλιέρηϲεν οἰκοδομήϲαϲθαι καὶ [τ|ὰ] ἱερὰ τὰ κ[οι]νὰ ἐ[κ] τῶν ἰδιωτικῶν ο[ἰ|κ]ιῶν εἰϲ τὸν [κοιν]ὸν οἶκον ἐνεγκε[ῖ||ν].

Ἐπὶ πρυτάνεω[ϲ Φο]ίνι[κο]ϲ, Πλυντη[ρ|ι]ῶνοϲ τετράδι, [ἔγνωϲαν Κ]λυτίδαι [θ|ύ]ϲαϲθαι περὶ τῶν ἱερ[ῶν] τ[ῶ]ν Κλυτι[δ|ῶ]ν τῶν ἐν ταῖϲ ἰδιωτικαῖ[ϲ ο]ἰκίαι[ϲ | ὄ]ντων, πότερον δεῖ α[ὀ]τὰ [εἰϲ] τὸν οἶ[κ||ο]ν ὃν Κλυ[τ]ίδαι κατὰ μα[ντεί]αν ὠικ[ο|δ]ομήϲαντο φέρεϲθαι τῆι ἡμέραι ἧ[ι | γί]νεται ἡ θυϲία, τὸν δὲ ἄλλον χρόν[ο|ν] παρὰ τοῖϲ ἰδιώται[ϲ] φυλάϲϲεϲθα[ι | κ]αθάπερ καὶ πρότερον, ἢ διὰ παντὸϲ [α||ὀτ]ὰ κεῖϲθαι ἐν τῶι οἴκωι· θυϲαμέν[ο|ι]ϲ ἐκαλλιέρηϲεν διὰ παντὸϲ τὰ ἱε[ρ|ὰ κ]εῖϲθαι ἐν τῶι οἴκωι.

Ἐπὶ πρυτάν[ε|ω]ϲ Κλεοκύδουϲ, Ποϲιδεῶνοϲ τετάρ[τ|ηι] ἐξ εἰκάδοϲ, ἔγνωϲαν Κλυτίδαι τ[ῶι || ἱ]ερῶι οἴκωι τῶι Κλυτιδῶν, ἐν ὧι τὰ [π|ατ]ρῶια ἱερὰ κάθηται, καὶ τῶι χώρω[ι | τῶ]ι πρὸϲ τῶι οἴκωι χρῆϲθαι Κλυτί[δ|α]ϲ κοινῆι, φρατρίαν δὲ μηδὲ ἰδιώτη[ν μ]ηθένα τῶι οἴκωι τούτωι χρῆϲθαι [μ||η]δὲ ἄλλωι δοῦναι χρήϲαϲθαι μηθε[ν|ί]· ὃϲ δ' ἂν παρὰ ταο̃τα ἢ αὀτὸϲ χρήϲητ[α|ι] τῶι οἴκωι ἢ ἑτέρωι δῶι χρήϲαϲθα[ι, | ἀ]ποδότω καθ' ἑκάϲτην χρῆϲιν ἢ δόϲ[ι|ν Κ](λ)υτίδαιϲ χιλίαϲ δραχμὰϲ ἱερὰ[ϲ || το]ῦ Διὸϲ τοῦ Πατρῴιου, καὶ ταῖϲ ἐκ [τ|ῶν] νόμων ἀραῖϲ ἔνοχοϲ ἔϲτω· τοὺϲ δ' [ἐ|πι]μελητὰϲ τὰϲ γενομέναϲ γνώμαϲ [π|ερὶ] τοῦ οἴκου καὶ τῶν ἱερῶν καὶ τὰ[ϲ | δια]μαντείαϲ[1]) ἀναγράψανταϲ εἰϲ ϲ[τ||ήλ]ην λιθίνην ϲτῆϲαι παρὰ τὴν εἴϲ[ο|δο]ν τοῦ οἴκου.

v. 24 extr. I aut omissum aut extra ordinem additum fuit. v. 34 in. ΑΥΤΙΔΑΙΣ

Inscriptio litteris exeuntis fere IV a. Chr. n. saeculi *στοιχηδὸν* exarata tria continet de sacris communibus phratriae[2]) Clytidarum decreta diversorum temporum, quae ex voluntate dei[3]) litando cognita facta sunt. Ac primo quidem Clytidae *οἶκον τεμένιον* aedificare, quo sacra communia[4]) in privatis domibus adhuc servata transferantur, altero eadem sacra aedi communi non solum sacrificii die inferre, sed etiam per omne tempus servanda tradere iubentur; tertio ne quis umquam privatus, sed solum phratria *κοινῇ*

1) vocabulum etsi alibi non invenitur, summa cum probabilitate suppl. Sch., si quidem ante Μ trabem obliquam /, agnovit H. ac Koehl. in ectypo vel Λ aut Α dispicere sibi videbatur (*MAI* l. c. p. 206).

2) phratriam, non gentem dici certo demonstravit Sch., cf. potissimum v. 28 sq., ubi privato homini non genus nec collegium quodvis, sed phratria opponitur.

3) Iovem Patricium dici statuit Sch. coll. v. 35. Ceterum iniuria Platonem *Διὸς Πατρῴου* sacra ab omnibus Ionibus aliena iudicare (Euthydem. 302 C) Dittenb. coll. hoc titulo et *Syll.*² 576 rectissime monuit.

4) *ἱερά* potissimum deorum simulacra (*ἕδη*) intellegenda esse Dttb. e verbis 25 sq. *ἐν ὧι τὰ [πατ]ρῶια ἱερὰ κάθηται* collegit et comparavit *ἱερά* Eleusinia, de quibus vid. p. 33 not. 4; prudenter autem Clytidae, ne qua dubitatio remaneret, ea voce usi sunt, qua omnia, quae ad rem divinam pertinebant, comprehenderentur.

hac aede utatur, cavetur. Argumentum ad progressum rerum cum sacrarum tum publicarum gravissimum egregie interpretatus est Rudolphus Schöll praecipuumque quoddam ius familiarum patriciarum his decretis tolli perspexit: Phratria enim Clytidarum sicut omnes phratriae artificioso potius quam naturali vinculo coniuncta et gentes aliquot antiquas et cives alios plebeios conscriptos comprehendebat. Sacra illa, de quibus agitur, proprie gentilicia fuerant atque, etiamsi phrateres plebei in societatem eorum vocati erant[5]) et inde ex privatis et propriis sacris communia (cf. v. 4 et 8 *τὰ ἱερὰ τὰ κοινά*), e gentiliciis phratrica reddita erant, tamen per aliquantum temporis pristinis domiciliis gentiliciis (*ταῖς ἰδιωτικαῖς οἰκίαις*) servanda relinquebantur gentesque quasi custodiam eorum obtinebant. Sed progrediente paullatim vi et fiducia partium popularium phrateres plebei privilegium patriciorum aegre ferre coeperunt et pedetemptim, ut haec decreta testantur, sustulerunt. Nam etiam tertii decreti argumentum, quod per se solum aliter potest explicari, ex eadem illa ratione repetendum est verbisque *μηδὲ ἰδιώτην μηδένα κτλ.* non quivis praeter Clytidas privatus, sed Clytida privatus patricius dicitur.[6]) Patricii igitur etiam post aedem communem exstructam propriam sibi potestatem eius utendae vindicasse pristinumque privilegium per ambages recuperasse videntur, id quod optime intellegitur, dummodo sacerdotium ipsum gentilicium mansisse concedamus. Sacerdos enim praecipue, cum aedem frequentare soleret, facile adducebatur atque id sine dolo malo, ut eam in suum quoque usum verteret, deinde vero etiam propinquis nobilibus utendam permitteret (cf. v. 30 *μηδὲ ἄλλωι δοῦναι χρήσασθαι μηθενί*).[7]) Similes commutationes et Athenis et Cyrenae factas esse Schöll statuit coll. Arist. Pol. VI p. 1319 b *ἔτι δὲ καὶ τὰ τοιαῦτα κατασκευάσματα χρήσιμα πρὸς τὴν δημοκρατίαν τὴν τοιαύτην οἷς Κλεισθένης τε Ἀθήνησιν ἐχρήσατο βουλόμενος αὐξῆσαι τὴν δημοκρατίαν καὶ περὶ Κυρήνην οἱ τὸν δῆμον καθιστάντες. φυλαί τε γὰρ ἕτεραι ποιητέαι πλείους καὶ φρατρίαι καὶ τὰ τῶν ἰδίων ἱερῶν συνακτέον εἰς ὀλίγα καὶ κοινά, καὶ πάντα σοφιστέον ὅπως ἂν ὅτι μάλιστα ἀναμιχθῶσι πάντες ἀλλήλοις, αἱ δὲ συνήθειαι διαζευχθῶσιν αἱ πρότεραι* hisque omnibus comparatis, quo valeant tales commutationes, exposuit.

De singulis unum notatu dignum videtur: discrimen quod observatur inter usum vocis *οἰκία* et vocis *οἶκος*. Illa enim domus privata, hac aedes sacra significatur, unde tamen cave colligas nomen *οἶκος* idem prorsus ac *ναός* valuisse. Immo recte Clytidae cum aedem illam aedificarent, nomen *ναός* prohibebant — neque enim erat *ναός*, si quidem sacra illa etiamtum

---

5) velut ut notissimum fere exemplum afferam, Aeschines orator, homo plebeius, tamen ex ea se ortum gloriatur phratria *ἣ τῶν αὐτῶν βωμῶν Ἐτεοβουτάδαις μετέχει.*

6) Schöllium de tertio decreto idem sensisse veri simile censeo, quamquam verba, quibus argumentum eius refert (*ne quis umquam praeter Clytidas illa aede utatur*) ambigua sunt et postea nihil amplius de eo adnotavit.

7) interim novum de his rebus documentum gravissimum accessisse titulum Demotionidarum vix est quod dicam. Cf. de eo nunc etiam Dareste-Haussoullier-Reinach *Inscr. jurid.* II p. 206 sqq.

in domibus privatis solebant servari et uno sacrificii die illo transportabantur — et circumlocutione *οἶκος τεμένιος ἱερός* utebantur. Sed id hoc quoque titulo confirmatur nomen masculini generis *οἶκος* potissimum de aede ad usum sacrum destinata intellegendum esse[8]), cf. n. 95 v. 3 cum comm.

113. Marmor in vico *Pyrgi* insulae Chii supra portam quandam inaedificatum. Edd. Paspatis *Χιακὸν γλωσσάριον* p. 404, 9, Studniczka *MAI* XIII (1888) p. 166 n. 4, Michel *Recueil* 708, Dittenberger *Syll.*^{2} 599.

Τῶι ἱερεῖ τοῦ Ἡρακλέος | δίδοcθαι ὅταν τὸ γένος | θύῃ γλῶccαc καὶ cπλάγ|χνα τὰ εἰc χεῖραc καὶ μερίδ||α δίκρεων καὶ τὰ δέρματ[α· ἐ]ὰν δὲ ἰδιώτηc θύῃ δίδο[cθ]|αι τῶι ἱερεῖ γλῶccαc καὶ [cπ]|λάγχνα τὰ εἰc χεῖραc κα[ὶ μ]|ερίδα δίκρεων· ἐπαγγειλ[άτω] || δὲ ὁ θύων τῶι ἱερεῖ, ἐὰν δ[ὲ ὁ] | ἱερεὸc μὴ παρῆι, προιερη[τευ]|έτω τιc ὧν αἱ λόγχαι εἰc[ίν, τὰ] | δὲ γιν[ό]μενα ἀποδιδόν[αι τὸ]|ν θύοντα τῶι ἱερεῖ· γίνεc[θαι] || δὲ καὶ τοῖc ἄλλοιc ἱερε[ῦcι, ὅ]|coι ἱερητείαc ἐώνη[νται κατ]|ὰ ταὐτά.

Lex de commodis sacerdoti Herculis tribuendis exeuntis ut videtur IV a. Chr. n. saeculi.[1]) Cultum gentilicium esse apparet v. 2 *ὅταν τὸ γένος θύῃ*, ipsius autem gentis esse legem etsi paullum dubitationis enuntiato postremo movetur, demonstratur tamen eo, quod *τὸ γένος* dicitur nullo nomine gentis adiecto. Quare etiam ut alibi inter publica et privata sacrificia, sic hic inter communia gentis sacrificia et privata distinguitur; in his pelles victimarum sacerdos non accipit, cf. tit. Hal. n. 155, ubi idem fit discrimen.

V. 3 *γλῶσσας*: lingua victimae non una cum capite cedebat, sed separatim ut par erat exsecabatur, unde notum illud *ἡ γλῶττα χωρὶς τάμνεται* (Aristoph. Pac. 1060, Av. 1705 cum schol., cf. etiam Menand. apud Athen. XIV p. 659e); sacerdoti tribuitur praeterea Mileti (n. 159), Sinopae (n. 166), Myconi (Prott n. 4 v. 8 et 31 sqq.), fortasse etiam Erythris (172). Videmus igitur apud ipsos certe Iones morem Homericum linguas post libationem ultimam cremandi[2]) non obtinuisse. Alibi tamen postea quoque eas deo seposuisse videntur; de Atheniensibus sane, cum in publicis sacrificiis alii Mercurio alii praeconibus eos linguas dedisse tradant[3]), parum constat, sed cf. tit. Amorg. n. 98 v. 7, ubi linguas mensae sacrae decerni certum videtur.

---

8) postremo de hac re pluribus disputaverunt Furtwängler *Münch. Sitzungsber.* 1901 p. 373 et Fränkel *Rhein. Mus.* LVII p. 153 sq. quorum tamen neuter huius tituli rationem habuit.

1) '*gute Schrift, vielleicht noch des IV. Jahrhunderts*' Studn., cf. etiam quae ad v. 15 in commentario adnotavi.

2) *γ* 329 sqq., praecipue 332—334. 341; cf. etiam Apoll. Argon. I 517, Athen. I p. 16b.

3) schol. Aristoph. Plut. 1110; cf. de hac quaestione difficili Stengel *Jahrb. f. Phil.* 1879 p. 687 sqq. et *KA*^{2} p. 102.

σπλάγχνα τὰ εἰς χεῖρας: cum res divina fiebat, omnes qui aderant exta gustavisse constat[4]); gustaturos autem sollemni quadam caerimonia exta manibus cepisse testimoniis paucis certis tamen colligendum est, cf. cum Herod. VI 67 θύσας δὲ τὴν μητέρα ἐκάλεσε· ἀπικομένῃ δὲ τῇ μητρὶ ἐσθεὶς ἐς τὰς χεῖράς οἱ τῶν σπλάγχνων κατικέτευσε κτλ., tum Aristoph. av. 518:

ἵν' ὅταν θύων τις ἔπειτ' αὐτοῖς ἐς τὴν χεῖρ', ὡς νόμος ἐστίν,
τὰ σπλάγχνα διδῷ, τοῦ Διὸς αὐτοὶ πρότεροι τὰ σπλάγχνα λάβωσιν.

ibidemque v. 975:

καὶ φιάλην δοῦναι καὶ σπλάγχνων χεῖρ' ἐνιπλῆσαι.

Eandem ad rem huius tituli verba σπλάγχνα τὰ εἰς χεῖρας spectare persuasum habeo, ac si quis quaerat, cur eius rei, quae per se intellegi videatur, fiat omnino mentio, meminisse oportet quibusdam locis maiorem extorum partem sacerdotibus cedere solitam esse velut Halicarnassi (n. 155) et Iasi (n. 162) partem quartam, unde intellegitur alibi, ut tantummodo τὰ εἰς χεῖρας acciperent, diserte praecipi.[5])

μερίδα δίκρεων: cf. Prott n. 5 (Coi) v. 52 θυαφόρῳ — — νώτου δίκρεας. Duplicandi notionem in hac voce ad carnem, non ad portionem referri rectissime Dittenberger notatu dignum censuit. Unde id quod iam e n. 29 collegi, vocabulo μερίς non singulas carnes, sed eam significari portionem, quam ipsi vernacula = *Portion* appellamus, quae pluribus carnibus effici poterat et solebat, confirmatur; cf. etiam vocem δείσιας κρεῶν n. 24 et quae ibi attuli. — Pernam, quam longe plurimi tituli inter emolumenta sacerdotis commemorant, hic deesse notandum, sed tenendum pro ea et linguas et duplicem carnem tribui.

V. 9 ἐπαγγειλάτω δὲ ὁ θύων τῶι ἱερεῖ κτλ.: sine sacerdote nefas[6]) sacrificare aut, si is abest, homine opus est, qui pro eo officio sacerdotali fungitur. Hac enim significatione verbum προιερᾶσθαι dici certissimo constat testimonio tituli Pergameni n. 191 v. 13[7]) neque igitur ulla causa

---

4) non modo apud Homerum (αὐτὰρ ἐπεὶ κατὰ μῆρα κάη καὶ σπλάγχνα πάσαντο), sed etiam apud posteriores scriptores frequens eius rei mentio est: Aristoph. Pac. 1105 σπλάγχνων μοῖραν ὄρεξον et 1115 ἄγε δή, θεαταί, δεῦρο συσπλαγχνεύετε μετὰ νῷν, cf. praeterea Aristoph. Vesp. 654, Av. 984, Diphil. ap. Athen. VII 292b (II 553K), Dion. Hal. AR. I 40, 4 (Liv. I, 7), Athen. IX 410b.

5) utrum Lyc. Leocr. 20 ἢ λαβόντας τὰ ἱερὰ κατὰ τὸν νόμον ἐξομόσασθαι et Aesch. I 114 λαβὼν εἰς τὴν ἑαυτοῦ χεῖρα τὰ ἱερὰ καὶ ὀμόσας κτλ. exta an carnes sectae dicantur, dubito (cf. Stengel *Berl. Phil. Wochenschr.* 1904 p. 911 sq.). Utique quod Dittenberger his duobus locis commotus caerimoniam exta manibus tenendi non nisi in sacris, quae iuris iurandi causa fiebant, valuisse suspicatur, manifesto errat.

6) cf. n. 41 v. 7 παραβώμια μὴ θύειν et n. 33 v. 5 sqq. μηδὲ πρὸς τοὺς βωμοὺς μηδὲ τὸ μέγαρον προσίωσιν ἄνευ τῆς ἱερέας.

7) τὸν υἱὸν αὐτοῦ (Sosandri sacerdotis morbo impediti) Ἀθήναιον — προιερᾶσθαι ὅπως ὅσα ὑπὸ τοῦ Σωσάνδρου ἀδύνατα ἦ[γ γίνε]σθαι ὑπὸ τούτου ἐπιτελῆται; cf. etiam Michel 537 v. 11 sqq. Κλειδίκην Ἀσκληπιάδου ἱερωμένην Μητρὸς τῆς ἐκ Πλακίας καὶ προϊερωμένην Ἀρτέμιδος Μουνυχίας, ubi verbo προιερᾶσθαι munus sacerdotis vicariae dici inde apparet, quod in altero titulo eadem femina iam Ἀρτέμιδος quoque Μουνυχίας ἱερωμένη dicitur (Lolling *MAI* VII p. 156).

est, cur verbum προιερητεύειν eadem significatione praesertim hoc loco aptissima usurpari negemus. Iam vero qui sunt homines illi ὧν αἱ λόγχαι εἰσίν, e quibus sacerdos vicarius sumendus est? Studniczka de vocis λόγχη apud Iones usu scite attulit Hes. λόγχη· λῆξις, μερίς· καὶ ὁ τοῦ δόρατος σίδηρος — λόγχαι· ἀπολαύσεις. — εὐλογχεῖν· εὐμοιρεῖν. — Et. Magn. 569, 34 λόγχας τὰς μερίδας Ἴωνες λέγουσιν· Ἴων ἐν Χίου κτίσει 'ἐκ τῆς Τέω λόγχης λόγχας ποιεῖν.' Unde profectus Fränkel (*Inschr. v. Perg.* I p. 168), cum de verbo προιερητεύειν recte iudicasset, minus feliciter hunc locum ita interpretatus est: '*es soll in Abwesenheit des Priesters derjenige aus dem niederen Tempelpersonal fungieren, den das Los bezeichnet*', cui sententiae et pluralis ὧν et pluralis αἱ λόγχαι repugnant. Dittenberger autem, quod non dubium dicit, quin intellegantur ei οἷς μέτεστι τῶν ἱερῶν τοῦ Ἡρακλέους, etsi qualis fere sensus conexu postuletur, solito acumine intellexit, propriam tamen verborum vim nondum explicavit.[8]) Quae detegitur articulo ante λόγχαι posito, unde certas quasdam λήξεις, sortes sc. gentilicias, significari colligo. Dicuntur autem, ni valde fallor, agrorum sortes eius gentis, de cuius sacris agitur, propriae.[9]) Sensus, qui ita evadit, optimus est: ut Mileti in templo publico, si ipsi sacerdoti munere fungi non licet, civium aliquis προιερᾶται (n. 159), sic in his sacris gentiliciis absente sacerdote gentilium aliquis προιερητεύει. Gentilitatem autem possessione sortis agri gentilicii significari quamvis singulare sit, optime tamen iuri gentium antiquo respondet, et fortasse tamen praebetur exemplum simile legis Gortyniae t. V v. 25 sqq. αἰ δὲ μὲ εἶεν ἐπιβάλλοντες τᾶς ϝοικίας, οἵτινές κ' ἴοντι ὁ κλᾶρος, τούτονς ἔκεν τὰ κρέματα, ubi plerique sane editores Zitelmannium secuti vocem ὁ κλᾶρος de servis hereditariis intellegunt[10]), sed nescio an ipsa sors agri et gentiles eius participes dicantur.

V. 15 τ. ἄλλοις ἱερε[ῶσι ὅ]σοι ἱ. ἐώνηνται: si quidem gentis legem habemus, verba non ad publica, sed ad gentis alia sacerdotia velut Apollinis Patroi referenda sunt. Notatu autem valde dignum mihi videtur vel in gentilicia sacra consuetudinem sacerdotia vendendi emendi, nimirum non nisi inter gentiles ipsos, invasisse. Quae consuetudo cum post Alexandrum Magnum demum exstitisse videatur[11]), ne hanc quidem legem priori aetati deberi veri simile est.

---

8) de ipsorum verborum interpretatione incertus videtur, nisi inde, quod ad Hes. s. v. λόγχαι· ἀπολαύσεις adnotavit '*videntur* μερίδες *epularum sacrarum intellegi*' eum haec quoque verba de iure portiones ex epulis sacris accipiendi intellexisse colligendum est. Utique ius gentilicium ita i. e. re, quae ex hoc iure demum derivatur, definiri veri dissimile puto.

9) minime solum vocabulum κλῆρος de agri sorte usurpari vix est, quod dicam; cf. tamen praeter Harp. s. v. ληξιαρχικὸν γραμματεῖον et Paus. VIII 4, 5 etiam vocis λάχος in lege Mantinea *BCH* XVI p. 584 sqq. (Fougères *Mantinée* p. 524 sq.) usum memorabilem.

10) etiam qui nuperrime ediderunt Dareste-Haussoullier-Reinach *Inscr. iurid. gr.* I fasc. 3 p. 369 not. 3 et p. 423 sqq., Blass *SGDI* 4991. Unus quantum video Schaube sortem ipsam intellexit: *Hermes* XXI p. 222.

11) cf. Herbrecht *De sacerdotii apud Graecos emptione venditione* p. 36.

114. Lapis qui a sinistra parte integer dicitur inventus Chio in insula loco qui vocatur *Βουνάκι*, nunc in museo Chio. Ed. Haussoullier *Rev. des ét. grecques* III (1890) p. 210 n. 2.

— — — —
ϲ ἱερέα πνε — — — — — — —
αϲ καὶ τὰ ἐϲΓΟ — — — — —
ΑΘΥΑΑΠΩΝΑΝ — — — — —
καὶ γέραϲ δεξι — — — — —
νποηι εμμο[illegible]ρη — — — — —
ομα δεξιὰ κεφα[λ- — — — —
τρεῖϲ πλεορὰϲ ὠ' — — — — —
. ρελφίτων ημυϲ — — — — —
όντων ἔκτομο[ν — — — — —
λαχέτω καπ[— — — — — δημ-
οϲίη ἀτελε — — — — — —
. γενεϲ — — — — — — —
. ν μεν — — — — — — —

Fragmentum esse legis de commodis sacerdotis alicuius certum videtur, conexum tamen nusquam restituere possum. V. 3 extr. fortasse legendum *ἀπ' ὧν ἄν*, sed quid tum litteris ΑΘΥΑ fiat, nescio. — v. 5 *ἐὰ]ν ποῆι?* — 6 in. Haus. *ἔκτ]ομα* supplendum coniecit, quocum tamen proximum *δεξιὰ* parum convenit. Scriptumne erat *ἡμίτ]ομα δεξιὰ κεφα[λῶν* victimarum? — v. 7 extr. potest suppleri *ὠμοπλάτην* (cf. n. 166 v. 8), sed etiam *ὦμος* ipse bis inter sacerdotis emolumenta occurrit (n. 49 v. 17 sq. et n. 65 v. 34). — v. 8 proclivis est emendatio *(ἀ)λφίτων* [1]) et deinde *ἧμ(ι)σ[υ* nec tamen certa; extrema e. g. supplendo *μυσ[τηρίοις* teneri possunt. — v. 9 *θυ]όντων ἔκτομο[ν* veri simile. — v. 11 non recte Hauss. id praecipi coniecit, ne sacerdos e publicis sacrificiis (*δημοσίῃ*) ullas sportulas postularet (*ἀτέλε-*); immo vox *ἀτέλεια* de immunitate quadam publice ei tributa intellegenda videtur sicut n. 166 v. 13 *ἔσται δὲ κα[ὶ στρατε]ίας ἀτελὴς κτλ.* et n. 189 v. 20 *εἶναι δὲ καὶ ἀτέλειαν Ἀσκληπιάδηι* (sacerdoti Aesculapii) *πάντων [ὧν] ἡ πόλις κυρία*, cf. etiam n. 196 (Chalc.) v. 4.

115. Marmor candidum, a sinistra et ab inferiore parte fractum, inventum Sami. Edd. Clerc *BCH* VII (1883) p. 517, plenius et accuratius Koehler *MAI* X (1885) p. 32 sq. apographo et duobus ectypis a Fabricio confectis usus, Michel *Recueil* 710, Dittenberger *Syll.*² 637.

Τάδε ε]ἰϲήνεγκαν [1]) οἱ αἱρεθέν[τεϲ νομο]γράφοι περὶ τῆϲ ἐν Ἑλικωνίωι | [θυϲίαϲ· τοὺ]ϲ ἀποδεικνυμένουϲ ὑπὸ τῶν χιλιαϲτήρων ἐπιμηνίουϲ τῆϲ | [πανηγυρικ]ῆϲ ϲυνόδου τῆϲ ἐν Ἑλικωνίωι γινομένηϲ

---

1) etiam de voce *τύραλφιτον* (cf. n. **181** v. 5) cogitavi.

1) sc. apud populum probanda; *κατὰ τάδε* spatio lacunae minus aptum videtur.

ἐπιμηνιεύειν ἐὰν | [ἐνδημῶσιν, ἐ]ὰν δὲ ἀποδημῶσιν, οὓς ἂν καταλίπωσιν αὐτῶν κυρίους κατὰ ‖ [ταὐτά· ἐὰν δὲ] αὐτεπάγγελτοί τινες πείσωσι τοὺς αὐτῶν χιλιαστῆρας, | [ἐπιμηνιεύειν ἕκαστ]ο̣ν[2]) τοῖς αὐτοῦ χιλιαστῆρσι· ἂν δὲ αἱρεθείς τις ἢ αὐτὸς | [πείσας μὴ ἐπιμηνιε]ύσηι, εἰσπραχθήτω δραχμὰς διακοσίας ὑπὸ τῶν ν[ο|μογράφων τῶν αἱρεθέντω]ν καὶ τ[ῶν ἐπι]μηνίων τῶν συναποδειχ[θέντων — —

Haec a Samiis paulo post libertatem a Perdicca redditam cleruchosque Athenienses expulsos (a. a. Chr. n. 322), cum res publicas sacrasque denuo constituerent, decreta esse Koehler probavit. Pertinent ad ferias Neptuni Heliconii, quem ab Ionibus Asianis et communiter in promunturio Mycale[3]) et in singulis eorum oppidis[4]) cultum esse constat. Hic non de Panioniis, sed de feriis Samiis agi certum est: neque enim fanum Mycalense *Ἑλικώνιον*, sed *Πανιώνιον* vocabatur (Herod. I 148, Strab. XIV p. 639) et Prienenses has ferias administrabant, non Samii (cf. n. 163—164 et Strab. l. c. et VIII p. 384).

Epimenios haud raro, praecipue in insulis Asiaque, rebus sacris praefici videmus, nec vero ipso sacerdotum munere fungebantur, sed externa rei divinae negotia obibant velut victimas comparabant et sacrificiis peractis carnes distribuebant.[5]) Quorum nomen etsi inde ductum esse, quod origine sacra menstrua[6]) curabant, veri simile est, eos tamen etiam ad maiores ferias creatos esse hoc titulo apparet.[7]) Cum hieropoeis eos iam Hesychius recte comparavit.

V. 5 *αὐτεπάγγελτοι*: i. e. polliciti se expensas muneris ipsos laturos esse

116. Marmor candidum, in domo privata vici *Tigani* in insula Samo. Edd. Rayet *Rev. archéol.* XXIV (1872) p. 38 n. 4, Stamatiadis *ibid.* XXXII (1876) p. 56, plenius Girard *BCH* V (1881) p. 483 n. 5, Dittenberger *Syll.*² 666 (393¹), Michel *Recueil* 371.

Ἀγαθῆι τύχηι· ἐπὶ δημι|ουργῶν Μαρσίου καὶ Μνη|σιμβρότου· ἔδοξε τῆι βου|λῆι καὶ τῶι δήμωι· Φωκύλος ‖ εἶπεν· ὑπὲρ ὧν ὁ ἱερεὺς | τῆς Ἴσιδος ἔθετο τὴν ἱκε|τηρίαν ἐν τῆι βουλῆι καὶ | ἐγνώσθη ἔννομος εἶναι | ἀξιῶν τῆι θεῶι καθότι καὶ ‖ πρότερον ἀγείρειν, δεδό|χθαι τῆι βουλῆι καὶ τῶι δή|μωι· τὸν ἱερέα τῆς Ἴσιδος | [ἀγείρειν] τῆι θεῶι κα[θότι καὶ πρότερον — — —

2) suppl. Dttb.

3) Herod. I 148, Strab. VIII 384 et XIV 639, *CIG* 2908, huius libelli n. 163 et 164.

4) Paus. VII 24, 5 qui e. g. affert Miletum et Teum; de Chio cf. *BCH* III p. 323, de Epheso *CIG* 3028, de Sinopa huius libelli n. 166; cultum Samium praeter hunc titulum testatur fortasse Strab. XIV p. 637, quamquam Koehler *τὸ Ποσείδιον*, quod ibi commemoratur, diversum ab Heliconio huius tituli iudicat, et colebatur a Samiis etiam *Π. ἐπακταῖος* (Hes. s. v.).

5) cf. n. 130 v. 85 sqq., n. 156 v. 23 sqq., n. 180.

6) Herod. VIII 41 *καὶ δὴ καὶ ὡς ἐόντι* (draconi arcis) *ἐπιμήνια ἐπιτελέουσι.*

7) cf. Doermer *De Graecorum sacrificulis, qui ἱεροποιοί dicuntur.* Diss. Argent. p. 65 sqq., Dittenberger ad *Syll.*² 140 not. 12, Stengel *KA*² p. 45 sq., Lipsius-Schömann *Gr. Altert.* II p. 428.

Decretum Samiorum de stipe a sacerdote Isidis colligenda II a. Chr. n. saeculo inscriptum.

Mendicatio sacra[1]), etsi a genuina Graecorum religione prorsus aliena non erat (cf. n. 132), maxime tamen in sacris barbaris florebat. De ipsa Iside etiam Suidas eam tradit s. v. *ἀγείρει*. Diana Pergaea vel in proverbium ea re venerat, cf. n. 155 et quae ibi adnotavi. Notissimi vero Magnae Matris *μητραγύρται* (vid. praeter Dionys. Hal. A. R. II 19 etiam Eustath. ad Od. p. 1824 *μητραγυρτεῖν τὸ μετὰ τυμπάνων καί τινων τοιούτων περιϊέναι καὶ ἐπὶ τῇ Μητρὶ ἀγείρειν*), qui cum singulis mensibus stipem colligerent, etiam *μηναγύρται* vocabantur.[2]) Hi potissimum impudentia, qua ipsas domos civium mendicantes adibant et, ut animos plebis imperitae commoverent, morbos se sanare et alia miracula patrare posse profitebantur[3]), iam Platonis temporibus rem in derisionem ac contemptum vocaverunt.[4]) Quare Dionysius Hal. *A. R.* II 19 laudat Romanos, quia *οὐδ' ἂν ἴδοι τις παρ' αὐτοῖς, καίτοι διεφθαρμένων ἤδη τῶν ἐθῶν, οὐ θεοφορήσεις, οὐ κορυβαντιασμούς, οὐκ ἀγυρμούς* ac si quem cultum peregrinum velut Idaeae matris induxissent, sacerdotibus Phrygibus mendicationem permissam esse, *Ῥωμαίων δὲ τῶν αὐθιγενῶν οὔτε μητραγυρτῶν τις οὔτε καταυλούμενος πορεύεται διὰ τῆς πόλεως κτλ.* Iam vero hic titulus ni fallor certo et luculento testimonio est ne Graecas quidem defuisse civitates, quae publice in mendicantes sacrificulos animadverterent. Verbis enim v. 6 *ἔθετο τὴν ἱκετηρίαν* et 9 sq. *καθότι καὶ πρότερον* comparatis rem ita evenisse colligo: Samii potestatem stipem sacram colligendi aut plane sustulerant aut artis molestisque finibus circumscripserant. Sed Isidis sacerdos bona sc. conscientia commotus senatui supplicavit, ut sibi liceret *καθότι καὶ πρότερον ἀγείρειν*, ac sive quia honestiore mendicandi genere erat usus sive propter deae suae autoritatem id, quod petebat, impetravit. Veri simile tamen existimo, pristinam potestatem mendicandi ei non sine certis condicionibus redditam esse, quae nunc cum inferiore parte lapidis perierunt. Quales fere habemus in lege de sacerdote Dianae Pergaeae (n. 155 v. 25 sqq.) *ἐν ᾧ δὲ μηνὶ ἡ θυσία (σ)υντελεῖται ἡ δημοτελής, ἀγειρέτω πρὸ (τ)ῆς θυ[σί]ας ἡμέρας τρεῖς* (non igitur initio cuiusque mensis sicut menagyrtae) *ἐπ' οἰκίαν μὴ πορευομένη*, unde simul vides Halicarnassenses ipsos quoque de hac re providisse. Tertium

1) plurima de hac re collegit Ruhnken ad Timaei Lex. Plat. s. v. *ἀγείρειν*; pauca addiderunt Lobeck *Aglaoph.* p. 314 not. *p*, Hermann *Gottesdienstl. Alt.*² § 35, 14. Cf. etiam Hiller von Gärtringen ap. *Pauly-Wissowa* I p. 914 sqq. s. v. *ἀγυρμός* et Stengel *ibid.* s. v. *ἀγύρτης*.

2) cf. Ruhnken *l. c.* p. 11 et Lobeck *Agl.* p. 645 not. *i*, qui proficiscitur a Theophr. char. XVI 11 sq., cf. tamen quae nuper de hoc loco disputavit O. Immisch in editione Lipsiensi p. 129 sq.

3) Plat. Rep. II 364 B *ἀγύρται δὲ καὶ μάντεις ἐπὶ πλουσίων θύρας ἰόντες πείθουσιν ὡς ἔστι παρὰ σφίσι δύναμις ἐκ θεῶν ποριζομένη θυσίαις τε καὶ ἐπῳδαῖς, εἴτε τι ἀδίκημά του γέγονεν αὐτοῦ ἢ προγόνων, ἀκεῖσθαι μεθ' ἡδονῶν τε καὶ ἑορτῶν ἐάν τέ τιν' ἐχθρὸν πημῆναι ἐθέλῃ, μετὰ σμικρῶν δαπανῶν ὁμοίως δίκαιον ἀδίκῳ βλάψαι, ἐπαγωγαῖς τισι καὶ καταδέσμοις τοὺς θεούς, ὥς φασι, πείθοντές σφισιν ὑπηρετεῖν.*

4) cf. e. g. Plat. Rep. II 381 D *μηδ' ἐν τοῖς ἄλλοις ποιήμασιν εἰσαγέτω Ἥραν ἠλλοιωμένην ὡς ἱέρειαν ἀγείρουσαν.*

huius rationis publicae exemplum Milesio praebetur titulo n. 161, de quo cf. quae disputavi. Nec casu factum est, ut tres civitates, de quibus id constat, omnes Cariae Lydiaeque finitimae essent, quoniam illae praecipue regiones impetum Asianae religionis experiebantur. Nec vero dubito, quin publicum eius rei fastidium multo latius patuerit; unde etiam Cicero *de leg.* II 22 *praeter Idaeae matris famulos eosque iustis diebus ne quis stipem cogito* addens § 40 *stipem sustulimus nisi eam quam ad paucos dies propriam Idaeae Matris excepimus; implet enim superstitione animos et exhaurit domos*, hic tamen legem haud dubie spectans Romanam.

117. Marmor a superiore et a sinistra parte fractum, effossum in agro quodam inter ecclesiam Ἅγιος Ἀνδρέας et oram, ubi antiqua Eresos fuit. Edd. E. David scholarcha Thessalonikensis in ephem. Smyrn. Ἀμάλθεια 10. Aug. 1901, W. R. Paton ectypo usus *Class. Review* 1902 p. 290 sq., P. Kretschmer *Jahreshefte d. Oest. Arch. Inst.* V (1902) p. 139 sqq. adiecta et lapidis et ectypi imagine photographica, de forma lapidis haec adnotans: '*unten ist ein Stück der Grundfläche noch erhalten, und da der rechte Seitenrand im spitzen Winkel zur unteren Grundlinie steht, so hat sich der Stein nach oben hin verjüngt.*' Cf. etiam Papageorgios Ἀθηνᾶ 1904 p. 243 sqq.

.......ϲ̣ ε̣ἰ̣ϲτ̣είχ̣η̣[ν][1]) εὐϲέβεαϲ
.... ἀπὸ μὲν κάδεοϲ ἰδίω
περιμένν]ανταϲ[2]) ἀμέραιϲ εἴκοϲι· ἀπὸ δὲ
ἀλλοτρί]ω[3]) ἀμέραιϲ τρεῖϲ λοεϲϲάμενον·
ἀπὸ δὲ ..]άτω[4]) ἀμέραιϲ δέκα· αὔταν δὲ
τὰν τετό]κοιϲαν ἀμέραιϲ τεϲϲαράκοντα·
ἀπὸ δὲ ...]τω ἀμέραιϲ τρεῖϲ· αὔταν δὲ
τὰν τ]ετόκοιϲαν ἀμέραιϲ δέκα·
ἀπὸ δὲ γ]ύ̣ναικοϲ αὐτάμερον λοεϲϲάμενον·
...... δὲ μὴ εἰϲτείχην μηδὲ προδόταιϲ·
μὴ εἰϲ]τείχην δὲ μηδὲ γάλλοιϲ μηδὲ
γύ]ναικεϲ[5]) γαλλάζην ἐν τῶι τεμένει·
μ]ὴ εἰϲφέρην δὲ μηδὲ ὅπλα πολεμιϲτήρ[ια
μ]ηδὲ θναϲίδιον·
μη]δὲ εἰϲ τὸν ναῦον εἰϲφέρην ϲίδαρον
μηδὲ χάλκον πλὰν νομίϲματοϲ
μηδὲ ὑπόδεϲιν μηδὲ ἄλλο δέρμα
μηδέν· μὴ εἰϲτείχην δὲ μηδὲ γ̣ύ̣ν[αικ]α[6])
εἰϲ τὸν ναῦον πλὰν τᾶϲ ἱερέαϲ
καὶ τᾶϲ προφήτιδοϲ.

Μὴ πο]τίζην[7]) δὲ μηδὲ κτήνεα μηδὲ βοϲκήματα
ἐν τῶ τεμένει.

1) post εἰστείχην quia paulum spatii vacat, Kr. addidit δέ causa non sufficiente, neque enim in imagine ullum vestigium litterarum apparet et plane eodem

Not. 2—7 vid. p. 304.

Lex II aut ineuntis I a. Chr. n. saeculi[8]) de fano quodam adeundo; cf. eiusdem generis leges n. 49. 90—92. 145. 148. 192. 201.

Cuius dei deaeve fanum fuerit, dubium. Kretschmer propter prophetidis mentionem v. 20 de Apolline Eresio cogitavit (Hes. s. v. Ἐρέσιος). Nec tamen unus Apollo habebat vates[9]) nec cum huius religione praeceptum illud ne *ὅπλα πολεμιστήρια* inferantur convenit, nisi forte Eresius Apollo valde a Delphico differebat, cuius templum *σκύλων Ἑλληνικῶν ἀνάπλεων* Plutarchus *De Pyth. or.* 15 dixit.[10]) Ab hoc ipso praecepto sequentibusque potius proficiscendum est. Quae sane sunt permira et inter ea, quae de Graecorum sacris traduntur, quantum video, singularia, id praecipue, quo ferrum aut aes in templum inferri vetantur. Illud quoque praeceptum ne quod *δέρμα* aut *θυασίδιον* inferatur, Graeco exemplo altero vix confirmari potest[11]), sed optime Kretschmer comparavit Varronis de Romanis testimonium (*de l. l.* VII 84): *in aliquot sacris ac sacellis scriptum habemus: ne quod scorteum adhibeatur ideo ne morticinum quid adsit*[11]) et de Carmenta quidem fastos Praenestinos id ipsum testari monet his verbis (*CIL* I² 1 p. 231): *partus curat omniaque futura, ob quam causam in aede eius cavetur ab scorteis omnique omine morticino.*[12]) Quae similitudo eo maior est, quia Eresiam quoque deam futura curare prophetidis mentione v. 20 demonstratur. Ac fuisse deas Graecas, quibus similitudo quaedam

modo v. 10 post *εἰστείχην* tantundem fere spatii vacat. — Ante *εἰστείχην* Paton in ectypo trabem inferiorem litterae E, Papageorg. in imagine litterae Ϛ dispicere sibi visus est. Supplemento huius *εἰς τὸ τέμενος* per se haud improbabili spatium num sufficiat dubito.

2) suppl. Papageorgios.

3) suppl. Ppg. optime et evidenter. Paton sane legi voluit *ἐκφορᾶ*]*ς*, sed ea, quae in imagine quidem ante *ἀμέραις* apparent, non e Σ, sed ex Ω superesse ille recte statuit.

4) ΤΑΤΩ Paton, sed in imagine nullum prioris Τ vestigium adest. Ppg. supplevit *ἀπὸ τοκ*]*άτω* acute de voce provocans ad *κάματος* et *θάνατος*. Minus probabiliter idem etiam v. 7 in. *ἀπὸ τοκά*]*τω* restituit, ante ΤΩ reliquias litterae Α dispicere sibi visus, sed de his reliquiis dubito et de re ipsa vid. comm.

5) nominativum pro accusativo non errori lapicidae, sed dialecti Eresiae consuetudini deberi statuerunt Kr. et P.

6) *γύ*[*ναικες*] Kr., sed cum singularem lacunae spatio magis aptum esse ipse statuissem, iam Ppg. in fine versus reliquias litterae Α dispexit.

7) suppl. Paton, *σι*]*τίζην* Zomaridis quem secutus est Kr.; vid. comm.

8) litterae apicibus ornatae sunt, Pi hastam dextram breviorem exhibet.

9) eo magis id notandum puto, quo magis animos nonnullorum inclinare video, ut Apollinem, quia oracula eius auctoritate ceteris longe praestabant, unum fere fatidicum deum fuisse sumant. Cf. exempla contraria, quae attulit Hermann *Gott. Alt.*² § 37, 4, quamquam ne ipse quidem hoc errore prorsus liber est.

10) cf. etiam Herod. VIII 37 de propheta Delphico *ὁρᾷ πρὸ τοῦ νηοῦ ὅπλα προκείμενα ἔσωθεν ἐκ τοῦ μεγάρου ἐξενηνειγμένα ἱρά.*

11) nam praeceptum nudis pedibus adeundi huc pertinere Kr. recte negavit (aliter sane Paton, qui ad morem Indorum provocat), nedum Alectronae Rhodiae lex n. 145, qua equi asini muli similesque quadrupedes non modo ipsi fano prohibentur, sed etiam *μηδεὶς τούτων μηδέν* inferre vetatur, eadem religione explicari possit.

12) ne sacerdotes quidem Romanos *feralia attrectare* debuisse Kr. monuit, cf. de ea re etiam Wissowa *Rel. u. Kult. d. Römer* p. 435.

esset cum Carmenta, constat. Neque enim aliter Romani ipsi eam nympham Arcadicam, Euandri matrem, credidissent, cum Graeci hanc Themidem vel Nicostraten appellarent.[13]) Quodsi quicquam conicere licet, ad deam Carmentae similem velut Themidem vel Ilithyiam vel Tellurem, fortasse ad Heram ipsam legem hanc pertinere coniecerim. Etiam proditorum patriae exclusio (v. 10) Themidis vel Telluris fano apta erat. Numen autem esse genuinum Graecum pro certo habeo vel ideo, quia inter praecepta lustralia ciborum impurorum mentio deest[14]), de qua re cf. p. 150.

Legis ipsius partes esse duas recte editores statuerunt: alteram v. 1—14 de fano, alteram v. 15—20 de templo ipso adeundo; praeceptum autem, quod duobus postremis versibus continetur, additamentum esse maiore spatio, quod inter v. 20 et 21 vacat, significatur.

V. 1 *εὐσέβεας* e sollemni legis exordio superest, cf. legis n. 148 exordium; v. 2 in. igitur *καὶ ἁγνοίς*, quod Kr. proposuit, fortasse rectum. — v. 2 *ἀπὸ κάδεος ἰδίω* i. e. a luctu domestico: cf. n. 148 v. 13 *ἀπὸ κήδους* [*οἰκ*]*είου* et n. 201 v. 3 *ἀπὸ πάθους ἰδίου*. Brevius quod sequitur tridui spatium ad eos manifesto pertinet, qui funeri intersunt alieno, velut n. 192 distinguitur *ἀπὸ κήδους — δευτεραῖος, ἀπὸ δὲ τάφου καὶ ἐκφορᾶς — αὐθημερόν.*[15]) Papageorgii igitur supplementum *ἀλλοτρί*]*ω* veri simillimum. Legem Eresiam severiorem esse nota.

V. 5—8 de puerperio agitur, et ipsi quidem puerperae haud dubie ii opponuntur, qui eam curant iuvantque velut obstetrix ac maritus, quos item inde impuros haberi minorem tamen per dierum numerum consentaneum est.[16]) Iam vero duo puerperia distinguuntur, sed nomina eorum deleta sunt et eo difficiliora ad restituendum, quia quot litterae initio versuum perierint, certo non iam explorari potest.[17]) Aeque atque in reliquis eiusdem generis legibus abortum a prospero partu distingui et per se veri simillimum est et spatio quadraginta dierum lustrali confirmatur[18]), sed

---

13) cf. Dion. Halicarn. I 31 *ἡγεῖτο δὲ τῆς ἀποικίας Εὔανδρος Ἑρμοῦ γενόμενος καὶ νύμφης τινὸς Ἀρκάσιν ἐπιχωρίας ἣν οἱ μὲν Ἕλληνες Θέμιν εἶναι λέγουσι καὶ θεοφόρητον ἀποφαίνουσιν, οἱ δὲ τὰς Ῥωμαϊκὰς συγγράψαντες ἀρχαιολογίας τῇ πατρίῳ γλώσσῃ Καρμέντιν ὀνομάζουσιν*; plura attulit Wissowa *Rel. u. Kultus d. Röm.* p. 181.

14) nulla ante v. 2 praecepta perisse et particula *μέν* et voce *εὐσέβεας*, quae exordii conexum indicat, apparet.

15) adversus hoc exemplum cur Kr. publicum privato luctui opponi malit (*ἀπὸ δαμοσίω*) non assequor, praesertim cum etiam in publico luctu, qualis post cladem e. g. existebat, idem quod supra statui discrimen valuerit, quoniam cognatos militum caesorum magis quam ceteros *μιαίνεσθαι* censentaneum erat. Qui esset finis familiae funestae, diligenter lege constituebatur, cf. n. 93 A extr.

16) cf. praeter Eur. Iph. Taur. 380 sq., quos versus exscripsi p. 151, etiam Theophr. Char. 16, 9 *οὔτ' ἐπὶ νεκρὸν οὔτ' ἐπὶ λεχὼ ἐλθεῖν ἐθελῆσαι, ἀλλὰ τὸ μὴ μιαίνεσθαι συμφέρον ἑαυτῷ φῆσαι εἶναι* et Porph. de abst. IV 16 *ἐπίσης μεμίανται τό τε λεχοῦς ἅψασθαι καὶ τὸ θνησιδίων.*

17) in nonnullis enim versibus spatium duarum fere litterarum a sinistra vacuum relictum est; cf. etiam quae in lemmate ex Kr. de forma lapidis attuli.

18) n. 49 v. 7 *ἀπὸ φθορᾶς διὰ ἡμερῶν τετταράκοντα*, n. 148 *ἀπὸ φθορείων μ'*, n. 201 v. 5 et 10 *ἐκτρωσμοῦ μ'*; ceterum moneo tamen etiam iustam puerperam hoc teneri numero tradi a Censorino (de die natali 11, 7). Iudaeorum partum puellae et

reliquiis ἄτω et τω quomodo is sensus elici possit, non magis quam Kr. et Paton video. Papageorgios autem quod duobus locis eandem vocem ἀπὸ τοκάτω restituit idem rei domesticae et alienae discrimen ac v. 2 sqq. valere ratus, non mihi persuasit. Licet enim hoc discrimen hoc loco significatum non esse concedamus, praeceptum tamen v. 7 sq. αὔταν δὲ τὰν τετόκοισαν ἀμέραις δέκα ut inde explicet, artificiosissima ei opus est interpretatione ne dicam fabula[19]), quae probari nequit. Ac ne illud quidem est concedendum.

V. 9 ἀπὸ γύναικος: de hac re omnes fere leges consentiunt, nisi quod lex Pergami n. 192 adulteros secundo demum die intrare sinit. Cf. etiam quae ad n. 49 attuli. — v. 10 in. alterum praeter proditores genus hominum scriptum erat, sed ἀνδροφόνοις lacunam superare videtur neque eos diserte excludi veri simile puto, cf. quae p. 151 ad n. 49 adnotavi. Quare ξένοις potius aut δούλοις fuisse scriptum conicio; peregrinorum exclusio aeque ac proditorum Gaeae sacris maxime convenire videtur; etiam Myconii, ubi Διὶ Χθονίωι Γῆι Χθονίηι sacra faciebant, peregrinos prohibebant (Prott *Fasti* 4 v. 25).

V. 11 μηδὲ γάλλοις: sacrificulos decurtatos Magnae Matris etsi plebecula sectabatur, civibus honestis contemptui fuisse constat[20]), hic vel fano prohiberi notatu valde dignum est. — γαλλάζην, quod verbum hic primum apparuit, de mulieribus usurpatum Kretschmer scite comparavit cum Latino *gallare* (Varr. Sat. Men. Eum. fr. 34 et 39 R), quod Nonius verbo *bacchare* interpretatur. Ceterum hoc de gallis mulieribusque bacchantibus praeceptum vix huic legi insertum esset, nisi Magnae Matris sacra in insula Lesbo magno concursu celebrata essent.

V. 14 μηδὲ θνασίδιον: de eadem apud Romanos religione vid. supra. Praeterea Kr. comparavit Paus. II 27, 1 οὐδὲ ἀποθνήσκουσιν — — ἐντὸς τοῦ περιβόλου (Epidaurii) καθὰ καὶ ἐπὶ Δήλῳ τῇ νήσῳ. Sed hanc legem multo latius patere clarum est, velut ex hac ipsa religione morticini ductum esse id quod sequitur praeceptum v. 17 μηδὲ ὑπόδεσιν μηδὲ ἄλλο δέρμα μηδέν ipse Kretschmer exemplis Romanis probavit.[21]) Nec tamen propter hanc Eresiam legem iam omnibus legibus, quibus soleis positis fanum adiri iubetur, origine eandem religionem subesse concludere

---

pueri inique distinguentium (*Mos.* III 12, 2—5) et Patoni et Kretschmero in mentem venit, sed et eius modi praecepto angustias lacunae repugnare ipsi concedunt neque omnino in Graeca lege tale discrimen placet.

19) ‛Γυνή τις ἔτεκε· κατὰ τὸν νόμον ὤφειλε νὰ ἀναμείνῃ ἡμέρας τεσσαράκοντα· ἀλλ' εἰ ὀλίγον ἔπειτα, μετὰ τὰς τεσσαράκοντα ἡμέρας (μετὰ τὴν πλήρωσιν τῶν νομίμων ἡμερῶν τῆς καθάρσεως αὐτῆς) ἐπορεύθη εἰς ἄλλης τινὸς τετοκυίας (μὴ λησμονῶμεν ὅτι νῦν ὁ λόγος περὶ ἀλλοτρίου τοκετοῦ) καὶ ἥψατο τῆς λοχείας καὶ οὕτως ἐμιάνθη πάλιν, τί γενέσθαι ἔδει τότε; Ἡ γυνὴ εὐκολώτερον, ὡς εἰκός, ἐπισπωμένη τὸ μίασμα, ὤφειλε νὰ ἀναμείνῃ ἡμέρας οὐχὶ τρεῖς μόνον, ὥσπερ οἱ ἄλλοι προσιόντες, ἀλλὰ δέκα.

20) cf. quae de mendicatione eorum publice prohibita e n. 116 et 161 collegi.

21) Pythagoreum quoque morem contulit: Philostr. V. Apoll. I 308 K ἐσθῆτα δὲ ἣν ἀπὸ θνησιδίων οἱ πολλοὶ φοροῦσιν, οὐ καθαρὰν εἶναι φήσας λίνον ἠμπίσχετο καὶ τὸ ὑπόδημα κατὰ τὸν αὐτὸν λόγον βύβλου ἐπλέξατο (cf. I p. 216/7 K).

licet. Immo eam a quibusdam sacris prorsus alienam fuisse apparet e. g. legis Andaniae praecepto (n. 58 § 4) *μὴ ἐχέτω δὲ μηδεμία — — — μήτε ὑποδήματα εἰ μὴ πίλινα ἢ δερμάτινα ἱερόθυτα*, unde longe diversa religionis ratio prodit, de qua vid. p. 183. — v. 16 *πλὰν νομίσματος*: sc. quodcunque anathematis causa afferebant et e. g. parietibus affigebant; cf. n. 63 in. *μὴ παρέρπην ἔχοντας μὴ χρυσία ὅσα [μὴ ἰν] ἀν[ά]θεμα* et quae ad n. 67 adnotavi.

V. 18 non universo fano, sed solum ipso templo mulieres arcentur, cum viri, de quibus nulla mentio, libero utantur aditu. Praeceptum quod videam singulare est.[22]) Cf. tamen Plut. de E ap. Delph. § 2.

v. 21 sq. de summa additamenti sententia dubitari nequit, cf. e. g. n. 111 *ἐν τοῖς ἄλσεσιν μ[ὴ ποιμ]αίνεν* et quae alia exempla ibi attuli. Quibus comparatis nemo primo non temptabit verbum supplere, quo omnino pecora et iumenta prohibeantur; nec tamen video eiusmodi verbum, quod desinat in *τίζειν*; *σιτίζειν* enim quod Kr. temptavit, de bestiis displicet. Supplementum igitur *πο]τίζειν* certissimum mihi videtur et praeceptum facile intellegitur: fanum parvum erat aut pascuis carebat, ut vix periculum esset ne quis ibi pecora pasceret; sed inerat fons vel puteus, quo pastores et qui iumenta agebant praetereuntes haud raro usi erant, id quod iam hoc praecepto cives prohibebant.

118. Fragmentum stelae marmoris glauci, inventum Mytilenae, litteris 'nitidissimis' 0,012 altis. Edd. Aristides *Νέα Πανδώρα* 1862 p. 269 n. 4; Conze *Reise auf d. Insel Lesbos* p. 13 tab. VIII 4, Bechtel *SGDI* 216, Hoffmann *Gr. Dial.* II n. 93, Paton *IG* XII 2 n. 72.

Spatium vacat.

. . . τρ]απεζώϲθω [1]) τα — — — —
— — — ν καὶ ὠμοπλάτα[ν καὶ — — —
μέροϲ] ϲπλάνχνων κα[ὶ — — — —
ἐμβαλ]λέτω εἰϲ τὸν θήϲα[υρον — — —
[2]) Ὂ δέ κε δαϲύπο[δα θύη, τρα-
πεζώ]ϲθω μὲν ταῦτ[α, εἰϲ δὲ τὸν θή-
ϲαυρ]ον ἐνβαλλέ[τω . . . . . Ὂ δέ κε
ὄρνιθ]α [3]) θύη, τρ[απεζώϲθω — — —
— — — λεξιọ — — — — — —
— — — οιν — — — — — —

---

22) an idem valebat de mulieribus in Dianae Ephesiae sacris: attmittebantur in fanum, prohibebantur templo? cf. Dion. Hal. IV 25 *ἱερὰ κατεσκεύασαν ἀπὸ κοινῶν ἀναλωμάτων, Ἴωνες μὲν ἐν Ἐφέσῳ τὸ τῆς Ἀρτέμιδος — — — ἔνθα συνιόντες γυναιξὶν ὁμοῦ καὶ τέκνοις κατὰ τοὺς ἀποδειχθέντας χρόνους συνέθυόν τε καὶ συνεπανηγύριζον* cum Artem. On. IV 4 *γυνὴ ἔδοξεν εἰς τὸν νεὼν τῆς Ἀρτέμιδος τῆς Ἐφεσίας εἰσεληλυθέναι· οὐκ εἰς μακρὰν ἀπέθανε· θάνατος γὰρ ἡ ζημία τῇ εἰσελθούσῃ ἐκεῖ γυναικί.*

1) suppl. Paton egregie et evidenter; idem verbum habes n. 58 v. 86.

2) ante O spatium vacare dicitur; pretiumne sacrificandi nondum perscriptum erat? cf. n. 58 v. 99.

3) supplevi dubitans; cf. n. 119 v. 8.

Fragmentum legis, qua quid sacrificantes et mensae sacrae et thesauro sacro (Veneris fortasse, vid. ad v. 5) debeant, sancitur.

De partibus victimae in mensa sacra seponendis cf. ad n. 24 p. 79 sq. et n. 98 v. 5 q.; ὠμοπλάτη alibi velut Sinopae (n. 166) sacerdoti tribuitur. — v. 3 σπλάγχνων: pars aliqua extorum dicta erat, cf. n. 155. 156. 162, quibus titulis omnibus eadem quarta pars sacerdoti tribuitur; ut sacerdoti et omnibus, qui rei sacrae intererant (cf. n. 113), sic etiam mensae dei extorum partem tribui consentaneum est, sed cf. etiam, quae de usu τῶν τραπεζωμάτων ad n. 24 p. 79 sq. attuli.

De thesauris sacris vid. n. 58 § 18 et quae p. 185 adnotavi. V. 5 de supplemento δασύπο[δα dubitari non potest. Iam cum apud Philostr. Imag. I 6 lepus ἱερεῖον τῇ Ἀφροδίτῃ ἥδιστον appelletur, idem vero inter nullius quod sciam alius dei hostias occurrat, hanc legem ad Veneris sacra pertinere et inter leporis ceterarumque victimarum sacrificium id fuisse discriminis, ut pro lepore deae gratissimo minus pecuniae in thesaurum sacrum iniciendum esset, suspicor.[4])

119. Stela marmoris glauci infra fracta, litteris in v. 1 0,15, in reliquis versibus 0,13 altis, inventa Mytilenae. Edd. Aristides *Νέα Πανδώρα* 1862 p. 269, Conze *Reise auf d. Ins. Lesbos* p. 11 et tab. IV 3, Bechtel *SGDI* 293, Cauer *Delect.*² 435, Hoffmann *Dial.* II 92, W. R. Paton *IG* XII 2 n. 73. Cf. praeterea Keil *Philologus Supplementbd.* II (1863) p. 579, v. Wilamowitz *Zeitschr. f. Gymnasialwesen* 1877 p. 647, Lolling *MAI* XI p. 271 n. 14. '*In Zeile 3. 4. 5 und 6 ist vom ursprünglichen Inhalte der Inschrift mehreres durch völliges Weghauen der Oberfläche des Steines getilgt. Zeile 5 ist dann ganz unausgefüllt stehen geblieben, in Zeile 3. 4 und 6 ist in dem nun vertieften Grund neu hineingeschrieben.*'

Θέος τύχα ἀγάθα
Ὄ κε θέλη θύην ἐπὶ τῶ βώμ[ω
τᾶς Ἀφροδίτας τᾶς Πεί-
θως ▒ καὶ τῶ Ἔρμα θυέτω
//
ἰρήϊον ὄττι κε θέλη καὶ
ἔρσεν καὶ θῆλυ πλ[ὰ]γ χοί[ρω[1])
καὶ ὄρνιθα ὄττι[να[2]) κε θέλη
πλὰν][3]) — — — —

Lex de sacris Veneri Suadelae et Mercurio faciundis. *Πειθώ* origine dea propria erat[4]) et ita multis locis una cum Venere colebatur. Sed iam

4) non esse coniungendum cum fragmento proximo n. 119, de qua re cogitaverat Keil, diversa litterarum altitudo arguit. Ex eodem tamen fano utrumque oriundum esse, si modo hoc ad Veneris sacra pertinere recte conieci, valde probabile est.

1) ΠΛ.ΓΥΟΙΡ in lapide legit et interpretatus est Loll.
2) suppl. Wilam., ΘΑ¯ΤΙ Loll., ΘΑΟ¯ΤΙ Paton.
3) supplevi; vid. comm.
4) O. Jahn *Peitho die Göttin der Überredung* 1846, Usener *Götternamen* p. 369 sq.

antiquis temporibus eam cum dea potiore coaluisse inscriptio archaica *IGA* 327 *ΔάϜων τἀφροδίται τᾶ Πειθῶ* testatur. Etiam Mercurii et Veneris in sacris communio rara non erat[5]), unde Plut. Praec. coniug. praef. p. 138 D: *οἱ παλαιοὶ τῇ Ἀφροδίτῃ τὸν Ἑρμῆν συγκαθίδρυσαν ὡς τῆς περὶ τὸν γάμον ἡδονῆς μάλιστα λόγου δεομένης τήν τε Πειθὼ καὶ τὰς Χάριτας ἵνα πείθοντες κτλ.*

Hanc aram publice constitutam esse certum non est, potest etiam homo privatus eam constituisse. Cave tamen ne quid inde colligas, quod v. 6 sq. *ἰρήϊον ὅττι κε θέλῃ κτλ.* libero sacrificantium arbitrio tantum datur, idem enim idque sine ulla exceptione datum est lege Amphiarai n. 65 v. 30, cf. etiam legem Thasiacam n. 109. Accedit, quod fortasse fragmentum legis n. 118 ad eadem sacra pertinet, quae vero ibi praecipiuntur, cum privato cultu minus apte conveniunt.

Porcos totumque genus suillum a Venere repudiari vulgata Graecorum opinio erat: schol. Arist. Acharn. 793 *πολλοὶ τῶν Ἑλλήνων οὐ θύουσι χοίρους τῇ Ἀφροδίτῃ ὡς βδελυττομένῃ διὰ τὸν Ἄδωνιν αὐτόν*, schol. Arist. Pac. 39 *ὗς* — *ἀναφρόδιτον γὰρ τὸ ζῷον* et ad v. 40 *τοὺς ὗας ἀλλοτρίους εἶναί φαμεν τῆς θεοῦ· βορβορώδεις γάρ* (cf. Cornut. c. 24 p. 46 L.), Artemidor. V 80 p. 267 *ἀναφρόδιτος γὰρ ὁ χοῖρος*, Diogenian. Vind. I 89 (Paroem. Gr. II p. 15) *Ἀφροδίτῃ ὗν τέθυκεν· ἐπὶ τῶν ἀχαρίστων καὶ ἀνεπαφροδίτων, παρ' ὅσον Ἀφροδίτῃ ὗς οὐ θύεται*, Paus. II 10, 4 de fano Veneris Sicyonio, *τῶν δὲ ἱερείων τοὺς μηροὺς θύουσι πλὴν ὑῶν.*[6]) At ne ea quidem lex omnibus valebat locis cf. Athen. III 95 f sq. *ὅτι δ' ὄντως Ἀφροδίτῃ ὗς θύεται*[7]), *μαρτυρεῖ Καλλίμαχος ἢ Ζηνόδοτος ἐν Ἱστορικοῖς ὑπομνήμασι γράφων ὧδε· ‚Ἀργεῖοι Ἀφροδίτῃ ὗν θύουσι καὶ ἡ ἑορτὴ καλεῖται Ὑστήρια'* et Strab. IX 438 *Καλλίμαχος μὲν οὖν φησιν ἐν τοῖς ἰάμβοις τὰς Ἀφροδίτας (ἡ θεὸς γὰρ οὐ μία) τὴν Καστνιῆτιν ὑπερβάλλεσθαι πάσας τῷ φρονεῖν ὅτι μόνη παραδέχεται τὴν τῶν ὑῶν θυσίαν.* Cf. etiam Eustath. ad Il. XI 417 p. 853 et Ioh. Lyd. de mens. IV c. 65 p. 119 W.

V. 8 quin recte Wilam. suppleverit, non iam dubitari potest, ex quo Paton post ΘΑ reliquias litterae Ο a Lollingio nescio qua causa praetermissas recognovit. Praeceptum non uno nomine notabile est: primum enim inter *ἱερεῖα* hic aves non duci videmus; deinde vero ipsum praeceptum satis mirum est, aves enim paucae sacrificabantur eaeque paucis dis[8]) velut Aesculapio Herculi Marti Isidi, constat tamen etiam de Venere cf. n. 36 v. 23 *παρασκευάζειν εἰς κάθαρσι[ν τ]οῦ ἱεροῦ (Ἀ. Πανδήμου) περιστεράν*, Iohann. Lyd. de mens. IV 64 p. 117 W. *ἱερούργουν δὲ αὐτῇ χῆνας καὶ πέρδικας ὅτι αἱ μὲν τοῖς ὕδασι χαίρουσι κτλ.*, Prop. IV 5, 63:

---

5) cf. Preller-Robert *Gr. Myth.* p. 387 sq.

6) hos locos scite collegit Stengel *Quaest. Sacrificales* 1879 p. 28, unde eos repetere e re videtur.

7) antecedunt versus Antiphanis (I 61 K) *ἔπειτα κἀκροκώλιον | ὕειον Ἀφροδίτῃ; γελοῖον. B. ἀγνοεῖς· | ἐν τῇ Κύπρῳ δ' οὕτω φιληδεῖ ταῖς ὑσὶν | ⟨ὦ⟩ δέσποθ', ὥστε σκατοφαγεῖν ἀπεῖρξε | τὸ ζῷον, τοὺς δὲ βοῦς ἠνάγκασεν.*

8) cf. G. Wolff *Porphyrii de philosophia ex orac. haurienda libr. reliquiae.* Berol. 1856 p. 187—194; addidit idem nonnulla *Philol.* XXVIII (1869) p. 188—191.

Sed cape torquatae, Venus regina, columbae
ob meritum ante tuos guttura secta focos.

Sed veri simillimum puto ne id quidem praeceptum hic exceptione caruisse versumque sequentem olim coepisse a *πλάν*.

120. Marmor fuscum in dextro angulo superiore fractum, ceteroquin integrum, Mytilenae in muro exteriore castelli prope portam septentrionalem. Ed. Paton *IG* XII 2 n. 7.

\ιδε. . . . |ον τοῖς [ἐξ]|ετάσταις | ὀναλίσκο||ντας στατ|ῆρας ἑξή-κ|οντα· πομπ|εύην δὲ κα|ὶ βουθύτη||ν πρύτανι|ν· δίδωσθα|ι δὲ ἀπὸ τῶ|[ν ἑξ]ήκον|[τα στατήρων.

Litterae *στοιχηδὸν* dispositae videntur. — Iactura superioris partis lapidis facit, ut de argumento legis iudicium ferre non possimus certum. Nescio tamen an aliquid effici possit verbis *πομπεύην καὶ βουθύτην πρύτανιν*. Id sane parvi refert de pompa nos et sacrificio certiores fieri, sed pompam illam ab uno prytani[1]) duci notandum est. Nempe solebant pompae sacrae si non a cunctis civibus attamen ab omnibus amplioris fere dignitatis magistratibus ac sacerdotibus celebrari.[2]) Quare hanc legem non de sollemnibus ipsius civitatis Mytilenaeae propriis, sed de sacrificio a pluribus civitatibus concelebrando intellego, quo Mytilenaei prytanim suum, ut ipsorum pro se bovem in pompa ageret et deinde sacrificaret, mittebant; cf. n. 68 et quae ibi dixi.

121. Methymnae; in aula ecclesiae S. Cyriacae fragmentum stelae marmoris fusci, a margine dextro integrum, litteris nitidissimis 0,010 altis (praeter *ΘΟΩ*, quae minores). Edd. Pottier et Hauvette-Besnault *BCH* IV p. 440 n. 23, Bechtel *SGDI* 279, Hoffmann *Gr. Dial.* II 117, Paton *IG* XII 2 n. 499.

— — — — — κ — — — — —
— — — ενα περιβωμ[1]) — — — —
— — — — cωcι ἀλλάλοιc — — —
— — — διακ]ονέοντεc[2]) τῶ βώμω — —
— — — τὸ μὲγ κάρυγμα τελε — — —
ὀ δὲ γυναι]κονόμοc[3]) ἔcτω μὲν Μαθυ[μναῖ-
οc — — καὶ μ]ὴ νεώτεροc ἐτέων τεc[capά-
κοντα· μενέτω][4]) δὲ ὑπὸ τὰν πάννυχιν ἔ(ξ)ω[4])
— — — — δύο καὶ ἐπιμελήc[θ]ω [ὄ]πω[c
— — — κ]αὶ μήδειc ἄνηρ ἔτεροc εἰc-
έρπη — —] ἄλλο δὲ μῆδεν τύχ[η ἐμ-
πόδων[5]) — —]ν̣ cυντελέωνται ἐμ Μα-
θύμνα — —] τοῖc πατριωΐοιcι — —
— — — — ι μὲν θύρcοι — — — —

1) summus erat Mytilenae magistratus: Busolt *Gr. Staats- u. Rechtsaltert.*² p. 32sq.
2) cf. e. g. n. 68. 77. 186.

Not. 1—5 (n. 121) vid. p. 311.

Ad Bacchi sacra Lesbiaca hanc inscriptionem pertinere demonstratur voce *θύρσοι* (v. 14) valdeque dolendum est tam exiguam partem eamque mutilam ad nos pervenisse. Eorum tamen, quae servata sunt, inde a v. 6 conexus, ni egregie fallor, restitui potest. Etenim de orgiis[6]) a mulieribus solis celebrandis agi testatur v. 10 *καὶ μήδεις ἄνηρ ἔτερος εἰσ[έρπη*, unde si modo v. 6 nomen *γυναι]κονόμος* recte supplevi, reliqua sponte fere intelleguntur: eligebatur magistratus publicus, civis scilicet (v. 6) et idonea aetate temperatus (v. 7), qui cum universo ordini patrio (v. 12 sq.) tum id provideret, ne quis alius vir coetui mulierum se immisceret.[7]) Nimirum ne ipsi quidem orgiis secretis interesse licebat, sed commorari debebat, quamdiu ea a feminis agebantur (*ὑπὸ τὰν πάννυχιν*), *ἔξω* sc. *τοῦ ἀνακτόρου* sive quocunque modo id v. 9 in. definitum erat.[8]) Res optime illustratur ac confirmatur et exemplo Haloorum Atticorum (schol. in Luc. ed. Rabe p. 280, 25 *παρατιθέασι δὲ τὰς τραπέζας οἱ ἄρχοντες καὶ ἔνδον καταλιπόντες ταῖς γυναιξὶν αὐτοὶ χωρίζονται ἔξω διαμένοντες*) et lege Mylasensi n. 175, ubi item quamvis severe ceteri omnes viri prohibeantur, magistratum tamen quendam aliquatenus feminis adesse videmus.

122. Lapis supra fractus perparvis ac iam lectu difficillimis litteris inscriptus, antiquitus sine dubio in Apollinis Asgelatae templo insulae A n a p h a e collocatus, inde in oppidulum hodiernum delatus et scholae muro insertus, inde iterum Athenas transportatus. Edd. Boeckh *CIG* 2477 e schedis Villoisoni, e lapide ipso Ross *Arch. Aufs.* II p. 495 (unde Boeckh Add. vol. II p. 1091), plenius et rectius Rangabé *Ant. Hell.* 820, deinde ectypis chartaceis usi cum duobus Ioannis Lambri tum uno Lollingii et Bechtel *SGDI* 3430 et Hiller v. Gärtringen *IG* XII 3 n. 248, unde Michel *Recueil* 853 et Dittenberger *Syll.*[2] 555. Cf. etiam Wilhelm *Gött. Gel. Nachr.* 1900 p. 102 et *IG* XII 3 suppl. p. 279.

— — — cυντε|λεc]θέν[τ]ο[c δὲ τοῦ ναοῦ ἔcτω δαμόcι]οc [κα]|θότι καὶ ὁ θεὸc ἔ[χρη]cε[ν· τᾶc] δ' ἐπερωτάc[ε]|ωc καὶ τοῦ χρηcμοῦ ἀντίγραφά ἐcτι τάδε.

"Εδοξε τᾶι βουλᾶι καὶ τῶι δάμωι· ἀρχόντων Ξενο||μνάcτου Ἀριcτομάχου Cωcικλεῦc καὶ βουλᾶc γνώμα· | ὑπὲρ τᾶc ἐφόδου ἇc ἐποιήcατο Τιμόθεοc Cωcικ|λεῦc, κατὰ δὲ ὑοθεcίαν Ἰcοπόλιοc·

---

1) *ομ]ενα περιβώμ[ια* Paton, sed vel probabilius *μηδ]ένα περὶ βῶμ[ον* possis.

2) suppl. editores Francogalli.

3) supplevi, *οἰ]κονόμος* ceteri nec tamen dicunt, quid sibi velit.

4) supplevi, vid. comm., mox ΕΞΩ lapis, *ἔ(σ)ω* Pat., sed vid. comm.

5) suppl. P. probabiliter.

6) de Bacchi orgiis Lesbiacis cf. Clem. Alex. Protr. 42 p. 36 P., Aelian. V. H. 13, 2; mulieres seorsim Baccho orgia celebrasse notissimum est, cf. praecipue Diod. IV 3 *παρὰ πολλαῖς τῶν Ἑλληνίδων πόλεων διὰ τριῶν ἐτῶν βακχεῖά τε γυναικῶν ἀθροίζεσθαι καὶ ταῖς παρθένοις νόμιμον εἶναι θυρσοφορεῖν καὶ συνενθουσιάζειν εὐαζούσαις, τὰς δὲ γυναῖκας κατὰ συστήματα θυσιάζειν τῷ θεῷ καὶ βακχεύειν*; praeterea Paus. III 20, 3 de templo Dionysi Brysearum *γυναῖκες — μόναι καὶ τὰ ἐς τὰς θυσίας δρῶσιν ἐν ἀπορρήτῳ*.

7) idem magistratus recurrit Andaniae, cf. n. 58 § 4 et 5.

8) difficultatem praebet illud *δύο*; cogitaveram lectionem Patonis retinens de *ἔσω [τῶν θυρωμάτων τῶν] δύο*; an definitio temporis, intra quod mulieres orgia perfecisse debeant, latet, velut *ὥρας δύο*?

ἀξιώς⟦ας⟧ [1]) αὐτῶι δοθῆ|μεν ἐν τῶι ἱερῶι τοῦ Ἀπόλλωνος τοῦ Ἀσγελάτα τό|πον ὥς[τε ναὸ]ν Ἀφροδίτας οἰκοδομῆσαι ὕ[λα]ι καὶ λί‖θοις καὶ χοὶ [2]) χρώμενος ἐκ τοῦ ἱεροῦ ὧν κα χρείαν ἔχηι | ἐν τῶι τόπωι ἐν τᾶι αἱμασιᾷ ὅπει ἁ ἐλαία ἁ ποτὶ τὸν | Εὐδώρειον οἶκον καὶ τὸν Μειδίλειον· τὸν δὲ τόπον | [ὅ]πει ὁ βωμὸς τοῦ Κτησίου καὶ τὸ ξοάνιον, τὸν τοῖχον | λύσαντα τὸν πάροδον ποιῆσαι ἐς τὸν ναὸν ‖ [τ]αύται καὶ οἰκοδομηθέντος τοῦ τοίχου τὸν βωμὸν | καὶ τὸ ξοάνιον καταστᾶσαι πάλιν ἐς τὸν τοῖ|χον· τὰς δὲ στάλας τὰς οὔσας ἐν τῶι τοίχωι | καὶ τὸν ἀπόρανθρον ὅσας μέν κα δυνατὸν ἦι | αὐτεῖ καταστᾶσαι· ὅσαις δέ [κα] μὴ ἦι τόπος ὅπει κα ‖ δοκῆι χρήσιμον ἦμεν· συντελεσθέντος δὲ ‖ τοῦ ναοῦ ἦμεν δαμόσιον καθʼ ἃ καὶ ὁ θεὸς ἔχρησε· | τᾶς δὲ ἐπερωτάσιος καὶ τοῦ χρησμοῦ ἀντίγροφόν [3]) | ἐστιν τὰ ὑπογεγραμμένα· |

Ἐπερωτᾶι Τιμόθεος [τὸ]ν θεὸν πότερον ‖ αὐτῶι λώιον καὶ ἄμει[νό]ν ἐστιν αἰτήσασθαι | τὰν πόλιν ἐν τῶι ἐπινοεῖ τόπωι ἐν τῶι τοῦ | Ἀπόλλωνος τοῦ Ἀσγελάτα, ὥστε ναὸν τᾶς | Ἀφροδίτας οἰκοδ[ομ]ῆσαι καὶ ἦμεν δάμοσιον | ἢ ἐν τῶι ἱερῶι τοῦ Ἀ[σκ]λαπιοῦ ἐν ὧι ἐπινοεῖ ‖ τόπωι· Ὁ θεὸς ἔχρησε αἰτήσασθ[α]ι ἐν τῶι το[ῦ] | Ἀπόλλωνος· τελεσθέντος δὲ τοῦ ναοῦ ἀνα|γραφῆμεν τό τε ψάφισμα καὶ τὸν χρησμὸν | καὶ τὰν ἔφοδον ἐστάλαν λιθίναν·

περὶ δὴ | τούτων δεδόχθαι τᾶι βουλᾶι· δεδόσθαι ‖ αὐτῶι καθάπερ αἰτεῖται, εἴ κα [δό]ξηι | τᾶι ἐκκλησίαι.

Inscriptionis, cuius litteratura finem fere II a. Chr. n. saeculi indicat, tres fuisse partes: *τὸ ψάφισμα, τὸν χρησμόν, τὰν ἔφοδον* ipsius verba v. 32 sq. testantur. Oraculum continetur v. 24—33, decretum v. 4—23 et 33—36 [4]), rogatio igitur ad populum lata praescripta erat in superiore parte lapidis, sed ex hac postrema solummodo verba supersunt (v. 1—3). quae Wilamowitz supplevit. Unde apparet rogationi quoque origine exemplum oraculi adiectum fuisse, quod tamen scriba ne bis incideretur hoc loco omittendum curavit.

Summa rei facile intellegitur: Timotheus quidam, cum aediculam Veneri consecrare reique publicae donare in animo haberet, oraculo de loco, ubi illam aedificaret, consulto, ut in fano Apollinis Asgelatae [5]) locus ad aedificandum daretur, ratione operis diligenter exposita a civibus petivit atque impetravit. Difficiliora singula quaedam sunt, ac praecipue ea, quae

1) ΑΞΙΩΣ lapis, quod frustra defendere conatus est Bechtel; em. iam Ross scribendo *ἀξιῶ(ν)*, sed faciliorem errorem lapicidae subesse acute vidit Wilhelm.

2) hoc quod iam ex Hilleri lectione ΚΑΙ⋏ΟΙ restituerant Wilamowitz et Kaibel, lapide inspecto, ubi recognovit ΧΟΙ ‹Ρ, confirmavit Wilhelm.

3) ita hic in lapide scriptum, supra v. 3 *ἀντίγραφα*.

4) haec postrema verba sane potius e probuleumate remansisse recte monuit Wilam. apud Hillerum.

5) idem haud dubie est qui apud scriptores et *CIG*· 2482 *Αἰγλήτης* audit; vid. quae de horum nominum ratione et de nominibus *Αἴγλη* et *Ἀσκλαπιός* disputavit Wilamowitz *Isyllos* p. 93, sed cf. etiam Usener *Götternamen* p. 135.

de ratione illa operis exponuntur (v. 12 sqq.), mihi quidem non ab omni parte perspicua esse fateor. Interim non his de aedificando praeceptis titulus, sed ipso Timothei consilio ac rogatione memorabilis est: talia enim sive publico sive privato sumptu ac consilio persaepe facta esse in propatulo est, sed nullus praeterea de eius modi re extat titulus peculiaris.

V. 12 *τὸν Εὐδώρειον οἶκον καὶ τὸν Μειδίλειον*: non privatae domus dicuntur, id quod haud dubie voce *οἰκία* significatum esset[6]), sed aedificia ad usum nescio quem sacrum ab Eudoro quodam et Meidilo consecrata. An heroum sacella dicuntur?[7]) *Μιδύλος* quidem heros eponymus phratriae Aeginensis occurrit schol. Pind. Pyth. VIII 53.

V. 13 *ὁ βωμὸς τοῦ Κτησίου καὶ τὸ ξοάνιον*: notissimus *Ζεὺς Κτήσιος*, sed quod hic nomen Iovis deest, id non casui vel breviloquentiae cuidam tribuo, sed non dubito, quin antiquitus hoc loco nemo nisi *Κτήσιος* solus tamquam proprius deus cultus sit, etsi nimirum recentiores homines sponte Iovem animo intellegebant. Cultum hoc loco antiquum fuisse vel *τὸ ξοάνιον* illud testatur, quod iustumne simulacrum fuerit, dubito. Quamquam simile signum quod decribit Autoclides (Athen. XI 473 c): *Διὸς Κτησίου σημεῖα*[8]) *ἱδρύεσθαι χρὴ ὧδε· καδίσκον καινὸν δίωτον ἐπιθηματοῦντα στέψαι τὰ ὦτα ἐρίῳ λευκῷ καὶ ἐκ τοῦ ὤμου τοῦ δεξιοῦ καὶ ἐκ τοῦ μετώπου κτλ.*, non dici idem nomen *ξοάνιον* satis prodit.

123. Astypalaeae in ecclesia S. Eustathii. Edd. Dubois *BCH* VII (1883) p. 477 n. 1, Bechtel *SGDI* 3472, Michel *Recueil* 794, Hiller v. Gärtringen *IG* XII 3 n. 183 et suppl. p. 278, Dittenberger *Syll.*² 563. Cf. etiam Haussoullier *Rev. crit.* 1900 p. 28.

Ἐ]ς τὸ ἱερὸν μὴ ἐσέρπεν ὅστις μὴ ἁγνός ἐστι, ἢ τελει
ἢ αὐτῶι ἐν νῶι ἐσσεῖται.

Lex, quam vix multo post a. a. Chr. n. 300 exaratam Hiller iudicat, similiter ac leges n. 49. 90—92. 148. 192 caste in sacellum intrare iubet, breviore sane modo, sed ob id ipsum fortasse magis ex antiquo Graecocorum usu. Posterior pars tituli certam adhuc interpretationem non invenit quamvis varie temptata: Bechtel eum prohiberi coniecerat, qui non esset purus sive re sive voluntate et consilio, id quod Dittenb. recte improbavit cum propter indicativi futuri usum in hac conexione sententiarum pravum, tum quia *εἴτε* — *εἴτε* dicendum fuisset pro *ἤ* — *ἤ*. Wilamowitz apud Hillerum interpretatus est '*aut multam solvet aut ἐνθυμηθήσεται.*' Cui iterum Dittenb. recte obiecit de multis *ἀποτίνειν* non *τελεῖν* usurpari solere, nec omnino lege multam indefinitam relinqui oportebat. Iam vero ipse D. 'ad extremum auxilium' sibi confugiendum ratus terminationem

---

6) cf. quae de hac re monui ad n. 95 p. 274 et ad n. 112 p. 296 sq.

7) conferri potest *οἶκος* ille Aphaeae dedicatus (Furtwängler *Münch. Sitzungsber.* 1901 p. 372, Fränkel *Rhein. Mus.* LVII p. 152 sq.), cf. etiam *CIG* 3163.

8) iniuria hoc vocabulum traditum in dubium vocatum esse mihi videtur, cf. quae ad n. 127 v. 5 *πρὸ τõ σαμηίο* adnotavi.

adiectivi τέλειος neglegentia omissum esse coniecit, quod idem hic sibi velle atque ὁλόκληρος, μὴ ἀνάπηρος: homines enim, qui integro corpore non essent, sicut a sacerdotiis gerendis ita alicubi adeo a fano adeundo arceri non esse incredibile. At non modo solet certe in sermone sacro τέλειος ad aetatem potius quam ad integritatem corporis spectare, sed etiam necessario, ut optime monuit Haussoullier, negatio μή ante τέλειος repetenda fuit. Hiller denique nuperrime animo post τελεῖ supplendum proposuit ἐς τὸ κοινόν sicut diceretur εἰς Βοιωτοὺς τελεῖν: privatum esse fanum sodalicii alicuius; introitum externis vetari. Nec tamen mihi persuasit, quoniam ita ea vox, quae summam rem continet, ἐς τὸ κοινόν omissa esset. Ipse olim dativum τέλει i. e. *magistratui* periclitatus eram id dici ratus, si quis impurus fanum intrasset, eum aut per magistratum aut ex ipsius conscientia poenam esse daturum, sed et nudum τέλος hac vi usurpatum offendit[1]) et verbis ἐν νῶι ἐσσεῖται illud inesse vix potest.

124. Ara (ἐσχάρα) lapidis nigri volcanii, effossa in clivo occidentali urbis Therae. Ed. Hiller von Gärtringen *IG* XII 3 suppl. n. 1369 addita imagine photographica.

Κούρης·
πελαν[όc]

Verba, quoniam arae inscripta sunt, haud dubie ita intellegenda sunt, ut Virgini divinae in hac ara πελανὸς sacrificari iubeatur. Cf. similes ararum inscriptiones Atticas n. 19—22, praecipue n. 21 Ἡρακλέως· θύειν τρία μονόνφαλα. — De placentae vel potius pultis genere quod nomine πελανός significatur cf. p. 25 sq.

125. In insula Thera prope Apollinis templum; '*auf einer schrägen Felsplatte in einer großen Einarbeitung (Länge 0,87, Höhe 0,35, Tiefe 0,70—0,75), auf die sich offenbar die Inschrift bezieht. Weil hat den Punkt auf seiner Skizze als Nymphaion bezeichnet. Vortreffliche Schrift.*' Edd. J. Hogg *Transact. of the Roy. Soc. of Lit.* V 2 (1856) 25, 9; R. Weil *MAI* II p. 73 n. 13. Denuo exscripsit A. Schiff saepiusque contulit Hiller v. Gärtringen, qui edidit *IG* XII 3 n. 378, unde Blass *SGDI* 4742. Cf. etiam quae Hiller in libro *Die Insel Thera* I p. 151 adnotavit, ubi p. 284 imaginem rupis addidit.

Ὑλλέων
Νύμφαι
vac. δοιαί· οὐκ ἀποφορά.

Inscriptionem IV a. Chr. n. saeculo tribuendam ad cultum, quem tribus Hyllensium Nymphis (vel Nymphae?[1])) illo rupis loco instituerat, pertinere

1) poetae exemplum velut Aesch. Sept. 1009 τοιαῦτ' ἔδοξε τῷδε Καδμείων τέλει non sufficit.

1) eodem enim iure ni fallor Νύμφαι et Νύμφᾳ transcribere possumus; etiam in antro Nympharum Varensi aliquot dedicationes Nymphae, non Nymphis factae sunt.

demonstratur v. 1 et 2. Verba *οὐκ ἀποφορά* praeceptum pluribus exemplis notum continent, ne quis carnes victimarum domum auferat (cf. n. 48 et quae ibi attuli). Sed quid sibi vult illud ΔΟΙΑΙ? Hoc enim certum esse nec suppleri posse cum Weilio *ἀποδί]δο(τ)αι*, cui etiam positio particulae *οὐκ* repugnat[2]), statuit Hiller et numerum victimarum, non Nympharum indicari adnotat, atque hoc quidem recte, si modo litteris illis adiectivum numerale latet, neque enim ad antecedens *Νύμφαι* referri posse vel e litteraturae diversa magnitudine apparet. Quamquam tale praeceptum, quo numerus victimarum significatur, genus ipsum non item, tam mirum et inauditum est, ut non de lectione, sed de interpretatione eius dubitem; cf. etiam proximum titulum.

126. In insula Thera in rupe, prope foramen oblongum l. 0,40, a. 0,30, cr. 0,30. Ed. Hiller von Gärtringen *IG* XII 3 n. 377 et *Die Insel Thera* I p. 28 et 284, Blass *SGDI* 4741.

᛬Γ ᾿ΊΑΝ͵ϽΝ	Δ]υμάν[ω]ν
ΦΑΙ	Νύμ]φαι
ΚΟΙ'ΛΙ ////////// Β	κοπ̣αι. .β

Comparata superiore rupis inscriptione huius v. 1 et 2 facile et certo supplentur tribumque alteram Dymanum in hac parte rupis Nymphas vel Nympham coluisse apparet. Iterum autem v. 3 ratio incerta est. Hiller comparato illo *δοιαί* superioris inscriptionis extrema littera B numerum victimarum significari coniecit, unde sequeretur litteris antecedentibus sacrificii nomen latere. Sed nullum video, quod cum litteris ab Hillero lectis conveniat. Id quod in libro de Thera scripto legendum coniecit *κό(μ)αι* etiam per se ipsum, si modo Β illud numerum indicat, displicet.
Scriptumne fuit *Κό(ϱ)αι*?

127. In insula Thera: ʽante portam specus qui nunc est ecclesia Christo dedicata, ad dextram intranti titulus est in ipsa rupe incisus. Litterae bonae ineuntis fere IV a. Chr. n. saeculi partim integrae sunt, partim delapsa saxi superficie evanidae (a. 0,04—0,06). Nihil dispexit Ross (*Reisen auf d. griech. Ins.* I [1840] p. 64), pauca Michaelis *Ann. dell' Inst.* XXXVI (1864) p. 256, plura R. Weil *MAI* II (1877) p. 65. Exscripsi.' Hiller von Gärtringen *IG* XII 3 n. 452 unde Blass *SGDI* 4772. Cf. etiam quae Hiller *IG* XII 3 suppl. p. 301 addidit et praecipue quae in libro *Die Insel Thera* p. 202sq. adnotavit.

Γ̣Ε̣¯//ΝΗΙ̣Ο̣Ν
᾿Αρταμιτίο τετάρται
πεδ᾿ ἰκάδα θυσέοντι
ἱαρόν, ᾿Αγορηΐοις δὲ
δε]ῖπνογ [κ]αὶ ἱα[ρ]ὰ πρὸ τô σαμηΐο.

---

2) id optime observatum invenio in schedis quas Prott reliquit.

Inscriptionis v. 1 Hillerum, cum primum titulum ederet, fugerat et demum anno 1899, cum una cum Kernio denuo rupem inspiceret, litterarum vestigia incerta rupi incisarum dispexit, ac tum quidem ea fere, quae recepi legere sibi visus erat, sed in ectypo ne ea quidem omnia recognovit, sed finem solum, eum vero ita: ΝΗΤΟΝ. v. 4 ΑΙ.ΝΑΓΩΙΗΤΟΙΣΔΕ Weil. v. 5 Ι ΝΟΓ\ΑΗ/ .ΑΠΡΟΤΩ ΣΑΜΗΙΩ Weil.

Haec lex utrum populo an parti populi cuidam an homini privato debeatur, nunc non iam explorari potest, olim fortasse in v. 1 indicatum erat. Distinguuntur autem duo sacrificia: unum quod fiebat hostia mensis Artamitii die XXIV — cui deo deaeve fieret, aut v. 1 indicatum erat aut ipso loco inscriptionis apparebat — alterum quod lectisternio et hostiis fiebat *Ἀγορηΐοις*. Iam de hac ipsa voce ambigi potest, utrum sollemnia quaedam dicantur an dei, fori scilicet praesides. Hoc dici et Hiller et Wilamowitz consentiunt, quam sententiam per se veri similiorem esse patet, quoniam di *Ἀγορήϊοι* multo facilius intelleguntur quam sollemnia nescio quae *Ἀγορήια*. Tamen nescio an in ipsis inscriptionis verbis quaedam sint, quae alteri interpretationi faveant, quae saltem afferre meum duco. Primum enim diei XXIV mensis Artamitii opponi vocem *Ἀγορηΐοις* specie quidem commendari videtur, deinde vero quod illo die unum *ἱαρόν*, *Ἀγορηΐοις* autem non modo *δεῖπνον* i. e. lectisternium[1]) offertur, sed etiam plura *ἱαρὰ* sacrificantur, id discrimen facilius intellegitur, si altero loco de sollemnibus paulo maioribus agitur. Itaque ut nunc res est, exploratam eam ducere dubito.

In verbis extremis *πρὸ τõ σαμηίο* praepositione locum, non tempus indicari signumque aliquod divinum[2]) dici, quale tridentis in arce fuit Athenarum, Hiller coniecit et confirmavit Wilamowitz hisce verbis notatu perdignis[3]): '*gewiß kann πρὸ nur lokal sein "vor dem Zeichen", und zwar ist das das "Symbol" (der Fetisch) der ἀγορῆιοι. — Wir haben hier die Art des Kultes genau wie bei Aesch. Hik. 205 ff.*[4])*, wo statt der Götter σημεῖα an den Altären stehen, das Wort selbst 218. Aeschylos hat dieses Surrogat der Götterbilder als charakteristisch für die Urzeit empfunden; was er schildert, ist eine ἀγορὰ ἐφορία, da an der Küste.*' Cf. etiam quae de prisco more *Διὸς Κτησίου σημεῖα* condendi ex Autoclide (Athen. IX p. 473 c) attuli p. 313.

128. Stela marmoris albi cum dente, inventa Therae. Edd. Goettling *Bull. dell. Inst. arch.* 1841 p. 57, Ross *Ann. dell. Inst.* XIII (1842) p. 21 (= *Arch. Aufs.* II p. 423, 29), Boeckh *CIG* II add. 2465 f, Rangabé *Ant. Hell.* 895, Ditten-

1) plerumque in legibus pro *δεῖπνον* dicitur *τράπεζα*, nec vero desunt illius vocis exempla, cf. e. g. *BCH* XXVII p. 22 in titulo Stratonicensi ad Iovem Panamarium pertinente *ἀπέδωκεν πάσῃ τύχῃ τὰ ἀνενεγχθέντα τᾷ θεῷ δ[εῖ]πνα*.

2) simulacrum velut anaglyphum, quo di *Ἀγορήιοι* repraesentabantur, dici, quod item H. proposuit, veri dissimile equidem duco.

3) apud Hillerum (*Die Insel Thera* p. 223 not. 17).

4) *τίν' οὖν κικλήσκω τῶνδε δαιμόνων ἔτι; — ὁρῶ τρίαιναν τήνδε, σημεῖον θεοῦ.*

berger *Syll.*[2] 630 (377[1]), Michel *Recueil* 715, Hiller von Gärtringen *IG* XII 3 n. 436 qui et ipse lapidem vidit et apographo ectypoque Schiffii usus est. Cf. etiam in eiusdem libro *Die Insel Thera* p. 172.

Οὗροι ⁝ γᾶς[1])
Θεῶν Ματρί.

Θεὸς ἀγαθᾶι τ|ύχαι ἀγαθοῦ δ||αίμονος· θυσία | Ἀρχίνου· τῶι ἔτ|ει τῶι πρατίστ|ωι θύσοντι βοῦ|ν καὶ πυρῶν ἐγ ‖ μεδίμου ⁝ καὶ | κριθᾶν ἐγ δύο μ|εδίμνων καὶ οἴνο|υ μετρητὰν καὶ ἄλλα | ἐπάργματα ὧν αἱ ὧρ||αι φέρουσιν, μηνὸς Ἀρτε|μισίου πέμπται ἱσταμ|ένου καὶ μηνὸς Ὑακινθίο|υ πέμπται ἱσταμένου.

v. 14 ΕΠΑΡΓΜΑΤΑ Rang. Schiff, ΑΠ° ceteri.

Inscriptionem, cuius litterae simplices et sine apicibus IV a. Chr. n. saeculo recentiores non sunt, ad sacra privata pertinere apparet verbis *θυσία Ἀρχίνου*: Archinus quidam civis locuples, cum fundum aliquem Matri Deorum consecraret, cippo terminali legem de sacris faciundis incidit.

τῶι ἔτει τῶι πρατίστωι: sensum locutionis satis mirae Boeckh videtur ita recte interpretatus esse: inde a proximo post sacra instituta anno. — *θύσοντι* sc. familia heredesque Archini; de futuri usu cf. titulum proxime antecedentem et Prott *Fasti* n. 3 v. 5 *ἀλεκτρυόνα καρπώσεις*, v. 21 *κιττώσεις*, v. 24 *ἐπι[θύ]σεις*.

βοῦν: ceteri, qui hunc titulum vel ediderunt vel exemplo eius usi sunt, iustum bovem hoc loco intellegere videntur. Sed contraria suspicio vel inde nascitur, quod duplex bovis sacrificium condicionem huius cultus privati et sacelli haud dubie parvi[2]) superat. Accedit vero, quod structura proximorum verborum *πυρῶν ἐγ μεδίμνου καὶ κριθᾶν ἐγ δύο μεδίμνων*, si propria per se praecepta efficiunt, permira ac ni fallor vix ferenda est: exspectamus enim tum dici *πυρῶν μέδιμνον* vel *πυροὺς ἐγ μεδίμνου*. Praepositio *ἐκ* quid in tali conexu sibi velit, similibus apparet exemplis fastorum Coorum: *ἱερὰ ἐξ ἡμιέκτου* (Prott n. 5 = Dittenberger *Syll.*[2] 616 v. 21) et *θύεται ἀλφίτων ἡμίεκτον, ἄρτο[ι δύ]ο ἐξ ἡμιέκτου* (*ibid.* v. 48), ubi partem indicari frumenti, ex qua panes vel *ἱερά* conficiantur, Dittenberger rectissime statuit (*Syll.*[2] 616 not. 17), cf. etiam n. 129 col. V 35 sq. *ἐλλύτας ἐκ πυρῶν χοινίκων πέντε καὶ τυροῦ καπυροῦ στατῆρος*. Concludo similiter hic verba *ἐγ μεδίμνου* et *ἐγ δύο μ.* coniungenda esse cum voce *βοῦν* neque igitur iustum bovem sacrificandum fuisse, sed ex more notis-

1) ita, non *Γᾶς* scribendum esse iam R. et B. recte contra primum editorem statuerunt, qui fundum Terrae vel Deorum matri sacrum intellexerat. Sed tum utrumque nomen eodem casu necessario enuntiandum erat. Etiam versuum divisio repugnat, quam propterea hoc loco retinui. Sane solent in his terminis nomina *ἱερόν* et *τέμενος* usurpari, nec tamen deest huius vocis exemplum, cf. Michel *Recueil* 767 *Ὅρος τᾶς | γᾶς τᾶς [ἱα]||ρᾶς τῶν σ[υν]||θυτάων τᾶμ | Μυσά[ων τῶ]ν Εἰ|σιοδείων*; quae si Archinus noster scribere debuisset, haud dubie ut nimis multos genetivos vitaret incidisset *ταῖς Μούσαις ταῖς Εἰ.*

2) parvam aram una cum hac stela inventam esse Hiller adnotat.

simo[3]) libam in bovis figuram redactam, quae e certis modis et tritici et hordei conficienda erat. Sane duplex *καί* pro *τέ* — *καί* propter *καί* deinceps sequentia paulum scrupuli movet.

ἐπάργματα quod in lapide scriptum videtur, idem nimirum atque *ἀπάργματα*, sicut in rationibus Eleusiniis pro *ἀπαρχή* saepius *ἐπαρχή* dicitur (vid. p. 24 not. 22 et cf. etiam n. 65 v. 20): primitiae igitur omnium fructuum, quicunque per annum gignuntur, deae consecrandae sunt: cf. Thuk. III 58, 4 *ὅσα ἡ γῆ ἡμῶν ἀνεδίδου ὡραῖα, πάντων ἀπαρχὰς ἐπιφέροντες*, Porphyr. II 16 (e Theopompo) *ἀπὸ πάντων τῶν περιγιγνομένων καρπῶν καὶ τῶν ὡραίων, ἃ ἐκ τῆς γῆς λαμβάνεται, τοῖς θεοῖς τὰς ἀπαρχὰς ἀπονέμειν*, Philostr. V. Apoll. IV 16 p. 71 *K*. *δημοσίᾳ τε θύουσί μοι καὶ ὡραίων ἀπάρχονται*.

129. Quattuor tabulae marmoris fusci quae olim partem longae basis efficiebant quattuor statuis ornatae. Lapides Theraeos esse postquam Boeckh ipsius tituli indiciis nisus egregie divinavit, documentis bibl. Ambrosianae et inscriptione Deliaca (vid. infra not. 3) Riccius et Homolle confirmaverunt. Nunc extant Veronae in museo Maffeiano. Edd. Gruter *Corp. inscr.* 1707 I p. 216 sqq., Maffei *Mus. Veron.* p. 15 sqq., unde Boeckh *CIG* 2448 et Cauer *Del.*[2] 148. Denuo contulit lapides variasque lectiones ed. Br. Keil *Hermes* XXIII p. 289 sqq. (cf. *ibid.* XXIV p. 160), deinde accuratissima lapidum et descriptione et historia addita Ricci *Monum. Ant. dei Lincei* II (1893) p. 69 sqq., Dareste-Haussoullier-Reinach *Inscr. Iurid. Gr.* II p. 77 n. XXIV cum comm. p. 104 sqq., Hiller de Gärtringen qui ipse denuo lapides contulit et imagine autotypa litteraturae speciem dedit *IG* XII 3 n. 330, Michel *Recueil* 1001, Blass *SGDI* 4706. Cf. praeterea Homolle *Ἐφ. Ἀρχ.* 1894 p. 141 sqq. et *BCH* XVIII (1894) p. 111, Ziebarth *Griech. Vereinswesen* p. 7 sqq. et passim, Hiller v. Gärtringen *Thera* I p. 170 sq.

Ἐπὶ ἐφόρων τῶν cὺν Ἱμέρτωι, Διοcθύου· | ἐπειδὴ Ἐπικτήτα Γρίννου μετὰ κυρίου τοῦ τᾶc | θυγατρὸc ἀνδρὸc Ὑπερείδουc τοῦ Θραcυλέον|τοc, cυνευαρεcτούcαc καὶ τᾶc θυρατρὸc αὐ||τᾶc Ἐπιτελείαc, ἐπιδέδωκε ἐc θυcίαν ταῖc | Μούcαιc καὶ τοῖc ἥρωcι καὶ ἐc ἀνδρείου τῶν cυγ|γενῶν cυναγωγὰν κατὰ διαθήκαν δραχμὰc | τριcχιλίαc, ἐc ἃc καὶ λαμβάνεν καθ᾽ ἕκαcτον | ἔτοc παρὰ τῶν διαδόχων αὐτᾶc δραχμὰc δι||ακοcίαc δέκα, ὥcτε γίνεcθαι τὰν cυναγω|γὰν ἐπ᾽ ἁμέραc τρεῖc ἐν τῶι Μουcείωι, ὧι αὐτὰ | κατεcκεύωκε ὑπέρ τε τοῦ ἀνδρὸc αὐτᾶc Φοί|νικοc καὶ αὐτᾶc καὶ τῶν υ[ἱῶν] Κρατηcιλόχου † καὶ Ἀνδραγόρα, καὶ θύεν τὸ[ν μ]ὲν τὰν πράταν ἐπι||μηνιεύοντα ταῖc Μούcαι[c, τὸ]ν δὲ τὰν δευτέ|ραν τοῖc ἥρωcι Φοίνικι καὶ [Ἐπικ]τήται, τὸν δὲ | τὰν τρίταν τοῖc ἥρωcι Κρατ[η]cιλόχωι καὶ Ἀν|δραγόραι· ἀγαθᾶι τύχαι, δεδόχθαι· τάν τε ἐπαγ|γελίαν ἀποδέξαcθαι αὐτᾶc καὶ ποιεῖcθαι τὰν ‖ ⟨ταν⟩ cυναγωγὰν ἀπὸ τοῦ πράτου ἀλείμματοc[1]) | καὶ ἐπιχεῖcθαι πάνταc

---

3) cf. quae de hac re collegit Stengel *KA*[2] p. 90 sq.

1) non ΠΛΕΙΜΜΑΤΟΣ, sed ΑΛΕΙΜΜΑΤΟΣ scriptum esse certo statuit contra omnes priores Hiller: '*prima littera ex alia, cuius linea superior transversa* —

ἀπὸ δείπνου, ἐπὶ τὸ πρᾶ|τον ποτείριον, τᾶν τε Μουςᾶν καὶ Φοίνικος καὶ Ἐπι|κτήτας καὶ Κρατηςιλόχου καὶ Ἀνδραγόρα·

τὰν | δὲ ςυναγωγὰν τοῦ ἀνδρείου τῶν ςυγγενῶν ‖ γίνεςθαι ἐμ μηνὶ Δελφινίωι ἐν τῶι Μουςείωι, κα|θ' ἕκαςτον ἔτος ἀμέρας τρεῖς, καὶ λειτουργῆν | ἅπαξ, ἀνὰ πρεςβύτατα, δωρεὰν πάντας, ὁμοί|ως δὲ καὶ τὸς ἐκ τούτων γενομένος καὶ παρα|γινομένος ἐς τὸ κοινεῖον λειτουργῆν, γενο‖μένος ἐκ τῶν ἐφήβων, τὰν πράταν ἐπιμηνιεί|αν δωρεάν· παρεξοῦντι δὲ οἱ δωρεὰν ἐπιμη|νιεύοντες οἶνον ξενικὸν ἱκανὸν δόκιμον ἕως | τριῶν πινόντων, ςτεφάνος, μουςικόν, μύρον· | εἰ δέ κά τις μὴ ἐπιμηνιεύςηι κατὰ τὰ γεγραμμέ‖να, ἀποτειςάτω τῶι κοινῶι δραχμὰς ἑκατὸν καὶ | πραςςέςθω ὑπὸ τοῦ [κατα]τυγχάνοντος V. ἀρτυ‖τῆρος κατὰ [τὸς] νόμος, καὶ μὴ μετεχέτω τοῦ | κοινοῦ ἐς ὅ [κα ἐκ]τείςῃ· ἐπὶ δὲ ταῦτα τὰ ἔτη | τὰν πίπτο[υςαν] πόθοδον τῶι κοινῶι ὁ κατα|τυγχάνω[ν] ἀ[ρτυ]τὴρ πράξας ἀποδιδότω ἐπὶ ‖ ςύλλογον, καὶ ἐ[γ]δανειζέςθω ὑπὸ τῶν αἱρε|θέντων ἐγ[δ]ανειςτᾶν ἐπὶ ὑποθήκαις ἐγγαί|οις ἀξιοχρέοις, χωρὶ τοῦ ἀφαιρουμένου ἐς | τὰς θυςία[ς] ταῖς τε Μούςαις καὶ τοῖς ἥρωςι | κατὰ τὰν δι[α]θήκαν· ἀφαιρούντων δὲ καὶ ςυλ‖λογευτικόν, μὴ πλεῖον δραχμᾶν δέκα πέν|τε·

εἰ δέ κα ἐγ δωρεᾶς ἐπιμήνιοι μηκέτ' ὦντι, | δεξοῦντ[αι] κατὰ τὸ ἑξᾶν ἀνὰ πρεςβύτατα | πάντες οἱ [π]αραγινόμενοι, καθὼς γέγραπται | καὶ τὸς δω[ρ]εὰν δεχομένος, καὶ λαμψοῦνται ‖ παρὰ τοῦ ἀρτυτῆρος δραχμὰς πεντήκοντα | πρὸ τοῦ τὰν ςύνοδον ἦμεν πρὸ ἀμερᾶν δέ|κα· εἰ δέ κα [μ]ὴ δέξηται λαβών, ἀποτειςάτω | δραχμὰς [ἑ]κατὸν πεντήκοντα, καὶ πραξά|τω αὐτὸν [ὁ] ἀρτυτὴρ καὶ ἐνεχύραςτος ἔς‖τω αὐτῶι κατὰ τὸς νόμος· ἐς ὃ δέ κα ἐκτεί|ςῃ, μὴ μετ[ε]χέτω τοῦ κοινοῦ· ἐπιμ[η]νιευςά|τω δὲ κατ' αὐτὸν ὁ ἀρτυτὴρ καὶ κομιςάςθω | ἀπὸ τᾶν π[ο]θόδων πρᾶτος·

τὸ δὲ δεῖπνον | γινέςθω, [ὥ]ς κα δόξει τῶι κοινῶι καὶ ἀφ' ὅ‖ςου κα δό[ξ]ει·

ὁ δὲ ἀρτυτὴρ εἴ κα μὴ ἐξοδιά|ξει τοῖς ἐπιμηνίοις κατὰ τὰ γεγραμμένα, ὁ | μὲν ἐπιμ[ή]νιος πάντως δεχέςθω καὶ θυ|έτω τὰν ἐπιβάλλουςαν αὐτῶι θυςίαν, ὁ δὲ | ἀρτυτὴρ ὧι κα μὴ ἐξοδιάξει ἐπιμηνίωι ὀφει‖λέτω δρα[χ]μὰς ἑκατὸν πεντήκοντα, καὶ ἁ | πρᾶξις ἔςτω τῶι μὴ λαβόντι κατὰ τοῦ ἀρτυ|τῆρος, κατ' [ἐ]νεχυραςίαν κατὰ τὸς νόμος, καὶ | μὴ μετεχ[έτ]ω τοῦ κοινοῦ, ἐς ὅ κα ἐκτείςῃ·

θυ|έτω δὲ ὁ [μὲ]ν τὰν πράταν ἐπιμηνιεύων ἀμέ‖ραν ταῖς [Μο]ύςαις ἱερεῖον καὶ ἱερά, ἐλλύτας | ἐκ πυρῶ[ν χο]ινίκων πέντε καὶ τυροῦ VI. καπυ‖ροῦ ςτατῆρος· παρέξει δὲ καὶ ςτεφά[νο]ς τοῖς | θεοῖς καὶ τὰ

---

certa est (fortasse ˥ *id est* Γ*), correcta omnes fefellit. Non de soluta pecunia agitur, sed de unctione ante convivium faciunda.'* Scilicet sollemne initium *τᾶς συναγωγᾶς* (*der offizielle Beginn* ut nos dicimus) ex prima unctione ductum est, id quod propter expensas constitutum puto.

λοιπὰ τὰ ποτὶ τὰν θυσί[αν π]άντα· | ἀπὸ δὲ τούτων καρπώσει τοῖς θεο[ῖς τ]ά τε ἐ|κ τοῦ ἱερείου νενομισμένα ἱερὰ καὶ ἐλ[λύ]ταν· ὁ ‖ δὲ τὰν δευτέραν τοῖς ἥρωσι Φοίνικι καὶ Ἐπι|κτήται, ἱερεῖον καὶ ἱερά, ἐλλύτας ἐκ π[υ]ρῶν χοι|νίκων πέντε καὶ τυροῦ καπυροῦ στ[α]τῆρος· | παρέξει δὲ καὶ στεφάνος τοῖς ἥρωσ[ι] καὶ τὰ λοι|πὰ τὰ ποτὶ τὰν θυσίαν πάντα καὶ καρπώσει τά ‖ τε ἐκ τοῦ ἱερείου νομιζόμενα ἱερὰ κ[α]ὶ ἐλλύ|ταν καὶ ἄρτον καὶ πάρακα καὶ ὀψάρια τ[ρί]α· ὁ δὲ | τὰν τρίταν θύσει τοῖς ἥρωσι Κρατησι[λό]χωι καὶ | Ἀνδραγόραι κατὰ τὰ αὐτὰ καθὰ γέγρ[απ]ται θύ|εν Φοίνικι καὶ Ἐπικτήται· οἱ δὲ ἐπιμήν[ιοι] οἱ θύον‖τες τὰς θυσίας ταύτας ἀποδωσο[ῦ]ντι τῶι | κοινῶι τός τε ἐλλύτας πάντας καὶ τῶν | σπλάγχνων τὰ ἡμίση, τὰ δὲ λοιπὰ [ἕ]ξοῦντι | αὐτοί· ὁ⟨ι⟩ δὲ ἀρτυτὴρ διελεῖ τὰ ἱερὰ τ[ο]ῖς παροῦ|σι.

εἰ δέ κα ᾖ ἐπιμηνιεία δωρεάν, πω[λ]είτω ὁ ἐ‖πίσσοφος ὅστις θύσει τὰς θυσίας [τ]αύτας | κατὰ τὰ γεγραμμένα, ὅσου δέ κα ἀπ[ο]δῶται, ὁ | ἀρτυτὴρ ἐξοδιαζέτω κτλ.

Inscriptio, quae nomine testamenti Epictetae comprehendi solet, re vera duos titulos continet: ipsum testamentum, quo Epicteta e nobilissima Aegidarum familia Theraea oriunda[2]) Musis et Phoenici coniugi suo ac filiis sibique cultum instituit (col. I—III), et legem sodalium eius quod instituitur collegii (*τοῦ κοινοῦ τοῦ ἀνδρείου τῶν συγγενῶν*). Hoc loco non universam inscriptionem, ut cuius praecepta plurima omnino non ad res sacras spectent, sed priorem solummodo partem legis recepi (col. IV. V. VI v. 1—22), praesertim cum initio eius etiam testamenti argumentum repetatur. Aetatem tituli esse exiens III aut iniens II a. Chr. n. saeculum Boeckh et Riccius e litteraturae genere concluserunt, confirmavit Homolle titulo Deliaco, quo unum ex Epictetae propinquis, Archinicum Gorgopae filium (col. III 19) intra annos 210—195 honoratum esse apparet.[3])

Plurima praecepta legis interpretationem non requirunt, adnotanda haec videntur. Ac primum quidem quod voluntarii epimenii *δωρεὰν λειτουργεῖν* iubentur (IV 27 sqq.), cave credas etiam ipsorum sacrificiorum expensas inter munera eorum fuisse, sed praebere debent solummodo ea, quae col. IV v. 32 sq. enumerantur *οἶνον ξενικόν*[4]) *ἱκανὸν δόκιμον ἕως τριῶν πινόντων*[5]), *στεφάνους, μουσικόν, μύρον* sc. ea quae ad convivium sollemne pertineant; diserte enim paulo infra col. V 2 sqq. pecuniae *ἐπὶ ταῦτα τὰ ἔτη* sc. epi-

---

2) optime hanc rem demonstravit Boeckh eaque potissimum usus est, ut originem Theraeam tituli confirmaret. Etiam nomen coniugis Epictetae *Φοίνιξ* inde illustratur, Theras enim, conditor Therae, Cadmeus erat (Herod. IV 147).

3) *Ἐφ. Ἀρχ.* 1894 p. 141 sqq.

4) *οἶνον ξενικόν* editores inscr. Iurid. vereor ne artificiosius interpretentur *du vin tel qu'on en offre aux hôtes.* Quidni simpliciter vocem de peregrino i. e. nobiliore aliquo vino accipimus? Cf. Sall. Iug. 44 *pecoris et mancipiorum praedas agere eaque mutare cum mercatoribus vino advecticio et aliis talibus.*

5) *δόκιμον ἕως τριῶν πινόντων* coniungendum sensumque esse '*bis zu dreien sollen zum Probieren berechtigt sein*' vidit Blass.

meniorum voluntariorum redeuntes collocari iubentur χωρὶ τοῦ ἀφαιρουμένου ἐς τὰς θυσίας ταῖς τε Μούσαις καὶ τοῖς ἥρωσι κατὰ τὰν διαθήκαν et quod ibi pergitur ἀφαιρούντων δὲ καὶ συλλογευτικόν, μὴ πλεῖον δραχμᾶν δεκαπέντε, vel ad conventus et convivii expensas epimenios pecunia adiutos esse addiscimus. Itaque 50 drachmis, de quibus deinceps col. V v. 15 sqq. agitur, unice impensae conventus post sacrificium celebrandi efficiuntur, de quo conventu, cum epimenii tamquam hospitii munere fungantur, verbum δέχεσθαι usurpatur (cf. testamenti Diomedontis n. 144 B v. 26 et quae ibi adnotavi). Denique ex hac munerum epimeniorum voluntariorum circumscriptione explicandum videtur praeceptum col. VI v. 19 sqq., quod primo obtutu satis mirum Boeckh ita recte interpretatus est: '*praecipitur, cum voluntariis ἐπιμηνίοις sacrificii impensae non iniunctae sint (vid. IV extr.), ut in voluntaria ἐπιμηνιείᾳ epissophus, qui tum sacrificium offerre debet, locet hoc sacrificium redemptori et, quanto pretio locatum fuerit, id pretium solvat ἀρτυτήρ.*' Ceterum eodem hoc praecepto ἐπισσόφου i. e. ἐπισόφου munus, quod aliunde adhuc non innotuit, paulo tamen latius patere quam γραμματέως et ἀντιγραφέως, quibuscum Boeckh comparavit respiciens aperte praecepta col. VI v. 25 sqq., apparet (cf. etiam VI v. 22—24). Ἀρτυτήρ autem huic quidem conventui haud dubie idem fere ac ταμίας est.

Restat ut de sacrificiis ipsis, praecipue de verbis ἱερεῖον καὶ ἱερά pauca addam: ἱερεῖον hic sicut n. 85 ovem significare nihil video cur putemus, immo quam victimam afferant, arbitrio epimeniorum permittitur, velut etiam in Diomedontis Coi de victimis praeceptis ter coniunctio ἤ legitur (n. 144 A v. 27 sqq.). Iam additur ἱερά; qua voce saepius minora illa, quae ad sacrificium opus erant, velut lignum mel molam oleum dici constat[6]), hoc tamen loco non dici vel verbo θυέτω, unde ἱερά pendet, apparet; immo haec ἱερὰ verbis sequentibus ἐλλύτας[7]) ἐκ πυρῶν χοινίκων πέντε καὶ τυροῦ καπυροῦ στατῆρος definiuntur: placentae igitur significantur praeter victimam sacrificandae. Quae placentae confici iubentur certo pondere et tritici et casei; verba enim τυροῦ καπυροῦ στατῆρος non tertium sacrificium significare, ut plerique putare videntur, sed referri ad antecedens ἐλλύτας genetivus ni fallor clare indicat.[8]) Sed paulo infra nomen ἱερά alia vi dici moneo: verba enim καρπώσει τὰ ἐκ τοῦ ἱερείου νομιζόμενα ἱερά de partibus hostiae dis comburendis aperte dicuntur[9]), similiterque VI v. 18 ὁ δὲ ἀρτυτὴρ διελεῖ τὰ ἱερὰ τοῖς καρποῦσι de partibus sodalium.

---

6) cf. p. 65 ad n. 16.

7) de hoc placentarum genere cf. praeter glossam Hesychii ἐλλύτης· πλακοῦς τις, quam attulit Boeckh, etiam n. 71.

8) ne quem propter adiectivum καπυρός scrupulus invadat: terendus nimirum fuit caseus tritusque cum farina ac lacte miscendus, qua ratione etiam nostrates matronae coquendi peritissimae uti solent cf. e. g. Davidis *Kochbuch*[36] p. 340 n. 36 *Käseauflauf — — — 5 Eßlöffel geriebenen Käse irgendwelcher Art (trockene Reste vortrefflich zu benutzen), vermischt ihn etc.*

9) verbum καρπόω in rebus sacris hac vi dici non solum de fructibus comburendis, sed etiam de carnibus totaque hostia notum est, cf. n. 173 v. 9, Prott *Fasti* n. 5 v. 33 κ]αρπῶντι τὸμ μὲγ χοῖρον καὶ τὰ σπλάγχνα ἐπὶ τοῦ βωμοῦ κτλ.

Sacra heroibus offerenda a Musarum sacris eo differunt, quod illi praeterea *ἄρτον καὶ πάρακα καὶ ὀψάρια τ[ρί]α* accipiunt. De piscibus cf. Diomedontis de apopyride praeceptum n. 144B v. 4 et quae ibi in comm. attuli. Quid voce *πάρακα* dicatur, incertum est: Meineke placentas Laconicas quae *βάρακες* vocantur intellegens[10]) *βάρακας* corrigi voluit, quam interpretationem recepit Boeckh, nisi quod singularem *πάρακα* coll. singularibus *ἐλλύταν καὶ ἄρτον* merito retinuit et *π* pro *β* ex dialecto Theraea positum censuit. Lectionem ipsam tangendam non esse hodie patet ac ne Boeckhii quidem ad rationem dialecti refugium, etsi Blass comprobavisse videtur, certum duco. — Nota denique numerum piscium haud dubie e sollemni more cultus inferorum constitutum[11]), hoc loco eo magis notatu dignum, quia hi tres pisces duobus heroibus sacrificandi sunt.

130. Caput columnae octagonum ab omnibus lateribus inscriptum, inventum Antimachiae in castro vetere supra Halasarnam sito in insula Co, nunc in ecclesia Antimachiae. Edd. Dubois *BCH* VI (1882) p. 249, unde Cauer *Delectus* 161, Paton *Inscr. of Cos* 367, Müllensiefen et Bechtel *SGDI* III 3705, Michel *Recueil* 1003, Dittenberger *Syll.*² 614. Cf. etiam Robert *Hermes* XXI p. 170 sqq., R. Herzog *Koische Forsch.* p. 183 sq. et *Berl. Sitzungsber.* 1901 p. 479.

Ἐπὶ μονάρχ[ο]υ Πραξ[ι..|.]ευϲ[1]) μηνὸϲ Ὑακινθίου.
I Ἔδο[ξ]ε ταῖϲ φυλαῖϲ αἷϲ | μέτεϲτι τῶν ἱερῶν Ἀ|πόλλωνοϲ καὶ
Ἡρακλεῦϲ | ἐν Ἁλαϲάρναι· Εὐφίλη||τοϲ Παρμενίϲκου τοῦ | Φιλόφρο-
νοϲ εἶπε· ἐπει|δὴ ϲυμβαίνει δυϲεπι|γνώϲτοϲ ἦμεν τὸϲ ἀ|ναγεγραμμένοϲ
τῶι θε||ῶι διὰ τὸν χρόνον, ὅ|πωϲ οὖν ἐπιγνωϲθῶν|τι, τοῖϲ τε ὑπο-
II δεχομέ|νοιϲ εὐπαρακολούθη|τον ὑπάρχηι τὸ π[λῆθοϲ] ‖ τῶν μετεχόν-
των τοῦ ἱε|ροῦ· δεδόχθαι, κυρω|θέντοϲ τοῦδε τοῦ ψα|φίϲματοϲ· ἀπο-
γράφεϲ|θαι τὸϲ μετέχονταϲ ‖ τοῦ ἱεροῦ, τὸϲ μὲν ἐνδά|μοϲ ἀρξαμένοϲ
ἀπὸ τᾶϲ | τρίταϲ τοῦ Ὑακινθίου | ἔϲτε καὶ τὰν τριακά|δα τοῦ Ἀλϲείου·
τὸϲ δὲ ἀ||ποδάμοϲ ἀπογραφόν|τω τοὶ ἐπίτροποι· εἰ δὲ | μή, ἀπο-
III γραφέϲθων αὐ|τοί, ἐπεί κα παραγένων|ται, ἐν τριμήνωι, τὸ ὄνο||μα
πατριαϲτὶ ποτὶ τὸϲ | ναποίαϲ ἐξαγευμέ|νοϲ καὶ τὰν φυλὰν καὶ | τᾶϲ
ματρὸϲ τὸ ὄνομα | καὶ τίνοϲ τῶν πολιτᾶν ‖ θυγάτηρ ὑπάρχει· οἷϲ |
⟦δὲ⟧[2]) δέδοται ἁ πολιτεία, κα|τὰ τίνα νόμον ἢ δόγμα | κοινὸν τοῦ
παντὸϲ δά|μου· ποταπογραφέϲ||θων δὲ καὶ τὰν πατρίδα | καὶ τίνοϲ

---

et *ibid.* n. 3 v. 4 *Νέφθυϊ καὶ Ὀσίριδι ἀλεκτρυόνα καρπώσεις* cum adnotatione Prottii p. 10 not. 1, Stengel *Hermes* XXVII p. 161 sqq.

10) Fragm. Com. Gr. II 2 p. 888; cf. Bekk. Anecd. I p. 226 *βήρηκες· μᾶζαι ὀρθαί· οἱ δὲ ἁπλῶς μάζας ἐπάνω κέρατα ἐχούσας· παρὰ δὲ Λακεδαιμονίοις τὴν ἑορτὴν Βηρηκίαν λέγεσθαι, ἐν ᾗ τοῖς θύουσι προτιθέασι τοὺς βήρηκας* et Athen. IV 140 a.

11) Diels *Sibyll. Blätter* p. 40, 1, cf. etiam, quae p. 73 ad n. 18 adnotavi.

1) ΓΡΑΞ....|.ΕΥΣ Dub., ΓΡΑ...|.ΕΥΣ Pat., legendum igitur aut *Πραξ[ιμέ|ν]ευς* aut *Πραξ[ικ|λ]εῦς*; illud nomen extat iam in Cois titulis (Paton-Hicks 5, 1; Herzog *Koische Forsch.* p. 18 n. 6, 3) et melius in duos versus distribui potest.

2) ΔΕ facili errore a lapicida omissum add. P.

IV θ̣[υγά]τηρ καὶ ἁ μάτη[ρ γέγον]ε[3])· ὅπως | δὲ μηθένα λάθη ἁ ἀπο|-
γραφά, τοὶ ναποῖαι τοῖς ‖ Ἡρακλείοις, ἐπεί κα μέλ|λωντι κλείνεσθαι
τοὶ | φυλέται, προκαρυσσόν|τω ἀπογράφεσθαι κα|τὰ τὰ προγεγραμ-
μένα, ‖ καὶ ἐν τῶι συλλόγωι τὸ | αὐτὸ ποιεύντω· κα|τὰ ταὐτὰ δὲ καὶ
V ἐν | τῶι Δαλίωι μηνί, ἀρξά|μενοι ἀπὸ τᾶς τετρά‖δος ἐς ὅ κα συν-
τελεσ‖[θ]ῶντ[ι τ]αὶ παναγύ[ριε]ς, | προκαρυσσόντω καὶ | ἀπογραφόντω·
ἐχόν|τω δὲ καὶ ἐμ πόλει ἐκ‖χθέματα κατὰ τὰν ἀ|γοράν, ὁπεῖ κα
αὐτοῖς | δοκῇ ἐπιτάδειον ἦ|μεν· ἐν δὲ τῶι δάμωι | τὸ ψάφισμα τόδε
ἀνα‖γράψαντες εἰς λεύκω|μα ἐκτιθέντω πᾶσαν | ἁμέραν φανερὸν σκο|-
VI πεῖν τῶι χρήζοντι ὅμ|περ χρόνον καὶ ἁ ἀπο‖γραφὰ ὑπάρχει· καὶ
τὸς | ἀπογραψαμένος κα|ταχρηματιζόντω | καθότι καὶ τἆλλα | γράμ-
ματα χρηματί‖ζοντι· ἐχόντω δὲ | καὶ παρ᾽ αὑτοῖς ἐν λευ|κώματι κατὰ
γράμμα | ἀναγεγραμμένος ἐ|ξὰν ἀπὸ τοῦ ἄλφα ‖ καὶ παραδιδόντω |
τοῖς μεθ᾽ αὑτὸ[ς γ]ε[νο]‖μένοις, καὶ τὸ[ς ἀπο]‖γραφομένος ἀεὶ
π[οτα]‖ναγραφόντω· το[ὶ δὲ] ‖ ἀρχεύοντες καὶ τοὶ ἐπι|μήνιοι διδόντω
τὰς με|ρίδας ἀντεφορῶντες | ἐκ τοῦ λευκώματος· | καὶ τοὶ ναποῖαι
τὸς ἐπ[ι‖β]αλλομένος ἐς τὰν [ἱε|ρ]ατείαν τὸν κλᾶρον ἐ|χόντω ἀν-
τεφορῶντες | ἐκ τοῦ λευκώματος· | ὅπως δὲ καὶ εὐσαμοτ̣ἐ̣[ρ]‖α
ὑπάρχη ἁ ἀναγραφά, τοὶ | ναποῖαι ἀνγραψάντω | [πᾶ]ν τόδε τὸ
VIII ψάφισμα ἐς ‖ [στ]άλαν καὶ [τ]ὸς ....[4]) [πο]|ταναγραφομένος κα-
θότ[ι] ‖ αὐτοῖς καὶ ἐς τὸ λεύκωμα [ἀ|ν]α[γ]ρ[ά]φεν ἐπιτέτακται· |
[τὰν δὲ γ]ενομέναν δαπά‖[ναν ἐς] τὰν ἀναγραφὰν τ[ε|λεσάντω][5])
τοὶ ναπόαι ἀπ[ὸ ‖ τῶν ὑπα]ρχόντων τοῖς θε‖[οῖς χρημ]άτων καὶ
ἀπολογ‖[ισάσθων] μετὰ τᾶς ἄλλας δ[α|πάνα]ς· αἰ δέ κά τις τῶν
ἀ[ρχ|ευόν]των ἀπειθῇ τοῦδε τοῦ ‖ ψαφίσματος, πεντακατίας | δραχμὰς
ἀποτεισάτω ἱε‖[ρὰς τοῦ Ἀ]πόλλωνος.

Hoc decreto, quod exeunti III aut ineunti II a. Chr. n. saeculo assignandum videtur[6]), tribus *αἷς μέτεστι τῶν ἱερῶν Ἀπόλλωνος καὶ Ἡρακλεῦς ἐν Ἁλασάρναι* nominatim conscribi iusserunt *τοὺς μετέχοντας τοῦ ἱεροῦ*[7]), hoc nimirum consilio ut eos, qui per iniuriam sacris se immiscuerant, post-

---

3) suppl. Müllensiefen et Bechtel, vid. comm.

4) Σ..Σ..CΓ Dub., ¯CΣ.¯O¯.. P. paenultimam litteram Ω videri adnotans legensque *τέως* quod recepit Dttb. Sed *τέως* non esse doricum recte statuit Bechtel et quod in catalogo eiusdem aetatis (P.-H. 368) multa e volgari sermone inferioris aetatis immixta sunt, id quoniam ibi de nominibus agitur, parum huc valet. Ni fallor, *τέως* etiam cum composito *ποταναγραφομένος* male convenit.

5) supplevi; *τ[ε|ισάντω]* priores non ex usu huius lapidis syllabam dirimentes.

6) apparet nominibus eius indicis, qui ex hoc decreto conscriptus est (vid. comm. p. 324), comparatis et cum aliis catalogis Cois et cum architheoris in titulis Deliis nominatis, cf. de hac re Paton l. c. p. 335—336, Preuner *Hermes* XXIX (1894) p. 540 sqq., Barth *De Coorum tit. dial.* p. 8—13, Herzog *Koische Forsch.* p. 178—182 et *Berl. Sitzungsber.* 1901 p. 479, Müllensiefen ad *SGDI* 3624 et 3706.

7) nota singularem inde opinor explicandum, quod tribus in delubri ipsius possessione erant.

hac prohiberent. Id quod non solum religionis causa, sed etiam commodi singulorum causa actum esse consentaneum est ac vel satis aperte enuntiatur v. 86 sqq. *διδόντω τὰς μερίδας* (sc. epularum sacrarum) *ἀντεφορῶντες ἐκ τοῦ λευκώματος* similique praecepto v. 91 sqq. de sacerdote creando. Simillimi argumenti titulus Olymensis est n. 179.

Proprio iure sacrorum illorum participes erant nimirum solummodo tribules ipsi, ac quod praeter tribum et patrem matris quoque et avi materni nomina ascribi iubentur, id fuit consilium, ut utrisque parentibus tribules nati probarentur[8]), sicut Athenis diu lex erat *μὴ μετέχειν τῆς πόλεως ὃς ἂν μὴ ἐξ ἀμφοῖν ἀστοῖν ᾖ γεγονώς* (Arist. *Ἀϑ. πόλ.* 26, 5, cf. etiam 42, 1).[9]) Quaeritur, quae fuerint eae tribus *αἷς μέτεστι τῶν ἱερῶν Ἀ. καὶ Ἡρ. ἐν Ἁλ.* Erant apud Coos ut apud plerosque Dores tribus Dymanum, Hylleorum, Pamphylorum[10]), sed has tres dici vel propter circumlocutionem illam parum veri simile est. Ac re vera duas, Dymanes et Hylleos, proprio iure cultus illius participes fuisse confirmatur lapide altero[11]) indicem nominum continente, quo, nisi omnes plane fallimur, id exemplar catalogi, quod hic v. 100 lapidi incidi iubetur, servatum est[12]); in hoc enim Dymanes et Hylleos recenseri, de Pamphylis vero paucarum familiarum membra affinitate videlicet vel alia quacunque causa cum illis coniuncta addi Paton satis probavit, licet non omnes quae hoc catalogo moventur difficultates expediverit.[13])

Ad genuinos tribules accedebant ii, qui lege vel decreto universi populi civitate donati erant, sed v. 43 id, quod de his postulatur, integrum non iam adest. Paton in lapide agnoscens Ε ΤΗΣΚΑΙ|ΑΜΑΤΗ Ε restituerat *καὶ τίνος ἐ[νά]της καὶ ἀμάτη[ς ἔλαχ]ε* et, ut formas sermonis communis defenderet, ad aliquot nomina catalogi illius eodem sermone scripta provocavit. At alia est nominum, alia publici decreti condicio, et cum per totum reliquum decretum voces e lege dialecti Doricae declinentur, hoc uno loco legem neglectam esse veri dissimillimum est, praesertim cum ita insuper vox inaudita *ἀμάτη* prodeat. Rectissime igitur Bechtel et Müllensiefen supplementa Patonis reiecerunt et argumentum

8) noli igitur credere, quod Toepffer (*Att. Geneal.* 193) et Herzog de iuris quod vocatur materni apud Coos reliquiis concluserunt; de paucis illis, qui in indice ius e matre deducere videntur, si modo deducunt, res aliter explicari potest: cf. Kaibel *Gött. Gel. Anz.* 1900 p. 65 sq.

9) ius apud Demotionidas iurandum *μαρτυρῶ ὃν εἰσάγει ἑαυτῶι ὑὸν ἦναι τõτον γνήσιον ἐγ γαμετῆς* (Dittenb. *Syll.*² 439 v. 109 sq.) a Patone comparatum paulum diversa mihi videtur ratione.

10) cf. Paton *l. c.* p. 341 sqq.

11) *Inscr. of Cos* n. 368, cf. de eo nunc potissimum Herzog *Berl. Sitzungsber.* 1901 p. 480.

12) quod ibi contra decreti verba *ἐξαγευμένος καὶ τὰν φυλάν* singulis hominibus tribus non ascribitur, napoeos duarum tribuum separatim indices confecisse et in utriusque capite, quod periit, nomen tribus praescripsisse Paton acute coniecit.

13) cf. Paton l. c. p. 257 sq. et Herzog p. 188; notatu digna ea potissimum nomina feminarum sunt, quae formam Ionicam exhibent velut *Νικοτέρη* (I 56 et VIII 70), *Δίη* (VII 64), *Θευδοσίη* (VI 21, VII 55, III 43).

eorum a Michelio et Herzogio olim neglectum vel repudiatum esse mirum est. Sane id, quod illi ipsi proposuerunt *καὶ τίνος (ϑ)[υγά]τη(ρ) καὶ ἁ ματη[ρ γέγον]ε* cum lectione tum tradita non satis conveniebat neque alterum *καί* placet, verum tamen eos acute vidisse lapide denuo ab Herzogio collato egregie confirmatum est.[14])

Quae de temporis spatio ad profitenda nomina tribulibus concesso v. 20 sqq. decernuntur, ambiguitate quadam sententiae adversativae *τὸς μὲν ἐνδάμος — — τὸς δὲ ἀποδάμος — —* laborant. Incipit enim ita, ut altero structurae membro diversum spatium constitui exspectemus, continuatur vero ita, quasi vis adversativa unice eo pertineat ut a tribulibus, qui ipsi nomina profiteri debent, *οἱ ἀπόδαμοι* distinguantur, quibus per vicarium profiteri licet. Atque hinc profectus utroque loco non diversum temporis spatium dici putaveris et voce *ἐν τριμήνῳ* v. 29 superiorem definitionem longiorem *ἀπὸ τᾶς τρίτας τοῦ Ὑακινϑίου ἔστε καὶ τὰν τριακάδα τοῦ Ἀλσείου* breviorem in modum comprehendi. Quae fuisse videtur sententia Roberti, neque enim aliter concludere potuit[15]) *Ἡράκλεια* et Dalii mensis sollemnia, quibus tribules de nominibus profitendis a napoeis admoneri oportebat (v. 43 sqq.), utraque ante d. XXX mensis Alsei celebrata esse. Contra ea Bischoff facultatem nominis profitendi hac die terminari negavit[16]), ultra eam absentibus *τρίμηνον* illam concedi ratus. Uter rectius iudicaverit, difficile dictu propter illam de qua monui ambiguitatem structurae; rem ipsam enim si spectamus, utraque sententia defendi potest. Equidem postquam totum enuntiatum et animo et voce saepius relegi, rectum sententiae progressum haud raro in titulis interrumpi et turbari memor initium sententiae illius adversativae plus apud me valere fateor et voce *ἐν τριμήνῳ* proferri absentibus tribulibus diem ipse quoque suspicor. Minime tamen trimestre id spatium ultra diem illam verbis *ἔστε καὶ τὰν τριακάδα τοῦ Ἀλσείου* constitutam accedere, sed hanc in se continere initiumque eius a die III Hyacinthii mensis ducendum esse puto. Quodsi recte conieci, sequitur temporis spatium *τοῖς ἐνδάμοις* concessum duorum fuisse mensium: Hyacinthii et Alsei, *ἀποδάμων* gratia autem tertium accessisse Dalium. Certum tamen de hac re iudicium vereor ne prius ferri nequeat quam ordo fastorum Coorum certo constitutus sit.

Conscribere indicem nominum iubentur *οἱ ναποῖαι*, quae cura aliena non est a negotiis huius magistratus alibi traditis; solebant enim eas res sacras, quae non ad ipsam religionem spectabant, curare.[17]) Sed Halasarnae

---

14) '*nach τίνος kann ein runder Buchstabe gestanden haben, und* ΤΗΣ *hat der Steinmetz in* ΤΗΡ *corrigirt. Nur ist der Raum der beschädigten Stelle etwas knapp.*'

15) *Hermes* l. c. p. 170 sqq.

16) *Leipziger Studien* XVI (1894) p. 113 sqq. (*Über den Kalender von Kos und Kalymna*). Cf. etiam Prott *Jahresber.* CII p. 101.

17) templum aedificandum Lebadeae (*Syll.*² 540 = Michel 589) et Delphis (*Syll.*² 140 = Michel 591), fundos sacros locandos Amorgi (*Syll.*² 531, cf. etiam *ibid.* 11 v. 4), titulos inscribendos Ephesi (*Syll.*² 548, cf. etiam 510 v. 21) et Amorgi (huius libelli n. 96), donaria conservanda Iasi (n. 162). Cf. etiam Dittenberger ad *Syll.*² 140 not. 3

eos vel sacerdotum sortitioni praefuisse (v. 89 sqq.) notatu dignum est. — Praeterea occurrunt in titulo *ἀρχεύοντες* et *ἐπιμήνιοι*. De illis cf. Paton *Inscr. of Cos* n. 44 *τοίδε ἐστεφανώθην ἀρχεύσαντες καὶ τὰ ἱερὰ ἐχθύσαντες κατὰ τὰ πάτρια ταῖς Νύμφαις καὶ δεξάμενοι τὸς φυλέτας ἀξίως τᾶν θεᾶν* (*sequuntur viginti sex nomina*) et *ibid.* n. 384 v. 2 *[ἔδ]οξε τοῖς φυλέται[ς· ἐπε]ιδὴ Περικλῆς Νικάρχου αὐ[τὸς ὑ]π[ομ]είνας ἀρχεύειν τάς τε θυσίας ἐξέθυσε τοῖς θεο[ῖς] μεγαλομερῶς καὶ ἀξίως αὑτοῦ τε καὶ τ[ῶ]ν φυλετᾶν, [ποη]σά[μεν]ος αὐτῶν καὶ τὰν ὑποδοχὰν φιλοδόξως κτλ.*, unde magistratus fuisse sacrorum causa institutos Dittenberger collegit nec tamen necessario est colligendum. Ni fallor, *ἀρχεύοντες* ii dicebantur, qui tribui praeerant et inter cetera officia nimirum etiam sacra quaedam facere debebant, sicut Athenis archon faciebat. Numerus sane dubitationem movet et, cur altero loco unus, altero sex et viginti laudentur *ἀρχεύσαντες*, explicandum est. Sed ulli tribui viginti sex collegarum magistratu opus fuisse incredibile puto: aut ille est index virorum, qui deinceps archontis munere functi erant[18]), aut bini in singulos menses *ἀρχεύοντες* creari solebant[19]), ut anno quidem intercalari fuerint *ἀρχεύοντες* viginti sex.

De epimeniis, qui in pluribus titulis Cois commemorantur[20]), cf. n. 115 et quae ibi adnotavi; distributio carnium iis etiam n. 156 mandatur.

131. Lapis inventus Coi in aedificio prope hospitale, 92 cm a., 19 cm l. Ed. Paton *Inscr. of Cos* n. 34, de forma haec adnotans: '*the stone has been cut to form a door-post. It has not been cut at right angles with the lines; the lower lines are therefore somewhat to the left of the upper.*'

— — — — ‹α χρήματα ἃ διδl — — — | — ὅ]cα [κ](α) δήληται ἀπο —
— — | — ἐπὶ μο]νάρχου Φιλίcκου το[ῦ Νικομάχου — — — | τάλαντα?] δέκα
ἱερὰ τῶι τε Διὶ τῶι [Cωτῆρι καὶ τᾶι Ἀθάναι τᾶι Cωτείραι — — ‖ —] ΞΛιεροι
ἄρχοντος μ[— — — | — π]όλιν υω 1) Ἀλεξανδρε[ιᾶν δραχμᾶν — — — | —]
αγένευς 2) καθὰ αἵ τ[— — — ἱερᾶcθαι | δὲ τοῦ] μὲν Διὸc τὸν τοῦ υἱο[ῦ — —
— | —]ον χρόνον τὸν πρεcβύ[τατον 3) — — — τὸν δε ‖ μέλλοντ]α χρόνον ἀεὶ
τῶν ἐγγό[νων τοῦ Πυθοκλεῦc τὸν πρεcβύτατον 3) — — | —] δεήcει ἀριθμεῖcθαι
το — — — | —αι κατ' ἐνιαυτὸν ὁμοίωc — — — | — Φιλίcκον τὸν Νικο-
μάχ[ου — — — τὸν μὲν | πρῶτον ἑ]ξάμηνον ἀπὸ τᾶν ποθ[όδων — — — τὸν

18) iam Paton dubius erat '*whether these twenty-six people had filled the office of ἀρχεύων successively or all at once.*' Cf. etiam quae *SGDI* 3642 de lectione mutanda editores coniecerunt.

19) id non est inauditum, velut phratriae Atticae Dyalensium duo praeerant *φρατρίαρχοι* (*IG* II 600).

20) cf. praeter testamentum Diomedontis (n. 144) etiam *Syll.*[2] 755 v. 6 sqq. *ἐπειδὴ — — γενόμενοι ἐπιμήνιοι αὐτεπάγγελτοι τά τε ἱερὰ ἐξέθυσαν τῶ[ι] Διὶ καὶ ἀνενεώσαντο τὰν θυσίαν τοῦ Διὸς καὶ τὰν ὑποδοχὰ[ν ἐ]ποήσαντο τῶν δαμοτᾶν καὶ τῶν ἄλλων πάντων κτλ.*

1) ΟΛΙΝΥΩ; Paton: *ὕω*.

2) nescio an lateat *δ]ιὰ γένευς*, praesertim cum proximo statim versu de sacerdotio Pythoclis genti ut videtur reservato sermo sit; sed potest etiam nomen *Μοιρ]αγένευς* latere, quod erat Coum (cf. P.-H. n. 10 c 30).

3) P. bis *πρεσβύτερος*, cf. comment.

δὲ δεύτερον ἀπὸ τοῦ ‖ τόκου] τῶν χρημάτων καὶ κατ̣[— — — τὰν ἐπιβάλλου|-σαν μερ]ί(δ)α ἀποδιδόντω ἑκάσ[τωι — — — αἰ δέ κα μὴ ἀπο|δῶντι ὀφ]ειλόντωι διπλασίαι ἑ[κάστωι[4]) — — — | —] θυσίας γίνεσθαι κατὰ τ[ὰ πάτρια — — — | —] Γας τᾶς πόλιος μηνὸς Ἀρτ[αμιτίου — — ὑπὸ τῶν ἱερέων[5]) ‖ τοῦ Διὸ]ς καὶ τᾶς Ἀθάνας καὶ ἀγω[νοθέτου καὶ[6]) — — ἱερέων τῶν δαμοτε|λέων καὶ] γυμνασιάρχου καὶ ὑπογυμνασιάρχου καὶ — — τῶν νενικακότων[4]) τὸς ἀγῶνας καὶ τῶν ἐπ' | ἀρεταῖ] τετιμαμένων καὶ τῶν μεμ[ισθωμένων — — — | — ε]ις καὶ τῶν ἀπογόνων τ[ῶν Πυθοκλεῦς — — — θύεν βοῦν | Ἀλεξαν]δρεᾶν δραχμᾶν ἑκατὸ[ν — — — ‖ — δ]άμαλιν μὴ ἐλάσσονος [Ἀλεξανδρεᾶν δραχμᾶν — — — | — π]έντε λαμβάνοντας ἐς — — — | — διδόμεν ἐς τὸν τόκον το — — — | — ντω τὸ ἐπιχώριον ἀεὶ ἐγ[— — — τὰ δὲ κρέα δίδοσθαι | τοῖς θ]ύσασι, ἀφαιρεθέντων[7]) — — — ‖ — αυτον[8]) τοῦ Ἀρταμιτίο[υ μηνὸς — — — | — Ἀ]λεξανδρεᾶν δραχμ[ᾶν — — — | θύεν δ]ὲ καὶ ὄϊν Ἀλεξανδρε[ᾶν δραχμᾶν πεντεκαίδεκα — — θυόντω δὲ καὶ | τοὶ ἀ]πόγονοι τοὶ Πυθοκλ[εῦς — — — | —]ν λαμβάνοντες τοὶ [— — — ‖ δρ]αχμὰς διακοσίας παρ̣α̣[— — — | α]ὐτοῖς· θυόντω δὲ καὶ τ[οὶ — — — | βοῦ]ν[5]) Ἀλεξανδρειᾶν δραχμ[ᾶν — — καὶ — — | —]κοντα· θυόντω δὲ κα[ὶ — — τῶι Διὶ — — | — κ]αὶ ταῖ Ἀθάναι ὄϊν Ἀλεξα[νδρειᾶν δραχμᾶν πεντεκαίδεκα — — δίδοσθαι δὲ Ἀλεξαν‖δρ]είας δραχμὰς τριάκον[τα τῷ δεῖνι — — — | —] θύεν δὲ αὐτὸν τῶι Διὶ ὄϊν [— — — τιθέμεν | δὲ] καὶ ἀγῶνα γυμνικὸν τᾶ(ι) [δεκάται τοῦ Ἀρταμιτίου μηνὸς — — τὸς δὲ παραγιγνομένος | ἐς] τε τὰς θυσίας καὶ ἐς τὸς ἀγ[ῶνας ξενιζόντω τοὶ — — — καὶ στεφανούντω | τὸς] νικῶντας θαλλοῦ στεφά[νοις — — — — — ὁ ἱερεὺς τοῦ ‖ Διὸ]ς καὶ ὁ τᾶς Ἀθάνας καὶ ὁ μ[όναρχος[9]) — — καὶ ὁ ἀγωνοθέτης καὶ — — τοὶ | ἱερ]εῖς τοὶ δαμοτελεῖς καὶ γυμ[νασίαρχος καὶ ὑπογυμνασίαρχος καὶ — — τοὶ νενικακότες | τὸς ἀγ]ῶνας καὶ τοὶ ἐπ' ἀρεταῖ τετ[ιμαμένοι καὶ τοὶ μεμισθωμένοι — — — | τᾶς] πόλιος καὶ τοὶ ἀπόγονοι τ[οὶ Πυθοκλεῦς — — — | — ὁ]μοίως διανειμάτω[10]) τοῖς σ[— — — ‖ ὅσ]α ἐπιτέτακται θύεν αὐ[τοῖς — — — τὸ διδό|με]νον αὐτοῖς κατ' ἐνιαυτὸ[ν — — — ἐς τὸν ξε|νι]σμόν? Ἀλεξάνδρειαι δ[ραχμαὶ — — —· θυόντω δὲ οἱ — — καὶ οἱ[11]) | —]χνιάδαι κατ[ὰ] κοινὸν τῶ[ι μὲν Διὶ βοῦς δύο Ἀλεξανδρειᾶν δραχμᾶν διακοσιᾶν ὀγδοήκοντα καὶ ὄϊας δύο | Ἀλεξ]ανδρειᾶν δραχμᾶν τρία[κοντα καὶ ὗς δύο Ἀλεξανδρειᾶν δραχμᾶν πεντήκοντα, ταῖ δὲ Ἀθάναι βοῦς δύο ‖ Ἀλ]εξανδρειᾶν δραχμᾶν δια[κοσιᾶν καὶ ὄϊας δύο Ἀλεξανδρειᾶν δραχμᾶν τριάκοντα καὶ ὗς δύο Ἀλεξανδρει|ᾶν δ]ραχμᾶν πεντήκοντα· δί[δοσθαι δὲ αὐτοῖς ἐς τὰν θυσίαν καὶ ἐς — — μον καὶ δαμοθοινίαν[4]) — — Ἀλ|εξ]ανδρείας δραχμὰς χιλία[ς ἑκατὸν ἑβδομήκοντα· ὁμοίως δὲ κατὰ κοινὸν θυόντω οἱ[4]) — — — καὶ οἱ | — —]άσιοι τῶι μὲν Διὶ βοῦς δύο [Ἀλεξανδρειᾶν δραχμᾶν διακοσιᾶν ὀγδοήκοντα καὶ ὄϊας δύο Ἀλεξανδρειᾶν | δρ]αχμᾶν τριάκοντα καὶ ὗς δ[ύο Ἀλεξανδρειᾶν δραχμᾶν πεντήκοντα, ταῖ δὲ Ἀθάναι βοῦς δύο Ἀλεξανδρειᾶν ‖ δρ]αχμᾶν διακοσίαν καὶ ὄϊας [δύο Ἀλεξανδρειᾶν δραχμᾶν τριάκοντα καὶ ὗς δύο Ἀλεξανδρειᾶν δραχμᾶν πεντή|κον]τα· δίδοσθαι δὲ

---

4) supplevi.

5) suppl. P.; antecessit aut *συντελεῖσθαι τᾶς θυσίας* (ita P.) aut quod malim *τὰν πομπὰν πέμπεσθαι*.

6) quae sequuntur partim e v. 45 sqq. suppleri possunt; *τῶν νενικακότων* ante *τὸς ἀγῶνας* sensus requirit.

7) *ἐπὶ τὰν τράπεζαν τῶν νομιζομένων* vel tale aliquid, vid. comm.

8) *θύεν δὲ] αὐτόν* P. e v. 41; possis etiam *κατ' ἐνι]αυτόν*.

9) cf. tamen Paton p. 63, ubi hoc nomen restituendum esse negat.

10) de carnium igitur distributione superioribus quoque versibus sermo fuit, ac vel inde id, quod P. v. 44 ante *ὁ ἱερεὺς* supplevit *προεδρευόντω* reiciendum puto.

11) de iis quae inde ab hoc loco sequuntur vid. comm.

αὐτοῖc [ἐc τὰν θυcίαν καὶ ἐc — —μὸν καὶ τὰν δαμοθοινίαν Ἀλεξανδρείαc δραχ|μ]ὰc χιλίαc ἑκατὸν ἑβδομ[ήκοντα· θυόντω δὲ καὶ οἱ — — — τῶι μὲν Διὶ βοῦν Ἀλεξανδρειᾶν δραχμᾶν ἑκατὸν τεc|c]αράκοντα καὶ ὄϊν Ἀλεξα[νδρειᾶν δραχμᾶν δεκαπέντε καὶ ὗν Ἀλεξανδρειᾶν δραχμᾶν εἰκοcιπέντε, τᾶι δὲ | Ἀ]θάνᾳ βοῦν Ἀλεξανδρει[ᾶν δραχμᾶν ἑκατὸν καὶ ὄϊν Ἀλεξανδρειᾶν δραχμᾶν δεκαπέντε καὶ ὗν Ἀλεξανδρει||ᾶ]ν δραχμᾶν εἰκοcιπέντε· [δίδοcθαι δὲ αὐτοῖc ἐc τὰν θυcίαν θυcίαν καὶ ἐc τὸν — — μὸν καὶ τὰν δαμοθοινίαν Ἀλε]|ξανδρείαc δραχμὰc πεν[τακοcίαc ὀγδοήκοντα· θυόντω δὲ καὶ οἱ — — τῶι μὲν Διὶ βοῦν Ἀλεξανδρειᾶν δραχ|μᾶ]ν ἑκατὸν τεccαράκοντ[α καὶ ὄϊν Ἀλεξανδρειᾶν δραχμᾶν δεκαπέντε καὶ ὗν Ἀλεξανδρειᾶν δραχμᾶν εἰ|κο]cιπέντε, τᾶι δὲ Ἀθάνα[ι βοῦν Ἀλεξανδρειᾶν δραχμᾶν ἑκατὸν καὶ ὄϊν Ἀλεξανδρειᾶν δραχμᾶν δεκα|πέ]ντε καὶ ὗν Ἀλεξανδρε[ιᾶν δραχμᾶν εἰκοcιπέντε· διδόcθαι δὲ αὐτοῖc ἐc τὰν θυcίαν καὶ τὸν — — || —]μὸν καὶ τὰν δαμοθοινί[αν Ἀλεξανδρείαc δραχμὰc πεντακοcίαc ὀγδοήκοντα· θυόντω δὲ καὶ οἱ — — τῶι μὲν | Διὶ] βοῦν Ἀλεξανδρειᾶν [δραχμᾶν ἑκατὸν τεccαράκοντα καὶ ὄϊν Ἀλεξανδρειᾶν δραχμᾶν δεκαπέντε καὶ ὗν Ἀλεξαν|δρ]ειᾶν δραχμᾶν εἰκο[cιπέντε, τᾶι δὲ Ἀθάναι βοῦν Ἀλεξανδρειᾶν δραχμᾶν ἑκατὸν καὶ ὄϊν Ἀλεξανδρειᾶν δραχμᾶν | δεκα]πέντ[ε — — — — —

Pythoclem quendam[12]) pecunias, unde mense Artamitio Iovi et Minervae Salvatoribus sacrificia ac certamen gymnicum (v. 42) fierent[13]), donasse reliquiis quamvis exiguis tituli apparet. Quas ferias ab ipso auctore, non a deo nomen duxisse[14]) decimoque Artamitii mensis die celebratas esse fastis gymnasii Coi (Prott n. 13) cognitum est, ubi in illius mensis columna v. 11 et 12 legitur ῑ *Πυθόκλεια Διὶ Σωτῆρι.* Paton v. 53—56. 58—60. 62—65. 69—69. 71—72, ubi eadem fere praecepta recurrere acute intellexit, restitutis singulos lapidis versus olim plus quam octoginta litterarum fuisse statuit. Eo minor spes est titulum tam ingentis molis, cuius vix quarta supersit pars, umquam reliquis locis in integrum restitui posse. Supplementa plurima Patonis sunt, pauca quae ipse mutavi aut addidi, breviter adnotavi, coniecturis incertis, quibus in tanto lapidis naufragio indulgere pravum est, abstinens.

V. 8—10 de sacerdotibus Iovi et Minervae instituendis agi Paton acute suspicatus est, commotus aperte mentione filii natu maximi. Neque enim raro in sacris ab hominibus privatis institutis sacerdotium ad gentis natu maximum deferri videmus cf. n. 144 A v. 24 sq. et quae ibi adnotavi. Hic tamen paulum difficultatis inde nascitur, quod de duobus sacerdotiis, Iovis et Minervae, agitur, cf. v. 45. — V. 25 sq. de distribuendis carnibus agi optime P. e dativo *θ]ύσασι* collegit, quacum sententia etiam ea quae sequitur vox *ἀφαιρεθέντων* optime convenit, cf. n. 144 C v. 26 sq., n. 156 v. 41, n. 180 v. 7. — V. 52 sqq. summam restitutionis

12) servatum est nomen uno versu 33, unde tamen facile v. 10. 23. 48 restituitur.

13) his dis num antea nulla omnino sacra apud Coos fuerint, quaeri potest; quae de sacerdotibus e gente Pythoclis creandis v. 8—10 traduntur, hanc movent suspicionem; cf. tamen quae de sacerdotio Aesculapii Pergameni ad unam gentem delato discimus e n. 189.

14) cf. *Ἀλκεσίππεια* Delphica ab Alcesippo instituta (n. 78).

Patoni deberi iam supra monui, pauca tamen etiam post eum rectiora a me proposita esse spero. Enumerantur sacrificia a certis quibusdam civium corporibus, fortasse gentibus vel phratriis (v. 53 -*χνιάδαι* et 58 -*άσιοι*) facienda. Quae sacrificia non inter se differunt nisi quod in duobus prioribus binae pro singulis victimae unius cuiusque generis sacrificari iubentur. Iam quaerenti quaenam fuerit eius discriminis causa, subvenit v. 53 vox *κατὰ κοινόν*, quae cum duplici hostiarum numero comparata utroque loco sacrificium a duobus civium corporibus communiter faciendum fuisse certo ni fallor testimonio est. Scribendum colligo v. 52 [*θυόντω δὲ οἱ* (*nomen*) *καὶ οἱ* -]*χνιάδαι κατὰ κοινὸν κτλ.* et similiter v. 57 [*ὁμοίως δὲ θυόντω κατὰ κοινὸν οἱ* (*nomen*) *καὶ οἱ* -]*άσιοι*; v. 62 autem pro molesto illo *αὐτοί*, quod P. scripsit, unius corporis alicuius nomen scriptum erat.

Etiam de ordine sententiarum in hac tituli parte paulo aliter statui ac Paton. Qui prius pensiones, tum demum sacra inde facienda scripta fuisse censet, id quod per se haud improbabile est. Sed contrarium ordinem testatur v. 62, ubi pensio 1170 drachmarum necessario ad antecedens binarum victimarum sacrificium refertur[15]), non ad id quod sequitur singularum sacrificium, quo potius 580 dr. in v. 66 pertinent. — Denique summas singularum pensionum non solum pretiis victimarum, sed aliis praeterea expensis effici, quae v. 70 verbis *ἐς τὸν ξενισ*]*μὸν καὶ τὰν δαμοθοινίαν* significarentur, recte iam P. observavit nec tamen his verbis usus est ad lacunas superiores supplendas. Sed praecepta huius partis rebus verbisque adeo inter se congruunt, ut equidem reliquos locos ad exemplum v. 69/70 refingere non dubitaverim sublato sane vocabulo *ξενισ*]*μὸν* ut incerto.

Titulum III a. Chr. n. saeculo tribuit propter litteraturam Paton.

132. Tabula Antimachiae in insula Co inventa, infra fracta. Edd. Paton-Hicks *Inscriptions of Cos* n. 386, Müllensiefen et Bechtel *SGDI* 3721, Dittenberger *Syll.*[2] 591. Cf. etiam Wilhelm *Arch.-epigr. Mitt. a. Oest.* XVII (1894) p. 41 n. 6.

Κ]ατὰ τάδε ταὶ ἱέ[ρει]αι ἱερώϲθω τᾶι Δάματρι· ἐξ[ῆ|μ]εν δὲ τοῖϲ κυρίοιϲ καὶ τᾶν μὴ παρευϲᾶν γυναικῶ[ν] | τῶι χρήζοντι ἐμβάλλεϲθαι αἴ κα ἐν τᾶι χώραι | ἔωντι· τὰϲ δὲ λαχούϲαϲ ὀμοϲάϲαϲ ἱερῶϲθαι· ταῖϲ || δὲ τελευμέναιϲ καὶ ταῖϲ ἐπινυμφευομέναιϲ ἦμεν | τᾶι δηλομέναι, καθάπερ καὶ πρὶν πωλητὰν γενέϲθα[ι] | τὰν ἱερωϲύναν ϲυνετάχθη, πέντ' ὀβολὸϲ (δ)ι(δ)ούϲαιϲ | ἀπολελύϲθαι τῶν ἄλλων ἀναλωμάτων πάντων· | παραϲκευάϲαι δὲ ταῖϲ τελευμέναιϲ τὰϲ ἱερῆϲ τὰ νομι||ζόμενα· ἦμεν δὲ καὶ τῶν γερῶν τῶν θυομένων ταῖϲ χρηζο[ύ]|-

15) eadem de causa v. 57 eandem pensionem, quae v. 62 legitur, restitui et v. 66 et 70, ubi de singulorum, non binorum corporum sacrificiis agitur, dimidiam fere partem, quae ipsis reliquiis v. 70 *πεντ-* confirmatur. Nec tamen 585, sed 580 dr. summam supplevi, quia *πέντε* addito spatium vix sufficit.

cαις ἀποδόμεν τοῦ μὲν ἐτέλου[1]) ἡμιωβέλιον, τοῦ δὲ τελείου | [ὀβελόν]· τ[οῦ] δὲ ἀγερμοῦ κα[ὶ. . . . .]ε. . . .ν καὶ γερῶν πάντων | — — — — — — — — ἔc]ται ἱερὰ ταῖc[2]) — — —

Quo tempore haec decreta sunt, sacerdotium Cereris venale fuisse verba v. 6 *καθάπερ καὶ πρὶν πωλητὰν γενέσθαι τὰν ἱερωσύναν συνετάχθη* testantur. Repugnare sane videntur ea, quae v. 2 sqq. de sortitione praecipiuntur, sed felici acumine Paton hanc difficultatem removit statuens non iustam auctionem sacerdotii factam esse, sed pretio certo antea constituto ex iis feminis, quae eo se empturas profitebantur, sacerdotem sorte esse ductam. Eadem autem illa verba mutationem superiore aetate factam esse testantur, atque hoc ipso nomine hic titulus ad historiam rei sacerdotalis gravissimus, quippe quo id quod sane per se ipsum veri simile est: sacerdotia ea, de quorum emptione venditione constat, non antiquitus venalia fuisse, certo exemplo confirmatur, ac quoniam litteratura lapidis III a. Chr. n. saeculum indicat, id quoque, quod Herbrecht de origine huius moris satis recenti coniecit[3]), confirmatur. Nec vero id decretum, quo venditio instituta est, ipsum manibus tenemus — id vel particula *δέ* v. 2 in. posita apparet[4]) — sed sive excerptum sive — id quod cum Patone probabilius puto — supplementum eius, quo antiqua quaedam praecepta partim mutantur partim confirmantur.

Mutantur aperte in v. 1 sqq. *ἐξῆμεν δὲ τοῖς κυρίοις καὶ τᾶν μὴ παρευσᾶν γυναικῶν κτλ.*: feminae, quae sacerdotium petebant, olim ipsae sortitioni adesse debuerant, tum hac condicione liberatae sunt. Quae mutatio etsi ad rem satis levem pertinet, tamen una cum venditione sacerdotii instituta laxiorem consuetudinem petendi irrepsisse notatu dignum est.

Confirmatur lex pristina v. 5 sqq. Nam quidquid ibi verbis *ταῖς τελευμέναις καὶ ταῖς ἐπινυμφευομέναις* significatur, verbis *πέντ' ὀβολὸς διδούσαις ἀπολελύσθαι τῶν ἄλλων ἀναλωμάτων πάντων* id utique apparet feminis illis privilegium quoddam concedi. Cuiusmodi id fuerit, commode ni fallor illustratur lege Attica n. 24, cuius praecepto identidem recurrente *ἱερείᾳ ἱερεώσυνα* : Γ' : — — *πυρῶν ἡμιέκτεω* : ||| : *μέλιτος κοτύλης* : ||| : *ἐλαίου τριῶν κοτυλῶν* : IC : *φρυγάνων* : || : cognoscimus sacerdotes minora illa, quibus ad sacra facienda opus erat, velut mel lignum oleum non suis vel fani sumptibus praebuisse, sed a sacrificantibus pecuniam, unde illa compararent, accepisse. Similiter in hoc fano Coo rem se habuisse conicio:

---

1) hanc certam lapidis lectionem, quam P. in *ἐτε(ί)ου* mutare voluerat, eodem fere tempore et Bechtel et Wilhelm optime defenderunt ad eundem titulum Aeolicum (Hoffmann *Griech. Dial.* II p. 10 n. 155) provocantes, ubi *a* v. 18 legitur *ἀρνηάδων ἔταλα ἀτέλεα*. Idem hoc esse atque Graecum *ἰταλός*, Latinum *vitulus* a stirpe *Ϝέτος* derivandum monuit Meister *Anz. f. Indogerm. Sprachkunde* I p. 203.

2) *τὰ δὲ λοιπὰ ἔστα]ι ἱερὰ ταῖς* probabiliter Dittenb.; nescio igitur an antea scriptum fuerit *τοῦ δὲ ἀγερμοῦ κτλ. τὸ ἥμισυ* vel *τὸ* — *μέρος τῶν ἱερειῶν ἔστω*; cf. n. 98 v. 8 sqq. An v. 13 post *ταῖς* supplendum *ἱερείαις*?

3) *De sacerdotii apud Graecas emptione venditione* Argent. 1895 p. 36 sqq.

4) cf. etiam n. 192 in. et quae in comm. adnotavi.

solebant sacrificantes sacerdoti pecuniam solvere, unde res illas compararet, quae nimirum pro magnitudine et genere sacrificii pluris minoris steterunt, sed illis feminis *ταῖς τελευμέναις καὶ ταῖς ἐπινυμφευομέναις* soluta summa quinque obolorum fixa, qualem fere nos '*Pauschalsumme*' vocamus, omnia iusta, quodcunque singulorum pretium erat, a sacerdote praeberi debebant. Atque id quidem concessum erat iam *πρὶν πωλητὰν γενέσθαι τὰν ἱερωσύναν.* Iam emptione sacerdotii instituta sacerdos, fortasse statim prima, quae ita creata erat, maxime id agens, ut emptionis pretium expensum reciperet, et ad mutatam videlicet sacerdotii fungendi condicionem provocans postulasse videtur, ut mulieres illae iam iustum singularum expensarum pretium redderent. Contra ea denuo hoc titulo confirmatur illam quinque obolorum pensionem ratam et legitimam esse ac, ne idcirco sacerdotes minore posthac studio feminis illis sacra praestarent, expressis verbis praecipitur *παρασκευάσαι δὲ ταῖς τελευμέναις τὰς ἱερῆς τὰ νομιζόμενα.* Restat, ut quae dicantur *τελεύμεναι* et *ἐπινυμφευόμεναι* quaeramus. Patonis interpretationem, qui priore verbo feminas primum nubentes, altero iterum nubentes dici coniecerat, ferri non posse patet. Ac voce *ταῖς τελευμέναις* ex usu sermonis notissimo mulieres, quae in mysteria initiantur, significari id quidem pro certo habendum videtur, praesertim cum de ipsius Cereris sacris agatur atque etiam illud de fixa quinque obolorum solutione praeceptum tali potissimum occasioni aptum sit. Sed dubitari potest de alterius verbi vi. Dittenberger eas quae nubunt intellegit et in nuptiis fuisse aliquas partes sacerdotis Cereris iam Paton monuit coll. Plut. Coni. Praec. 1 in. Verum vidisse ego puto Usenerum, qui gradum quendam initiorum dici videri olim dissertationi meae adscripsit. Etenim ritus nuptiales sacris mysticis intercurrisse certum est[5]) atque initiatus vel ipsa voce *νυμφίος* significabatur. Sane hic de dea et mystis feminis agitur, quae res primo eiusmodi ritus excludere videtur. Sed praeterquam quod fieri facile potuit, ut in mysteriis Cereris deus deae se adiungeret velut Dionysus[6]), omnino in hac mystica religione numini divino plerumque partes masculinae tributae esse videntur.[7])

Paulo difficilius praeceptum proximum de sacerdotis emolumentis (*γέρη*), praesertim cum structura ipsa dubia sit. Dittenberger dativum *ταῖς χρηζούσαις* non de sacerdotibus, ut voluerat Paton, sed de mulieribus sacrificantibus accepit nec vero ab *ἀποδόμεν*, sed ab *ἦμεν* pendere censuit hanc fuisse praecepti rationem existimans, ut iis quae vellent feminis pro partibus victimarum prius legitimis pecuniam solvere liceret. Sed summa ni fallor difficultas ita nondum est explicata, perparvum illud dico pretium,

---

5) cf. praeter Lobeck *Aglaophamus* p. 648 sqq. (non solum p. 609 sq.) nunc potissimum A. Dieterich *Mithrasliturgie* p. 121 sqq.

6) cf. e. g. Paus. II 11, 3 *τὸν δὲ νυμφῶνα καλούμενον ταῖς γυναιξὶν ἑορτάζειν παρείκασι· καὶ ἀγάλματα Διονύσου καὶ Δήμητρος καὶ Κόρης τὰ πρόσωπα φαίνοντα ἐν τῷ νυμφῶνί ἐστιν*, ubi *νυμφῶν* aut ad nuptias *Διονύσου* et *Κόρης* aut ad ritus nuptiales initiandos referendus est; cf. de eo loco Lobeck p. 650, Dieterich p. 127.

7) cf. quae de hac re adnotavit Dieterich *l. c.* p. 124.

quo carnes redimere licebat, ac permirum, nisi forte Cereris sacerdotem multo minora *γέρη* tulisse putamus, quam solebant fere sacerdotes Graecorum. Etenim si recte illa disputavit Dittenb., num ullam mulierem illa potestate usam non esse credemus? nullam opinor, si quidem e. g. porci pernam obolo redimere poterat. Incredibile vero Antimachenses commodum sacerdotis adeo neglexisse ne dicam ludibrio habuisse, ut ea quae altera manu tribuerant altera demerent. Neque omnino video, quae alia ratio praecepto tali subesse potuerit nisi ea, ut perparvum illud pretium obstaret, ne temere carnes pecunia mutarentur. Unde sequitur potestatem redimendi non fuisse penes sacrificantes, sed penes sacerdotes, quas raro emolumenta tantulo vendituras esse consentaneum erat exceptis fortasse maioribus feriis velut mysteriis, ubi frequentia sacrificantium facile molestam carnium copiam afferre poterat. Redeo igitur ad structuram, quam Paton proposuit: dativus *ταῖς χρηζούσαις* ad sacerdotes refertur, pendet ex *ἀποδόμεν*.

Postremum praeceptum, etsi de conexu coniectura fieri potest, certo restitui nequit. Cognoscimus tamen mentione *τοῦ ἀγερμοῦ* sacerdoti Cereris licuisse, mysteriis sc. et aliis fortasse conventibus feminarum, stipem colligere, id quod notatu valde dignum est; vid. quae de hoc more ad n. 116 exposui et cf. etiam n. 98 v 11 sqq. cum comm. p. 279.

133. Marmor in opido Co inventum. Superiorem partem ac vel eam imperfectam ed. Dubois *BCH* VII p. 478 n. 1 (*De Co insula* n. 37), deinde totum titulum Paton *Inscr. of Cos* n. 27 de lapidis condicione haec adnotans: '*all the centre of the stone is much corroded, and scarcely anything is visible on the impression — — — towards the end the lines are much more closely written than at the beginning, with at least forty letters to one line instead of about thirty-five.*' Repetiverunt Müllensiefen-Bechtel ectypo usi *SGDI* 3627 et Dittenberger *Syll.*² 598.

Ἐπὶ μον]άρχου Ν[.......μ]η[νὸ]ς Βατρομίου | ....δεκάτα⟦ι⟧ 1) Λẹ...... ......ς συνέγραψαν | [στρα]ταγὸς Νίκαν[δρος ...ο]υ, [Ἄγ]ησις Ἐ̣π̣ι̣κ̣|[ο]ύ̣ρο̣υ̣, ...ẹδα[μος ...]ου, Εὐά[ρα]τος Εὐκάρ‖που, Φο[ρμίων] Εὐδά[μ]ο[υ, οἷς ἐγρα]μμάτευ[εν] | Εὐάρατος Διοκλεῦς·

Τοὶ [τ]α[μί]α[ι ἀ]ποδόσθω[ν] | τὰν ἱερωσύναν τοῦ Διονύσ[ου τ]οῦ [Θ]υλλοφόρο[υ] | μηνὸς Βατρομίου ἑκκαιδεκάται· ἁ δὲ πριαμένα | ἔστωι ὑγιὴς καὶ ὁλ[ό]κλα[ρος κ]αὶ [μ]ὴ̣ νεωτέρα ‖ ἐτῶν δέκα· ἱεράσ[ετ]αι δὲ [διὰ β]ίου· καταβολὰς | δὲ ποιήσετ̣α̣ι̣ τοῦ εὑ[ρ]ẹματος [δ]ύο, τὰν μὲν | πράταν ἐν μηνὶ Βατρο[μί]ω[ι τῶι ἐ]πὶ τοῦ ἐν[εσ]‖τῶτος μονάρχου μέχρι τᾶς τριακάδος, τὰ[ν] | δὲ δευτέραν μέχρι τᾶς [τε]σ[σ]α[ρ]εσκαιδεκάτ[ας] ‖ τοῦ Γεραστίου μηνὸς [τοῦ] ἐπὶ τοῦ ἐνεστῶτος | μονάρχου ἐπιτετ...........σται ζ̣αμίας α[ἴ | κ]α μὴ καταβάλῃι τ̣ὰ̣ν̣ κατ̣α̣[βολ]ὰ̣ν̣ [ἐν] τῶι [χ]ρόνωι | τῶι γεγραμμένωι, ἀ̣π̣[ο-

1) *ἑ|κκαι]δεκάται* P. et Dttb.; sed neque ita syllabam versu dirimi reliqua inscriptio confirmat neque omnino XVI dies aptus est, quippe cum hoc ipso venditionem fore v. 8 cognoscitur. Denuo videndum quot litterae ante *δεκάται* scriptae fuisse possint.

γραψ]ά[ν]τω [δ' αὐτ](ὰ)ν τοὶ | προστάται καὶ τοὶ ταμίαι ⁻/..... ..ανταξαι ‖ και διπλασίαν· τὰν δὲ ἱέρειαν[..τελές](ε)ι[2]) ἁ πό[λις], | τὸ δ' ἀνάλωμα τελεσά[ντω τοὶ ταμίαι]· ὅπως δ[ὲ] | τελεσθῆι ἁ ἱέρεια [κα]τὰ τὰ νομιζ[ό]μενα, τοὶ πωλ[η]‖ταὶ ἀπομισθωσάντω· [ἐξ]έ[στω]ι δὲ τᾶι ἱερείαι ὑφιέ[ρ]‖ειαν ἀποδεῖξαι πολῖτ[ιν· μὴ ἐξ]έστωι δὲ ἄλλα[ν ἱ]‖ερᾶσθαι μηδὲ τελ[εῖν τῶι Θυλλοφόρ]ωι[3]) Διονύσωι | [π]λὰν ἢ ἄν κα ἱε[ρ...............Ξτ..δ..μο. | αἰ δέ τίς κα παρα....... ....ι, ἐξέστω[ι | τ]ῶι κυρίωι τᾶς ἱερεί[ας ἢ καὶ τῶν ἄλλω]ν τῶι [χ]ρήζ[ον|τ]ι ἐσαγγέλλειν ἐς τὰν [βου]λ[ὰν] ..τὰν τελ[εῦ]σαν κ[αὶ ‖ ἀ]δικεῦσαν τὰ[ν ἱέρειαν?[4]) ....ταγ..α.ου | ἀδικεῖν τελεῦσα[ν .... ἀποτει]σάτ[ω μὲν][5]) | <φ'· τοῦτο δὲ.....υ. με.........Γανοι..|λαντος τοδεԷμ.................αν ὀφ[εί]|λουσαν τοὶ τ[αμ]ία[ι — —. iam v. 35—60 tam corrosi sunt, ut singula tantum verba cognoscantur velut 36 ἐχθύματ[α, 37 τὸν Διόνυ[σον, 38 ἁ πόλις, 41 ἐ]ξέστωι αὐ[τ]ᾶ[ι, 43 προτέρας, 48 χρήζηι, 58 ἡμίσσω[ι, 59 τέλ]εστρα; paulo melius iterum de sequentibus actum est, quae sicut in lapide distributa sunt describere interest:

		[ἱ-
ερείαι δὲ ταδε[—	c. 20 litterae desunt —	τα]ῖς τελε(υμέ-)[6])
ναις πάντα παρέ[χειν —	c. 19 „ „	—]ν τῶι Θυ[λ-
λοφόρῳ Διονύσῳ [—	c. 23 „ „	—] τῶν μὲν μ.
Λ.ων[7]) ἱερείων καὶ [—	c. 21 „ „	—] τριωο....
.. ἱε[ρ]είων κεφαλὰν	....	κ]αὶ δραχμὰς ε..
...αιω [αἴ] κά τις πα[ρὰ —	c. 17 litterae desunt	— τ]ῷ θεῷ Γα..
.. ἱερε.. τᾶι δὲ [—	c. 19 „ „	—]ρα ΙΙ ταῦτα ..
.τα ἔστω, ἐπὶ δὲ το[—	c. 17 „ „	—]αντα ταις...

2) ΙΕΡΕΙΑΝ.......ΞΙΑΠΟ; supplem. tamen non dubium videtur, cf. n. 134 v. 6.

3) supplevi; *μηδὲ τελ[εῖσθαι ἱέρειαν τ]ῶι Διονύσωι* priores, qui paulo infra *αἰ δέ τίς κα παρα[νομῆι τι εἰς τὰν ἱέρειαν], ἐξέστω κτλ.* legunt, ubi ego temptaverim *αἰ δέ τίς κα παρὰ [τοῦτο ἱερᾶται ἢ τελῆ]ι, ἐξέστω κτλ.*, vid. de diversa supplementorum ratione comment., de cognomine iterato v. 61 sq.

4) supplere conatus sum usus vestigiis litterae Κ quae Dub. post ΣΑΝ agnovit, *τὸν] τὰν τελεῦσαν [ἀ]|δικεύσαντα* P.-H. et D., de loco difficillimo vid. comm.

5) suppl. P.-H., deinceps hunc fere conexum restituere ausim: *τοῦτο(ν) δὲ [τοῦ ἀργ]υ[ρίου τὸ] μὲ[ν ἥμισυ ἔστω τοῦ ἐ]σαν(γε)[ί]λαντος, τὸ δὲ (λο)[ιπὸν τοῦ θεοῦ ἔστω καὶ τ]ὰν ὀφ[εί]λουσαν τοὶ ταμίαι [ἀναγραψάντων]*. Omnes quas in hac parte dedit litteras certas esse ne ipse quidem Paton spondere potuit.

6) ΙΣΤΕΛΕΖΟ, unde P. *ταῖς τελεσομέναις*, Dttb. *τελε(σθ)[ησομέ]ναις*; neutrum placet, illud propter medium, hoc quia tot litteras deesse veri dissimile (cf. v. 61 extr.) et propter futurum parum aptum; participium praesentis defenditur simili loco tituli n. 132 v. 9 *παρασκευάσαι δὲ ταῖς τελευμέναις — — τὰ νομιζόμενα.*

7) *τῶν μὲν μ[εγ]ά[λ]ων ἱερείων* P.-H. et Dttb.; sed alterum exemplum talis definitionis non extat.

ἁ ὑ]φιέρεια ἄν κα[— c. 20 litterae desunt — ἀπ]οδε[ίξηι[8]) . . .
τὰ]ν ἱερωσύναν ἐ[— c. 21 „ „ —]που . . . .
αυτον ἐς ἐπισκε[— c. 19 „ „ —]κα . . . . .
δ]έ κα μὴ καταβά[ληι — c. 16 „ „ — —]ιο . . . .
ὀμ]οσάντω ἀνα[γράψειν αὐτὰν[9]) — — — — — — —
. . . αδε . ενε — — — — — — — — — — — —
. . . . τελετά — — — — — — — — — — — —

Decretum de emptione venditione sacerdotii *Διονύσου Θυλλοφόρου*.

Cognomen dei aliunde ignotum explicavit Paton coll. Hesych. s. v. *θύλλα· κλάδους ἢ φύλλα* et comparavit *Διόνυσον Σκυλλίταν*, qui bis in fastis Cois occurrit (Hesych. s. v. *σκυλλίς· κληματίς*). Dionysum non modo vitis tutorem, sed omnium arborum earumque fructuum esse constat.[10]) Duos sane huius naturae Dionysos in uno eodemque oppido cultos esse satis mirum est.

De condicionibus emptionis haec adnoto: v. 9 *ὑγιὴς καὶ ὁλόκλαρος* quae nimirum prima ac gravissima condicionum fuit, cf. Plat. Leg. p. 759 C *δοκιμάζειν δὲ τὸν ἀεὶ λαγχάνοντα πρῶτον μὲν ὁλόκληρον καὶ γνήσιον*, Et. M. p. 176, 14 *οἱ βασιλεῖς καὶ οἱ ἱερεῖς ἐδοκιμάζοντο Ἀθήνησιν εἰ ἀφελεῖς καὶ ὁλόκληροι*, Anaxandridis comici fr. apud Athen. VII 300 a *τοὺς ἱερέας ἐνθάδε μὲν ὁλοκλήρους νόμος εἶναι*, legis denique Chalcedoniae n. 196 v. 9 *ὠνείσθω δὲ ὅς [κα ἦι ὁλ]όκλαρος*. De genuino autem ortu hic nullam fieri mentionem eo magis mirum est, quod infra v. 24 in subsacerdote fit. — *μὴ νεωτέρα ἐτῶν δέκα*: cf. n. 135 v. 14 *μὴ νεώτερος ἐτ]ῶν δεκατεσ[σάρων]* et n. 196 v. 11 *ἐξέστω δὲ καὶ παιδὶ ὠνεῖσθαι*. Quem morem satis mirum aeque ac venditionem sacerdotiorum ipsam[11]) crescenti in res sacras neglegentiae tribuere proclive est neque eam saepius valuisse causam nego. Interim tenendum est nostram de sacerdotii natura et auctoritate opinionem in cultum Graecum non quadrare et quibusdam in sacris vel opus fuisse sacerdote impubere sive puero sive puella, cf. Paus. II 33, 2 *ἱερᾶται δὲ (Ποσειδῶνι) παρθένος ἔστ' ἂν ἐς ὥραν προέλθῃ γάμου*, VII 26, 5 iisdem fere verbis de sacerdote Dianae, tum VIII 47, 3 *ἱερᾶται δὲ τῇ Ἀθηνᾷ*

---

8) supplevi, cf. v. 24 et n. 134 v. 4 sq.

9) supplevi iurare iuberi ratus quaestores et prostatas, cf. v. 19.

10) Plut. Quaest. conviv. V 3, 4 *καὶ Ποσειδῶνί γε Φυταλμίῳ, Διονύσῳ δὲ Δενδρίτῃ πάντες ὡς ἔπος εἰπεῖν Ἕλληνες θύουσιν* et de Is. et Os. 35 *ὅτι δ' οὐ μόνον τοῦ οἴνου Διόνυσον ἀλλὰ καὶ πάσης ὑγρᾶς φύσεως Ἕλληνες ἡγοῦνται κύριον καὶ ἀρχηγόν, ἀρκεῖ Πίνδαρος μάρτυς εἶναι, λέγων· δενδρέων δὲ νομὸν Διόνυσος πολυγαθὴς αὐξάνοι, ἁγνὸν φέγγος ὀπώρας*. Cf. praeterea Hes. s. v. *ἔνδενδρος* et Athen. III p. 78 C et quae Kern *Beitr. zur Gesch. d. Griech. Philos. u. Relig.* p. 88 sq. de Dionysi epiphania Magnesiae in platano facta optime statuit coll. etiam Paus. II 2, 7 et IX 12, 4.

11) hanc apud civitates bellis atque excidiis ad inopiam redactas natam esse et ideo institutam, ut his publicis angustiis subveniretur, recte statuit Herbrecht *De sacerdotii apud Graecos emptione venditione Argent.* 1885 p. 38, nec tamen minus verum eiusmodi medelam labentis esse pietatis; lenius ac mitius iudicium de hac re Herbrecht tulit quam oportet, rectius Bischoff *Rhein. Mus.* LIV p. 12. Cf. de hoc more etiam quae ad n. 155 attuli.

παῖς χρόνον οὐκ οἶδα ὅσον τινά, πρὶν δὲ ἡβάσκειν καὶ οὐ πρόσω et X 34, 8 τὸν δὲ ἱερέα (Ἀθηνᾶς Κραναίας) ἐκ παίδων αἱροῦνται τῶν ἀνήβων, πρόνοιαν ποιούμενοι πρότερον τῆς ἱερωσύνης ἐξήκειν οἱ τὸν χρόνον πρὶν ἢ ἡβῆσαι.

V. 10 ἱεράσεται διὰ βίου: sacerdotia venalia ad vitae tempus gesta esse cum per se veri simile tum titulis confirmatur cf. n. 84, n. 155, n. 167—8. Accedit quod Bischoff acute intellexit[12]) aliter non verba *emendi* et *vendendi* usurpari debuisse, sed μισθοῦσθαι, quod de sacerdotio semel occurrit in decreto quodam Myconio aut Andrio (Le Bas-Wadd. *Asie min.* 1799 = 2059).

V. 10 sqq. ab emptoribus non statim totum pretium solvi, sed summam dividi in complures partes, quas aequis portionibus diebus constitutis pensitare deberent, etsi improbabant Plato et Theophrastus, tamen mos erat usitatus.[13]) Hic et n. 196 duae pensiones fieri iubentur, etiam plures n. 139. Inde a v. 16 id agi, quid fiat, si sacerdos terminis constitutis non steterit, satis certum, sed nec v. 16 nec v. 19 lacunae adhuc expeditae sunt. Illic e supplemento ἑκά]σται sc. καταβολᾶι proficiscendum ratus Paton restituit ἐπιτετ[άχθαι δὲ δ(ραχμὰς) . . ἑκά]σται ζαμίας, αἴ κα μὴ καταβάλῃι, quae tamen vel propter genetivum ζαμίας displicent. V. 19 ipsa lectio insuper incerta est; P. dicit ΤΑΞΑ probabiliter rectum esse seque frustra ΠΡΑΞΑ in lapide dispicere temptavisse; post αξα fortasse hastam verticalem esse, utique non Σ; v. 20 in. Κ veri simile esse, contra Θ, quam litteram Dubois dederat et Paton in ipsius lapidis examine novissimo legi posse existimaverat, ectypo non confirmari[14]): '*on the whole, the evidence is against* τάξασθαι *or* πράξασθαι *and in favour of* τάξαι καί.' Sed sive scribitur τὰ[ν δὲ τιμὰν] τάξαι καὶ διπλασίαν sive μὴ ἀποδοῦσα̣ δὲ] τάξαι καὶ διπλασίαν, offensionem non deesse Paton ipse concessit.

V. 20 τὰν δὲ ἱέρειαν τελέσει ἁ πόλις: inauguratio quaedam sollemnis sacerdotum fuisse videtur apud Coos; occurrit etiam Chalcedone (n. 196) et Amorgi (n. 98). Coniuncta erat cum sacrificio (n. 134), quod publico sumptu fiebat Coi, sacerdotis ipsius sumptu Chalcedone et Amorgi, cf. etiam quae exposui ad n. 196.

V. 24 ἐξέστω — ὑφιέρειαν ἀποδεῖξαι: id praeceptum tum potissimum valuisse, si puella impubes sacerdotio fungebatur, putare proclive est, sed vix rectum. Etenim homines, quo minus ipsius religionis studio et dignitatis sacerdotalis auctoritate commoti, sed lucri vel privilegiorum publicorum causa sacerdotia petebant, eo magis diurnis ac molestis officiis eorum liberari studuisse civesque, ex quo venalia ea instituerant, huic studio indulsisse facile intellegitur. Civem esse debuisse subsacerdotem nota, cf. supra ad v. 9.

V. 24 priores editores legerunt μὴ ἐξέστω δὲ ἄλλαν ἱερᾶσθαι μηδὲ τελ[εῖσθαι ἱέρειαν τ]ῶι Διονύσωι πλὰν ἢ ἄν κα ἱε[ρ — — quae etsi imperfecta reliquerunt, ad novam tamen sacerdotii ineundi condicionem referre

12) *Rhein. Mus.* LIV p. 15.

13) cf. de hac re Anthes *De emptione venditione Graecorum quaest. epigr.* Halis 1885 p. 43 sq.

14) item Bechtel eo ectypo, quod a Patone accepit, ΘΑΙ refutari adnotat.

videntur, vix recte. Omitto de condicionibus iam antea v. 8 sqq. actum esse, sed verba sequentia *αἰ δέ τίς κα παρα* — —, *ἐξέστω τῶι κυρίωι τᾶς ἱερεί[ας]* — — *ἐσαγγέλλειν ἐς τὰν [βου]λ̣[άν] κτλ.*, quamvis dubites quomodo suppleantur, id certe indicant hic de privilegio potius sacerdotis tuendo sermonem esse. Accedit quod qui v. 25 *τελεῖσθαι* scribunt iidem statim post eiusdem verbi participium admittere coguntur activum (v. 29 et 31), quod certe editores Anglici et Dittenberger, cum confidenter scriberent *τὸν] τὰν τελ[εῦ]σαν ἀδικεύσαντα*[15]), explicare debuerunt. Equidem priore quoque loco v. 25 activum *τελ[εῖν* scribendum duco nec iam hoc loco verbum de inauguranda sacerdote ipsa, sed de mystis per sacerdotem initiandis dici, de quibus hac lege esse actum confirmatur v. 60 sq., ubi sacerdotem mystis feminis *πάντα παρέχειν* iuberi omnes consentiunt; universo autem loco id caveri suspicor, ne sacerdote ipsa absente alia femina nisi ea, quam illa ministram sibi assumpserit, sacris officiis fungatur (cf. n. 49 v. 12 sqq.), praecipue ne quis initiandi munus sibi arripiat (cf. n. 3 C v. 26 sq. de iure Eleusiniis mysteriis initiandi). V. 29 igitur ni fallor *ἁ τελεῦσα* ea est, quae cum contra legem initiet, sacerdotem *ἀδικεῖ*.

Inde a v. 32 lapis ita detritus est, ut nusquam integra sententia restitui possit; satis certum tamen est ut in ceteris huius generis titulis sic hic emolumenta quoque sacerdotis constituta esse, quocum conveniunt reliquiae v. 64 *ἱε[ρ]είων κεφαλάν.* — v. 59 *τέλ]εστρα*, quod P.-H. recte restituisse videntur, pretium inaugurationis sunt, cf. 98 v. 18.

134. Marmor undique fractum, in oppido Co in ecclesia S. Marinae. Edd. Paton et Hicks *Inscr. of Cos* n. 28, unde Müllensiefen et Bechtel *SGDI* 3628, Dittenberger *Syll.*[2] 597. Cf. etiam Herzog *Koische Forschungen* p. 42.

— — — — — α — — ı — — ς̣ι[— — τοὶ τα]μίαι προδιαγρ[αψάντω | τοῖς] προστάταις ἐς τὰν ἐπὶ τᾶι τ̣[ελετᾶι τᾶς | ἱερ]ωσύνας θυσίαν ∠τ′· νακόρον δ[ὲ ἀποδειξάτω ‖ αὐτ]ῶι ὁ πριάμενος τὰν ἱερωσύναν ὅ[γ κα τῶν πολιτᾶν | δ]ήληται· τὸν δὲ ἱερῆ τελεσάτω ἁ πό[λις κατὰ τὰ | ν]ομιζόμενα· τοὶ δὲ πωληταὶ μισθω[σάντω τέ-λες|τρα] τὰ νομιζόμενα ‾ . . Γ . ı — — — — — | — — τ̣οαι/ — — —

Argumentum simile superiori titulo est. Verbum *προδιαγράφειν* Harpocrationis glossa *διαγράψαντος·* — — *ἔνιοι δὲ ἀντὶ τοῦ διὰ τραπέζης ἀριθμήσαντος* Müllensiefen recte interpretatus est et contulit n. 137 v. 25 et n. 138 v. 5. Quibus locis comparatis dubitari potest, utrum initio huius

15) lectionem *ἀδικεύσαντα* pro *ἀδικεῦσαν τα-* rectissime reiecerunt iam M. et B., frustra defendit Dttb., etsi propter proximum *ἀδικεῖν* (v. 31) mero errore pro *ἀδικήσαντα* incisum ipse existimat; sed praeterquam quod lubricum est in tanta sententiae incertitudine ad errorem lapicidae confugere, ne emendatus quidem ille error offensione caret, quoniam aoristi participium in hoc verbo parum probabile est. Vestigia litterae Κ a Dub. post *τελ[εῦ]σαν* v. 29 indicata a P. et Dttb. neglecta sunt.

tituli *ταμίαι* an *ναποῖαι* supplendum sit. Hoc scripsit Dittenberger; ego, cum Patonis apographum ante I dimidiam hastam obliquam exhibeat, illud praetuli.

V. 3 *τελεταῖ* suppl. Paton satis probabiliter; quamquam ex hoc nomine genetivum *τοῦ ἱερέως* potius quam *τᾶς ἱερωσύνας* pendere expectari recte Dttb. observavit. Etiam pretium sacrificii cum inauguratione coniunctum opinione maius est. — v. 4 *νακόρον*: cum hoc editores *ὑφιέρειαν*, quam sacerdoti Dionysi Thyllophori adsciscere licet (n. 133 v. 23 sq.) comparant. Sane per se ipsa condicio *νακόρου* i. e. aeditui humilior est, et Oropii quidem aedituum Amphiarai officiis sacerdotis propriis prohibebebant (cf. ad n. 65 p. 202 cum not. 12). Sed apud Asiae insularumque Graecos aeditui vulgo maiore auctoritate usi esse videntur, et de ipsorum Coorum consuetudine ex Herond. mim. IV 82 sqq. Aesculapii aedituo re divina ipsa fungi licuisse constat. Idem igitur de sacris, ad quae hic titulus pertinet, sumere licet; cf. etiam tit. Magn. n. 187.

De inauguratione (v. 6) cf. supra p. 335. Vocabluum *τέλεστρα* v. 7 Paton restituit coll. n. 98 v. 17 et n. 133 v. 59. Ceterum non modo argumento, sed etiam et litterarum specie et versuum longitudine hanc inscriptionem superiori tam similem esse Paton statuit, ut partes esse corporis cuiusdam decretorum ei videantur.

135. Fragmentum inventum in oppido Co, nunc Symae, a dextra et supra integrum. Edd. Gardner *Journ. of Hell. Stud.* VI p. 252 n. 3 a, Paton-Hicks *Inscr. of Cos* n. 30, Müllensiefen-Bechtel *SGDI* 3630.

Ἐπὶ μονάρχου — — — —] Δαλίου — — | — — — — [συνέγραψ]αν προστάται . . . | [— — — — — Ν]ικία, Ξενοφῶν Παρ|[μενίσκου — — — —]ωνος, Διόφαντο[ς ‖ — — — — — — τ]οὶ αἱρημένοι συν|[— — — — — — το]ῦ Ἀσκλαπιοῦ καὶ | [τᾶς Ὑγιείας — — Τελευτ]ίας Θευδώρου[1]), Νικ|— — — — — — Ἀριστεὺς Ἀριστέ|[ως — — — — τ]ᾶι πράσει τᾶς ἱερω‖[σύνας — — — — —] καὶ Ἠπιόναι ἱέρεια[ν | — — — — — —] τοὶ δὲ πωληταὶ ἀ|[ποδόσθων τὰν ἱερωσύναν τοῦ Ἀσκλ]απιοῦ καὶ τᾶς Ὑγ|[ιείας . . . . .· ὁ δὲ πριάμενος τὰν ἱ]ερωσύναν ἔστω | [ὑγιὴς καὶ ὁλόκλαρος καὶ μὴ νεώτερος ἐτ]ῶν δεκατεσ[σά|ρων — — — —

De venditione sacerdotii Aesculapii et Hygieae ac praeterea de creanda sacerdote Epionae (v. 10) agi Paton vidit et pauca quae possunt ad exemplum legis n. 133 restituit. Epionam una cum Aesculapio apud Coos cultam esse confirmatur ex Herond. mim. IV in., ubi sane *Ἠπιώ* audit. Sed propriam eius fuisse sacerdotem notatu valde dignum est. Quaeritur, qua

1) idem, de cuius morte Antipater Sidonius carmen sepulcrale fecit (Anth. Pal. VII 426), unde aetas tituli aliquatenus definitur, cf. E. Preuner *Hermes* XXIX p. 550 sqq.

ratione hic emptio sacerdotii Aesculapii et Hygieae cum Epionae sacerdote creanda conexa fuerit. An is, qui illud emerat, idem hanc praebere debebat?

136. Fragmentum opisthographum, in oppido Co prope cimeterium inventum. V. 2 integer est. Ed. Paton et Hicks *Inscr. of Cos* n. 32 (*SGDI* 3671).

A.

— — τοὶ] | στ[ρα]ταγοὶ ἀποδόσθ[ων] | τὰν ἱερωσύναν· ὁ δὲ πριά|[μ]ενος ἀλειτούργητος ἔ[στω | πάσας λει]τουργίας τ— — —

B.

ιτασα/

Fragmentum, cuius litterae apicibus ornatae aetatem superioribus aliquanto recentiorem produnt, ipsum quoque ad venditionem emptionem sacerdotii pertinet. De immunitate cf. n. 188 v. 15 cum comm.

137. Marmor a sinistra parte integrum, in insula Co prope urbem *ἐν τῷ χωρίῳ Κερμεταί* inventum, nunc in Museo Constantinopolitano. Edd. ex apographo Kontoleon *MAI* XVI p. 406 sqq., Th. Reinach *Rev. des Et. Grecques* IV p. 359 sq., Müllensiefen-Bechtel *SGDI* 3632, Michel *Recueil* 720. Commentario uberrimo instruxit Toepffer *MAI* XVI p. 411 sqq. Alterum apographum contulit idem *BCH* XVI p. 162 sqq., tertium Reinach *Rev. d. Et. Gr.* V p. 100 ibidemque p. 253 ectypis tandem duobus, quae Hamdy Bey misit, uti poterat.

— — — — — — — — — — — — — θ]υέτω δὲ καὶ σκανοπαγείσθω⟨ν⟩ καὶ ὁ τὰν ὠνὰν ἐωνημένος ναύσσου[1]) ἔξω καὶ τὰν εγα. . . | βίου κατὰ ταὐτά· θυόντωι δὲ καὶ τοὶ ἐωνημένοι ὠνὰν ναύσσου ἄρτων, κάπων κατ[ὰ ταὐ]|τά· θυόντωι δὲ καὶ σκανοπαγείσθων καὶ τοὶ ἀγοράξαντες τὰν ὠνὰν τᾶς ὀβελίας[2]) κατὰ τ[αὐτά]· | θυόντωι δὲ καὶ σκανοπαγείσθων καὶ τοὶ πριάμενοι τὰν ὠνὰν σίτου κατὰ ταὐτά· θυόντωι δὲ [κ]||αὶ σκανοπαγείσθων καὶ τοὶ πριάμενοι ὠνὰν οἴνου ἐπὶ θαλάσσαι, ἑταιρᾶν, ξύλων, ἀλφίτ(ω)ν, ἐ[ν]|οικίων[3]) κατὰ ταὐτά· θυόντωι δὲ καὶ σκανοπογείσθων καὶ τοὶ πριάμενοι τὰν ὠνὰν τετραπό[δ]|ων· θυόντωι δὲ καὶ σκανοπαγείσθων καὶ τοὶ ἀγοράζοντες τὰν ὠνὰν ἐν Καλύμναι οἴνου | ἐξ οἰ(ν)οπέδων, ζευγέων, ἐρίων κατὰ ταὐτά· θυόντωι δὲ καὶ σκανοπαγείσθων καὶ τοὶ ἀγορά[ξ]|αντες ὠνὰν ἀμπελοστατεύντων καὶ τῶν γυναικείων σωμά-

1) idem esse ac *ναῦσθλον* vel *ναῦλον* (Hes. s. v. *ναῦσθλον*) Toe. coniecit; contra Wackernagel *Rhein. Mus.* 48 p. 299 sq., quia *IGA* 491 (*Syll.*² 464) ubi eam vocem Toe. feliciter restituit, signo Sampi scripta esset, non Graecam, sed barbaram vocem, fortasse Caricam esse et vectigal aliquod significare statuit.

2) Toe. cum coll. *ὠνὰ ἄρτων* (v. 2) placentas, de quibus Poll. VI 75 *ὀβελίαι δὲ ἄρτοι οὓς εἰς Διονύσου ἔφερον οἱ ὀβελιαφόροι* (cf. Athen. III 111 B), dici coniecisset, idem tamen nomine *ὀβελία* vectigal oboli posse significari concessit; cui interpretationi singularis certe favet.

3) suppl. Rein., *ἐ[π]οικίων* Kont.

των κατὰ ταὐτά· θυόντω[ι δὲ καὶ] ‖ cκανοπαγείcθων καὶ τοὶ ἀγοράξαντεc τὰν ὠνὰν cκοπᾶc δαμοcίαc[4])· θυέτωι δὲ κ[αὶ cκανο]|παγείcθωι καὶ ὁ τὰν ἄλλ⟦α⟧ν μιcθωcάμενοc cκοπὰν τὰν ἐπὶ ναυτιλέωι· θυέτωι δ[ὲ κατὰ ταὐ]|τὰ καὶ cκανοπαγείcθωι καὶ ὁ πριάμενοc τὰν ὠνὰν τᾶν Μουcᾶν κατὰ ταὐ⟦τ⟧ά· θ[υέτωι δὲ κα]|τὰ ταὐτὰ καὶ cκανοπαγείcθωι καὶ ὁ πριάμενοc ⟨οc⟩ τὰν ὠνὰν τοῦ Ἀφροδειcίου· θυέτ[ωι δὲ καὶ c]|κανοπαγείcθωι καὶ ὁ πριάμενοc τὰν ὠνὰν κύκλου γᾶc κατὰ ταὐτά· θυόντωι δὲ [κατὰ ταὐ]‖τὰ καὶ cκανοπαγείcθων τοὶ ἔχοντεc τὰν ὠνὰν λιβανοπ(ω)λᾶν, ὀcπρί(ω)ν, ταρείχο[υ· θυέτω]|ι δὲ κατὰ ταὐτὰ καὶ cκανοπαγείcθωι καὶ ὁ ἔχων τὰν ὠνὰν τοῦ (ἰ)ατρικοῦ· θυόντωι δὲ [καὶ c]|κανοπαγείcθων τοὶ κωποξύcται[5]) τ[ῶ]ι Ποτειδᾶνι καὶ Κῴ οἶν ἀπὸ δραχμᾶν τριά[κον]|τα καὶ Ῥόδωι ἀπὸ δραχμᾶν τριάκοντα· θυόντωι δὲ κα⟦τὰ⟧ ταὐτὰ καὶ ὅccοι κα cκοπὰc μιcθο|ποιήcωνται ἢ ἔχωντι ἰδιωτικὰν μεμιcθωμένοι Ποτειδᾶνι καὶ Κῴ οἶν ἀπὸ δραχμᾶν τριάκον‖τα καὶ Ῥόδωι ἀπὸ δραχμᾶν τριάκοντα ἐc ὅ κα ἦι cυνεcτηκυῖα ἁ cκοπά· θυόντω δὲ κα[τὰ τ]|αὐτὰ καὶ (τ)οὶ μετάβολοι τοὶ ἐν τοῖc ἰχθύcιν Ποτειδᾶνι καὶ Κῴ οἶν ἀπὸ δραχμᾶν τριάκον[τα καὶ] | Ῥόδωι οἶν ἀπὸ δραχμᾶν τριάκοντα· θυόντωι δὲ κατὰ ταὐτὰ καὶ τοὶ νεωλκοί, λαμβάνο[ντεc] | ὁμοίωc καὶ οὗτοι παρὰ τῶν ταμιᾶν δραχμὰc ἑξήκοντα· θυέτωι δὲ καὶ ὁ ναυαρχὸc τ[ῶι Πο]|τειδᾶνι οἶν ἀπὸ δραχμᾶν τριάκοντα καὶ Κῶι οἶν ἀπὸ δραχμᾶν τριάκοντα καὶ Ῥόδωι ο[ἶ]ν ‖ ἀπὸ δραχμᾶν τριάκοντα· διαγραφέcθωι δὲ αὐτῶι παρὰ τῶν ταμιᾶν δραχμὰc ἐνενή[κο]|ντα. θυόντωι δὲ κατὰ ταὐτὰ καὶ cκανοπαγείcθων ἕκαcτοc τῶν τριηράρχων, θυόν[τω]|ι δὲ τῶι Ποτειδᾶνι οἶν ἀπὸ δραχμᾶν τριάκοντα καὶ Κῶι οἶν ἀπὸ δραχμᾶν τριάκοντ[α καὶ] | Ῥόδωι οἶν ἀπὸ δραχμᾶν τριάκοντα, λαμβανόντωι δὲ καὶ τοῦτοι παρὰ τῶν ταμι[ᾶν | δρ]αχμὰc ἐνενήκοντα· θυόντωι δὲ καὶ τοὶ καρπολογεῦντεc τῶι Ποτειδᾶνι οἶν ἀ[πὸ ‖ δρ]αχμᾶν τεccαράκοντα καὶ Κῶι οἶν ἀπὸ δρα⟦χ⟧μᾶν τεccαράκοντα καὶ Ῥόδωι οἶν ἀ[πὸ δρ]|αχμᾶν τεccαράκοντα· θυόντωι δὲ καὶ τοὶ ὑπηρέται τᾶν μακρᾶν ναῶν Ποτειδᾶνι καὶ [Κῶι οἶν ἀ]|πὸ δραχμᾶν τρι[άκοντα κα]ὶ Ῥόδωι [οἶν ἀπὸ δραχμᾶν τριάκ]οντα· θυόντωι δὲ καὶ τοὶ — —|οι ἐκ τῶν ὑπηρε[τᾶν — — — — οἶν ἀπὸ] δραχμᾶν τ— —

v. 5 ΑΛΦΙΤΟΝ. v. 8 ΟΙΚΟΠΕΔΩΝ. v. 11 ΑΛΛΝ v. 15 ΠΟΛΑΝΟΣΠΡΙΟΝ. v. 16 ΛΑΤΡΙΚΟΥ. v. 21 ΝΟΙ.

Quae hodie in lapide servata leguntur, ea indicem continent hominum, quibus sacrificia quaedam imperantur. Externam speciem si respicis, facile duae discernuntur partes: v. 1—16 varia genera eorum recensentur, qui

4) *θυννοσκοπεῖα* dici R. et T. viderunt.

5) Theophr. Hist. Plant. V 1, 6 *ἔστι δὲ καὶ πολύλοπον ἡ ἐλάτη — — ἀεὶ γὰρ ἔχει τινὰ ὑποκάτω τοῦ φαινομένου καὶ ἐκ τοιούτων ἡ ὕλη· διὸ καὶ τὰς κώπας ξύοντες ἀφαιρεῖν πειρῶνται καθ' ἕνα καὶ ὁμαλῶς* (Toe.).

vocantur *τοὶ ἐωνημένοι* (*πριάμενοι, ἀγοράξαντες*) *τὰν ὠνάν*, qua voce eos, qui vectigalia publica redempta habebant, a Graecis significari Toepffer docuit; quorum generum uni cuique idem praecipitur: *θυόντων καὶ σκανοπαγείσθων*. Inde a v. 16. ubi non iam publicani, sed homines praecipue ad res navales Coas pertinentes apparent, genus pretiumque victimae sacrificandae constituitur et praeterea quibus dis fiat (*Ποτειδᾶνι, Ῥόδῳ, Κῷ*) additur. Iam plurima et gravissima illa, quae ex hoc indice de rebus oeconomicis nec non de moribus vitaque Coorum cognoscuntur, post Toepfferum disserere non huius loci est. Remotis vero illis duae potissimum quaestiones ad rem sacram pertinentes restant.

Ac primum quidem id quaeritur, quodnam genus fuerit legis talem indicem exhibentis, quo consilio commoti Coi eum conscribendum curaverint. Id quod ex uno hoc titulo, quoniam et exordium et finis legis perierunt, nullo modo intellegi potest. Nec vero hic titulus ab aliis tribus decretis Cois separari potest n. 138—140, in quibus plane eodem modo homines sacrificare debentes enumerantur. Iam cum certe in duobus eorum (n. 138 et 139) index ille partem efficiat tituli de emptione venditione sacerdotii cuiusdam, et nostrum titulum et n. 140 item talis decreti partes esse si non certum at tamen veri simillimum mihi videtur.[6]) Iam quaeritur, quid eiusmodi index in lege de emptione venditione sacerdotii scripta sibi voluerit. Nullam ego aliam causam video nisi hanc: sacerdotiis venalibus factis cives, nisi forte eximia quis religione impellebatur, ea potissimum spe emptores exstitisse fore ut emolumentis muneris fructus pecuniae ibi collocatae reciperent, timoremque eum, ne non reciperent, frequentiae empturorum obstitisse consentaneum est. Quem timorem ut tolleret emtoresque alliceret, populus, cum condiciones sacerdotii alicuius vendendi constituebat, indicem eorum inserebat, qui in illo templo d e b e r e n t sacrificare, atque ita sacerdotibus certae quidem magnitudinis reditus proponebat.[7]) Quacum ratione praeceptum illud *σκανοπαγείσθων* identidem iteratum optime convenit. Verbum enim *σκανεῖν* Graecis artissime cum notione epulandi coniunctum fuisse ad n. 79 p. 239 demonstravisse mihi videor; quare sicut illius praecepto *σκανῆν* ita hoc *σκανοπαγείσθω* re vera id actum censeo, ut ii, qui sacra fecerant, in ipso fano epulas sacras instituerent nec carnes victimarum domum asportarent, id quod non uno nomine sacerdoti commodo esse poterat.

Restat ut quaeramus, ad cuius dei sacra haec omnia pertineant. Cum inde a v. 16 sacra *Ποτειδᾶνι, Κῶι, Ῥόδωι* fieri iubeantur, ad Neptuni sacra legem referre proclive est nec tamen certum. Immo ob id ipsum, quod v. 16 demum haec nomina apparent, supra alium deum nominatum fuisse, cui Neptunus Rhodus[8]) Cos tamquam *σύνναοι* adiungerentur, collegeris, et

6) sane etiam in decreto de donatione Pythoclis facto (n. 131) index similis inest. Attamen titulos, de quibus in textu agitur, ad donationes non facile quisquam referet.

7) n. 140 v. 20 ideo diserte additur *καὶ τὰ γέρη διδότ*[*ω*] *κατὰ τὰ γεγρ. ἢ ἀποτινέτωι τῶι ἱερεῖ ∠ ν΄*.

8) Rhodum Solis coniugem inducit iam Pind. Ol. VII 71.

qui homines in altera tituli parte enumerantur, cum omnes fere in rebus maritimis versentur, tenentur Neptuni religione. An sacrificia prioris partis Neptuno soli debentur, homines autem qui inde a v. 16 dicuntur, magistratus utpote plerique praeterea numini utriusque insulae sacrificare debebant? — Ceterum Rhodi mentione certo apparet titulum ei aetati deberi, qua Coi sub dicione Rhodiorum erant, i. e. annis 189—167.[9])

138. Marmor supra et infra fractum, inventum in insula Co in vico *Kardamina*. Edd. Paton et Hicks *Inscr. of Cos* n. 369, Müllensiefen et Bechtel *SGDI* 3707, Michel *Recueil* 719, Dittenberger *Syll.*[2] 621.

— — — θυέτω ὁ | ἱ]ε[ρε]ὺς τοῦ Ἀπόλλωνος ἐν τῶι μ[ηνὶ τῶι Πανά]|μω[ι τᾶι] ἑβδόμαι αἶγα τᾶι Ἀφροδίτ[αι ἀπὸ δρα]|χμᾶν εἴκοσι καὶ τᾶι ἐνάται τοῦ ạ[ὐτοῦ μηνὸς] | αἶγα ἀπὸ τοῦ ἴσου καὶ σαλαιδιατ........· ‖ διαγραφόντω δὲ τοὶ ναποῖαι τῶ[ι ἀεὶ πρι]|αμένωι τὰν ἱερωσύναν ἐν τῶι μην[ὶ Δαλί?]|ωι καὶ ἄλλας δραχμὰς εἴκοσι ὥστε θύε[ν τᾶι Ἀ]|φροδίται αἶγα· θυέτω δὲ καὶ ὁ ἱερεὺς το[ῦ Ἀπόλ]|λωνος τᾶι εἰκάδι αἶγα ἀπὸ δραχμᾶν εἴ[κοσι]· ‖ θυόντω δὲ καὶ τοὶ μεμισθωμένοι τὸς ἱερὸ[ς κά]|πος καὶ τὸ βαλανεῖον ἕκαστος αὐτῶν ἔριφ[ον | ἀ]πὸ δραχμᾶν δεκαπέντε .ΙΓ............ | .ας ἐν ἀκροπόλει ἀ.οι. γ— — — — | ..έτω ὁμοίως· ΛΙΔΙιι — — — — ‖ ο ¯ Λιων γερ/— —

Inscriptionem, quae II a. Chr. n. saeculo tribuenda videtur, fragmentum esse legis de emptione venditione sacerdotii cuiusdam apparet v. 5 *διαγραφόντω — — — τῶ[ι ἀεὶ πρι]αμένωι τὰν ἱερώσυναν*. De condicionibus sane nihil iam in lapide servatum est; quae extant praecepta efficiunt indicem hominum quorundam, quibus sacrificia imperantur; eiusdem generis indices extant in titulis n. 137. 139. 140; rationem eorum explicare studui ad n. 137 p. 340.

Iam cum bis sacerdos Apollinis nominatim occurrat, Paton verbis *τῶι ἀεὶ πριαμένωι τὰν ἱερωσύναν* eundem dici et ad Apollinis sacerdotium legem pertinere coniecit. Sed non modo si illis verbis Apollinis sacerdos diceretur, pergi non posset v. 13 *θυέτω δὲ καὶ ὁ ἱερεὺς τοῦ Ἀπόλλωνος*, quo *καὶ* alium sacerdotem antea dici arguitur, sed etiam inde, quod sacra Veneri fieri iubentur (v. 2 et 8), de huius deae cultu et sacerdotio agi necessario ni fallor colligendum est. Mirum sane est alienum quoque sacerdotem Veneri sacrificium debere, sed inde fortasse explicandum, quod Apollinis sacerdos principem locum inter Halasarnae sacerdotes obtinebat et ex hac dignitate publica aliquot munera ei eveniebant. — Deinde ne in tali sacrificiorum indice, quem sacerdotis commodi causa

9) litteraturam accuratissime descripsit Th. Reinach *Rev. d. ét. gr.* V p. 253: formas esse vulgares III et II a. Chr. n. saeculi, Θ Ҝ Ν Σ Π '*le* Φ *descend au-dessous de la ligne; le* Ω *a les pointes du cercle très rapprochées, parfois même réunies comme un* O.'

legi emptionis insertum esse statui, eum ipsum inter homines sacrificare debentes enumerari mireris, huius sacrificium publico sumptu fieri (v. 5 *διαγραφόντω δὲ τοὶ ναποῖαι*) tenendum est.

V. 4 extr. ΣΑΛΑΙΔΙΑΤ in lapide esse scriptum examine iterato Patonis certum videtur. Hic tamen erravisse lapicidam et legendum esse coniecit *σιαλίδια* porcellos intellegens, id quod comprobavit Dittenberger addens supplementum *τ[έτταρα]*. Mihi minime probatur, nam praeterquam quod deminutivum illud inauditum est et vix aptum sermoni legis sacrae, in eodem sacrificio ab eodem homine praeter capram complures porcellos sive tres sive quattuor immolandos fuisse eosque Veneri (cf. ad n. 119 v. 7) incredibile puto, praesertim cum non de feriis quibusdam magnis, sed de simplici sacrificio agatur. Accedit denique, quod in illorum lectione pretium porcellorum desideratur. Tradita autem mutari lectionis causa tam gravibus offensionibus obnoxiae nolo. Si omnino sacrificii nomen latet, aut placentas aut, ut Usener olim me monuit, pisces dici puto.

139. Lapis undique fractus, repertus in oppido Co, extat in collectione Platanistae. Edd. Hauvette-Besnault et Dubois *BCH* V p. 222 n. 11, Paton et Hicks *Inscr. of Cos* n. 29. Inscriptionis verba restituit coll. n. 140 R. Herzog *Koische Forschungen* p. 39 sq.

— — — θυόντω δὲ καὶ τοὶ ἀπ]οδεικ[νύμενοι πάντες ὑπὸ τῶν τραπεζιτᾶν ἢ ἄλλως πω]ς καθίζοντες ἐ[πὶ τὰν τράπεζαν ἕκαστος | ἱερεῖον δραχμᾶ]ν πεντήκοντα καὶ [τὰ γέρη διδότω τῶι ἱερεῖ[1])· κατὰ ταὐτὰ δὲ] θυέτω καὶ τῶν ἐλευθε[ρουμένων ἕκαστος· ....‖... ...][2]) καὶ τοὶ ταμίαι καὶ δέλτο[ν μὴ διδόντω τοῖς ποιεῦσι | τὰν ἀ]πελευθέρωσιν μηδὲ ποι[είσθων πρότερον τὰν ἀναγρα|φὰν τ]ᾶς ἀπολυτρώσιος, αἴ κα μὴ ὁ ἱερ[εὺς αὐτοῖς ἐμφανίσῃ | τὰν θ]υσίαν[3]) ἐπιτετελέσθαι, ἢ ὀφειλό[ντω ἐπιτίμιον δραχ|μὰς][3]) ἱερὰς Ἀδραστείας καὶ Νεμέσιο[ς ἑκατόν· τὰν δὲ πόλιν ‖ τελέσ]αι[4]) τὸν ἱερῆ κατὰ τὰ νομιζόμε[να· στάλαν δὲ λίθου λευ|κοῦ κα]τασκευάξαι καὶ ἀναγράψα[ι — — — — — | — — —[5])] τὸν ἀποδειχθησόμενον· [τὸ δὲ ἀνάλωμα τὸ γενόμε|νον ἔς τε][6]) τὰν τελετὰν τοῦ ἱερέω[ς καὶ τὰν τιμὰν τᾶς ἐς τὰν | στάλαν ἀν]αγραφᾶς τοὶ ταμίαι ἐ[κτείσουσι καὶ λογιοῦνται ‖ μετὰ τᾶς ἄλ]λας δαπάνας· ὁ δὲ [πριάμενος τὰν ἱερωσύναν | ποιησεῖτα]ι τοῦ εὑρέματος[7]) π[έντε καταβολάς, τὰν μὲν

1) v. 1—3 quamvis paucae reliquiae hodie in lapide extent, certissimo tamen suppl. Herz. coll. tituli insequentis n. 140 v. 17—20.

2) *ἀναγραφόντω δὲ] καὶ* Herz., sed ipse offenditur coniunctione *δὲ καὶ* et dubitat an coll. prox. tit. v. 12 emendandum sit: *ἕκαστος ...., καὶ τοὶ ταμίαι ⟨καὶ⟩ δέλτο[ν μὴ διδόντω κτλ.*

3) cf. tit. prox. v. 14—16, sensum recte iam Paton restituerat.

4) suppl. Paton.

5) *τοὺς ἱεροὺς νόμους πάντας* Herz., quidni *τόδε τὸ ψάφισμα αἴ κα κυρωθῇι?*

6) suppl. Herz.

7) cf. n. 133 v. 10 sqq.

πρά|ταν ἐμ μηνὶ] Ἀλcείωι τῶι ἐ[πὶ τοῦ ἐνεcτῶτοc μονάρχου, τὰν δὲ δευ|τέραν ἐμ μ]ηνὶ Βαδρο[μίωι τῶι ἐπὶ τοῦ — — μονάρχου, τὰν δὲ | τρίταν ἐμ μ]ηνὶ Πα[νάμωι — — — —

Fragmentum esse legis de emptione venditione sacerdotii iam antequam titulo n. 140 invento maxima pars certo restitui potuit, Paton recte vidit (cf. maxime v. 10. 13. 16). Condiciones emptionis in extrema parte lapidis servatae sunt duae: v. 10sqq. de sacerdote sumptu publico inaugurando et v. 15 sqq. de diversis pensionibus a sacerdote faciundis, quae condiciones item in titulo n. 133 occurrunt, nisi quod hic plures constituuntur pensiones quam illic, ac si Paton recte v. 16 post ΟΣ aut Γ aut Ε, non Τ legendum statuit, vel quinque pensionibus uti fas erat; tres utique certae sunt pretiumque satis magnum fuisse docent. Ceteras condiciones, quibus sacerdos satis facere debebat, velut de integro corpore (cf. n. 133 in.) in initio scriptas fuisse et cum hac parte lapidis deperisse veri est simile. Insertus autem est in medio titulo index hominum, qui sacrificare iubentur, qualis extat item n. 137 et 138; inseri autem eum hoc consilio, ut sacerdotii emptores certa emolumentorum copia proposita allicerentur, exposui ad n. 137 p. 340. In hoc lapide duo genera hominum servantur: de priore qui vocantur *τοὶ ἀποδεικνύμενοι ὑπὸ τῶν τραπεζιτᾶν* cf. ad proximi tituli n. 140 v. 17 sq. p. 346; alterum genus est eorum, qui manu mittuntur; e quo potissimum praecepto cognoscitur, quantopere Coi providerint, ut fierent sacrificia sacerdoti promissa: quaestores enim, qui ante sacrificium peractum aut domino *δέλτον* i. e. documentum manu missionis tradebant aut ipsos manu missos in publicis litteris inscribebant missionemque ita publice ratam reddebant, ipsi noxam merebant.

Titulum ad sacerdotium *Ἀδραστείας καὶ Νεμέσιος* pertinere inde, quod multa propter neglectum sacrificium constituta his deabus cedebat (v. 9), colligendum est. Cf. de hac re etiam quae ad n. 140 p. 344 exposui.

140. Tabula marmoris albi in duas partes fracta, reperta in misero quodam deversorio oppido Coi, ubi foco inmissa erat, nunc in museo Demarchiae. Litterae neglegentissime incisae sunt; accedit quod superficies, sinistrae praesertim partis, igne valde corrupta est. Negotium lectionis perfecit a Patone adiutus R. Herzog et titulum bis edidit primum *MAI* XXIII (1898) p. 451 n. 2, unde repetivit Dittenberger *Syll.*[2] 940, deinde commentario amplo et imagine photographica instructum *Koische Forschungen und Funde,* Leipz. 1899, p. 26sqq. et p. 220. Lapidem ipsum Herzog et Paton una examinaverunt, ectypis chartaceis ab illo confectis pro se uterque operam dedit. Cf. praeterea quae de titulo exposuerunt G. Kaibel *Gött. Gel. Anz.* 1900 p. 60 et Br. Keil *Anon. Argent.* p. 79 not. 1.

. . . . μενωι ἀ. . . . . _ παν — — | . . . \λ.cι/ μηρ̣ε̣ια [1]) τὰ νομιζόμεν[α] | .αι̣καε̣.ε̣¯ιο̣ν τοὶ μὲν τὰν χειμεριν[ὰν] | ἄρχοντεc Γεραcτίου· κζ̅·, τοὶ δὲ τὰν θε[ρι]‖νὰν ἄρχον[τ]εc τ̣ᾶ[ι]· κδ̅· τῶν δὲ

1) ita H. *ἱερεῖα* aut *μηρία* latere coniciens; ΜΓΙΤΙΑ *τὰ νομ.* Paton.

ἄλλων ὁ χρήι|ζων ἐπεί κα [λῆι]· κ(α)ὶ ἰϛχίον[2]) ὅσιόν ἐϲτιν θύεν | ταῖϲ θεαῖϲ· θ̣υ̣ό̣ντω δὲ καὶ τοὶ ἐργολαβεῦν|τεϲ τὸ ἱερὸν ἢ δαμόϲιον ἔργον καθ' ἕκαϲ|τον ἐνια[υτὸν]. . αΞ ὅϲϲοι μέν κα ἐργολα‖βήϲωντι ᾱ̣ τ[ᾶι τρ]απέζαι̣ ἀπὸ ∠ῑ, τοὶ δὲ | ἀπὸ [ᾱ] ἐ[πὶ ε̄ ἀπὸ ∠]κ̄, τοὶ δὲ ὑπὲρ ε̄ ἀπὸ ∠ν̄· | καὶ τοὶ [ἀρχιτέκτ]ο̣νεϲ μὴ πρότερον αὐ|τοῖϲ τὰϲ̣ [δόϲειϲ δ]ιδόντω, αἴ κα μὴ ὁ ἱρεὺϲ | [α]ὐτο[ῖ]ϲ [ἐμφα]ν̣ίϲη̣ τὰν θυϲίαν ἐπιτε‖[τ]ελέϲθα[ι ἢ ὀφε]ιλόντω ἐπιτίμιον ἱε̣|ρὰϲ Ἀδραϲτείαϲ καὶ Νε-μέϲεωϲ ∠ϲↃ· | θυόντ[ωι] δὲ [καὶ] τοὶ ἀπο[δει]κνύμενοι πάν̣|τεϲ ὑπὸ τ[ῶν τρα]πεζειτᾶν ἢ ἄλλωϲ πωϲ | καθίζοντεϲ ἐπὶ τὰν τράπεζαν ‖ ἕκ[α]ϲτοϲ ἱερεῖον ≣ ≣ [κ]α̣ὶ̣ τὰ ⟨γε⟩ γέρη διδότ[ω] | κατὰ τὰ γεγραμ-μένα ἢ ἀποτινόντωι | τῶ[ι] ἱερεῖ ∠ν̄ καὶ ἁ πρᾶξιϲ ἔϲτω αὐτῶι | κα-θάπερ ἐ̣κ̣ δ̣ίκα̣ϲ.[3])

L. V. 3 π]αρ καθ . δ . . ον, τοὶ P., ante τοὶ ON aut ΩN legi posse monet H. 7 ἱε[ρώνʼ]τωι P. 11 ΑΠΟ Ε Ι Ι ΙΙΙ H., ἀπὸ Γ ἐ[πὶ Ε ἀπ]ὸ [∠ κ̄] P. ceterum v. 9 sqq. praecipue lectu difficiles esse monet H. 22 ἀνθ'] ἱερείων καὶ P., deinde v. 22 extr. αὐτῶν. 23 . . . κατα — — P., litteras huius versus non nisi punctis indicatas esse H. dicit, qui primo de ἐοικόϲ cogitavit, sed ἐκ δίκαϲ spatio melius convenire censet.

Inscriptio pariter ac n. 137—139 indicem hominum, qui sacrificare iubentur, continet. Quodsi supra p. 340 de eiusmodi indicibus recte iudicavi, pars est tituli de emptione venditione sacerdotii idque confirmatur voce *ἱερεύς* v. 13 et 22 et numero singulari et articulo pronuntiata. Iam vero cum hic titulus una cum indice finiatur neque ad emptionem redeat, eo non ipsam legem, sed supplementum eius contineri colligo. Id quod optime cum altera re convenit: sacerdotium enim *Ἀδραστείας* et *Νεμέσεως* dici e v. 16, ubi multa his deabus solvi iubetur, apparet (cf. etiam v. 7 in.); de eiusdem autem sacerdotii emptione scriptum est decretum n. 139 atque unum quidem genus hominum sacrificare debentium: *τοὶ ἀποδεικνύμενοι πάντες ὑπὸ τῶν τραπεζειτᾶν κτλ.* in utroque titulo occurrit. Sequitur, cum n. 139 scripturam antiquiorem exhibere Herzog testetur, ut postquam illa lege emptio sacerdotii Adrasteae primum constituta erat, nonnullis annis post civibus visum sit si non universam legem, at certe indicem illum retractare. E quo etiam nunc supersunt tria genera hominum. Primum magistratus quidam semestri munere fungentes[4]), quorum *τοὶ μὲν τὰν χειμερινὰν* sc. *ἑξάμηνον ἄρχοντες* Gerastii mensis *κζ'* i. e. die XXIV[5]), *τοὶ δὲ τὰν θερινὰν ἄρχοντες* eiusdem mensis *κδ'* i. e. die XXVII sacrificare iuben-

---

2) hanc Herzogii lectionem recepi, valde tamen dubitans: sane n. 24 legitur *ἐπὶ δὲ τὴν τράπεζαν κωλῆν, πλευρὸν ἰσχίον*, sed aliud *ἰσχίον* in mensa sacra ponere, aliud *ἰσχίον θύειν*; accedit, quod Σ et, si transcriptioni editoris potior fides est, vel Σ et X incerta sunt.

3) cf. de hac formula Mitteis *Reichsrecht und Volksrecht* p. 404 sqq. et quae addidit Herzog l. c. p. 38.

4) eandem potestatis bipertitionem H. attulit e duobus titulis Rhodiis: *IG* XII 1 n. 94 v. 11 et n. 95 b 5.

5) Coorum fastorum decadem ultimam retro numerari fastis sacris apparet, cf. Prott n. 5 v. 60. 62 et n. 13 B v. 18. 20.

tur.[6]) Sed quo munere ii functi sint, ut nunc dubia est lectio v. 1—3, certo dici nequit, etsi infra quid suspicer enuntiare audebo. Sequuntur v. 7 τοὶ ἐργολαβεῦντες τὸ ἱερὸν ἢ δαμόσιον ἔργον: articulum τό, quo offendebatur Herzog, solum ad vocem ἱερόν pertinere docuit Keil: '*die, welche die Arbeiten im Hieron oder eine vom Staate vergebene Arbeit übernommen haben.*' Redemptores publicorum operum sacrificia debuisse apud Graecos notum est (Bekk. Anecdot. I 432 ἀπὸ μισθωμάτων θύειν· οἱ Ἀττικοὶ ἔλεγον οὕτω δημοσίας θυσίας ἃς ἐργολαβοῦντες ἐτέλουν), atque etiam pretium sacrificiorum eorum pro numero operum, quae redemerant, auctum esse consentaneum est. Dubitari potest unice de vocis τραπέζᾳ interpretatione, quae tamen nullo modo separari potest a tertio praecepto θυόντω δὲ καὶ τοὶ ἀποδεικνύμενοι πάντες ὑπὸ τῶν τραπεζειτᾶν ἢ ἄλλως πως καθίζοντες ἐπὶ τὰν τράπεζαν, quibus in verbis summa totius tituli difficultas consistit. Herzog v. 10 et 19 sacram dearum mensam intellexit, v. 10 θύειν τραπέζᾳ, hic καθίζοντες ἐπὶ τὰν τράπεζαν ἱερεῖον coniungere ausus, contra v. 18 (ὑπὸ τῶν τραπεζειτᾶν) mensarios privatos dici putat malis ductus auspiciis. Nam si quicquam certum est, id certum videtur v. 18 et 19 in eodem unoque enuntiato vocibus τραπεζῖται et τράπεζα non posse diversam notionem inesse, immo his tribus locis de eadem re agi. Itaque hac ex parte melius Kaibel, qui ut v. 10 et 19 mensam dearum, ita v. 18 quoque huius mensae ministros sacros intellegit: '*die Schaffner des Tempels, die in diesem Falle die heiligen Mahlzeiten anordnen und die Gäste bestimmen*[7]) *(ἀποδεικνύασι) — — —; manche von den Gästen brauchen auch erst nicht bestimmt zu werden, sondern haben an sich das Recht, mitzuspeisen: das sind die ἄλλως πως καθίζοντες ἐπὶ τὴν τράπεζαν.*' V. 10 autem, ubi coniunctionem illam θύεν τᾷ τραπέζᾳ pravam esse verbumque ἐργολαβεῖν cum dativo τραπέζᾳ coniungendum esse intellexit, sententiam suam tali mensae sacrae interpretatione tueri conatus est: '*die τράπεζα ist die Auftraggeberin (ἡ ἐκδιδοῦσα) — — — — — es ist zugleich die Stätte, wo ausgegeben und eingenommen wird, wo die Opfergaben eingeliefert und die Zahlungen geleistet werden, also auch die Kasse, bald lokal, bald begrifflich gefaßt.*' At mensas sacras templis fuisse aerario aut ullo modo in administrandis pecuniis sacris adhibitas esse nullo testimonio confirmari potest, immo repugnat omnibus, quae de ea re praeterea traduntur.[8]) Porro ea, quae de trapezitis disseruit Kaibel, acute excogitata sunt, ut aliis quoque ea probari mirum non sit[9]), nec tamen recta sunt. Fac enim

---

6) utriusque semestris magistratus eodem mense paulo deinceps sacrificare debuisse utique mirum est, minus tamen mirum debuisse eos mense extremo sexto quam extremo septimo; quare Gerastium sextum anni mensem fuisse, ut Paton voluerat, non septimum, ut Bischoff (*Leipz. Stud.* XVI p. 148) Herzog merito hinc collegit.

7) exempli causa affert testamenti Diomedontis n. 144 D v. 28 sqq., non tamen recte, nam et condicio epimeniorum illorum diversa est nec de epulis sacris agitur, id quod sane non modo illum, sed etiam editores adhuc fugit, cf. p. 357.

8) cf. thesauros sacros, de quibus vid. p. 185.

9) velut Bischoffio apud Schoemann - Lipsium *Griech. Altertümer* II p. 431 adn. 4.

fuisse tales curatores mensae sacrae, quales fingit ille: eos nihil nisi administros sacerdotis fuisse consentaneum est et confirmatur uno quod omnino traditur huius muneris exemplo: arrhephoros dico puellas Athenienses, quarum una erat τραπεζώ, altera κοσμώ, utramque tamen sacerdotis administram fuisse et aetas earum docet et Harpocrationis de ea re verbis [10]) elucet. Tales vero ministros sacros tantum iuris habuisse, ut ipsi qui participes forent epularum sacrarum designarent, incredibile duco. Accedit denique, quod si fuissent in templis Cois eius dignitatis et auctoritatis magistratus, permirum est eorum in fastis Cois, quibus tanta diligentia singulae res perscribuntur, mentionem fieri nullam, ne iis quidem locis, ubi vix omitti potuerunt. [11]) Actum igitur est de mensa sacra sacrisque mensariis et recte Bruno Keil tribus illis locis mensam argentariam dici statuit eamque publicam, non privatam et illa quidem verba ὅσσοι μέν κα ἐργολαβήσωντι ᾱ (sc. ἓν ἔργον) τᾶι τραπέζαι ἀπὸ ∠ι′ (sc. θυόντω) ita interpretatus est: '*diejenigen, welche durch (d. h. Vermittlung) der (offiziellen) Staatsbank* e i n e *Arbeit übernommen haben usw.*' Publicam mensam dici cum articulus τᾷ tum totius legis conexus coarguit, et constat multis civitatibus eius generis mensas fuisse ac testimonia de hac re ab aliis collecta auxit idem Keil decreto Abderitarum (*Syll.*² 303 v. 47) et titulo Lampsaceno gravissimo n. 195. τραπεζεῖται igitur huius tituli magistratus sunt mensae publicae administrandae causa instituti, quales Temniorum fuerunt quattuor mensarii a populo creati (Cic. *pro Flacco* 19, 44). Dubitari tamen etiamnunc potest, qui fuerint et illi a trapezitis ἀποδεικνύμενοι et ἄλλως πως καθίζοντες ἐπὶ τ. τ. Keil, qui aeque ac Herzog vocem τοὶ ἀποδεικνύμενοι de redemptoribus a trapezitis sacerdoti designandis accipere videtur, καθίζειν autem ἐπὶ τὴν τράπεζαν idem esse atque Attice τιθέναι (sc. τὰ χρήματα) εἰς τὴν τρ. (Demosth. XIX 293) arbitratur, hanc protulit interpretationem: '*wer die Bank nicht als ἐργολάβος benutzt, sondern sonst irgendwie mit ihr Geschäfte macht, hat die jährliche Sportel dafür zu entrichten*' neque tamen hac in re persuasit mihi vir doctissimus. Primum enim ii, quos aliqua alia ratione negotia cum mensa perfecisse dicit, non minus ni fallor a trapezitis designandi fuerunt sacerdoti quam redemptores, ut voce τοὶ ἀποδεικνύμενοι illi una continerentur neque opus esset illis verbis ἄλλως πως καθίζοντες ἐπὶ τ. τρ. Deinde vero — id autem gravissimum — secundum Keilium τοὶ ἀποδεικνύμενοι ὑπὸ τ. τρ. re vera iidem sunt ac redemptores iam supra v. 10 commemorati; at novum genus hominum dici certissimum est propter verba θυόντω δὲ καὶ τοὶ ἀ. Proxime ad veritatem accessisse mihi videtur Dittenberger ita rem interpretatus: '*quicunque trapezitae negotium facere incipient (οἱ καθίζοντες ἐπὶ τὰν τράπεζαν) sive a trapezitis adiutores asciscuntur*

10) s. v. τραπεζοφόρος· *Λυκοῦργος ἐν τῷ περὶ τῆς ἱερείας ὅτι ἱερωσύνης ὄνομά ἐστιν ἡ τραπεζοφόρος. ὅτι αὐτή τε καὶ ἡ κοσμὼ* σ υ ν δ ι έ π ο υ σ ι π ά ν τ α τ ῇ τ ῆ ς Ἀ θ η ν ᾶ ς ἱ ε ρ ε ί ᾳ, *αὐτός τε ὁ ῥήτωρ ἐν τῷ αὐτῷ λόγῳ δεδήλωκε καὶ Ἴστρος ἐν ιγ′ τῶν Ἀττικῶν συναγωγῶν*; recte de hac re iudicavit Toepffer *Att. Genealog.* p. 122 et Martha *Sacerd. Athén.* p. 52.

11) velut Prott n. 5 v. 9sq.

vel successores designantur (ἀποδείκνυνται) sive alia ratione id assequuntur, velut si ipsi suo Marte novam mensam instituunt, iis omnibus auspicandi causa sacra facienda erant.' Nisi quod hic publicos mensarios dici parum respexit. Itaque his omnibus consideratis et collato potissimum decreto Lampsaceno n. 195 sic existimo: mensae publicae Coae praeerant magistratus quidam publici, qui *τραπεζῖται* vocabantur; qui tamen diurna negotia argentaria non ipsi subibant, sed alios homines, qui ea conficerent, mercede scilicet constituta designarent: hi sunt *τοὶ ἀποδεικνύμενοι ὑπὸ τῶν τραπεζειτᾶν*; verbis autem *οἱ ἄλλως πως καθίζοντες ἐπὶ τὰν τράπεζαν* privatos argentarios vel nummularios significari puto, qui aliqua ratione ut sibi liceret ad mensam publicam accedere ibique negotia conficere impetraverant. Utrique autem sacrificium deabus offerre iubentur, unde etiam ipsos quoque trapezitas sacrificium debuisse colligo. Hinc erant *ἄρχοντες* illi per semestrem fungentes, qui initio occurrunt?

141. In postica parte lapidis, in quo titulus superior. Ed. R. Herzog *Koische Forschungen u. Funde* p. 41 n. 10 et tab. I 4, ubi delineatio extat ex ectypo facta. Hiller de Gärtringen, cui Herzog ectypum misit, cum eo varias quasdam lectiones communicavit.

῾Α ἱερωϲύ]να πωληθήτω τ̣— — —
. . . τᾶϲ ἱερ]ωϲύναϲ διαγρα— — — — —
τοὶ ταμίαι τοῖ]ϲ προϲτάταιϲ ει̣ϲ̣
]τὸ ποτικατάβ̣λη̣[μα[1])
τὰ]ν ἱερωϲύναν ἅμα τᾶι̣
ἐπρία]το Κλεόνεικοϲ
Εὐκ]άρπου <$\overset{A}{M}$/ΘΩ

Var. lect. v. 1 πωληθήτω τῶ Hiller, '*nach dem Buchstaben, der als* I *mit Ansatzstrich links oben oder als unvollständiges* T *gelesen werden kann, sind vielleicht noch Spuren eines weiteren, in dem ich aber ein* Ω *nicht sicher erkennen kann; dahinter ist die Oberfläche des Steines abgebrochen.*' Herz. 2 διάγραμμα? Hiller. 4 τ̣ὰ ποτὶ καταπ̣λέ̣ο̣ '*unsicher*' idem.

Inscriptio pessime conservata est: a sinistro margine superficies per spatium 7—9 litterarum deleta est, dexter praeter v. 1 extat, sed fines versuum detriti sunt; litterae etiam negligentius quam in antica parte n. 140 inscriptae sunt. Quae cum ita sint, etsi in universum de venditione sacerdotii agi manifestum est, omnis singulorum restitutio in lubrico versatur. V. 2 facile reminiscimur n. 134 in. *τοὶ τα]μίαι προδιαγρ[αψάντω τοῖς] προστάταις ἐς τὰν ἐπὶ τᾶι [τελετᾶι τᾶς ἱερ]ωσύνας θυσίαν ∠τ'* itaque

---

1) hoc vocabulum quod Herz. legisse sibi videtur, exstat Demosth. XXIV 97 '*dort bedeutet es Zuschußzahlungen der Steuerpächter an den Staat, wenn der Etat überschritten ist, zur Deckung weiterer Ausgaben. So könnte man auch hier daran denken, daß die Kosten der Priesterweihe, da die Erledigung und Neubesetzung der Stelle im Etat nicht vorgesehen war, durch solche Belastung der mannigfachen τελῶναι (vgl. oben S. 36) aufgebracht werden sollten.*'

Herz. supplevit: *μετὰ δὲ τὰν πρᾶσιν τᾶς ἱερ]ωσύνας διαγρα[ψάντω τοὶ ταμίαι τοῖ]ς προστάταις εἰς [τὰν τελετὰν] τὸ ποτικατάβλημα*, deinde postquam primo periclitatus est *τὰ]ν ἱερωσύναν ἅμα τᾶι [δεκάται ἐπρία]το Κλ.*, in add. p. 220 ipse coll. tit. Olym. *BCH* 1898 p. 394 n. 41 aut *τὰ]ν ἱερωσύναν ἅμα τᾶι [καταβολᾶι ἐπρία]το* aut *τὸ ποτικατάβλη[μα τὸ εἰς τὰ]ν ἱερωσύναν ἅμα τᾶι [πράσει ἀπέδο]το Κλ.*, quae omnia plena dubitationis aut offensionis demonstrare facile, rectiora et certiora proponere difficillimum. Hoc unum tamen de universa tituli ratione moneo: de eiusdem sacerdotii emptione agi, de quo pars antica lapidis scripta est, patet, sed quod Herzog eodem quoque tempore haec decreta esse putat et ita argumentum definivit: '*es ist das Ausschreiben und der Kaufseintrag des Priestertums der auf der Vorderseite der Platte genannten Göttinnen*', quid post legem partis anticae sacerdotium vendendum proprio titulo promulgare opus fuerit, parum video. Equidem veri similius puto inscriptionem posticam supplementum esse anticae postmodo additum nec difficile est hanc sententiam reliquiis fragmenti elicere, velut ita conexus restitui potest:

> *ἁ ἱερωσύ]να πωληθήτω τ[ὰ μὲν ἄλλα κατὰ | τὰν τᾶς ἱερ]ωσύνας διαγρα[φάν· οἱ δὲ ταμίαι | διδόντω τοῖ]ς προστάταις εἰς — —.*

Additum autem hoc supplementum eo tempore est, quo *Κλεόνεικος Εὐκάρπου* i. e., ut Herzog docte et feliciter eruit, idem qui anno a. Chr. n. 82 vel paulo post *τριήραρχος* navis Coae fuit[2]), sacerdotium emit. Pretium si modo Hiller recte siglum v. 7 interpretatus est, plus[3]) 19 000 erat drachmarum, quod pretium cetera, quae nota sunt[4]), adeo superat, ut vehementer de eo dubitem.

142. Fragmentum marmoris ab inferiore parte integrum inventum in vico *Kardamina* (Halasarnae) in insula Co; nunc Nisyrum asportatum dicitur. Edd. Paton *Rev. d. ét. grecques* 1896 p. 418sq. n. 6 ectypo usus a Kallisperide confecto et ex eiusdem apographo Herzog *Koische Forsch.* p. 134 n. 211.

— — — — — — ομένου ἱερεωςυ - ΡΑΣ
— ναποῖαι αἰ μέν κα ὁμολογῶντι, ἀπο - ΙΡΑΣΗΑiΟ
— ν κα ἔνοχοι ἔωντι· αἰ δέ κα ἀρνῶντα[ι - ΙΕΣΑΓΟΝΤΟΑ
μετέ]χοντας τῶν ἱερῶν· αἰ δέ κα ὄφλοντι ἀπο - ΓΡΑΨΑΝΤΟ
ον

Restitutio fragmenti, quo de napoeis officia neglecturis decerni videtur, vel ideo magnam praebet difficultatem, quod ectypum et apographum Kallisperidis miro modo differunt; eae enim litterae, quas supra uncialibus expressi, adsunt in apographo, desunt in ectypo. Quin fuerint in lapide scriptae, non est quod dubitemus, praesertim cum aptum sensum efficiant,

---

2) cf. nunc potissimum Herzog l. c. p. 45.

3) 19 800 dr. si ΘΩ legis, 19 070 si ΘΟ legis.

4) velut titulis Chalcedoniis n. 196 et 197 pretia circiter 5000 et 6000 dr. cognoscuntur.

sed quod ille contendit has litteras in lapide nullo spatio interposito ceteras subsecutas esse, id Herzog non temere in dubium vocavit; nam etsi v. 3 et 4 videntur utraeque partes inter se contingere posse, v. 1 et 2 tamen non item. Utique fundamentum restitutionis solidum deest, ut coniecturas facere irritum sit. Id unum certum videtur v. 4 scriptum fuisse *τοὺς μετέχ]οντας τῶν ἱερῶν*, unde hic fere conexus existere videtur, ut napoei, qui se officii neglecti reos iure fieri negant, apud *τοὺς μετέχοντας τῶν ἱερῶν* — ni fallor tribules illos, de quibus n. 130 decernitur — ius subire debeant.

143. Stela marmoris leucophaei a tribus lateribus inscripta, inventa prope ecclesiam *Ἁγ. Θεότης* Cardaminae ubi olim fuit Halasarna. Ed. R. Herzog *Sitzungsberichte der Berliner Akademie* 1901 p. 483 n. 4.

Ἐπὶ μονάρχου Ῥηγίλλου μηνὸς Ὑακινθί|ου τετράδι· Ἀριστίων Χαιρίπου ὁ ἐν ἀρχᾷ ν[α]|πόας εἶπεν· ἐπεὶ διανεκῶς πολλάκις ἐψα|φισμένας τᾶς τῶν ἱερατευκότων κατὰ ‖ τάξιν ἐστάλαν ἐπιγραφᾶς ἀτέλεστος ἐς | τὸ παρὸν ἔμειν' ἁ γνώμα, καθήκει δὲ νῦν | γε αὐτὰν ἐπὶ τέλος ἀχθῆμεν, ἀγαθᾷ τύ|χᾳ δεδόχθαι καὶ πάλιν πάσας μὲν τὰς ἀ|συνχωρήτος ἐπιγραφὰς καὶ τὰς παρανό‖μως ἐνκεχαραγμένας ἐκκολάψαι διὰ τοῦ | δαμοσίου, ἐς δὲ λευκόλιθον ἀνασταθεῖ|σαν ἐς τὸ ἱερὸν στάλαν κατὰ τάξιν ὡς ἱερα|τεύκαντι πατριαστεὶ πάντας ἀνα(γρ)ά(ψ)αι.[1]) *Sequitur longa series nominum etiam per latera B et C pertinens, quam hic repetere non iuvat.*

Decretum Halasarnensium de catalogo sacerdotum Apollinis perficiendo et corrigendo. Argumentum igitur simile est decreti Rhodii n. 147 et Halicarnassii n. 154, hoc tamen memorabile iis, quae de nominibus iniussu et contra legem inscriptis leguntur. Et horum rationem et aetatem decreti acute definivit Herzog comparato legis in tyrannos Iliacae praecepto (Michel 524 C 31 sqq.): *ὃς ἂν τύραννος ἢ ἡγεμὼν γένηται ὀλιγαρχίας ἢ τύραννον στ[ή]σῃ ἢ συνεπαναστῇ ἢ δημοκρατίαγ καταλύσῃ, ὅπου ἄν τι ὄνομα ᾖ τούτων ἐάν τε ἐν τοῖς ἱερ⟦ητ⟧εύσασιν ἐάν τε ἐν ἀναθήματι ἐάν τ' ἐπὶ τάφου, ἐκκόπτειν πάντοθεγ καὶ ἐγ μὲν τῶν ἱερητευκότων ἐκκόψαντας πωλεῖγ καὶ τὸμ πριάμενον ὄνομα ἐπιγράψασθαι ὅτι ἂν θέλῃ οἷς μέτεστι*: tyrannum Coum Niciam fuisse altera I a. Chr. n. saeculi parte rei publicae gubernacula tenentem.[2]) Quo post pugnam Actiacam occiso amicos eius e catalogo sacerdotum removeri identidem placuisse, frustra tamen propter plebis in illum gratam memoriam[3]); hoc tandem decreto rem ad finem perductam

1) *ἀνατάξαι* Herzog, nec quin ita in lapide scriptum sit, dubito; nec tamen id recte se habet, immo lapicidam vocis *κατὰ τάξιν* in superiore versu scriptae inopportune memorem erravisse puto. Cf. similem errorem ab eo, qui legem n. 69 insculpsit, in v. 28 commissum.

2) gravissima testimonia de eo attulit Paton *Inscr. of Cos* praef. p. XL; cf. etiam Herzog *Koische Forsch.* p. 64.

3) non paucas dedicationes *ὑπὲρ ὑγιείας καὶ σωτηρίας* Niciae damnationem

esse. Quae acute et probabiliter disputata sunt. Sed quod etiam accuratius aetatem definiens demonstrare studuit indicem post bellum Actiacum i. e. inde ab anno 30 initium ducere, decretum ipsum a. p. Chr. n. 18 factum esse, id mihi minus probavit; certe ex iis ipsis, quae de ratione decreti disputavit, ni fallor colligendum videtur in pristino indice fuisse etiam nomina amicorum Niciae, qui eo imperante i. e. ante annum 31 sacerdotio functi erant.

De catalogo ipso, de quo Herzog singillatim et docte disputavit, ego haec afferre satis habeo: annos comprehendit 133; cives qui sacerdotium peterent, non fuerant quinque annis, quorum duobus scribitur *ἱερεύς· ὁ δᾶμος* i. e. Halasarnenses ipsi officia sacerdotalia publico sumptu obeunda curaverunt[4]); tribus ceteris ne id quidem fiebat et, sicut inter stephanephoros Antandrios (Michel 668) et Iasenses, deus ipse, *ὁ Ἀπόλλων*, in laterculo apparet[5]); ut idem homo bis dignitate fungeretur, bis accidit, id quod utroque loco diserte voce *τὸ δεύτερον* significatur, et altero verbis *κατὰ Ἀσκλαπιεῖα τὰ μεγάλα* additis satis explicatur, si quidem haec occasio, cum expensas muneris augeret, necessario numerum petitorum diminuebat.

144. Marmor supra fractum in suburbio oppidi Coi inventum, inscriptum a quattuor lateribus. Edd. Ross *Inscr. ined.* 311, Paton et Hicks *Inscr. of Cos* n. 36, Müllensiefen-Bechtel *SGDI* 3634, Dareste-Haussoullier-Reinach *Inscr. jurid. gr.* II p. 94 n. 24A, Dittenberger *Syll.*² 734. Cf. Back *De Graecorum caerimoniis in quibus homines deorum vice fungebantur* Berol. 1883 p. 14sqq. et Ziebarth *Griech. Vereinswesen* p. 8sqq.

A.

— — — — — ἀνέθηκε μὲν τὸ] ṭέ[με]νος | [Ἡ]ρạκλ[εῖ Διομεδ]οντείωι, ἀνέθηκε [δὲ] | καὶ τοὺς ξενῶνας τοὺς ἐν τῶι κάπωι | καὶ τὰ ὀνημάξια[1]) καὶ Λίβυν καὶ τὰ ἔγγο‖να αὐτοῦ· ἐόντω δὲ ἐ[λ]εύθερ[οι] ποιοῦντε|ς τ[ὰ] συντεταγμένα· ἐπι[μ]ελέσθων [δ]ὲ α|ὐτῶν τ[οὶ τῶ]ν ἱερῶν κοινωνεῦντες ὅπω[ς | ἐ]λεύθεροι ὄντες διατελέωντι καὶ μηθε[ὶς] | αὐτοὺς ἀδικῆι· θυόντω δὲ τὰ ἱερὰ τοὶ ἐ[κ Δι‖ο]μέδοντος καὶ ἀεὶ τοὶ ἐξ αὐτῶν γ[ε|νό]μενοι· ἐχέτω δὲ Λίβυς

memoriae effugisse (Paton-Hicks n. 76—80, Herzog *Koische Forsch.* p. 63 n. 17—20) Herzog monet; cf. tamen epigramma Crinagorae Anth. Pal. IX 81.

4) voce *δᾶμος* utrum populus Cous universus (*ὁ σύμπας δᾶμος*) an Halasarnensis dicatur, non merito H. dubitat; cf. etiam quae de sermonis usu Rhodiorum exposuit Hiller von Gärtringen *MAI* XXI p. 65.

5) cf. de hac re Gnaedinger *De Graecorum magistr. eponymis. Diss. Arg.* 1892 p. 18, 1.

1) hoc in lapide Paton legit, ..ΗΜΑΤΙΑ Ross, unde Bechtel illa lectione improbata [*σχ*]*ημάτια* aut *οἰκ*]*ημάτια* supplendum proposuit, quorum prius utique veri dissimile, alterum Dttb. recepit. Nec tamen video, cur Patonis lectionem reiciamus: dicuntur plaustra asinique; servi nomen his postpositum P. defendit coll. Lys. IV in. *τὸ μὲν ζεῦγος καὶ τὰ ἀνδράποδα.*

καὶ τοὶ ἐγ Λίβυο||[c] ⅃IΝ.ου[2])....απον — — — — — — | — — — — ιορκαδοι[3])... ̔ωcε | — — — — α ἀποδιδόντω Θευδα[ι||cίου ..... ὥcτε ὑ]πάρχειν εἰc τὰν θυ[cί|αν Πεταγειτν]ύ(ο)υ[4]) ἐκκαιδεκάται.. | — — — — — ωματα δὲ παρε||[χόντω........ ..... Ἡ]ρακλεῖ καὶ τᾶ[ι | Ἀφροδίται· ἑκάcται δὲ] νευμηνίαι c||[τεφανούντω δάφναι[5]) τὰc ε]ἰκόναc τὰc | [τοῦ Ἡρακλεῦc καὶ Διομέδ]οντοc καὶ c. | — — — — — επε̣ι̣ καπανα̣[6]) [.|... τὰν δὲ ἱερωcύναν[5]) τοῦ Ἡ]ρακλ[ε]ῦc νῦ[ν | τε καὶ εἰc τὸ μέλλον ἐχέτω][5]) ἀεὶ [ὁ] πρεc(β)ύ[τ||ατοc[7]) τῶν κατ' ἀνδρογένει]αν· θυόντω δὲ | — — — — τῶι Ἡρακ](λ)ε̣ῖ[8]) μόc[χ]ον | — — — — — c̣ωι[9]) αἶγα ἢ | — — — — — ν ἢ αἶγα τοῖc | — — — — — — βωμο̣ι̣[10]) ἐν τ̣.||[— — — — — — τ]ᾶι δὲ Ἀφροδί[ται | — — — — — —]μ..ν I εν[11]) .. | — — — — — — — — — ἢ χοῖρο[ν] τω. | — — — — — — — ι. \ημεν | [— — — — — — τ]ῶι Ἡρακλ||[εῖ — — — — — —]ιδε καὶ .α. | — — — — — ον.II.... | — — — — — δ^.... | — — — — — — — νδ...

B.

κ]αὶ ξύλα ποτὶ τὰν θυcίαν, [γ|έρ]η δὲ λαμβανέτω τοῦ ἱερείο[υ] | ἑκάcτου cκέλοc καὶ τὸ δέρμα· | ποιεῖν δὲ καὶ τὰν ἀποπυρίδα || [κ]ατὰ τὰ πάτρια· μὴ ἐξῆμεν [δὲ] | μηθενὶ τὰ οἰκήματα τὰ ποτ[ὶ | τ]ῶι τεμένει μηδὲ τὸ τέμε[ν]|οc ἐξιδιάζεcθαι μηδὲ πωλ|[εῖ]ν μηδὲ ὑποτιθέμεν· αἰ δέ κά [τι] || δέηι τῶν οἰκημάτων ἢ τοῦ [τ]|εμένευc θεραπείαc, ἐπιcκ[ε]|υαζόντων ἐκ τᾶc ποθόδο[υ] | ἕκαcτα· εἰcαγώγιον δὲ διδό|τω ὧι κα γένηται παιδίον, οἷ[c] || μέτεcτι τῶν ἱερῶν, χο[ῖ]|ρον, ἱερά, λιβανωτόν, cπονδ|άν, cτέφανον·

| τ]ὰ δὲ ἀγάλματα καὶ τὰ ἀνα|θήματα ἔcτω ἐν τᾶι οἰκία[ι || κ]ατὰ χώραν ὥcπερ καὶ νῦ[ν | ἔ]χει· θύεν δὲ ἑκκαιδεκάται | [μ]ηνὸc Πεταγειτνύου κα[ὶ] | τὸν ξενιcμὸν ποιεῖν τῶ[ι | Ἡ]ρακλεῖ, τὰν δ' ἀποπυρίδα || ἑπτακαιδεκάται· ἐπιμηνί|ουc δ' αἱρεῖcθαι τρεῖc κατ' ἐ|νιαυτὸν

---

2) *διὰ βίον* suppl. P. ipse concedens id non plane convenire cum litterarum vestigiis a se cognitis, quae tamen valde incerta esse nec in ectypo recognosci monet. Deinceps [*τὸν κ*]*ἆπον* veri simile.

3) ita P., ΣΟΥΚΑΔΟ R.

4) ΥΣΥ legit et emend. R.

5) supplevi.

6) ΕΠΙΙΚΑΠΑΝ/ P., *ἐπεί κα πανά*[*γυρις ᾖι* Ross quem P. et Dttb. secuti sunt; sed si modo recte proximum enuntiatum supplevi, spatium illis non sufficit.

7) ΑΓΙ.ΓΡΕΣΚ` legit P., *ἀεὶ ὁ πρεσβύτατος* iam Ross suppl., totam sententiam ego.

8) supplevi; ΙΓΙΜΟΣ.ΟΝ P. supplens *θύον*]*τι μόσ*[*χ*]*ον*, ΔΗΜΟΣΙΟΝ R., expectatur nomen Herculis.

9) primam litteram etiam Ε esse posse P. adnotat, *Διονύ*]*σωι* igitur incertum

10) ΟΙ in lapide legit P. nec tamen posse scriptum fuisse ΩΙ negat.

11) hastam ante Ε non esse Ι, sed partem litterae Γ, Γ aut Ν adnotat P.

οἵτινες ἐχθυϲεῦ[ν]|ται τὰ ἱερὰ μετὰ τοῦ ἱερέωϲ· ἐπι|μελέϲθων δὲ τοὶ ἐπιμήνιοι ‖ ὧγ κα δέηι ποτὶ τὰν δεξ[ίωϲιν]· | ἂν δέ τι δέηι ἐπιϲκευ[ᾶϲ ἢ | τὸ] τέμενοϲ ἢ ὁ κῆπ[οϲ ἢ τ|οὶ ξ]ενῶνεϲ ἢ το......|...ν ἢ οἰκία ἢ — — — — —

C.

............απε.......... | .. ἀ[ρ]γύριον ἀπὸ τῶν προϲόδ[ων | τῶν οὐϲῶ]ν[12]) ἀπὸ τοῦ τεμένε̣[υϲ[13]) καὶ τοῦ | κήπου καὶ] τῶν ξενώνων ὅϲο[ν ἂν δοκ‖ῆι ἱ]κανὸν εἶναι· τὸ δὲ κατα[κεχωρ|ιϲμέν]ο[ν] καὶ τὰ ἐξαιρήματα δ[ιελεῖν | κατ]ὰ[14]) μέρη, εἰϲ ἕ[κ]άϲ̣τα[ν] δὲ θυϲί[αν τῶι | ἐ]πιβάλλοντι μέρει [χρ]ᾶϲθαι· μὴ ἐξέ|ϲτω δὲ τοῖϲ κοινωνοῦϲι τῶν ἱερῶ[ν γε‖ω]ργεῖν τὰ τεμένη μηδ' ἐν τοῖϲ ξ[ενῶϲ|ι][14]) ἐνοικεῖν μηδ' ἐν τῆι οἰκίαι τῆι ἐπὶ [τοῦ τε]|μένευϲ μηδ' ἀποθήκηι χρᾶϲθαι τ[ῆι αὐ|λ]ῆι τῆι ἐν τῶι ἱερῶι μηδ' ἐν τῶι περιπάτω[ι | ἂ]μ μὴ πόλεμοϲ ἦι· ἂν δέ [τιϲ τ]ῶν [κα]τ' ἀ[ν]‖δρογένειαν δόξηι τοῖ[ϲ κοιν]ωνε[ῦϲι τῶν | ἱ]ερῶν ἐνδειὴϲ εἶναι τοιϲ...ΞΓ....... | [ϲυ]ντελῆται, ποείτω του̣...ο[15]) .... | [Πε]ταγειτνύου ἑκκαιδεκάτηι ....| \Ιγλίαν, ἑπτακαιδεκάτηι δὲ διὰ .... ‖ ἵνα ἡ θυϲία τῶι Ἡρακλεῖ ϲυντελ[ῆται κα]|τὰ τὰ πάτρια, ὀκτωκαιδεκάτηι δ[ὲ ἡ ϲυνα]|γωγὴ καὶ ἐν ταῖϲ λοιπαῖϲ ἡμέρ[αιϲ ϲυντε]|λείϲθω ὁ γάμοϲ, ἡ δὲ ϲτρωμ̣[νὴ ἡ παρὰ τὰ | ἀ]γάλματα τῶι Ἡρακλεῖ ἔϲτω ....‖..ν ὑπάρχοντα ἔϲτ' ἂν ὁ γάμ[οϲ ϲυντε|λε]ϲ̣θῆι· ἀφαιρεῖν δὲ ἀπὸ τῶν ἱερ[είων ἃ ἂν | δοκ]ῆι καλῶϲ ἔχειν ἐπὶ τὴν τράπε[ζαν τὴν τοῦ | θεοῦ][16]), τοῖϲ δὲ λοιποῖϲ πᾶϲι ὅϲα ἐϲτ[....[16]) τῶν ἱ|ερ]είων χράϲθω ὁ τὸν γάμον ποιῶν· [διδότω ‖ δὲ κ]αὶ ὁ ἱερεὺϲ εἰϲ τοὺϲ γάμουϲ τὰ γέρ[η τῶι | τὸ]ν γάμον ποιοῦντι λαβὼν ὀκτὼ δραχ[μὰϲ | ἐ]κ τῆϲ προϲόδου, καὶ οἱ τὰϲ οἰκίαϲ ἐκτ̣[η]|μένοι τήν τε ἀνδρείαν καὶ τὴν γυναικ[εί]|αν παρεχόντω εἰϲ τοὺϲ γάμουϲ τὰϲ οἰ[κί]‖αϲ παρεξελόμενοι οἰκήματα εἰϲ ἀπό[θε]|ϲιν τῶν ϲκευῶν, ὁ δὲ τὴν ἀνδρείαν ἔχ[ων | π]αρεχέτω τὴν οἰκίαν καὶ εἰϲ τὴν θυϲί[αν, | καὶ ἐπ]ὶ τὸν ξενιϲμὸν τοῦ Ἡρακλ[εῦϲ παρεχό|ντω ἀμφοτέ]ραϲ· τούτων δὲ — — — — — — — — — —.

D.

— — — το]ῖϲ τέκνοιϲ πάντα τὰ δέον|[τ]α παραϲκευᾶτε· τοῖϲ δὲ ἐπι|[με]λομένοιϲ ὅπωϲ ἕκαϲτα ϲυ[ν|τε]λῆται καθ' ἃ διαγέγραπται ‖ [εἰ]ϲ δύναμιν

---

12) *τῶν πιπτουσῶ]ν* P. et Dttb., sed id lacunam excedere videtur.

13) *τεμέν[ους* editores, sed et R. et P. post N hastam verticalem indicat, retinenda igitur cum R. forma dorica, cf. v. 12 in.

14) suppl. P.

15) haec Paton ita refinxit *τοῖς [ξενῶσιν ἔστ' ἂν | συ]ντελῆται, ποιείτω τὸ[ν γάμ]ο[ν μηνὸς κτλ.* sed vid. comm.

16) suppl. P., idem deinceps *ὅσα ἐστ[ὶ ἔκφορα τῶν ἱερε]ίων*, quibus lacuna vix sufficit, accedit quod R. post ΕΣΤ legit O, P. ipse autem ∟, id quod potius ex E superesse videtur.

εἶναι εὖ εἴη καὶ αὐ|[τ]οῖϲ καὶ τοῖϲ ἐγγόνοιϲ αὐτῶν· | ἀνέθηκα δὲ καὶ λυχνίαϲ δύο κα[ὶ] λύχνουϲ χαλκοῦϲ ἑπταπύ|ρουϲ δύο καὶ ἐϲχάραν τετράπ[ε||δ]ον καὶ κρατῆρα καὶ τάπητα | [κ]αὶ τράπεζαν καὶ ϲτεφανίϲκου[ϲ | π]έντε τοῖϲ ἀγάλμαϲιν χρυϲοῦ[ϲ] | καὶ ῥόπαλα δύο καὶ θυμιατήρι[α] | τρία κατάχρυϲα καὶ κλίνην ὥϲ-|| τε πάντα ταῦτα ἱερὰ εἶναι τοῦ | Ἡρακλεῦϲ καὶ βάθρον τῆϲ κλί|νηϲ καὶ κύκλον χαλκοῦν· εἰὰ[ν | δ]έ τιϲ τολμήϲηι καταλύειν τ[ι | τῶ]ν ὑπὸ Διομέδοντοϲ ϲυν||-[τε]ταγμένων ἀδικῶν τὰ ἱερὰ | [καὶ] τοὺϲ προγόνουϲ ὑπὲρ ὧ[γ | γέ]γραπται ἐν τῶι βωμῶι καὶ ἐ[ν | τῆ]ι ϲτήληι, μὴ ἐπιτρέπειν τοὺ[ϲ | ἐγ] Διομέδοντοϲ || [γ]ε-γενημένουϲ καὶ τοὺϲ ἐπι|[γόν]ουϲ αὐτῶν, ἀλλὰ βοη(θ)εῖν | [τ]οῖϲ ἱεροῖϲ καὶ τοῖϲ προγόνοι[ϲ· | ϲυ]νάγειν δὲ τοὺϲ ἐπιμην[ί|ου]ϲ καὶ εἰϲ τὴν αὔριον παρα||-[λα]νβάνονταϲ οὓϲ ἂν αὐ|[το]ῖϲ δοκῇ· ἐπιμηνίουϲ δὲ αἱρεῖϲθ[αι | τοὺϲ] ἐγ Διομέδοντοϲ καὶ τοὺϲ ἐγγ[ό|ν]ουϲ αὐτῶν· ἂν δέ τιϲ νόθοϲ ὢν κρ[ι|θ]εὶϲ γνωϲθῆι μετέχειν τῶν ἱερῶ[ν, || μ]ὴ ἐξέϲτω αὐτῶι μετέχειν τῶν | [ἱε]ρωϲυνῶν[17]· λαμβάνετε δὲ ἀπ[ὸ | τ]ῆϲ προϲόδου ὥϲτε τῶι Παϲίω[ι | ε]ἰϲ θυϲίαν δραχμὰϲ πεντή-κο[ν]|τα, ταῖϲ δὲ Μοίραιϲ τεϲϲαράκο[ν]||τα· θυόντω δὲ τῶι Παϲίωι [καὶ] | ταῖϲ Μοίραιϲ οἱ κατ' ἀνδρογένε[ι|αν]· ἀνέθηκα δὲ καὶ ὑαλίνα[ϲ | φιά]λαϲ τέϲϲαραϲ καὶ χλανίδ[α | ἀλο]υργάν· διδόναι δὲ τοῖϲ Ἡ||[ρακλεί]οιϲ[18]) μερίδαϲ τοῖϲ ϲυ[ν|-ελθ]οῦϲι.

Argumentum inscriptionis persimile est testamento Epictetae (n. 129), continet enim testamentum, quo Diomedon quidam Cous sacra Herculi et sibi facienda instituit. Nec vero quattuor latera unum ac continuum titulum efficiunt, sed plures sunt partes eius, litteratura et dialecto diversae. Ac primum quidem dialecto clare distinguuntur latera A et B dorice (excepto *κῆπος* b. 32) ac latera c et d dialecto communi scripta intermixtis sane doricis formis (*τεμένευς*, *Ἡρακλεῦς*). Iam vero de litteratura Paton haec quae repetere refert adnotat: '*the letters of cols. a and b are similar, those of a rather larger. The letters of cols. c and d are similar in size and shape, but slightly later than those of cols. a and b (the forms are not vc,y different, but the letters of c and d have slight apices).*' Primum igitur inscriptum videtur latus a, quod summam donationis testamentariae continet, paulo vel statim post latus b; contra praecepta laterum c et d sive a Diomedonte ipso sive a filio eius aliquanto post addita sunt, id quod inde quoque confirmatur, quod his partim certe manifesto quaedam e superioribus accuratius definiuntur, velut C 8sqq. supplementa sunt praecepti de usu privato prohibendo B 5—9, et D 31—33 supplementum praecepti de epimeniis eligendis B 25—30.

A v. 1sqq. index rerum quas Diomedon dedicavit, etsi non iam integeı extat, aliquatenus tamen suppleri potest coll. aliis quae infra sequuntur locis B 6sq. 19. 31sqq. et C 3sq. 9sqq. Erat igitur praeter Libyn

---

17) ita R. et P., quos nunc Dttb. quoque sequitur, recte etsi epimeniorum munera nomine *ἱερωσύνα sacerdotium* significari mirum est. Sed vocem *ἱερώσυνα = γέρη*, quam olim Dittenb. (*Hermes* XVI p. 166 not. 2) et nunc editores inscr. iur. reponunt, non modo a dialecto Coa alienam esse Paton observavit, sed omnino non quaslibet partes carnium, sed dei aut sacerdotis partes significare moneo.

18) suppl. Wilhelm, *τοῖς ἡ[μετέρ]οις* Paton improbabiliter. Ceterum v. 44—47 (?) neglegenter inscriptos et postmodo additos esse testatur P.

libertum eiusque familiam et ὀνημάξια illa, de quibus vid. not. 1, fundus quidam (τὸ τέμενος) ac hortus, unde haud dubie praecipua pars pecuniae redibat (C in.), et aedificia aliquot (B 6 et 10 τὰ οἰκήματα[19])): domus quaedam, olim nimirum privata (ἡ οἰκία ἡ ἐπὶ τοῦ τεμένους C 11), in qua Diomedon τὰ ἀγάλματα et τὰ ἀναθήματα collocaverat (B 18sq.), et ξενῶνες.[20]) Iam vero uno loco praeterea duae οἰκίαι commemorantur (C 32sqq.) nec plane perspicuum, quae aedificia ibi dicantur. Eadem quae ceteroquin ξενῶνες vocantur dici suspicantur editores Francogalli. Sed rectissime id reiecit Dittenberger meritoque a verbo ἐκτ[η]μένοι profectus has duas οἰκίας ab iis, quas Diomedon Herculi consecravit, plane diversas intellexit privatoque dominio heredibus a Diomedonte relictas, ea sane lege, ut per certorum sollemnium tempora usui sodalitatis permitterentur. Mira sane nomina ἡ ἀνδρεία et ἡ γυναικεία οἰκία, quae Dttb. inde repetenda acute putavit, quod sollemnibus illis in altera viri, in altera mulieres congregari solerent, inde simul explicari ratus, cur in stato Herculis sacrificio alterius modo domi usus sodalitati concedi iuberetur: nempe illi non interfuisse videri nisi viros. Nec tamen ita omnis difficultas sublata mihi videtur.

V. 14—16 summa praecepti perspicua est: ut ex Epictetae testamento ad sacrificium mense Delphinio faciendum pecunia redditur iam mense Eleusinio[21]), ita hic praeceptum erat, ut iam mense Theudaesio pecunia redderetur ad sacra Petagitnyo facienda. Singula verba sane quomodo restituenda sint, dubium. Paton, quem secuti sunt ceteri, scripsit ἀποδιδόντω Θευδ[αισ||ίου ὥστε ἀργύριον ὑ]πάρχειν, sed lacuna v. 15 in. non sufficit huic supplemento. Nomen igitur pecuniae solvendae ante verbum ἀποδιδόντω indicatum fuisse litteramque α inde superesse conicio legendumque e. g. τὸ μίσθωμ]α. Deinde v. 17 editores ἀναλ]ώματα δὲ παρε[χόντω suppleverunt, sed ne id quidem recte ut mihi videntur. Nam non solum de pecunia modo actum erat, sed etiam ni fallor ante ἀναλώματα articulus requiritur et dicendum erat τὰ δὲ ἀναλώματα π. Ipse cogitavi de στεφαν]ώματα.[22])

V. 19—21 etsi de verbis ipsis, quae supplevi, minime spondeo, sententiarum tamen conexum recte a me restitutum esse confido; cf. *Wescher-Foucart* 142 ubi liberto — tenendum autem est hoc quoque loco de Libye liberto agi — praecipitur στεφανούτω δὲ κατὰ μῆνα νουμηνίᾳ καὶ ἑβδόμᾳ τὰν Φίλωνος (*domini defuncti*) εἰκόνα [δα]φνί[νῳ] στεφάνῳ πλεκτῷ et Theo-

---

19) contra οἰκήματα C 34 conclavia domus alicuius esse vix est quod dicam.

20) in Aristotelis testamento item ξενῶνα commemorari (Diog. Laert. V 14) editores inscr. iurid. adnotant; ξενῶνες extra domum ipsam siti occurrunt etiam Eur. Alk. 543.

21) cf. col. II v. 7—10 τελὲν κα[θ' ἕκασ]τον ἔτος ἐμ μηνὶ Ἐλευσυνίωι δραχμὰς διακοσίας δέκα τῶι κοινῶι κτλ. et v. 30sqq. ὁ δὲ ἀνδρεῖος τῶν συγγενῶν συναγέσθω ἐν τῶι μουσείωι καθ' ἕκαστον ἔτος ἐμ μηνὶ Δελφινίωι, λαμβάνων παρὰ τῶν διαδόχων μου τὰς διακοσίας δέκα δραχμὰς κτλ.

22) ἱαρ]ώματα, etsi in titulo Epidaurio occurrit, non audeo hic restituere, quia infra semper nomen ἱερεῖα adhibetur; praeterea de hostiis inde a v. 25 demum agitur, hoc loco i. e. v. 11sqq. de officiis liberti agitur.

pomp. ap. Porph. de abst. II 16 *Κλέαρχον — — κατὰ μῆνα ἕκαστον ταῖς νουμηνίαις στεφανοῦντα καὶ φαιδρύνοντα τὸν Ἑρμῆν καὶ τὴν Ἑκάτην καὶ τὰ λοιπὰ τῶν ἱερῶν ἃ δὴ τοὺς προγόνους καταλιπεῖν*; cf. etiam n. 52 v. 12 sqq. *τάς τε εἰκόνας καθαρὰς ποιεῖν — — καὶ στεφανοῦν ὡς ὅτι χαριέστατα*. — Id quoque mihi certum videtur proximo praecepto de sacerdotio Herculis ad filium natu maximum deferendo agi coll. iterum testam. Epictetae col. II v. 27 sqq. *τὰν δὲ ἱερατείαν τᾶν Μουσᾶν καὶ τῶν ἡρῴων ἐχέτω ὁ τᾶς θυγατρός μου υἱὸς Ἀνδραγόρας, εἰ δέ τί κα πάθῃ οὗτος, ἀεὶ ὁ πρεσβύτατος ἐκ τοῦ γένους τοῦ Ἐπιτελείας* et n. 156 v. 19 *ἱερατευέτω τῶν ἐκγόνων τῶν ἐκ Ποσειδωνίου ὁ πρεσβύτατος ὢν ἀεὶ κατ' ἀνδρογένειαν*. Iis autem, quae deinde sequntur, etsi in universum de hostiis sacrificandis praecipi certum est, conexus tamen nullo loco restitui potest. Notandum est etiam Veneri et fortasse Dionyso (v. 27) sacra fieri iuberi.

B 1. *κ]αὶ ξύλα ποτὶ τὰν θυσίαν* scil. *παρεχέτω ὁ ἱαρεύς*; munera et emolumenta sacerdotis simillima constituuntur frequenti fastorum Coorum praecepto: *θύει ἱερεὺς καὶ ἱερὰ παρέχει, γέρη λαμβάνει δέρμα καὶ σκέλος*[23]), unde hic quoque ante *καὶ ξύλα* supplendum *ἱερὰ* Paton coniecit. De ligno cf. etiam n. 16 A v. 5 et Prott *Fasti* 4 v. 17. — v. 4 *τὰν ἀποπυρίδα*: sacrificium piscium Diomedonti heroi oblatum recte interpretati sunt Ross et Paton. Vox enim, cuius propria significatio illustratur glossa Hesychii *ἀποπυρίζων· ἀπὸ πυρὸς ἐσθίων*, solet de piscibus usurpari: cf. praeter Epicharm. ap. Athen. VII p. 277 f. et Stob. Floril. 97, 31, ubi de cena agitur, praecipue quae Hegesander ap. Athen. VIII p. 334 e de sepulcro herois Olynthi ad Olynthiacum flumen, quod influit in Bolben lacum, sito narrat: *κατὰ δὲ τὸν Ἀνθεστηριῶνα καὶ Ἐλαφηβολιῶνα λέγουσιν οἱ ἐπιχώριοι διότι πέμπει ἡ Βόλβη τὴν ἀπόπυριν Ὀλύνθῳ καὶ κατὰ τὸν καιρὸν τοῦτον ἀπέραντον πλῆθος ἰχθύων ἐκ τῆς λίμνης εἰς τὸν Ὀλυνθιακὸν ἀναβαίνει ποταμόν* et Clearchus *ἐν τοῖς περὶ βίων* ap. Athen. VIII p. 344 c *Τέχνων ὁ παλαιὸς αὐλητὴς Χάρμου τοῦ αὐλητοῦ τελευτήσαντος (ἦν δὲ φίλιχθυς) ἀποπυρίδας ἐπὶ τοῦ μνήματος ἐνήγιζεν αὐτῷ.*[24]) Ceterum optime convenit, quod etiam ex testamento Epictetae ipsi et Phoenici coniugi *ὀψάρια τ[ρί]α* sacrificari iubentur.

Ad v. 5 sqq. cf. test. Epict. col. II v. 10 sqq. *μὴ ἐχέτω [δὲ ἐξου]σίαν μηθεὶς μήτε ἀποδόσθαι τὸ Μουσεῖον μήτε τὸ τέμενος τῶν ἡρῴων μηδὲ τῶν ἀγαλμάτων τῶν ἐν τῷ Μουσείῳ μηδὲ τῶν ἐν τῷ τεμένει τῶν ἡρῴων μηθὲν μήτε καταθέμεν μήτε διαλλάξασθαι μήτε ἐξαλλοτριῶσαι τρόπῳ μηθενὶ κτλ.* — Ad v. 13 sqq. cf. n. 46 v. 130; nota autem patrem recentem non solum victimam (*χοῖρον*) debuisse, sed etiam *ἱερά*, quae ceteroquin sacerdos praebebat (cf. supra ad B in.). — v. 23 *τὸν ξενισμόν*: lectisternium est Herculi hospiti divino faciendum[25]), contra v. 30 *δεξίωσις*, cui epimenii prospicere iuben-

---

23) Prott *Fasti* n. 5 v. 21. 46. 50. 57. 59. 62, n. 6 v. 4. 7. 16, n. 7 v. 7.

24) cur Paton (p. 76) hoc Clearchi testimonium adhibere dubitet, non intellego; immo optime eo illustratur sacrificii genus e consuetudine cenae repetiti.

25) id recte Back contra Rossium statuit; de hospitiis Herculis apud Graecos frequentissimis cf. quae collegit Deneken *De Theoxeniis* p. 25 sqq.

tur, sine ullo dubio[26]) ad recipiendos diebus festis sodales spectat, cf. cum Dittenb. *Syll.*² 735 ἐπειδὴ — γενόμενοι ἐπιμήνιοι αὐτεπάγγελτοι τά τε ἱερὰ ἐξέθυσαν τῶι Διὶ καὶ — — — τὰν ὑποδοχὰν ἐποήσαντο τῶν δαμοτᾶν καὶ τῶν ἄλλων πάντων tum test. Epict. (n. 129) col. IV v. 31 sqq., ubi et saepius de munere epimeniorum verbum δέχεσθαι usurpatur (col. V 12. 14. 17. 27) et simul quae potissimum munera tum praebere debuerint, apparet (col. IV v. 31 παρεξοῦντι δὲ οἱ δωρεὰν ἐπιμηνιεύοντες οἶνον ξενικὸν ἱκανὸν δόκιμον ἕως τριῶν πινόντων, στεφάνους, μουσικόν, μύρον).

C v. 6 τὰ ἐξαιρήματα quid sibi velit, Paton indicavit supplendo v. 1 ἐξαιρεῖσθαι δὲ] ἀργύριον: dicuntur partes e toto reditu statim sepositae optimeque editores Francogalli verterunt '*prélèvements*'.

V. 14 sequitur locus difficillimus nec plane adhuc expeditus. Pendere lacunae restitutionem ex interpretatione eorum, quae inde a v. 23 de nuptiis praecipiuntur, Paton recte statuit. Quas nuptias Back Rossium secutus de caerimoniis nuptias Herculis cum Chalciopa Eurypyli regis filia mythicas imitantibus accepit, nulla tamen causa aliquatenus certa. Immo talia, qualia v. 28 sqq. de carnibus hostiarum utendis praecipiuntur, illius sententiae repugnant sodalesque nuptias in fano celebrantes dici, quibus praeter partes in mensa sacra sepositas[27]) carnes hostiarum cedant, probant. Considerato igitur enuntiato condicionali ἂν δέ τις — δόξηι τοῖς κοινωνεῦσι τῶν ἱερῶν ἐνδειὴς εἶναι quo aperte exceptio aliqua praecepti superioris inducitur, collato porro praecepto Epictetae (col. II 18) μηδὲ χρῆσαι τὸ Μουσεῖον μηθενί, εἴ κα μή τις τῶν ἐξ Ἐπιτελείας γάμον ποιῇ, Patonem cum Dittenbergero secutus non dubito, quin hic sit universi loci conexus, ut nullus fani usus privatus concedatur nisi belli angustiis (v. 14) aut si qui sodalis rei familiaris angustiis circumventus nuptias[28]) facturus sit (v. 14—17). Sed e supplementis Patonis non modo verba τοῖς [ξενῶσιν ἔστ' ἂν συ]ντελῆται admodum dubia sunt, sed ne proximum quidem ποείτω τὸ[ν γάμ]ο[ν equidem pro certo habeo, praesertim cum ille ipse post ΤΟ non Ν, sed litterae Υ vestigia agnoverit. Et quod Dittenberger monuit sequentia praecepta necessario flagitare, ut iam antea γάμος commemoratus fuerit, id quidem recte, sed haec mentio iam in lacuna superiore fieri potuit, nec omnino alteram lacunam sine altera restitui posse puto. Iam vero temporum definitiones v. 17—21 subsequentes Paton eo spectare coniecit, ut caveatur, ne apparatu nuptiarum illis diebus sollemnia deorum interpellentur. Quae coniectura etsi ceteris placuit, dubito num cum iis, quae v. 21 sqq. praecipiuntur, commode conciliari possit, praecipue cum verbis καὶ ἐν ταῖς λοιπαῖς ἡμέρ[αις συν-

---

26) Back qui eum morem Coum dici putavit, de quo Plut. *Quaest. Gr.* 58 τὰς δὲ νύμφας οἱ γαμοῦντες δεξιοῦνται γυναικείαν στολὴν περιθέμενοι, manifesto errat; vid. etiam infra.

27) cf. de hac re n. 24 et quae ibi adnotavi.

28) paulo aliter verba editores inscr. iur. accipere videntur: '*un article intérressant permet à la communauté d'autoriser un descendant du testateur, tombé dans la misère, à célébrer à son profit, dans les locaux sacrés, une cérémonie qualifiée de noce.*' Sed qualem hanc caerimoniam imaginentur, parum assequor.

τε]λείσθω ὁ γάμος; nam quod Dittenb. ea ita interpretatur: praeter illos tres mensis Petagitnyi dies, de quibus modo dictum erat, uno quoque totius anni die nuptias celebrare licet[29]), id ni fallor ipsis verbis non inest. Dubito etiam de voce προ](α)ιγλίαν vel μετ](α)ιγλίαν, quam Paton v. 19 in. restituit horam aut lucis ortum antecedentem aut solis occasum subsequentem intellegens; ceterum ipse Paton etiam de voce συν]αιγλίαν i. e. dialecti Coae pro vulgari συναικλία forma cogitavit, unde nimirum conexum longe diversum existere concessit. — Verba ἡ δὲ στρωμνὴ κτλ. v. 23 sqq. ad lectisternium, de quo supra B v. 23 sermo erat, spectant, sensus praecepti incertus; Paton hunc subesse suspicatur: *the couch prepared for Heracles on the day of his ξενισμός is to be left in its place until the wedding is over i. e. Heracles is to be a guest at the wedding.*

D v. 7 sqq. adduntur res minores a Diomedonte sive a filio eius dedicatae; ἐσχάραν τετράπεδον inter haec vasa et instrumenta aënea nihil nisi exiguam aram portatilem significare posse Dttb. recte statuit.[30]) Quid fuerit κύκλος ille χαλκοῦς, dubium; patellam rotundam interpretatur Paton, cf. etiam v. 158 v. 32. — Praeceptum v. 28—31 συνάγειν τοὺς ἐπιμηνίους καὶ εἰς τὴν αὔριον κτλ. Paton et Dttb. de conventu sollemni, qui postridie sacrificium anniversarium d. XVIII mensis Petagitnyi fiebat, accipiunt, sed de sacrificio illo postremum sermo erat in latere C, ut nullo modo ἡ αὔριον eo referri possit. Coniungendum igitur ni fallor hoc praeceptum artius cum superioribus v. 17—27 et αὔριον huc referendum: si quis legem a Diomedonte constitutam violare conatus erit, res ad sollemnem conventum ne differtor, sed epimenii vel postridie eius diei, quo conamen illud factum erit, conventum extraordinarium habento.[31]) Verba autem παραλαμβάνοντας οὓς ἂν αὐτοῖς δοκῆι, quae illi de ministris ab epimeniis adsciscendis accipiunt, eo potius pertinere puto, ut epimeniis concedatur ad defendenda instituta Diomedontis etiam homines non sodales advocare. Qua ratione etiam insequens praeceptum de creandis epimeniis facilius explicatur. Sane de hoc quoque dissentio a ceteris editoribus. Qui id praecipi putant, a quibusnam hominibus epimenii eligendi sint, ἐπιμηνίους igitur accusativum obiecti interpretantur. At ita nisi vehementer fallor articulus ante ἐπιμηνίους desiderari non potuit (cf. B 25 et 29). Accusativum igitur praedicativum existimo et αἱρεῖσθαι infin. passivi conexumque hunc esse conicio: epimeniis liceto adiumento hominum alienorum uti et per eos causam agere, ipsorum tamen epimeniorum munere nemo nisi sodalis fungitor.

V. 40 θυόντω δὲ τῶι Πασίωι: hoc numen recte[32]) Paton cum Iove Ctesio comparavit, notandum tamen ut Anaphae Κτήσιον sic hic Πάσιον non cognomen Iovis, sed proprium esse nomen divini tutoris sc. rei familiaris.

---

29) similiter editores inscr. iurid.: '*la noce pourra être célébrée aussi pendant les autres jours (du mois).*' Paton quid sentiret, non clare enuntiavit.

30) coll. Reisch ap. *Pauly-Wissowa* I 2 p. 1685.

31) quid sentiant editores Francogalli, ex versione eorum '*les officiants convoqueront l'assemblée, même du jour au lendemain, et s'adjoindront qui bon leur semblera*' cum nihil postea addant, parum liquet.

32) licet sententiam parum feliciter enuntiaverit verbis: '*Πάσιος is perhaps*

145. Stela marmoris caerulei sive lapidis Lartii (v. 8) inventa prope Phileremum hodiernum *in agro Ialysio.* Edd. Newton *Transact. of the Royal Soc. of Lit.* 1878 p. 435sqq. et *Inscr. in the Brit. Mus.* II (1883) n. 349, Cauer *Delect.*[2] 177, Dittenberger *Syll.*[2] 560 (357[1]), Hiller v. Gärtringen, ectypo chartaceo ab A. S. Murrayo facto usus *IG* XII 1 n. 677, Michel *Recueil* 434, van Gelder *SGDI* 4110. Cf. etiam v. Wilamowitz *Hermes* XIV p. 457sqq., Biliotti *L'île de Rhodes* 1881 p. 388sq., G. Curtius *Leipz. Stud.* IV 316, Furtwängler et Loeschcke *Myk. Vasen* 1886 p. 2.

Ἔδοξε τοῖς μάςτροις[1]) καὶ Ἰαλυςίοις· | Στράτης Ἀλκιμέδοντος εἶπε· | ὅπως τὸ ἱερὸν καὶ τὸ τέμενος | τᾶς Ἀλεκτρώνας εὐαγῆται κα||τὰ τὰ πάτρια, ἐπιμεληθήμειν | τοὺς ἱεροταμίας, ὅπως στᾶλαι ¦ ἐργαςθέωντι τρεῖς λίθου Λαρτ[ί]|ου[2]) καὶ ἀναγραφῆι ἐς τὰς στάλα|ς τό τε ψάφιςμα τόδε καὶ ἃ οὐχ ὅ||ςιόν ἐντι ἐκ τῶν νόμων ἐςφέ|ρειν οὐδὲ ἐςοδοιπορεῖν ἐς τὸ τέ|μενος καὶ τὰ ἐπιτίμια τῶ[ι] πράς|ςοντι παρὰ τὸν νόμον· (θ)έμειν δὲ | τὰς στάλας μίαμ μὲν ἐπὶ τᾶς ἐςό¦¦δου τᾶς ἐκ πόλιος ποτιπορευομέ|νοις, μίαν δὲ ὑπὲρ τὸ ἱςτιατόριον, | ἄλλαν δὲ ἐπὶ τᾶς καταβάςιος τᾶ[ς] | ἐξ Ἀχαΐας[3]) πόλιος. |

Νόμος ἃ οὐχ ὅςιον ἐςίμειν οὐδὲ || ἐςφέρειν ἐς τὸ ἱερὸν καὶ τὸ τέ|μενος τᾶς Ἀλεκτρώνας· μὴ ἐςί|τω ἵππος, ὄνος, ἡμίονος, γῖνος[4]) | μηδὲ ἄλλο λόφουρον μηθὲν μη|δὲ ἐςαγέτω ἐς τὸ τέμενος μη||θεὶς τούτων μηθὲν μηδὲ ὑποδή|ματα ἐςφερέτω μηδὲ ὕειον μη|θέν· ὅτι δέ κά τις παρὰ τὸν νόμον | ποιήςηι, τό τε ἱερὸν καὶ τὸ τέμενος | καθαιρέτω καὶ ἐπιρεζέτω, ἢ ἔνο||χος ἔςτω τᾶι ἀςεβείαι· εἰ δέ κα | πρόβατα ἐςβάληι, ἀποτειςάτω ὑ|πὲρ ἑκάςτου προβάτου ὀβολὸν | ὁ ἐςβαλών· ποταγγελλέτω δὲ | τὸν τούτων τι ποιεῦντα ὁ χρήι¦¦ζων ἐς τοὺς μάςτρους.

Lex de fano Alectronae litteris simplicibus et bene sculptis exarata, III a. Chr. n. saeculo utique non recentior.

Ἀλεκτρώνα haud dubie eadem est atque *Ἠλεκτρυώνη* Solis et Rhodi filia, quam *ἔτι παρθένον οὖσαν μεταλλάξαι τὸν βίον καὶ τιμῶν τυχεῖν παρὰ Ῥοδίων ἡρωϊκῶν* Diod. V 56 tradit; sed etiam Atlantis filia *Ἠλέκτρα* ab Hellanico (schol. Apoll. Rhod. I 916) *Ἠλεκτρυώνη* nominatur et Alcmena Electryonis filia ipsa quoque apud Hesiodum (*Ἀσπ.* 16) *Ἠλεκτρυώνη* vel potius *Ἠλεκτρώνη* audit. Antiquam esse deam deo Soli, qui nomine *Ἠλέκτωρ* colebatur, respondentem hoc titulo demonstratur.[5])

Ζεὺς Πάσιος, a Dorian form of Ζεὺς Κτήσιος' quibus Bechtel obicere potuit extare apud Dores quoque formam *Κτήσιος* (vid. n. 122); sed res ipsa eo non tangitur: una eademque notio divina hic nomine *Κτήσιος*, illic nomine *Πάσιος* significatur.

1) summi rei publicae magistratus apud Camirenses Ialysios Lindios.

2) *Λάρτου* Newton, em. Wilam. coll. *IG* XII 1 n. 1033, 22 et 2, 7; nomen a promunturio prope Lindum sito derivatum est, cf. Schumacher *Rhein. Mus.* XLI p. 628.

3) arcem Ialysi dici censet N. et assentitur H., cf. tamen Wilam. *l. c.*

4) latine *hinnus* i. e. animal equo et asina prognatum, cf. tamen Arist. h ist. an. VII 24.

5) cf. Wilamowitz *l. c.* p. 457sqq., Usener *Götternamen* p. 17.

Duae sunt tituli partes. Legi enim ipsi praemittitur decretum, quo illa tribus stelis inscribi iubetur. Ex hoc notandum videtur solummodo v. 16 ἱστιατόριον i. e. δειπνητήριον (Hes. s. v.), nec vero raro in fanis propriae cenationes fuisse videntur velut complures erant in fano Deliaco, quas civitates quaedam in suum usum exstruxisse videntur[6]), et in Neptuni fano insulae Teni, cuius ἑστιατόρια μεγάλα Strab. X 487 recte σημεῖον iudicat τοῦ συνέρχεσθαι πλῆθος ἱκανὸν τῶν συνθυόντων αὐτοῖς ἀστυγειτόνων τὰ Ποσειδώνια. Etiam Alectronae fano vix propria cenatio fuisset, nisi satis magnum satisque frequentatum fuisset.[7])

Ipsius legis praecepta non modo notissimae illi curae, qua terram sacram ab usu privato tuebantur, sed etiam ipsi religioni debentur. Nam quod initio equus asinus mulus aliaque eius generis animalia prohibentur, id sane proclive est conferre cum iis legibus, quibus homines privati peregrinique in fanis iumenta pascere vetantur.[8]) Sed huius legis ratio manifesto diversa est, neque enim solum huic praecepto subiungitur alterum ratione mere sacra explicandum μηδὲ ὑποδήματα ἐσφερέτω, sed etiam v. 28 sq. is, qui contra hanc legem fecerit, sacellum et fanum lustrare iubetur, cum is, qui πρόβατα in fanum egerit, multam solvere iubeatur, fanum lustrare non item (v. 30 sqq.). Quod cum casu praetermissum esse veri dissimile sit, πρόβατα i. e. oves bovesque ea ratione, ne fanum damnum acciperet, λόφουρα illa, si non unice attamen maxime propter deae religionem prohibebantur, similiter ac canes in arce Athenarum aut in insula Delo versari nefas erat.[9]) Cf. etiam equos a nemore Aricino prohibitos (Ov. Fast. III 266, Verg. Aen. VII 778).

V. 26 μηδὲ ὕειον μηδέν: similiter n. 94 v. 8 genus suillum nomine adiectivo collectivo ὑαμινόν designatur (cf. etiam quae de voce εὐστόν ad n. 24 p. 81 disputavi), hoc tamen loco non solum ipsa animalia, sed omnes res e suibus factas dici veri simile est.

146. Stela longa et angusta lapidis calcarei in duas partes fracta, litteris parvis et negligenter incisis '*ac prope cursivis*', inventa Lindi in arce. Ed Ross qui solus inscriptionem vidit et quantum potuit in temporis angustiis, dimidiam fere partem, exscripsit, *Hellenika* I 2 (1846) p. 113 sqq., inde Hiller v. Gärtringen *IG* XII 1 n. 762; priorem partem repetivit v. Gelder *SGDI* 4155. Cf. Schumacher *De republica Rhodiorum* diss. 1886 p. 233 et *Rhein. Mus.* XLI (1886) p. 233 sqq., Dittenberger *De sacris Rhodiorum* I (*Ind. Halens. aest.* 1886 p. 10 sqq.), Tümpel *Philol.* XLIX (1890) p. 572 sq.

---

6) praeter testimonium Herodoti IV 35 ἀγχοτάτω τοῦ Κηίων ἱστιητορίου quod attulit iam Dttb., cf. etiam rationum Deliacarum (Michel *Recueil* 594) v. 114 τοῦ ἑστιατορίου τοῦ ἐν τῆι Νήσωι τὸ τέγος στεγνώσαντι κτλ. et quae Homolle *BCH* XIV p. 507 de hac re adnotavit.

7) cf. praeterea Plut. Sept. sap. conv. 2 in. et Paus. V 15, 12 (Hermann *Gottesd. Alt.*[2] 28, 24, Schömann-Lipsius *Gr. Alt.* II p. 58).

8) cf. n. 111 et quae ibi attuli exempla.

9) Strab. X p. 486, Plut. Qu. Rom. 111, quamquam hoc praeceptum ratione simpliciore explicari potest, cf. Schömann-Lipsius II p. 205 cum not. 8.

[᾿Εκκληϲίαϲ γενομέναϲ ἐν θεάτρῳ][1] περὶ χορα(γῶ)ν[2], [ἐπ ἱερέωϲ | τᾶϲ μὲν ᾿Αθάναϲ ....]ϲτρατου, τοῦ δὲ ῾Αλίου ῾Ροδο|(π)ε[ί]θευϲ, (Δ)ιοϲ[θύ]ου ἑνδεκάτᾳ, ἔδοξε μάϲτροιϲ ‖ καὶ Λινδίοιϲ· ἐπιϲτατᾶν γνώμᾳ·

ἐπειδὴ πλείϲ|ταν πρόνοιαν ὁ ϲύμπαϲ δᾶμοϲ (π)[οιεῖται][3] εἰϲ τὸ | τὰϲ τοῦ Διονύϲου τειμὰϲ ϲυν[τηρεῖν καλῶϲ καὶ][4] | ἀγῶναϲ τελεῖν καὶ πονπὰϲ καὶ θυϲίαϲ ......|ει Ϲμ(ινθ)[ίοιϲ][5] χοραγῶν ποιούμενοι αἵρ[εϲιν] ‖ καὶ πολειτᾶν καὶ ξένων, ὁμοίωϲ δὲ κα[ὶ Λίνδι]|οι[6] εἰϲ τὰν ποτὶ τὸν θεὸν εὐϲέβειαν [φιλοτιμοῦν]|ται[7]

δεδόχθαι Λινδίοιϲ, κυρωθέντοϲ τοῦ|δε τοῦ ψαφίϲματοϲ, τὰ μὲν ἄλλα πάντα γεί|νεϲθαι περὶ τ(ῶ)ν Ϲμινθί(ω)ν[8] κατὰ τὰρ[χαῖον] ‖ (ἔθ)ιϲμα[9] Λινδί(ω)[ν· ποτ]αιρείϲθων[10] [δὲ τοὶ ἐπιϲτάται][11] | τοὶ ἀεὶ ἐν ἀρχᾷ (ἐ)όντεϲ ποτ[ὶ τοῖϲ ἐκ πολειτᾶν][12] | αἱρουμένοιϲ χοραγοῖϲ καὶ ἄλλο(υ)ϲ χοραγο(ὺ)ϲ[13] | ἐκ τῶν κατοικεύντων καὶ γεωργεύντων ἐν | Λινδίᾳ πόλει ξένουϲ ἕξ, εἴ κα μ(ή) τινεϲ ἐπαν‖γέ(λλ)ωνται· τοὶ δὲ αἱρεθέντεϲ ϲτελλόντω [τὰν] | πο(νπ)ὰν[14] ἐν τοῖϲ Ϲμινθίοιϲ ἕκαϲτοϲ καθά|περ καὶ τοὺϲ ἄλλουϲ (γ)έ(γρ)α(π)τα(ι κ)αὶ[15] ποι|είϲθων ἐ(π)ιθυϲίαν (?)[16] ε.ειοντωξενουϲιν | τωι — — — — — — — — — | *iam desunt novem versus.*

B.

δετανυλιον οἳ κρείνωντα[ι? — — — —] | Διονύϲου· ὁ δὲ ἱερεὺϲ τᾶϲ ᾿Αθάναϲ [φερέτω πο]|τὶ τοὺϲ μάϲτρουϲ τὰ ὀνόματα τῶν καταϲχ[ε]|θέντων η.....λημενοϲ· ὁ δὲ χοραγήϲαϲ ‖ ἐχέτω — — — — — — — — | *desunt quinque versus* | — — — — Λίνδιον μηδὲ οἷϲ ...... [ὁ ἱε]|ρεὺϲ [τ]ᾶϲ ᾿Αθάναϲ κατ....... δὲ τὸ

---

1) ita fere vel *συλλόγου γενομένου ἐν θεάτρῳ* vel *ἐν Σμινθίῳ* (cf. Strab. XIII 605) initio scriptum fuisse inde a Schum. omnes consentiunt.

2) ita editores, sed ad Rossii lectionem ΧΟΡΑΜΟΝ nescio an propius accedat *χοραγιῶν*.

3) suppl. Hiller, quem sequi non dubito, etsi R. post *δᾶμος* legerat Υ, quam litteram olim varie (*ὑπέσχετο* R., *ὑπέθετο* Wachsm. et Sch., *ὑπεδέξατο* vel *ὑπέστη* Dttb.) nec tamen prospere supplere conati sunt.

4) suppl. Ross.

5) ΕΙΣΜΕΛϹ R., nomen Sminthiorum latere admodum probabile est eodemque tempore Sch. et Dttb. coniecerunt, sed quid antea suppleamus, dubium, Sch. temptavit *ἄγειν ἀ]εὶ ἐν Σμ.* vel *ἑκάστῳ ἔτ]ει Σμ.*, Dttb. quem sequitur H., *εἰς ἀ]εὶ Σμ.* An scriptum fuit *πανδημεί*?

6) suppl. Sch. optime et evidenter.

7) suppl. Hiller.

8) *περὶ τὸν Σμίνθιον* R. et Sch., emend. Dittenb.

9) ΚΑΤΑΤΑΡ....|ΓΕΙΣΜΑ quae recte interpretatus est Sch. dubius tamen inter *κατὰ τὸ ψάφεισμα* et *τὸ ἀρχαῖον ἔθισμα*.

10) acute suppl. Sch.

11) suppl. Sch. et D.

12) ita H., *Λινδίων* Sch. et D.

13) ΑΛΛΟΙΣΧΟΡΑΓΟΙΣ.

14 ΠΟΤΙΤΑΝ, emend. D.

15) ΠΕΡΙΑΝΤΑΝΘΑΙ emend. D.

16 ΕΝΙΘΥΣΙΑΝ, em. Wilamowitz.

αὐτὸ ιενε|οι. . ον διαδεξάμενος . . κατασσπείσας ἀποτει|νέτ(ω) ΝΕΡΔ. Διονύσου· [ἐπα]νγελλέτω δὲ ὁ χρή||ζων ἐπὶ τ(ὸ)ν [ἱερέα τᾶς Ἀθά-ν]ας· τῶν δὲ χορα|γησάντων . . . . δες τὸ γράμμα ὁ ἱε|ρεὺς τοῦ Διονύσου [φερέτω ἐ]πὶ τὸν γραμματῆ | τῶν μάστρῶν — — — — (*tres versus a Rossio indicantur*).

Quantum in misera nunc tituli condicione iudicari potest, duae erant partes eius. Prioris, de qua et restituenda et interpretanda Schumacher et Dittenberger optime meriti sunt, argumentum clarum est: apud Lindios antiquitus (v. 14) Dionyso Sminthia certamina agebantur, quorum sumptus choregi e civibus creati tolerabant. Iam cum universus Rhodiorum populus (v. 6 *ὁ σύμπας δᾶμος*), qui item Sminthia celebrabat[17]), ad choregiae munera peregrinorum quoque opera uti coepisset (v. 9), Lindii ipsi quoque praeter cives choregos creare constituerunt alios sex peregrinos *ἐκ τῶν κατοικεύντων καὶ γεωργεύντων ἐν Λινδίᾳ πόλει* i. e. e metoecis, qui in ipsa Lindiorum civitate diutius consederant.[18]) Metoecos etiam in aliis Graecorum civitatibus velut Athenis choregiae munus suscepisse notum est. — In altera parte tituli, de qua frg. B superest, singula quaedam accuratius constitui videntur velut de nominibus choreutarum deferendis; maxime notatu dignum est hic etiam Minervae sacerdotem apparere, conexus tamen sententiarum restitui posse non videtur.

Apollo Sminthius murum interfector notissimus est, Lindios autem Sminthia Dionyso celebravisse hic titulus certo testatur, ac ne apud scriptores quidem certa eius rei vestigia desunt, cf. Apollon. Lex. Homer. s. v. *Σμινθεῦ· ἐπίθετον Ἀπόλλωνος κατὰ τὸν Ἀρίσταρχον ἀπὸ πόλεως Τρωϊκῆς Σμίνθης καλουμένης, ὁ δὲ Ἀπίων ἀπὸ τῶν μυῶν οἳ σμίνθοι καλοῦνται. καὶ ἐν Ῥόδῳ Σμίνθια ἑορτή, ὅτι τῶν μυῶν ποτε λυμαινομένων τὸν καρπὸν τῶν ἀμπέλων Ἀπόλλων καὶ Διόνυσος διέφθειραν τὰς μύας* et Athen. X 445 B *Ἀνθέας δὲ ὁ Λίνδιος — — ὥς φησι Φιλόμνηστος ἐν τῷ περὶ τῶν ἐν Ῥόδῳ Σμινθείων — — — πάντα τὸν βίον ἐδιονυσίαζεν, ἐσθῆτά τε Διονυσιακὴν φορῶν καὶ πολλοὺς τρέφων συμβάκχους κτλ.* Id solum ambigi potest, utrum Dionyso uni an et Dionyso et Apollini sollemnia illa celebrari solita sint. Tümpel inde, quod apud Apollonium ambo di commemorantur et Apollo quidem priore loco, apud ipsos Rhodios Apollinis primas partes fuisse,

---

17) id quidem, si v. 9 *Σμινθίοις* recte suppletum est, certum, sed etiam si alia vox hic lateat, veri tamen simillimum, quoniam fasti Rhodii vix mensem Sminthium exhiberent, nisi in urbe ipsa Rhodiorum feriae unde nomen duceret actae essent. Accedit quod non modo Lindi, sed etiam in urbe Rhodo locum nomine *Σμίνθιον* fuisse refert Strab. XIII p. 605. Quorum testimoniorum auctoritatem frustra mea quidem sententia removere conatus est Dittenberger (*l. c.* p. 12), id vero, quod Rhodii binas alias ferias Dionyso celebrasse certum est: Dionysia et Anthesteria (vid. de his quae exposuit D. p. 7—10), non sufficit ut tertias praeterea ferias eidem deo acta esse negemus; ceterum Rhodii sua Sminthia fortasse Apollini agebant.

18) recte statuit Schumacher (*De rep. Rhod.* p. 35 sq.) coll. e. g. tituli Sestii (*Hermes* VII p. 114 sqq. = Michel 327) v. 28 sqq. *οὐ μόνον τῶν πολιτῶν [καὶ] τῶν ἄλλων τῶν κατοικούντων τὴν πόλιν ἀλλὰ καὶ τῶν παρεπιδημούντων ξένων.*

secundas Dionysi collegit, sed nimium auctoritati Apollonii sophistae tribuit, in cuius narrationem Apollinis nomen eo consilio illatum esse, ut Sminthia Rhodiorum Bacchica cum fabulis de Apolline Sminthio vulgatis conciliaret, Dittenberger iure suspicatus est monens haud raro eadem cognomina aliis locis aliis dis tributa esse, velut *Φυτάλμιος* Atheniensibus Erythraeis Troezeniis Rhodiis fuerit Neptunus, aliis vero Bacchus aliis Iuppiter ipse. Ceterum non dubium videtur, quin origine Smintheus vel Sminthios nec Apollinis nec Dionysi nec ullius dei fuerit cognomen, sed proprius deus eiusdem generis ac *Μυίαγρος* ille, quem Alipherenses Arcades precibus sacrificiisque placabant (Paus. VIII 26, 7) et Myiacores, quem Elei deum invocabant (Plin. n. h. X 28), quod testimonium eo magis huc valet, quia Pausanias eosdem Eleos exemplum Olympiae secutos *Διὶ Ἀπομυίῳ* sacrificavisse tradit (V 14, 1).[19])

Titulus denique ideo quoque notatu dignus est, quia etsi municipia Rhodiorum etiam post urbem conditam sua quodque sacra retinuisse et anxie cavisse, ne peregrini iis interessent[20]), constat, aliquid tamen auctoritatem rei publicae universae etiam in his rebus valuisse apparet.

147. Lapis inventus Rhodi *'ἐν τῷ ἄστει, ἐπὶ τοῦ οὐδοῦ (κατωφλίου) δημοσίου κλιβάνου'*. Ed. Hiller von Gärtringen ex ectypo et apographo, quae misit Saridakis, *MAI* XXI (1896) p. 52 n. 51, inde Dittenberger *Syll.*² 610 et Michel *Recueil* 874, van Gelder *SGDI* 3756.

Ἐκ τοῦ ψαφίς|ματος τοῦ | ἐπὶ Ἀρχεστράτου | Ἀρταμιτίου κε· ‖ ὅπως δὲ καὶ ἐν τῶι | μετὰ ταῦτα χρόνωι | ἁ ἀναγραφὰ τῶν | [ἱ]ερατευόντων | γίνηται κατὰ ‖ τὸ ἔξαν· οἱ μὲν ἱερεῖς | γραφόντω τὰ ὀν[ό]|μα[τ]α τὰ αὐτῶ[ν καὶ | ἱερ]ατείαν[1]) καὶ δᾶ[μον] ‖ καὶ τὸν ἱε[ρ]ῆ τοῦ Ἁλί[ου] ἐφ' οὗ ἔλαχε· | [ὁ] δὲ ἐχομένως | ἱερατεύων μετ[ὰ] | τὸν ἐνεστακότα ‖ ποτιγραφέτω τῶι πρὸ αὐτοῦ | ἱερατεύσαντι ἐ[πὶ | τὸ ὄνο]μα καὶ[2]) τὰ ἔτη | [ὁπόσα] ἱεράτευσε· ‖ [κατὰ] τὰ αὐτὰ δὲ καὶ | [οἱ ἀ]εὶ ἱερατεύον|[τ]ες ποτιγραφόντω.

---

19) vid. Usener *Götternamen* p. 260 sq., ceterum pro nomine *Myiacores* idem Plinius alio loco (XXIX 106) nomine *Myiodes* utitur.

20) luculentissime apparet decreto Lindiorum *IG* XII 1 n. 761, cuius gravissima verba affero: *ἐπειδὴ ἐπιστάται αἱρεθέντες ὑπὸ Λινδίων* (*sequuntur tria nomina*) *καὶ τοὶ αἱρεθέντες ἄνδρες συναγωνίξασθαι ταῖς δίκαις* (*triginta nomina*) *ἄνδρες ἀγαθοὶ ἐγένοντο συνδιαφυλάξαντες Λινδίοις ὅπως ταὶ αἱρέσιες γίνωνται ἐν Λίνδωι τῶν ἱερέων καὶ ἱεροθυτᾶν καὶ ἱεροποιῶν καὶ τῶν ἄλλων τῶν ἐπὶ τὰ κοινὰ τασσομέν[ω]ν ἐξ αὐτῶν Λινδίων, καθ' ἃ καὶ ἐν τοῖς νόμοις γέγραπται, καὶ μὴ μετέχωντι τῶν ἐν Λίνδωι ἱερῶν οἳ μὴ καὶ πρότερον μετεῖχον, δεδόχθαι τοῖς μάστροις καὶ Λινδίοις· ἐπαινέσαι αὐτοὺς κτλ.*

1) Hiller qui ▒ΡΑΤΓΙΑΝ in ectypo agnovit.

2) .. .AKANETI Sar., ▒FTIMAKAI Hill., Wil. dispicere sibi videbatur in ectypo O. OMA legendumque proposuit *ἐ[πὶ | τὸ] ὄ[ν]ομα*, quod utique sententiam optimam efficit.

Excerptum plebisciti de anagrapha sacerdotum; litterae satis diligenter inscriptae et apicibus ornatae aetatem indicant anno a. Chr. n. 100 recentiorem potius quam antiquiorem.

Anagrapha cuiusmodi fuerit, apparet voce *ἱερατείαν* v. 14. Quae sane non iam integra in lapide extat nec vero potest aliud vocabulum et vestigiis lapidis et sensui magis aptum suppleri. Quodsi merito Hillerum secuti hac lectione tamquam certa nitimur, duae statim res inde apparent:

1. decretum non ad unum certumque sacerdotium pertinet, sed ad cuncta Rhodiorum sacerdotia, quoniam aliter *ἱερατείαν* profiteri opus non erat.[3])

2. non id agitur, ut in singulis templis ipsis catalogi sacerdotum conficiantur — ne ita quidem sacerdotium ascribere opus erat — sed id agi perspexit Hillerus, ut sacerdotes in publicas Rhodiorum chartas nomina inscriberent, unde simul, quam ob rem sacerdos Solis *ἐφ' οὗ ἔλαχε* i. e. eponymus rei publicae Rhodiorum ascribendus fuerit, explicatur.[4])

Altera ex parte si in urbe ipsa Rhodiis ea res maiori curae erat, etiam municipia diligentius rationem eius habuisse et in templis singulis sacerdotes conscribendos curavisse facile intellegitur et hac ratione commodissime explicandi sunt[5]) ii, qui extant inter titulos Rhodios catalogi sacerdotum cum alii[6]) tum is, qui eadem fere aetate inscriptus est qua hoc decretum, anagraphen Camirensem dico sacerdotum Apollinis Erethimii, cuius partem saltem exscribo, ut quomodo inter se discrepuerint rei publicae et singulorum templorum anagraphae, appareat. Ita enim illa currit (*IG* XII 1 n. 730 = Michel 875 = *Syll.*² 609):

Ἱερεῖς Ἀπόλλωνος Ἐρεθιμίου

π]ανάγ(υρις)	Μηνόφιλος Ἐπικράτευς Βρυγινδάριος
	Πεισικράτης Δαμαινέτου Ἰστάνιος
πανάγ(υρις)	Ἀγησίλοχος Κλευσθένευς Ἰστάνιος
	Ἀστυκρατίδας Καλλιστράτου Ὑπερεγχεύς
τ]ριε(τηρίς), [π]ανάγ(υρις)	Πραξιφῶν Ἀριστομβρότου Βρυγινδάριος
	Δεξιναύτας Ἀγήμονος Ἰστάνιος
Ῥ]ωμαῖα	Τεισαγόρας Τεισαγόρα Νεοπολίτας κτλ.

Cui indici, quem paullatim inscriptum esse diversa manuum litteratura prodit, annos nimirum non ascripserunt, quia annuum erat sacerdotium, et deum, de cuius sacerdotio agebatur, in capite lapidis indicavisse satis erat. Iterum hic feriae deo per sacerdotii tempus actae ascribuntur. Ceterum cf. etiam n. 143 et 154.

---

3) unum sane ita offendit: alterum de numero annorum, quos quisque sacerdotio functus sit, indicando praeceptum ita pronuntiatur, quasi ad cuncta sacerdotia pertineat, cum tamen non pauca atque inter ea gravissimum Solis sacerdotium annuum fuerit. Nec tamen ideo Hilleri interpretatio reicienda est, sed offensio excerpto tribuenda.

4) municipes enim velut Lindii secundum Minervae (cf. n. 150) sacerdotes annos indicare solebant.

5) quae explicatio Hillero debetur.

6) *Ποσειδῶνος Ἱππίου*, cuius templum Lorymis prope Lindum fuit (*IG* XII 1 n. 926) et incerti dei Camirensis (*ibid.* 697).

148. Stela marmoris nigri ex ecclesiae prope Lindum sitae pavimento extracta, cuius aëtoma nunc propemodum defractum acroteriis fuerat ornatum; etiam ab inferiore parte mutila est. Ed. Foucart apud Lebas *Inscr.* II p. 171 apographo satis vitioso usus. Denuo exscripsit Hiller v. Gärtringen et edidit *IG* XII 1 n. 787, inde Michel *Recueil* 723, Dittenberger *Syll.*² 567.

Ἀγαθ]ᾶι Τύχ[α]ι.
Ἀφ' ὧν χρ[ὴ] πα(ρ)ῖν[α]ι[1]) αἰcίωc
(εἰ)c τὸ ἱε[ρ]όν· πρῶτον μὲν
καὶ τὸ μέ(γ)ιcτον· χεῖρας καὶ
(γ)νώμην καθαροὺc καὶ ὑγιε[ῖc]
ὑπάρχονταc καὶ μηδὲν αὑτοῖc
δεινὸν cυνειδόταc.
καὶ τὰ ἐκτόc·
ἀπὸ φακῆc ἡμερῶν γ'·
ἀπὸ αἰγείου ἡμε. γ'·
ἀπὸ τυροῦ ἡμε. α'·
ἀπὸ φθορεί[ων] ἡμε. μ'·
ἀπὸ κήδουc [οἰκ]είου[2]) ἡμ. μ'·
ἀπὸ cυνουcίαc νομ[ί]μου
αὐθημερὸν ˙περιραναμένουc
καὶ πρότερον χρειcαμένουc
ἐλαίῳ.
ἀπὸ παρθενείαc — — —

Inscriptio, quam propter putidam litterarum elegantiam aetati fere Hadriani Hiller tribuit, praecepta continet lustralia. Ad cuius dei fanum pertineant, in titulo non dicitur, praecepta ipsa ea sunt, quae cultum orientalem maxime deceant[3]), quamquam illa aetate confusio religionum tanta erat et philosophorum doctrina adeo religionem invaserat, ut de ea re spondere nolim. Illorum doctrinam statim prima verba *πρῶτον μὲν καὶ τὸ μέγιστον κτλ.* produnt. Talia enim a Graecorum religione ac cultu volgari[4]) olim haud dubie aliena fuerunt, contra philosophi mature praedicaverunt velut Plato Leg. IV 716 D; de manuum et mentis comparatione cf. Eur. Or. 1604 *ἁγνὸς γάρ εἰμι χεῖρας. — ἀλλ' οὐ τὰς φρένας* et Hipp. 317. Ac ne quis tamquam antiqui cultus testimonium afferat versus celeberrimos portae fani Epidaurii inscriptos

1) suppl. Diels; sed rectius fortasse nunc Dittenb. *παρίναι* legit (pro *παριέναι*, cf. Phryn. p. 15 Lob.).

2) ita iam Foucarti exemplaris lectionem ...ΣΙΟΥ optime interpretatus erat Wilhelm *Arch.-ep. Mitt. aus Oest.* XV p. 8 n. 5.

3) potissimum quae de cibis praecipiuntur, cf. quae de hac re dixi p. 150.

4) de mysteriis dubitari potest, velut Aristophanes mystas canentes facit:
εὐφημεῖν χρὴ κἀξίστασθαι τοῖς ἡμετέροισι χοροῖσιν
ὅστις ἄπειρος τοιῶνδε λόγων ἢ γνώμῃ μὴ καθαρεύει,
sed Plutarchum pro *γνώμῃ* legisse *γλώσσῃ* neglegendum non est.

ἁγνὸν χρὴ ναοῖο θυώδεος ἐντὸς ἰόντα
ἔμμεναι· ἁγνείη δ' ἐστὶ φρονεῖν ὅσια,

poẹtae fuisse versus, non legem sacram tenendum est.

Eorum quibus corpora impura fiunt, agmen ducunt cibi aliquot, de quibus alibi nihil tale traditur. Foucart sane cum v. 11 ἀπὸ τυροῦ contulit Strab. IX 1, 11 τὴν ἱέρειαν τῆς Πολιάδος Ἀθηνᾶς χλωροῦ τυροῦ τοῦ μὲν ἐπιχωρίου μὴ ἅπτεσθαι, ξενικὸν δὲ μόνον προσφέρεσθαι, quod tamen ratione castimoniae explicari nequit, cf. de hac re p. 150 not. 12.

V. 12 ἀπὸ φθορεί[ων]: abortus dicitur, cf. quae ad n. 49 v. 7 dixi. Idem vocabulum quod hic latere Plut. tuend. san. praec. c. 22 ἀκόλαστοι γυναῖκες ἐκβολίοις χρώμεναι καὶ φθορίοις monuit Dttb. — v. 13 ἀπὸ κήδους [οἰκ]είου: cf. n. 49 v. 6, n. 117 v. 2, n. 192 v. 6sq., unde spatium quadraginta dierum, quod hic familiae funestae praescribitur, permagnum et insolitum fuisse apparet.[5]) — v. 14 adiectivum νόμιμος hic non de iusto matrimonio (cf. n. 192 ἀπὸ μὲν τῆς ἰδίας γυναικὸς — — — ἀπὸ δὲ ἀλλοτρίας) intellegendum esse, immo naturalem viri et feminae mixtionem ab aliis veneris generibus, quae contra naturam sunt, distingui Dttb. acute observavit. — v. 18 ἀπὸ παρθενείας: virginitas primum erepta dici videtur. Numerus dierum in lapide numquam scriptus fuisse videtur; Dittenb. eas, quae primum virum expertae erant, paulo longius fano abstinere debuisse censet, id quod per se probabile est nec tamen exemplis confirmari potest.

149. Stela parva a dextra sinistraque integra, quae nunc perisse videtur, in agro Lindiorum prope vicum Ἀπολλακιά, ubi olim erat Νέττεια, a. 1844 a Rossio exscripta est, deinde edita *Hellenika* I 2 (1846) 112, 45. Repetivit exemplar Rossii Hiller v. Gärtringen *IG* XII 1 n. 982 (cf. *Corr.* p. 207), inde v. Gelder *SGDI* 4226.

Λάκων
Ὑακινθίου
τετράδι ἐπὶ δέ-
κα· Ἁλίωι ἔριφον
λευκὸν ἢ πυρ-
ρὸν ẠỴΣṬẸỊ κα-
ταχρουν . ṬΑΙ
θύεται πατρε
Ọνιαυτον.

De sacris privatis agi, etsi Ἅλιος deus princeps erat Rhodiorum, nomen Λάκων praescriptum ostendit, cf. n. 128 οὖροι γᾶς Θεῶν Ματρί· — — θυσία Ἀρχίνου· τῶι ἔτει τῶι πρατίστωι θύσοντι κτλ.

---

5) de voce κῆδος in hoc conexu sollemni cf. praeter n. 117 etiam Joseph. c. Apion. II 23, 198 ἁγνείας ἀπὸ κήδους, ἀπὸ λεχοῦς κτλ., Chrysost. Homil. 13 in epist. ad. Eph. δεδοίκασι (*Graeci*) τὰ οὐκ ὄντα ἁμαρτήματα οἷον ῥύπον σώματος, κῆδος, λέχος κτλ.

Caeli lucisque dis hostias albo colore immolari solitas esse notissimum est, sed etiam rubrum colorem Soli convenire patet et in iis, quae Graeci de Solis terra ceterisque rebus eius sacris finxerunt, fit saepe rubri coloris mentio.[1] Quae inde a v. 6 sequuntur intellegi non poterunt nisi emendata lectione Rossii; sed quae Hiller a Kaibelio adiutus temptavit *θύεται κᾶτα χορεύεται· θύεται πατρεὼν* (i. e. patronus) *ταὐτόν* aut (in Add.) *θύει Διὶ πατρώιωι ταὐτόν*, — exempli nimirum magis gratia quam quae certa putaret — nimium a litteris, quas Ross tradidit, recedunt. Is enim praeter ΑΥΣΤΕΙ v. 6 et Ω v. 9 in., quod utrumque incertum dicit, et praeter ΤΑΙ v. 7, pro quo etiam ΘΕΑΙ legi posse concedit, reliquas tamen litteras etiam v. 6—9 plane certas videri affirmat, quod testimonium eo plus valet, quia litteras negligenter, sed distincte fere incisas esse testatur. Ac *κατάχρουν* illud nescio an possit defendi coll. eiusdem stirpis composito *εὔχρουν*, quo n. 58 v. 67 aries definitur. Reliqua intacta relinquere malo sperans fore ut lapis aliquando denuo appareat.

150. Lapis a dextra integer, inventus in Peraea Rhodia in vico *Marmara*, ubi olim erat Physkos. Edd. apographo et ectypo usi Cousin et Deschamps *BCH* XVIII (1894) p. 31 n. 10; restitutioni operam dedit Hiller von Gärtringen *MAI* XXI (1896) p. 63 sqq., unde repetivit van Gelder *SGDI* 4156.

Ἐπ' ἱερέωc τ]ᾶc Ἀθάναc τᾶc Λινδίαc καὶ | [τοῦ Διὸc] τοῦ Πολιέωc Φιλοκράτευc | [μηνὸc][1] Ἀρταμιτίου δωδεκάται | [ἔδοξε μάστροι]c καὶ Λινδίοιc· ἐπιστατᾶν ‖ [γνώμα· πρεcβε]ίαν πρεcβεύcαντοc | [τοῦ δεῖνοc ποτὶ τ]ὸν δᾶμον, ὅπωc ἁ λογεί|[α καθὼc καὶ πρό]τερον ἐν Φύcκωι ἀπὸ | [τῶν πιπραcκόντ]ων[2] τὰ ἱερεῖα καὶ τὰ λοι|[πὰ — —] παρὰ Λινδίοιc καὶ Φυc‖[κίοιc — — κοι]νῶι λογεύ[η]ται κα|— — —το καὶ μηθέ[να] | — — — ΑΛόμενον ὑπὸ | — — — τοὺc (ὠ)νο[υ]μένουc[3] | [— — — πα]ρὰ Λινδίων καὶ[4] Φυc‖[κίων — — ἐψήφιcε] ὁ δᾶμοc ἐπακο|[λούθοιc τοῖc — —]λοιc. | — — —c]θαι μάc|[τρ- — — —] δὲ — — —

Decretum Lindiorum de rebus quibusdam sacris, de quibus Physcii legatos ad eos miserant. Iactura lapidis maior est, quam ut in integrum restitui possit. Ne argumentum quidem ex omni parte certum est: de stipe quadam colligenda vel vectigali agi vocibus *λογεία* et *λογεύειν*[5] apparet, sed a quo et cuius gratia colligi iubeatur, dubium. Dictum erat v. 8—10, ut ex his supplendis interpretatio pendeat. Stengel apud Hillerum v. 8 in. de supplemento *τῶν ἐπελασάν*]*των* vel *ἐλασάντ*]*ων* cogitavit:

---

1) cf. A. Dieterich *Nekyia* p. 25 sqq.

1) suppl. Hiller, nomen patris requirebant C.-D.; eidem Hillero supplementa v. 4—7 debentur.
2) supplevi. 3) ΟΝΟ.ΜΕΝΟΥΣ.
4) 'ΑΔΙΝΑΙΟΝΤΑΙ; em. evidenter H.
5) notae sunt praecipue e papyris Aegypti; locos collegit Wilhelm *MAI* 1898 p. 416 not. 3; cf. praeterea Wilken *Ostraka* I p. 253 sqq.

'*Opfertiere, die zum Fest von auswärts gebracht werden, weiden bis zur Schlachtung auf dem heiligen Lande. Das wird bisweilen unentgeltlich gewährt, bisweilen müssen die Besitzer der Tiere dafür zahlen, wie aus Xenophons Beschreibung seines der Artemis geheiligten Gutes hervorgeht.*' Id quod acute excogitatum est nec per se improbabile mihi videtur, nisi quod nec *τὰ λοι[πὰ* v. 8 extr. nec vox *τοὺς* (*ὠ*)*νο*[*υ*]*μένους* v. 13 tali conexui facile se applicant. Quare nescio an alia fuerit ratio decreti, de qua ipso illo participio *τοὺς ὠνουμένους* suspicio gravissima movetur. Sane emptoribus victimarum vectigal imponi Stengel suo iure improbavit; imponi concludo venditoribus, id quod et per se intellegitur et fuisse moris nonnullis locis inde apparet, quod n. 88 v. 31 sqq. immunitas expressis verbis conceditur. Supplevi igitur v. 8 *ἀπὸ [τῶν πιπρασκόντ]ων τὰ ἱερεῖα.* De iis quae deinde St. supplevit *καὶ τὰ λοι[πὰ πρὸς τὰς θυσίας] παρὰ Λινδίοις καὶ Φυσ[κίοις γιγνομένας κοιν]ῷ* vel ideo dubito, quia pro *κοινῷ* ni fallor *κοινῇ* dicendum erat. Quare ante *κοι]νῶι* dativum substantivi quo referretur excidisse veri simile puto et hanc fuisse sententiam, ut vectigal illud apud Lindios et Physcios communi norma exigi iuberetur. Difficilior lacuna v. 9 in.; post *τὰ λοιπά* substantivum scriptum fuisse, quo reliquae res dis offerri solitae significantur, primo probabile videtur, nec vero ita omnia recte se habent: definitio quidem loci v. 7 cum verbis v. 9 *παρὰ Λινδίοις καὶ Φυσκίοις* parum convenit; quare bipertitam fuisse sententiam et ita fere cucurrisse conicio: *ὅπως ἁ λογεί[α καθὼς καὶ πρό]τερον ἐν Φύσκωι ἀπὸ [τῶν πιπρασκόντ]ων τὰ ἱερεῖα καὶ τὰ λοι[πὰ γένηται καὶ] παρὰ Λινδίοις καὶ Φυσ[κίοις διατάγματι? κοι]νῶι λογεύηται*; quamquam nudum illud *τὰ λοιπά* ante *γένηται* displicere concedo.

151. Lapis calceus inventus prope Gortyna, fractus a sinistra parte, inscriptio tamen ipsa ab hac parte integra est et potius a dextra parte olim altero lapide, qui nunc periit, continuabatur. Ed. Halbherr *Amer. Journ. of Arch.* I (1897) p. 162 n. 1, unde Blass *SGDI* 4990.

Θι]οί.
Τõι Ζενὶ τõι — — — — —
— — — — — οῖ͂ς θέλεια
λευκά· τὸ δὲ κο— — — —
— — — — —αμμνατα, τὰν δ-
ὲ βοίαν ὁ ἰαρε[ὺς λαβέτο [1]) — —
— — — — —κριόν, τõι 'Αλί-
οι οῖ͂ιν ἔρσεν[α λευκόν [2]) — — —
— — — —ατα δὲ παρθυμ̣
αται περιϝοι — — — — —
— — — — —τε τρίινς κάμ-
ẏάν, τõν δ' ἄλλο[ν — — — —
— — — —μεδιμνιαῖα
καὶ τυρõ ἐμιο̣[βέλιον [3])

---

1) suppl. H. 2) suppl. H. coll. Hom. *Γ* 103 sq. 3) supplevi

Titulus βουστροφηδὸν incisus indicem sacrificiorum continet, qui tamen in fastorum modum dispositus esse non videtur. Conexus nusquam restitui potest, pauca suppleri, ne ea quidem quae leguntur omnia intellegi possunt. V. 1 quod cognomen Iovis suppleas, dubium, de *Βιδάται* vel *Ἑκατομβαίωι* cogitavit Halbh. Deinde nomen deae excidisse propter sexum victimae femininum probabile est; Heram fuisse Halbherr coniecit, sed tales coniecturae nec demonstrari nec refutari possunt. — v. 3 τὸ δὲ κῶ[ας ὁ ἰαρεὺς λαβέτω quod H. proposuit, admodum veri simile duco, pro κῶας tamen praestat fortasse κώ[διον scribere.[4]) Utique alterum supplementum ab illo propositum τὸ δὲ κο[λοβὸν μὴ θύεσθαι] reiciendum. — Sequitur locus difficillimus. In lapide leguntur litterae αμμνατα τανδ, Halbh. scripsit λευκ]ὰμ μνᾶτα, τὰν δ|ὲ novumque hoc vocabulum explicare studuit glossa Hesychii μναάδας· τὰς ἀμελγομένας αἶγας et cum stirpe vocabuli ἀμνάς vel ἀμνίς contulit: '*In Cretan it would be written* μνᾶς *(for* μνάας*), genitive* μνᾶτος *(instead of* μνᾶδος*) just as Artamitos in place of* Ἀρτέμιδος.' Quae ut acute excogitata ita valde incerta esse patet. Blass scripsit κἀμμνά i. e. καὶ ἀμνά de duplici my ad Epidaurium μέδιμμνος (n. 54) provocans, sed miro modo alteram syllabam τα prorsus neglexit. Sane potest nihilo minus coniectura eius primo obtutu speciosa ita obtineri, ut lapicidam hanc syllabam bis errore insculpsisse sumamus. Sed in titulo tantae antiquitatis tantaeque difficultatis ad errorem lapicidae refugere displicet, praesertim cum scripturae ἀμμνός repugnet v. 11—12, ubi eandem vocem uno my scribi certum est. — Proxima voce τὰν δ|ὲ βοΐαν (s. βοίαν s. βῴαν) pellem bovis sacrificati dici Halbh. optime statuit coll. voce οἴα; paulo supra de ovis vellere sermo erat (v. 3). — V. 7 ante Solem Mercurium dictum fuisse H. probabiliter coniecit de ordine, quo se excipiunt, ad ius iurandum Drerium (*Syll.*[2] 463, 28), de hostia ad n. 58 v. 69 provocans. — V. 9 extr. in lapide dispicitur ̓Ⅵ; Ⅿ i. e. σ fuisse putabat Halbherr legitque κατ]ὰ τάδε παρθύσ|αται περίϝοι[κος coniunctivum aoristi (pro παρθύσεται i. e. παρθύσηται) intellegens. Sed hanc formam ferri posse iure Blass negavit ac potius ⱮⅤ i. e. μ fuisse statuit. Sed in iis, quae inde legenda proposuit α· τὰ δὲ παρθύμ̣ατ' αἰ περιϝοι[κο-, elisio ni fallor offendit; singularis autem πάρθυμα cum praecedentibus parum conciliari potest. Nec omnino ratio ipsius praecepti perspicua: Halbherrio παρθυσία videbatur esse '*access to the sacrifices*', sed id potius ἐπιθυσία dicebatur. An de iis sacrificiis, quae alibi παραβώμια vocantur (vid. n. 41 v. 7) agitur? — V. 14 post εμι reliquiae litterae rotundae apparent. Halbherr cum aut mensurae aut generis casei nomen scriptum fuisse posse statuisset, coll. testamenti Epictetae voce τυροῦ καπυροῦ (n. 129 coll. VI 1) scribendum coniecit ἡμιπ̣[ύρω vel ἡμιό̣[πτω, sed mensuram dictam fuisse propter ἡμι illud servatum multo veri similius. Quare ἐμιο[βέλιον vel ἐμιο[βελίο scriptum fuisse confido; mensuram etiam pretio constitui posse notum et ipso illo Epict. testamenti exemplo (τυροῦ καπυροῦ στατῆρος) confirmatur.

---

4) cf. n. 156 v. 45.

152. Duo lapides olim Lebenae in templo Aesculapii, nunc Candiae. Edd. Halbherr *Mus. ital.* III p. 729 sqq., aliquanto pleniores doctoque commentario instructos Th. Baunack *Philolog.* IL (1890) p. 586 sqq., uterque ectypis usus a civibus doctis Cretensibus factis; repetivit Blass *SGDI* 5087. Lapides ipsi integri sunt, versus inscriptionis non item, sc. quia et a dextra et a sinistra olim alii lapides inscripti contingebant.

a.

— — — τῶν cὺν — —]άωνι τῶ Μενεδάμω[1])· τὸν νακόρον τὸν τόκ' ἀφ[ιcτάμενον[2]) — —
— — — τ]ὰνc ἄλανc τὰc τῶ θιῶ παρδιδόμεν τὸν τόκ' ἀφ[ιcτάμενον[2]) — — — — —
— — — κ]αθὼc ἐπιβάλλει, καὶ ἀνκλημένας καὶ πλέανc τὰc — — — — — — — — —
— — — τὰ λ]οιπὰ παρδιδῶι τὰ τῶ θιῶ cκεῦα· αἰ δὲ μὴ παρδọίẹ — — — — — —
— — — πρατт]έτω δὲ τοῦτο τὸ ἐπίτιμον ὁ ἰαροργὸc κατὰ τὸ δι[άγραμμα[3]) — — —
— — — έτω τῶι θιῶι· αἰ δὲ μ⟦ή⟧, αὐτῶι ἔντιτον ἔcτω ἐπὶ τᾶι δ — — — — — — —
— — πάρδ]οcιν[2]) τιθέθθω ὁ νακόροc τὰν ἄλαν κατὰ τῶν κόρμω[ν — — — — — —
— — — τα τῶν αὐτῶν καὶ cκεῦα κεράμινα ἀκώνατα ν — — — — — — — — — — —
— — — c ιε̅, κάναcτρα ιε̅, ἀρυταινία ιε̅, χύτραc λ̅, κακ[κάβοc — — — — — — —
— — — . . κ̣αc̣ μ̣εγ̣άλοc[4]) ι̅, χύτροc ιε̅· ὡcαύτωc δὲ παρδ̣[ιδόμεν — — — — — — —

b.

— — α ιε̅ χωρὶc ὧν κ' αὐτὸc παρλελόνβηι cκεύων· ὀδελίcκοc ι̅, cκάφαc ε̅, κάδο[c — — —
— — γανοc cιδαρίοc γ̅, ξύcθραc ιε̅, κυνιατοα ε̅, κόπανα β̅· τούτων πάντων τῶ[ν cκεύων — —
— αἴ κ]ạ λῆι παρδιδόμεν ἐξέcτω Fοι, μείονα δὲ μή· αἰ δὲ μή, ἔνοχον ἤμεν τῶι αὐτ[ῶι — —
— — ṿ]c αἴ κα μὴ παρδῶι, ἐπάνω ἤγραπται· καὶ ἁ πρᾶξιc ἔcτω τῶι ἰαροργῶι καὶ τ — —
— — εναν δαπάναν ἐc τὰ προηγραμμένα τιθέτω ὁ νακόροc ἐc τῶν τῶ θιῶ π̣[ροcοδίων —
— — λ]οι[π]ῶν? τ(ῶ)ν τ(ῶ) θιῶ τίθεται κἀπολογιττέτθω καὶ περὶ τούτων τὰν δαπάνα[ν — —
— — τ]ὸν ἀπόλογον παρθέτω ἅ κα κατὰ τοῦτο τὸ ψάφιμμα παρδεδώκηι αὐτạ — — —
— — ṿ . ιμιτọọν[5]) ἐξοδιάττειν ἐc τῶν τῶ θιῶ προcοδίων, ἀλλ' ἐξ αὐτῶν ὧν κạ
— — τῶι κεραμεῖ κῆc τω —

Inscriptio, cuius litterae apicibus ornatae aetatem satis recentem produnt, decretum (b 7 *ψάφιμμα*) continet Gortyniorum[6]) de rebus quibusdam Aesculapii sacris tradendis.

Duae autem praecipue quaestiones moventur: et quis tradere iubeatur et quae res ab eo tradendae sint. Iam traditionem non a collegio magistratuum, sed ab uno homine fieri numerus singularis qui passim legitur

1) e temporis definitione haec superesse cosmorum nominibus constituta vidit H.

2) optime suppl. Baun.

3) suppl. H. laterculum subsequentem instrumentorum intellegens. Cf. etiam tabulae traditionum navalium Atticae (*IG* II 804 = *Syll.*[2] 530) v. 107 *οὗτος προσοφείλει τῶν σκευῶ[ν] τοῦ διαγράμματος κτλ.*

4) reliquiis apographi, quod Baun. edidit, acute elicuit Blass.

5) *ἥμιτθον* legendum proposuit Blass; idem v. proximo litteras ΚΗΣΤΩ recte interpretatus est.

6) administrationem Asclepiei penes Gortynios fuisse Baun. statuit nisus potissimum epigrammate Soarchi aeditui Gortynem *ὑψίσταν πατρίδα* appellantis (cf. etiam Zingerle *MAI* XXI p. 90).

(cf. e. g. v. 2 et 4) testatur. Unde cum in titulo nulli magistratus sacri nisi *νακόρος* et *ἱαροργός* commemorantur, *ἱαροργός* autem ipse poenam traditionis improbae exigere iubeatur (v. 5), ad aedituum praecepta pertinere Baunack rectissime statuit idemque initio decreti ipsius confirmatur, ubi *τὸν νακόρον* subiectum verbi *παρδιδόμεν* esse manifestum est. Difficilior altera quaestio neque, quae Baunack de hac disputavit, mihi omnia probantur. Ac primum quidem quod inde ab A v. 4 supellectilem sacram (*σκεῦα*) tradendam recenseri ratus antea de pecunia sacra tradenda agi coniecit collatis rationibus Deliacis, ubi in fronte stelae quantum pecuniae, in tergo quantum supellectilis magistratus abeuntes tradiderint perscriptum est[7]), minime mihi persuasit. Nam praeterquam quod v. 2 ante *τὰνς ἄλανς* nomen femininum illius sententiae aptum non facile suppletur, omnino unum aedituum non modo supellectilis, sed vel pecuniarum curam sustinuisse perquam improbabile duco. Quid? quod ne donariorum quidem ornamentorumque templi curam penes hunc fuisse suspicor. Certe in indice rerum tradendarum, quantum quidem extat, de his nulla fieri videtur mentio, sed solummodo de instrumentis rei divinae ipsius, in quibus nimirum etiam instrumenta medica[8]) habenda sunt. Concludo igitur aedituum non omnes res dei sacras, sed solummodo eas, quae ad usum cotidianum rei divinae curamque aegrotorum pertinebant, tradere debuisse easque merito, quia has aedituus ipse praecipue tractabat.[9])

Rectius Baunack de altero quod hoc decreto fit discrimine statuit. Verba enim *χωρὶς ὧν κ' αὐτὸς παρλελόνβηι σκεύων* optime eo rettulit, quod ab instrumentis, quae iam priores *νακόροι* et acceperant et tradiderant, ea, quae ipse per sui magistratus tempus acceperat, distinguuntur, et de illis solummodo certam normam, qualem haud dubie habemus A 9—B 3, constitui posse monuit. Eodem rettulit etiam verba *καὶ ἀνκλημένας καὶ πλέανς* a 3: '*ἀνκλημένας sind die Summen, die künftighin jeder νακόρος in gleicher Weise zu übergeben hat, der Grundstock, dessen Höhe das Tempelgesetz bestimmt hat. Zu diesen hinzu kommen (καὶ πλέανς τὰς) die zufälligen, jedes Jahr verschiedenen Einnahmen der Tempelkasse.*' Sed praeterquam quod de pecuniis hic non esse sermonem supra monui, id quod ipsam discriminis rationem non tangit, dubitationem movet interpretatio vocis *ἀνκλημένας*. Nam etsi formam verbi *ἀνακαλέω* subesse veri simillimum est, tamen quod ille eam vertendam putat aut '*die im ψάφιμμα aufgezählten*' aut '*die* ⟨*von jedem νακόρος bei der Übergabe*⟩ *zurückgeforderten Summen*', id certo fundamento caret.

De singulis haec praeterea addo. A v. 8 *κατὰ τῶν κόρμων*[10]): de

7) *BCH* VI p. 29 sqq. Dittenberger *Syll.*² 588.

8) velut *ξύστραι* (*B.* 2) i. e. *strigiles* et *κόπανα*, si modo recte hoc vocabulum Baun. interpretatur '*Mörser für die Pulver für die Kranken*'; *ἀρυταίνια* ad balneum pertinent, cf. Poll. X 63.

9) notandum puto in Oropiorum de supellectile sacra Amphiarai decreto (n. 67) nullam omnino mentionem aeditui fieri. Quamquam vasa fracta eum servanda accepisse testatur *IG* VII 3498 v. 17.

10) miro modo *κόρμων* idem esse ac *κόσμων* Baun. negavit, quia tum in hac voce *σμ* aliter tractatum esset atque in *ψάφιμμα*, legique voluit *κορμῶν*

traditione coram cosmis facienda sermonem esse suspicor; quamquam κατά cum genetivo ita usurpari exemplis confirmare nequeo. v. 9 ἄκωνα legit H., rectius opinor Baun. ἀκώνατα i. e. *unverpicht*. B v. 8 κυνιατοα: quid lateat, obscurum; audacissime quidem et improbabilissime Baun. legendum proposuit κύνια τόα et hoc idem valere quod κύνεια ζῶια i. e. κύνας coniecit. Si de natura indicis huius supra recte disputavi, instrumenta rei sacrae vel potius, cum vox inter ξύστρας et κόπανα (vid. not. 8) legatur, medicinae dicuntur. An pro ΑΤΟΑ legendum ΑΤΘΑ i. e. ασθα? — v. 3 si non verba quae in lacuna desunt, at certe sensum eorum optime Blass ita refinxit: πλίονα μὲν αἴ κα λῆι παρδιδόμεν ἐξέστω Ϝοι, μείονα δὲ μή. v. 6 in. τὰν γενομ]έναν δαπάναν facile suppletur. Hoc autem loco de ratione expensarum quarundam reddenda agi manifestum, nec tamen de cunctis aeditui aut adeo templi expensis agitur, immo universa tituli ratione considerata sic de conexu existimo: cum usu cotidiano facile fieri posset, ut instrumenta supra indicata damnum facerent, aedituus id statim suaque sponte e dei reditu (ἐς τῶν τῶ θιῶ προσοδίων) reparare poterat ac debebat, ea nimirum condicione ut postea talium expensarum rationem redderet.

Asclepieum Lebenae frequentissimum fuisse testatur Philostr. V. Apoll. IV 34 p. 79 ἐπορεύθη καὶ ἐς τὸ ἱερὸν τὸ Λεβηναῖον· ἔστι δὲ Ἀσκληπιοῦ καὶ ὥσπερ ἡ Ἀσία ἐς τὸ Πέργαμον, οὕτως ἐς τὸ ἱερὸν τοῦτο ξυνεφοίτα ἡ Κρήτη, πολλοὶ δὲ καὶ Λιβύων ἐς αὐτό περαιοῦνται. E Cyrena, quo Aesculapius Epidauro venerat, cultum Lebenaeum deductum esse Paus. II 26, 9 tradit, sed posteriore certe aetate eum ex ipso Epidauro instauratum esse duobus titulis, quorum rectam interpretationem Zingerleio[11]) debemus, apparet: cum epigrammate dedicatorio Soarchi[12]) tum fragmento cuiusdam decreti[13]), ubi v. 6 sq. de Aesculapii ad Lebenaeos adventu agitur.[14]) Paulo supra in eodem titulo lex sacra antiqua Lebenaeorum commemoratur gravissima, quam hoc loco afferre liceat:

. . . . ὅπη οἱ Λεβηναῖοι ἔτι καὶ νῦν θύο[ν-
τι κ](α)τὸς ἀρχαίος νόμος Ἀχελωίωι
μὲν] χοῖρον, Νύνφαις δὲ ἔριφον.

Colligendum videtur, quo loco Aesculapius sacra sua instituit, eo antiquitus Acheloi et Nympharum cultum floruisse.

'*Holzvorrat.*' Sed ψάφιμμα non e ψάφισμα sed e ψάφιδμα ortum. Forma κόρμοι pro κόσμοι certa est nec iam exemplis eam firmare opus est.

11) cf. quae de iis disputavit *MAI* XXI p. 86 sqq., quae Blass cum apud Collitzium eos denuo ederet, nescio qua causa neglexit.

12) ed. Halbherr *Mus. ital.* III p. 733 sq., Th. Baunack *Philologus* IL p. 578, Blass *SGDI* 5088, melius Zingerle *l. c.*

13) ed. Halbherr *Mus. ital.* III p. 727 sqq., cuius apographum accurate repetivit Zingerle.

14) ὅτι ὁ Ἀ[σκλα]πιὸς ἐξ Ἐπιδαύρου ἐς Λεβῆν[α...] ἀπ[οδε]δ[αμη]κε; extremum verbum Z. egregio acumine restituit; lacuna quae antecedit facile, ni fallor, suppletur scribendo ἐς Λεβην[αίος]; cf. v. 3 quem in textu exscripsi. — Ceterum legem esse sacram, ut videbatur Halbherrio, iis, quae Zingerle disputavit, non confirmatur.

153. Lapis a superiore parte mutilus, repertus in vico *Hagioideka,* ubi olim fuit Pythion Gortynium. Ed. Haussoullier *BCH* IX (1885) p. 9 n. 8, repetivit Blass *SGDI* 5027. Denuo contulerat lapidem et lectiones aliquot ediderat Th. Baunack *Philol.* 1889 p. 400.

. . . . ῥάχος καὶ φρύγανα, ἐσπρεμμίττεν δὲ τὰςχίνους·
μὴ — μηδ' ἐς ἀκάτιον — ἐξῆμεν ξύλα παῖεν ἄλλ' ἢ ῥάχος κα[ὶ
φρύγανα· αἰ δὲ μή, κύριος ἔστω ὁ παρατυχὼν ἀφελόμε-
νος κατὸ ἀρχαῖον.

L. V. v. 1 in. ΡΑΧΟΣΚ unus B. agnovit; idem v. 4 in. Ͷ distincte legi testatur.

Inscriptio, quae III a. Chr. saeculo tribuenda videtur, legis de lignatione fragmentum est. De Pythio Gortynio agi e loco, ubi lapis inventus est, apparet. De lignatione prohibita cf. quae ad n. 34 contuli, unde Gortynios, cum *ῥάχος* et *φρύγανα* colligere permitterent, satis liberaliter egisse apparet.

V. 1 *ἐσπρεμμίττειν* pro *ἐκπρεμνίζεν* dici vix est quod dicam. Conexus hic esse videtur: in superiore parte deperdita constitutum erat, ut iuncis uti liceret, hic iam additur, ut qui utatur, eos radicitus evellat. Quamquam Blass non post *σχίνους*, sed demum post *μή* distinxit, *μὴ* igitur ad verbum *ἐσπρεμμίττειν* referri voluit, id quod mihi nullo modo ferri posse videtur. Immo a *μή* incipit proximum enuntiatum *μὴ* — *ἐξῆμεν ξύλα παῖεν*, cui tamquam parentheseos loco insertum est *μηδ' ἐς ἀκάτιον*: *ne liceto ligna caedere, ne ratis quidem faciendae causa.* Rationem praecepti iam Baun. ita bene interpretatus erat: '*es solle nicht verstattet sein, Nutzholz wie zum Baue von Kähnen zu schlagen, sondern nur als Brennholz Gestrüpp und Reisig.*'